Crime TV

Lexikon der Krimiserien

Martin Compart

Crime TV

Lexikon der Krimiserien

BERTZ

Die Deutsche Bibliothek – CIP-Einheitsaufnahme
Compart, Martin:
Crime TV : Lexikon der Krimiserien / Martin Compart. - Berlin : Bertz, 2000
ISBN 3-929470-17-9

Abbildungsnachweis:
Die Fotos stammen von den jeweiligen TV-Sendern
sowie aus den Archiven von Martin Compart,
des Bertz-Verlages und der *Zitty* (Herzlichen Dank an Hans-Joachim Neumann!)

Frame Enlargements: Bertz Verlag / die jeweiligen Copyright-Inhaber

Redaktion:
Anne Pohl

Redaktionelle Mitarbeit:
Halina Daugird, Wiltrud Hembus,
Nicholas Körber, Maurice Lahde, Hanno Schüngel

Layout:
Katrin Fischer

Görlitzer Str. 37, 10997 Berlin
Druck: druckhaus köthen, Köthen
Printed in Germany
ISBN 3-929470-17-9

Inhalt

Vorwort: Comparts Zeit-Maschine

Diese Enzyklopädie ist eine Arbeit der Liebe. Liebe zum Medium Fernsehen, Liebe zu seiner genuinsten Erzählform (mäanderndes, serielles Erzählen), Liebe zu den Autoren, Darstellern und Regisseuren, die ihre Geschichten im Halbdunkel vorführen. Es kann sein, daß dieser umwerfende, besitzergreifende Affekt »Liebe« zum kühlen, alltagsbegleitenden Apparat und Komplex »Fernsehen« nicht (mehr) paßt; »Liebe zum Fernsehen« ist ein Zustand aus dem vergangenen Jahrhundert (und er beherrscht wunderbarerweise die Arbeit von Martin Compart).

Dieser rund fünfzigjährige Zustand hat unterschiedliche, magisch anmutende Erscheinungsformen hinter sich: Am Anfang war es der krude oder bildungsbürgerlich bespielte »Zauberspiegel«, der in die Wohn-Zimmer jenes bläuliche Schimmern sendete, das Abermillionen Süchtiger schaffte – Versammlungen um einen Tabernakel, der, weil er *immer* da war, in den Fluß des Lebens auch noch den unendlichen Programmfluß strömen ließ. Schauspieler lösten sich aus der singulären Theater- und Kino-Starexistenz und schwammen mit in diesem Programmfluß, rückten näher und wurden mit einem alt; altgewordene und vom Kino verächtlich ausgespiene Stars tauchten wieder auf und lebten ein endlos verlängertes Leben in der Box; junge Schauspieler spielten sich rücksichtslos durch alle Genres und erprobten sich so lange, bis sie für den kleinen Schirm zu groß waren. Fernsehen als Laufbandmedium – *one on one*, immer da, direktes Medium, ohne Erinnerungskapazität (scheinbar).

Der unendliche Programmfluß, die Gier nach Alltagsbegleitung (*never alone*) hat die Programme vervielfältigt, die Werbung zum erzählenden Konkurrenten der Programme umdefiniert und aus den Schichten der Jahre und Moden ein öffentliches Gedächtnis konstituiert, in das Martin Compart mit seinen Arbeiten Ordnung und Bewertung bringt. Er hat sich in den Brunnen unser aller Träume und Erinnerungen geworfen und legt ihn trocken, damit man den Boden sehe: das Abgesunkene, Vergessene, Sperrige, Überflüssige. Denn eines treibt ihn um: die Liebe zu den Handwerkern (und das muß man sein, bis zum heutigen Tage). Die Handwerker, deren Ehrgeiz es ist, auch unter magersten Bedingungen den »Straßenfeger« produzieren zu wollen. Der Suspense und die nachtschwarzen (verkleinerten) Straßen, der Glamour der mürben Bar-Frauen und die markige Verlorenheit der letzten Pulp-Helden, wackelnde Kulissen und familienfreundliche Camouflage des Abgrunds im Menschen: Das macht die Handwerker produktiv – und diese Arbeiten entreißt Compart dem Vergessen.

Comparts Lust und sein Ärger treiben diese Enzyklopädie voran: Seit mehr als 50 Jahren stapelt das Medium seine Botschaften und bindet die Affekte seiner Zuschauer-Generationen, um sie unter rätselhaften Lizenz-Umständen, oft auch unpräserviert in den Archiven auf Nimmerwiedersehen verschwinden zu lassen. Fernsehen ist öffentliches Gedächtnis – und die Gedächtnis- und Geschichtspflege ist (zumindest für die öffentlich-rechtlichen Sender) eine vornehme Aufgabe. Mit neuen Kanälen, mit der *on demand*-Wahl, mit der Digitalisierung gäbe es mehr Chancen denn je, »das Fernsehen« in seinen besten Hervorbringungen zu prüfen und im Vergleich, in der sentimentalen Erinnerung, in der scharfen Analyse die Genres aus dem Elend ihrer geschichtslosen Mittelmäßigkeit zu befreien. Für diese guten Zeiten hat Martin Compart seine obsessiv versorgte Suchmaschine gebaut – eine Suchmaschine, die vor allem eine Zeit-Maschine ist.
Was bringt uns das detektivische Aufspüren von Programmen aus dem Werbefernsehen der Vorzeit, aus den Untiefen der Kirch-Bestände, aus dem Trash-Vorrat der unendlichen Elektronik-Räume? Wer Compart anblättert, weiß, wann er des nächtens wieder ruhig schlafen kann und an welchen Fernsehvormittagen der Rekorder laufen muß. Die Kraft des B-Films (seine Schamlosigkeit und sein serielles Mäandern; das unzerstörbare Gen der Jahrmärkte und Schaubuden) hat sich nirgendwo besser bewahrt als im *Crime TV*; das Genre ist porös genug, um wundersame Entdeckungen in Zeit und Raum zu machen – vorausgesetzt die Programm-Designer leiden nicht unter Amnesie oder mögen den frischen Blick einfach nicht riskieren. Comparts Buch lädt zu diesem Blick ein, ausdrücklich: Es ist Monument für den unbekannten Seriendarsteller, den abgehalfterten B-Chargen und den betagten Star. Es zelebriert B-Fantasien mit schaukelnden Requisiten und hirnrissigen Konzepten. Wo sind all die Requisiten hin – aus den schnellen Stücken, die das Medium verzehrt? Compart leuchtet in die verschatteten Räume und baut ein Denkmal für die Abendunterhaltung im Wandel der Zeiten. Willkommen im Labyrinth!

Horst Königstein

Einführung

Alles begann wahrscheinlich mit BOB MORAN, GEHEIMAUFTRAG FÜR JOHN DRAKE und SHANNON KLÄRT AUF. Diese Serien liefen Anfang der sechziger Jahre im Vorabendprogramm des WDR, »Intermezzo« genannt. Für vorpubertäre Jungs waren sie das Größte! Neben Comic-Heften und Abenteuerromanen waren diese Serien das Aufregendste, was die damals noch spärlich entwickelten Medien zu bieten hatten. Ein paar Jahre später (man las jetzt schon heimlich die Ullstein-Krimis und Mitternachtsbücher, die unbemerkt der elterlichen Bibliothek entwendet wurden) kamen dann die sogenannten »Neun-Uhr-Krimiserien« dazu: Zweimal in der Woche gab es Krimiserien um 21.00 Uhr, die eine Ansagerin mit den Worten vorstellte: »Die folgende Sendung ist für Kinder und Jugendliche nicht geeignet.« Es waren in der Regel *Crime*-Serien, die heute im Nachmittagsprogramm laufen (MIT SCHIRM, CHARME UND MELONE, SIMON TEMPLAR, DER MANN MIT DEM KOFFER, KOBRA, ÜBERNEHMEN SIE usw). ARD und ZDF teilten die Woche mit ihren Krimi-Terminen: Am Dienstag war das ZDF dran, freitags schickte die ARD ihre Superdetektive los. Termine, die man zuerst nie versäumte, dann selten und irgendwann gar nicht mehr wahrnahm. Spätestens als man Rockmusik und Mädchen entdeckte, war zumindest der Freitagstermin gefährdet.

Als 14-, 15- oder 16jähriger hatte man Ende der sechziger Jahre das Fernsehen erstmal hinter sich. Rituale, wie das sonntägliche BONANZA-Gucken im Familienkreis, hatten ihre Bedeutung verloren, trieben einem nur noch Schweißperlen auf die Stirn. Fernsehen war eine Spießerdroge mit wenig Substanz, das einen nur daran hinderte, sich mit den Kumpels in dunklen Ecken herumzudrücken und sich ungehörige Sachen auszudenken. Fernsehen, diese Freude der Kindheit, war out. Nie wieder würde man einen solchen Kick erleben wie beim ersten Sehen von TEXAS RANGERS, BOB MORAN, MIKE NELSON, TENNISSCHLÄGER UND KANONEN oder SIMON TEMPLAR. Nein, als hartgesottener Teenager war man über die Identifikation mit Serienhelden hinaus. So dachte man. Und dann kam er: McGill, der *Mann mit dem Koffer*, und gab uns den Thrill der frühen Jahre zurück, als die Mattscheibe das ganze Bewußtsein eines fiebrigen Kinderhirns aufsaugte. McGill knallte alles weg, was zuvor noch Idolcharakter besessen hatte. Er war der härteste TV-Held der Prä-Sonny-Crockett-Ära und der einsamste Wolf auf diesem Planeten (abgesehen von den männlichen, pubertären Fans, die seiner lakonischen Einsamkeit freitagabends mit offenen Mündern und wütend geballten Fäusten folgten). Hatte man doch gerade festgestellt, daß die einst so bewunderten TV-Helden doch nur

Hochstapler und Flaschen waren. Ihre inszenierten Prügeleien wirkten albern angesichts der eigenen Straßenschlachten, nach denen man nicht die Haare kämmte, sondern sich wundgeprügelt in der Dunkelheit wälzte und ächzend auf Schmerzlinderung wartete. Bei Kämpfen siegte nicht automatisch das Gute, wie uns die Kerle von der Ponderosa weismachen wollten, sondern der Stärkere. McGill wußte das. Er machte in der ersten Einstellung klar, daß er nicht an alte Wertvorstellungen glaubte und wirklich gefährlich war. Wie ein Panther bewegte er sich über den Bildschirm. Zum ersten Mal sah man in einer Serie, wie beim Schießen Patronen aus der Pistole geworfen wurden, und erstmals wurde gezeigt, wie man sich wirklich verhält, wenn man in ein Haus eindringt, in dem die bösen Jungs schon auf einen warten. McGill brauchte dafür Zeit, nutzte jede Deckung aus und arbeitete sich minutiös wie in einem Melville-Film von Zimmer zu Zimmer vor, darauf achtend, daß kein Licht in seinen Rücken fiel. AMOS BURKE oder SIMON TEMPLAR wären wie Elefanten durch die Bude getrampelt, hätten den Kopf ein wenig zur Seite genommen (nicht zu hastig, damit die Frisur nicht verrutscht), um einer Kugel auszuweichen, und hätten dann mit einem langen, langsamen Hieb aus der ganzen Schulter den Bösewicht ohnmächtig geschlagen. Mit einem Hieb, den man niemals auf der Straße zu sehen bekam. Nicht so McGill: Der war ein übler, unglaublich schneller Schläger, der offensichtlich nicht nur zur Freude der Yellowpress-Fotografen mit Stuntmen ein bißchen rummachte. Nee, Richard Bradford hatte geboxt, und seinem Gesicht konnte man ansehen, daß er auch einzustecken wußte. Daß aus ihm kein Superstar geworden ist, ist unbegreiflich. Aber wahrscheinlich hat er zu vielen Produzenten aufs Maul gehauen, ohne dabei die Zigarette aus dem Mundwinkel zu nehmen. Schon deshalb ist dieses Buch Richard Bradford gewidmet. Er war der letzte *Crime TV*-Hero, der mich für lange Zeit mit seinen Sendeterminen vor die Mattscheibe zwang.

Dann kamen die siebziger Jahre mit einer unendlichen Reihe von öden Schlaghosen-Serien (Ausnahmen wie DETEKTIV ROCKFORD bestätigten die Regel, die sich aus unfreiwilliger Komik und Langeweile zusammensetzte). Kriminalromane aber las ich immer. Im Vergleich zu den Meistern wie Hammett, Chandler, Thompson oder Gavin Lyall hatten die harmloseren TV-Krimis meist schlechtere Karten. Vom Kino mit Delon-, Eastwood- oder Bronson-Filmen ganz zu schweigen. Fernsehen war spießig, langweilig und hatte nichts mit der eigenen Realität zu tun. Erst in den achtziger Jahren wurde die Glotze für mich wieder interessant. Längst hatte man ja den Glauben aufgegeben, daß auch nur ein Bruchteil der besseren ausländischen Serien den Weg auf deutsche Bildschirme finden würde. Aber MIAMI VICE schaffte es! Schändlichst gekürzt und verstümmelt durch die ARD, wurde Michael Manns epochales Werk aber immerhin versendet! Und dann schlugen die kommerziellen Sender zu, brachten tatsächlich mit KAMPF GEGEN DIE MAFIA eine weitere Serie, die in derselben Klasse spielte. Zur selben Zeit – man war schließlich in die Jahre gekommen – setzte so etwas wie Nostalgie ein. Stundenlang unterhielten sich Ulrich von Berg und ich uns über alte TV-Serien, besorgten uns die (noch) spärliche ausländische Sekundärliteratur und wollten allen Ernstes ein Lexikon schreiben, das alle in Deutschland gezeigten Serien erfassen sollte. Selbstredend übernahm ich das Segment *Crime TV*. Ein Jahr lang grub Ulli das *Hör Zu*-Archiv um und füllte etliche Karteikästen. Dann hatten wir irgendwie die Schnauze voll, da wir tatsächlich noch Zeit für Nahrungsaufnahme, Erwerbstätigkeit und ähnliche Trivialitäten brauchten. Eher lässig führte ich mein *Crime TV*-Archiv weiter. Da ich seit Anfang der neunziger Jahre auch TV-Kritiken schrieb (erst für die *taz*, dann für die *Funk-Korrespondenz*), wurde ich natürlich von den Sendern mit Informationen zugemüllt. Informationen, die gesammelt und gefiltert wurden. Von Besuchen in ausländischen Buchhandlungen brachte ich jetzt auch gezielt schwer zugängliche Fachliteratur mit und abonnierte obskure Fanzines. Nebenher schrieb ich Drehbücher und Serienkonzepte, opferte mich als Juror des Adolf-Grimme-Preises und sah mir jede Crime-Serie an, die ich nur erwischen konnte. Ein erstes Buch über TV-Serien (allgemein) entstand: *Von Alf bis O.N.K.E.L. – Angloamerikanisches Kult-TV*. Schließlich war ich soweit und ließ mich von Dieter Bertz breitschlagen, endlich das Lexikon in Angriff zu nehmen. Das Jahr 2000 schien uns ein guter Termin, um einen Endpunkt für das Projekt zu setzen. Ein hartes Arbeitsjahr folgte. Dann ein weiteres hartes Jahr, in dem ergänzt wurde, neue Serien ins Blickfeld gerieten, systematisch Lücken aufgefüllt wurden und ... und ... und. Dann dieses Jahr mit endlosen Korrekturlesungen. Wieviele Lektoren der Bertz-Verlag bei diesem Projekt verschlissen hat, weiß ich nicht – will ich auch gar nicht wissen. Und trotzdem bleiben Lücken (die künftig in Neuauflagen geschlossen werden sollen; deshalb bitte ich jeden Leser, der Fehler oder Lücken entdeckt, dem Verlag zu schreiben; alles wird ausgewertet werden). Naiv dachte ich anfangs, wie schön es doch ist, über seine liebsten TV-Serien zu schreiben ... Ich hatte nicht bedacht, mit wie vielen Mistserien ich mich darüber hinaus auseinandersetzen mußte. Und wenn man dann auch noch wochenlang eine Schrottserie nach der anderen sehen, darstellen und beurteilen muß, dann hat man keine Lust mehr auf »objektives Faktensalbadern«, dann muß man auch mal draufhaun. Das wird bestimmt den einen oder anderen Leser (zu Recht) entrüsten, wenn er seine Lieblingsserie von mir abgeschlachtet sieht. Aber für wertfreie Räume sind die Politiker zuständig, nicht dieses Lexikon. Auf diesen Seiten wird gelobt, jubiliert, verachtet, gemetzelt und juristisch am Rande zur üblen Nachrede über unfähige Serienmacher hergezogen. Objektivität, nein danke. Man kann doch wirklich nicht FÜR

ALLE FÄLLE FITZ oder DIE SOPRANOS gleichwertig mit GROSSSTADTREVIER oder SK KÖLSCH behandeln. Also: Ärgern Sie sich nicht, sondern lachen Sie mitleidig über den Deppen, der Jahre seines Lebens dafür geopfert hat, diese nicht immer leicht zugänglichen Informationen zusammenzutragen.

Martin Compart

This one is for
Richard Bradford
who transformed
a great tv-show
into cult.

A

A.S.

BRD 1995, 1997; 1 x 90 Min. u. 19 x 45 Min. u. 2 x 90 Min.; F

Alexander Stein (A.S.) .... Klaus J. Behrendt
Sonja Hersfeld .... Andrea Sawatzki
Kommissar Krüger .... Leonard Lansink
Anna Capelli .... Birke Bruck

➔ A.S. ist ein Junge aus dem Ruhrpott, der als Privatdetektiv in Berlin arbeitet. Die Klischeegeschichten überzeugen nicht und der Hauptdarsteller ist unfreiwillig komisch.

Nachdem Autor-Produzent Karl Heinz Willschrei das Konzept von E.S. Gardners Perry-Mason-Romanen für EIN FALL FÜR ZWEI modifiziert hatte, ließ er sich für A.S. durch die Matt-Scudder-Romane von Lawrence Block anregen: Er übernahm direkt die platonische Beziehung zwischen einer Edelnutte und dem Helden, der ohne Büro arbeitet. Eine SAT.1-Serie.

A-TEAM, DAS
The A-Team

USA 1983-87; 98 x 45 Min.; F

Hannibal Smith .... George Peppard
B.A. Baracus .... Mr. T
Templeton Peck .... Dirk Benedict
Mad Murdock .... Dwight Schultz
Colonel Lynch .... William Lucking
General Stockwell .... Robert Vaughn

➔ Die anscheinend von MARVEL COMICS-Teams wie THE FANTASTIC FOUR oder X-MEN inspirierte und von Frank Lupo und Stephen J. Cannell konzipierte Serie war in den achtziger Jahren einer der ganz großen Hits beim jugendlichen Publikum. Erzählt werden die Abenteuer einer Special-Forces-Einheit, die unschuldig von der Armee als Verbrecher verfolgt wird. Diese Truppe aus Spezialisten hilft in schönster Comicmanier überall armen, unschuldigen Menschen aus der Patsche. Dabei wird herumgeballert, was das Zeug hält, und alle paar Minuten gehen Autos und anderes zu Bruch. Die einzelnen Folgen schwanken zwischen idiotischen Plots und sinnlosen Stuntszenen. Den Produzenten dieser NBC-Serie kam es darauf an, soviel

Leonard Lansink und Klaus J. Behrendt in A.S.

A-TEAM: Mr. T, George Peppard, Dwight Schultz

Action wie möglich in die einzelnen Episoden zu packen. Zu allem Überfluß töten die Waffen des A-Teams nicht, was der Serie den Vorwurf der Gewaltverharmlosung einbrachte.
Ein Zusammentreffen besonderer Art brachte die Folge THE SAY UNCLE AFFAIR, in der Robert Vaughn mit einem Russen namens Ivan zusammenarbeitete, der von David McCallum gespielt wurde – eine Hommage an die Kult-Serie SOLO FÜR O.N.K.E.L.
Roman: Charles Heath (Pseudonym von Ron Renauld): The A-Team; Dell, 1984. Old Scores to settle; Dell, 1984. Operation Desert Sun; Dell, 1984. Small But Deadly Wars; Dell, 1984. Ten Percent of Trouble; Dell, 1984. When You Comin' Back, Range Rider?; Dell, 1984.

ABENTEUER DES ARSÈNE LUPIN, DIE

Le retour d'Arsène Lupin
F 1989-90; 8 x 90 Min.; F
Les nouveaux exploits d'Arsène Lupin
F 1994-95; 12 x 90 Min.; F
Arsène Lupin .... François Dunoyer
➔ Eine weitere Interpretation von Maurice Leblancs gallischem Mythos Lupin. Diese sorgfältige Produktion legte großen Wert auf stimmige Dekors der Belle Époque.

François Dunoyer als Arsène Lupin

ABENTEUER DES BOB MORAN, DIE

Les aventures de Bob Morane
F 1963-64; 26 x 25 Min.; sw
Bob Morane .... Claude Titre
Bill Ballantine .... Billy Kearns
➔ 1953 startete der in Ath geborene Autor und Weltenbummler Charles Dewisme unter dem Pseudonym Henri Vernes für den belgischen Verlag Marabout die Romanserie um den Journalisten und Weltenbummler Bob Morane. Morane ist eine Abenteurerfigur klassischen Zuschnitts, wie sie heute nicht mehr glaubwürdig wäre. Unbeschwert tobt er durch die Welt, immer auf der Suche nach Abenteuern und in Bedrängnis geratenen Menschen. Als typisches Kind der fünfziger Jahre ist Morane außerstande, die »Dritte Welt« als etwas anderes als einen Abenteuerspielplatz zu sehen oder die politischen Implikationen des endenden Kolonialismus wahrzunehmen. Mit kurzen Haaren und einem gequält humorvollen Freund – ein irischer Alkoholiker – steht Bob immer auf Seiten der Reaktion. Die Romanserie wurde sofort ein gigantischer Erfolg in der franko-belgischen Welt: Bisher wurden die mehr als 150 Romane in 14 Sprachen übersetzt und in 30 Millionen Exemplaren verbreitet. Im Zuge der Ausstrahlung der Fernsehserie durch die Regionalprogramme brachte der Ensslin Verlag Mitte der sechziger Jahre auch 19 Romane in deutscher Übersetzung heraus.
1959 begann eine ebenso erfolgreiche Vermarktung des »letzten Abenteurers« als Comic, der zu den angesehendsten und erfolgreichsten seiner Art gehört und bis heute von folgenden Zeichnern gestaltet wurde: Dino Attanasio, Gerald Forton, William Vance und Felicisimo Coria. 1998 wurde eine Zeichentrickserie nach den Comics als französisch-kanadische Koproduktion realisiert, die bei uns von

Super RTL erstausgestrahlt wird. Vielleicht weckt dies ein neues Interesse an dem franko-belgischen Superstar, und Arte beglückt die alten Fans mit einer Wiederholung der TV-Serie.

Der Erfolg der Bücher veranlaßte den französischen Sender Europe 1, Anfang der sechziger Jahre eine TV-Serie zu produzieren, die auf den kurzen Romanen basierte. Mit Claude Titre fand man einen Schauspieler, der dem Äußeren von Vernes Helden entsprach und auch großen Spaß an physischer Aktion hatte. Die für damalige Verhältnisse recht aufwendig gestaltete Serie wurde an exotischen Schauplätzen gedreht und ist ein Klassiker unter den TV-Serien. Der naive Charme der frühen sechziger Jahre mit allen bedenklichen politischen Tendenzen macht heute noch einen Teil ihres Reizes aus.

Literatur: Jacques Dieu: Bob Morane; Glenat, 1992.

Roman: Von 1965 bis 1968 erschienen im Ensslin & Laiblin Verlag, Reutlingen, 19 Romane in jeweiliger Erstauflage von 15.000 Exemplaren: 1. Der schwarze Pfeil. 2. Der Schmuck des Maharadschahs. 3. Im Tal der Brontosaurier. 4. Im Zeichen des Goldenen Drachen. 5. Der Tempel der Krokodile. 6. Der Piratenschatz. 7. Das Testament des Grafen Alfieri. 8. Die Göttin mit den grünen Augen. 9. Der Wüstenprinz. 10. Die indische Drossel. 11. Der Berg der Götter. 12. Orly, 12 Uhr 30. 13. Das Höllenfahrzeug. 14. Der Drache des Grafen Fenstone. 15. Die Perlenkette. 16. Die Blume des Schlafs. 17. Die versunkene Galeere. 18. Die Haifischlagune. 19. Der Teufel von Labrador.

Comic: In den sechziger Jahren erschienen mehrere Abenteuer, meist gekürzt, in dem Comic-Magazin ZACK und dem Comic-Taschenbuch ZACK PARADE. Dem Reiner Feest Verlag gebührt das Verdienst, einige der besten Morane-Geschichten bei uns veröffentlicht zu haben. Gerald Forton: Das Geheimnis der Zone Z (La mystère de la zone »z«, 1964); Feest, 1989. William Vance: Die Söhne des Drachens (Les fils du dragon; 1967); Feest, 1990. Opération Chevalier Noir (Opération chevalier noir; 1969); Feest, 1988. Die Puppen des Gelben Schattens (Les poupées de l'ombre jaune; 1970); Feest, 1989. Die 7 Bleikreuze (Les sept croix de plomb; 1970); Feest, 1989. Notlandung in Serado (Panne sèche à Sérado; 1972); Feest, 1988. Die Giganten von Mu (Les géants de Mu; 1973); Feest, 1988. Der Tempel der Dinosaurier (Le temple des dinosaures; 1974); Ehapa, 1991. Im Banne des Gelben Schattens (Les sortilèges du l'ombre jaune; 1975); Feest, 1989. Die Kugeln des Gelben Drachen (Les bulles de l'ombre jaune; 1976); Feest, 1990.

ABENTEUER DES HIRAM HOLLIDAY, DIE

The Adventures of Hiram Holliday

USA 1956-57; 26 x 25 Min.; sw

Hiram Holliday .... Wally Cox
Joel Smith .... Ainslee Pryor

➔ Weil er seine Zeitung vor einem hohen Schaden bewahrt hat, schickt der Verleger den kurzsichtigen Hiram Holliday auf eine Weltreise, bei der er in haarsträubende Abenteuer gerät.

Die erste Nachkriegsgeneration hing atemlos vor dem Bildschirm, wenn sich Wally Cox mit seinem Schirm fechtend durch diese Krimi-Comedy schlug. In vier Folgen spielt ein bartloser Sebastian Cabot den Gegenspieler M. Cerveaux, das »Gehirn der Unterwelt«. Die Serie basierte auf Kurzgeschichten von Paul Gallico und wurde von Philip Rapp für NBC produziert.

ABENTEUER VON SHERLOCK HOLMES, DIE

The Adventures of Sherlock Holmes

GB 1984-85; 13 x 50 Min.; F

Sherlock Holmes .... Jeremy Brett
Dr. John Watson .... David Burke

➜ Die bisher originalgetreueste Verfilmung der Holmes-Geschichten von Sir Arthur Conan Doyle – und die erfolgreichste. Michael Cox, der die Serie für Granada-TV produzierte, verkaufte sie in über 60 Länder. Allein aus Japan erhielt der Hauptdarsteller wöchentlich an die 1.000 Fan-Briefe. Für die Serie errichteten die Produzenten in Manchester einen Originalnachbau der Baker Street zur Zeit der Jahrhundertwende. Erstmals filmte ein Film- oder TV-Team Holmes' berühmten Sturz in die Reichenbachfälle am Originalschauplatz.
Literatur: Peter Haining: The Television Sherlock Holmes; W.H. Allen & Virgin, 1991. Granada Companion Vol. 1: A Sherlock Holmes Album; Karizzma, 1987.

ABENTEUER UNTER WASSER

Sea Hunt

USA 1957-61; 156 x 25 Min.; sw

Mike Nelson .... Lloyd Bridges

➜ Anfang der sechziger Jahre gehörten die Abenteuer des Tauchers Mike Nelson zu den beliebtesten Serien des Vorabendprogramms. Produziert wurde sie von dem späteren DAKTARI- und FLIPPER-Produzenten Ivan Tors. Er konnte die Serie bei keinem der großen Sender unterbringen, so daß er sie frei finanzieren mußte und gleich den lokalen Fernsehstationen anbot (Syndication). Bei CBS, NBC und ABC glaubte man nicht, daß die Abenteuer eines Tauchers, der die meiste Zeit der 25-Minuten Folgen unter Wasser war, das Publikum interessieren könnten. Welch ein Irrtum! Tors: »Angefangen haben wir damit, daß 25 Prozent jeder Folge im Wasser spielten. Aber die Leute kriegten nicht genug. Sie waren ganz scharf auf Unterwassergeschichten.« Jon Lindbergh, ein Sohn des legendären Atlantikfliegers, fungierte als marinetechnischer Berater und der freundliche McCarthy-Zeuge Lloyd Bridges hinterließ mit dieser Serie sein Vermächtnis – und nicht etwa mit seinen Nebenrollen in Filmklassikern wie ZWÖLF UHR MITTAGS (HIGH NOON). Mit Produktionskosten von 40.000 Dollar pro Folge gehörte die Serie zu den teuersten Halbstundenserien überhaupt. Ihre mythische Qualität zeigt sich auch darin, daß sie als erste Fernsehserie der Geschichte eingefärbt wurde, um sie neu vertreiben zu können.
Comic: FERNSEHABENTEUER: 29, 32, 37, 42, 47, 51, 56, 62, 79, 87, 93, 98, 105, 112, 116, 123, 129, 135, 141, 152; Neuer Tessloff Verlag, 1959-65. Zeichner war Russ Manning.

ACAPULCO H.E.A.T.

Acapulco H.E.A.T.

USA 1993-95; 46 x 45 Min.; F

Ashley Hunter-Coddington (1993) ... Catherine Oxenberg
Mike Savage (1993) .... Brendan Kelly
Mr. Smith (1993) .... John Vernon
Claudio (1993) .... Fabio
Tommy Chase (1995) .... Michael Worth
Catherine Avery »Cat« Pascal (1995) ... Alison Armitage
Nicole (1995) .... Lydie Denier
Joanna Barnes (1995) .... Christa Sauls

➜ Im Auftrag von Mr. Smith kämpfen drei Frauen und drei Männer als »Hemisphere Emergency Action Team« (H.E.A.T.) zwischen karibischen Stränden und südamerikanischen Metropolen gegen Terroristen und Verbrecher – und für das Gute. Getarnt sind sie als Modefotografen und deren Models. Dieselbe Tarnung für ihre Agenten benutzte schon die CBS-Serie COVER UP – MODE, MODELS UND INTRIGEN. Wer glaubt, DREI ENGEL FÜR CHARLIE sei an Dämlichkeit nicht zu überbieten, wird hier eines besseren belehrt. Wer braucht schon Drehbücher, wenn er gutgewachsene Bikini-Girls hat?

ACHTUNG KUNSTDIEBE

BRD 1979; 13 x 25 Min.; F

Peter Kohlhoff .... Wilfried Klaus
Gerd Wieland .... Heinz Baumann
Helga Sladkovicz .... Renate Schröter

➜ Zwei Reporter einer Illustrierten, Textautor Kohlhoff und Fotograf Wieland, arbeiten an einer Serie über spektakuläre Kunstdiebstähle. Der Chefredakteur engagiert als fachliche Hilfe die Kunstexpertin Sladkovicz.
Belanglose Journalistenserie von Reinfried Keilich (Buch) und Ulrich Stark (Regie), deren Lichtblick Renate Schröter ist.

ACHTUNG ZOLL
Opération trafics

BRD/F 1980; 42 x 25 Min. u. 6 x 45 Min.; F

Zivilfahnder Schmidt .... Edgar Bessen
Zollobersekretär .... Hubertus Petroll
Brinkmann .... Arnfried Lerche
Thomas Vanloo .... Peter Seum

➜ Das angebliche Höchstmaß an Authentizität dieser Kostproben der »alltäglichen Arbeit unserer Zollbeamten« garantierte jede Menge Langeweile und biedersten Beamtenstumpfsinn. Daß die Zollbehörden diesen Mist nach besten Kräften unterstützten, glaubt man nur zu gerne. Etwas besser sind die französischen Beiträge (mit Drehbüchern von Jacques Robert und Hélène Misserly und der Regie von Christian Jacques) dieser deutsch-französischen Gemeinschaftsproduktion, bei der fünf ARD-Sender sowie TF 1 jeweils 4-10 Folgen beigesteuert haben.

ADAM 12 – EINSATZ IN L.A.
The New Adam 12

USA 1989-90; 52 x 25 Min.; F

Officer Gus Grant .... Peter Parros
Officer Matt Doyle .... Ethan Wayne
Sergeant Harry Santos .... Miguel Fernandes

➜ Adam 12 ist die Bezeichnung für einen Streifenwagen in Los Angeles. Die Geschichten handeln von der täglichen Arbeit der beiden Besatzungsmitglieder.
Arthur L. Annecharico produzierte das Remake der Serie aus den späten sechziger Jahren, die von POLIZEIBERICHT-Erfinder Jack Webb konzipiert und produziert worden war und auf Akten der Polizei beruhte. Diesmal mit John Waynes jüngstem Sohn in einer Hauptrolle.

ADDERLY
Adderly

CAN 1986-88; 44 x 50 Min.; F

V.H. Adderly .... Winston Rekert
Melville Greenspan .... Jonathan Welsh
Major Jonathan B. Clack .... Ken Pogue
Mona Ellerby .... Dixie Seatle

➜ Agent Adderly wird wegen einer Verletzung nur noch auf scheinbar leichte Fälle angesetzt, die sich dann aber als doch nicht so einfach erweisen. Besonders sein Chef Greenspan, der Inbegriff eines Bürokraten, macht ihm das Leben schwer.
Konzipiert wurde die Serie von Elliott Baker, produziert in Toronto für CBS. »Humorige Agentenserie, glänzend gespielt«, meinte die *New York Newsday*.

ADELHEID UND IHRE MÖRDER

BRD 1992-93; 13 x 50 Min.; F

Adelheid Möbius .... Evelyn Hamann
Ewald Strobel .... Heinz Baumann

➜ Als Protokollführerin bei der Kripo gerät Adelheid in Mordfälle. Michael Baier schielte anscheinend nach Miss Marple, als er diese überflüssige ARD-Krimikomödie konzipierte.

ADELHEID UND IHRE MÖRDER: Evelyn Hamann

David Suchet als Hercule Poirot

AGATHA CHRISTIES HERCULE POIROT / HERCULE POIROT / AGATHA CHRISTIES POIROT

Agatha Christie's Hercule Poirot

GB 1989-91; 1 x 90 u. 29 x 50 Min.; F

Hercule Poirot .... David Suchet
Captain Hastings .... Hugh Fraser
Inspector Japp .... Philip Jackson
Miss Lemon .... Pauline Moran

➜ Viele von Agatha Christies 34 Romanen und 56 Kurzgeschichten über den belgischen Eierkopf und Meisterdetektiv Poirot wurden für Film und TV bearbeitet (Mrs. Christie selbst besaß nie ein Fernsehgerät), aber wenige so sorgfältig wie für diese Serie der Produktionsfirma ITV. David Suchet wurde durch die in den dreißiger Jahren spielende Serie, die durch ihre Ausstattung besticht, der erfolgreichste Poirot-Darsteller aller Zeiten: Die Folgen wurden in über 40 Länder verkauft und ITV konnte mit ihr an den Welterfolg ihres Klassikers ABENTEUER DES SHERLOCK HOLMES anschließen.

Roman: Agatha Christies Werk liegt komplett in deutscher Übersetzung vor. Die meisten Titel sind im Scherz Verlag erschienen.

AGENTEN HABEN'S SCHWER

Les chevaliers du ciel

F 1967-69; 39 x 25 Min.; F

Michel Tanguy .... Jacques Santi
Ernest Laverdure .... Christian Marin

➜ Die beiden französischen Luftwaffenpiloten Tanguy und Laverdure geraten immer wieder in Abenteuer mit feindlichen Agenten.

Eine TV-Adaption des berühmten Flieger-Comics von Jean-Michel Charlier und Albert *Asterix* Uderzo, die 1959 für das Magazin *Pilote* erfunden wurde. Später zeichnete Jijé die Serie und gab den Comicfiguren die Gesichter der Fernsehstars. Nach seinem Tod übernahm der Zeichner Patrick Serres. Regie führte François Valliers. Bei uns sind lediglich vier Folgen im ARD-Vorabendprogramm gelaufen, da man sich Anfang der siebziger Jahre mit der militaristischen Botschaft der Serie schwer tat.

Comic: Die letzten deutschen Veröffentlichungen erschienen bei Carlsen und Splitter.

AGENTIN MIT HERZ

Scarecrow and Mrs. King

USA 1983-87; 88 x 45 Min.; F

Amanda King .... Kate Jackson
Lee Stetson .... Bruce Boxleitner
Dotty West .... Beverly Garland
Billy Melrose .... Mel Stewart
Philip King .... Paul Stout
Jamie King .... Greg Morton
T.P. Aquinos (1986-87) .... Raleigh Bond
Dr. Smyth (1986-87) .... Myron Natwick

➜ Von Brad Bucker und Eugene Ross-Lenning konzipierte komödiantische Spionageserie um eine Hausfrau, die unfreiwillig in Spionagefälle verwickelt wird und sich dabei so gut bewährt, daß sie von Zeit zu Zeit mit dem Profi-Agenten Stetson eingesetzt wird. Ex-ENGEL Kate Jackson war bei dieser voll auf sie zugeschnittenen Serie Koproduzentin und überwachte Regie und Drehbuch. Während der Produktionszeit war sie die bestbezahlte Frau des amerikanischen Fernsehens. Diese mit leichter Hand gemachte Agentenserie besticht trotz gelegentlich hirnrissiger Drehbücher durch Selbstironie. Tatsächlich war sie CBS' Gegenstück zum besser gemachten REMINGTON STEELE von NBC, von dem sie die Grundstimmung übernahm. Zu den *Executive Producers* gehörte auch Juanita Bartlett von DETEKTIV ROCKFORD – ANRUF GENÜGT.

Kate Jackson, Bruce Boxleitner in AGENTIN MIT HERZ

AIR AMERICA
Air America

USA 1998- ; x 45 Min.; F

Rio Arnett .... Lorenzo Lamas
Wiley Ferrell .... Scott Plank
Alison Stratton .... Diana Barton
Edward Furman .... Gary Wood
Secretary Morales .... Ismael Carlo
Dominique .... Shauna Sand-Lamas

➔ Rio Arnett ist Stationschef der Fluggesellschaft »Air America« in Costa Perdida, einem südamerikanischen Kleinstaat, der von paramilitärischen Truppen kontrolliert wird. Unterstützt wird Rio von seinem Kumpel Wiley, einem Kommunikationsexperten. Die Kunden zieht Alison Stratton an Land. Aber das ist natürlich nur die halbe Wahrheit: Undercover arbeitet Rio als Agent der CIA (wer würde das wohl beim Namen der Flugfirma vermuten?). Denn Rio sieht zwar aus wie ein Mechaniker oder Vorstadtgigolo, doch er ist ein hervorragender Pilot, Sprengstoffexperte und Stratege. Egal, ob er mit einem Kampfhubschrauber zu einer Rettungsaktion abhebt oder eingreift, wenn es unter den lokalen Machthabern mal wieder knallt: Er hat alles immer voll im Griff – und alle Frauenherzen selbstverständlich auch!

Der ehemalige Grateful-Dead-Filmer und SIMON & SIMON-Erfinder Philip DeGuerre hat diese mäßig intelligente Action-Serie konzipiert und produziert, in Zusammenarbeit mit Franklin/Waterman Worldwide Inc., SAT.1 und Beta Film. Sein Hauptdarsteller, der extra für die Serie einen Flugschein erworben hat, ist ziemlich begeistert: »In keiner anderen Serie seit BUCK ROGERS in den fünfziger Jahren spielten Fluggeräte eine so wichtige Rolle. An einem Tag drehten wir mit einem Kampfhubschrauber Cobra, mit einem Hughes 500B und mit einem Transportflugzeug, wie man sie in Vietnam gesehen hat. Ich saß im Cobra. Während meiner ganzen Karriere habe ich noch nie einen so befreienden Moment erlebt. Das Gefühl des Fliegens, dazu die tropische Umgebung, in der sich Spione, Drogen- und Waffenhändler und schöne Frauen, darunter meine Frau, herumtreiben. Ich bin der glücklichste Mann der Welt ...« Wer braucht da noch Drehbücher?

AIRWOLF
Airwolf

USA 1984-86; 1 x 90 Min. u. 79 x 45 Min.; F

Stringfellow Hawke .... Jan-Michael Vincent
Dominic Santini .... Ernest Borgnine
Michael Coldsmith Briggs, »Archangel« ... Alex Cord
Marella .... Deborah Pratt
Dr. Moffett .... David Hemmings

➔ Donald P. Bellisario konzipierte die spannenden, actionbetonten Agentenabenteuer um einen Ex-Vietnampiloten, seinen Mechaniker-Freund und einen Superhubschrauber, die für einen US-Geheimdienst die Feinde Amerikas bekämpfen. Bellisario produzierte diese Kalte-Kriegs-Serie für Universal und CBS. David Hemmings, der den bösen Antagonisten spielte, schrieb selbst einige Folgen und führte auch Regie beim Pilotfilm. Vincent und Borgnine sind hervorragend und die meisten Fol-

AIRWOLF: Jan-Michael Vincent als Stringfellow Hawke

gen spannend und mitreißend dank guter Actionszenen und glaubwürdigen Schauspielern. Die Charakterisierung der Figuren ist so gelungen, daß sie über die manchmal unangenehm vereinfachten politischen Botschaften hinwegtröstet.
Eine NEW AIRWOLF-Serie, in der Hawkes Bruder die Hauptrolle spielte, brachte es nur auf eine Staffel. Peinlich und blöde wirkten manchmal die Sets: wenn zum Beispiel ein Nadelwald als Dschungel von Laos verkauft wurde.
1984 war das große Jahr der Hubschrauber: Nach dem Erfolg des Kino-Films DAS FLIEGENDE AUGE (BLUE THUNDER) brachten alle Sender eine Hubschrauber-Serie: ABC hatte DAS FLIEGENDE AUGE, NBC kam mit TRIO MIT VIER FÄUSTEN heraus.

AKTE X
The X-Files

USA/CAN 1993- ; x 50 Min.; F

Fox Mulder .... David Duchovny
Dana Scully .... Gillian Anderson
Director Walter Skinner (1994-) ... Mitch Pileggi
Mr. X (1994-96) .... Steven Williams

➜ Zwei FBI-Agenten untersuchen ungeklärte Fälle mit übernatürlichem Hintergrund und stoßen dabei regelmäßig auf UFOs und parapsychologische Phänomene. Zusätzlich scheinen Kräfte in der Administration ihnen Steine in den Weg zu legen. Geheimnisvolle Mächte sind am Werk, um die Macht über unsere Zivilisation zu übernehmen. Oder haben sie sie schon übernommen?

Die von Chris Carter für FOX entwickelte Mystery-Serie wurde nach der ersten Saison zu einem Überraschungshit und mit ihrem paranoiden Grundton eine der erfolgreichsten TV-Serien der neunziger Jahre. Um sie entwickelten sich *Fandom* und Merchandisingaktivitäten, wie es sie sonst nur bei STAR TREK gibt. »Die Menschen haben ihr Vertrauen in das System verloren«, sagt Carter und erklärt damit zugleich den Erfolg seiner Serie AKTE X, in der Außerirdische und korrupte Politiker für den Zivilisationsverfall verantwortlich gemacht werden. Tatsächlich reflektieren Carters Serien AKTE X und MILLENNIUM eine negative Weltsicht, die noch über MIAMI VICE hinausgeht. Carters Serien konterkarieren den dümmlichen Optimismus von STAR TREK oder die oberflächliche »Konsumiert-nett-miteinander«-Philosophie von BAYWATCH.
Carter ist mit AKTE X gelungen, was der amerikanische Bestsellerautor Dean R. Koontz seit Jahrzehnten erfolgreich in der Literatur betreibt. Nämlich sogenannte *Cross-overs*, in denen verschiedene Genres miteinander zu einer neuen Einheit verbunden werden. Bei AKTE X verbindet Carter Krimielemente mit Horror und Science Fiction auf eine bisher im Fernsehen nicht gesehene Weise. Für den alten Crack Koontz, der von so mancher Fernsehproduktion Tantiemen einfordern könnte, ist das natürlich ein alter Hut.
Literatur (Auswahl): David Bassom: Anderson & Duchovny; VGS, 1997. Ngaire Genge: Die Wahrheit über Akte X; Heyne, 1996. Jane Goldman: Die wahren X-Akten. Das Buch der unerklärlichen Phänomene Bd. 1; VGS, 1996. Das Buch der unerklärlichen Phänomene Bd. 2; VGS, 1997. Suzanne Harper: Akte X Field Guide; VGS, 1997. Roland Heep/Jörg Alberts/Kai Krick: Die X-Akten: Daten, Fakten; Heel, 1996. Doris Holmes: Gillian Anderson; VGS, 1997. Jane Killick: Von A-Z: Das offizielle Lexikon; VGS, 1997. Brian Lowry: Das offizielle Kompendium, Bd. 1-3; VGS, 1996-97. Paul Mitchell: David Duchovny; VGS, 1997. Chris Nickson: David Duchovny. Der X-Faktor; Heyne, 1997.
Roman (Auswahl): Kevin J. Anderson: Ground Zero; 1996. Ruinen; 1996. Antikörper; 1997. Terry Bisson: Der Wunderheiler; 1998. Eric Elman:

AKTE X: Gillian Anderson und David Duchovny

Unsere kleine Stadt; 1997. Charles Grant: Lebende Schatten; 1995. Wirbelsturm; 1995. Les Martin: Gezeichnet; 1995. Der Kokon; 1995. Der Zirkus; 1995. Blut; 1996. Das Nest; 1996. Die Maschine; 1997. Täuschungsmanöver; 1997. Krieg der Koprophagen; 1997. Verseucht; 1998. Garth Nix: Heilige Asche; 1997. Everett Owens: Unruhe; 1998. Easton Royce: Energie; 1997. Das Experiment; 1998. Ellen Steiber: Verwandlungen; 1996. Blitzschlag; 1996. Eve; 1997. Höllengeld; 1998. Groteske; VGS 1998. Schatten; 1998. Quentin Thomas: Die Kolonie; 1998. Seilbahn zu den Sternen; 1998. Alle bei VGS; Taschenbuchausgaben erscheinen bei Knaur und Wunderlich.
Comic: Akte X – Die unheimlichen Fälle des FBI, Nr. 1- ; Carlsen, 1996. Akte X; Nr. 1- ; Feest Comics im Ehapa Verlag, 1997- . Akte X – Das Comic-Magazin, Nr. 1- ; Carlsen, 1998- .

ALARM

BRD 1972-73; 13 x 25 Min.; F

Björnström .... Karl Lange
Tjatin .... Jörg Pleva
Ottone .... Erik Schumann

➜ Leicht futuristisch angehauchte Thrillerserie nach einer Idee von Frederick Vester, in der Spezialisten unter der Leitung von Karl Lange gegen die Isis-Gruppe des bösen Eric Schumann kämpfen. In einer Nebenrolle ist Jürgen Prochnow zu sehen.

ALARM FÜR COBRA 11 – DIE AUTOBAHNPOLIZEI

BRD 1996- ; x 50 Min.; F

Frank Stolte (1996) .... Johannes Brandrup
Semir Gerkhan .... Erdogan Atalay
André Fux (1997-99) .... Mark Keller
Tom Kranich (1999-) .... René Steinke
Katharina Lamprecht (1996-97) ...... Almut Eggert
Regina Christmann (1997) .... Nina Weniger
Charlotte Schwab .... Anna Engelhardt
Carina Wiese .... Andrea Schäfer

➜ Mord, Raub und Entführung gehören zum Alltag des Autobahnpolizeireviers Cobra 11, einer kleinen, aber schlagfertigen Sondereinheit der Kriminalpolizei.
RTL gelang mit dem Pilotfilm der beste Serienstart des deutschen Privatfernsehens mit 10 Millionen Zuschauern. Der Erfolg der uninteressanten Geschichten liegt wohl in den vielen Autostunts begründet, die neue Maßstäbe im deutschen Fernsehen setzten.
Pro Folge wirft man insgesamt 500.000 DM hinaus; das meiste für die Stunts des Action-Spezialisten Hermann Joha, um so ein Mantafahrerpublikum an die Mattscheibe zu binden.
Mark Keller hatte die Hauptrolle von Brandrup übernommen und stieg nach 36 Folgen aus. Die Serie lebt von ihren spektakulären Action-Szenen. Möglich wird das vor allem durch den verstärkten Einsatz digitaler Tricktechniken. Dafür nutzt man auch Knowhow aus Übersee. Besonders aufwendige Effekte entstehen in den Computern der amerikanischen Firma Dreamscape in Hollywood, die auch die Tricks für INDEPENDENCE DAY und GODZILLA kreierten. Bis 1999 »verbrauchte« die Serie rund 400 Autos, die anschließend in die Schrottpresse wanderten.

ALARM IM HAFEN

Harbor Command

USA 1957-58; 39 x 25 Min.; sw

Captain Ralph Baxter .... Wendell Corey

➜ Herbert L. Strock produzierte und inszenierte diese Serie über die Arbeit der Hafenpolizei. Hollywoodstar Corey war einer der ersten Filmschauspieler, die in TV-Serien spielten. Als Captain Baxter kämpft er gegen Schmuggler, Drogenhändler und Mörder. Die Musik ist von Albert Glasser, die Drehbücher schrieben Vincent Forte und Leo Handel. Die Serie wurde direkt für den *Syndication*-Markt hergestellt.

ALEXANDER ZWO

BRD 1972; 6 x 75 Min.; F

Mike Friedberg .... Jean-Claude Bouillon
Sonja .... Marina Malfatti
Schubert .... Alfons Höckmann
Semmerling .... Konrad Georg
Lopez .... Nicolas Vogel
Wellbridge .... Carl-Heinz Schroth
Sarah Baxter .... Nicole Heesters
Anthony Baxter .... Peter Pasetti
Klaus Müller .... Hansjörg Felmy
Maud .... Charlotte Kerr u.a.

➜ Held und zugleich Jäger und Gejagter des Sechsteilers von Oliver Storz (Buch) und Franz Peter Wirth (Regie) ist der Deutschamerikaner Mike Friedberg, der nach dem mysteriösen Tod seines Vaters dessen Münchener Firma übernehmen soll. Bald merkt er, daß ihm jemand nach dem Leben trachtet – die Firma arbeitet nämlich im Auftrag der NATO an einem neuen chemischen Verfahren – und nimmt den Kampf auf. Nach einer Einschaltquote von 61 Prozent bei der ersten Folge sank das wirre und wenig überzeugende Agentenspiel auf 40 Prozent ab. Keine Straßenfegerqualitäten, was vielleicht am zu episodischen Aufbau lag, der die *Cliffhanger*-Spannung unterlief.

ALEX III – DER SCHNÜFFLER MIT DER GOLDENEN NASE

Staying Afloat

USA 1993; 3 x 90 Min.; F

Alexander Turnbull Hollingsworth III ... Larry Hagman
Ed Smith .... Gregg Henry
Ryder .... Eric Christmas

➜ Weil er enterbt worden ist, will der Millionär Alex III seinem Leben gerade ein Ende setzen, als der Polizist Ed Smith ihm anbietet, im Gegenzug für seine Mithilfe bei Kriminalfällen im Milieu der Superreichen seinen verschwenderischen Lebensstil weiter zu finanzieren. Als ausführender Produzent hat sich Hagman diese Flop-Serie auf den Leib schreiben lassen.

ALFRED HITCHCOCK ZEIGT

Alfred Hitchcock presents

USA 1955-65; 260 x 25 Min. u. 102 x 45 Min.; sw

➜ Die vielleicht berühmteste Krimi-Anthologiereihe des Fernsehens, deren einzelne Folgen meistens auf den besten Kurzgeschichten angesehener Krimiautoren wie Roald Dahl, Cornell Woolrich, Stanley Ellin u.a. basierten. Der besondere Gag der Serie war die Anfangssequenz, in der Hitchcock, der auch bei 20 Folgen selbst Regie führte, eine witzig-makabre Einführung in die Geschichte gab.
Für die Neuverfilmung dieser Reihe wurden diese Hitchcock-Einführungen eingefärbt. Zu den zahlreichen Gaststars zählten Joseph Cotton, John Cassavetes, Charles Bronson, Vincent Price, Peter Lorre, Walter Matthau, Steve McQueen (zweimal), Robert Morley, Burt Reynolds u.a. Regie führten Robert Altman, William Friedkin, Sydney Pollack und Stuart Rosenberg u.a. Einige der besten Folgen wurden von Hitchcock selbst inszeniert und sind echte Klassiker, die man leider äußerst selten zu sehen bekommt. Die Anthologie-Show wurde 17mal für den Emmy nominiert und zweimal ausgezeichnet.
Hitchcock war Alleineigentümer der Serie und tauschte die Rechte zusammen mit den Rechten an PSYCHO gegen 150.000 Aktienanteile an MCA, was ihn zum viertgrößten Aktionär des Medienkonzerns machte.
Literatur: Frank Arnold: Du hast nur 23 Minuten – Alfred Hitchcocks Fernseharbeiten. In: Lars-Olav Beier/Georg Seeßlen (Hg.): Alfred Hitchcock. film: 7; Bertz, 1999. John McCarty/Brian Kelleher: AH Presents; New York, 1985. Francis Nevins Jr./Harry Greenberg: Meisterhaft mörderisch. Meine 20 besten verfilmten Geschichten; Bastei-Lübbe, 1987.

ALICE AUF DER FLUCHT

BRD 1998; 3 x 90 Min.; F

Alice Mancini .... Claudia Messner
Mario Mancini .... Roberto Alpi
Vittorio Mancini .... Andrea Prodan
Luigi Mancini .... Paolo Bonacelli
Konetzka .... Dirk Galuba
Ingrid .... Karin Baal

Alfred Hitchcock präsentiert ALFRED HITCHCOCK ZEIGT

➔ Eine junge Frau wird durch die Heirat mit einem italienischen Diplomaten Mitglied eines scheinbar ehrenwerten und einflußreichen Familienclans. Doch durch eine raffinierte Intrige gerät sie unter Mordverdacht, und es beginnt eine langweilige Jagd durch Europa.
Ein mieser SAT.1-Kimble-Verschnitt, fast so langweilig wie ein Mehrteiler von Dr. Dieter Wedel. Regie führte Axel de Roche, das Buch stammte von Friedemann Schulz. Als Produzent verantwortlich ist der unsympathische Talk-Show-Moderator Hubertus Meyer-Burckhardt, ein Großmeister der Platitüde und des peinlichen Schleims.

ALIEN NATION

Alien Nation

USA 1989-91; 5 x 90 Min. u. 23 x 45 Min.; F
Detective Matthew Sikes .... Gary Graham
Detective George Francisco .... Eric Pierpoint
Susan Francisco .... Michelle Scarabelli
➔ Die Abenteuer zweier Cops aus der nahen Zukunft (hier 1995), in der Außerirdische mit Menschen zusammenleben. Was die beiden von anderen Duos unterscheidet, ist Detective Franciscos Herkunft: Er ist nämlich ein Alien. Das ermöglicht der Serie neben manchmal futuristisch angehauchten Krimistories Stellungnahmen für Toleranz und gegen Rassismus.
Diese SF-Cop-Serie basiert auf dem gleichnamigen Kinofilm von 1988 mit James Caan. Produziert wurde sie von Kenneth Jonson für das FOX-Network, das mit dieser Serie wieder einmal neue Wege ging.
Literatur: Ed Gross: Alien Nation Companion; 1989.

ALLEIN GEGEN DIE MAFIA

La piovra

1. Staffel
I 1984; 6 x 60 Min.; F
Corrado Cattani .... Michele Placido
Titti Pecci .... Barbara de Rossi
Else Cattani .... Nicole Jamet
Paola Cattani .... Cariddi Nardulli
Don Manfredi .... Flavio Bucci
Cirinna .... Angelo Infanti
Altero .... Renato Mori

→ Auf Sizilien ist der Polizeichef ermordet worden. Cattani, Kommissar aus Mailand, wird zu seinem Nachfolger ernannt. Während seines Kampfes gegen die Mafia wird seine Tochter entführt, und seine Geliebte begeht Selbstmord.
Produziert wurde diese Miniserie, mit der die Italiener erstmals international erfolgreich gegen ausländische Serien antraten, von RAI, Telecip, Taurus, C4 und Escort Cine TV. Die von Ennio De Concini geschriebene und von Damiano Damiani zur Musik von Ennio Morricone inszenierte erste Staffel wurde ein Welterfolg. Die psychologisch überzeugende und politisch realistische Geschichte über die ungeheure Macht der Mafia war für den TV-Kritiker des englischen *Daily Telegraph* die intelligenteste und realistischste Krimiserie des Jahres 1985.

2. Staffel

I 1985; 5 x 60 Min.; F

Cattani .... Michele Placido
Terrasini .... François Perier
Olga .... Florinda Balkan
Laudeo .... Paul Guers
Else .... Nicole Jamet
Cannito .... Jacques Dacqmine
Ravanusa .... Geoffrey Copleston
Carrisi .... Martin Balsam

→ Ex-Kommissar Cattani hat im Kampf gegen die Mafia resigniert. Doch dann wird in Rom der Staatsanwalt, der den Entführungsfall von Cattanis Tochter bearbeitet, ermordet, und auf Sizilien wird der Bankier Ravanusa tot aufgefunden. Cattani gerät unter Mordverdacht und wird von einem Geheimdienstbeamten gezwungen, sich als Mafioso auszugeben.
Diesmal beschäftigte sich Autor de Concini mit den politischen Verbindungen der Mafia in Rom und ihren internationalen Geschäften. Auch die zweite Staffel, bei der Florestano Vancini Regie führte, konnte überzeugen.

3. Staffel

I 1986; 6 x 60 Min.; F

Cattani .... Michele Placido
Giulia Antinari .... Giuliana de Sio
Abt Lovano .... Francisco Rabal
Anna Antinari .... Maria Laforet
George Venturi .... Luigi de Filippo
Carlo Antinari .... Pierre Vaneck
Laudeo .... Paul Guers
Terrasini .... François Perier
Teno .... Remo Girone

→ Cattani hat im Kampf gegen die Mafia Frau, Geliebte und Kind verloren und versucht nun, im Kloster sein seelisches Gleichgewicht wiederzufinden. Ein amerikanischer Agent überredet ihn, gegen die Drahtzieher des internationalen Waffenhandels zu ermitteln.
Die dritte Staffel, nach dem Buch von de Concini von Luigi Perelli inszeniert, trieft nur so vor italienischer Sentimentalität und Pathos (die gemildert auch in den ersten Serien zu spüren waren). Diesmal werden die Waffen- und Bankgeschäfte der Mafia und ihre Verbindungen zu den Logen telegerecht aufbereitet. Regisseur und Hauptdarsteller wurden von der italienischen Fernsehkritik für diese wenig überzeugende Fortsetzung 1987 ausgezeichnet.
Der weinerliche Hauptdarsteller, der mit der Serie kurzfristig zum Weltstar aufgestiegen war, machte vor allem durch in den Medien breitgetretene Frauengeschichten und seine Angst vor der Mafia von sich reden. Trotz des Erfolges wollte er keine vierte Staffel drehen und entblödete sich nicht, öffentlich gegen die Entscheidung der Produzenten zu polemisieren, die seinen Bruder zu seinem Nachfolger bestimmt hatten. Dieser bekam die Rolle schließlich aber doch nicht, weil es sich Placido noch einmal anders überlegt hatte.

4. Staffel

I 1989; 6 x 100 Min.; F

Cattani .... Michele Placido
Silvia Conti .... Patricia Millardet
Ester Ras .... Simona Cavallari
Tano .... Remo Girone
Filippo Rasi .... Claude Rich
Salvatore Frolo .... Mario Adorf
Ernesto .... François Marthouret
Antonio Espinosa .... Bruno Cremer

→ Cattani, der seit einigen Jahren zurückgezogen in Mailand lebt, wird bei der Aufklärung eines Mordfalls erneut in den Kampf gegen die Mafia hineingezogen. Der skrupellose Banker Tano versucht, im Auftrag der Mafia eine internationale

ALLEIN GEGEN DIE MAFIA: Michele Placido als Cattani

Versicherungsgruppe zu übernehmen und macht zudem Geschäfte mit radioaktivem Müll. Cattani wird von der Richterin Silvia Conti unterstützt, aber am Ende der Staffel ermordet.
Das Buch schrieben Sandro Petraglia und Stefano Rulli, Regie führte wieder Luigi Perelli. Es wurde eine alternative letzte Szene gedreht, in der Cattani überlebt, falls es sich Hauptdarsteller Placido bis zur Erstausstrahlung noch anders überlegen und weiter drehen würde. Er tat es nicht.

5. Staffel

I 1990; 5 x 105 Min.; F

Davide Licata .... Vittorio Mezzogiorno
Silvia Conti .... Patricia Millardet
Tano Cariddi .... Remo Girone
Antonio Espinosa .... Bruno Cremer
Maria Cariddi .... Ana Torrent
Bruder Gillo .... Gottfried John
Giovanni Linori .... Luigi Pistilli
Giacomo Carta .... Orso Maria Guerrini

→ In Sizilien wird der Sohn der einflußreichen Mafia-Familie Linori von einem amerikanischen Killer ermordet. Richterin Conti verfolgt den Mörder bis in die USA. Gleichzeitig wird der ehemalige Polizist Licata als Hausangestellter in die Familie Linori eingeschleust.
Für Buch und Regie war das Team der vierten Staffel zuständig. Mit 15 Millionen Zuschauern und einer Einschaltquote von 54,3 Prozent stellte diese Staffel einen neuen Rekord in Italien auf.

6. Staffel

I 1992; 6 x 100 Min.; F

Davide Licata .... Vittorio Mezzogiorno
Silvia Conti .... Patricia Millardet

Tano Cariddi .... Remo Girone
Amadei .... Ferrucio de Ceresa
Ribeira .... Xavier Deluc
Milos .... Siegfried Lowitz

➔ Licata arbeitet mit Amadei, dem Chef einer Anti-Mafia-Truppe zusammen. In Afrika entdekken sie Cariddi und bewegen ihn zu einem riskanten Doppelspiel gegen zwei Mafia-Bosse, die um die Eroberung des osteuropäischen Drogenmarktes kämpfen.

Vor den Dreharbeiten zur sechsten Staffel kam es zu einem Skandal: Politiker wollten im Einvernehmen mit dem Direktor der RAI weitere Folgen der Serie unterbinden. Schützenhilfe bekam die italienische Politik, die bekanntlich tief mit der Mafia verbunden ist, aus Bonn, wo Bundeskanzler Helmut Kohl gesagt haben soll: »Die Mafia macht Italien untragbar für Europa«. In geradezu sophistischer Reaktion wollten die Politiker das Abbild der Realität verbieten, um den internationalen Druck von den realen Verhältnissen zu nehmen. Nach einer Protestaktion der Zuschauer wurde doch weitergedreht. Aber das Drehbuch wurde entschärft: »Es muß alles milder, fictionmäßiger sein«, entschuldigte die RAI das Vorgehen.

Vittorio Mezzogiorno starb im Januar 1995 im Alter von 52 Jahren an einem Herzanfall.

7. Staffel

I 1995; 6 x 90 Min.; F

Silvia Conti .... Patricia Millardet
Saverio Bronta .... Ennio Fantastichini
Gräfin Olga Camastra .... Florinda Bolkan
Kommissar Gianni Breda .... Raoul Bova
Giulia Altofonte .... Anita Zagaria
Ramonte .... Rolf Hoppe

➔ Richterin Conti schafft es, die Paten vor Gericht zu bringen. Diesmal schrieben Umberto Contarello, Andrea Porporati und Alessandro Sermoneta die Drehbücher, Regie führte wieder Luigi Perelli.

Während eines Staatsbesuches in Moskau ließ der dubiose Ministerpräsident Berlusconi verlauten: »Es ist die Schuld von Filmen wie ALLEIN GEGEN DIE MAFIA, daß das Image Italiens für immer ruiniert ist. Ich hoffe, es wird keine weiteren Filme dieser Art geben. Zudem rufe ich alle mündigen Bürger auf, solche Filme nicht anzusehen.« Während die siebte Staffel in Italien ausgestrahlt wurde, versuchte Berlusconi, nunmehr Ministerpräsident, der Serie den Garaus zu machen: »Mittlerweile scheinen die Macher resigniert zu haben. Regisseur Perelli warf das Handtuch. Produzent Silva ebenfalls, die neuen Autoren sind bereit, zu Berlusconi überzuwechseln. Berlusconi liegt mehr denn je daran, an die Rechte zu kommen. Denn Drehbuch Nr. 8 sieht den Auftritt eines großen italienischen Unternehmers vor, der große Interessen bei TV und Verlagen verfolgt und gute Kontakte zur Mafia hat.« (*Gong* Nr. 11/1996)

Die Serie wurde in über 70 Länder verkauft und ist die erfolgreichste italienische TV-Produktion aller Zeiten.

Roman: Marco Nese: Il Commissario – Allein gegen die Mafia (La piovra IV); Goldmann, 1989.

ALLES PALETTI

BRD 1990; 8 x 75 Min.; F

Oscar Leo Stoll .... Rolf Becker
Peterich .... Wolf-Dietrich Berg
Gabi .... Olga Strub
Laura .... Cathrin Vaessen
Hansi .... Friedrich-Karl Praetorius

➔ Ein Versuch des Südwestfunks, *White collar*-Kriminalität zu thematisieren. »Mit Witz und Charme, zuweilen auch jenseits der Legalität, spürt die Wirtschaftsdetektei Prokura Betriebsspionen, Versicherungsbetrügern, Inkasso-Gaunern und Erpressern hinterher. [...] Mit spielerischer Ironie zeigt die Serie, wie angreifbar eine Gesellschaft des Fortschritts ist. Und am Ende ist es zumeist fast wie im richtigen Leben: Die Kleinen schnappt man, die Großen behalten ihre weiße Weste. Vergiftete Schlüsse nennen das die Macher«, schrieb der *Gong* in Nr. 28/1990.

ALLES SCHÖN UND RECHT

Sweet Justice

USA 1994; 22 x 45 Min.; F

Kate Delacroy .... Melissa Gilbert
Carrie Grace Battle .... Cicely Tyson
James-Lee Delacroy .... Ronny Cox
Bailey Connors .... Jason Gedrick
Andy DelSarto .... Greg Germann
Reese Daulkins .... Cree Summer

DER ALTE: Siegfried Lowitz als Kommissar Köster

Ross A. Ross .... Jim Antonio
Anne Foley .... Megan Gallivan

➜ Als Star einer New Yorker Anwaltskanzlei kehrt die Anwältin Kate Delacroy in ihre Heimatstadt im Süden der USA zurück und trifft dort Carrie Grace Battle, eine Freundin ihrer verstorbenen Mutter und bekannte afro-amerikanische Anwältin, die berühmt für ihre Bürgerrechtsfälle ist. Kate tritt als Partnerin in Graces Firma ein. Spezialisiert auf Bürgerrechte, sorgen die Frauen mit viel sozialem Gewissen unermüdlich für Gerechtigkeit.
John Romano konzipierte die Serie, die an die gesellschaftsrelevanten Serien der sechziger Jahre erinnert, für NBC.

ALTE, DER

BRD 1977- ; x 60 Min.; F
Erwin Köster (1977-85) .... Siegfried Lowitz
Leo Kress (1986-) .... Rolf Schimpf
Gerd Heymann .... Michael Ande
Martin Brenner (1977-1992) .... Jan Hendricks
Henry Johnson (1986-97) ... Charly Muhamed Huber
Axel Richter (1997-) .... Pierre Sanoussi-Bliss

➜ Eine der großen ZDF-Freitagskrimiserien aus eigener Produktion. Sie erzählt die Abenteuer eines alten, gewieften Münchener Kriminalpolizisten und seines Teams. Anfangs geriet die Serie – bei einer der ersten Folgen führte der französische Gangsterfilmspezialist José Giovanni Regie – wegen der bis dahin ungewohnt zynischen Darstellung der Polizei, die sich rücksichtslos über geltendes Recht hinwegsetzte, ins Kreuzfeuer der Kritik. »Dieser knorrige Typ, der so bedenkenlos das Recht bricht, lädt ein zur Identifikation. [...] Angesichts der allgemeinen Terroristenfurcht mag das eine populäre Botschaft sein, doch scheint sie geeignet, dem Polizeistaat mit Faustrecht und Selbstjustiz psychologisch den Weg zu bereiten. Mit der künstlerischen Freiheit, auf die sich der Produzent Ringelmann beruft, hat das nichts zu tun«, meinte Hans C. Blumenberg in *Die Zeit* Nr. 21/1977. Die Serie wurde schnell glattgebügelt und ist trotz stärkerer Actionmomente als etwa bei DERRICK eine typische deutsche Krimiserie. Außergewöhnlich war das Ende des ersten »Alten«: 1986 wurde die Lowitz-Figur in der 100. Folge, ZWEI LEBEN, erschossen. Die neuen Folgen mit Rolf Schimpf in der Titelrolle zeigen die Serie als noch stärker an die alten Krimi-Muster angeglichen, da hilft auch kein schwarzer Assistent als Farbtupfer. Trotzdem gelingen ihr gelegentlich überraschende Folgen, in denen Produzent Helmut Ashley und seine Crew neue Wege versuchen, ohne die Genregrenzen zu durchbrechen. 1997 stieg Huber im Krach aus und wurde durch Sanoussi-Bliss ersetzt. Am 19. November 1999 lief die 250. Folge.

AMERIKANER, DER
Il cugino americano

I 1986; 3 x 90 Min.; F

Julian Salina .... Brad Davis
Giuliano Salina .... Tony Lo Bianco
Mark Ciuni .... Vincent Spano
Caterina .... M. C. Alonso
Luisa Masseria .... Barbara De Rossi

➜ Der Sohn eines von der Mafia Entführten wird gezwungen, ein Attentat auf einen Untersuchungsrichter, seinen Cousin, zu verüben.
Autor Corrado Augias und Regisseur Giacomo Battiato gelang ein realistischer Blick auf die Mafia in New York und Sizilien. In Venedig wurde der Dreiteiler 1986 als beste TV-Produktion ausgezeichnet.

AMOS BURKE
Burke's Law

USA 1963-66: 81 x 45 Min.; sw.;
1994: 26 x 45 Min.; F

Amos Burke .... Gene Barry
Det. Tim Tilson (1963-65) .... Gary Conway
Sergeant Lester Hart (1963-65) ...... Regis Toomey
Henry, der Chauffeur (1963-65) ...... Leon Tontoc
Sergeant Ames (1964-65) .... Eileen O'Neill
Peter Burke (1994) .... Peter Barton
Henry (1994) .... Danny Kamekona
Lily Morgan (1994) .... Bever-Leigh Banfield
Vinnie (1994) .... Dom DeLuise

➜ Aaron Spelling produzierte für Four Stars und ABC diese Serie um einen millionenschweren Captain der Kriminalpolizei von Los Angeles, der das gute Leben genießt und ohne Anstrengung jeden Mordfall klärt. PRIVATDETEKTIVIN HONEY WEST hatte hier ihren ersten Auftritt. Mit AMOS BURKE wandten sich die amerikanischen Polizeiserien für einige Zeit vom rauhen Realismus ab und hin zum Glamour, ohne allzu harte Actionszenen. Die Abenteuer des Multimillionärs und Playboys Burke versuchten gar nicht erst, Glaubwürdigkeit vorzugaukeln. AMOS BURKE ist eine klassische *Whodunit*-Serie, in der die Auflösung des Verbrechens am Ende jeder Episode den Höhepunkt darstellte. 1966 machten die Produzenten aus Burke einen Geheimagenten, um vergeblich die sinkenden Quoten aufzufangen und am *Spy*-Boom der sechziger Jahre teilzuhaben.
Zu den Autoren dieser am klassischen Detektivroman orientierten Serie gehörten u.a. Harlan Ellison, Day Keene, Richard Levinson und William Link, und zu den Gaststars Nancy Sinatra, Howard Duff, John Cassavetes, Ida Lupino, George Nader, Basil Rathbone, Jill St. John u.v.a. 1994 wurde die Serie mit ihrem inzwischen 75-jährigen Hauptdarsteller wiederbelebt.
Roman: Roger Fuller (Pseudonym von Don Tracy): Who Killed Beau Sparrow?; Permabooks, 1964. Who Killed Madcap Millicent?; Permabooks, 1964.
Comic: Burke's Law No. 1-3; Dell, 1965.

AM RANDE DER FINSTERNIS
Edge of Darkness

GB 1985; 6 x 55 Min.; F

Detective Ronald Craven .... Bob Peck
Emma Craven .... Joanne Whalley
Darius Jedburgh .... Joe Don Baker
Superintendent Ross .... John Woodvine

➜ Als der Yorkshirer Polizist Craven seine Tochter von der Universität abholen will, wird sie vor seinen Augen erschossen. Er ermittelt auf eigene Faust und findet in Emmas Zimmer eine Pistole, einen Geigerzähler und Unterlagen einer Öko-

Gruppe und kommt einem politischen Komplott um Plutonium auf die Schliche.
Produziert wurde dieser Meilenstein der Fernsehgeschichte von Michael Wearing für die BBC. Das Drehbuch schrieb Troy Kennedy Martin, Regie führte der spätere *Bond*-Regisseur Martin Campbell, und die Musik stammte von Eric Clapton und Michael Kamen.
»Autor und Regisseur, getragen von einem Team hochkarätiger Schauspieler, perfektionieren eine Form lustvoller Anspannung, einen *Suspense*, der nichts mit den üblichen deutschsprachigen Krimis zu tun hat, in denen immer alle und alles mit plumpen Verdachtsblicken, -einstellungen, -akkorden bedacht werden. [...] Mit seinen ätzend-zynischen Kommentaren erinnert Jedburgh an die desillusionierten Figuren der Eric-Ambler- und Graham-Greene-Romane. [...] Es ist aus vielerlei Gründen einer der aufregendsten Filme seit langem, unter anderem, weil er plastisch, mit atmosphärischer Eleganz, vor Augen führt, daß Politik längst nicht mehr das zentrale Steuerungsorgan der Gesellschaft ist, in dem der Sinn des Systems zusammenfließt«, schrieb Wolfram Knorr in der *Weltwoche* vom 7. Januar 1988.

ANDERE, DER
siehe **DURBRIDGE-KRIMIS**

Gillian Anderson als Dana Scully in AKTE X

Anderson, Gillian (Leigh)

Amerikanische Schauspielerin. Geboren am 9. August 1968 in Chicago. Ihr Vater arbeitete als Cutter. Bedingt durch den Beruf ihrer Mutter, die als Informatikerin für verschiedene Computerfirmen tätig war, verbrachte sie ihre Kindheit in Puerto Rico, Chicago und London. Ihre Jugend beschrieb sie als »verwirrt und orientierungslos«. Sie färbte sich die Haare bunt und trug einen Nasenring. Außerdem hatte sie eine Liaison mit dem zehn Jahre älteren Sänger einer Punkband. Wegen eines Schülerstreiches mußte sie sogar mal eine Nacht in Untersuchungshaft verbringen. Ihre Liebe zum Theater entdeckte sie auf der High School. Sie studierte am National Theatre of Great Britain der Cornell University in Ithaca, New York, und an der Goodman Theatre School der DePaul University in Chicago, wo sie mit einem Bachelor of Fine Arts abschloß. Danach zog sie nach New York und spielte erfolgreich am Manhattan Theatre Club. 1991 wurde ihr ein *Theatre World Award* für ihre Leistung in dem Stück ABSENT FRIENDS verliehen. Voller Optimismus ging sie nach Los Angeles, um eine Filmkarriere zu starten. Doch abgesehen von kleinen Rollen (wie einer Nebenrolle in THE TUNING, 1992) oder einem Gastauftritt in der Teenie-Serie CLASS OF '96 (1993) brachte sie nicht viel zustande. Der große Durchbruch kam 1993 mit AKTE X. Für ihre Leistung in der Serie wurde sie 1997 mit einem *Emmy* und einem *Golden Globe* ausgezeichnet. Seitdem dreht sie auch Kinofilme. 1994 heiratete sie den *Art Director* Errol Clyde Klotz. Getraut wurde das Paar von einem buddhistischen Priester am 18. Loch eines Golfplatzes auf Hawaii. 1995 kam ihre Tochter Piper Maru zur Welt. Die Ehe wurde 1997 geschieden.

ANKLÄGER, DER
The D.A.

USA 1971-72; 13 x 25 Min.; F

Paul Ryan .... Robert Conrad
Chief Deputy Stafford .... Harry Morgan
Kathy Benson .... Julie Cobb
Bob Ramirez .... Ned Romero

➜ Nach zwei erfolgreichen Fernsehfilmen über den *Los Angeles District Attorney* Ryan produzierte Jack Webb nach authentischen Fällen, wie er es schon in POLIZEIBERICHT getan hatte, für Universal und NBC diese wenig erfolgreiche Serie. Die einzelnen Folgen sind in zwei Teile gegliedert: Im ersten Teil untersucht Ryan mit seinen Leuten den Fall, der zweite Teil spielt vor Gericht, wo sich Ryan gegen die Pflichtverteidigerin Kathy Benson durchsetzen muß. Jahrzehnte später wurde dasselbe Konzept erfolgreicher in der Serie LAW AND ORDER verwertet.

Hauptdarsteller Robert Conrad gehört in den USA zu den bekanntesten TV-Schauspielern und drehte mehr als zehn Serien. Aufsehen erregte er bei uns in der Presse, als der eigenwillige Ex-Boxer »Rocky« Sylvester Stallone zu einem Kampf herausforderte, da er dessen »dümmliche Kraftmeierei« nicht mehr ertragen konnte. Stallone drückte sich und hätte gegen den 1935 geborenen, durchtrainierten Eigenbrötler sicher auch schlecht ausgesehen.

ANNA LEE
Anna Lee

GB 1992; 6 x 100 Min.; F

Anna Lee .... Imogen Stubbs
Selwyn Price .... Brian Glover
Martin Brierly .... John Rowe
Stevie Johnson .... Wilbert Johnson

➜ Die Londoner Privatdetektivin Anna Lee mit gestörtem Liebesleben und einer Vorliebe für Autobasteleien geht nach zwei Jahren Polizeidienst zur Detektei Brierly, um Fälle zu lösen.

Die Serie basiert auf den Romanvorlagen der Autorin Liza Cody, die Anna 1980 erfand. In England brach die erste Folge, HEADCASE, mit 13,4 Millionen Zuschauern alle Rekorde. Imogen Stubbs erklärte Annas Beliebtheit: »Sie ist wie viele moderne Frauen. Sie hat nur wenig Zeit für Romanzen, lebt alleine in ihrer stets unaufgeräumten Wohnung.« Die Titelmusik SISTER, SISTER, gesungen von Luciana, wurde ein kleiner Hit.

Roman: Liza Codys Romane sind bei Ullstein und Goldmann erschienen.

DER ANWALT: Heinz Bennent mit Barbara Valentin

ANTON KEIL, DER SPECIAL-KOMMISSÄR

BRD 1977; 12 x 25 Min.; F

Anton Keil .... Ivan Desny
Der »Fetzer« .... Günther Maria Halmer

➜ Die ARD-Serie spielt 1794, als französische Revolutionstruppen das linke Rheinufer besetzt haben. Räuberbanden und Deserteure beunruhigen die Bevölkerung, Anton Keil ist zu dieser Zeit öffentlicher Ankläger.

Die Idee war gut, die Schauspieler ausgezeichnet – nur die Spannung kam etwas zu kurz. Solide gemachte historische Krimiserie, die offensichtlich an französischen Vorbildern wie VIDOCQ orientiert war.

ANWALT, DER

BRD 1976-78; 39 x 25 Min.; F

Dr. Wetzlar (1976) .... Heinz Bennent
Dr. Colmar (1977-78) .... Wolfgang Kieling
Fräulein Lattmann .... Ulrike Blome

➜ Eine weitere anspruchslose ZDF-Vorabendserie. Geschrieben von Fritz Puhl , inszeniert von Heinz Schirk. Anwaltsschmus – mal langweilige Kriminalfälle, mal verkappte Rechtsberatung.

ANWALT DER GERECHTIGKEIT
Lock Up

USA 1959-61; 78 x 25 Min.; sw

Herbert L. Maris .... Macdonald Carey
Casey .... Olive Carey
Jim Weston .... John Doucette

➜ Dieser Anwalt aus Philadelphia nahm sich, unterstützt von seiner Sekretärin Casey, besonders sozial schwacher Mitbürger an, die unter Verdacht geraten waren. Der wirkliche Herbert Maris, auf dessen Fällen die Serie basiert, sagte über sie: »Sie ist gut genug gemacht, um mir keinen Schaden zuzufügen.« Produziert wurde sie von Henry Kessler für den *Syndication*-Markt.

ANWALT MARTIN BERG – IM AUFTRAG DER GERECHTIGKEIT

BRD 1996; 6 x 90 Min.; F

Martin Berg .... Christian Quadflieg
Bruno Eyron .... Oliver Wissmann
Bettina Berg .... Andrea Gloggner

➜ Martin Berg ist ein Hamburger Strafverteidiger, der sich auf Kapitalverbrechen spezialisiert hat. Er sieht sich als Anwalt der Schwachen und Benachteiligten. Unterstützt wird er von Wissmann, einem Privatdetektiv und Lebenskünstler. Außerdem gibt es noch Bettina Berg, Martins Schwester und die gute Seele der Kanzlei. Schon tausendmal gehört? Genau.

Produziert wurde die Serie von Objectiv Film für RTL, Peter Jürgensmeier schrieb die erste Folge, über die der *Gong* in Nr. 19/1996 urteilte: »Bedauerlich die Länge des Films. Die einfältige Geschichte ließe sich auch in der Hälfte der Zeit erzählen.«

ÄRGER IM BELLONA CLUB
siehe **LORD PETER WIMSEY**

Armchair Detective
siehe **Lehnstuhldetektiv**

Armchair Detective, The

Titel der ältesten Fachzeitschrift für Kriminalliteratur. Sie wurde 1967 von Allan J. Hubin gegründet. In ihr berichtete Ric Meyers auch über TV-Krimis. Eingestellt 1998.

ANWALT MARTIN BERG: Christian Quadflieg

ARMUT DER REICHEN, DIE
La misère des riches

BRD/F 1989; 8 x 45 Min.; F

Hélène Vallée .... Patricia Tulasne
Nelson Vallée .... Jean-Pierre Cassel
Agnès Mercier .... Danielle Darrieux
Richard O'Neill .... Gilles Pelletier

➜ Um an das riesige Vermögen des Eheweibes heranzukommen, läßt Nelson Vallée seine Frau Hélène in eine Nervenklinik einweisen.

Um Liebe, Geld und Macht geht es in dieser von Richard Martin gedrehten Koproduktion. Der deutsch-französische Psychokrimi wurde in Montréal, Paris und München aufwendig in Szene gesetzt. Melodramatische Elemente à la DALLAS übertünchen manchmal die kriminalistische Spannung der ARD-Serie.

ARSÈNE LUPIN

F/B/BRD/CH/A/NL/I 1971-74; 26 x 50 Min.; F.

Arsène Lupin .... Georges Descrières
Natascha .... Marthe Keller
Grognard .... Yvon Bouchard

➜ Die von Maurice Leblanc (1864-1941) 1906 erfundene Figur Lupin ist »eine sonderbare Reinkarnation des edlen Räubers von einst, allerdings mit den Zusatzeigenschaften des großen Detektivs« (Ernest Mandel). Die Geschichten über den Detektiv, Meisterdieb und Verkleidungskünstler gehören zu den unsterblichen Werken der populären Kultur in Frankreich und wurden zuvor schon

einige Male für das Kino bearbeitet und immer wieder auch vom Fernsehen aufgegriffen (siehe DIE ABENTEUER DES ARSÈNE LUPIN).
Die Bavaria koproduzierte diese Version und brachte die Regisseure Dieter Lemmel, Fritz Umgelter und Rolf und Alexandra Becker in sechs Episoden mit ein. Dies war die bis dato größte europäische TV-Produktion.
Roman: Einige Lupin-Romane sind im Diogenes Verlag erschienen.

ASPHALTDSCHUNGEL

The Asphalt Jungle

USA 1961; 13 x 45 Min.; sw

Matthew Gower .... Jack Warden
Captain Gus Honochek .... Arch Johnson
Sergeant Danny Keller .... Bill Smith

➜ Arthur Lewis produzierte für MGM und den Sender ABC diese Polizeiserie, die sich von John Hustons Filmklassiker und W.R. Burnetts Gangsterroman lediglich den Titel lieh, sonst aber nichts mit Film oder Buch zu tun hatte. Erzählt werden die Abenteuer einer New Yorker Spezialeinheit im Kampf gegen das organisierte Verbrechen mit besonderer Betonung auf der Arbeit von Undercover-Agenten.
Die amerikanische Kritik stellte – zu Unrecht – fest, daß das Bemerkenswerteste an dieser kurzlebigen Serie die Titelmusik von Duke Ellington sei. Die an Originalschauplätzen gedrehte Serie bemühte sich um ein atmosphärisch dichtes Bild von New York und war für ihre Zeit ungewöhnlich realistisch.

AUF DEN SCHWINGEN DES ADLERS

On Wings of Eagles

USA 1986; 224 Min.; F

Ross Perot .... Richard Crenna
Colonel Simons .... Burt Lancaster
Gallagher .... Bill Bumiller

➜ Verfilmung des gleichnamigen Bestsellers von Ken Follett über die wahren Begebenheiten einer Geiselnahme im Iran und der anschließenden Befreiungsaktion, durchgeführt vom Industriellen und späteren Präsidentschaftskandidaten Ross Perot. Ursprünglich als Dreiteiler konzipiert, wurde die Produktion aber auch als Einzelfilm ausgestrahlt.
Roman: Ken Follett: Auf den Schwingen des Adlers; Bastei, 1986.

AUF DEN SPUREN VON SHERLOCK HOLMES

The Bakerstreet Boys

GB 1981; 8 x 25 Min., auch 4 x 50 Min.; F

Rosie .... Suzie Ross
Shiner .... Adam Woodyatt
Queenie .... Debby Norris
Sparrow .... David Garlick
Wiggins .... Jay Simpson
Beaver .... Damion Napier
Dr. Watson .... Hubert Rees

➜ Immer wieder tauchen in Conan Doyles unsterblichen Sherlock-Holmes-Geschichten die »Baker Street Irregulars« als Helfer des Detektivs auf. Es handelt sich dabei um in Lumpen gekleidete Straßenkinder, die Holmes gelegentlich unterstützen. Anthony Read und Richard Carpenter hatten die glänzende Idee, aus diesen Nebenfiguren eine Jugendkrimiserie zu machen, die auch Erwachsene fasziniert. Sehr viel Sorgfalt wurde auf die Handlungsorte im viktorianischen London gelegt, deren Atmosphäre die Regisseure Marilyn Fox und Michael Kerrigan gefühlvoll einfingen.

AUF DER FLUCHT

The Fugitive

USA 1963-67; 120 x 45 Min.; 90 x sw, 30 x F

Dr. Richard Kimble .... David Janssen
Lieutenant Philip Gerard .... Barry Morse
Fred Johnson, der Einarmige .... Bill Raisch
Helen Kimble in Rückblenden .... Diana Brewster
Donna Kimble .... Jaqueline Scott
Marie Gerard .... Barbara Rush
Leonard Taft .... Richard Anderson

➜ Ein Unschuldiger, wegen des Mordes an seiner Frau zum Tode verurteilt, flieht durch die USA auf der Suche nach dem wahren Mörder, einem einarmigen Mann.
Als am 17. September 1963 der Sender ABC zur Musik von Pete Rugolo und der Erzählerstimme von William Conrad, der bei uns als Darsteller der Serienhelden CANNON und JAKE & MCCABE – DURCH DICK UND DÜNN bekannt geworden ist, die erste Folge ausstrahlte, ahnte niemand, welche

AUF DER FLUCHT: David Janssen als Dr. Richard Kimble

sensationelle Konsequenzen das haben würde. Roy Huggins hatte den Verantwortlichen des Senders ABC lediglich seine Idee vorgetragen und sie damit so stark beeindruckt, daß die Fernsehbosse die Serie umgehend in Auftrag gaben, ohne auch nur einen Blick auf die Präsentationsmappe oder das fertige Konzept zu werfen. Die von Roy Huggins für die Produzenten Quinn Martin und Wilton Schiller konzipierte Serie gehört zu den erfolgreichsten Serien der Fernsehgeschichte und ist ein echter Klassiker. Die letzte Folge hielt 15 Jahre (bis zur DALLAS-Episode mit der Aufklärung, wer auf J.R. geschossen hatte) den Rekord der höchsten Sehbeteiligung in den USA: 72 Prozent. Der weltweite Erfolg (die letzte Folge wurde gleichzeitig in Kanada, Europa und Australien ausgestrahlt und war somit das erste Fernsehereignis, das die ganze Welt zeitgleich vor dem Bildschirm bannte) bescherte Quinn Martin Productions einen Gewinn von über 30 Millionen Dollar und machte David Janssen zum Weltstar. Auf dem Gipfel der Popularität hatte Barry Morse, der Kimbles unbarmherzigen Verfolger spielte, Probleme, sich in der Öffentlichkeit zu zeigen, ohne von Fernsehzuschauern beschimpft zu werden. Es war sicher auch eine kluge Entscheidung, die Serie auf ihrem Höhepunkt inhaltlich befriedigend zu beenden. Das Ende der Serie wurde *top secret* behandelt; man hatte mehrere Alternativen gedreht, selbst die Schauspieler wußten nicht, welche Version ausgestrahlt werden würde. Bei uns wurde der letzte Teil der längsten Flucht in der Geschichte des Fernsehens am 20. November 1967 gezeigt, sinnigerweise der Tag, an dem Oberjäger Eduard Zimmermann zum ersten Mal mit XY UNGELÖST auf die Pirsch ging. In den 120 Folgen überlebte Kim-

ble, wie ein englischer Fernsehkritiker errechnete, 30 Schlägereien, acht Schußwunden, vier Messerstiche, Amnesie und Lungenentzündung; er wurde zehnmal niedergeschlagen, war zeitweilig blind und wurde von Autos angefahren.
Viele Drehbücher (zu den Autoren gehörten Howard Browne, Hank Searls, Alan Caillou, Richard Levinson und William Link) hatten mehr mit dem Western MEIN GROSSER FREUND SHANE (ein Fremder kommt in die Stadt und löst die Probleme der Einheimischen) zu tun als mit einem Krimi. An hochkarätigen Gaststars (z.B. Warren Oates, Charles Bronson, Mickey Rooney und Anne Francis) war nie ein Mangel, und es beeindruckt heute noch, mit wie wenig Gewalt die Serie auskam und wie geschickt sie in jeder Folge ein Höchstmaß an Spannung aufbaute. Ein New Yorker Psychiater erklärte: »Normale Bürger leiden mit Kimble, weil er noch ärmer dran ist als sie selbst. Er ist ein ganz normaler Vorortbursche, der in einer Falle aus unglücklichen Umständen sitzt. Sein Verfolger Lieutenant Gerard [in der deutschen Fassung *Kommissar*, Anm. M.C.] ist ganz klar ein Vertreter des Establishments. Und die Fiktion, daß sich ein Einzelner Woche für Woche gegen das System behaupten kann, hat schon fast therapeutischen Wert.«
AUF DER FLUCHT war die erste Serie, die prinzipiell und strukturell Zweifel an der Funktionstüchtigkeit des Systems Ausdruck verlieh und damit sehr früh die politischen Spannungen, die so typisch für die sechziger Jahre waren, unterschwellig und zum Teil auch offen widerspiegelte. Lediglich Barry Norman von der *Daily Mail* war anderer Meinung als der Rest der Welt: »Ich glaube, Kimble ist schuldig. Er ist ein dreckiger Frauenmörder und sollte an der nächsten Straßenlaterne aufgehängt werden.« Serienerfinder Roy Huggins erklärte einmal, daß er durch Victor Hugos Fortsetzungsroman LES MISÉRABLES zu der Serie angeregt worden war, der im letzten Jahrhundert ähnlich viel Aufsehen erregt hatte. Der berühmte Krimiautor David Goodis verklagte die Produzenten vergeblich, weil er meinte, die Serie sei direkt von seinem mit Humphrey Bogart verfilmten Roman DIE SCHWARZE NATTER (DARK PASSAGE) abgekupfert. Ungewöhnlich für die frühen sechziger Jahre war die Machart der Serie: Bisher kannte man nur dramatische Serien, die ohne Fortsetzungscharakter abgeschlossene Episoden präsentierten. Ausgenommen natürlich Daily Soaps à la GENERAL HOSPITAL. Zwar wurde auch bei AUF DER FLUCHT jeweils eine abgeschlossene Geschichte erzählt (mit Ausnahme der zweiteiligen Folge, die die Serie beendete), aber die endlose Flucht Dr. Kimbles sorgte für einen die einzelnen Folgen übergreifenden Spannungsbogen. Insofern war die Serie ein wichtiger Vorläufer für Fortsetzungsserien wie DALLAS, DENVER CLAN, POLIZEIREVIER HILL STREET oder CRIME STORY, die dieses Konzept in den achtziger Jahren perfektionierten.
1993 drehte Andrew Davis eine Filmversion mit Harrison Ford, die den Kinotrend zu Verfilmungen von Fernsehserien mit einläutete.
Roman: Roger Fuller (Pseudonym für Don Tracy): Fear in a Desert Town; Pocket Books, 1964. J.M. Dillard: Auf der Flucht; Heyne, 1993 (Romanumsetzung des Film-Drehbuchs).

AUF DIE SANFTE TOUR
The Gentle Touch

GB 1980-84; 60 x 50 Min.; F

Maggie Forbes .... Jill Gascoine
Inspector Russell .... William Marlowe
Jake Barratt .... Paul Moriarty
Bob Croft .... Brian Gwaspari
Jimmy Fenton .... Derek Thompson
Peter Phillips .... Kevin O'Shea
Steve Forbes .... Nigel Rathbone

➜ In dieser Polizeiserie geht es um die Entwicklungsgeschichte der Kriminalbeamtin Maggie Forbes, die in einer Polizeidienststelle im Londoner Viertel Soho arbeitet. In der von Brian Finch konzipierten und von Tony Wharmby und Nick Elliott für ITV produzierten Serie geht es um alltägliche Fälle, und auch das Privatleben der lebensecht und menschlich gezeichneten Hauptpersonen nimmt breiten Raum ein. Maggie wird in der ersten Folge Witwe und muß mit ihrem Sohn diese Situation verarbeiten. Eine TASK FORCE POLICE der achtziger Jahre.
Jill Gascoine wurde nach vielen Jahren in Nebenrollen mit dieser Serie zu einem der englischen TV-Superstars. Als Chefin wechselte Maggie an-

schließend zur Agenten-Serie CAT'S EYE. Zu den Autoren, die diese abwechslungsreiche und niemals langweilige Serie schrieben, gehörten Terence Feely, Roger Marshall und Neil Rudyard.
Roman: Terence Feely: Mit sanftem Druck; Heyne TB 2081, 1984.

AUF EIGENE FAUST
Counterstrike

CAN/F 1990-93; 66 x 45 Min.; F
Alexander Addington .... Christopher Plummer
Peter Sinclair .... Simon MacCorkindale
Nikki (1990-91) .... Cyrielle Claire
Luke Brenner (1990-91) ... Stephen Shellen Suzanne
Addington (1990-91) ... Laurence Ashley-Taboulet
Gabrielle Germont (1991-93).... Sophie Michaud
Hector Stone (1991-93) .... James Purcell
Helene Previn (1991-93) .... Patricia Cartier
J.J. Johnson .... Andre Mayers
Bennett .... Tom Kneebone

➜ Nach dem Mord an seiner Frau gründet der Finanzmogul Addington ein internationales *Crime Fighter*-Team, das er von seinem High-Tech-Flugzeug aus in aller Welt einsetzt. Unterstützt wird er von dem Piloten J.J., der Sekretärin Helene und dem Butler Bennett. Sinclair, ein ehemaliger Scotland-Yard-Mann, leitet das Team. Nach der ersten Staffel heiratet Nikki, und Luke wird ermordet. Sinclair ersetzt sie durch die Autorin Gabrielle und den Ex-Marine und Navy-Seal Stone. Die actionbetonte Vigilantenserie verkaufte sich weltweit und wird noch heute in Nachtprogrammen gerne gezeigt.

AUF EIGENE GEFAHR

BRD 1993 u. 1996; 26 x 60 Min.; F
Anna Marx .... Thekla C. Wied
Boris Beckmann (1996) .... Jaecki Schwarz
Gruber .... Nikol Voigtländer
Kommissar Peters (1996) .... Walter Kreye
Philip Handke .... Roland Schäfer

➜ Abenteuer der Bonner Journalistin Anna Marx nach Motiven der Romane von Christa Grän. »Anna stolpert aus der Redaktionsstube in eine Welt, die sich wie von selbst zur Klatschgeschichte ordnet. Da wimmelt es von mordbereiten Zahnarzthelferinnen und sinistren Kasinobetreibern. [...] Das Ganze wirkt so altbacken betulich wie ein Marienlied. [...] Doch dann verbrennen die insgesamt acht Drehbuchautoren Thekla Wied gnadenlos: Sie muten ihr trotz ihres schauspielerischen Armutsgelübdes auch noch den Part einer aufregenden Liebhaberin zu«, schrieb *Der Spiegel* in Nr. 41/1993.
Produziert wurde die Serie von Regina Ziegler für den WDR.
Roman: Christa Gräns Anna-Marx-Krimis sind im Rowohlt Verlag erschienen.

AUF EIGENE GEFAHR: Thekla C. Wied (mit H.-M. Stier)

AUF FALSCHER WELLE
Thin Air

GB 1988; 5 x 45 Min.; F
Rachel Hamilton .... Kate Hardie
Mark Gentian .... Kevin McNally
Richard Hellier .... Nicky Henson
Henry Campbell .... Sam Kelly

➜ Eine junge Rundfunkjournalistin gerät während des Ausbaus der Londoner Docklands in den achtziger Jahren in ein Netz aus Korruption und Drogenhandel. Die BBC scheute sich nicht, in diesem grandiosen Mehrteiler der Autoren Sarah Dunant und Peter Busby aufzuzeigen, wie das Neubaugebiet den Hongkonger Triaden als Geldwaschanlage diente. »Nicht unähnlich ist die Situation in Berlin, aber könnte man sich hierzulande einen vom SFB produzierten Mehrteiler vorstellen, in dem die Vorgänge um den Ausverkauf des Potsdamer Platzes in Form einer Krimihandlung thematisiert werden? Wohl kaum«, diagnostizierte die *taz* am 6. Dezember 1991.

AUF MESSERS SCHNEIDE

La scalata

I/BRD 1993; 6 x 90 Min.; F

Guido della Croce .... Klausjürgen Wussow
Oscar della Croce .... Giulio Scarpati
Aurelia Zingales .... Barbara de Rossi
Susanna della Croce .... Dalila di Lazzaro

➜ In Rom, Lausanne und Marseille spielt die Miniserie um den Herzspezialisten Guido, dessen beruflicher Ehrgeiz ihn tief in die Machenschaften internationaler Verbrecherorganisationen zieht. Sie zeigt die Verflechtungen zwischen kriminellen Banden und angesehenen Kliniken und führt die italienische Korruption einmal mehr gnadenlos vor. Regie führte Vittorio Sindoni, die Drehbücher basierten auf einer Geschichte des angesehenen italienischen Kriminalliteraten Paolo Levi. Eine Koproduktion der Kirch-Gruppe und RAI 2.

AUFPASSER, DER

Minder

GB 1980-85; 1 x 100 Min. u. 1 x 85 Min. u. 106 x 50 Min.; F

Arthur Daley .... George Cole
Terry McCann .... Dennis Waterman
Dave .... Glynn Edwards
Des .... George Layton
Sergeant Chisholm .... Patrick Malahide
Sergeant Rycott .... Peter Childs
Jones .... Michael Povey

➜ Die Abenteuer zweier ungleicher Freunde: Terry, vorbestrafter Ex-Boxer, der sich als Leibwächter verdingt, und Gebrauchtwagenhändler Arthur, ein Pseudogentleman, hinterlistig, geldgierig und immer ein krummes Geschäft in der Hinterhand. Normalerweise gerät Arthur durch seine miesen Touren in üble Situationen, aus denen ihn der naive Terry dann befreien muß.

Die von Leon Griffith konzipierte, von Verity Lambert und Lloyd Shirley für Thames Television produzierte Serie war die erfolgreichste britische Krimiserie der achtziger Jahre. Wie bei DETEKTIV ROCKFORD – ANRUF GENÜGT gelang hier eine stimmige Kombination aus Spannung, guten Charakteren und Humor, die die Serie zu etwas völlig Eigenständigem machte und ihr Klassikerstatus sichert. Nachdem sie mit einem langen Fernsehfilm verabschiedet worden war, brachten es die Wiederholungen in England immer noch auf 10 Millionen Zuschauer. 1989 ließ sich Dennis Waterman, der selbst auch die schmissige Titelmusik sang, für eine Gage von 500.000 Mark erweichen, sechs weitere Folgen zu drehen.

Roman: Leon Griffiths: Minder; NEL, 1979.

AUFRECHTEN, DIE – AUS DEN AKTEN DER STRASSE siehe LAW AND ORDER

AUFTRAG FÜR SIR JACK

Call Me Mister

GB 1986; 12 x 50 Min.; F

Jack Bartholomew .... Steve Bisley
Julie Columbus .... Dulice Liecier

➜ Nachdem der Geschäftsmann Sir James Bartholomew in Sydney seinen Sohn Jack gefunden hat, der vor zwölf Jahren in Australien untertauchte, wird er erschossen. Jack sucht auf eigene Faust nach dem Mörder. In London wird er später in weitere spektakuläre Kriminalfälle verwickelt.

Eine kleine, hervorragend gemachte Krimi-Serie, wie man sie viel zu selten zu sehen bekommt.

AUS DER ARBEIT DER ROYAL CANADIAN MOUNTED POLICE

Royal Canadian Mounted Police

CAN 1960; 39 x 30 Min.; sw

Corporal Jacques Gagnier .... Gilles Pelletier
Constable Scott .... John Perkins
Constable Mitchell .... Don Francks

➜ Die Abenteuer dreier *Mounties* von der Polizeistation Shamattawa im Norden Kanadas.

Die Serie wurde mit voller Unterstützung der Royal Canadian Mounted Police (RCMP) an Originalschauplätzen gedreht. Die Außenaufnahmen in der Wildnis waren so schwierig und kostenintensiv, daß die Serie, die ein relativ realistisches Bild der Arbeit der RCMP zeigte, trotz ihres Erfolges bereits nach einer Staffel eingestellt wurde. Auf den deutschen Bildschirmen wirkte sie wie ein kanadisches Gegenstück zu der amerikanischen Serie TEXAS RANGERS.

George Cole und Dennis Waterman in DER AUFPASSER

AUSGERECHNET CHICAGO
Due South

USA/CAN 1994-98; 1 x 90 Min. u. 66 x 45 Min.; F

Constable Benton Fraser .... Paul Gross
Detective Ray Vecchio (1994-96) .. David Marciano
Lieutenant Harding Welsh .... Beau Starr
Detective Louis Guardino .... Daniel Kash
Detective Jack Huey .... Tony Craig
Elaine Besbritt .... Catherine Bruhier

➔ Im Mittelpunkt der von *Emmy*-Preisträger Paul Haggis konzipierten Serie steht der *Mountie* Fraser, den es auf der Suche nach dem Mörder seines Vaters aus dem kalten Norden nach Chicago verschlagen hat. Er ist ein Mann mit untadeligen Manieren und den unbeirrbaren Moralvorstellungen eines Pfadfinders. In Chicago bildet er, von seinem tauben Wolfshund Diefenbacher unterstützt, ein Team mit dem streetsmarten Detective Vecchio, der es mit Regeln und Vorschriften nicht so genau nimmt. Obwohl beide so unterschiedlich sind wie Feuer und Wasser, bilden sie ein unschlagbares Team. Der Kulturzusammenstoß zwischen einem pflichtbewußten *Mountie* und einem zynischen Großstädter ist so genial karikiert, daß man der Serie echten Klassikerstatus zugestehen muß. Sie war ein Joint Venture von CBS und dem kanadischen CTV Network, wurde in Toronto gedreht und war die erste kanadische Serie, die einen *Prime Time*-Sendeplatz in einem der großen *Networks* bekam. Nach der ersten Folge schalteten in den USA 32 Millionen Zuschauer ein. Inzwischen ist die Serie ein Welterfolg und läuft in über hundert Ländern. Seit der dritten Saison ist Hauptdarsteller Gross auch Koproduzent.

Literatur: Due South – The Official Companion; Titan, 1998.

Ausgestoßen

Roman: Dorothy Laudan: Mord in der Wildnis; VGS, 1996.

AUSGESTOSSEN

Le paria

F/BRD 1984; 5 x 45 Min.; F

Julien Mauriés .... Charles Aznavour
Cosima Mauriés .... Judy Winter
Guillaume Mauriés .... Hans Clarin
Cathérine .... Ottavia Piccolo
Maitre Roze .... Jean Popart
Chantal .... Olga Georges-Picot

➜ Machtkämpfe und Intrigen in einer südfranzösischen Industriellenfamilie. Julien, der zu Unrecht zwanzig Jahre verbannt war, und sein Bruder Guillaume, der Oberschurke der Sippe, versuchen sich gegenseitig die Leitung des Unternehmens aus den Händen zu reißen. Schwülstiges, an DALLAS orientiertes Melodram mit Krimielementen.
Denys de la Patellière (auch Regie) und B. Kantoff schrieben diesen modernen GRAFEN VON MONTE CHRISTO.

AUSSENSEITER, DER
siehe **EINZELGÄNGER, DER**

AUTOMAN – DER SUPERDETEKTIV

Automan

USA 1983; 1 x 74 Min. u. 12 x 50 Min.; F

Automan .... Chuck Wagner
Walter Nebicher .... Desi Arnaz Jr.
Lieutenant Jack Curtis .... Robert Lansing
Roxanne Caldwell .... Heather McNair

➜ Glen A. Larson, der schon viele schreckliche Serien entworfen und produziert hat, übertraf sich diesmal selbst: Ein Computerspezialist der Polizei von Los Angeles entwickelt in seinem Computer einen vollautomatischen Superhelden, mit dessen Hilfe er gegen das Böse kämpft. Sprüche wie »Ich habe mich mit den verantwortlichen Computern schon kurzgeschlossen« oder »Alle meine Verwandten sind Computer« treiben den unschuldigen Zuschauer in den Irrsinn oder zu einem Joint.
Ein völlig bescheuerter Comic mit ein paar netten visuellen Effekten und einer hinreißend dummen Blondine (Heather McNair). Vielleicht eine Kultserie für übermorgen?

B.A.D. CATS

B.A.D. Cats

USA 1980; 1 x 74 Min. u. 6 x 45 Min.; F

Nick Donovan .... Asher Brauner
Ocee James .... Steve Hanks
Samantha Jensen .... Michelle Pfeiffer
Captain Nathan .... Vic Morrow
Rodney .... Jimmy Walker

➜ Al Martinez konzipierte für Aaron Spelling und Leonard Goldberg diese wenig originelle Polizeiserie: Zwei Ex-Rallyefahrer werden von der Polizei von Los Angeles für deren *B.A.D. Cat-Squad* (Burglary, Auto Detail, Commercial Auto Theft = Einbruch, Autohandel, gewerbsmäßige Autodiebstähle) rekrutiert.

Ein STARSKY AND HUTCH-Abklatsch mit mindestens einer irren Autojagd alle zwanzig Minuten. Die Serie schaffte es, in Rekordzeit nach fünf Folgen abgesetzt zu werden und von den amerikanischen Bildschirmen zu verschwinden. Erinnerungswürdig bleibt alleine der spätere Superstar Michelle Pfeiffer in einer frühen, undankbaren Rolle. Ausführender Produzent war Everett Chambers, der sich bald von der Serie distanzierte.

BABECK

BRD 1968; 3 x 60 Min.; sw

Manfred Krupka .... Helmut Lohner
Marianne Hohmann .... Cordula Trantow
Dr. Brenner .... Helmut Käutner
Weingarten .... Siegfried Lowitz
Agathe .... Helma Seitz
Krupka, der Scherenschleifer .... Walter Richter
Kaminsky .... Charles Régnier
Babeck .... Curd Jürgens

➜ Ein Journalist untersucht die Hintergründe des Todes seines Vaters und kommt einer internationalen Verbrecherorganisation auf die Spur.

Nach dem Erfolg von DER TOD LÄUFT HINTERHER etablierte sich Herbert Reinecker mit diesem von Wolfgang Becker inszenierten Dreiteiler endgültig als erfolgreicher TV-Krimischreiber. Der Riesenerfolg der ZDF-Serie bei der Erstausstrahlung (Sehbeteiligung über 70 Prozent) läßt sich auch darauf zurückführen, daß Reinecker geschickt an die Tradtion der Durbridge-Mehrteiler anknüpfte, aber mehr Elemente aus der äußeren Realität der bundesdeutschen Zuschauer einbrachte. Der Erfolg seiner drei Krimi-Dreiteiler in den sechziger Jahren, DER TOD LÄUFT HINTERHER, BABECK und ELF UHR ZWANZIG, brachte ihm schließlich den Auftrag, für das ZDF den KOMMISSAR zu entwickeln.

Bain, Barbara

Amerikanische Schauspielerin. Die am 13. September 1931 in Chicago geborene Darstellerin begann ihre Fernsehkarriere Ende der fünfziger Jahre mit Gastauftritten bei PERRY MASON, WAGON TRAIN usw. Ihre erste Serienrolle landete sie 1959, als sie für ein Jahr David Janssens feste Freundin in RICHARD DIAMOND, PRIVATDETEKTIV spielte.

Als Cinnamon Carter sorgte sie von 1966 bis 1969 für gebremsten Sex in der Serie KOBRA, ÜBERNEHMEN SIE. Ihr Ehemann Martin Landau und sie wurden die eigentlichen Stars der Agentenserie, und sie wurde dreimal hintereinander (!), von 1967 bis 1969, mit dem *Emmy* als beste Schauspielerin in einer dramatischen Serie ausgezeichnet. 1975 bis 1977 spielte sie, ebenfalls an der Seite ihres Mannes, eine Hauptrolle in der in England produzierten katastrophalen Science-Fiction-Serie MONDBASIS ALPHA 1 (SPACE 1999).

Barbara Bain in KOBRA, ÜBERNEHMEN SIE

BAKERSFIELD P.D.

Bakersfield P.D.

USA 1993-94; 17 x 25 Min.; F

Detective Wade Preston .... Ron Eldard
Detective Paul Gigante .... Giancarlo Esposito
Detective Denny Boyer .... Chris Mulkey
Captain Aldo Stiles .... Jack Hallett
Detective Ramirez .... Tony Plana
Sergeant Phil Hampton .... Brian Doyle-Murray

➜ Halb schwarz und halb Italiener ist Detective Gigante, der von Washington ins Polizeirevier des kalifornischen Provinznestes Bakersfield umsiedelt. Als einziger Schwarzer des Reviers wird er öfter für einen Kriminellen gehalten.

Diese Sitcom nahm alle erdenklichen Cop-Serien-Klischees aufs Korn, insbesondere POLIZEIREVIER HILL STREET.

BALKO

BRD 1994- ; x 45 Min; F

Balko (1994-98) .... Jochen Herbst
Balko (1999-) .... Bruno Eyron
Vollmer (1994-97) .... Dieter Pfaff
Krapp .... Ludger Pistor
Colette .... Joana Schümer
Katharina Jäger (1999-) .... Sabine Vitua

➜ Der Ruhrpott-Bulle Balko geht in Dortmund mit einem hellblauen Thunderbird auf Verbrecherjagd. Mal unterstützt und mal behindert von seinem Kollegen Krapp, der jeden Fall streng nach Vorschrift bearbeitet, und beider Vorgesetztem Vollmer. Seine Freundin Colette und die Kumpels aus der Stammkneipe »Pott« gehören für ihn genauso zum Leben wie die Jagd auf Verbrecher.

Die von Leo P. Ard und Michael Illner konzipierte Serie nimmt sich in ihren besten Folgen selbst auf die Schippe. Unverständlich war, daß der auftraggebende Sender RTL alles mögliche tat, um der Serie zu schaden: Falsche Reihenfolge bei der Erstausstrahlung und Konzeptänderungen während laufender Dreharbeiten. Trotzdem entwickelte sich die Serie zu einem kleinen Erfolg und wurde 1996 sogar mit dem *Adolf-Grimme-Preis* ausgezeichnet. Leider nutzte man den Drehort Dortmund nicht konsequent genug – die schlechteren Folgen könnten genauso in irgendeiner anderen Stadt spielen. Nach 56 Folgen stieg Jochen Herbst aus und überließ dem 35jährigen Bruno Eyron die Titelrolle.

BANACEK
Banacek

USA 1973; 5 x 70 Min.; F

Thomas Banacek .... George Peppard
Felix Mulholland .... Murray Matheson
Jay Drury .... Ralph Manza

➜ Versicherungsdetektiv Banacek ist auf Kunstdiebstähle spezialisiert und agiert als Mittelsmann zwischen Bestohlenen und Dieben.
Autor Anthony Wilson und Produzent George Eckstein legten den reichen Detektiv Banacek bewußt als Gegenstück zu den gewöhnlich nicht wohlhabenden Privatdetektiven des Genres an. Zu den hochkarätigen Gaststars gehörten Pernell Roberts, Cesar Romero, John Saxon, Jack Kelly und Sterling Hayden.

Barber, Glynis
Englische Schauspielerin. Geboren am 25. Oktober 1955 in Südafrika. 1982 begeisterte und erregte sie die Briten in der experimentellen TV-Serie JANE nach dem gleichnamigen Comic-Strip. 1985 hatte sie Erfolg in der Krimiserie DEMPSEY & MAKEPEACE.

BARETTA
Baretta

USA 1975-78; 82 x 45 Min.; F

Detective Tony Baretta .... Robert Blake
Police Lieutenant Shiller (1975) .... Dana Elcar
Lieutenant Hal Brubaker .... Edward Grover
Billy Truman .... Tom Ewell
Fred, der Papagei .... Lala

➜ Tony Baretta ist ein Straßencop in Los Angeles. Als Undercover-Agent ist er ein Meister der Verkleidung. Wenn er nicht gerade in den heruntergekommendsten Gegenden Gangster jagt, ruht er sich mit seinem Papagei in einem miesen Hotelzimmer aus.
Nachdem Tony Musante aus der Serie TOMA ausgestiegen war, veränderte Produzent Roy Huggins das Konzept des Undercover-Cops mit den tausend Masken für den ehemaligen Kinderstar Robert Blake. Die Titelmusik KEEP YOUR EYE ON THE SPARROW, gesungen von Sammy Davis Jr., schaffte es in die Hitparade, und die Serie selbst war ein Erfolg für den Sender ABC. Zu den Autoren gehörten später so renommierte Schreiber wie Peter S. Fischer, Stephen J. Cannell, Robert Crais und Philip DeGuere.

BARNEY MILLER siehe WIR VOM 12. REVIER

BARON, DER
The Baron

GB 1965; 30 x 45 Min.; F

»Baron« John Mannering .... Steve Forrest
Cordelia Winfield .... Sue Lloyd
John Alexander Templeton-Green ... Colin Gordon
David Marlowe .... Paul Ferris

➜ DER BARON war die erste englische Krimiserie, die ganz in Farbe gedreht wurde und von Anfang an auf den internationalen Markt zugeschnitten war. Robert S. Baker und Monty Berman produzierten sie für ITC.
Erzählt werden die Abenteuer eines ehemaligen Juwelendiebes und jetzigen Antiquitätenhändlers, genannt »der Baron«, dessen Kontakte zur Unterwelt ihn immer wieder in Verbrechen verwickeln oder den Geheimdiensten nützlich sind.
Durchschnittliche Serie, die locker auf der von John Creasey (unter dem Pseudonym Anthony Morton) erfundenen Romanfigur basierte. Ein Versuch, sich mit einer ähnlichen Figur an den großen Erfolg von SIMON TEMPLAR zu hängen, der allerdings fehlschlug.
Roman: Von den 49 Baron-Romanen sind lediglich drei bei uns erschienen: Anthony Morton: Der Baron greift ein; Ullstein 858, 1962. Schatten über

London; Ullstein 887, 1962. Rettung durch den Baron; SDV, 1960.

BAYWATCH NIGHTS: David Hasselhoff, Angie Harmon

Barry, Gene

Amerikanischer Schauspieler. Geboren als Eugene Klass am 14. Juni 1921 in New York City. Sein Filmdebüt gab er 1952 in STADT DER TAUSEND GEFAHREN (THE ATOMIC CITY), dem weitere B-Pictures folgten. 1957 spielte er die Hauptrolle in Samuel Fullers CHINA-LEGIONÄR (CHINA GATE). Seine erste Serienrolle hatte er in der Comedy OUR MISS BROOKS (1955-56). Es folgte die Westernserie BAT MASTERSON (1959-61). Mit seiner Rolle als AMOS BURKE (1963-66) wurde er weltweit bekannt. Weitere Serien folgten: THE NAME OF THE GAME (1968-71), GENE BRADLEY IN GEHEIMER MISSION (THE ADVENTURER, 1972), ASPEN (1977). Anfang der siebziger Jahre gründete er mit seinem ältesten Sohn als Regisseur eine Produktionsgesellschaft.

BAYWATCH NIGHTS

Baywatch Nights

USA 1995-1997; 1 x 90 Min. u. 43 x 45 Min.; F

Mitch Buchannon .... David Hasselhoff
Garner Ellerbee .... Greg Alan Williams
Ryan McBride .... Angie Harmon
Destiny Desimone .... Lisa Stahl
Lou Raymond .... Lou Rawls

➜ Wenn die Sonne am Strand von Malibu untergeht, tauscht Hasselhoff die Badehose gegen Designer-Anzüge. Zusammen mit Ryan und Garner hat Mitch ein heruntergewirtschaftetes Detektiv-Büro übernommen. Überflüssiges *Spinoff* der BAYWATCH-Serie.

BEACON STREET 21

21 Beacon Street

USA 1959; 34 x 25 Min.; SW

David Chase .... Dennis Morgan
Lola .... Joanna Barnes
Brian .... Brian Kelly
Jim .... James Maloney

➜ Die Fälle eines Privatdetektivs aus Boston, der von einer hübschen Sekretärin und zwei Assistenten unterstützt wird. Das Besondere an dieser Serie ist die minutiöse Verbrechensschilderung, bevor die Helden in Aktion treten. Brian Kelly lief sich hier warm, bevor er als Porter Ricks in FLIPPER unsterblich wurde. Al Simon produzierte für NBC.

BECKMANN UND MARKOWSKI

BRD 1994- ; x 90 Min.; F

Beckmann .... Gottfried John
Markowski .... Max Herbrechter

➜ Mit John als vom Leben gezeichnetem, melancholischen Macho und Herbrechter als seinem jüngeren, schwulen Kollegen schickt das ZDF am Samstagabend ein weiteres gewollt unkonventionelles Ermittlerpaar durch Berlin. Erfunden wurde die Serie von Jochen Brunow.

Behrendt, Klaus J.

Deutscher Schauspieler. Geboren am 7. Februar 1960 in Hamm/Westfalen. Nach dem Schulabschluß absolvierte er eine dreijährige Ausbildung zum Bergmechaniker. Im Anschluß an den Ersatzdienst nahm er in Hamburg Schauspielunterricht. Zwischen 1985 und 1988 hatte Behrendt ein Engagement am Bremer Schauspielhaus. Seine erste große TV-Rolle spielte er 1988 in ROTE ERDE II. Einer breiten Öffentlichkeit wurde er bekannt als TATORT-Kommissar Max Ballauf, den er nach einer Unterbrechung für die *Private Eye*-Serie A.S. nun wieder spielt.

BELLA BLOCK

BRD 1994- ; x 90 Min.; F

Bella Block .... Hannelore Hoger

➜ »Bella Block ist eine Kommissarin, die ihre Fälle gerne auf unkonventionelle Weise löst und die eine bestimmte Liebe mit hineinbringt, weil sie sich für Menschen interessiert. Die auch mal fünf gerade sein läßt, weil sie der Meinung ist, daß man Probleme nicht immer dadurch lösen kann, daß man auf dem Recht besteht«, charakterisiert die Hauptdarstellerin ihre Rolle. Gleich die erste Folge der ZDF-Serie erhielt einen *Grimme*-Preis. Bei den ersten beiden Folgen war Max Färberböck Autor und Regisseur. Die weiteren Episoden konnten bisher nicht an das Niveau anschließen. »Bei Färberböck blickten die Zuschauer auf das kriminelle Geschehen nur durch die Augen der impulsiven, ihrem Gefühl trauenden und an ihrem Gefühl irre werdenden Ermittlerin«, meinte *Der Spiegel* in Nr. 10/1997.

Erfunden wurde Bella Block von der Krimiautorin Doris Gercke, deren Romane bei mehreren Folgen als Vorlage dienten.

Roman: Die Bella Block-Krimis von Doris Gercke sind im Goldmann Verlag erschienen.

Hannelore Hoger als Bella Block

BELLAMY

Bellamy

AUS 1981; 26 x 45 Min.; F

Seargeant Steve Bellamy .... John Stanton
Detective Mitchell .... Timothy Ellston
Daley .... James Condon

➜ Die Fälle eines knallharten Kriminalpolizisten und seines Teams aus Sidney. Bellamy gehört zu einer *Special Crime Squad*, die Australiens böseste Buben jagt. Bei der von Ron Maclean konzipierten Serie führte u.a. auch MAD MAX-George Miller Regie. Viel Brutalität und ein bemerkenswert unsympathischer Hauptdarsteller. Produziert wurde sie von Don Battye für Grundy.

Bellisario, Donald P.

Amerikanischer Autor und Produzent. Er wurde am 8. August 1935 als Sohn einer Jugoslawin und eines Italieners in Pennsylvania geboren. Er diente vier Jahre bei den Marines in derselben Einheit wie der angebliche Kennedy-Mörder Lee Harvey Oswald. Daher kommt auch das Interesse an militärischen Hintergründen in seinen Serien, die meistens einen ideologischen Beigeschmack haben. Dazu gehören AIRWOLF und J.A.G. Nach seiner Militärzeit arbeitete er 14 Jahre in der Werbeindustrie, u.a. als Regisseur für TV-Spots. Er begann als Autor für Glen A. Larsons Action-Serien, mit dem zusammen er seinen größten Erfolg erfand: MAGNUM. Dann wurde er *Line Producer* bei DETEKTIV ROCKFORD, Larsons KAMPFSTERN GALACTICA (BATTLESTAR GALACTICA) und Stephen J. Cannells BAA BAA BLACK SHEEP. Nachdem er mit Larson MAGNUM erfunden hatte, arbeitete er als *Executive Producer* der Serie. 1989 kreierte er die Zeitreiseserie QUANTUM LEAP.

BERGERAC

Bergerac

GB 1981-90; 80 x 50 Min. u. 4 x 90 Min.; F

Jim Bergerac .... John Nettles
Charlie Hungerford .... Terence Alexander
Francine Leland .... Cecile Paoli
Chief Inspector Barney Crozier .... Sean Arnold
Marianne Bellshade .... Celia Imrie
Susan Young .... Louise Jameson
Philippa Vale .... Liza Goddard
Danielle Aubry .... Therese Liotard
Inspector Victor Deffand .... Roger Sloman
Deborah Bergerac .... Deborah Grant
Detective Constable Willy Pettit .... John Telfer
Detective Constable Ben Lomas ... David Kershaw
Diamanten-Lil .... Mela White
Charlotte .... Annette Badland
Peggy Masters .... Nancy Mansfield

➜ Woche für Woche stolpert Detective Sergeant Bergerac auf der Millionärsinsel Jersey, wo er im Ausländerbüro arbeitet, über Verbrechen. Wegen seiner Alkoholprobleme lebt er von Frau Deborah und Tochter getrennt. Sein Schwiegervater Hungerford schafft es irgendwie, in alle Fälle, die Bergerac untersucht, verwickelt zu werden.

Die von Robert Banks Stewart für die BBC konzipierte Serie über einen alkoholabhängigen Kriminalpolizisten auf den Kanalinseln blieb trotz des ungewöhnlichen Schauplatzes durchschnittlich und nicht gerade atemberaubend. Routiniert, aber wenig spannend. Bemerkenswert ist lediglich, daß die Hauptfigur ein trockener Alkoholiker ist, der von gelegentlichen Rückfällen gefährdet wird. In England allerdings erfreute sich diese Serie großer Beliebtheit.

John Nettles' Liebe zu Jersey ließ ihn mehrere Bücher über die Insel schreiben. Die Bewohner mochten die Serie und unterstützten die Produktion, indem sie ihre Häuser und Rolls Royces zur Verfügung stellten. Die Titelmusik ist von George Fenton.

BERLIN BREAK

BRD 1992-93; 26 x 45 Min.; F

John J. MacKenzie alias Mac .... John Hillerman
Baroneß Katja von Althausen .... Hildegard Knef
Willy Richter .... Kai Wulff
Valentin Renko .... Nicholas Clay
Maria MacKenzie .... Katja Flint

➜ Ausgangspunkt der schwachsinnigen Geschichten ist »Mac's Café Berlin«, eine Art neutraler Treffpunkt der Spione aller Geheimdienste. Der Fall der Mauer und das Ende des Kalten Krieges hat die Agenten überrascht. Vor allem die beiden Hauptfiguren Willy Richter, ehemaliger BND-Mann, und Valentin Renko, dessen KGB-Zentrale nicht mehr in der Lage ist, sein westliches Luxusleben zu finanzieren. Sie werden Partner und lassen sich durch Macs Vermittlung von jedem anheuern, der sie bezahlen kann. Das klingt besser, als die Serie ist. Gemeinsam mit der amerikanischen Produktionsfirma Columbia TriStar drehte RTL diese unglaublich schlechte Serie von Reuben Leder (Idee, Buch, Produktion). »Die Ausgangsidee, einen abgehalfterten CIA-Mann eine Kneipe betreiben zu lassen, ist schon fast copyright-verletzend bei Ross Thomas geklaut, ohne daß der Plot der Episoden auch nur den Hauch jener Plausibilität besäße, die die Thomas-Geschichten auszeichnet. [...] Ihre Geschichten sind konfus. [...] Regiefehler, die sich in falschen Anschlüssen, Achsensprüngen und einfallslosen Raumauflösungen gleich szenenweise zeigen, verleiden einem den letzten Rest«, schrieb Dietrich Leder in der *Funk-Korrespondenz* Nr. 34/1993.

BERLIN – KEITHSTRASSE 30

BRD 1972; 13 x 25 Min.; F

Lotte Fliedner .... Nora Minor
Kriminalinspektorin Schröder .... Lis Verhoeven
Kriminalkommissarin Höppner .. Cordula Trantow

➜ Die Serie berichtet über die Arbeit der weiblichen Kriminalpolizei in Berlin. Angeblich dienten authentische Fälle als Vorlagen. Eine der berüchtigten sozialkritischen Serien der frühen siebziger Jahre.

BETRÜGER, DIE

The Cheaters

GB 1960; 39 x 25 Min.; SW

John Hunter .... John Ireland
Walter Allen .... Robert Ayres

➜ Die in London angesiedelte Serie erzählt von den langweiligen Fällen John Hunters, Versiche-

rungsdetektiv der *Eastern Insurance Company*, der Versicherungsbetrügern aller Art auf die Schliche kommen muß.
Die von Edward J. und Harry Lee Danziger produzierte Serie wurde von der englischen Kritik verrissen: Hunter würde während jeder Folge mehr Türklingeln drücken als eine Avon-Beraterin in einer Woche.

Big Caper

Eine Seitenlinie des Gangsterromans, dessen bekanntestes Beispiel wohl THE ASPHALT JUNGLE von W.R. Burnett ist. Im Mittelpunkt der Geschichten steht ein Einbruch oder Raubüberfall, der von einem Team unterschiedlicher Charaktere mit besonderen Fähigkeiten geplant und ausgeführt wird.
Im deutschen Fernsehen war der Mehrteiler DIE GENTLEMEN BITTEN ZUR KASSE einer der erfolgreichsten *Big Caper*. In Fernsehserien wurde diese Form außergewöhnlich oft für Spionageserien wie IHR AUFTRITT, AL MUNDY oder KOBRA, ÜBERNEHMEN SIE genutzt.

BIG EASY – STRASSEN DER SÜNDE

The Big Easy

CAN 1996-97; 1 x 90 Min. u. 35 x 45 Min.; F
Detective Remy McSwain .... Tony Crane
Assistant D.A. Anne Osborne .... Susan Walters
Sheriff C.D. LeBlanc .... Barry Corbin
Detective Darlene Broussard ..... Karla Tamburrelli
Assistant D. A. Lightnin' Hawkins .... Troy Bryant
Smiley Dupree .... Eric George

➔ *The Big Easy* nennen die Einwohner von New Orleans ihre Stadt. Hier lebt und arbeitet Remy McSwain, ein junger Polizist bei der Mordkommission. Er kennt die Stadt wie seine Westentasche, liebt ihren sinnlichen Charme. Fälle löst er, indem er seinem Instinkt vertraut und sich nicht immer wortgetreu an das Gesetz hält.
Eines Tages muß er mit der neuen Staatsanwältin Anne Osborne zusammenarbeiten. Sie ist neu in der Stadt und findet das wilde Treiben hier äußerst verwirrend. Anders als Remy hält sie sich immer strikt an die Regeln. Das Aufeinanderprallen der konträren Charaktere führt zu Reibereien, ihre Beziehung ist durch die unterschwellige sexuelle Anziehungskraft, die sie aufeinander ausüben, geprägt.
Robert DeLaurentiis arbeitete die Story des gleichnamigen Kinofilms mit Dennis Quaid und Ellen Barkin zu dieser amüsanten und anspruchslosen TV-Serie um.

BIG EASY: Tony Crane als Detective McSwain

BITTE KEINE POLIZEI

BRD 1975; 13 x 25 Min.; F
Peter Martin .... Til Erwig
Vera Martin .... Susanne Beck
Matthias Wenzel .... Siegfried Rauch

➔ Krampfhafter und peinlicher Versuch von Bert Harras (Buch) und Wolfgang Schleif (Regie), einen deutschen Privatdetektiv, der mit den langweiligsten Fällen beschäftigt ist, zu etablieren. Wer meint, früher sei alles besser gewesen, soll sich das mal ansehen.

BLANK MEIER JENSEN

BRD 1992; 1 x 90 Min. u. 20 x 50 Min.; F

Robert Blank .... Joachim Kemmer
Jürgen Meier .... Dietmar Bär
Sybille Jensen .... Anja Schiller
Lina Sardi .... Monika Schwarz

➜ Drei Kommissare gehen ihrem Job am Frankfurter Flughafen nach. »Quälend lang, unter vergeblicher Hoffnung auf Plots und Pointen. Dabei hatten die Macher um Ideengeber Reinhard Donga wahrlich viel vor. Voller Verachtung wollten sie auf die übliche Wer-war's-Krimimasche verzichten und gleich auch viel Humor an deren Stelle setzen. [...] Der Schauplatz Flughafen, internationale Kriminalität und Kleinbürgermief, Wolkenkratzer und hessisches Gebabble, kurz MIAMI VICE und FAMILIE HESSELBACH, sollten wohl für ein Gefälle sorgen, auf dem die kleinen Krimis wie von selbst ins Rollen kommen. Doch das Ergebnis ist nur von jener atemberaubenden Art, die kein Hemd unterm Bügeleisen durchschmoren und kein Spiegelei verbrennen läßt«, schrieb der *Stern* in Nr. 39/1992 über die ARD-Serie.

BLAUES BLUT

BRD 1987-88; 10 x 50 Min.; F

Henry von Altenberg .... Albert Fortell
Lisa Prentice .... Ursula Karven
Gräfin von Altenberg .... Capucine
Carl von Altenberg .... Friedrich von Thun

➜ Eine finanzielle Notlage zwingt den jungen Aristokraten Henry, sich als Detektiv zu verdingen. Dabei sind ihm seine sportliche Konstitution, der sichere Umgang mit Schußwaffen und seine hervorragende Ausbildung hilfreich. Unterstützt wird er von seiner attraktiven Ex-Gattin Lisa.
Das ZDF ließ die Serie in St. Moritz, Florenz, Paris und an der Riviera drehen. Konzipiert wurde der Blindgänger tatsächlich von Brian Clemens, der dank MIT SCHIRM, CHARME UND MELONE und den PROFIS einen Ruf zu verlieren hatte. Zu den Regisseuren gehörten Robert Young und Juan Luis Buñuel. Die Produktionsfirma *Tele München* verpflichtete sogar Sam Peckinpah-Kameramann Alex Philipps (GETAWAY). Diese trotz allen Aufwandes unbefriedigende Serie wurde als erste ZDF-Serie vor der Fernsehausstrahlung auf Video ausgewertet.

Joachim Kemmer, Dietmar Bär, Anja Schiller

BLAULICHT

DDR 1959-1968; 29 x ? Min.; sw

Hauptmann Wernicke .... Bruno Carstens
Oberleutnant Thomas .... Alexander Papendiek
Leutnant Timm .... Horst Torka

➜ »Das Kriminalistentrio jagte zunächst Verbrecher in Ostberlin, später verlagerten sie ihr Betätigungsfeld mehr und mehr in die gesamte Republik. [...] Die Ursachen der Verbrechen, die in BLAULICHT begangen und natürlich auch aufgeklärt wurden, lagen im Westen. [...] BLAULICHT wurde 1968 eingestellt – und das mit einer exorbitanten Zuschauerquote von 69,9 Prozent für die letzte Episode. Der Grund lag u.a. darin, daß Autor Günter Prodöhl die Ideen ausgingen und er in dem vorgegebenen Senderhythmus nicht die entsprechenden Vorlagen liefern konnte«, schreibt Andrea Guder in der *Funk-Korrespondenz* Nr. 46/1998 über diesen Vorläufer des POLIZEIRUFS.

BLENDENDER SPION, EIN

A Perfect Spy

GB 1987; 7 x 55 Min.; F

Magnus Pym .... Peter Egan
Rick Pym .... Ray McAnally
Axel .... Rüdiger Weigang
Miss Dubber .... Peggy Ashroft
Jack Brotherhood .... Alan Howard
Mary Pym .... Jane Booker

➜ Magnus Pym erzählt seine Geschichte, die besonders sein kompliziertes Verhältnis zu seinem

Vater, einem Schwindler und Betrüger, reflektiert. Arthur Hopcraft arbeitete John LeCarrés Erfolgsroman A PERFECT SPY zu dieser vorzüglichen Miniserie der BBC um. Regie führte Peter Smith; gedreht wurde in England, Wales, Wien, Prag, Washington und Kalifornien.
Roman: John LeCarré: Ein blendender Spion; Heyne 7762, 1989.

BLOCK 7

BRD 1976; 7 x 45 Min.; F

Rick Stickel .... Bernd Tauber
Anstaltspsychologin .... Karin Anselm
Anstaltsleiter .... Klaus Herm

➜ Spielserie über Strafvollzug mit anschließender Diskussion über Sinn und Zweck von Haftstrafen. Verantwortlich für diesen typisch deutschen Servicequark waren Wolfgang Mühlbauer (Buch) und Hartmut Griesmayer (Regie); ihnen kann man Straffreiheit nur unter Vorbehalt gewähren.

BLUE THUNDER / DAS FLIEGENDE AUGE

Blue Thunder

USA 1984; 11 x 45 Min.; F

Frank Chaney .... James Farentino
Clinton »Jafo« Wonderlove .... Dana Carvey
Lyman »Bubba« Kelsey .... Bubba Smith
Richard »Ski« Butowski .... Dick Butkus
Captain Braddock .... Sandy McPeak
J.J. Douglas .... Ann Copper

➜ Dank des Erfolgs des 1983er Kinofilms DAS FLIEGENDE AUGE (BLUE THUNDER) mit Roy Scheider gab es zwei TV-Ableger (der andere ist AIRWOLF). Farentino spielt den üblichen draufgängerischen Hubschrauberpiloten, der immer Ärger mit seinem Vorgesetzten Captain Braddock hat. Ihm zur Seite stehen das Computergenie Clinton und der Ex-Footballer Ski. Der Hubschrauber gehört der APEX, einer Bundesbehörde, die nicht nur die Verbrechen in Los Angeles verfolgt, sondern auch dem FBI oder dem Schatzamt hilft. ABC hatte mit diesem Helicopter weniger Glück bei den Zuschauern als CBS mit AIRWOLF. Koproduziert wurde die Serie von Roy Huggins für Columbia. Die Musik ist von Frank Denson.

BLUTIGE STRASSE

Nessuno deve sapere

I 1972; 4 x 60 Min.; F

Pietro .... Roger Fritz
Maria .... Stefania Casini
Meneghini .... Corrado Olmi
Mario Cuturi .... Antonello Compodifiori
Carlo .... Dario De Grassi
Polizeikommissar .... Mico Cundari
Don Nico .... Renato Baldini
Diana .... Gaia Germani
Petrucccio .... Giovanni Astorino

➜ Ortsansässige Firmen sollen an einer Autostraße in Süditalien Ausbauarbeiten durchführen. Zur Beaufsichtigung kommt der Ingenieur Pietro aus Mailand und gerät schon bald zwischen die Fronten zweier rivalisierender Mafiabanden, die aus dem Straßenbau Profit schlagen wollen.
Mario Landi inszenierte diesen Vierteiler nach dem Drehbuch von Renzo Genta und Marco Oxman, das auf einem Stoff von Lina Wertmüller basierte.

BLUTROTER SCHNEE

The Drug Wars 2: The Cocaine Cartel

USA 1993; 2 x 95 Min.; F

Thomas Vaughan .... Alex McArthur
Mike Cerone .... Dennis Farina
Judge Sonia Perez-Vega .... Julie Carmen
Colonel Roberto Chavez .... Michele Placido
Loco Garrison .... John Glover
Pablo Escobar .... Gustav Vintas
Eduardo Martinez .... Efrain Figueroa

➜ Drogenfahnder Vaughan geht nach Kolumbien, um dort zusammen mit den Behörden das Drogenkartell von Medellin zu bekämpfen. Es wird ein blutiger Krieg.
Michael Mann ist besessen vom organisierten Verbrechen. In seinen Serien MIAMI VICE und CRIME STORY hat er fiktiv geschildert, wie es die Gesellschaft unterwandert und aushöhlt. In den beiden DRUG WARS-Mini-Serien erzählt er die tatsächlichen Ereignisse des Kampfes gegen die südamerikanischen Drogenkartelle. Hier wird der Krieg gegen Pablo Escobar und die kolumbianischen Drogenbarone verschlüsselt dargestellt. Anders als in der ersten DRUG WARS-Serie DAS CAMARENA-

KOMPLOTT hat Michael Mann hier nicht die wahren Namen nennen dürfen.

Bochco, Steven

Amerikanischer Autor und Produzent. Geboren am 16. Dezember 1943. Er hat in den achtziger und neunziger Jahren neben Michael Mann und Stephen J. Cannell die wichtigsten Innovationen bei den dramatischen TV-Serien durchgesetzt. Grund genug, sich seinen Werdegang etwas genauer anzuschauen: Bochco wuchs an der Upper West Side von Manhattan auf. Er studierte Performing- und Dramatic Arts am renommierten Carnegie Tech College. Bereits im College begann er Drehbücher zu schreiben, sogenannte *Spec Scripts* für existierende Serien. Bei Universal wurde man auf den jungen Mann aufmerksam und holte ihn nach Hollywood. Er begann als *Assistant Story Editor* und arbeitete sich langsam hoch. Universal war eine gute Schule für junge Autoren, denn die Produktionsfirma war gut im Geschäft und produzierte Dutzende von Serien. Der aggressive Bochco hatte einen boshaften Humor und ein großes Talent für Dialoge – die richtige Mischung für Krimiserien, besonders für Cop-Shows. Bochco wurde *Story Editor* und mußte die Drehbücher anderer Autoren für seine Serien so bearbeiten, daß sie aus einem Guß waren. Schließlich bekam er seine erste Serie in Eigenverantwortung: THE NAME OF THE GAME, die alternierend drei Protagonisten (Gene Barry, Tony Franciosa und Robert Stack) unter einem Thema zusammfaßte. Dann kam das erfolgreiche Rock Hudson-Vehikel MCMILLAN & WIFE, und schließlich erhielt er den Ritterschlag, in dem man ihn zu Universals Flaggschiff COLUMBO holte. Aber diese Serie mit ihren genauen, ausgefeilten Plots lag Bochco nicht sonderlich. Seine Schwächen als Plotter wurden schnell deutlich. So wurde er zum Pilot-Schreiber hochgelobt, eine der angesehendsten Autorentätigkeiten in der Branche. In der Hierachie stehen Schreiber, die Pilot-Filme für mögliche neue Serien entwickeln, an zweithöchster Stelle gleich hinter Autoren, die ihre selbst entwickelten Serien durchsetzen und produzieren konnten. Nachdem Bochco mit seiner Serie DER UNSICHTBARE nach einer Staffel baden gegangen war, schrieb und produzierte er etwas erfolgreicher die auch bei uns gezeigte Cop-Show DELVECCHIO. Hier konnte er die eindimensionalen Plots durch scharfe und witzige Dialoge und Typen erfolgreich übertünchen. Die zweite Hauptrolle hatte Charles Haid, der später in POLIZEIREVIER HILL STREET den Renko spielen sollte und durch Bochcos Protektion erfolgreich ins Regiefach überwechselte. Haid führte Regie bei der ersten Folge von MURDER ONE. Bei DELVECCHIO konnte der stark durch die sechziger Jahre geprägte Bochco auch erstmals seine liberale politische Haltung in einer Serie ausdrücken. Nachdem er weitere Pilotfilme und kurzlebige Serien entwickelt hatte (darunter das ROCKFORD *Spinoff* RICHIE BROCKELMAN und TURNABOUT), wechselte er von Universal zu MTM, die damals unter ihrem Chef Grant Tinkler den besten Ruf aller TV-Produktionsgesellschaften hatte. Tinkler war dafür bekannt, daß er seinen Produzenten immer volle Rückendeckung gab, sich nie willkürlich in die kreative Arbeit einmischte und höchste Budgets zur Verfügung stellte.

1979 entwickelte Bochco für den Shakespeare-Mimen James Earl Jones die Cop-Serie CAPTAIN PARIS, die nur knapp ein halbes Jahr auf CBS lief. Trotz seiner Flops hatte sich Bochco bei den Sendern einen guten Namen als Spezialist für Cop-Shows gemacht. Eines Tages baten ihn der damalige NBC-Chef Fred Silverman und der Unterhaltungschef Brandon Tartikoff um eine neue Cop-Serie: »Irgendwas zwischen BARNEY MILLER und POLICE STORY, ein bißchen M.A.S.H. in FORT APACHE, THE BRONX.« Zum damaligen Zeitpunkt waren Cop-Shows in der Publikumsgunst nicht sonderlich hoch angesiedelt. Aber Silverman spekulierte darauf, daß das zyklische Genrependel bald wieder zugunsten von Polizeiserien ausschlagen würde. Bochco beauftragte den Autor Michael Kozoll, den er bei DELVECCHIO kennengelernt hatte, den Piloten nach seinen Vorgaben zu schreiben. Inzwischen handelte er die Bedingungen mit NBC aus, die ihm als Producer für MTM ungewöhnlich viel Freiheiten einräumten. Mit POLIZEIREVIER HILL STREET kam dann auch der große Durchbruch. Aus seiner geringen Fähigkeit, Krimis mit abgeschlossener Episodenstrukrur zu schreiben, hatte er jetzt eine Stärke gemacht: POLI-

ZEIREVIER HILL STREET hatte eine offene Fortsetzungsstruktur mit nebenherlaufenden Parallelhandlungen, die den Charakteren Entwicklungsmöglichkeiten gaben. Das ungewohnte Format konnte sich schnell durchsetzen, und die Serie wurde auf ihrem Höhepunkt 1983 zur erfolgreichsten bei der kaufkräftigen Zielgruppe der 18 bis 49jährigen Männer. Mercedes Benz gehörte damals zu den regelmäßigen Werbekunden, die Spots schalteten. Danach ging es langsam aber sicher bergab und POLIZEIREVIER HILL STREET starb einen qualvollen Tod. Zuvor, 1985, wurde Bochco von MTM gefeuert, weil er immer wieder das Budget überzogen hatte. Anschließend kreierte er für NBC die Anwaltsserie L.A. LAW, deren Erfolg ihm 1988 einen Deal als Produzent über zehn Serien mit ABC einbrachte. Für den Sender schuf er die Serien INSPEKTOR HOOPERMAN, DOOGIE HOWSER, BAY CITY BLUES, COP ROCK, CIVIL WARS, CAPITAL CRITTERS. Keine dieser Serien erreichte einen ähnlichen Erfolg wie L.A. LAW. Bochco brauchte dringend einen Hit, als er 1993 mit der Produktion von NEW YORK COPS begann – und schaffte ihn. Seine nächste Serie, das innovative *Court Room Drama* MURDER ONE, erfüllte hingegen die Erwartungen des Networks nicht.

BONEY

AUS 1972; 26 x 50 Min.; F

Boney .... James Laurenson
Alice McGorr .... Kate Fitzpatrick

➜ Napoleon Bonaparte, kurz Boney genannt, ist der Held in 29 Büchern von Arthur W. Upfield (1888-1964), der mit diesen Detektivromanen, die alle in unterschiedlichen Regionen des Kontinents spielen, den kriminalliterarischen Nationalepos Australiens geschaffen hat. Boney, Sonderkommissar bei der australischen Kripo, Sohn eines Weißen und einer Aborigenee, ist nicht nur ein intelligenter Detektiv, sondern auch ein erfahrener Spurenleser, der im Busch zu Hause ist. Die einzelnen Folgen sind oft sehr gelungene Umsetzungen der Romanvorlagen.
Der australische Schauspieler und Produzent John McCallum finanzierte das Budget der Serie (1,5 Millionen Dollar) durch die Koproduktion mit Channel 7 (Australien), Global TV (London) und dem ZDF. Hauptdarsteller Laurenson und Drehbuchautor Frank Hardy wurden für ihre Leistung mit dem höchsten australischen Fernsehpreis *Logie* ausgezeichnet. Ein späterer, katastrophaler Versuch, Upfields Erfolgsfigur nochmals zu bemühen, hieß BONY UND SEIN KOMMISSAR.
Roman: Die Boney-Romane sind auf deutsch im Goldmann Verlag erschienen.

BONY UND SEIN KOMMISSAR: Cameron Daddo

BONJOUR MAÎTRE – DER WEG NACH OBEN

Bonjour Maître

F 1987; 12 x 60 Min.; F

Maître Paul Cambrèze .... Georges Wilson
Clarisse Cambrèze .... Danielle Darrieux
Jérome Cambrèze .... Gérard Klein

➜ Maître Paul ist Chef einer Anwaltskanzlei und ehemaliger Minister de Gaulles', der spektakuläre Fälle übernimmt.
Die Drehbücher stammen von einem gewissen Bernard Gridaine, ein Pseudonym des Staatssekretärs Bernard Kouchner, der in Frankreich vor allem als Ehemann der politischen Fernsehjournalistin Christine Ockrent bekannt ist. Alle in den verschiedenen Episoden dargestellten Fälle basieren auf wirklichen Gerichtsverfahren.

BONY UND SEIN KOMMISSAR

Bony

BRD/AUS 1991; 1 x 90 Min. u. 13 x 50 Min.; F

David »Bony« Bonaparte .... Cameron Daddo

Bony als Kind .... Andrew Ferguson
Polizeichef Frank Fischer .... Christian Kohlund

➔ Bony wächst nach dem Tod seiner Eltern bei seinem Onkel auf. Als junger Polizist wird er in die australische Provinz geschickt.

Unberechtigt beruft sich dieses im ZDF ausgestrahlte Machwerk auf den kriminalliterarischen Mythos der Romane von Arthur W. Upfield, die zuvor in der Serie BONEY besser umgesetzt wurden.

BOOKER

Booker

USA 1989-90; 22 x 45 Min.; F

Dennis Booker .... Richard Grieco
Elaine Grazzo .... Katie Rich
Charles »Chick« Sterling .... Carmen Argenziano
Alicia Rudd .... Marcia Strassman
Suzanne Dunne (1990) .... Lori Petty

➔ In der Serie 21 JUMP STREET war Dennis Booker ein Rebell, der sich mit vielen Aspekten der Polizeiarbeit nicht abfinden wollte. Also quittierte er den Dienst und wurde in seiner eigenen Serie Privatdetektiv. In schwarzer Lederjacke und mit Motorrad arbeitet er nun als Sicherheitsexperte für den US-Ableger des japanischen Teshima-Konzerns und hat laufend Ärger mit seinen Bossen.

Stephen J. Cannell konzipierte BOOKER für Twentieth Century Fox, die eine weitere Erfolgsserie wie 21 JUMP STREET forderten, und sagte über die Serie: »Es ist ein Versuch, den guten, alten Privatdetektiv zeitgemäß für die neunziger Jahre aufzubereiten.« Die Folgen sind spannend, die Produktionsqualität auf hohem Niveau. Als Vorspannmusik hört man HOT IN THE CITY von Billy Idol.

Bradford, Richard

Amerikanischer Schauspieler. Geboren 1937 in Tyler, Texas. Er wuchs in Conroe auf und besuchte in San Antonio die High School. Auf dem College beendete eine Verletzung eine vielversprechende Footballkarriere. Stattdessen versuchte er an der Universität von Texas eine Profilaufbahn als Baseballspieler zu starten. Da er zuviele Vorlesungen schwänzte, wurde er für ein Jahr vom Baseballteam suspendiert. Nun hatte er genug von einer Sportkarriere. Er wandte sich seiner dritten Liebe

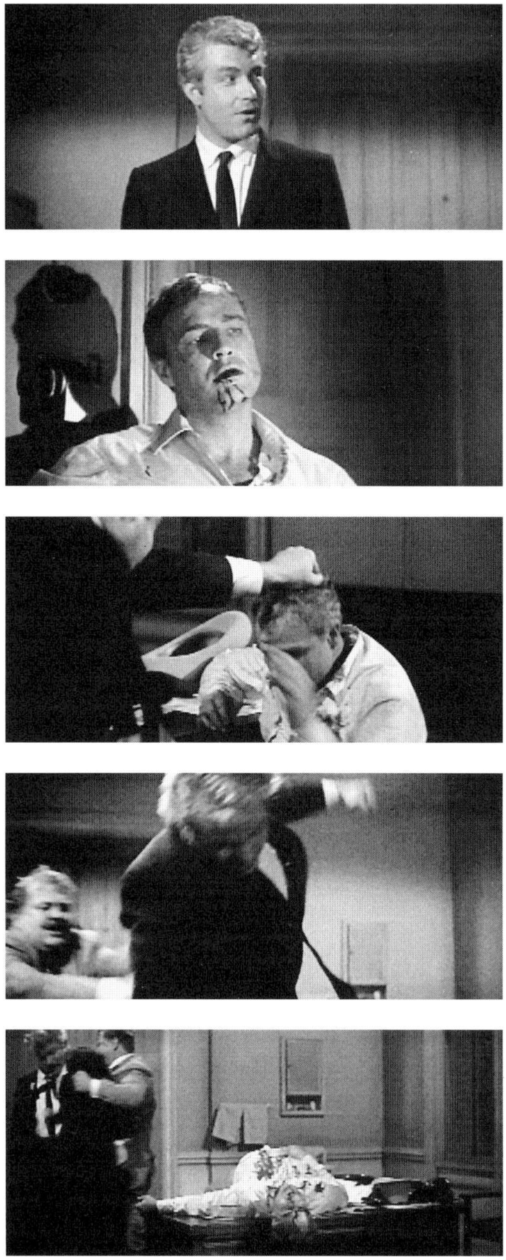

Die legendäre Prügelszene in THE CHASE – Richard Bradford und Marlon Brando

zu: der Schauspielerei, die ihn faszinierte, nachdem er James Dean und vor allem Marlon Brando im Kino gesehen hatte. Seit seinem 16. Lebensjahr ergraute sein Haar, und anfangs riss er sich noch die einzelnen Haare heraus, gab aber bald auf (er wollte schließlich Brando nacheifern und nicht Yul Brynner). 1957 ging er nach New York und begann sein Schauspielstudium am Berghof Studio. Nebenher arbeitete er als Kellner. Nachdem er genug Geld zurückgelegt hatte, bewarb er sich beim Actor's Studio von Lee Strasberg, wo er 1962 angenommen wurde. Er blieb zwei Jahre bei Strasberg und ging als vielversprechender und bestens ausgebildeter Schauspieler ab. Er begann am Broadway kleinere Rollen zu spielen und tauchte auch in einer Folge von RAUCHENDE COLTS (GUNSMOKE) auf. Mit Bühnenrollen und kleinen TV-Auftritten begann er sich einen Namen zu machen, und 1965 kam seine große Chance: Er sprach Produzent Sam Spiegel und Regisseur Arthur Penn für eine Rolle in EIN MANN WIRD GEJAGT (THE CHASE) vor, in dem sein Idol Marlon Brando die Hauptrolle spielte. Penn mochte ihn und verpflichtete Bradford für eine Mini-Rolle. Als er zu den Dreharbeiten in Hollywood erschien, hatte Penn seine Meinung geändert. Er gab ihm eine der tragenden Nebenrollen, die des skrupellosen Damon Fuller. In einer Schlüsselszene des Films mußte Bradford seinen Helden verprügeln. Die Prügelszene ging in die Filmgeschichte ein. Nie hatte man zuvor Realistischeres gesehen und Bradford stahl Brando (in seiner Lieblingsrolle als Zusammengeschlagener) fast die Szene. Bradford und Brando wurden Kumpels und drehten noch einen weiteren Film zusammen. Als THE CHASE in die Kinos kam, suchte Lew Grade für seine neue ITC-Serie MCGILL (später umbenannt in MAN IN A SUITCASE [DER MANN MIT DEM KOFFER]) gerade einen Hauptdarsteller. Es war Bradfords Kampfszene in THE CHASE, die Grade beeindruckte. Bradford übertraf alle Erwartungen und prägte die Titelrolle dieser unterschätztesten aller TV-Serien wie selten jemand. Das englische Magazin *Uncut* stellte 1999 fest: »Ohne Richard Bradford kein McGill. Ursprünglich war die Rolle eine der üblichen Standard-Actiontypen, bis Bradford mit seinem *Method*-Stil an sie heranging und aus McGill ein dreidimensionales menschli-

Richard Bradford in DER MANN MIT DEM KOFFER

ches Wesen machte. [...] Einen existentialistischen Helden in einer korrupten, gierigen Gesellschaft. [...] Es ist ein übler Streich des Schicksals, daß aus Bradford kein wirklicher Star wurde. Dieser Schauspieldynamo ist der Superstar, der uns verlorengegangen ist.« Während der Dreharbeiten 1967 lebte er in einem Haus in London, das der britischen Billardlegende Joe Davis gehörte. Nachdem die Serie abgedreht war, ging Bradford in die USA zurück und spielte bis heute an die hundert Nebenrollen im Fernsehen und im Kino. Zu seinen bekannteren Filmen zählen DUELL AM MISSOURI (MISSOURI BREAKS, wieder mit Penn und Brando vereint), HAMMETT, VERMISST (MISSING), DIE UNBESTECHLICHEN (THE UNTOUCHABLES) und DIE KAMMER (THE CHAMBER). Nicht nur schauspielerisch ist Bradford an Brando herangekommen, sondern auch vom Leibesumfang. Aber für seine Fans ist er der Größte! Und DER MANN MIT DEM KOFFER die schlechthin größte Kultserie aller Zeiten.

Brauss, Arthur

Deutscher Schauspieler. Zur Schauspielerei kam der 1936 Geborene über sein Volkswirtschaftsstudium in den USA. Dort sammelte er auf einer Studentenbühne erste Erfahrungen. Seine erste Kinorolle erhielt er 1963. Internationale Spielfilme, in denen Brauss Nazi-Schergen mimte, folgten. Ende der sechziger Jahre begann seine TV-Karriere. Er spielte rauhe Burschen, Bösewichter und Abenteurer. Jürgen Roland setzte ihn im TATORT ein und gab ihm die Hauptrolle in seiner Serie GROSSTADTREVIER.

BRONK
Bronk

USA 1975-76; 1 x 70 Min. u. 24 x 45 Min.; F

Lieutenant Alex Bronkov .... Jack Palance
Ellen Bronkov .... Dina Ousley
Bürgermeister Pete Santori .... Joseph Mascolo
Sergeant John Webber .... Tony King
Harry Mark .... Henry Beckman

➜ Carroll O'Connor und Ed Waters erfanden einen weiteren Bullen mit Herz und Verstand, der sein Unwesen in Ocean City, Kalifornien, treiben durfte. Um den *Human Touch* auf die Spitze zu treiben, wurde die Rolle mit dem Hollywoodganoven Jack Palance besetzt, der mit einer Katze und seiner an den Rollstuhl gefesselten Tochter zusammenlebt. Bronk hatte es vor allem mit Rauschgifthändlern und Korruption zu tun. Im Auftrag des Bürgermeisters sollte er die Stadt säubern. Die von Bruce Geller KOBRA, ÜBERNEHMEN SIE, MANNIX), O'Connor und Leigh Vance für MGM und CBS produzierte Serie tat des Guten zuviel bei dem Versuch, aus Rauhbein Palance ein glaubwürdiges, sensibles menschliches Wesen zu machen. Regie beim Pilotfilm führte Richard Donner.

BRUDER CADFAEL
Cadfael

GB 1994; 10 x 75 Min.; F

Bruder Cadfael .... Derek Jacobi
Sheriff Hugh Beringar (bis Folge 4) ... Sean Pertwee
Sheriff Hugh Beringar (ab Folge 5) ... Eoin McCarthy
Prior Robert .... Michael Culver
Bruder Jerome .... Julian Firth

➜ Bruder Cadfael ist ein Mönch im 12. Jahrhundert, der in der Abtei Shrewsbury lebt und Kriminalfälle löst. Erfunden wurde die Figur bereits 1977 von der Schriftstellerin Ellis Peters, die weit über zehn Millionen Exemplare ihrer Romane über diesen Detektivmönch verkaufen konnte. Der englische Sender ITV, der bislang zehn Bücher verfilmte, ließ ausschließlich in Ungarn drehen, wo die Abtei und die Stadt in der Nähe von Budapest in drei Monaten nachgebaut wurden. Der Aufwand lohnte sich: Die grandiose Ausstattung wurde genutzt, um eine eindrucksvolle historische Kriminalserie zu drehen, die auch gehobene Ansprüche erfüllte. Sie wurde umgehend in zwanzig Länder verkauft. Produzent Stephen Smallwood: »Auch noch während der Dreharbeiten wurde kontinuierlich an Verbesserungen des Sets gearbeitet. Uns stand ein Team aus kompetenten Ratgebern zur Verfügung, die dafür sorgten, daß Musik, Religion und der geschichtliche Hintergrund so akkurat wie möglich im Film wiedergegeben werden konnten.« Über seine Rolle sagte Sir Derek Jacobi: »Cadfael muß allein auf seine Intuition und seine logischen Fähigkeiten vertrauen. Die modernen Hilfsmittel der Kriminologie stehen ihm nicht zur Verfügung. Mit seinem medizinischen und na-

BRONK: Jack Palance

turwissenschaftlichen Wissen, seinem Charme und seiner Menschenkenntnis entlarvt er seine Gegner.«
Literatur: Robin Whiteman: The Cadfael Companion; 1991.
Roman: Die deutschen Ausgaben der Bruder Cadfael-Romane von Ellis Peters sind im Heyne Verlag erschienen.

BUGS – DIE SPEZIALISTEN
Bugs

GB 1995- ; x 45 Min.; F

Ed .... Craig McLachlan
Ros .... Jaye Griffiths
Nick .... Jesse Birdsall

➜ Eine britische High-Tech-Krimiserie, die technologische Entwicklungen geschickt in die Plotstruktur einbaut. Computermanipulationen sind genauso wichtig wie wilde Verfolgungen.

BULLE VON TÖLZ, DER

BRD 1996; 19 x 90 Min.; F

Benno Berghammer .... Ottfried Fischer
Resi Berghammer .... Ruth Drexel
Sabrina Lorenz .... Katerina Jacob

➜ Ein Egotrip für den übergewichtigen Kabarettisten Fischer: »Ich habe die Figur zusammen mit dem Produzenten Ernst von Theumer Jr., dem Regisseur Walter Bannert und den Autoren Peter Hant, Hartmut Grund und Horst Vocks entwikkelt. Natürlich gleicht sie mir. Benno ist ein korpulenter Kriminalkommissar, der aufgrund seiner Figur die Fälle weniger mit Bewegung als mit Köpfchen löst. Der Bulle stöbert intuitiv in den Geschichten, wendet auch mal illegale Methoden an, wo hingegen meine Berliner Kollegin Sabrina Lorenz eher das Korrekte, Preußische verkörpert. Der Unterschied zwischen Preußen und Bayern ist

DER BULLE VON TÖLZ: Ruth Drexel und Ottfried Fischer

aber nie ein Thema, ein Konflikt bricht nicht aus.« Bad Tölz wird als eine korrupte Stadt voller *Amigo*-Filz gezeichnet. Dabei hatte die Wahl des Drehorts einen simplen ökonomischen Grund: Die Stadt liegt nahe genug an München, so daß man Hotelkosten für das Team sparen konnte. Sieben weitere Folgen dieser besseren SAT.1-Serie sind geplant.

BULMAN

Bulman

GB 1985-87; 20 x 60 Min.; F

George Kitchener (Bulman) .... Don Henderson
Lucy McGinty .... Siobhan Redmond
William Dugdale .... Thorley Walters

➜ BULMAN dürfte neben TASK FORCE-Mann Barlow der einzige Seriendetektiv sein, der in drei verschiedenen TV-Serien auftrat: Ursprünglich war er eine Figur in Kenneth Royces XYY-Man-Romanen, die 1976 zu einer TV-Serie verarbeitet wurden. Hier war er noch Police Sergeant und spielte eine Nebenrolle. Charakterlich verändert erhielt er 1978 mit FAHNDUNG: DETECTIVE SERGEANT BULMAN, SCOTLAND YARD seine eigene Serie als Inspector. In BULMAN ist er aus dem Dienst ausgeschieden und betreibt einen kleinen Antiquitätenladen, dessen Spezialität die Reparatur kostbarer Uhren ist. Als die Kriminologin Lucy, die Tochter eines Ex-Kollegen, auftaucht, wird der Shakespeare zitierende Bulman wieder in Detektivarbeit verwickelt. Außerdem bekommen die beiden durch Bulmans Verbindungen zu Dugdale vom britischen Geheimdienst auch mit internationalen Spionagefällen zu tun.

Hauptdarsteller Henderson war selbst Kriminalbeamter beim CID in Essex, bevor er Schauspieler wurde: »Ich hörte damit auf, weil mir einige der Gauner leid taten, die ich eingebuchtet habe.« Chefautor war Murray Smith; produziert wurde die Serie von Richard Everitt für Granada TV. Die Musik ist von Dick Walter.

Roman: Einige XYY-Man-Romane um Spider Scott sind Mitte der siebziger Jahre in Deutsch in der Reihe der gelben Ullstein-Krimis erschienen.

BUMPERS REVIER

The Blue Knight

USA 1975-76; 1 x 90 Min. u. 23 x 45 Min.; F

Off. William »Bumper« Morgan ... George Kennedy
Carrie Williamson .... Barbara Rhoades
Sergeant Newman .... Philip Pine
Vera .... Aneta Corsant
Wimpy .... John Steadman
Toby .... Billy Benedict

➜ Die Abenteuer eines altgedienten Streifenpolizisten in Los Angeles.

1973 etablierten Regisseur Robert Butler und Drehbuchautor E. Jack Neumann mit der vierstündigen Adaption des Joseph Wambaugh-Bestsellers THE BLUE KNIGHT die neue Form der Mini-Serie. William Holden spielte in ihr den Bumper Morgan und wurde dafür mit dem *Emmy* ausgezeichnet. NBC und Wambaugh waren sehr zufrieden mit der Miniserie, doch es war das Network CBS, das Lorimar Productions, die spätere DALLAS-Produktionsgesellschaft, beauftragte, den Pilotfilm für eine auf Roman und Charakteren basierenden Serie zu produzieren. Da man William Holden nicht verpflichten konnte, nahm man George Kennedy und ließ Lee Rich und Philip Capice produzieren. Die Serie floppte ohne Holdens Charisma und wegen der schlechten Geschichten, die Wambaughs Charaktere verwässerten. Kurz vor dem Ende beauftragte man Wambaugh selbst mit einem *Revamping*, aber es war bereits zu spät, und die Serie verschwand vom Bildschirm.

Roman: Joseph Wambaugh: Der müde Bulle; Heyne 2298, 1990.

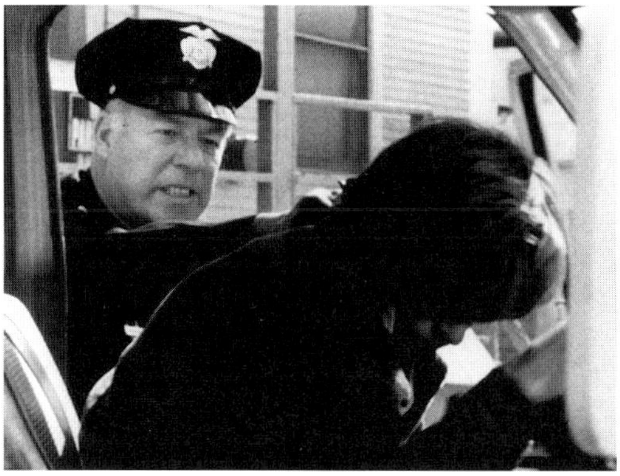

George Kennedy in BUMPERS REVIER

Burgi, Richard

Geboren am 30. Juli 1958 in Montclair, New Jersey. Er wuchs in einer Künstlerfamilie auf. Schon während der High School faßte Burgi den Entschluß, Schauspieler zu werden. Um sich die Schauspielschule in New York leisten zu können, arbeitete er als Fotomodell und trat in Werbespots auf. Dort wurden die Produzenten der Soap-Opera ANOTHER WORLD 1986 auf ihn aufmerksam und gaben ihm die Rolle des Chad Rollo. Zwei Jahre später spielte er in den Soaps ZEIT DER SEHNSUCHT (DAYS OF OUR LIVES) und WIE DAS LEBEN SO SPIELT (AS THE WORLD TURNS). In der Sitcom SEINFELD hatte er einige Gastauftritte. Den Durchbruch schaffte er an der Seite von Cheryl Ladd in der Serie ONE WEST WAIKIKI. 1998 spielte er in dem Kinofilm I MARRIED A MONSTER mit. Seit 1996 spielt er die Hauptrolle in der Serie DER SENTINEL.

BURKES GESETZ siehe AMOS BURKE

BURNING ZONE: EXPEDITION KILLERVIRUS

The Burning Zone

USA 1996-97; 19 x 45 Min.; F

Dr. Edward Marcase .... Jeffrey Dean Morgan
Michael Hailey .... James Black
Dr. Kimberly Shiroma .... Tamlyn Tomita
Thurman Rhinehart .... Denis Arndt

➜ Das Team um den begabten Wissenschaftler Marcase, dessen Eltern am Ebola-Virus starben, die Biologin und Molekulargenetikerin Shiroma, deren Verlobter gleichfalls dem Virus zum Opfer fiel, und den ehemaligen Spezialagenten Hailey wird immer dann eingesetzt, wenn neue, gefährliche Viren oder Bakterien die Bevölkerung bedrohen.

Angeregt durch Filme wie Wolfgang Petersens OUTBREAK und Warnungen der Weltgesundheitsorganisation WHO vor der Zunahme von Seuchen und Viruskrankheiten, konzipierte und produzierte Coleman Luck diese Action-Serie mit Mystery-Elementen für das neugegründete Network UPN. Um möglichst authentisch zu sein, ließen sich die Autoren von Dr. Kimberly A. Shriner, einer der renommiertesten Fachärztinnen für Infektionskrankheiten, beraten.

Roman: Timothy Boggs: Brennende Morgenröte; VGS, 1998.

Burr, Raymond

Amerikanischer Schauspieler. Er wurde am 21. Mai 1917 in Kanada als ältestes von drei Kindern eines Eisenwarenhändlers geboren. Nach der Scheidung nahm seine Mutter den siebenjährigen Raymond mit nach Kalifornien. Er begann in den dreißiger Jahren mit der Schauspielerei, zunächst in Kanada, dann in England. Während des Zweiten Weltkriegs diente er in der U.S. Navy. Danach begann seine Filmkarriere. Meistens spielte er Ganoven und Schurken wie in Alfred Hitchcocks DAS FENSTER ZUM HOF (REAR WINDOW, 1954). Er

Raymond Burr in DER CHEF

trat häufig in B-Pictures auf wie DER WÜRGER VON CONEY ISLAND (GORILLA AT LARGE) oder GODZILLA. Insgesamt spielte Burr in ca. 90 Kinofilmen und arbeitete auch häufig für den Hörfunk. 1951 spielte er in der ersten Folge der revolutionären Cop-Serie POLIZEIBERICHT: THE HUMAN BOMB. 1957 sprach er für die Rolle von Perry Masons Detektiv Paul Drake vor. Stattdessen bekam er die Hauptrolle und spielte sie bis 1966 (in den achtziger Jahren spielte er PERRY MASON abermals in den PERRY MASON RETURNS-TV-Movies). Mit einer Million Dollar Gage pro Jahr war er der bestbezahlte TV-Schauspieler dieser Zeit. Nach PERRY MASON spielte er von 1967 bis 1975 die Hauptrolle in DER CHEF. Kurzlebige Serien folgten: KINGSTON: CONFIDENTIAL (1977), 79 PARK AVENUE (1977) und COLORADO SAGA (CENTENNIAL; 1978-79). 1959 und 1961 wurde er als bester Schauspieler einer dramatischen Serie für PERRY MASON mit dem *Emmy Award* ausgezeichnet. Burr kaufte zusammen mit seinem besten Freund Robert Benevides 1975 die Fidschi-Insel Naitauba und betrieb dort Rinderzucht. Auf seiner Farm im kalifornischen Sonoma County bewirtschaftete er eine Ranch und ging seiner großen Leidenschaft, der Orchideenzucht, nach. Als er in den achtziger Jahren wieder als Perry Mason vor die Kamera trat, zog er auf eine Ranch in die Nähe von San Francisco und schenkte seine Orchideen der California State Polytechnic University. Engagiert kämpfte Burr gegen Drogenmißbrauch, Kindesmißhandlung und Todesstrafe. Finanziell unterstützte er die juristische Fakultät der Universität von Kalifornien. Privat hatte er einige Schicksalsschläge zu bewältigen: Seine erste Frau verlor er bei einem Flugzeugabsturz, seine dritte Frau, die Schauspielerin Laura Morgan, starb an Krebs, sein Sohn Michael an Leukämie. Auch Burr starb 1993 nach langjähriger Krankheit an Krebs.

BUTLER PARKER

BRD 1972; 26 x 25 Min.; F

Parker .... Dirk Dautzenberg
Mike Rander .... Eckart Dux
Sekretärin .... Stella Mooney

➜ Butler Parker betreibt Verbrechensbekämpfung auf höchst eigenwillige Art. Mit raffinierten technischen Hilfsmitteln meistert er jede gefährliche Situation und behält dabei immer den Bowler auf dem Kopf. Die Serie war eine Adaption der erfolgreichen Groschenheftserie von Günter Dönges.

Heftroman: Günter Dönges: BUTLER PARKER Nr. 1- ; Zauberkreis Verlag Rastatt, 1968- .

C.A.T. SQUAD
C.A.T. Squad

USA 1988; 2 x 90 Min.; F

Richard »Doc« Burkholder .... Joe Cortese
John Summers .... Jack Youngblood
Bud Raines .... Steve James
Nikki Pappas .... Deborah van Valkenburgh

➜ BRENNPUNKT BROOKLYN (FRENCH CONNECTION)-Regisseur William Friedkin war ausführender Produzent und Regisseur beider Pilotfilme dieser Serie über eine Anti-Terror-Einheit, die gegen Atomschmuggler eingesetzt wird. Leider wurde keine Serie in Auftrag gegeben. Die Musik ist von Ennio Morricone.

CAGNEY & LACEY
Cagney & Lacey

USA 1982-88; 125 x 50 Min.; F

Detective Mary Beth Lacey .... Tyne Daly
Detective Chris Cagney (1982-88) ... Sharon Gless
Detective Chris Cagney (1982) .... Meg Foster
Harvey Lacey .... John Karlen
Lieutenant Bert Samuels .... Al Waxman
Detective Victor Isbecki .... Martin Kove
Detective Mark Petrie .... Carl Lumbly
Det. Paul LaGuardia (1982-85) .... Sidney Clute
Deputy Insp. Marquette (1982-83) ... Jason Bernard
Desk Sergeant Ronald Coleman .... Harvey Atkin
Harvey Lacey Jr. .... Tony LaTorre
Michael Lacey .... Troy W. Slaten
Sgt. Dory McKenna (1984-85) .... Barry Primus
Insp. Knelman (1984-85) .... Michael Fairman
Det. Jonah Newman (1985-86) .... Dan Shor
Alice Lacey (1985-87) ... Dana u. Paige Bardolph
Alice Lacey (1987-88) .... Michelle Sepe
Det. Manny Esposito (1986-88) ...... Robert Hegyes
Det. Al Carassa (1986-88) .... Paul Mantee
Josie (1986-88) .... Jo Corday
Kazak (1986-87) .... Stewart Coss
Beverley Faverty (1986-87) .... Beverley Faverty
Tom Basil (1986-88) .... Barry Laws
Vera Dee Jordan (1987-88) .... Merry Clayton

➜ Die Abenteuer zweier New Yorker Polizistinnen, die eine Ehefrau und Mutter mit Doppelbelastung, die andere Single mit Alkoholproblemen.

Die mit vier *Emmys* ausgezeichnete Serie gilt als Meilenstein der Fernsehgeschichte, da sie erstmals die Realtät berufstätiger Frauen darstellte. Außerdem war sie die erste Serie, die ein gleichberechtigtes Frauenteam in den Mittelpunkt stellte. Cagney und Lacey haben es nicht nur mit Polizeiarbeit zu tun, sondern sie müssen sich auch mit Vorurteilen, Ungleichbehandlungen und Problemen herumschlagen, denen Frauen ausgesetzt sind.

Im Pilotfilm der von Barbara Corday, Barbara Avedon und Barney Rosenzweig (der ausgerechnet Produzent bei DREI ENGEL FÜR CHARLIE war) konzipierten Serie, die auch eine ungewöhnlich hohe Zahl von Frauen in der Produktion beschäf-

CAGNEY & LACEY: **Sharon Gless und Tyne Daly**

tigte, wurde Cagney von Loretta Swift gespielt; in der ersten Staffel, die bei uns nicht gezeigt wurde, spielte sie Meg Foster, die jedoch von CBS gefeuert wurde, weil ihr Typ angeblich zu hart war. 1983 wurde die Serie wegen schlechter Quoten abgesetzt. Aber Zuschauerproteste und steigende Quoten während der Sommerwiederholungen veranlaßten den Sender zur Fortsetzung. Die Musik stammte von Nelson Riddle.

CAMARENA-KOMPLOTT, DAS

The Drug Wars 1: Camarena/Desperados

USA 1989; 3 x 90 Min.; F

Enrique Camarena .... Steven Bauer
Mika Camarena .... Elizabeth Peña
Harley Steinmetz .... Craig T. Nelson
Caro Quintero .... Benicio del Toro
Pavon Reyes .... Tony Plana
Tony Riva .... Miguel Ferrer

➜ Die Arbeit der amerikanischen *Drug Enforcement Agency* (DEA) in Mexiko: Drogenfahnder Camarena arbeitet als Undercoveragent in Guadalajara. Gemeinsam mit anderen Agenten will er dem Drogenbaron Quintero das Handwerk legen. Als er eine Plantage entdeckt, wird er entführt und ermordet. Die anderen DEA-Agenten versuchen, ihn zu rächen und ihren Auftrag auszuführen.
Produzent Michael Mann hatte zuvor schon in seiner fiktiven Serie MIAMI VICE bewiesen, daß ein geheimer, aber brutaler Krieg an der Drogenfront tobt. Mit seiner Mini-Serie DRUG WARS arbeitete er die reale Arbeit der DEA auf. Enrique »Kiki« Camarena war der erste US-Drogenfahnder, der im Dienst ermordet wurde. Grundlage des Dreiteilers war Elaine Shannons Tatsachenbericht DESPERADOS. Regie führte Brian Gibson, das Drehbuch schrieben Rose Schacht und Ann Powell. Die grandiose Miniserie ist ein Lehrstück in Sachen Doku-Drama.

Cannell, Stephen J.

Amerikanischer Autor und Produzent. Der am 2. Mai 1941 geborene Stephen J. Cannell ist heute einer der erfolgreichsten Fernsehserien-Produzenten der USA. Dabei hat er sich ganz den Action- und Krimi-Serien verschrieben. Er begann Ende der sechziger Jahre als Autor für die langlebige Streifenwagenserie ADAM 12 – EINSATZ IN L.A. Seine große Chance kam 1974, als einer der größten und besten Serienerfinder und Produzenten, Roy Huggins (MAVERICK, AUF DER FLUCHT, 77 SUNSET STRIP usw.), ihm anbot, zusammen die Serie DETEKTIV ROCKFORD für James Garner zu schreiben und zu produzieren.
Huggins hatte zuvor mit dem Nachwuchstalent an der kurzlebigen Serie TOMA mit Tony Musante zusammengearbeitet. Mit dieser besten amerikanischen Krimi-Serie der siebziger Jahre erwarb sich Cannell den Ruf, als Autor und Produzent Serien mit hohen Niveau und Erfolg bei Publikum und Kritik zu realisieren. Mit dem Ruf des Wunderknaben im Rücken gründete er 1979 seine eigene Produktionsfirma. Die Ironisierung der Figur des Privatdetektivs, die bei ROCKFORD so wunderbar funktionierte, trieb Cannell 1980 mit seiner Serie DIE SCHNÜFFLER mit Ben Vereen und Jeff Goldblum auf die Spitze, bis hin zur Parodie. Großer Erfolg der Serie bei der Kritik und totales Durchfallen beim Publikum sorgten dafür, daß Cannell in den nächsten Jahren nur noch anspruchslose Serien, die auf ein großes Publikum abzielten, produzierte. In den achtziger Jahren war er vor allem mit albernen Action-Serien für Kinder oder Debile erfolgreich: TRIO MIT VIER FÄUSTEN, HARDCASTLE & MCCORMICK, THE GREATEST AMERICAN HERO, die dumpfe Polizei-Serie HUNTER und das unsägliche A-TEAM waren alles Serien, in denen es darum ging, soviele Autos wie möglich zu Alteisen zu verarbeiten und Papp-Charaktere in ununterbrochene, comic-hafte Schießereien und Prügeleien zu verwickeln. Cannells Reputation bei den anspruchsvollen Krimifans war somit dahin. Erst mit der Serie KAMPF GEGEN DIE MAFIA konnte er sich rehabilitieren.
Cannell, der jeden Morgen um sechs Uhr in seinem Büro ist, um genug Zeit zum Schreiben zu finden, leitet heute eines der größten Studios für TV-Serien. Er sieht das riesige Unternehmen gerne als Produktionsgesellschaft »von Autoren für Autoren«. Tatsächlich riskiert er immer wieder etwas, wenn er gleichzeitig über genug Erfolgsserien verfügt. So machte ihm der Erfolg von RENEGADE – GNADENLOSE JAGD den Rücken frei, um mit JIM PROFIT etwas neues vorführen zu können (die-

William Conrad in CANNON

ser Produktion war jedoch kein Erfolg beschert und sie wurde schnell wieder eingestellt). Neben seiner Arbeit als Serienentwickler, Autor und Studioleiter tat er sich 1997 auch erstmals als Romancier hervor: Mit dem Kriminalroman KING CON blieb er seinem Lieblingsgenre treu.

CANNON

Cannon

USA 1971-76; 1 x 90 Min. u. 122 x 45 Min.; F

Frank Cannon .... William Conrad

➜ Privatdetektiv Cannon wohnt in einem Penthouse über den Dächern von L.A. und liebt kulinarische Raffinessen, ob in den besten Restaurants oder aus der eigenen Küche. Er fährt einen großen Lincoln Continental und dürfte einer der teuersten Detektive der Stadt sein.

Die Abenteuer eines fetten, hochbezahlten Privatdetektivs aus Los Angeles wurden von Edward Hume konzipiert und von Quinn Martin für CBS produziert. Es war die Zeit, als man sich besonders »originelle« Typen als Krimihelden suchte (Kojak, Columbo usw.), um das erlahmende Zuschauerinteresse wach zu halten. »Kinder lieben Cannon, weil er ehrlich ist. Erwachsene, weil er wie einer von ihnen ist – kein Hollywoodsuperstar. Warum alte Leute die Serie lieben, weiß ich nicht«, meinte Hauptdarsteller Conrad. Jedenfalls liebt der Autor dieses Lexikons diese Routineserie nicht, obwohl sie beeindruckende Gaststars von Roy Scheider und David Janssen bis Martin Sheen und Nick Nolte aufbot und auch Richard Donner drei Folgen inszenierte.

Die Musik ist von John Parker. 1980 drehte Corey Allen noch ein TV-Movie: CANNON KEHRT ZURÜCK (THE RETURN OF FRANK CANNON).

Roman: Paul Denver: Cannon und das Dollar Girl (It's lonely on the Sidewalk; 1973); Bastei TB 38024, 1977. Cannon und das Killer-As (The golden Bullet; 1973); Bastei TB 38019, 1976. Cannon und das Millionending (I've got you covered; 1973); Bastei TB 38022, 1977. Eine Leiche für Cannon (The falling Blonde; 1975); Bastei TB 38025, 1977. Todesfalle für Cannon (The deadly Chance; 1973); Bastei TB 38021, 1976.

CAPTAIN PARIS

Paris

USA 1979-80; 12 x 45 Min.; F

Captain Woodrow Paris .... James Earl Jones
Barbara Paris .... Lee Chamberlain
Deputy Chief Jerome Bench .... Hank Garrett
Sergeant Stacey Erickson .... Cecilia Hart
Sergeant Charlie Bogart .... Jake Mitchell
Willie Miller .... Michael Warren
Ernie Villas .... Frank Ramirez

➜ Steven Bochco konzipierte, schrieb und produzierte diese Serie um den schwarzen Captain einer Spezialeinheit des 14. Reviers in Los Angeles, der nebenbei noch Kriminologie am College lehrt, für MTM und CBS.

James Earl Jones (Mitte) in CAPTAIN PARIS

Ein weiterer Versuch, einen harten Bullen mit Herz als Serienfigur aufzubauen, doch das hatte man alles schon besser gesehen. Hauptdarsteller Jones, ein mit dem *Tony* ausgezeichneter Broadwayschauspieler, lieh in der amerikanischen Originalfassung von KRIEG DER STERNE (STAR WARS) dem Schurken Darth Vader seine Stimme und war als Schlangenpriester in CONAN DER BARBAR (CONAN THE BARBARIAN) Arnold Schwarzeneggers beeindruckender Gegenspieler.

Carter, Chris

Produzent. Geboren am 13. Oktober 1956 in Bellflower, einem Vorort von Los Angeles. Mit zwölf Jahren entdeckte er seine Leidenschaft fürs Surfen. Er praktizierte diesen Sport nicht nur, sondern schrieb auch darüber und war fünf Jahre lang Herausgeber des Magazins *Surfing*. 1979 machte an der Universität von Kalifornien seinen Abschluß in Literatur. Danach versuchte er sich als freier Autor. Seiner Frau Dori Pierson ist es zu verdanken, daß er – nachdem der Erfolg ausblieb – auf Drehbücher umsattelte. Carter ging zu Disney und verfaßte unter anderem das Storyboard zu dem Fernsehfilm B.R.A.T. PATROL (1986). Nachdem er für den Sender NBC einige Piloten für diverse Serien entworfen hatte, wechselte er in die Entwicklungsabteilung von 20th Century Fox TV. Dort kam ihm die Idee für eine Neuauflage der Kultserie KOLCHAK – DER NACHTJÄGER. Allerdings sollten weniger Vampire, dafür mehr UFOs und paranormale Phänomen vorkommen. Der Film DAS SCHWEIGEN DER LÄMMER (SILENCE OF THE LAMBS) brachte ihn auf die Idee, das FBI in den Mittelpunkt zu stellen. Das Konzept wurde 1992 endgültig fertig und erhielt den Titel AKTE X. Allerdings wurde die Serie erstmal abgelehnt. Doch Carter ließ nicht locker: Im Herbst 1992 wurde das Konzept schließlich vom Sender FOX angenommen. Dann kam der Welterfolg. Carter betreut die Serie als Produzent und Autor. In der Folge ANASAZI spielte er eine kleine Nebenrolle als Mitglied eines Untersuchungskomitees. Parallel zu AKTE X begann er Mitte der neunziger Jahre mit der Serie MILLENNIUM.

CAULFIELDS WITWEN – EIN DUO MIT CHARME

Partners in Crime

USA 1984; 13 x 45 Min.; F

Carole Stanwyck .... Lynda Carter
Sydney Kovak .... Loni Anderson
Harmon Shain .... Walter Olkewicz
Jeanine .... Eileen Heckart
Lieutenant Ed Vronsky .... Leo Rossi

➜ Der verstorbene Privatdetektiv Caulfield hat seine Detektei seinen beiden Ex-Ehefrauen, der Fotografin Carole und der Konzertbassistin Sydney, hinterlassen. Caulfields Mutter, eine begeisterte Amateurdetektivin, ist Inhaberin einer Krimi-Buchhandlung und unterstützt die beiden bei ihren Fällen.

Eine komödiantische Krimiserie, wie sie in den achtziger Jahren so beliebt waren, diesmal mit einem weiblichen *Buddy*-Team. Carter und Anderson waren in den USA bereits so populär, daß sie für NBC automatisch Erfolg verhießen. Die Rechnung ging nicht auf; die Serie lief gerade mal drei Monate. Konzipiert wurde sie von Bill Driskill, der auch für Columbia produzierte, und Robert Van Scoyk.

CHAMPIONS, DIE

The Champions

GB 1968-69; 30 x 45 Min.; F

Craig Stirling .... Stuart Damon
Sharron Macready .... Alexandra Bastedo
Richard Barrett .... William Gaunt
Tremayne .... Anthony Nicholls

➜ Die Champions sind Agenten der in Genf ansässigen Organisation *Nemesis*, die gegen jeden vorgeht, der das Gleichgewicht der Kräfte zwischen den Ländern gefährdet und internationale Spannungen verursacht. Die drei Agenten haben übermenschliche Kräfte, die sie nach einem Flugzeugabsturz im Himalaya in einer geheimen Stadt erhielten: Ihre Sinne sind ausgeprägter als die anderer Menschen, und wenn sich Craig, Sharron und Richard im Auftrag von Tremayne zusammenschließen, dann sind sie fast immer unschlagbar, jedoch nicht unsterblich und fehlerfrei.

Monty Berman und Dennis Spooner erfanden diese unter SF-Fans populäre Serie für ITC. In England ist sie unvergessen und wurde ein TV-Mythos. Spooner war auch der zuständige Redakteur, und die Titelmusik stammte von Tony Hatch. Unter den Autoren war Terry Nation, der Mann, der für DR. WHO die Daleks erfand und BLAKE'S 7, die britische SF-Kult-Serie der siebziger Jahre, schuf. *Roman:* John Garforth: Champions: The Sixth Sense is Deadly; Hodder, 1969.

CHARLIE GRACE – DER SCHNÜFFLER

Charlie Grace

USA 1995; 1 x 90 Min. u. 7 x 45 Min.; F

Charlie Grace .... Mark Harmon
Leslie Loeb .... Cindy Katz
Jenny Grace .... Leelee Sobieski
Artie Crawford .... Robert Costanzo

➜ Früher war Charlie Polizist, bis er einen Korruptionsskandal aufdeckte und sich die dauernde Feindschaft seiner Ex-Kollegen zuzog. Jetzt arbeitet er als Privatdetektiv, der sein Büro in einem Billardsalon hat. Aufträge bekommt er oft durch die Anwältin Leslie, seine frühere Geliebte. Seit seine Ex-Frau wegen Mordverdachts im Gefängnis sitzt, muß er sich neben seinen Fällen auch noch um seine elfjährige Tochter Jenny kümmern.

Konzipiert wurde die bemüht originelle Serie von Robert Singer, der auch einige Drehbücher schrieb und ausführender Produzent war.

CHECKMATE

Checkmate

USA 1960-62; 70 x 45 Min.; sw

Don Corey .... Anthony George
Jed Sills .... Doug McClure
Carl Hyatt .... Sebastian Cabot
Chris Devlin (1962) .... Jack Betts

➜ Kein geringerer als Eric Ambler, der Großmeister des Polit-Thrillers, erfand diese Serie um die

Privatdetektei *Checkmate Inc.* in San Francisco, die sich auf das Verhindern von Verbrechen spezialisierte. Kopf der Detektei war der frühere Oxforder Kriminologieprofessor Dr. Carl Hyatt, der die analytische Arbeit übernahm, während die anderen Mitarbeiter für die physische Aktion zuständig waren.
Das originelle Konzept, nämlich Verbrechen in der Vorbereitung zu erkennen und zu verhindern, war eine Sache. Es in glaubwürdige Drehbücher umzusetzen, eine andere, die der Serie oft nicht gelang. Zu oft ging es darum, Leute zu beschützen, die das Ziel von Kriminellen geworden waren. Der amerikanische TV-Krimifachmann Richard Meyers hält sie trotzdem für die interessanteste Serie des Jahres 1960. Produziert wurde sie von Dick Berg, Herb Coleman und Maxwell Shane für CBS.
Comic: Checkmate No. 1-2; Gold Key, 1962.

CHEF, DER
Ironside

USA 1967-75; 7 x 90 Min. u. 188 x 45 Min.; F
Robert Ironside .... Raymond Burr
Sergeant Ed Brown .... Don Galloway
Eve Whitfield (1967-71) .... Barbara Anderson
Mark Sanger .... Don Mitchell
Fran Belding (1971-75) .... Elizabeth Baur
Commissioner Dennis Randall .... Gene Lyons
Lieutenant Carl Reese (1969-75) .... Johnny Seven
Diana Sanger (1974-75) .... Joan Pringle

➜ Nachdem Burr als PERRY MASON zum Weltstar geworden war, hatte er geschworen, in keiner Serie mehr zu spielen. Die Serie hatte sich als besonders anstrengend erwiesen, da Burrs Part in den wöchentlichen Gerichtsszenen immer stehend gespielt werden mußte. Als ihm jedoch die von Collier Young konzipierte Serie um einen gelähmten, ehemaligen *Chief of Detectives*, der als Spezialermittler seine Fälle im Rollstuhl löst, angeboten wurde, sagte Burr zu. Dabei war ursprünglich keine Serie, sondern nur ein TV-Movie geplant. Doch dieses war so erfolgreich, daß NBC bei Harbour Production und Universal sofort eine Serie bestellte. Die Rolle des griesgrämigen und bärbeißigen Ironside, der sein Team mit Vorliebe herumscheucht und angrunzt, war ihm auf den Leib geschrieben. Und es war Burr, der die unglaubwürdigsten Situationen (besonders in den nach guten ersten Jahren immer schlechter werdenden Drehbüchern) dank seines Talents glaubhaft machte. DER CHEF war ein großer Erfolg. Danach versuchte sich Burr vergeblich in drei weiteren Serien: KINGSTON, MALLORY (beide 1976) und THE JORDAN CHANCE (1978). Zurecht berühmt wurde auch die Titelmusik von Quincy Jones. Als Exekutivproduzenten fungierten Cy Chermak und Joel Rogosin.
Ein Roman zur Fernsehserie wurde von niemandem geringeren als von Kult-Autor Jim Thompson verfaßt, dem Autor von KILLER INSIDE ME und THE GETAWAY.
Roman: William Johnston: Der Chef (The Picture Frame Frame-up; 1969); Goldmann 4001, 1970. Jim Thompson: Ironside; Popular Library 1967.

CHICAGO 1930 / DIE UNBESTECHLICHEN
The Untouchables

USA 1959-63; 1 x 90 Min. u. 118 x 45 Min.; sw

Eliot Ness .... Robert Stack
Martin Flaherty (1959-60) .... Jerry Paris
William Youngfellow .... Abel Fernandez
Enrico Rossi .... Nick Georgiade
Lee Hobson (1960-63) .... Paul Picerni
Jack Rossman (1960-63) .... Steve London
Frank Nitti .... Bruce Gordon
Al Capone .... Neville Brand
Bugs Moran .... Lloyd Nolan
Dutch Schulz .... Lawrence Dobkin
Mad Dog Coll .... Clu Gulagher

➜ Die heute eher harmlos wirkende Serie sorgte für eine der ersten scharfen Diskussionen zum Thema »Gewalt im Fernsehen« und ist ein Meilenstein der Fernsehgeschichte.

Desi Arnaz, Ida Lupinos Ehemann und Partner bei der Produktionsgesellschaft Desilu, kaufte 1958 die Rechte an dem Buch THE UNTOUCHABLES von Eliot Ness und Oscar Frawley. In diesen Erinnerungen beschrieb Ness, wie er in den dreißiger Jahren mit seinen Agenten Chicago säuberte und Al Capone wegen Steuerhinterziehung ins Gefängnis brachte. Arnaz plante einen Zweiteiler für die Anthologiereihe DESILU PLAYHOUSE. Eine Weile sah es so aus, als würde das Projekt nicht realisiert werden können, denn die hohen Kosten für historische Schauplätze und Autos der dreißiger Jahre machten jede Kalkulation zum Abenteuer. Das erste Drehbuch war eine Katastrophe, und dann sprang auch noch der Star Van Heflin ab, der Ness spielen sollte. Einen Monat vor Ausstrahlung des ersten Teils übergab Arnaz das ganze Projekt einem jungen Producer. Quinn Martin, der sich hier seine ersten Sporen verdiente, sollte einer der einflußreichsten Fernsehproduzenten der nächsten Jahrzehnte werden. Auf sein Konto gingen spätere Welterfolge wie BARNABY JONES, CANNON, FBI, AUF DER FLUCHT, INVASION VON DER WEGA und DIE STRASSEN VON SAN FRANCISCO. Zwei Tage vor Drehbeginn verpflichtete Martin Robert Stack für die Hauptrolle. Er ließ Tag und Nacht drehen und schrieb am Set das Drehbuch neu. Manchmal erhielten die Schauspieler ihre Dialoge direkt vor

Richard Conte, Paul Picerni, Robert Stack

dem Drehen der Szene. Irgendwie schafften sie es, und am 10. April 1959 war abgedreht. Zehn Tage später wurde der erste Teil vom Sender ABC ausgestrahlt. Der Zweiteiler, in dem Neville Brand einen großartigen Capone hinlegte, war ein Riesenerfolg und eine der meistgesehenen Shows des Jahres. ABC und Desilu wußten, daß sie einen Hit an der Angel hatten. Also wollte man in Serie gehen. Dumm war nur, daß man gleich zu Beginn Capone hinter Gitter gebracht hatte. Neue Ganoven mußten her, fiktive und reale, mit denen der echte Ness nie zu tun hatte. Später beschwerte sich dann auch das FBI darüber, daß das Ausschalten von Ma Baker oder Dillinger in der Serie Ness und seinen Leuten vom Schatzamt zugeschrieben wurde, statt, wie es wirklich war, dem FBI.

Eine Garde von erstklassigen Schauspielern verkörperte die Stargangster der Serie: Cliff Robertson, William Bendix, James Coburn, Richard Conte, Joan Blondell, Lee Marvin, Telly Savalas, Peter Falk, Charles Bronson, Ed Asnar u.a. Und in der Folge THE SNOWBALL hatte auch der junge Robert Redford einen Gastauftritt. Mit den Abenteuern des echten Eliot Ness hatte das alles nicht mehr viel zu tun. Trotzdem war Ness' Witwe von Robert Stacks stoischer Darstellung ihres Mannes begeistert. Capones Erben hingegen verklagten Desilu Productions auf zwei Millionen Dollar. Nicht etwa wegen falscher Darstellung des Gangsters, sondern weil man mit Capones Namen Geld verdiente, ohne die Erben zu beteiligen. Sie verloren den

Prozeß, denn das Gericht war der Meinung, daß Capone als Figur der Zeitgeschichte nicht unter das Urheberrecht falle. Keine andere Serie dieser Zeit brachte mehr Brutalität und Zerstörung auf den Bildschirm: Alle 20 Minuten beharkten sich Gangster und Agenten mit Maschinenpistolen oder flogen Autos in die Luft. Als ein überführter Gangster um mildernde Umstände bat, antwortete Ness: »Ich lege dir ein Kissen auf den elektrischen Stuhl.« Der Erfolg der Serie war zwar spektakulär, aber nur von kurzer Dauer. Im ersten Jahr war sie auf Platz 43 der meistgesehenen Programme, stieg im zweiten Jahr auf Platz acht (damals 27 Prozent Sehbeteiligung) und rutschte dann auf Platz 41 ab. Vielen Zuschauern gefiel das wöchentliche Blutbad der UNTOUCHABLES, während die Kritiker vor Entsetzen aufschrien. Die Desilu-Leute verteidigten sich mit dem fadenscheinigen Argument, daß es sich um eine historische Serie handele, die die brutale Wirklichkeit einer wilden Epoche immer noch zahm abbilde. Der Realitätsanspruch wurde durch die schwarzweiße, semi-dokumentarische Photographie, die sich an den dokumentarischen Polizeifilmen der frühen fünfziger Jahre und den alten Gangsterfilmen von Warner Brothers orientierte, noch unterstrichen. Obwohl die Produzenten in weiser Voraussicht einen italienischen Agenten in Ness' Team gesteckt hatten, protestierten italo-amerikanische Verbände gegen die Serie. Sie waren der Meinung, daß unverhältnismäßig viele Amerikaner italienischer Abstammung als Verbrecher vorgeführt würden. Ab der zweiten Saison bemühte sich Desilu, auch Gangster aus anderen ethnischen Gruppen einzusetzen.

In CHICAGO 1930 wurden Gangster in erster Linie als knallharte Geschäftsleute präsentiert, die nur der Einsatz brutaler physischer Gewalt von legalen Unternehmern unterschied. Die verschiedenen Gangimperien (1929 zählte man in Chicago 91 verschiedene Gangs mit unterschiedlichen Allianzen) führten sich auf wie souveräne, konkurrierende Staaten. Dagegen stand Ness mit seinem Häufchen, gelegentlich von ehrbaren Bürgern unterstützt, als Repräsentant der legalen Regierung. Ideologisch vertrat die Serie den *New Deal*, der sich gegen einen unkontrollierten Kapitalismus wandte. Wenn Ness und Co. gegen die illegalen

Dennis Franz und Richard Lawson in CHICAGO STORY

Unternehmungen vorgingen, wurde dabei das System nie in Frage gestellt. Es galt ja »nur«, die Auswüchse zu bekämpfen. Als Begründung für Gewalt und Gangsterunwesen bot die Serie das persönliche, moralische Versagen von Individuen an. Eine typische Haltung der fünfziger Jahre: Nicht das soziale Umfeld und die wirtschaftlichen Bedingungen schaffen die Voraussetzungen für das organisierte Verbrechen, sondern Charakterschwäche und moralisches Versagen des Einzelnen. Im letzten Produktionsjahr war man zu müde geworden, um sich gegen die fortwährenden Angriffe zu verteidigen. Die Serie wurde weniger brutal, und in zwei Folgen tauchte dann sogar Barbara Stanwyck als Beamtin der Vermißtenabteilung auf und stahl Ness die Schau. Zu diesem Zeitpunkt war das Ende abzusehen. Am 10. September 1963 wurde die 117. und letzte Folge ausgestrahlt.

Die Musik wurde von Wilbur Hatch und Nelson Riddle geschrieben. 1987 drehte Brian de Palma eine Filmversion der Serie mit Kevin Costner und Sean Connery, und 1992 entstand ein bemerkenswertes TV-Remake: THE NEW UNTOUCHABLES. Zuvor wurde 1991 das TV-Movie DIE RÜCKKEHR DES UNBESTECHLICHEN (THE RETURN OF ELIOT NESS) mit Robert Stack von James Cotner gedreht.

Literatur: Tise Vahimagi: The Untouchables; London: BFI, 1998.

Roman: Eliot Ness: Die Unantastbaren; Deschs Mitternachtsbücher 332, 1967. Ness ist auch der Held einiger Romane von Max Allan Collins, die in der SCHWARZEN SERIE des Bastei Verlags auf Deutsch veröffentlicht wurden.

CHICAGO STORY

Chicago Story

USA 1982; 13 x 90 Min.; F

Dr. Judith Bergstrom .... Maud Adams
Lou Pellegrino .... Vincent Baggetta
Megan Powers .... Molly Cheek
Officer Joe Gilland .... Dennis Franz
Annie Gilland .... Connie Foster
Detective Frank Wajorsky .... Daniel Hugh-Kelly
Detective O.Z. Tate .... Richard Lawson
Dr. Max Carson .... Kristoffer Tabori
Kenneth A. Dutton .... Craig T. Nelson

➜ Die von Eric Bercovici konzipierte und für NBC produzierte Serie war ein interessantes Experiment: eine Mischung aus vier unterschiedlichen Genres. Die Abenteuer eines Ärzteteams, zweier Rechtsanwälte, zweier Kriminalpolizisten und eines Streifenpolizisten. Oft gelang es überzeugend, *Courtroom*-Drama, Hospitalstory und Polizeiabenteuer miteinander zu verbinden. Eindrucksvoll wurde auch die Stadt als wichtiger Bestandteil der Story in die Serie eingebaut. Die Titelmusik von Lalo Schifrin hatte Hit-Qualität. Die Serie packte juristische und soziale Probleme an, und nach so mancher Folge blieb beim Zuschauer ein beklemmendes Gefühl zurück. Sie warf einen kritischen Blick auf das Großstadtleben in der Reagan-Ära, beschönigte weder Armut noch Verbrechen. Der Erfolg blieb aus.

CHICAGO, TEDDYBÄR & CO.

The Chicago Teddy Bears

USA 1971; 13 x 25 Min.; F

Linc McCray .... Dean Jones
Big Nick Marr .... Art Metrano
Onkel Latzi .... John Banner
Marvin .... Marvin Kaplan
Dutch .... Huntz Hall
Lefty .... Jamie Farr
Julius .... Mike Mazurki

➜ Chicago in den zwanziger Jahren. Nachtclubbesitzer McCray muß sich gegen die Versuche seines Mafia-Cousins Marr verteidigen, der den Nachtclub zu einer seiner illegalen Kneipen machen will. Nette, anspruchslose Krimikomödie mit ein paar witzigen Typen.
Produziert wurde die Serie von Jerry Thorpe für CBS; die Musik schrieb Jerry Fielding.

CHIPS

CHiPs

USA 1977-83; 138 x 45 Min.; F

Officer Jon Baker (1977-82) .... Larry Wilcox
Officer Frank »Ponch« Poncherello .... Erik Estrada
Sergeant Joe Getraer .... Robert Pine
Officer Gene Fritz (1977-81) .... Lew Saunders
Officer Sindy Cahill (1978-79) .... Brianne Leary
Harlan Arliss (1978-83) .... Lou Wagner
Officer Arthur Grossman .... Paul Linke
Officer Bonnie Clark (1979-82) ...... Randi Oakes
Officer Turner (1980-82) .... Michael Dorn
Officer Bobby Nelson (1982-83) .... Tom Reilly
Officer Kathy Linahan (1982-83) .... Tina Gayle
Cadet Bruce Nelson (1982-83) ...... Bruce Penhall
Off. Benjamin Webster (1982-83) ... Clarence Gilyard Jr.

➜ CHiP ist die Abkürzung für *California Highway Patrol*. Im Mittelpunkt der Serie stehen zwei junge Motorradpolizisten und ihre Kameraden. Sie werden in alle erdenklichen Fälle verwickelt, die schöne Highway-Rasereien zulassen. Die Routine-Fälle und harmlosen Liebesgeschichten wären bei einem kürzeren Format von 25 Minuten wahrscheinlich effektiver gewesen. Estrada wurde für einige Zeit zu einem Sexsymbol und verschwand dann in der Versenkung. Unter Uniform-Freaks und Kindern fand die Serie ihr treuestes Publikum. Erfunden wurde die Serie von Rick Rosner, produziert von Cy Chermak und Paul Mason für MGM und NBC; die Titelmusik stammte von John Parker.

CHOPPER 1 BITTE MELDEN

Chopper 1

USA 1974; 13 x 25 Min.; F

Officer Don Burdick .... Jim McMullan
Officer Gil Foley .... Dirk Benedict
Captain McKeegan .... Ted Hartley
Mitch .... Lou Frizzell

➜ Zwei Hubschrauberpiloten des *West California Police Departments* unterstützen die *Highway Patrol* und kämpfen für das Gute und gegen Idioten, die dort ihre Verbrechen begehen, wo sie gegen

CHIPS: Erik Estrada, Larry Wilcox

Hubschrauber keine Chance haben. Typisch war die Folge über einen Irren, dessen Lebensziel darin bestand, Polizeihubschrauber abzuballern. Er hätte sich besser auf bestimmte TV-Produktionen spezialisieren sollen.
Eine weitere Flop-Serie der Spelling-Goldberg-Produktion, ausgeführt von Ronald Austin und James Buchanan. Die Musik ist von Dominic Frontiere.

CLAN, DER
Le clan
F 1989; 6 x 60 Min.; F

César Manotte .... Victor Lanoux
Lucie Manotte .... Marie-José Nat
Eva Baron .... Jeane Manson
Giorgio Stivale .... Jean Sorel
Charles Manotte .... Erick Deshors
Jacques Manotte .... Frédéric Deban
Gianfranco .... Nicolas Navazo

➜ Marseille in den fünfziger Jahren. Die Eröffnung der Bar »Blauer Papagei« wird gefeiert. Auch Unterweltkönig Manotte und seine Geliebte sind unter den Gästen. Unheil bahnt sich an, und der Marseiller Don muß um sein Gangsterimperium kämpfen. Damit dieser französische PATE nach großem Kino aussah, wurde an nichts gespart. Neben der erstklassigen Besetzung arbeitete man mit Original-Dekors. Der erfahrene Gangsterfilmregisseur Claude Barma führte Regie und schrieb mit André A. Brunelin das Drehbuch zu dieser überzeugenden Milieu-Miniserie.

CLAN DER VAMPIRE
Kindred: The Embraced
USA 1995; 8 x 45 Min.; F

Frank Kohanek .... C. Thomas Howell
Julian Luna .... Mark Frankel
Alexandra Serris .... Kate Vernon
Lillie Langtry .... Stacy Haiduk

➜ Das Geschäftsleben San Franciscos wird nicht von der Mafia beherrscht, sondern von Untoten. Chef der Vampire, die sich Blutsverwandte nennen, ist Prinz Julian Luna. Er herrscht über fünf Vampir-Clans, immer darum bemüht, den Frieden zwischen den Familien zu bewahren. Sein Gegner Eddie leitet den brutalen Bujah-Clan. Aber Julians größter Feind ist der junge Polizist Kohanek, der als Vampirjäger den Blutsaugern ein für allemal das Handwerk legen will. Auch privat sind sie Feinde, denn sie lieben dieselbe Frau: Alexandra Serris, selbst Untote und langjährige Gefährtin Julians, die ihre Leidenschaft für Kohanek entdeckt.
Diese Spelling-Produktion für FOX erinnert an die Cop-Vampir-Serie NICK NIGHT. Konzept und Drehbücher stammen von Aaron Mendelsohn und Paul Tamasy.

CLEVEREN, DIE
BRD 1999;16 x 45 Min.; F

Dominik Born .... Hans-Werner Meyer
Eva Glaser .... Astrid M. Fünderich
Prof. Dr. Korda .... Barbara Magdalena Ahren

➜ Erstmals im deutschen Fernsehen ermittelt eine Sondereinheit mit den Methoden des Profiling (Erstellung eines psychologischen Täterprofils; vergleiche die Serie PROFILER). Selbst alten Profis geben viele Morde nahezu unlösbare Rätsel auf: Es gibt keinen Täter und kein erkennbares Motiv. Dann kommt Polizeipsychologe Dr. Born ins Spiel und erstellt ein Täterprofil. Hauptkommissarin Glaser leitet, basierend auf Borns Schlußfolgerungen, die notwendigen Ermittlungen ein. Ebenfalls beteiligt ist die Gerichtsmedizinerin Dr. Korda.
Brigitte Knott-Wolf schrieb über die erste Folge in der *Funk-Korrespondenz* Nr. 45/1999: »Im Vordergrund des Geschehens steht der Mörder. Im Gegensatz zu dem handelnden Filmpersonal kennen die Zuschauer ihn bereits von Anfang an. So sehen die Cleveren zunächst ziemlich dumm aus;

den Fortgang der Handlung bestimmt allein der Täter. [...] Doch nicht ihre tief schürfenden Erkenntnisse zum Täterprofil, sondern die Fehler, die der Mörder macht, überführen ihn und bringen den Krimi an sein Ende. Dieses Ende besteht nicht allein aus einem Fahndungserfolg, der die Überstellung des Täters an die Justiz beinhaltet, sondern darin, daß der Mörder von einem Polizisten erschossen wird, so daß sich jegliches Nachdenken über Schuld und Sühne erübrigt. Aufgesetzt und unplausibel wirkt zudem die nachgelieferte Erklärung, weshalb aus dem netten, schüchternen jungen Mann ein Frauenmörder werden konnte. Auch in dieser Hinsicht fallen die für den Zuschauer sichtbaren Erfolge der Beamten recht bescheiden aus. [...] Die Erwartung auf einen neuen Stil in dieser Krimiserie, in der es mehr um den Einsatz von Intelligenz als den von Gewalt gehen sollte, wurde jedenfalls ziemlich enttäuscht.«

Cliffhanger

Ein *Cliffhanger* ist die nicht gelöste Konfliktsituation am Ende einer Folge in einer Fortsetzungsserie, die in der nächsten Folge aufgelöst wird und den Zuschauer in Spannung halten soll. Bevorzugt wird der *Cliffhanger* in Soap-Operas eingesetzt. Aber auch Krimiserien wie KAMPF GEGEN DIE MAFIA, CRIME STORY oder Mehrteiler innerhalb einer Serie nutzen diese Erzählform.

CLOWN, DER

BRD 1996; 1998- ; 2 x 90 Min. u. x 50 Min.; F

Max Zander .... Sven Martinek
Claudia Diehl .... Diana Frank
Joseph Ludowski .... Volkmar Kleinert
Dobbs .... Thomas Anzenhofer
Fuhrmann .... Andreas Schmidt-Schaller
Chris .... Max Müller

➜ Max Zander ist ein ehemaliger Polizist, der in der Maske eines Clowns für die halblegale Organisation *World Intelligence Police Agency* in Deutschland gegen das internationale Verbrechen kämpft. Zur Seite stehen ihm der Anwalt Ludowski, der Hubschrauberpilot Dobbs und die Journalistin Diehl. Die Serie basiert auf dem gleichnamigen RTL-Action-Film, der 1996 ca. 8,77 Millionen Zuschauer vor den Bildschirm bannte. Fast 9 Millionen Idioten von der Straße zu holen war sicherlich verdienstvoll. Das Buch schrieb Claude Cueni, Regie führte Hermann Joha, der mit seiner Firma Action Concept das Stuntgeschäft in Deutschland revolutionierte. Es kracht und knallt wie bei der anderen RTL-Kalaschnikow-Serie ALARM FÜR COBRA 11 und beleidigt ähnlich heftig das Gehirn. Manta-Fahrer und Tom Gerhardt-Fans aufgepasst: Eine Serie für Euch! RTL hat Euch lieb.

COBRA
Cobra

USA 1993-94; 22 x 45 Min.; F

Robert »Scandal« Jackson .... Michael Dudikoff
Danielle LaPointe .... Allison J. Hossack
Dallas Cassel .... James Tolkan

➜ Im Mittelpunkt der Serie steht die Organisation Cobra, die sich um Opfer von Verbrechen kümmert, deren Täter nicht bestraft wurden. Danielle, die Tochter des Stifters, ihr Chef Cassel und Scandal, ein ehemaliger *Navy SEAL,* lösen dabei die gefährlichsten Aufgaben. Ihre Zentrale ist in Bay City, Kalifornien, und sie benutzen modernste Technologie bei ihren Einsätzen. Scandal, der von der Organisation eine neue Identität bekommen hat, nachdem er desertiert war und bei den Eskimos lebte, fährt einen von ihm selbst restaurierten supercoolen Ford Cobra.
Für den AMERICAN FIGHTER Dudikoff bot die Serie genügend Gelegenheiten, seine Kampfsporttechniken vorzuführen.

CODENAME: FOXFIRE
Codename: Foxfire

USA 1985; 1 x 90 Min. u. 7 x 45 Min.; F

Elizabeth »Foxfire« Towne .... Joanna Cassidy
Larry Hutchins .... John McCook
Maggie Bryan .... Sheryl Lee Ralph
Danny O'Toole .... Robin Johnson
Phillips .... Henry Jones

➜ Hauptfigur ist die ehemalige CIA-Agentin Liz Towne, die vier Jahre unschuldig im Gefängnis saß. Nach ihrer Entlassung wird sie vom Bruder des amerikanischen Präsidenten für Spezialaufgaben angeheuert. Weder CIA noch FBI dürfen von ihren Sonderaufgaben erfahren. Ihr zur Seite steht Maggie Bryan, genannt »die Katze«, eine ehemalige

Diebin. Dazu noch der ehemalige New Yorker Taxifahrer Danny und der Butler Phillips.
Alles erinnert irgendwie an DREI ENGEL FÜR CHARLIE, nur nicht – zum Glück – die Laufzeit.

CODY
Cody

AUS 1994; 6 x 90 Min.; F

Cody .... Gary Sweet
Fiorelli .... Robert Mammone

➜ Er ist impulsiv, unnachgiebig und hat keinen Respekt vor Autorität: Der unkonventionelle Cop Cody bricht auch schon einmal die Regeln, um Gerechtigkeit herzustellen. Schauplatz der Serie ist die Metropole Sydney, in der Cody gemeinsam mit seinem besten Freund Fiorelli – charakterlich das genaue Gegenteil – im kriminellen und korrupten Milieu ermittelt.
Christopher Lee (nicht der Schauspieler) entwickelte die Serie, bei der Ian Barry und John Laing gemeinsam Regie führten. »Es ist immer eine große Verantwortung, den Kopf für eine ganze Serie hinzuhalten. Aber ich habe es genossen, denn das Spielfilmformat und der hohe Anspruch gaben uns die Chance, Stories mit Tiefe zu entwickeln«, sagt Gary Sweet und hat recht.

Collins, Lewis

Englischer Schauspieler. Geboren am 26. Mai 1946 in Birkenhead. Er lernte Damenfriseur und spielte Schlagzeug und Gitarre in verschiedenen Mersey-Beat-Bands. Nach vielen Handlangerjobs studierte er Schauspiel. Er tourte mit verschiedenen Schauspielgruppen durch England und Kanada. Nachdem er zusammen mit Martin Shaw in einer Folge von MIT SCHIRM, CHARME UND MELONE gespielt hatte, verpflichte man ihn und Shaw als Hauptdarsteller der Erfolgsserie DIE PROFIS (1977-83). Pro Folge bekam Collins 2400 Pfund. Er war privat von ähnlich militanter Gesinnung wie seine Serienfigur und verbrachte seine Wochenenden bei den Manövern einer Freizeitarmee und beim Fallschirmspringen. Nach ein paar Hauptrollen in Söldner- und SAS-Filmen (GEHEIMKOMMANDO LEOPARD, DAS KOMMANDO) ging er in die USA, um ein internationaler Action-Star zu werden. Bisher hat's wohl damit nicht so geklappt.

COLT FÜR ALLE FÄLLE, EIN
The Fall Guy

USA 1981-86; 150 x 45 Min.; F

Colt Seavers .... Lee Majors
Howie Munson .... Douglas Barr
Jody Banks .... Heather Thomas
Samantha Jack (1981-82) .... Jo Ann Pflug
Terry Shannon (1982-85) .... Markie Post
Pearl Sperling (1985-86) .... Nedra Volz

➜ Glen A. Larson konzipierte diese Serie um einen Stuntman, der sich nebenberuflich als Kopfgeldjäger betätigt, als ein weiteres Starvehikel für seinen Mitproduzenten Lee Majors. Aus hirnrissigen Drehbüchern, abgehalfterten Altstars (darunter immerhin Richard Burton) als Gästen und jeder Menge kaputter Autos bestand das Erfolgsrezept, das besonders Kinder begeisterte. Den Titelsong THE UNKNOWN STUNTMAN von David Sommerville, Gail Jensen und Larson sang Lee Majors selbst.

Coltrane, Robbie

Britischer Schauspieler. Er wurde am 30. März 1950 in Schottland als Robert MacMilan geboren und studierte an der Glasgow School of Arts Malerei und Film. 1973 drehte er als Produzent und Regisseur den Dokumentarfilm YOUNG MENTAL HEALTH über Glasgower Jugendbanden, der vom Scottish Education Council als Film des Jahres ausgezeichnet wurde. Er wurde Ensemble-Mitglied der Oxford Theatre Group und wechselte anschließend ans Traverse Theatre in Edinburgh, bevor er Anfang der achtziger Jahre nach London ging. Bekannt wurde er durch komische Rollen als Dicker vom Dienst. 1980 trat er der Komikertruppe der Kleinkunstbühne »The Comic Strip« bei, zu der auch Emma Thompson gehörte. Der Club in Soho wurde schnell berühmt und wurde zu einer Produktionsfirma für TV-Serien und Kinofilme. Darunter auch der Coltrane-Hit NONNEN AUF DER FLUCHT (NUNS ON THE RUN, 1990), in dem er zum x-ten Mal in Frauenkleidern herumlief. THE COMIC STRIP PRESENTS (1982-92) wurde deutschen Zuschauern durch Arte zugänglich gemacht. Er spielte in weiteren Comedy-Serien: THE YOUNG ONES (1982-84), ALFRESCO (1983), TUTTI FRUTTI (1987). Als Komiker war er ein Star, obwohl er am Theater Charakterrollen ge-

EIN COLT FÜR ALLE FÄLLE: Markie Post, Lee Majors, Douglas Barr, Heather Thomas

spielt hatte. Als ihm die Rolle des Psychologen Fitz in FÜR ALLE FÄLLE FITZ (1993-96) angeboten wurde, griff er zu und machte die Figur zu einem klassischen Helden des Crime-TV. Der Welterfolg ermöglichte ihm, seine Filme künftig auszusuchen und nach Hollywood zu gehen. Coltrane stieg aus CRACKER aus, weil er nicht davon überzeugt war, daß die Serie ihr hohes Niveau würde halten können.

COLUMBO
Columbo

USA 1971-77: 45 x 45 u. 90 Min.;
1989-91:18 x 90 Min.; 1993- : x 90 Min.; F
Lieutenant Columbo .... Peter Falk
Captain Sampson .... Bill Zuckert

➔ Konsequent nutzte die Serie die von Richard Austin Freeman 1912 entwickelte Krimiform der *inverted story*: Der Zuschauer sieht am Anfang Tat und Täter und beobachtet aus der Täterperspektive die Entlarvung durch den Detektiv. Erfunden wurde die Serie von den vier Mal mit dem Krimi-Preis *Edgar* ausgezeichneten Autoren-Produzenten Richard Levinson und William Link, zwei zentralen Figuren in der Entwicklung der US-Krimiserien. Produzent Everett Chambers: »Wir identifizieren uns mit Columbo, dem kleinen Mann, der zeigt, daß die Superreichen ihren Wohlstand nicht ehrlich verdienen. Der kleine Mann bringt die großen Fische zur Strecke.« COLUMBO ist eine der am wenigsten gewalttätigen Krimi-Serien des Fernsehens.
1977 war Peter Falk durch COLUMBO der höchstbezahlteste US-Fernsehstar: ABC zahlte ihm zwei Millionen Dollar für vier Folgen. Bei einer der ersten Folgen führte Steven Spielberg Regie, zu den zahlreichen Gaststars gehörten Mickey Spillane, Oskar Werner, Johnny Cash, Robert Culp (3 x), Robert Vaughn, Louis Jourdan, Joseph Cotton, Ray Milland, Patrick McGoohan, Ida Lupino u.v.m. Die Serie wurde in über 100 Länder verkauft, selbst einige Ostblockländer strahlten sie aus.
Am 20. Februar 1968 erschien der kauzige Inspektor erstmals auf amerikanischen Bildschirmen und führte den skrupellosen Gattenmörder Gene Barry der gerechten Strafe zu. Das TV-Movie COLUMBO: MORD NACH REZEPT (PRESCRIPTION: MURDER) von Levinson und Link nach ihrem Bühnenstück wurde ein großer Erfolg. Bald bekam Columbo einen neuen Fall und ermittelte ab September 1972 regelmäßig im Rahmen der Sendereihe NBC MYSTERY MOVIE. Dabei war Peter Falk ursprünglich nur zweite Wahl der Autoren. Im Theater hatte der inzwischen verstorbene Thomas Mitchell Columbo gespielt (sein Gegenspieler war Joseph Cotton). Als Levinson und Link ihr Stück für das Fernsehen bearbeiteten, dachten sie an den damals 67jährigen Bing Crosby. Den hätten die Dreharbeiten jedoch zu lange von seinem heißgeliebten Golfspiel abgehalten, deshalb lehnte er den Part ab. Die Serie wurde insgesamt mit 7 *Emmys* ausgezeichnet; Peter Falk steckte davon drei ein.
Literatur: Armin Block, Stefan Fuchs: Columbo. Das große Buch für Fans; Schwarzkopf, 1998. Mark Dawidziak: The Columbo Phile; Mysterious Press, 1989.
Roman: Steven Bochco: Columbo und der Weekendkiller (Murder by the Book; Popular Library, 1976); Bastei, 1976. Henry Clement: Columbos schwierigster Fall (By Dawn's Early Light; Popular Library, 1976); Bastei, 1976. William Harrington: Die letzte Show (On the Grassy Knoll; Popular Library, 1993); Heyne, 1994. Columbo und die Manson-Morde (The Helter Skelter Murders; Popular Library, 1994); Bastei, 1995. The Hoffa Connection; Popular Library, 1995. The Hoover Files; Popular Library, 1998. Lee Hays: Columbo und

Peter Falk als Inspektor Columbo (mit Robert Vaughn als Gaststar)

der Psychomörder (A Deadly State of Mind; Popular Library, 1976); Bastei, 1976 und 1996. Columbo und die tote Sängerin (Troubled Waters; Popular Library, 1976); Bastei, 1976 und 1996. Alfred Lawrence: Linda und der perfekte Mord (The Dean's Death; Popular Library, 1975); Bastei, 1975 und 1996. Marys späte Rache (Hate Forever; Popular Library, 1975); Bastei, 1975 und 1996. Wein ist dicker als Blut (Any Old Port in a Storm; Popular Library, 1975); Bastei, 1975 und 1996.

Connors, Mike

Amerikanischer Schauspieler. Er wurde am 15. August 1925 in Fresno, Kalifornien, als Krekor Ohanian in einer armenischen Familie geboren. Er studierte Jura und war ein Basketballstar, als ihn Harry Wilson für die Famous Artists Agency unter Vertrag nahm und seinen Namen in »Touch« Connors änderte. 1952 erschien er erstmals auf der Kinoleinwand in MASKIERTE HERZEN (SUDDEN FEAR). B-Western und Trash-Movies wie VOODOO WOMAN (1957) und VIER FRAUEN IM SUMPF (SWAMP WOMEN, 1955) folgten. Nebenher trat er in TV-Serien auf. Seine erste Hauptrolle im Fernsehen spielte er in der Cop-Serie TIGHTROPE (1959-60). Mit MANNIX (1967-75) wurde er zum TV-Weltstar. Wenig erfolgreich war sein letzte Serie TODAY'S F.B.I. (1981-82). Er tritt noch gelegentlich als Gaststar auf (in einer Folge von DIAGNOSE: MORD sogar in der alten MANNIX-Rolle), lebt aber ansonsten zurückgezogen in Encino.

Conrad, Robert

Amerikanischer Schauspieler. Er wurde am 1. März 1935 als Conrad Robert Falk in Chicago, Illinois, geboren. Weil seine Eltern noch Teenager waren, wuchs er bei den Großeltern im Süden Chicagos auf. Er interessierte sich schon früh für Sport und Kunst. Mit neun Jahren trat Conrad in Musicals auf und stand wenige Jahre später als jugendlicher Boxer im Ring. Obwohl er ein guter Schüler war, mußte er aus finanziellen Gründen mit 17 Jahren die High School abbrechen. Er packte Eierkartons (und bodenständig wie er ist, hat er bis heute Freunde aus dieser Zeit), holte später den Schulabschluß nach und studierte für kurze Zeit Schauspiel an der Northwestern University. Dort entdeckten ihn Talentscouts und holten ihn nach Hollywood. Er wurde Vertragsschauspieler bei Warner Brothers mit einem Gehalt von 250 Dollar die Woche. Nach vielen Gastauftritten in Westernserien bekam er seine eigene Serie, die *Private Eye*-Show HAWAIIAN EYE (1959-63). 1965 folgte die Serie, die ihn in den USA am berühmtesten machte: VERRÜCKTER WILDER WESTEN (THE WILD, WILD WEST). Zahlreiche Serien schlossen sich an, darunter: DER ANKLÄGER (1971-72), ASSIGNMENT VIENNA (1972-73), PAZIFIKGESCHWADER 214 (BAA BAA BLACK SHEEP; 1976-78), COLORADO SAGA (1978-79), THE DUKE (1979), A MAN CALLED SLOANE (1979-80), HIGH MOUNTAIN RANGERS (1987-88). 1979 gründete er seine eigene Produktionsfirma: A. Shane Company, die zu einen Familienunternehmen wurde. Er ist Vater von acht Kindern und lebt mit seiner Frau und einem Teil des Familienclans am Rande des kalifornischen Nationalparks. Er sagte einmal: »Ich bin erst vor ein paar Jahren erwachsen geworden. Genau an meinem 52. Geburtstag. Da habe ich festgestellt, daß ich mich mit meiner Familie wohler fühle als mit Leuten, die ich höchstens aus irgendeiner Bar kenne. Ich beschloß: keinen Alkohol mehr und keine Schlägereien. Der einzige, der darunter leidet, ist mein Anwalt. Er ist praktisch arbeitslos.«

Conrad, William

Amerikanischer Schauspieler. Er wurde am 27. September 1920 als Sohn eines Kinobesitzers in Louisville, Kentucky, geboren. Nach dem College arbeitete er als Ansager, Autor und Regisseur für einen Radiosender in Los Angeles. 1943 wurde er Jagdflieger im Zweiten Weltkrieg. Er beendete seinen Militärdienst als Produzent und Regisseur beim Armed Forces Radio Service und schied 1945 im Rang eines Captain aus. Anschließend arbeitete er als Sprecher beim Rundfunk, wo er u.a. in der Radioserie RAUCHENDE COLTS (GUNSMOKE) Marshal Matt Dillon sprach. 1946 gab er sein Leinwanddebüt in Robert Siodmaks Gangsterfilm RÄCHER DER UNTERWELT (THE KILLERS). Neben seiner Tätigkeit als Schauspieler führte er Regie und produzierte TV-Serien. Darunter TRUE, KLONDIKE und THIS MAN DAWSON. Später spielte er die Hauptrollen in den Krimiserien CANNON und

Mike Connors in MANNIX

NERO WOLFE, nach der er sich zur Ruhe setzen wollte. Doch für die Rolle in JAKE UND MCCABE ließ er sich zur Rückkehr auf den Bildschirm bewegen. Ausschlaggebend soll nicht das mäßige Konzept gewesen sein, sondern der Umbau seines Lieblingsrestaurants. Nach der Renovierung paßte er mit seinen 300 Pfund Gewicht nicht mehr hinter die modernen Stahltische. »15 Jahre vor CANNON hatte ich kaum Arbeit als Schauspieler«, sagte er einmal, »ich war zu fett und unattraktiv. Produzenten warfen einen Blick auf mich und machten, daß sie wegkamen.« Er starb 1994.

COP & CO.

BRD 1990; 14 x 25 Min.; F

Kommissar Kaspar Kaschowitz ..... Hans-Peter Korff
Frau Anna Kaschowitz .... Uli Philipp
Paulus Pöppelmann .... Toni Berger

➔ Ein Trottel als Kommissar, der seine Fälle nur durch Zufall löst. Seit Mitte der achtziger Jahre befand sich der ARD-Vorabendkrimi im freien Fall nach unten (der bisher nicht aufgehalten wurde). Wie diese unglaublich dämliche Bavaria-Serie zu ihren schwachsinnigen Plots kam, erklärte der damalige Dramaturg und heutige Produzent Georg Feil dem *Gong* in Nr. 44/1990: »Meine Söhne sind auf viele hübsche Ideen gekommen, und beiden hat der Vater dann fünf Mark für jedes Exposé ausgezahlt – damals waren sie 14 und 11 Jahre alt.« Ein klarer Fall von übertrieben hohen Honoraren und öffentlich-rechtlicher Geldverschwendung.

COPLAN

Coplan

F 1989; 5 x 90 Min.; F

Francis Coplan .... Philippe Caroit
Der Alte .... Pierre Dux

➔ Wenig bekannt bei uns ist die Tatsache, daß die Franzosen eine lange Tradition an Agenten- oder Spionageliteratur mit multimedialer Verwertung haben. Aber die blieb immer im Schatten des gigantischen Erfolges von James Bond.
Doch der erste nennenswerte Superagent der Nachkriegszeit war nicht Flemings James Bond, sondern der CIA-Agent OSS 117 aus der Feder des Franzosen Jean Bruce (Pseudonym für Jean Alexandre Brochet), der bereits 1949 seinen Dienst antrat. Armand de Caro startet im Pariser Verlag Presse de la Cité die Reihe LE FLEUVE NOIR. »Jean Bruces Serie um OSS 117 sicherte den Start der Reihe, die anfangs zum Scheitern verdammt schien. [...] Aber der Begründer hatte verspürt, woher neuerdings der Wind wehte, und er setzte mit ungewöhnlichem Scharfblick auf den neuen Spionageroman [...]«, schrieben Boileau/Narcejac in ihrem Klassiker *Der Detektivroman* (Luchterhand, 1967). Die Serie um den Geheimagenten OSS 117 etablierte den »Superagenten der Nachkriegszeit« und nahm Elemente von James Bond vorweg. Bis 1982 erschienen 208 verschiedene Titel in einer Gesamtauflage von 65 Millionen Exemplaren weltweit. OSS 117 gelang das seltene Kunststück, sogar mit einigen Titeln in den USA veröffentlicht zu werden. OSS 117 galt im Bewußtsein der Franzosen als gallischer Bond. Jean Bruce konnte der Figur jedoch nicht die Faszination mitgeben, die Flemings Agenten zum Welterfolg machte. Er bediente sich der Flemingschen Formel zwar manch-

mal mit einigem Geschick – exotische Schauplätze, skurrile Schurken und schöne Frauen –, aber das erzählerische Niveau des Briten erreichte er nie. In den fünfziger und sechziger Jahren drehten die Franzosen im Zuge der Agentenwelle im Kino auch einige Filme um OSS 117; am bekanntesten wurden wohl die drei Filme mit dem Amerikaner Frederick Stafford in der Titelrolle (bei einem führte sogar Bond-Regisseur Terrence Young Regie). Gleich den Büchern wirkten auch die Filme wie die Abenteuer eines armen Vetters von 007. An Chauvinismus und Antikommunismus konnte es OSS 117 allerdings jederzeit mit Bond aufnehmen, nur wurde dieser weniger originell vorgetragen. Der Erfolg von OSS 117 ließ schnell weitere Serienhelden nach derselben Formel für LE FLEUVE NOIR entstehen. Darunter auch COPLAN, der 1953 unter dem Hauspseudonym Paul Kenny erfolgreich eingeführt wurde. Die Wahl des Hauspseudonyms ermöglichte dem Verlag die totale Kontrolle über die Figur: Er konnte so viele Autoren aus- und einwechseln, wie er wollte, und auch schon mit modernen Methoden Handlungsstrukturen festlegen, die dann von den Schreibern nur noch auszufüllen waren. Man konnte also auf eine seit Jahrzehnten im französichen Sprachraum bekannte Figur bauen, als man COPLAN fürs Fernsehen umsetzte. »Unser Coplan ist ein Spion Jahrgang 1990, der nur wenig mit dem von 1953 gemein hat«, sagte der Hauptdarsteller über die Serie, die aufwendig in der Karibik, in Venezuela und an anderen exotischen Schauplätzen von Regisseuren wie Gilles Behat oder Yvan Butler inszeniert wurde.
Roman: Paul Kenny: Aufruhr in Bogota (Barrage à Bogotá). Coplan greift durch (Coplan fonce au but). Coplan im Labyrinth. (Coplan dans le Labyrinthe). Kontakte Ost-West (Contacts Est-Ouest). Vorsicht, Francis Coplan (Jouez serré, M. Coplan. Alle: SEP-Verlag Rüsselsheim, 1968-69.

CORALBA
Coralba

I 1972; 5 x 45 Min.; F

Mareo Danon .... Rossano Brazzi
Kommissar Jannsen .... Paul Glawion
Deborah .... Mita Medici
Albert Zimmermann .... Wolfgang Stumpf
Kommissar Lang .... Glauco Mauri

➜ Der Leiter einer pharmazeutischen Firma wird von einer Frau erpreßt. Angeblich ist ihr Sohn vor einigen Jahren an einem von ihm entwickelten Medikament gestorben. Die Serie, bei der Daniele d'Anza Regie führte, spielte in Deutschland, und Altstar Brazzi mimte einen zu Unrecht verdächtigten Gattinnenmörder. Autoren waren d'Anza, Biagio Proietti und B. Randone.

Cosby, Bill

Amerikanischer Schauspieler. Er wurde am 12. Juli 1937 in Philadelphia geboren. Er schloß sein Studium, bei dem er sich vor allem als Footballspieler ausgezeichnet hat, mit dem Dr. phil. ab. In seinem Job als Barmann unterhielt er die Gäste gerne mit Witzen, und schließlich ging er ins Showgeschäft und trat in Nightclubs und der Johnny-Carson-Show auf. 1964 heiratete er Camille Hanks, mit der er fünf Kinder hat. Sein Durchbruch kam mit TENNISSCHLÄGER UND KANONEN, und später wurde er mit der COSBY-SHOW zu einem der höchstbezahlten und beliebtesten Entertainer der USA. 1984 bis 1990 wurde er sechs Mal (!) als beliebtester Fernsehunterhalter mit dem *People's Choice Award* ausgezeichnet. 1997 verlor er auf tragische Weise einen Sohn: Dieser wurde ermordet, als er mit einer Autopanne am Straßenrand stand. 1994 hatte Cosby vergeblich versucht, mit DETEKTIV HANKS neben DIAGNOSE: MORD und MORD IST IHR HOBBY im klassischen Detektiv-Genre Erfolg zu haben.
Literatur: Ronald A. Smith: The Cosby Book; S. P. I. Books, 1993.

Courtroom-Drama

Das angelsächsische Rechtssystem wurde schon früh als potentieller Spannungsträger für Literatur und Medien entdeckt. Von Henry Fielding über Charles Dickens bis hin zu H.C. Bailey und Erle Stanley Gardner oder in jüngster Zeit Scott Turow und John Grisham wurden die Konfrontationselemente zwischen Staatsanwaltschaft und Verteidigung, die im angelsächsischen System ausgeprägter sind als etwa im römisch-germanischen, zur Erzeugung von Suspense genutzt. Besonders Erle

Stanley Gardner, der 1933 den Anwalt Perry Mason erfand, entwickelte eine Genreformel, der Welterfolg beschieden war: Der Kampf eines cleveren Rechtsanwalts, der auch mal nicht ganz legale Tricks anwendet, um seinen – natürlich – unschuldigen Klienten vor dem Zugriff der bornierten Polizei und des ignoranten Staatsanwaltes zu schützen. Dabei inszenierte Gardner die Schlußkonfrontation zwischen District Attorney Hamilton Burger und Perry Mason vor Gericht wie einen klassischen Western-Showdown, in dem Intelligenz, Witz und Trickreichtum die Colts ersetzten. Szenen, die sich besonders gut bildlich umsetzen ließen. Kein Wunder, daß Gardners erfolgreiche Figur schnell in Medien wie Radio oder Film Verwendung fand. Den größten Erfolg außerhalb von Buchdeckeln hatte PERRY MASON als TV-Serie. Ab 1957 spielte Raymond Burr den Anwalt neun Jahre lang.

Sofort zogen andere Produktionsgesellschaften und Networks mit ähnlichen Figuren nach, und bis Mitte der sechziger Jahre hatte sich ein eigenständiges Subgenre des Krimis entwickelt: das *Courtroom Drama*, das nach wie vor in Literatur (John Grisham) und TV (MATLOCK, L.A. LAW) sehr erfolgreich ist. Immer spiegelte das Genre auch den gesellschaftlichen Bewußtseinszustand wider. In den fünfziger Jahren, etwa bei PERRY MASON, wurde der feste Glaube an die Funktionstüchtigkeit dieses Rechtssystems nicht hinterfragt.

Kritischere Töne gab es erst in den *Courtroom Dramas* der sechziger Jahre unter dem Eindruck der Kennedy-Administration und der Jugendrevolte. Serien wie PRESTON & SON gingen liberalere Pfade, indem sie die Probleme des Rechtssystems thematisierten.

Ein Rechtsgelehrter stellte einmal folgende These auf: Als Unschuldiger würde er lieber vor einem deutschen Gericht stehen, als Schuldiger hingegen vor einem amerikanischen. Ursache hierfür mag die problematische amerikanische Prozeßführung sein, die einem Verteidiger Tricks und Hintertüren offen läßt, die im deutschen Rechtssystem undenkbar sind. Zwar begegnet der durchschnittliche Amerikaner der Justiz mit äußerstem Mißtrauen (Chandler titulierte eine nie geschriebene Kurzgeschichte mit LAW IS WHERE YOU BUY IT), und Anwaltswitze sind ähnlich weit verbreitet wie bei uns ausländerfeindliche Witze, aber das hindert ihn nicht, clevere Staranwälte wie Filmstars oder Revolverhelden zu glorifizieren, denn in ihnen spiegelt sich der Mythos vom Einzelnen im Kampf gegen das System wider.

Der schleichende Zusammenbruch des Rechtssystems, in dem wie auf einer Viehauktion in *Nightcourts* im Minutentakt Recht über kleine und mittlere Ganoven gesprochen wird, begünstigt die Verherrlichung von Staranwälten, die sich nur Superreiche leisten können oder die sich nur spektakuläre Fälle herauspicken, die ihren Marktwert steigern. Das Jurysystem verlangt von ihnen, daß ihr Unterhaltungswert mindestens so hoch ist wie ihre Kenntnis der auf Präzedenzfällen beruhenden Rechtssprechung. Mehr als einmal haben rhetorisch bewanderte Verteidiger einer beeinflußbaren Jury knallharte Indizien, die die Schuld ihrer Klienten bewiesen, ausgeredet und Freisprüche erreicht.

Die Perversion des amerikanischen Rechtssystem gipfelte in einem *Courtroom TV-Channel*, der live Gerichtsverhandlungen überträgt und den letzten Beweis dafür lieferte, daß sich die vermeintlich freie Justiz einer Medienautokratie unterwirft. Höhepunkt dieses zivilisatorischen Verfalls war natürlich der Medienprozeß um O.J. Simpson, eine Art Superbowl des *Courtroom Dramas* und für viele Amerikaner der Beweis dafür, daß ihre Rechtssprechung jederzeit durch Geld und Macht ausgehebelt werden kann. Moralische Bedenken sind Medienmachern – sieht man einmal von Ausnahmen wie etwa Michael Mann ab – bekanntlich fremd. Erfolgsaussichten bestimmen darüber, was eine mediale Verwertung erfährt. So wundert es nicht, daß der Quotenerfolg des Simpson-Prozesses Anregung für eine fiktionale Verwertung gab.

Die klassischen Anwaltserien wie PERRY MASON zogen ihre Dramatik noch aus dem Topos, daß ein dem Zuschauer bekanntlich Unschuldiger gegen widrigste Umstände von seinem Anwalt freigekämpft und nebenbei noch der wirkliche Täter entlarvt wird. Bei L.A. LAW und noch stärker bei MURDER ONE spielt das keine Rolle mehr: Schuld oder Unschuld sind keine Kategorien für den medial ausgerichteten Staranwalt; es geht einzig darum, Cleverness bis zur Rechtsbeugung vorzuführen.

CRIME STORY: Dennis Farina

COVER UP – MODE, MODELS UND INTRIGEN

Cover Up

USA 1984-85; 1 x 90 Min. u. 22 x 45 Min.; F

Danielle Reynolds .... Jennifer O'Neill
Mac Harper (1984) .... Jon-Erik Hexum
Henry Towler .... Richard Anderson
Jack Striker .... Antony Hamilton
Rick .... Mykel T. Williamson
Gretchen .... Ingrid Anderson
Billie .... Irena Ferris
Ashley .... Dana Sparks
Cindy (1984) .... Heather McNair

➜ Danielle und Mac reisen in Sachen Mode um die Welt. Doch das ist nur Tarnung. In Wirklichkeit sind sie Geheimagenten, die freiberuflich für einen US-Geheimdienst arbeiten. Ihre gefährlichen Missionen werden von Verbindungsmann Towler koordiniert. Rick ist Danielles Fotoassistent; Gretchen, Billie, Ashley und Cindy sind ihre Modelle.

Während der Dreharbeiten mußte die männliche Hauptrolle umbesetzt werden, da Hexum durch einen tragischen Unfall ums Leben kam: Er setzte sich eine vermeintlich harmlose Schreckschußpistole an den Kopf und erschoß sich. (Danach wurden in Hollywood weitreichende Auflagen für den Umgang mit Schußwaffen festgelegt: So durfte man auch mit einer entschärften Waffe nicht mehr direkt auf das Gegenüber zielen und abdrücken, was für die Serie MIAMI VICE mit ihren Feuerorgien regelrechte Choreographien notwendig machte. Hexum war der zweite tote Hauptdarsteller in einer Larson-Serie: 1972 hatte sich Peter Deuel erschossen, als er sich eine Folge seiner Serie ALIAS SMITH AND JONES ansah.)

Eine weitere unbedeutende Serie aus der Schmiede von Glen A. Larson, der sie für CBS konzipiert und produziert hatte.

CRIME STORY
Crime Story

USA 1986-88; 43 x 45 Min.; F

Lieutenant Mike Torello .... Dennis Farina
Ray Luca .... Anthony Denison
David Abrams .... Stephen Lang
Julie Torello (1986-87) .... Darlanne Fluegel
Paul Taglia .... John Santucci
Detective Danny Krychek .... Bill Smitrovich
Detective Joey Indelli .... William Campbell
Detective Walter Clemmons .... Paul Butler
Detective Nate Grossman .... Steve Ryan
Frank Holman .... Ted Levine
Manny Weisbord .... Joseph Wiseman
Max Goldman .... Andrew Clay
Inga Thorson (1986-87) .... Patricia Charbonneau
Ted Kehoe (1986-87) .... Mark Hutter
Chief Kramer (1986-87) .... Ron Dean
Phil Bartoli (1986-87) .... Jon Polito
Steven Kordo (1987-88) .... Jay O. Sanders

➜ Die Serie beginnt zu Anfang der sechziger Jahre in Chicago: Torello ist Chef der MCU (*Major Crime Unit*), und Hauptziel seiner Ermittlungen ist der junge Verbrecher Ray Luca. Dabei stehen ihm Staatsanwalt Abrams und seine Detektive zur Seite. Als Luca seine Aktivitäten nach Las Vegas verlegt und zum Boß aufsteigt, folgt ihm Torello. Viele Zeitbezüge werden überzeugend in die Serie eingearbeitet und machen sie zu einem überzeugenden *Period Piece*.

Eine der besten Polizeiserien aller Zeiten. Konzipiert und geschrieben von Chuck Adamson und Gustave Reinninger für den Produzenten Michael Mann, der sich zuvor mit MIAMI VICE als Innovator hervorgetan hatte.

Erzählt wird die Geschichte des organisierten Verbrechens in Chicago und Las Vegas aus zwei Perspektiven: Einmal sieht man Leben und Arbeit von Lieutenant Torello und seinen Leuten, zum anderen den Aufstieg des eiskalten Verbrechers Ray Luca vom Vorortganoven zum Big Boss durch alle Ebenen der organisierten Kriminalität. Um sie herum werden hervorragend charakterisierte Nebenfiguren in Subplots groupiert. Mann nutzte die Form der Fortsetzungsserie sehr geschickt, und durch Regisseure wie Abel Ferrara (der u.a. den Pilotfilm drehte) entstand ein episches Zeitgemälde. Die aufwendige Ausstattung läßt tatsächlich atmosphärisch die frühen sechziger Jahre wiederauferstehen. Bernd W. Holzrichter, Journalist und gelegentlicher Fernsehkritiker der *Westfälischen Zeitung*, sah die Serie unvorbereitet und glaubte, CRIME STORY sei tatsächlich eine alte Serie aus den Sechzigern. Die lebensechten Charaktere sorgten neben der Krimispannung auch für humorige und tragische Elemente. Amerikanische Polizeiserien der achtziger Jahre wie MIAMI VICE, POLIZEIREVIER HILL STREET oder CRIME STORY haben sich auf überzeugende Weise mit der Wirklichkeit des organisierten Verbrechens auseinandergesetzt. In CRIME STORY erzählt Michael Mann, wie Anfang der sechziger Jahre die Verknüpfung von organisierter Kriminalität und legalen Geschäften den Grundstein für das Imperium des Mob legte. In MIAMI VICE hatte Mann gezeigt, daß das Verbrechen längst gewonnen hat. Leider blieb CRIME STORY der große Erfolg versagt, und die Serie wurde nach zwei Staffeln beendet.

Als Titelmusik wählte man geschmackssicher LITTLE RUNAWAY von Del Shannon; und da man bei Michael Mann immer vom Feinsten bedient wird, sah und hörte man in einer Barszene sogar Miles Davis spielen.

Culp, Robert

Amerikanischer Schauspieler. Er wurde am 16. August 1930 in Berkeley geborenen, wuchs in Washington auf und ging 1951 nach New York, wo er in Off-Broadway-Produktionen und Live-Fernsehspielen auftrat. 1957 holte ihn Produzent Vincent Fennelly nach Hollywood. Dort drehte er für Dick Powells Four Star Productions bis 1959 insgesamt 71 Folgen der erfolgreichen Westernserie TRACKDOWN, in der er die Hauptrolle spielte. Anschließend hatte er zahlreiche Gastauftritte in anderen Serien und drehte auch seine ersten Kinofilme. 1965 wurde er mit TENNISSCHLÄGER UND KANONEN über Nacht zu einem Superstar. Sein Partner Bill Cosby, der damals noch kaum Erfahrung im Business besaß, erinnert sich noch heute gerne

Robert Culp in TENNISSCHLÄGER UND KANONEN

an Culps Kollegialität:»Er brachte mir alles bei, was er über Schauspielerei und das Geschäft wußte.« Ende der sechziger Jahre engagierte sich Culp in der Bürgerrechtsbewegung. Er investierte ein Jahr Zeit und sein eigenes Geld, um OPERATION BREADBASKET, eine Dokumentation über die ökonomische Situation der Schwarzen, zu drehen. Regie hatte er schon bei einigen Fernsehfolgen geführt und als Drehbuchautor Vorlagen für TENNISSCHLÄGER UND KANONEN, THE RIFLEMAN, CAIN'S HUNDRED u.a. geliefert. Eines seiner Drehbücher für TENNISSCHLÄGER UND KANONEN wurde für einen *Emmy* nominiert. 1971 feierte er seinen größten Erfolg als Schauspieler im Kino in dem Film BOB & CAROLINE & TED & ALICE. 1972 drehte er als Regisseur und Hauptdarsteller mit Bill Cosby den Privatdetektivfilm MAGNUM HEAT (HICKEY & BOGGS), der im Kino kein Riesenerfolg war, aber ein Kultfilm wurde. Den WILD BUNCH unter den Privatdetektivfilmen nannte ihn der amerikanische Krimiautor Max Allan Collins. Bis heute drehte er zahlreiche TV-Movies und hatte Gastauftritte in Serien. In COLUMBO war er dreimal der Gegenspieler von Peter Falk. Seine bisher letzte Serie drehte er 1981 bis 1983: die erfolgreiche Superhelden-Parodie THE GREATEST AMERICAN HERO, in der er einen neurotischen FBI-Agenten spielt, der den Helden immer wieder in üble Situationen bringt. Culp war in erster Ehe mit der Schauspielerin Nancy Wilmer verheiratet und hat mit ihr drei Söhne und eine Tochter; in zweiter Ehe ist er mit der chinesischstämmigen Schauspielerin France Nuyen, die auch mehrmals als Gast in TENNISSCHLÄGER UND KANONEN auftrat, verheiratet.

DAME, KÖNIG, AS, SPION

Tinker, Tailor, Soldier, Spy

GB 1979; 6 x 50 Min.; F

George Smiley … Alec Guinness
Control … Alexander Knox
Jim Prideaux … Ian Bannen
Percy Alleline … Michael Aldridge
Roy Bland … Terence Rigby
Toby Esterhase … Bernard Hepton
Bill Haydon … Ian Richardson

➜ Der ehemalige Geheimdienstchef Smiley kehrt in den Dienst zurück, um im Secret Service einen russischen Maulwurf zu entlarven. Dies war die kongeniale Umsetzung von John LeCarrés Weltbestseller, dem hier eine Synthese aus klassischem *Whodunit* und Spionageroman gelungen ist. Das Drehbuch von Arthur Hopcraft, die Regie von John Irvin, die Kamera von Tony Pearce-Roberts und eine ausgezeichnete Schauspielerriege machten dieses TV-Ereignis zu einem Welterfolg. »BBC-Produzent Powell nennt sie gar einen wundervollen Essay über das System der britischen Oberklasse, ein spezifisch britisches Werk über Verrat, über Betrug, über eine Nation im Niedergang«, referierte Rolf Becker im *Spiegel* Nr. 26/1980. Über Guinness als Smiley sagte LeCarré, daß er seiner fiktionalen Figur für immer seinen Stempel aufgedrückt habe.

Roman: John Le Carré: Dame, König, As, Spion; Knaur, 1977, und Heyne, 1987.

DANGER THEATRE

Danger Theatre

USA 1993; 7 x 25 Min.; F

Moderator … Robert Vaughn
The Searcher … Diedrich Bader
Clarise Payne … Tracy Scoggins
Dave Taylor … Charles Noland
Captain Mike Morgan … Adam West
Detective Tom McCormick … Billy Morrissette
Detective Al Hamoki … Peter Navy Tuiasosopo

➜ Penelope Spheeris (Regisseurin von WAYNE'S WORLD) und Robert Wolterstorff (Autor und Produzent) versuchten mit dieser Anthologiereihe eine Parodie auf erfolgreiche US-Krimiserien der siebziger und achtziger Jahre. Vor, zwischen und nach den verschiedenen Episoden kommt Robert Vaughn als Moderator zu Wort. Man versuchte sich vergeblich an den Erfolg von DIE NACKTE KANONE (NAKED GUN) anzuhängen.

DAN OAKLAND

Dan August

USA 1970; 26 x 45 Min.; F

Lieutenant Dan Oakland/August … Burt Reynolds
Sergeant Charles Wilentz … Norman Fell
Sergeant Joe Rivera … Ned Romero
Chief George Untermeyer … Richard Anderson
Katy Grant … Ena Hartman

➜ Dan Oakland ist Kriminalbeamter in der fiktiven kalifornischen Küstenstadt Santa Luisa. Er ist meistens persönlich in die Fälle involviert, da er so

DAN OAKLAND: Burt Reynolds

Dauernd wird mit Computern herumgewerkelt und die Kamera auf Bildschirme gehalten, die dann die wirren Handlungselemente als Bild im Bild widerspiegeln. Funkelnde Birnchen und blinkende PC-Decks, die die Nintendo-Generation beeindrucken sollen. Zu allem Überfluß sitzt dann in der Leitstelle, die die Aktionen überwacht, auch noch ein weiser Asiate, der mit seinen spirituellen Fähigkeiten Fallen erkennt und grunzend vor ihnen warnt. Aber das ist noch längst nicht alles! Die von Thorsten Näter, basierend auf Motiven von Maximilian und Pauli (etwa der Kauka-Maulwurf?), konzipierte Action-Serie wartet außerdem auch noch mit der kleinwüchsigen Lilly auf, der Schlangenfrau Snake-Woman, dem Burning Man und den »Kraftmenschen« Master und Blaster. Alles Typen, deren Bewerbungen vom A-TEAM abgelehnt wurden. Insgesamt elf Folgen lang sollen diese Langweiler Erpressung, Entführung, mysteriöse Morde und ähnlichen Kram bekämpfen.
Während der Pilotfilm und die erste Folge noch von dem renommierten Regisseur Thorsten Näter (der vier weitere Folgen schrieb) im Rahmen dieses kindischen Konzepts souverän inszeniert war, blieb wenig Zuversicht, daß die weiteren Regisseure Michael Steinke, Hans Schönherr, Christian Stier, Dror Zahavi und Miguel Alexandre diesem trivialen Comic Originalität abtrotzen könnten. Und so war es auch. Produzent Dirk R. Düwel über diese mißlungene Pro 7-Produktion: »Wir arbeiten mit exzellenten Schauspielern und Menschen mit bewundernswerter Körperbeherrschung.« In Zeiten, in denen im Fernsehen immer weniger geistige Beherrschung zu beobachten ist, ein eher schwacher Trost.

DELVECCHIO
Delvecchio

USA 1976-77; 22 x 50 Min.; F

Dominick Delvecchio .... Judd Hirsch
Paul Shonski .... Charles Haid
Lieutenant Macavan .... Michael Conrad
Sergeant Rivera .... Jay Varela
Tomaso Delvecchio .... Mario Gallo
Dorfman .... George Wyner

➜ Die von Joseph Polizzi, Steven Bochco und Sam Rolfe konzipierte und von William Sackheim und Lane Slate für Universal und NBC produzierte Serie war eine dieser »Manchmal-hasse-ich-meinen-Job/Bulle-mit-Verständnis«-Cop-Shows. Hirsch spielte den humanen Bullen mit Jurastudium, während Haid den harten Burschen mimte. Die Serie sollte wohl eine Art *Straßen von Los Angeles* sein, wo sie gedreht wurde. Haid und Conrad sahen sich später in ähnlichen Rollen am Set von POLIZEIREVIER HILL STREET wieder. Die Musik war von Billy Goldenberg und Richard Clements.

DEMPSEY UND MAKEPEACE: G. Barber und M. Brandon

DEMPSEY UND MAKEPEACE
Dempsey and Makepeace

GB 1985-86; 1 x 90 Min. u. 29 x 50 Min.; F

Lieutenant James Dempsey .... Michael Brandon
Sergeant Harriet Makepeace .... Glynis Barber
Chief Superintendent Spikings .... Ray Smith
Sergeant Chas Jarvis .... Tony Osoba

➜ Lieutenant Dempsey wird von der New Yorker Polizei nach London geschickt, da die Mafia hinter ihm her ist. Dort wird er zusammen mit Harriet Makepeace in der Spezialeinheit SI 10 eingesetzt. Tony Wharmby konzipierte, produzierte und führte mehrere Male Regie bei dieser Serie für London Weekend TV. Ein Reiz machen die gegensätzlichen Charaktere aus: Dempsey ist der harte US-Cop ohne Manieren, während Makepeace die kultivierte Tochter eines Lords ist. Über die gelegentlich holprigen Drehbücher wird man durch exzellent inszenierte Action-Szenen hinweggetröstet. Glynis Barber verströmt den schärfsten britischen

TV-Sex seit Emma Peel, und Michael Brandon hat an den Stunts genausoviel Vergnügen wie an seinem mürrischen Image. Die Musik schrieb Alan Parker.

DEPARTMENT S

Department S

GB 1969-70; 28 x 45 Min.; F

Jason King .... Peter Wyngarde
Annabelle Hurst .... Rosemary Nicols
Stewart Sullivan .... Joel Fabiani
Sir Curtis Seretse .... Dennis Alaba Peters

➜ Im Auftrag des Department S von Interpol lösen drei Spezialisten all jene kniffligen Fälle, bei denen die Polizei versagte. Chefermittler ist der Kriminalschriftsteller Jason King, der stets wie ein Dandy gekleidet ist und sich auch so benimmt. Er betrachtet jeden Fall wie den Plot eines Romans und überlegt, was sein Held tun würde. Annabelle betrachtet jeden Fall vom wissenschaftlichen Standpunkt aus, während Stewart am liebsten alles niederballert, was ihm in die Quere kommt. Alle drei konkurrieren gegeneinander, und der Chef des Department, Sir Curtis, muß gelegentlich vermittelnd eingreifen.

Die von Monty Berman und Dennis Spooner konzipierte und produzierte ITC-Serie war höchst innovativ und originell. Hauptdarsteller Wyngarde tat alles, um im Privatleben ähnlich exzentrisch zu erscheinen wie in der Serie und wurde für kurze Zeit zum Superstar (was ihm auch die weniger gelungene Nachfolgeserie JASON KING einbrachte). Die deutsche Synchronisation aus dem Hause Brandt & Brunnemann, die anschließend für das Elend der ZWEI verantwortlich waren, macht eine Wiederholung der deutschen Synchronisationsfassung nur noch für Ballermann-Prolls genießbar. Die Musik schrieb Edwin Astley.

Jason King (Peter Wyngarde) in DEPARTMENT S

DERRICK

BRD 1974-98; 281 x 60 Min.; F

Stefan Derrick .... Horst Tappert
Harry Klein .... Fritz Wepper
Assistent Berger .... Willy Schäfer

➜ Das Unheil begann am 20. Oktober 1974: Erstmals schlurften Inspektor Derrick und sein noch schlanker, noch nicht vom Kokainmißbrauch gezeichneter Assistent Harry zu einem Tatort. Dem Zuschauer war der Täter allerdings längst bekannt, denn die ersten Derrick-Folgen waren nach dem *Inverted-Story*-Konzept von COLUMBO (der Zuschauer kennt den Täter und beobachtet die Aufklärung) gestrickt. Nach ein paar Folgen war Schluß damit: Das Publikum hatte nämlich erkannt, daß von Derrick-Schreiberling Herbert Reineckers Drehbüchern nichts übrig bleibt, wenn er auch noch den Täter von Anfang an benennt. Von nun an klärte Derrick seine Morde durch Intuition und verquaste Psychologie auf (in drei Folgen faßte er den Mörder nicht). Da hatte sich der DERRICK- und KOMMISSAR-Erfinder Herbert Reinecker selbst überfordert. Reinecker hatte damals schon eine große Karriere hinter sich (siehe Eintrag).

Um das Maß voll zu machen, holte man sich als Hauptdarsteller den Bilderbuchspießer Horst Tappert und den charismatischen Fritz Wepper, dessen restringierter Code heute schon Kultstatus hat (»Du, Stefan«). Tappert, der immer peinlichen Blödsinn darüber erzählt, wie sehr er doch mit Derrick das Bild des deutschen Beamten im Ausland rehabilitiert habe, hatte noch 1974 verkündet: »Derrick soll etwas von der absoluten Männlichkeit, von der Melancholie, der Verschlossenheit und dem Zynismus eines Humphrey Bogart« haben. Das hat ja bekanntlich nicht geklappt. Eher ähneln Tappert und sein feister Kokainassistent einer kleinstädtischen Ausgabe von Dick und Doof. Doch seither ist viel Zeit vergangen und für Millio-

DERRICK: Fritz Wepper als Harry Klein, Horst Tappert als Kommissar Derrick

nen von Menschen alle paar Wochen freitags DERRICK-Tag. Im Gegensatz zu anspruchsvolleren Fernsehkrimis braucht man sich bei DERRICK nicht zu konzentrieren: Die Dialoge sind dumpfer als lallende Kneipengespräche, alle Sätze werden mindestens dreimal wiederholt und die Charaktere sind flach wie ein Groschenheft (weshalb viele eigentlich gute Schauspieler in ihren DERRICK-Rollen immer gnadenlos chargierten). »Reineckers Plot ist zumeist von der Raffinesse einer Lotto-Ausspielung, seine Charakterzeichnung kann es mit der Subtilität von WAS BIN ICH? aufnehmen, sein Dialog ist so originell wie der Wetterbericht«, meinte Rolf Becker im *Spiegel* Nr. 49/1974.

Produzent Helmut Ringelmann und das ZDF verkünden ja gerne den weltweiten Erfolg ihres Tele-Valiums. So ließen sie noch 1989 verlauten, die Serie laufe in 40 Ländern; 1990 waren es bereits 98 Länder. Eine Art Zellteilung – oder werden da indische Bundesländer und brasilianische Provinzen mitgezählt? 1998 war man dann in 192 Ländern im Bilde. Wenn der offene Kanal von Pittsburgh für seine deutschstämmigen Mitbürger mal eine DERRICK-Folge ausgestrahlt hätte, hätte es sicher gleich geheißen: »Amerika begeistert von DERRICK!« Der Auslandserfolg der Serie beruht sicherlich darin, daß sich die Welt über das dröge Deutschenbild amüsiert. Nervtötend waren auch die privaten Auftritte der Darsteller: Tappert jammerte immer wieder, er wolle auswandern, und Wepper machte wegen Kokainmißbrauchs und des Einzugs seines Waffenscheins von sich reden. Bezeichnend für den deutschen Krimi ist auch, daß ein deutscher Kriminalschriftstellerverband Herbert Reinecker für sein Lebenswerk ausgezeichnet hat. In Nr. 50/1997 unternahm *Der Spiegel* einen

weiteren Versuch, das Phänomen DERRICK zu erklären: Sein Erfolg lasse sich »gerade aus der Abwesenheit typischer Fernsehzutaten erklären. Kein Sex, kaum Action – auf diese Weise hat sich die deutsche Serie Zugang zu den moralisch ängstlichen, staatlich beaufsichtigten Sendern der Welt erschlichen«.
Literatur: Katrin Hampel: Das große Derrick-Buch; Henschel, 1995.

DETECTIVE SERGEANT BULMAN

Strangers

GB 1978-82; 32 x 45 Min.; F

Detective Sergeant Bulman .... Don Henderson
Detective Sergeant Singer .... John Ronane
Det. Chief Superintendent Lambie ... Mark McManus
Detective Sergeant Willis .... Dennis Blanch
William Dugdale .... Thorley Walters
Bennett .... Fiona Mollison
Doran .... Frances Tomelty

➜ In dieser Nachfolgeserie von THE XYY-MAN, die auf den Romanen von Kenneth Royce basierte, ist George Bulman selbst der Protagonist. In Nordengland formiert er mit einem Team eine Undercover-Einheit – so können die Fremden leichter in die örtliche kriminelle Szene eindringen. Bevor Mark McManus als TAGGERT zur schottischen Ikone wurde, übte er hier als Superintendent.
Konzipiert wurde die Serie von Murray Smith, produziert von Richard Everitt für Granada TV. Die Musik komponierte Mike Moran. Diese ausgezeichnete Serie war Bestandteil der nicht minder ausgezeichneten Anthologiereihe FAHNDUNG des DDR-Fernsehens. In der BRD wurde lediglich die Folgeserie BULMAN im Regionalprogramm gezeigt.

DETEKTEI BLUNT

Partners in Crime

GB 1983; 1 x 90 Min. u. 11 x 50 Min.; F

Tuppence Cowley .... Francesca Annis
Tommy Beresford .... James Warwick

➜ Kurz nach dem ersten Weltkrieg tun sich Tuppence und Tommy zusammen, um als Amateurdetektive ihr Leben im Jazz-Age zu fristen. Natürlich verlieben sie sich während ihrer Detektivarbeit ineinander und heiraten schließlich.
LTW produzierte diese faszinierende historische Krimiserie nach Erzählungen von Agatha Christie, die von Pat Sandys, David Butler, Jonathan Hales, Paul Annett und Gerald Savory hervorragend für das Fernsehen bearbeitet wurden. Die Musik ist von Joseph Horowitz und unterstreicht vortrefflich das Zeitgefühl. Für viele Christie-Fans und *Period Piece*-Afficionados ist es die beste TV-Serie nach Christie-Stoffen überhaupt, denn neben reinen Rätselgeschichten gibt es ironisch dargestellte Spionageabenteuer, die für Bewegung und Action sorgen.
Roman: Ein gefährlicher Gegner (Secret Adversary; 1922); Scherz Krimi 795. Die Büchse der Pandora (Partners in Crime; 1929); Kurzgeschichten; Scherz Krimi 715. Es gibt noch drei weitere Romane mit dem Pärchen, die nicht verfilmt wurden.

DETEKTEI MIT HEXEREI

Tucker's Witch

USA 1982-83; 13 x 45 Min.; F

Rick Tucker .... Tim Matheson
Amanda Tucker .... Catherine Hicks
Ellen Hobbes .... Barbara Barrie
Lieutenant Sean Fisk .... Bill Morey
Marcia Fulbright .... Alfre Woodard
Stucky .... Duncan Ross

➜ Das Ehepaar Tucker betreibt in Los Angeles eine Detektivagentur. Was sie von anderen Privatdetektiven unterscheidet, sind Amandas übernatürliche Fähigkeiten, die sie von ihrer Großmutter geerbt hat. Zusammen mit Dickens, Amandas Kater und Medium, und Ellen, ihrer schrulligen Mutter, bewohnen die Tuckers ein gemütliches Haus in den Hügeln.
Frühes Genre-*Crossover* und müder Abklatsch der britischen Serie RANDALL & HOPKIRK. Erfunden wurde sie von William Bast und Paul Huson, produziert von Philip Mandelker und Leonard Hill für CBS.

DETEKTIV CLIFF DEXTER

BRD 1966-67; 26 x 25 Min.; sw

Cliff Dexter .... Hans von Borsody
Jaqueline (1966) .... Sabine Bethmann
Kommissar Meinert .... Hans Schellbach
Edward Lemgo .... Alf Marholm

Carrol (1967) .... Andrea Dahmen
Archibald Pillow (1967) .... Hans Irle

➜ Ein deutscher Trashkult-Klassiker von Autor Karl Heinz Zeitler. »Normale Männer rasieren sich morgens und putzen die Zähne. Cliff Dexter auch. Doch vorher überprüft er sein Schießeisen. Damit serviert er den Gangstern blaue Bohnen. Zum Frühstück. Das hat er so beim FBI gelernt.« So kündigte das ZDF die Abenteuer des Mercedes-Cabrio fahrenden Privatdetektivs mit Hochhausbüro in Hamburg an. Und Produzent Lockau erzählte auch, wieviel Mühe man sich im Vorfeld mit der Serie gemacht hatte: »Der Name Cliff stand von Anfang an fest. Und der Nachname? Rund 800 Fernsehzuschauer wurden vom ZDF befragt. Morris? Carter? Oder Dexter? Die große Mehrheit – zumeist Frauen – entschied sich für Dexter. Der Knacklaut X haftet im Ohr, bietet graphisch ein gutes Bild und ruft offenbar männliche Assoziationen hervor.«

DETEKTIV HANKS

The Cosby Mysteries

USA 1994-95; 1 x 90 Min. u. 19 x 45 Min.; F

Guy Hanks .... Bill Cosby
Detective Adam Sully .... James Naughton
Barbara Lorenz .... Lynn Whitfield
Dante (1994) .... Dante Beze
Angie Corea .... Rita Moreno
Robert Chapman .... Robert Stanton

➜ Guy Hanks, Gerichtsmediziner a. D. und seit einem Lottogewinn finanziell unabhängig, führt das Leben eines Vorruheständlers und gerät pausenlos in Kriminalfälle, die er als trickreicher Amateurdetektiv löst. Unterstützt wird er von der Psychotherapeutin Barbara, der Haushälterin Miss Corea und seinem Schützling Dante.
Ein Cosby-Vehikel für die härtesten Fans. Nachdem die Serie floppte, gab es als einzige reine Detektiv-Serie nur noch DIAGNOSE MORD im US-Fernsehen.

DETEKTIV PUNCTACAVALLO

Punctacavallo

F 199?; 5 x 90 Min.; F

Punctacavallo .... Pierre Aknine
Simone .... Rosette Jaubert

➜ Daniel Saint Harmon und Hauptdarsteller Aknine adaptierten die in Frankreich einigermaßen bekannten Privatdetektivromane von Jean Mazarin für das Fernsehen; Regie führte Pierre Niang. In der Tradition von Léo Malet sollte es wohl ein Côte-d'Azur-Nestor-Burma werden.
Roman: Monaco kann auch trostlos sein; Elster, 1990. Punctacavallo auf der Ölspur; Elster, 1989. Punctacavallo, ein sonniger Schnüffler; Elster, 1988. Saure Trauben für Punctacavallo; Elster, 1989.

DETEKTIV ROCKFORD – ANRUF GENÜGT

The Rockford Files

USA 1974-89: 3 x 90 Min. u. 112 x 45 Min.; 1996: 6 x 90 Min.; F

Jim Rockford .... James Garner
Joseph »Rocky« Rockford (Pilot) ..... Robert Donley

Joseph »Rocky« Rockford .... Noah Beery Jr.
Detective Dennis Becker .... Joe Santos
Beth Davenport (1974-78) .... Gretchen Corbett
Evelyn »Angel« Martin .... Stuart Margolin
John Cooper (1978-79) .... Bo Hopkins
Lieutenant Alex Diehl (1974-76) .... Tom Atkins
Lt. Doug Chapman (1976-80) .... James Luisi
Lance White (1979-80) .... Tom Selleck

➜ Anfang der siebziger Jahre suchten die amerikanischen Fernsehproduzenten verzweifelt nach neuen, ungewöhnlichen, noch nicht abgenutzten Charakteren, um die Krimiserien wieder attraktiver zu machen. Man besetzte die Hauptfigur von EINSATZ IN MANHATTAN mit einem häßlichen Glatzkopf und produzierte eine Erfolgsserie mit einem schmuddligen Helden, der in den sechziger Jahren unvorstellbar gewesen wäre: Peter Falk in COLUMBO. Gerade in den ersten Jahren des Jahrzehnts schafften wenige Krimiserien den großen Erfolg. Die Zuschauer, in den Fünzigern mit Western überfüttert und in den Sechzigern mit Krimiserien, interessierten sich mehr für Comedy Shows, deren Konzept man inzwischen verändert hatte: Man belebte diese Serien mit neuen dramatischen, realistischen Elementen.

Irgendwie ahnte Superproduzent Roy Huggins, daß es an der Zeit wäre, mit den Krimiserien dasselbe anzustellen, was er ca. 20 Jahre zuvor mit MAVERICK für den Western getan hatte: mehr Humor ins Genre zu bringen, ohne aber die Strukturen zu zerstören und eine Comedy daraus zu machen. »Rockford sollte keine klassische Privatdetektivserie werden. Ich wollte MAVERICK als *Private Eye*. Ich wollte einen Helden, der ein bißchen feige ist und davor zurückschreckt, sich in Gefahr zu begeben und der die Welt nicht allzu ernst nahm. Er liebte keinen Ärger, er haßt ihn«, erinnerte sich Huggins. Er wandte sich an den Produzenten und Autor Stephen J. Cannell, mit dem zusammen er schon bei den Serien TOMA und BARETTA zusammengearbeitet hatte. Cannell sollte Charakter und Hintergrund ausarbeiten, und Huggins gab ihm zehn Tage Zeit, um einen 90-minütigen Pilotfilm zu schreiben. Cannell brauchte lediglich fünf Tage und sagte, er habe sich beim Schreiben köstlich amüsiert, da er alle Klischees und Regeln des Genres brechen und auf den Kopf stellen durfte. Schließlich hatten die beiden alles zusammen: den Hintergrund, die regelmäßig auftauchenden Nebencharaktere und die Figur Rockford, nur keinen Titel. »Damit die Verantwortlichen im Sender das Gefühl bekamen, daß sie keine gewöhnliche Privatdetektivserie kauften, sagte ich ihnen: Die Serie ist völlig anders. Der Held übernimmt nur Fälle, die die Polizei bereits abgeschlossen hat, denn er will den Bullen nicht in die Quere kommen. Er will überhaupt niemandem in die Quere kommen. Das ist ein bißchen wie MAVERICK. Auf der anderen Seite aber auch realistisch. Wirkliche Privatdetektive übernehmen keine Fälle, an denen die Polizei noch arbeitet. Das ist eine eiserne Regel. Wir nannten das Ding deshalb THE ROCKFORD FILES.«

Die Produktionsfirma Universal gab grünes Licht und der Pilot wurde gedreht, in dem Robert Donley Jims Vater Rocky spielte, da Noah Beery Jr. noch für die Serie DOC ELLIOTT verpflichtet und nicht frei war. Der Pilotfilm von Richard T. Heffron, der bei *Reruns* als Zweiteiler mit dem Titel BACKLASH OF THE HUNTER eingesetzt wird, wurde in Deutschland bisher leider erst einmal gezeigt.

Garner war sofort begeistert von dem Skript: »Ich mußte nicht eine Sekunde überlegen, ob das richtig für mich ist. Ich bin kein heroischer Typ und glaube nicht an Helden. Deshalb liebe ich Rockford.« Jim Rockford war ein Mann, der seine Grenzen genau kannte. Nach Möglichkeit ging er jeder brutalen Konfrontation aus dem Wege, und wenn er mit dummen Sprüchen nicht weiterkam und eine Schlägerei unausweichlich war, gab er lieber Fersengeld. Er prügelte sich nur, wenn ihm nichts anderes übrig blieb und wandte dann auch jeden schmutzigen Trick an, was ihn aber nicht davor bewahrte, oft den Kürzeren zu ziehen. Was ihn von anderen Detektivfiguren hauptsächlich unterschied, war seine Art, die Fälle anzugehen, und die hatte viel mit James Garner zu tun. Rockford benutzte seinen Kopf, schlüpfte in verschiedene Rollen – am liebsten in die eines großmäuligen Vertreters – und bereitete dem Zuschauer immer eine Überraschung. Selten zuvor hörte man in einer Krimi-Fernsehserie bessere Dialoge oder witzigere Sprüche. Zum Beispiel:

Noah Beery als Joseph »Rocky« Rockford und James Garner als Jim Rockford

• *Angel:* »Du würdest mich doch nicht für lausige hundert Dollar erschießen, Jim, oder?« / *Rockford:* »Ich würde es aus prinzipiellen Gründen tun.«
• *Rocky:* »Zwei Zentimeter weiter rechts, und die Kugel hätte dir ein Auge ausgeschlagen statt dich zu streifen. Du hattest Glück, Sunny!« / *Rockford:* »Sieh es mal auf meine Weise: Zwei Zentimeter nach links, und sie hätte mich nicht mal gestreift.«
• *Rockford:* »Ich bemühe mich, meine Tugenden möglichst klein zu halten, damit sie übersichtlich bleiben«.

Einen Teil des Charmes der Serie machte die Gruppe von immer wiederkehrenden Nebenfiguren aus. Sie waren so etwas wie Rockfords Familie. Die wohl eindrucksvollste Nebenfigur war das Frettchen Angel Martin, gespielt von Garners Kumpel Stuart Margolin. Margolin, der in vielen Fernsehfilmen mitgespielt hat und auch Regie führte, ging Garner auch bei dessen Hobby – Autorennen – als Mechaniker zur Hand. Angel war ein mieser kleiner Gauner, der Rockford mit seinen krummen Geschäften unentwegt in Schwierigkeiten brachte. Um des eigenen Vorteils willen zögerte er nicht eine Sekunde, seinen Freund in die Pfanne zu hauen. In gefährlichen Situationen, in denen Revolverhelden Rockford über den Haufen schießen wollten, biederte sich die kleine Ratte ihnen sofort an, um seine Haut zu retten. Er war Rockford gegenüber so loyal wie ein Bahnhofsstricher. Jeder Fan erinnert sich noch nach Jahrzehnten an Angel; um so erstaunlicher, da er lediglich in 29 Folgen auftrat. Während Garner nur einmal einen *Emmy* für DETEKTIV ROCKFORD bekam, wurde Stuart Margolin zweimal ausgezeichnet.

Jims Vater Joseph »Rocky« Rockford war ein gutmütiger Ex-Trucker, der sich ununterbrochen Sorgen um seinen Sohn machte. Er war Rockford ein guter Kamerad, auch wenn seine Unterstützung den Sohn meist noch tiefer in die Patsche ritt. Rockys große Leidenschaft war das Fischen, und wenn Jim Gelegenheit dazu hatte, machten sie gerne eine richtige Hemingway-Tour. Gespielt wurde Rocky überzeugend von Noah Beery Jr., der bereits 54 Jahre vor der ersten Rockford-Folge vor der Kamera debütierte.

Die erste Staffel war die erfolgreichste der Serie. 1974/75 erreichte sie Platz zwölf der meistgesehenen Fernsehshows. Danach ging es immer weiter bergab. Das hatte auch damit zu tun, daß der Sender NBC alle paar Monate den Sendetermin für DETEKTIV ROCKFORD änderte. In der sechsten Saison verschob NBC die Sendezeit siebenmal und den Sendetag fünfmal. Da hatte sogar der härteste Rockford-Fan Schwierigkeiten, sich darauf einzustellen. DETEKTIV ROCKFORD bekam von NBC nie die Rückendeckung, die aus einer potentiellen Hitserie eine wirkliche gemacht hätte. In der zweiten Saison stellte man sie ausgerechnet gegen das CBS-Krimiflaggschiff HAWAII 5-0, die erfolgreichste Cop-Show ihrer Zeit. So wollte man bei NBC erreichen, den Humor aus DETEKTIV ROCKFORD zu tilgen. Garner, Canell und Rosenberg drohten damit, alles hinzuschmeißen. »Sollen sie doch Jack Lords kleinen Bruder engagieren«, grollte Garner. Das Network gab nach, beharrte aber auf dem Sendeplatz. DETEKTIV ROCKFORD konnte sich überraschend gut gegen die seit Jahren etablierte Hit-Serie von CBS behaupten. Aber diese unglückliche Plazierung sorgte dafür, daß sowohl die Einschaltquoten von HAWAII 5-0 als auch von DETEKTIV ROCKFORD nach unten gingen und sich keine der beiden Serien, die sich die Krimi-Fans teilen mußten, von diesem unsinnigen Konkurrenzkampf quotenmäßig erholte. Trotz allem Geunke des Networks lief DETEKTIV ROCKFORD sechs Jahre lang, von Freitag, dem 13. September 1974 bis zum 25. Juli 1980, mit 112 Folgen. Garner war ungeheuer populär und die Serie der absolute Liebling der Kritik. Wieso also die nicht so berauschenden Einschaltquoten, trotz der doch so offensichtlichen Popularität? Ganz einfach: Das Videozeitalter war angebrochen und DETEKTIV ROCKFORD die erste Serie, die man aufnahm, während man sich etwas anderes ansah. Tatsächlich gehörte die Serie zu den ersten TV-Sammelobjekten der Videofans. Und das amerikanische TV-Einschaltquotenkontrollystem, die sogenannten *Nielsen Ratings*, waren nicht auf die Videorevolution vorbereitet. Fast zehn Jahre später erging es der Serie, die man am ehesten als DETEKTIV ROCKFORD-Nachfolger bezeichnen kann, ähnlich: MAGNUM hatte nach Riesenerfolgen in der Season 1986/87 plötzlich ein völliges Abrutschen in den Ratings zu verzeichnen. Dank der Erfahrungen mit DETEKTIV ROCKFORD kam man der Ursache aber schnell auf die Spur: Die Zuschauer sahen sich ein anderes Programm an, während sie zeitgleich MAGNUM aufzeichneten. Der Videorecorder hatte inzwischen das Rating-System völlig durcheinandergebracht. Zu DETEKTIV ROCKFORDS tatsächlichem Erfolg trug noch ein weiterer Faktor bei: Nach den ersten zwei, drei Staffeln begann man die Folgen in CBS' LATE NIGHT zu wiederholen. Das gab Universal mehr Geld und damit einen guten Grund, die Serie weiterzuproduzieren, da sie schon, bevor sie durch die Regionalsender syndikatisiert wurde, de facto zweimal bezahlt worden war. So etwas hatte es nie zuvor in der Geschichte der Fernsehserien gegeben. DETEKTIV ROCKFORD wurde sofort Kult, und die Trivia-Fans machten erstmals (diesseits von STAR TREK) von sich reden. Garner wunderte sich: »Es gibt Leute, die kennen jede Telefonnummer der Serie, die wissen sogar meine Lizenznummer als Privatdetektiv. Wenn wir versehentlich eine falsche Nummer verwenden, kriegen wir Beschwerden und böse Briefe!« Also hier die Trivia-Daten: Zuerst parkte Rockford seinen Wohnwagen am 2354 Pacific Coast Highway, Los Angeles; in späteren Folgen lebte er in Malibu in der Paradise Cove Trailer Colony, Cove Road 29. Seine Telefonnummer: 213-555-2368 (aber auch 213-555-9000 wurde mal verwendet). Sein goldener Pontiac Firebird hatte die Zulassungsnummer OKG-853.

Huggins, der nie länger als zwei Jahre bei derselben Serie blieb, verließ DETEKTIV ROCKFORD nach der ersten Saison und verbreitete die Auffassung, daß die Serie nie wieder eine so hohe Qualität hatte wie im ersten Jahr. Das war natürlich eitler Unsinn. Erst im Laufe der zweiten und dritten

Staffel erreichten gerade die attraktiven Nebenfiguren wie Angel richtig Profil und die einmalige Formel ihre Perfektion. Garner und Huggins gerieten sich während der Dreharbeiten zur ersten Staffel so in die Haare, daß der Star sogar ein Setverbot für Huggins durchsetzte.

Nachdem die Serie beendet worden war, versuchten verschiedene neue Krimi-Serien die erfolgreiche Mischung aus lebensechten Charakteren, Humor und originellen Geschichten zu übernehmen. Am gelungensten war sicherlich MAGNUM. Aber trotz der Figur des Higgins, dessen *Britishness* genüßlich gegen Magnums *All-American-Boy*-Mentalität ausgespielt wurde und damit immer für komische Situationen sorgte, kam man nicht an das Original heran. Auch die Serie SIMON & SIMON über ein Brüderpaar, das in San Diego eine Privatdetektei betrieb, war ein erfolgreicher DETEKTIV ROCKFORD-Ripoff. Der Kontrast zwischen einem Yuppie und einem übriggeblieben Rebellen der Hippie-Ära sorgte für viel Witz, ebenfalls ohne das Format des großen Vorbilds zu erreichen.

Auch Garner sorgte für ein Nachspiel: 1983 verklagte er Universal auf 22,5 Millionen Dollar Nachzahlung für seine Beteiligung an Auslandsverkäufen und Wiederholungen. Universal erklärte unverfroren, die Kosten der Serie seien auch durch die Zweit- und Drittverwertungen noch nicht gedeckt worden, und bot Garner schließlich 670.000 Dollar an. »Die Mafia ist lange nicht so groß wie diese Typen«, sagte Garner darauf in einem *Playboy*-Interview. Im Frühjahr 1989 wurde dann ein Gerichtstermin festgesetzt. Da aber gerade durch einen Branchendienst ermittelt worden war, daß Universal mit den Auslandsverkäufen von DETEKTIV ROCKFORD 126 Millionen Dollar verdient hat-

James Garner und Joe Santos als Detective Dennis Becker

te, bot man einen außergerichtlichen Vergleich an, den Garner akzeptierte. Er bekam 10 Millionen Dollar.
Mitte der neunziger Jahre wurde DETEKTIV ROCKFORD, wie zuvor schon EINSATZ IN MANHATTAN, HART ABER HERZLICH oder COLUMBO, exhumiert, und es entstand eine Reihe von 90-Minuten-Folgen mit der alten Besetzung (außer dem inzwischen verstorbenen Noah Berry, dem der erste Film gewidmet wurde), die überraschend erfolgreich waren. Rockford und Angel waren alt geworden, aber die Magie ihrer frühen Shows konnte wiederbelebt werden. Auch wenn Garner wegen seiner Knieverletzungen inzwischen noch schlechter laufen konnte und schon einen Stuntman brauchte, wenn er eine Treppe hochrennen sollte – er ließ sich einfach ein paar Gags in die Show hineinschreiben, in denen auf seine Behinderung angespielt wurde.
Literatur: David Martindale: The Rockford Phile; Las Vegas 1991.
Roman: Mike Jahn: Ein Killer für Rockford (The Unfortunate Replacement; 1975); Bastei 38014, 1976. Rockfords tödlicher Bluff (The Deadliest Game; 1976); Bastei 38016, 1976. In den USA erscheinen seit 1996 neue Rockford-Romane aus der Feder des bekannten Krimi-Autors Stuart Kaminsky bei St. Martin's Press: The Green Bottle; 1996. Devil on My Doorstep; 1998.

Detektiv-Story

Roman oder Kurzgeschichte, worin die rationale Aufklärung eines Verbrechens meist in drei Schritten dargestellt wird: 1. Das Opfer wird entdeckt. 2. Der Detektiv ermittelt. 3. Der Detektiv klärt das Verbrechen und überführt den Täter. Man spricht auch von der klassischen Detektivgeschichte. Eine Reihe von Serien adaptierte die großen Detektive von SHERLOCK HOLMES bis LORD PETER WIMSEY oder INSPEKTOR WEXFORD.

DETEKTIVBÜRO ROTH

BRD 1986-87; 35 x 45 Min.; F

Bruno Roth .... Manfred Krug
Ricarda, seine Freundin .... Ute Willing
Uli Roth, sein Bruder .... Peter Seum
Olga Roth, seine Schwägerin .... Eva Maria Braun
Detektiv Löffelhardt .... Klaus Löwitsch
Egon Fetzer .... Heinz Schubert

➜ Wer glaubte, daß DERRICK vom Niveau her nicht zu unterbieten sei, wurde hier eines Besseren belehrt. Ein absoluter Tiefpunkt des deutschen TV-Krimis. Regisseure wie Horst Flick und Thomas Engel und die Drehbuchautoren -ky und Felix Huby brachten kleine, dümmliche Geschichten über ein mit lauter Volltrotteln besetztes Berliner Detektivbüro. Als 1993 die Wiederholungen wegen schlechter Einschaltquoten abgesetzt wurden, äußerte sich Hauptdarsteller Krug im *Gong* Nr. 38/1993: »Eine segensreiche Entscheidung von der ARD, daß diese unsägliche Serie endlich aus dem Programm genommen wird. Schon im Regionalprogramm war sie fehl am Platz. Und jetzt die Wiederholungen im Abendprogramm – eine Zumutung. Damals schon haben miserable Autoren und Redakteure diese Serie versaut. Allen voran die zuständigen Leute von SFB und NDR. Das Schlechteste, in dem ich jemals mitgespielt habe. Ich hatte flehentliche Briefe an die Verantwortlichen geschrieben, die Folgen vor der Ausstrahlung noch zu überarbeiten. Nichts!«

DEXTERBRÜDER ... BITTE KOMMEN

O.P.E.N.

F 1986; 6 x 45 Min.; F

Eric Dexter .... Jean Dalric
Simon Dexter .... Bernard Allouf

➜ Die Dexter-Brüder leiten in Paris eine internationale Umweltorganisation und jetten bei ihren Fällen von Umweltkriminalität sofort zum Tatort. Gutgemeinter Versuch einer »grünen« Krimiserie der Autoren Phillippe Setbon und Patrick Jamain.

DEZERNAT M

M Squad

USA 1957-60; 117 x 25 Min.; sw

Lieutenant Frank Ballinger .... Lee Marvin
Captain Grey .... Paul Newlan

➜ Brutalität im US-Fernsehen war die Ausnahme. Bis zum 20. September 1957. An diesem Tag startete der Sender NBC die neue, halbstündige Polizeiserie DEZERNAT M (bei uns erstmals 1968 im Vorabendprogramm des ZDF!). In ihr spielte der knallharte Lee Marvin den Chicagoer Polizisten

Lee Marvin als Lieutenant Frank Ballinger in DEZERNAT M

Lieutenant Frank Ballinger, der in jeder Folge mit dem Colt in der Faust zur Sache geht und wie ein Racheengel durch die Großstadt jagt. In vielen Folgen hetzt Marvin psychisch kranke Gangster, um sie am Ende niederzuschießen. Trotz der Kritik an dieser für die fünfziger Jahre sehr brutalen Serie war der Erfolg groß. Marvin selbst war sich der faschistoiden Tendenzen dieser in Chicago an Originalschauplätzen gedrehten Serie sehr bewußt. In Interviews bezeichnete er sie immer als »Chicago-SS«. Kein anderer Sympathieträger und Held einer Serie hatte sich bisher so brutal aufgeführt wie Frank Ballinger.
Neben den beeindruckenden Schwarzweißaufnahmen der Originalschauplätze (auch Robert Altman führte bei einer Folge Regie) blieb vor allem die jazzige Titelmusik von Count Basie in Erinnerung. In der ersten Staffel, die bei uns nie gezeigt wurde, war die Vorspannmusik von Stanley Wilson. Produziert wurde DEZERNAT M von John Larkin und Richard Lewis. Das Brutalitätstabu, das DEZERNAT M brach, sollte vor allem einer Serie zugute kommen: CHICAGO 1930.
Roman: David Saunders: M-Squad; Belmont, 1962.

DIAGNOSE: MORD
Diagnosis Murder

USA 1992- ; x 90 Min. u. x 50 Min.; F

Dr. Mark Sloan .... Dick Van Dyke
Dr. Jack Stewart .... Scott Baio
Amanda Bentley-Livingston .... Victoria Rowell
Detective Steve Sloan .... Barry van Dyke
Norman Briggs .... Michael Tucci
Schwester Delores .... Delores Hall

➜ Dr. Sloan bildet nicht nur junge Ärzte aus oder kümmert sich um die Patienten des Community General Hospital in Los Angeles, er ist auch Berater der Polizei. Mit seinem medizinischen Wissen und analytischen Verstand klärt er knifflige Fälle auf. Sehr zum Ärger seines Sohnes Steve, einem Detective bei der Polizei. Ihm ist es nicht immer angenehm, wenn sein Vater mitmischt. Auch mit dem Leiter des Krankenhauses gibt es schon mal Probleme wegen Sloans ungewöhnlicher Therapie- und Abrechnungsmethoden. Rollschuhfahrend muntert Dr. Sloan die Patienten auf und erläßt auch mal das Krankenhaushonorar für eine Nachhilfestunde im Steptanz.
Erstmals tauchte die US-TV-Ikone Van Dyke als Dr. Sloan in einer Folge von JAKE UND MCCABE – DURCH DICK UND DÜNN auf. Anschließend produzierte CBS drei TV-Movies über den medizinischen Amateurdetektiv. Der Erfolg führte zu einer eigenen Serie, die von Joyce Burditt konzipiert worden war. Van Dyke: »Bei der Gestaltung der Rolle hat man mir völlig freie Hand gelassen, ich kann den Part ganz nach meinen Vorstellungen interpretieren und muß nur an maximal drei Tagen in der Woche vor der Kamera stehen.« Manchmal tauchen bei Dr. Sloan auch alte Serienhelden in ihren alten Rollen wieder auf, wie etwa Mike Connors als Joe Mannix, um mit Sloan einen Fall zu lösen. Leichte Unterhaltung, aber gekonnt gemacht. 1997 war sie die einzige noch verbliebene Detektiv-Serie des US-Fernsehens.

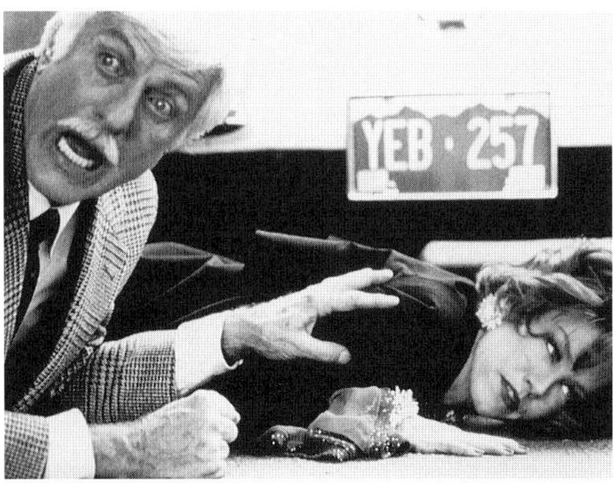

Dick Van Dyke, Hariland Morris in DIAGNOSE: MORD

DIAMANTENDETEKTIV DICK DONALD

BRD 1971; 13 x 25 Min.; F

Dick Donald .... Götz George
Daisy Johnson .... Loni von Friedl

➜ Der Nachfolger von PERCY STUART im ZDF-Vorabendprogramm arbeitete im Auftrag des Diamantensyndikats IDSO.
Die von Heinz Bothe Pelzer geschriebene und von Jürgen Goslar und Erich Neureuther in Südafrika gedrehte Serie kam mit einem Minimum an logischer Handlung aus, da man Götz George ununterbrochen durch naive Action-Szenen jagen konnte.

Andreas Mankopff und Ulli Kinalzik in DIREKTION CITY

DIAMONDS
Diamonds
USA 1987-89; 44 x 45 Min.; F
Mike Devitt .... Nicholas Campbell
Christina Towne .... Peggy Smithhart
Lieutenant Lou Gianetti .... Tony Rosato
Darryl .... Alan Feiman

➜ Mike und Christina sind ein geschiedenes Ehepaar und ehemalige Stars einer Fernsehserie, in der sie ein Detektiv-Ehepaar spielten. Weil ihre Show abgesetzt wurde, versuchen sie nun, sich als Privatdetektive durchs Leben zu schlagen. Unterstützt werden sie vom Special Effects-Experten Darryl. Mike wäre gerne wieder mit seiner Ex-Frau zusammen, aber die coole Christina scheint die Verbindung nur geschäftlich zu sehen.
Streitende Pärchen in Kriminalkomödien standen Mitte der achtziger Jahre hoch in der Gunst des Publikums, wie der Erfolg von REMINGTON STEELE oder DAS MODEL UND DER SCHNÜFFLER zeigte. Dieser nette Nachzügler wurde in Kanada gedreht.

DICK TURPIN
Dick Turpin
GB 1979-82; 31 x 30 Min.; F
Dick Turpin .... Richard O'Sullivan
Sir John Glutton .... Christopher Benjamin
Swiftnick .... Michael Deeks
Captain Spiker .... David Dakar

➜ Nachdem Turpin widerrechtlich um seinen Besitz gebracht wurde, kündigt er den Sozialvertrag und wird zum Banditen.
Paul Knight und Sidney Cole produzierten diese historische Serie über den mythischen Wegelagerer Dick Turpin nach hervorragenden Drehbü-

chern von Richard Carpenter (der ein Spezialist für historische Serien werden sollte; er machte u.a. die ROBIN HOOD-Serie in den Achtzigern). Turpin wurde im letzten Jahrhundert durch zahlreiche Geschichten, die in englischen Groschenheften, den *Penny Dreadfuls*, erschienen, zu einem Mythos.

DIEBISCHEN ZWILLINGE, DIE

BRD 1971; 7 x 50 Min.; F

Judy .... Alice Kessler
Kathy .... Ellen Kessler
Manager Alberto .... Johnny Dorelli

➜ Ihre Arbeit als Show-Tänzerinnen ist nur Fassade: Zum Kummer ihres Managers stehlen die Zwillinge wie die Raben. Luciano Emner inszenierte diese unbedarften ZDF-Krimikomödien wohl mit Blick auf den internationalen Markt, besonders auf Italien. Die Beine der Kessler-Zwillinge bleiben länger im Gedächtnis als die dümmlichen Geschichten.

DIREKTION CITY

BRD 1973-77: 20 x 45 Min.;
1980-82: 12 x 45 Min.; F

Schichtleiter Bertram .... Klaus Sonnenschein
Seifert .... Ulli Kinalzik

➜ Gutgemeinter Versuch des SFB, eine typisch deutsche Polizeiserie mit realistischem Hintergrund zu entwickeln (Michael Günther inszenierte eine Episode, in der eine wegen anarchistischer Aktivitäten verdächtigte Wohngemeinschaft durchsucht wurde). Wie so oft bei deutschen Serien blieb die Spannung allerdings auf der Strecke. Zu den Autoren zählten Karlheinz Knuth und Joachim Nottke. Sittenbild einer versunkenen Epoche und für künftige Historiker ein Leckerbissen!

DISKRETE ZEUGEN
siehe **LORD PETER WIMSEY**

Dobson, Kevin

Amerikanischer Schauspieler. Geboren am 18. März 1943 in Jackson Heights, New York. Seine TV-Karriere begann 1973 spät, aber gleich mit einer Hit-Serie: Er war fünf Jahre lang Kojaks Partner Crocker in EINSATZ IN MANHATTAN. In den folgenden Jahren spielte er vorwiegend sympathische Charaktere. Das änderte sich schlagartig, als er 1982 die Rolle des fiesen MacKenzie in der Soap Opera UNTER DER SONNE KALIFORNIENS (KNOTS LANDING) annahm. »Seitdem«, so Dobson, »bin ich für Hollywoods Produzenten der Böse vom Dienst.« In dem TV-Movie MARGIN FOR MURDER (1981) spielte er Mike Hammer.

Doldinger, Klaus

Deutscher Komponist. Er wurde am 12. Mai 1936 in Berlin geboren, absolvierte seine Ausbildung am Robert-Schumann-Konservatorium in Düsseldorf und hatte bereits 1952 seine erste Band: die Dixieformation THE FEETWARMERS. 1955 gewann er mit seiner Gruppe OSCAR'S TRIO den 1. Preis beim Jazzfestival Brüssel, den *Coup Sidney Bechet*. Seitdem gehört er zur Spitze der deutschen Jazz-Szene. Mit PASSPORT gründete er die erfolgreichste deutsche Jazz-Formation. Seinen ersten Soundtrack komponierte er 1969 zu Klaus Lemkes NEGRESCO. 1974 schrieb er die Musik zu Wolfgang Petersens Thriller EINER VON UNS BEIDEN. Viele Soundtracks und Titelmusiken für TV-Serien folgten. Darunter: DAS BOOT (1981), LIEBLING KREUZBERG (1989), WOLFFS REVIER (1992), DIE KOMMISSARIN (1993), ALLES AUSSER MORD (1993).

DOPPELPACK

BRD 1999- ; x 90 Min.; F

Klaus Amberg .... Oliver Storkowski
Dieter Voss .... Jan-Gregor Kremp
Nika .... Alexandra Wilcke

➜ Ob dieser ZDF-Samstagskrimi in Serie geht, war zum Redaktionsschluss noch ungewiß. Monika Herrmannn schrieb zur ersten Folge im *Gong* Nr. 18/1999: »Sie prügeln sich und sie lieben sich. Gemeinsam gehen Voss und Amberg durch dick und dünn. Die zwei sind das schrillste Team der Abteilung Schwerkriminalität der Frankfurter Polizei und die Hauptfiguren von Rudi Bergmanns und Rolf Silbers DOPPELPACK. Sie verbindet nicht nur der Job, sondern auch die Frau. Nika war mit Voss verheiratet und ist im Begriff, mit Amberg zum Standesamt zu gehen [...] Das Revier der beiden ist Frankfurt am Main [...]«

Kevin Dobson (rechts) mit Telly Savalas beim EINSATZ IN MANHATTAN

DOPPELTER EINSATZ: Sylvia Haider, Despina Pajanou

DOPPELTER EINSATZ

BRD 1994- ; x 45 Min.; F

Sabrina Nikolaidou .... Despina Pajanou
Vicky Siebert (1994-95) .... Eva Scheuer
Eva Lorenz (1995-) .... Sylvia Haider
Dilba .... Jockel Tschiersch
Mike Lehmann .... Konstantin Graudus
Jensen .... Gerhard Garbers
Winter .... Jürgen Schornagel
Ahlers .... Jürgen Janza

➜ Zwei schlagkräftige Frauen als Kripoteam in Hamburg. Sie ermitteln gegen Jugendbanden auf dem Kiez, schnappen Einbrecher, sind Erpressern auf der Spur und müssen sich nebenbei noch mit ihrem recht komplizierten Liebes- und Familienleben auseinandersetzen. So sieht es jedenfalls ihr Auftraggeber, der Sender RTL, und die Produzenten von Studio Hamburg. Direkt aus dem Papierkorb von CAGNEY & LACEY und MAKE-UP UND PISTOLEN.

DREI, DIE

BRD 1996-97; 1 x 90 Min. u. 23 x 45 Min.; F

Charlotte Burg .... Hannelore Hoger
Peter Lombardi .... Uwe Bohm
Georg Gentz .... Zacharias Preen

➜ Folgt man dieser schwer genießbaren Serie, ist für Verbrechen in höchsten Kreisen nicht etwa die Polizei zuständig, sondern das Detektivbüro der ehemaligen Richterin Burg, deren Hobby das Lesen der Briefe ihres verstorbenen Mannes ist. Diese temperamentlos inszenierte Serie, ausschließlich an Luxusschauplätzen gedreht, wurde von Karl Heinz Willschrei mit Unterstützung – so die Aussage des inzwischen entlassenen Eigenproduktionsleiters Thomas Teubner – von SAT.1 konzipiert. Frech behauptet Teubner in einer Pressemitteilung: »Schauplatz von Verbrechen mit Format, für Leute mit Format.« Wegen des geringen Erfolges wurden die Sendeplätze mehrmals verschoben und die Serie schließlich in Doppelfolgen ausgestrahlt, vielleicht, um sie schnellstmöglichst zu beenden. Dieser mißlungene Versuch, eine Krimi-Serie ausschließlich im gehobenen Milieu spielen zu lassen, geht auf US-Serien wie AMOS BURKE, BANACEK oder COLUMBO zurück.

Roman: Berry Fuger: Machtspiele; Bastei 12498, 1996.

Zacharias Preen und Uwe Bohm in DIE DREI

DREI ENGEL FÜR CHARLIE: Jaclyn Smith, David Doyle, Farrah Fawcett, Kate Jackson

DREI ENGEL FÜR CHARLIE

Charlie's Angels

USA 1976-81; 1 x 70 Min. u. 109 x 45 Min.; F

Sabrina Duncan (1976-79) .... Kate Jackson
Jill Munroe (1976-77) ...... Farrah Fawcett-Majors
Kelly Garrett .... Jaclyn Smith
Kris Munroe (1977-81) .... Cheryl Ladd
Tiffany Welles (1979-80) .... Shelley Hack
Julie Rogers (1980-81) .... Tanya Roberts
John Bosley .... David Doyle

➜ Drei attraktive Ex-Polizistinnen arbeiten für die Privatdetektei von Charlie Townsend, der nur als Telefonstimme auftaucht (im Original gesprochen von John Forsyth). Der golfbesessene Schauspieler dazu: »Ich bin Hollywoods einziger Schauspieler, der seine Rolle per Telefon abliefern kann.« Hier hat Produzent Aaron Spelling einen alten Gag recycelt: In seiner Privatdetektivserie RICHARD DIAMOND sah man nur die wohlgeformten Beine und hörte die Stimme der Telefonistin von Diamonds Auftragsdienst (beide gehörten während einer Staffel der aufstrebenden Mary Tyler Moore). Die Engel haben es mit allen Psychos und Raffkes zu tun, die schon früher in Spelling-Drehbüchern auftauchten. Für das US-Fernsehen war die von Ivan Goff und Ben Roberts für Spelling-Goldberg Productions und den Sender ABC entwickelte Serie damals der Höhepunkt an Pin-up-Sex; sie erreichte auf ihrem Gipfel über 50 Prozent Einschaltquote. Die Stories erinnerten an Comics, und für amerikanische Verhältnisse sollte es ungewöhnlich viel Haut zu sehen geben. Allerdings wurde mehr versprochen als eingelöst. Leonard Goldberg: »Wir machen sie gerne naß, in angeklatschten Kleidern sehen sie wunderbar aus.« Farrah Fawcett: »Wahrscheinlich liegt es daran, daß wir keine Bü-

stenhalter tragen.« Alle in der Serie mitwirkenden Hauptdarstellerinnen wurden Stars. Den Anfang machte Farrah Fawcett, die, nachdem sie über Nacht zum Sex-Symbol aufgestiegen war und sich ein Poster von ihr im Badeanzug millionenmal verkauft hatte, als erste aus der Serie ausstieg.
Die Stories wurden im Lauf der Zeit – man glaubt es kaum – noch blöder. Das hinderte Kult-Regisseur Allen Baron aber nicht, bei zehn Folgen Regie zu führen. Und zu den Gaststars gehörten immerhin Timothy Dalton, Tom Selleck, Dean Martin, Horst Buchholz, Jamie Lee Curtis, Louis Jordan oder Tab Hunter.
Roman: Max Franklin (Pseudonym für Richard Deming): Angels in Chains; Ballantine, 1977; Die Witwe und ihr Mörder (Charlie's Angels; Ballantine, 1977); Goldmann 3834, 1979; Der doppelte Professor (Angels on a String; Ballantine, 1977); Goldmann 3889, 1979; Mord nach Art des Hauses (The Killing Kind; Ballantine, 1977); Goldmann 3848, 1979; Angels on Ice; Ballantine, 1978.

DREI STAHLHARTE PROFIS
Three

USA 1998; 1 x 90 Min. u. 13 x 45 Min.; F
Marcus Ezekiel Miller .... Bumper Robinson
Jonathan Vance .... Edward Atterton
Amanda Webb .... Julie Bowen

➜ Gaunerprofis werden von einer geheimen Agentur auf allerlei Fälle angesetzt. Miller ist das Computergenie, Vance ein Meisterdieb und Amanda das Karategirl.
Wieder ein Versuch, ein Konzept à la KOBRA, ÜBERNEHMEN SIE zu revitalisieren, hier mit Ausflügen in fantastische Handlungen wie in der Episode DIE FLUCHT (BREAKOUT), in der es um eine Droge geht, die ungewöhnliche Kräfte verleiht, alle Arten von Wunden heilt und den Alterungsprozeß beschleunigt.

DR. MED. MARK WEDMANN – DETEKTIV INBEGRIFFEN

BRD 1974; 13 x 25 Min.; F
Dr. Mark Wedmann .... Siegfried Rauch
Dr. Yvonne Versseux .... Margot Hielscher

➜ Der Mediziner und Detektiv Wedmann untersucht im Auftrag von Pharmaindustrie (!) und Behörden Vorkommnisse, die auf Medikamentenmißbrauch beruhen.
Die von Alfred Hödt geschriebene und von Alfredo Medori inszenierte ZDF-Serie spielt hauptsächlich in Südafrika, das Anfang der siebziger Jahre für deutsche Vorabendserien ein beliebter, weil billiger Drehort war.

Duchovny, David

Geboren am 7. August 1960 in New York. Er wuchs als Kind einer Einwandererfamilie in der Lower East Side von Manhattan auf. An der Princeton University studierte er englische Literatur und schloß 1982 mit dem Bachelor of Arts ab. Danach wechselte er nach Yale, um dort seine Doktorarbeit zu schreiben. Während des Studiums entdeckte er seine Leidenschaft für das Theater und nahm gleichzeitig Schauspielunterricht. 1987, inmitten seiner Promotion, verließ er Yale, um sich ganz der Schauspielerei zu widmen. Seine erste Rolle hatte er in einem Werbespot für Löwenbräu. 1988 spielte er in dem Film DIE WAFFEN DER FRAUEN (WORKING GIRL) neben Harrison Ford, Melanie Griffith und Sigourney Weaver eine Nebenrolle. Zwei Jahre später war er in David Lynchs Kultserie TWIN PEAKS der FBI-Agent und Transvestit Dennis/Denise Bryson. Es folgten die Filme CHAPLIN (1992), EIN HUND NAMENS BEETHOVEN (BEETHOVEN, 1992) und KALIFORNIA (1993). Weltberühmt wurde er durch den Erfolg der Serie AKTE X, die ihm 1997 und 1998 zwei *Emmy*-Nominierungen und 1997 einen *Golden Globe* einbrachte. Er ist seit 1997 mit der Schauspielerin Téa Leoni verheiratet, mit der er seit 1999 die Tochter Madeleine hat. Wegen der Verlegung der AKTE X-Dreharbeiten von Vancouver nach Los Angeles lebt die Familie in Malibu.

DUELL ZU DRITT

BRD 1971; 13 x 25 Min.; F
Martin Baker .... Erwin Strahl
Jerry Hoover .... Fred Williams
Liz Bentley .... Vera Tschechowa
Madame Prunelle .... Olga Tschechowa

➜ Gaunerkomödie um zwei ehrbar gewordene Ex-Ganoven, die jetzt als Polizist und Hotelmanager arbeiten.

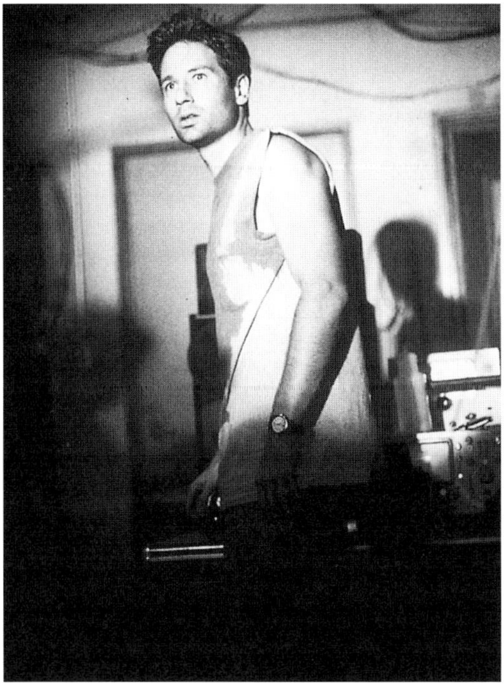

David Duchovny in AKTE X

Von H.G. Thiemt und D. Schreeb geschriebene, typisch anspruchslose ZDF-Vorabendserie, die von Hermann Leitner in Szene gesetzt wurde. Ihr Reiz besteht hauptsächlich darin, daß die beiden Tschechowas gemeinsam vor der Kamera standen.

Durbridge, Francis

Englischer Autor. Er wurde am 25. November 1912 in Hull, Yorkshire geboren und arbeitete nach seinem Studium kurze Zeit im Büro eines Börsenmaklers, bevor er einer der erfolgreichsten Autoren dieses Jahrhunderts wurde. Er schrieb 35 Romane, neun Theaterstücke, fünf Filmdrehbücher, 32 Hörspielserien und 17 TV-Serials. 1938 hatte er in England seinen ersten großen Erfolg mit der Hörspielserie SEND FOR PAUL TEMPLE, die zum ersten Straßenfeger der britischen Radiogeschichte wurde. Viele weitere Temple-Serien folgten. Die Figur des Kriminalschriftstellers Temple wurde ein unsterblicher kriminalliterarischer Mythos, der in Romanen, Comics und Kinofilmen auftrat (siehe Eintrag PAUL TEMPLE). Ab 1952 schrieb Durbridge auch mehrteilige Fernsehspiele nach einer eigenen Erfolgsformel (siehe Eintrag DURBRIDGE-KRIMIS).

Der Einfluß von Durbridge auf das deutsche Fernsehen war weitaus größer als auf das englische. Wie Edgar Wallace beim Kino der sechziger Jahre definierte er für ein unerfahrenes deutsches Publikum, was es unter Thriller zu verstehen habe. Dabei reichte es völlig aus, daß seine an Hörspielserien und Theaterstücken orientierte Dramaturgie anfangs eher statisch umgesetzt und abgefilmt wurde. Die Frage nach dem Einzeltäter, der als Strippenzieher hinter den fürchterlichsten Morden steckte, traf den Nerv des deutschen Publikums, das ein geniales Mastermind als Ursache für Verbrechen schon aus historischen Gründen zu schätzen wußte. Auch die autoritären Kommissare waren natürlich beliebt und bestimmten vom STAHLNETZ bis zum KOMMISSAR das Kriminalbeamtenbild im deutschen Fernsehen dieser Zeit. Es verwundert nicht, daß mit den Ereignissen um 1968 auch die dramaturgische Strategie der Durbridge-Thriller veraltete. Aber sein Einfluß auf die deutschen audio-visuellen Medien der fünfziger und sechziger Jahre war gigantisch, und Durbridges Name hatte einen höheren Bekanntheitsgrad als der des Bundeskanzlers. Er starb am 11. April 1998.

DURBRIDGE-KRIMIS

Der britische Autor Francis Durbridge (1912-98) prägte neben Edgar Wallace und vielleicht noch Agatha Christie am stärksten die Krimiunterhaltung in der Bundesrepublik der fünfziger und sechziger Jahre. Ab 1952 schrieb er auch mehrteilige Fernsehspiele nach seiner eigenen Erfolgsformel: Er verstand es, Spannung durch mysteriöse Vorgänge zu schaffen, legte viele falsche Fährten und klärte nicht jede im Verlauf der Handlung auftauchende Fragestellung befriedigend auf. Die teilweise unlogischen und unglaubwürdigen Handlungsmuster wurden von der speziellen Durbridge-Atmosphäre übertüncht, in der rechtzeitig vor dem Abflauen eine Überraschung als *Cliffhanger* präsentiert wurde.

Ab den fünfziger Jahren bis in die Sechziger wurden die *Paul Temple*-Hörspiele auch in der BRD erfolgreich mit René Deltgen in der Titelrolle ausgestrahlt. Ihr phänomenaler Erfolg als Straßenfeger etablierte den Namen Durbridge als Markenzeichen für Thriller. Kein Wunder also, daß sich auch das Fernsehen, beginnend mit dem WDR, der Durbridge-Stoffe annahm und mindestens ebensoviel Erfolg mit ihnen hatte wie zuvor das Radio (siehe Eintrag: Durbridge, Francis).

Der Andere

BRD 1959; 6 x 40 Min.; sw

David Henderson .... Albert Lieven
Inspector Ford .... Wolf Frees
Sergeant Broderick .... Heinz Klingenberg
Dr. Sheldon .... Helmuth Rudolph
Katherine Walters .... Ingeborg Körner
James Cooper .... Michael Rittermann
Robin Craven .... Sigurd Fitzek

➜ In einem Hausboot auf der Themse wird die Leiche eines italienischen Froschmannes gefunden. Die Spuren führen zu einem gewissen Henderson, doch auch auf den umliegenden Hausbooten wohnen mysteriöse Gestalten.

Die äußerst erfolgreiche Erstausstrahlung des von Joachim Hoene inszenierten Sechsteilers fand vom 5. bis zum 16. Oktober statt. Die britische Originalfassung wurde 1956 ausgestrahlt.

Roman: Der Andere (The Other Man; 1958); Goldmann 3142, 1968.

Es ist soweit

BRD 1960; 6 x 40 Min.; sw

Clive Freeman .... Jürgen Goslar
Lucy Freeman .... Eva-Ingeborg Scholz
Lawrence Hudson .... Peter Pasetti
Inspector Kenton .... Siegfried Lowitz
Pelford .... Karl Lieffen
Lomax .... Benno Sterzenbach
Barbara .... Fita Benkhoff
Janet Freeman .... Gaby Jaeger

➜ Die achtjährige Tochter des Atomwissenschaftlers Clive Freeman ist entführt worden. Hält Lucy Freeman, die sich von ihrem Mann scheiden lassen will, das Kind versteckt? Oder spielen politische Motive eine Rolle? Scotland Yard ermittelt.

Hans Quest führte beim zweiten Durbridge-Mehrteiler Regie und Siegfried Lowitz spielte erstmals einen Kripo-Beamten.

Roman: Es ist soweit (A Time of Day; 1959); Signum Buch 90, 1962, und Goldmann 3206, 1969.

Das Halstuch

BRD 1962; 6 x 60 Min.; sw

Inspector Yates .... Heinz Drache
Sergeant Jeffreys .... Eckart Dux
Police Officer Kent .... Gerhard Becker
Clifton Morris .... Albert Lieven
Marian Hastings .... Margot Trooger
Vikar Mathews .... Horst Tappert
Alistair Goodman .... Erwin Linder
Edward Collins .... Helmut Lange
Gerald Quincey .... Christian Doermer
Phyllis North .... Helga Zeckra
Jill Yates .... Gardy Granass
John Hopedean .... Dieter Borsche
Diana Winston .... Eva Pflug
Kim Marshall .... Erika Beer

➜ In einem kleinen englischen Dorf geht ein Schalmörder um, dessen erstes Opfer Fay Collins ist. Inspector Yates nimmt die Ermittlungen auf und fragt sich: Wie kommt das Halstuch in Geralds Geigenkasten?

Der bis dato aufwendigste Durbridge erreichte 90 Prozent Sehbeteiligung und wurde zum Mythos. Auch weil der Kabarettist Wolfgang Neuss vor Ausstrahlung der letzten Folge Dieter Borsche als Mörder outete. Hans Quest führte wieder Regie, und die Außenaufnahmen wurden im Bergischen Land gedreht, wo noch heute eine englische Telefonzelle an die Produktion erinnert.

Roman: Das Halstuch (The Scarf; 1960); Ullstein 884, 1962. Goldmann 3175, 1969, und 6216, 1985.

Tim Frazer

BRD 1963; 6 x 40 Min.; sw

Tim Frazer .... Max Eckard
Helen Baker .... Marianne Koch
Dr. Killick .... Paul Klinger
Charles Ross .... Konrad Georg
Arthur Crombie .... Kurt Waitzmann
Norman Gibson .... Walter Jokisch

Madge Gibson .... Charlotte Krekel
Kapitän Nikiyan .... Friedrich Joloff
Donald Edwards .... Ursula Herking
Edgar Tupper .... Josef Dahmen
Harry Denston .... Hans Quest.

➜ Diesmal geht es – auf dem Höhepunkt des Kalten Krieges – um einen Spionagefall. Die Geschichte beginnt mit einem sterbenden russischen Matrosen, einer gestohlenen Brieftasche und dem geheimnisvollen Anruf eines Mr. Ross, der Tim Frazer den Auftrag erteilt, nach Harry Denston zu suchen.

Regie führte wieder Hans Quest, der auch eine kleine Rolle übernahm.

Roman: Tim Frazer (The World of Tim Frazer; 1962); Signum Buch 154, 1963, Goldmann 3064, 1968.

Tim Frazer: Der Fall Salinger

BRD 1964; 6 x 40 Min.; sw

Tim Frazer .... Max Eckard
Barbara Day .... Ingrid Ernest
Charles Ross .... Konrad Georg
Lewis Richards .... Hartmut Reck
Martin Cordwell .... Wolfgang Wahl
Arthur Fairlee .... Manfred Heidmann
Vivien Gilmore .... Eva Pflug
Van Dakar .... Hermann Lenschau
Inspector Trueman .... Siegfried Wischnewski
Jan .... Jan Hendricks
Gordon Dempsey .... Max Mairich

➜ Wieder macht sich Tim Frazer für Mr. Ross von der Spionageabwehr nützlich. Er ist nicht länger Ingenieur, sondern jetzt hauptberuflich Detektiv, und soll herausfinden, ob ein gewisser Leo Salinger, der in Amsterdam unter ein Auto geriet, ermordet wurde. Barbara Day, die Salinger überfuhr, sitzt neben Frazer im Flugzeug nach Amsterdam!

Regie führte wieder Hans Quest, und auch dieser – bis dahin aufwendigste – Durbridge-Krimi erreichte die bereits übliche Sehbeteiligung von mehr als 90 Prozent.

Roman: Tim Frazer und der Fall Salinger (Tim Frazer again; 1964); Heyne Krimi 1197, 1965. Goldmann 2132, 1968.

Der Schlüssel

BRD 1965; 2 x 90 Min. u. 1 x 75 Min.; sw

Eric Martin .... Harald Leipnitz
Inspector Hyde .... Albert Lieven
Philip Martin .... Peter Thom
Thomas Quayle .... Hans Quest
Vanessa Curtis .... Dagmar Altrichter
Douglas Talbot .... Friedrich Joloff
Cliff Fletcher .... Benno Hoffmann
Lancelot Harris .... Bum Krüger
Ruth Sanders .... Ruth Scheerbarth
Andy Wilson .... Christian Wolff
Clare Seldon .... Anna Smolik

➜ Philip Martin ist tot. Offensichtlich war es Selbstmord. Wirklich ein klarer Fall? Bei der Leiche wird ein Schlüsselbund gefunden. Philips Bruder, der Modefotograf Eric, glaubt nicht an Selbstmord, stellt Ermittlungen an und gerät selbst unter Verdacht.

Paul May übernahm die Regie, und das Format wurde vom Sechs- auf einen Dreiteiler geändert.

Roman: Der Schlüssel (The Desperate People; 1966); Goldmann 3166, 1969.

Melissa

BRD 1966; 3 x 65 Min.; sw

Guy Foster .... Günther Stoll
Inspector Cameron .... Siegfried Wischnewski
Melissa Foster .... Ruth Maria Kubitschek
Felix Hepburn .... Hubert Suschka
Paula Hepburn .... Hanne Wieder
Don Page .... Erik Schumann
Dr. Swanson .... Albert Bessler
Joyce Dean .... Katinka Hoffmann
Duncan .... Ulrich Beiger

➜ Guy Foster ist ein Journalist, »der gern einen harten Tropfen trinkt«. Als seine Frau Melissa (scheinbar) ermordet wird, gerät er unter Verdacht. Gesucht wird aber auch Melissas mysteriöser Liebhaber.

»Nach 11,45 Minuten sieht man die erste Leiche«, stoppte die *Hör Zu* mit. Ein weiterer Durbridge-Klassiker, bei dem Paul May Regie führte, die Titelmusik von Peter Thomas sogar in die Hitparade kam und eine Sehbeteiligung von »nur« 85 Prozent trotzdem für leere Straßen sorgte. Ruth-Maria Kubitschek wurde als Melissa zum TV-Star

und noch nach Jahrzehnten mit ihrer Rolle identifiziert.
Roman: Melissa (My Wife Melissa; 1967); Goldmann 3073, 1968 und Goldmann 6229, 1987.

Ein Mann namens Harry Brent

BRD 1968; 3 x 65 Min.; sw u. F

Harry Brent .... Günther Ungeheuer
James Wallace .... Peter Ehrlich
Jane Conway .... Brigitte Grothum
George Conway .... Wolfgang Preiss
William Brother .... Gert Haucke
Phyllis Brother .... Christiane Nielsen
Sam Fielding .... Paul Verhoeven
Sir Gordon Town .... Helmut Käutner
Jacqueline Dawson .... Anneliese Römer
Roy Philips .... Dirk Dautzenberg
Barbara Smith .... Barbara Frey
Kevin Jason .... Wolfram Schaerf

➜ Ein Fabrikant wird erschossen, während sich Harry Brent mit seiner Verlobten im Nebenzimmer befindet. Brent wird zur Schlüsselfigur des Falls.
Dieser von Peter Beauvais gedrehte Durbridge ist ein Unikum, da er teilweise in Schwarzweiß und teilweise in Farbe gedreht wurde. Die Sehbeteiligung sackte auf magere 83 Prozent.
Roman: Ein Mann namens Harry Brent (A Man called Harry Brent; 1970); Goldmann 4035, 1970.

Wie ein Blitz

BRD 1970; 3 x 70 Min.; F

Diana Stewart .... Ingmar Zeisberg
Gordon Stewart .... Albert Lieven
Mark Paxton .... Peter Eschberg
Ned Parker .... Paul Hubschmid
Inspector Clay .... Horst Bollmann
Emely Brown .... Eva Pflug
Walter Brown .... Karl Heinz Vosgerau
Kitty Tracey .... Gisela Trowe
Mrs. Hopkins .... Grete Wurm
Miss Valesco .... Christine Kaufmann

➜ Immobilienmakler Stewart verschwindet, nachdem er in Nizza mit seiner Frau ein Haus besichtigt hat.
Der erste vollständig in Farbe gedrehte Durbridge ist an »umständlicher Langeweile« (*Gong*) kaum zu übertreffen. Mit dieser Arbeit des überforderten Regisseurs Rolf von Sydow begann der Niedergang; da half auch kein noch so großer Aufwand durch Außendrehs an Originalschauplätzen. Inzwischen hatte das ZDF mit seinen Herbert-Reinekker-Dreiteilern bewiesen, daß die Kopie besser als das Original sein kann. Mitbeteiligt am Mißlingen der 1,2 Millionen Mark teuren Produktion war auch der damalige WDR-Fernsehspielchef Günter Rohrbach: »Die Trilogie hat Rohrbach für Deutschland umgeschrieben; mit Billigung des Autors. Denn die kriminverwöhnten Deutschen, sagt Rohrbach, verlangten nach mehr Action, während Durbridge eher zum Ratekrimi neige«, so *Der Spiegel* in Nr. 47/1969.
Roman: Wie ein Blitz (Bat out of Hell; 1972); Goldmann 4205, 1972.

Das Messer

BRD 1971; 3 x 60 Min.; F

Jim Ellis .... Hardy Krüger
George Baker .... Charles Régnier
Colonel Green .... Alexander Kerst
Philip Cooper .... René Deltgen
Dr. Hall .... Peter Mosbacher
Mrs. Corby .... Sonja Ziemann
Julie Andrews .... Eva Renzi
John Miller .... Hans Jürgen Diedrich
Tom Clifford .... Kurt Beck
Mary Jones .... Karin Hübner
Inspector Bird .... Heinz Schubert
Frank Batman .... Klaus Löwitsch
Smith .... Herbert Fux

➜ Eine völlig beknackte und unverständliche Spionagegeschichte mit Hardy Krüger als Geheimagenten.
Mit diesem teuer wie nie zuvor in England gedrehten Film hat Regisseur Rolf von Sydow die Durbridge-Magie endgültig zerstört. Der geringe Erfolg beim Publikum sorgte für das Ende des traditionellen Durbridge-Mehrteilers, weil die Macher nicht begriffen hatten, daß derartige Stoffe keine pop-orientierte Auffrischung vertragen. Zu allem Überfluß lieferte die Gruppe Can mit dem Stück SPOON eine enervierende und unpassende Vorspannmusik.

Die Kette

BRD 1977; 2 x 90 Min.; F

Inspector Harry Dawson .... Harald Leipnitz
Judy Black .... Uschi Glas
Hal Yardley .... Herbert Fleischmann
Nat Fletcher .... Walter Kohut
Mrs. Rogers .... Rosemarie Fendel
Hubert Rogers .... Michael Hinz
Sidney Heaton .... Wolfgang Kieling
Sybil Conway .... Margot Hielscher
Arnold Conway .... Karl Heinz Vosgerau
Linda Wade .... Beatrice Richter
Tom Dawson .... Wolfgang Lukschy

➜ Der beurlaubte Inspector Dawson klärt innerhalb seiner Familie den Mord an seinem Vater auf. Mit diesem Nachzügler wollte man nochmal an die glorreichen Zeiten anknüpfen. Anderen Sehgewohnheiten Rechnung tragend, beschränkte man sich auf zwei Folgen, die respektable 55 Prozent bzw. 70 Prozent Einschaltquoten verbuchen konnten. Trotz der hervorragenden Besetzung war der wieder von Rolf von Sydow inszenierte Zweiteiler eine Enttäuschung, die dem guten alten Durbridge-Mehrteiler endgültig den Garaus machte.

Roman: Die Kette (A Game of Murder; 1975); Goldmann 4788, 1978.

DURCHGEKNALLTE POLIZEIREVIER, DAS

The Last Precinct

USA 1986; 1 x 72 Min. u. 7 x 45 Min.; F

Captain Rick Wright .... Adam West
Brice Pascall .... Jonathan Perpich
Night Train .... Ernie Hudson
Butch .... Keenan Wynn
Sundance .... Hank Rolike
Raid .... Rick Ducommun
Sheriff Hobbs .... Wings Hauser
Rina .... Lucy Lee Flippin
Martha .... Yana Nirvana
Mel .... Randi Brooks
King .... Peter Willcox

➜ Der Bürgermeister von Los Angeles hat eine blendende Idee: Man nehme die schlechtesten Polizisten jedes Reviers und konzentriere diesen gesammelten Schwachsinn auf einer Wache, nämlich dem 56. Revier. Unter dem Kommando des hilflosen Captain Wright agieren Gestalten wie Night Train, ein Undercover-Agent, der mehr an Männern als an seinem Job interessiert ist, oder Mel, eine Polizistin, die früher ein Mann war. Anscheinend wollte Stephen J. Cannell unbedingt mal eine richtige Sitcom machen. Leider ging das ziemlich in die Hose: Die NBC-Serie orientierte sich mehr an POLICE ACADEMY als an POLICE SQUAD oder WIR VOM 12. REVIER. Außerdem wollte der alte Crack Cannell nicht einsehen, daß sich für Sitcoms das 25-Minuten-Format besser eignet als das 45-Minuten-Format, in dem man ganz selten das nötige Tempo halten kann.

E.S.U. – NOTRUF NEW YORK

True Blue

USA 1989-90; 11 x 45 Min.; F

Bobby Traverso ... John Bolger
Jessica Haley ... Ally Walker
Geno Toffenelli ... Nestor Serrano
David Odom ... Darnell Williams
Frankie Avila ... Eddie Velez
Casey Pierce ... Grant Show
Sergeant Andy Wojewski ... Timothy Van Patten
Sergeant Mike Duffy ... Dick Latessa
Red Tollin ... Leo Bermester
Connie Tollin ... Annie Golden
Lieutenant Bill Triplett ... Beau Starr
Captain Motte ... Joe Lisi

➜ Die *Emergency Service Unit* (E.S.U.) ist eine Spezialeinheit der New Yorker Polizei, die bei Krisen und Katastrophen besonders schnell zur Stelle ist. In ihren blauen Trucks patrouillieren die Elitebullen ständig durch die Straßen, um schnell am Einsatzort zu sein. Bemerkenswert, daß sie nie im Stau stecken bleiben.

Die Serie wurde nach dem realen Vorbild der Elite-Einheit gestaltet. Geiselnahmen, terroristische Anschläge, aber auch die Rettung von Selbstmördern gehören zum Job der E.S.U.-Leute. Der attraktive Bobby ist mit Kollegin Jessica verbandelt; Officer Geno liebt Maskeraden und schlüpft in verschiedene Rollen. Frankie kommandiert als Computer-Freak den Roboter Sammy III. Fürwahr eine illustre Truppe.

Co-Produzent war Ex-Polizist Sonny Grosso, der Partner von »Popeye« Doyle (Gene Hackman) im BRENNPUNKT BROOKLYN-Fall (FRENCH CONNECTION). Konzept und Produktion lagen bei David J. Kinghorn, Larry Jacobson und Michael Fisher.

EARTH FORCE – DAS ELITETEAM

E.A.R.T.H. Force

USA 1990; 1 x 90 Min. u. 5 x 45 Min.; F

John Harding ... Gil Gerard
Dr. Carl Dana ... Clayton Rohner
Dr. Catherine Romano ... Tiffany Lamb
Diana Randall ... Joanna Pacula
Charles Dillon ... Stewart Finlay-McLennan

➜ Ein umweltbewußter, sterbender Millionär gründet ein Team, das überall auf der Welt gegen ökologische Verbrechen eingesetzt werden soll: das *Earth Alert Research Tactical Headquarters* (E.A. R.T.H.). In der kurzlebigen Serie wurde von dieser grünen Guerilla vor allem Plutoniumdiebstahl bekämpft, denn bekanntlich wollen eine Menge Leute gern Atombomben basteln, um Herrscher über die Welt zu werden (oder wenigstens die UNO zu erpressen). Diese Produktion für den Sender CBS ist in die Annalen der Seriengeschichte eingegangen – als erste Serie, die in der Saison 1990-91 abgesetzt wurde.

ECHT HARDER

BRD 1995; 3 x 90 Min.; F

Dr. Frank Harder ... Rainer Grenkowitz
Nicola Mertens ... Hanna Rudolph
David Li ... Paul Courtenay Hyu

➜ Im Mittelpunkt dieses RTL-Versuchs einer deutschen Mystery-Serie steht ein Arzt, der auf einem Hausboot im Hamburger Hafen lebt. Er ist von der Synthese aus europäischer Schulmedizin und asiatischer Heilkunst überzeugt und gerät in mysteriöse Fälle. »Das ist Öko-Trash, nicht einmal unfreiwillig komisch. Die Figur Harder als solche wie auch der Pilotfilm sind ganzheitlich schlecht«, urteilte die *Funk-Korrespondenz* Nr. 26/1995. Obwohl beim Studio Hamburg, das die Serie produzierte, bereits zehn fertige Drehbücher vorlagen, brach RTL das Unternehmen ab. Dabei hatte der

Sender durch seine bekannte Sendeplatzschieberei von Anfang an alles dafür getan, daß ECHT HARDER keine Chance hatte, sein Birkenstock-Publikum zu erreichen.

EDDIE DODD – ANWALT AUS LEIDENSCHAFT

Eddie Dodd

USA 1991; 1 x 90 u. 7 x 45 Min.; F

Eddie Dodd .... Treat Williams
Roger Baron .... Corey Parker
Kitty Greer .... Sydney Walsh
Billie .... Annabelle Gurwitch

➔ Dodd, New Yorker Anwalt mit modischem Pferdeschwanz, ist ehemaliger Bürgerrechtler und nimmt sich der kleinen Leute an, die sonst keine Chance gegen das System hätten. Im Dienste der Gerechtigkeit geht es schon mal mit ihm durch: Er bricht ein, um Entlastungsmaterial zu besorgen, oder wird vor Gericht ausfallend. Die ernüchternde Botschaft der Serie ist, daß Polizei und Justiz nicht immer am wahren Sachverhalt oder gar an Gerechtigkeit interessiert sein können. Dieser Pessimismus bescherte der Serie des Senders ABC ein nur kurzes Leben.

Edgar-Allan-Poe-Preis

Seit 1950 vergeben die *Mystery Writers of America* – neben Preisen für die beste Kriminalliteratur in unterschiedlichen Kategorien und für Kriminalfilme – auch Preise für TV-Krimis. Neben TV-Movies und Miniserien wird ebenfalls die beste Episode einer Serie ausgezeichnet.

1951: Franklin Heller, Produzent und Regisseur von THE WEB.
1952: DRAGNET von Jack Webb.
1953: CRIME AT BLOSSOM aus STUDIO ONE von Jerome Ross.
1954: SMOKE aus SUSPENSE von Gore Vidal.
1955: THE STING OF DEATH von Alvin Sapinsley Jr. für die Adaption von A TASTE FOR HONEY von H.F. Heard.
1956: THE FINE ART OF MURDER von Sidney Carroll.
1957: MECHANICAL MANHUNT aus ALCOA HOUR von Howard Swanton.
1958: PUNISHMENT aus OMNIBUS von James Lee.
1959: THE EMPTY CHAIR aus CHICAGO 1930 von David Karp.
1960: THE CASE OF THE BURNING COURT von Kelley Roos und THE DAY OF THE BULLET von Bill S. Ballinger.
1961: WITNESS IN DARK von Leigh Vance und John Lemont.
1962: THE PROBLEM OF CELL 13 nach Jacques Futrelle von A.A. Roberts.
1963: END OF THE WORLD, BABY von Luther Davis.
1964: Eine AUF DER FLUCHT-Serienfolge von Alan Armer.
1965: AN UNLOCKED WINDOW aus ALFRED HITCHCOCK HOUR von James Bridges.
1966: OPERATION ROGOSH aus KOBRA, ÜBERNEHMEN SIE von Jerome Ross.
1967: TEMPEST IN A TEXAS TOWN aus DER STRAFVERTEIDIGER von Harold Gast und Leon Tokatyn.
1968: THE STRANGE CASE OF DR. JEKYLL AND MR. HYDE von Ian Hunter.
1969: DAUGHTER OF THE MIND von Luther Davis.
1970: BERLIN AFFAIR von Richard Alan Simmons.
1971: A STEP IN TIME aus MANNIX von Rubin Mann.
1972: THE NEW MEXICO CONNECTION aus EIN SHERIFF IN NEW YORK von Glen Larson und KOLCHAK von Richard Matheson.
1973: REQUIEM FOR AN INFORMER aus POLICE STORY – IMMER IM EINSATZ von Sy Salkwitz. TV-Film: ISN'T IT SHOCKING von Lane Slate.
1974: REQUIEM FOR C.Z. SMITH von Robert Collins aus POLICE STORY – IMMER IM EINSATZ. TV-Film: THE LAW von Joel Oliansky.
1975: NO IMMUNITY FOR MURDER von Joe Gores aus KOJAK. TV-Film: LIZZIE BORDENS BLUTIGES GEHEIMNIS (THE LEGEND OF LIZZIE BORDEN) von William Baxt.
1976: REQUIEM FOR MURDER von James J. Sweeney aus DIE STRASSEN VON SAN FRANCISCO. TV-Film: HELTER SKELTER von J.P. Miller.
1977: THE THIGH BONE CONNECTED TO THE KNEE BONE von Tony Lawrence und Lou Shaw aus QUINCY. TV-Film: MEN WHO

LOVE WOMEN von George Cotler und Don Mankiewicz.

1978: MURDER UNDER GLASS von Robert Van Scoyk aus COLUMBO. TV-Film: DASHIELL HAMMETT'S THE DAIN CURSE von Robert W. Lenski.

1979: SKIN von Robin Chapman und Roald Dahl aus ROALD DAHL'S TALES OF THE UNEXPECTED. TV-Film: EIN GANZ NATÜRLICHER MORD (MURDER BY NATURAL CAUSES) von Levinson & Link.

1980: CHINA DOLL von Donald P. Bellisario und Glen A. Larson aus MAGNUM. TV-Film: CITY IN FEAR von Albert Rubin. Special-*Edgar*: 25jähriges Jubiläum von THE EDGE OF NIGHT; Joan Evans für die TV-Reihe MYSTERY.

1981: HILL STREET STATION aus POLIZEIREVIER HILL STREET von Steven Bochco und Michael Kozoll. TV-Film: KILLJOY von Sam H. Rolfe.

1982: IN THE STEEL OF THE NIGHT aus REMINGTON STEELE von Joel Steiger. TV-Film: PROBE FÜR EINEN MORD (REHEARSAL FOR MURDER) von Levinson & Link.

1983: DEADLY LADY von Peter S. Fischer aus MORD IST IHR HOBBY. TV-Film: GLITTER DOME – IM WÜRGEGRIFF DER GLITZERWELT nach Joseph Wambaugh.

1984: Mickey Spillane's MURDER ME, MURDER YOU von Bill Straton.

1985: THE AMAZING FALSWORTH aus AMAZING STORIES von Mick Garris. TV-Film: DIE VIELEN TODE DER LOUISE JAMISON (GUILTY CONSCIENCE) von Levinson & Link.

1986: THE COP aus THE EQUALIZER von David Jackson und Andrew Spiess. TV-Film: ERMORDET AM 16. JULI (WHEN THE BOUGH BREAKS) von Phil Penninroth nach dem Roman von Jonathan Kellerman.

1987: THE MUSGRAVE RITUAL von Jeremy Paul aus THE RETURN OF SHERLOCK HOLMES. TV-Film: NUTCRACKER von William Hanley nach dem Roman von Shana Alexander.

1988: THE DEVIL'S FOOT aus THE RETURN OF SHERLOCK HOLMES von Gary Hopkins. TV-Film: MAN AGAINST THE MOB von David J. Kinghorn. *Ellery Queen Award*: Levinson & Link.

1990: WHITE NOISE aus KAMPF GEGEN DIE MAFIA von David J. Burke und Alfonse Ruggerio Jr. TV-Film: SHANNON'S DEAL von John Sayles.

1991: GOODNIGHT, DEAR HEART aus QUANTUM LEAP von Paul Brown. TV-Film: KILLING IN A SMALL TOWN von Cynthia Cidre nach EVIDENCE OF LOVE von John Bloom und Jim Atkinson.

1992: THE LOST MINE aus POIROT von Michael Baker und David Renwick. TV-Film: MURDER 101 von Bill Condon und Roy Johansen.

1993: PRIME SUSPECT 1 von Lynda LaPlante.

1994: 4B OR NOT 4B aus NEW YORK COPS von David Milch. TV-Film: PRIME SUSPECT 2 von Allan Cubitt.

1995: SIMON SAYS aus NEW YORK COPS von Steven Bochco, Walon Green und David Milch. Miniserie: TO SAY I LOVE YOU aus FÜR ALLE FÄLLE FITZ von Jimmy McGovern.

1996: TORAH! TORAH! TORAH! von Theresa Rebeck aus NEW YORK COPS. TV-Film: CITIZEN X von Chris Gerolmo.

1997: DEADBEAT aus LAW & ORDER von Ed Zukkerman und I.C. Rapoport. TV-Miniserie: BROTHERLY LOVE aus FÜR ALLE FÄLLE FITZ von Jimmy McGovern.

1998: BLOOD, SWEAT AND TEARS von John Milne. DOUBLEDOWN von Richard Sweren, Shimon Wincelberg und Ed Zuckerman aus LAW & ORDER.

1999: EXILED von Charles Kipp aus LAW & ORDER (Best Feature). BAD GIRL von Rene Balcer und Richard Sweren aus LAW & ORDER.

EDGAR BRIGGS, DAS AS DER ABWEHR siehe GEHEIMAGENT 0014

EDGAR WALLACE

Edgar Wallace

GB 1960-63; 39 x 45 Min.; F

➜ Die BBC produzierte diese Anthologie-Serie mit von Folge zu Folge wechselndem Personal nach Stoffen von Edgar Wallace, von denen das ZDF 1969 einige Episoden ausstrahlte.

EDGAR WALLACE

BRD 1995: 3 x 90 Min.; 1998: 5 x 90 Min.; F

Chefinspektor Higgins .... Joachim Kemmer
Superintendent Barbara Lane ... Julia Bremermann
Sir John (1995) .... Leslie Phillips
Ann Pattison .... Christiane Reif
Emma Higgins .... Romy Kühnert
Flatter (1995) .... Eddie Arent
Sir John (1998) .... Eddie Arent
Kommissar (1998) .... Gunter Berger

➜ Nachdem Horst Wendlandt in den sechziger Jahren mit 36 Filmen die Wallace-Welle im Kino geprägt hatte, produzierte er für RTL neue Stoffe des Altmeisters. Während bei den Kino-Filmen die Rollen und Hauptdarsteller von Film zu Film wechselten, schuf er, ausgehend von der selbstgeschaffenen Wallace-Mythologie, die nur in Ansätzen so in den Romanen vorhanden ist, für die Fernsehserie ein ständiges Personal. Die nicht überzeugenden ersten drei Filme, bei denen Peter Keglevic Regie führte, gruppieren sich um Sir John, den Leiter von Scotland Yard, Chefinspektor Higgins, einen alten Hasen, der auf Intuition setzt, und ihre Kollegin Barbara Lane, deren moderne Ermittlungsmethoden Higgins nicht in den Kram passen.

Auch das Wallace-Markenzeichen der sechziger Jahre, Eddie Arent, ist natürlich dabei. Irreführend verkündete Wendlandt zum Start: »Wir haben sicherheitshalber die Rechte für zwanzig Wallace-Folgen gekauft.« Dabei ist der Urheberschutz längst abgelaufen und die Rechte an Wallace sind frei.

Roman: Es gibt zahlreiche Ausgaben von Edgar Wallace' 173 Büchern in Deutschland; am verbreitetsten sind die Ausgaben der Verlage Goldmann, Scherz und Heyne.

EICHBERGERS BESONDERE FÄLLE

A/BRD 1987-88; 13 x 25; Min.; F

Eichberger .... Walter Sedlmayr
Connie .... Billi Zöckerl
Erhard .... Elert Bode

➜ Eichberger ist Hausmeister im Justizpalast und ein begeisterter Hobbydetektiv.

Albert Sander schrieb diesen überflüssigen Zeitvertreib, der von Günter Gräwert und Theodor Grädler für das ZDF in Szene gesetzt wurde.

EINER GEGEN ALLE – MANCUSO, FBI

Mancuso, FBI

USA 1989-90; 20 x 45 Min.; F

Nick Mancuso .... Robert Loggia
Kristen Carter .... Lindsay Frost
Eddie McMasters .... Fredric Lehne
Jean St. John .... Randi Brazen
Dr. Paul Summers .... Charles Siebert

➜ Nick Mancuso ist ein undisziplinierter älterer Herr, der sich selbst die Karriere beim FBI versaut hat, weil er nicht höflich und respektvoll zu Vorgesetzten war. Dieser alte Haudegen ist von Inspector Erskine aus FBI fast so weit entfernt wie Fritz Wepper von Don Johnson. Aber was dem korrupten Ex-FBI-Chef J. Edgar Hoover vielleicht am wenigsten gefallen hätte ist, daß Mancuso ausgerechnet in Washington im Schmutz wühlt – mitten im Machtzentrum, das Hoover über Jahrzehnte manipuliert und terrorisiert hat. Dabei wird er so oft fündig, daß man Washington als verkommen und korrupt erfährt. Mancusos Hauptgegner sind das organisierte Verbrechen, die politische Korruption, der KGB, aber auch FBI-interne Feinde und manchmal die CIA.

Entstanden ist die Figur des von Robert Loggia kraftvoll und intensiv dargestellten FBI-Mannes in Steven Sohmers Roman DER KANDIDAT. Aus dem Roman wurde 1988 eine erfolgreiche und gelungene Miniserie, die bei uns als Dreiteiler unter dem Titel GÜNSTLING DER HÖLLE gezeigt wurde. Dann holte sich der Sender NBC Sohmer als Executive Producer, um aus der überzeugenden Nebenrolle der Miniserie eine Hauptfigur zu machen.

Loggia selbst sagte, er wolle in seine Darstellung viel von seinem eigenen Idealismus hineinlegen: »Mancuso hat viel mit den Schmelztiegel-Idealen der dreißiger und vierziger Jahre zu tun. Unser Land bemüht sich, zu dieser Haltung zurückzufinden, die rückblickend im Grunde sehr positiv war.« Steven Sohmer sieht das etwas pessimistischer: »Jede Folge wird mit einem gewöhnlichen Verbrechen beginnen, dessen Spuren Mancuso stets zu einem Konflikt mit einem der Machthaber führen.« Auf die Unterstützung des FBI hatte er schon bei der Mini-Serie verzichten müssen, in der er den Bürochef des Washingtoner FBI als korrupt entlarvte.

Roman: Günstling der Hölle (Favorite Son; 1987); Knaur 3104, 1990.

EINMAL EIN COP ...

Once a Cop ...

DK 1990; 6 x 60 Min.; F

Sten Dahl .... Jens Arentzen
Karl Jørgensen .... Jens Okking
Lis Jørgensen .... Suzette Kempf
Frank Skov .... Martin Rode
Kaj Skov .... Leif Skriver

➜ In der Kopenhagener Unterwelt tobt der Bandenkrieg. Sten Dahl geht mit seiner Sondereinheit dazwischen. Auch Karl Jørgensen war mal ein engagierter Polizist, doch jetzt arbeitet er in der Paßkontrolle des Flughafens und trinkt. Als der Freund seiner Tochter mit einer Überdosis Heroin aufgefunden wird, trifft er mit Sten zusammen. Gemeinsam kommen sie einem Heroin- und Waffendealer auf die Schliche.

Eine beachtliche Produktion von F.Q. Moller und Anders Refn (der auch Regie führte), die ziemlich realistisch die Aktivitäten des organisierten Verbrechens in Skandinavien behandelt.

EINSATZ FÜR LOHBECK

BRD 1994-95; 26 x 45 Min.; F

Kriminalhptkom. Martin Lohbeck ... Jürgen Schmidt
Kommissarin Claudia .... Anne Kasprzik

➜ In Duisburg sorgt die Besatzung des Polizeiboots 404 für Recht und Ordnung und ermittelt in Sachen Umweltkriminalität, Schmuggel, organisiertes Verbrechen und Mord.

Eine typische ARD-Vorabendserie, die man sich ansehen, es aber auch bleiben lassen kann.

EINSATZ HAMBURG SÜD: Muriel Baumeister, Meral Perin

EINSATZ HAMBURG SÜD

BRD 1997-98; 26 x 45 Min.; F

Carla Simon .... Muriel Baumeister
Sema Aslan .... Meral Perin
Andy Schlüter .... Pierre Britz

➜ Grausame ARD-Vorabendkopie der RTL-Serie DOPPELTER EINSATZ.

»Nicht nur ist jeweils Hamburg der Ort des Geschehens [...] Bei RTL gesellt sich eine Griechin zur deutschen Kollegin, bei der ARD eine Türkin. Die Charakterzeichnungen sind nahezu identisch. [...] Manche Lokalitäten sind demzufolge absolut identisch. Etwas allerdings unterscheidet die Serien, und das ist die Qualität. Wo die Autoren von DOPPELTER EINSATZ das Tun der Figuren einigermaßen sorgfältig aus deren Wesen und Biographie entwickeln, pflügen in EINSATZ... zwei ruppige Jungpolizistinnen durch den Kiez und blaffen deftige Sätze wie ›Verpiß dich!‹ oder ›Willst du einen Satz heiße Ohren?‹«, schrieb *Agenda* Nr. 31/1997.

Gnadenlos schlecht und unglaubwürdig ist in dieser Produktion der Monaco Film die Darstellerin Muriel Baumeister, die lieber auf Stefan Derricks Revier die Handtücher austauschen sollte, als im harten Kiez nach 17 Uhr auf die Straße zu gehen.

EINSATZ IN MANHATTAN

Kojak

USA 1973-78; 4 x 90 Min. u. 112 x 45 Min.; 1987: 2 x 90 Min.; 1989-90: 5 x 90 Min; F

Lieutenant Theo Kojak .... Telly Savalas
Chief Frank McNeil .... Dan Frazer
Detective Bobby Crocker .... Kevin Dobson
Det. Stavros ... Demosthenes alias George Savalas
Detective Rizzo (1974-77) .... Vince Conti
Detective Saperstein (1974-77) .... Mark Russell
Det. Winston Blake (1989-90) .... Andre Braugher
Det. Paco Montana (1989-90) .... Kario Salem
Pamela (1989-90) .... Candace Savalas
Chief George Morris (1989-90) ..... Charles Cioffi

➜ Der mit zwei *Emmys* ausgezeichnete TV-Film DER MORDFALL MARCUS-NELSON (THE MARCUS

EINSATZ IN MANHATTAN: Telly Savalas und Eli Wallach; Folge: DIE ABMACHUNG

NELSON MURDERS) von Regisseur Joseph Sargent und Autor Abby Mann (nach dem Buch JUSTICE IN THE BACKROOM von Selwyn Rabb) mit Savalas als Kojak war so erfolgreich, daß man gleich eine Serie daraus machte: zum Teil an Originalschauplätzen gedreht, mit guten Drehbüchern (Joe Gores, W. P. McGivern), guter Regie, interessanten Gaststars (Harvey Keitel, Richard Gere, Christopher Walken, Sylvester Stallone) und einem realistischen Touch dank der vielen *On Location*-Szenen. Die Serie um den dauerlutschenden Glatzkopf und seine Männer vom Revier Manhattan Süd ist eine der besten Polizeiserien der siebziger Jahre. Sie war ein Welterfolg und machte Telly Savalas zum TV-Superstar.

Oft als typische Siebziger-Jahre-Serie geschmäht oder gefeiert, stellt EINSATZ IN MANHATTAN neben POLICE STORY- IMMER IM EINSATZ in Wirklichkeit das Bindeglied zwischen den Cop-Serien der sechziger und achtziger Jahre dar. Wie in den Sechzigern werden das harte Polizeigeschäft und die Überlegenheit der Cops heroisiert, auch wenn man ihnen bei EINSATZ IN MANHATTAN mehr Schwächen und das Aussehen von Durchschnittstypen zugesteht. Schon in die achtziger Jahre weist, daß Kojak und seine Leute vom Revier Manhattan Süd einen schier aussichtslosen Kampf gegen das Verbrechen führen: Die Mafia hat sich festgesetzt, ist nicht mehr wirklich zu besiegen, da korrupte Politiker und Polizisten längst mit ihr Geschäfte machen. Das organisierte Verbrechen ist systemimmanent geworden, und Kojak hat oft mehr Probleme hinter den glitzernden Fassaden der staatlichen Institutionen, deren Korrumpierbarkeit ihn hart und zynisch gemacht hat, als mit Straßengangstern. Aus den sechziger Jahren stammt noch

das in einigen Folgen thematisierte Erklärungsmodell, daß moralisches Versagen des Individuums zum Verbrechen führe. Speziell für die Protagonisten aus den oberen Schichten gilt diese Variante des anthropologischen Pessimismus. Für Verbrechen, die von Menschen aus den unteren Schichten begangen werden, hält EINSATZ IN MANHATTAN, darin ganz den siebziger und achtziger Jahren verpflichtet, das soziologische Erklärungsmodell bereit: Es seien die miesen sozialen Verhältnisse, die viele ins Verbrechen treiben. Während also die Kriminalität der unteren Schichten soziologisch mit ihren ökonomischen Lebensumständen erklärt wurde, war es ein Topos der Siebziger-Jahre Krimi-Serien mit Realitätsanspruch, die Verbrechen der oberen Schichten als individuelle moralische Verderbtheit zu geißeln.
Mit reichlich New Yorker Außenaufnahmen garniert, brachte die ebenfalls in Los Angeles gedrehte Serie einen neuen, realistischen Touch in die Krimiserien, wie man ihn seit GNADENLOSE STADT selten im US-Fernsehen gesehen hat. Zwischen diesen beiden Polen – primitive Comics auf der einen, ernsthafter Realismus auf der anderen Seite – pendeln die US-Krimis bis heute.
1989 zerrte man den inzwischen 65jährigen Savalas nochmals vor die Kamera, um für ABC's MYSTERY MOVIE in mehreren Filmen Kojak zu spielen, der inzwischen zum Inspector befördert wurde. In einer Folge tauchte der alte Weggefährte Crocker auf, inzwischen Staatsanwalt.
Roman: Gene R. Kearny: Kojak und der Super-Coup (Both sides of the Law; 1976); Bastei TB, 1976. Kojak und der Wolf im Schafspelz (A House of Prayer, a Den of Thieves; 1976); Bastei TB, 1977. Chester Krumholz/Matthew Rapf: Kojak und die sanfte Mörderin (Kojak's Days; 1976); Bastei TB, 1977. Jack Laird: Kojak und das Mord-Phantom (Justice Deferred; 1976); Bastei TB, 1977. William P. McGivern/Robert M. Young: Kojak und der Staatsanwalt (Shield for Murder); Bastei TB, 1977. Victor B. Miller: Als Kojaks Köder starb (A Very Deadly Game; 1975); Bastei TB, 1976. Attentat auf Kojak (Therapy in Dynamite; 1975); Bastei TB, 1976. Kojak pokert um sechs Leben (Siege; 1974); Bastei TB, 1975. Kojak wird erpresst (The Trade-off; 1975); Bastei TB, 1975. Kojaks Kampf

Darren McGavin in DER EINZELGÄNGER

in Chinatown (Take-over; 1975); Bastei TB; 1976. Kojak und die toten Girls (Girl in the River; 1975); Bastei TB, 1975. Kojak und die Waffenschieber (Gun Business; 1975); Bastei TB; 1975. Kojak unter Mordverdacht (Death is not a passing Grade; 1975); Bastei TB, 1975. Requiem für einen Cop (Requiem for a Cop; 1974); Bastei TB, 1974. Thom Racina: Kojak und die Rachegöttin (Kojak in San Francisco; 1975); Bastei TB, 1978.
Heftroman: KOJAK; Bastei Verlag, Bergisch Gladbach, Nr. 1, 1977, bis Nr. 64, 1978.

EINZELGÄNGER, DER
The Outsider

USA 1968-69; 1 x 90 Min. u. 26 x 45 Min.; F
David Ross .... Darren McGavin
➜ David Ross war das US-amerikanische Pendant des britischen MANN MIT DEM KOFFER: ein vorbestrafter, einsamer und schäbiger Privatschnüffler aus Los Angeles, der mehr einstecken muß, als er austeilen darf. Roy Huggins konzipierte diese realistische Privatdetektivserie für Universal und den Sender CBS. Der desillusionierte Held hatte je-

doch keinen großen Publikumserfolg – vielleicht war er seiner Zeit einfach voraus.
Huggins schuf mit dieser Serie einen weiteren TV-Klassiker: Erstmals in der Geschichte des amerikanischen Fernsehens wurde der gammelige Underdog-Privatdetektiv der Kriminalliteratur adäquat für das Fernsehen umgesetzt. Außerdem wurde die Charakterisierungsdichte von Krimihelden mit dieser Serie weiter vorangetrieben. Ohne David Ross und McGill wären spätere Serien, von DETEKTIV ROCKFORD – ANRUF GENÜGT bis MIAMI VICE, nicht denkbar gewesen. Roy Huggins und Gene Levitt produzierten, die Musik war von Pete Rugolo.
Roman: Lou Cameron: The Outsider; Popular Library, 1969.

ELF UHR ZWANZIG

BRD 1970; 3 x 90 Min.; F

Thomas Wassem .... Joachim Fuchsberger
Maria .... Gila von Weitershausen
Vogt .... Friedrich Joloff
Andrea .... Christiane Krüger
Minotti .... Werner Bruhns
Muller .... Götz George
Korska .... Peter Carsten
Lassowski .... Vadim Glowna
Hank .... Jochen Busse
Carlsson .... Anthony Steel
Helga .... Ann Smyrner
Konrad .... Konrad Georg
Miriam .... Esther Ofarim
Maja .... Nadja Tiller
Schmoll .... Michael Rehberg
Johnston .... Paul Hoffmann

➜ Der deutsche Ingenieur Wassem ist im Iran für eine deutsche Firma tätig. Er trifft sich mit seiner Frau Maria in Istanbul, um die Scheidung zu besprechen. Doch die gemeinsam verbrachten Tage führen sie wieder zusammen. Da wird Maria vor den Augen ihres Mannes ermordet. Wassem jagt die Mörder seiner Frau von Istanbul durch die Sahara und kommt einem internationalen Komplott auf die Spur.
Mit Einschaltquoten um die 80 Prozent bei der Erstausstrahlung wurde dieser dritte, aufwendig produzierte Herbert-Reinecker-Dreiteiler ein großer Erfolg für das ZDF. Regie führte Wolfgang Becker.
Roman: Herbert Reinecker: 11 Uhr 20; Goldmann 4102, 1971.

Elliott, David James

Amerikanischer Schauspieler. Geboren 1960 in Toronto, Kanada. Er wollte mit 18 Jahren zu den US-Marines gehen, aber das schwierige Aufnahmeverfahren ließ ihn seine Meinung ändern. Er studierte am Ryerson Polytechnical Institute Schauspiel und war anschließend zwei Jahre Ensemble-Mitglied der Stratford-Shakespeare-Festspiele von Ontario. Mit 30 zog er nach Los Angeles, spielte Gastrollen in zahlreichen Serien, bis ihm 1992 mit seinem Auftritt in der Gangster-Serie DIE UNBESTECHLICHEN der Durchbruch glückte. Im Anschluß spielte er den Abtreibungsgegner Carl in SEINFELD und hatte eine längere Gastrolle in MELROSE PLACE. 1995 erhielt er die Hauptrolle in

David James Elliot in: J.A.G. – IM AUFTRAG DER EHRE

Donald P. Bellisarios Erfolgsserie J.A.G. – IM AUFTRAG DER EHRE. Seine drehfreie Zeit verbringt der besessene Golfer, der von einer Karriere als Schriftsteller träumt, mit seiner Frau, der Schauspielerin Nanci Chambers, und der gemeinsamen Tochter in seinem Haus auf den Bahamas.

ENDSTATION GERECHTIGKEIT

Equal Justice

USA 1990-91; 1 x 90 Min. u. 25 x 45 Min.; F

Arnold Bach .... George DiCenzo
Eugene Rogan .... Cotter Smith
Jesse Rogan .... Kathleen Lloyd
Linda Bauer .... Jane Kaczmarek
Michael James .... Joe Morton
Jo Ann Harris .... Sarah Jessica Parker
Pete »Briggs« Brigman .... Barry Miller
Julie Janovich .... Debrah Farentino
Christopher Searls .... James Wilder
Peter Bauer .... Jon Tenney

➜ Leben und Lieben der Leute um den Pittsburgher District Attorney Bach. Der Sender ABC schielte ganz klar auf die Erfolgsserie L.A. LAW bei dieser kurzlebigen Kopie, die aber durchaus Charme hat.

Engelmann, Heinz

Deutscher Schauspieler, als Heinrich Georg Ludwig Engelmann am 14. Januar 1911 in Berlin geboren. Bis Mitte der sechziger Jahre verkörperte der Synchronsprecher von John Wayne den deutschen Kommissartypus schlechthin. Nach dem Abitur machte er eine kaufmännische Lehre. Danach wurde er Autoverkäufer bei Auto-Union. Seinen ersten Film drehte er 1939: POUR LE MÉRITE. Es folgten: DREI UNTEROFFIZIERE, KONGO-EXPRESS (beide 1939), MÄDCHEN IM VORZIMMER, AM ABEND AUF DER HEIDE (beide 1940), U-BOOTE WESTWÄRTS (1941), DAS GROSSE SPIEL (1942). Er wurde zum Kriegsdienst eingezogen und war zuletzt Hauptmann der Luftwaffe. Nach dem Krieg nahm er Schauspielunterricht und war 1946 bis 1948 am Stadttheater in Hildesheim. Er drehte auch weiterhin Filme: BLOCKIERTE SIGNALE (1948), HAFENMELODIE, DERBY (1949), DAS GEHEIMNIS DES HOHEN FALKEN, SEITENSPRÜNGE IM SCHNEE, GRENZSTATION 58 (1950), DIE FRAUEN DES HERRN S., DIE MARTINSKLAUSE (1951), DIE SPUR FÜHRT NACH BERLIN (1952) u.a. Jürgen Roland besetzte ihn mehrfach als Kommissar in STAHLNETZ und festigte Engelmanns Image des harten, korrekten Kriminalen. Er drehte in den sechziger Jahren viele Serien (FÖRSTER HORN, BITTE NICHT MIT MIR, ULRICH UND ULRIKE, VIER FRAUEN IM HAUS, JUNGER HERR AUF ALTEM HOF) und TV-Filme. Darunter DER FALL SORGE (1970), KEINE LEICHE OHNE LILY (1967) und EIN TOTER ZUVIEL (1968). Er ist mit Tilla, geborene Badendieck, verheiratet und hat drei Kinder.

EQUALIZER, DER

The Equalizer

USA 1985-89; 88 x 45 Min.; F

Robert McCall .... Edward Woodward
Control .... Robert Lansing
Mickey Kostmayer (1986-89) ..... Keith Szarabajka
Lieutenant Burnett (1985) .... Steven Williams
Lt. Isadore Smalls (1986-87) .... Ron O'Neal
Scott McCall (1986-89) .... William Zabka
Harley Gage (1989) .... Richard Jordan
Sgt. Alice Shepard (1987-89)........ Chad Redding
Pete O'Phelan (1987-89) ..... Maureen Anderman
Lieutenant Brannigan (1989) .... Eddie Jones

➜ Ex-Geheimagent McCall bietet in Zeitungsannoncen verzweifelten Menschen seine Hilfe an und gerät dadurch in mal blutige, mal weniger blutige Abenteuer.

Michael Sloan und Richard Lindheim entwickelten diese sofort mit *Golden Globe* und *Edgar* ausgezeichnete Serie, die gerne Vigilantengeschichten oder knallharte, subversive Agentenstories erzählt. »Anscheinend hat McCall im Laufe seiner Agentenkarriere soviel Terror und Gewalt gesehen und selbst verbreitet, daß er Buße tun will. [...] Das Konzept erlaubt jede Art von Geschichte. [...] Der Grundtenor der Serie ist nicht die Detektion, sondern die urbane Paranoia. [...] McCall ist der ultimate Vigilant.

Von allen US-Fernsehserien ist der EQUALIZER die Serie, die am deutlichsten die Stimmung in den USA widerspiegelt. Eine häßliche Stimmung«, bemerkte Andreas Decker im *Jahrbuch der Kriminalliteratur* (1989, Bastei Verlag). Ein englischer Kritiker meinte sogar, gegen Woodward würde Charles Bronson wie einer von den Osmonds wirken.

Die Produktionsqualität war beispielhaft: Das New York der achtziger Jahre wurde beeindruckend eingefangen. Hauptdarsteller Woodward war für das Ende der Serie verantwortlich; nach vier Jahren mörderischen Produktionsdrucks, der durch die anstrengenden Drehorte an den Originalschauplätzen erhöht wurde, konnte er gesundheitlich nicht weitermachen. Die beiden letzten Staffeln, in denen der Schwerpunkt auf politischen Verschwörungsgeschichten und episodenübergreifenden Geheimdienstintrigen lag, waren die besten und machen die Serie zu einem modernen Klassiker. James McAdams und Alan Barnette produzierten für Universal und dem Sender CBS. Die Musik komponierte Ex-*Police* Stewart Copeland.

DER EQUALIZER: Edward Woodward

ES GESCHAH IN BERLIN

BRD 1965; 3 x 25 Min.; sw

Kommissar Zett .... Kurt Waitzmann

➜ Angeblich nach »Akten der Kriminalpolizei« wurde diese äußerst kurzlebige ZDF-Serie produziert.

ES GESCHAH ÜBERMORGEN

F/BRD 1971; 13 x 50 Min.; F

Barbara Andersen .... Elga Andersen
Yarn Thomas .... Pierre Vaneck
Courtenay-Gabor .... Jean-François Remi
Chalier .... Roger Rudel

➜ Die extra für diese merkwürdige Serie erfundene Sicherheitsorganisation BIPS wacht darüber, daß neue wahnwitzige Erfindungen nicht zum Schaden der Menschen eingesetzt werden. Wer es trotzdem versucht, bekommt es mit BIPS-Agent Thomas zu tun.
Realisiert und geschrieben wurde diese utopische ZDF-Thrillerserie von Henri Viard, Jacques Bergier, Claude Boissol und Jean Sacha.

ES IST SOWEIT
siehe **DURBRIDGE-KRIMIS**

ES MUSS NICHT IMMER KAVIAR SEIN

BRD 1977; 13 x 60 Min.; F

Thomas Lieven .... Siegfried Rauch
Bastian .... Heinz Reincke
Estrella .... Nadja Tiller
Loos .... Herbert Fleischmann
Chantal .... Marisa Mell

➜ Die Abenteuer des Geheimagenten wider Willen Thomas Lieven im Zweiten Weltkrieg, der am Ende jeder Folge ein schmackhaftes Gericht zubereitet, wurden von Regisseur Thomas Engel und den Drehbuchautoren Horst Pillau und Ladislas Fodor in Szene gesetzt.
Als Vorlage der ZDF-Serie diente der gleichnamige Roman von Johannes Mario Simmel, der über diese Serie damals im *Spiegel* Nr. 26/1977 sagte: »Wir haben es hier mit einer Mischung aus vorgelesenem (wenn auch verstümmelten) Roman und einer Reihe von laufenden Bildern zu tun, einem Unding also, welches zudem noch – bei Herstellungskosten von sechs Millionen Mark! – auf das billigste heruntergekurbelt worden ist. [...] In der einen Folge passierte überhaupt nichts. O doch, natürlich, ich konnte die ewig quasselnde Sprecherstimme vernehmen. [...] Es gab auch Späße wie Verkleidungen mit falschem Bart und Fensterglasbrille und eine minutenlange sinnlose Rennerei des Helden durch ein menschenleeres Quartier. In

EUROCOPS: John Benfield als George Jackson

zwei anderen Teilen informieren die Darsteller einander bis zum Grünblauenkoterbrechen über das, was den Zuschauern längst bekannt ist. [...] Es könnte bei der Lektüre dieser Zeilen der Eindruck entstanden sein, daß ich traurig und erbittert bin. Der Eindruck wäre richtig.«

Roman: Es muß nicht immer Kaviar sein; 1960. Letzte Auflage als TB im Knaur Verlag.

ES MUSS NICHT IMMER MORD SEIN

BRD 1982: 4 x 25 Min.; 1985: 17 x 25 Min.; F

➜ Unglaublich blöde Kriminalkurzgeschichten deutscher Krimiautoren als Anthologiereihe des ZDF. Da weiß man erst, was man an ALFRED HITCHCOCK PRÄSENTIERT hatte!

Ethnokrimi

Krimis, die die Besonderheiten einer ethnischen Gruppe als Handlungsträger miteinbeziehen. Besonders gern wird ein Protagonist (wie John Balls Virgil Tibbs in IN DER HITZE DER NACHT oder NAKIA, DER INDIANERSHERIFF) als Detektiv eingesetzt, der den Fall dank seiner ethnischen Dazugehörigkeit löst.

EUROCOPS

GB/I/F/E/CH/A/BRD 1988-95; 69 x 55 Min.; F

GB: Det. Const. George Jackson ... John Benfield
I: Commissario Corso .... Diego Abatantuono
F: Commisaire Luc Rousseau .... Bertrand Lacy
E: Inspektor Crespo .... Alvaro de Luna
CH: Inspektor Peter Brodbeck ...... Wolfram Berger
A: Kommissar Peter Brucker .... Bernd Jeschek
BRD: Kom. Thomas Dorn .... Heiner Lauterbach

➜ Eurocops sind Kriminalkommissare in ganz Europa, Polizisten, die ihre Fälle – die manchmal nur in ihrer Stadt passieren können, manchmal aber auch übertragbar sind auf andere Länder – mit ihren eigenen Methoden lösen.

Hinter dieser Reihe stand die Europäische Produktionsgemeinschaft (EPG) mit den Fernsehanstalten Antenne 2 (Frankreich), Channel 4 (Großbritannien), RAI (Italien), SRG/SSR (Schweiz), TVE (Spanien), ORF (Österreich) und dem ZDF. Ähnlich wie auf nationaler Ebene beim TATORT der ARD entstand die Reihe als gemeinsam finanziertes Projekt unter Federführung der jeweiligen Anstalt. Sie war geprägt durch das Bestreben nach Vielfalt, bedingt durch die jeweilige Realität des Herkunftslandes. Qualitätsunterschiede wurden schnell deutlich, und das Spitzenprodukt der EUROCOPS war ganz klar die britische Produktion. Die Musik schrieb MIAMI VICE-Komponist Jan Hammer, und das Budget pro Folge betrug 1,5 Millionen Mark.

Nachdem das erfolglose Projekt nach 19 internationalen Folgen abgebrochen wurde, drehte das ZDF noch weitere Folgen mit seinem Protagonisten. Insgesamt spielte Lauterbach in 15 Folgen seinen langweiligen Kölner Kommissar Thomas Dorn.

EUROCOPS: links Diego Abatantuono als Kommissar

EUROGANG

BRD 1975-76; 6 x 60 Min.; F

Kriminalrat Hager .... Hellmut Lange
Kommissar Dr. Grommer .... Alf Marholm
Kommissar Possart .... Til Erwig

➜ Hager ist Leiter einer Sonderkommission des BKA, die sich für die ARD mit international organisierten Verbrechen beschäftigt. Leider war das für Autor Detlef Müller und Regisseur Michael Braun eine Nummer zu groß. Gutgemeinter Versuch, aber die Serie blieb im Spießermief deutscher Beamten-Krimiserien stecken.

EXPERTE, DER

The Expert

GB 1968-71; 52 x 45 Min.; F

Dr. John Hardy .... Marius Goring
Dr. Jo Hardy .... Ann Morrish
Chefinspektor Fleming .... Victor Winding
Jane Carter .... Sally Nesbitt

➜ Gerard Glaister produzierte für die BBC diese in England recht erfolgreiche Serie um einen Pathologen und dessen Fälle. Die realistischen Szenarien basierten auf den wahren Fällen von John Glaister, einem Glasgower Professor für Forensische Medizin, und wurden von dessen Neffen Gerard Glaister zusammen mit dem Kriminalromanautor N.J. Crisp entwickelt. Ungleich erfolgreicher war aber die amerikanische Gerichtsmedizinerserie QUINCY.

DER FAHNDER: Klaus Wennemann

FABIAN VON SCOTLAND YARD

Fabian of the Yard

GB 1954-56; 39 x 25 Min.; sw

Inspector Robert Fabian .... Bruce Seton

➔ In England war diese Serie in den fünfziger Jahren überaus populär. Sie erzählte die angeblich authentischen Fälle des real existierenden Scotland-Yard-Beamten Fabian, der wegen seiner Erfolge schon zu Lebzeiten zur Legende wurde. Die ARD zeigte 1962 einige Folgen.

FAHNDER, DER

BRD 1985- ; 1 x 90 Min. u. x 45 Min.; F

Faber (1985-92) .... Klaus Wennemann
Hauptkommissar Rick .... Dietrich Mattausch
Max Kühn (1985-92) .... Hans-Jürgen Schatz
Susanne (1985-92) .... Barbara Freier
Otto (1985-96) .... Dieter Pfaff
Tom Becker (1993-96) .... Jörg Schüttauf
Solo (1993-96) .... Jophi Ries
Conny (1995-96) .... Susann Uplegger
Dennert (1993-96) .... George Lenz
Martin Riemann (1998-99) .... Michael Lesch
Thomas Wells (2000-) .... Martin Lindow
Kalle Mischewski (1998-) ...... Thomas B. Martin

➔ Die erste Staffel dieser ARD-Serie, zu der auch Ulf Miehe Drehbücher und Regie beisteuerte, brachte frischen Wind in den staubigen deutschen TV-Krimi. Die Geschichten um einen Zivilfahnder in einer fiktiven deutschen Großstadt waren anfangs rasant gedreht und hatten originelle Geschichten zu erzählen. »Die 2. Staffel vom FAHNDER enttäuschte, obwohl die Serie sogar mit einem Pilotfilm groß ins Abendprogramm startete. [...] Dabei war gerade diese Serie der Beweis, daß man auch hierzulande gute Krimiserien machen kann. Die Episodenlänge von 45 Minuten sorgte für ein straffes Handlungsgerüst; man achtete auf eine breite und vor allen Dingen abwechslungsreiche Themenvielfalt [...], und dann und wann wurden sogar kritische Ansätze sichtbar, wenn Faber, der Spießbürger, seine ihm vom Staat verliehene Macht genüßlich ausspielte, ohne daß es ihm bewußt wurde. Doch die späteren Folgen ließen vieles davon vermissen. Die Charaktere waren zu Klischees erstarrt, sich ähnelnde Ideen tauchten in schöner Regelmäßigkeit auf. Daß bei den neuen Folgen wesentlich weniger Autoren mitarbeiteten, mag sicherlich auch nicht gerade zu einer explodieren-

den Ideenfülle beigetragen haben«, schrieb Andreas Decker im *Jahrbuch der Kriminalliteratur* (1989, Bastei Verlag). Immer wieder wurde die Serie Thema von Gewaltdiskussionen, und mit der Zeit verlor sie ihren anfänglichen Biß.
Entwickelt wurde DER FAHNDER vom Bavaria-Produzenten Georg Feil und verschiedenen Autoren, darunter – neben Ulf Miehe – Klaus Bädekerl und Helmut Zenker. Immer wieder kam es zu Reibereien während der Dreharbeiten; mehrmals hatte Wennemann seinen Ausstieg angekündigt und hörte dann 1993 tatsächlich auf. Aber der WWF und die Bavaria wollten deshalb die erfolgreiche Serie nicht sterben lassen und tauschten Wennemann gegen Jörg Schüttauf aus. Der hatte zu Beginn seiner Fahndungen noch 5 Millionen Zuschauer, rutschte aber bis 1997 auf 2,33 Millionen ab.
Wennemann spielte in 97 Folgen die Titelrolle, Schüttauf in 48 Folgen. Ab 1998 war Michael Lesch der neue Fahnder in 39 Folgen, bevor Martin Lindow die Hauptrolle übernahm.

FAHNDUNG

(DDR-Anthologiereihe)

➜ Unter diesem Titel zeigte das DDR-Fernsehen einige der besten internationalen Krimi-Serien (die dem BRD-Zuschauer zum Teil vorenthalten wurden). Darunter CHEFINSPEKTOR ALLEYN mit George Baker nach den Romanen von Ngaio Marsh; DER SPÜRSINN DES MR. REEDER nach Edgar Wallace; INSPECTOR CAMERON, TORONTO mit Douglas Campbell; MORDDEZERNAT MELBOURNE mit Charles Tingevell; BULMAN, KOMMISSAR MOULIN, VAN DER VALK und FLUGHAFENPOLIZEI TOKIO. An dieser Stelle sei vermerkt,

DER FAHNDER: Jophi Ries und Jörg Schüttauf

daß das DDR-Fernsehen seine Zuschauer durchaus mit westlichen Krimis versorgte. Dabei traf man meistens eine gute und geschmackssichere Auswahl.

Falk, Peter

Amerikanischer Schauspieler. Geboren am 16. September 1927 in New York City. Als Kind verlor er ein Auge, was 1958 den damaligen Columbia-Chef Harry Kohn zu der Äußerung veranlaßte: »Für Ihre Gagenforderungen kann ich auch einen Schauspieler mit zwei Augen im Kopf bekommen.« Falk arbeitete als Effizienzexperte im Finanzbüro des Staates Connecticut, doch diese Arbeit langweilte ihn zunehmend, und 1955 wurde er Schauspieler. Er begann in Off-Broadway-Stücken und Live-Fernsehspielen aufzutreten. Anfang der sechziger Jahre war er bereits ein vielbeschäftigter Gaststar, der in Serien wie CHICAGO 1930 oder GEFÄHRLICHE STADT zu sehen war. Für seine Darstellung als Fernfahrer mit goldenem Herzen in der Folge THE PRICE OF TOMATOES der Anthologiereihe THE DICK POWELL SHOW wurde er 1962 mit dem *Emmy* ausgezeichnet. 1972, 1975 und 1976 folgten weitere *Emmys* für COLUMBO. 1965 trat Falk erstmals als Serienheld in Erscheinung, als Anwalt in THE TRIALS OF O'BRIEN. Mehrfach trat er auch in Filmen auf, besonders gerne in denen seines Freundes John Cassavetes. Seit 1968 spielt Falk mit manchmal jahrelangen Unterbrechungen den Lieutenant Columbo, eine Rolle, die ihn weltweit zu einer TV-Ikone gemacht hat.

Peter Falk als Lieutenant Columbo

FÄLLE DES HARRY FOX, DIE

Crazy Like a Fox

USA 1984-86; 35 x 45 Min.; F

Harry Fox .... Jack Warden
Harrison Fox .... John Rubinstein
Cindy Fox .... Penny Peyser
Josh Fox .... Robby Kiger

➜ Die Abenteuer eines alten, ausgefuchsten Privatdetektivs, der seinen Yuppie-Sohn und dessen Familie immer wieder gegen deren Willen in seine Fälle hineinzieht.

Roger Shulman und John Baskin konzipierten und produzierten die Serie für Columbia und CBS. Meist ordentliche Drehbücher und ein gelungener Drahtseilakt zwischen Spannung und Humor, wie er in den achtziger Jahren in vielen US-Krimiserien üblich war, sorgten für angenehme und anspruchslose Unterhaltung. Die ganz auf ihren Star Jack Warden zugeschnittene Serie bringt Krimiunterhaltung für die ganze Familie.

FÄLLE DES HERRN KONSTANTIN, DIE

BRD 1974-77; 26 x 25 Min.; F

Herr Konstantin .... Manfred Heidmann
Brenner .... Jürgen Feindt
Konstantins Assistent .... Klaus Löwitsch

➜ Herr Konstantin und sein Mitarbeiter Brenner kümmerten sich in dieser unattraktiven Vorabendserie um Spionage, genauer: Industriespionage. Originieller Ansatz, aber heute ziemlich naiv anmutend. Typisches ARD-Produkt, in dem Tänzer Feindt mal eine dramatische Rolle spielte. Geschrieben von Martin Duschat und Hans Borgelt, inszeniert von Wilmten Haaf.

FÄLLE DES MONSIEUR CABROL, DIE

Les cinq dernières minutes

F 1975-90; 19 x 90 Min.; F

Kommissar Cabrol .... Jacques Debary
Inspektor Ménardeau .... Marc Eyraud

➔ Die Fälle von Cabrol dienen als Ausgangspunkte, um jeweils bestimmte Berufsmilieus zu beleuchten. Die Serie vermittelt einen guten Eindruck von der französischen Sozialstruktur ihrer Zeit und verknüpft die Milieustudien mit behäbiger Spannung. Das ZDF zeigte 1981 13 Folgen dieser an George Simenons Figur Maigret orientierten Serie, die in Frankreich zu den Fernseh-Klassikern gehört – seit 1958 drehte man über 150 Episoden mit unterschiedlichen Kommissaren, und somit ist sie wahrscheinlich das genaueste Abbild der gesellschaftlichen Veränderungen der *Grande Nation*.

FÄLLE DER ROSIE O'NEILL, DIE

The Trials of Rosie O'Neill

USA 1990-92; 42 x 45 Min.; F

Fiona Rose »Rosie« O'Neill .... Sharon Gless
Hank Mitchell .... Dorian Harewood
Ben Meyer .... Ron Rifkin
Charlotte O'Neill .... Georgann Johnson
Doreen Morrison .... Lisa Banes
Barbara Navis .... Bridget Gless
Carol Kravitz .... Elaine Kagan
Pete Ramos (1990) .... Tony Perez
George Shaughnessy (1990-91) .... Al Pugliese
Linda Vargas .... Marisa Redanty
Deb Grant (1990-91) .... Meg Foster
Walter Kovatch (1991-92) .... Edward Asner
Valerie Whittacker (1991) .... Dayna Winston
Mason Pappas (1991) .... Victor Bevine
Suzanne Ramey (1991-92) .... Karen Austin
Peter Donovan (1992) .... Robert Wagner

➔ Rosie war eine erfolgreiche Beverly-Hills-Anwältin, bis sie nach der Trennung von ihrem Mann als Pflichtverteidigerin zu arbeiten begann. Keiner ihrer Freunde und Verwandte begreift diesen Schritt. Rosie ist auch ziemlich neurotisch – deswegen beginnen viele Folgen der Serie mit ihrem Besuch beim Psychiater. Der Psychiater, den man nur von hinten sieht, wurde von Produzent Barney Rosenzweig gespielt, der Sharon Gless 1991 ehelichte. Um diese manchmal etwas zu überfrachtete Serie vor dem vorzeitigen Ende zu bewahren, holte man in der letzten Saison Robert Wagner, der Rosies Liebhaber spielte. Es nützte nichts.
Der Titelsong I WISH I KNEW, geschrieben von Carole King, wurde in der ersten Staffel von Melissa Manchester gesungen, danach nur instrumental präsentiert.

FALL FÜR MADAME, EIN

Miss

F 1979; 6 x 50 Min; F

Madame .... Danielle Darrieux

➔ Sie kann das Schnüffeln nicht lassen: Madame, Witwe eines Kriminalkommissars, stellt immer wieder ihren detektivischen Spürsinn unter Beweis und kommt dabei ständig der Polizei in die Quere.
Die von Janine Oriano und Jean Herman geschriebene Serie ist ganz auf Altstar Danielle Darrieux zugeschnitten und von mäßiger Spannung. Regie führte Roger Pigaut, die Musik schrieb Claude Bolling.

FALL FÜR MÄNNDLI, EIN

CH 1973, 1976-77; 26 x 25 Min.; F

Männdli .... Ruedi Walter
Rosa .... Margarit Rainer

➔ Männdli lebt als pensonierter Beamter in Zürich. Jetzt erlaubt er sich, seinen Lebenstraum zu verwirklichen: Als Fahnder einer Privatdetektei löst er Kriminalfälle. Zum Weglaufen.

FALL FÜR MICHAEL SHAYNE, EIN

Michael Shayne

USA 1960-61; 32 x 45 Min.; sw

Michael Shayne .... Richard Denning
Lucy Hamilton (1960) .... Patricia Donahue
Lucy Hamilton (1961) .... Margie Regan
Tim Rourke .... Jerry Paris
Lieutenant Will Gentry .... Herbert Rudley
Dick Hamilton .... Gary Clarke

➔ Die Abenteuer des in Miami ansässigen Privatdetektivs basieren auf der seit 1939 erscheinenden Romanserie von Brett Halliday alias David Dresser. Shayne war einer der erfolgreichsten Serienhelden des Krimis: Er erschien in 60 Romanen, in einer

Filmserie (mit Lloyd Nolan in vier Filmen, Hugh Beaumont in fünf), in einer Radioserie (mit Jeff Chandler) und in einem eigenen monatlichen Magazin. Die mit Dresser als Berater gedrehte TV-Serie wurde *on Location* in Miami gedreht. Ihren geringen Erfolg verdankt sie auch den schwachen Drehbüchern. Produziert wurde sie von Joseph Hoffman für Four Star und NBC, die Musik schrieb Leith Stevens.

Roman: Etwa 40 Michael Shayne-Romane von Halliday erschienen von Mitte der sechziger bis Mitte der siebziger Jahre im Goldmann Verlag.

FALL FÜR ONKEL, EIN

BRD 1990-94; 4 x 90 Min.; F

Klefisch .... Willy Millowitsch
Döpper .... Dietmar Bär

➜ »Klefisch ist der pensionierte Kölner Kommissar, der immer mal wieder zugezogen wird, wenn die jungen Kollegen in seinem früheren Viertel am Eigelstein bei Mord und Totschlag nicht weiterkommen; wenn seine intimen Kenntnisse aller Hehler, Schieber und Ganoven, der Hinterhöfe, Fälscherwerkstätten und Absteigen benötigt werden; oder auch, wenn sich die Beschuldigten weigern, vor einem anderen als dem Onkel auszusagen«, schrieb der *Gong* in Nr. 1/1990 über diese WDR-Produktion. Genießbar wohl nur für Jecken und härteste Köln-Fans.

EIN FALL FÜR ZWEI: C.T. Gärtner, Günther Strack

FALL FÜR PROFESSOR CHASE, EIN

Manimal

USA 1983; 1 x 90 Min. u. 7 x 45 Min.; F

Jonathan Chase .... Simon MacCorkindale
Brooke McKenzie .... Melody Anderson
Ty Earle (im Pilot-Film) .... Glynn Turman
Ty Earle .... Michael D. Roberts
Captain Nick Rivera .... Reni Santoni

➜ Kriminologieprofessor Chase kann sich bei Bedarf in jedes beliebige Tier verwandeln. So hilft er Menschen in Not und fängt Verbrecher. Nur zwei Menschen kennen sein düsteres Geheimnis: sein Vietnam-Kumpel Ty und die schöne Polizistin Brooke, die gerne und oft in die Hände böser Menschen fällt und ein Schicksal schlimmer als der Tod erleiden würde, verfügte nicht der Professor über seine Transmutationsfähigkeiten. Natürlich eine Erfindung von Glen A. Larson, der die kurzlebige Serie für NBC produzierte.

FALL FÜR SIE, EIN / SONNTAGSDETEKTIVE

BRD 1975; 2 x 120 Min.; F

Kommissar Bachmann .... Dietmar Schönherr
Kommissar Martius .... Alexander May
Inspektor Sperling .... Stefan Behrens

➜ Michael Mleinek, H.J. Tögel, , Gerhard Baumrucker (zweite Folge) schrieben es, Kurt Ulrich führte Regie bei diesem ZDF-Pendant zum ARD-Ratespiel DEM TÄTER AUF DER SPUR. Die Zuschauer sollten mitkombinieren und am Ende den Täter überführen. Chancenlos in einem besonders in Deutschland rein passiv genutzten Medium.

Helmut Berger als Fantomas und Jacques Dufilho als Inspektor Juve

FALL FÜR STEIN, EIN

BRD 1976; 13 x 25 Min.; F

Stein .... Volker Kraeft

➜ Abenteuer eines Frankfurter Reporters, der auch immer wieder in Kriminalfälle verwickelt wird. Typische ZDF-Vorabendserie mit zeittypischem sozialkritischen Touch. Autoren waren u.a. Rudolf Nottebohm, Rolf Schulz und Herbert Lichtenfeld, Regie führte Herbert Ballmann. Musik: Jean Orieux.

FALL FÜR TITUS BUNGE, EIN

BRD 1967; 13 x 25 Min.; sw

Titus Bunge .... Ralf Wolter

Lucy Waldvogel .... Ruth Maria Kubitscheck

➜ Ralf Wolter als Titus, der von seinem Onkel eine Privatdetektei geerbt hat, geht in der üblichen drögen ZDF-Vorabendmanier ans langweilige Werk, während sich für die Zuschauer Minuten zu Stunden dehnen.

FALL FÜR ZWEI, EIN

BRD 1981- ; x 60 Min.; F

Dr. Dieter Renz (1981-88) .... Günter Strack

Dr. Rainer Franck (1988-97) .... Rainer Hunold

Dr. Johannes Voss (1997-) ... Mathias Herrmann

Hermann Josef Matula .... Claus Theo Gärtner

➜ Anfangs eine für deutsche Verhältnisse unkonventionelle und risikofreudige Serie, die allerdings das Konzept von E.S. Gardners PERRY MASON (Zusammenarbeit zwischen Anwalt und Privatdetektiv) und ähnliche US-Krimis abkupferte. Schwachpunkt waren und sind die meist leicht durchschaubaren Geschichten der Drehbuchautoren, und seit 1984 zeigt die Serie Verschleißerscheinungen. Jeder halbwegs intelligente Krimi-

Fan weiß bereits nach zehn Minuten, wie sich die jeweiligen Geschichten entwickeln werden. Gelegentlich ist aber auch eine bessere Story dabei. Immerhin ist die Serie nicht ganz so bieder wie die beiden anderen ZDF-Freitagskrimis DERRICK und DER ALTE.

Anfangs kostete eine Folge 615.000 DM, 1992 schon satte 1,2 Millionen DM. Die Titelmusik ist von Klaus Doldinger. Strack spielte in 60 Folgen mit, Hunold in 88. 1987 wurde Claus Theo Gärtner vom Bundesverband deutscher Detektive ausgezeichnet. Am 19. September 1997 wurde die 150 Folge ausgestrahlt. Durchschnittlich bringt es die Serie noch immer auf über 9 Millionen Zuschauer.

Literatur: Franciska Kließ: Produktion von Fernsehserien. Dargestellt am Beispiel einer Kriminalfilmserie; ZDF-Schriftenreihe Heft 43, 1992.

FANTOMAS
Fantômas

F 1980; 4 x 90 Min.; F

Fantômas .... Helmut Berger
Inspektor Juve .... Jacques Dufilho
Lady Beltham .... Gayle Hunnicut
Fandor .... Pierre Mallet
Sonia Danidoff .... Kristina van Eyck

➜ Die 1910 erfundene Romanfigur FANTOMAS ist dank der Verehrung durch die Surrealisten zu einem französischen Pop-Nationalgut wie Asterix oder Arsène Lupin geworden. Apollinaire, Malraux oder Kurt Weill gehörten zu den Bewunderern der Romane von Pierre Souvestre (1874-1914) und Marcel Allain (1885-1969). Mehrere Jahre lang schrieben sie monatlich 400 Seiten über diesen »Herrn des Schreckens«, insgesamt 32 Bände. Die Figur des hemmungslosen, amoralischen Verbrechers hat bis heute nichts von ihrem Reiz verloren. Nachdem Louis Feuillade Allains und Souvestres Helden bereits 1913 als Filmserial verarbeitet hatte, griffen mehrere Regisseure den Mythos auf: Edward Sedgwick (1920/21), Paul Fejas (1931/32), Jean Sacha (1947). Schließlich mußte der Meisterverbrecher in den sechziger Jahren für drei dümmliche Jean-Marais- und Louis-de-Funès-Filme von André Hunebelle herhalten. Erst dieser Vierteiler, den Claude Chabrol und Juan-Luis Buñuel inszenierten, hielt sich an die Romanvorlage und rekonstruierte den anarchischen Charme der Figur. Drehbuchautor Bernard Revon ließ sich direkt von den Originalromanen inspirieren und bearbeitete die Vorlage mit dem Ziel, »die Personen, die Konflikte, die Situationen und die von den Autoren beschriebenen Orte so getreu wie möglich wiederzugeben. Nur der Zeitraum der Handlung wurde aus rein ästhetischen Gründen« verändert und in die zwanziger Jahre verlegt.

Farina, Dennis

Amerikanischer Schauspieler. Geboren am 29. Februar 1944 in Chicago. Er war 18 Jahre lang Detective bei der Chicagoer Polizei, bevor er Anfang der achtziger Jahre professioneller Schauspieler wurde. Nach Gastauftritten in CHICAGO STORY

Dennis Farina in CRIMESTORY

und HARDCASTLE & MCCORMICK gab ihm Michael Mann größere Rollen in MIAMI VICE und seinem Kinofilm MANHUNTER. 1986 folgte die Hauptrolle in Manns Serie CRIME STORY. Seitdem spielt Farina Hauptrollen in TV-Movies und ist auch im Kino ein gefragter *Supporting Actor*.

FAUST

BRD 1994-96; 24 x 60 Min.; F

Faust .... Heiner Lauterbach
Verena Severin (1994) .... Jeanette Rauch
Ulrike Krüger (1995-96) .... Stephanie Philipp

➜ Faust, Hauptkommissar und Schauspieler, schlüpft als eine Art Undercover-Clown in verschiedene Rollen, um Verbrechen aufzuklären. Das ZDF, verantwortlich für diese unfreiwillig komische Freitagabendserie, beschrieb das so: »Nicht Indizien, geschickt geführte Verhöre oder psychologische Studien führen auf die Spur des Täters. Faust versucht das Verbrechen aufzuklären, indem er in den Kreis der Betroffenen eintaucht [...] Fausts Art zu denken, zu leben und zu fühlen entspricht der Haltung eines Menschen, der gelernt hat, in den Metropolen zu überleben.« Das behauptet ZDF-Redakteur Klaus Bassiner, der wohl schon so lange in Mainz lebt, daß ihn Menschen beeindrukken, die vierspurige Straßen überqueren können. Nicht ganz zu klären ist die Urheberschaft dieses kriminellen Deliriums. Hauptdarsteller Lauterbach nimmt einen Teil der Schuld mutig auf sich: »Der Kommissar sollte anfänglich Kroll heißen. Das fand ich zu normal. Da der Kommissar eine große Leidenschaft zum Theater hat, gab ich ihm den Spitznamen Faust. Ich dachte mir, daß er von allen gehänselt wird, weil sein Lieblingsstück von Goethe ist. Neben der Tatsache, daß man sich den Begriff Faust gut merken kann und daß er auch im Ausland bekannt ist, ist die Symbolik wichtig.« Gut, daß Heiner und seine ZDF-Redakteure nur das Titelblatt des Stückes von Goethe gelesen haben, sonst hätten sie ihren Kommissar vielleicht Gretchen genannt.
Die völlig unterforderte Jeanette Rauch wurde von Produzent Georg Althammer, der dieses Grauen in Hamburg produzierte, nach sechs Folgen gefeuert. Vielleicht, um das Gesamtniveau nicht durch schauspielerische Glanzleistungen zu gefährden.

Heiner Lauterbach (r.) als Faust (mit Rolf Zacher)

Die Drehbücher, die die Subtilität eines portugiesischen Beitrags zum Grand Prix d'Eurovision auszeichnete, schrieben u.a. Norbert Ehry (das hätte man nicht gedacht!), Johannes Dräxler, Remy Eyssen, Gernot Krää, Werner Thal, Max Zihlmann, Christian Kelling und Christian Wolfgang Büld.

FÄUSTE, GANGS UND HEISSE ÖFEN

Renegades

USA 1983; 1 x 90 Min. u. 6 x 45 Min.; F

Bandit .... Patrick Swayze
Eagle .... Randy Brooks
J.T. .... Paul Mones
Tracy .... Tracy Scoggins
Dancer .... Robert Thaler
Dragon .... Brian Tochi
Gaucho .... Fausto Bara
Lieutenant Frank Marciano .... James Luisi
Captain Scanlon .... Kurtwood Smith

➜ Eine weitere TWEN POLICE-Variante: Lieutenant Marciano bildet aus Jugendgang-Anführern eine Gruppe, die im eigenen Milieu Verbrechen bekämpft. Dabei macht ihm sein Vorgesetzter Captain Scanlon, der gegen dieses Projekt ist, immer wieder Schwierigkeiten.
Produzent Lawrence Gordon entwickelte die kurzlebige Serie mit den Autoren Rick Husky und Steven de Souza für ABC.

Farah Fawcett in DREI ENGEL FÜR CHARLIE

Fawcett, Farah

Amerikanische Schauspielerin. Geboren am 2. Februar 1946 (manche Quellen nennen 1942 oder 1947) in Corpus Christi, Texas. Sie begann in Werbespots für Wella, Balsam u.a. Ihren ersten Filmauftritt hatte sie 1969 in der französisch-italienischen Koproduktion THE BEST MAN. Gastauftritte in Serien folgten. Als sie sich mit Lee Majors befreundete, besorgte der ihr Gastauftritte in seinen Serien OWEN MARSHALL und DER SECHS-MILLIONEN-DOLLAR-MANN. Sie hatte einen ständige Nebenrolle in HARRY O. Nachdem sie Majors geheiratet hatte, bekam sie 1976 die Rolle der Jill Munroe in DREI ENGEL FÜR CHARLIE und wurde über Nacht zum neuen amerikanischen Sex-Symbol. Keiner verstand, warum die Serie so erfolgreich war. Auch Farrah nicht: »Als wir auf Platz drei der meistgesehenen Programme standen, dachte ich, es liegt an unserer Schauspielkunst. Als wir Nr. 1 waren, wußte ich, es liegt daran, daß keine von uns einen BH trägt.« Um aus der Serie rauszukommen, mußte sie in den nächsten drei Jahren immer wieder als Gaststar auftreten. Als *Yesterday's Bimbo* schien ihre Karriere genauso schnell zu enden wie sie begonnen hatte. 1983 ging sie nach New York und überraschte die Kritiker mit ihrem Können in dem Off-Broadway-Stück EXTREMITIES. Es folgte 1984 das TV-Movie THE BURNING BED, das eine der höchsten Einschaltquoten aller US-TV-Movies verbuchen konnte. Sie hatte sich als ernsthafte Schauspielerin durchgesetzt. Nach der Scheidung von Lee Majors lebte sie mit Ryan O'Neal zusammen. 1995 bot man ihr vier Millionen Dollar an, um ihre Rolle in DREI ENGEL FÜR CHARLIE in einer vierstündigen Miniserie zu spielen. Sie lehnte ab.

FBI
The F.B.I.

USA 1965-74; 238 x 45 Min.; F

Inspektor Lewis Erskine .... Efrem Zimbalist Jr.
Arthur Ward .... Philip Abbott
Jim Rhodes (1965-67) .... Stephen Brooks
Barbara, Erskines Tochter (1965-66) ... Lynn Loring
Tom Colby (1967-73) .... William Reynolds
Chris Daniels (1973-74) .... Shelly Novack

➜ Die angeblich wahren Fälle des FBI. Gesponsort wurde die Serie von Ford, mit der Folge, daß die FBI-Agenten natürlich nur Fords fuhren. Zimbalist spielte den sexlosen FBI-Musteragenten, wie der korrupte Freund des Mobs, J. Edgar Hoover, ihn sich wünschte. Wenn dieser smarte Traumschwiegersohn aus Suburbia in den sechziger Jahren auf dem Bildschirm erschien, um verwirrte Haschraucher oder zutiefst gemeine Kommunisten hochzunehmen, dann ging dem berühmt-berüchtigten FBI-Don J. Edgar Hoover das Herz auf. Solch ein autoritätshöriger Roboter war Edgars Idealvorstellung von einem *G-Man*. Daneben kassierte der FBI-Chef auch noch tüchtig ab: Er hatte, in Absprache mit Präsident Johnson, vom Sender ABC verlangt, daß dieser Hoovers eigenes Buch, MASTERS OF DECEIT, für schlappe 75.000 Dollar kaufte und als Grundlage für die neun Jahre lang laufende Serie nahm. Außerdem setzte er der Produktionsgesellschaft FBI-Berater ins Team, die jede Folge solange überprüften und änderten, bis sie Edgars Bild vom FBI entsprach. Hoover erhielt auch Produktionsgelder, da er die Drehbücher »überwachte« und das amerikanische Publikum zu

jeder neuen Staffel mit salbungsvollen Worten begrüßte. Richard G. Powers referiert in seiner ausgezeichneten Biographie *Die Macht im Hintergrund – J. Edgar Hoover und das FBI* (Kindler Verlag, 1988): »Erskine-Darsteller Zimbalist erinnert sich, daß Hoover, als Gewalt im Fernsehen ein Diskussionsthema wurde, zur Vorschrift machte, es dürfe keine Toten mehr geben. [...] Berater DeLoach erinnert sich, daß Hoover jedesmal befahl, die Sendung einzustellen, wenn eine Klage darüber eintraf. Das geschah insgesamt siebenmal, und jedesmal mußte DeLoach zur Verteidigung der Sendung ein Memorandum verfassen. Die Handlung der Sendung war Hoover allerdings weniger wichtig als die Schöpfung eines FBI, das dem FBI seiner Träume entsprach: weiße, männliche, dem Mittelstand entstammende Agenten von nie versagender Höflichkeit, deren Familie das FBI war und die eine Öffentlichkeit beschützten, die darauf mit Dankbarkeit und Respekt reagierte.« Eine miese Propagandamaschine für das FBI, in der das Bespitzeln von unangepaßten Mitbürgern als patriotische Pflicht hingestellt wurde und jeder Langhaarige ein von Moskau gesteuerter Terrorist war. Die Serie für die schweigend Hamburger kauende Redneckmehrheit, der in den USA am Ende jeder Folge ein Steckbrief der meistgesuchten Gangster mit der Bitte um Informationen gezeigt wurde.
Das grausame Titelthema stammte von Bronislaw Kaper. Produziert hatte diese letzte erfolgreiche Senator-McCarthy-Serie Quinn Martin.

FBI: Efrem Zimbalist Jr.

FERDINAND FUCHS BITTET UM MITARBEIT

BRD 1967, 1969; 10 x 30 Min.; sw, F

Ferdinand Fuchs .... Horst Lipsch

➜ Um den lieben Kleinen die Freude an Krimis auszutreiben, erfand ein verwirrter Pädagoge für die ARD wohl diese Beleidigung kindlicher Intelligenz. Der Detektiv Fuchs ließ kleine Buben und Mädel irgendwelche Alltagsbanalitäten folgern, um sie so auf bestimmte Denkmuster zu konditionieren.

FEUERBACH

BRD 1996; 15 x 45 Min.; F

Friedrich Feuerbach .... Peter Bongartz
Hptkom. Ulrike Krokow ... Isabelle von Siebenthal
Staatsanwalt Staber .... Max Volker Martens

➜ Aussichtslose Fälle gibt es für Anwalt Feuerbach nicht. Mit detektivischer Neugier und anwaltlicher Raffinesse sorgt er für Gerechtigkeit. Ärger gibt es manchmal mit Hauptkommissarin Krokow, die gleichzeitig seine Geliebte ist. Härtester Gegenspieler ist der böse Staatsanwalt, der aus heimtückischen Motiven handelt.
Eine ARD-Vorabendprogrammserie, geschrieben von Marlies Ewald.

FLASH – DER FOTOREPORTER

Flash

BRD/I 1993; 6 x 90 Min.; F

Philip Stark .... Oliver Tobias
Julie Manzoni .... Catherine Alric

➜ Der renommierte und preisgekrönte Dokumentarfilmer Max H. Rehbein erfand im Alter von 73 Jahren für das ZDF diese Serie um einen weltenbummelnden Fotoreporter, der andauernd in lebensgefährliche Fälle verwickelt wird. Nach seinen Ideen schrieben Philip Martin, Bernd Fiedler und Elke Loewe die Drehbücher. »Der Typ ist auf der ganzen Welt zu Hause und muß sich mit völlig unterschiedlichen Themen und Menschen befassen«, sagt Rehbein.

FLIEGENDE AUGE, DAS

siehe **BLUE THUNDER**

FLUCH DES HAUSES DAIN, DER
The Dain Curse
USA 1978; 3 x 93 Min.; F

Hamilton Nash .... James Coburn
Owen Fitzstephan .... Jason Miller
Gabrielle .... Nancy Addison
Foley .... Clarence Felder
Mickey .... Malachy McCourt
Der Alte .... Paul Stewart
Eric Collinson .... Martin Cassidy
Hubert Collinson .... Roland Winters
Aaronia Haldorn .... Jean Simmons
Ben Feeny .... Hector Elizondo

➔ Aus dem Hause eines Wissenschaftlers werden Diamanten gestohlen. Privatdetektiv Nash von der Continental-Detektei soll den Fall untersuchen und stößt auf einen angeblichen Familienfluch.
Von Dashiell Hammetts fünf Romanen gilt THE DAIN CURSE als der am wenigsten wichtige. Trotzdem ist auch er ein kleines Meisterwerk vom Klassiker des modernen Kriminalromans. Die dreiteilige Verfilmung von E.W. Swackenhamer (Regie) und Robert W. Lenski (Buch) setzt die Hammett-spezifischen Verwicklungen der Vorlage so sorgfältig um, daß man sie ohne weiteres zu den überzeugendsten Beispielen der Literaturverfilmung zählen kann. Stimmungsvolle Jazzmusik und die authentisch eingefangene Atmosphäre der zwanziger Jahre machen den Dreiteiler zu einem Musterbeispiel eines *Period Piece*.

FLUCHT IN DIE NACHT
Chase through the Night
AUS 1984; 6 x 25 Min; F

Yorkie .... Scott McGregor
Darby .... Paul Sonkkila
Petra .... Nicole Kidman
Ray .... Brett Climb
Eric .... Jeff Truman

➔ Drei Bankräuber mit einem Mädchen als Geisel auf der Flucht durchs australische Hinterland. Dieses *Outback*-Drama kann sich sehen lassen.

FLUCHT OHNE AUSWEG
BRD 1967; 3 x 60 Min.; sw

Bert Gregor .... Hansjörg Felmy
Sandra .... Karin Hübner
Paul .... Peter Ehrlich

➔ Dieser ARD-Dreiteiler konnte zu seiner Zeit wahrlich beeindrucken! Ein Unschuldiger auf der Flucht und auf der Suche nach dem wahren Mörder. Der von Franz Peter Wirth nach Kenneth Donald inszenierte Mehrteiler (leider wurde bei uns nie die englische Originalversion gezeigt) gehörte zum besten, was der deutsche TV-Krimi während der sechziger Jahre zu bieten hatte.

FLUGHAFENPOLIZEI TOKIO
Dai Kuko
J 1978-86; 26 x 45 Min.; F

Inspektor Kaga .... Koji Tsuruta
Beamter Kikuchi .... Toshi Kurosawa
Nariko .... Nagisa Katahira

➔ »Flughäfen sind auch Eingangs- und Ausgangstore für das Verbrechen. Der Film erzählt von den Menschen, die diese Tore bewachen«, heißt es im Vorspann. Die Serie zeigt die Fälle einer Polizeieinheit, die am Tokioter Flughafen stationiert ist. Die landesübliche Brutalität wurde für die deutsche Ausstrahlung entschärft. Mentalitätsunterschiede lassen die Serie manchmal unfreiwillig komisch erscheinen.

FORTUNE HUNTER – BEI GEFAHR: AGENT CARLTON DIAL
Fortune Hunter
USA 1994; 13 x 45 Min.; F

Carlton Dial .... Mark Frankel
Harry Flack .... John Robert Hoffman
Yvonne .... Kim Faze

➔ Dial arbeitet als Star-Agent für das Unternehmen Intercept, das im Auftrag der Regierung gestohlene Objekte wie Atomwaffen oder Geheimdokumente wiederbeschafft. Bei seiner lebensgefährlichen Arbeit ist er mit speziellen Kontaktlinsen ausgerüstet, die ihn dank einer audiovisuellen Zwei-Wege-Teleoptik direkt mit seinem Partner Harry Flack, der am Computer arbeitet, verbinden.
Die von Steve Aspis konzipierte Serie führt den Agenten rund um den Globus und zu vielen schönen Frauen, die Agent Dial für unwiderstehlich halten. Doch diese FOX-Serie konnte das Agenten-Genre für den Bildschirm nicht revitalisieren.

FLUGHAFENPOLIZEI TOKIO

Francis, Anne

Amerikanische Schauspielerin. Geboren am 16. September 1930 in Ossining, New York. Schon als fünfjähriges Kind arbeitete sie im Showbiz und war im Radio als »Little Queen of Soap Operas« bekannt. Sie trat in den vierziger Jahren in experimentellen TV-Shows auf und drehte ihren ersten Film mit 14. Als singendes Commercial Girl Bonny Maid in VERSATILE VARIETIES (1949-50) wurde sie zu einer nationalen Berühmtheit. In den frühen fünfziger Jahren stand sie bei Fox unter Vertrag und wurde langsam aufgebaut, ohne jedoch den großen Durchbruch zu schaffen. Sie spielte in Filmen wie SO JUNG UND SO VERDORBEN (SO YOUNG, SO BAD, 1950), CASANOVA WIDER WILLEN (DREAMBOAT, 1952), HEISSES PFLASTER (ROGUE COP, 1954) u.v.m. 1955 war ein gutes Jahr, in dem sie Klassiker wie STADT IN ANGST (BAD DAY AT BLACK ROCK), URLAUB BIS ZUM WECKEN (BATTLE CRY) und DIE SAAT DER GEWALT (THE BLACKBOARD JUNGLE) drehte. Im nächsten Jahr trat sie in dem Trasher ALARM IM WELTALL (FORBIDDEN PLANET) auf. Weitere Filme folgten, aber in den Sechzigern war sie öfter als Gast im Fernsehen zu sehen, in TWILIGHT ZONE, ROUTE 66 und ALFRED HITCHCOCK HOUR, bevor sie die klassische Krimi-Serie HONEY WEST (1965-66) drehte. Anschließend tauchte sie in der letzten Staffel von MEINE DREI SÖHNE (MY THREE SONS, 1960-72) auf. 1981 war sie wiederkehrender Gaststar in DALLAS und 1984 in TRIO MIT VIER FÄUSTEN. Warum es die schöne Frau, die zeitweilig als neue Monroe gehandelt wurde, nicht zum Superstar gebracht hat, ist merkwürdig.

Franz, Dennis

Amerikanischer Schauspieler. Geboren am 28. Oktober 1944 in Maywood, Illinois. In den siebziger Jahren spielte er Theater in Chicago und wurde von Brian de Palma und Robert Altman als *Supporting Actor* eingesetzt. Seine erste Serienhauptrolle war in CHICAGO STORY (1982). Es folgten BAY CITY BLUES (1983) und POLIZEIREVIER HILL STREET (ab 1985), DIE NINJA-COPS (1990). Sein großer Durchbruch kam 1993 mit einer der beiden Hauptrollen in NEW YORK COPS.

FRAUEN MORDEN LEICHTER

BRD 1997; 6 x 45 Min.; F

➔ Anthologiereihe des ZDF. »Bei allen Zwistigkeiten, die es zwischen Frauen und Männern geben soll, scheint ein Unterschied doch augenfällig: Frauen haben nicht nur die besseren Nerven, sie sind, was die Formen dieser Auseinandersetzungen angeht, vor allem phantasiebegabter. Von allen Möglichkeiten, sich für erlittenes Unrecht, offenkundige Lügen, Doppelmoral, Aufdringlichkeiten und andere Zumutungen männlichen Ursprungs zu rächen, wählen sie gezielt diejenige, mit der ihr Opfer am wenigsten gerechnet hätte. Wenn die Racheengel von Muriel Baumeister, Ruth Maria Kubitschek, Anita Kupsch, Petra Kleinert, Sabine Postel und Susanne Lothar verkörpert werden, dürfte selbst dies ein Vergnügen sein«, verkündete das ZDF dreist zu diesem von Charlotte Drews-Bernstein und Gabriele Kreis geschriebenen Vulgärfeminismus, der fast so aufregend ist wie ein Interview mit einem Listenplatz-Parlamentarier.

FRAU VON EHRE, EINE

Vendetta: Secrets of a Mafia Bride / Donna d'Onore

USA/I 1992; 3 x 90 Min.; F

Nancy .... Carol Alt
Sean .... Eric Roberts
Vincente Dominici .... Burt Young
Frank Latella .... Eli Wallach
Addolorata .... Serena Grandi

Charlie .... Mario Todisco
Nearco .... Thomas Calabro
Alberto .... Stuart Magolin

➜ Die zwölfjährige Nancy muß mitansehen, wie ihr Vater bei einem Attentat erschossen wird. Die Kugel sollte eigentlich den Mafia-Paten Frank Latella treffen. Der Vater stirbt in Nancys Armen und sie schwört Rache.

Der Dreiteiler basiert auf Sveba C. Modignanis Roman DONNA D'ONORE und wurde von Ennio De Concini bearbeitet. Regie führte Rockfords »Angel« Stuart Margolin. Angeregt wurde diese Fiktion durch die wahre Geschichte der Giacoma Filippello, die als erste Kronzeugin gegen die Mafia auftrat. Grandiose Darsteller und eine gute Regie machen diese Miniserie zu einem Ereignis.

FRAU WIRD GEJAGT, EINE

BRD 1995; 1 x 90 Min. u. 14 x 48 Min.; F

Chris Belling .... Nicola Tiggeler
Helmut Gross .... Alexander Radszun
Michael Belling .... Mimo Vaino
Mario Steven .... Matthias Paul
Klaus Schöpper .... Michael Lott
Hans Oppen .... Christoph Quest
Richard W. Belling .... Günter Grabbert
Manfred Hoppe .... Heinz-Werner Kraehkamp
Sabine Ulrich .... Christine Röthig
Anna Walter .... Marie-Anne Fliegel
Heinz Walter .... Karl Walter Diess
Charles .... Dieter Laser
Fränzi Belling .... Alexandra Kamp
Paul Belling .... Ivan Desny
Arzt .... Jürgen Flimm
Wärter .... Erich Bar
Gangster .... Guntbert Warns

➜ Chris Belling lebte früher in Luxus und war glücklich. Doch jetzt wird sie durch mehrere Länder gejagt. Von der Polizei, die sie für die Mörderin ihres Ehemannes hält, und von sehr, sehr bösen Gangstern. Die junge Frau sieht nur eine Chance: Sie muß den wahren Mörder finden und die Hintergründe der Tat aufdecken. Denn ihr Mann war anscheinend in schlimme Machenschaften verwikkelt.

Ein grausam gescheiteter Versuch, eine deutsche Version von AUF DER FLUCHT zu machen. Das Buch von Ralf Huttanus strotzt von Ungereimtheiten, Längen, Klischees und Langeweile. Regisseur Vadim Glowna war mit dieser Produktion der Polyphon-Film für RTL natürlich überfordert, die – so der Sender – mit »46 Hauptrollen und 150 Nebenrollen« besetzt gewesen sein soll. Insgesamt wurde 200 Tage gedreht. Die Serie ist schlecht genug gemacht, um Trash-Status beanspruchen zu können. Aber sie ist so unglaublich langweilig, daß nur der härteste Trash-Fan alle Folgen durchsteht.

FREDERICK FORSYTH ZEIGT:
Frederick Forsyth Presents:

GB 1989; 8 x 90 Min.; F

Sam McCready .... Alan Howard

➜ Frederick Forsyth gehört zu den wenigen Leuten, die sich quasi ihr Geld selber drucken können: Er braucht nur verlauten zu lassen, daß er einen neuen Roman schreiben wird, und schon sind sämtliche Rechte für Millionen verkauft – bevor überhaupt eine Zeile auf dem Papier steht. Die Weltauflage seines ersten halben Dutzends Romane (und eines exzellenten Kurzgeschichtenbandes) beträgt über 35 Millionen Exemplare. Sein kommerziell größter Erfolg ist nach wie vor DER SCHAKAL, mit dem er 1970 debütierte. Dieser Polit-Thriller gab dem Genre neue Impulse und wurde bis heute über 10 Millionen Mal verkauft. Im Film- und Fernsehgeschäft mischt Forsyth auch schon mal mit. Für den Regisseur Michael O'Herlihy schrieb er 1979 mit DIE ZEITBOMBE (CRY OF THE INNOCENT) seine erste Originalvorlage für einen Fernsehfilm, und zusammen mit Michael Caine war er Mitproduzent der Verfilmung seines Bestsellers DAS VIERTE PROTOKOLL (THE FOURTH PROTOCOL).

Acht Fernsehfilme nach Originalgeschichten produzierte London Weekend Television in internationaler Koproduktion. Mitproduzent war natürlich immer auch der clevere Forsyth. Für diese Polit-Thriller der Glasnost-Ära (die, wie vermutet, an den Geheimdiensten spurlos vorbeigegangen ist) hat er erstmals auch einen Seriencharakter erfunden: den britischen Spionageabwehrleiter Sam McCready, der im ersten Film, DER SOMMER DES SCHAKALS, versucht, den Superterroristen Carlos zur Strecke zu bringen. Noch besser ist der zweite Film, ZWEIFELHAFTE MITGIFT, der ganz in der Tradition der menschlichen Schachspiele des englischen Spionageromans steht und in dem Forsyth eine Art Ehrenrettung des von KGB-Maulwürfen arg gebeutelten *Secret Intelligence Service* betreibt.

All diesen spannenden und hervorragend gemachten Filmen geht eine kurze Einführung von Forsyth voraus. Und nicht ohne einen gewissen Stolz weist er im ersten Film darauf hin, daß Carlos den Decknamen »Schakal« nach seinem gleichnamigen Thriller erhalten habe. Die Filme sind ein gelungener Beleg dafür, mit welch' leichter Hand die Angelsachsen Fakten und Fiktion zu einer spannenden, authentisch wirkenden Thrillerhandlung zusammenfügen können. Die Szenen sind meist kurz, schnell und atemberaubend. Es bleibt keine Zeit zum Bierholen, will man nicht die kunstvoll verschachtelte Handlung aus den Augen verlieren. Es sind böse, zynische Filme, die keinen Zweifel an Forsyths negativer Weltsicht lassen, obwohl er heute dem Establishment viel positiver gegenübersteht als in seinen frühen Romanen. Forsyth hat schon als junger Journalist lernen müssen, wie es auf der Welt zugeht. Die Behauptung des ZDF und seines deutschen Verlages, er habe für den britischen Geheimdienst gearbeitet, ist blanker Unsinn. Eher ist schon das Gegenteil richtig, zumindest einmal handelte Forsyth direkt gegen britische Interessen: Als Kriegsberichterstatter der BBC im Biafra-Krieg galten seine Sympathien den Separatisten unter Oberst Ojukwu, und er berichtete über Bombardements der Briten auf Rote-Kreuz-Anlagen. Das gefiel dem britischen Hochkommissar von Lagos gar nicht, und die BBC pfiff Forsyth wegen »einseitiger Berichterstattung« zurück. Der kündigte und ging als freier Journalist für einige Zeitungen zurück nach Nigeria. Während dieser Zeit freundete er sich mit den weißen Söldnerführern von Biafra und Oberst Ojukwu an (diese Erfahrungen verarbeitete er später in seinem dritten Roman, DOGS OF WAR). Anschließend schrieb er sein erstes Buch, eine Geschichte des Biafra-Krieges, die heute als Standardwerk gilt. Mit Ojukwu, der inzwischen in Nigeria wieder in Amt und Würden ist, ist Forsyth bis zu diesem Tag freundschaftlich verbunden, und immer mal wieder tauchen in der Presse Behauptungen auf, Forsyth diene der Regierung von Nigeria als eine Art Berater.

Das ZDF strahlte nur die ersten fünf Filme der Reihe aus.

Roman: Frederick Forsyth: McReadys Doppelspiel; Piper, 1991.

FRIEDEMANN BRIX – EINE SCHWÄCHE FÜR MORD

BRD 1996; 10 x 48 Min.; F

Friedemann Brix .... Harald Juhnke
Helga .... Gertraud Jesserer
Bommel .... Ben Becker

➜ Friedemann Brix ist ein Kriminalschriftsteller, der in seiner Freizeit gerne echte Kriminalfälle aufklärt. Sehr zum Leidwesen der Polizei, der Friedemann immer um eine Nasenlänge voraus ist.

Mit leichter Hand von Jürgen Brauer inszenierte ZDF-Vorabendserie, die als Starvehikel von Juhnke überzeugt und als Kriminalkomödie funktioniert.

FRÜHBESPRECHUNG – AUS DEM ALLTAG DER KRIPO

BRD 1973; 8 x 60 Min.; F

Oberkommissarin Vetter .... Katinka Hoffmann
Oberkommissar Steuben .... Alexander May
Kriminaldirektor Dr. Siebeck .... Ernst Seiltgen

➜ Die ARD-Serie entstand in Zusammenarbeit mit dem ehemaligen Düsseldorfer Kripochef Dr. Bernd Wehner, der während seiner Amtszeit die sogenannte Frühbesprechung einführte: Jeden Morgen versammelten sich die Dienstleiter und diskutierten die Vorfälle der letzten 24 Stunden. Hauptdarsteller May schrieb die Drehbücher zu dieser bemüht naturalistischen Polizeiserie, und Joachim Hess führte Regie.

FUCHS, DER

BRD 1989; 12 x 45 Min.; F

Fuchs .... Hilde van Mieghem
Adam .... Rainer Grenkowitz
La Tête/Hap Atla .... Jürgen Schornagel
Polizeichef .... Karl Friedrich
Fürstin .... Anna Teluren
Lydia .... Karin Drechsel

➜ Ungewöhnliche Vorabendserie des Westdeutschen Werbefernsehens (WWF), über die der *Gong* in Nr. 22/1989 schrieb: »Dieser Fuchs ist ganz zweifelsfrei eine Füchsin, eine meist schwarz gewandete Dame mit flämischem Akzent, die sich in immer neuen Verkleidungen in Gaunergeschichten verwickeln läßt [...] Der Fuchs hat es stets mit denselben Herren zu tun, zum einen dem schönen Adam, mit dem sie Sympathie und gelegentlich auch mehr verbindet und einem häßlichen Fiesling namens La Tête, der sich hinter immer anderen Masken verbirgt und Kopf eines nicht näher beschriebenen Gangster-Clans ist [...] Sie bejagen, beschleichen und bedrohen sich in dem nicht existierenden Phantasieland Navoria, getrieben von acht Autoren und vier Regisseuren.«
Ursprünglich sollte diese in Deutschland und der Normandie gedrehte, in der ARD ausgestrahlte Serie einen männlichen Protagonisten haben, bevor WWF-Redakteurin Irmgard la Nier die schöne Hilde sah: »Die Rolle war für einen Mann geschrieben, wir wollten sie auch mit einem Mann besetzen, ehe wir durch Zufall auf Hilde van Mieghem stießen. Da haben wir es einfach bei dem Titel belassen.«

FÜCHSE, DIE

The Sweeney

GB 1974-78; 52 x 50 Min.; F

Inspector Jack Regan .... John Thaw
Sergeant George Carter .... Dennis Waterman
Haskins .... Garfield Morgan

➜ Inspector Regan ist alles andere als der freundliche Postkartenbobby. Ihm ist die Frau weggelaufen und er fühlt sich in gammeligen Eastend-Kneipen wohler als in einem sauberen Anzug. Seinem Helfer Carter läuft später natürlich auch die Frau weg, weil sie nicht mehr hinter den »Gangstern die 2. Geige« bei ihrem Sergeant mit dem ewig fettigen Haar spielen will. Sie sind zwei der schmuddligsten Helden, die je in einer Krimi-Serie heroisiert wurden. Vor DIE FÜCHSE hatte man in britischen TV-Serien die Gesetzeshüter nicht immer verherrlicht (etwa in TASK FORCE POLICE), sie aber auch nicht so unangenehm dargestellt. Damit war es jetzt vorbei. Regan und Carter gingen lieber einen saufen oder Verdächtige verprügeln, als alten Damen über die Straße zu helfen. Ian und Troy Kennedy Martin, zwei der profiliertesten englischen TV-Autoren, konzipierten diese knallharte Serie über eine *Flying Squad* von Scotland Yard, die im englischen TV-Krimi neue Maßstäbe setzte. Der neue Realismus drückte sich in einem zynischen Weltbild und ziemlich brutalen Szenen aus. Beim Publikum kam das an: Die Serie wurde ein großer Erfolg und übte starken Einfluß aus. Im Unterschied zu anderen Serien aus derselben Zeit wurde DIE FÜCHSE ganz auf Film (statt teilweise auf Video) gedreht, weil man so die rasanten Action-Szenen besser schneiden konnte. Mit wenig Geld und viel Enthusiasmus ging man ans Werk: Jede Folge der ersten Staffel wurde in 10 Tagen gedreht, geschnitten und gemischt und kostete lächerliche 40.000 Pfund. Als Studio nutzte man eine alte Schule in Hammersmith, und im Pub gegenüber wurde nicht nur gedreht, sondern auch die gesamte Logistik telefonisch abgewickelt. Um Geld zu sparen, drehte man vor allem auf den Straßen, was der Serie ihren unvergleichlichen Touch gab. Nie zuvor hatte man London so verslumt und dreckig abgefilmt gesehen. An den Drehbüchern wurde nicht gespart, man recherchierte gründlich und engagierte den früheren *Flying Squad*-Mann Jack Quarrie, um über Authentizität und Wahrhaftigkeit zu wachen. Trotz Schlaghosen und langer Kragen wirkt DIE FÜCHSE heute noch realistisch, was sicherlich mit dem *Cinema Vérité*-Touch zusammenhängt. Inhaltlich bekommt man den Eindruck, daß die verschiedenen Polizeiabteilungen mehr gegen- als miteinander arbeiten würden. Durch die Darstellung der Gesellschaft als sozialdarwinistischer Dschungel voller Korruption kam die Serie mehr als einmal auf die vorderen Seiten der Zeitungen. Produziert wurde sie von Ted Childs für Euston Films und Thames-TV. Die eingängige Titelmusik schrieb Harry South, als Executive Producers agierten Lloyd Shirley und George Taylor. Nach der ersten Staffel war DIE FÜCHSE der große Hit beim Publikum, und man produzierte 1976 und 1978 sogar zwei Kinofilme, die gelegentlich auch in Deutschland ausgestrahlt wurden, wo bis heute nicht die komplette Serie gezeigt wurde.
Literatur: Martin Day/Keith Topping: Shut It!; Virgin Publishers, 1999. Mike Kenwood/George

FÜR ALLE FÄLLE FITZ: Robbie Coltrane als Dr. Edward Fitzgerald

Williams: Fags, Slags, Blags & Jags: The Sweeney; Aldgate Press, 1998.
Romane: Ian Kennedy Martin: Regan (Sweeny; 1975); Goldmann 4582, 1976. Regan und die Akte Manhattan (Regan and the Manhattan File; 1975); Goldmann 4590, 1976. Regan und das Geschäft des Jahrhunderts (Regan and the Deal of the Century; 1977); Goldmann 4834, 1979. Balham, Joe: The Blag; Futura, 1978. Regan and the Lebanese Shipment; Futura, 1977. The Human Pipeline; Futura, 1977. The Snout Who Cried Wolf; Futura, 1977. Regan and the Bent Stripper; Futura, 1977. Regan and the Venetian Virgin; Futura, 1978. Regan and the High Rollers; Futura, 1978.

FÜNF FALSCHE FÄHRTEN
siehe **LORD PETER WIMSEY**

FÜNFTE KOLONNE, DIE
BRD; 1963-68; 16 x 60-75 Min.; sw
➜ Diese Anthologie-Reihe des ZDF erzählte von Spionageaktivitäten der östlichen Geheimdienste auf dem Boden der BRD, bei denen die westliche Gegenspionage aber immer siegreich blieb. Alles war ein wenig bieder, ganz im Stil von Reihen wie DAS KRIMINALMUSEUM, an deren Ästhetik sie sich anlehnte. Sie war nie auf dem Niveau der zeitgleich erscheinenden realistischen Spionageromane von Len Deighton oder John LeCarré. Mit James Bond hatte diese die Ideologie des Kalten Krieges propagierende Reihe natürlich gar nichts gemein, ist aber dennoch ein hochinteressantes Stück Zeit(geist)geschichte.

65. REVIER NEW YORK
siehe **GNADENLOSE STADT**

FUNKSTREIFE ISAR 12

BRD 1961-64; 35 x 25 Min.; sw

Wachtmeister Resch .... Karl Tischlinger
Hauptwachtmeister Dambrowski ..... Wilmut Borell

➜ Wenn der Bayer Karl Tischlinger mit seinem Berliner Partner im BMW 8 – dem Streifenwagen Isar 12 – durch München raste, schlug so manches Jungenherz höher. Die Serienmixtur aus Polizeiroutine und Familienleben setzte Standards, die bis heute – siehe POLIZEIINSPEKTION oder GROSSSTADTREVIER – das Konzept deutscher Polizeivorabendserien bestimmen. Es geht immer nur um kleine Fälle, die von Bullen mit Herz tatkräftig gelöst werden.

TV-Urgestein Michael Braun inszenierte diese Bavaria-Produktion. Dieses Nierentischdokument wirkt heute unfreiwillig komisch.

FÜR ALLE FÄLLE FITZ

Cracker

GB 1993-96; 1 x 100 Min. u. 18 x 50-90 Min.; F.

Dr. Edward Fitzgerald .... Robbie Coltrane
Judith Fitzgerald (1993-95)............ Barbara Flynn
Mark Fitzgerald (1993-95)........... Kieran O'Brien
Katie Fitzgerald (1993-95) .... Tess Thomson
Chief Insp. Bilborough (1993) ... Christopher Eccleston
Sgt. Penhaligon (1993-95) ...... Geraldine Somerville
Sgt. Jimmy Beck (1993-95) .... Lorcan Cranitch
Chief Insp. Wise (1994-96) .... Ricky Tomlinson

➜ Der Psychologe Fitzgerald mit seinen chaotischen Familienverhältnissen steht im Mittelpunkt dieser Serie, die einen guten Teil ihrer Spannung und Faszination aus dem *Profiling*, dem Erstellen von Täterprofilen, zieht. Fitzgeralds Fahndungsmethoden sind ungewöhnlich und die Kriminalbeamten vom Kommissariat in Manchester vertrauen ihnen nicht immer. Doch Fitz dringt gnadenlos in die Psyche der Täter ein. Seine Verhöre offenbaren die abgründige oder aber höchst gewöhnliche Seele der Mörder. Die Frage nach der Identität des Täters steht hier nicht im Vordergrund, denn meist kennt der Zuschauer ihn von Anfang an. Nie aber kennt er die Motive, die Fitz langsam entschlüsselt. Auch die Opfer der Verbrechen werden in die Fälle miteinbezogen. Fitz weiß um die menschlichen Schwächen und die Ungeheuer, die in jeder menschlichen Seele hausen. Er selbst hat genügend Schwächen, ist auf geradezu arrogante Weise von sich überzeugt, trinkt exzessiv, ist fett, raucht wie ein Schlot und stürzt sein Familienleben durch seine zwanghafte Spielsucht von einer Krise in die nächste. Trotz aller tiefsinnigen Brisanz werden die Geschichten mit virtuoser Leichtigkeit erzählt und machen die Serie zur besten Krimiserie der neunziger Jahre.

Ihr Erfolg war groß: Bei der Erstausstrahlung in Großbritannien hatte sie eine Sehbeteiligung von 58 Prozent; innerhalb der ersten Jahre wurde sie in 46 Länder verkauft und erhielt über 20 Auszeichnungen, darunter den *Edgar Allan Poe*-Preis des amerikanischen Kriminalschriftstellerverbandes. Robbie Coltrane, der als Fitz zum internationalen Star wurde, stieg aus der Serie aus und drehte nach 1995 nur noch einen Film pro Jahr. In den USA wurde die Serie mit amerikanischen Schauspielern (Robert Pastorelli als Fitz) neu für dortige TV-Verhältnisse aufbereitet. Natürlich wurde sie nur ein müder Abklatsch.

In der deutschen Erstausstrahlung durch das ZDF wurden die ersten Folgen um sage und schreibe eine Stunde gekürzt. Anscheinend hat man aus den miesen Erfahrungen der sechziger und siebziger Jahre nichts gelernt und sieht sich weiterhin als oberster Zensor der Fernsehnation. Damit stehen die Mainzer der Arroganz ihrer öffentlich-rechtlichen Vettern von der ARD in nichts nach, die zehn Jahre zuvor versuchten, MIAMI VICE zu zerstükkeln.

FUNKSTREIFE ISAR 12: Wilmut Borell, Karl Tischlinger

Erfunden wurde FÜR ALLE FÄLLE FITZ vom Liverpooler Autor Jimmy McGovern, den der ITV-Produzent Gub Neal beauftragte, eine Serie über einen forensischen Psychologen zu entwickeln. »Die ganze Psychologie kommt von meiner katholischen Erziehung, das war alles, was ich brauchte. Ich bin kein Experte von Freud oder anderen. Das Wissen um die menschliche Seele, das man haben muß, um so eine Serie zu schreiben, kommt vom Katholizismus«, sagte McGovern, und weiter: »Die besten Geschichten sind die, in denen der Mörder wirklich gute Gründe zum Morden hat. Selbst wenn der Zuschauer ihm nicht zustimmt, kann er ihn zumindest verstehen und sich für den Mörder interessieren. Deshalb liebte ich die TV-Serie NO HIDING PLACE, da wünschte ich mir oft, der Täter würde davon kommen. Bei FÜR ALLE FÄLLE FITZ habe ich dasselbe versucht.« Gub Neal: »Wir waren zu Tode gelangweilt von den Fernsehstereotypen. In den meisten Cop-Shows gibt es die guten und die bösen Polizisten. Aber in der Realität sind sie eine Mischung aus beidem. Jimmys Drehbücher machten das deutlich und inspirierten uns alle.«
Literatur: John Crace: Cracker. The Truth Behind the Fiction; Boxtree, 1994.
Roman: Jim Mortimer: Mord ohne Erinnerung; Goldmann 43827, 1997. In England sind weitere Adaptionen der Drehbücher als Romane erschienen.

FÜR LIEBE UND GERECHTIGKEIT
Advocato delle donne

BRD/I 1996; 6 x 90 Min.; F
Irene Salvi .... Mariangela Melato
Sandro Gruber .... Rüdiger Joswig
Giulia .... Mareike Carrière
Lorenzo .... Filippo Rodriguez

➜ Irene Salvi, Mitte vierzig, ist Rechtsanwältin und alleinerziehende Mutter. In einer durch Männer dominierten Justiz setzt sie sich für benachteiligte Frauen ein.
Die Serie der Brüder Andrea und Antonio Frazzi ist voller sentimentaler Klischees und melodramatischer als andere kriminalistische Anwaltsserien. Beim ARD-Publikum fiel diese Produktion der Kirch-Gruppe durch und wurde vom 20.15 Uhr-Sendeplatz auf Mitternacht verschoben.

Ein *Bad Guy* in F/X

F/X
F/X: The Series

USA 1996-98; 2 x 90 Min. u. 36 x 45 Min.; F
Rollie Tyler .... Cameron Daddo
Leo McCarthy .... Kevin Dobson

➜ Tyler ist einer der besten Special Effects-Männer im Filmgeschäft. Wenn ihn sein Freund, der Polizist McCarthy, bittet, seine Fähigkeiten bei der Verbrecherjagd einzusetzen, macht er immer gerne mit. Er schlüpft in unterschiedliche Masken und zaubert aus seiner Trickkiste manchmal ziemlich haarsträubende Dinge aus haarsträubenden Drehbüchern.
Die recht teure Serie kostete eine Million Dollar pro Folge. Sie basierte auf den Charakteren von Robert T. Meggison und Gregory Fleeman, die die Bücher zu den erfolgreichen F/X-Kinofilmen geschrieben hatten. Produzenten waren William Gray und Jay Firestone.

G

GANG, DIE

BRD 1997; 1 x 90 Min. u. 12 x 50 Min.; F

Joe .... Uwe Ochsenknecht
Klaus .... Moritz Bleibtreu
Marc .... Dustin Nguyen
Karl Kröger .... Peter Franke
Helga .... Ulrike Kriener
Farland .... Walker Brandt
Bosco .... Stacy Keach

➔ Klaus, Joe, Karl und Marc, Zollfahnder und Kriminalbeamte, jagen im Hamburger Hafen und in New Orleans Jean-Marie Bosco, den Chef eines internationalen Verbrecherkartells, der sich gerne als seriöser Geschäftsmann gibt.

Diese teure und unfaßbar schlechte NDR-Produktion sollte eine amerikanische Koproduktion werden. Aber nachdem wohl die Amerikaner die grottenschlechten Bücher von Bernd Schwamm gelesen hatten, bestanden sie auf Änderungen oder Ausstieg. Da stellte sich allen Ernstes der Produzent Dirk R. Düwel hin und behauptete: »Die wollten mehr Action, weniger deutsche Schauspieler und mehr amerikanisches, also niedrigeres Niveau. Als wir nicht nachgaben, wurden sie vertragsbrüchig.« Anscheinend wollten die Amerikaner MIAMI VICE und »Superproduzent« Dirk Düwel so etwas wie ZORC – MANN OHNE GRENZEN – die Grundelbacher A-Jugend wollte im Weltcup mitspielen. Die von Hajo Gies inszenierten Lächerlichkeiten bestätigten die Macher als Biertischkapazitäten für organisiertes Verbrechen und Crime-Serien, die stolz einen abgehalfterten US-Schauspieler wie Stacy Keach als Weltstar präsentierten. Gegen Uwe Ochsenknecht wirkt er allerdings wie ein Gigant. Uwe, eine Hamburger Michel-Ausgabe von Sonny Crockett, kommt fast so hart über den Bildschirm wie der russische Rubel. »Die Dialoge – Sei vorsichtig, Joe Feddersen ist hartnäckig wie ein Bluthund – zeugen selten von Esprit und Witz [...]«, diagnostizierte die *Funk-Korrespondenz* in Nr. 3/1997. Aber nochmals Dirk Düwel, nachdem er irgendwo einen weiteren amerikanischen Koproduzenten aufgetrieben haben wollte: »Hätten wir das erste Mal nachgegeben, wäre das eine typische 08/15-Geschichte geworden.« Wäre es das doch bloß! Zu recht herrscht seitdem im NDR Katerstimmung, und man vermeidet ängstlich ähnliche Produktionen.

Gangster-Krimi

Krimi, in dessen Mittelpunkt ein Gangster und die Subkultur der Unterwelt stehen. Geschildert werden Coups und Taten der Verbrecher. Zwei große Strömungen stehen sich gegenüber: der amerikanische Gangsterroman, der ausgehend von W. R. Burnetts LITTLE CAESAR von Erfolgen und Mißerfolgen der Gangsterfiguren erzählt, und der französische Gangsterroman, der den großen Coup (siehe *Big Caper*) und den Ehrenkodex der Unterwelt in den Vordergrund stellt. Eine dramatische

DIE GANG: Stacy Keach und Uwe Ochsenknecht

TV-Serie mit einem Gangster als Protagonisten hat es nie gegeben (sieht man von Mini-Serien wie FANTOMAS, ARSÈNE LUPIN oder DIE GENTLEMEN BITTEN ZUR KASSE ab). Ausgenommen in England – natürlich.

Garner, James

Amerikanischer Schauspieler. Geboren am 7. April 1928 in Norman, Oklahoma. Mit 16 Jahren verließ er die High School und schlug sich mit Gelegenheitsjobs durch. Er ging zur Handelsmarine, bevor er aktiv am Korea-Krieg teilnahm, verwundet wurde und das *Purple Haze* erhielt. Nach seiner Demobilisierung hatte er wieder Handlangerjobs, bis ihm ein Jugendfreund, der inzwischen Produzent geworden war, 1954 eine stumme Rolle in der Broadwayinszenierung von THE CAINE MUTINY gab. Bald darauf erhielt er kleine Rollen in Fernsehspielen und Filmen. Das brachte ihm einen Vertrag mit Warner Brothers ein, die ihm eine Hauptrolle in der klassischen Western-Serie MAVERICK (1957-60) gaben. Die nächsten elf Jahre spielte er in Kinofilmen und hatte Erfolg. 1969 spielte er Raymond Chandlers Detektiv in dem sträflich unterschätzten Neo-Noir-Film DER DRITTE IM HINTERHALT (MARLOWE). 1971 kehrte er mit der erfolglosen Serie NICHOLS auf den Bildschirm zurück. Dann kam wohl sein größter Erfolg: DETEKTIV ROCKFORD (1974-80). 1981 bis 1982 spielte er nochmals seine alte Rolle in BRETT MAVERICK. Danach sah man ihn in Filmen, Mini-Serien wie SPACE, und Anfang der neunziger Jahre in einigen TV-Movies nochmals als Rockford. Garner hat eine eigene Produktionsfirma, Cherokee Productions, die auch Serien ohne Garner (YOUNG MAVERICK, 1978) herstellt.
Literatur: Raymond Strait: James Garner; St. Martins Press, 1985.

James Garner als Detektiv Rockford

Gärtner, Claus Theo

Deutscher Schauspieler. Geboren 1943 in Berlin als Sohn eines Kaufmanns und einer Ballettmeisterin. Er wuchs in Oberhausen auf und arbeitete u.a. als Dachdecker, Stahlarbeiter, Busfahrer der »Aktion Lebenshilfe« und Vogelfutterabfüller. Eine Lehre als Klempner brach er nach zwei Jahren ab. Anschließend machte er sich als Reinigungsunternehmer selbständig. Erste Schauspielerfahrungen sammelte er am Oberhausener Kindertheater. Dann erhielt er ein Begabtenstipendium für die Hochschule für Musik und Theater in Hannover. Anschließend folgten Engagements in Göttingen, Braunschweig, Oldenburg und an Peter Steins Schaubühne in Berlin. Seit Ende der sechziger Jahre tritt er im Fernsehen auf. 1970 drehte er mit Jürgen Prochnow den Ruhrgebietsthriller ZOFF, für den er 1972 mit dem *Bundesfilmpreis* ausgezeichnet wurde. Seit 1981 spielt der Hobbyrennfahrer den Detektiv Matula in der erfolgreichen Serie EIN FALL FÜR ZWEI, die er neun Monate im Jahr dreht. An Autorennen nimmt er seit 1967 teil.

Claus Theo Gärtner (links, mit Günther Strack)

GAUNER GEGEN GAUNER
The Rogues
USA 1964-65; 29 x 45 Min.; sw

Alec Fleming .... David Niven
Tony Fleming .... Gig Young
Marcel St. Clair .... Charles Boyer
Timmy St. Clair .... Robert Coote
Margaret St. Clair .... Gladys Cooper
Inspector Briscoe .... John Williams

➜ Die von Collier Young für Four Star und NBC konzipierten und produzierten Abenteuer zweier internationaler Familien von Gentleman-Gaunern. Seit Jahrhunderten sind die Flemings und St. Clairs die führenden Gaunerfamilien der Welt (offensichtlich hatte man die Rothschilds oder Rockefellers vergessen), die nur anderen Ganoven, »die es nicht besser verdient haben«, das Fell über die Ohren ziehen.
Leichthändige Kriminalkomödie mit hochkarätiger Besetzung. Die Musik ist von Frank Sinatras Lieblingsarrangeur Nelson Riddle.

GEFÄHRLICHE ERBSCHAFT
F 1977-78; 9 x 75 Min.; F

➜ Eine Anthologiereihe, in der neun verschiedene Geschichten über gefährliche Erbschaften erzählt werden. Hochkarätige Krimispannung. Im ZDF wurden 1983 folgende Episoden ausgestrahlt:

FAMILIENBANDE von Juan Luis Buñuel nach Fernand Pluot.

IN DER FALLE DES JÄGERS von Bruno Gantillon nach Jacques Robert.

TÖDLICHE BRIEFE von Juan Luis Buñuel nach Michel Picard.

MORD AUF BESTELLUNG von Abder Iskar nach MURDER ON DEMAND von Richard Harris.

MAN STIRBT NUR ZWEIMAL von Philippe Monnier nach Fernand Pluot.

FAMILIENPOKER von Serge Leroy nach François Chevalier.

DAS RHODODENDRON-GRAB von Yves Crampi nach Louis Bognani.

EINMAL MUSS BEZAHLT WERDEN von Jean-Roger Cadet nach Gilbert Tanugi.

ZYANKALICOCKTAIL von Juan Luis Buñuel nach Jacques Robert.

GEFAHR UNTER WASSER
Primus
USA 1971; 26 x 25 Min.; F

Carter Primus .... Robert Brown
Charlie Kingman .... Will Kuluva
Toni Hyden .... Eva Renzi

➜ Carter Primus ist ein globetrottender Troubleshooter bei Unterwasserabenteuern. Er hat eine Menge *Gadgets*, die ihm bei seinen Abenteuern helfen: den Unterwasser-Roboter Big Kate oder das Tauchboot Pegasus. Unterstützt wird er von Charlie und Toni, seiner Assistentin.
Produzent Eva Ivan Tors versuchte mit dieser Serie vergeblich, an den Erfolg von ABENTEUER UNTER WASSER anzuknüpfen. Doch die kindischen Geschichten konnten auch durch waghalsige Stunts der Froschmänner nicht gerettet werden.

GEFALLENE ENGEL
Fallen Angels
USA 1995; 1 x 50 Min. u. 10 x 25 Min.; F

➜ William Horberg kreierte und produzierte diese Reihe, die ganz den Geist der Schwarzen Serie und der *Hardboiled*-Stories der zwanziger bis fünfziger Jahre atmet. Für die genaue Bearbeitung sorgte Geoff Stier als Story Editor. Sidney Pollack und Lindsay Doran waren die ausführenden Produzenten. Das musikalische Thema war von Elmer und Peter Bernstein. Ungewöhnlich sorgfältig inszenierte *Period Pieces* nach Kurzgeschichten von Raymond Chandler, Dashiell Hammett, Mickey Spillane, James Ellroy, Bruno Fischer, Cornell Woolrich, Evan Hunter, Walter Mosley und David Goodis. Bemerkenswert war die Chandler-Adaption von RED WIND (eine John Dalmas-Story) durch Agnieszka Holland, in der Danny Glover als Philip Marlowe agierte. Peter Bogdanovich inszenierte die Woolrich-Verfilmung THE DANCING DETECTIVE. Die in diesem Medium ungewöhnliche filmische Qualität macht die Reihe zu einem Meisterwerk, das die Wünsche der anspruchsvollsten Noir-Fans befriedigt.

GEHEIMAGENT 0014
The Top Secret Life of Edgar Briggs
GB 1974; 13 x 25 Min.; F

Briggs, 0014 .... David Jason
Cathy .... Elizabeth Counsell

Buxton .... Michael Stainton
Commander .... Noel Coleman
Mrs. Briggs .... Barbara Angell

➔ Die britische Antwort auf MAXWELL SMART. Was bedeutet, daß diese von Bernard McKenna und Richard Laing konzipierte Serie um den völlig durchgeknallten Agenten 0014 noch übergeschnappter ist als das amerikanische Vorbild. Bei Briggs' geheimem Krieg gegen die Tolteken aus Toltekistan wird keine noch so geschmacklose Pointe ausgelassen. Ein Klassiker des britischen Humors – absolut gnadenlos!

GEHEIMAUFTRAG FÜR JOHN DRAKE

Danger Man

GB 1959-60: 39 x 25 Min.; sw;
1964-66: 45 x 50 Min.; sw, 2 x F

John Drake .... Patrick McGoohan

➔ Ausgedacht hatte sich die Serie GEHEIMAUFTRAG FÜR JOHN DRAKE der Australier Ralph Smart. Als Regisseur und Drehbuchautor hatte er in den fünfziger Jahren für die Produktionsgesellschaft von Lew Grade (der später auch für Hits wie SIMON TEMPLAR, DER MANN MIT DEM KOFFER oder DIE ZWEI verantwortlich zeichnete) bei Serien wie ADVENTURES OF WILLIAM TELL, ROBIN HOOD oder DER UNSICHTBARE mitgearbeitet. Ende der fünfziger Jahre entwickelten sich Agentenromane zu einem der erfolgreichsten literarischen Genres. Ian Flemings beginnender Welterfolg sorgte für ein starkes Interesse am Thriller. Die Geheimagenten lösten die harten Privatdetektive in der Gunst der Krimileser ab. Smart und andere Produzenten erkannten dies.

Noch bevor MIT SCHIRM, CHARME UND MELONE das Fernsehen eroberte und James Bond weltweit über die Leinwände raste, entwickelte Smart das Konzept für die erste Agentenserie modernen Stils. Ganz klar war er von Ian Flemings Bond-Romanen beeinflußt, als er die Figur des Drake anlegte. Auch Drake reiste an exotische Orte, um im Auftrag des Westens für Ordnung zu sorgen. Lew Grade war sofort von der Serie angetan, mit der er den Sprung in die amerikanische Prime Time schaffen wollte. McGoohan sollte für den Erfolg von DANGER MAN ähnlich wichtig werden wie Sean Connery für Bond. Als Smart die Serie vorbereitete, hatte er keinen bestimmten Schauspieler im Auge. Erst als er McGoohan, der 1959 als bester Fernsehschauspieler und bester Bühnenschauspieler ausgezeichnet worden war, in dem TV-Film THE BIG KNIFE gesehen hatte, wußte er, wen er als John Drake haben wollte.

McGoohan akzeptierte Grades und Smarts Angebot nur mit Vorbehalt: Die Drehbücher, die Drake im Stile Bonds als schießfreudigen Frauenhelden zeigten, mußten geändert werden. Er wollte keine unnötige Gewalt und vor allem keine »unmoralischen« Frauengeschichten für Drake. »Ich versuchte Drake so geheimnisvoll wie möglich zu machen. In der Hoffnung, daß kein Zuschauer sicher war, was Drake in der nächsten Sequenz anstellen würde. Seine gefährlichste Waffe sollte keine Pistole, sondern seine Intelligenz sein«, erinnert sich der Schauspieler. Aber natürlich konnte keine Action-

Serie ohne physische Aktion auskommen. Statt unentwegt in Schießereien ließ man Drake deshalb so oft wie möglich in Prügeleien geraten. Dabei entstanden einige der wildesten Schlägereien der Fernsehgeschichte. Nicht selten flog der Gegner meterweit durch den Raum, wenn er Drakes Dampfhammer auf die Nase geknallt bekam. Trotz aller Unwahrscheinlichkeiten achtete man darauf, aus Drake keinen Superhelden zu machen. Auch die Geschichten waren relativ nahe an den politischen Gegebenheiten der Zeit: Drake infiltrierte ein IRA-Kommando, sicherte Öl-Interessen am Golf, beschützte Überläufer, ging gegen indische Giftgasfabriken vor oder destabilisierte Diktaturen, die dem Westen unfreundlich gesonnen waren. Seine Aufträge führten ihn um die ganze Welt: in den Fernen Osten, nach Paris, Afrika, Kaschmir – nur exotisch mußte es sein.

Gedreht wurde aber, abgesehen von Außenaufnahmen in Schottland oder englischen Grafschaften, in den Elstree-Studios. Vier Tage dauerte das Abdrehen einer Folge. Ein *Second Unit*-Team unter Regisseur John Schlesinger sorgte für die Außenaufnahmen und für *Stock Shots* von den exotischen Handlungsorten. Für die zweite Folge, VIEW FROM THE VILLA, wurden die Außenaufnahmen in Portmeirion gedreht, das hier als italienischer Handlungsort diente und als Dorf in NUMMER 6 unsterblich wurde.

Am 11. September 1960 strahlte der kommerzielle Sender ITV die erste Folge aus. GEHEIMAUFTRAG FÜR JOHN DRAKE wurde schnell ein Riesenerfolg im britischen Fernsehen, und Lew Grade konnte die Serie an das US-Network CBS verkaufen. Im Sommer 1961 ersetzte GEHEIMAUFTRAG FÜR JOHN DRAKE auf CBS Steve McQueens Westernserie WANTED: DEAD OR ALIVE (JOSH – DER KOPFGELDJÄGER). Aber dieser Sommerersatz wurde von den amerikanischen Zuschauern kaum wahrgenommen.

Gerade war in England die zweite Staffel produziert worden, und Lew Grade, enttäuscht über die schlechte Resonanz in den USA, ließ GEHEIMAUFTRAG FÜR JOHN DRAKE stoppen. Doch inzwischen waren die Auslandsverkäufe in Europa so gut angelaufen, daß man die Fortsetzung der Serie nach einigen Änderungen beschloß: Künftig sollten die einzelnen Folgen doppelte Länge haben. Außerdem arbeitete Drake nicht mehr für die NATO, sondern für MI 9, eine fiktive Abteilung des britischen Geheimdienstes. Die längeren Folgen erlaubten komplexere Geschichten und tiefere Charakterisierungen. Zwei Staffeln wurden in dem neuen Format produziert, und noch heute geraten die Fans ins Schwärmen, wenn sie an diese Episoden denken. Leider hat man sie bei uns nie komplett ausgestrahlt.

Die neue Serie begann am 13. Oktober 1964 und brachte es auf 45 Folgen. Es folgte noch der legendäre Zweiteiler KOROSHI, der in Farbe gedreht wurde und verschiedentlich als 90-Minüter gezeigt wurde. Aber McGoohan hatte, trotz des relativen Erfolges der neuen Serie in den USA, genug von GEHEIMAUFTRAG FÜR JOHN DRAKE und besuchte Lew Grade mit dem Konzept zur späteren Kultserie NUMMER 6, die auf der Grundidee des Spionageromanautors und Drake-*Story-Editors* George Markstein basierte.

Patrick McGoohan als John Drake

Der von der Serie inspirierte Song *Secret Agent Man* von Phil Sloan und Steve Bass, gesungen von Johnny Rivers, schaffte es in die Hitparaden.
Unter dem Namen Ralph Smart veröffentlichte der deutsche Signum Verlag einen John Drake-Roman, in dem Drake dem weiblichen Geschlecht sehr zugetan ist, und der nichts mit der Serie zu tun hat.
Literatur: Alain Carrazé/Hélène Oswald: The Prisoner; W. H. Allen, 1990. Dave Rogers: The Prisoner & Danger Man; Boxtree, 1989. Matthew White /Jaffer Ali: The Official Prisoner Companion; Warner Books, 1988.
Roman: Ralph Smart: Mord auf Bestellung; Signum Krimi 105, 1962. W. Howard Baker: Departure Deferred; Consul Books, 1965. Storm Over Rockall; Consul Books, 1965. Peter Leslie: Hell for Tomorrow; Consul Books, 1965. W. A. Ballinger: Exterminator; Consul Books, 1966. Wilfred McNeilly: No Way Out; Consul Books 1966.
Heftromane: Geheimauftrag für John Drake; Marken Verlag, Köln. Nr. 1, 1963, – Nr. 390, 1976. In dieser Heftserie schrieb auch der renommierte deutsche Kriminalromancier Michael Molsner mehrere Drake-Abenteuer, und zwar die Hefte 154, 161, 181, 186, 173, 138, 301, 239, 275, 286, 289, 303, 311, 316, 325, 338, 346, 351, 352.
Comic: John Drake; Bildschirm, Nr. 1-2, 1967. Danger Man; Four Color Comic 1231, 1961.

GEHEIMBUND DER ROSE
Brotherhood of the Rose

USA 1988; 2 x 89 Min. (auch: 3 x 58 Min.); F
John Eliot .... Robert Mitchum
Saul Grisman .... Peter Strauss

Erika Bernstein .... Connie Sellecca
Chris Kilmoonie .... David Morse
Graham .... Nick Enright
Colonel Chan .... James Hong
Sir Percival Landish .... Martyn Sanderson
Hardy .... Emmet Walsh

➔ Saul und Chris waren Kinder, als John Eliot sie aus dem Waisenhaus holte und zu perfekten Geheimagenten ausbilden ließ. Sie sind Top-Agenten geworden, doch Eliot nutzt sie nun skrupellos aus. »Schrecklich in die Länge gezogene, nahezu unverständliche Spionagegeschichte. Obwohl fast jede Szene in einem anderen Land spielt, wurde der Wirrwarr in Neuseeland gedreht«, vernichtete der *TV Movies & Video Guide* den von Marvin J. Chomsky inszenierten Mehrteiler, der auf einem Teil einer Romantrilogie des Rambo-Erfinders David Morrell basiert.

Roman: Der Geheimbund der Rose (Brotherhood of the Rose; 1984); Heyne 6850, 1987. Verschwörung (Fraternity of the Stone; 1985); Heyne 7652, 1988. Verrat (League of Night and Fog; 1987); Heyne 7760, 1988.

GEHEIMCODE REBECCA

The Key to Rebecca

USA 1985; 2 x 90 Min. (auch 3 x 60 Min.); F

Alex Wolff .... David Soul
Rommel .... Robert Culp

➔ Ein deutscher und ein britischer Spion liefern sich ein Duell um Geheimdokumente, die Rommels Afrikafeldzug beeinflussen können.

Herausragend ist Robert Culps Darstellung des Feldmarschalls. Samuel Harris adaptierte Ken Folletts Bestseller, bei dem Multitalent David Hemmings Regie führte. Die Miniserie wird der Romanvorlage gerecht.

Roman: Der Schlüssel zu Rebecca; Bastei, 1984.

GEHEIMNIS DER BLAUEN KRONE, DAS

Coronet Blue

USA 1967; 13 x 45 Min.; F

Michael Alden .... Frank Converse
Bruder Anthony .... Brian Bedford
Max .... Joe Silver

➔ Der junge New Yorker Polizist Alden wird angeschossen und stürzt in den East River. Als er an Land erwacht, weiß er nicht mehr, wer er ist, und kann sich nur noch an die Worte »Coronet Blue« erinnern. Während er versucht, hinter die Bedeutung der Worte und seiner Existenz zu kommen, versucht man ihn zu ermorden. Bei der Suche nach seiner Identität gerät er an Spione, Gangster und Geheimorganisationen, die alle meinen, sie müßten ihn umbringen, da er zuviel weiß.

Herbert Brodkin produzierte diese Serie, die wie kaum eine andere US-Serie das Lebensgefühl der Jugendlichen der sechziger Jahre widerspiegelt. CBS mochte die Serie nicht, und so wurde sie beendet, ohne daß das Geheimnis um die blaue Krone aufgelöst wurde. Kein Wunder, daß sie Kultstatus erreichte.

Produziert wurden die ersten Folgen bereits 1965, aber wegen der thematischen Ähnlichkeit zur damals laufenden Westernserie EIN MANN NAMENS SHENANDOAH zurückgehalten. Als CBS die Serie in der Sommerpause wiederholte, wurde sie überraschenderweise das meistgesehene Sommerprogramm. Natürlich wollte der Sender, daß Brodkin weitermacht, aber Hauptdarsteller Converse war bereits für die neue Serie NEW YORK COPS gebunden und Brodkin wollte nicht mehr. Diese Serie darf eigentlich auf keinem *Crime*- oder Kult-TV-Festival fehlen!

GEHEIMNISSE VON PARIS, DIE

Les mystères de Paris

BRD/F 1982; 5 x 60 Min.; F

Rudolf .... Sigmar Solbach
Fleur de Marie .... Christanne Deschaumes
Murph .... Pinkas Braun
Die Eule .... Noëlle Leiris
Schulmeister .... Jacques Seiler
Messerstecher .... François Dyrek

➔ Ein tugendhafter, verkleideter Adliger, der in den Elendsvierteln von Paris lebt, kämpft für die Armen um mehr Gerechtigkeit.

Aufwendige, aber uninspirierte Verfilmung von Eugène Sues (1804-57) Klassiker aus dem Jahr 1843. Das Drehbuch ist von René Wheeler und Maria Benedicto, Regie führte André Michel.

Roman: Eugène Sue: Die Geheimnisse von Paris; Insel 1080, 1988.

GEHEIMNIS VON TWIN PEAKS, DAS
Twin Peaks

USA 1990-91; 2 x 90 Min.; 28 x 45 Min.; F

Agent Dale Cooper	Kyle MacLachlan
Sheriff Harry S. Truman	Michael Ontkean
Jocelyn (Josie) Packard	Joan Chen
Catherine Martell	Piper Laurie
Pete Martell	Jack Nance
Leland Palmer	Ray Wise
Sarah Palmer	Grace Zabriskie
Laura Palmer/Madeleine Ferguson	Sheryl Lee
Garland Briggs	Don Davis
Bobby Briggs	Dana Ashbrook
Big Ed Hurley	Everett McGill
Nadine Hurley	Wendy Robie
James Hurley	James Marshall
Benjamin Horne	Richard Beymer
Audrey Horne	Sherilyn Fenn
Jerry Horne	David Patrick Kelly
Donna Hayward	Lara Flynn Boyle
William Hayward	Warren Frost
Eileen Hayward	Mary Jo Deschanel
Shelley Johnson	Mädchen Amick
Leo Johnson	Eric Da Re
Hank Jennings	Chris Mulkey
Norma Jennings	Peggy Lipton
Lucy Moran	Kimmy Robertson
Dr. Lawrence Jacoby	Russ Tamblyn
Deputy Andy Brennan	Harry Goaz
Deputy Tommy Hill	Michael Horse
Mike Nelson	Gary Hershberger
Albert Rosenfield	Miguel Ferrer
Gordon Cole	David Lynch
Margaret	Catherine E. Coulson
Josie Packard	Joan Chen

➜ Von Mark Frost und David Lynch erfundene bizarre *Crime*-Serie, die im bis dahin selten gezeigten Nordwesten der USA spielte und Kultstatus erreichte. Sie erzählt von geheimnisvollen und schrecklichen Dingen, die sich hinter den Fassaden kleinstädtischer Bürgerlichkeit verbergen. Auslöser ist der Mord an der Schülerin Laura Palmer, der den FBI-Agenten Cooper mit seiner Manie für Kaffee und Kirschkuchen in die Stadt Twin Peaks führt. Dort ist alles zu idyllisch, um wahr zu sein. Nach und nach schaut man hinter die Kulissen. Haß, Mißgunst, Mord, Totschlag, Laster und Leidenschaft herrschen am Fuß der nebelverhangenen Berge. In dieses Niemandsland zwischen Traum und Alptraum plaziert Lynch sein Kabinett zwielichtiger Gestalten: Einen Zwerg, der rückwärts spricht, ein Mädchen, das im Bordell ihres Vaters arbeitet und einen Indianer, der in Träumen erscheint.

Das Drehbuch zum Pilotfilm wurde von Lynch und Frost in neun Tagen geschrieben und von Lynch für vier Millionen Dollar umgesetzt. Zu den weiteren Regisseuren gehörten Dwayne Dunham, Tina Rathbone, Tim Hunter, Lesli Linka Glatter, Caleb Deschanel und Mark Frost selbst. Mit 35 Millionen Zuschauern erzielte TWIN PEAKS in den USA für den Sender ABC die höchste Quote innerhalb von fünf Jahren. Nach 33 Prozent Sehbeteiligung beim Pilotfilm sackte sie jedoch auf 10 Prozent ab.

»Erzählt wurde die Geschichte in nahezu peinigender Langsamkeit, in irritierenden Detailaufnahmen, zu einer seltsamen Musik und jede Folge war komplizierter als die vorherige. [...] Sie wurde über Wochen zur Kult-Serie in den USA, mit Fanclubs und Fernsehpartys, jeden Donnerstag [...]; eine regelrechte Peaks-Industrie entstand. Allein für 14 *Emmys* war die inzwischen in 55 Länder verkaufte Serie nominiert«, berichtete *Der Spiegel* in Nr. 37/1991. Hauptdarsteller Kyle MacLachlan: »Twin Peaks ist eine Allegorie, die deutlich macht, daß wir in Amerika viele Dinge unterdrücken, die wir jedoch nicht ersticken können. Nehmen Sie den Kirschkuchen. Er ist wie Amerika. Wenn man in die appetitliche Kruste sticht, kommen darunter eklig deformierte Kirschen hervor. Außerdem ist Cherry Pie auch ein Synonym für eine Frau.«
1992 brachte Lynch einen Kinofilm, der auf der Serie basierte, heraus.
Ziemlich mies führte sich der Sender SAT.1 bei der deutschen Erstausstrahlung 1991 durch RTL auf. Um dem Konkurrenten zu schaden, verriet man den Mörder von Laura Palmer. Natürlich nicht in Spots oder Anzeigen, sondern auf eine Weise, die dieser Sender wahrscheinlich als subtil ansieht. Er kündigte einen Service für RTL-Zuschauer an: »SAT.1-Text, das Videotext-Programm von SAT.1, gibt ab sofort das Geheimnis um den Mörder aus der Serie TWIN PEAKS preis. Die Lösung findet sich auf Seite 176.« Natürlich zog auch die *BILD*-Zeitung mit, da Springer und Kirch sowohl am

TWIN PEAKS: Kyle MacLachlan, Michael Ontkean

TWIN PEAKS: C.E. Coulson, M. Amick, David Lynch

Springer Verlag als auch an SAT.1 beteiligt waren. Als Anfang der sechziger Jahre der Kabarettist Wolfgang Neuss den Mörder aus dem Durbridge-Krimi DAS HALSTUCH verraten hatte, geißelte ihn die *BILD*-Zeitung auf der ersten Seite. SAT.1 hatte jedenfalls sein Ziel erreicht: Die Quote fiel von 3,98 Millionen Zuschauern beim Pilot-Film auf 2,43 Millionen Zuschauer bei der dritten Folge. Allerdings war die Enttarnung des Vaters als Mörder nicht ganz korrekt. Lynch und Frost wollten eine komplexe Aussage über das Böse machen, das für alle Morde verantwortlich ist. Sie nannten es »Bob« und stellten es als langhaarigen Irren vor, der in jeden Körper schlüpfen konnte, so auch in Lauras Vater.
Literatur: Scott Knickelbine: Welcome to Twin Peaks. A Complete Guide; Signet AE 7031, 1990.
Roman: Jennifer Lynch: Das geheime Tagebuch der Laura Palmer; Heyne 8481, 1992. Scott Frost: FBI-Agent Dale. B. Cooper. Mein Leben, meine Aufzeichnungen; Heyne 8482, 1992.

GEHEIMOPERATION DOWNING STREET

The Secret Servant

GB 1984; 3 x 50 Min.; F
Major Harry Maxim .... Charles Dance
Professor Tyler .... Dan O'Herlihy
➜ Als Leibwächter für einen in Waffengeschäfte verstrickten Professor wird Major Maxim von Downing Street eingesetzt.

Brian Clemens adaptierte Gavin Lyalls ersten *Major Maxim*-Roman und David Greenslade führte Regie. Mit einer Vorlage von Gavin Lyall kann ein britisches Team eine Geschichte kaum in den Sand setzen.
Roman: Gavin Lyall: Bis zum tödlichen Ende; Heyne, 1982.

GEHEIMSCHUBLADE, DIE
Le tiroir secret

F/BRD; 1986; 6 x 50 Min.; F

Colette .... Michèle Morgan
André .... Heinz Bennent
Jean-Pierre .... Daniel Gélin
Vivi .... Jeanne Moreau
Freddy .... Teco Celio

➜ Nach der Beerdigung ihres dritten Mannes entdeckt die Psychologin Colette in einer Geheimschublade Dokumente, die auf ein Doppelleben des Verstorbenen hindeuten. Sie folgt den Spuren von Paris über die Schweiz nach Italien und gerät in eine gefährliche Intrige.
Das Drehbuch zu dieser Mischung aus Psycho- und Politthriller schrieb Michèle Morgans Stieftochter Danielle Thompson, und der WDR beteiligte sich mit 2,4 Millionen DM an dieser Koproduktion.
Roman: D. Thompson/G.O. Chateaureynaud: Die Geheimschublade; Rowohlt 12114, 1988.

GEJAGT – DAS ZWEITE GESICHT
Two

USA 1996; 1 x 83 Min. u. 21 x 45 Min.; F

Gus/Booth .... Michael Easton
Carter .... Barbara Tyson
Maxwell .... Ron Sauve

➜ Zwillingsbrüder, nach der Geburt getrennt, sind bei verschiedenen Pflegeeltern aufgewachsen. Gus hatte das angenehmere Elternhaus, wofür sich Booth rächen will. Als Gus entdeckt, daß er einen Zwillingsbruder hat, ist es schon zu spät. Booth hat mehrere Morde begangen und soeben auch Gus' Frau umgebracht. Alle Indizien deuten auf Gus hin, der nun unbarmherzig vom FBI gejagt wird.
Ein müder AUF DER FLUCHT-Aufguß von Autor Charles Grant Craig mit einem Baldwin-Lookalike in der überfordernden Hauptrolle. Natürlich lange nicht so schlecht wie etwa EINE FRAU WIRD GEJAGT, aber unter den Paranoia-Serien der neunziger Jahre nicht mehr als bestenfalls Durchschnitt.

Geller, Bruce

Amerikanischer Produzent und Autor, geboren 1929. Mit 35 Jahren hatte er bereits TV-Preise eingeheimst, Serien wie ROCKIE KING, THE WESTERNER und THE JUDGE geschrieben und u.a. die Clint Eastwood-Serie COWBOYS (RAWHIDE) produziert. Sogar zwei Off-Broadway-Musicals gingen auf sein Konto. Er war eines der beliebten jungen Talente der TV-Industrie. Außerdem war er ein großer Fan von *Big Caper Movies*, von Gangsterfilmen, die einen großen Coup in den Mittelpunkt stellen. Zu seinen Lieblingsfilmen gehörten RIFIFI, TOPKAPI und ASPHALTDSCHUNGEL. 1965 schrieb er ein an diesen Filmen orientiertes Drehbuch, mit dem er sein Debüt im Kino gab. Aber die Filmproduzenten wollten nicht anbeißen und rieten Geller, daraus eine Fernsehsendung zu machen. Geller überlegte es sich und beschloß, seine ganz persönliche Traumserie zu entwickeln: KOBRA, ÜBERNEHMEN SIE. Seine zweite große Serie war MANNIX (1967-75). Geller starb am 21. Mai 1978 bei einem Flugzeugabsturz.

Die Bruce-Geller-Schöpfung KOBRA, ÜBERNEHMEN SIE (Peter Graves, Barbara Bain)

GEMINI MAN

Gemini Man

USA 1976; 1 x 90 Min. u. 11 x 45 Min.; F

Sam Casey .... Ben Murphy
Dr. Abby Lawrence .... Katherine Crawford
Leonard Driscoll .... William Sylvester

➔ Sam ist Spezialagent von INTERSECT (International Security Technics), einer US-Regierungsbehörde. Nach einer Explosion unter Wasser veränderte Radioaktivität seine Molekularstruktur, so daß er nun täglich eine Viertelstunde unsichtbar sein kann. Ganz schön nützlich, wenn man die freie Welt retten muß. Leslie Stevens erfand für NBC diesen weiteren Abklatsch eines SECHS-MILLIONEN-DOLLAR-MANNES, der zur Musik von Mark Snow die Zuschauer langweilte.

GENE BRADLEY IN GEHEIMER MISSION

The Adventurer

GB 1972; 26 x 25 Min.; F

Gene Bradley .... Gene Barry
Mr. Parminter .... Barry Morse
Diane .... Catherine Schell
Gavin Jones .... Garrick Hagon

➔ Gene Bradley ist ein internationaler Filmstar, der für den Geheimdienst arbeitet. Wahrlich eine großartige Tarnung für einen Geheimagenten!
Monty Berman produzierte diese Serie in England für ITC auf 16mm-Filmmaterial in der Hoffnung, das uninspirierte Machwerk auch in die USA verkaufen zu können; einer der Geldgeber war der Autohersteller Chevrolet. Das Beste an der Serie ist die Titelmusik von John Barry. *Co-Creator* neben Berman war Dennis Spooner, der später über die Serie sagte: »Wir hatten unentwegt Probleme bei der Produktion und der Besetzung. Am schlimmsten aber war der Einfluß der Amerikaner. Fünf Leute waren berechtigt, über die Drehbücher mitzubestimmen, darunter Gene Barry und jemand von Chevrolet.« Ihr größter Reiz bestand in der Zurschaustellung der furchtbaren Mode der frühen siebziger Jahre und ihres eitlen Hauptdarstellers. Ein schreckliches Wiedersehen mit zwei Serienstars der Sechziger: Barry, der ehemalige AMOS BURKE und Morse, der Kimble-Verfolger aus AUF DER FLUCHT.
Roman: Robert Miall: The Adventurer; Pan, 1973.

Gentleman-Gangster

Im Mittelpunkt der Kriminalgeschichten um den Gentleman-Gangster stehen sympathisch gezeichnete Gesetzesbrecher, die ansonsten das Wertesystem der Gesellschaft akzeptieren. Die bekanntesten TV-Beispiele sind GAUNER GEGEN GAUNER und ARSÈNE LUPIN. Auch der literarische Simon Templar gehörte zu den Gentleman-Gangstern.

GENTLEMEN BITTEN ZUR KASSE, DIE

BRD 1966; 3 x 80 Min; sw

Donegan .... Horst Tappert
Kinsey .... Hans Cossy
Archie .... Günther Neutze
Geoffrey .... Karl-Heinz Hess
Webster .... Hans Reiser
Williams .... Rolf Nagel
Slowfoot .... Harry Engel
Inge Masterson .... Kai Fischer
Masterson .... Paul Edwin Roth
Jennifer Donegan .... Grit Böttcher
Inspector MacLeod .... Siegfried Lowitz
Sergeant Davies .... Dirk Dautzenberg
Sergeant Robbins .... Lothar Grützner

➔ Donegan, Drahtzieher der Gentlemen-Bande, erhält einen heißen Tip über einen Postzug Ihrer Majestät von England mit Millionen von Pfund, die aus dem schottischen Glasgow nach London gebracht werden. Am 8. August 1963 überfällt er mit seiner Bande den Zug.
Das nach Henry Kolarz' *Stern*-Roman gedrehte Semi-Dokumentarspiel der ARD gehört zu den Sternstunden der deutschen Krimiunterhaltung im Fernsehen (wozu sicher auch die ausgezeichnete Regie von Koregisseur John Olden und Claus Peter Witt beitrug). Minutiös wurde die Geschichte des legendären englischen Postraubs rekonstruiert und mit viel Spannung erzählt. Dabei wechselte die Perspektive gekonnt zwischen Jägern und Gejagten. Die sympathische Darstellung der Gangster war eine absolute Ausnahme im deutschen Fernsehen der sechziger Jahre und von den Verantwortlichen sicher nur geduldet, da es sich um Briten handelte.
Einer der wenigen deutschen Fernsehklassiker im Krimi-Genre.

Roman: Henry Kolarz: Die Gentlemen bitten zur Kasse; Heyne 333, 1964, und Moewig 2143, 1981.

George, Götz

Deutscher Schauspieler. Geboren am 23. Juli 1938 in Berlin als Sohn des Schauspielerpaares Bertha Drews und Heinrich George. Als Elfjähriger stand er erstmals auf der Bühne. Er besuchte die Schauspielschule und lernte Sprachen. 1953 debütierte der fünfzehnjährige Knabe im Film WENN DER WEISSE FLIEDER WIEDER BLÜHT. Er spielte Theater und drehte jährlich ab 1958 mindestens einen Film. Erster Höhepunkt war eine Hauptrolle in Wolfgang Staudtes KIRMES (1960). Nun etablierte er sich als einer der neuen Stars des deutschen Kinos und spielte auch in internationalen Koproduktionen. Vor allem die Karl-May-Filme der sechziger Jahre machten ihn als körperbetonten Schauspieler bekannt, der sein ganzes Können in dieser Zeit aber am Theater präsentierte. Nachdem Opas Kino Ende der sechziger Jahre einen rasanten Niedergang erlebte, war es auch mit den Kinofilmen für George erstmal vorbei. Zwischen 1969 und 1975 spielte er ausschließlich Theater und im Fernsehen.

Im Fernsehen mußte er sich meistens mit Nebenrollen begnügen, etwa in dem Dreiteiler 11 UHR 20 oder im KOMMISSAR. 1971 spielte er in der trashigen ZDF-Vorabendserie DIAMANTEN-DETEKTIV DICK DONALD die Hauptrolle; die weibliche Assistentin spielte seine damalige Frau Loni von Friedl. Gastrollen in Krimi-Serien folgten. Aufsehen erregte 1977 seine Darstellung eines KZ-Kommandanten in Theodor Kotullas Kinofilm AUS EINEM DEUTSCHEN LEBEN nach einem Roman von Robert Merle.

1981 begann mit dem TATORT DUISBURG RUHRORT die Schimanski-Ära. Trotz unlogischer Drehbücher wurde die Serie innerhalb der TATORT-Reihe zu einem Riesenerfolg, was fast ausschließlich an George lag, der dieser Figur seinen Stempel aufdrückte und sie über alle Drehbuchschwächen trug. Wenig Erfolg hatte seine Serie MORLOCK, die nach vier Folgen abgebrochen wurde. Aber George wurde mit Schimanski und der unregelmäßigen Comedy-Serie SCHULZ & SCHULZ zum größten Star des deutschen Fernsehens, dreht Filme (wie DER TOTMACHER von Romuald Karmakar, für den er in Venedig mit dem *Goldenen Löwen* ausgezeichnet wurde) und TV-Movies und hat 1997 auch Schimanski in einer eigenen Serie reaktiviert.

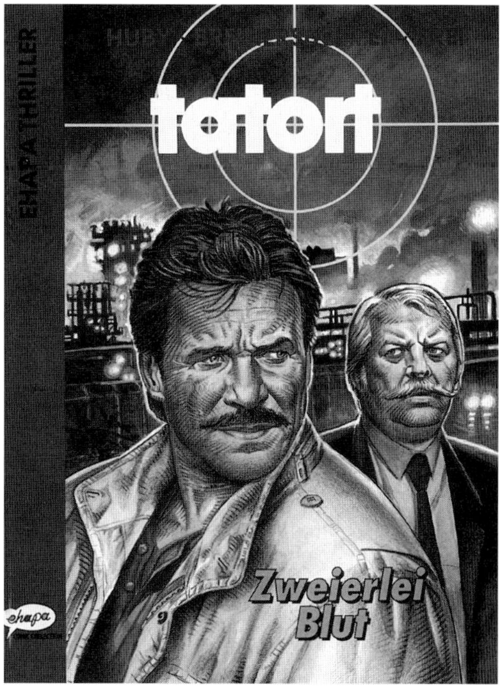

Götz George als Comic-Vorlage

GERICHTSMEDIZINERIN DR. SAM RYAN

Silent Witness

GB 1996- ; x 90 Min.; F

Dr. Samantha Ryan .... Amanda Burton
Det. Supt. Farmer (1996) .... Claire Higgins
Det. Insp. Tom Adams (1996) .... John McGlynn
Det. Supt. Peter Ross (1997-) .... Mick Ford
Dr. Trevor Stewart (1997-) ... William Armstrong
Wyn Ryan .... Ruth McCabe
Det. Insp. Rachel Selway (1997-) ... Nicola Redmond
Det. Supt. Tony Speed .... Richard Huw

➜ Seit den achtziger Jahren ist ein Trend in der Kriminalliteratur feststellbar, der mit der üblichen

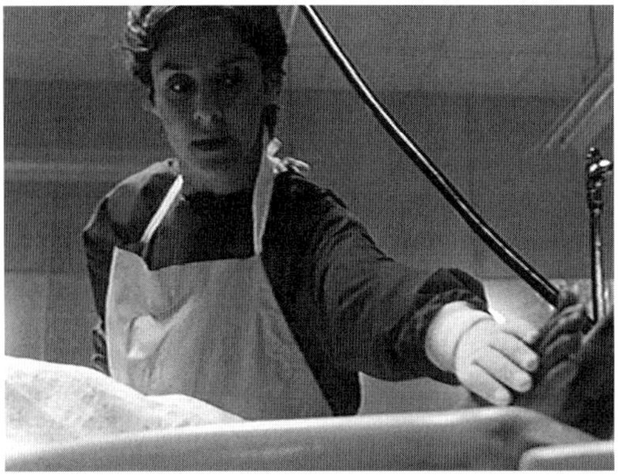

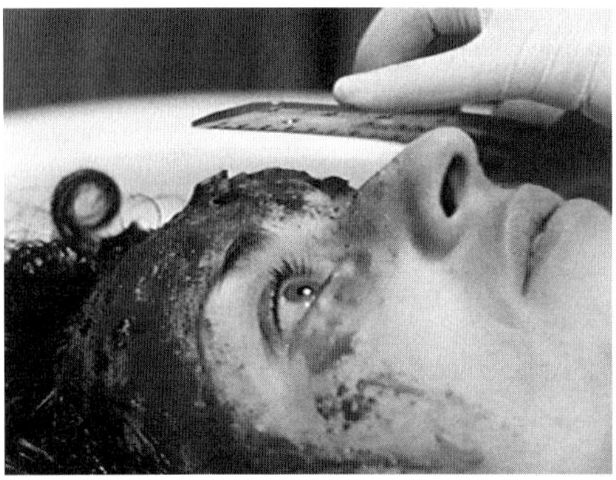

Dr. Samantha Ryan (Amanda Burton) bei der Arbeit

Verspätung auf das Fernsehen durchschlug: Keine tapferen Polizisten oder ebenso mutige wie schöne Privatdetektive haben momentan Konjunktur, sondern gebrochene Helden, die das Verbrechen als Profiler, Psychologen oder Gerichtsmediziner bekämpfen. In einer Zeit, in der Verblödung und Irrationalismus in den Medien zunimmt, erscheinen sie als einer der letzten Horte der klassischen Aufklärung. Sie dekodieren die *Black Boxes* der Opfer und vermitteln ungebrochen den Eindruck, daß unsere Welt rational erklärbar ist. Jedenfalls weitgehend. Logisches Denken und stringente Geschichten – im Zeitalter von *Big Brother* für TV-Verantwortliche wohl eine geradezu obszöne Zielvorgabe – zeichnen die besten dieser angelsächsischen Serien aus. Es sei nur an FÜR ALLE FÄLLE FITZ oder PROFILER erinnert. Die neuen britischen Erfolgsserien wenden sich völlig von den amerikanischen (und britischen der siebziger Jahre wie PROFIS oder DIE FÜCHSE) Action-Modellen ab und hin zu psychologisch fundierten, minutiös erzählten und genau beobachteten Geschichten mit realistischen Hintergründen. Ausgelöst wurde dieser Trend in den achtziger Jahren durch Lynda La-Plantes Mehrteiler PRIME SUSPECT (HEISSER VERDACHT) mit Helen Mirren.

Die Serie GERICHTSMEDIZINERIN DR. SAM RYAN spielt in und um Cambridge (weshalb die britische Presse sie als Gegenstück zur Serie INSPECTOR MORSE, die in Oxford angesiedelt ist, abgefeiert hat). Hauptperson ist die Gerichtsmedizinerin Sam Ryan, eine Halbirin Ende 30, die immer beherrscht und meist emotionslos den Toten ihre Geschichte abringt. Vorgesetzte, Mitarbeiter und Zeugen sind glaubwürdige Charaktere. Die Serie ist nicht so temperamentvoll und brillant angelegt wie CRAKKER (die ja von Robbie Coltranes Portrait des Psychologen Fitz dominiert wurde), beobachtet und erzählt aber genauso detailfreudig. Anders als CRACKER ist die Serie sehr kalt inszeniert, verläßt sich bei emotionalen Szenen völlig auf die Schauspieler. Fast widerwillig und sparsam zeigt die Kamera Großaufnahmen. Als wollten die Macher auf keinen Fall die Distanz verlieren, was angesichts der manchmal grauenvollen Geschichten verständlich ist. Aber die kühle Inszenierung hält den Zuschauer trotzdem im Bann.

Die Szenen in der Pathologie sind erschreckend realistisch und haben beim britischen Publikum und in der Presse so manchen Aufschrei provoziert. Die Kamera wandert nicht hoch auf Dr. Ryans Gesicht, wie sonst üblich, sondern verweilt schon mal bei der blutigen Arbeit. »Von 12 Millionen Zuschauern haben sich nur 17 darüber beschwert«, argumentiert Hauptdarstellerin Amanda Burton. »Wir zeigen keine physische Gewalt in der Serie, nur die Folgen.« Die Leichen auf dem Seziertisch können deshalb nicht von Schauspielern gespielt werden. Damit kräftig in den Gedärmen herumgewühlt werden kann, stellt der Filmdesigner Paul McGuiness Dummies her. Sie anzu fertigen dauert vier Wochen pro »Leiche« und kostet 700 Pfund! Das Studio mit der Leichenhalle steht in einer ehemaligen Schule in London.
Daß die Arbeit korrekt dargestellt wird, dafür garantiert neben einem Expertenteam auch Serienerfinder Nigel McCrery, der neun Jahre als Polizist gearbeitet hat und in dieser Zeit seine Faszination für forensische Medizin entdeckte. Er arbeitete für die BBC (für sie entwickelte er die ausgezeichnete Bodyguard-Serie BACK-UP), als er 1995 auf die Idee für SILENT WITNESS kam. Auch der große Erfolg der Romane der amerikanischen Autorin Patricia Cornwell über eine Gerichtsmedizinerin wird sich nicht gerade negativ bei seinen Überlegungen ausgewirkt haben. Von Anfang an wollte er die gerichtsmedizinischen Untersuchungen stärker in den Mittelpunkt stellen und detaillierter zeigen, als dies zuvor in einer TV-Serie geschehen war. Das ganze Team mußte vor Beginn der Dreharbeiten in die Londoner Gerichtsmedizin und bei einer Leichenöffnung zusehen. Bereits nach wenigen Minuten verabschiedete sich die Hauptdarstellerin, um Luft zu schnappen. Aber Amanda Burton – so lautet jedenfalls die Legende – kam bald zurück und sah sich stoisch alles bis zum letzten Schnitt an.
Der verschiedentlich geäußerte Vorwurf, die Serie sei zu realistisch, zu brutal (in Belgien lief sie im Nachmittagsprogramm), ist zu oberflächlich. SILENT WITNESS geht sehr sensibel mit den furchtbaren Schicksalen ihrer Figuren um und diskriminiert nicht, auch darin ist sie ganz aufklärerischen Idealen verbunden. In England sind bisher etwa zwanzig Folgen mit großem Erfolg ausgestrahlt worden. Dabei ist festzustellen, daß die Serie mehr und mehr zu einem Starvehikel für Amanda Burton wird, denn ihrem Privat- und Vorleben wird immer mehr Platz eingeräumt. Auch ist sie nicht mehr ein so kalter Fisch wie zu Beginn. In den letzten Folgen wurde sie gar an die Londoner Universität berufen, wo sie Studenten mit strapazierfähigen Mägen die forensische Medizin näher bringen soll, aber natürlich wird sie im ganzen Land als Spezialistin für schwierige Fälle eingesetzt. Angesichts dieser Entwicklung ist es nicht erstaunlich, daß die harten Fans der Serie die ersten beiden Staffeln als die besten ansehen.
Erstaunlich, daß tatsächlich endlich mal wieder eine der vielen britischen Qualitätsserien den Weg auf deutsche Bildschirme gefunden hatte. Denn seit Jahren schlummert in England ein ungeborgener Schatz an niveauvollen TV-Serien, der hierzulande einfach ignoriert wird.
Roman: Nigel McCrea: Silent Witness; 1996. Strange Screams of Death; 1998. The Spider's Web; 1999.

GESEGNETES TEAM, EIN
Father Dowling Mysteries

USA 1987: 1 x 90 Min.;
1989-91: 1 x 90 u. 41 x 45 Min.; F

Father Frank Dowling .... Tom Bosley
Schwester Stephanie .... Tracy Nelson
Father Prestwick .... James Stephens
Marie .... Mary Wickes
Sergeant Clancy .... Regina Krueger

➜ Der Chicagoer Priester Dowling von der St. Michaels-Kirche wird andauernd in Verbrechen verwickelt, die er zusammen mit der Nonne Stephanie aufklärt. Stephanie muß dazu oft in unterschiedliche Rollen schlüpfen und sich verkleiden. Nachdem Tom Bosley jahrelang den Sheriff Amos Tupper in MORD IST IHR HOBBY spielte, holte ihn sich Dean Hargrove für diese klassische Detektivserie, die auf den Figuren von Ralph McInernys Romanen basierte.
Roman: Einige Father-Dowling-Kriminalromane sind Mitte der achtziger Jahre bei uns als Knaur-Taschenbücher erschienen.

GESETZ DER STRASSE, DAS

Street Justice

USA 1991-92; 1 x 90 Min. u. 42 x 45 Min.; F

Adam Beaudreaux .... Carl Weathers
Grady .... Bryan Genesse
Malloy .... Charles Fernetz
Lieutenant Pine .... Leam Blackwood

➜ Der Polizist Beaudreaux möchte an das Gute im Menschen glauben, doch er wird immer wieder eines Schlechteren belehrt. Sein Freund Grady verlor in Vietnam als Kind seine Eltern. Als kleiner Gauner landete er im Gefängnis und lernte dort asiatische Kampfsportarten. Nachdem Beaudreaux ihn gesucht und gefunden hatte, taten sie sich als Team bei der Polizei zusammen. Bei der gemeinsamen Suche nach Gerechtigkeit auf der Straße gerät Beaudreaux des öfteren in Konflikt mit dem Dienstweg.

Hauptdarsteller Weathers, der als ACTION JACKSON und durch seine Rolle als Apollo Creed in ROCKY bekannt wurde, über die auf ihn zugeschnittene Serie: »Es ist gar nicht leicht, in Vancouver eine Action-Serie zu drehen. Die Waffen-Kontrolle ist äußerst streng. Die Behörden passen genau auf, was mit den Schießeisen passiert, wir dürfen keine Waffen vom Set entfernen, nicht einmal, wenn wir nur die Straße überqueren wollen, um auf der anderen Seite zu drehen.« Es wurde trotzdem brutal genug: Als der deutsche Sender SAT.1 die Serie 1995 im Nachmittagsprogramm ausstrahlen wollte, verhinderte die Freiwillige Selbstkontrolle Fernsehen (FSF) die Ausstrahlung von fünf Folgen wegen zu großer Gewalttätigkeit.

GESETZ DER STRASSE: Carl Weathers, Bryan Genesse

GESETZLOSEN, DIE

Outlaws

USA 1986-87; 1 x 90 Min. u. 12 x 45 Min.; F

John Grail .... Rod Taylor
Harland Pike .... William Lucking
Wolfson Lucas .... Charles Napier
Isaiah »Ice« McAdams .... Richard Roundtree
Billy Pike .... Patrick Houser
Lieutenant Maggie Randall .... Christine Belford

➜ 1899 verfolgt Sheriff Grail die Bankräuberbande von Harland Pike. Grail war selbst Bandenmitglied, bevor er die Seiten wechselte. Er und die Bande geraten in einen Elektronensturm und werden durch die Zeit in das heutige Texas gewirbelt, in eine Welt, die ihnen völlig fremd ist. Aus der Not heraus schließen Grail und die Bande Frieden und kaufen mit dem geraubten Gold die Double Eagle-Ranch. Auf Grails Betreiben gründen sie eine Privatdetektei. Maggie Randall, eine zeitgenössische Polizistin, freundet sich mit den merkwürdigen Typen an.

GESTATTEN, MEIN NAME IST COX

BRD 1963: 13 x 25 Min.; 1966: 13 x 25 Min.; sw

Paul Cox .... Günther Pfitzmann

➜ Zum ARD-Vorabend-Straßenfeger entwickelte sich GESTATTEN, MEIN NAME IST COX, der erste multimediale Erfolg der deutschen Mediengeschichte: 1952 versetzte die gleichnamige Hörspielserie von Rolf und Alexandra Becker ganz Deutschland in Spannung. Es war die Geburtsstunde des sogenannten Hörspiel-Straßenfegers (im Rundfunk folgten bald darauf die Paul-Temple-Hörserien von Durbridge). 1955 wurde GESTATTEN, MEIN NAME IST COX mit Johannes Heesters und Nadja Tiller von Georg Jacoby verfilmt.

Die in England angesiedelte Serie war auch als Roman so erfolgreich, daß bald ein zweites Buch folgte, MORD AUF GEPÄCKSCHEIN 3311. Den größten Erfolg verbuchte der Stoff allerdings als Fernsehserie. Damals waren die Abenteuer des Amatateurdetektivs Cox, der gegen seinen Willen in Mordfälle und Intrigen verwickelt wird, Tagesgespräch.

Nachdem 1963 die erste Staffel ein Riesenerfolg gewesen war, zog man 1966 auf der Grundlage des zweiten Romans nach: 13 Folgen brauchten Günther Pfitzmann und sein Gefährte Wolfgang Neuss, um die schöne Ellen Schwiers aus den Händen ganz schlimmer Schurken zu befreien, die sie mit einem Schiff entführt hatten.

Roman: R. u. A. Becker: Gestatten, mein Name ist Cox; Signum 14, 1960, und Bastei Krimi 36004, 1977. Mord auf Gepäckschein 3311; Signum 67, 1962, und Bastei Krimi 36009, 1978.

GESUCHT WIRD ...

BRD 1976: 13 x 25 Min. u. 1978: 13 x 25 Min.; F

Polizeiobermeister Brauer .... Moritz Milar
Polizeiobermeister Grothe .... Alexander Welbat

➔ Jährlich verschwinden in Deutschland über 20.000 Menschen. Die beiden Helden der ZDF-Serie versuchen, solche Fälle aufzuklären.

Unspektakuläres Routineprodukt von Hans Georg Thiemt, Hans Dieter Schreets (Bücher) und Peter Meincke (Regie).

GESUCHT WIRD MÖRDER X

BRD 1959; 4 x 30 Min.; sw

Heinz Helten .... Harald Maresch
Dieter Ranspach, Margit Nünke, Nestor Xaidis, Helmuth Rudolph, Reinhard Brandt, Alfred Balthoff u.a.

➔ Der erste Krimi-Mehrteiler des deutschen Fernsehens! »Ein Toter liegt auf dem Hof des Redaktionsgebäudes einer großen Zeitung. Bei der Leiche kniet Heinz Helten. Er war mit dem Ermordeten verabredet. Man verdächtigt ihn der Tat, denn der Täter kann nur ein Angehöriger der Redaktion sein [...]«, schrieb *Hör Zu*.

Über ein halbes Jahr vor dem ersten Durbridge-Mehrteiler versuchten sich Harald Vock (Buch) und Volker von Collande (Regie) für die ARD an dieser Form.

GIDEON OLIVER
Gideon Oliver

USA 1989; 5 x 90 Min.; F

Professor Gideon Oliver .... Louis Gossett Jr.
Zina Oliver .... Shari Headley

➔ Professor Oliver, ein Mann in den Vierzigern, ist Professor für Anthropologie und bei seinen Studenten sehr beliebt. Als Koryphäe seines Fachs wird er weltweit gerne zu Rate gezogen. Dabei bleibt es natürlich nicht aus, daß er bei seinen Studien auf mysteriöse Verbrechen stößt, deren Aufklärung meistens nur durch sein Fachwissen möglich ist.

Die Serie war Bestandteil von ABCs Reihe MYSTERY MOVIE. William Sackheim und Dick Wolf produzierten sie nach den Gideon-Oliver-Romanen von Aaron J. Elkins, dessen vierter Roman, OLD BONES (1987), um den anthropologischen Detektiv mit dem *Edgar Allan Poe*-Preis als bester Kriminalroman des Jahres ausgezeichnet wurde. In den Romanen ist Oliver ein Weißer, verheiratet und Weltreisender. In der mehr als mäßigen TV-Serie schwarz, Single und in New York daheim.

Roman: Aaron J. Elkins: Alte Knochen; Heyne 05/43, 1993. Alte Meister; Heyne 05/145, 1994.

Gies, Hajo

Deutscher Regisseur. Geboren 1945 in Lüdenscheid. Nach Studien in Frankfurt (u.a. bei Theodor W. Adorno) besuchte er die Hochschule für Film und Fernsehen in München. Sein Abschlußfilm NOCTURNO brachte ihm erste TV-Kontakte. Er inszenierte zwei TATORTE mit Hans-Jörg Felmy als Kommissar Haferkamp. Gies war dann maßgeblich an der Entwicklung der Schimanski-Figur beteiligt und inszenierte den ersten Schimanski-TATORT (DUISBURG RUHRORT). Zwölf weitere Schimanskis folgten. 1985 und 1986 drehte er die beiden Schimanski-Kinofilme ZAHN UM ZAHN und ZABOU. Es folgten verschiedene TV-Filme und Serienarbeiten. Darunter TASSILO – EIN FALL FÜR SICH (1988), KOMMISSAR BECK (1992) und DIE GLOCKE VON AMELUNG (1994). Er wurde mit dem *Grimme-Preis* und dem *Bayrischen Fernsehpreis* ausgezeichnet.

GLÄNZENDER ASPHALT

Private Eye

USA 1987-88; 2 x 90 Min. u. 10 x 45 Min.; F

Jack Cleary .... Michael Woods
Johnny Betts .... Josh Brolin
Lieutenant Charlie Fontana .... Bill Sadler
Dottie Dworski .... Lisa Jane Persky

➜ Los Angeles 1956: Eine Stadt an der Schwelle zur Rock'n'Roll-Ära. Diese Welt ist gefährlich, denn das organisierte Verbrechen hat sich etabliert und auch die Finger im Showgeschäft. Es ist die düstere Welt des ehemaligen Polizisten Jack Cleary, der jetzt als Privatdetektiv am Sunset Strip arbeitet und erkennt, daß es keine klaren Unterschiede zwischen Gut und Böse mehr gibt. Hier trifft er auf den Halbstarken Johnny Betts, mit dem er zusammen den Mord an seinem Bruder klärt. Künftig arbeiten sie zusammen und erforschen die düsteren Seiten des Molochs.

Wie im Film Noir vibriert die Stadt mit all ihren Versuchungen. Sie ist Teil der Handlung, unterstreicht die Charaktere und vermittelt Stimmung und Spannung. Musik ist wichtig für die Serie – Joe Jackson schrieb einen unglaublich coolen und eindringlichen *Score* und bearbeitete die zeitbezogenen Songs.

1986 war der Autor Anthony Yerkovich das Heißeste, was es in der US-Fernsehindustrie gab. Er hatte mit dem Skript GOLD COAST die Vorlage für MIAMI VICE geschrieben, und die Serie war auf dem Höhepunkt ihres Erfolges. NBC gab Yerkovich als Produzenten freie Hand, und dieser schrieb »einen Noir-Thriller mit Rock'n'Roll-Hintergrund«. John Leekley und Fred Lyle produzierten für Universal. Der Pilotfilm kostete 6,5 Millionen Dollar und dürfte damit als einer der teuersten Piloten aller Zeiten in die Geschichte des US-Fernsehens eingegangen sein. Leider gelang es nur in wenigen Folgen (in den beiden 90-Minütern), die hohen Ansprüche umzusetzen. Zu viele Folgen waren durchschnittliche Privatdetektiv-Geschichten vor einem kostspieligen historischen Hintergrund. Als wegen der schlechten Quoten das Aus kam, war der ausführende Produzent Yerkovich plötzlich das Kälteste, was es in der TV-Industrie gab.

Roman: T.N. Robb (Pseudonym von Rob MacGregor): Private Eye; Ivy, 1988. Flip Side; Ivy, 1988.

GLEITBOOT PATROUILLE

Everglades

USA 1961-62; 38 x 25 Min.; F

Lincoln Vail .... Ron Hayes
Chief Anderson .... Gordon Cosell

➜ Vail ist Polizist der Everglades-Polizei von Florida und jagt mit seinem Gleitboot die Kriminellen durch die Sümpfe. Gordon Jack Hertzberg produzierte diese Serie frei für die *Syndication*.

GLORREICHEN ZWEI, DIE

Houston Knights

USA 1987-88; 1 x 90 Min. u. 30 x 45 Min.; F

Sergeant Joe La Fiamma .... Michael Paré
Sergeant Levon Lundy .... Michael Beck
»Chicken« Clarence .... John Hancock
Lieutenant Joanne Beaumont ..... Robyn Douglass
Sergeant Joe-Bill McCandless ... James Crittenden
Annie .... Madlyn Rhue
Carol .... Nancy Everhard
Sergeant Nat Holliday .... Brian Mitchell
Sergeant Estaban Gutierrez .... Efrain Figueroa
Jamie Kincaid .... D. Franki Horner
Eric Kincaid .... Dana Young

➜ Um ihn vor Chicagoer Gangstern zu schützen, wird der heißblütige Cop La Fiamma nach Houston versetzt. Dort muß er mit dem *Laid Back*-Bullen Lundy zusammenarbeiten. Beide mögen die Methoden des anderen nicht und können sich anfangs nicht ausstehen. Boß der beiden Machos ist eine Frau, die beide gut im Griff hat.

Die echte Attraktion dieser ordentlich gemachten CBS-Action-Serie mit viel texanischem Flair war die Zusammenarbeit der *B-Picture-* und Video-Stars Michael Paré und Michael Beck.

GNADENLOSE STADT / 65. REVIER NEW YORK

Naked City

USA 1958-63; 39 x 25 Min. u. 99 x 45 Min.; sw

Lt. Dan Muldoon (1958-59) .... John McIntire
Det. Jim Halloran (1958-59) ..... James Franciscus
Janet Halloran (1958-59) .... Suzanne Storrs
Sergeant Frank Arvaro .... Harry Bellaver
Lt. Mike Parker (1959-63) .... Horace McMahon
Detective Adam Flint (1960-63) .... Paul Burke
Libby (1960-63) .... Nancy Malone

HARDCASTLE & MCCORMICK: Maylo McCaslin, Brian Keith und Daniel Hugh-Kelly

Nathanael Wests Roman DAY OF THE LOCUST gekommen. Als Warner Brothers eine neue Krimi-Serie für den Sender ABC von ihm wollten, gab er ihnen das Konzept von HARRY O. Ursprünglich wollte Warner Telly Savalas als Hauptdarsteller haben. Der lehnte jedoch ab, weil er keine TV-Serie machen wollte und in Europa angeblich eine steile Karriere auf ihn wartete (das muß er sich dann wohl anders überlegt haben, denn einige Zeit später ging er als Lieutenant Kojak in Serie). Außerdem hätten Warner Brothers, die gerade mit den DIRTY HARRY-Filmen Erfolg hatten, gerne eine Mattscheibenversion von jenen gehabt. Aber da machte ihnen Rodman, der sich dank seiner Reputation eine Menge herausnehmen konnte, einen dicken Strich durch die Rechnung: »Ich hasse Schießereien und Autojagden. Jede Art von Jagden. Also machte ich Harrys Auto kaputt und verpaßte ihm eine nicht operable Kugel in den Rücken. So konnte er nicht einmal wie der übliche Krimiheld rumrennen. Das war meine Art, Vorsorge zu leisten, damit der Sender nicht meine Serie zerstört.« Richtig glücklich war Rodman über die Wahl des Hauptdarstellers David Janssen, der gerade seinen ersten Flop mit der Serie O'HARA hinter sich hatte. Janssen hatte bereits Ende der fünfziger Jahre erfolgreich einen Privatdetektiv in der Serie RICHARD DIAMOND verkörpert.

HARRY O ist wohl die einzige Serie, für die zwei Pilotfilme gedreht wurden (da der erste – obwohl hoch angesehen von der Kritik – den Sender ABC nicht überzeugte). Leider wurde bei uns bisher nur der zweite gezeigt. Im ersten wird die Vorgeschichte des Ex-Marine Harry Orwell erzählt: Als Polizist in San Diego bekommt er, als er einen Raubüberfall verhindern will, eine Kugel in den Rücken, die nicht zu entfernen ist und in seinem Körper wandert (was im Laufe der Serie zu gelegentlichen Lähmungen führt). Er muß den Polizeidienst quittieren, hat aber keine Lust, von der Rente zu leben und nimmt als Privatdetektiv Fälle an, die ihn interessieren. So leugnet er den Warencharakter seiner Arbeit und stilisiert sich selbst zum Idealisten. Der Gangster, der Harry so übel anschoß, wurde von Martin Sheen gespielt. Im zweiten Piloten, EIN LÄCHELN VOR DEM TODE (SMILE JENNY, YOU'RE DEAD), spielte die 12jährige Jodie Foster eine wichtige Nebenrolle. Harry lebt in einem Strandbungalow und restauriert ein altes Schiff mit dem schönen Namen *The Answer*, das nie seetüchtig werden wird. Ein etwas naiver Versuch von Rodman, der Serie einen Hauch von existenzialistischer Symbolik zu verleihen.

Ein beliebtes Klischee oder (positiv ausgedrückt) Stilmittel der *Private Eye*-Geschichten ist, daß der Held einen Kontaktmann bei der Polizei hat. So auch bei HARRY O. In der ersten Staffel spielte *Manolito* Henry Darrow den Polizeifreund Quinlan, der am Ende umgebracht wird. Für damalige Verhältnisse war das eine ungewöhnliche Behandlung einer ständigen Nebenfigur.

Eine Besonderheit der Serie sind die *Voice Over*-Kommentare von Harry aus dem Off. Sie entsprechen dem Ich-Erzähler der literarischen Vorbilder und wurden später weniger erfolgreich auch bei anderen Privatdetektivserien wie MAGNUM oder MIKE HAMMER angewandt. Harry teilt dem Zuschauer seine Gedanken und Empfindungen mit und verleiht der Charakterisierung eine zusätzliche Dimension (außerdem war und ist diese Technik eine gute Möglichkeit, Szenen zu sparen und einen komplizierten Handlungsverlauf für den Zuschauer noch einmal zusammenzufassen). Die Gefahr bei dieser Technik ist – siehe MIKE HAMMER –, daß die Monologe des Helden leicht zu pathetisch geraten und ins Lächerliche abgleiten. Bei HARRY O jedenfalls funktionierte sie so gut, daß der amerikanische Kriminalschriftsteller Stuart Kaminsky beeindruckt sagte: »Ich war verblüfft, jemanden solche Kommentare in einer populären Fernsehserie sprechen zu hören. Es war reine Poesie. Harry sprach düstere Poesie.« Die deutsche Synchronisierung vermittelt leider nur einen unzureichenden Eindruck davon.

Die erste Staffel bot eine Menge qualitativ hochwertiger Folgen, wie man sie zuvor so nicht im Fernsehen gesehen hatte. Amerikanische Kritiker waren der Meinung, daß keine TV-Serie zuvor den Geist von Hammett, Chandler oder Ross Macdonald so niveauvoll auf das Medium übertragen habe. Leider mischte sich der Sender ABC ständig in die Produktion ein. Irgendwie hofften die ABC-Leute darauf, die üblichen Schießereien und Autojagden doch noch in die Serie hineindiktieren zu können. Es lief alles auf eine Machtprobe hinaus. ABC verlangte definitiv, daß Harry ein Auto bekäme. Rodman machte aus der Not eine Tugend und verpaßte Harry einen alten Austin MC, der fast immer zur Reparatur in der Werkstatt stand. Natürlich fühlte sich der Sender ordentlich auf die Schippe genommen. Und rächte sich, indem er für die zweite Staffel – angeblich aus Kostengründen, dagegen konnte dann niemand etwas sagen – Handlungs- und Drehort nach Los Angeles verlegte. In Wirklichkeit wollte er näher an der Produktion sein. Statt, wie verlangt, HARRY O zu einer weiteren, durchschnittlichen Action-Serie mit einem grinsenden Helden umzumodeln, machten Rodman und seine Leute Harry das Leben zur Hölle: Zuerst stirbt sein Automechaniker (in SOUND OF TRUMPETS), dann wird Lieutenant Quinlan ermordet (in ELEGY FOR A COP), und Harrys neuer Polizeikontakt, Lieutenant Trench, wird ein richtig harter Knochen, (gespielt von Anthony Zerbe). Jetzt reichte es ABC endgültig: Der Sender setzte durch, daß Rodman als Produzent durch den servilen Robert Dozier ersetzt wurde, der alles haßte, was Rodman mochte und umgekehrt. Die gute Stimmung im Team war dahin, und es ging langsam aber sicher mit Qualität und Anspruch bergab: In der Folge THE LAST HEIR mußte Harry ein Rätsel in der Tradition von Agatha Christie lösen, was nun überhaupt nicht zum Konzept der Serie paßte. Der Abschuß war die Episode EYEWITNESS: Hier wurde einfach eine Folge der Serie MANNIX genommen und wie in den guten alten Warner Brothers-Tagen neu als HARRY O-Episode gedreht (damals nahm man gerne Drehbücher einer Western-Serie und machte daraus Folgen für 77 SUNSET STRIP oder SURFSIDE SIX). Dozier maulte ganz im Sinne des Senders, man müsse den Zuschauern

HARRY O: Les Lannom als Lester Hodges und David Janssen als Harry Orwell

endlich Schießereien und Autojagden geben. Allerdings konnte Hauptdarsteller Janssen das Schlimmste verhindern, indem er von seinem Mitspracherecht Gebrauch machte. Nicht verhindern konnte (und wollte) er, daß Harry in Santa Monica, wo sein neues Domizil stand, drei bildschöne Stewardessen als Nachbarinnen bekam: Farrah Fawcett-Majors, Loni Anderson und Katherine Baumann. Aber Janssen begann sich mit den immer konventioneller werdenden Geschichten zu langweilen. Er, der als einer der härtesten Trinker Hollywoods galt, hatte zu Beginn der Serie seinen Alkoholkonsum drastisch eingeschränkt. Damals hatte er alles dafür tun wollen, um aus der Serie einen Erfolg zu machen, und er glaubte an Rodmans Konzept. Jetzt begann er wieder stärker zu trinken, und die Nachrichten über Verzögerungen bei den Dreharbeiten häuften sich. Um Janssens Ausfälle aufzufangen, führte man eine weitere Nebenfigur ein: Lester, ein Student der Kriminologie, gespielt von Les Lanmon, paßte in die Serie sowenig wie Heiner Lauterbach zu MIAMI VICE. Aber so ließen sich Szenen ohne Janssen schinden. Trotzdem gab es gelegentlich immer mal ein Highlight. Etwa die Episode GROUP TERROR, in der ausgerechnet Janssen vorgeben mußte, er sei Alkoholiker, um so eine Therapiegruppe unterwandern zu können. Alles hätte noch gut werden können. Die harte Arbeit der ersten Staffel zahlte sich aus, die Einschaltquoten wurden immer besser und Anthony Zerbe gewann sogar einen *Emmy*. Dann schlug das Schicksal in der Person von Fred Silverman endgültig zu. Er wurde damals – heute weiß keiner mehr warum – als eine Art Wunderkind gehandelt, und ABC hatte ihn als Programmdirektor von CBS abgeworben. Ein paar Jahre zuvor war er hart mit

David Janssen und Anthony Zerbe

Janssen aneinandergeraten, als dieser für CBS die Flop-Serie O'HARA gedreht hatte. Jetzt konnte sich Silverman endlich an Janssen rächen. Anthony Zerbe: »Obwohl die Serie in den Top 20 war, machte Silverman Druck. Er wollte aus HARRY O etwas machen, was konträr zum ursprünglichen Konzept stand. Es ist schon merkwürdig, wenn man an einer Serie herummacht, die aufsteigende Tendenzen zeigt.« Schließlich dauerte es Silverman zu lange, die Serie auf »elegante« Art zu erledigen. Er schmiß sie einfach aus dem Programm und begann damit, den ganzen Sender herunterzuwirtschaften. Silverman schmiß so ziemlich jede Serie aus dem Programm, bei deren Konzeption er nicht beteiligt gewesen war. Nachdem er ABC zum Schlußlicht unter den drei großen Networks gemacht hatte, holte ihn sich NBC aus unerklärlichen, masochistischen Gründen. Auch dort erledigte Silverman seinen Job und brachte das Unternehmen in den Keller. Trotzdem wurde HARRY O zum Klassiker und gilt neben DETEKTIV ROCKFORD – ANRUF GENÜGT als beste US-Privatdetektivserie. Keine andere *PI*-Serie hat die literarischen Traditionen besser umgesetzt.

HARRY O basiert auf Bewegung und Konfrontation: Der Protagonist bewegt sich durch eine feindliche Umwelt, durch undurchschaubare Komplotte und Intrigen, die er mit Hilfe von Zähigkeit und Intelligenz zu klären versucht, bis zur Konfrontation mit den Drahtziehern. Bei seinen Ermittlungen streift Harry durch alle kalifornischen Gesellschaftsschichten und dokumentiert damit den Mythos von der scheinbaren Durchlässigkeit der US-Gesellschaft. Er verkörpert den Traum vom autonomen Individuum im Klassensystem. Harry kann genauso mit den Reichen wie mit den Armen kom-

munizieren. Obwohl er selbst eher zur unteren Mittelschicht gehört, hat er als freies Individuum Zugang zu allen Schichten, ohne sich deshalb korrumpieren zu lassen. Daneben wird die fast subversive Parole ausgegeben, daß ein Mensch nicht an seiner Kaufkraft zu messen sei. Harry stellt die gesellschaftliche Ordnung nicht wirklich in Frage: Er hat längst alle Illusionen über die Möglichkeit eines gerechten Systems verloren. Wenn es ihm um Gerechtigkeit geht, dann nur im persönlichen Rahmen. Immer wieder hat es Harry, wie auch die literarischen Vorbilder und der zeitgleich erfolgreicher ausgestrahlte DETEKTIV ROCKFORD – ANRUF GENÜGT, mit großen Organisationen oder Monopolen zu tun. Auch hieran macht sich die Herkunft der amerikanischen Detektivfigur fest: Das Mißtrauen der kleinbürgerlich geprägten US-Gesellschaft gegenüber einem seit dem Eisenbahnbau im letzten Jahrhundert fortschreitenden Monopolkapitalismus ist einer der großen Topoi der amerikanischen Populärkultur. Letztlich ist die Figur des Privatdetektivs, wie sie Harry Orwell verkörpert, eine schizophrene Gestalt: Auf der einen Seite ist er ein Romantiker, der für etwas mehr Gerechtigkeit eintritt, auf der anderen Seite ist er ein anthropologischer Pessimist, der sein Leben in der Isolation führen möchte.
Roman: Lee Hays: Harry O; Popular Library, 1975. Harry O #2; Popular Library, 1976.

HART ABER HERZLICH
Hart to Hart

USA 1979-84: 110 x 45 Min.;
1993-95: 8 x 90 Min.; 1997: 3 x 90 Min.; F

Jonathan Hart .... Robert Wagner
Jennifer Hart .... Stefanie Powers
Max (1979-93) .... Lionel Stander

➔ Jonathan Hart ist ein Selfmade-Millionär. Zusammen mit seiner Frau Jennifer, ihrem Hund Friedward und dem Chauffeur und Diener Max klärt er auf der ganzen Welt Verbrechen und Komplotte auf. Seine Firma Hart Industries scheint dabei so gut wie nie seine Aufmerksamkeit zu beanspruchen.
Ohne mit der Wimper zu zucken, klaute Sidney Sheldon für sein Serienkonzept Elemente aus Dashiell Hammetts THE THIN MAN (bis hin zum kleinen Hündchen). Aaron Spelling produzierte die Serie für ABC. Die von Don Mankiewicz überwachte Produktion entwickelte sich zu einem Welterfolg und wurde in 90 Staaten verkauft. Die Mischung aus Humor, netten Leuten, Kriminalfällen mit *Human Touch* und einem luxuriösen Hintergrund kamen als perfekter *Crime*-Eskapismus überall gut an. Soziologische Implikationen gab es kaum, denn in der Welt der Superreichen mordete man mal wieder nur aus Charakterschwäche. Die Produktion war mit 1 Million Dollar pro Folge sehr teuer und veranlasste schließlich ABC zur Beendigung der Serie.
Als die Serie Anfang der Neunziger als TV-Movie mit Regisseur Peter Hunt wieder aufgenommen wurde, war Robert Wagner als Koproduzent beteiligt. Lionel Stander wurde für die beste Nebenrolle mit einem *Golden Globe* ausgezeichnet; er starb 1995 im Alter von 86 Jahren.
Roman: Roger Bowdler: Hart to Hart; Granada, 1981.

HART AUF HART
Nobody's Perfect

USA 1980; 8 x 25 Min.; F

Inspector Roger Hart .... Ron Moody
Detective Jennifer Dempsey .... Cassie Yates
Lieutenant Vince de Gennaro ...... Michael Durrell
Detective Jacobi .... Victor Brandt
Detective Grauer .... Tom Williams
Detective Ramsey .... Renny Roker

HART ABER HERZLICH: Robert Wagner

➜ Der anachronistische Scotland Yard-Inspector Hart wird für ein Jahr nach San Francisco geschickt, wo er mit *toughen* US-Cops zusammenarbeitet.
Eine nette Comedy, die von Arne Sultan, Chris Hayward, Kathy und Bill Greer auf dem Reißbrett erfunden wurde. Fast eine seitenverkehrte Blaupause der britischen Serie DEMPSEY UND MAKEPEACE, indem aus Komik eine dramatische Handlung wurde und aus einem englischen Polizisten, der in die USA muß, ein amerikanischer Polizist, der in England mit einer Gefährtin das Verbrechen bekämpft.

HÄRTE 10

BRD/F/I 1974; 5 x 90 Min.; F

Nadine .... Olga Georges-Picot
Martin Melchior .... Wolfgang Kieling
Abdul .... Arthur Brauss
Fran Steffen .... Maria Marescalchi
Sir Harold .... Jeremy Kemp
Piet .... Horst Janson
Lady Ames .... Tilli Breidenbach

➜ Die Welt, in der Diamanten gesucht, gefördert und gehandelt, aber auch geschmuggelt, gestohlen und manipuliert werden, bildet den Hintergrund dieses Fünfteilers. Nadine schmuggelt Rohdiamanten aus einer Sperrzone in Südafrika. Als sie den deutschen Industriellen Melchior kennenlernt, will sie aus der Gang aussteigen und nach Europa zurückkehren. Aber natürlich läßt die Vergangenheit sie nicht los.
Geschrieben von Peter Berneis und Karl Heinz Willschrei, Regie führte Gordon Flemyng. Die Außenaufnahmen wurden in Südafrika, England, Belgien und Deutschland gedreht. Mit ca. 4,5 Millionen DM Kosten (10.000 DM pro Sendeminute) war dies eine ungewöhnlich teure Serie und die erste deutsche Produktion, die in Englisch gedreht wurde.

HARTE FÄLLE IN ZARTEN HÄNDEN

Jemima Shore Investigates

GB 1983; 12 x 50 Min.; F

Jemima Shore .... Patricia Hodge

➜ Jemima gehört zur englischen Oberschicht, in deren Kreisen sie sich als Amateurdetektivin bewegt. Nebenbei schreibt und präsentiert die Katzen- und Musikliebhaberin eine eigene TV-Reihe. Nach dem Erfolg seiner dreiteiligen Adaption von Lady Antonia Frasers QUIET AS A NUN (1982) produzierte Tim Aspinall für Thames TV eine Serie, die auf den snobistischen Romanen von Antonia Fraser basierte. Im Dreiteiler wurde Jemima von Maria Aitken gespielt. Sieben Folgen der Serie wurden vom DDR-Fernsehen ausgestrahlt.

HAT SQUAD

The Hat Squad

USA 1992; 1 x 90 Min. u. 13 x 45 Min.; F

Rafael Martinez .... Nestor Serrano
Buddy Capatosa .... Don Michael Paul
Matt Matheson .... Billy Warlock
Captain Mike Ragland .... James Tolkan
Kitty Ragland .... Shirley Douglas
Darnell Johnson .... Bruce Robbins

➜ Die drei ungleichen Brüder Rafael, Buddy und Matt werden nach dem gewaltsamen Tod ihrer Eltern von Captain Ragland und seiner Frau Kitty aufgenommen. Sie ahmen ihren Pflegevater nach und werden Polizisten beim S.I.D. (*Special Investigative Department*) in Los Angeles. Das ungleiche Trio, jeder mit einer anderen Begabung, eifert der seit den vierziger Jahren bestehenden Elitetruppe nach und kleidet sich wie die Vorbilder mit Mantel, Hut und Anzug.
Eine weitere Produktion von Stephen J. Cannell, der die Serie für CBS erfand und auch die meisten Drehbücher dieser für US-Verhältnisse als brutal anzusehenden Serie schrieb.

HAUPTBAHNHOF MÜNCHEN

BRD 1970; 6 x 30 Min.; F

Inspektor a. D. Kaminski .... Alfred Balthof
Pummer .... Robert Klupp
Karin Lohmann .... Margarethe von Trotta

➜ Ein pensionierter Polizei-Inspektor stößt bei der Aufklärung seiner »Fälle« immer auf einen »Schuldigen«, der schwer zu fassen ist: nämlich die Gesellschaft. Regisseur Peter Schubert inszenierte für das ZDF diese gutgemeint aufklärerische Serie zu einem Zeitpunkt, als plakative Gesellschaftskritik endlich das Fernsehen erreichte.

Insel-Impressionen in HAWAII 5-0 (Jack Lord, James MacArthur)

HAWAII 5-0
Hawaii Five-0

USA 1968-80; 284 x 45 Min.; F

Steve McGarrett .... Jack Lord
Danny Williams (1968-79) .... James MacArthur
Chin Ho Kelly (1968-78) .... Kam Fong
Kono Kalakaua (1968-72) .... Zulu
Gouverneur Paul Jameson .... Richard Denning
Ben Kokua (1972-74) .... Al Harrington
Che Fong (1970-77) .... Harry Endo
Doc Bergman (1970-76) .... Al Eben
May (1968-69) .... Maggi Parker
Jenny Sherman (1969-76) .... Peggy Ryan
Luana (1978-80) .... Laura Sode
Edward »Duke« Lukela .... Herman Wedemeyer
StA. Walter Stewart (1968-69) .... Morgan White
StA. John Manicote (1972-77) ..... Glenn Cannon
James »Kimo« Carew (1979-80) ..... William Smith
Truck Kealoha (1979-80) .... Moe Keale
Lori Wilson (1979-80) .... Sharon Farrell
Wo Fat .... Khigh Dhiegh

➜ Mitte der sechziger Jahre stand es im amerikanischen Fernsehen schlecht um die Cop-Serien. Sie waren out – selbst der hartgesottenste *Redneck* sah lieber AUF DER FLUCHT oder Geheimagentenserien. Das bereitete dem Autor-Produzenten Leonard Freeman (1921-74) nicht nur schlaflose Nächte, sondern er rannte insgesamt drei Jahre von Studio zu Studio, um sein Konzept einer neuen Cop-Serie loszuwerden: Der ultimative Kampf zwischen Gut und Böse am schönsten Ort der USA, ohne melodramatische Elemente, ohne kumpelhaftes *Buddy*-Getue, sondern mit einem Erzengel des Rechts, der die Gesetze mit der Wucht eines Religionsstifters durchsetzt. Schließlich gab ihm CBS 800.000 Dollar für einen Pilofilm. Freeman holte sich den auf böse Buben spezialisierten New Yorker Schauspieler Jack Lord für die Hauptrolle, und ab ging es nach Hawaii, um die langlebigste Krimiserie des US-Fernsehens zu starten: HAWAII 5-0 lief 12 Jahre lang und brachte es auf 284 Folgen. Der Freizeitmaler Lord, dessen Bilder in den ständigen Sammlungen des Museum of Modern Art und im British Museum verstauben, wurde in den Staaten mit der Serie zu einer Institution, zum Synonym des harten Bullen schlechthin. Er genoß seinen Einfluß, übernahm nach dem Tod von Freeman die totale Kontrolle über die Serie und trieb zahlreiche Produzenten in den Wahnsinn. Als seinem Kollegen Zulu von der US-Küstenwache eine Ehrenmedaille verliehen werden sollte, verbot der eifersüchtige Star die Annahme; Zulu stieg daraufhin aus der Serie aus.

Im Mittelpunkt steht mal wieder ein fiktives Sonderkommando; diesmal direkt dem Gouverneur von Hawaii unterstellt und deshalb ohne bürokratische Beschränkungen. Chef ist der absolut humorlose Steve McGarrett, gespielt von Jack Lord, der kein Privatleben kennt und nur dafür lebt, seine Inseln von Kriminellen zu säubern. Die *Los Angeles Times* stellte treffend fest, daß »McGarrett wohl der Einzige ist, der auf Hawaii im dunklen Anzug rumläuft«. Er dürfte einer der fanatischsten Bullen in der Geschichte der Cop-Serien sein, und dieser fast schon psychopathische Rechtsfanatismus zog die US-Zuschauer in den Bann, wie es sonst nur die Fernsehprediger schafften. McGarretts Assistent ist natürlich ebenfalls Weißer (James McArthur). Um den ethnischen Realitäten des 50. Bundesstaats der USA Rechnung zu tragen, dürfen ein Hawaiianer (Zulu) und ein chinesischer Emigrant (Kam Fong) die Laufarbeit für die Weißen übernehmen. Die mechanische Charakterisierung der Hauptpersonen als Technokraten der Gerechtigkeit ermöglichte die volle Konzentration auf den exotischen Handlungsort und auf die übelsten Verbrechen. Während auf dem Festland Rassenkrawalle, Korruption und Jugendrevolten tobten, schienen auf Hawaii – dank McGarrett und seinen tapferen Jungs – paradiesische Zustände zu herrschen, ohne ethnologische Probleme. Hier konnte man noch einmal die alte Fünfziger-Jahre-Ideologie aufwärmen, wonach das Verbrechen keine sozialen oder politischen Ursachen hat, sondern aus individueller Charakterschwäche erwächst. Im Gegenzug erscheint das von McGarrett repräsentierte Gesetz weniger auf positivistischen Normen zu beruhen als vielmehr auf der moralischen Autorität seiner Vertreter. Härtester Gegenspieler von McGarrett war der rotchinesische Agent Wo Fat, der erstmals im Pilotfilm auftauchte und in späteren Folgen immer wieder entkommen konnte. Erst in der letzten Episode wurde er von McGarrett hinter Gitter gebracht.

Die Titelmusik von Morton Stevens wurde ein Klassiker und schaffte es sogar in die Hitparaden. Sie wurde x-mal von Rock-Bands gecovert, unlängst erst als Ska von *Mr. Review*.
Die Logistik für die Serie war in den ersten Jahren ein Alptraum. Auf Hawaii existierte keine filmtechnische Infrastruktur, so daß die Produktion alles aus Los Angeles herbeischaffen mußte. Als Studio diente ein altes Navylager auf Pearl Harbour, und vom wöchentlichen Budget von 300.000 Dollar gingen 10 Prozent für Transportkosten drauf. Bis Ende der siebziger Jahre hatte die Serie auf den Inseln ein komplettes Produktionssystem aus dem Boden gestampft und ein Wochenbudget von einer halben Million Dollar, an dem 150 Arbeitsplätze hingen.
Als die Dreharbeiten 1979 eingestellt wurden, mußte schnellstens Ersatz her, wollte man die kostbaren Investitionen nicht in den Wind schreiben. Und der Ersatz für HAWAII 5-0 hat ebenfalls Seriengeschichte geschrieben: MAGNUM sicherte bis 1988 die Arbeitsplätze, und anschließend verlegte man die Serie JAKE UND MCCABE von Kalifornien nach Hawaii und ließ William Conrad trotz schlechter *Ratings* durchs Paradies watscheln.
Roman: Michael Avallone: Hawaii Five-O; Signet, 1968. Herbert Harris: The Angry Batallion; Flamingo, 1972.

HAWAIIAN HEAT
Hawaiian Heat

USA 1984; 1 x 90 Min. u. 10 x 45 Min.; F

Mac Riley .... Robert Ginty
Andy Senkowski .... Jeff McCracken
Major Taro Oshira .... Mako
Irene Gorley .... Tracy Scoggins
Harker .... Branscombe Richmond
Maggie Aoki .... Manu Tupou
Florence Senkowski, Andys Mutter ... Shelley Winters
Dr. Robin Barnett .... Diana Civita

➜ Andy und sein Freund und Kollege Mac haben genug und steigen aus dem Chicagoer Polizeidienst aus. Nicht zuletzt wegen der klirrenden Kälte beschließen sie, ins sonnige Hawaii zu entschwinden. Dort freunden sie sich mit Maggie und Irene an, die auf der Insel einen Hubschrauber-Service betreiben. Doch der Job holt sie ein und sie arbeiten fortan als Undercover-Agenten für Major Taro, den Chef der Polizei von Honolulu.
James D. Parriott erfand und produzierte diese kurzlebige Serie, die auf MAGNUM schielte, für ABC. Die Titelmusik GOODBYE BLUES stammt von Tom Scott und Candy Patterson.

HAWK
A Man called Hawk

USA 1989; 13 x 45 Min.; F

Hawk .... Avery Brooks
Der Alte .... Moses Gunn

➜ Hawk und Spenser haben sich getrennt. Hawk ist aus Boston in seine Heimatstadt Washington D.C. zurückgekehrt, um dort mit seiner vernickelten 357er Magnum die Menschen vor dem Bösen zu schützen. Besessen von einem persönlichen Moralempfinden, das bei den örtlichen Gesetzeshütern nicht immer auf Verständnis stößt, begibt er sich auf Verbrecherjagd.
Die Hawk-Figur stammt aus den Spenser-Romanen von Robert B. Parker und tauchte als gesoftete Version bereits in der TV-Serie SPENSER auf (in den Romanen ist Hawk ein eiskalter Killer). Schauspieler Brooks ist eine schillernde Gestalt: Er unterrichtet Theaterwissenschaft an der Rutgers University, ist ausgebildeter Opernsänger, arbeitet als Regisseur und ist Keyborder in einer Jazzband.

HAWK
Hawk

USA 1966; 17 x 45 Min.; F

Detective Lieutenant John Hawk ..... Burt Reynolds
Detective Dan Carter .... Wayne Grice
Murray Slaken .... Bruce Glover
Ed Gorton .... Leon Janney

➜ Hawk ist ein vollblütiger Irokese, der in einer New Yorker Eliteeinheit als Undercover-Polizist arbeitet.
Die von Allen Sloane für ABC erfundene Serie war die erste Hauptrolle für Reynolds (der zuvor in RAUCHENDE COLTS (GUNSMOKE) und RIVERBOAT Nebenrollen hatte). Hawk ist einer der ersten und immer noch besten Outsider-Cops der TV-Seriengeschichte. Er arbeitet meistens nachts, und die Serie ist düster und dunkel, an Originalschauplätzen aufgenommen. Burt Reynolds beste

TV-Serie und ein echter Klassiker des Produzenten Hubbell Robinson, der auch in New York Ed McBains POLIZEIREVIER 87 produzierte.
Roman: Richard Hardwick: Hawk; Belmont, 1966.

HAWKINS
Hawkins on Murder

USA 1973-74; 7 x 75 Min.; F

Billy Jim Hawkins .... James Stewart
R.J. Hawkins .... Strother Martin

➜ David Karp schrieb und produzierte zusammen mit Norman Felton diese Anwaltsserie um einen auf den ersten Blick wie ein Hinterwäldler wirkenden Strafverteidiger aus West Virginia. Die Serie war als Starvehikel James Stewart auf den Leib geschrieben. »Stewart war zwar die ideale Verkörperung des Jungen vom Lande, der den karrieregeilen Staatsanwälten der Großstädte das Fürchten beibringt, doch von Spannung fehlte jede Spur. Seine Fälle ließen jede Originalität vermissen, so daß der geübte Zuschauer bereits nach den ersten fünf Minuten den wahren Mörder entlarven konnte«, stand im *Jahrbuch der Kriminalliteratur* (Bastei, 1989). Für die blöden Drehbücher war u.a. Dean Hargrove zuständig.

Jürgen Heinrich in WOLFFS REVIER

HECHT UND HAIE

BRD 1993; 26 x 45 Min.; F

Wolfgang Hecht .... Walter Kreye
Christian Schneider .... Friedrich Karl Praetorius
Vera Busch .... Barbara Wussow

➜ Um *White Collar*-Crime in Frankfurt geht es in dieser grausamen ARD-Serie über Leute vom Ordnungsamt. Die Drehbücher sind von Remy Eyssen und Hans Dräxler, Regie führten Michael Meyer und Martin Gies.

Heffron, Richard T.

Amerikanischer Regisseur. Geboren in Chicago. Er studierte an der Harvard University bis 1954. Buch und Regie für ein nationales Kinderprogramm waren seine ersten Arbeiten für das Fernsehen. Dokumentarfilme und politische Filme, für die er mehrere Auszeichnungen bekam, wurden in den weiteren Jahren zu seinem Spezialgebiet. Erst 1968 ging er nach Los Angeles und führte Regie u.a. bei den Pilotfilmen zu DETEKTIV ROCKFORD und TOMA. Für den Crime-Spezialisten schlossen sich zahlreiche Serienfolgen, Kinofilme und Mini-Serien an. Darunter AUF EIGENE GEFAHR (NEWMAN'S LAW, 1974), ICH, DER RICHTER (I, THE JURY, 1981), TRACKDOWN (1975), DRAGONFIRE (1990).

Heidelbach, Kaspar

Deutscher Regisseur. Geboren 1954. Er studierte Kunst- und Theaterwissenschaften und war acht Jahre Regieassistent. Als Regisseur trat er vor allem mit Krimi-Serien hervor. Darunter EIN FALL FÜR ZWEI, EUROCOPS, WOLFFS REVIER, DIE KOMMISSARIN, A.S.

HEIKLER FALL, EIN

BRD 1986: 13 x 48 Min.; 1987: 20 x 25 Min.; F.

Dr. Wolff sen. .... Henning Schlüter
Dr. Wolff jun. .... Yves Janssen
Frau Gassow .... Gaby Gasser
Birgit .... Birgit Bockmann

James Stewart in HAWKINS

➜ Heikle Fälle sind die Spezialität des Anwaltsbüros Wolff, in dem Vater und Sohn wie weiland PRESTON UND PRESTON zusammenarbeiten. Überflüssige Vorabendserie von NDR und SDR.

Heinrich, Jürgen

Deutscher Schauspieler. Geboren 1945 in Groß-Godems in Mecklenburg. Nach dem Abitur studierte er bis 1970 an der Theaterhochschule Leipzig. Es folgten Engagements an verschiedenen Bühnen der DDR. Sein Filmdebüt hatte er 1968 in Egon Günthers Film ABSCHIED. Danach wirkte er in über 40 Kino- und TV-Filmen mit. 1985 verließ er die DDR und lebt seitdem in Berlin. Er ist verheiratet und hat zwei Kinder. Krimi-Star wurde er durch die Serie WOLFFS REVIER.

HEISSER VERDACHT

Prime Suspect

GB 1996: 5 x 190 Min.; F

Jane Tennison .... Helen Mirren
Burkin .... Craig Fairbrass
Kernan .... John Benfield
Otley .... Tom Bell

➜ Seit 1991 gibt es fast jährlich einen Zweiteiler über Hauptkommissarin Jane Tennison und ihr Team, bis zum heutigen Tag fünf. Erfunden wurde die Serie, die regelmäßig die *Edgar Allan Poe*-Preise für die besten TV-Krimis einheimst, von Lynda LaPlante. Andere Spitzenautoren, wie Allan Cubitt oder Paul Billing, setzen sie fort. Regisseure der ersten vier Fälle waren Chris Menaul, John Strickland, David Drury und John Madden.

Jane Tennison ist keine glatte Krimiheldin. Sie ist eine normale Frau in mittleren Jahren, die sich

gegen chauvinistische Untergebene genauso durchsetzen muß wie gegen opportunistische Vorgesetzte. Die Serie gilt als eine der realistischsten *Police Procedurals*, in der die Polizeiarbeit detailliert gezeigt wird. Nichts wird ausgespart: weder die Fehler der Beamten noch die falschen Spuren, denen sie oft nachgehen müssen. Hart an der Realität spiegeln die Zweiteiler den Zustand Englands in den neunziger Jahren wider und sind als Thriller ebenso spannend wie als soziologisches Dokument gesellschaftlicher Randzonen. Nach dem ersten Teil schrieb der *Daily Telegraph*: »Die Nation ist sich einig und gespalten. Sie ist gekränkt, betäubt und fasziniert.« *The Times*: »Was diesen Film von vielen Polizeikrimis unterscheidet, ist sein Realismus.«
Roman: Lynda LaPlante: Heißer Verdacht I; Goldmann 42218, 1994. Heißer Verdacht II; Goldmann 42489, 1994. Heißer Verdacht III; Goldmann 43059, 1995. Heißer Verdacht-Omnibus: Goldmann 13144, 1996.

HEISSES PFLASTER HAWAII
Marker

USA 1995; 13 x 45 Min.; F
Richard DeMorra .... Richard Grieco
Kimba Hills Rose .... Gates McFadden
Danny »Pipeline« Kahala .... Andy Bumatai
Tuki »Moch« Mochadomi .... Keone Young

➜ Richard kommt zur Beerdigung seines Vaters aus New Jersey nach Hawaii. Sein Vater starb als reicher Mann; er hatte während seines Lebens hundert Pokerchips an Leute verteilt, die sie bei ihm einlösen sollten, wenn sie in Not gerieten und Hilfe bräuchten. Richard beschließt, auf den Inseln zu bleiben, übernimmt diese Pflicht und hilft nun allen Leuten, die ihm jetzt die Chips bringen.
Unbedeutende Hawaii-Abenteuer-Serie des neugegründeten Senders UPN, die zum Glück schnell abgesetzt wurde.

HELICOPS – EINSATZ ÜBER BERLIN

BRD 1998- ; 1 x 90 Min. u. x 45 Min.; F
Charly von Schumann .... Christoph M. Ohrt
Jenny Harland .... Doreen Jacobi
Stephan Rubelli .... Matthias Matz
Hagen Dahlberg .... Peter Simonischek
Thorwald .... Christoph Grunert

➜ Im Mittelpunkt dieser Spezialeinheit steht der Prototyp eines High-Tech-Hubschraubers: Er ist kugelsicher und mit Infrarotsensoren, Richtmikrofonen und einer Impulskanone ausgestattet. Charly ist der einzige, der das hochmoderne Fluggerät bändigen kann. Ein echter Teufelskerl! An seiner Seite – »bewaffnet« mit einer Harley und messerscharfem Verstand – kämpft die attraktive Kriminalistin Jenny. Habe ich etwa ein Klischee vergessen? Inhaltlich arme teutonische Kopie von US-Serien aus den Achtzigern wie AIRWOLF oder DAS FLIEGENDE AUGE. Damit will SAT.1 wohl beim Publikum von RTLs COBRA 11 punkten.
Produziert wird die Serie von Beatrice Kramm für die Polyphon Film; Regie führten u.a. Christoph Schrewe, Peter Ariel, Gabriele Hebling und Wolfgang Dickmann. Für den optischen Kick (die Computer-Animation ist nicht besonders) ist der Brite Peter Claridge als *Visual Effects Supervisor* verantwortlich, denn ein großer Teil der Action entsteht mittels Computersimulation. Fünf Computeranimatoren entwickelten in Potsdam in dreimonatiger Arbeit den Original EC 135 – Vorbild für den Kampfhubschrauber AK! der Serie – am Computer. Der digitale Zwillingsbruder wird anschließend in täglicher Arbeit in Potsdam und von elf weiteren Spezialisten der Firma CA Scanline in München am Bildschirm in die Szenen eingebaut, in denen reale Aufnahmen nicht die gewünschten Effekte erzielten. Den echten Hintergrund liefert ein Kamerateam oder eine 35mm *Flying Cam*, die in einem kleinen ferngesteuerten Modellhubschrauber sitzt. Buntgerasterte 3-D-Modelle eines Helikopters werden in das vorhandene Filmmaterial eingepaßt und so dirigiert, daß sie atemberaubende Manöver vollbringen. Die nächsten Schritte macht dann der Computer: Beim sogenannten *Rendering* – dem photorealistischen Berechnen der 3-D-Modelle – wird aus dem Raster der originalgetreue EC 135 bzw. AK!. Außerdem erhält der digitale Helikopter dabei die natürliche Bewegungsschärfe. Den letzten Feinschliff bekommt die Animation durch den *Compositor*, der im sogenannten Sandwich-Verfahren die realen Hintergrundbilder mit dem digitalen Flugobjekt zusammenbringt. Dabei werden noch einmal Farbabstufungen kontrolliert und nachgebessert sowie Hintergründe

bearbeitet (fehlende Schatten). Leider spürt man diese Künstlichkeit. Und wozu der ganze Aufwand? Für ziemlich pubertäre Machtphantasien.

HERZ AUS STEIN

I 1988; 4 x 90 Min.; F

Don Peppe Carita .... Carlo Giuffré
Toni .... Massimo Ranieri
Nenella .... Sophie Duez
Gaetano Bonanno .... Marcel Bozuffi
Commissario Greco .... Nunzio Gallo
Cunningham .... Larry Dolgin
Conchita .... Clelia Rondinella

➜ Zwischen Don Peppes Clan und dem der Bonannos herrscht Krieg um das Heroingeschäft. Während die Väter sich bekämpfen, sind die Kinder in leidenschaftlicher Liebe zueinander verstrickt. Blutrünstiges und manchmal unerträglich sentimentales Mafia-Drama von Lucio de Caro (Buch) und Steno (Buch und Regie). Den Hintergrund bildet der reale Mafia-Krieg zwischen dem Barellino-Clan und dem Nuvoletta-Clan 1984. »Als diese Mini-Serie im Hauptabendprogramm der RAI ausgestrahlt werden sollte, hagelte es Proteste, Morddrohungen gingen ein. Die Bewohner Neapels und Umgebung wollten eine Absetzung erreichen. Es gibt die Camorra, aber die Camorra ist nicht Neapel, so ihr Argument. Die RAI mußte sich nach fast bürgerkriegsähnlichen Aufständen beugen: sie setzte den Film ins Spätprogramm. Das Sendegebäude in Neapel stand noch sechs Monate danach unter Polizeischutz«, berichtete der *Gong* in Nr. 25/1988 über die triumphale Manipulation durch die Mafia. Jahre später sollte sich Ministerpräsident Berlusconi an dieses erfolgreiche Manöver erinnern und ähnliches versuchen, um die Serie ALLEIN GEGEN DIE MAFIA zu kippen.

HIER INTERPOL – INSPEKTOR DUVAL

Interpol Calling

GB 1959; 39 x 25 Min.; sw

Inspector Paul Duval .... Charles Korvin
Inspector Mornay .... Edwin Richfield

➜ Einer der großen Krimi-Mythen der sechziger Jahre war Interpol. Gerne wurde dieser internationale Zusammenschluß in Fahndungsbereich nationaler Polizeiorganisationen aus 63 Ländern so hingestellt, als sei Interpol eine Art FBI der UNO mit Agenten, die Verbrecher um den Erdball jagen. So auch in dieser von J. Arthur Rank, dem ehemaligen Mogul der englischen Filmindustrie, für ATV produzierten Serie.

HERZ AUS STEIN: Carlo Giuffré, Marcel Bozuffi

HIGH INCIDENT – DIE COPS VON EL CAMINO

High Incident

USA 1996-97; 1 x 90 Min. u. 31 x 45 Min.; F

Officer Lenny Gayer .... Matt Craven
Officer Leslie Joyner .... Aunjanue Ellis
Officer Russell Topps .... Louis Mustillo
Officer Terry Hagar .... Matthew Beck
Sergeant Jim Marsh .... David Keith
Officer Randy Willitz .... Cole Hauser
Officer Mike Rhoades .... Blair Underwood
Officer Jessica Helgado .... Lisa Vidal
Lynette White .... Wendy Davis

➜ *Code 2/High Incident* bedeutet für die neun Cops der Polizeistation in El Camino immer Alarmstufe 1 und das Signal, ihre realistischen Einsätze abzuliefern. Gab es je eine Cop-Serie, ausgenommen selbstverständlich Cop-Sitcoms, die nicht den Anspruch auf Realismus erhoben hätte? Wahrscheinlich nicht. Der Anspruch realistischer Darstellung der Polizeiarbeit ist für dieses Subgenre so wichtig wie schöne Frauen für Prime-Time-Soaps. Auch HIGH INCIDENT erhebt natürlich diesen Anspruch und unterstreicht ihn mit dem Hinweis auf die vielen Außendrehs unter realistischen Bedingungen in Chatsworth, Kalifornien. Dabei ist der *Cinema Vérité*-Touch bei Cop-Serien ein alter Hut – auch wenn er alle paar Jahre neu erfunden wird. HIGH INCIDENT verzichtet auf spektakuläre Innovationen. Stattdessen nutzt man den vorhandenen Standard, um effektiv Geschichten zu erzählen. Sie wäre einfach nur eine gutgemachte Cop-Serie, technisch perfekt, wenn sie nicht inhaltlich neue Pfade erkunden würde. Die bisherigen Cop-Serien waren bis auf wenige Ausnahmen Großstadtserien. Die meisten Amerikaner leben nicht in Großstädten, die für die Landbevölkerung ein Hort des Bösen sind, in dem ihre moralischen Werte nichts gelten. Das Thema des Jungen vom Land, der in der Stadt unter die Räder kommt, war eisernes Klischee der Cop-Serien bis in die siebziger Jahre.

Wegen der anhaltenden Depression erstreckt sich das Verbrechen seit Jahren nun auch bis an die Vorgärten von Suburbia. Die Vorstadt als klassisches Utopia und Rückzugsgebiet der Mittelschicht ist von der grausigen Realität eingeholt worden. Der Druck, den die Ordnungskräfte in den Innenstädten auf die nicht organisierte Kriminalität ausüben, trägt Kleinkriminelle nach außen in die vormals sicheren Randzonen. Die Sicherung der Wirtschaftszonen hat Vorrang vor der Verteidigung der Regenerationsstätten.

In HIGH INCIDENT wird gezeigt, wie sich die Kriminalität in der einstigen Idylle ausbreitet. Nicht mehr charakterlich bedingtes Fehlverhalten treibt Familien in die Kriminalität, sondern die ökonomischen Umstände. Das Böse kriecht aus der Stadt und bringt Drogenhandel, Arbeitslosigkeit, Bandenkriminalität und vieles Negative mehr über die Vororte ins *Heartland*. Dem stellen sich die mutigen Cops von El Camino entgegen. Es ist die erste TV-Serie der 1994 von Steven Spielberg, Jeffrey Katzenberg und David Geffen gegründeten Produktionsfirma Dreamworks, die diese neue Situation für eine zeitgemäße Cop-Serie genutzt haben. Bekannte Charaktere und Situationen aus der langen Tradition der Cop-Shows bekommen durch die neue Umgebung *Twists* und Brechungen, die den Geschichten Frische geben. Der auftraggebende Sender ABC hat genug Geld hingelegt, um einen Produktionsstandard zu garantieren, den man mit dem Namen Spielberg verbindet. Natürlich wackelt auch in HIGH INCIDENT die seit den seligen Tagen des *Reality TV* unvermeidbare *Steadycam* bei riskanten Einsätzen der Straßen-Cops durch die Botanik, aber längst nicht so unmotiviert wie in der ersten Staffel von NEW YORK COPS. Nichts an der Serie ist wirklich radikal oder innovativ, sie wurde von cleveren Machern konzipiert und so umgesetzt, daß sie als *Middle of the Road*-Produkt niemanden wirklich verstört oder euphorisch macht. Man kann sie sich mit Genuß ansehen, man kann es aber auch sein lassen, ohne deshalb etwas wirklich Aufregendes zu verpassen.

HIGH MOUNTAIN RANGERS

High Mountain Rangers

USA 1988; 18 x 45 Min.; F

Jesse Hawkes .... Robert Conrad
Matt Hawkes .... Christian Conrad
Cody Hawkes .... Shane Conrad
Frank Avila (Weißer Adler) .... Tony Acierto
Robin Kelly .... P.A. Christian
Cutler .... Russell Todd
Tim Hart .... Eric Eugene Williams
Izzy Flowers .... Timothy Erwin
Jackie Hawkes .... Robyn Peterson
Sheriff McBride .... Med Flory

➜ Jesse Hawkes gründete Ende der fünfziger Jahre ein Bergrettungsteam am Fuße der Sierra Nevada in der Nähe des Lake Tahoe. Inzwischen im Ruhestand, lebt er mit seinem Sohn Cody in einer Hütte in den Bergen. Sein Sohn Matt leitet jetzt die Spezialtruppe. Die beiden sind durch eine Kurzwellensender verbunden, und Matt greift gerne auf die Erfahrungen des Vaters zurück.

Robert Conrads Familienunternehmen: Nicht nur spielten seine Söhne Hauptrollen neben ihm, Tochter Joan produzierte und Robert selbst führte Regie und schrieb Drehbücher. Die Stories sind nicht gerade atemberaubend, aber das Engagement für Ökologie und gegen Umweltverbrechen machten die Serie sympathisch. 1989 gab es eine kurzlebige *Spinoff*-Serie, JESSE HAWKE, die in San Francisco spielte.

High-Tech-Thriller/Techno-Thriller

In diesen Polit-Thrillern hat eine detailliert beschriebene Kriegstechnik die Protagonistenrolle übernommen. Nicht der Mensch in Krisensituationen ist das Hauptelement des Suspense, sondern die Funktionstüchtigkeit und Anwendung von hochtechnischen Tötungsmaschinen. Als Begründer dieses Subgenres des Polit-Thrillers gilt Tom Clancy mit seinem Roman HUNT FOR RED OCTOBER. Fernsehserien wie KNIGHT RIDER, FORTUNE HUNTER – BEI GEFAHR AGENT CARLTON DIAL oder bereits KOBRA, ÜBERNEHMEN SIE benutzen Technik gerne als hervorstechendes dramatisches Element.

HIGH TIDE – EIN COOLES DUO

High Tide

USA 1994; 72 x 45 Min.; F

Mick Barrett .... Rick Springfield
Joey Barrett .... Yannick Bisson
Gordon .... George Segal
Fritz Baller (1994) .... Cay Helmich
Fritz Baller .... Diana Frank

➜ Gordon ist ein ehemaliger CIA-Agent, der in Los Angeles eine Detektivagentur leitet. Die Brüder Barrett arbeiten für ihn, wenn sie nicht gerade am Strand Mädchen jagen oder surfen.

Fritz, Gordons sexy Assistentin, die oft den Brüdern bei den Fällen hilft, wurde zuerst von Cay Helmich gespielt. Als sie schwanger wurde, gab sie ihre Rolle an Diana Frank ab. Die Serie wurde von Jeff Franklin und Steve Waterman in Neuseeland, Australien und auf den Fidschi-Inseln gedreht. Besseres läßt sich über sie nicht sagen.

HIGHWAYMAN

The Highwayman

USA 1988; 1 x 90 Min. u. 9 x 45 Min.; F

Highwayman .... Sam J. Jones
Jetto .... Mark »Jacko« Jackson
D.C. Montana .... Tim Russ
Tanya Winthrop .... Jane Badler

➜ Um die abgelegenen Gegenden der amerikanischen Highways in nicht allzuferner Zukunft kontrollieren zu können, wird eine neue Sondergruppe von Marshals aufgestellt. Dazu gehört HIGHWAYMAN, der mit seinem technisch bestens ausgerüsteten Monstertrack Streife fährt und für Ordnung sorgt. Jetto ist sein australischer Partner, die schöne Miss Winthrop gibt ihnen die Aufträge.

Diese Spinnerei von Glen A. Larson begann 1987 als TV-Movie (das dann Pilotfilm wurde). Nach FLASH GORDON eine weitere Charakterrolle für Sam Jones. Aber für Jane Badler-Fans – *The Queen of TV-Trash* – eine Pflichtserie!

Historische Krimis

Detektivgeschichten, die in einer früheren Epoche angesiedelt sind und historische Elemente, Persönlichkeiten und/oder Lebensumstände als tragendes Element in die Handlung einbauen und/oder historische Verbrechen mit dem heutigen Wissensstand schilderten. Beispiele sind BRUDER CADFAEL, aber auch CHICAGO 1930. In Deutschland waren vor allem Helmut Ashleys mehrteilige Wilkie-Collins-Verfilmungen, wie DER MONDDIAMANT oder DIE FRAU IN WEISS, beliebt.

HOLMES & YOYO

Holmes and Yoyo

USA 1976; 13 x 25 Min.; F

Detective Alexander Holmes .... Richard B. Shull
Gregory »Yoyo« Yoyonovich .... John Schuck
Captain Harry Sedford .... Bruce Kirby
Officer Maxine Moon .... Andrea Howard

➜ Da die Partner von Detektiv Holmes regelmäßig im Krankenhaus landen, gibt man ihm nun den Roboter Yoyo als Gefährten. Natürlich weiß Holmes nichts vom elektronischen Innenleben seines neuen Partners.

Jack Sher und Lee Hewitt erfanden diese gequält komische Sitcom, die von Leonard B. Stern und Jackie Cooper für Universal und NBC produziert wurde. Im selben Jahr wurde ein TV-Movie über einen weiteren ROBOCOP-Vorläufer gedreht: FUTURE COP von Anthony Wilson (Buch) und Jud Taylor (Regie) mit Ernest Borgnine als Cop und Michael Shannon als Roboter. Das Konzept war offensichtlich von der Kurzgeschichte BRILLO der Science Fiction-Autoren Ben Bova und Harlan Ellison geklaut worden. Die SF-Autoren klagten, und nachdem sich der Rechtsstreit über mehrere Jahre hingezogen hatte, erhielten sie 320.000 Dollar Entschädigung.

HOMICIDE

Homicide: Life on The Street

USA 1993- ; x 45 Min.; F

Stanley Bolander .... Ned Beatty
John Munch .... Richard Beltzer
Beau Felton .... Daniel Baldwin
Kay Howard .... Melissa Leo
Meldrick Lewis .... Clark Johnson
Steve Crosetti (1993-94) .... Jon Polito
Frank Pembleton .... Andre Braugher
Tim Bayliss .... Kyle Secor
Lieutenant Al Giardello .... Yaphet Kotto
Chris Thorman (1993) .... Lee Tergesen
Dr. Carol Blythe (1993-94) .... Wendy Hughes
Lt. Megan Russert (1994-97) .... Isabella Hofmann
Julianna Cox .... Michelle Forbes

➜ Man hat es tausendmal gesehen: Harte US-Polizisten sitzen knurrig an ihren Schreibtischen, dann klingelt das Telefon, und sie müssen zu einem Tatort oder sonstigen Einsatz. Seit Jahrzehnten kennt man dieses Ritual und trotzdem fasziniert es immer noch. Die amerikanischen Cop-Serien und Filme gehören längst zur Folklore wie Cowboys und Indianer. Seit ihren Anfängen haben es amerikanische Produzenten immer wieder geschafft, neue Funken aus dem Genre zu schlagen. Die Polizisten fesseln, weil sie – wie Ex-Polizist und Bestsellerautor Joseph Wambaugh es ausdrückte, »die dünne, blaue Linie bewachen, die unsere Zivilisation vom Chaos trennt«. HOMICIDE ist eine naturalistische Cop-Serie, die neue Maßstäbe setzt. HOMICIDE ging in den USA erstmals am 31. Januar 1993 beim Sender NBC auf Sendung – direkt nach der Super Bowl, dem größten Sportereignis im amerikanischen Fernsehen. Grundlage dieser neuen (fast möchte man sagen: neo-realistischen) TV-Serie war David Simons Buch HOMICIDE. A YEAR ON THE KILLING STREETS. Simons, Reporter der *Baltimore Sun*, hatte ein Jahr lang das Morddezernat der Polizei von Baltimore beobachtet und begleitet. Das Buch erhielt mehrere Preise und wurde von *Oscar*-Preisträger Barry Levinson (RAIN MAN, DINER, TIN MEN, SLEEPERS) gekauft. Zusammen mit dem Autoren Paul Attanasio und dem *Emmy*-Preisträger und Produzenten Tom Fontana entwickelte er daraus ein Serienkonzept. Levinson wollte eine neue Art Cop-Show. Sie sollte das Gegenteil der immens erfolgreichen Serie MIAMI VICE sein, die zwar inhaltlich realistisch, aber ästhetisch sehr stilisiert war. Er wollte Naturalismus statt Hochglanzrealismus. Bei der Kameraführung ließ er sich von den gerade erfolgreichen *Reality TV*-Shows beeinflussen. Allerdings stellte er keine spektakulären Autojagden oder Schießereien, sondern Charaktere in den Mittelpunkt. Cops mit Neurosen und Schwächen, die ihrer zermürbenden Tätigkeit nachgehen. Die Serie beschränkt sich nicht auf ein Muster. Sie ist inhaltlich und formal offen für jede Art von Geschichte. Mal spielt eine Folge in fast völliger Realzeit in einem Verhörraum, mal durchkämmen müde Cops Baltimores Vorstädte vergeblich auf der Suche nach Indizien. Mal wird ein Täter gefaßt, mal müssen sich die Beamten des Morddezernats mit Strukturproblemen innerhalb des Apparates auseinandersetzen. Und es kommt sogar vor, daß ein ausgezeichneter Polizist im Privatleben seine Frau mißhandelt. Die hervorragenden Schauspieler, darunter Yaphet Kotto als Abteilungschef und Ned Beatty als Detective Bolander, und die effektive Kameraführung lassen selbst bei der ödesten Routinearbeit keine Langeweile aufkommen. Wie kaum eine andere Cop-Serie seit MIAMI VICE und KAMPF GEGEN DIE MAFIA experimentiert HOMICIDE mit Erzählweisen und Formen. In der Folge BOP GUN etwa (Regie: Stephen Gyllenhaal) wird die ganze Geschichte aus der Perspektive von Robert Ellison (Robin Williams) erzählt, dessen Frau bei einem Überfall erschossen wurde. Manchmal werden Szenen so langgezogen, daß der Zuschauer geradezu physisch mitleidet. Tatsächlich erinnert die Serie eher an die frühen Filme von Robin John Cassavetes (HUSBANDS, SHADOWS) als an Genrevorläufer wie EINSATZ IN MANHATTAN oder DIE STRASSEN VON SAN FRANCISCO. Die Kamera bleibt immer nahe bei den Personen und überträgt ihre Reaktionen mit einer Direktheit, der man sich kaum entziehen kann. Alle filmischen Möglichkeiten werden ausgeschöpft: Wurde gerade eine Szene quälend langsam zerdehnt, wird danach ein Dialog zwischen den Cops mit *Jump Cuts* auf das Wesentliche reduziert. Im Morddezernat von Baltimore gibt es keinen Glamour, nur angeschlagene Charaktere, die nicht jeden Fall lösen und von der Stadtverwaltung ununterbrochen unter Druck gesetzt werden. Manche

HOMICIDE: Ned Beatty

Fälle und private Probleme der Beamten ziehen sich über mehrere Folgen. Ein herkömmlich episodischer Aufbau mit der klassischen Lösung am Ende würde den angestrebten Realismus auch konterkarieren. Stattdessen legt HOMICIDE Wert auf komplexe Personenzeichnung und harten Realismus. Um das hohe Niveau zu garantieren, lassen die Produzenten außergewöhnliche Regisseure arbeiten, darunter John McNaughton, Martin Campbell, Michael Lehmann, Tim Hunter, Peter Medak, Nick Gomez, Chris Menaul, Richard Pearce und Keith Gordon. Zwar werden kaum Gewalttätigkeiten gezeigt, trotzdem liegen sie atmosphärisch über der Serie wie ein Leichentuch. Denn Baltimore ist eine der brutalsten Städte in den USA und die HOMICIDE-Cops sind weit davon entfernt, diesen Augiasstall ausmisten zu können. Und der Zuschauer kann seiner »Helden« nie sicher sein: wie etwa in der 1994er-Staffel, in der Detective Crisetti erschossen wird. HOMICIDE ist eine Ensemble-Serie: In einigen Folgen treten alle Charaktere auf, in anderen konzentriert sich die Handlung auf ein einziges Team. Sie ist der Liebling der amerikanischen Kritik. Beim Publikum hat sie bis heute nicht den großen Durchbruch geschafft, bindet aber Jahr für Jahr mehr Zuschauer an sich. Der Sender hält aus Prestigegründen an ihr fest, sieht aber neidvoll, wie das Konkurrenzprodukt NEW YORK COPS des Senders ABC als glattere Version einer realistischen Cop-Show von Anfang an erfolgreicher war und immer noch ist. Nicht so sperrig wie HOMICIDE, versteht es NEW YORK COPS, konventionellere Sympathieträger in den Mittelpunkt zu stellen.

Literatur: Tod Hoffman; Homicide: Life on the Screen; Ontario: ECW Press, 1998.

Roman: Jerome Preisler: White Butterflies, 1998.

Homepage: http://www.xnet.com/-djk/main_page.shtml und http://www/nbc.com/homicide/.

Huby, Felix

Deutscher Autor. Geboren 1938. Bevor er hauptberuflich Drehbuchautor wurde, arbeitete er als Reporter für den *Spiegel*. Seit 1976 schreibt er Kriminalromane, deren Hauptfigur Kommissar Bienzle zum TATORT-Ermittler wurde. Zu den zahlreichen Serien, für die er schrieb oder die er erfand, gehören: DETEKTIVBÜRO ROTH, HAFENDETEKTIV, ABENTEUER AIRPORT, EIN BAYER AUF RÜGEN und OH GOTT, HERR PFARRER. Angeblich beschäftigt er viele Nachwuchsautoren, und wegen seines hohen Ausstoßes spricht man auch von ihm auch als die »Schreibfabrik Huby«.

Huggins, Roy

Amerikanischer Produzent und Autor, 1914 in Litelle, Washington geboren. Er brach sein Studium an der Universität von Oregon ab, um nach Los Angeles zu gehen und dort Politologie zu studieren und ein Schriftsteller zu werden. Er wurde Mitglied der Kommunistischen Partei, verließ sie aber 1939 nach dem Hitler-Stalin-Pakt. Huggins schloß sein Studium erfolgreich ab, veröffentlichte Kriminalgeschichten in gut honorierenden Magazinen wie *Esquire* oder *Saturday Evening Post* und einige Kriminalromane. 1949 ging er als Autor zu Columbia Pictures. Dort ließ man ihn 1952 den Randolph-Scott-Western GOLDRAUB IN TEXAS (HANGMAN'S KNOT) drehen. Im selben Jahr wurde er vor McCarthys Senatsausschuß für unamerikanische Umtriebe zitiert. Sein Auftreten als freundlicher Zeuge überschattet sein Leben bis heute, und später versuchte er seine Aussagen wieder gutzumachen, indem er Leute von der Schwarzen Liste beschäftigte. In den fünfziger Jahren war er erfolgreicher Serienproduzent und Autor mit CHEYENNE, MAVERICK, 77 SUNSET STRIP und anderen. In den sechziger und siebziger Jahren schuf Huggins weitere Serien-Hits: AUF DER FLUCHT (1963-67), DIE LEUTE

VON DER SHILOH RANCH (THE VIRGINIAN, 1962-71), DER EINZELGÄNGER (1968-69), THE NAME OF THE GAME (1968-71), COOL MILLION (1972), TOMA (1973-74), DETEKTIV ROCKFORD (1974-80), BARETTA (1975-78), CITY OF ANGELS (1976) und DAS FLIEGENDE AUGE (1984). Huggins verließ spätestens nach zwei Staffeln seine Serien, möglichst auf dem Höhepunkt ihres Erfolges. Unter dem Pseudonym John Thomas James (die Vornamen seiner drei Söhne) schrieb er zahlreiche Drehbücher.

Der vielleicht nachhaltigste Erfolg des Autors und Produzenten war die Veränderung des Images des amerikanischen Privatdetektivs. Bei Hammett und Chandler war er ein trinkfester, harter Mann gewesen, der von einem verstaubten, kleinen Büro aus gefährliche Fälle übernahm und am Ende oft genug nicht bezahlt wurde – ein einsamer Mann, der im Trenchcoat und Schlapphut nachts die einsamen Straßen durchkämmte und neben jeder Leiche eine Whiskyflasche fand. Huggins hatte mitbekommen, daß in den fünfziger Jahren in der Kriminalliteratur eine Gegenbewegung entstanden war: Autoren wie Richard S. Prather mit seinen Shell Scott-Romanen zeigten den *Private Eye* als glamouröse Figur, ohne Geldsorgen, mit teuren Autos und schönen Frauen an der Seite. Huggins selbst hatte diese literarische Entwicklung nicht antizipiert. Sein 1946 erschienener Privatdetektivroman THE DOUBLE TAKE ist ein zweitklassiger Aufguss der Chandler-Tradition mit einem Stu Bailey als Protagonist, der nichts mit der späteren TV-Version zu tun hat. Aber um die nötigen Credits zu erhalten, übernahm er den Namen seiner literarischen Figur, als er die erste TV-Glamour-*PI*-Serie erfand: 77 SUNSET STRIP. Huggins hatte zuvor mit CHEYENNE das Format für Western-Serien auf eine Stunde ausgedehnt und mit MAVERICK das Rotationsprinzip für mehrere Hauptdarsteller eingeführt. Das übertrug er auf die erste einstündige Privatdetektivserie.

HUNTER
Hunter

USA 1977; 1 x 90 Min. u. 13 x 45 Min.; F

James Hunter .... James Franciscus
Marty Shaw .... Linda Evans
General Harold Baker .... Ralph Bellamy

→ Geheimagent Hunter tarnt sich als Buchhändler und arbeitet mit seiner Assistentin, dem Fotomodell Marty, für General Bakers Geheimdienst. William Blinn konzipierte diesen uninspirierten James-Bond-Abklatsch. Philip Capice und Lee Rich produzierten für Lorimar und CBS.

HUNTER
Hunter

USA 1984-91; 133 x 45 Min.; F

Sergeant Rick Hunter .... Fred Dryer
Sgt. Dee Dee McCall (1984-90) ... Stephanie Kramer
Off. Joanne Molenski (1990-91) ... Darlanne Fluegel
Sergeant Chris Novak (1991) .... Lauren Lane
Sgt. Bernie Terwilliger (1984-86) ... James Whitmore Jr.
Captain Lester Cain (Pilot) ... Michael Cavanaugh
Captain Lester Cain (1984) ...... Arthur Rosenberg
Captain Dolan (1984-85) .... John Amos
Captain Wyler (1985-86) .... Bruce Davison
Cpt. Charlie Devane (1986-91) ... Charles Hallahan
Lt. Ambrose Finn (1985-88) .... John Shearin
Carlos (1985-87) .... Richard Beauchamp
Arnold »Sporty« James (1986-89) .. Garrett Morris
Barney (1987-88) .... Perry Cook
Reuben Garcia (1987-88) .... Rudy Ramos

→ Der harte Sergeant Hunter, der aus einer Gangster-Familie stammt, und seine hübsche Kollegin McCall arbeiten als Kriminalbeamte in einem innerstädtischen Bezirk von Los Angeles bei der Mordkommission. Frank Lupo konzipierte, angeregt durch die DIRTY HARRY-Filme, die Serie für Stephen J. Cannell, der sie für Lorimar produzierte.

Dryer, der Star der Serie, ist ein ehemaliger Football-Profi und genauso hart wie seine Serienfigur. Als die Serie 1984 bei NBC startete, waren die Einschaltquoten enttäuschend und die Serie stand auf Platz 79. Doch Dryer ließ nicht locker und überredete den Produzenten Chuck Bowman, mehr Gewicht auf die Figuren zu legen und weniger auf wilde Verfolgungsjagden. In der zweiten Season war HUNTER schon auf Platz 26 der *Nielsen Ratings*. Im Juli 1986, als die Serie auf Erfolgskurs steuerte, verlangte Dryer eine beträchtliche Gagenerhöhung und weigerte sich, seine Rolle weiterzuspielen, falls sie ihm nicht gewährt würde. Nach mehreren Episoden ohne ihn und nachdem Cannell ihm eine Schadensersatzklage angedroht

Einer der frühen Roy-Huggins-Hits: 77 SUNSET STRIP (links Efrem Zimbalist)

HUNTER: Stephanie Kramer und Fred Deyer

hatte – Dryer war zeitweise sogar durch den Schauspieler Joe Cortese ersetzt worden –, kehrte er plötzlich wieder vor die Kamera zurück. Seine Gage war von 21.000 Dollar auf 50.000 Dollar pro Folge erhöht worden. Seit der sechsten Staffel war er auch noch *Executive Producer* neben Larry Kubik und Marvin Kupfer. »Ich gebe der Serie den letzten Schliff. Ich bin der Verantwortliche«, sagte Dryer und vergraulte Kollegin Stephanie Kramer aus der Serie. Im Herbst 1990 wurde sie durch Darlanne Fluegel abgelöst. »Stef wird mir fehlen«, heuchelte Dryer, »aber es erlaubt uns, die Serie von Grund auf zu überholen.« In der siebten Saison wechselte Hunter von der Mordkommission zur Metro Division, um neue Aufgaben zu übernehmen, etwa als Begleitschutz für VIPs oder in der Drogenbekämpfung. Außerdem verpaßte man ihm mit Chris Novak eine Freundin, geschieden, mit Tochter und vielen Familienproblemen. Darlanne Fluegel kam mit Dryer überhaupt nicht aus, und so wurde sie nach drei Monaten wieder aus der Serie geschrieben. Die Zuschauer mochten das nicht länger mitansehen und so wurde die Serie beendet. Gedreht wurde sie nicht im Studio, sondern auf der Straße, auch in den Slums. Fünfmal in der Woche 12 bis 15 Stunden wurde gearbeitet, jedes Jahr neun Monate, um 22 Episoden und zwei 90-Minüter herzustellen. 1995 kehrte Hunter zurück in dem TV-Movie THE RETURN OF HUNTER: EVERYONE WALKS IN L.A. von Bill Nuss (Buch) und Bradford May (Regie).

Für US-Verhältnisse war HUNTER eine ziemlich harte Serie, die in einer Welt voller Psychopathen, Terroristen und Brutalos spielte. Sie war nie unumstritten: Entweder mochte man sie sehr oder man verachtete sie.

I.O.B. – SPEZIALAUFTRAG

BRD 1980-81; 26 x 25 Min.; F

Mike Jackson .... Claus Wilcke
Catherine Burger .... Gerlinde Doeberl
Bernhard Horn .... Hans Wyprächtiger
Eva Kehrer................................... Karin Eckhold
Fiete .... Ferdinand Dux

➜ Die I.O.B. ist eine internationale Detektei. Im Hamburger Zweigbüro, das von Horn geleitet wird, ist der Deutschamerikaner und ehemalige FBI-Agent Jackson der Top-Agent. Ihm zur Seite steht mit Wiener Charme seine Assistentin Catherine, und Sekretärin Eva bedient den Computer, der mit der Zentrale in London verbunden ist.
Eine der üblichen ZDF-Vorabendserien. Geschrieben von Rainer Horbelt und Ulrich Stark, Regie führte Hans-Jürgen Tögel.

IHR AUFTRITT, AL MUNDY
It Takes a Thief

USA 1968-70; 65 x 45 Min.; F

Alexander Mundy .... Robert Wagner
Noah Bain (1968-69) .... Malachi Throne
Wallie Powers (1969-70) .... Edward Binns
Alister Mundy (1969-70)................... Fred Astaire

➜ Um einer längeren Gefängnisstrafe zu entgehen, muß der Dieb Al Mundy für den amerikanischen Geheimdienst S.I.A. Aufträge übernehmen, die seine besonderen Fähigkeiten fordern.
Die von Collier Young erdachte Serie wurde teilweise aufwendig an Originalschauplätzen gedreht. Filmregisseur Jack Arnold arbeitete zeitweise als *Executive Producer* und Regisseur an der ABC-Serie, die ein Zwitter aus KOBRA, ÜBERNEHMEN SIE und TENNISSCHLÄGER UND KANONEN ist. Robert Wagner ist perfekt in dieser Rolle, die bewußt an Cary Grant in ÜBER DEN DÄCHERN VON NIZZA (TO CATCH A THIEF) erinnern soll. Viel Charme hat auch das gemeinsame Spiel mit Fred Astaire, der Al Mundys Vater darstellt.
Roman: Gil Brewer: The Devil in Davos; Ace Books, 1969. The Mediterranean Caper; Ace Books, 1969. Appointment in Cairo; Ace Books, 1970.

ILLEGALE, DER

BRD 1972; 3 x 90 Min.; F

Grunwaldt .... Götz George
Katharina .... Vera Tschechowa
Korotkow .... Gustav Knuth
Nowak .... Herbert Fleischmann
Mossewin .... Rolf Boysen
Michailoff .... Wolfgang Weiser
Swetlakow .... Friedrich G. Beckhaus
Klara .... Herbert Fux
Blaschke .... Hans Helmut Dickow
Frau Blaschke .... Rosel Schäfer
Rodenstock .... Günter Mack
Dora .... Bibiana Zeller
Leinhauser .... Günter Strack

IHR AUFTRITT, AL MUNDY: Robert Wagner

IHR AUFTRITT, AL MUNDY: Robert Wagner

➜ Dreiteiler über den Aufstieg eines jungen Russen deutscher Abstammung zum Erfolgsspion Moskaus in der BRD, der auf einem tatsächlichen Fall basiert. Im zweiten Teil wird Grunwaldts Einsatz in der BRD gezeigt: Der Hausmeister der französischen Botschaft, ein Ex-Fremdenlegionär, verrät ihm brisante Geheimnisse. Teil drei zeigt Grunwaldts Entwicklung: Weil ihm die jahrelang genossenen Annehmlichkeiten der kapitalistischen Gesellschaft wichtiger erscheinen als Ideale, wird er zum Überläufer in den Westen. Ein von Henry Kolarz geschriebenes und von Günter Gräwert inszeniertes Kalter-Krieg-Epos. Immerhin sollte gewürdigt werden, daß man sich auf das in Deutschland so selten genutzte Genre des Polit-Thrillers einließ. Und die Garde der Schauspieler dieser ZDF-Serie, allen voran George, war erstklassig.

IM AUFTRAG VON MADAME

BRD 1972, 1974; 39 x 25 Min.; F
Homer Halfpenny .... Horst Keitel
Peter Proud .... Roger Herbst

➜ Aus Mr. Prewster wurde Professor Halfpenny. Horst Keitel, berühmt geworden als PERCY STUARTs Begleiter, mimt hier einen Wissenschaftler, der im Auftrag einer geheimnisvollen »Madame« Gauner dingfest macht.
Nach dem Publikumserfolg von PERCY STUART schickte das ZDF diese Serie von C.M. Sharland (Buch) und Paul May (Regie) über die Bildschirme. Ihr Erfolg hielt sich in Grenzen.

IMMER WIEDER FITZ
Cracker

USA 1997-98; 1 x 90 Min. u. 14 x 45 Min.; F
Gerry »Fitz« Fitzgerald .... Robert Pastorelli
Judith Fitzgerald .... Carolyn McCormick
Detective Hannah Tyler .... Angela Featherstone
Detective Danny Watlington .... Robert Wisdom
Lieutnant Fry .... R. Lee Ermey
Michael Fitzgerald .... Josh Hartnett

➜ Er trinkt zuviel, er zockt, er ist schlampig und seine Familie wächst ihm über den Kopf. Psychologe Fitzgerald, der für die Polizei von Los Angeles als Berater und *Profiler* arbeitet, ist alles andere als ein typischer Serienheld.
Bekannt? Kein Wunder. Der weltweite Erfolg und die überragende Qualität der britischen Serie FÜR ALLE FÄLLE FITZ veranlaßte den in die Krise geratenen US-Sender ABC (großer Verlierer der Saison 1996/97) zum Lizenzkauf des Originalkonzepts, um eine weichgespülte US-Version herzustellen. Produziert wurde die unbefriedigende Kopie, die sogar auf Originaldrehbuchvorlagen nicht verzichten wollte, von Natalie Chaidez. Die *Funk-Korrespondenz* stellte in Nr. 45/1997 treffend fest: »Falls es CRACKER nicht gelingt, Stories neu zu entwickeln, die weniger vom Talent des Dialogautors abhängen, sondern die auch im amerikanischen Milieu als menschlich interessante Krimihandlung funktionieren, dürfte diesem Imitationsversuch kein langes Networkleben vergönnt sein.« Nur die ersten Folgen basierten auf den gekürzten Drehbüchern der Originalserie. Der deutsche Erfolg blieb beim Sender SAT.1 aus, und die Serie wurde schnell wieder aus dem Programm gekippt.

IM NAMEN DES GESETZES

BRD 1994- ; 1 x 90 Min. u. x 45 Min.; F
Kom. Mike Eschenbach (1994-96) ... Matthias Bullach
Kommissar Stefan Kehler .... Wolfgang Bathke
Kom. Peter Wolniak (1996) .... Uwe Fellensiek
Staatsanwältin Glaser .... Britta Schmeling
Oberstaatsanwalt Dr. Lotze .... Henry van Lyck
StA. Dr. Kerstin (1994) .... Magdalena Ritter

➔ Nach dem US-Vorbild LAW AND ORDER: Nicht nur die Jagd der Polizei nach Verbrechern wird gezeigt, sondern auch, wie es nach der Verhaftung weitergeht – bis zur Verhandlung und dem Urteilsspruch. Im Mittelpunkt der Serie stehen die Kommissare Kehler und Eschenbach (nach dessen Tod übernimmt Wolniak), die im Auftrag der Staatsanwaltschaft böse Buben jagen.
Harald Vock entwickelte die Serie, die von Opal-Film in Berlin produziert wurde, für RTL. Als juristischer Berater stand dem elfköpfigen Autorenteam zusammen mit dem Chefdramaturgen Vock der Berliner Anwalt David Wittenberg zur Seite, der auf die Realitätsnähe achten sollte. Bis 1998 wurden drei Staffeln mit bisher 53 Folgen produziert.

IN DER HITZE DER NACHT
In the Heat of the Night

USA 1988-94; 3 x 90 Min. u. 140 x 45 Min.; F
Sheriff Bill Gillespie .... Carroll O'Connor
Virgil Tibbs (1988-93) .... Howard Rollins
Althea Tibbs (1988-93) .... Anne-Marie Johnson
Bubba Skinner .... Alan Autry
Parker Williams .... David Hart
Junior Abernathy (1988) .... Christian Le Blanc
Horace Goode (1988) .... Peter Gabb
Lonnie Jamison .... Hugh O'Connor
Bürgermeister Findley (1988) .... Dennis Lipscomb
Willson Sweet (1988-93) .... Geoffrey Thorne
Joann St. John (1988-89) .... Lois Nettleton
LuAnn Corbin (1989-94) .... Crystal Fox
Harriet DeLong (1989-94) .... Denise Nicholas
Dr. Robb (1989-94) .... Dan Biggers
Gerald Darnelle (1990-94) .... Wilbur Fitzgerald
Dee Sheppard (1992-94) .... Dee Shaw
Tante Etta (1992-94) .... Tonela Stewart
Ken Covey (1992-94) .... Harvey E. Lee Jr.
Luke Everett (1992-94) .... Mark Johnson
Officer Peake (1992-94) .... C.C. Taylor
Ted Marcus (1992-93) .... Thom Gossom Jr.
Hampton Forbes (1993-94) .... Carl Weathers
Christine Surillo (1993-94) ... Barbara Lee-Belmonte

➔ Der brummige, *streetsmarte* Sheriff in der Südstaatenstadt Sparta bekommt einen Schwarzen als *Chief of Detectives* neben sich gesetzt. Beide entdecken verblüfft, daß sie mehr Gemeinsamkeiten haben als Gegensätze.
John Balls erster Virgil-Tibbs-Roman wurde ein Klassiker und mit dem *Edgar Allan Poe*-Preis als bester Kriminalroman des Jahres 1965 ausgezeichnet. Die Verfilmung mit Sidney Poitier und Rod Steiger erhielt den *Oscar*. Zwei weitere Kinofilme mit Poitier folgten 1970 und 1971. Die Idee, aus Film und Buch eine Fernsehserie zu machen, stammte vom ehemaligen Programmchef Fred Silverman, der in den siebziger Jahren durch die Sender wanderte. Den Pilotfilm drehte einmal mehr Pilot-Spezialist David Hemmings. Natürlich ist die TV-Version weichgespülter als der Originalfilm, O'Connor ist längst nicht so brutal und störrisch wie Steiger. Howard Rollins ist ein Technokrat, der sein kriminalistisches Wissen wie eine Monstranz vor sich her trägt. Nicht mehr Gegensätze der Hautfarbe bestimmen das Verhältnis der beiden, sondern methodische: Der Sheriff vertraut auf Instinkt und Erfahrung, Tibbs auf Technik. Faszinierend ist das kleinstädtische Leben mit einem ganzen Kosmos an Nebenfiguren gezeichnet. Neben Cabot Cove (aus MORD IST IHR HOBBY), dürfte Sparta mit mindestens einem Mord pro Woche die gefährlichste Kleinstadt der USA sein.
Die MGM-Produktion wurde in Georgia in dem kleinen Nest Covington gedreht. Das wurde Howard Rollins zum Verhängnis: Mehrere Male erwischte man ihn mit Kokain und stellte ihn vor Gericht. Nachdem das Maß an Bewährungen voll war, wurde er zu sechs Monaten Gefängnis verurteilt. Aus der letzten Staffel, die O'Connor inzwischen koproduzierte, wurde er hinausgeschrieben. Er brach 1989 zusammen und bekam einen sechsfachen Bypass. Als er im Krankenhaus lag, sprang Joe Don Baker als Tom Dugan für ihn ein.
Roman: John Balls Virgil Tibbs-Romane: In der Hitze der Nacht (In the Heat of the Night; 1965); Ullstein TB 10253, 1984. Totes Zebra zugelaufen

MISSION: IMPOSSIBLE im Wandel der Zeit: KOBRA, ÜBERNEHMEN SIE (oben, 1966) und IN GEHEIMER MISSION (1988-90)

(The Cool Cottontail; 1966); Ullstein TB 1116, 1967. Fünf Stück Jade (Five Pieces of Jade; 1972); Ullstein TB 1482, 1972. Unter den Augen Buddhas (The Eye of Buddha; 1976); Ullstein TB 1812, 1977. Then Came Violence; Doubleday, 1980. Singapur (Singapore; 1986); Ullstein TB 10535, 1988.

IN GEHEIMER MISSION

Mission: Impossible

USA 1988-90; 35 x 45 Min.; F

Jim Phelps .... Peter Graves
Nicholas Black .... Thaao Penghlis
Max Harte .... Antony Hamilton
Grant Collier .... Phil Morris
Casey Randall (1988) .... Terry Markwell
Shannon Reed (1988-90) .... Jane Badler

➔ Jahrelang ging man damit schwanger, KOBRA, ÜBERNEHMEN SIE wiederzubeleben. Bevor Brian de Palma mit Tom Cruise den Kinofilm in Angriff nahm, gab ABC den Produzenten Jeffrey M. Hayes und Michael Fisher grünes Licht für die Neuverfilmung einiger der besten alten Folgen. Hintergrund war der Drehbuchautorenstreik in Hollywood, der die *Networks* um den Nachschub an neuen Serien oder neue Folgen erfolgreicher Serien zittern ließ. Mit dem Remake schien man zumindest eine Stunde pro Woche bei ABC gesichert zu haben.

Die Produzenten verpflichteten einzig Peter Graves aus der alten Crew. Ein besonderer Gag war die Besetzung von Barney Colliers Sohn mit Gregg Morris' Sohn Phil. Gedreht wurde in Australien. Viele der alten Folgen hatten unter unglaubwürdigen Schauplätzen gelitten (oft genug mußte die südkalifornische Villa eines Produzenten als lateinamerikanischer oder afrikanischer Handlungsort herhalten). Australien hingegen bietet unterschiedliche Landschaften, die man dem Zuschauer als unterschiedliche Kontinente verkaufen konnte. Bei Beginn der Dreharbeiten endete der Streik, und so konnte man neue Bücher in Auftrag geben. Bereits in der 12. Folge ließ man das MIF-(*Mission Impossible Force*)-Team-Mitglied Casey sterben und – Jubel bei allen Fans – durch *Trash-Queen* Jane Badler ersetzen. In zwei Folgen taucht sogar Gregg Morris als Barney auf, aber der Geist der ersten

Serie war nicht wiederzubeleben. Die neue war viel emotionaler; im Team herrschte eine gefühlvolle Kameradschaft, die es in der Ur-Serie nicht gab. Außerdem gab es zuviel redundantes Gequassel. Eine Todsünde, denn die alte Serie faszinierte auch durch ihre absolute Dialogarmut. »Wir versuchen nichts zu erklären, bevor es geschieht«, war ein Credo des Erfinders Bruce Geller.
Das Publikum sah es ähnlich: In der ersten Saison kam das neue Team auf Platz 64 der *Nielsen Ratings*, im Jahr darauf sackte es auf Platz 79 unter 95 Sendungen!

IN SACHEN MORD
Murder Call

AUS 1997; 19 x 45 Min.; F

Detective Steve Hayden .... Peter Mochrie
Detective Tessa Vance .... Lucy Bell
Sergeant Fisk .... Geoff Morrell
Sergeant Dee Suzeraine .... Jennifer Kent
»Tootsie« .... Glenda Linscott

➜ Eine klassische Polizeiserie aus Australien, in der auch mit modernen Kriminalistikmethoden gearbeitet wird. Puristisch und schnörkellos steht der Fall im Zentrum und nicht vermeintlich originelle Charaktere und deren menschliche Probleme.

INSIDERS
The Insiders

USA 1985-86; 13 x 45 Min.; F

Nick Fox .... Nicholas Campbell
James Mackey .... Stoney Jackson
Alice West .... Gail Strickland

➜ Zwei wilde, investigative Reporter, einer schwarz, der andere weiß, untersuchen Verbrechen, indem sie falsche Identitäten annehmen und sich ins jeweilige Milieu einschleusen. Es gibt reichlich Autojagden, Rockmusik und Gewalt. Michael Ahnemann konzipierte diesen MIAMI VICE-Klon, der von Universal für ABC produziert wurde.

INSPEKTION LAUENSTADT

BRD 1975-76; 13 x 45 Min.; F

Kriminalamtsrat Zapf .... Joachim Wichmann
Kriminalmeister Seidel .... Bernd Ander
Inspektor Holzmüller .... Maxl Graf
Jung .... Michael Schwarzmaier

➜ Kriminalfälle aus der tiefsten deutschen Provinz, aus Franken. Gelöst werden sie von der Inspektion Lauenstadt, deren Dienststellenleiter Zapf ist.
Theodor Schübel schrieb, Bavaria produzierte für den SDR und der unvermeidbare Hajo Gies führte u.a. Regie. Einer der Kameraleute war Joseph Vilsmaier.

INSPEKTOR FOWLER – HÄRTER ALS DIE POLIZEI ERLAUBT
The Thin Blue Line

GB 1995; 13 x 45 Min.; F

Fowler .... Rowan Atkinson
Dawkins .... Serena Evans
Grim .... David Haig

➜ Eine gnadenlose Sitcom! MR. BEAN als Polizist. Intelligenter Witz, starke Pointen, aber manchmal auch unnötige Längen. Für Atkinson-Fans ein Genuß.

INSPEKTOR HOOPERMAN
Hooperman

USA 1987-89; 42 x 25 Min.; F

Harry Hooperman .... John Ritter
Susan Smith (1987-88) .... Debrah Farentino
Captain Celeste Stern .... Barbara Bosson
Officer Bobo Pritzger .... Clarence Felder
Officer Maureen DeMott .... Sydney Walsh
Officer Rick Silardi .... Joseph Gian
Inspektor Clarence McNeil .... Felton Perry
Betty Bushkin .... Alix Elias
T.J. (1988-89) .... Paul Linke
Rudy (1988-89) .... Rod Gist

➜ Hooperman erinnert ein bißchen an Lieutenant Goldblum aus POLIZEIREVIER HILL STREET: Ein sensibler Polizist, der es haßt, seinen Dienstrevolver zu benutzen.
Diese von Steven Bochco und Terry Louise Fisher erfundene Serie ist eine Rückkehr zu den 25-Minuten-Krimiserien der fünfziger und sechziger Jahre. Sie wurde als *Dramedy* verkauft, als Mischung aus Drama und Comedy. Hoopermans Privatleben nimmt genausoviel Platz ein wie sein Job. Komische Szenen wechseln mit dramatischen.
Kritiker bemängelten, daß man versuche, den Stoff für eine 45-Minuten-Serie in 25 Minuten zu pres-

INSPEKTOR SARTI: Gianni Cavina, Cristina Borghi

sen. Außerdem habe man ein bißchen zuviel in den Charakter Hooperman gepackt: Cop, Hausbesitzer mit Herz, Hobbymusiker, Hundeliebhaber, Lover usw. Etwas für die Freunde von *Political Correctness*.

INSPEKTOR HORNLEIGH GREIFT EIN

BRD 1961; 4 x 60 Min.; sw

Inspektor Hornleigh .... Helmuth Peine
Sergeant Bingham .... Wolfgang Forrester
Sergeant Smith .... Horst Breitkreuz

➜ »Unter diesem Sammeltitel beginnt eine neue Fernseh-Sendereihe. Das Besondere daran ist, daß alle Folgen eine Rahmenhandlung mit denselben Personen haben: Den Gästen einer kleinen privaten Abendgesellschaft wird ein Fernsehfilm gezeigt – ein Fall aus der Praxis des Scotland-Yard-Inspektors Hornleigh. Kurz vor der Aufklärung des Falles unterbricht der Gastgeber (Paul Klinger) den Fernsehfilm und überlegt mit seinen Gästen, welche Personen des Kriminalstücks als Täter in Frage kommen könnten. Die gleiche Möglichkeit soll auch Ihnen zu Hause vor Ihrem Fernsehgerät gegeben werden. Während Sie darüber nachdenken, wen der Inspektor wohl am Schluß verhaften wird, erscheinen noch einmal kurz alle verdächtigen Personen auf der Bildfläche. Danach wird das Fernsehspiel fortgesetzt und die richtige Lösung des Falles gezeigt«, schrieb die *Hör Zu* zum Start der ARD-Serie, die nach Hörspielen des Briten John P. Wynn von Hermann Pfeiffer in Szene gesetzt wurde. Also wurde Jahre vor DEM TÄTER AUF DER SPUR schon einmal erfolglos versucht, dem deutschen Zuschauer etwas nahezubringen, bei dem er sein Gehirn benutzen sollte.

INSPEKTOR JANEK

USA 1985, 1988, 1989, 1994; 7 x 90 Min.; F

Frank Janek .... Richard Crenna
Aaron Greenburg (1988-94) .... Cliff Gorman
Monique Dessier (1994) .... Helen Shaver
Wycoff (1994) .... Philip Bosco

➜ Frank Janek, der desillusionierte Inspektor der Kriminalpolizei in New York, tauchte erstmals 1981 in dem Roman PEREGRINE von William Bayer auf, der dafür den *Edgar Allan Poe*-Preis für den besten Kriminalroman des Jahres 1981 erhielt. 1984 veröffentlichte er den Janek-Roman SWITCH, der unter dem Titel DOUBLETAKE als Zweiteiler für das Fernsehen verfilmt wurde. Danach schrieb Bayer einige Geschichten direkt für Janek-TV-Movies, und auch sein Roman WALLFLOWER wurde adaptiert. Richard Crenna war als Janek so eindrucksvoll, daß seine Geschichten vom Sender CBS immer wieder als TV-Movies ausgestrahlt werden.

Roman: Der Killerfalke (Peregrine; 1981); Zsolnay, 1982, und Goldmann TB 8938, 1988. Tödlicher Tausch (Switch; 1984); Zsolnay, 1986, und Goldmann TB 9265, 1989. Eiskalter Engel (Wallflower; 1991); Goldmann TB 41379, 1993.

INSPEKTOR SARTI

L'Ispettore Sarti

I 1993; 6 x 90 Min.; F

Sarti .... Gianni Cavina
Ilaria .... Daniela Poggi

➜ Zusammen mit seiner Kollegin Ilaria löst Inspektor Sarti Fälle, die in der gesellschaftlichen Realität Italiens begründet sind. Deutsches Geld brachte auch deutsche Schauspieler und in der dritten Folge den Handlungsort Hamburg in die Serie.

INSPEKTOR WEXFORD ERMITTELT

The Ruth Rendell Mysteries

GB 1987-91; 2 x 90 Min. u. 37 x 60 Min.; F

Chief Inspector Wexford .... George Baker
Dora Wexford .... Louie Ramsay

INSPEKTOR WEXFORD ERMITTELT: George Baker

Jenny Ireland/Burden .... Diane Keen
Inspector Burden .... Christopher Ravenscroft
Jean Burden .... Ann Penfold
Sergeant Martin .... Ken Kitson

➜ Chief Inspector Wexford ist ein väterlicher Typ, der sich um Mordfälle in der fiktiven südenglischen Kleinstadt Kingsmarkham kümmert. Er ist verheiratet und bekommt gelegentlich Besuch von seinen erwachsenen Töchtern. Leidenschaftlich und kenntnisreich zitiert er Shakespeare und ist ein Mann, dem nichts Menschliches fremd ist.

Die britische Schriftstellerin Ruth Rendell erfand ihren Serienhelden 1964 in ihrem Roman FROM DOON WITH DEATH. Seitdem hat sie an die zwanzig weitere geschrieben, die als Vorlagen für diese Serie adaptiert wurden. Meistens zieht sich eine Geschichte über drei Folgen. Die von Neil Zeiger und Graham Benson für ITV produzierte Serie dürfte jeden Freund der klassischen *Whodunit*-Detektivgeschichten erfreuen.

Roman: Die Romane von Ruth Rendell, die auch unter dem Pseudonym Barbara Vine schreibt, sind bei uns in verschiedenen Verlagen erschienen: Ullstein, Rowohlt, Diogenes und Goldmann.

Inverted Story

Die umgekehrte Detektivgeschichte, in der das Ausführen eines Verbrechens an den Anfang der Erzählung gestellt wird, der Täter dem Leser bekannt ist und dieser im zweiten Teil die Aufklärungsarbeit des Detektivs folgt. Begründer der literarischen Form war Richard Austin Freeman mit seiner Sammlung THE SINGING BONE. Im TV wurde die Form zum Erfolgsrezept der Serie COLUMBO.

J.A.G. – IM AUFTRAG DER EHRE
J.A.G.

USA 1995- ; 1 x 90 Min. u. x 45 Min.; F

Lieutenant Harmon Rabb .... David James Elliott
Meg Austin .... Tracey Needham

➜ Ereignet sich ein krimineller Zwischenfall in der Navy, schickt das J.A.G. (*Judge Advocate General's Corps*) seinen besten Mann: Harmon Rabb. Als Ermittler verteidigt er die Navy gegen innere Feinde. Gemeinsam mit Meg Austin, einer Computerspezialistin, löst er brisante Fälle auf Militärstützpunkten in der ganzen Welt.
Ausgedacht hat sich die Serie Donald P. Bellisario: »Ich schrieb einen Absatz [...] und wußte noch gar nicht, wo es hingehen sollte mit meiner Story. Plötzlich donnerten F-14 *Tomcats* durch die Szene.« Im Zweifelsfall wurde er wohl von Nelson DeMilles Roman DIE TOCHTER DES GENERALS angeregt. Die US-Navy stellte für die Flugszenen, von denen es reichlich gibt, Filmmaterial aus den Archiven zur Verfügung. Mit Second-Hand-Sets, wie zum Beispiel der U-Boot-Kulisse von CRIMSON TIDE (1995), gibt Bellisario der Serie einen Touch von großem Hollywood-Kino. Außerdem wurden Szenen und Restmaterial aus den Filmen TOP GUN und FLUG DURCH DIE HÖLLE (FLIGHT OF THE INTRUDER) eingearbeitet. Computertechnik machte es möglich, daß in einer Episode Präsident Clinton Rabb beim Joggen begrüßte. Eine gutgemachte Action-Serie, die keinerlei Kritik am Militär zuläßt.

JACK CLEMENTI – ANRUF GENÜGT
Big Man

I/F/BRD 1990; 12 x 50 Min; F

Jack Clementi .... Bud Spencer
Kommissar Caruso .... Raymond Pellegrin
Fernande .... Mylène Demongeot
Simon Lecoq .... Denis Karvil
Mr. Winterbottom .... Geoffrey Copleston
Vasco .... Raimund Harmstorf
Susy Kaminsky .... Ursula Andress

➜ Clementi ist beim Versicherungskonzern Lloyds beschäftigt. Natürlich wird dieser Top-Agent nicht auf kleine Schadensfälle angesetzt, er tritt nur dann in Aktion, wenn es um Millionen und Milliarden (Lire?) geht. Clementi lebt in großem Stil und bewegt sich im internationalen Jet-Set. Ein Lebenskünstler, der aufs Angenehmste Arbeit und Vergnügen verbindet.
Die Bücher für diesen europäischen CANNON wurden von Lucio de Caro, Stefano Vanzina (Steno) und Carlo Pedersoli geschrieben; Regie führten Steno und Maurizio Ponzi. Ein nettes Wiedersehen mit den in Schönheit alternden Diven Mylène Demongeot und Ursula Andress. Und natürlich mit Kult-Star *Seewolf* Harmstorf, den man viel zu selten zu sehen bekam.

David James Elliot, Andrea Parker in J.A.G.

Kate Jackson (Mitte) mit Farah Fawcett und Jaclyn Smith in DREI ENGEL FÜR CHARLIE

JACK HIGGINS: DIE KRIEGER

Eye of the Storm

GB 1995; 4 x 45 Min. (auch 2 x 90 Min.); F

Dillon .... Rob Lowe
Ferguson .... Kenneth Cranham
Bernstein .... Deborah Moore
Engel .... Hannes Jaenicke
Su Yin .... Daphne Cheung
Myra .... Ellen Cohen
Tayi .... Michael Sarrazin
Dovotny .... Aaron Shirley
Nigel .... John Warnaby
Tania .... Laura Marine

➔ Markus Engel ist ein weltweit gesuchter deutscher Terrorist, ein Mann mit vielen Masken. Er war in den Untergrund abgetaucht, aber jetzt – der Golfkrieg tobt – wird er wieder aktiviert. Er wird beauftragt, einen Terroranschlag gegen das englische Königshaus durchzuführen. Eine Spezialeinheit des Premierministers, angeführt von Chef Ferguson und seinem besten Mann Dillon, soll das Attentat verhindern.

Die von Lawrence Gordon Clark inszenierte Serie basiert auf einem Roman von Jack Higgins, dessen mittelmäßige Thriller in 44 Sprachen übersetzt und über 250 Millionen Mal verkauft wurden.

Jackson, Kate

Amerikanische Schauspielerin und Produzentin. Geboren am 29. Oktober 1948 in Birmingham, Alabama. Gleich nach der Schauspielschule wurde sie eine vielbeschäftigte TV-Darstellerin. Ihre erste große Rolle war in der kultig verehrten Horror-Soap DARK SHADOWS. Von 1972 bis 1976 spielte sie die Frau eines Polizisten in Aaron Spellings Cop-Serie NEU IM EINSATZ. Spelling gab ihr dann

die Rolle der Engel-Chefin in DREI ENGEL FÜR CHARLIE (1976-79). Sie sollte der Star der Serie sein, aber Farrah Fawcett übertraf sie an Popularität. 1979 stieg sie aus der Serie aus und drehte TV-Movies. Mit der Serie AGENTIN MIT HERZ (1983-87) wurde sie zeitweilig zu einer der mächtigsten Frauen im Business, da sie diese erfolgreiche Show auch produzierte.
Nach mehreren Krebsoperationen und drei Scheidungen lebt sie heute mit ihrem Sohn in einer kleinen kalifornischen Stadt, weit von Hollywood entfernt.

JAGD NACH DEM KILLERGAS, DIE

Opération Ypsilon

F 1989; 2 x 90 Min. (auch 4 x 45 Min.); F

Germaine Langelier .... Bruno Cremer
Christian Martial .... Mireille Deyglun
Viktor Eglitis .... Bernard LeCoq
Dr. Lebeau .... Didier Flamand
Foster .... Robert Bisacco

➜ Der kanadische Journalist Langelier ist einer Bombenstory auf der Spur: Im Nahen Osten wurde beim Kampf gegen Rebellen mit einem neuartigen Giftgas experimentiert. Er trifft vor Ort die schöne Ärztin Christine und den lettischen Chemiker Viktor. Es gelingt ihnen, eine Probe des Gifts an sich zu bringen und zu fliehen. Aber natürlich werden sie gejagt. Bernard Gridaine und Peter Kassovitz (auch Regie) schrieben diesen gutgemeinten und gelegentlich sogar spannenden Polit-Thriller.

William Conrad in JAKE AND MCCABE

JAHRHUNDERT DER DETEKTIVE, DAS

BRD 1988; 10 Folgen unterschiedlicher Länge; F

➜ Das *Jahrhundert der Detektive* ist ein international berühmtes Sachbuch von Jürgen Thorwald über die Geschichte der Kriminalistik. In ihm werden Meilensteine der wissenschaftlichen Beweisführung beschrieben. Erwin Keusch drehte die einzelnen Fälle der ZDF-Serie in Hamburg, München und der damaligen Tschechoslowakei.

JAKE UND MCCABE – DURCH DICK UND DÜNN

Jake and the Fatman

USA 1987-92; 106 x 45 Min.; F

Jason Lochinvar McCabe .... William Conrad
Jake Styles .... Joe Penny
Derek Mitchell .... Alan Campbell
Gertrude (1987-88) .... Lu Leonard
Richter Smithwood (1989-90) .... Jack Hogan
Sergeant Rafferty (1989-90) ... George O'Hanlon Jr.
Lisbeth Berkeley-Smythe (1989-92) ... Olga Russell
Neelie Capshaw (1992) .... Melody Anderson

➜ Der 120 kg schwere Staatsanwalt McCabe löst zusammen mit der widerlichen Bulldoge Max und dem Playboydetektiv Jake in bescheidener COLUMBO-Manier dümmliche Fälle.
Ein plumper und fehlgeschlagener Versuch, das Konzept der COLUMBO-Serie (der Täter ist von Anfang an bekannt) auszuschlachten. Trotz hochkarätiger Gaststars, wie Anne Francis oder Robert Culp, kam die von Douglas Stefen Borghi und Dean Hargrove für Barry Steinberg und die Fred Silverman Company entwickelte Serie nie auf Touren. Als letzte Chance verlegte man 1989 den Schauplatz von Los Angeles nach Hawaii. Das rettete die Serie für ein weiteres Jahr, aus einem einfachen Grund: MAGNUM war beendet worden, und die Produktionsgesellschaften wollten die Studios in Hawaii nicht leerstehen lassen. Das wäre wohl teurer gewesen, als in der Zwischenzeit diese Serie zu produzieren. Man änderte das COLUMBO-ähnliche Konzept, hatte relativen Erfolg und in der nächsten Saison watschelte Conrad dann wieder in Los Angeles. Hinter den Kulissen krachte es während der letzten Jahre ziemlich: Der fiese Joe Penny ließ keine Gelegenheit aus, seinen Partner, den er als »Monster-Tonne« bezeichnete, zu ärgern

und fertigzumachen. Der damals 70jährige Conrad war froh, als die Serie beendet wurde.

Janssen, David

Amerikanischer Schauspieler. Er wurde am 27. März 1930 als David Meyer in Naponee, Nebraska, als Sohn einer ehemaligen Schönheitskönigin und Tänzerin geboren. David wuchs quasi im Theater auf und debütierte 1946 im Kino als Johnny Weissmüllers kleiner Bruder in dem heute zu Recht vergessenen Film SWAMP FIRE. Anschließend wechselte er mit kleinen Rollen zwischen Theater und Film. 1957 gab ihm Dick Powell eine große Chance mit der Hauptrolle in der nach einer Radioserie entstandenen Fernsehkrimiserie RICHARD DIAMOND. Die Serie, die auch bei uns Anfang der sechziger Jahre kurz zu sehen war, war ein mittlerer Erfolg und brachte es immerhin auf eine Laufzeit von drei Jahren. Von 1963 bis 1967 wurde er mit der Rolle des Richard Kimble, den er erschreckend glaubwürdig verkörperte, zu einer Institution und einem der ersten weltweiten Megastars des Fernsehens. »Die Leute wissen nicht, daß ich vierzig Flops im Kino landete, bevor ich angeblich über Nacht zum Star wurde«, sagte er damals.
Nach diesem Welterfolg versuchte er sich weniger erfolgreich in weiteren Kinofilmen. Darunter auch in John Waynes umstrittenem Vietnamfilm DIE GRÜNEN TEUFEL (THE GREEN BERETS, 1967) nach dem nicht minder umstrittenem Bestseller von Robin Moore.
Anfang der siebziger Jahre kehrte er zum Fernsehen zurück und drehte neben mehreren Fernsehfilmen, sogenannten TV-Movies, die erfolglose Krimiserie O'HARA, US-SCHATZAMT (1971-72) und die neben DETEKTIV ROCKFORD der Fachkritik als beste Privatdetektivserie geltende Serie HARRY O (1974-76). Anschließend sah man seine ungeheure Präsenz und immer auch desillusioniert wirkende Ausstrahlung vor allem in weiteren TV-Movies und Miniserien, wie COLORADO SAGA (CENTENNIAL).
David Janssen, der beliebte und unvergessene Dr. Kimble, starb am 13. Februar 1980 im Alter von 49 Jahren. Als offizielle Todesursache wurde Herzinfarkt angegeben. Aber Janssen hatte seit über zehn Jahren Alkoholprobleme, und der Mythos

David Janssen in AUF DER FLUCHT

weiß, daß die Bars am Sunset Strip einen Tag nach seinem Tod für eine Gedenkstunde für ihren berühmten und trinkfreudigen Kunden den Betrieb einstellten. Seine Bedeutung für die amerikanische Fernsehgeschichte kann bei uns nicht so ganz nachvollzogen werden. Janssen war zwanzig Jahre lang, mal mehr und mal weniger erfolgreich, auf den amerikanischen Bildschirmen präsent. Seine Popularität kann nur mit der Larry Hagmans als JR verglichen werden. Nach AUF DER FLUCHT hießen seine Serien im Bewußtsein der Zuschauer nicht O'HARA oder HARRY O, sondern »die neue Janssen-Serie«. Er war der größte amerikanische Serienstar der sechziger Jahre und der erste Weltstar der Fernsehgeschichte.

David Janssen (links) in HARRY O

Janssens Anteil am Erfolg von AUF DER FLUCHT kann nicht genug gewürdigt werden. Er kam bei den Zuschauern an. Er sah nicht nur auf eine eigentümliche Art gut aus mit seiner melancholischen Ausstrahlung, sondern spielte den Kimble auch völlig unheroisch, eben wie einen normalen Durchschnittsbürger von der Straße. Das war in den sechziger Jahren ein völlig neuer Typus des Serienhelden, in denen vor allem ewig grinsende Bilderbuchathleten über den Bildschirm huschten. Mit ihm konnte sich der Zuschauer problemlos identifizieren. Kimble war sowas wie ein statistischer Durchschnittstyp. Und deshalb zitterte der Zuschauer nicht um einen Schauspieler, sondern um einen Menschen wie sich selbst.

JASON KING

Jason King

GB 1971-72; 26 x 45 Min.; F

Jason King .... Peter Wyngarde
Sir Brian .... Dennis Price
Nicola Harvester .... Ann Sharp
Ryland .... Ronald Lacey
Shelly Blackman .... Juliet Harmer

➜ Nachdem King seine Karriere als internationaler Detektiv des DEPARTMENT S aufgegeben hat, will er sich nun darauf konzentrieren, Romane über seinen Helden Mark Caine zu schreiben. Sehr zur Freude seiner Verlegerin Nicola. Aber leider stören ihn dauernd Sir Brian, der Chef des Geheimdienstes, und sein Assistent Ryland. Immer wieder muß King im Dienste Ihrer Majestät zwischen hübschen Mädchen und bösen Buben Übles verhindern.

Nachdem King Star der Serie DEPARTMENT S geworden war, drehte man anschließend dieses *Spin-off*, das kommerziell zwar erfolgreich war, aber inhaltlich nicht an das Niveau der früheren Serie anschließen konnte. Das gaben sogar die Erfinder Dennis Spooner und Monty Berman zu. Die deutsche Synchronisation gab ihr den Rest.

Roman: Robert Miall: Jason King; Pan Books, 1972. Kill Jason King; Pan Books, 1972.

JIM PROFIT: Adrian Pasdar mit Lisa Zane

JIM PROFIT – EIN MANN GEHT ÜBER LEICHEN

Profit

USA 1995; 1 x 90 Min. u. 7 x 45 Min.; F

Jim Profit .... Adrian Pasdar
Joanne Meltzer .... Lisa Zane
Jack Walters .... Scott Paulin
Jack Gwaltney .... Peter Gracen

➜ Profit, cleverer Jungmanager des Konzerns Gracen & Gracen, verzichtet darauf, auf seinem Weg nach oben Samthandschuhe anzuziehen. Er schreckt weder vor tödlichen Intrigen noch vor Mord zurück. Seine brillantesten Waffen sind sein Charme und seine scharfe Intelligenz. Als erstes räumt er den amtierenden Präsidenten Walters aus dem Weg. Aber die ebenfalls ehrgeizige Sicherheitschefin Meltzer kommt ihm auf die Spur.

Ob sie ihn je erwischt, wird man wohl nie erfahren. Die von John McNamara und David Greenwalt für Stephen J. Cannell Productions entwickelte Serie wurde ein Flop und in den USA und bei SAT.1 nach wenigen (nicht mal allen produzierten) Folgen abgesetzt.

Schade. Der Ansatz war gut. Andererseits ist es eine Qual, der grausamen Lisa Zane beim Chargieren zuzusehen. »Was die Fox-Serie so attraktiv und so ungewöhnlich macht, ist nicht nur ihr sinistrer Held, sondern ist vor allem die Tatsache, daß scheinbar abgenutzte Stereotype einen neuen Sinn bekommen. So kompromißlos wie der skrupellose Profit seine Fähigkeiten einsetzt, so kompromißlos arrangieren seine Schöpfer Bestandteile der Realität und ihre Bildschirmverzerrung zu einer grellen Karikatur, die einem das Fürchten leh-

Peter Wyngarde als Jason King

ren kann. [...] Es hat in den letzten Jahren diverse erfolgreiche Kinofilme gegeben, die mit dem seelenlosen Mechanismus des korporativen Amerika zu Gericht gingen. Doch keiner der Filme besaß den subversiven Biß dieser Fernsehserie«, beurteilte die *Funk-Korrespondenz* in Nr. 17/1996 die Serie.

JOHN KLINGS ABENTEUER

BRD 1965-66; 26 x 25 Min.; sw/F

John Kling .... Hellmut Lange
Jonas Burthe .... Uwe Friedrichsen

➔ 1926 erschien mit John Kling einer der erfolgreichsten deutschen Groschenheft-Helden, der es auf Auftritte in über 800 Romanen brachte. Rolf Honold und C.M. Sharland setzten auf den Bekanntheitsgrad dieses Vorkriegsdetektivs, modernisierten aber radikal das Konzept, um es »amerikanischer« zu machen. Hans Georg Thiemt inszenierte diesen Archetypus unter den deutschen Action-Serien des ZDF-Vorabendprogrammes.

Heftroman: John Klings Abenteuer. Nr. 1-564 (mit anderen Hefthelden erstmals in der Reihe Weltkriminalbücher erschienen); Dietsch Verlag, Leipzig, 1926-39. John Kling. Nr. 1-161; Deutscher Kleinbuch-Verlag, Frankfurt/M., 1949-54. Werner Nowack, ab Nr. 31; Verlag Friedrich Petersen, Hamburg. John Kling-Leihbücher. Nr. 1-8; Iltis-Verlag, Düsseldorf, 1951-53.

JOHNNY BAGO

Johnny Bago

USA 1993; 8 x 45 Min.; F

Johnny »Bago« Tenuti .... Peter Dobson
Beverly Florio .... Rose Abdoo
Ma Tenuti .... Anna Berger

Don Roselli .... Michael Gazzo
Vinnie .... Richard Romanus

➔ Johnny Tenuti ist ein ewiger Verlierer. Nachdem er fünf Jahre für eine Tat im Gefängnis saß, die er nicht begangen hat, kommt er auf Bewährung frei, nur um in die nächste Falle zu tappen. Als eine kaltblütige schöne Frau in seinem Beisein den Sohn eines Mafia-Bosses erschießt und ihm die Mordwaffe zuschiebt, beginnt für Johnny Bago, wie er sich fortan nennt, eine aufregende Flucht: vor der Polizei, der Mafia und seiner Ex-Frau Beverly.

Robert Zemeckis, Frank Marshall, Jeffrey Price, Peter S. Seaman und Steve Starkey schufen dieses kurzlebige AUF DER FLUCHT-Remake für CBS. Die Titelmusik ist von Jimmy Buffett.

JOHNNY STACCATO

Staccato

USA 1959-60; 27 x 25 Min.; sw

Johnny Staccato .... John Cassavetes
Waldo .... Eduardo Ciannelli

➔ Staccato ist Pianist in der Jazz-Bar *Waldos* und nebenher Privatdetektiv. Eine der vielen *Noir*-Serien, die sich am Erfolgskonzept von PETER GUNN orientierten – allerdings eine der besseren. Gut fotografiert und mit einem echten musikalischen Hintergrund: Die Musik wurde von Elmer Bernstein arrangiert und in der Serie von Pete Cardolis Band präsentiert. Auch Jazzer wie Barney Kessel, Red Mitchell, Red Norvo oder Johnny Williams sind in der Serie zu sehen und zu hören. Cassavetes spielt den einsamen Wolf in der nächtlichen Großstadt eindrucksvoll. Er benutzte sein Honorar dazu, seinen ersten eigenen Film, SCHATTEN (SHADOWS, 1959) zu drehen. Produziert wurde die Serie von William Freye für NBC. Dank ARTE wurde die Serie auch bei uns gezeigt.

Roman: Frank Boyd (Pseudonym von Frank Kane): Johnny Staccato; Gold Medal, 1960, und Consul, 1964.

Johnson, Don

Amerikanischer Schauspieler. Donald Wayne Johnson wurde am 15. Dezember 1949 als Enkel eines Predigers und ältester Sohn eines Farmers in Crane, Flat Creek, Missouri, geboren. Seine sechzehnjährige Mutter hatte unter ihren Vorfahren Cherokee-Indianer. Don wuchs während der ersten zehn Jahre seines Lebens mit einer Schwester, einer Stiefschwester und zwei jüngeren Brüdern auf dem Land auf. »Das war kein schlechtes Leben. Es war gesund und geregelt – richtig Mittelschicht. Aber irgendwie fühlte ich mich schon damals als Außenseiter – von Anfang an war ich ein Außenseiter. Das gesunde Leben war nicht das richtige für mich.« Damals entdeckte er seine Liebe zur Musik und schmetterte lautstark im Kirchenchor der Gemeinde mit. Als Don elf war, ließ sich die Mutter scheiden und zog mit den fünf Kindern nach Kansas. »Die Scheidung verkraftete ich nicht. Ich wurde verrückt. Ich ließ mir nichts mehr sagen. Ich wurde unkontrollierbar.« Der Außenseiter wurde zum Rebellen. Das materielle Leben wurde schwierig durch den Alkoholismus der Mutter. In dieser Zeit trank Don auch schon mal einen Schluck Tequila. Alkohol und andere Drogen sollten später sein Leben bestimmen – nicht nur im Sittendezernat von Dade County. Nach dem Tod der Mutter 1978 sagte Johnson: »Die Ärzte erzählten mir, sie sei an Krebs gestorben. Aber ich glaube, sie hatte sich totgesoffen. Sie war eine ähnlich harte Trinkerin wie ich.« Auch mit dem Sex fing Johnson früh an, seine erste Erfahrung machte er als Zwölfjähriger mit der 17jährigen Babysitterin der Familie. »Meine Mutter wußte, was da lief. Sie wußte irgendwie immer, was ich fühlte oder dachte. Aber sie machte mir keine Vorwürfe. Sex war okay. Ich entwickelte nie Schuldgefühle wegen meiner Sexualität, und deshalb gibt es auch keine Probleme für mich.« Probleme bekam er erstmals wegen Autodiebstahls. Die Unrast des Zwölfjährigen trieb ihn dazu, Autos zu klauen und auf selbstmörderischen Spritztouren die Tanks leer zu fahren. Mit 16 zog Johnson mit einer 26jährigen Bardame zusammen, die ihm sexuell den letzten Schliff gab. Dann landete er wieder in Kansas, und seine Lehrerin Karen Slater entdeckte sein Schauspieltalent. Sie gab ihm die Hauptrolle in einer Schülerinszenierung von WEST-SIDE-STORY, und er erhielt daraufhin ein Theaterstipendium an der Universität von Kansas. Dort verliebte er sich in eine seiner Professorinnen, eine geschiedene Frau mit drei Kindern. Sie mußten ihr Verhältnis geheimhalten, aber als sie nach San Francisco zum American Conservatory Theatre ging, schmiß Johnson alles hin und reiste ihr nach. Als die Angebetete dann nach Kansas zurückkehrte, blieb er in Kalifornien, um einer größeren Liebe nachzulaufen: der Schauspielerei. 1968 erhielt er sein erstes Engagement in einem Musical in San Francisco. In seiner Freizeit trieb er sich mit den Mitgliedern der Doors und Frank Zappa in den einschlägigen Kneipen herum. Der Kultstar und selbsternannte Drogenweltmeister Jim Morrison tat ein übriges, um Johnson zu zeigen, wie man Tequila mit LSD mixt. Johnson ging voll in der Szene auf: Sex & Drugs & Rock 'n' Roll. 1971, während der Dreharbeiten zu dem Musical ZACHARIAH in Hollywood, kaufte er sich für 20 Dollar seine erste Gitarre. Er war bisher ein begeisterter Sänger gewesen, konnte aber kein Instrument spielen. Im Selbststudium brachte er sich Gitarrespielen bei und begann zu komponieren. 1979 schrieb er sogar zwei Stücke für eine LP der Allman Brothers, mit denen er befreundet war. Seine Bekanntschaften mit Rock-Musikern kam später MIAMI VICE zugute; etwa durch Gastauftritte prominenter Musiker wie Glenn Frey oder Frank Zappa als Dealer. Als Johnson 1986 sein erstes hörenswertes Soloalbum aufnahm, war es nicht der TV-Star Johnson, der Leute wie Stevie Ray Vaughan, Tom Petty, Willie Nelson oder Ron Wood ins Studio lockte, sondern der alte Musikfreak und Saufkumpel. Mit der 1986 veröffentlichten LP HEARTBEAT bewies Johnson deutlich sein musikalisches Talent und seine Wurzeln im Rhythm and Blues. Johnson drehte und drehte. Darunter Kultfilme wie DER JUNGE UND SEIN HUND (A BOY AND HIS DOG, 1975), Gastauftritte in TV-Serien wie DIE STRASSEN VON SAN FRANCISCO und immer wieder mal einen Pilotfilm, der in die Hose ging. In der Industrie galt er als Kassengift, als er 1984 für MIAMI VICE vorsprach. Es spricht für den Produzenten Michael Mann, daß er sich dadurch nicht einschüchtern ließ und das Potential von Johnson erkannte. Besonders der Sender NBC hatte Bedenken, denn Johnson hing das Image des labilen Drogenfreaks nach. »Ich nahm nie etwas, wenn ich drehte. Aber, Mann, kaum hatten sie ›Das war's für heute‹ gerufen, sprintete ich im D-Zug-Tempo zur nächsten Drogenparty.« Während der Dreharbeiten zu MIAMI VICE hatte Johnson eine 90-Stunden-Woche. Da blieb nicht viel Zeit, um sich vollaufen zu lassen. Sein Einfluß auf die Serie war sehr groß. Die Entwicklung der Figur des Crockett war vor allem seine Arbeit.

Sein Ruf, schwierig zu sein, vertiefte sich, seine Anfälle am Set waren berüchtigt. Er sah das so: »Wenn man Profi und Perfektionist ist, macht das die Leute verrückt. Aber nach einer Weile gefällt es ihnen, wenn man alles aus ihnen rausholt. Sie arbeiten härter und fühlen sich wohler. Mich interessiert einzig und allein die Qualität der ganzen Serie. Nicht, ob ich mehr Großaufnahmen kriege. Schlamperei? Ohne mich.«

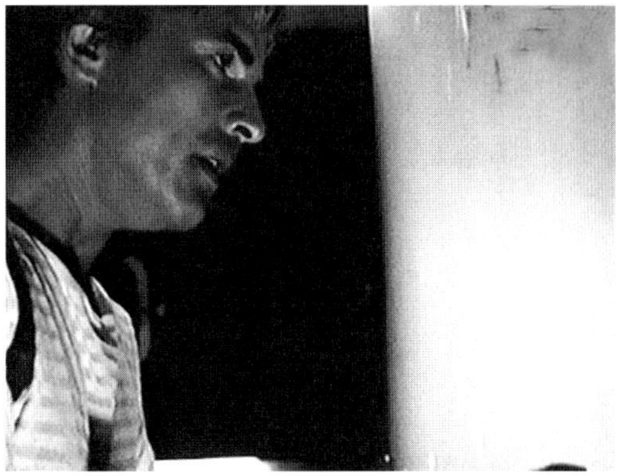

Don Johnson in MIAMI VICE

Als Sonny Crockett war Johnson nicht mehr und nicht weniger als ein authentischer Byronscher Held der Industriegesellschaft. Einsamkeit und Melancholie, eingekeilt zwischen emotionsfreiem Chrom und den *Mean Streets* des nächtlichen Großstadtdschungels, drückte er aus, wenn er – wie Chandler sagen würde – mit »Augen, die zuviel gesehen haben und zuwenig vergessen konnten« als Undercover-Cop auf Dealerjagd ging. Etwas von der psychopathischen Qualität des jungen Richard Widmark ängstigte und verblüffte den Zuschauer, wenn der Ex-Drogensüchtige explodierte. Und er explodierte oft. Nicht nur in der Rolle, sondern auch am Set, wenn es nicht so lief, wie es der Perfektionist wollte.

Don Johnson ist ein richtiger Pechvogel: Vor MIAMI VICE galt er als absoluter Flop-König mit mehr Pilotfilmen für nicht realisierte Serien auf dem Buckel als Glenn Corbett. Nach MIAMI VICE drehte er einige tolle Filme, die kein großes Publikum fanden – warum, ist fast nicht zu verstehen.
Obwohl er sich mit grandiosen Filmen wie THE HOT SPOT, DEAD BANG und Larry Cohens JENSEITS DER UNSCHULD (GUILTY AS SIN) (schon heute ein Klassiker!) als führender *Film noir*-Schauspieler der Gegenwart etablierte, galt er noch immer als Kassengift. Drogenexzesse, Scheidung und der übliche Starmist machten ihn bald zur Witzfigur der Klatschspalten. Nachdem er seiner Leber in der Betty-Ford-Klinik eine Ruhepause gegönnt hatte, wandte er sich wieder dem Fernsehen zu und landete als Produzent und Hauptdarsteller mit NASH BRIDGES 1996 den Überraschungserfolg des Jahres beim Sender CBS.

JOLLY JOKER

BRD 1991-92; 21 x 45 Min.; F

Christian Borg .... Stefan Fleming
Arthur Brecht .... Paul Hubschmid
Annette .... Maja Maranow

➜ Borg liebt schnelle Autos, schöne Frauen und riskante Glücksspiele. Da er stets pleite ist, gelingt es seinem reichen Onkel Arthur immer wieder, ihn mit einem Scheck für gefährliche Aufträge zu ködern.
James Bond war in dieser katastrophalen Vorabendserie des gnadenlosen Westdeutschen Werbefernsehens (WWF) und der ARD wohl das Vorbild für Autor Thomas Kubisch. Zum Glück sahen bei der Erstausstrahlung am Dienstagabend nur drei Prozent der Zuschauer zu, und sie wurde aus dem Programm genommen.

JÖRG PREDA BERICHTET

BRD 1978-80; 26 x 25 Min; F

Jörg Preda .... Pinkas Braun

➜ Reporter Preda gerät immer wieder in gefährliche Kriminalfälle. Vorabendserie der Bavaria für das WWF. Zu den Autoren gehörten Werner Kließ, Peter Hemmer, Rodolfo Kuhn und Bernd Schwamm. Die Musik war einmal mehr von Klaus Doldinger und das Beste an dem Schmarrn.

JULIE LESCAUT

Julie Lescaut

F 1992- ; x 90 Min.; F

Julie Lescaut .... Véronique Genest
Trémois .... Jérôme Anger
Justin .... Mouss Diouf
Roland .... Leturc
Safer .... Jean-Pierre Malo
Motta .... Alexis Desseaux

➜ Die selbstbewußte Frau von heute als sensible und knallharte Kommissarin begeistert in Frankreich seit dem Serienstart. Der WDR produzierte 1995 eine Folge der Serie, die in Deutschland spielte. Die französischen Folgen zeichnen sich nicht nur durch die weibliche Perspektive der Protagonistin aus, sondern auch durch die Bevorzugung weiblicher Regisseure.

KAMPF GEGEN DIE MAFIA
Wiseguy

USA 1987-90; 66 x 45 Min.; F

Vinnie Terranova (1987-90) .... Ken Wahl
Michael Santana (1990) .... Steven Bauer
Frank McPike .... Jonathan Banks
»Onkel Mike« Daniel Burroughs .... Jim Byrnes
Pater Peter Terranova (1987) ...... Gerald Anthony
Sonny Steelgrave (1987) .... Ray Sharkey
Paul Patrice (1987) .... Joe Dallesandro
Sid Royce (1987) .... Dennis Lipscomb
Harry Schanstra (1987) .... Eric Christmas
Roger LoCocco (1988, 1990) .... William Russ
Susan Profitt (1988) .... Joan Severance
Mel Profitt (1988) .... Kevin Spacey
Herb Ketcher (1988) .... David Spielberg
Carlotta Terranova Aiuppo (1987-89) ... Elsa Raven
Beckstead (1988-90) .... Ken Jenkins
Eli Sternberg (1988-89) .... Jerry Lewis
David Sternberg (1988-89) .... Ron Silver
Carole Sternberg (1988-89) ... Patricia Charbonneau
Rick Pinzolo (1988-89) .... Stanley Tucci
Phil Bernstein (1988-89) .... Harry Goz
Bobby Travis (1989) .... Glenn Frey
Isaac Twine (1989) .... Paul Winfield
Amber Twine (1989) .... Patti D'Arbanville
Winston Newquay (1989) .... Tim Curry
Don Rudy Aiuppo (1987-89) ..... George O. Petrie
Poochy Pompio (1987-89) .... Tony Romano
Joey Grosset (1989) .... John Snyder
Mark Volchek (1990) .... Steve Ryan
Mark Rogosheske (1990) .... James Stacy
Lacey (1990) .... Darlanne Fluegel
Amado Guzman (1990) .... Maximilian Schell
Rafael Santana (1990) .... Manolo Villaverde
Hillary Stein .... Cecil Hoffman
Dahlia Mendez .... Martika

➜ RTL Plus zeigte die Hit-Serie WISEGUY 1990 erstmals unter dem Titel KAMPF GEGEN DIE MAFIA, der offensichtlich an den Titel der ZDF-Serie ALLEIN GEGEN DIE MAFIA angelehnt war. Der Sender war mitschuldig daran, daß sie nicht den verdienten Bekanntheitsgrad erreichte: Nach ihrem Start wurde sie von Sendeplatz zu Sendeplatz geschoben und dann wurden auch noch die einzelnen Fortsetzungen der Zyklen oft wochenlang unterbrochen. Mit der erneuten Ausstrahlung durch RTL 2 im täglichen Schweinsgalopp tat man ihr auch nichts Gutes an.

KAMPF GEGEN DIE MAFIA: Kevin Spacey

Wiseguy ist ein Slangausdruck für einen Gangster. Im Mittelpunkt der Serie steht der Polizei-Held der neunziger Jahre: der Undercover-Cop, der sich als Verbrecher getarnt in Gangsterkonzerne einschleicht. Anders als die MIAMI VICE-Luxusagenten ist Vinnie Terranova, hinreißend gespielt von Ken Wahl, eine wirklich bedauernswerte Existenz. Er kann nicht zwischendurch Luft schöpfen und sich erholen, sondern muß als Undercoveragent ganz in seiner Rolle aufgehen. Selbst seine sich grämende Mutter hält ihn für einen faulen Apfel. In den ersten neun Folgen, die in Fortsetzungen die erste Geschichte erzählen, wird der durch Terranova mitverursachte Niedergang des Atlantic-City-Bosses Sonny Steelgrave (der inzwischen verstorbene Junkie Ray Sharkey in exzellenter Form) erzählt. Um eine wirklich wasserdichte Legende zu erhalten, mußte Terranova, Agent des *Organized Crime Bureau* des FBI, eine achtzehnmonatige Haftstrafe absitzen, bevor ihn sein Führungsoffizier Frank McBride auf Steelgrave ansetzte. Tatsächlich entsteht zwischen Cop und Gangster eine freundschaftliche Beziehung. Und als der Gangster auch noch Terranovas kranke Mutter besucht, kommt es bei dem Undercover-Cop zum moralischen Dilemma. Während sein äußerst mißtrauischer Führungsoffizier ihn ohne Anteilnahme jederzeit verheizen würde, findet er auf der Seite seiner Opfer seine eigentlichen Freunde. Die an originellen Nebenhandlungen und Details ungeheuer einfallsreiche Serie läuft hier zu Hochform auf. Fast wird dem Zuschauer der Eindruck vermittelt, daß es im Geschäftsleben der Gangster menschlicher zugehe als im Umgang mit staatlichen Institutionen. Und keine Zweifel gibt es darüber, daß legale wie illegale Geschäfte von Leuten gemacht werden, die Macchiavellis PRINCIPE unterm Kopfkissen liegen haben.

KAMPF GEGEN DIE MAFIA hat ein völlig neues Konzept in die Krimi-Serien gebracht: Nicht mehr in Einzelepisoden oder Doppelfolgen werden die Geschichten erzählt, sondern in Zyklen, die sich bis zu 13 Folgen hinziehen, sogenannten *Arcs*. Das erlaubt natürlich viel mehr Tiefe in der Charakterisierung der Personen und eine größere Komplexität der Handlung. Mit MIAMI VICE und CRIME STORY gehört KAMPF GEGEN DIE MAFIA zu den besten Serien der Achtziger. Alle drei bieten so etwas wie eine chronologische Analyse des organisierten Verbrechens: In CRIME STORY wurde erzählt, wie sich die Mafia Anfang der sechziger Jahre in legale Geschäfte einkaufte und durch Glücksspiel (Las Vegas) und Rauschgift zu einem Wirtschaftsfaktor wurde. Die ebenfalls von Michael Mann produzierte Serie MIAMI VICE zeigte, wie der großangelegte Rauschgifthandel der achtziger Jahre illegales Kapital erwirtschaftete, das nicht mehr kontrollierbar war. In KAMPF GEGEN DIE MAFIA wird gezeigt, wie sehr die US-Wirtschaft bereits vom illegalen Kapital unterwandert und korrumpiert ist, und daß es unmöglich ist, im US-Raubtierkapitalismus zwischen legalen und illegalen Geschäften zu unterscheiden. Tatsächlich zeigte der vierte Zyklus über die New Yorker Textilindustrie, in dem Jerry Lewis einen ekelhaften Bekleidungsproduzenten spielte, wie durch Manipulationen Börsenkurse beeinflußt werden und bisher legale Geschäfte von Gangstern, die selbstverständlich mit Börsenfirmen auf gutem Fuß stehen, übernommen werden. Ob internationale Waffengeschäfte, Rechtsradikalismus, Tonträgerbranche oder die Geschäfte der Mafia mit Müll – die Serie zeigt sich in der Behandlung der Themen immer auf der Höhe der Zeit und setzt Realität mit leichter Hand in spannende Spielhandlung um.

Gedreht wurde die Serie, bei der u.a. Les Sheldon und David J. Burke Regie führten, in Kanada. Weniger verkrustete Gewerkschaften machen Kanada für amerikanische TV-Produzenten als Produktionsstätte immer attraktiver. In der ersten Staffel wurde Vancouver als New Jersey clever abgefilmt, später mußte die Stadt als New York herhalten. Eine Riege hervorragender Schauspieler, gute Regie und Spitzendrehbücher machten die Serie zu einem der großen Krimi-Ereignisse der letzten Jahre.

Für den Erfolg von KAMPF GEGEN DIE MAFIA war vor allem ein Mann zuständig: Stephen J. Cannell, der die Serie zusammen mit Frank Lupo (beide arbeiten schon länger zusammen) entwickelt hat.

Literatur: Edward Gross: The Unofficial Story of the Making of a Wiseguy; Pioneer Books, 1990.

KARTE MIT DEM LUCHSKOPF, DIE

BRD 1963; 13 x 25 Min.; sw

Kai Fröhlich .... Kai Fischer
Viktoria von Proschwitz .... Ursula Herking
Hauptwachtmeister Karje .... Karl Otto Alberty

➜ Privatdetektivin Kai Fröhlich zweifelt daran, daß man ihr als Frau riskante Aufträge übertragen würde. Deshalb erfindet sie einen Chef: Mit Hilfe einer technischen Anlage gaukelt sie den ratsuchenden Kunden die Existenz eines genialen Mannes im Hintergrund vor. Sie selbst gibt sich als naive Sekretärin, die von nichts Ahnung hat.

Die erste Krimiserie des ZDF. Fast könnte man glauben, Wolf Neumeister (Buch) und Hermann Kugelstadt hätten das Konzept von REMINGTON STEELE vorweggenommen.

KATE MCSHANE
Kate McShane

USA 1975; 1 x 90 Min. u. 10 x 45 Min.; F

Kate McShane .... Anne Meara
Pat McShane .... Sean McClory
Ed McShane .... Charles Haid

➜ Die aggressive Rechtsanwältin Kate mit dem Herzen aus Gold war die erste weibliche Anwältin als Heldin einer amerikanischen Serie. Bei ihren Fällen, in die sie immer auch emotional verwickelt ist, bekommt sie Hilfe von ihrem Vater Phil, einem Ex-Polizisten, und ihrem Bruder Ed, einem Jesuitenpater. E. Jack Neumann erfand und produzierte die Serie für CBS.

KATTS & DOG – EIN HERZ UND EINE SCHNAUZE
Rin Tin Tin: K-9 Cop / Katts and Dog

CAN 1987-93; 106 x 25 Min.; F

Officer Hank Katts .... Jesse Collins
Stevie Katts .... Andrew Bednarski
Officer Ron Nakamura .... Denis Akayama
Maggie Davenport (1988-89) .... Cali Timmins
Captain Murdoch (1988-89) .... Ken Pogue
Officer Connie (1988-89) .... Corinne Koslo
Officer Dennis Brian (1988-92).... Brian Kaulback
Sergeant Callahan (1988-90) .... Peter MacNeill
Off./Sgt. Lou Adams (1988-91) .... Dan Martin
Off. Renée Daumier (1989-92) ..... Denise Virieux
Sergeant O.C. Phillips (1991-93) .... Phil Jarrett
Lieutenant Logan (1991-92) .... Chuck Shamata
Off. Leah McCray (1992-93) ...... Nancy Sakovich

➜ Rin Tin Tin kehrt zurück: Als Polizeihund unterstützt er Hank Katts von der Polizei in Toronto. Der Hund war ein Nachkomme des echten Rin Tin Tin, der 1932 starb.

KAZ & CO.
Kaz

USA 1978-79; 21 x 45 Min.; F

Martin »Kaz« Kazinsky .... Ron Leibman
Samuel Bennett .... Patrick O'Neal
Katie McKenna .... Linda Carlson
Mary Parnell .... Gloria LeRoy
Peter Colcourt .... Mark Withers

Stacy Keach als Mike Hammer

Illsa Fogel .... Edith Atwater
Frank Revko .... George Wyner
Malloy .... Dick O'Neill

➔ Kaz hat sein Jurastudium im Gefängnis absolviert; jetzt arbeitet der emphatische Anwalt für die Bennett-Kanzlei. Ungewöhnlich an dieser »sozial relevanten« Serie war, daß sie der Hauptdarsteller selbst konzipierte und auch Drehbücher schrieb. »Kaz trug nicht nur sein Herz auf der Zunge, sondern seinen Bauch, sein Gehirn und seine Spleene ebenfalls«, meinte TV-Serien-Kritiker Richard Meyers. Produziert wurde die Serie von Lorimar für CBS.

Keach, Stacy

Amerikanischer Schauspieler. Geboren am 2. Juni 1941 in Savannah, Georgia. In den frühen sechziger Jahren spielte er Shakespeare in New York. 1964 kam sein TV-Durchbruch in dem CBS-Special HAMLET. Zwar machte er weiterhin Theater, nebenher aber auch Kinofilme und TV-Movies. Seine erste Serie war die kurzlebige Cop-Serie CARIBE (1975). Weltberühmt wurde er als Mike Hammer.

Im April 1985 wurde Keach am Londoner Heathrow Airport vom Zoll mit ein paar Gramm Kokain erwischt und mußte ein paar Wochen einsitzen. Bei CBS war man über diese Werbung nicht sehr erfreut, und auch Mickey Spillane tobte: »Mike Hammer nimmt kein Kokain.« Aber wegen ihres Erfolges wollte man die Serie fortsetzen. CBS ließ einen 90-Minüter ausstrahlen, um zu testen, ob Keach es sich mit dem Fernsehpublikum verdorben hatte. Er hatte es nicht, und eine weitere Staffel wurde in Auftrag gegeben.

KEIN FALL FÜR FBI

The Detectives starring Robert Taylor / Robert Taylor's Detectives

USA 1959-62; 67 x 25 Min. u. 30 x 45 Min.; sw
Captain Matt Holbrook .... Robert Taylor
Lieutenant John Russo .... Tige Andrews
Lieutenant James Conway (1959-60)...... Lee Farr
Lt. Otto Lindstrom (1959-61) .... Russell Thorson
Sgt. Chris Ballard (1960-62)........ Mark Goddard
Lisa Bonay (1960-61).................... Ursula Thiess
Sergeant Steve Nelson (1961-62)...... Adam West

KEIN FALL FÜR FBI: Robert Taylor

➔ Als einer der ersten großen Hollywood-Stars spielte Robert Taylor in einer TV-Serie, alleine des Geldes wegen, wie er sagte. Er gibt einen harten, verwitweten Captain, der in New York eine Spezialabteilung leitet. Die von Aaron Spelling für Four Star produzierte Serie war humorlos und nicht übermäßig brutal. In jeder Folge stellte man ein anderes Mitglied des Teams in den Vordergrund. Captain Holbrooks Freundin, die Journalistin Lisa, wurde von Taylors deutscher Frau gespielt. Zuerst lief die Serie auf ABC, im letzten Jahr dann auf NBC. Zu den Regisseuren gehörten Paul Wendkos, Joseph H. Lewis, Michael Ritchie, Tom Gries, Arthur Hiller, Ted Post, Lewis Allen und Richard Donner. Die Musik ist von Herschel Burke Gilbert.

Roman: Norman A. Daniels: The Detectives; Lancer, 1962.

Comic: Four Color Comics No. 1168, 1219, 1240; 1961.

KEIN PARDON FÜR SCHUTZENGEL
The Protectors

GB 1972-73; 52 x 25 Min.; F

Harry Rule .... Robert Vaughn
Contessa di Contini .... Nyree Dawn Porter
Paul Buchet .... Tony Anholt

➜ Drei Supertypen bekämpfen überall in Europa an Originalschauplätzen das Verbrechen auf höchster Ebene.

Eine Mischung aus James Bond- und MIT SCHIRM, CHARME UND MELONE-Elementen. Robert Vaughn beklagte die schlechten Drehbücher und Produktionsbedingungen und meinte: »Die Gewalttätigkeit dieser Serie macht mich krank.« Gerry Anderson produzierte sie für ITC. Zu den Autoren gehörten immerhin so illustre Namen wie John Kruse, Brian Clemens, Ralph Smart und Terrence Feely. *Roman:* Robert Miall: The Protectors; Pan Books, 1973.

Kelley, David E.

Amerikanischer Produzent und Autor. Er wurde in Waterville, Maine geboren, ging auf die Belmont High School und absolvierte die Princeton University, wo er Kapitän des Hockeyteams war. Sein juristisches Examen legte er 1983 an der Boston University ab und arbeitete vor seinem Einstieg als Autor für L.A. LAW in einer Bostoner Anwaltskanzlei. 1986 wurde er Redakteur bei L.A. LAW, bald darauf Koproduzent und schließlich *Supervisor*. Nach dem Weggang von Steven Bochco im dritten Jahr der Serie wurde er für zwei Jahre *Executive Producer*. Als CBS ihm einen Exklusivvertrag für drei Originalserien anbot, gründete Kelley seine eigene Produktionsfirma. PICKET FENCES war die erste der drei Serien für CBS. Kelley ist seit 1993 mit Michelle Pfeiffer verheiratet und hat mit ihr ein Kind. Ein weiteres Kind stammt aus ihrer vorherigen Ehe.

KELLY
Kelly

AUS 1991-92; 26 x 25 Min.; F

Jo .... Charmaine Gorman
Sergeant Mike Patterson .... Alexander Kemp
Tierärztin Robyn .... Katy Brinson

➜ Kelly ist ein überdurchschnittlich intelligenter Polizeihund. Sein Herrchen ist Sergeant Patterson. Als der Hund bei einem Einsatz lebensgefährlich verletzt wird, versorgen ihn die Tierärztin Robyn, ihr Sohn und Mikes Enkelkinder. Von da an erlebt der Vierbeiner mit den Kindern aufregende Abenteuer in der Küstenstadt Fern Cove.

KENNZIFFER 01
Zero One

GB 1962; 39 x 30 Min.; F

Inspector Gurell .... Nigel Patrick
Assistent Delany .... Bill Smith
Maya .... Katya Douglas

➜ Die vom ZDF 1963 bei uns ausgestrahlte Serie soll eine Kriminalgroteske gewesen sein. Sie spielt auf dem Londoner Flughafen, in ihrem Mittelpunkt stehen die Beamten des internationalen Flugsicherheitsdienstes.

Kennedy Martin, Ian

Englischer Autor. Der 1936 geborene britische TV-Autor ist der jüngere Bruder von Troy Kennedy Martin. Als Spezialist für Spionage und Crime-Serien ist er in England besonders mit der Serie SCHIESS IN DEN WIND, HO (1981) berühmt geworden.

Kennedy Martin, Troy

Britischer Autor. Geboren wurde der Bruder von Ian Kennedy Martin 1932. Sein Debüt als Autor gab er 1958 mit INCIDENT AT ECHO SIX. Er war der Erfinder der Serie Z-CARS, der Vorläuferserie von TASK FORCE POLICE, die die britische Polizeiserie revolutionierte. 1964 veröffentlichte er eine vielbeachtete Attacke gegen den Naturalismus im Fernsehspiel. Seitdem hat er eine Reihe herausragender TV-Produktionen geschrieben, darunter die letzte Z-CARS-Episode (1978), REILLY – ACE OF SPIES (1983) und AM RANDE DER FINSTERNIS (1985).

KETTE, DIE siehe DURBRIDGE-KRIMIS

DER KLIENT: JoBeth Williams

KIDS VON BERLIN, DIE

BRD 1997; 1 x 90 Min. u. 10 x 45 Min.; F

Romy Herzog .... Susanne Schäfer
Michael Stein .... Andreas Eisholz
Katja Goldbach .... Barbara Philipp
Leo Grabowski .... Hans Teuscher
Rudi Schmattke .... Veit Stübner
Marc Riedle .... Matthias Matz
Christoph Schlömer .... Dominik Castell

➜ Im Mittelpunkt dieser 21 JUMP STREET für Arme steht eine Gruppe junger Polizisten, die sich ausschließlich um jugendliche Straftäter kümmert. Ihre Chefin ist Hauptkommissarin Herzog, eine Frau um die Dreißig.

Grausame Musik von einer Pe Werner und langweilige Geschichten von Felix Huby und einem Rift Fournier.

»Die Protagonisten sind von den Unverträglichkeiten und Zermürbungen ihrer beruflichen wie privaten Existenz geziemend zugerichtet, nicht allen Belangen gewachsen, mitunter ein wenig graugesichtig. [...] Polizeiarbeit wird hier nicht per se mit Abenteurertum gleichgesetzt und demgemäß auch bei der filmischen Umsetzung auf allzu plakative Farbgebung verzichtet«, meinte *Agenda* in Nr. 31/1997. »Ob der anvisierte Spagat zwischen ZDF-Stammpublikum und heißbegehrten Teenagern mit diesen Förstern vom Bahnhof Zoo gelingt, bleibt abzuwarten«, schrieb die *Funk-Korrespondenz* in Nr. 45/1997 zum Pilotfilm.

KLARER FALL FÜR CLAIRE

Leg Work

USA 1987; 10 x 45 Min.; F

Claire McCarron .... Margaret Colin
Willie Pipal .... Frances McDormand
Lieutenant Fred McCarron ... Patrick James Clarke

➜ Claire, frühere Assistentin des Staatsanwalts (Hauptdarstellerin Colin spielte genau das in der Serie FOLEY SQUARE), ist eine Privatdetektivin, die ihren Job beherrscht, Miniröcke trägt und immer in Geldnöten ist. Für ihr teures Appartment in Manhattan und ihren Porsche muß sie immer wieder die Kreditkarte überziehen. Hilfe bei ihren Fällen erhält sie durch ihre beste Freundin Willie und ihren Bruder Fred, der bei der New Yorker Polizei arbeitet. Die kurzlebige CBS-Serie fand trotz Action à la MIAMI VICE nicht ihr Publikum. Dabei trugen die aufregenden Beine der Hauptdarstellerin über so manchen schwachen Plot hinweg. Erfunden wurde die Serie von Frank Abatemarco, produziert von John Starke.

Klaus, Wilfried

Deutscher Schauspieler. Geboren am 8. Juli 1941 in Bernau am Chiemsee. Er besuchte die Schauspielschule in München, wo er anschließend Theater spielte. Berühmt wurde er durch seine Rolle in SOKO. Er spielte in zahlreichen TV-Filmen und Serien, darunter DER KÖNIG, SOLO FÜR SUDMANN und FLORIDA LADY.

KLEINE DOKTOR, DER

BRD 1974; 13 x 60 Min.; F

Jean Dollent .... Peer Schmidt

➜ Wolfgang Becker und Thomas Engel führten Regie bei dieser ZDF-Adaption von Georges Simenons Detektivgeschichten um einen Landarzt, der die verzwicktesten Fälle löst. Die Figur des Jean Dollent war Simenons Hausarzt Dr. Edouard de Béchevel nachempfunden. Für die Freunde klassischer Detektivgeschichten ist die gut gemachte Serie eine Freude.

Roman: Der kleine Doktor (Le petit docteur; 1938); Diogenes 21025, 1982.

KLIENT, DER
John Grisham's The Client

USA 1995; 1 x 90 Min. u. 20 x 45 Min.; F

Reggie Love .... JoBeth Williams
Raff .... Miles Feulner
Roy Foltrigg .... John Heard
Halliwell .... Terry O'Quinn

➜ Anwältin Love kämpft mit Power und Südstaatencharme für die Rechte der Kinder. Schwer macht ihr das Leben dabei Staatsanwalt Foltrigg. »Die Serie entstand unter Mitwirkung des Autors John Grisham, der als Co-Produzent und Berater 200.000 Dollar pro Folge erhalten haben soll. Seine Hauptleistung bestand allerdings weniger in aktiver Einflußnahme als vielmehr darin, die Serie mit seinem Namen zu schmücken. Die Serie erreichte zwar lediglich Platz 54 der Sehbeteiligungs-Hitliste, für den dritten Aufguß nach Buch- und Filmfassung ist dies allerdings ein Achtungserfolg«, schrieb der *Gong* in Nr. 34/1996.

Kließ, Werner
Deutscher Produzent und Autor. Geboren 1939. Er war von 1969 bis 1980 angestellter Produzent der Bavaria. Dann wurde er Redaktionsleiter beim ZDF und war dort zuständig für DERRICK, DER ALTE, EIN FALL FÜR ZWEI und KOTTAN ERMITTELT. Fünf Jahre später machte er sich als Produzent selbständig und wurde, gemeinsam mit Georg Althammer und Karl Heinz Willschrei Teilhaber der Monaco/Odeon/Nostro-Gruppe. 1988 gründeten Althammer, Kließ und Willschrei die Borussia Film GmbH, um in Zusammenarbeit mit der US-Firma Universal eine Serie über deutsche und amerikanische Polizisten in Berlin zu produzieren. Der Fall der Mauer stoppte diese Pläne jedoch. Seit 1993 ist er Geschäftsführer der Borussia Media und der Nostro Film in Berlin, wo er die Serien WOLFFS REVIER, A.S. und DIE DREI betreute.

Klugman, Jack
Amerikanischer Schauspieler. Geboren am 27. April 1922 in South Philadelphia. Nach seiner Rückkehr aus dem Zweiten Weltkrieg ging er nach New York, um Schauspieler zu werden. Er teilte ein Appartment für 14 Dollar Miete pro Woche mit Charles Bronson. In den Ferien jobbten beide auf einem Postamt. 1949 trat er auf der Bühne mit Rod Steiger in STEVEDORE auf. Neben dem Theater machte er eine Menge Live-Fernsehen und spielte in den SF-Trashern CAPTAIN VIDEO und TOM CORBETT – SPACE CADET. 1954-55 spielte er in der *Daily Soap* THE GREATEST GIFT. Daneben war er ein gern gesehener Gaststar in Anthologiereihen wie PLAYHOUSE 90 oder Serien wie TWILIGHT ZONE, CHICAGO 1930 und GNADENLOSE STADT. Zum ersten Mal Star einer Serie war er in der kurzlebigen Sitcom HARRIS AGAINST THE WORLD (1964-65). 1964 erhielt er seinen ersten *Emmy* für seine Darstellung in einer Folge PRESTON & PRESTON. 1970-75 drehte er mit Tony Randall die klassische Sitcom MÄNNERWIRTSCHAFT (THE ODD COUPLE), die ein Welterfolg wurde. 1971 und 1973 wurde er für seine Darstellung des Oscar Madison mit dem *Emmy* ausgezeichnet. Anschließend konnte er sich aussuchen, was er spielen wollte. Er entschied sich für die Gerichtsmediziner-Serie QUINCY (1976-83), die ebenfalls ein Welterfolg wurde und die er koproduzierte. 1986-87 spielte er in der Sitcom YOU AGAIN?, die auf einem britischen Vorbild basierte (in dem John Thaw Klugmans Rolle als Vater eines Teenagers spielt).

KNALLHARTEN FÜNF, DIE
S.W.A.T.

USA 1975-76; 1 x 90 Min. u. 36 x 45 Min.; F

Lt. Dan »Hondo« Harrelson .... Steve Forrest
Sergeant David »Deacon« Kay .... Rod Perry
Officer Jim Street .... Robert Urich
Officer Dominic Luca .... Mark Shera
Officer T.J. McCabe .... James Coleman
Betty Harrelson .... Ellen Weston
Matt Harrelson .... Michael Harland
Kevin Harrelson .... David Adams

➜ Die Einsätze eines S.W.A.T.-Teams (Special Weapons and Tactics) in Los Angeles. In den siebziger Jahren wurden für spezielle Einsätze, etwa gegen Terroristen, diese militärischen Polizeiverbände gegründet. Die sinnlose und bekloppte Serie mit ihren nach heutigen Maßstäben eher peinlichen Stunts war eine Produktion von Aaron Spelling und Leonard Goldberg für ABC. Es ist der alte Mist mit den jungen, unbeherrschten Cops und ihrem väterlichen, erfahrenen Führer, der am Ende recht behält. Wenn die Spezialschutzmänner in ihrem Spezialtransporter in ihren Spezialuniformen zusammensitzen und vor dem Spezialeinsatz herumflachsen, wirkt das ziemlich tuntig. Überhaupt hat man den Eindruck, da fahren ein paar verkleidete Uniformfetischisten zu einem Auftritt der *Village People* und nicht zu einem gefährlichen Einsatz.

KNIGHT RIDER
Knight Rider

USA 1982-86; 1 x 90 Min. u. 90 x 45 Min.; F
Michael Knight .... David Hasselhoff
Devon Miles .... Edward Mulhare
Bonnie Barstow .... Patricia McPherson
April Curtis (1983-84) .... Rebecca Holden
Reginald Cornelius (1985-86) .... Peter Parros

➜ Glen A. Larson war es natürlich, der das sprechende Auto K.I.T.T. (*Knight Industries Two Thousand*) erfand und zusammen mit dem späteren Bademeister Hasselhoff in den Dienst einer für Gerechtigkeit kämpfenden Organisation namens *Foundation* stellte. Zur Ausstattung gehören Turboantrieb, Autopilot, ein Minilabor und ein dreistufiger Aqua-Synthesizer, mit dem man auf Wasser fahren kann. Mittels eines Chips wurde das Auto dazu programmiert, Menschen zu schützen. Wie keine Serie zuvor wurde hier des Mannes liebstes Spielzeug vermenschlicht (»Na, Kitt, wie wär's mit einer kleinen Ausfahrt?«). In Deutschland wurde die Serie zum Dauerbrenner unter verhaltensgestörten Kindern. NBC stellte die Serie dankenswerterweise ein, weil angeblich die Produktionskosten mit etwa einer Million Dollar pro Folge zu hoch waren.

Roman: Glen A. Larson/Roger Hill: Gewagtes Spiel; Goldmann 11978, 1990. Tödliches Vertrauen; Goldmann 11978, 1990. Ein mörderisches Geschäft; Goldmann 11978, 1990. Ein hochkarätiger Killer; Goldmann 23775, 1988. David gegen Goliath; Goldmann 23776, 1989.

KNIGHT RIDER: David Hasselhoff mit K.I.T.T.

KÖBERLE KOMMT

BRD 1984; 12 x 25 Min.; F
Eugen Köberle .... Walter Schultheiss
Annagret Herbig .... Witta Pohl

➜ Der schwäbische Polizei-Archivar und Hobby-Kunstmaler Köberle hat ein hervorragendes Gedächtnis und einen ausgeprägten Spürsinn. So wird er zum unerbittlichen Helfer der Kommissarin Herbig. Ein grauenvolles Machwerk von Felix Huby für die ARD.

KOBRA, ÜBERNEHMEN SIE
Mission: Impossible

USA 1966-73; 171 x 50 Min.; F
Daniel Briggs (1966-67) .... Steven Hill
James Phelps (1967-73) .... Peter Graves
Cinnamon Carter (1966-69) .... Barbara Bain
Rollin Hand (1966-69) .... Martin Landau
Barney Collier .... Greg Morris
Willie Armitage .... Peter Lupus
Paris (1969-71) .... Leonard Nimoy
Doug (1970-71) .... Sam Elliott
Dana Lambert (1970-71) .... Lesley Ann Warren
Lisa Casey (1971-73) .... Lynda Day George
Mimi Davis (1972-73) .... Barbara Anderson

➜ Die sechziger Jahre waren die fetten Jahre der Geheimagenten. Die Bonditis strahlte vom Kino auf den Bildschirm aus und ließ Serien entstehen, die sich nicht hinter den erfolgreichen Kinofilmen verstecken mußten: von DANGER MAN John Drake über MIT SCHIRM, CHARME UND MELONE und SOLO FÜR O.N.K.E.L bis hin zu McGill, den MANN MIT DEM KOFFER.
Die langlebigste und eine der erfolgreichsten amerikanischen Spionageserien war MISSION: IMPOS-

Peter Graves: KOBRA, ÜBERNEHMEN SIE

SIBLE (künftig mit MI abgekürzt), die bei uns 1968 zuerst als KOBRA, ÜBERNEHMEN SIE und später unter dem Titel UNMÖGLICHER AUFTRAG ausgestrahlt wurde.
Erfinder der Serie war Bruce Geller (1929-78), ein wohlgelittener Autor und Produzent. Geller war ein Fan von *Big Caper Movies* und schrieb 1965 ein Drehbuch in dieser Tradition. Als er dafür keinen Filmproduzenten fand, entwickelte er statt dessen eine Serie, so schnell und aufwendig gemacht, daß die Zuschauer den Eindruck hätten, sie sähen einen Kinofilm in 45 Minuten. Eine relativ komplexe Handlung sollte durch schnellen Rhythmus in das übliche 45-Minuten-Schema gepreßt werden. Um seine Vorstellungen zu verwirklichen, mußte sich Geller an die Spezialisten für kurze, schnelle Filme wenden: die Produzenten von Werbespots. »Ein Werbespot muß blitzschnell deine Aufmerksamkeit erregen, eine Geschichte erzählen und eine Botschaft verkünden. Die Botschaft ist meist idiotisch, aber die Technik oft großartig«, sagte er. Die Studios waren zwar fasziniert von Gellers Idee, zweifelten aber an ihrer Durchführbarkeit. Schließlich landete er bei Desilu Productions, wo ihm Lucille Ball, eine der Inhaberinnen, grünes Licht gab. Nachdem Geller die Schauspieler zusammenhatte, kaufte CBS die Serie, ohne einen Pilotfilm gesehen zu haben. Geller erhielt nach der ersten Staffel einen *Emmy* für das beste Seriendrehbuch. 1967 produzierte er eine weitere, langlebige Hit-Serie für CBS: MANNIX, nach einem Konzept der späteren COLUMBO-Erfinder Levinson und Link.

KOBRA, ÜBERNEHMEN SIE: Barbara Bain

Zu Beginn jeder Folge erhält der Chef der Mission Impossible-Force irgendwo in Los Angeles einen »unmöglichen Auftrag« von einer nicht weiter benannten Regierungsbehörde durch ein sich selbst vernichtendes Tonband. In bester konspirativer Tradition weist die Behörde darauf hin, daß sie bei eventuellen diplomatischen Verwicklungen leugnen würde, die MI-Force zu kennen. Woche für Woche, vom 17. September 1966 bis zum September 1973, wurde das Kommando durch 171 Folgen gehetzt. In den ersten Jahren trieb es sein Unwesen vorzugsweise in fiktiven osteuropäischen und lateinamerikanischen Staaten mit so wohlklingenden Namen wie Svardia, Camagua, Santales oder Logosia. Dort verhinderte es Revolutionen (oder zettelte welche an), KGB-Aktivitäten, Verkäufe von Atomwaffen und deren Produktion, befreite geniale Wissenschaftler und zerstörte durch heimtückische Intrigen das Ansehen von Politikern. »Wir denken gerne, die CIA hat ein Auge auf uns«, sagte einer der Autoren einmal in verblüffender Unbekümmertheit. Besonders in den letzten Jahren schienen die Autoren ihre Drehbücher auf schlechten Trips verfaßt zu haben. So veränderte das MI-Team einmal ein paar New Yorker Straßenzüge, um einem Gangster zu suggerieren, er sei in die Vergangenheit gereist. Ein anderes Mal gaukelten sie einem Verleger vor, Jim Phelps sei ein Außerirdischer, der ihm Unsterblichkeit verleihen würde, wenn er gegen das organisierte Verbrechen aussagte. Die Taschenspielertricks der Autoren waren hemmungslos! Schließlich spielten sie einem Plutoniumdieb sogar die atomare Zerstörung der gesamten Ostküste vor, um an das radioaktive Material zu kommen. Um diese Gaukeleien durchzuführen, mußte Barney jede Woche die unmöglichsten Sachen erfinden. Zu seinen »Geniestreichen« zählten hydraulische Heber, die ein Erdbeben vorgaukelten, und Pillen, die für begrenzte Zeit einen Weißen in einen Schwarzen verwandeln konnten.
KOBRA, ÜBERNEHMEN SIE war eine der dialogärmsten Serien der Fernsehgeschichte. Politische Implikationen wurden, wenn überhaupt, mit Schlag-

Martin Landau und J.D. Cannon

worten abgetan. In der ersten Staffel wurden allerdings auch schon mal die moralischen Dimensionen eines Auftrags angesprochen. Aber selbst diese winzigen Dialoge wurden gestrichen, um die gewonnene Zeit zum Vorantreiben der Handlung zu nutzen. In einer Folge war so wenig Dialog, daß es niemanden auffiel, daß Peter Graves mitten in einer Szene einschlief.

Ursprünglich bestand die Gruppe aus Hill bzw. Graves, den Chefs, Managern und Planern; Barbara Bain, Model und sexuellem Lockvogel; Landau, dem Verkleidungskünstler; Lupus, dem *Blue Collar*-Muskelmann, und Barney Collier, dem schwarzen Elektronikspezialisten. Ein echter Querschnitt durch die US-Gesellschaft, der suggerieren sollte, daß Intellektuelle, Künstler, Arbeiter und Schwarze gemeinsam gegen vermeintliche Feinde Amerikas zu Felde ziehen müßten. Und natürlich sollte man über dieser Aufgabe alle Widersprüche und Klassengegensätze vergessen. Für viele schien das die »richtige Haltung« angesichts des Vietnam-Krieges.

Steven Hill (geb.1922) spielte in der ersten Saison den Chef. Die mörderischen Dreharbeiten verlangten der Crew ab, auch sonntags zu arbeiten. Hill, ein orthodoxer Jude, weigerte sich allerdings, an Feiertagen (genau genommen: nach Freitagabend) zu arbeiten und stieg aus. Man fragt sich natürlich, wie er seinen Glauben mit den Dreharbeiten zur ersten Staffel unter einen Hut gebracht hat. Oder hat hier einer mal wieder seine Bedeutung überschätzt und ein Gagenpoker verloren? (Zu den anderen Hauptdarstellern vgl. die Einträge zu Barbara Bain, Peter Graves, Martin Landau, Peter Lupus und Greg Morris.)

KOBRA, ÜBERNEHMEN SIE gilt als die erste reine Action-Serie, die ohne viel Dialog und mit einem Minimum an Charakterzeichnung auskam. Wenn man so will, ein direkter Vorläufer von simplen Serien wie DAS A-TEAM. Sie war aber auch eine Serie, deren Produktionsbedingungen an die eines Kinofilms heranreichten. Sie hatte Tempo: Die wie ein Uhrwerk ablaufenden Kommando-Unternehmen wurden für damalige Verhältnisse ungewöhnlich schnell und hart geschnitten und von einer treibenden Musik unterstützt. Die Musik war wichtiger als der Dialog, und Komponist Lalo Schifrins Titelmusik konnte sich 1968 14 Wochen lang in der Single-Hitparade halten. Später gab es zwei Langsspielplatten mit Musik aus der Serie. Geller bekam sogar Zuschauerpost, die forderte, das Tempo der Serie zu verlangsamen. In den meisten Folgen konnte man beim Ablauf eines Coups bis zu 100 *Inserts* als Zwischenschnitte zählen. Diese kurzen Großaufnahmen von Gegenständen wurden so etwas wie ein Markenzeichen der Serie. Die Kritik sprach auch vom »Maschinengewehrschnitt«). MI war zwar eine erfolgreiche Show, machte aber bei der Erstausstrahlung (vor Auslandsverkäufen und Syndikatisierung) bei Produktionskosten von 250.000 Dollar pro Folge etwa 55.000 Dollar Verlust. Die Serie galt als Regis-

Leonard Nimoy

seur-Killer: Für jede Folge ließ Geller ca. 70.000 Meter Film belichten, genug Material für eineinhalb Stunden. Die Regisseure hatten eine Woche Zeit für die Vorbereitung und eine Woche zum Drehen einer spielfilmlangen Folge, die dann auf 48 Minuten heruntergeschnitten wurde. Ein normaler Regietag begann um 4 Uhr früh und endete um 23 Uhr. 1969 kaufte Paramount die Produktionsfirma Desilu. Dem Paramount-Chef Douglas Cramer gefiel es überhaupt nicht, daß MI soviel Verluste im ersten Durchgang machte. Um die Produktionskosten zu senken, beschnitt er das Budget und schmiß den hochbezahlten Landau raus. Auf der folgenden *Emmy*-Verleihung fand die gerade zum dritten Mal ausgezeichnete Barbara Bain böse Worte für Cramer und verkündete ihren Ausstieg aus der Serie. Von nun an ging's bergab mit Beliebtheit und Qualität. Nachdem Landaus Nachfolger Nimoy ebenfalls das Handtuch geschmissen hatte, machte man sich nicht mal mehr die Mühe, einen Ersatz zu finden. Der dauernde Wechsel von Bain-Nachfolgerinnen hatte allen gereicht.

Leonard Nimoy

In den sechziger Jahren spiegelte die Serie ganz das damalige Selbstverständnis des »Weltpolizisten USA« wider. Überall auf der Welt mischte sich die MI-Force in die inneren Angelegenheiten souveräner Staaten ein, um die Interessen von Uncle Sam zu wahren und penetranten Antikommunismus zu betreiben. Dies war dieselbe Mentalität, die auch den Krieg in Südostasien verteidigte. 1969 war es damit vorbei. Der Vietnamkrieg hatte das Land gespalten. Moralisch und militärisch war der Krieg verloren, und Depression breitete sich aus. Außerdem wurde immer klarer, daß auch in den USA nicht alles zum Besten stand. Korruption der politischen Führer und organisiertes Verbrechen höhlten das Land von innen aus. Um diesem neuen Klima Rechnung zu tragen (und die beschnittenen Produktionskosten aufzufangen), setzte Geller seine Agenten in den letzten drei Jahren vor allem gegen die inneren Feinde ein. Statt gegen Kommunisten und durchgedrehte Diktatoren kämpfte die MI-Force jetzt gegen die Mafia. Aber als Polizei-Serie war sie nie so erfolgreich wie als *Spy Show*. Es ist sicher kein Wunder, daß KOBRA, ÜBERNEHMEN SIE 1989 wiederbelebt wurde, nachdem Ronald Reagan das außenpolitische Abenteurertum erneut aufs Sternenbanner geschrieben hatte. Neben dem militaristischen Expansionsepos RAUMSCHIFF ENTERPRISE (STAR TREK) ist sie die einzige amerikanische Sixties-Serie, die eines Remake für würdig befunden wurde.

Literatur: Patrick J.White: The Complete Mission Impossible Dossier; Avon Books, 1991, und Boxtree, 1996.

Roman: John Tiger: Mission Impossible; Popular Library, 1967. Code Name Little Ivan; Popular Library, 1967.

KOERBERS AKTE

BRD 1997-98; 2 x 90 Min.; F

Max Koerber .... Martin Lüttge
Monika .... Cornelia Froboess
Oberstaatsanwältin Maron ... Marijam Agischewa

➔ Abenteuer eines selbst ermittelnden Staatsanwaltes. Über die erste Folge urteilte der *Gong* in Nr. 20/1997: »Wer sich durch Sendeplatz und prominente Mitwirkende nicht täuschen läßt, sieht diesen TV-Krimi als unfreiwillige Parodie auf Boulevardmagazine. Koerbers Akte 97. Dem wirklich der Kick fehlte – in den Hintern.« Und die *Funk-Korrespondenz* Nr. 17/1997: »Zäh und langweilig ist der Krimi hauptsächlich, weil er seine Themen fast ausschließlich in holprig geschriebenen und schlecht gespielten Dialogen entfaltet. [...] Diese neue Härte bleibt leider nur Behauptung. Was dem Film fehlt, sind markante und genaue Beobachtungen, die die zerfallsartige und beinahe schon bürgerkriegsähnliche Situation [in Berlin] plausibel werden lassen. Statt dessen heult die um Tempo bemühte Inszenierung nur auf wie ein Sportwagen im Leerlauf.« Eigentlich sollte es eine lang laufende Serie werden, aber aus irgendwelchen Gründen zog sie das ZDF zurück.

KOMMISSAR BECK

S/BRD 1993; 14 x 90 Min. u. 1 Special; F

Martin Beck .... Gösta Ekman
Lennart Kollberg .... Kjell Bergqvist
Gunvald Larsson .... Rolf Lassgård
Benny Skacke .... Niklas Hjulström

➔ Kommissar Beck von der Stockholmer Kripo ist ein Mann, der sich über die Natur des Menschen keinerlei Illusionen macht. Er führt seine Ermittlungen mit Intelligenz, Geduld, Hartnäckigkeit und logischem Denken. Er ist introvertiert und einfühlsam. Sein Mitarbeiter-Team besteht aus völlig unterschiedlichen Charakteren.

Kommissar Beck ist die Hauptfigur der zehnbändigen Romanserie des schwedischen Autoren-Ehepaars Maj Sjöwall und Per Wahlöö. Die Bücher, die Krimiklassiker wurden, entstanden von 1965 bis 1975 und spiegeln die gesellschaftliche Entwicklung Schwedens wider. Im Auftrag von RTL verfilmte die Berliner Rialto-Film gemeinsam mit der Stockholmer Victoria-Film sechs der Romane. Maj Sjöwall, die Witwe des 1975 gestorbenen Per Wahlöö, willigte in die Verfilmung erst ein, als ihr zugesichert wurde, daß die Produktion in Schweden gedreht und mit schwedischen Schauspielern besetzt werden würde. Drei Filme wurden von deutschen Regisseuren gedreht: Hajo Gies (ALARM IN SKÖLDGATAN) und Peter Keglevic (DER POLIZISTENMÖRDER, STOCKHOLM MARATHON). Die Filme DER MANN AUF DEM BALKON und DIE TOTE IM GÖTA-KANAL drehte Daniel Alfredsson, DIE GROSSEN LÄSST MAN LAUFEN Pelle Berglund. Für die mit dem *Grimme*-Preis ausgezeichnete Serie wurden die Geschichten vorsichtig aktualisiert und in die neunziger Jahre verlegt.

Roman: Die Romane sind in der Thriller-Reihe des Rowohlt Verlages erschienen.

KOMMISSAR BECK – DIE NEUEN FÄLLE

BRD 1998; 4 x 80 Min.; F

Martin Beck .... Peter Haber
Gunvald Larsson .... Mikael Persbrandt
Lena Klingström .... Stina Rautelin
Joakim Wersen .... Per Morberg
Nachbar .... Ingvar Hirdwall
Inger .... Rebecka Hemse
Oljelund .... Ottfried Fischer

➔ Wenn Kommissar Beck hier in einer neuen Serie in der ARD ermittelt, basiert sein Charakter noch auf den Romanen von Sjöwall/Wahlöö. Mit der früheren, preisgekrönten RTL-Serie hat er aber nicht mehr viel zu tun. Rolf Börjlind schrieb für die Regisseure Pelle Seth und Kjell Sundvall neue Geschichten. In der von Maj Sjöwall abgesegneten Weiterentwicklung sind einige Charaktere weggefallen, dafür kam – ach wie modern! – die EDV-Expertin Lena neu hinzu.

»Der besondere Blickwinkel der Schweden, den die erste Serie noch für sich reklamieren konnte, wird diesmal weder sprachlich noch dramaturgisch sichtbar. [...] Gesellschaftskritische Stringenz zeigt die zweite Serie gewiß nicht. [...] Vulgärpsychologische Ausflüge und Kritik an der marode gewordenen schwedischen Gesellschaft sind jetzt kleine, ärmliche Dreingaben, die über das hausbackene Krimigeflecht hinwegtäuschen sollen. Wer nach Per Wahlöö und Maj Sjöwall fahndete, dürfte die Spur spätestens mit der zweiten Folge verloren haben«, schrieb Christian Hörburger in der *Funk-Korrespondenz* Nr. 38/1998.

KOMMISSAR, DER

BRD 1969-76; 97 x 60 Min.; sw

Kommissar Herbert Keller .... Erik Ode
Walter Grabert .... Günther Schramm
Robert Heines .... Reinhard Glemnitz
Harry Klein (1969-74) .... Fritz Wepper
Erwin Klein (1974-76) .... Elmar Wepper
Fräulein Rehbein .... Helma Seitz
Frau Keller .... Rosemarie Fendel

➜ Kommissar Keller und seine Mitarbeiter lösen in München Mordfälle. Die von Herbert Reinecker erfundene ZDF-Serie spiegelt auf das Trivialste wider, was von einem Spießer als Realität der sozialliberalen siebziger Jahre empfunden worden sein mag. Der ahnungslose Reinecker beschäftigte sich immer wieder mit der Jugendkultur, die in dieser Ringelmann-Produktion – wie auch bei der Nachfolgeserie DERRICK – atemberaubend plump dargestellt wurde. Wahrscheinlich bezog der Autor seine Informationen über Hascher und freie Liebe aus Blättern wie *Quick* oder *Neue Revue*. »Auf seine rechtschaffene Art überlegen, mit moralischen Urteilen zurückhaltend, quasi nur innerlich kopfschüttelnd, dackelte Odes Kripo-Biedermann mit dem feschen Hütchen durch die Untaten in Grünwalder Villen und Schwabinger Absteigen, nahm er sich der entarteten Reichen, wie der Entgleisten aus Kaschemme und Hinterhaus an. [...] Der Kommissar, der sich – man denke zurück und staune – mit Maigret messen sollte, blieb der Kommissar, wie und weil Herbert Reinecker, sein beharrlich solo schreibender Urheber, ganz er selbst blieb. [...] Vorbei mit der längsten – und zuletzt langweiligsten – Krimi-Serie des deutschen Fernsehens (acht Jahre, 97 Folgen, 756 600 Filmmeter, 18 Regisseure, 1016 Darsteller)«, schrieb Rolf Bek-

DER KOMMISSAR: Reinhard Glemnitz, Erik Ode, Günther Schramm

DER KOMMISSAR: Bernhard Wicki und Erik Ode

ker über das Ende der Serie im *Spiegel* Nr. 6/1976.
Literatur: Gerald Grote: Der Kommissar. Der TV-Klassiker – die Serie und ihre Folgen; Schwarzkopf & Schwarzkopf, 1999.
Roman: 12 Romane von Herbert Reinecker erschienen von 1977 bis 1979 im Bastei-Lübbe Verlag.

KOMMISSAR BRAHM

BRD 1967; 13 x 25 Min.; sw
Kommissar Brahm .... Paul Klinger
Peter Brahm .... Manfred Seipold
Inspektor Lenz .... Otto Stern
➜ Im Mittelpunkt der Serie steht der alte Hase Brahm, dem man als neuen Mitarbeiter einen »Anlernling« von der Universität zugeteilt hat. Es ist ausgerechnet sein einziger Sohn Peter, der ganz andere kriminalistische Methoden wählt.
Gemütliches ZDF-Vorabendprogramm von Autor Karl Heinz Zeitler und Regisseur Georg Thiemt, das mitten im Generationskonflikt der sechziger Jahre den konservativen Wunschtraum eines engen Vater-Sohn-Verhältnisses abfeiert.

KOMMISSAR FREYTAG

BRD 1963-64; 37 x 25 Min.; sw
Kommissar Freytag .... Konrad Georg
Assistent Petersen .... Willy Krüger
➜ Humorlos und streng ging Deutschlands erster echter ARD-Serien-Kommissar in München an die Arbeit, scheuchte seinen Assistenten herum und bemängelte die Moral von Journalisten. Das bereits bei STAHLNETZ ausgeprägte autoritäre Polizistenbild wurde in dieser Serie von Bruno Hampel fortgeführt. Der 1987 verstorbene Konrad Georg, der manchmal wie Humphrey Bogart gucken konnte, spielte Freytag absolut glaubwürdig und cool. Die Musik war von Bert Grund.

KOMMISSAR MAIGRET

Maigret
GB 1960-63; 51 x 50 Min.; sw
Maigret .... Rupert Davies
Lucas .... Ewen Solon
Mme. Maigret .... Helen Shingler
Lapointe .... Neville Jason
Lognon .... Henry Oscar
➜ Kein anderer Schauspieler unter den zahlreichen Maigret-Darstellern prägte das Bild von Georges Simenons Pariser Kommissar so stark wie Rupert Davies (ausgenommen vielleicht Jean Gabin in Kinofilmen). Andrew Osborn produzierte und Giles Cooper adaptierte die Romane für diese BBC-Serie, die zum Großteil in Paris und an Originalschauplätzen gedreht wurde. Eine der eindrucksvollsten und sorgfältigsten Krimi-Serien der sechziger Jahre mit der unvergeßlichen Musik von Ron Grainer. Über den 1976 verstorbenen Hauptdarsteller sagte Simenon: »Von den ausländischen Maigrets gab sich Charles Laughton sehr viel Mühe, aber was dabei herauskam, war wirklich ziemlich dürftig. Der Italiener Gino Cervi war dagegen exzellent. Doch Rupert Davies übertraf sie alle. Ich würde ihn mit Michel Simon [der erste Kino-Maigret, M.C.] gleichsetzen. Er war äußerst sympathisch und bemühte sich intensiv, die Rolle zu erfassen. Ich weiß noch, wie er mich in Enchandens aufsuchte, bevor die Dreharbeiten begannen, und wie er von mir wissen wollte, wie Maigret seine Pfeife handhabt undsoweiter.«
Literatur: Peter Haining: The Complete Maigret; Boxtree, 1994.
Roman: Die Maigret-Romane von Georges Simenon sind im Diogenes Verlag als ungekürzte Neuübersetzungen erschienen.

KOMMISSAR MOULIN

Commissaire Moulin ... Police judicaire
F 1976-83: 19 x 90 Min.; 1989-92: 12 x 90 Min.; F
Jean-Paul Moulin .... Yves Rénier

KOMMISSAR MOULIN: Yves Rénier

Inspecteur Guyomard (1976-83) ... Guy Montagné
Inspecteur Guyomard (1989-92) ... Clément Michu
Rocard (1976-83) .... Jean-Paul Kérien
Alex (1976-83) .... Jean-Luc Moreau
Poupette (1989-92) .... Diane Simenon
Morvan (1989-92) .... Christian Charmetant
Lolo (1989-92) .... Laurence Charpentier
Frédéric (1989-92) .... Boris Roatta
Béatrice (1989-92) .... Pauline Larrieu
Polizeidirektor (1989-92) .... Francis Lax
Chinese (1989-92) .... Tchee

➜ Ursprünglich eine konventionelle Detektivserie mit einer Reihe gut geplotteter Bücher des renommierten Kriminalromanciers Paul Andréota. Seit 1976, als Claude Boissol den Frauenhelden Moulin erdachte, ist Rénier dabei. 1989 übernahm er die Serie als Koproduzent, Drehbuchautor und Regisseur. Er hatte wohl den Erfolg und das Image von Johnny Halliday in DAVID LANSKY vor Augen, als er das Konzept der Serie änderte. »In den frühen Folgen sah man mich mit Schlips und Kragen und Aktenkoffer. Das hat mir nicht gepaßt, aber was sollte ich machen – ich war nur ein Schauspieler, der die Hauptrolle ergattert hatte, ohne die Möglichkeit, etwas zu verändern. Eines Tages hatte ich genug und hörte auf. Als die Serie 1989 wieder anlief, stellte ich eine Bedingung: daß ich die Drehbücher schreibe. Zusammen mit Georges Moréas habe ich Moulin verändert. Ich stelle jetzt einen Polizisten vor Ort dar, dessen Abenteuer Mißstände unserer Gesellschaft anprangern. Außerdem laufe ich in der Serie genauso herum wie in Wirklichkeit: in Jeans, Turnschuhe und Lederjacke.« Außerdem durfte Rénier jetzt wie Halliday mit einem Motorrad durch Paris jagen. Allerdings nicht mit einer mythischen Harley, sondern nur mit einer Ducati 851 Strada. Drehbuchberater Moréas war 17 Jahre lang Leiter einer Pariser Abteilung für Schwerverbrechen. Leider funktionierten die Geschichten äußerst selten, und die Filme waren oft nur Aneinanderreihungen von Szenen, die den roten Faden völlig aus dem Auge verloren. Andererseits gab das der Serie eine fast anarchische Qualität.

KOMMISSAR NAVARRO
Le système Navarro

F 1989 ; x 90 Min.; F
Navarro .... Roger Hanin
Barrada .... Sam Karmann
Auquelin .... Christian Rauth

➜ Zwölf Millionen Franzosen verfolgen im Durchschnitt die Fälle des etwa 50jährigen, geschiedenen und mit seiner 12jährigen Tochter lebenden Pariser Kommissar Navarro. Der desillusionierte, aber nicht zynische Bulle wird von seinem Darsteller so gesehen: »Er soll keinem anderen TV-Kommissar ähneln. Wir wollen keinen Stil kopieren.« Der Erfolg der Serie überzeugte den zur Kirch-Gruppe gehörenden Sender Pro 7 derart, daß die Kirch-Gruppe als Koproduzent bei neun Folgen einstieg.

KOMMISSAR REX

BRD 1994- ; 4 x 90 Min. u. x 45 Min.; F
Richie Moser (1994-97) .... Tobias Moretti
Ernst Stockinger (1994-96) .... Karl Markovic
Peter Höllerer .... Wolf Bachofner
Max Koch .... Fritz Muliar
Dr. Leo Graf .... Gerhard Zemann
Alexander Brandtner (1998-) ... Gedeon Burkhard
Christian Böck (1998-) .... Heinz Weixelbraun

➜ Das mußte ja ein Quotenhit werden: Ein junger Kommissar zusammen mit einem Schäferhund auf Verbrecherjagd in Wien. Die von Produzent Peter Hajek und Autor Peter Moser auf dem Reißbrett konzipierte SAT.1-Serie wurde ein voller Erfolg. Das herzige Hundchen brach die Zuschauerherzen reihenweise. Nur Rex' menschlicher Kollege Stokkinger hatte irgendwann genug und stieg in seine eigene Serie ein: Tobias Moretti ließ sich in seiner Rolle nach 46 Folgen umbringen, damit er dem Kaffeehaus-*Rin Tin Tin* entkommen konnte.

KOMMISSAR SCHIMPANSKI

BRD 1996-97; 1 x 90 Min. u. 8 x 45 Min., F

Anna Berger .... Claudine Wilde
Christian Hartmann .... Thure Riefenstein
Schimpanski .... Chubs
Tamara Hartmann .... Anaid Iplicjian
Carla Hartmann .... Estella Masur
Tobias Hartmann .... Marc-Oliver Moser

➜ Ein Affe als Helfer und Maskottchen für einen weiblichen und einen männlichen Kriminalbeamten! Man kennt das ja: Wenn die RTL-Redakteure durchdrehen, dann richtig. Im Kampf um die beknacktesten TV-Serien hat RTL gegenüber SAT.1 mit diesem Quatsch tüchtig gepunktet. »Die Funktion des Affen in der sehr actionlastigen und nicht an Brutalität sparenden Produktion bleibt komplett rätselhaft. [...] Es geht ziemlich ruppig zu in dieser Serie [...]. Zwischendurch, wenn kein Blut fließt, harmonieren Anna Berger, ihr Kollege, dessen Mutter und zwei Kinder dann allerliebst als Patchworkfamilie – Familie! –, alles unter einem Dach, während Schimpanski ihnen kleine Streiche spielt, etwa Blumen aus der Vase rupft – Humor!!! Der Anspruch Krimi erschöpft sich in wilder Action, die wie das Billigplagiat jedes x-beliebigen US-Krimis daherkommt. Wenn einer Böses plant, ist der Zuschauer schon deshalb darüber informiert, weil sofort die Filmmusik penetrant drohend übers Bild schwappt«, schrieb Frauke Döhring in der *Funk-Korrespondenz* Nr. 19/1997.

DIE KOMMISSARIN: Hannelore Elsner und Til Schweiger

KOMMISSAR ZUFALL

BRD 1985; 12 x 45 Min.; F

➜ Wieder mal eine kleine Anthologiereihe mit gähnend langweiligen Kriminalgeschichten von -ky u.a., bei der – welch' grandioser Einfall! – dem Zufall eine besondere Rolle zukommt. Regie: Kristian Kühn (neun Mal) und Hans Liechti (drei Mal); produziert von der Bavaria für das Vorabendprogramm des WDR.

KOMMISSARIAT 9

BRD 1973; 40 x 25 Min.; F

Kriminalrat Roth .... Herbert Steinmetz
Hauptkommissar Dingelein .... Edgar Ott
Oberkommissar Tuncik .... Walter Riss

➜ Zwar behaupteten die Protagonisten, sie würden zu einem Wirtschaftskommissariat gehören, aber es ging meistens nur um so gewagte Delikte wie Betrügereien bei Kaffeefahrten. Immerhin gehörte Wolfgang Staudte zu den Regisseuren, die Rolf Schulz' Geschichten für die Fritz-Wagner-Filmproduktion im Auftrag des SFB umsetzten.

KOMMISSARIN, DIE

BRD 1994- ; x 45 Min.; F

Kommissarin Lea Sommer .... Hannelore Elsner
Nick Siegel (1994-95) .... Til Schweiger
Henning .... Karlheinz Lemken
Sonja .... Ingeborg Westphal

➜ »Bei dieser Serie ist die Titelheldin die unbestrittene Hauptdarstellerin und der Fall, den sie von Folge zu Folge zu bearbeiten hat, dient einzig dazu, ihren facettenreichen Charakter voll auszuspielen. Weil diese ARD-Vorabendprogrammserie unverhohlen auf die Attraktivität und Ausstrahlungskraft ihrer Hauptdarstellerin setzt, haben die Drehbücher alle Mühe darauf verwandt, sie in einer originären Charakterrolle zu präsentieren, aber fast keine auf das Handlungsgeschehen, das zwar routiniert und professionell ins Bild gesetzt wird, aber durch und durch klischeehaft abläuft«, schrieb Brigitte Knott-Wolf in der *Funk-Korrespondenz* Nr. 42/1994. Am Ende der zweiten Staffel ließ sich Til Schweiger, der Assistent der Frankfurter Kommissarin, »erschießen«, um sich künftig auf seine Filmkarriere konzentrieren zu können.

KÖNIG, DER

BRD 1994-96; 1 x 90 Min. u. 27 x 47 Min.; F

Hannes König .... Günter Strack
Axel Hübner .... Michael Roll
Ingrid Dorn .... Renate Schroeter
Anke Lenz .... Dorothea Schenk
Busfahrer Pichler .... Volker Prechtel
Dr. Eugen Pröttel .... Wilfried Klaus
Marga Schrezmeier .... Hannelore Hoger
Horst Gierke .... Dieter Brandecker
Wirt Karl Schober .... Walter Renneisen

➔ Nach einem spektakulären Fall quittiert Hauptkommissar König aus Bamberg vorzeitig den Dienst, bleibt aber Detektiv aus Leidenschaft. Dank seiner Zivilcourage und der oftmals ungewöhnlichen Methoden wird er immer dann gerufen, wenn ein Fall aussichtslos erscheint.

Später sollten von dieser Serie, die Michael Baier für SAT.1 entwickelt hat, nur noch 90-Minuten-Specials gedreht werden. Der Tod des Hauptdarstellers machte einen finalen Strich durch diese Rechnung. Klaus Hamburger schrieb zum Pilotfilm in der *Funk-Korrespondenz* Nr. 43/1994: »Wie weiland der Alte Fritz mit dem Krückstock verschafft sich der Ex-Kommissar mit seiner Gehhilfe Respekt in allen Lebenslagen – als der gute Mensch von Bamberg und Umgebung, ein Kripo-Opa als Müllwerker im Weinberg der irdischen Gerechtigkeit, ein Monstrum inmitten der, wie es nach solchen Anfängen scheinen muß, Dutzendware dieser Krimiserie.«

DER KÖNIG: Horst Gierke und Günter Strack

KÖNIG DER KATAKOMBEN, DER

Le roi mystère

F 1991; 12 x 30 Min.; F

Der König .... Christopher Bowen
Sinnamari .... Philippe Boudet
Liliane d'Anjou .... Eva Mazauric

➔ Der Herrscher der Pariser Unterwelt, der mysteriöse König der Katakomben, hilft den ungerecht Behandelten gegen die Machthaber. Die von Marcel Julian (Buch) und Paul Planchon (Regie) nach einem Roman von Gaston Leroux gedrehte Serie steht ganz in der Tradition des französischen Schauerfeuilletons à la Eugène Sues MYSTÈRES DE PARIS.

KÖNIG VON ST. PAULI, DER

BRD 1997; 6 x 100 Min.; F

Rudi Kranzow .... Hilmar Thate
Julia .... Julia Stemberger
Graf .... Hans Korte
Robert Kranzow .... Oliver Hasenfratz
Sugar .... Heinz Hoenig
Lajana .... Sonja Kirchberger
Mizzi .... Maja Maranow
Max Graf .... Otto Kukla
Karin .... Florian Martens
Charlotte .... Eva-Maria Bauer
Dirk .... Alexander Radszun
Flüsterer .... Hans Diehl
Schmidt-Weber .... Peter Roggisch

➔ Angekündigt war es als die große Kiez-Saga, in der es um rivalisierende Paten und feindliche Übernahmen gehen sollte. Herausgekommen ist etwas, das besser den Titel »Die komische WG von St. Pauli« gehabt hätte. »Regie: Dr. Dieter Wedel,

KOTTAN ERMITTELT: Lukas Resetarits und Franz Buchrieser

Buch: Dr. Dieter Wedel« verkündete SAT.1 in seiner Pressemappe, und somit steht der Alleinschuldige für das langweiligste Stück Fernsehen fest. Andererseits hätte ihm wohl kein anderer Sender als SAT.1 mit seinem Chefredakteur für Eigenproduktionen Mario Melzer 23 Millionen Mark zum Verpulvern gegeben. Angeblich ist ein Großteil des Geldes für den Studionachbau einer Kiezstraße, die so authentisch wie die LINDENSTRASSE aussieht, in den Bavaria-Studios drauf gegangen. Man sollte Produzent Thilo Kleine fragen, wofür denn das ganze Geld ausgegeben wurde, da hauptsächlich nur im Studio gedreht wurde. Wedel war ganz klar vom Sujet überfordert, wie schon zuvor beim SCHATTENMANN. Er ist eben ein Regisseur für Häuserbau- und Fahrschulprüfungsgeschichten (DIE SEMMELINGS) und hat keine Ahnung von Kiezleben oder Krimispannung. In quälender Dauer zeigt er eine Striptease-Probe nach der anderen. Ein Strip, der selbst im ostfriesischen Loppersum keinen Zuschauer in die Dorfkneipe gelockt hätte, geschweige denn auf St. Pauli. Andauernd werden in gruseligen Dialogen die Beziehungsprobleme des alternden Kiez-Kneipenbesitzers und einer jüngeren Frau vorgeführt. Ansonsten hervorragende Schauspieler wie Hilmar Thate, Hans Korte oder Maja Maranow chargieren wie auf einer Stummfilmprobe, nur müssen sie leider Wedels banale bis dumme Dialoge runterspielen. Heinz Hoenig verspielte schon im SCHATTENMANN viel Reputation, als er sich – ähnlich wie hier – als Bud Spencer aus Legoland präsentierte. Einen bösen Killer, der aber nur selten in der hohlen Story auftritt, gibt es natürlich auch: Radszun soll einer von diesen eiskalten Kerlen sein, die einen umbringen, wenn man es zu bunt getrieben hat. Klein-Fritzchen hätte von St. Pauli sicher eine aufregendere Vorstellung. Die Erwartungshaltung war hoch und selbst *Der Spiegel* traute sich nicht, diesen konfusen Mehrteiler richtig in die Pfanne zu hauen. Ganz klar eine der zehn schlechtesten Serien oder Mehrteiler in diesem Buch.

KOTTAN ERMITTELT

A 1976-84; 7 x 90 Min. u. 12 x 60 Min.; F

Kottan (1976) .... Peter Vogel
Kottan (1977-79) .... Franz Buchrieser
Kottan (1980-84) .... Lukas Resetarits
Schremmer .... Walter Davy
Schrammel .... C.A. Tichy
Frau Kottan .... Bibiane Zeller
Mutter Kottan .... Gusti Wolf
Pilch .... Kurt Weinzierl
Horak .... Ernst Koranek

➜ 1976 konzipierten Autor Helmut Zenker und Regisseur Peter Patzak diese Serienfigur, deren Name eine Anspielung auf den Groschenhefthelden Jerry Cotton war. Zusammen mit seinen leicht unterbelichteten Assistenten ermittelt Kottan in Wien in Mordsachen aller Art – meist nicht zur Zufriedenheit seines cholerischen Chefs, des Polizeipräsidenten Pilch, den sein aussichtsloser Privatkrieg gegen die Kaffeemaschine im Flur des Präsidiums zusätzlich zermürbt. Schilderungen des Wiener Milieus, schrullige Gags, oft fast surrealistische Geschichten prägen diese Parodie. »Die Filme waren als Versuch gedacht, Gesellschaftskritik auf listige und lustige Weise in einem Krimi zu verpacken, mit boshaften Seitenhieben auf so ehrwürdige Institutionen wie Polizei, Kirche, *Kronenzeitung* [...]. Wenn man aber alle sieben Kottan-Filme von 1976 bis 1981 auf einen Sitz hintereinander sieht, merkt man, wie ihre Substanz immer dünner, die Zensur immer schärfer wird. [...] Peter Vogel hat Kottan in den ersten beiden Filmen gespielt, erschien in dieser Rolle aber völlig unglaubwürdig. [...] Mit Franz Buchrieser bekam Kottan gleichzeitig vitalere und differenziertere, auch aggressivere Züge. Dann kam Lukas Resetarits dran. Von da an ging's bergab. Dennoch: die Kottan-Filme sind besser als ihr Ruf. [...] Die Bosheit der Leute untereinander, ihre Aggressionen, ihre Geldgier, Rachsucht bildeten eine Dramaturgie, in die der Arm des Staates, die Polizei, plump eingreift«, schrieb Heidi Pataki im *tip* Nr. 1/1983.

KRIMINALERZÄHLUNG, DIE

BRD 1972-73; 13 x 25 Min.; F

Detektiv Quales .... Eric Pohlmann

➜ Detektiv Quales ist ein Egozentriker des klassischen englischen Detektivromans. Nach Erzählungen von Julian Symons entstand diese ARD-Vorabend-Serie. 1976-77 wurde die Reihe in 13 Folgen mit Geschichten von Patrick Quentin fortgesetzt, und 1978-79 mutierte sie zu MR. CARLIS UND SEINE ABENTEUERLICHEN GESCHICHTEN; bei 13 weiteren Folgen wurden Geschichten von Gogol, Wilhelm Hauff, Ring Lardner, Somerset Maugham u.a. adaptiert.

KRIMINALMUSEUM, DAS

BRD 1963-68; 40 x 70 Min.; sw

➜ Gemeinsam mit DIE KARTE MIT DEM LUCHSKOPF war dies die erste eigenproduzierte Krimi-Reihe des ZDF. Offensichtlich wollte man der ARD-Reihe STAHLNETZ mit dem KRIMINALMUSEUM etwas konzeptionell Ähnliches entgegensetzen. Wie dort treten verschiedene Kommissare auf, die angeblich reale Fälle lösen, deren entscheidende Indizien im titelgebenden Kriminalmuseum liegen. Da man sich mitunter auch an Außenaufnahmen wagte, geben diese von biederer Moral getragenen Filme ein interessantes Bild der BRD in den sechziger Jahren wider.

Zu den Regisseuren der von Intertel Television produzierten Reihe gehörten Helmut Ashley, Wolfgang Becker, Jürgen Goslar, Theodor Grädler und Dieter Lemmel; Autoren waren Walter Forster, Bruno Hampel, Günter Rudorf, Maria Mantray und Answald Krüger, Georg Stuck, Rolf und Alexandra Becker u.a.

KRIMINALTANGO

BRD 1995; 1 x 90 Min. u. 13 x 45 Min.; F

Max Haller .... Erich Hallhuber
Katharina Mohndorff .... Nicole A. Spiekermann
Klaus Hähnel .... Gilbert von Sohlern
Bianca Hähnel .... Tatjana Fein
Dr. Paul Schilling .... Peter Musäus
Dr. Anton Neunziger .... Tommi Piper
Anna Huber .... Sarah Camp

➜ Der hartgesottene Kriminalkommissar Haller muß mit der ehrgeizigen Staatsanwältin Mohndorff in München zusammenarbeiten. Dazu ist er noch Bayer und sie Preußin. Beide wollen ihren Job gut machen, haben aber unterschiedliche Auffassungen von den richtigen Methoden. Und natürlich sind beide noch voneinander fasziniert, wollen es aber nicht zugeben.

Mario Melzer, SAT.1-Redakteur, erhellt den Leser im Presseheft zur Serie mit so wunderbaren Erkenntnissen wie: »Unzählige Fernseh-Krimi-Lieblinge gab es schon«; ein Mann, dem man nichts vormachen kann und der die Traditionen des Genres wahrlich parat hat. Besser noch: »Nun gibt es in SAT.1 bereits die fünfte eigenproduzierte Krimi-Serie. Doch nicht allein der Kriminal-Fall und seine Auflösung stehen hier im Mittelpunkt des Geschehens. Der spezielle Reiz liegt vielmehr in der besonderen Chemie zwischen den Protagonisten.« Aha! Bei welcher Serie denn nicht? Mit einem Redakteur, der sich im Genre mal umgesehen hätte, oder besseren Autoren (hier: Hartmut Grund, Holger Zimmermann u.a.) wäre vielleicht sogar ein deutscher *Screwball Comedy*-Krimi im Stil von REMINGTON STEELE oder DAS MODEL UND DER SCHNÜFFLER geglückt. So aber war diese Elan Film-Produktion trotz hervorragender Schauspieler ein Schuß in den Ofen. Da die Zuschauer wegblieben, wurde die Serie bald ohne Ankündigung durch irgendwelche TV-Movies ersetzt und dann in Doppelfolgen auf unattraktiven Sendeplätzen verheizt.

KRIMINALTANGO: E. Hallhuber, N.A. Spiekermann

KUNG FU – IM ZEICHEN DES DRACHEN

Kung Fu: The Legend Continues

USA 1992- ; x 45 Min.; F

Kwai Chang Caine .... David Carradine
Detective Peter Caine .... Chris Potter
Peter als Junge .... Nathaniel Moreau
Captain Paul Blaisdell (1993-94) ... Robert Lansing
Chief Frank Strenlich .... William Dunlop

Det. Jody Blakemore Powell (1994-) ... Belinda Metz
Det. Mary Margaret Skalany (1994-) ... Victoria Snow
Captain Karen Simms (1995-) .... Kate Trotter
Det. Kermit Griffin (1994-) .... Scott Wentworth
Dr. Nicholas J. »Nickie« Elder .... David Hewlett

➜ Kwai Chang Caine ist der Urenkel des Caine aus der KUNG FU-Serie der siebziger Jahre. Als er seinen totgeglaubten Sohn Peter, der Polizist geworden ist, wiederfindet, hilft er ihm bei seinen Fällen, besonders, wenn übernatürliche Mächte ins Spiel kommen. Peter wurde von Captain Blaisdell aufgezogen, der im Dezember 1994 die Polizei verläßt, um sich mit Problemen aus seiner Zeit bei der CIA herumzuschlagen. Diese Folge, die kurz nachdem Robert Lansing an Krebs verstarb, ausgestrahlt wurde, ist seinem Andenken gewidmet.
Es hatte schon 1986 den Versuch gegeben, die alte KUNG FU-Serie in einem TV-Movie wiederzubeleben. Aber Hauptdarsteller Carradine lehnte eine serielle Fortsetzung ab, da er mit den Büchern unzufrieden war. Auf Drängen der Produzenten entwickelte er selbst das Konzept für die neue Serie.

KUNG FU: **David Carradine mit Jodie Foster**

KÜSTENWACHE

BRD 1997: 1 x 90 Min. u. 13 x 45 Min.;
1999: 10 x 45 Min.; F
Kapitän Ehlers .... Rüdiger Joswig
Friederike Hansen .... Julia Bremermann
Rita Friesen .... Lena Lessing
Rolf Hohmann .... Gregor Weber

KÜSTENWACHE: **Julia Bremermann, Rüdiger Joswig**

Kalle .... Rainer Basedow
Kapitän Möller (1997) .... Raimund Harmstorf
Knut Jensen (1997) .... Bruno Eyron
Anke Diekmann (1999) .... Anke Kortemeier

➜ Die Serie erzählt von den Abenteuern des Polizeibootes *Albatros* und seiner Besatzung auf der Ostsee. Kommandant Ehlers und seine 17köpfige Besatzung sind Beamte des Bundesgrenzschutzes und sichern die bundesdeutsche Ostseeküste. Neben den persönlichen Schicksalen der Mannschaft werden aktuelle Hintergründe wie Menschen-, Waffen- und Drogenschmuggel über See, Umweltverbrechen und Seenot thematisiert.
Harald Vock entwickelte die Serie für die Berliner OPAL-Film und das ZDF.

L.A. HEAT
L.A. Heat

USA 1996; 26 x 45 Min.; F

August Brooks .... Steven Williams
Detective Chase McDonald .... Wolf Larson
Jody .... Dawn Radenbaugh
Kendra Brooks .... Renée Tenison
Captain Jensen .... Kenneth Tigar

➜ Wieder einmal sehen wir zwei Cops bei der Arbeit, die »so unterschiedlich sind wie Tag und Nacht: Hier der ruhige, gelassene und vernünftige Ex-Boxprofi August mit seiner langjährigen Erfahrung beim L.A. Police Department, dort sein jüngerer, hitzköpfiger Partner Chase, mit dem immer wieder die Pferde durchgehen. Doch in einem sind sie sich gleich: Beide sind leidenschaftliche Polizisten aus Überzeugung. Zudem stehen Augusts attraktive Frau Kendra und Chases junge Freundin Jody dem Duo mit Rat und Tat zur Seite. Nur Jensen, der hektische und stets aufgeregte Boß der beiden, kommt mit der Lässigkeit der Cops nicht immer klar.«

So kündigte RTL 2 die Serie an, über die die *Süddeutsche Zeitung* schrieb: »In dieser Serie erledigt der Computer die Recherchen und hilft die Plotfehler zu kaschieren.« Über 2 Millionen Dollar wurden pro Folge ausgegeben, um möglichst viele spektakuläre Stunts, Explosionen und Autojagden unterzubringen. Es nützte nichts: Die Zuschauer blieben weg und die Serie wurde nach einer Saison eingestellt.

L.A. MACHINE
Mann & Machine

USA 1992; 9 x 45 Min.; F

Detective Bobby Mann .... David Andrews
Sergeant Eve Edison .... Yancy Butler
Captain Margaret Claghorn ... S. Epatha Merkerson

➜ Los Angeles in der nahen Zukunft: Die hochentwickelte Technologie hat es möglich gemacht, überlegene Cyborgs zu erschaffen, die im Kampf gegen das Verbrechen eingesetzt werden. Detective Mann, ein Cop alter Schule, ahnt noch nicht, daß seine hübsche neue Partnerin Eve eine dieser Cyborgs ist. Kurzlebige *Future Crime*-Serie von NBC.

DIE LADY MIT DEM COLT: Jamie Rose

LADY MIT DEM COLT, DIE
Lady Blue

USA 1985-86; 1 x 90 Min. u. 13 x 45 Min.; F

Detective Katy Mahoney .... Jamie Rose
Chief Detective Terry McNichols ...... Danny Aiello
Sergeant Gina Ginelli .... Ron Dean
Cassady .... Bruce A.Young
Captain Flynn .... Ralph Foody

➜ DIE LADY MIT DEM COLT war der peinliche Versuch, Clint Eastwoods DIRTY HARRY eine Geschlechtsumwandlung zu verpassen und die Figur auf harmloseres TV-Format zu stutzen. Wirklich eine großartige Idee, die Erfinder Robert Vincent O'Neil und Produzent David Gerber da hatten. Der 1925 geborene Gerber gehört zu den meistbeschäftigten Produzenten von Tinseltown. Auf sein Konto gehen u.a. die preisgekrönte Joseph-Wambaugh-Serie POLICE STORY, FREI GEBOREN, NAKIA – DER INDIANERSHERIFF, DER GEIST UND MRS. MUIR und der Superschlocker DAVID CASSIDY – MAN UNDERCOVER. DIE LADY MIT DEM COLT gehörte nicht zu den Serien, die er sich auf seine Visitenkarte drucken lassen konnte. Mit ihrer 357er Magnum stampft die tapfere »Lady« aufgeregt durch Chicago (das einzige Plus der Serie sind die *on location* gedrehten Stadtszenen) und nietet Drogenhändler, Vergewaltiger und Geldwäscher um. Ein wunderbares Beispiel dafür, daß eine Frau wie ein Kerl für *law and order* sorgen kann und ein peinlicher Versuch Hollywoods, sich der Frauenemanzipation anzunehmen. Aber als Ausgleich – wie es in der ARD Werbung so schön hieß – »zeigt sie privat durchaus Herz und Gefühl«. Unterstützung bekommt die rothaarige Jamie Rose bei ihren Metzeleien durch ihren Captain, gespielt von Danny Aiello, der 1981 einen *Emmy* als bester Schauspieler in einem Kinderprogramm bekam.

LADY COPS
Sirens

USA 1993-94: 10 x 45 Min;
1994-96: 36 x 45 Min.; F

Officer Sarah Berkezchuk (1993) ...... Jayne Brook
Officer Lynn Stanton .... Adrienne-Joi Johnson
Officer Molly Whelan .... Liza Snyder
Off./Sgt. Buddy Zunder (1993-96) ... Tim Thomerson
Off. Heidi Schiller (1993) .... Deirdre O'Connell
Off. Dan Kelly (1993) .... John Terlesky
Off. Dan Kelly (1994-96) .... Claude Genest
Cary Berkezchuk (1993) .... John Speredakos
Off./Sgt. Richard Stiles (1994-96) ... D. Christopher Judge
Off. Jessie Jaworski (1994-96) ... Jayne Heitmeyer
Det. Lyle Springer (1994-96) .... Joel Wyner
Lt. Ray Gonzales (1994-96) .... Don Jordan

➜ Eine ganz auf Frauen abgestellte Cop-Serie. Die Abenteuer von Berufsanfängerinnen, die in Pittsburgh im 7. Revier ihren harten Job lernen und auch privat mit Schicksalsschlägen fertig werden müssen.

Die Serie begann auf ABC, wurde aber schnell abgesetzt. Die weiteren Folgen wurden direkt für den freien Verkauf auf dem *Syndication*-Markt produziert. Den Neuanfang nutzte man, um einige der früheren Hauptdarstellerinnen gegen neue auszutauschen. Gedreht wurde in der Stahlkocherstadt Pittsburgh und in Montréal. Angenehm ist, daß die Serie ohne brutale Action auskommt.

Lamas, Lorenzo

Schauspieler. Geboren am 20. Januar 1958 in Santa Monica, Kalifornien, als Sohn der Hollywood-Schauspieler Fernando Lamas und Arlene Dahl. Er wuchs in Los Angeles und New York auf. Nach seinem Abschluß an der Admiral Faragut Academy 1975 begann er eine Schauspielerausbildung und betätigte sich nebenher in den Kampfsportarten Karate und Taekwondo. 1976 spielte er seine erste Nebenrolle in einer Folge von SWITCH. Es folgten Gastauftritte in THE HARDY BOYS und WHATEVER HAPPENED TO DOBIE GILLIS? Seine erste Serie drehte er 1979: CALIFORNIA FEVER. Anschließend spielte er von 1980 bis 1981 den Burt Carroll in SECRETS OF MIDLAND HEIGHTS.

Bekannt wurde er in den achtziger Jahren durch die Rolle des Lance Cumson in der Soap-Opera FALCON CREST. Er spielte in zahlreichen TV-Filmen und Kampfsport-B-Pictures. Fünf Staffeln lang hatte er die Hauptrolle in Stephen J. Cannells Serie RENEGADE. 1999 war er Hauptdarsteller der Action-Serie AIR AMERICA. Der dreifache Vater ist in vierter Ehe mit Shauna Sand verheiratet. Von Kathleen Kinmont, seiner Partnerin in den ersten vier Staffeln von RENEGADE, ließ er sich 1993 scheiden (und sie aus der Serie herausschreiben).

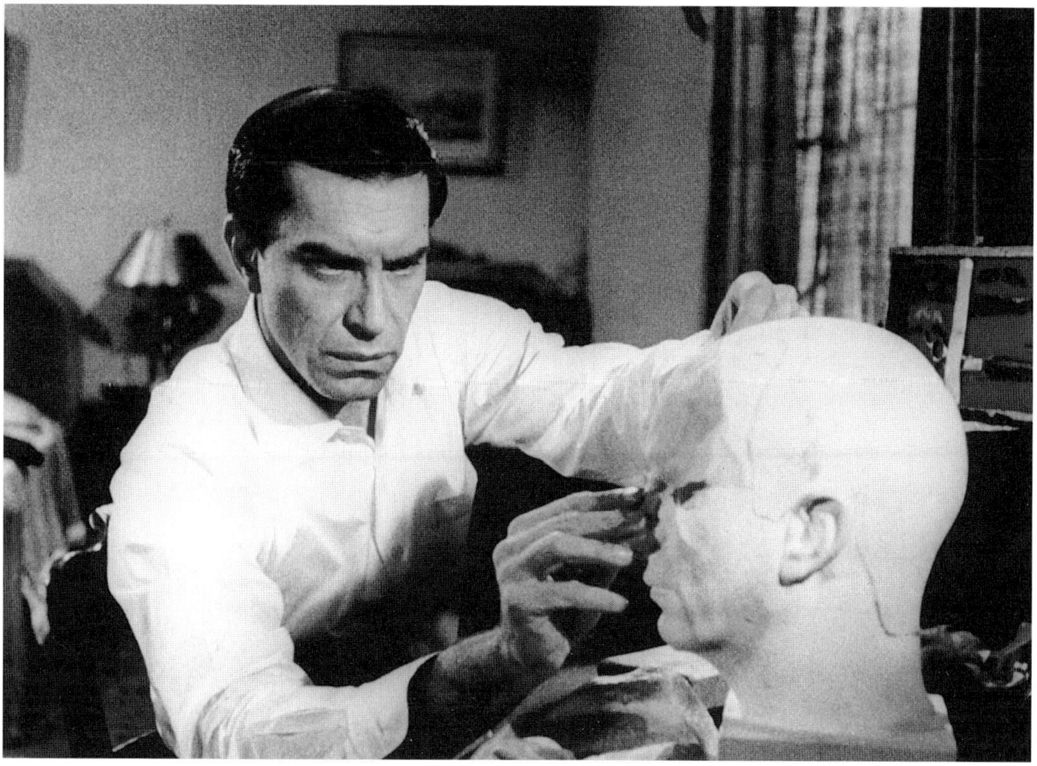

Martin Landau in KOBRA, ÜBERNEHMEN SIE

Lamas gilt als passionierter Harley-Davidson-Fahrer und -sammler.

LANCIER, DER SÖLDNER

Lancier

F 1975; 6 x 25 Min.; F

Lancier .... Michel Constantin

➜ Eine harte Söldnergeschichte mit Michel Constantin, den man aus zahlreichen französischen Noir-Filmen kennt. Die Besonderheit: Ausgedacht hat sie sich der legendäre Comic-Autor Jean-Michel Charlier (BLUEBERRY, BUCK DANNY, DER ROTE KORSAR u.v.m.) mit Unterstützung von Pierre Nivollet. Regie führte Claude Boissol.

Landau, Martin

Amerikanischer Schauspieler. Geboren am 20. Juni 1931 in Brooklyn, New York. Nach dem College arbeitete er als Grafiker und Karikaturist bei der *Daily News*, nahm dann drei Jahre lang Schauspielunterricht im Actor's Studio und etablierte sich schnell am Broadway. Als »Spezialist« für ethnische und bizarre Charaktere wurde Landau in der Fernsehindustrie schnell ein gefragter Gaststar. In BONANZA spielte er einen spanischen *Vaquero*, in TWILIGHT ZONE einen russischen Überläufer und in TENNISSCHLÄGER UND KANONEN einen chinesischen Mobster.

In KOBRA, ÜBERNEHMEN SIE wurde er schließlich weltweit zum Star. Bruce Geller, der mit den Landaus befreundet war, entwickelte die Rolle des Rollin Hand, der ursprünglich sogar Martin Hand heißen sollte, extra für seinen Freund. Zur selben Zeit wurde ihm auch die Rolle des Mr. Spock in RAUMSCHIFF ENTERPRISE (STAR TREK) angeboten, die er ablehnte. Anfangs weigerte sich Landau, in KOBRA als regelmäßiges Team-Mitglied mitzuspielen. Er dachte, eine Serienrolle könne seiner angestrebten Filmkarriere schaden. Aber er stimmte Geller zu, als Gaststar mitzumachen. Ein feiner Unterschied beim Vorspann, der von Hollywoods Eingeweihten natürlich verstanden wird. Für 5.000 Dollar pro Folge (die höchste Gage von allen KOBRA-Mitspielern) spielte er schließlich in 26 der 28 Folgen der ersten Staffel mit. Eine Anhebung seiner Gage und der seiner Frau Barbara Bain ließ ihn dann in der zweiten Saison ganz ins Team einsteigen. Er gilt in Hollywood nicht umsonst als guter Pokerspieler. In der vierten Saison bekam er pro Folge 11.500 Dollar – 4.500 Dollar mehr als Peter Graves, der immerhin den Boß mimte. Nach dem Ausstieg des Ehepaars wurde Mr. Spock, Leonard Nimoy, für einige Jahre sein Nachfolger als Verkleidungskünstler.

Landgrebe, Gudrun

Deutsche Schauspielerin. Sie wurde am 20. Juni 1950 in Göttingen geboren und wuchs in Bochum auf. Von 1968 bis 1971 besuchte sie in Köln die Schauspielschule. Ihr Bühnendebüt hatte sie in Bielefeld und arbeitete von 1972 bis 1975 am Schauspiel in Wuppertal. Bekannt wurde sie zwischen 1977 und 1981 durch ihr Engagement am Dortmunder Schauspielhaus. Das Kinodebüt folgte bald darauf mit Dorothea Neukirchens DABBEL TRABBEL. 1983 kam dann der große Durchbruch in Robert van Ackerens ebenso erfolgreichem wie kontroversen Film DIE FLAMBIERTE FRAU, für den sie eine *Oscar*-Nominierung erhielt. Das Image der kühlen, beherrschenden Frau trug ihr zahlreiche Rollen in TV-Thrillern ein. Darunter die Mehrteiler DIE KALTENBACH-PAPIERE und TRESKO.

LAND'S END
Land's End

USA 1995-96; 21 x 45 Min.; F

Mike Land .... Fred Dryer
Willis .... Geoffrey Lewis
Ruiz .... William Marquez

➜ Erbost über den Freispruch für einen von ihm über drei Jahre verfolgten Drogenhändler, quittiert der Cop Land den Dienst. Er geht nach Mexiko und arbeitet dort als Privatdetektiv. Fred Dryer hat sich diese Serie als Nachfolger seines Hits HUNTER ausgedacht und produzierte sie selbst zusammen mit Skyvision und Buena Vista.

Lansbury, Angela

Englische Schauspielerin. Sie gehört seit 1984 zu den Superstars des US-Fernsehens. Mrs. Lansbury wurde am 16. Oktober 1925 in London geboren. Ihr Großvater, George Lansbury, war Vorsitzender der Labour Party, ihr Vater – der starb, als sie neun Jahre alt war – Bürgermeister des Eastend-Stadtteils Poplar und ihre Mutter die Schauspielerin Moyna MacGill. Durch sie kam Angela früh mit der Schauspielerei in Berührung. Mit 14 Jahren begann sie, Schauspielunterricht an der South Hampstead School in London zu nehmen. Nach Ausbruch des Zweiten Weltkrieges ging die Familie in die USA, wo sie ihr Schauspielstudium in New York fortsetzte. Anschließend arbeitete sie kurz als Entertainerin in Montreal, reiste dann aber zu ihrer Mutter nach Kalifornien. Dort ging es Mutter und Tochter finanziell schlecht, und sie mußten sich mit Jobs als Verkäuferinnen über Wasser halten. Durch die Vermittlung eines befreundeten Schauspielers kam Angela zu Testaufnahmen und erhielt prompt einen Langzeitvertrag bei MGM. Ihr Filmdebüt gab sie 1944 in einem Klassiker des Kriminalfilms: sie spielte das ordinäre Hausmädchen in George Cukors Verfilmung des Theaterstücks GASLIGHT, DAS HAUS DER LA-

Fred Dryer in LAND'S END

DY ALQUIST. Für ihre Leistung wurde sie mit einer *Oscar*-Nominierung bedacht; weitere Nominierungen erhielt sie für DAS BILDNIS DES DORIAN GRAY (THE PICTURE OF DORIAN GRAY, 1945) und BOTSCHAFTER DER ANGST (THE MANCHURIAN CANDIDATE, 1962). Einer großen Starkarriere schien nichts mehr im Wege zu stehen; doch es kam ganz anders: Die Produzenten sahen in ihr nicht den Publikumsmagneten, sondern das, was man etwas euphemistisch eine »Charakterdarstellerin« nennt. Sie bekam große Nebenrollen, in denen sie meist etwas unsympathische Rollen spielte: dominante Mütter oder kratzbürstige Neurotikerinnen. Ihre Filmkarriere befriedigte sie nicht, und so ging sie 1957 nach New York, um in HOTEL PARADISO ihr Broadway-Debüt zu geben. Bald lag ihr der Broadway zu Füßen, und hier wurde sie mit ihren Darbietungen in MAME oder GYPSY zu einem echten Superstar. Viermal erhielt sie den *Tony*, den Theater-Oscar, als beste Schauspielerin. Nebenher drehte sie weiterhin Filme. 1980 spielte sie gar die Miss Marple in der Agatha-Christie-Verfilmung MORD IM SPIEGEL (THE MIRROR CRACK'D). Sicher die Rolle, die mit der von Jessica Fletcher aus MORD IST IHR HOBBY die meisten Gemeinsamkeiten hat, obwohl Peter Fischer nie müde wird zu sagen, daß nicht Miss Marple Jessica als Vorbild diente, sondern ihre geistige Mutter Agatha Christie. Auf dem Fernsehschirm machte sich Angela Lansbury indes rar. In einigen wenigen Auftritten sah man sie an der Seite von Sir Lawrence Olivier in MORD NACH PLAN (A TALENT FOR MURDER, 1984). Eine *Emmy*-Nominierung erhielt sie für die Darstellung der Gertrude Vanderbilt in der Mini-Serie LITTLE GLORIA – HAPPY AT LAST. Als sie 1984 die Rolle der Jessica Fletcher in MORD IST IHR HOBBY annahm, konnte sie nicht ahnen, daß sie damit zum Fernseh-Superstar aufsteigen würde. Als sie 1988 ihren Vertrag nicht mehr erneuern wollte, bot ihr CBS einen Vertrag an, von dem man munkelt, daß es im Fernsehen bisher nichts Ähnliches gegeben habe. Aber nicht die großartigen Vertragsbedingungen und das exorbitante Honorar bewegten Mrs. Lansbury, weitere Folgen der Erfolgsserie zu drehen, sondern die Bitten der Crew. Außerdem brachte sie einen Teil ihrer Verwandtschaft unter. 1945 war Angela Lansbury ein Jahr mit dem Schauspieler Richard Cromwell verheiratet. Ihr zweiter Mann wurde der Filmproduzent Peter Shaw. Mit ihm hat sie drei Kinder.

Angela Landsbury in MORD IST IHR HOBBY

LaPlante, Lynda

Englische Autorin. Sie wurde 1946 in Liverpool geboren und war Schauspielerin, bevor sie zu schreiben begann. Ihr erster Roman THE LEGACY wurde ein Bestseller. Seit sie mit den TV-Serien WIDOWS und besonders HEISSER VERDACHT internationale Hits gelandet hatte, ist sie eine der meistbeschäftigten und begehrtesten Drehbuchautoren Großbritanniens. Nebenher schreibt sie weiterhin Romane.

Roman: Der Fluch der schwarzen Steine (The Legacy); Goldmann 42020. Widows; Sphere Books,

1983. Widows II; Thames, 1985. Bella Mafia (Bella Mafia, 1991); Goldmann 42808, 1995. Zwei Leben hat die Katze (Cold Shoulder, 1994); Goldmann 43145, 1996. Heißer Verdacht (Prime Suspect) I.; Goldmann 42218, 1994. Heißer Verdacht II.; Goldmann 42489, 1994. Heißer Verdacht III.; Goldmann 43059, 1995. Heißer Verdacht-Omnibus; Goldmann 13144, 1996.

Lauterbach, Heiner

Deutscher Schauspieler. Geboren am 10. April 1953 als Sohn eines wohlhabenden Sanitärunternehmers in Köln, wo er auch aufwuchs. Nach der mittleren Reife und einer abgebrochenen Installateurlehre arbeitete er u.a. als Kabelleger auf Ibiza. Ein Trip durch Südostasien endete mit einem kurzzeitigen Gefängnisaufenthalt, da er versucht hatte, Haschisch zu schmuggeln. In Köln besuchte er die Schauspielschule und spielte anschließend auf verschiedenen Bühnen. Seine ersten Filme, die SCHULMÄDCHEN-REPORTS 9, 10, 11, drehte er 1973-74. An einer Pariser Zirkusschule übte er Bodengymnastik und arbeitete auch als Synchronsprecher. Im Fernsehen war er erstmals 1972 in der Serie DAS FREIZEITHEIM zu sehen. Es folgten Gastrollen in DERRICK und DER ALTE. 1985 schaffte er den Durchbruch in Doris Dörries Komödie MÄNNER. Weitere Filme und TV-Produktionen folgten. Seinen ersten Kommissar spielte er in EUROCOPS (1988). Es folgte FAUST (1994-95). In Dieter Wedels ziemlich überschätztem Mehrteiler DER SCHATTENMANN (1996) überzeugte er als kalter Manager des organisierten Verbrechens. Er war mit der Schauspielerin Katja Flint verheiratet, mit der er einen gemeinsamen Sohn hat.

LAW & ORDER

Law & Order

USA 1990- ; x 45 Min.; F

Det. Mike Logan .... Christopher Noth
Det. Sgt. Max Greevey (1990-91) ... George Dzundza
Det. Phil Cerreta (1991-92) .... Paul Sorvino
Det. Lennie Briscoe (1992-) .... Jerry Orbach
Cpt. Donald Cragen (1990-93) .... Dann Florek
Lt. Anita Van Buren (1993-) ... S. Epatha Merkerson
Ben Stone (1990-94) .... Michael Moriarty
Paul Robinette (1990-93) .... Richard Brooks
Claire Kincaid (1993-) .... Jill Hennessy
Adam Schiff .... Steven Hill
Dr. Elizabeth Olivet (1991-94) ... Carolyn McCormick
Jack McCoy (1994-) .... Sam Waterston

➜ Jede Folge der Serie besteht aus zwei Teilen: einem Cop-Teil und einem Justiz-Teil. Die Genese einer Straftat und ihre juristische Konsequenz wird von der Ausführung über die polizeilichen Ermittlungen bis zum Finale im Gerichtssaal chronologisch und differenziert in Szene gesetzt. Dabei erlebt der Zuschauer nicht selten, wie wenig das Rechtssystem mit Gerechtigkeit zu tun hat. Etwa, wenn Staatsanwaltschaft und Verteidigung einen Deal eingehen, was die Untersuchungsbeamten oft zornig macht. In der ersten Hälfte ermittelt Christopher Noth mit wechselnden Partnern vom 34. Revier in New York. Dann ist die Staatsanwaltschaft an der Reihe. Das Themenspektrum ist breit: Brutale High-Society-Morde, Totschlag an Obdachlosen, U-Bahn-Schießereien, drogensüchtige Eltern, die ihre Tochter erschlagen oder ein Politiker, der in bizarre Sado-Maso-Praktiken verstrickt ist. Hervorragend inszeniert, vermittelt die Serie tiefe Einblicke in die amerikanische Gesellschaft, ohne reißerisch zu wirken.
Das gleiche Konzept wurde weniger erfolgreich 1963 in der Serie ARREST AND TRIAL mit Ben Gazzara und Chuck Connors realisiert. Dick Wolf und Robert Palm, die Produzenten von LAW & ORDER, hatten mit ihrer Version mehr Glück bei Publikum und Kritik. In einer Folge tauchen als *Cross Over*-Gäste die Detectives Pembleton und Bayliss aus HOMICIDE auf.

LAWLESS

Lawless

USA 1997; 6 x 45 Min.; F

John Lawless .... Brian Bosworth
Reggie Hayes .... Glenn Plummer
Esther Hayes .... Janet Hubert

➜ Lawless, der einer Eliteeinheit angehörte, hat das Militär unter undurchsichtigen Umständen verlassen und sich an Miamis South Beach als Privatdetektiv niedergelassen. Zusammen mit seinem Freund, dem Helikopterpiloten Reggie, bildet er ein Team, das einspringt, wenn die Behörden nicht mehr weiterwissen.

Gescheiterter Versuch des Ex-Footballers »The Boz«, nach einer mißlungenen Kinokarriere im Fernsehen kleinere Brötchen zu backen. Frank Lupo entwickelte und produzierte die Serie und verpflichtete niemand geringeren als Richard Matheson (I'M LEGEND, THE SHRINKING MAN) als *Creative Consultant*.

Lehnstuhldetektiv

Detektivfigur, die die Aufklärungsarbeit durch reine Gedankenarbeit nach der Kenntnisnahme aller Fakten aus zweiter Hand vornimmt, ohne sich von einem Ort wegzubewegen. Als Prototyp dieser Detektivfigur gilt THE OLD MAN von Baroness Orczy. Im Fernsehen waren Raymond Burr als DER CHEF oder William Conrad als NERO WOLFE klassische Lehnstuhldetektive.

LETZTE PATE, DER

The Last Don

USA 1997; 3 x 90 Min.; F

Don Clericuzio .... Danny Aiello
Pippi De Lena .... Joe Mantegna
Cross De Lena .... Jason Gedrick
Dante Santadio .... Rory Cochrane
Giorgio Clericuzio .... David Marciano
Rose Marie als Mädchen .... Emily Hampshire
Rose Marie Clericuzio .... Kirstie Alley
Jimmy Santadio .... Bruno Campos
Nalene .... Penelope Ann Miller
Gouverneur Walter Wavven .... Cliff de Young

➜ Zwei Familien kämpfen in den sechziger Jahren um den Führungsanspruch in der amerikanischen Mafia: die Clericuzios und die Santadios.

1996 veröffentlichte Mario Puzo die Romanvorlage. Sie schildert die Geschichte eines alternden Paten, der mit aller Gewalt die Zukunft seines Clans sichern will. Ursprünglich wollte Puzo ein Buch über Hollywood schreiben, kam darüber auf Las Vegas und die Mafia. Die dreiteilige Umsetzung von Graeme Clifford ist – gelinde gesagt – langweilig. Episode reiht sich an Episode, und die Handlung nimmt einen voraussehbaren Lauf, ohne daß Spannung aufkommt.

Roman: Mario Puzo: Der letzte Pate; Ullstein 1997.

DER LETZTE PATE: Danny Aiello, Joe Mantegna

LETZTE ZEUGE, DER

BRD 1998; 6 x 45 Min.; F

Dr. Robert Kolmaar .... Ulrich Mühe
Dr. Judith Sommer .... Gesine Cukrowski
Joe Hoffer .... Jörg Gudzuhn
Anna .... Theresa Scholze
Irina von Levetzow .... Konstanze Breitebner
Hölzermann .... Andreas-Maria Schwaiger
Ulla Grünbein .... Renate Schroeter

➜ Autor Gregor Edelmann läßt aus dem hoffnungsvollen Herzchirurgen Kolmaar einen Gerichtsmediziner werden, als ein kleines Mädchen Opfer eines Operationsfehlers seines Schwiegervaters wird. Aus eigener Erfahrung weiß Kolmaar, daß ein Pathologe einem Kollegen niemals einen Kunstfehler nachweisen würde. Für seine Berufskollegen wird

er durch diesen Wechsel zum »Verräter«. Als Pathologe löst er nun Mordfälle. Ihm zur Seite steht die junge Kollegin Sommer, Freund und Partner bei der Kriminalpolizei ist Hoffer, Chef der 2. Berliner Mordkommission.
Nach dem großen und sicherlich unerwarteten Erfolg des ZDF mit der britischen Serie FÜR ALLE FÄLLE FITZ wollte man gerne auch eine ähnliche deutsche Serie produzieren. Natürlich auf die simple, dröge Art. »Der Auftaktfilm war auch inhaltlich eher bescheiden. Abgenutzte Krimiversatzstücke, blutleere Dialoge [...], eine schleppende Dramaturgie taten ein übriges«, schrieb Anna Höland im *Gong* Nr. 14/1998.
Regie führte Bernhard Stephan, und die Kamera machte Anton Peschke.

Levinson, Richard / Link, William

Amerikanisches Autoren- und Produzentengespann. Richard Levinson (1933-87) und William Link (geb. 1933) waren seit ihrer Schulzeit in Philadelphia befreundet. Schon als Jugendliche waren sie begeisterte Krimi-Fans, und in ihrem *Freshman*-Jahr auf dem College verkauften sie die erste Geschichte ans Fernsehen. 1960 wurden sie von der Produktionsfirma Four Star angestellt. Als Redakteure betreuten sie MICHAEL SHAYNE, BLACK SADDLE und JOHNNY RINGO. Sie sollten zu den einflußreichsten Autoren des amerikanischen Crime-TV werden. Sie arbeiteten an AMOS BURKE und PRIVATDETEKTIVIN HONEY WEST, ALFRED HITCHCOCK HOUR, THE THIRD MAN, AUF DER FLUCHT und schrieben nebenher Theaterstücke, die zu erfolgreichen Fernsehspielen wurden (das Buch zu COLUMBO lag Jahre auf Eis, bevor es als Theaterstück aufgeführt wurde und dann den Weg ins Fernsehen fand). Zusammen mit Bruce Geller erfanden sie die Serie MANNIX. Ihre TV-Movie Trilogie, die auf den Stücken MURDER BY NATURAL CAUSES, REHEARSAL FOR MURDER und VANISHING ACT basierten, wurden mit dem *Edgar Allan Poe-Preis* ausgezeichnet. Außerdem schrieben und produzierten sie sozialkritische TV-Movies wie DIE HINRICHTUNG DES SOLDATEN SLOVIK (THE EXECUTION OF PRIVATE SLOVIK), THE STORYTELLER über Gewalt im Fernsehen oder CRISIS AT CENTRAL HIGH über Rassenkonflikte. Sie entwickelten eine ELLERY QUEEN-Serie und die hochgelobte, aber kurzlebige BLACKE'S MAGIC. Zusammen mit Peter Fisher schufen sie MORD IST IHR HOBBY. Nach dem Tod von Levinson entwikkelte Link für Edward Woodward die erfolglose Serie NUR ÜBER MEINE LEICHE.
Literatur: Richard Levinson / William Link: Stay Tuned: An Inside Look at the Making of Prime Time Television; St. Martins Press, 1981.

Lichtenfeld, Herbert

Deutscher Autor. Geboren 1928 in Leipzig als Sohn einer Arbeiterfamilie. Durch Serien wie DIE SCHWARZWALDKLINIK oder HOTEL PARADIES wurde er zum höchstbezahlten und meistbeschäftigten TV-Autor der achtziger Jahre. Als TATORT-Autor hatte er zuvor mit Filmen wie REIFEZEUGNIS (1978) Furore gemacht. Neben seiner Ressortleitertätigkeit für *Hör Zu* schrieb er 1964 für das SANDMÄNNCHEN. Im selben Jahr wurde auch sein erstes Hörspiel, EIN DRITTEL UNSERES LEBENS, produziert. Er schrieb zahlreiche Romane, die aber nicht den erhofften Erfolg hatten, außerdem über 200 Serienfolgen, wurde 1971 für DEUTSCHLANDREISE mit dem *Grimme-Preis* ausgezeichnet und 1978 mit dem Preis der Akademie für Sprache und Dichtung für das Hörspiel DIE VERBÄNDE DISTANZIEREN SICH. Er gehört zu den vielseitigsten TV-Autoren in Deutschland, und auch wenn seine Trivialserien durch den Produzenten Rademann glattgebügelt werden, sollte man sich nicht über seine Qualitäten täuschen lassen.

Link, William siehe Levinson, Richard / Link, William

LISA FALK – EINE FRAU FÜR ALLE FÄLLE

BRD 1996; 1 x 90 Min. u. 12 x 45 Min.; F
Lisa Falk .... Ulrike Kriener
Marcus Kleinhans .... Kai Lentrodt
Jessica .... Kathy von Keller
➜ Lisa Falk ist Rechtsanwältin und – laut ZDF-Werbung – »eine moderne, alleinerziehende Frau, alles andere als eine Männerhasserin. Aber sie läßt sich das Heft auch nicht aus der Hand nehmen«. Die Hauptdarstellerin schränkt ein: »Unsere Serie ist sicher besser als manch andere.« Peter Faber

Drehbuch Levinson & Link:
Die COLUMBO-Folge PRESCRIPTION MURDER

schrieb im *Gong* Nr. 40/1998: »Die wunderbar nuancenreiche Hauptdarstellerin ist in eine laut raschelnde Drehbuch-Papier-Vorlage voller gestelzter Sätze hereingeraten, deren Sprach-Quälerei nicht einmal die hochverehrte Regisseurin Ilse Hofmann zu retten vermochte.« Geschrieben wurde diese Rechtsanwaltsserie des ZDF von Johannes Dräxler und Remy Eyssen.

LOBSTER

BRD 1976; 6 x 60 Min.; F

Lobster .... Heinz Baumann
Ellen .... Léonie Thelen

➜ »Lobster ist ein Typ, der sich wie ein Hummer unter einer harten Schale verbirgt, friedlich herumliegt, wenn man ihn in Ruhe läßt und zupackt, wenn man ihn reizt«, meinte Regisseur Hans W. Geissendörfer über seinen Versuch, einen deutschen Privatdetektiv zu etablieren. Die Serie wurde mit einem 3-Millionen-Budget ausgestattet, und die Schreiber Karl Heinz Willschrei, Klaus Bädekerl und Peter Berneis versuchten offenbar, Rex Stouts Nero Wolfe mit Archie Goodwin zu kreuzen. »Willschrei geriet mit Geissendörfer in Streit. Dessen Regie, klagte er, habe teilweise seine Intention verfälscht. Der Regisseur wiederum, der sich bisweilen mit halbfertigen Drehbüchern behelfen mußte, hatte das Gefühl, dem Autor sei alles wurscht«, berichtete *Der Spiegel* in Nr. 9/1976.

Locked-Room-Mystery

Verbrechen im geschlossenen Raum. Geschichten, die den Mord in einem verschlossenen Raum zum Thema haben und zuerst als unmögliche Verbrechen gelten, da Täter und Opfer scheinbar keine Berührungsmöglichkeit hatten. Als literarischer Prototyp dieses Subgenres des klassischen Detektivromans gilt LE MYSTÈRE DE LA CHAMBRE JAUNE von Gaston Leroux, als führender Autor: John Dickson Carr. In TV-Krimis wird – abgesehen von Verfilmungen klassischer Detektivgeschichten – diese Form gerne in Serien wie COLUMBO oder MORD IST IHR HOBBY genutzt.

Loggia, Robert

Amerikanischer Schauspieler. Geboren am 3. Januar 1930 auf Staten Island, New York City, als Sohn italienischer Einwanderer. Er wuchs in Little Italy auf. Kriegseinsatz in Korea. Anschließend Journalismusstudium an der Universität von Missouri. 1955 trat er in Lee Strasbergs Actor's Studio ein. 1956 drehte er mit Paul Newman DIE HÖLLE IST IN MIR (SOMEBODY UP THERE LIKES ME), 1958 die Ed McBain-Verfilmung POLIZISTENHASSER (COP HATER). Im selben Jahr wurde er berühmt durch Walt Disneys Zweiteiler DIE NEUN LEBEN DES SHERIFF BACA (THE NINE LIVES OF ELFEGO BACA). Zahlreiche Film- und TV-Rollen folgten. Seine erste Serienhauptrolle war T.H.E. CAT – LAUTLOS WIE EIN SCHATTEN (1966-67). Es folgten DIE BANKIERS (THE MONEYCHANGERS 1975), EMERALD POINT (EMERALD POINT N.A.S., 1983-84) und EINER GEGEN ALLE – MANCUSO, FBI (1989-90). Er ist seit 1982 zum zweiten Mal verheiratet, mit Audrey O'Brien. Blake Edwards war Trauzeuge.

LONDON 999

Dial 999

GB 1958-59; 39 x 30 Min.; sw

Inspektor Mike Maguire .... Robert Beatty
Inspektor Winter .... Duncan Lamont
Sergeant West .... John Witty

➜ Inspektor Maguire von der Royal Canadian Mounted Police wird nach England geschickt, um die dortigen Polizeimethoden zu studieren. Die Serie entstand in Zusammenarbeit mit Scotland Yard, das die Superintendents Tom Fallon und Duncan Webb als Berater zur Verfügung stellte. Der authentische Eindruck der Serie wurde auch durch viele Außendrehs, auf die Produzent Harry Alcen Towers großen Wert legte, an Originalschauplätzen unterstützt. LONDON 999 nimmt das Grundkonzept der Neunziger-Jahre-Serie AUSGERECHNET CHICAGO vorweg.

LORD PETER WIMSEY

Großen Erfolg beim internationalen Publikum und bei der Kritik feierten die BBC-Miniserien, die detailgenau und atmosphärisch stimmig fünf der berühmten Detektivromane um den adligen Amateurdetektiv Lord Peter von Dorothy L.Sayers adaptierten. Dorothy Sayers gilt neben Agatha Christie und Margery Allingham (deren MR. CAMPION-Verfilmungen der BBC bei uns leider nie zu sehen waren) als Großmeisterin des klassischen Detektivromans des *Golden Age*. Anders als Christies Bücher durchbrechen Sayers' Geschichten oft die Grenze zum Gesellschaftsroman. Hauptdarsteller Carmichael erinnerte sich: »Ich bin ein Wimsey-Fan, seitdem ich 1938 das Theaterstück BUSMAN'S HONEYMOON sah. 1965 fragte mich jemand, wieso Wimsey nie im Fernsehen zu sehen war. Ich dachte mir, weil niemand bisher auf die Idee gekommen ist. Also schickte ich die Sayers-Bücher an die Fernsehsender. Alle sagten nein. Auch die BBC. Es dauerte fünf Jahre, bis ich sie endlich überzeugt hatte.« 1986 wurden in England drei weitere Sayers-Romane zu einer insgesamt zehnteiligen Serie verarbeitet. Es waren die Romane WHOSE BODY?, HAVE HIS CARCASE und GAUDY NIGHT. Diesmal wurde Wimsey von Edward Petherbridge gespielt.

Diskrete Zeugen

Clouds of Witness

GB 1972; 5 x 45 Min.; F

Lord Peter Wimsey .... Ian Carmichael
Bunter, sein Butler .... Glyn Houston
Lady Mary .... Rachel Herbert
Inspector Parker .... Mark Eden
(Obige Rollen und Schauspieler spielen in jeder der fünf Serien mit, falls nicht anders vermerkt).
Herzog von Denver .... David Langton
Dennis Cathcart .... Anthony Ainley
Cynthia .... Kate O'Mara
Rachel .... Petronella Ford

➜ Wimseys Bruder, der Herzog von Denver, wird beschuldigt, den Verlobten der Schwester ermordet zu haben. Wimsey kommt aus Paris angereist, um den Fall zu klären. Anthony Steven bearbeitete den Roman von 1926, Hugh David führte Regie.

Ärger im Bellona Club

Unpleasantness at the Bellona Club

GB 1973; 4 x 45 Min.; F

George Fentiman .... John Quentin
Wetheridge .... Norman Scace
Dr. Penberthy .... Donald Pickering
Colonel Marchbanks .... Noel Coleman
Ann Dorland .... Anna Cropper
Bunter .... Derek Newark

➜ General Fentinan wird in seinem Lieblingssessel im Bellona Club ermordet. Wimsey untersucht den Mord im Kreise der Klubmitglieder. Anthony Steven adaptierte den Roman von 1928, Ronald Wilson führte Regie.

Mord braucht Reklame

Murder Must Advertise

GB 1973; 4 x 45 Min.; F

Mr. Pym .... Peter Pratt
Miss Parton .... Caroline Dowdeswell
Miss Meteyard .... Fiona Walker
Miss Rossiter .... Shirley Cain
Mr. Willis .... Christopher Timothy
Mr. Tallboy .... Paul Darrow
Gwen Taylor .... Pamela Dean
Bunter .... Glyn Houston

➜ Diesmal untersucht Wimsey einen Mord in einer Werbeagentur. Dabei muß er sich als Werbetexter tarnen. Bill Craig bearbeitete den Roman von 1933, Rodney Bennett führte Regie.

Die neun Schneider
The Nine Tailors

GB 1974; 4 x 50 Min.; F

Bunter .... Glyn Houston
Mary Thoday .... Elizabeth Proud
Reverend Venables .... Donald Eccles
Cranton .... Patrick Jordan
Hilary Thorpe .... Gail Harrison.

➜ Ein Ermordeter wird gefunden. Die Leiche ist mit Glockentau gebunden, und Wimsey löst seinen berühmtesten Fall. Anthony Steven bearbeitete den Roman von 1934, Raymond Menmuir führte Regie.

Fünf falsche Fährten
Five red Herrings

GB 1975; 4 x 50 Min.; F

Matthew Gowan .... Russell Hunter
Mr. Alcock .... John Junkin
Jock Graham .... David Rintoul
Henry Strachan .... Roy Boutcher
Gilda Farren .... Susan Macready
Betty .... Sally Kinghorne
Bunter .... Glyn Houston

➜ Lord Peter wird während seines Urlaubs in Schottland in einen Mord an einem bekannten Maler verwickelt. Anthony Steven adaptierte den Roman von 1931, Robert Tronson führte Regie. Produziert wurden die Serien von Richard Beynon für die BBC.

Roman: Die Romane von Dorothy L. Sayers sind in zahlreichen Verlagen auf Deutsch erschienen; eine Gesamtausgabe erschien Ende der siebziger Jahre im Wunderlich Verlag, Taschenbücher bei Rowohlt, Scherz, Piper und Fischer.

LOS ANGELES 1937
Banyon

USA 1972-73; 1 x 90 Min. u. 13 x 45 Min.; F

Miles C. Banyon .... Robert Forster
Peggy Revere .... Joan Blondell
Lieutenant Pete McNeil .... Richard Jaeckel
Abby Graham .... Julie Gregg

➜ Der erste Versuch einer historischen Privatdetektivserie. Ed Adamson erfand die Serie, die von Quinn Martin und Richard Alan Simmons für NBC produziert wurde. Sie war stark an den literarischen Vorbildern Hammett und Chandler orientiert. Banyons Büro befindet sich in dem aus der Zeit stammenden Bradbury Building in Los Angeles, gegenüber einer Sekretärinnenschule, die von Peggy Revere geleitet wird und den Detektiv mit Aushilfen versorgt. Forster als humorloser Held schaffte es leider nicht, das Publikum zu fesseln, und die Serie, die sich aus dem Fundus von CHICAGO 1930 bediente, wurde ein Mißerfolg. Ähnlich erging es der vier Jahre später gedrehten historischen Privatdetektivserie CITY OF ANGELS (bei uns bisher nicht gezeigt) von Roy Huggins und Stephen J.Cannell.

Roman: William Johnston: Banyon; Paperback Library, 1972.

LÖWENGRUBE, DIE

BRD 1989-92; 32 x 45 Min.; F

Karl Grandauer .... Jörg Hube
Traudl Grandauer .... Christine Neubauer
Grüner .... Gerd Fitz
Luise .... Sandra White
Oma Soleder .... Franziska Stömmer

➜ Löwengrube wird im Volksmund das Münchener Polizeipräsidium in der Ettstraße genannt. Hier arbeitet Karl Grandauer als Kriminalpolizist und erlebt die Weltgeschichte zwischen 1897 und 1955 aus persönlicher und kriminalistischer Sicht. »Meisterhaftes Beispiel für das Ineinandergreifen des

Lowitz mit V.Mezzogiorno in ALLEIN GEGEN DIE MAFIA

Privaten und der sozialen Bedingungen« bescheinigte ihr die *Abendzeitung*. Die Serie lief ursprünglich in einigen Regionalprogrammen, und die Sender nördlich des Weißwurstäquators weigerten sich beharrlich, sie zu übernehmen. Autor Willy Purucker und Regisseur Rainer Wolffhardt wurden 1991 mit dem *Goldenen Gong* ausgezeichnet, und ein Jahr später folgte der *Grimme*-Preis für die Serie, die erst 1997 (!) von der ARD im Abendprogramm überregional ausgestrahlt wurde.

Löwitsch, Klaus

Deutscher Schauspieler. Geboren am 8. April 1936 in Berlin. Der kleinwüchsige Schauspieler brachte in den fünfziger Jahren die Jugendlichen zum Lachen, wenn er Rollen als harter Halbstarker spielte. Kein anderer deutscher Schauspieler hat in so vielen der schlechtesten Krimi-Serien mitgespielt: u.a. HAFENDETEKTIV, ZORC, PETER STROHM. Er geht vernünftigen Menschen vor allem mit Talk-Show-Auftritten und Presseinterviews auf den Wecker. Dann erzählt er immer, daß er mal mit Fassbinder gearbeitet hat und wie schlecht die Drehbücher und Produktionsbedingungen seiner jeweiligen Serie sind. 1991 trampelte der ehemalige Tänzer wieder in ein paar Fetteimer, als er sich als Mitglied der Freiheitlichen Partei Österreichs outete und verkündete: »Solange noch Arbeitsplätze frei sind, sollte kein Arbeitslosengeld bezahlt werden. Krankfeiern und Alu kassieren – das ist eine Scheiß-Ethik. [...] Mehr Ausländer müssen es nicht sein! Irgendwann wird allen die Überfremdung auffallen, und dann werden sie wieder rausgeschmissen. [...] Ich weiß nicht, ob das Hochgebirge die richtige Gegend für Güterwagen-Ladungen von Altersheimen ist. Die alten Leute passen da nicht hin.« Zitat nach *TV-Spielfilm* Nr. 10/1991.

Lowitz, Siegfried

Deutscher Schauspieler. Obwohl er über hundert Rollen auf den Theaterbühnen und in Film und Fernsehen gespielt hat, wird er wohl als Kommissar im kollektiven Gedächtnis der deutschen TV-Nation bleiben. Siegfried Lowitz, der im Juni 1999 in München starb, kommentierte oft und gerne knurrig die Tatsache, daß nicht seine besten und herausragendsten schauspielerischen Arbeiten seinen Ruhm ausmachten, sondern seine Rollen als einer der beliebsten Kriminalisten der deutschen Populärkultur.

Geboren wurde der Sohn einer Bildhauerin am 22. September 1914 in Berlin. Bereits als Siebenjähriger verlor er die Mutter. Lowitz absolvierte in Mainz das Gymnasium und besuchte anschließend die Staatliche Schauspielschule in Frankfurt. Erste Meriten verdiente er sich im Theater, bevor er in den fünfziger Jahren für den Film und dann fürs Fernsehen entdeckt wurde. 1952 heiratete er die Schauspielerin Marianne Probst. Von 1950 bis 1968 war der überzeugte Münchner mit Unterbrechungen Ensemblemitglied der Kammerspiele, dann bis 1978 des Bayerischen Staatsschauspiels. Nach seinem Ausstieg aus der Serie DER ALTE widmete er sich wieder hauptsächlich dem Theater, mit gelegentlichen TV-Ausflügen (FLOHR UND DIE TRAUMFRAU, 1988).

1959 begann die Rialto-Film mit DER FROSCH MIT DER MASKE ihre ungeheuer erfolgreiche Serie mit Edgar-Wallace-Verfilmungen. Gleich in diesem ersten Film wurde Lowitz in der Rolle des Inspector Elk eingesetzt. Eine Rolle, die das Image des Schauspielers für die nächsten Jahrzehnte prägen sollte. Ein Jahr später folgte im zweiten Durbridge-Mehrteiler des deutschen Fernsehens ES IST SOWEIT seine nächste Kommissar-Rolle. Knurrig und nicht sonderlich sympathisch legte er diese Rollen als Gesetzesvertreter an. Endgültig zur Kriminalen-Ikone wurde er 1966 als Inspector Macleod in dem TV-Klassiker DIE GENTLEMEN BITTEN ZUR KASSE. Für seine Rolle in Hans Falladas DER TRINKER, Regie Oliver Storz, wurde Lowitz 1968 mit der *Goldenen Kamera* ausgezeichnet. 1970 erregte seine Darstellung in dem Mehrteiler nach Solschenizyns Roman KREBSSTATION großes Aufsehen. Aber die Kriminalisten wurde er nicht los. Als 1977 nach dem Ende der ZDF-Freitagsserie DER KOMMISSAR mit Erik Ode eine Nachfolgeserie konzipiert wurde, war Lowitz erste Wahl für die Hauptrolle des Kommissar Köster in DER ALTE. In der Lowitz-Zeit war die Serie der beste Freitagabendkrimi des ZDF. Später beschwerte sich der als schwierig geltende Schauspieler auch in der Öffentlichkleit mit Recht über die immer flacher

und schlechter werdenden Drehbücher. 1986 wurde der Lowitz-ALTE in der 100. Folge erschossen. Damit wollte der Star jede Hoffnung auf eine eventuelle Rückkehr definitiv ausschalten.
Der hochgebildete Schauspieler, zu dessen Lieblingsautoren Goethe, Heraklit und Schopenhauer gehörten, beschäftigte sich privat mit Philosophie und Psychoanalyse. Er starb 1999 in München.
Literatur: Siegfried Lowitz: Was für ein Leben; Olzog, 2000.

LUKAS & SOHN

BRD 1989; 12 x 45 Min.; F
Oberkommissar Lukas .... Herbert Herrmann
Christine .... Christine Schild
Peter .... Thomas Thouet

➔ Der Witwer Lukas, Vater eines 12jährigen Sohnes, arbeitet bei der Kriminalpolizei. In seinem Sohn Peter hat er bei der Lösung komplizierter Fälle tatkräftige Unterstützung.
Gar lustig geht es manchmal zu in dieser ZDF-Vorabendserie von W. Kempley (Buch) und Michael Günther (Regie).

Lumley, Joanna

Englische Schauspielerin. Geboren am 1. Mai 1946 in Srinagar, Indien. Ihre Schulausbildung erhielt sie in einer Armee-Schule in Kuala Lumpur. Sie begann als Model. Nachdem ihre Bilder im *Queen Magazine* erschienen waren, wurde sie zu einem der britischen Top-Models. Sie nahm Schauspielunterricht und machte sich bald einen Namen als Bühnenschauspielerin. Auch im Fernsehen trat sie Anfang der siebziger Jahre regelmäßig auf. Ihr großer Durchbruch kam mit der Rolle der Purdy in der Neuauflage von MIT SCHIRM, CHARME UND MELONE. Seitdem ist sie eine vielbeschäftigte Schauspielerin in England und ein Liebling der *Yellow Press*.

Joanna Lumley als Purdey in MIT SCHIRM, CHARME UND MELONE

Lupus, Peter

Amerikanischer Schauspieler. Willie Armitage mit seinem kleinen Kopf und dem großen Körper war der Arbeiter des KOBRA, ÜBERNEHMEN SIE-Teams. Dargestellt wurde er von dem am 17. Juni 1932 geborenen Peter Lupus, einem ehemaligen *Mister Indiana* und *Mister Hercules*. Sein Filmdebüt hatte er zusammen mit »Little« Stevie Wonder 1964 in dem Surferfilm MUSCLE BEACH PARTY gegeben. Nach KOBRA schrieb er ein paar erfolgreiche Fitness-Bücher und investierte seine Gage als erfolgreicher Unternehmer in der Fitnessindustrie. 1982 sah man ihn noch einmal im Fernsehen: in einer Nebenrolle als Officer Norberg an der Seite von Leslie Nielsen in der kurzlebigen Flop-Serie DIE NACKTE KANONE (aus der bekanntlich der gleichnamige Kino-Hit hervorging).

M.A.N.T.I.S.
M.A.N.T.I.S.

USA 1994; 1 x 90 Min. u. 22 x 45 Min.; F

Dr. Miles Hawkins .... Carl Lumbly
John Stonebrake .... Roger Rees
Yuri Barnes .... Bobby Hosea
Dr. Amy Ellis .... Gina Torres

➔ Der Wissenschaftler Hawkins ist nach einer Schußverletzung querschnittsgelähmt. Aber er entwickelt ein M.A.N.T.I.S., eine mechanisch-elektronische Hülle für seinen Körper, die ihm übermenschliche Kräfte verleiht. Eine Unterseebasis mit allerhand technischem Kram ermöglicht ihm den Kampf gegen das Verbrechen. Bryce Zabel produzierte diesen Superheldenblödsinn für FOX, nachdem zuvor Sam Raimi und Robert Tapert den zu teuren Pilotfilm gestaltet hatten. Über diesen, dessen Qualität die Serie nie erreichte, schrieb das *Lexikon des Internationalen Films*: »Eine in den moralischen Intentionen vertretbare, doch erzählerisch abwegige Geschichte, die das Bild eines von Alltagskriminalität gereinigten Amerika aufzubauen versucht, in dem die Vernunft letztlich siegt.«

MACGRUDER & LOUD
MacGruder & Loud

USA 1985; 13 x 45 Min.; F

Malcolm MacGruder.......................... John Getz
Jenny Loud MacGruder .... Kathryn Harrold
Sergeant Myhrum .... Frank McCarthy
Sergeant Debbin .... Ted Ross
Naomi .... Gail Grate
Zacharias .... Charles Boswell
Sergeant Hanson .... Lee de Broux
Geller .... Rick Rossovich

➔ MacGruder und Loud sind Police Officer, die tagsüber einen Streifenwagen teilen und nachts ein Bett. Da die Polizei nicht erlaubt, daß Ehepaare gemeinsam auf Streife fahren, halten sie ihre Ehe geheim.

Schön schwachsinnige Konzeption für eine Cop-Serie. Aber was soll man von Aaron Spelling anderes erwarten? Der nämlich produzierte diese an Autojagden reiche Flop-Serie für ABC.

MACGYVER
MacGyver

USA 1985-92: 1 x 90 Min. u. 137 x 45 Min.; 1993: 3 x 90 Min.; F

MacGyver .... Richard Dean Anderson
Peter Thornton .... Dana Elcar
Jack Dalton (1987-92) .... Bruce McGill
Nikki Carpenter (1987-88) .... Elyssa Davalos
Murdoc .... Michael Des Barres

➔ Der frühere Special-Forces-Mann MacGyver arbeitet für die Phoenix Foundation. Ein *Think Tank*, der überall auf der Welt das Böse bekämpft. Ein Mann namens Gantner erkannte, daß in MacGyver ganz besondere Fähigkeiten stecken und bildete ihn für Sondermissionen aus. Einen Groß-

Richard Dean Anderson als MacGyver

teil seiner Aufträge bekommt er von Peter Thornton, dem Leiter der Operationsabteilung von Phoenix. MacGyver kämpft mehr mit Köpfchen (und enzyklopädischem physikalischen, chemischen und biologischen Wissen) als mit den Fäusten: Aus dem Inhalt einer Damenhandtasche bastelt er alles, was ihm helfen kann, gefährlichen Situationen zu entkommen.
Die Produktionsfirma beschäftigte einen ganzen Beraterstab, der darauf zu achten hatte, daß die Tricks in der Serie auch wirklich funktionieren würden. Nicht immer mit Erfolg. MacGyver hilft jedem, der in Not ist. In der letzten Episode entdeckt er, daß er einen Sohn hat, von dem er bisher nichts wußte. Einen jungen Mann namens Sean Malloy (Dalton James), mit dem er auf einem Motorrad in den Sonnenuntergang fährt.
Die von John Rich und dem Schauspieler Henry Winkler produzierte Serie ist kein reiner Krimi. Sie nutzt alle Genres, um die unterschiedlichsten Geschichten zu erzählen. Mal geht es um den Test eines Sicherheitssystems, dann wieder muß MacGyver jemanden aus Vietnam rausholen. Einem Vietnam voller Nadelwälder und Tafelberge! Die Serie, die vorgibt, auf mehreren Kontinenten zu spielen, wurde nämlich ausschließlich in Kanada und Kalifornien gedreht.
MacGyver wurde eine kleine Kult-Serie, auch wenn der Sender ABC nicht gerade pfleglich mit ihr umging und sie immer wieder von einem Sendeplatz auf den nächsten schob. Als sie nach sieben Jahren beendet wurde, protestierten die Fans, und ABC gab bei Paramount drei 90-Minuten-Filme in Auftrag, die zum Teil an Originalschauplätzen gedreht wurden.

MACHT DER MÄCHTIGEN, DIE
Rage of Angels

USA 1983; 2 x 90 Min. u. 8 x 45 Min.; F

Jennifer Parker .... Jaclyn Smith
Adam Warner .... Ken Howard
Mary Beth Warner .... Deborah May
Michael Moretti .... Armand Assante
Robert Di Salva .... Ronald Hunter
Marchesa .... Angela Lansbury
Pater Ryan (in der Miniserie) .... James Greene
Pater Ryan .... Mason Adams

Patrick Macnee in MIT SCHIRM, CHARME UND MELONE

➜ Krimimelodram um eine schöne Anwältin und ihre Probleme zwischen Mafia und Karriere. Sidney Sheldon produzierte nach seinem Roman eine dreistündige Miniserie, bei der Buzz Kulik Regie führte. Wegen des Erfolges wurde eine kurzlebige Serie von NBC nachgeschoben
Roman: Sidney Sheldon: Zorn der Engel; Goldmann, 1983 und 1989.

MACKY PANCAKE – DIE ABENTEUER EINES UNWAHRSCHEINLICHEN

BRD 1961; 2 x 30 Min.; sw

Macky Pancake .... Wolfgang Neuss
Timotheus Wumme .... Jo Herbst
Pimpinelle .... Inge Wolffberg
Jack Smith .... Wolfgang Gruner

➜ Im 2. Programm der ARD – so etwas gab es mal – wurde diese Krimiparodie ausgestrahlt. Wolfgang Neuss als Star einer Serie, die man damals wohl als Parodie auf harte Krimis ansah.

Macnee, Patrick

Englischer Schauspieler. Geboren am 6. Februar 1922 in London. Sein Vater, ein schottischer Adliger und Pferdenarr, war Alkoholiker. Seine Mutter war lesbisch und zog kurz nach Patricks Geburt mit einer reichen Erbin zusammen, die dem Jungen eröffnete, daß sie nun sein Vormund sei und er »Onkel« zu ihr sagen müsse. Er wollte von klein auf Schauspieler werden. Er gewann ein Stipendium für die Webber Douglas Academy of Dramatic Arts. Obwohl der Schauspieler Frauen mit großem Mißtrauen begegnete, heiratete er mit 19 Jahren zum ersten Mal. Die Ehe mit Barbara Douglas wurde jedoch bald geschieden. Er nahm von 1942 bis 1945 aktiv am Zweiten Weltkrieg teil und war nach diesen Erfahrungen sehr pazifistisch eingestellt. So achtete er stets darauf, daß in seinen Serien keine unnötige oder übertriebene Brutalität vorkam.

Vor dem Krieg hatte er bereits seinen ersten Film gedreht: LEBEN UND STERBEN DES COLONEL BLIMP (LIFE AND DEATH OF COLONEL BLIMP, 1943). Nach dem Krieg kehrte er ans Theater zurück und tourte u.a. mit der Old Vic-Produktion des SOMMERNACHTSTRAUMS 1954 durch die USA. 1952 hatte er gemeinsam mit Lorne Greene in der ersten Sendung des kanadischen Fernsehens gespielt. 1955 heiratete Macnee die 16 Jahre jüngere Schauspielerin Catherine Woodville. Als auch diese Verbindung scheiterte, wurde ihm klar, daß er reif für den Psychiater sei. Fünf Jahre lang ging er jede Woche zur Therapie. 1961 übernahm er die Rolle seines Lebens: Er spielte den Gentleman-Geheimagenten John Steed in MIT SCHIRM, CHARME UND MELONE an der Seite verschiedener Partnerinnen. Daneben drehte er auch zahlreiche Kinofilme.

1988 heiratete er Barbara Sekely. Oft erinnert er sich an seine Zeit als notorischer Säufer: »Mit Richard Burton habe ich einmal 18 Gläser Wodka hintereinander getrunken, und mit David Niven trank ich während Dreharbeiten auf Goa Whisky aus der Teekanne.« Seine Frau »Baba« befreite ihn von der Sucht. Heute lebt er in Palm Springs.

MADIGAN

Madigan

USA 1972-73; 6 x 90 Min.; F

Sergeant Dan Madigan .... Richard Widmark

➜ Ausgangspunkt der Serie war Don Siegels Kinofilm NUR NOCH 72 STUNDEN von 1968 mit Widmark und Henry Fonda, in dem Madigan am Ende stirbt. In der Serie ist Madigan ein einsamer, knallharter Cop ohne Familie, der allein in einem New Yorker Ein-Zimmer-Appartment lebt. Nur der Job interessiert ihn. In den USA war die Serie Teil des NBC *Wednesday Mystery Movie* und lief alternierend mit BANACEK und COOL MILLION.

Roman: Der Kinofilm, der mit der Serie eigentlich nur Hauptdarsteller, Schauplatz und Titel gemein hat, basierte auf Richard Doughertys Roman THE COMMISSIONER; Doubleday, 1963.

Magazine

Es gibt weltweit eine ganze Reihe von Spezialmagazinen, die sich mit TV-Serien beschäftigen (ganz zu schweigen von den vielen Websites). Unten sind einige Zeitschriften aufgeführt, die sich auch mit *Crime*-Serien beschäftigen.

TV-Collector

TVC / D. Albert, 6704 Fruit Flower Ave., Las Vegas, NV 89130. USA.

Das älteste Kult-TV-Magazin begann 1976 als Fanzine. Leider wurde es im Februar 1999 mit der No. 96 eingestellt. Fast alle Hefte sind noch lieferbar. Auf der TVC-Website (www.angelfire.com/ma/tvcollector/) finden sich die Inhaltsangaben der einzelnen Hefte.

The Morning After

24 Lockwood Terrace, Gillingham, Dorset SP8 4LQ. England.

Jaz Wisemans großartiges Magazin ist ganz den englischen ITC-Serien gewidmet, vor allem DIE ZWEI. No. 7 war eine Spezialausgabe zu MANN MIT DEM KOFFER. Alte Hefte sind für etwa £ 3 lieferbar.

Classic Television

Eagle Eye Publications, P.O. Box 13325, London W5 4GE. England.

Tom Selleck als Thomas Sullivan Magnum in der Folge TRAUMFRAU

Wie der Name schon sagt: klassische TV-Serien, nicht nur britische.

TV-Zone

Visual Imagination Ltd., P.O. Box 371, London SW18 JL. England.
Erscheint seit 1989. Etwas phantastik-lastig.

Action TV

P.O. Box 25, Horsforth, Leeds LS 18 5TJ. England.
Das neueste Kult-TV-Magazin.

MAGIER, DER
The Magician

USA 1973-74; 1 x 70 Min. u. 21 x 45 Min.; F
Anthony Blake .... Bill Bixby
Max Pomeroy .... Keene Curtis
Dennis Pomeroy .... Todd Crespi
Jerry Wallace .... Jim Watkins
Dominick .... Joseph Sirola

➜ Vor Jahren mußte der Zauberer Anthony Blake unschuldig eine Gefängnisstrafe absitzen. Deshalb widmet er sich heute unschuldig in Verdacht geratenen Personen. Zusammen mit seinem an den Rollstuhl gefesselten Sohn Dennis und dem Journalisten Max gerät er in die unglaublichsten Kriminalfälle, bei deren Aufklärung seine Zaubertricks hilfreich sind. Mit seinem Jet *The Spirit* fliegt er durch das ganze Land.
Von Lawrence Heath entwickeltes und von Paramount für NBC produziertes Starvehikel für Bixby, das nicht überzeugt. Die nicht aufgedeckten Zauberkunststückchen stehen einer rational ausgerichteten Krimihandlung im Weg. Übrigens ist Bixby selbst ein begeisterter Amateurzauberer.

MAGNUM
Magnum, P.I.

USA 1980-88; 1 x 90 Min. u. 160 x 45 Min.; F

Thomas Sullivan Magnum .... Tom Selleck
Jonathan Quayle Higgins III. .... John Hillerman
Theodore Calvin, T.C. .... Roger E. Mosley
Orville Wright, Rick .... Larry Manetti
Lieutenant Mac Reynolds .... Jeff MacKay
Lieutenant Tanaka (1982-88) .... Kwan Hi Lim
Lt. Maggie Poole (1982-84, 1986-88) ... Jean B. Scott
Agatha Chumley (1982-88) .... Gillian Dobb
Carol Baldwin (1983-88) .... Kathleen Lloyd
Francis Hofstetler, »Ice Pick« (1983-88) .... Elisha Cook Jr.

➔ Privatdetektiv Magnum, der mietfrei auf dem wunderschönen Landsitz des Bestsellerautors Robin Masters (den man nie zu sehen bekommt und dessen Stimme im Original bis 1985 von Orson Welles gesprochen wurde) wohnen darf, führt einen andauernden Kleinkrieg gegen den britischen Verwalter Higgins. Mit seinen Vietnamkameraden Rick und T.C., der einen Hubschrauber besitzt, löst er die unterschiedlichsten Fälle, die seine *Voice Over*-Stimme ironisch kommentiert.

Donald P. Bellisario und Glen A. Larson konzipierten für Universal und CBS diese Privatdetektivserie, die ein bißchen in der Tradition von DETEKTIV ROCKFORD – ANRUF GENÜGT stand. Nachdem die langlebige Cop-Serie HAWAII 5-0 beendet worden war, brauchte man dringend eine Nachfolgeserie, mit der man die Studiokapazitäten auf Hawaii ausnutzen konnte. Bellisario arbeitete Larsons Konzept über einen killenden Vietnamveteranen zu der erfolgreichen Mischung aus *Human Touch*, Humor und allen erdenklichen Versatzstükken aus Krimi- und TV-Serienelementen um. Bri-

MAGNUM: Tom Selleck mit Gaststar Ted Danson

Tom Selleck mit Eugene Roche

gitte Scherer machte eine interessante Entdeckung: »Die Serie VEGA$ hat der spätere MIAMI VICE-Produzent Michael Mann kreiert. ALOHA, YOU'RE DEAD, eine Episode aus dem Jahre 1978, spielt auf dem Anwesen, das zwei Jahre danach in MAGNUM zu Robin Masters' Landsitz wurde. Auch T.C.'s Hubschrauber mit den charakteristischen gelb-braun-roten Streifen kann man bereits in dieser VEGA$-Folge sehen.« Hauptdarsteller Selleck hatte als perfekter Privatdetektiv Lance White in DETEKTIV ROCKFORD – ANRUF GENÜGT bereits Eindruck gemacht und stieg als Magnum zum amerikanischen Sex-Symbol auf.

Die Serie sollte 1987 nach der 7. Staffel in der Folge LIMBO mit dem Tod von Magnum enden. Aber die Produzenten und das Team konnten Selleck zu 13 weiteren Folgen überreden, da noch keine Anschlußserie auf Hawaii in Sicht war und Arbeitslosigkeit drohte. Selleck, der anfangs 130.000 Dollar pro Folge erhalten hatte, schenkte auf dem Höhepukt des Erfolges (und nach einem guten Gagenpoker) jedem Crewmitglied einen Porsche. In den letzten Folgen erfährt Magnum, daß er eine Tochter hat, und die letzte Episode endet mit seinem Wiedereintritt in die Marine. Diese Folge hatte in den USA die sensationelle Sehbeteiligung von 38 Millionen Zuschauern, das sind 44 Prozent. Acht Jahre stand Selleck sechs Tage die Woche 15 Stunden vor der Kamera, um den mörderischen Drehplan einzuhalten. MAGNUMs Erfolg hatte großen Einfluß auf die US-Krimiserien der achtziger Jahre, die sich besonders an dem Buddy-Humor orientierten, etwa SIMON & SIMON. Die große Beliebtheit sorgte auch dafür, daß man Frank Sinatra als Gaststar für die Folge LAURA bekam. Und Cineasten goutierten den Aufstieg von Elisha Cook Jr., der in den Humphrey-Bogart-Filmen der Schwarzen Serie die kleinen Ganoven gespielt hatte, zum Hawaiianischen Gangsterboß Ice Pick. Beeindruckend war auch die Darstellung einer Schizophrenen durch die noch unbekannte Sharon Stone in dem Zweiteiler ECHOES OF THE MIND. Gerhard Lampe schrieb im *Vorwärts* Nr. 33/1984: »Magnum verkörpert nicht nur einen neuen Sexismus: den mit dem freundlich geschminkten Gesicht; er rehabilitiert auch – wenn es sein muß, und es *muß* sein – männliche Eigenschaften, die in der Folge des amerikanischen Traumas in ihrem Kurswert sanken: militärische Disziplin und Härte.«

Literatur: Brigitte Scherer: Thomas Magnum; in: Scherer/Ganz-Blättler/Großkopf/Wahl: Morde im Paradies; Ölschläger, 1994.

Roman: Roger Bowdler: Kein Schnee auf Hawaii (Don't eat the Snow in Hawaii; 1981); Heyne 6279, 1984. Sturm über Honolulu (Digger-Doyle; 1982); Heyne 6479, 1984.

MAGNUM: Lisa Blount, John Hillerman

MAIGRET: Bruno Cremer als Kommissar Maigret, Philippe Polet als Lapointe

MAIGRET
Les enquêtes du Commissaire Maigret

F 1967-89; 87 x 80 Min.; 1967-71 sw, danach F

Kommissar Maigret .... Jean Richard
Mme. Maigret (1970-71)..... Dominique Blanchar
Mme. Maigret (1977-89).............. Annick Tanguy
Lucas (1968-89) .... François Cadet
Lucas (1971) .... Patrick Pilard
Janvier (1968) .... Christian Rémy
Janvier (1971) .... Jean-François Devaux
Janvier (1982-89) .... Jean-Pierre Maurin
Torrence (1967)........................ Maurice Gautier
Torrence (1982-84, 1988-89) ...... Michel Derain
Lapointe (1971) .... Albert Simono
Lapointe (1975-76)........... Maurice Coussoneau
Lapointe (1979) .... Jean-Claude Dauphin
Lapointe (1983; 1985-87).......... Gérard Jourde
Lapointe (1984) .... Xavier Guittet

➜ Wieder einmal wurde Georges Simenons unsterblicher Pariser Kommissar fürs Fernsehen adaptiert. Diesmal in Farbe und in der wohl längsten TV-Serien-Adaption. »Jean Richard mag für die meisten Franzosen der personifizierte Maigret sein, weil sie ihn im Fernsehen oft genug als solchen gesehen haben, aber in meinen Augen ist er offen gestanden der schlechteste! Er verkörpert die Rolle äußerst dürftig und tritt auf, als habe er zuviele amerikanische Filme mit Gangstern und Gigolos gesehen. Er betritt die Wohnung einer alten Dame oder kommt sonstwo herein und behält seinen Hut auf. Er raucht ununterbrochen Pfeife und nimmt den Hut nicht ab, wenn er jemanden befragt oder verhört [...]. Das hat mich sehr verärgert. Ein *Commissaire Divisionaire* ist ein Abteilungschef, der ein gewisses Maß an Erziehung genossen hat. Er weiß, daß man nicht herumläuft und mit Hut im Genick und Pfeife paffend Leute aufsucht«, vernichtete Simenon etwas ungerecht diese Version.

MAIGRET
Maigret

F 1991- ; x 90 Min.; F

Kommissar Maigret .... Bruno Cremer
Janvier .... Jean-Claude Frissung-Torrence
Torrence .... Serge Beauvais
Lapointe .... Philippe Polet
Lognon .... Alexis Nitzar

➜ Robert Nador, Eve Vercel und Steve Hawes produzierten diese ehrgeizige Maigret-Adaption, die in den fünfziger Jahren angesiedelt ist und durch ihre Sets blendet. Regisseuren wie José Pinheiro, Serge Leroy und Claude Goretta gelingt es bestechend, diese Epoche zu restaurieren und in satte Farben zu tauchen. Die einzelnen Folgen lassen sich viel Zeit und erzählen ihre Geschichten bedächtig. Die Produktion hat sich vorgenommen, insgesamt 104 Folgen zu drehen. Hoffen wir, daß sie und Cremer das durchhalten. Neben der Rupert-Davis-Serie die beste Adaption.

MAKE-UP UND PISTOLEN
Police Woman

USA 1974-78; 92 x 45 Min.; F

Sgt. Suzanne »Pepper« Anderson ... Angie Dickinson
Lieutenant Bill Crowley .... Earl Holliman
Detective Joe Styles .... Ed Bernard
Detective Pete Royster .... Charles Dierkop
Lieutenant Paul Marsh (1974-76) ...... Val Bisoglio

➜ Der ehemalige Polizist und heutige Bestsellerautor Joseph Wambaugh konzipierte 1973 die erfolgreiche Cop-Anthologie POLICE STORY – IMMER IM EINSATZ. In der Folge THE GAMBLE spielte Angie Dickinson einen weiblichen Cop, der beim Publikum so gut ankam, daß NBC den Produzenten David Gerber damit beauftragte, eine Serie daraus zu entwickeln. Robert Collins konzipierte speziell für Angie Dickinson die Figur eines Cops bei der Sitte, die verschiedene Identitäten annimmt, um *Undercover* zu arbeiten. Anfangs wurde für amerikanische Verhältnisse viel Haut gezeigt (das heißt: Oberschenkel und gewagte Dekolletés). Darüber regte sich *Women's Lib* so lange auf, bis Gerber und Koproduzent Douglas das Konzept abschwächten. Dickinson spielte nun eine emanzipierte Frau, die sowohl ihr Sex- als auch ihr Berufsleben selbst bestimmte. Heute wirkt die

MAKE-UP UND PISTOLEN: Angie Dickinson mit Earl Holliman

Serie, bedingt auch durch die damalige Mode, antiquiert. Trivia: Peppers Adresse ist 102 Crestview Drive, Los Angeles.

MALICAN & SOHN, DETEKTIVE
Malican père et fils

F 1966; 13 x 25 Min.; sw

Malican sen. .... Claude Dauphin
Malican jun. .... Michel Bedetti

➜ Auf Drehbüchern von Boileau/Narcejac, Jean-Luc Terrex und Jacques Sigur basierten die Folgen dieser vom ZDF gezeigten französischen Serie über ein Detektivbüro, das von Vater und Sohn betrieben wurde.

MÄNNER VOM K3, DIE

BRD 1988-89: 16 x 90 Min.; 1991- : x 60 Min.; F

Kriminalhauptmeister Feldmann .... Harald Dietl
Kriminalhauptmeister Schöller .... Hartmut Reck
Kriminalobermeister Beyer .... Wolfgang Müller
Kriminalobermeister Kirchhoff .... Alexander Pelz

➜ Das SONDERDEZERNAT K1 gehörte von 1972 bis 1982 mit Einschaltquoten um die 50 Prozent zu den erfolgreichsten NDR-Produktionen. Wegen der Erkrankung eines Hauptdarstellers wurde sie dann eingestellt. 1988 wurde ein ähnliches Konzept unter neuem Titel wieder aufgelegt. Wie beim Vorgänger sind die Helden zwei ältere und zwei jüngere Kollegen. Erfinder und Autor Harald Vock: »Es geht wieder um den kriminalistischen Alltag, bei dem auch wie in der Realität ein Team von Beamten im mittleren Dienst, Obermeister und Hauptmeister, die Drecksarbeit tun. Bei der Auswahl haben wir nach Fällen gesucht, die mit Hilfe der erheblich verbesserten Kriminaltechnik aufgeklärt werden.« Weiter: »Da nach dem Tod von Hibert Suschka das Quartett von SONDERDEZERNAT K1 auseinandergebrochen war, haben wir uns dazu entschlossen, eine völlig neue, schlagkräftige Mannschaft zusammenzustellen.« Laut *Gong* Nr. 38/1988 hat Vocks Sekretärin die letzte Kontrolle über die Drehbücher: »Wenn Carola beim Ab-

Angie Dickinson in MAKE-UP UND PISTOLEN

schreiben fragt: Warum hat der das gemacht?, dann ist der Fall noch nicht genug herausgearbeitet. Ein Kriminalfall muß am Ende stimmen, die Auflösung muß logisch sein.« Die oft sehr sauber geplotteten Geschichten verdanken wir also auch Carola – die aber einige Male auch Aussetzer gehabt haben muß.
Solide Krimiserie, die meistens ohne logische Brüche auskommt und somit für deutsche Verhältnisse überdurchschnittlich ist. Sympathisch ist auch der Siebziger-Jahre-Touch. Die Serie hechelt keinem Zeitgeist hinterher und negiert nicht die Bedeutung des sozialen Umfelds. Wenn Vock gut ist, gehört er zu den besten Krimi-Autoren des deutschen Fernsehens. Wenn er schlecht geplottet hat, ist man sauer, denn er kann es ja – im Gegensatz zu vielen anderen.

MANN FÜR ALLE FÄLLE, DER

BRD 1998- ; x 90 Min.; F
Kommissar Jakob Jakobson .... Axel Milberg
Kommissar Endress .... Detlef Bothe
Bibiana .... Hanna Rudolph

➜ Michael Fengler und Margot Rothkirch entwickelten diesen ZDF-Kommissar für den Samstagabendkrimi, den der Sender so präsentierte: »Er ist das Gegenteil eines Hau-Drauf-Polizisten im Muskel-Shirt: Er ist ein zurückhaltender, nachdenklicher Ermittler, der mit Köpfchen und Einfühlungsvermögen arbeitet. Jakobson ist nicht von der einfachen Sorte: Er kämpft, er trotzt, er provoziert, er paßt sich nicht an – eine intelligente Kratzbürste mit viel Eigensinn und Melancholie, mit Feingefühl und hintersinnigem Humor. Jakobson macht es keinem leicht – den Tätern nicht, seinen Kollegen nicht, seiner Freundin Bibiana nicht, und schon gar nicht sich selbst.« Da möchte man fast hämisch hinzufügen: Dem Zuschauer auch nicht. Auf die Frage, warum er denn immer einen Kamelhaarmantel trage, antwortete der Hauptdarsteller: »Die Idee, daß ich ihn auch im Büro trage, ist mehr aus dem Zufall geboren. Das gute Stück steht symbolisch für Jakobsons Unbehaustsein.« Das kommt dabei heraus, wenn man einen Hauptdarsteller mit Privilegien lockt. Zuvor hatte Milberg noch gesagt: »Bitte nicht noch einen Kommissars-Heini, der verkrampft originell sein muß

DIE MÄNNER VOM K3: Reck, Pelz, Müller, Dietl

– das war meine ursprüngliche Haltung. Doch man lockte mich mit Mitsprache bei Regie, Besetzung und der Entwicklung meiner Figur.« Da hat sich Regisseur Erwin Keusch bestimmt gefreut und bedankt.

MANNIX

Mannix

USA 1967-75; 194 x 45 Min.; F
Joe Mannix .... Mike Connors
Lou Wickersham (1967-68) ... Joseph Campanella
Peggy Fair (1968-75) .... Gail Fisher
Lieutenant Adam Tobias (1969-75) .. Robert Reed

➜ MANNIX galt als eine der härtesten Krimiserien ihrer Zeit. Im ersten Jahr ist Joe Mannix ein Angestellter der mit modernsten Computern ausgestatteten Detektei Intertect, deren Chef Lou Wickersham ist. Aber Mannix ist zu sehr Individualist, um sich der elektronischen Routine – der er sowieso nicht traut – zu unterwerfen. Es kommt dauernd zu Auseinandersetzungen mit dem Chef, der allerdings auch zugeben muß, daß Mannix sein bester Mann ist. Mannix ist ein Rebell, der seine Jacke regelmäßig über die Überwachungskamera hängt und auch Fälle annimmt, die Intertect nicht haben will. Aufstand gegen Autoritäten! Nach der ersten Staffel kündigt Mannix und macht ein Büro am 17 Paseo Verde, Los Angeles, auf. Nur unterstützt von seiner Sekretärin Peggy, löst er seine Fälle jetzt im Alleingang.

Die späteren COLUMBO-Erfinder Richard Levinson und William Link verkauften ihr Konzept an Bruce Geller, der die Serie für Desilu und CBS produzierte. Obwohl in der ersten Staffel die besten Folgen der Serie entstanden, entschloß man sich zu einer Konzeptänderung. Es war schwierig, jede Woche eine Geschichte zu bekommen, die das Konzept Mensch gegen Computer plus Rebellion gegen Autoritäten plus Detektivgeschichte erfüllte. Außerdem waren die Einschaltquoten nicht gerade berauschend, und MANNIX drohte abgesetzt zu werden. Man holte als ausführenden Produzenten Ivan Goff und Ben Roberts, die aus Mannix einen traditionellen Privatdetektiv machten: Er war ein ehemaliger Polizist, der aus der Polizei ausschied, um den Mord an seinem Partner aufzuklären. Dann arbeitete er für Intertect und machte schließlich mit der Witwe seines Partners eine Privatdetektei auf. MANNIX wurde in den USA zum Synonym des TV-Privatdetektivs überhaupt. Es war die langlebigste PI-Serie der Fernsehgeschichte – und zeitweilig die einzige. Die Serie war dreimal in den Top 20 der meistgesehenen Programme; die höchste Position erreichte sie 1971/72 mit Platz 7. Lalo Schifrins Titelmusik gehört zu den populärsten TV-Tunes überhaupt, und die Serie bot solide gestrickte Geschichten, die mit guter Action garniert wurden, ohne daß die Stunts zum Selbstzweck wurden. Für den ehemaligen Basketball-Star Mike Connors war es die Rolle seines Lebens. Er war Mannix wie Sean Connery James Bond war oder Richard Bradford McGill. Er war der erste TV-Detektiv, der im sonnigen Kalifornien mit einem Tweed-Sakko herumlief. Bis hin zu ROCKFORD folgten die künftigen *Private Eyes* im Golden State seinem schweißtreibenden Beispiel. Connors verdiente pro Jahr eine Million Dollar, nachdem sich die Serie etabliert hatte. In den achtziger Jahren plante man ein Return-TV-Movie, aber der tödliche Flugzeugabsturz von Geller machte einen Strich durch diese Rechnung.
Roman: Michael Avallone: Mannix; Popular Library, 1968.

Michael Mann

Mann, Michael

Amerikanischer Regisseur, Autor und Produzent. Geboren in Chicago 1943. Er studierte Literaturwissenschaften an der Universität von Wisconsin in Madison. Nach kurzer akademischer Karriere als Professor für englische Literatur ging er nach London und studierte an der London Film School. Während seiner Zeit in England arbeitete er an Dokumentationen für das Fernsehen, Werbespots und Kurzfilmen. Er drehte den Kurzfilm JAUNPURI, der 1971 in Cannes ausgezeichnet wurde. Dann ging er nach Hollywood, wo er sich drei Jahre vergeblich um die Regie eines Kinofilms bemühte. Sein Freund Bow Lewin, damals Redakteur für Aaron Spellings Serie STARSKY UND HUTCH, unterrichtete ihn in der Struktur von Serien-Drehbüchern und ließ ihn mehrere Folgen für die Serie schreiben. Es ist schon in der Literatur darauf hingewiesen worden, daß STARSKY UND HUTCH gewissen Einfluß auf die spätere Entwicklung von MIAMI VICE hatte: In beiden Serien geht es um Undercover-Agenten, die als Partner arbeiten. Weitere Gemeinsamkeiten: Beide Freunde sind unterschiedlich gekleidet und stehen für unterschiedliche Lebensauffassungen, beide reden im Straßen-

Mike Conners als Joe Mannix

jargon und sind eher in der Unterwelt daheim als bei den braven Bürgern. (Übrigens bekam Starsky-Darsteller Paul Michael Glaser später von Mann die Möglichkeit, sich als Regisseur zu etablieren). Danach arbeitete Mann für die Cop-Serien POLICE STORY – IMMER IM EINSATZ und BRONK. Nach Kurzgeschichten von John O'Hara entwickelte er 1976 die Serie GIBBSVILLE mit John Savage und Gig Young, die aber nach zwei Monaten Laufzeit abgesetzt wurde. 1978 kehrte er zu Spelling zurück und konzipierte, schrieb und produzierte VEGA$ mit Robert Urich. »Als ich VEGA$ schrieb, hatte ich Jack Kerouac im Kopf und ANGST UND SCHRECKEN IN LAS VEGAS von Hunter S. Thompson.« Mag sein. Aber VEGA$ sah mehr wie »Roy Huggins' 77 SUNSET STRIP aus als Kerouacs ON THE ROAD«, bemerken David Marc und Robert Thompson in ihrem Aufsatz über Mann.

Mann hatte zwar den Piloten geschrieben und bekam *Creator*-Credits, aber den Touch bekam die Serie sofort durch das Spelling-Studio. Mann gefiel das aus leicht verständlichen Gründen nicht, also verließ er die Serie, um TV-Movies zu drehen. Besondere Aufmerksamkeit fand THE JERICHO MILE von ABC, mit Peter Strauss, der mehrfach ausgezeichnet wurde. Im Jahr darauf drehte er EIN MANN KÄMPFT ALLEIN (SWAN SONG), den er gemeinsam mit »Hutch« David Soul für ABC produzierte. Anschließend entstand sein erster Kinofilm DER EINZELGÄNGER (THIEF) mit James Caan und Tuesday Weld. In diesem Gangsterfilm werden Manns europäische Einflüsse deutlich, besonders die von Jean-Pierre Melville, an dessen Ästhetik sich Mann offensichtlich geschult hatte. Der Einsatz der Musik und die Farbdramaturgie des Films deuten bereits auf MIAMI VICE hin. Als nächstes drehte er einen bizarren bis merkwürdigen Horrorfilm: DIE UNHEIMLICHE MACHT (THE KEEP) nach einem Roman von F. Paul Wilson. Beide Filme waren kein Erfolg, und Mann konnte sich erstmal von seiner Filmkarriere verabschieden. Als sein Agent ihm Anthony Yerkovichs Skript GOLD COAST zusandte, erkannte er die Möglichkeiten und ließ sich als *Executive Producer* verpflichten. Die zunehmende Hoffnungslosigkeit, die über MIAMI VICE hängt wie eine Gewitterwolke über Florida, entsprach Michael Manns Weltsicht über eine Zivilisation am Abgrund. Während MIAMI VICE zum Welterfolg und Pop-Ereignis wurde, nutzte er seinen neugewonnen Spielraum für einen weiteren Kinofilm. Als Vorlage wählte er sich Thomas Harris' epochalen Roman THE RED DRAGON, der das kriminalliterarische Subgenre des *Serial Killer*-Romans als Massenphänomen etablierte. Mit gnadenloser Konsequenz trieb Mann seine Ästhetik aus Farbe, Abstraktionen, Musik und dynamischer Kamera noch weiter als bei MIAMI VICE und schuf so einen unsterblichen Klassiker. Dagegen verhielt sich die Fortsetzung DAS SCHWEIGEN DER LÄMMER (THE SILENCE OF THE LAMBS) von Jonathan Demme wie ISAR 12 zu MIAMI VICE. 1986 begann er mit der Produktion einer zweiten TV-Serie, die neue Maßstäbe bei den *Period Pieces* setzte: CRIME STORY. Leider hatte sie nie auch nur annähernd einen ähnlichen Erfolg wie MIAMI VICE. 1990 verwirklichte Mann den ersten Teil eines Lieblingsprojekts: DAS CAMARENA-KOMPLOTT erzählte in drei Teilen die Arbeit der *Drug Enforcement Agency* (DEA) in Mexiko und die erste Ermordung eines DEA-Agenten. Die zweite DRUG WARS-Serie, BLUTROTER SCHNEE, die die Situation in Kolumbien aufarbeitete, war dagegen schwächer, weil man aus juristischen Gründen keine wirklichen Namen (nicht mal die der Drogenbosse) nennen durfte. Der dritte Teil, der die Geschichte des Drogenhandels im Goldenen Dreieck mit Hilfe der CIA behandeln soll, steht noch aus und wird vielleicht nie realisiert werden. Seinen größten Kinoerfolg hatte Mann 1993 mit dem Film DER LETZTE MOHIKANER (THE LAST MOHICAN). Anders als alle Vorgänger zeigte Mann ein realistisches Bild der Unabhängigkeitskriege und schuf fast soetwas wie einen Abgesang auf den Italo-Western. Der große Erfolg ermöglichte ihm, ein weiteres langjähriges Lieblingsprojekt zu verwirklichen: die US-Version eines Melville-Films. Mann hatte das Sujet bereits 1989 als TV-Movie L.A. TAKEDOWN verfilmt, mit eher enttäuschendem Ergebnis. 1996 konnte er mit einem gigantischen Budget und Robert De Niro und Al Pacino in den Hauptrollen seinen epischen, fast dreistündigen Gangsterfilm HEAT ohne Kompromisse realisieren.

MANN MIT DEM KOFFER, DER
Man in a Suitcase

GB 1967-68; 30 x 45 Min.; F

McGill .... Richard Bradford

➜ McGill war einer der härtesten TV-Helden der Seriengeschichte. Von Anfang an machte er klar, daß er nicht an alte Wertvorstellungen glaubte und wirklich gefährlich war. Wie ein Panther bewegte er sich über den Bildschirm. Zum ersten Mal sah man in einer Serie, wie beim Schießen Patronen aus der Pistole geworfen wurden, und erstmals wurde gezeigt, wie man sich wirklich verhält, wenn man in ein Haus eindringt, in dem die Gangster auf einen warten. McGill nahm sich Zeit, nutzte jede Deckung aus und arbeitete sich minutiös wie in einem Melville-Film von Zimmer zu Zimmer vor, immer darauf achtend, daß kein Licht in seinen Rücken fiel. Ein Ex-CIA-Mann (ohne daß damals der Dienst namentlich genannt wurde), den man reingelegt hatte. Die Firma beschuldigte McGill, er habe absichtlich nicht verhindert, daß ein westlicher Wissenschaftler zu den Russen übergelaufen war und schmiß ihn deshalb ohne Rentenansprüche raus. Natürlich war McGill schuldlos und versuchte in verschiedenen Folgen, seine Unschuld zu beweisen. In MAN FROM THE DEAD, geschrieben vom genialen Stanley Greenberg, stellte sich diese dann heraus. Aber da der vermeintliche Überläufer in Wirklichkeit ein Doppelagent war, konnte McGill natürlich nicht rehabilitiert werden, und seine zynischen Ex-Arbeitgeber ließen ihn weiterhin draußen in der Kälte stehen. Widerliche Bürokraten sorgten dafür, daß er nicht zurück in die USA konnte, ohne verhaftet zu werden und setzten ihn auf eine Schwarze Liste. So konnte jeder dumpfe Provinzbulle McGill das Leben noch schwerer machen. Alles was ihm blieb, war ein Leben aus dem Koffer, mit dem er von einer miesen Absteige in die nächste zog. Er hatte nichts zu verkaufen außer seiner Arbeitskraft: der

Die erste Szene der Folge DER VOGEL SOLL SINGEN: Richard Bradford wird zwangsrekrutiert erste proletarische Krimi-Held des Genres. Um Geld zu verdienen, nahm er so ziemlich jeden miesen Job an, und oft genug blieb man ihm den Lohn schuldig. Für Konsumfetischismus und dummes Geplänkel hatte er nichts übrig. Außerdem war er ein Pechvogel. Wenn er schon mal die Chance hatte, an eine Million Dollar heranzukommen (wie in dem grandiosen Zweiteiler VARIATION ON A MILLION BUCKS von Greenberg), landete er am Ende ohne Geld im Krankenhaus und mußte noch dankbar dafür sein, daß jemand für die Kosten aufkam. Bei fast jedem Job, selbst als Söldner in Afrika in NO FRIEND OF MINE von John Stanton, geriet er zwischen die Fronten und hatte alle Seiten gegen sich. Und eine Suche nach geraubtem Geld (wie in WHICH WAY DID HE GO, MCGILL? mit Donald Sutherland als Killer), endete natürlich ergebnislos. MAN IN A SUITCASE schlachtete eine Goldene Kuh und schaffte das Happy End in TV-Serien ab. Hier kam in den naiven sechziger Jahren wirklich manchmal das Gefühl auf, daß McGill am Ende einer Episode ins Gras beißen könnte. Genau das irritierte den durchschnittlichen Fernsehzuschauer, der schon zu Genüge um Dr. Kimble gezittert hatte. Denn McGill war, im Gegensatz zu Kimble, ein wirklicher gesellschaftlicher Außenseiter (weshalb die ARD nach 13 Folgen auch Schluß mit der Serie machte, und uns deutsche Sender bis heute die restlichen 17 Folgen vorenthalten). Ziemlich blöd waren einige Male die Sets: Da wurden Standbilder von der Riviera oder grobkörnige Super-Acht-Aufnahmen von Rom dazwischengeschnitten, um zu belegen, daß sich McGill in Italien oder sonstwo aufhielt. Dabei sah jeder, daß er im lieblos ausgestatten Elstree-Studio herumtobte. Aber der Trash-Effekt war letztlich egal, solange nur der Drehbuchautor einen guten Job machte und Richard Bradford sich eine Zigarette in den Mundwinkel schob. Seit Humphrey Bogart hatte niemand so cool mit Glimmstengeln hantiert. Außerdem zeigte man erstmals in einer britischen Serie die dreckigen Londoner Hinterstraßen, auf denen Obdachlose herumlagen und Besoffene in Hauseingänge kotzten. Als Nebenfiguren tauchten einige der schlimmsten Freaks auf, die man in einer Sechziger-Jahre-Serie zu sehen bekam: Donald Sutherland als völlig beknackter Killer in WHICH WAY DID HE GO, MCGILL? oder ein ganzes Dorf voller aggressiver Kleinbürger in ALL THAT GLITTERS von Greenberg, der auch hier wieder McGill am Ende ins Krankenhaus schickte.

DER MANN MIT DEM KOFFER war eine weitere Erfolgsserie des britischen Superproduzenten Sir Lew Grade. In den Fünfzigern hatte er, kaum war das kommerzielle Fernsehen in England gestartet, mit ADVENTURES OF ROBIN HOOD oder THE BUCCANEERS (mit Robert Shaw) die Abenteuer-Serien etabliert. Es folgte die erste britische Soap Opera, die wöchentlich zweimal ausgestrahlt wurde, und Anfang der Sechziger wandte er sich den Krimis zu. Grade kam es immer darauf an, auch den amerikanischen Markt zu bedienen. Das gelang ihm mit Serien GEHEIMAUFTRAG FÜR JOHN DRAKE, SIMON TEMPLAR, CHAMPIONS, DIE ZWEI oder NUMMER 6. Diese Serien waren zumeist in *Syndication*-Runs erfolgreich, da die US-Produzenten eifersüchtig über die Prime-Time-Sendeplätze der Networks wachten. Um die Verkaufschancen Ende der Sechziger zu vergrößern, engagierte Grade amerikanische Schauspieler für Hauptrollen: etwa Steve Forrest für THE BARON nach John Creasey. Oder den unbekannten, grauhaarigen Richard Bradford, der als einer der Gegenspieler Marlon Brandos in Arthur Penns EIN MANN WIRD GEJAGT (THE CHASE) beeindruckt hatte. Lew Grade hatte immer ein Händchen für Schauspieler. Und er hatte ein gutes Händchen für fähige Mitarbeiter: Richard Harris und Dennis Spooner lieferten für McGill ein hervorragendes Konzept, und Sidney Cole als ausführender Produzent holte sich das Genie Stanley Greenberg als *Story Editor*, der aus Autoren wie Victor Canning, Edmund Ward, Philip Broadley oder Jan Read das Beste rausholte. Der spätere Bond-Regisseur John Glen arbeitete als Cutter der Serie, bevor er in Folge 19, SOMEBODY LOSES, SOMEBODY ... WINS? sein Regiedebüt geben durfte. Andere Regisseure waren Charles Chrichton (EIN FISCH NAMENS WANDA, LAVENDER HILL MOB) und Freddie Francis (CREEPING FLESH). Ron Grainer, der einige der besten Titelmusiken der Seriengeschichte komponierte (PRISONER), legte mit der Musik zu McGill sein Meisterwerk vor. Mit ihrer Ideologie der positiven

Resignation war sie eigentlich keine echte Sechziger-Jahre-Serie (und nahm einiges von MIAMI VICE oder WISEGUY vorweg). Sie hätte besser in die siebziger oder neunziger Jahre gepaßt, in denen man einen zynischen Außenseiter wie McGill eher zu schätzen gewußt hätte.
Roman: E.G. Whitney: Man in a Suitcase: The Sleeping Cupid; London, 1967.

MANN MIT DER KAMERA, DER
Man with a Camera

USA 1958-60; 29 x 25 Min.; sw

Mike Kovac .... Charles Bronson
Anton Kovac .... Ludwig Stössel
Lieutenant Donovan (1959-60) .... James Flavin

➔ Der ehemalige Kriegsfotograf Kovac arbeitet für jeden, der ein bestimmtes Ereignis auf Zelluloid gebannt haben will – ob Zeitung, Staatsanwaltschaft oder Versicherung. Dabei hilft er der Polizei, kommt Verbrechen auf die Spur und klärt sie auf oder verhindert sie. Sein Vater hilft ihm gelegentlich.
Don Sharpe, Warren Lewis und A.E. Houghton produzierten die Serie für ABC. Lange vor SPIEL MIR DAS LIED VOM TOD (C'ERA UNA VOLTA IL WEST) konnten also deutsche Zuschauer Charles Bronson in einer Hauptrolle sehen – wenn sie denn das 2. Programm der ARD empfangen konnten, wo diese Serie 1961 ausgestrahlt wurde.

MANN NAMENS HARRY BRENT, EIN
siehe **DURBRIDGE-KRIMIS**

MANN OHNE SCHATTEN, DER

BRD 1994-95; 15 x 75 Min.; F

Igor Kuhlin .... Gerd Böckmann
Bruno Kuhlin .... Christian Berkel
Irina Kuhlin .... Evelyn Opela
Ikarus .... Hans-Peter Hallwachs
Roland Meyer .... Pierre Franckh
Bob .... Hans-Georg Panczak
Yves .... Robinson Reichel
Ah Yue Lou .... Yukio Hatsumi

➔ Ein geheimnisvoller Mann mit dem Beruf des Headhunters kämpft gegen das Verbrechen. Er wechselt dabei gerne seine Identität. Er nennt sich Mann ohne Schatten (klingt irgendwie schön krimimäßig), ohne genau zu wissen, warum. Denn eigentlich heißt er ja Igor. Seine Aufträge bekommt er von dem mysteriösen Ikarus (Hallwachs, was hast du hier bloß zu suchen?) aus irgendeiner Zentrale für irgendwelche Terrorismusbekämpfung. Igor arbeitet nicht allein. An seiner Seite sind seine Frau Irina und Bruder Bruno. Der RTL-Pressetext dazu – bitte festhalten: »Sie bilden ein Trio, dem kein Gangster gewachsen ist.« Auch kein Fernsehkritiker. Und weiter – jetzt wird es richtig tiefsinnig: »In seinem Kendolehrer Hatsumi hat Igor einen Lehrmeister, der ihm nicht nur die technischen Finessen beibringt. In intensiven Gesprächen mit seinem Meister lernt Igor auch, das Bedrohliche dieser Welt mit anderen Augen zu sehen und besser zu verstehen.« Ähnlich ging es dem bekanntlich anspruchslosen RTL-Publikum, das begierig auf die Werbeblöcke wartete und die Serie von DERRICK-Produzent Helmut Ringelmann flop-

pen ließ. Die grausamen Drehbücher stammten von Volker Vogeler (viermal), Herbert Reinecker und Paul Hengge. Dietrich Leder in der *Funk-Korrespondenz* Nr. 10/1996: »Wie konnte es zu diesem Verbrechen am Serienkrimi kommen? [...] Serienmördern und Russenmafia ist mit der Küchenpsychologie, die DER KOMMISSAR oder DERRICK so perfekt beherrschen, ebenso wenig beizukommen wie mit einer Regie, die amerikanische Action zu inszenieren hat, sich jedoch nur mit deutschem Einfühlungsschauspiel auskennt. Letzten Endes liegt die Verantwortung für die sich anbahnende Katastrophe beim Sender, der den Unsinn nicht nur in Auftrag gab, sondern auch noch ausstrahlt. Serienkompetenz, das müssen Helmut Thoma und Marc Conrad erneut erfahren, läßt sich nicht kaufen. Die muß man als Redakteur oder Producer erst einmal entwickeln. [...] Weitere 7 Folgen sind bereits produziert.« Werden aber hoffentlich nicht ausgestrahlt.

DER MANN VOM EATON PLACE: C. Alric, S. Williams

MANN VOM EATON PLACE, DER

The Mixer

GB 1991; 12 x 45 Min.; F

Sir Anthony Rose .... Simon Williams
Butler Paul .... Jeremy Clyde
Diane Delome .... Catherine Alric

➜ Sir Anthony ist ein echter Gentleman vom Scheitel bis zur Sohle. Leider mangelt ihm es oft am Geld, um einen standesgemäßen Lebensstil zu finanzieren. Deshalb hat er sich zusammen mit Butler Paul auf Verbrechensbekämpfung spezialisiert. An Tatorten hinterläßt er seine Visitenkarte als *The Mixer*, was die Polizei vor Rätsel stellt.
Frei nach Geschichten von Edgar Wallace entstand diese Serie, bei der Hermann Leitner und John Frankau Regie führten. Die Folgen spielen in den dreißiger Jahren, und man hat sich mit der Ausstattung viel Mühe gegeben. Mit dem dämlichen deutschen Titel wollte das ZDF wohl das Publikum ihrer ehemaligen Erfolgsserie DAS HAUS AM EATON PLACE ködern.
Roman: Rolf A. Becker: Der Mixer. Der Mann vom Eaton Place; Heyne 8973, 1994.

MANN VON INTERPOL, DER

Man from Interpol

GB 1959; 39 x 25 Min.; sw

Anthony Burns .... Richard Wyler
Superintendent Mercer .... John Lougden

➜ Burns beschäftigt sich nur mit Verbrechen, die von der nationalen Länderpolizei nicht aufgeklärt werden konnten. In dieser Danziger-Produktion wird mal wieder ein Interpol-Agent durch Europa gejagt, obwohl diese Polizeiorganisation lediglich für die internationale Koordination von Informationen zuständig ist und über keine Exekutiv-Agenten verfügt.

MARESCIALLO

Maresciallo

I 1971; 6 x 50 Min.; F

Der Maresciallo .... Turi Ferro
Emma .... Marina Lando

➜ Erlebnisse eines italienischen Polizisten in einem kleinen Dorf. Ein Maresciallo ist der Leiter der Carabinieri. Geschildert wird der Alltag dieses Polizisten, seine Begegnungen mit kleinen Ganoven und der Bevölkerung.

Robert Mitchum und Jeff Fahey in: DER MARSHAL

MARSHAL, DER
The Marshal

USA 1995-96; 25 x 45 Min.; F

Deputy Marshal Winston MacBride ...... Jeff Fahey
Mrs. MacBride .... Patricia Harras

➜ Ob unter Wasser oder unter einer Schneedecke – an den unmöglichsten Orten taucht der Marshal auf, um flüchtige Banditen dingfest zu machen. Doch so knallhart er im Namen der Gerechtigkeit agiert, so einfühlsam ist er im Privaten. Seine Frau und seine beiden Töchter sind seine Oase in einer rauhen Welt. Aber die wirklichen Stars der Serie sind die bizarren Schurken, die vom Marshal gejagt werden: exzentrische Charaktere mit ganz besonderen Hintergrundgeschichten, die Chester Gould erfunden haben könnte.

Angeblich kam Don Johnson mit der Idee von den Abenteuern eines US-Marshals zu seinen Kumpels Daniel Pyne und John Mankiewicz. Letztere entwickelten das Konzept und holten Aaron Lipstadt mit hinzu, während Johnson seinen alten Freund Jeff Fahey für die Hauptrolle anheuerte und bei einigen Folgen selbst Regie führte. Die vier agierten als *Executive Producers* für die Serie, die in Vancouver für ABC gedreht wurde. In der Episode THE NEW MARSHAL spielte Robert Mitchum als Gaststar eine seiner letzten Rollen.

Martin, Quinn

Amerikanischer TV-Produzent. Geboren 1927 in Los Angeles. Er arbeitete u.a. als Cutter, bevor er zu schreiben begann. Er schrieb zahlreiche Stücke für die Anthologie-Reihen der fünfziger Jahre wie STAR PLAYHOUSE, FIRESIDE THEATRE oder DESILU PLAYHOUSE. Seinen ersten Job als *Producer* bekam er 1958 bei Desilu, wo man ihm die Serie CHICAGO 1930 anvertraute. Anschließend gründete er seine eigene Produktionsfirma und realisierte eine Reihe erfolgreicher Serien, darunter AUF DER FLUCHT (1963-67), TWELVE O'CLOCK (1964-67), FBI (1965-74), INVASION VON DER WEGA (THE INVADERS, 1967-68), DAN OAKLAND (1970-71), CANNON (1971-76), DIE STRASSEN VON SAN FRANCISCO, BARNABY JONES (1973-80), THE MANHUNTER (1974-75), CARIBE (1975) und SUPERSTAR (1976). Als BARNABY JONES 1980 beendet wurde, gab es zum erste Mal eine Woche ohne eine Quinn-Martin-Serie seit der Premiere von CHICAGO 1930 im Jahre 1959. Eine Art Markenzeichen wurden für ihn die über den Vorspann gesprochenen Credits.

1978 verkaufte er seine Firma an die Taft Broadcasting-Gesellschaft und verpflichtete sich, fünf Jahre lang nicht im Fernsehgeschäft tätig zu werden. Während dieser Zeit unterrichtete er an der Universität von San Diego in La Jolla Theaterwissenschaften. Seine Serienhelden vertreten in der Regel einen typischen amerikanischen Individualismus und einen Glauben ans System. Er drückte das einmal sehr schön aus: »Man kann einen bösen Polizisten zeigen, aber niemals ein böses Polizeidezernat.« Martin starb 1989.

MASKE, DIE
Human Target

USA 1992; 7 x 45 Min.; F

Christopher Chance .... Rick Springfield
Philo Marsden .... Kirk Baltz
Jeff Carlyle .... Sami Chester
Libby Page .... Signy Coleman

➜ Action-Serie um einen Helden, der in die Identität von Menschen in Gefahr schlüpft, um herauszukriegen, wer ihnen ans Leben will. Die kurzlebige ABC-Serie basierte auf den *DC-Comic Books*.

Masten, Werner

Deutscher Regisseur. Geboren 1950 in Meran. Von 1969 bis 1976 lebte er als Jurastudent in Padua und Modena, ging dann zur Hochschule für

Fernsehen und Film nach München. 1982 erhielt der Südtiroler für den TV-Film DAS GLÜCK BEIM HÄNDEWASCHEN den *Adolf-Grimme-Preis*, 1986 für DIE WALSCHE den Preis der deutschen Akademie der Darstellenden Künste. Er inszenierte viele Folgen für Krimi-Serien, darunter TATORT und DER FAHNDER.

MATLOCK
Matlock

USA 1986-95; 147 x 45 Min. u. 22 x 90 Min.; F
Benjamin L. Matlock .... Andy Griffith
Charlene Matlock (1986-87) .... Linda Purl
Tyler Hudson (1986-89) .... Kene Holliday
Michelle Thomas (1987-92) .... Nancy Stafford
Cassie Phillips (1987-88) .... Kari Lizer
Julie March (1987-92) .... Julie Sommars
Lloyd Burgess (1986-90) .... Michael Durrell
Lieutenant Bob Brooks (1986-90) ... David Froman
Richter Irene Sawyer (1986-89) ... Lucille Meredith
Richter Richard Cooksey (1986-90) ... Richard Newton
Les Calhoun (1988-90) .... Don Knotts
Conrad McMasters (1989-93) ... Clarence Gilyard Jr.
Leanne McIntyre (1993-95) .... Brynn Thayer
Cliff Lewis (1993-95) .... Daniel Roebuck
Billy Lewis (1993-95) .... Warren Frost
Jerri Stone (1994-95) .... Carol Huston

➔ Die Fälle eines Anwalts in Atlanta. Unterstützt wird der Strafverteidiger Matlock in der ersten Staffel von seiner Tochter. Später wechseln seine *Leg Men* und Mitarbeiter. Die Geschichten, meistens klassische *Courtroom Dramas*, werden in einer Mischung aus PERRY MASON und COLUMBO erzählt. Der Produzent Fred Silverman hatte zuvor die RETURN OF PERRY MASON-Serie realisiert, bevor er mit Dean Hargrove für NBC diesen Südstaatenanwalt konzipierte. Der Star Griffith gehörte seit Jahrzehnten zu den populärsten TV-Schauspielern mit zahlreichen Erfolgsserien auf dem Konto. Später tauchte Matlock in einer Folge von DIAGNOSE: MORD auf.

MATLOCK: Andy Griffith und Nancy Stafford

MATT HOUSTON
Matt Houston

USA 1982-85; 1 x 90 Min. u. 66 x 45 Min.; F
Matlock (Matt) Houston .... Lee Horsley
C.J. Parsons .... Pamela Hensley
Murray Chase .... George Wyner
Lieutenant Vince Novelli (1982-83) ... John Aprea
Mama Novelli (1982-83) .... Penny Santon
Bo (1982-83) .... Dennis Fimple
Lamar Pettybone (1982-83) .... Paul Brinegar
Chris (1982-84) .... Cis Rundle
Lt. Michael Hoyt (1983-85) .... Lincoln Kilpatrick
Roy Houston (1984-85) .... Buddy Ebsen

➔ Ein texanischer Ölmillionär, der später nach Kalifornien umzieht, als Hobbydetektiv. Auch wenn sein Geschäftspartner Murray meint, er verdiene nicht genug, um die Lizenzkosten als Privatdetektiv zu decken, ist Matt Houston natürlich sehr erfolgreich. Außerdem ist er immer von schönen Frauen umgeben, allen voran C.J., eine Harvard-Juristin. Houston operiert von seinem luxuriösen Penthouse aus mit seinem eigenen Hubschrauber. Lawrence Gordon konzipierte die Serie und Calvin Clements Jr. produzierte für Aaron Spelling und den Sender ABC. Manche Folgen hatten surrealistische Elemente im Stil von MIT SCHIRM, CHARME UND MELONE. Nachdem Lee Horsley mit der Serie NERO WOLFE einen Flop gelandet hatte, gelang ihn hiermit ein mittlerer Erfolg.

MAX MONROE – WEHE, WENN ER LOSGELASSEN
Max Monroe: Loose Cannon

USA 1990; 1 x 90 Min. u. 6 x 45 Min.; F
Max Monroe .... Shadoe Stevens
Charlie Ivers .... Bruce A. Young

MATT HOUSTON: Lee Horsley

➔ Um einen Gangster zu erwischen, ist Monroe vom *Los Angeles Police Department* jedes Mittel recht. Unorthodox, aber auch liebenswürdig, versenkt er schon mal ein Schiff bei einer Verfolgungsjagd oder landet mit einem Auto mitten in einem Restaurant. Gespielt wird der exzentrische Detektiv, der auch noch Schachgroßmeister ist, von dem Discjockey Stevens, der in den Staaten sehr bekannt ist. Einige Drehbücher wurden von Brian Clemens geschrieben. Konzipiert wurde die Flop-Serie von den Produzenten Fred Silverman und Dean Hargrove für CBS. Ganz klar schielte man bei der musikalischen Untermalung mit zeitgenössischen Hits auf MIAMI VICE. Die Produzenten behaupteten sogar, sie hätten sich an DETEKTIV ROCKFORD – ANRUF GENÜGT orientiert, was den Humor der Serie betrifft. Wie immer hat Silverman den Mund zu voll genommen: In Wirklichkeit versuchte man, eine TV-Kopie der LETHAL WEAPON-Filme herzustellen, deren Protagonisten Monroe und sein schwarzer Partner Ivers nachempfunden waren.

MAXWELL SMART siehe MINI MAX

MAX WOLKENSTEIN

BRD 1994; 1 x 90 Min. u. 17 x 45 Min.; F

Max Wolkenstein .... Helmut Zierl
Bertram Glahn .... Charles Brauer
Sylvia Wöhrmann .... Ursula Karven
René Halbritter .... Mathias Noack
Christian Brandt .... Benjamin Sadler

➔ »Manchmal ist er ein bißchen chaotisch, in jedem Fall ist er ein unkonventioneller Typ: Jugendanwalt Wolkenstein. Er steht auf der Seite der Jugendlichen, die sich in aussichtslose Situationen manövriert haben«, erklärt SAT.1 diese bestenfalls belanglose Anwaltsserie, über deren Pilotfilm die *Funk-Korrespondenz* in Nr. 29/1996 urteilte: »Mit Spannung war also schon mal nichts. Mit dem ganzen Rest aller denkbaren Qualitäten auch nicht.« Die eigens für die Serie komponierte, grauenhafte Titelmusik ICH STEH' DIR BEI ist von Heinz Rudolf Kunze und gibt diesem weiteren Langweiler von Phoenix-Film und SAT.1 den Rest.

McCallum, David

Schottischer Schauspieler. Geboren am 19. September 1933 in Glasgow als Sohn eines Konzertviolinisten. Nach seiner Schauspielausbildung und ersten Bühnenauftritten bekam er 1957 einen Siebenjahresvertrag bei der *Rank Organisation*. Für sie drehte er u.a. DIE VERDAMMTEN DER MEERE (BILLY BUDD). Anfang der sechziger Jahre ging er in die USA zusammen mit seiner ersten Frau Jill

David McCallum in SOLO FÜR O.N.K.E.L.

Ireland, die später seinen Freund Charles Bronson heiratete. Er trat in verschiedenen Serien als Gast auf, bevor er 1964 die Rolle des Illya Kuryakin in SOLO FÜR O.N.K.E.L (1964-68) bekam, damit zum Weltstar wurde und Modetrends setzte. Später drehte er Filme, TV-Movies, Miniserien und von 1975-76 die Serie DER UNSICHTBARE.

MCCALLUM – TOTE SCHWEIGEN NICHT

McCallum

GB 1997; 8 x 90 Min.; F

Dr. Iain McCallum .... John Hannah
Detective Inspector Bracken .... Gerard Murphy
Joanna .... Suzanna Hamilton
Angela .... Zara Turner
Sir Penfold .... Richard Moore

➔ Eine weitere Gerichtsmediziner-Serie, aber eine ausgezeichnete. Der Pathologe McCallum, dessen anstrengendes Privatleben viel Spielraum einnimmt (aber bei 90-Minütern hat man auch genug Zeit für Soap-Elemente), wird immer wieder auch emotional in die Fälle verwickelt. Ein Klassiker könnte die erste Episode MIT DEM RÜCKEN ZUR WAND (KEY TO MY HEART) werden: McCallum bringt selten etwas aus der Ruhe. Doch als eines Tages sein letzter One-Night-Stand auf dem Seziertisch liegt, verliert er die Fassung. Die Spuren deuten nur auf einen Täter hin: auf ihn selbst!

Diese schottische Produktion, bei der u.a. Patrick Lau und Richard Holthouse Regie führten, hat Klasse! Hauptdarsteller Hannah wurde 1962 in Kilbride, Schottland geboren. Er studierte an der Scottish Royal Academy of Dramatic Art und gab 1990 sein Kinodebüt in dem Thriller HARBOUR BEAT. Den internationalen Durchbruch schaffte er drei Jahre später an der Seite von Hugh Grant und Andie MacDowell in VIER HOCHZEITEN UND EIN TODESFALL (FOUR WEDDINGS AND A FUNERAL).

McGavin, Darren

Amerikanischer Schauspieler. Geboren am 7. Mai 1922 in Sopane, Washington, und aufgewachsen in Galt, Kalifornien. Nach dem College arbeitete er als Szenenmaler für *Paramount*. Dort beschloß er, Schauspieler zu werden. Ende der vierziger Jahre hatte er winzige Rollen in verschiedenen Filmen. Daneben trat er auch im Fernsehen auf, und seine erste *Tough Guy*-Serie war die Live-Show CRIME PHOTOGRAPHER (1951-52). Seine besten Kinofilme machte er 1955: TRAUM MEINES LEBENS (SUMMERTIME) und den Frank Sinatra-Film DER MANN MIT DEM GOLDENEN ARM (THE MAN WITH THE GOLDEN ARM) nach Nelson Algren. Er war auf harte Burschen spezialisiert und galt als unangenehmer Schlägertyp, der auch gerne seine Mitspieler am Set quälte (wie der Nachwuchsschauspieler Burt Reynolds als Co-Star in RIVERBOAT erfahren mußte; Reynolds hat McGavin dessen Gemeinheiten nie verziehen). Es folgte Serie auf Serie: MICKEY SPILLANE'S MIKE HAMMER (1957-59), RIVERBOAT (1959-61), DER EINZELGÄNGER (1968-69), KOLCHAK: THE NIGHT STALKER (1974-75), IKE (1979), SMALL & FRYE (1983). Er arbeitete auch als Regisseur und Koproduzent.

McGoohan, Patrick

Angelsächsischer Schauspieler, Autor und Regisseur. Er wurde am 19. März 1928 in Astoria, New York, geboren, wuchs aber in England auf. Mit 20 Jahren war er Theatermanager des Theaters in Sheffield. Als ein Schauspieler ausfiel und er einspringen mußte, leckte er Blut. Er arbeitete zunächst als Theaterschauspieler und drehte 1954 mit EINE FRAU KOMMT AN BORD (PASSAGE HOME) seinen ersten Film. In dem Film DUELL AM STEUER (HELL DRIVERS, 1958) von Cy Enfield spielte er gemeinsam mit Jill Ireland, Stanley Baker, David McCallum und Sean Connery. 1959 wurde er sowohl als bester Theaterschauspieler als auch als bester TV-Schauspieler ausgezeichnet. Nachdem Produzent Ralph Smart ihn in der englischen TV-Produktion von HOLLYWOOD-STORY (THE BIG KNIFE) gesehen hatte, verpflichtete er McGoohan für die neue Serie GEHEIMAUFTRAG FÜR JOHN DRAKE, die erste Geheimagenten-Serie, die international Erfolg hatte. Nach den ersten Staffeln im 25-Minuten-Format wurden 32 weitere Folgen mit jeweils 50 Minuten gedreht, die noch erfolgreicher waren. Aber McGoohan hatte genug von DRAKE und besuchte Lew Grade mit dem Konzept zur späteren Kultserie NUMMER 6, die auf der Grundidee des Spionageroman-Autors und Drake-*Story Editors* George Markstein basierte. Er ließ sich in

Patrick McGoohan bei Dreharbeiten zu NUMMER 6

Hollywood nieder, wo er oft als Gaststar in Fernsehserien auftrat und 1977 die Titelrolle in der kurzlebigen Arztserie RAFFERTY spielte. 1975 hatte er einen *Emmy* für seinen Schurkenrolle in der COLUMBO-Folge BY DAWN'S EARLY LIGHT erhalten. Anschließend drehte er vor allem Kinofilme. U.a. sah man ihn als sadistischen Gefängnischef in dem Clint-Eastwood-Film FLUCHT VON ALCATRAZ (ESCAPE FROM ALCATRAZ, 1979) von Don Siegel oder in David Cronenbergs SCANNERS. In letzter Zeit soll er sich mit den Vorbereitungen für das seit Jahren geplante PRISONER-Kinoprojekt befassen.

MEINE SCHWARZE STUNDE

Darkroom

USA 1981-82; 7 x 45 Min.; F

➜ Zweimal bat Carl-Heinz Schroth für an die zwei Stunden in sein Gruselkabinett in einer alten Villa. Dort zeigte er seltsame Requisiten und »erzählte« die dazugehörige Geschichte. Diese kleinen Filme stammten aus der von Peter S. Fischer produzierten Anthologieserie mit mehreren Suspense- und Okkultgeschichten pro Folge. Zu den Autoren gehörten Robert Bloch, Brian Clemens, Jeffrey Bloom und Christopher Crowe. Im Original agierte James Coburn als Gastgeber.

MELISSA siehe DURBRIDGE-KRIMIS

Menge, Wolfgang

Deutscher Autor. Geboren am 10. April 1924 in Berlin. Er machte während des Krieges Abitur und wurde anschließend zum Kriegsdienst einberufen. Nach dem Krieg wurde er Journalist, ab 1954 in Tokio und Hongkong als Südostasien-Korrespondent der Zeitung *Die Welt.* Als erster bundesrepublikanischer Journalist reiste er mit der transsibirischen Eisenbahn von Peking nach Moskau. Bereits als Journalist arbeitete er für Rundfunk und Fernsehen. Anfang der fünfziger Jahre schrieb er die Hörfunk-Serie ADRIAN UND ALEXANDER, aus der später die TV-Serie HALLO NACHBARN entwikkelt wurde. Noch heute ist sein Name mit der Krimi-Serie STAHLNETZ von Jürgen Roland verbunden, für die er die Drehbücher schrieb. Er schrieb auch Kinofilme wie STRAFBATAILLON 999 und POLIZEIREVIER DAVIDSWACHE. Aufsehen erregten seine Fernsehspiele DAS MILLIONENSPIEL, in dem er eine Story von Robert Sheckley verwertete, SMOG und die nach einem englischen Konzept entwickelte Serie EIN HERZ UND EINE SEELE. Für den TATORT entwickelte er den umstrittenen Kölner Zollfahnder Kressin. Er war Mitbegründer der Bremer Talkshow DREI NACH NEUN, die er von 1974-82 mitmoderierte. Er ist verheiratet, hat drei Söhne und lebt auf Sylt und in Berlin.

MESSER, DAS
siehe **DURBRIDGE-KRIMIS**

MIAMI VICE

Miami Vice

USA 1984-89; 3 x 90 Min. u. 108 x 45 Min.; F

James »Sonny« Crockett .... Don Johnson
Ricardo Tubbs .... Philip Michael Thomas
Lieutenant Martin Castillo .. Edward James Olmos
Gina Navarro Calabrese .... Saundra Santiago
Trudy Joplin .... Olivia Brown
Stan Switek .... Michael Talbott
Larry Zito (1984-87) .... John Diehl
Izzy Moreno .... Martin Ferrero
Caitlin Davies (1987-88) .... Sheena Easton

➜ Keine andere TV-Serie prägte und reflektierte die achtziger Jahre stärker als MIAMI VICE, die eine Hysterie auslöste, wie man sie seit SOLO FÜR O.N.K.E.L. nicht mehr erlebt hatte. Neben anderem machte auch ihre Ästhetik sie zur einflußreichsten Serie des Jahrzehnts.

Sonny Crockett ist ein Undercover-Cop, der auf einem Segelboot namens *St. Vitus Dance* mit dem Alligator Elvis lebt. Zusammen mit den Mitgliedern der *Vice-Squad* geht er Verbrechen nach, die nicht immer mit Rauschgift zu tun haben.

Anstoß zur Serie gab der damalige NBC-Programmdirektor Brandon Tartikoff, der nach einer Serie mit »MTV-Cops« verlangte. Michael Mann bearbeitete das Skript GOLD COAST von Anthony Yerkovich und formte daraus die Serie MIAMI VICE. Neonfarben und der ungewöhnliche Einsatz von Musik und aktuellen Hits (einen Großteil des Millionenbudgets pro Folge verbrauchte Jan Hammer als Verantwortlicher für den Soundtrack für Lizenzgebühren). Die ohnehin nicht gerade optimi-

Der Vorspann von MIAMI VICE

stische Serie wurde ab der dritten Staffel auch farbästhetisch düsterer. Der weltweite Erfolg ließ mehr prominente Gaststars (darunter auffallend viele Musiker) in der Serie auftreten, als man dies zuvor bei einer TV-Serie erlebt hatte. Darunter: Ed O'Neill, Burt Young, Glenn Frey, Martin Balsam, Miles Davis, Ted Nugent, Leonard Cohen, G. Gordon Liddy, Willie Nelson, Wesley Snipes, Liam Neeson, Meg Foster, Brian Dennehy, Isaac Hayes, Sheena Easton, Frank Zappa, Iman, James Brown, Lisa Marie Presley, Julia Roberts, Bruce Willis, John Turturro, Little Richard, Eartha Kitt, Don King, Robert Duran, Lee Iacocca, Phil Collins, John Heard, Lisa Eichhorn, Bianca Jagger, Helena Bonham Carter, Melanie Griffith u.v.m. Zu den Regisseuren gehörten: Abel Ferrara, Rob Iscove, Michelle Manning, Paul Krasny, Don Johnson, John Nicolella, Leon Ichaso, Rob Cohen, David Anspaugh und Richard Colla.

Als 1986 bei uns die ersten Folgen von MIAMI VICE ausgestrahlt wurden, jaulte die bundesdeutsche Kulturschickeria vor Wut auf. »Video-Clip-Ästhetik«, »unrealistisch« und »Machogehabe« waren einige der zahlreichen Vorwürfe gegen die Serie, die wie wenige andere neue Maßstäbe setzte. Die Verantwortlichen der ARD taten noch ein übriges, um ihren potentiellen Hit kaputt zu machen: Sie schnippelten in den aggressiven Kamerafahrten herum, hielten sich nicht an die Chronologie der Folgen und verbannten die Serie auf dem Höhepunkt ihrer Popularität erst einmal für ein paar Jahre aus dem Programm. Man fragte sich, was wohl in den Köpfen der ARD-Programmplaner vor sich ging: nicht viel, wahrscheinlich.

MIAMI VICE revolutionierte mit seinen filmischen Qualitäten, seiner ausgefuchsten Farbdramaturgie und dem raffinierten Einsatz von Rockmusik das Medium Fernsehserie formal und bisher unübertroffen. Inhaltlich war die Serie ebenfalls radikal: In direkter Opposition zur Reagan-Ära ging sie von der Prämisse aus, daß das Verbrechen längst gewonnen hat und daß die Grenzen zwischen legalem und illegalem Kapital, zwischen Wall Street und Medellin-Kartell fließend sind – sofern sie überhaupt existieren. In einer Welt, die dank des völlig befreiten Raubtier-Kapitalismus am Abgrund wandelt, konnten selbst die moralisch gefestigten VICE-Heroen nur noch Symptome bekämpfen. Sonny Crockett, der Kleinstädter mit den *Down to Earth*-Tugenden, und der intellektuelle Ostküsten-Großstädter Ricardo Tubbs erlebten immer aufs neue ihre Frustrationen mit staatlichen Organisationen von FBI bis CIA, die aus paranoider Machtgier ganz im Sinne der politischen Führung Drogenhändler deckten oder demokratische Strukturen demontierten.

1989 fiel in den USA die letzte Klappe. Das Ende kam auf dem künstlerischen Höhepunkt der Serie, die wie keine andere zeigte, wie erbärmlich doch der *American Way of Life* sein kann. Michael Mann, der ständig Ärger wegen der Budget-Überziehungen hatte, beschloß, daß die fünfte Staffel die letzte sein sollte.

Die Metamorphosen der Serie lassen sich besonders gut an den beiden Hauptrollen festmachen: 1984, am Anfang der Serie, war Sonny Crockett

noch gut drauf. Er war glücklich verheiratet und liebte seinen Sohn – auch wenn es wegen seines Jobs erheblich in der Ehe kriselte. Aber das Verbrechen schien noch nicht unüberwindbar, und Crockett und Tubbs strahlten Optimismus aus. Dann wurde ihr Chef erschossen und Sonny geschieden. Die Welt erschien nicht mehr ganz so rosig, aber man schaffte es noch, einem Supergangster wie Calderone das Handwerk zu legen. Doch statt einzelner Supergangster tauchten immer mehr unkontrollierbare Kleingangster in Miami auf, die proportional zum Anstieg des Drogenkonsums das Geschäft brutalisierten. Einen ernsthaften Schlag gegen ihren Optimismus erhielten die beiden zu Beginn der zweiten Staffel in der Doppelfolge PRODIGAL SON: Eine blutige Drogenspur führte von Bolivien bis in die Wall Street, wo sich ein anerkannter Banker als unangreifbarer Drahtzieher entpuppte. Drogengeschäfte waren in Ordnung, wenn sie auf höchster Ebene im großen Stil abgezogen wurden; die Quintessenz der *Reaganomics*. Von nun an wurde es immer düsterer in der Serie und auch in der Vice Squad, die so etwas wie eine moralische Insel innerhalb einer tobsüchtigen, gierigen Welt darstellte. Erst scheiterte Sonnys Beziehung mit Kollegin Gina, dann wurde Polizist Zito von Gangstern umgelegt. In der vierten Saison schien für Crockett das Glück zu lachen: Er verliebte sich in den Popstar Caitlin (Sheenah Easton) und heiratete sie. Der Versuch, Sonnys schmutzige Welt der Straße und den Glamour des Showbiz harmonisch zu vereinbaren, mußte scheitern. Man sah es Sonny manchmal an, daß er ahnte, daß das nicht gutgehen würde – das Glück konnte nur von kurzer Dauer sein. Es gab die erwarteten Spannungen, wenn Sonny von einem Einsatz kam und den Schmutz der Straße in die Glamourhöhle seiner Frau schleppte. Aber bevor sie sich endgültig trennen konnten, ermordeten Gangster Mrs. Crockett – um damit Sonny zu treffen. Davon erholte sich der Junge nie mehr. Zu allem Überfluß verlor er bei einer Explosion auch noch das Gedächtnis. Nun brach der ganze Wahnsinn seiner Doppelexistenz als Polizist und Undercover-Agent durch: Crockett hielt sich für Burnett, sein Alter Ego als Drogenhändler. Mit Blitzgeschwindigkeit stieg er in der Hierarchie der Drogenhändler auf. Er ging über Leichen und sah sich selbst als harter Geschäftsmann, der in einem harten Business genau das lieferte, was große Teile der Gesellschaft verlangten. Ironie des Schicksals: Als Gangboß schien Sonny viel effektiver in der konkurrierenden Unterwelt aufzuräumen. Einmal versuchte er sogar, Tubbs zu töten; das sollte ihre Freundschaft für immer belasten. Auch nach Sonnys Heilung war keine Besserung der allgemeinen Situation festzustellen. Miami als Mikrokosmos der Gesellschaft sah immer mehr wie der Vorhof zur Hölle aus, in dem brave Bürger ohne Unrechtsbewußtsein kriminelle Deals durchzogen, Psychopathen Amok liefen, Mütter ihre Töchter für Drogen verkauften und machtgeile Politiker sich nur ihrer Wiederwahl verpflichtet fühlten. Jeder Zuschauer wußte es: Das Verbrechen hat gewonnen. Und die immer depressiver werdenden VICE-Cops wußten auch, daß sie sich gegen eine Flut stemmten, die längst über das Land hereingebrochen war. Um sie herum die totale Korruption: Politik, FBI oder CIA – die Unterschiede zu den Straßengangstern verwischten sich. Auch das Dezernat blieb davon nicht verschont: Die Spielsucht des Kollegen Switek brachte ihn in die Kriminalität, und nur Sonnys Einsatz und Deckung bewahrten Switek vor der Entlassung aus dem Polizeidienst. Wie ein blonder Gerechtigkeits-Zombie raste Crockett durch Glitzerfassaden und blutbesudelte Slumstraßen, ohne noch an die Wirkung seiner Arbeit zu glauben. Und auch der kultivierte Tubbs brach

Edward James Olmos als Lieutenant Martin Castillo

Philip Michael Thomas als Ricardo Tubbs

langsam zusammen. Sein früher so offenes Lachen wirkte immer gequälter. Der Versuch, durch eine Bindung an die alte Liebe Valerie Stabilität und saubere Emotionen ins Leben zu bringen, scheiterte; der düstere Sonny hatte es ihm prophezeit. Am Ende der Serie schien es nur noch eine Frage von Wochen, bis beide endgültig durchdrehen würden. Ihr Traum von einer besseren Welt war ausgeträumt. Der Ausstieg aus dem Sittendezernat – und damit aus der Gesellschaft – sollte ihnen vielleicht ihr Seelenheil zurückbringen. Sie kämpften nicht länger gegen einen kollabierenden Planeten, der in den Abgrund torkelt. Konsequenterweise trennten sich ihre Wege am Ende der letzten Folge: Während Tubbs zurück in den Hexenkessel

Don Johnson als James »Sonny« Crockett

New York ging, machte sich Sonny als neuer *Easy Rider* gen Süden auf. Aber nicht, um Amerika zu finden, sondern um es zu vergessen. Die Fans der Serie bedauern das Ende, denn nach MIAMI VICE ist im Fernsehen nichts mehr so, wie es mal war.
Literatur: Trish Janeshutz/Rob MacGregor: Hinter den Kulissen von Miami Vice; Knaur 1596, 1988 (Vorsicht! Die miese Übersetzung läßt so manches Mißverständnis zu. Zum Beispiel kann die Übersetzerin nicht unterscheiden zwischen Pilotfilm, Einzelepisode oder Kinofilm.). Thomas Jeier: Der Miami-Vice-Report; Bastei 60178, 1987 (ein Blick hinter die Kulissen des wahren Sittendezernats). MIAMI VICE-TV-Extra-Serie Nr. 2; Bastei, 1987 (Großformatiges, nichtssagendes Album mit netten Fotos). Angelica Ferkic/Claudius von Zolkov: Das große Buch über Superstar Don Johnson; Bild am Sonntag Buch, Hamburg, 1989 (schlampig, fehlerhaft, aber mit guten Fotos. Keine Filmographie). David Hershkovits: Don Johnson; Bastei 61112, 1987 (Oberflächlicher Schnellschuß ohne Filmographie).
Roman: Stephen Grave arbeitete verschiedene Drehbücher zu Romanen um, die auch bei uns erschienen sind: Heißes Pflaster Florida; Knaur 1475, 1987, auch in 1696, 1988. Spiel um Rache; Knaur 1476, 1987, auch in 1696, 1988. Die Klinge; Knaur 1477, 1987, auch in 1696, 1988. Schnee aus China; Knaur 1478, 1987. Der Drogenhändler; Knaur 1658, 1988. Im Höllenfeuer; Knaur 1693, 1988.

MIDNIGHT RUN
Midnight Run

USA 1993-94; 3 x 90 Min.; F

Jack Walsh .... Christopher McDonald

➔ Die Abenteuer dieses modernen Kopfgeldjägers basieren auf dem Kinofilm mit Robert De Niro von Martin Brest aus dem Jahre 1988. George Gallo produzierte drei TV-Movies mit dem De-Niro-Charakter.

MIKE ANDROS – REPORTER DER GROSSSTADT
The Andros Targets

USA 1977; 13 x 45 Min.; F

Mike Andros .... James Sutorius
Sandi Farrell .... Pamela Reed

Norman Kale .... Alan Mixon
Chet Reynolds .... Roy Poole
Wayne Hillman .... Ted Beniades
Judy .... Gwyn Gillis

➜ Mike Andros ist investigativer Journalist des *New York Forum*, einer streitbaren Zeitung, die gegen Verbrechen und politische Korruption zu Felde zieht.
Jerome Coopersmith erfand die Serie für die Produzenten Bob Sweeney, Larry Rosen, Edward H. Feldman und CBS.

MIKE HAMMER

Mickey Spillane's Mike Hammer

USA 1984-87; 4 x 90 Min. u. 47 x 45 Min.; F

Mike Hammer .... Stacy Keach
Velda .... Lindsay Bloom
Captain Pat Chambers .... Don Stroud
Staatsanwalt Lawrence D. Barrington ... Kent Williams
Ozzie (1984-85) .... Danny Goldman
Jenny .... Lee Benton
Moochie (1984-85) .... Ben Powers
Ritchie (1984-85) .... Eddie Barth
Hennessey (1984-85) .... Eddie Egan
Die Unbekannte .... Donna Denton

➜ 1947 veröffentlichte Mickey Spillane mit I, THE JURY den ersten Roman über den knallharten New Yorker Privatdetektiv Mike Hammer, dessen ewige Verlobte Velda und seinen Cop-Freund Pat Chambers. Von der Kritik gehaßt und vom Publikum verschlungen, wurde Spillane zu einem der erfolgreichsten Kriminalschriftsteller aller Zeiten. Nach Auftritten im Kino und im Comic Strip wurde Mike Hammer auch TV-Held: Von 1957 bis 1959 produzierte man 78 Folgen mit halbstündigen Abenteuern. Damals spielte Darren McGavin den Privatdetektiv. Zuvor hatte man einen halbstündigen Pilotfilm mit Brian Keith gedreht. Die Serie geriet wegen ihrer Brutalität schnell in die Kritik, wurde aber von Spillane und McGavin verteidigt. Spillane hatte ganz andere Einwände: Der kleine Darren schoß nämlich mit der kurzen 38er, da eine 45er zu groß für sein Patschhändchen war. Mickey: »Ich hatte nichts mit der Serie zu tun. Ich nahm das Geld und ging nach Hause.«
Anfang der achtziger Jahre hatte das Mike-Hammer-TV-Movie MIKE HAMMER – MORD AUF ABRUF (MURDER ME, MURDER YOU) mit Kevin Dobson, dem Crocker aus EINSATZ IN MANHATTAN, ziemlichen Erfolg. CBS beauftragte Columbia mit der Produktion einer zeitgenössischen Hammer-Serie, die sich durchaus an den literarischen Vorbildern orientieren sollte.
Bill Stratton entwickelte für die Produzenten Lew Gallo und Jay Bernstein einen TV-Hammer, der auch von eingefleischten Spillane-Fans akzeptiert wurde. Als Titelmusik wählte man clever HARLEM NOCTURNE aus den Fünfzigern von Earle H. Hagen; der alte Jazzer hatte schon für TENNISSCHLÄGER UND KANONEN und andere TV-Serien tolle Musik eingespielt. Stacy Keach als Hammer mit Schnauzer machte eine gute Figur. Er gefiel sogar Mickey, der ihm seinen *Porkpie* für die Dreharbeiten gab. Die zynischen *Voice Over*-Kommentare trafen den Geist der Vorlage recht gut. Und es gab all' die Superfrauen mit großem Busen in engen Kleidern, die Mickeys Bücher in den vierziger Jahren so sexy machten.
Aber so sehr die Brutalität der Vorlage auf Fernsehformat zurechtgestutzt wurde, so wurde auch der Sex mehr und mehr auf tiefe Ausschnitte und gelegentliche Nylonränder reduziert. Der Sender war mürbe geworden: Frauenverbände und dumpfe Moralapostel hatten sich – ganz wie es sich bei Spillane gehört – immer wieder über die Gewalt in der Serie und die vollbusigen Sexobjekte aufgeregt. Also wurde die letzte Staffel entschärft: Mike war nicht mehr ganz so brutal und zynisch und hatte es weniger mit der Mafia als mit konventionellen Gangstern und Bösewichten zu tun. Die Superbabes wurden etwas flachbrüstiger und die Schießereien kürzer. Nach dem Ende der Serie folgte 1989 das TV-Movie CROSS RIDERS (WINNERS TAKE ALL), bevor Stacy Keach für einen weiteren TV-Film gegen – man halte sich fest! – Rob Estes ausgetauscht wurde. In diesem Film spielte auch noch Pamela Anderson mit, und man verlegte den überzeugten New Yorker Mike Hammer nach Florida. Mickey *was not amused.*
Literatur: Max Allan Collins/James L. Taylor: One Lonely Knight: Mickey Spillane's Mike Hammer; Bowling Green University Press, 1984. J. Kenneth Van Dover: Murder in the Millions; Ungar Publishers, 1984.

Stacy Keach als Mike Hammer

Roman: Spillanes Romane, die häufig von der Bundesprüfstelle für jugendgefährdende Schriften indiziert wurden, erschienen in zahlreichen Verlagen: bei Ullstein, Heyne, und neuerdings erscheint der überzeugte Antikommunist in ungekürzten Ausgaben bei Rotbuch. Gibt es ein schöneres Indiz für eine geistig-moralische Wende?

MILLENNIUM

Millennium

USA 1996-1999; 67 x 45 Min.; F

Frank Black .... Lance Henriksen
Catherine Black .... Megan Gallagher
Jordan Black .... Brittany Tiplady
Bob Bletcher .... Bill Smitrovich
Watts .... Terry O'Quinn

➔ Auf Knien bat das Fox-Network Chris Carter, den Shooting-Star unter den TV-Produzenten, um eine weitere Serie. Carter, der mit AKTE X die neben BAYWATCH, den Spelling-Soaps und diversen STAR TREK-*Spinoffs* erfolgreichste TV-Serie der neunziger Jahre geschaffen hatte, ließ sich alle Freiheiten und einen 1,5 Millionen-Etat pro Episode einräumen und kreierte MILLENNIUM. Fox steckte zehn Millionen Dollar in die Promotion der Serie und wurde mit einer Einschaltquote von 21 Prozent belohnt, der höchsten für ein Seriendebüt in der Geschichte des Networks.
Im Mittelpunkt der Serie steht Frank Black, eindrucksvoll gespielt von Lance Henriksen, der als ehemaliger FBI-*Profiler* in seine Heimatstadt Seattle zurückkehrt, um mit seiner Frau, einer Sozialarbeiterin, die ebenfalls mit den Folgen von Verbrechen zu tun hat, und der kleinen Tochter ein möglichst gefahrenfreies Vorstadtleben zu führen. Aber Frank ist auch Mitglied der geheimnisvollen

Millennium-Gruppe, bestehend aus ehemaligen Gesetzeshütern mit besonderen Fähigkeiten. Frank kann sich als *Profiler* in den Täter hineinversetzen und empfängt parapsychologische Signale, die ihn peinigen – »meine Fähigkeit und mein Fluch«. Auf den ersten Blick erinnert das Konzept an die früher gestartete NBC-Serie PROFILER. Wie dort Sam Waters wird auch Frank Black episodenübergreifend von einem Serienkiller verfolgt. Aber genauso wie im Genre genügend Platz für viele Privatdetektive, Undercover-Agenten oder Polizeireviere ist, sind auch *Profiler* als Protagonisten für verschiedene Serien tauglich (wie die Kriminalliteratur bewiesen hat). Abgesehen davon liegt das Thema seit dem Erfolg von DAS SCHWEIGEN DER LÄMMER (THE SILENCE OF THE LAMBS) in so mancher Entwicklungsabteilung (so produzieren die Amerikaner in Lizenz ihre Version von FÜR ALLE FÄLLE FITZ). Darüber hinaus scheint eine Hypothese der Serie zu sein, daß sich böse Mächte der Serienkiller bedienen, um die Apocalypse vorzubereiten.

MILLENNIUM ist noch düsterer als PROFILER und geht von der Prämisse aus, daß zum Ende des Jahrtausends das Böse immer stärker wird. Zukunftsängste und die weltweit depressive Stimmung motivieren Serienkiller und andere Psychopathen zu Überstunden, die von der Millennium-Gruppe abgebaut werden. »Ich bin selbst paranoid. Alles was ich mache ist, meine Paranoia via Bildschirm an die Leute weiterzureichen. Mein Lebensgefühl ist, daß alles immer schlimmer wird und den Bach runtergeht. Die Idee hinter MILLENNIUM ist, daß wir in einer Kultur leben, in der wir nicht mehr auf Gerechtigkeit hoffen dürfen. Die Menschen haben ihr Vertrauen in das System verloren«, sagt Carter und erklärt damit zugleich den Erfolg seiner naiveren Serie AKTE X, in der Außerirdische und korrupte Politiker für den Zivilisationsverfall verantwortlich gemacht werden. Tatsächlich reflektieren Carters Serien AKTE X und MILLENNIUM eine negative Weltsicht, die noch über MIAMI VICE hinausgeht. Carters Serien konterkarieren den dümmlichen Optimismus von STAR TREK oder die oberflächliche Konsumiert-nett-miteinander-Philosophie von BAYWATCH.

Die amerikanische Kritik nahm MILLENNIUM geteilt auf: *Newsweek* etwa beklagte die Suggestivkraft der brutalen Bilder, die neue Maßstäbe im Network-Fernsehen setzten. Dabei zeigte Carter wenig oder gar keine Gewalt in Actionsequenzen, sondern die Auswirkungen realistischer Gewalt auf den labilen menschlichen Körper. Wahrscheinlich war es diese Konzeption, die MILLENNIUM trotz des Themas Serienkiller die Quotenerwartungen nicht erfüllen ließ. Die Serie beendete ihre erste Saison auf Platz 94 der meistgesehenen Programme. Kritiker machten sich wöchentlich über sie als »Serial Killer of the Week« lustig, und nun soll ein Relaunch durch die früheren AKTE X-Produzenten James Wong (der mit seiner eigenen SF-Serie SPACE [SPACE AND BEYOND] quotenmäßig eine Bruchlandung erlitten hatte) und Glen Mor-

MILLENNIUM: Lance Hendricksen

gan die Serie erfolgversprechender gestalten. Erste Hinweise lassen nichts Gutes erwarten: Parapsychologische Phänomene sollen mehr in den Vordergrund gestellt werden, um MILLENNIUM auf eine ähnliche Schiene wie AKTE X zu setzen. Die kompromißlose, düstere Gewaltdarstellung wird aufgegeben, und Frank wird von seiner Frau verlassen, die er für den Rest der Staffel zurückzugewinnen versucht. Das neue *Cross-Over* heißt also *Soap meets Horror*. Nach der brillanten ersten Staffel, in der Gerry Wissner, der *Production Designer* von SIEBEN (SEVEN), den düsteren Look der Serie schuf, wird sie nun dem restringierten Code eines debilen Publikums angepaßt. Damit wird sie wohl auch besser in den Kontext der Hallodri-Serien von SAT.1 passen, wo das hohe Niveau der ersten Saison als Fremdkörper empfunden werden muß.

Die deutsche Erstausstrahlung durch SAT.1 konnte den Zuschauer eher zum SAT.1-Hasser als zum MILLENNIUM-Fan machen: Der erste Werbeblock unterbrach bereits vor dem Vorspann. Außerdem wurden die Szenen nach den Werbeunterbrechungen bis zu einer Minute zurückgespult. Und nach dem letzten Werbeblock wurden gewöhnlich die letzten zwei Minuten der Folge ausgestrahlt, ohne den Abspann zu zeigen.

Literatur: Kai Krick/Sascha Westphal/Lorenzo Zucchetti: Millennium; Heyne TB 10256, 1998. Sascha Westphal: Millenium. Die 2. Staffel; Heyne TB 10258, 1998. Andreas Kasprzak: Die wahren Fälle von Millenium; Knaur TB 77364, 1998.

Roman: Elizabeth Hand: Der Franzose; VGS, 1997. Angel; VGS, 1998. Jane Gannett: Tausend letzte Tage; VGS, 1998. Brian Lowry: Gehenna, VGS, 1997.

MINI-MAX – ODER DIE UNGLAUBLICHEN ABENTEUER DES MAXWELL SMART

Get Smart

USA 1965-70: 138 x 25 Min.; 1995: 7 x 25 Min.; F

Maxwell Smart, Agent 86 .... Don Adams
Sue Hilton, Agent 99 .... Barbara Feldon
Thaddeus, der Chef (1965-70) .... Edward Platt
Agent 13 (1966-67) .... Dave Ketchum
Carlson (1966-67) .... Stacy Keach
Conrad Siegfried (1966-69) .... Bernie Kopell
Hymie, der Roboter (1966-69) .... Dick Gautier
Agent 44 (1965-70) .... Victor French
Larrabee (1967-70) .... Robert Karvelas
Mutter von Agent 99 (1968-69) .... Jane Dulo
Zach Smart (1995) .... Andy Dick
Agent 66 (1995) .... Elaine Hendrix
Trudy (1995) .... Heather Morgan

➜ Echten Kultstatus hat die von Mel Brooks und Buck Henry erfundene Geheimagenten-Parodie um den Volltrottel Smart, der mit Hilfe der hübschen Agentin 99 im Auftrag von C.O.N.T.R.O.L. gegen die Organisation K.A.O.S. kämpft. Einige der ständigen Floskeln von Smart (»missed it by that much«) sind in die amerikanische Umgangssprache eingegangen. Auf dem Höhepunkt der Agentenwelle schlug die Serie wie eine Bombe ein. Am Ende der Staffel von 1970 heirateten Agent 99 und Smart,

nachdem man sich zuvor schon von dem ursprünglichen Konzept der *sophisticated* Agentenparodie entfernt hatte und mehr auf zwischenmenschliche Komik setzte. Die Serie, deren erste Staffeln auf NBC liefen und die dann zu CBS wechselte, wurde gerade noch rechtzeitig beendet, nachdem ein qualitativer Niedergang bemerkbar geworden war. Leonard B. Stern produzierte die mit drei *Emmys* ausgezeichnete Serie. 1980 und 1989 gab es zwei Return-Filme, DIE NACKTE BOMBE (THE NUDE BOMB) und DIE NACKTE BOMBE II (GET SMART, AGAIN!), bevor 1995 ein kurzlebiges Remake der Serie produziert wurde, das aber weder an den Erfolg noch an die Qualität der Originalserie anschließen konnte.
Literatur: Donna McCrohan: The Life and Times of Maxwell Smart; St. Martin's Press, 1988. Joey Green: The Get Smart Handbook; New York/ Toronto, 1993.
Roman: William Johnston: Get Smart; Tempo, 1965. Get Smart once again; Tempo, 1966. Sorry, Chief; Tempo, 1966. Max Smart and the Perilous Pellets; Tempo, 1966. And loving It; Tempo, 1967. Missed it by that much; Tempo, 1967. Max Smart loses Control; Tempo, 1968. The Spy who went out to the cold; Tempo, 1968. Max Smart and the Ghastly Ghost Affair; Tempo, 1969.

MISSING PERSONS – AUF DER SUCHE NACH VERMISSTEN!
Missing Persons
USA 1993-94; 18 x 45 Min.; F
Lieutnant Ray McAuliffe .... Daniel J. Travanti
Officer Johnny Sandowski .... Fred Weller
Officer Bobby Davison .... Erik King
Officer Carlos Marrone .... Juan Ramírez
Officer Connie Karadzic .... Jorjan Fox
Dan Monaher .... Bob Swan
Barbara McAuliffe .... Paty Lombard
➜ Polizeiserie um die Arbeit einer Spezialeinheit, die nach vermißten Personen sucht; McAuliffe, ein ehemaliger Beamter des Morddezernats, leitet die Abteilung, die aus fünf Ermittlern besteht.
Das *Chicago Department's Missing Persons Bureau* existiert tatsächlich. Produzent Stephen J. Cannell und Autor-Regisseur Gary Sherman haben sich bei ihren Geschichten vom Alltag der Ermittler inspirieren lassen.

MINI-MAX: Barbara Feldon Don Adams

MISSION EUREKA
Mission Eureka
BRD/A/F/CH/I/GB 1988; 7 x 55 Min.; F
Thomas Altenburg .... Peter Bongartz
Marianne Altenburg .... Elisabeth Rath
Graf Waldegg .... Michael Degen
Gräfin Waldegg .... Delia Boccardo
Meike Beck .... Agnes Dünneisen
Swann .... James Aubrey
Goncourt .... Raymond Pellegrin
Dr. Gibbs .... Gerd Böckmann
Chantal .... Patricia Barzyk
➜ Euro-Krimi mit SF-Einschlägen. Im Mittelpunkt der Handlung stehen eine europäische Raumfahrt-Agentur und eine intrigante, schöne Gräfin. Die Drehbücher schrieb Terence Feely.

MISSISSIPPI
The Mississippi
USA 1983-84; 22 x 45 Min.; F
Ben Walker .... Ralph Waite
Stella McMullen .... Linda G. Miller
Lafayette »Lafe« Tate .... Stan Shaw
Rachel Walker .... Laurie Prange
➜ Ben Walker hat eine Karriere als erfolgreicher Strafverteidiger in New York hinter sich. Als Pensionär macht er einen Jugendtraum wahr und kauft sich einen Schleppkahn am Mississippi, wo er geboren wurde. Aber immer wieder ergeben sich neue Fälle für ihn, wenn er mit seinem Kahn irgendwo in einem verschlafenen Nest im Süden der USA an-

Ward Emling, Ralph Waite in MISSISSIPPI

legt. Natürlich stammen die Klienten aus armen Verhältnissen und können sich eigentlich keinen Staranwalt leisten. Mit an Bord sind Stella, eine Jurastudentin, und der Vietnamveteran Lafe. Produziert wurde die von Daryl Ponicsan erfundene Serie von George Eckstein für CBS. Die Titelmusik komponierte Lee Holdridge.

MISS MARPLE
Miss Marple

GB 1984-91; 4 x 110 Min. u. 16 x 50 Min.; F

Miss Jane Marple .... Joan Hickson
Inspector Slack .... David Horovitch

➜ Agatha Christies ältliches Fräulein mit der detektivischen Spürnase lebt in dem idyllischen englischen Dorf St. Mary Mead (gedreht wurde in Nether Wallop in Hampshire) und gerät immer wieder in Mordfälle, die sie durch brillante Deduktion löst. Einige Gerüchte besagen, daß die Tante der Königin des klassischen Detektivromans das Vorbild für den Charakter war. Erstmals tauchte sie in dem Roman MURDER AT THE VICARAGE von 1930 auf. Unvergeßlich ist auch Margaret Rutherford in vier Kinoverfilmungen; Angela Lansbury spielte Miss Marple in dem Film MORD IM SPIEGEL (THE MIRROR CRACK'D). Die weltweit erfolgreiche BBC-Serie zeichnete sich durch ungewöhnliche Werktreue und Sorgfalt aus. Die verfilmten Romane sind: DIE TOTE IN DER BIBLIOTHEK (THE BODY IN THE LIBRARY), DIE SCHATTENHAND (THE MOVING FINGER), EIN MORD WIRD ANGEKÜNDIGT (A MURDER IS ANNOUNCED), DAS GEHEIMNIS DER GOLDMINE (A POCKETFUL OF RYE), MORD IM PFARRHAUS (MURDER AT THE VICARAGE), RUHE UNSANFT (SLEEPING MURDER), BERTRAMS HOTEL (AT BERTRAM'S HOTEL), DAS SCHICKSAL IN PERSON (NEMESIS), 16 UHR 50 AB PADDINGTON (4.50 FROM PADDINGTON), KARIBISCHE AFFÄRE (A CARRIBEAN MYSTERY) und FATA MORGANA (THEY DO IT WITH MIRRORS).

Roman: Agatha Christies Bücher sind u.a. im Scherz Verlag erschienen.

MISS MOLLY MILL

BRD 1970; 13 x 25 Min.; F

Molly Mill .... Inge Brück
Christopher Yellow .... Benno Hofmann
Marcus .... Gerd Verspermann

➜ Kesse Raumpflegerin als Freizeitdetektivin. In jeder Folge hat sie einen neuen Job und wird dabei immer in Verbrechen verwickelt. ZDF-Vorabendserie von Andreas Fuchs und Regisseur Thomas Engel.

MIT DEN CLOWNS KAMEN DIE TRÄNEN

BRD 1990; 3 x 90 Min.; F

Norma Desmond .... Sunnyi Melles
Barski .... Olgierd Lukaszewicz
Alwin Westen .... Hans-Christian Blech
Eli Kaplan .... Bernard-Pierre Donnadieu
Alessandra .... Ida di Benedetto
Langfrost .... Flavio Bucci
Francine .... Véronique Genest
Sondersen .... Ulrich Pleitgen
Tak und Kiyoshi Sasaki .... Yoshi Oida

➜ Die engagierte Star-Journalistin Norma recherchiert die Problematik der Gen-Forschung. Der Leiter eines Forschungsinstituts verweigert ihr bei einer Zirkusvorstellung ein Interview. Plötzlich feuern Clowns mit Maschinenpistolen brutal in die Zuschauer. Wem galt der Anschlag?

Reinhard Hauff führte Regie bei dieser Adaption des Romans von Johannes Mario Simmel; die Drehbücher schrieben Thomas Wittenburg und Horst Vocks. An der aufwendigen Produktion waren Sender aus sieben Ländern beteiligt. Simmel gefiel der Dreiteiler; er bezeichnete ihn als seine »beste Verfilmung überhaupt«.

MIT ROSE UND REVOLVER

Les brigades du tigre

F 1974-78; 24 x 55 Min.; F

Commissaire Paul Valentin ... Jean-Claude Bouillon
Inspecteur Pujol .... Jean-Paul Tribout
Inspecteur Terrasson .... Pierre Maguelon

➜ Im Paris von 1907 bis in die dreißiger Jahre spielt diese Serie um eine Spezialabteilung der französischen Polizei, die in Frankreich Kultstatus genießt. Autor Claude Desailly und Regisseur Victor Vicas fingen die Atmosphäre der Epoche ein und hatten auch Platz für etwas Erotik. 1982 wurde sechs Folgen LES NOUVELLES BRIGADES DU TIGRE mit Pinkas Braun in der Hauptrolle nachgeschoben.

MIT SCHIRM, CHARME UND MELONE

The Avengers

GB 1961-69; 161 x 45 Min.; sw u. F

John Steed .... Patrick Macnee
Dr. David Keel (1961) .... Ian Hendry
Catherine Gale (1962-64) .... Honor Blackman
Emma Peel (1965-68) .... Diana Rigg
Tara King (1968-69) .... Linda Thorson
Mutter (1968-69) .... Patrick Newell

➜ Diese Agentenserie voller surrealistischer Einfälle, bizarrer Superschurken und fantastischer Plots war wohl der größte Erfolg des britischen Fernsehens. Produzenten wie Julian Wintle und Albert Fennell und *Story Editor* Brian Clemens (der später DIE PROFIS konzipierte) hatten daran genauso Anteil wie die bis in die kleinsten Nebenrollen perfekt besetzten Schauspieler und die Produktionsdesigner – von den Drehbuchautoren ganz zu schweigen. Die Serie funktionierte auf vielen Ebenen: Spannung, Humor, Selbstironie, Pop-Art und Intelligenz machen sie für jede Alters- und Bildungsgruppe goutierbar. Bereits Mitte der sechziger Jahre lief sie regelmäßig in 16 europäischen Ländern, weltweit wurde sie in über 80 Ländern ausgestrahlt. Es war die erste nicht-amerikanische Serie, die von einem großen US-Network, ABC, zur *Prime Time* gesendet wurde. Noch heute vergeht kein Tag, an dem sie nicht irgendwo auf der Welt läuft.

Ganz am Anfang stand der Arzt Dr. Keel, der auf der Suche nach den Mördern seiner Verlobten von dem Geheimagenten John Steed unterstützt wird. Deshalb auch der englische Titel AVENGERS (= Rächer). Steed kam beim Publikum besser an als der eigentliche Hauptdarsteller, und Ian Hendry stieg gekränkt aus der Serie aus, nachdem Steeds Rolle vergrößert worden war. In dieser Anfangsphase war MIT SCHIRM, CHARME UND MELONE eine konventionelle Krimiserie ohne die surrealistischen Elemente, die später ihr Gesicht prägen sollten. Koproduzent Leonard White hatte die Idee,

MIT SCHIRM, CHARME UND MELONE: Diana Rigg und Patrick Macnee

Steed eine moderne, selbstbewußte Frau an die Seite zu stellen. Man suchte ein halbes Jahr, bis man mit Honor Blackman die Idealbesetzung für die schußsichere Judokämpferin und Anthropologin Cathy Gale gefunden hatte. »Ich war etwas Neues fürs Fernsehen. Die erste Feministin in einer Fernsehserie; die erste Frau, die kämpft«, erinnert sich Honor Blackman. Das Angebot, die Pussy Galore in GOLDFINGER zu spielen, ließ Honor aus der Serie aussteigen. Die neue vierte Staffel wurde dann ganz auf Film produziert. Das Konzept wurde nochmals verändert und führte langsam zu der ungewöhnlichen Mischung, die man heute mit der Serie verbindet. Mit Diana Rigg als Emma Peel fand man die Idealbesetzung für den neuen Frauentyp, der den Produzenten vorschwebte. Bis heute hat sie nichts von ihrem Appeal verloren. Laurie Johnson komponierte für die neuen Folgen das berühmte AVENGERS-Thema. Jede Folge kostete 30.000 Pfund und wurde in zehn Tagen abgedreht. Mindestens zehn Folgen der Diana-Rigg-Staffeln sind im deutschen Fernsehen nicht gezeigt worden; die Blackman-Staffeln überhaupt nicht. Die nächste Staffel wurde in Farbe gedreht und mit mehr Science-Fiction-Elementen angereichert (Zeitreise, Unsichtbare usw.). Danach stieg Diana Rigg aus, weil sie zurück zum Theater wollte. Natürlich mußte die Erfolgsserie, die schon den Ausstieg von zwei Akteuren überlebt hatte, weitergedreht werden. Man wollte aber weg von den immer phantastischer gewordenen Geschichten, zurück zu bodenständigerer Kost. Deshalb verstärkte man sich mit dem Produzenten John Bryce, der die wirklichkeitsnähere erste Blackman-Staffel realisiert hatte. Es kam zu Streitigkeiten mit Clemens und Fennell, die kündigten und erst zurückkamen, als ihnen außergewöhnliche Kompetenzen zugesagt wurden. In ihrer Abwesenheit hatte man die Schauspielschülerin Linda Thorson als Tara King verpflichtet, deren Rolle eher naiv als aggressiv angelegt war. Da die neue Serie in den USA floppte, wurde anschließend die Produktion eingestellt. Wiederbelebt wurde sie als NEW AVENGERS.

Literatur: Alain Carrazé/Jean-Luc Putheaud: Chapeau Melon et Bottes de Cuir; Huitième 8 Art, 1990. Franziska Fischer: Mrs. Peel, wir werden gebraucht; Bertz, 1996. Toby Miller: The Avengers; BFI, 1997. Dave Rogers: The Avengers; ITV/ Michael Joseph, 1983. The Avengers anew; Michael Joseph, 1985. The Ultimate Avengers; Boxtree, 1995. Patrick Macnee: Blind in One Ear; Harrap, 1988.

Roman: Douglas Enefer: The Avengers; Consul, 1963. Patrick McNee/John Leslie: Deadline; Hodder, 1965. Dead Duck; Hodder, 1965. John Garforth: Drei kleine Chinamädchen (The floating Game; 1967); Heyne 1259, 1967. Die traurigen Toten von Highgate (The Laugh was on Lazarus; 1967); Heyne 1258, 1967. Der singende Tod von Blackpool (The Passing of Gloria Mundy; 1967); Heyne 1292, 1968. Heil Harris!; Panther 2204, 1967. Keith Laumer: The Afrit Affair; Berkeley Medaillon Books, 1968. The Drowned Queen; Berkeley Medaillon Books, 1968. The Gold Bomb; Berkeley Medaillon Books, 1968. Norman Daniels: The Magnetic Man; Berkeley Medaillon Books, 1968. Moon

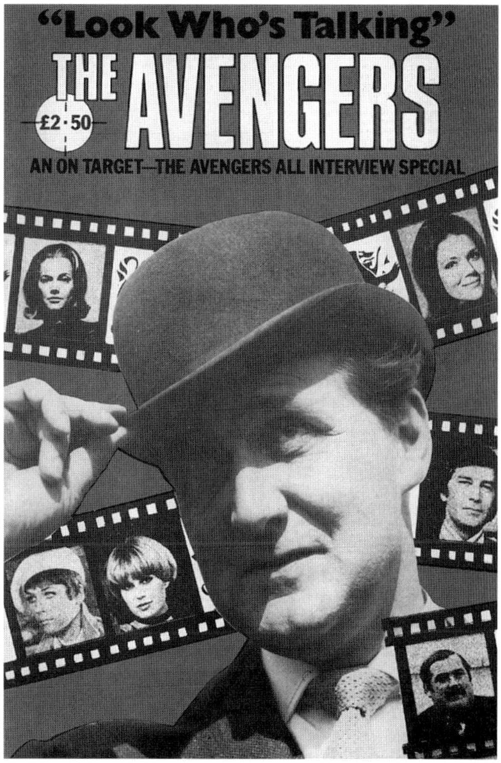

Express; Berkeley Medaillon Books, 1969. Tim Heald: John Steed – An Authorized Biography. Vol. One: Jealous in Honour; Weidenfield & Nicolson, 1977. John Peel/Dave Rogers: Too Many Targets; St. Martins Press, 1993.
Comic: Mit Schirm, Charme und Melone; Bildschriften Verlag Nr. 1-2, 1967. Steed and Mrs. Peel (Zeichnungen: Ian Gibson); Acme/Eclipse, Nr. 1-3, 1990.

MIT SCHIRM, CHARME UND MELONE
The New Avengers

GB 1976-77; 26 x 45 Min.; F

John Steed .... Patrick Macnee
Purdey .... Joanna Lumley
Mike Gambit .... Gareth Hunt

➔ In Frankreich, wo MIT SCHIRM, CHARME UND MELONE zu den populärsten Pop-Mythen überhaupt gehört, wurde ein Großteil des Geldes besorgt, um die Serie wiederauferstehen zu lassen. Fast fünf Millionen Pfund kostete die Produktion einer neuen Staffel, die von Brian Clemens in den Pinewood Studios und an Originalschauplätzen in Frankreich und Kanada produziert wurde. Nur John Steed war noch der alte Gentleman mit Schirm, Charme und Melone. Ihm zur Seite standen jetzt der knallharte Ex-Söldner Gambit und die hochintelligente Purdey, die fast ausschließlich mit asiatischen Beintechniken kämpfte. Um das neue Avengers-Girl wurde natürlich der größte Rummel veranstaltet. Präsentiert wurde sie als Straps-Girl, das reichlich Bein sehen ließ. Während der Dreharbeiten stellte sich jedoch heraus, daß die sexy Unterwäsche bei Kletterpartien und Kämpfen äußerst unpraktisch war; deshalb sah man dann Joanna Lumley, entgegen den PR-Ankündigungen, nur in den Folgen TÖDLICHES TRAINING (TARGET) und DIE WEISSE RATTE (TO CATCH A RAT) kurz mit Strumpfhalter. Einige Folgen der neuen Serie gehörten sicherlich zu den besten Episoden überhaupt. Aber nicht immer fand man die richtige Mischung aus phantastischen Einfällen und harten Geheimagentenstorys. Während der Produktion verlangten die französischen Geldgeber mehr Brutalität, was der Leichtigkeit des ursprünglich auch ironisierenden Konzepts nicht gut tat. Zwar wurde die Serie weltweit verkauft, aber in England und den USA war sie wenig erfolgreich. Während diese Zeilen geschrieben werden, erweist sich auch der AVENGERS-Kinofilms als Flop.

Lumley, Macnee und Hunt: THE NEW AVENGERS

Roman: Peter (Leslie) Cave: Das Mordprogramm (House of Cards; 1976); Bastei 38038, 1978. John Carter: The Eagle's Nest; Futura 7471, 1976. Walter Harris: Die weiße Ratte (To catch a Rat; 1977); Bastei 38040, 1978. Justin Cartwright: John Steed und die grünen Teufel (Fighting Man; 1977); Bastei 38039, 1978. Peter Cave: The Cybernauts; Futura 7575, 1977. Hostage; Futura 7558, 1977.

MODEL UND DER SCHNÜFFLER, DAS
Moonlighting

USA 1985-89; 1 x 90 Min. u. 66 x 45 Min.; F

Maddie Hayes .... Cybill Shepherd
David Addison .... Bruce Willis
Agnes Dipesto .... Allyce Beasley
Herbert Viola (1986-89) .... Curtis Armstrong
Virginia Hayes (1987-89) .... Eva-Marie Saint
Alex Hayes (1987-89) .... Robert Webber
MacGilicuddy (1988-89) .... Jack Blessing

➔ Maddie ist ein erfolgreiches Model, das eines Tages feststellt, daß ihr Manager sie nach Strich und Faden betrogen hat. Nur wenige Besitztümer bleiben ihr noch. Darunter die *Blue Moon*-Privatdetektei, die von dem Wüstling Addison geführt wird. Dieser kann sie überzeugen, die Detektei nicht zu verkaufen, und so beginnt das ungleiche Paar, das sich dauernd in den Haaren liegt, Fälle zu lösen. Im Laufe der Serie kommt es zu einer sexuel-

DAS MODEL UND DER SCHNÜFFLER: Cybill Sheperd ...

len Beziehung zwischen den Hauptpersonen, Maddie wird schwanger (weil Shepherd schwanger wurde) und hat eine Fehlgeburt.
Glenn Gordon Caron dachte sich für ABC diese postmoderne Privatdetektivserie aus, die das Plündern popkultureller Elemente als Stilmittel einsetzte. Diese *Screwball-PI-Comedy* steht ganz in der Tradition von Hammets THIN MAN-Filmen oder Serien wie REMINGTON STEELE, die sie aber an Witz übertrifft. Soziale Probleme oder die Realität der Reaganomics wurden wie bei anderen eskapistischen TV-Serien auch hier völlig ausgeblendet. Während zeitgleich MIAMI VICE ein realistisches Zeitgemälde zeichnete, kreisten Serien wie DAS MODEL UND DER SCHNÜFFLER oder REMINGTON STEELE nur um ihren egozentrischen Kosmos aus Versatzstücken und Klischees der Genre-Traditionen.
Willis' Alkoholismus und Shepherds Starallüren machten die Dreharbeiten zur Tortur, und immer öfter wurden die Folgen nicht termingerecht fertig (dann mußten Wiederholungen gezeigt werden). Und das, obwohl die Serie pro Episode neun Drehtage genehmigt bekam (statt der üblichen sieben). Auf dem Höhepunkt ihrer Popularität 1986-87 lag die Serie auf Platz 9 der meistgesehenen TV-Sendungen der USA.

Mode und Fernsehserien

Fernsehserien spiegeln nicht nur die Moden ihrer Zeit wider, sondern geben ihr auch Impulse oder bestimmen sie mit. Ein grausames Beispiel dafür waren die schulterbetonten Kleider Anfang der achtziger Jahre im DENVER CLAN (DYNASTY), in denen jede Frau von hinten wie Arnold Schwarzenegger aussah. Der Erfolg der Edel-Soap DALLAS des Senders CBS hatte dem Konkurrenten ABC keine Ruhe gelassen und so wurde von ihrem Hausproduzenten Aaron Spelling, der in den fünfziger Jahren als Drehbuchautor und Schauspieler angefangen hatte, mit DENVER CLAN ein Konkurrenzprodukt entwickelt, das noch wilder und bombastischer sein sollte als DALLAS. Dies gelang auch:

... und Bruce Willis

Wo DALLAS auf Charakterisierung und Story setzte, konzentrierte sich DENVER CLAN auf Glamour und Stil. Ein Kritiker schrieb: »Ein Dutzend Garderobieren und kein Drehbuchautor in Sicht«. DENVER wurde eine der teuersten Serien der Fernsehgeschichte: Die 169 Episoden, gedreht von 1981 bis 1989, kosteten 1,2 Millionen Dollar pro Folge, davon wurden jeweils mindestens 25.000 Dollar für meist geschmacklose Damenoberbekleidung ausgegeben. Da DENVER neben DALLAS die weltweit erfolgreichste Edel-Soap war, konnten die Produzenten über derartige Kosten nur müde lächeln. Die Vermarktung lief in den USA hervorragend, und bald verdiente man mit Merchandising wie DENVER-Kleidern zusätzliche Millionen. Eine Art amerikanische Neureichenmode, die von dem Modevandalen Spelling auch noch in Kaufhauskollektionen unter die Käuferinnen gebracht wurde. Aus Spellings ohnehin schon erfolgreicher Produktionsfirma entwickelte sich ein Imperium, das ihn zum mächtigsten Mann im Geschäft machte. Dank seiner Teenager-Soaps BEVERLY HILLS 90210 und MELROSE PLACE ist er das noch heute. Die für DALLAS und DENVER typische Löwenmähne der Damen hatte man bereits einige Jahre zuvor etabliert. Sie läßt sich auf die ebenfalls von Spelling produzierte Serie DREI ENGEL FÜR CHARLIE zurückführen, in der Farah Fawcett ihren Kopfumfang vefünffachte.

»Im Pop geht es immer nur um hübsche Jungs mit unglaublichen Frisuren«, sagte Mick Jagger einmal. Der erste Pop-Star der Seriengeschichte war Nachwuchsdetektiv Kookie alias Edd Byrnes, der fast ununterbrochen seine unglaubliche Tolle in Form harkte (siehe Eintrag 77 SUNSET STRIP).

Innovative Haarmode war aber schon ein paar Jahre früher gemacht worden: In der coolsten Detektivserie der fünfziger Jahre, PETER GUNN, erfunden von Blake Edwards, der später als Spezialist für Hollywoodkomödien berühmt werden sollte. Hauptdarsteller Craig Stevens wurde für die Titelrolle maßgeschneidert: »Blake schleppte mich zum Friseur und erfand eine neue Frisur: den Bürstenhaarschnitt mit Scheitel, der als Peter-Gunn-*Haircut* berühmt wurde und noch während der ersten Season überall in den USA in Mode kam. Dann ging er mit mir zu seinem Schneider und ließ Anzüge für mich machen. Wegen der Action-Szenen brauchten wir eine Menge Anzüge; irgendwann hatte ich ungefähr 380 im Schrank hängen. Alles war Blakes Vision. Als Kontrast zu den vielen miesen Typen mußte Gunn immer smart gekleidet sein und einen klaren, scharfen Look haben.«

Edd Byrnes in 77 SUNSET STRIP

1964, auf dem Höhepunkt der Bienenkorbfrisuren für Frauen, war es Mia Farrow, die in der Soap Opera PEYTON PLACE die für sie so charakteristische Kurzhaarfrisur popularisierte. Zusammen mit dem Minirock entstand daraus der Stil der jungen, selbstbewußten urbanen Frau der sechziger Jahre. Ebenfalls 1964 war es David McCallum in der Agentenserie SOLO FÜR O.N.K.E.L., der für die Akzeptanz langer Haare beziehungsweise einer gemäßigten Beatles-Frisur verantwortlich war. Auf dem Höhepunkt der Popularität waren die Hauptdarsteller McCallum und Robert Vaughn selbst Pop-Stars, die bei Auftritten hysterische Reaktionen auslösten, die der Beatlemania ähnlich waren. Aber McCallums nachhaltigster Einfluß auf die Mode war sein Rollkragenpullover, *Turtleneck* genannt. Nachdem er in den O.N.K.E.L.-Folgen Rollis unter dem Anzug trug, taten es ihm weltweit viele Männer nach, und sogar die Luxusrestaurants mit Krawattenzwang akzeptierten zähneknirschend diese tollkühne Mode. Pierre Cardin erklärte den Rollkragenpulli für *en vogue* und Weltstars wie Paul Newman und Steve McQueen folgten seinem Dekret.

Die erste Serie, die Mode machte, wurde von den Disney Studios produziert. Für den Sender ABC stellten sie ab 1954 die Anthologie-Reihe DISNEYLAND her. In dieser Reihe wurde ab Dezember 1954 die Geschichte des legendären Waldläufers, Indianerkämpfers und Kongreßabgeordneten DAVY CROCKETT als Dreiteiler gezeigt. Fess Parker, der in den sechziger Jahren den nicht minder legendären Westmann DANIEL BOONE spielen sollte, war als Davy Crockett der erste Held der Fernsehgeschichte, der (bei der berühmten Schlacht

Patrick Macnee und Honor Blackman in MIT SCHIRM, CHARME UND MELONE

um Fort Alamo) am Ende einer Serie ins Gras beißen mußte. Diese Mini-Serie löste das erste TV-Merchandising aus. Kaum ein Junge, der nicht mit Crocketts Waschbärenmütze herumlief. Der Titelsong, THE BALLAD OF DAVY CROCKETT, wurde einer der größten Hits des Jahres. Es gab Crokkett-Spielzeug, Schlafanzüge, Comics und dergleichen. Erstmals erzeugte eine TV-Serie eine echte Merchandising-Industrie, die alle möglichen und unmöglichen Produkte herstellte, die mit dem Namen einer Fernsehpersönlichkeit verbunden wurden und sich allein deshalb verkauften. In Filmen, Fernsehserien oder Comics aus dieser Zeit, in denen Kinder mitspielen, tragen sie fast immer Crokketts Waschbärenmütze.

Ausgehend von der Rockmusik dominierte der Pop die gesamte Kultur der sechziger Jahre. Natürlich auch die Mode. Als Mary Quandt den Minirock entwarf, hatte sie junge Mädchen im Sinn, die bei den wilden Tänzen zur Beatmusik Beinfreiheit brauchten und außerdem ihre feminine Unabhängigkeit demonstrieren konnten. Keine andere Fernsehserie wurde mehr zum Inbegriff des Pop als MIT SCHIRM, CHARME UND MELONE, die Pop-Ikonen plünderte und gleichzeitig selber neue hervorbrachte. Bei uns ist die Serie besonders mit Dame Diana Rigg als Emma Peel verbunden. Aber vor Emma Peel war Cathy Gale, gespielt von Honor Blackman in Folgen, die bei uns nie ausgestrahlt wurden. In Stiefeln und Lederkleidung verkörperte sie in den frühen sechziger Jahren einen Fetisch-Traum. Die Popularität ihrer Stiefel führten sogar zu einem musikalischen Hit: Im Duett mit Partner Patrick Macnee stürmte sie die Hitparade mit dem Song KINKY BOOTS. Honor Blackman erinnerte sich: »Ich war etwas Neues im Fernsehen. Die erste Feministin, die erste Frau, die kämpft.«

Anfangs schlüpfte auch Nachfolgerin Diana Rigg alias Emma Peel in schwarze Lederkleidung. Aber für die ab 1966 gedrehten Farbfolgen kreierte man einen neuen, eigenen Stil: In Erinnerung geblieben sind ihre bunten, einteiligen Jumpsuits, von der

Diana Rigg in MIT SCHIRM, CHARME UND MELONE

Produktion »Emma Peelers« genannt. Modedesigner John Bates entwarf erstmals für eine Fernsehserie eine komplette Kollektion, die vom *Jean Varon Fashion House* produziert und weltweit auf Modeschauen vorgeführt wurde. Neben den zeitlosen Jumpsuits, die erst 15 Jahre später in der Overallmode Anfang der achtziger Jahre populär wurden, entwarf Bates reinste Pop-Mode, wie Franziska Fischer in ihrem Buch *Mrs. Peel, wir werden gebraucht!* (Bertz Verlag) berichtet: »Emma Peel trug Mützen mit Zielscheibenmotiv, einem typischen Pop-art-Symbol. Eine andere berühmte Kombination namens Flash bestand aus einer silbernen Hose und einem gleichfarbigen Bikinioberteil. Ein für ihren Stil unabdingbares Accessoire war der Reißverschluß, an Hosen, Schuhen und eleganten Oberteilen angebracht, ein Ausdruck ihrer praktischen Art und ein Symbol für Emmas unverklemmte Sexualität.« Emmas Partner John Steed war das modische Gegenteil: Mit Dreiteiler, Bowler und Schirm setzte er der konservativen britischen Männermode ein Denkmal.

Die gruselige Mode der frühen siebziger Jahre konnte selbst von den ausgeflipptesten Fernsehserien nicht übertroffen werden. Die bonbonfarbenen Anzüge, Rüschenhemden, die langen Kragen, Schlaghosen, breiten Krawatten und Plateaustiefel prägten besonders die Serie DIE ZWEI, die in Deutschland wegen ihrer flapsigen Synchronisation Kultstatus erlangte. Wenn man heute den langhaarigen Roger Moore in seinen grauenhaften Anzügen sieht, könnte man ihn und seinen Partner Tony Curtis für Aliens aus einer Mystery-Serie halten. Ganz schlimm waren auch DIE FÜCHSE mit John Thaw und Dennis Waterman! Waterman fettiges Langhaar reichte fast bis auf die breitesten Sakkorevers' der Fernsehgeschichte. Ähnlich häßlich anzuschauen waren auch die Popelinejacken und Plastikblousons von Lewis Collins als Bodie und Martin Shaw als Doyle in der Action-Serie DIE PROFIS von MIT SCHIRM, CHARME UND MELONE-Produzent Brian Clemens.

Keine andere Serie veränderte in den achtziger Jahren das Medium Fernsehen stärker als MIAMI VICE. Und keine andere Serie tat mehr für die Mode. Der Massenerfolg der Boss-Anzüge verdankt Michael Phillip Thomas als Vice-Cop Tubbs eine Menge. Er machte diese Marke in den USA populär und *fashionable*. Und daß selbst die gewagtesten Versace-Sakkos tragbar sind, zeigte Don Johnson als sein Partner Sonny Crockett. Überhaupt ist Johnsons modischer Beitrag zu der Erfolgsserie nicht zu unterschätzen. Selbst der berühmte Dreitagebart, der ausgehend von der Serie seinen modischen Siegeszug um die Welt antrat, stammte von ihm. »Das war nach einem durchgesoffenen Wochende. Ich hatte mich nicht rasiert und war ein paar Tage im Bett geblieben. Als ich in den Spiegel sah, fand ich es ganz attraktiv. Außerdem hasse ich es, mich zu rasieren. Als wir mit VICE anfingen, fiel mir das wieder ein.« Zusammen mit Michael Mann und Kostümdesignerin Jodie Tillen entwickelte er den typischen Sonny-Crockett-Stil: helle Sakkos über pastellfarbenen T-Shirts oder dreiknöpfige Long-John-Tops. Außerdem trug Sonny nie Socken in seinen weichen Slippern. »Es ist mehr eine Attitüde als ein Modestil. Es soll der Figur etwas Kaltes, Kompromißloses geben.«

Don Johnson, Philip Michael Thomas in MIAMI VICE

MONA M. – MIT DEN WAFFEN EINER FRAU

BRD 1996; 1 x 90 Min. u. 13 x 45 Min.; F

Mona Morena .... Simone Thomalla
Peter .... Hartmut Reck
Thomas .... Siemen Rühaak
Meister .... Günter Schubert
Mike .... Sven Martinek
Eva .... Maja Oehme
Roßkopf .... Gerhard Olschewski

→ »Mona tauscht nach drei Folgen die Robe der Staatsanwältin gegen das saloppe Outfit der Privatdetektivin. Von Anfang an kämpft sie gegen das Böse mit den Waffen der Frau: Lippenstift, Pumps, weibliche Intuition (oder das, was Drehbuchschreiber dafür halten). [...] Ähnlich dürftig ist die Personenzeichnung. [...] Mehr als konstruiert wirken die Fälle. Die Autoren Felix Huby, -ky und Klaus Dieter Remus scheinen über eines jener US-amerikanischen Computerprogramme zu verfügen, das aus vorgestanzten Versatzstücken Drehbücher mixt«, schrieb Frauke Döhring über die ZDF-Serie in der *Funk-Korrespondenz* Nr. 6/1996.

MOND ÜBER MIAMI

Moon over Miami

USA 1993; 13 x 45 Min., F

Walter Tatum .... Bill Campbell
Gwen Cross .... Ally Walker
Billie .... Marlo Marron
Tito Savon .... Agustin Rodriguez

➔ Plumper Kopierversuch von DAS MODEL UND DER SCHNÜFFLER. Walter ist ein dumm daherquatschender Privatdetektiv in Miami. Sein toller Gag: Er kann lange Shakespeare-Passagen zitieren. Unterstützt wird er von seiner Assistentin Billie und seinem Teilhaber Tito. Eines Tages stößt die reiche Erbin Gwen zu ihnen, nachdem sie im Hochzeitskleid von einer Yacht gesprungen war, um vor einer ungewollten Ehe und der ekelhaften Eintönigkeit eines Luxuslebens zu flüchten.
Harley Peyton schrieb diesen Flop für ABC.

MONA M.: Simone Thomalla mit Günter Schubert

MORD BRAUCHT REKLAME

siehe **LORD PETER WIMSEY**

MÖRDER IM VISIER, DEN

F 1990; 4 x 90 Min.; F

Laura .... Mireille Darc
Marc .... Jean Sorel
Ernesto .... Marc De Jonge
Ibrahim .... Raphael Amor

➔ Eine Frau sucht den Mörder ihres Mannes, der einem Umweltverbrechen auf die Spur gekommen war. Langatmiges Starvehikel für Darc und Sorel von Regisseur Jeannot Szwarc.

MÖRDERISCHER ALLTAG: Charlie McCabe

MÖRDERISCHER ALLTAG

Scene of the Crime

USA 1991-92; 22 x 45 Min.; F

Repertoire-Schauspieler: Kim Coates (1991), Lisa Houle, Maxine Miller, François Montagut, Sandra Nelson, Barbara Parkins (1991), Olivier Pierre, George Touliatos, Teri Austin, Stephen McHattie, Robert Paisley

➔ Autor-Produzent Stephen J. Cannell agierte als Gastgeber dieser von ihm für CBS in Vancouver produzierten Anthologie-Reihe. Jede Woche wurde eine Kriminalgeschichte erzählt, ohne durchgehende Charaktere. Das Ungewöhnliche war, daß immer dieselben Schauspieler eingesetzt wurden; in einer Folge waren sie die Stars, in anderen spielten sie nur Nebenrollen.

MORD FÜR QUANDT, EIN

BRD 1996; 1 x 90 Min. u. 17 x 45 Min.; F

Kommissar Quandt .... Martin Armknecht
Tankwart Paule .... Horst Pinnow

➜ Quandt ist jung, manchmal etwas zerstreut (wie er es bei COLUMBO gesehen hat), tolpatschig obendrein und fährt im edlen Zwirn mit dem Roller zum Tatort. Ach wie witzig, ach wie originell! Pech nur, daß es sich um ein weiteres Gehirngespinst von Karl Heinz Willschrei für SAT.1 handelt, das meilenweit seinem US-Vorbild hinterherhinkt. Armknecht scheint bei den Stellproben abgefilmt worden zu sein. Seine mimische Aussagekraft läßt darauf schließen, daß Intelligenzquotient und Schuhgröße identisch sind. »[...] ohne Profil, ohne jenen Funken, der die Lunte für 13 Folgen entzündet«, schrieb Hans G. Rainer im *Gong* Nr. 9/1997 über den dämlichen Pilotfilm.

MORD IST IHR HOBBY

Murder, She Wrote

USA 1984-96; 264 x 45 Min.; F

Jessica Beatrice Fletcher .... Angela Lansbury
Sheriff Amos Tupper (1984-88) .... Tom Bosley
Grady Fletcher (1985-90) .... Michael Horton
Dr. Seth Hazlitt (1985-96) .... William Windom
Bürgermeister Booth (1986-96) .... Richard Paul
Sheriff Mort Metzger (1989-96) .... Ron Masak
Dennis Stanton (1990-91) .... Keith Michell
Robert Butler (1990-91) .... James Sloyan
Lt. Perry Catalano (1990-91) .... Ken Swofford
Rhoda (1990-91) .... Hallie Todd
Deputy Andy Broom (1991-96) ..... Louis Herthum

➜ 1983 lud der Programmchef von CBS die drei erfolgreichen Autoren-Produzenten Richard Levinson, William Link und Peter Fischer zu sich. Die drei galten als die Krimiserien-Genies der Branche. Levinson und Link hatten ein gutes Dutzend Erfolgsserien kreiert, darunter die Hits MANNIX und COLUMBO. Fischer war ihre Entdeckung und seit der gemeinsamen Arbeit an COLUMBO ein vielbeschäftigter Autor und Script-Supervisor. Der CBS-Chef sagte: »Was wir jetzt wirklich wollen, ist eine Krimi-Serie mit einer weiblichen Hauptperson.« Die drei Genies stöhnten: Eine Krimi-Serie mit einer Frau in der Hauptrolle war nie erfolgreich gewesen. Ausnahmen wie MIT SCHIRM, CHARME UND MELONE, HONEY WEST und DREI ENGEL FÜR CHARLIE bestätigten die 40 Jahre alte Regel. Aber natürlich wollten sich alle die Sache mal durch den Kopf gehen lassen. Monate verstrichen, und Levinson und Link hatten mit anderen Projekten zu tun. Peter Fischer erinnert sich: »Eines Abends sah ich einen Miss-Marple-Fernsehfilm mit Helen Hayes. Auf dem anderen Kanal lief LOVE BOAT, und ich zappte öfter hin und her. Plötzlich durchzuckte es mich: Warum nicht beides kombinieren? Statt Miss Marple schwebte mir aber Agatha Christie oder überhaupt eine Kriminalschriftstellerin vor. Eine Autorin, die gute alte Rätselkrimis in einem geschlossenen Kreis von Verdächtigen löst. Also das Muster des klassischen Detektivromans.« Er arbeitete ein Konzept aus, und CBS gab grünes Licht. Jessica Fletcher war geboren:

EIN MORD FÜR QUANDT: M Armknecht, H. Elsner

Sie ist eine Witwe in den besten Jahren und äußerst erfolgreiche Kriminalschriftstellerin. Sie lebt in dem kleinen Ort Cabot Cove (4500 Einwohner) an der Küste von Maine, wo die Natur ebenso wild wie idyllisch ist (als Drehort diente das kalifornische Mendocino). Aber Jessica ist nicht nur eine erfolgreiche und clevere Autorin von Detektivromanen, sondern auch eine ausgefuchste Amateurdetektivin. Ob in Cabot Cove oder in anderen Städten – sie zieht das Verbrechen magisch an und löst die verzwicktesten Mordfälle.

Die von Universal produzierte Serie startete am 30. September 1984 und lief zwölf lange Jahre. Gleich im ersten Jahr schaffte sie den Sprung auf Platz acht der meistgesehenen Fernsehsendungen, im Jahr darauf stand sie auf Platz drei und 1986 auf Platz vier. Seitdem war sie immer unter den zehn erfolgreichsten Serien des Jahres. Inzwischen rissen sich die US-Stars darum, in einer Folge mitzuspielen. Auch bei den Kritikern erfreute sich MORD IST IHR HOBBY großer Beliebtheit: 1986 erhielt sie als beste Fernsehserie den *Golden Globe* und 1987 wurde Angela Lansbury als beste Hauptdarstellerin in einer Fernsehserie ebenfalls mit dem *Golden Globe* ausgezeichnet. Bei RTL gehört MORD IST IHR HOBBY zu den beliebtesten Serien, was die andauernden Wiederholungen beweisen. Millionen Menschen sehen zu, wenn Jessica auf Mörderjagd geht.

Literatur: James Robert Parish: The Unofficial Murder, She Wrote Casebook; 1997. Tom Culver/ Nancy Goodman: The Murder She Wrote Cookbook; 1997.

Roman: James Anderson: Liebhaber und andere Mörder; VGS, 1992 und Heyne 9088, 1994. Ein Hoch auf den Mörder; VGS, 1992 und Heyne 9548, 1995. Der Mord an Sherlock Holmes; VGS, 1993. Jessica Fletcher/Donald Bain: Manhattans and Murder; 1994. Rum and Razors; 1995. Brandy and Bullets; 1995. Martinis and Mayhem; 1995. A Deadly Judgment; 1996. A Palette for Murder; 1997. The Highland Fling Murder; 1997. Murder on the QE2; 1997. Murder in Moscow; 1998.

MORDKOMMISSION

BRD 1973, 1975; 26 x 25 Min.; F

Kommissar Wieker .... Charles Régnier
Gramm .... Karl Heinz von Hassel
Kusenberg .... Hannes Keppler
Brobowski .... Konrad Krauss
Siebenlist .... Jochen Busse

➔ Autor Carl Darrow und Regisseur Kurt Wilhelm lieferten beim ZDF das ab, was sie unter einer realistischen Kripo-Serie verstanden. Das Ergebnis: dröger Krimialltag. Interessant ist lediglich, Kabarett-Star Busse und den späteren TATORT-Kommissar von Hassel durch dieses Schlafmittel tapern zu sehen.

MORDKOMMISSION

BRD 1998- ; x 60 Min.; F

Ralf Heine .... Jophi Ries
Lilli Kutschinski .... Gunda Ebert

➔ Das Hamburger Bullenpaar Lilli und Ralf ist nicht nur ein stürmisches Liebespaar, sondern vor allem ein leidenschaftliches Polizistenduo. Aber sie geben sich alle Mühe, Privat- und Berufsleben zu trennen. Ralf fühlt sich der fernöstlichen Kultur verbunden und ist ein leidenschaftlicher Koch. Lilli aber ist nicht etwa häuslich und ordentlich, sondern stopft sich in verräucherten Kneipen gerne Frikadellen in den hübschen Mund, denn ihre Eltern bewirtschaften eine kleine Kneipe. Ralf ist ein geduldiger Beobachter, Lilli ungeduldig und impulsiv. Hach, ist das alles originell und witzig, was sich Eva und Volker A. Zahl da für den ZDF-Freitagskrimi ausgedacht haben. So eine brüllend komische Konstellation, wie sie die Monaco-Film auf den unschuldigen Krimi-Fan losläßt, hat man ja erst hundert Mal gesehen. »Bedenklich ist dabei das Profil dieser Serie überhaupt. Das Beziehungsgeschnatter und Getechtel stört deutlich; vor allem dann, wenn sich kurz zuvor die Dialoge noch um ernstere Dinge gedreht hatten, Euthanasie oder Sterbehilfe etwa. Dann gab es komödiantische Anschlüsse, die geschmacklos und billig (und gedankenlos) waren: ›Er hatte eine schwierige Kindheit und ein beschissenes Wochenende. Wenn er so weitermacht, laß' ich ihn einschläfern.‹ So neckt Lilli also ihren Partner. Komisch oder? Diese Figuren bleiben Typen; hier hat man nur ein blasses Pärchen, das in einem noch blasseren Hamburg herumlief, das so unkenntlich und steril wie ein Großraumbüro aussah. [...] Alles bleibt stimmungslos, ohne erkennbare Atmosphäre, ohne Milieu, leidenschaftslos«, schrieb Torsten Körner in der *Funk-Korrespondenz* Nr. 47/1998.

MORD OHNE SPUREN
Bodies of Evidence

USA 1992-93; 16 x 45 Min.; F

Lieutenant Ben Carroll .... Lee Horsley
Detective Ryan Walker .... George Clooney
Detective Nora Houghton .... Kate McNeil
Detective Walt Stratton .... Al Fann
Sergeant Jimmy Houghton .... Francis X. McCarthy
Lemar Samuels .... Leslie Jordan
Dr. Mary Rocket (1992) .... Lorraine Toussaint
Bonnie Carroll .... Jennifer Hetrick
Chief Frank Leland .... Alan Fudge
Maggie Holland (1993) .... Kimberly Scott

➜ In dieser düsteren Krimiserie leitet Lieutenant Carroll ein Morddezernat mit ungewöhnlichen Mitarbeitern. Der vielleicht eigenwilligste Cop in seinem Team ist Detective Walker, der sich emotional in die Verbrechen einarbeitet und ein hervorragender *Profiler* ist. Der illusionslose alte Hase Stratton dagegen kümmert sich rührend um die junge Detektivin Nora.

David Jacobs und James L. Conway schrieben und konzipierten diese harte, realistische Serie für die Produzenten Joel L. Feigenbaum und Christopher Seitz. Leider hatte die von Production Designer Robert J. Bacon eindrucksvoll ausgestattete Serie beim Sender CBS nie genug Rückendeckung, um ihr Publikum zu finden. Schade. Höhepunkt war eine dreiteilige Jagd nach einem Serienkiller, bei der George Clooney glänzen konnte.

MORDPROZESS HIROSHI UEDA
Jiken

J 1979; 4 x 45 Min.; F

Hiroshi Ueda .... Yoshitaka Tanba
Staatsanwalt Okabe .... Ensuke Katsube
Anwalt Kikushi .... Tomisaburo Wakayama

➜ Der 19jährige Ueda hat die Schwester seiner Freundin Yoshiko getötet, weil sie wußte, daß Yoshiko schwanger ist. Mord, Totschlag oder Unfall? Ein japanisches *Courtroom-Drama*.

Regie: Yukio Fukamachi und Yoshiyuki Takamatsu; nach einem Roman von Shohei Ooka.

MORDSLUST

BRD 1995; 12 x 15 Min.; F

➜ ZDF-Krimianthologie, gedreht von Vera Loebner. »Vorzugsweise nett und uninspiriert. Wozu nicht zuletzt auch das belanglose Musik-Geklimper beitrug, für das Jürgen Ecke verantwortlich zeichnete. [...] Darüber hinaus ist der massive Einsatz sogenannter Fernsehstars ein ebenso plumper wie hausbackener Zuschauerköder. Und daß diese Promi-Riege hier irgendwas zum Gelingen beigetragen hätte, kann man nun wirklich nicht behaupten«, stand in der *Funk-Korrespondenz* Nr. 38/1995.

MORLOCK

BRD 1992; 4 x 90 Min.; F

Carl Morlock .... Götz George
Anna Martens .... Maddalena Crippa
Leon Baal .... Edgar M. Böhlke

➜ Götz George als Unternehmensberater mit Sitz in München, der in Umwelt- und Wirtschaftskriminalitätsfälle verwickelt wird. Erst sollte diese Serie von Axel Götz und Thomas Wesskamp für den WDR Pollock heißen, dann Marlock, und schließlich wurde Morlock daraus. Produzent Michael Hild, der für die Bavaria die aufwendige Koproduktion von SDR, WDR, RAI 2 und TF1 regelte, erinnert sich, daß ihm WDR-Redakteurin Heidi Steinhaus Zeitungsauschnitte aus der Düsseldorfer Lokalpresse schickte. In ihnen war zu lesen,

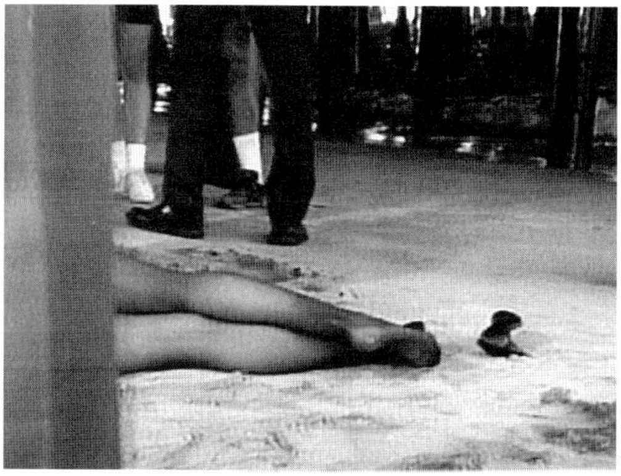

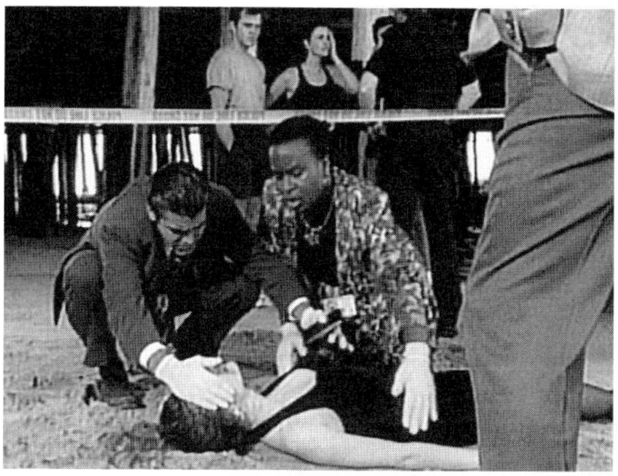

George Clooney in MORD OHNE SPUREN

Greg Morris in KOBRA, ÜBERNEHMEN SIE

daß der dortige Bauunternehmer Josef Pollock beim Autobahnbau in einen Giftmüllskandal verwickelt worden war. Um Verwechslungen zu vermeiden, wurde der Serienheld umgetitelt. Vor der TV-Ausstrahlung wurden einige Folgen auf Video herausgebracht. Die vierte Folge wurde in Frankreich unter der Regie von Yves Boisset produziert. Geplant waren sechs Folgen, aber wegen der schlechten Quoten (sie verringerten sich von 20 auf sieben Prozent), wurde die Serie vorzeitig gekippt. Pro Folge verschlang sie bis zu zwei Millionen Mark. George stellte fest: »Wenn es möglich ist, daß so eine qualitätvolle Reihe vom Fußball abgeschossen wird, dann muß das Publikum blöd sein. Das ist doch eine Bankrotterklärung des Fernsehens.«
Roman: Torben Gellert: Morlock; VGS, 1993.

Morris, Greg

Amerikanischer Schauspieler. Der am 27. September 1934 in Cleveland, Ohio, geborene Greg Morris war nach Bill Cosby in TENNISSCHLÄGER UND KANONEN der zweite Schwarze, der eine Hauptrolle in einer TV-Serie bekam. Morris hatte auf dem College mit der Schauspielerei begonnen und dafür auf eine Karriere als Basketballprofi verzichtet. Er ging 1963 nach Hollywood und hatte zunächst Gastauftritte in DR. KILDARE, TWILIGHT ZONE und AUF DER FLUCHT, bevor er als Barney Collier in KOBRA, ÜBERNEHMEN SIE zum ersten Elektronikspezialisten des US-Fernsehens avancierte. Seine Hautfarbe spielte in der Serie keine Rolle und die Drehbuchautoren nutzten sie nie für die Handlung. Deshalb gilt seine Arbeit bei KOBRA generell als Durchbruch für farbige Schauspieler im Seriengeschäft. Er wurde dreimal für den *Emmy* nominiert. Nach dem Ende der Serie wurde er ein vielbeschäftigter Gaststar, u.a. in ROOTS und LOVEBOAT. Von 1979 bis 1981 hatte er dann wieder eine Serienrolle: als Kriminalpolizist Lieutenant Nelson in Robert Urichs Erfolgsserie VEGA$.

MÜLLER & MILLER

BRD 1991; 6 x 45 Min.; F
Kim Müller .... Désirée Nosbusch-Becker
Bonnie Miller .... Suzanne Savoy

➜ Als sie von der lebensgefährlichen Verwundung ihres neuen amerikanischen Ehemanns hört, starrt Kim Müller, alias Désirée Nosbusch-Becker, kuhäugig in die Kamera. Spastische Zuckungen sollen ausdrücken, was ihre Mimik uns vorenthält: daß sie ihren Mann, einen US-Drogenfahnder, liebt und seine Verwundung irgendwie nicht gut findet. Ihrer US-Kollegin Susan Savoy (langweilig, aber neben Nosbusch wirkt auch ein Eichhörnchen wie ein Charakterdarsteller) zeigt ähnlich weidegewohnte Augen. Der schauspielerische Höhepunkt eines Vorabendprogramm-Krimis der ARD war erreicht. Der Zuschauer konnte wieder zu den Privaten zappen. Denn was bei der NDR-Schmonzette MÜLLER & MILLER geboten wurde, stammte direkt aus dem Papierkorb von MIAMI VICE. Die restlichen Folgen hatten es schwer, den hier gesetzten Stupiditätsstandard zu unterbieten.
Viel Geld wurde verschwendet, damit ein zum Teil deutsches Team mit amerikanischen B-Serien-Leuten in Texas in 72 Drehtagen einen verblödeten Drogenkrimi runterschrubben konnte. Das

Drehbuch mit den schlechtesten Dialogen der Saison stammte von Barbara Gotthardt, Regie führte Herr Görlitz. Einfallslos beschränkte man sich auf Standardeinstellungen aus US-Serien der siebziger Jahre. Nach dem debilen Percy-Stuart-Aufguß JOLLY JOKER hatte der NDR mit MÜLLER & MILLER eine weitere Neutronenbombe im ewigen Krieg gegen funktionstüchtige Gehirnzellen gezündet. Hauptdarstellerin Désirée Nosbusch-Becker birgt ein Geheimnis: Dank ihrer unentwegten Selbstdarstellung erhalten wir eine Ahnung von den Schwarzen Löchern im Weltall.
Es ist doch klar, wie und warum diese Serie entstanden ist: Ein paar Leute wollten einfach mal eine nette Zeit in Texas verbringen – natürlich auf Kosten der unschuldigen Gebührenzahler und mit einem Spesenkonto, mit dem die Engländer mehrere Folgen von MIT SCHIRM, CHARME UND MELONE gebastelt hätten. Aber eine Frage muß natürlich gestellt werden: Wäre es nicht besser, künftig solchen Talenten das Geld einfach zu schenken?

MURDER ONE: Daniel Benzali, Stanley Tucci

MURDER ONE – DER FALL JESSICA
Murder One

USA 1995; 23 x 45 Min.; F

Theodore Hoffman .... Daniel Benzali
Justine Appleton .... Mary McCormack
Chris Docknovich .... Michael Hayden
Lisa Gillespie .... Grace Phillips
Arnold Spivak .... J.C. MacKenzie
Richard Cross .... Stanley Tucci
Arthur Polson .... Dylan Baker
Lila Marquette .... Vanessa Williams
Louis Heinsbergen .... John Fleck
David Blaylock .... Kevin Tighe
Miriam Grasso .... Barbara Bosson
Annie Hoffman .... Patricia Clarkson
Neil Avadon .... Jason Gedrick

➔ Der erfolgreiche Jungschauspieler Avedon wird ebenso wie Cross des Mordes an Jessica Costello verdächtigt. Als der smarte Schönling aufgrund hochkarätiger Indizien verhaftet wird, zeigt er sich von seiner jämmerlichsten Seite. Er hofft auf die Verteidigung durch Promi-Anwalt Hoffman.
Während sich die Mördersuche durch die gesamte Handlung zieht, beschäftigt sich jede Episode mit einem bestimmten Aspekt des Strafverfahrens und anderen juristischen Fällen. Die erste TV-Serie, die sich über mehr als zwanzig Folgen mit nur einem Kriminalfall beschäftigt.
Die klassischen Anwaltserien wie PERRY MASON zogen ihre Dramatik noch aus dem Topos, daß ein dem Zuschauer bekanntlich Unschuldiger unter widrigsten Umständen von seinem Anwalt freigekämpft wird und nebenbei noch der wirkliche Täter entlarvt werden kann. Bei L.A. LAW und noch stärker bei MURDER ONE – DER FALL JESSICA spielt das keine Rolle: Schuld oder Unschuld sind keine Kategorien für den medial ausgerichteten Staranwalt; es geht einzig darum, Cleverness bis zur Rechtsbeugung vorzuführen.

MURDER ONE: Daniel Benzali, Dylan Baker

Hinter der Serie stand einer der einflußreichsten Fernsehproduzenten Amerikas: Steven Bochco. Er hat in den achtziger und neunziger Jahren neben Michael Mann und Stephen J. Cannell die wichtigsten Innovationen bei den dramatischen TV-Serien durchgesetzt. MURDER ONE – DER FALL JESSICA wurde von den langen, vom Fernsehen übertragenen Gerichtsverhandlungen gegen O.J. Simpson und die Menendez-Brüder inspiriert und hatte ein Budget von 30 Millionen Dollar.

MURPHYS GESETZ

Murphy's Law

USA 1988-89; 13 x 45 Min.; F

Daedalous Patrick Murphy .... George Segal
Kimiko Fannuchi .... Maggie Han
Wesley Hardin .... Josh Mostel
Victor Beaudine .... Charles Rocket
Kathleen Danforth .... Sarah Sawatsky
Marissa Danforth .... Kim Lankford
Ed .... Serge Houde

➜ Der 42 Jahre alte Detektiv Murphy arbeitet bei einer großen Versicherungsfirma, doch er schert sich weder um Arbeitszeiten noch um korrekte Spesenabrechnungen. Zum Leidwesen seiner Vorgesetzten ist er mit seinen Methoden aber sehr erfolgreich. Er lebt mit seiner Zimmergenossin, der Eurasierin Kimiko, in einem winzigen Appartement. Wenn er nicht gerade betrunken ist, streitet er sich mit seiner geschiedenen Frau um das Besuchsrecht bei seiner Tochter.

Lee Ziotoff arbeitete Warren Murphys umwerfend komische Romane über den Versicherungsdetektiv Trace zu dieser TV-Serie um. Lynn Raynor, Zev Braun und Michael Gleason produzierten für ABC. Schade, daß diese wirklich gelungene *Crime Comedy* kein Erfolg wurde und schon früh das Zeitliche segnete. Zwar kam sie nicht an den Witz von Murphys Romanen heran, aber Segal und die anderen Schauspieler überzeugten in dieser mit leichter Hand produzierten Comedy. Für Murphy-Fans ist sie Kult und für Kenner ein Geheimtip. Die Titelmusik wird von Al Jarreau gesungen.

Roman: Warren Murphy: Trace und die toten Patienten; Bastei 19059, 1988. Trace schlägt zu; Bastei 19062, 1988. Trace in Manhattan; Bastei 19065, 1988. Trace und der verschwundene Millionär; Bastei 19069, 1989. Trace auf der Jagd; Bastei 19072, 1989. Trace und die Cops; Bastei 19075, 1989. Trace und das tödliche Drehbuch; Bastei 19080, 1990.

NACHTFALKE, DER
Midnight Caller
USA 1988-91; 61 x 45 Min.; F

Jack Killian .... Gary Cole
Devon King (1988-90) .... Wendy Kilbourne
Billy Po .... Dennis Dun
Lieutenant Carl Zymack .... Arthur Taxier
Deacon Bridges (1989-91) .... Mykel T. Williamson
J.J. Killian (1989-91) .... Peter Boyle
Nicolette Nicky Molloy (1990-91) ... Lisa Eilbacher
Insp. Martin Slocum (1990-91) ... Steven A. Jones

➜ Die surrealistische Welt nächtlicher Radio-Shows gibt den Hintergrund für diese in San Francisco spielende Serie. Jack Killian war bei der Polizei, bis er versehentlich seinen Partner erschoß. Er versuchte, seine Schuld mit Alkohol zu betäuben, bis die schöne Devon King, Besitzerin des Radiosenders KJCM, ihm ein Angebot als *Nighttalker* machte. Hier kann jeder anrufen, der Probleme hat. Nun durchstreift Kilian die Nacht, um Verbrechen zu klären oder den Anrufern zu helfen.

Die von Richard DiLello erfundene Serie war ein Smash-Hit. Immer wieder wurden in ihr soziale Probleme, von Obdachlosigkeit bis AIDS, angesprochen. Gary Cole, Star der Serie (dem Don Johnson die Hauptrolle in MIAMI VICE weggeschnappt hatte), bestand auf sozial relevanten Themen, um die herum die Krimihandlung gebaut wurde. John F. Perry und Robert Singer produzierten für Lorimar und NBC; das Titelthema ist von Brad Fiedel.

NACHTJÄGER, DER
Kolchak: The Night Stalker
USA 1974-75; 2 x 90 Min. u. 20 x 15 Min.; F

Carl Kolchak .... Darren McGavin
Tony Vincenzo .... Simon Oakland
Ron Updyke .... Jack Grinnage
Emily Cowles .... Ruth McDevitt
Gordy Spangler .... John Fiedler
Monique Marmelstein .... Carol Ann Susi

➜ Kolchak ist Reporter eines unabhängigen Pressedienstes in Chicago. Immer wieder stößt er auf mysteriöse Kriminalfälle und findet heraus, das übernatürliche Kräfte wie Monster oder Vampire dahinterstehen. Aber er kämpft nicht nur gegen die Mächte des Bösen, z.B. gegen einen Politiker,

Leslie Nielsen im Kinofilm DIE NACKTE KANONE

der seine Seele an den Teufel verkauft hat, sondern auch gegen seinen Chef und die Behörden, die Kolchaks Ergebnisse am liebsten unter der Dekke halten würden.

»Die Macht des Bösen hat die Menschheit seit jeher interessiert«, sagt Paul Playdon, Produzent der ersten beiden Episoden, bevor Cy Chermak übernahm. »In jeder Episode gibt es deshalb Elemente, die den Zuschauer gruseln lassen – aber auch Szenen mit viel Humor, vor allem, wenn sich Kolchak mit seinem Chef streitet.«

Begonnen hatte alles 1972 mit dem TV-Movie THE NIGHT STALKER von Dan Curtis (Regie) und Richard Matheson (Drehbuch), das auf Jeff Rices bis dahin unveröffentlichten Roman THE KOLCHAK PAPERS basierte. Der große Erfolg führte zunächst zu einem zweiten Fernsehfilm, THE NIGHT STRANGLER, ebenfalls von Matheson geschrieben, und dann zur Serie. Darren McGavin war von den TV-Filmen so begeistert, daß er beschloß, sie als Ko-Produzent mitzurealisieren. Die Serie, die an einem Freitag dem 13. gestartet wurde, fand schnell eine treue Gemeinde. Sie mußte vorzeitig beendet werden, weil Rice darauf bestand, daß er nicht die Serienrechte, sondern nur die Rechte für zwei Filme verkauft habe. Bevor man sich einigen konnte, wurde der berüchtigte Fred Silverman Programmchef bei ABC. Auch hier nahm er alle Serien, an denen er nicht beteiligt war, aus dem Programm. Chris Carter nannte die Serie als einen der Einflüsse, die ihn zu seiner Serie AKTE X inspirierten.

Zu den Autoren gehörten David Chase, Bill S. Ballinger, Jimmy Sangster, Michael Kozoll, Stephen Lord und Steve »I Wake Up Screaming« Fisher. Regie führten u.a. Allen Baron und Gene Levitt.

Roman: Jeff Rice: The Night Stalker; Pocket Books, 1973. The Night Strangler; Pocket Books, 1974.

NACHT-STREIFE
Night Heat

CAN 1985-91; 96 x 45 Min.; F

Kevin O'Brien .... Scott Hylands
Tom Kirkwood .... Allan Royal
Frank Giambone .... Jeff Wincott
Nicole »Nicky« Rimbaud .... Susan Hogan
Dorothy Fredericks (1985) .... Wendy Crewson
Freddie Carson .... Stephen Mendel
Colby Burns .... Eugene Clark
Lieutenant Jim Hogan .... Sean McCann
Whitey Low .... Tony Rosato
Elaine Jeffers .... Deborah Grover
Stephanie Stevie Brody (1985-86) .... Louise Vallance
Dave Jefferson (1986-88) .... Clark Johnson
Christine Meadows (1987-89) .... Laura Robinson

➜ O'Brian und Giacombe sind ein Team bei der Polizei von Toronto. Kirkwood ist ein Polizeireporter, der ein freundschaftliches und auf gegenseitigem Respekt beruhendes Verhältnis zu ihnen hat. In seiner Kolumne *Night Heat* schildert er die Verflechtungen der städtischen Kriminalität.

Die Serie wurde in Toronto mit kanadischer Crew gedreht, aber zeitgleich mit einem kanadischen Sender von CBS in den USA ausgestrahlt. Es ist die bisher erfolgreichste kanadische Serie; sie wurde in zahlreiche Länder verkauft. Konzipiert und produziert wurde sie von den ehemaligen Cops Sonny Grosso und Eddie Egan. Sie wurden berühmt durch ihren 32 Millionen Dollar schweren Heroinfund in einer französischen Limousine, der zur Zerschlagung der *French Connection* führte. Ihre Arbeit war die Vorlage für Robin Moores Buch und William Friedkins Film.

NACKTE PISTOLE, DIE
Police Squad

USA 1982; 6 x 30 Min.; F

Frank Drebin .... Leslie Nielsen
Captain Ed Hocken .... Alan North
Ted Olson .... Ed Williams
Johnny .... William Duell

➜ Diese grandiose Parodie auf alle Cop-Serien wurde kein TV-Hit, aber als DIE NACKTE KANONE (THE NAKED GUN: FROM THE FILES OF POLICE SQUAD, 1988) ein weltweiter Kinoerfolg! Frank Drebin ist der idiotische Cop einer typischen US-Durchschnittsserie, furchtlos und draufgängerisch. Leider geht das immer wieder nach hinten los. Die von Jim Abrahams, David und Jerry Zucker erfundene Serie strotzt vor Insiderjokes und abstrusem Humor (Gaststars wurden in Sekunden umgelegt; Jimmy, Drebins Spitzel, weiß über jedes Thema mehr als die *Encyclopedia Britannica* zu referieren). Die Verantwortlichen bei ABC fanden die Serie zu kompliziert für ihr Durchschnittspublikum

Don Johnson: NASH BRIDGES

und setzten sie schnellstens ab. Dafür wird der Sender bis in alle Ewigkeit verlacht werden.

NAKIA, DER INDIANERSHERIFF

Nakia

USA 1974; 15 x 45 Min.; F

Nakia Parker .... Robert Forster
Sheriff Sam Jericho .... Arthur Kennedy
Irene James .... Gloria DeHaven
Deputy Hubbel Martin .... Taylor Lacher
Half Cub .... John Tenorio Jr.

➜ Nachdem sie Jahrzehnte nur als Kanonenfutter mit Lemmingverhalten in Westernserien herhalten mußten, versuchte nun auch das Fernsehen, ein differenziertes Bild der Indianer zu zeichnen. Halb-Navajo Nakia ist Deputy in einer kleinen Stadt in New Mexico und löst durch sein Verständnis und seine speziellen Fähigkeiten unterschiedliche Fälle. Dabei sieht er sich öfter im Konflikt zwischen seiner indianischen Herkunft und der modernen Technik.
Produziert und konzipiert wurde die von Tony Hillermans Kriminalromanen beeinflußte Serie von Charles Larson und David Gerber für Columbia und ABC; gedreht wurde in der Nähe von Albuquerque.
Roman: Lee Hays: Nakia; Popular Library, 1974.

NASH BRIDGES

Nash Bridges

USA 1996- ; x 45 Min.; F

Nash Bridges .... Don Johnson
Joe Dominguez .... Cheech Marin
Lt. A.J. Shimamura .... Cary-Hiroyuki Tagawa
Harvey Leek .... Jeff Perry
Evan Cortez .... Jaime Gomez
Lisa .... Annette O'Toole
Kelly .... Serena Scott Thomas

➜ Als sich 1989 Sonny Crockett in der letzten Folge MIAMI VICE von seinem Partner Ricardo Tubbs trennte, behauptete er, er würde seinen Ferrari gen Süden lenken und fischen gehen. Das war eine Lüge! In Wirklichkeit ließ er sich vom FBI eine neue Identität verpassen, legte seine düstere Crockett-Aura ab, heiratete zwei Frauen, hatte eine zehnjährige Tochter (die heute 16 Jahre alt ist), legte sich einen debilen Vater und eine ehrgeizige Schwester zu. Er aß (und trank) mehr, wurde etwas dicker und begann 1995 unter dem Namen Nash Bridges in San Francisco erneut mit seinem Feldzug gegen das Verbrechen. Ach ja: Älter geworden, tauschte er seinen Ferrari gegen einen nicht minder exklusiven Ford Barracuda ein, von dem nur 14 Modelle gefertigt wurden. Als stellvertretender Chef eines Sonderdezernats hat er wieder einen Samurai als Boß, diesmal sogar einen waschechten Japaner amerikanischer Abstammung, einen *Sensei*. So wird es einst der Mythos berichten ...
Erfunden hat die Serie der in Mexiko geborene Carlton Cuse, der sein Autorenhandwerk bei CRIME STORY von Großmeister Michael Mann lernte und sich als Ko-Autor-Producer der ABENTEUER DES BRISCO COUNTY JR. hervortat. Zusammen mit Johnson produzierte er die Serie, die Michael Manns Innovationen einiges verdankt. Ähnlich wie bei MIAMI VICE wurde die Musik als zusätzliches dramaturgisches Element eingesetzt. Und auch die Prämisse, daß das Verbrechen längst gewonnen hat und systemimmanent ist, wurde von NASH BRIDGES übernommen, aber längst nicht so pessimistisch ausgebreitet. Als ausführenden Produzenten holte man sich John Nicolella, der als Regisseur für MIAMI VICE und CRIME STORY gearbeitet hat. Er ist der Garant dafür, daß NASH BRIDGES über ähnliche Produktionsbedingungen verfügt. Außerdem achtet er beim Schnitt darauf, daß die brillanten Action-Szenen der Serie dem Vergleich mit MIAMI VICE standhalten. Fast wirkt die Serie wie ein MIAMI VICE-Aufguß für die ganze Familie. Zum Glück werden die melodramatischen Elemente um Bridges Ex-Ehefrauen und seine Tochter nicht so breitgetreten, daß sie den Rhythmus der Krimiserie beeinträchtigen. Die kurzen, schnellen Szenen verlangen vom Zuschauer oft höchste Aufmerksamkeit. Die Amerikaner sind bekanntlich große Künstler darin, eine vermeintlich simple Handlung so komplex aufzuladen, daß die Figuren eine tiefere Dimension bekommen. Ein archetypischer Held wie Sonny Crockett ist Nash Bridges nicht, aber der breit angelegte Figurenkosmos ließ viele Möglichkeiten zu neuen, nicht abgenutzten Geschichten zu. Zwar ist NASH BRIDGES geschwätziger als MIAMI VICE, aber die Dialoge sind flott,

witzig und oft von einer Lakonie, die deutschen Drehbuchautoren leider nur selten gelingt. Die erste Folge, in der es um Chip-Diebstahl im großen Stil ging, zeigte die Serie auch kriminalistisch auf der Höhe der Zeit. Jenseits des Neo-Naturalismus von NEW YORK COPS bemühte sich NASH BRIDGES um denselben realistischen Subtext wie MIAMI VICE, und es gelang den Regisseuren, dem totfotografierten San Francisco neue Bilder abzuringen. Das Schicksal der Serie wird es sein, immer wieder an MIAMI VICE gemessen zu werden. Allerdings schaffte sie es nicht, in eine ähnlich legendäre Dimension vorzudringen wie diese. Im Mai 2000 lief die 100. Folge.

NED KELLY – REBELL WIDER WILLEN
Ned Kelly

AUS 1983; 8 x 45 Min.; F

Ned Kelly .... John Jarratt

➜ Der australische Sozialbandit Kelly ist einer der großen mythischen Helden des fünften Kontinents und wurde in zahllosen Romanen, Comics und einem Kinofilm mit Mick Jagger, gedreht 1969 von Tony Richardson unter dem Titel KELLY DER BANDIT (NED KELLY), ähnlich verklärt wie etwa Billy the Kid in den USA. Regisseur Stephen Bisley versucht in seiner Serie der Realität gerecht zu werden, ohne den Mythos zu beschädigen. Also setzt er sich zwischen zwei Stühle.

NEON RIDER
Neon Rider

CAN 1990-93; 1 x 90 Min. u. 62 x 45 Min.; F

Dr. Michael Terry .... Winston Rekert
Vic .... Samuel Sarkar
C.C. Dechardon .... Alex Bruhanski
Fox Devlin .... Antoinette Bower
John Philip Reid .... William S. Taylor
Pin .... Peter Williams
Rachel Woods .... Suzanne Errett-Balcom

➜ Eher Sozialdrama als Krimiserie. Der Torontoer Psychologieprofessor Terry betreibt in den Rocky Mountains eine Ranch mit jugendlichen Problemfällen, die kriminell geworden sind und nun lieber hier schuften als ins Gefängnis zu gehen.

NERO WOLFE: Lee Horsley mit Kenneth Tiger

NERO WOLFE
Nero Wolfe

USA 1981; 13 x 45 Min.; F

Nero Wolfe .... William Conrad
Archie Goodwin .... Lee Horsley
Saul Panzer .... George Wyner
Theodore Horstman .... Robert Coote
Fritz Brenner .... George Voskovec
Inspector Cramer .... Allan Miller

➜ 1934 erschien mit FER-DE-LANCE in den USA Rex Stouts erster Roman über den fetten, orchideenzüchtenden Detektiv Wolfe und seinen *Leg Man* Goodwin. Zahlreiche weitere Romane und Kurzgeschichten folgten und verkauften weltweit über 200 Millionen Exemplare. Es entstanden Filme, Hörspiele und Comics mit Stouts Meisterdetektiv, aber der Erfinder weigerte sich beharrlich bis zu seinem Tod 1975, die Rechte für eine TV-Serie zu vergeben. Die Erben hatten weniger Skrupel. Ivan Goff und Ben Roberts bearbeiteten die Stoutschen Vorlagen für den Bildschirm. Die von NBC ausgestrahlte Serie hatte jedoch nicht den erwarteten Erfolg. Weder Conrad noch Horsley überzeugten wirklich in ihren Rollen. Hinzu kam auch, daß sich Stouts Geschichten durch Stil, Charaktere und Dialog auszeichnen, in Plot und Handlungsführung aber eher schwach sind (deshalb galt er auch lange als der Lieblingsautor von Lesern, die eigentlich keine Krimis mögen). 1979 war schon ein gefloppter Pilotfilm mit Thayer David als Wol-

fe und Tom Mason als Goodwin nach Stouts THE DOOR BELL RANG gedreht worden.
Literatur: William S. Baring-Gould: Nero Wolfe; Ullstein 2861, 1972.
Roman: Die Wolfe-Romane von Stout sind in zahlreichen Verlagen in Deutschland erschienen, darunter Ullstein, Goldmann, Scherz, Piper.

NESTOR BURMAS ABENTEUER IN PARIS

Nestor Burma – Les nouveaux mystères de Paris / Une aventure de Nestor Burma

F 1991-95; 85 x 90 Min.; F

Nestor Burma .... Guy Marchand
Hélène (1991) .... Sophie Broustal
Hélène (1991-93) .... Natacha Lindinger
Hélène (1994-95) .... Geraldine Colte
Faroux .... Pierre Tornade
Fabre .... Patrick Guillemin

➜ Erstmals tauchte der Privatdetektiv Nestor Burma, der zu einem französischen Mythos werden sollte, 1943 in Léo Malets Roman 120, RUE DE LA GARE auf. In den fünfziger Jahren schrieb Malet dann zahlreiche Abenteuer des Detektivs, die er DIE NEUEN GEHEIMNISSE VON PARIS in Anlehnung an Eugène Sues Roman LES MYSTÈRES DE PARIS nannte, und von denen jedes in einem anderen Arrondissement spielt. Es hatte bereits einige Kinofilme über Burma gegeben, bevor diese Serie gedreht wurde. Zwar nahm man Malets Romane als Vorlage, verlegte aber aus Kostengründen die Handlung in die neunziger Jahre. Die eigentlich großartige Serie floppte bei uns so gründlich, daß man sie nach zwei Folgen absetzte. Die restlichen, bereits synchronisierten Folgen wurden in die dritten Programme abgeschoben. In Frankreich wurde sie 1992 mit dem *Sept d'Or* als beste TV-Serie ausgezeichnet.
Literatur: Léo Malet: Stoff für viele Leben. Autobiographie; Nautilus, 1990.
Roman: Malets NEUE GEHEIMNISSE VON PARIS sind als Taschenbücher im Rowohlt Verlag erschienen.
Comic: Léo Malet/Jacques Tardi: Die Brücke im Nebel; Carlsen, 1984, und Edition Moderne, 1996. 120, Rue de la Gare, 2 Bände; Edition Moderne, 1988. Blei in den Knochen; Edition Moderne, 1990.

NESTOR BURMA: Guy Marchand (mit M.-C. Rousseau)

NEUE, DIE – EINE FRAU MIT KALIBER

A/BRD 1998; 1 x 90 Min. u. 13 x 45 Min.; F

Lisa Engel .... Doris Schretzmayer
Rudi Aschenbrenner .... Heinz Marecek
Oberst Steiner .... Ernst Konarek
Assistent Sterntaler .... Rainer Egger
Eddie Mondsee .... Dirk Martens

➜ Im Salzkammergut, da kann man gut mordlustig sein – jedenfalls, bis Lisa Engel auftaucht. Die eingefleischte Wienerin wird ausgerechnet an den Gendarmerieposten Mondsee versetzt. Die Provinzler begegnen der forschen Großstadtpflanze zunächst mit Argwohn. In diesem ländlichen Idyll geschehen zu ihrer Überraschung die unglaublichsten Verbrechen (manchmal haben die abstrusen Plots eine surrealistische Qualität). Aber mit Intelligenz und einer gesunden Portion Sturheit knackt die frischgebackene Inspektorin die härtesten Fälle. Unterstützt wird sie von ihrem pensionierten Vorgänger und väterlichen Freund Rudi, dem intriganten Oberst Steiner, ihrem Assistenten Sterntaler und dem verrückten Barbesitzer Eddie.
Die Plots sind nicht besonders toll, aber der Charme der Hauptdarstellerin, das witzige Stammpersonal und die hervorragende Produktionsqualität (Beo-Film, die auch für KOMMISSAR REX und STOCKINGER verantwortlich sind) machen die Serie zu einer der besten deutschsprachigen der neunziger Jahre. Leider lief die von Jörg Gründler kon-

zipierte Serie auf SAT.1 und verpaßte in der Zielgruppe der 14-49jährigen den geforderten Marktanteil von 15 Prozent um knapp 2 Prozent. Deshalb wurde sie nicht fortgesetzt. Eine öffentlich-rechtliche Anstalt wäre nicht schlecht beraten, dieses Highlight für sich zu revitalisieren. An einen *Grimme*-Preis ist sie nur haarscharf vorbeigeschrammt (wie der Autor dieses Lexikons als Juror hautnah miterlebte).

NEU IM EINSATZ
The Rookies

USA 1972-76; 68 x 45 Min.; F

Officer Terry Webster ..... George Stanford Brown
Officer Willie Gillis (1972-74) .... Michael Ontkean
Officer Mike Danko .... Sam Melville
Jill Danko .... Kate Jackson
Lieutenant Eddie Ryker .... Gerald S. O'Loughlin
Officer Chris Owens (1974-76) ... Bruce Fairbairn

➜ Aaron Spelling produzierte für ABC diese Serie um drei junge Polizisten, die in einer südkalifornischen Polizeistation ihren ersten Dienst versehen. Das von Spelling mit seinem alten Spezi Leonard Goldberg entwickelte Konzept ist eine Art TWEN POLICE in Uniform. Wie dort findet man im Bewußtsein der *Rookies* Sechziger-Jahre-Idealismus und den Willen, das System von innen zu reformieren. Und auch hier paßt ein alter, erfahrener und toleranter Vorgesetzter auf, daß ihre edle Gesinnung sie nicht zu oft in Schwierigkeiten bringt. »Die letzten beiden Jahre wurde die Serie von Klischeegeschichten bestimmt, die seitdem ein Warenzeichen von Spelling sind. Am Ende konnten die *Rookies* jede Woche nur ein Problem erledigen: Entweder wurde Krankenschwester Jill vor einem Psychopathen mit Pistole gerettet, oder vor einem Psychopathen mit Messer«, schrieb Ric Meyers in *TV-Detectives*.

NEUN SCHNEIDER, DIE
siehe **LORD PETER WIMSEY**

Neutze, Günther

Deutscher Schauspieler. Geboren am 5. März 1921 in Hannover als Sohn eines Beamten. Er wuchs dort mit seinen jüngeren Brüdern, den Schauspielern Horst Michael Neutze und Hanns Lothar (1929-67), auf. Schon als Schüler spielte er Statistenrollen am Theater. Während des Zweiten Weltkriegs leistete er Kriegsdienst und geriet in sowjetische Gefangenschaft. Nach der Rückkehr fand er erste Engagements am Landestheater Hannover (1947-51), am Staatstheater Braunschweig (1951-52) und wieder in Hannover (ab 1952). Ab Ende der fünfziger Jahre war er in mehr als 100 Spiel- und TV-Filmen sowie Serien zu sehen. Berühmt wurde er durch den Mehrteiler DIE GENTLEMEN BITTEN ZUR KASSE und die Rätselserie DEM TÄTER AUF DER SPUR. In zahlreichen Krimis spielte er Ganoven oder Kommissare, so auch in seinem letzten Fernsehspiel DIE FALLE (1983). 1983 zog sich der herzkranke Schauspieler, der als deutscher Humphrey Bogart galt, ins Privatleben zurück, nachdem er 1979 während einer Theatertournee zusammengebrochen war. Neutze, der Fußball, Gin

DIE NEUE: Doris Schretzmayer

Günther Neutze (rechts) zu Gast bei DERRICK (mit Klaus Löwitsch, Horst Tappert und Fritz Wepper)

Tonic und die Einsamkeit der Lüneburger Heide liebte, starb am 26. Februar 1991 in Hannover. Er war verheiratet und hinterließ zwei Kinder. Zusammen mit Horst Frank und Günther Ungeheuer war er der markanteste deutsche Schauspieler im Crime-Genre der fünfziger bis achtziger Jahre.

NEW ORLEANS, BOURBON STREET

Bourbon Street Beat

USA 1959-60; 39 x 45 Min.; sw

Cal Calhoun .... Andrew Duggan
Rex Randolph .... Richard Long
Melody Lee Mercer .... Arlene Howell
Kenny Madison .... Van Williams
Billy, der Baron .... Eddie Cole
Lusti Webster .... Nita Talbot

➜ Es war die große Zeit der Warner-Brothers-Privatdetektivserien. Im Zuge des Erfolgs von 77 SUNSET STRIP produzierten sie eine *PI*-Serie nach der anderen, immer nach dem gleichen Muster, nur an unterschiedlichen Handlungsorten. Stets gab es zwei coole Detektive, eine hübsche Sekretärin und für die Teenies einen jungen, unheimlich süßen Beachboy als Nachwuchsdetektiv. Natürlich besuchten sich die Privatdetektive auch dauernd gegenseitig (so konnte man optimal produzieren und auch leicht einen aufmüpfigen Schauspieler ersetzen). William T. Orr und Charles Hoffman produzierten diese Serie für Warner Brothers und ABC.

Warum die Detektive aus dem French Quarter die am wenigsten erfolgreichste Warner-*PI*-Serie war, weiß niemand. Die Kulissen waren nicht wackeliger als bei 77 SUNSET STRIP oder SURFSIDE SIX, und die Drehbücher waren dieselben. Die Titelmusik von David Mack und Jerry Livingston war auch nicht schlechter. Zum Schluß saß jedenfalls Andrew Duggan alleine im Bayou. Richard Long war zu 77 SUNSET STRIP abgehauen und Van Williams machte in Miami Beach mit SURFSIDE SIX seinen eigenen Laden auf. Besonders originell war ein Bourbon-Street-Gag: Duggan und Long saßen sich in ihrem Büro gegenüber und begrüßten sich, indem sie ihre Schuhsohlen gegeneinander klatschten.

NEW UNTOUCHABLES, THE / DIE UNBESTECHLICHEN

The Untouchables

USA 1992-94; 42 x 45 Min.; F

Eliot Ness .... Tom Amandes
Al Capone .... William Forsythe
Frank Nitti .... Paul Regina
Agent Mike Malone .... John Rhys-Davies
Agent Paul Robbins .... David James Elliott
Agent George Steelman (1993) .... Michael Horse
Agent Tony Pagano .... John Haymes Newton
Mae Capone .... Hynden Walch
Catherine Ness .... Nancy Everhard
Dorrie Greene (1993) .... Jenna Lyn Ward
Frankie Rio .... Valentino Cimo
Agent Sean Quinlan (1994) .... Shea Farrell

➔ In der Originalserie CHICAGO 1930 und im Kinofilm wurde Al Capone gleich zu Anfang hinter Gitter gebracht. Damit war die Chance vertan, den Kampf zwischen Ness und Capone episch breit schildern zu können. THE NEW UNTOUCHABLES hat genau das genutzt und sich dem Krieg der beiden Männer gewidmet. In zahlreichen Rückblenden werden erstmals auch die Wurzeln der erbitterten Feindschaft ausführlich behandelt. Jedenfalls so, wie es der Mythos will, was nicht gleichbedeutend mit historischer Wahrheit ist.

Paramount produzierte aufwendig dieses Remake der legendären Serie, das ihr Vorbild übertrifft. Um Authentizität bemüht, drehte man drei Viertel der Serie an Originalschauplätzen in Chicago. Vor Originalkulissen der dreißiger Jahre ließ das Produzentengespann Christopher Crowe (Ko-Autor von Michael Manns DER LETZTE MOHIKANER) und Tim Iacofano die Prohibitionszeit ein weiteres Mal auferstehen. Als *Creative Consultant* verpflichtete man John Schulian, die Kamera führte Mario di Leo und die Musik komponierte Joel Goldsmith.

Literatur: Unter den zahlreichen Capone-Biographien sticht eine heraus, die ihn nicht dämonisiert und auch sein soziales Engagement würdigt: Laurence Bergreen: Al Capone; Herbig, 1996.

NEW YORK COPS

N.Y.P.D. Blue

USA 1993- ; x 45 Min.; F

John Kelly (1993-94) .... David Caruso
Andy Sipowicz .... Dennis Franz
Bobby Simone (1994-) .... Jimmy Smits
Lieutenant Arthur Fancy .... James McDaniel
Laura Michaels Kelly (1993-94) ... Sherry Stringfield
Janice Licalsi (1993-94) .... Amy Brenneman
James Martinez .... Nicholas Turturro
Sylvia Costas .... Sharon Lawrence
Greg Medavoy .... Gordon Clapp
Donna Abandando .... Gail O'Grady

➔ Als neuer Realismus in Cop-Serien wurde der Start von NEW YORK COPS in den USA gefeiert, weil anfangs eine nervtötende *Steady Cam* herumwackelte und kaum ein Bild gehalten wurde. *Reality TV* hatte die Serienästhetik beeinflußt. Zum Glück nahm man schnell davon Abstand und konzentrierte sich auf realistische, gut erzählte Geschichten, die effektiv umgesetzt wurden. Die Polizisten sind weitgehend Durchschnittsmenschen mit Problemen. Den Autoren gelingt es erstaunlich leicht, sie als runde Charaktere zu zeichnen. Vielleicht war John Kelly etwas zu heilig und Sipowicz etwas zu cholerisch, aber die Schauspieler machten es glaubwürdig. Durchschnittlich erreichte die Serie in den ersten beiden Jahren 23 Millionen Zuschauer. Das hing sicherlich auch mit einigen US-TV-Tabubrüchen zusammen: Erstmals im

NEW YORK COPS: Dennis Franz und Robert Breuler

NEW YORK COPS: David Caruso (links)

amerikanischen Primetime-Networkfernsehen wurde ein nackter Po gezeigt, und Gail O'Grady wird unsterblich werden, weil sie als erste ihre nackten Brüste in eine amerikanische Network-Kamera reckte. Ganz dem Zeitgeist entsprechend sind die Grenzen zwischen Gut und Böse fließend. Meistens sind es Fälle aus der Unter- und Mittelschicht, die die Cops beschäftigen. An Verbrecher im großen Stil, wie korrupte Politiker, Wirtschaftsbosse oder die Chefs der organisierten Kriminalität, kommen sie – ganz wie im wirklichen Leben – gar nicht heran. Kurios war der Start der Serie: 57 der 125 an ABC angeschlossenen Sender weigerten sich, die erste Folge auszustrahlen. Trotzdem erzielte die Premiere landesweit eine Quote von 27 Prozent und landete nach Jahren als erste nach 22 Uhr ausgestrahlte Serie unter den zehn meistgesehenen Programmen der Woche. Der Sender in Dallas stieg ganz aus, und so herrschte jeden Dienstagabend Hochbetrieb in Bars, die NEW YORK COPS per Satellitenschüssel empfangen konnten.
Steven Bochco und David Milch konzipierten die Serie und zogen den Ex-Polizisten Bill Clark als *Creative Consultant* hinzu; dieser ließ sich von seinen Kollegen Geschichten und Ereignisse erzählen, die dann in die Drehbücher einflossen. Nach der ersten Staffel wurde die Serie für 26 *Emmys* vorgeschlagen (sie gewann sechs). Somit war der Rekord von POLIZEIREVIER HILL STREET gebrochen. David Caruso, der sich als neuer Superstar fühlte, drehte durch und setzte die Produzenten mit unverschämten Forderungen unter Druck. Sie schmissen ihn raus und ersetzten ihn durch den genauso starken Smits-Charakter.
Literatur: David Milch/Bill Clark: NYPD Blue. Facts & Fiction; VGS, 1996.
Roman: Max Allan Collins: Ein Bourbon zuviel; VGS, 1996.

NEW YORK UNDERCOVER
New York Undercover

USA 1994-98; 1 x 90 Min. u. 87 x 45 Min.; F
Eddie Torres .... Michael DeLorenzo
James J.C. Williams .... Malik Yoba
Lt. Virginia Cooper .... Patti D'Arbanville-Quinn
Ricciarelli .... Frank Pellegrino
M.E. Wong .... Lee Wong
Sandra Gill (1994-95) .... Michael Michele
Chantal Tierney .... Fatima Faloye
Gregory »G« Williams .... George Gore II
Mike Torres .... José Perez
Carmen Torres .... Lisa Vidal
Natalie .... Gladys Knight

➔ Die beiden Undercover-Cops J.C. und Eddie gehören zum 4. Revier in Harlem, Manhattan. Auf den Straßen kennen sich die beiden gut aus – und das ist wichtig für ihr Überleben unter Drogenhändlern, Gangs, Prostituierten und Mördern. Vorgesetzte der jungen Cops ist die strenge Virginia Cooper, Chefin des Reviers.
Diese Serie von Autor-Produzent Dick Wolf für FOX zeichnet sich neben der realistischen Handlung auch durch wilde Kameraführung und besondere Musik aus: einen Mix aus Rap, Rhythm 'n' Blues, Rock 'n' Roll, Jazz und Gospel. Jede Folge endet mit dem Auftritt eines Gastmusikers im Jazzclub von Natalie. Die erfolgreiche Serie könnte man als eine Mischung aus 21 JUMP STREET und MIAMI VICE bezeichnen.

NICK KNIGHT – DER VAMPIRCOP
Forever Knight

USA 1992-96; 1 x 90 Min. u. 70 x 45 Min.; F
Nicholas Knight .... Geraint Wyn Davies
Don Schanke .... John Kapelos
Nathalie Lambert .... Catherine Disher
Captain Joe Stonetree (1992-93) .... Gary Farmer
Lucien Lacroix .... Nigel Bennett

NICK LEWIS, CHIEF INSPECTOR: Duggie Brown und Tom Adams

Janette .... Deborah Duchene
Cpt. Amanda Cohen (1994-95) ... Natsuko Ohama

➔ Er ist ein Cop. Er kann fliegen. Seinem Willen kann sich keiner widersetzen. Er ist 700 Jahre alt, und nur Feuer kann ihn töten – denn Nick ist ein Vampir. Getrieben von dem Wunsch, seine Sterblichkeit zurückzuerlangen und lieben zu können, ohne tödlich beißen zu müssen, hat sich der Untote auf die Seite des Gesetzes geschlagen. Um sein durch zahllose Untaten belastetes Gewissen zu erleichtern, klärt er in Montréal rätselhafte Verbrechen auf, hinter denen immer wieder *Ghouls* und andere Untote stecken.
Die Serie basiert auf dem TV-Movie MIDNIGHT COP von 1989 mit Rick Springfield. Der Pilotfilm ist eine genaue Kopie des TV-Movies. Die Produzenten James D. Parriot und Jon Slan verlegten die Serie nach Kanada, um mit dem von CBS bewilligten Etat von 300.000 Dollar pro Folge auszukommen. Das geringe Budget versuchte man durch geschickten Lichteinsatz wettzumachen, aber es nützte nicht viel. Der *B-Picture*-Charakter macht für Fans den Charme der Serie aus. Nachdem der Sender den Talkmaster David Letterman eingekauft hatte, war kein Sendeplatz mehr vorhanden, und die Serie vagabundierte durch den *Syndication*-Markt und schließlich zum Kabelsender USA.

NICK LEWIS, CHIEF INSPECTOR
The Enigma Files

GB 1980; 15 x 50 Min.; F

Nick Lewis .... Tom Adams
Kate Burton .... Sharon Maughan
Phil Strong .... Duggie Brown
Sue Maxwell .... Carole Nimmons
Liz, Lewis'Tochter .... Alyson Spiro

➔ Lewis von Scotland Yard wird ins Zentralarchiv strafversetzt, wo die Akten mit den ungeklärten Fällen lagern. Zwei Frauen rütteln Nicks Ehrgeiz wach, diese Fälle zu untersuchen und zu lösen: seine Tochter, die Studentin Liz, mit der er seit seiner Scheidung zusammen lebt, und die attraktive Kate, leitende Beamtin einer Spezialeinheit. Derek Ingrey erfand diese intelligente Serie ohne unnötige Action, die von Joe Waters für die BBC produziert wurde. Die Musik ist von Anthony Isaac. *Roman:* Christine Sparks: The Enigma Files; BBC, 1980. Das Buch enthält Kurzgeschichten nach den Episoden: BILLY, THE LATE AND GREAT; THE CHARITY MAN; COOK-IN; FALSE-HEARTED LOVER; GONE MISSING; GUNPOWDER PLOT; INVESTIGATION OF A COPPER; THE SWEEPER.

NIKITA

La femme Nikita

USA/CAN 1997-2000; 87 x 45 Min.; F

Nikita .... Peta Wilson
Michael .... Roy Dupuis
Madeline .... Alberta Watson
Walter .... Don Francks
Operation .... Eugen Robert Glazer

➔ Nikitas Leben gehört einem Supergeheimdienst; er hat sie zur Killerin ausgebildet und sie wird zu Einsätzen erpresst, die außer ihr kein Agent leisten kann. Ihre Spezialität ist – neben ihrer tödlichen Kampfkunst –, daß sie sich das Vertrauen der Zielpersonen erschleicht, die sie dann gnadenlos fertig macht.

Es ist ja nichts Ungewöhnliches, daß aus erfolgreichen Kinofilmen Fernsehserien gemacht werden (und umgekehrt). Luc Bessons stilisierter Thriller über ein junges, asoziales Mädchen, das von einer amoralischen Geheimorganisation zur Superkillerin konditioniert wird, wurde in den USA zuvor schon als Kinostreifen mit Bridget Fonda remaked. Was verschiedene Kritiker bereits bei Besson bemängelten, gilt stärker noch für die TV-Serie: Wenig originelle Handlung, aber viel Stil. Im Grunde gibt es nur unsympathische Figuren (abgesehen von der Killerin) und Stories, die zumindest in ethischer Hinsicht ein recht authentisches Licht auf tatsächliche Geheimoperationen werfen. Die TV-Kritikerin Shelly Lyons verglich die Weltsicht

Peta Wilson ...

... in NIKITA

der Serie mit Bertold Brecht, und Peta Wilsons Darstellung der Nikita brachte ihr die ehrenvolle Bezeichnung »Emma Peel der 90er« ein. Zum Bedauern von Consulting-Produzent Joel Surnow ließ der amerikanische Sender USA Network, der gemeinsam mit dem kanadischen Sender CTV die Serie in Auftrag gegeben hatte, kein konzeptionelles Erzählen in *Arcs*, wie etwa bei KAMPF GEGEN DIE MAFIA zu, bei der Surnow mitgearbeitet hatte. Da die Serie inzwischen ungeheuer erfolgreich ist und die meistgesehene Action-Serie im Kabelkanal war, konnte sich Surnow aber ein paar Freiheiten herausnehmen und Mehrteiler oder episodenüberspannende Nebenhandlungen einbauen, die der Serie mehr Tiefe geben. Sie wurde immer besser, gehörte aber wohl zum Zynischsten der Serienkultur. Wundert es also, daß sie sogar bei Leuten Kult ist, von denen man das nicht erwarten würde? Außerdem dürfte sie jedem Sado-Maso-Freund gefallen. Überraschenderweise sollte die von Warner Brothers produzierte Serie eingestellt werden: USA Network empfand die Produktionskosten als zu hoch. Jüngst wurde jedoch bekannt, daß die Serie doch fortgesetzt wird. Ein Sieg des Internets, in dem Fans aus über 50 Ländern sich für die Serie eingesetzt hatten.

Die Musik ist von Mark Snow.

Literatur: Dawn Connolly: La Femme Peta; ECW Pr., 2000. Ted Edwards: La Femme Nikita X-posed: The Unauthorized Biography of Peta Wilson and her On-Screen Character; Prima Publications, 1998.

NINJA-COPS, DIE

Nasty Boys

USA 1990; 1 x 90 Min. u. 12 x 45 Min.; F

Ben Farlow (Pilotfilm) .... William Russ
Paul Morrissey .... Jeff Kaake
Eduardo Cruz .... Benjamin Bratt
Alex Wheeler .... Don Franklin
Danny Larsen .... Craig Hurley
Jimmy Kee .... James Pax
Lieutenant Stan Krieger .... Dennis Franz
Chief Bradley .... Sandy McPeak
Serena Cruz .... Nia Peeples

➜ Nach der Ermordung eines S.W.A.T.-Teams bei einem Drogeneinsatz beschließen Polizeichef und Bürgermeister von Las Vegas die Aufstellung einer

Spezialtruppe. Die *Nasty-Boys* werden mit nie dagewesenen und rechtsstaatlich äußerst fragwürdigen Rechten ausgestattet: Sie sind anonym, maskiert, arbeiten mit Guerillataktiken und dürfen die Hälfte von allem behalten, was sie bei ihren Razzien erbeuten. Ein feiner Job für richtig schwere Jungs. Ihr Chef, Lieutenant Krieger, kann sich ihres Enthusiasmus sicher sein, wenn sie in Vegas aufräumen. Bei ihren Einsätzen tragen sie schwarze S.W.A.T.-Uniformen und Ninja-Masken. Ihr Motto: Wir machen Hausbesuche.
Tatsächlich soll es in Las Vegas eine derartige Spezialeinheit geben, die Produzent Dick Wolf zu dieser kurzlebigen NBC-Serie inspiriert hat.

NINJA-MEISTER, DER
The Master

USA 1984; 12 x 45 Min.; F

John Peter McAllister .... Lee Van Cleef
Max Keller .... Timothy Van Patten
Okasa .... Shô Kosugi
Cat Hellman .... Tara Buckman
Patrick Keller .... Doug McClure

➜ McAllister war nach dem Krieg in Japan stationiert. Dort wurde er zu einem Ninja. Als er erfährt, daß er in den USA eine Tochter hat, bricht er seinen Ninja-Eid und verläßt die geheime Gruppe, um seine Tochter aufzuspüren. Dabei trifft er den jungen Max, der ihn begleitet. Aber die Ninja wollen keinen Eidbruch zulassen und hetzen ihm den brutalen Killer Okasa hinterher.
Michael Sloan erfand und produzierte diese *Martial Arts*-Serie für NBC. Zu den Regisseuren zählten Robert Clouse und Gordon Hessler. Die Titelmusik ist von Bill Conti.

NOWHERE MAN: Bruce Greenwood

NOVAK

BRD 1991; 18 x 45 Min.; F

Novak .... Klausjürgen Wussow
Kammerlocher .... Wilfried Baasner
Eva Larek .... Ilona Grübel
Franz .... Jörg Pleva

➜ Nach erfolgreicher Entziehungskur wird Kommissar Novak zur besonderen Verwendung in die Kellerkatakomben des Landeskriminalamtes versetzt. Dort soll er nur die Abschlußberichte formulieren, stößt aber immer wieder auf Pannen in der polizeilichen Ermittlungsarbeit.
Neun Autoren aus der Schreibfabrik von Felix Huby haben für diese WDR-Vorabendserie unglaublich blöde Geschichten verfaßt (eine stammt von Wussows Lebensgefährtin Yvonne Viehoever). Wussow selbst bekam für die knapp hundert Drehtage etwa eine halbe Million, wöchentlich 23.000 DM. Die Produktion drehte ausschließlich in einer leeren ehemaligen Maschinenfabrik und verzichtete auf Actionszenen und Außenaufnahmen. Statt mit einer Filmkamera wurde mit drei Video-Kameras gedreht. So konnte man die einzelnen Folgen in sechs statt in zehn Drehtagen herunterschrubben und die Kosten von 12.000 bis 15.000 DM auf 8000 DM pro Sendeminute senken. Daß sie sparsam gedreht wurde, ist wohl das einzig Gute, was sich über die Serie sagen läßt.

NOWHERE MAN – OHNE IDENTITÄT
Nowhere Man

USA 1995-96; 1 x 90 Min. u. 24 x 45 Min.; F

Tom Veil .... Bruce Greenwood
Alyson Veil .... Megan Gallagher

Dr. Bellamy .... Michael Tucker
Alexander Hale .... Robin Sachs
Harrison Barton .... Dwight Schultz

➔ »Was passiert, wenn du von einem Moment zum anderen deine Identität verlierst?«, fragte sich Autor-Producer Lawrence Hertzog. »Was, wenn deine Frau, deine Mutter, deine Freunde dich nicht erkennen würden? Was, wenn alle deine Bankverbindungen, deine Telefonnummern, deine ganzen Daten nicht mehr existent wären? Was tust du dann? In dieser Serie geht es um diese Situation«, sagt Hertzog, der sich von der britischen Kultserie NUMMER 6 und dem holländischen Spielfilm SPURLOS VERSCHWUNDEN (SPOORLOOS) beeinflussen ließ. Ihm gelang mit NOWHERE MAN ein eigenständiges, zeitgemäßes Werk, in dem der Glaube vieler Amerikaner an eine allumfassende Organisation mit unbegrenzter Macht widergespiegelt wird. Trotz des erfolgreichen Starts im neuen UPN-Network (der Pilotfilm wurde von Tobe Hooper inszeniert), flopte die Serie und wurde kurzfristig dadurch beendet, daß alle Handlungsstränge aufgelöst wurden. Die Musik ist von Mark Snow.

NUMMER 6

The Prisoner

GB 1967-68; 17 x 50 Min.; F

Nummer 6 .... Patrick McGoohan
Nummer 2 .... Leo McKern
Nummer 2 .... Colin Gordon
Nummer 2 .... Peter Wyngarde
Nummer 2 .... Mary Moris
Nummer 2 .... Guy Doleman
Nummer 2 .... Patrick Cargill
Nummer 2 .... Derren Nesbitt
Nummer 2 .... Rachel Herbert
Nummer 2 .... George Baker
Nummer 2 .... Eric Portman
Nummer 2 .... Anton Rodgers
Nummer 2 .... John Sharp
Nummer 48 .... Alexis Kanner
Butler .... Angelo Muscat

➔ Es gibt viele Kultserien, aber keine – nicht einmal STAR TREK – hat eine so harte und ausdauernde Gefolgschaft wie NUMMER 6. Seit der Erstausstrahlung der 17 Folgen 1967 hat sich ein geradezu legendärer Kult gebildet. Und das zu Recht, denn

Patrick McGoohan in NUMMER 6

Sets von NUMMER 6

NUMMER 6 hat die Fernsehserie zur eigenständigen Kunstform erhoben, auf einem Niveau, das seitdem nie mehr erreicht wurde. Als typisches Produkt der *Swinging Sixties* ist es so etwas wie ein Pop-Gesamtkunstwerk; die Antwort des Fernsehens auf George Orwells 1984 und Aldous Huxleys BRAVE NEW WORLD. Die erzählte Handlung klingt banal: Ein Geheimagent quittiert den Dienst und wird kurze Zeit später entführt. Er erwacht in einem exotischen Dorf, in dem die Menschen Nummern tragen, in kleinen, netten Häusern leben, kostenlos versorgt und ständig überwacht werden. Der Ex-Agent, der die Nummer Sechs erhält, kann sich mit dieser vollkontrollierten Idylle nicht abfinden und versucht in jeder Folge, aus dieser Wohlfahrtsstaats-Utopie zu flüchten oder die Bewacher hereinzulegen. Diese, allen voran die Nr. 2, haben nur zwei Ziele: herauszubekommen, warum Nr. 6 zum Verweigerer wurde, und ihn an die herrschenden Normen anzupassen. Jede Folge ist überraschend originell, spannend und intelligent. Die Serie ist eine Allegorie auf die westliche Zivilisation Ende der sechziger Jahre und zeigt das Individuum im Kampf gegen das gesellschaftliche System. Dieses setzt alle Machtmittel wie Repression, Bestechung, Gehirnwäsche und dergleichen ein, um aus dem Individuum eine funktionierende Einheit zu machen. Nur bei Nr. 6 klappt das nicht. Die Serie erteilt allerdings auch der organisierten Rebellion, die sich zur Zeit der Erstausstrahlung in den Städten Europas formierte, eine Absage, indem sie die permanente Rebellion des Individuums ohne eschatologische Utopie verherrlicht. Keine andere Serie hat so konsequent philosophische, psychologische oder soziologische Theorien in Spielhandlung umgesetzt. NUMMER 6 war die Sternstunde der Fernsehserie und ist natürlich vom kommerziellen Fernsehen ITC produziert worden. »Alptraumhaft in Thema und Ausstattung, war sie wie George Orwell auf LSD, Kafka auf der Carnaby Street, Samuel Beckett gekleidet in eine Sergeant-Pepper-Uniform«, jubelte zum 30-jährigen Jubiläum *Uncut* No. 7/1998, und »Tony Blair würde eine gute Nr. 2 abgeben.«

Erfunden wurde die Serie von ihrem Hauptdarsteller Patrick McGoohan, der zuvor mit der Agentenserie GEHEIMAUFTRAG FÜR JOHN DRAKE zum

NUMMER 6

Bizarrerien in NUMMER 6

Superstar im englischen Fernsehen geworden war. McGoohan entwickelte das Konzept, schrieb einige Drehbücher und führte auch mehrmals Regie. NUMMER 6 war eine der ersten Autoren-Serien der Fernsehgeschichte und die höchst individuelle Vision eines mittleren Genies. Dank seines Superstar-Status konnte McGoohan den bis dahin höchsten britischen Serienetat loseisen: 75.000 Pfund pro Folge. Er selbst bekam eine Beteiligung (die ihm bis heute jährlich ein hübsches Sümmchen einbringt) plus 2000 Pfund pro Woche und wurde so zum bestbezahlten Fernsehschauspieler der sechziger Jahre. McGoohan war auch so klug, von Anfang an die Serie auf eine bestimmte Folgenzahl festzulegen und für ein ebenso umstrittenes wie irrwitziges Ende des Spektakels zu sorgen.
Die Außenaufnahmen wurden in Portmeirion an der Cardigan Bay in Nordwales gedreht. Der kleine Ort mit seiner mediterran anmutenden Architektur war der gewagte Wurf des Architekten Sir Clough Williams-Ellis und ein bevorzugtes Refugium für Künstler und Intellektuelle von Bernard Shaw bis Bertrand Russell. Heute ist er ein Wallfahrtsort für NUMMER 6-Fans, die im eigenen Shop alles von und über die Serie kaufen können. Einmal jährlich finden dort die PRISONER-Spiele statt. Organisiert werden sie von der No.-6-Gesellschaft *Six of One*, die 1977 gegründet wurde und vierteljährlich ein Magazin veröffentlicht, das sich mit allen nur denkbaren Aspekten der TV-Serie beschäftigt (Six of One: P.O. Box 66, Ipswich IP2 9TZ, England).
Literatur: Alain Carrazé/Hélène Oswald: The Prisoner; W.H. Allen, 1990. Roger Langley: Escape Book of the Prisoner; Escape, 1986. The Making of the Prisoner; Escape, 1985. Dave Rogers: The Prisoner & Danger Man; Boxtree, 1989. Matthew White/Jaffer Ali: The Official Prisoner Companion; Warner Books, 1988.
Roman: Thomas M. Disch: The Prisoner; Ace, 1969, und NEL, 1980. David McDaniel: Number Two; Ace, 1969, und NEL, 1982. Hank Stine: A Day in the Life; Ace 1970, und NEL 1981.
Shop: The Prisoner's Shop, Portmeirion, Gwynedd LL48 6ER, Wales.

NUR ÜBER MEINE LEICHE
Over My Dead Body

USA 1990-91; 1 x 90 Min. u. 9 x 45 Min.; F

Maxwell Beckett .... Edward Woodward
Nikki Page .... Jessica Lundy
Wendy .... Jill Tracy
Detective Mueller .... Peter Looney
Detective Ritter .... Rick Fitts

➜ Nikki Page ist eine sympathische junge Frau, die für die *San Francisco Press* Nachrufe schreibt. Allerdings gerät sie immer in Verbrechensfälle und muß deshalb darauf achten, daß nicht auch ihr Nachruf verfaßt wird. Sie arbeitet mit Max Beckett zusammen, einem ehemaligen Inspector bei Scotland Yard, der sich jetzt als Kriminalschriftsteller versucht. Leider floppten seine beiden letzten Romane.
Als eine Art männliche Jessica Fletcher spielt Woodward den britischen Exzentriker. Der Vergleich mit MORD IST IHR HOBBY ist nicht von ungefähr: William Link, der an der Konzeption von MORD IST IHR HOBBY beteiligt war, produzierte und erfand zusammen mit David Chisholm auch diese Serie für Universal und CBS. Ein Erfolg wurde sie nicht.

O'Connor, Carroll

Amerikanischer Schauspieler. Er wurde am 2. August 1922 in New York City als Sohn irischer Vorfahren geboren. Er fuhr jahrelang in der Handelsmarine zur See. 1950 besuchte er in Irland das College und begann sich für das Theater zu interessieren. Er spielte ein paar Jahre lang in Europa, bevor er 1954 nach New York zurückkehrte. Aber es dauerte vier Jahre, bevor er sein Debüt am Broadway geben konnte. In dieser Zeit hatte er ein paar kleine Nebenrollen in Serien wie WESTLICH VON SANTA FE (THE RIFLEMAN). Ende der sechziger Jahre hatte er sich als Gaststar in vielen Serien etabliert. Meistens spielte er böse Buben: er schoß Michael Landon in BONANZA an und machte als irrer Wissenschaftler Robert Culp und Bill Cosby in TENNISSCHLÄGER UND KANONEN zu schaffen. 1968 hatte er einen Pilotfilm für Norman Lear gemacht. Aber die Networks waren skeptisch wegen des Konzepts, das einen wahrlich häßlichen Amerikaner in den Mittelpunkt stellte. Es dauerte bis 1971, bevor Lear die Serie bei CBS durchsetzen konnte: ALL IN THE FAMILY, das bessere, amerikanische EIN HERZ UND EINE SEELE, wurde einer der größten Hits des Senders und ein TV-Mythos, der zwölf Jahre lief, bevor die Idioten bei CBS ihn ohne Not aus dem Programm warfen. O'Connor wurde reich, berühmt und zur US-TV-Ikone. Er spielte anschließend in TV-Movies, bevor er 1988 eine Rolle annahm, die Rod Steiger im Film gespielt hatte: die des Sheriffs von Sparta in der NBC-Hitserie IN DER HITZE DER NACHT. O'Connor übernahm bei der Serie auch die Koproduktion und achtete auf durchgängige Qualität. Er wurde für die Serie mit einem *Emmy* ausgezeichnet, wie zuvor schon 1972, 1977, 1978, 1979 für ALL IN THE FAMILY.

OHARA
Ohara

USA 1987-88; 28 x 45 Min; F

Lieutenant Ohara	Pat Morita
Captain Lloyd Hamilton (1987)	Kevin Conroy
Captain Ross (1987)	Jon Polito
Gussie Lemmons (1987)	Madge Sinclair
Lt. Jessie Guerrera (1987)	Richard Yniguez
Lt. Cricket Sideris (1987)	Catherine Keener
Sergeant Phil O'Brien (1987)	Jack Wallace
Lieutenant George Shaver	Robert Clohessy
Teresa Storm	Rachel Ticotin
Roxy (1987)	Meagan Fay

➜ Der Cop Ohara ist Witwer. Seine Freunde bei der Polizei und die Wirtin seiner Stammkneipe sind eine Art Ersatzfamilie für ihn. Ohara ist ein nachdenklicher Mann japanischer Herkunft. Sein Interesse gilt den Benachteiligten und zu Unrecht Angeklagten. Statt Fäuste und Pistolen nutzt er seine Karatekenntnisse. Er meditiert viel und hat die fernöstliche Weisheit anscheinend mit Löffeln gefressen.

Carroll O'Connor

Die von Richard Danus für ABC entwickelte Serie war von Anfang an ein Flop. Aber der Sender wollte sie unbedingt im Programm halten. Deswegen änderte man nach der ersten Staffel einiges und warf Oharas »Familie« raus. Stattdessen arbeitete er nun konventioneller an der Seite des jungen Officers Shaver für die stellvertretende Staatsanwältin Storm. Auch dieses Konzept funktionierte nicht, und so ließen die Produzenten schließlich Ohara und Shaver den Polizeidienst quittieren, und machten – der Gipfel der Originalität! – Privatdetektive aus ihnen. Danach war nichts mehr zu retten, und die Serie wurde beendet.

OHARA: Pat Morita

OHNE FURCHT UND SATTEL
Bearcats

USA 1971; 1 x 90 Min. u. 13 x 45 Min; F

Hank Brackett .... Rod Taylor
Johnny Reach .... Dennis Cole

➜ Die Serie spielt 1914 im amerikanischen Südwesten. Zwei Abenteurer reisen mit einem Stutz Bearcat durch die Lande. Das Gefährt ist mit einem Maschinengewehr bestückt und für damalige Verhältnisse pfeilschnell. Die beiden suchen lukrative und gefährliche Jobs. Für die Lösung der zumeist aussichtslosen Fälle fordern sie einen Blankoscheck.

Douglas Heyes erfand die manchmal witzige Serie, die auch zeitgeschichtliche Bezüge in die Handlung einbezog, für CBS. Er produzierte sie mit David Friedkin und Morton Fine. Der Pilotfilm lief unter dem Titel PULVERFASS (POWDERKEG).

OKAY S.I.R.

BRD 1972-74; 32 x 25 Min; F

S.I.R. .... Anneliese Uhlig
Conny .... Monika Peitsch
Biggi .... Anita Kupsch

➜ Im Kampf gegen die Unterwelt gibt es in Brüssel die übernationale Polizeibehörde Europol. Ihre Filiale in München wird von einer Frau geleitet, die man S.I.R. nennt. Sie beschäftigt zwei hübsche Mädchen, die gegen das Verbrechen mit den Waffen der Frauen kämpfen.

Die Bavaria produzierte diese anspruchslose Vorabendserie für die ARD. Sie sollte wohl so eine Art teutonische Miniausgabe von MIT SCHIRM, CHARME UND MELONE sein. Mit zeitlichen Abstand urteilt man milde über dieses durchgeknallte Pop-Potpuorri, in dem nur Anita Kupschs Dekolleté den Senderwechsel verhindert. Die Musik machte Klaus Doldinger, Regie führten Michael Braun, Marran Gosov und Dieter Lemmel. Ein weiterer Lichtblick ist Monika Peitsch, die unglaubliche Klamotten trägt. Als zeitgeschichtlicher (Mode-)Katalog von höchstem soziologischen Interesse und schlichtweg Kult!

ONE WEST WAIKIKI
One West Waikiki

USA 1994-96; 1 x 90 Min. u. 18 x 45 Min; F

Dr. Dawn Holli Holliday .... Cheryl Ladd
Lieutenant Mack Wolfe .... Richard Burgi
Nui Shaw .... Elsie Sniffen

Captain Dave Herzog .... Paul Gleason
Kimo .... Ogie Zulueta

➜ Die forensische Medizinerin Holli aus Los Angeles löst während eines Symposiums auf Hawaii den Mord an einen früheren Freund. Daraufhin erhält sie ein Angebot von der Polizei in Honolulu, als Expertin mit dem impulsiven Detektiv Wolfe zusammenzuarbeiten. Natürlich hält der Cop nicht viel von forensischer Medizin und gerät deswegen immer wieder mit Holli aneinander.

Erfolgloser Versuch von CBS, im Windschatten der Romanerfolge der Kriminalautorin Patricia Cornwell und der britischen Serie FÜR ALLE FÄLLE FITZ thematisch ähnliche Geschichten als Fernsehserie aufzubereiten.

OPERATION MASKERADE

Masquerade

USA 1983-84; 1 x 90 Min. u. 11 x 45 Min; F

Lavender .... Rod Taylor
Casey Collins .... Kirstie Alley
Danny Doyle .... Greg Evigan

➜ Das LOVE BOAT unter den Agentenserien. Durchschnittsbürger werden auf Grund bestimmter Fähigkeiten von Mr. Lavender und seinen Assistenten zur Unterstützung bei gefährlichen Einsätzen angeworben. Mr. Lavender steht im Dienst der NIA (National Intelligence Agency).

Glen A. Larson und Renée Valente, die auch produzierten, dachten sich diese wenig überzeugende Serie für ABC aus. Der Titelsong von Stu Phillips und Marcia Waldorf wurde von Crystal Gayle gesungen.

OPERATION PHOENIX – JÄGER ZWISCHEN DEN WELTEN

BRD 1998; 10 x 45 Min.; F

Mark Pohl .... Dirk Martens
Kris Mertens .... Alana Bock
Richard Lorentz .... Robert Jarczyk
Christoph Volz .... Hans-Georg Panczak

➜ *Operation Phoenix* ist der Name einer Spezialeinheit des Bundesministeriums des Inneren. Die Sonderkommission mit Sitz in Berlin wurde zur Untersuchung von ungelösten Fällen im Zusammenhang mit paranormalen Phänomenen gegründet. Sie besteht aus drei Leuten und dem Projektleiter Volz. Mark erkennt durch seine überdurchschnittliche Sensibilität ungewöhnliche Dinge sofort. Kris, die Attraktivste und Jüngste im Team, versucht die Phänomene psychologisch zu deuten. Sie steht – Scully läßt grüßen – paranormalen Phänomenen skeptisch gegenüber.

Seelenwanderung, Kontakte mit dem Jenseits, Zukunftsvisionen, die Wiederauferstehung alter Mythen, Zeitverschiebungen – das sind die Fälle dieses RTL-Teams. Produzent Tilman Kellersmann: »Die Fälle bewegen sich immer am Rande des Glaubhaften, so daß der Zuschauer sich fragen kann, ob die in der Serie auftretenden Begebenheiten auch in der Wirklichkeit vorkommen können.« Tatsächlich? Man weiß so wenig... Jedenfalls wurde die Serie bei der Erstausstrahlung wegen mangelhafter Quote nach zwei Folgen abgesetzt. Später versendete man den Rest irgenwo zu nachtschlafener Zeit. AKTE X-Spötter (wie der Autor dieses Buches) werden sich nie wieder über Chris Carters Serie lustig machen, nachdem sie OPERATION PHOENIX genießen durften, die weniger als eine schlechte Kopie ist.

OPERATION SCHMETTERLING

The Writing on the Wall

BRD/GB 1995; 4 x 45 Min.; F

Martina .... Lena Stolze
Bull .... Bill Patterson
Sullivan .... Dennis Haysbert

➜ Tagsüber unterrichtet Martina Jugendliche in Englisch, nachts bombt die Lehrerin – eine von der Stasi ausgebildete Terroristin – NATO-Stützpunkte in die Luft. Bei ihren Ermittlungen im Hauptquartier tappen der britische Anti-Terrorexperte Bull und sein US-Kollege Sullivan lange im Dunkeln, bis sie – allem Kompetenzgerangel zum Trotz – endlich auf die richtige Spur kommen.

Mit einer hochkarätigen, internationalen Starbesetzung haben Arte, BBC und der WDR diesen spannenden Polit-Thriller realisiert, dessen Drehbuch von P.G. Duggan stammt und bei dem Peter Smith Regie führte. *Der Spiegel* schrieb darüber: »Drehbuch und Regie bemühen sich gar nicht, etwas anderes als Holzschnittechnik bei den Zeichnungen der Charaktere anzuwenden. Dafür ist die Handlung auch zu verschlungen: Szene für Szene überrascht der Thriller mit immer neuen Wendungen, führt durch ein Kartenhaus aus tausend Lügen. [...] Daß der Zuschauer vor der komplizierten Handlung nicht kapituliert, liegt an der famosen Kameratechnik. Als wollte das Filmauge den Personen des Stücks an Tiefenschärfe und Gefühlsartikulation zurückgeben, was ihnen das handlungsüberdrehte Drehbuch verweigert, zeigt es Menschen in wie vor Kälte erstarrten, leeren Räumen. Die kafkaeske Künstlichkeit internationaler Organisationen wird so sinnlich erfahrbar. [...] OPERATION SCHMETTERLING gehört nicht zu den gewöhnlichen Euro-Puddingen.«

OWEN MARSHALL, STRAFVERTEIDIGER

Owen Marshall, Counselor at Law

USA 1971-74; 69 x 45 Min; F

Owen Marshall .... Arthur Hill
Jess Brandon .... Lee Majors
Danny Paterno (1973-74) .... Reni Santoni
Ted Warrick (1974) .... David Soul
Melissa Marshall .... Christine Matchett
Frieda Krause .... Joan Darling

➜ Das juristische Gegenstück zu DR. MED. MARCUS WELBY. Der gute Mensch Hill im Kampf für die Rechte der Bewohner einer kalifornischen Kleinstadt. Unterstützt wird er von seiner Tochter und verschiedenen Helfern. Oft ziemlich sentimental. Lee Majors, der einen von Marshalls Helfern spielte, drehte gleichzeitig, ebenfalls für ABC, seine Hit-Serie DER SECHS-MILLIONEN-DOLLAR-MANN. In der letzten Saison wurde er durch David Soul ersetzt, bevor dieser mit STARSKY UND HUTCH ebenfalls eine eigene Hit-Serie landete. David Victor, der auch DR. MED MARCUS WELBY konzipiert hatte, und Joe Epstein produzierten die Serie.

P

PACIFIC BLUE – DIE BIKER COPS / PACIFIC BLUE – DIE STRANDPOLIZEI

Pacific Blue

USA 1996- ; x 45 Min.; F
T.C. Callaway .... Jim Davidson
Chris Kelly .... Darlene Vogel
Victor Del Toro .... Marcos A. Ferrarez
Cory Mc Namara .... Paula Trickey

➜ In Los Angeles wird eine neue Polizeieinheit eingesetzt: Die Biker Cops sollen am Strand von Santa Monica für Recht und Ordnung sorgen. Ähnliche Einheiten gibt es in mehreren Städten der USA, um Ganoven auch dorthin folgen zu können, wo kein Auto hinterherkommt. »Sie können rennen, wir können fliegen«, ist ihre Devise. Ihre Wunderwaffen sind 3000 Dollar teure, ultraleichte Fahrräder mit extra starken Stoßdämpfern und Spezialsätteln. Bill Nuss konzipierte die Serie, die natürlich mit vielen Strandschönen aufwarten kann.

PALACE GUARD: DIE SCHÖNE UND DAS SCHLITZOHR

Palace Guard

USA 1991; 1 x 90 Min. u. 6 x 45 Min.; F
Tommy Logan .... D.W. Moffett
Christy Cooper .... Marcy Walker
Arturo Taft .... Tony Lo Bianco

➜ Nach seiner Entlassung aus dem Gefängnis erhält Hoteldieb Tommy eine neue Chance: Hotelkettenbesitzer Taft engagiert ihn als Sicherheitschef. Bei seinem Job ist er der PR-Managerin Christy direkt unterstellt. »Der Reiz der Serie liegt in der Beziehung zwischen Tommy und Christy. Dazu kommt eine ausreichende Portion Action und Spannung vor dem Hintergrund schöner und exotischer Schauplätze«, schrieb *TV-Guide* über den CBS-Flop.

PALM BEACH DUO, DAS

Silk Stalkings

USA 1991-99; 176 x 45 Min.; F
Sergeant Chris Lorenzo (1991-95)........ Rob Estes
Sgt. Rita Lee Lance (Sam) (1991-95) ... Mitzi Kapture
Captain Hutchinson (1991-92) .... Ben Vereen
Captain Harry Lipschitz (1993-99)..... Charlie Brill
Sergeant Tom Ryan (1996-99) .... Chris Potter
Sergeant Cassandra St. John .... Janet Gunn
George Donovan .... William Anton
Melissa Cassidy (1991-92) ... Kim Morgan Greene

DAS PALM BEACH DUO: Rob Estes und ...

Roger (1991-92) .... Danny Gans
Cotton Dunn .... John Byner
Fran Lipschitz .... Mitzi McCall

➜ Glamour, Mord und Sexverbrechen sind die Markenzeichen dieser Serie über ein neonleuchtendes Department der Kriminalpolizei von Palm Beach. Chris ist der harte Bulle mit viel Verständnis, Rita die harte Kollegin mit Sexappeal. Ursprünglich als gesäuberte Kopie von MIAMI VICE geplant (ähnlicher Look, aber viel steriler und ohne Experimente), entwickelte sich die Serie von Stephen J. Cannell zu einem klassischen Whodunit mit für amerikanische Verhältnisse starkem sexuellen Hintergrund. Die Glitzerwelt der Schönen und Reichen, hinter deren Fassade die Fratze sexueller Perversionen lauert, macht ihren Reiz aus. Sie war die erste Serie, die gleichzeitig auf einem Kabelkanal (USA Network) und einem kommerziellen Network (CBS) gezeigt wurde. 1993 nahm CBS die Serie aus dem Programm, aber Cannell produzierte sie wegen ihres internationalen Erfolges weiter. Das PALM BEACH DUO war mit durchschnittlich zwei Millionen Zuschauern die bis dahin erfolgreichste Serie im US-Kabelfernsehen.

Paperback Originals

Amerikanische Bezeichnung für Taschenbuch-Originalausgaben. Anfang der fünfziger Jahre ging man in den USA, besonders im Krimibereich (Autoren wie Jim Thompson, David Goodis, John D. MacDonald, Charles Williams u.a.), verstärkt dazu über, Bücher nicht zuerst als Hardcover zu veröffentlichen, sondern als kosten- und vertriebsgünstigere Taschenbücher direkt für einen größeren Markt. Mit dem Siegeszug der Fernsehserien fanden auch immer mehr sogenannte TV-*Tie Ins* Eingang in das Programm der Taschenbuchverlage. Oft schrieben renommierte Autoren die gutbezahlten Romane nach Fernsehserien. Das erfolgreichste TV-*Tie In* aller Zeiten ist sicherlich Michael Avallones MAN FROM U.N.C.L.E.: THE THOUSAND COFFIN AFFAIR. Avallone schrieb den Roman zu seinem Unglück für ein Pauschalhonorar von nur 1000 Dollar. Das Buch verkaufte sich alleine in den USA über eine Million Mal und wurde in mehr als 60 Sprachen übersetzt.

PARADISE CLUB

The Paradise Club

GB 1990-91; 20 x 45 Min.; F

Frank Kane .... Don Henderson
Danny .... Leslie Grantham
Peter Noonan .... Philip Martin Brown
Ma Kane .... Sheila Keith
Rosy Campbell .... Kitty Aldridge
Elliot Rossini .... Victor Spinetti
Max Wartburg .... David Swift
Clara .... Sheila Keith
Carol Kane .... Barbara Wilshere

➜ Priester Kane verläßt seine Liverpooler Gemeinde, nachdem er fälschlicherweise beschuldigt wurde, Kirchenschätze gestohlen zu haben, um mit dem Erlös seine Spielschulden zu bezahlen. In London kämpft sein jüngerer Bruder und Gangster Danny gegen den Gangsterboß Peter Noonan, der versucht, in sein Südlondoner Territorium vorzudringen. Als die Mutter der Brüder stirbt, kehrt

... Mitzi Kapture

Frank zu ihrem Begräbnis nach London zurück. Mas letzter Wille war es, Dannys Hauptquartier, den *Paradise Club*, Frank zu überlassen. Von nun an versucht Frank, seinen Bruder auf den richtigen Weg zu bringen, wird aber gleichzeitig in die Machenschaften rivalisierender Gangsterbanden und der Polizei verwickelt.
Grandioses britisches *Gangland*-Drama. Der Produzent Murray Smith verließ Granada-TV nach der zweiten Staffel der Superserie BULMAN. Er nahm BULMAN-Hauptdarsteller Henderson mit und ging zur BBC, wo er Henderson diese Serie auf den Leib schneiderte. Auch wenn PARADISE CLUB nicht dieselbe Klasse hat wie z.B. THE XYY MAN, THE ODD MAN, IT'S DARK OUTSIDE, FÜR ALLE FÄLLE FITZ, MR. ROSE, STRANGERS oder BULMAN, ist die Serie dennoch originell und unnachahmlich.

PARIS 7000
Paris 7000

USA 1970; 10 x 45 Min.; F

Jack Brennan .... George Hamilton
Robert Stevens .... Gene Raymond
Jules Maurois .... Jacques Aubuchon

➜ Wenn amerikanische Staatsbürger in Frankreich in Schwierigkeiten geraten, rufen sie die Telefonnummer Paris 7000, die Nummer der Botschaft. Dort warten dann Brennan und Stevens mit Maurois, ihrem Vertrauensmann bei der Gendarmerie, um rettend herbeizueilen.
John Wilder und Michael Gleason konzipierten und produzierten diese kurzlebige Serie für Universal und ABC.

PAROLE CHICAGO

BRD 1980; 13 x 25 Min.; F

Harry .... Gottfried Vollmer
Ede .... Christoph Waltz

➜ Dilettantische Vorstadtkriminelle treiben ihr Unwesen im Berlin der Zwanziger Jahre. Das Publikum sollte sich offenbar über Ganoven amüsieren, bei denen alles schief ging.
Vorlage waren die RUBY MARTINSON-Stories von Henry Slesar, die Sven Freiheit und Heiner Schmidt auf deutsche Verhältnisse übertrugen. Regie bei dieser Produktion für den SWF führte Rainer Schwabenitzky.
Roman: Henry Slesar: Ruby Martinson; Diogenes 20657, 1981.

PARTNER, DIE

BRD 1995; 26 x 45 Min.; F

Philip Casdorff .... Jan Josef Liefers
Caro Koslowski .... Ann-Kathrin Kramer
Martin Zobel .... Ulrich Noethen
Simon .... Heinrich Giskes

➜ Neben DETEKTIVBÜRO ROTH, ZORC und wenigen anderen die wahrscheinlich schlechteste deutsche Privatdetektiv-Serie.
Inhaltsleere als Form war das Konzept der bemüht jugendlichen Serie, deren Innovation in einer neurotisch wackelnden Kamera bestand. Man kann sich gut vorstellen, wie die Verantwortlichen des ARD-Werbefernsehens und die Produzenten das Konzept erarbeitet haben. Bestimmt fiel des öfteren der Begriff postmodern. Im Hinterkopf schwirrten unverdaute Vorstellungen von MIAMI VICE, Video-Clip-Ästhetik und, als besonderem Clou, Werbespot-Tempo herum. Unfähig, die ausgefeilte Dramaturgie einer Serie wie MIAMI VICE zu analysieren, kloppte man wild drauflos und bemerkte erst nach Abschluß der Dreharbeiten, daß man vergessen hatte, Drehbücher anfertigen zu lassen. Die mit der Serie erreichten Quoten wurden natürlich als »nicht schlecht« verkauft; dieselbe Quotenhöhe bei einem Konkurrenten hätte nur Hohn und Spott geerntet.
DIE PARTNER sind ein besonders schönes Beispiel dafür, daß auch im öffentlich-rechtlichen Vorabendprogramm das Pulver nicht trocken gehalten wird. Geblendet vom Look herausragender US-Produktionen konzentrierte man sich darauf, eine ähnliche Oberfläche herzustellen. Nicht erkannt wurde, daß die angelsächsischen Vorbilder erst schwer an den Inhalten – vom Subtext über die Charaktere bis zum Plot – arbeiten, und erst dann nach einem Look suchen, der möglichst vollkommen den Inhalten entspricht und in der Umsetzung eine Symbiose schafft. »Wir versuchen Krimis neu zu erzählen. Wir wollen durch die moderne Machart erreichen, daß die Werbespots nicht besser aussehen als unsere Filme«, brabbelte Produzent Winfried Bonk, um Dilettantismus als Strategie zu verkaufen. Und ein Josef Rusnak, der sich

Regisseur nannte und acht Folgen abwickeln durfte: »Die sogenannten neuen amerikanischen Serien sind mindestens fünf Jahre alt. Ein relativ alter Hut.« Wenn man ihn richtig versteht, haben die Amerikaner fünf Jahre lang keine Serien gedreht; wahrscheinlich, um wie paralysiert auf DIE PARTNER zu warten und sich von Rusnak und seinem Kollegen Thomas Jauch zeigen zu lassen, wie man Krimi-Serien macht. »Die Partner sind genauso lästig wie Werbung«, resümierte die *Funk-Korrespondenz* in Nr. 40/1995.

PATE, DER
The Godfather

USA 1979; 4 x 100 Min.; F

Don Vito Corleone .... Marlon Brando
Michael Corleone .... Al Pacino
Young Vito Corleone .... Robert De Niro
Tom Hagen .... Robert Duvall
Sonny Corleone .... James Caan
Kay Adams .... Diane Keaton

➔ Für das Fernsehen ergänzte und chronologisch erzählte Fassung der ersten beiden Kino-Filme von Francis Ford Coppola.

PATER BROWN

BRD 1966; 13 x 25 Min.; sw

Pater Brown .... Josef Meinrad
Inspektor Burns .... Ernst Fritz Fürbringer

➔ G.K. Chestertons unsterbliche Detektivfigur wurde einmal mehr visuell aufbereitet. Die deutsche TV-Serie zeigt– wie zuvor schon die Kinofilme mit Heinz Rühmann – wenig von der bissigen Ironie der literarischen Vorlagen und legte den Schwerpunkt auf die reine Detektivarbeit. Alles sehr harmlos und nett, wie es sich für das ARD-Vorabendprogramm geziemte.

Roman: Chestertons Pater-Brown-Geschichten sind in zahllosen Sammelbänden erschienen; zuletzt bei Diogenes und Haffmanns.

PAUL TEMPLE
Paul Temple

GB 1969-71; 52 x 45 Min.; F

Paul Temple .... Francis Mathews
Steve Temple .... Ros Drinkwater
Dammy Carson .... George Sewell

➔ 1938 trat der Kriminalschriftsteller und Amateurdetektiv Paul Temple erstmals in der Hörspielserie SEND FOR PAUL TEMPLE von Francis Durbridge auf. Der große Erfolg ließ weitere Serien, Comics, Romane und Filme folgen. Ab 1949 begeisterte René Deltgen in der Temple-Rolle auch die bundesdeutschen Radiohörer und führte den Straßenfeger ein.

Der Fernsehserie gelang es trotz ihrer Siebziger-Jahre-Modernisierung nicht, den Charme der zeitlich überholten Figur einzufangen. Trotzdem war die von der BBC (das ZDF beteiligte sich als Koproduzent) produzierte Serie kein kommerzieller Fehlschlag: Der fast mythische Name Durbridge und die Popularität von Paul und Steve Temple sorgten für weltweiten Verkauf. Die Serie war für ihre Zeit mit Produktionskosten von 630.000 Pfund sehr teuer. Produzenten waren Alan Bromly, Peter Bryant und Derrick Sherwin. Die Titelmusik war von Ron Grainer.

Roman: Francis Durbridge: Paul Temple – Der Fall Kelby (Paul Temple and the Kelby Affair; 1970); Goldmann 4039, 1971. Paul Temple jagt »Rexx« (Send for Paul Temple Again; 1958); Heyne 1053, 1962 und Goldmann 3198, 1969. Paul Temple und der Klavierstimmer (Paul Temple and the Front Page Men; 1939); Heyne 1078, 1962. Auch: Paul Temple und die Schlagzeilenmänner; Goldmann 3190, 1969. Zu jung zum Sterben (The Geneva Mystery; 1971); Goldmann 4152, 1972.

PAUL TRIMMEL, HAUPTKOMMISSAR

BRD 1985; 2 x 60 Min.; F

Trimmel .... Gerd Kunath

➔ Mißglückter Versuch der Sator Film, für den NDR die Abenteuer des ehemaligen TATORT-Kommissars durch Regisseur Wilfried Dotzel neu zu interpretieren.

Penny Dreadfuls

Billige Penny-Magazine, die im England des letzten Jahrhunderts weit verbreitet waren und Romane und Geschichten der unterschiedlichsten Genres meist auf niedrigem Niveau veröffentlichten. Einige Mythen der *Penny Dreadfuls*, wie etwa DICK TURPIN, wurden auch in TV-Serien verarbeitet.

Penny, Joe

Amerikanischer Schauspieler. Geboren am 14. September 1956 in London. Als Sohn eines amerikanischen Armee-Angehörigen wechselte er in seiner Kindheit häufig den Wohnsitz. Nach der Scheidung seiner Eltern begann er er schon als Teenager zu arbeiten, um zum Lebensunterhalt seiner jüngeren Geschwister beizutragen. Mit 13 schrubbte er Toiletten, mit 17 fuhr er LKW und arbeitete als Friedhofsgärtner. Dann verließ er sein Zuhause, schlug sich als Marktschreier und Tellerwäscher durch und nahm in seiner Freizeit Schauspielunterricht. Seinen ersten TV-Auftritt hatte er in den NANCY DREW MYSTERIES. Es folgten Gastrollen in LOU GRANT, FLAMINGO ROAD, VEGA$, T.J. HOOKER u.a. Der Durchbruch gelang ihm 1981 mit der kurzlebigen Serie THE GANGSTER CHRONICLES, in der er Bugsy Siegel verkörperte. Es folgten die erfolgreicheren Serien TRIO MIT VIER FÄUSTEN (1984-86) und JAKE UND MCCABE (1987-92), in der er für seine Quälereien an seinem Ko-Star William Conrad berüchtigt wurde.

PERCY STUART

BRD 1969-71; 50 x 25 Min.; F

Percy Stuart .... Claus Wilcke
Reginald Prewster .... Horst Keitel
Sir John Cleveland .... Robert Meyn

➜ Um in den Excentric-Club aufgenommen zu werden, muß der Millionär Stuart schwierige Aufgaben erfüllen, die ihm Sir John und die Mitglieder stellen. Bei der Lösung der oft lebensgefährlichen Probleme steht ihm der Rechtsanwalt Prewster bei, der über die ordentliche Erfüllung der Aufgaben wacht.

Diese äußerst populäre ZDF-Vorabendserie von Karl Heinz Zeitler basierte auf einer ab 1913 erschienenen Groschenheft-Serie, die 1916 während des Ersten Weltkriegs von der Militärbehörde zeitweilig verboten worden war. 1917 wurde sie von Joe May nach einem Drehbuch von Fritz Lang erstmals verfilmt, als DIE HOCHZEIT IM EXCENTRIC CLUB. Von Spannung keine Spur, aber die leichte Machart aus Komik und zeittypischer Action machte die Serie zum Erfolg und die beiden Hauptdarsteller zu TV-Ikonen der siebziger Jahre.

Groschenheft: Lord Percy vom Excentric Club. Nr. 1-197, 1913-16; Mignon Verlag. Der neue Excentric Club. Nr. 1-534, 1920-27; Mignon Verlag. Percy Stuart. Der neue Excentric Club. Quellen zur Trivialliteratur. 15 Hefte gebunden. Olms Verlag, Hildesheim, 1972.

PERRY MASON

Perry Mason

USA 1957-66; 271 x 45 Min.; sw

Perry Mason .... Raymond Burr
Della Street .... Barbara Hale
Paul Drake .... William Hopper
Hamilton Burger .... William Talman
Lieutenant Arthur Tragg (1957-65) ..... Ray Collins
David Gideon (1961-62) .... Karl Held
Lieutenant Anderson (1961-65) .... Wesley Lau
Lt. Steve Drumm (1965-66) ..... Richard Anderson
Sergeant Brice (1959-66) .... Lee Miller
Terrence Clay (1965-66) .... Dan Tobin

➜ Zu den Klassikern des Krimis gehört zweifelsfrei der Anwalt Perry Mason, der mit seiner Sekretärin Della und dem Privatdetektiv Paul Drake immer wieder unschuldige Bürger vor dem Zugriff des Staatsanwalts bewahrt. Der Höhepunkt jeder Folge ist darum auch die Gerichtsszene, in der Mason sich mit seinem Kontrahenten, Staatsanwalt Hamilton Burger, ein Duell um das Leben seiner Klienten liefert.

In den fünfziger Jahren wurde der feste Glaube an die Funktionstüchtigkeit des amerikanischen Rechtssystems nicht hinterfragt. Vor Gericht erscheinen mußten fast nur Leute, die sich kleiner moralischer Verfehlungen schuldig gemacht hatten, aber für Kapitalverbrechen verantwortlich gemacht wurden. Die Klientel von Mason bestand vorzugsweise aus Suburbia-Spießern, Geschäftsleuten und zu Sündenböcken gemachten Naivlingen. Masons Duell mit dem Staatsanwalt suggerierte trotz Haken und Ösen in der Methodik eine gewisse Fairneß. Über allen thronte ein weiser Richter (gelegentlich von Erle Stanley Gardner, dem Autor der Romanvorlagen, selbst gespielt), der ein Höchstmaß an Gerechtigkeit zu garantieren schien.

Die klassischen Anwaltserien wie PERRY MASON zogen ihre Dramatik noch aus dem Topos, daß ein dem Zuschauer bekanntlich Unschuldiger gegen widrige Umstände von seinem Anwalt freige-

PERRY MASON: Raymond Burr (links)

kämpft, und nebenbei noch der wirkliche Täter entlarvt wurde.
Perry Mason, der berühmteste Anwalt der Kriminalliteratur, ist eine Erfindung des amerikanischen Schriftstellers Erle Stanley Gardner, dessen 82 Romane über die Fälle seines Anwalts weltweit fast 400 Millionen mal verkauft wurden. Bevor Mason – und mit ihm Hauptdarsteller Raymond Burr – zum Fernsehstar wurde, mußte der Fernsehsender CBS Gardner eines der lukrativsten Angebote der Fernsehgeschichte machen: Man bot ihm 500.000 Dollar, die Hälfte aller Gewinne der Auslandsverkäufe und die totale künstlerische Kontrolle über die Serie an. Die Serie, eine der teuersten der fünfziger Jahre, kam pro Folge auf 100.000 Dollar Produktionskosten, alle 271 Folgen kosteten zusammen ca. 40 Millionen Dollar. Raymond Burr wurde mit dieser Serie zu einem der ersten Superstars des Fernsehens: Er wurde für diese Rolle zweimal als bester Seriendarsteller mit dem *Emmy* ausgezeichnet und erhielt Anfang der sechziger Jahre die damals unvorstellbare Summe von einer Million Dollar jährlich. Zu den Gaststars, die in PERRY MASON auftraten, gehörten Robert Redford, Burt Reynolds, Ryan O'Neal, Ellen Burstyn, Angie Dickinson u.v.m. Und viele heutige Drehbuchautoren könnten sich bei PERRY MASON eine Scheibe abschneiden, um zu lernen, wie man eine überraschende Geschichte konstruiert. Außer den Romanvorlagen von Gardner wurden Originaldrehbücher von namhaften Autoren wie Jonathan Latimer, William O'Farrell, Robert Leslie Bellem, Helen Nielsen, Mann Rubin und Henry Farrell genutzt.
Ab 1986 wurden mit Burr (bis zu seinem Tod) und Hale mehrere TV-Filme unter dem Titel PERRY MASON RETURNS produziert.

Literatur: Brian Kelleher u. Diana Merrill: The Perry Mason TV-Show Book; St. Martin's Press, 1987.
Roman: Die 82 Perry-Mason-Romane sind auf Deutsch bei den Verlagen Scherz und Ullstein erschienen.

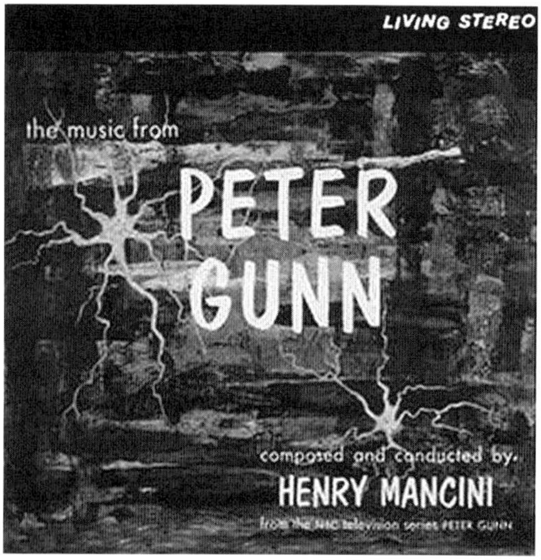

PETER GUNN: Soundtrack von Henry Mancini

PETER GUNN

Peter Gunn

USA 1958-61; 114 x 25 Min.; sw

Peter Gunn .... Craig Stevens
Edie Hart .... Lola Albright
Lieutenant Jacoby .... Herschel Bernardi
»Mother« (1958-59) .... Hope Emerson
»Mother« (1959-61) .... Minerva Urecal

➜ Bevor Blake Edwards als Komödienregisseur (DER ROSAROTE PANTHER) und Ehemann von Julie Andrews berühmt wurde, war er Krimiexperte bei Funk und Fernsehen und einer der einflußreichsten TV-Produzenten der späten fünfziger Jahre. Für Dick Powell erfand er die Radio-Serie *Richard Diamond*, in deren TV-Adaption David Janssen von 1957 bis 1960 erstmals als Protagonist einer Serie auftauchte. Edwards Reputation war hervorragend, als er dem Produzenten Don Sharpe das Konzept der Privatdetektivserie PETER GUNN vorlegte. Es brach mit der Tradition, Serien aus anderen Medien wie Buch oder Radio zu übernehmen.

Peter Gunn, gespielt von Craig Stevens, war nicht mehr der Trenchcoat-Privatdetektiv à la Humphrey Bogart, der die Medien in den vierziger und fünfziger Jahren beherrschte. Natürlich war er knallhart, aber er war auch elegant und hatte formvollendete Manieren. Er war eher ein Söldner, den man anheuern konnte, als ein klassischer Privatdetektiv. Meistens traf man ihn in der Jazzbar *Mothers*, wo seine Freundin Edie coole Melodien ins Mikrofon hauchte, Gunn ein herzliches Verhältnis mit der Inhaberin pflegte, und der unvermeidliche Polizeifreund Lieutenant Jacoby nicht weit war. Der Bruch mit dem Schmuddelimage der früheren Privatdetektive war damals etwas Radikales. Er bereitete den Weg für Warner Brothers' Edelangestellte in 77 SUNSET STRIP, HAWAIIAN EYE, SURFSIDE SIX oder NEW ORLEANS, BOURBON STREET. Gunn stand nicht in der Tradition von Chandler oder Spillane, sondern orientierte sich an den Nachkriegsdetektiven aus den Romanen von Henry Kane, Robert Lee Martin, Richard S. Prather oder Bart Spicer. Für das Fernsehen, das anderen medialen Entwicklungen meistens hinterherhinkt, war er keine echte Fünfziger-Jahre-Figur mehr. Die Beatnik-Noir-Stimmung und die Coolness der Haupt-

figur weisen in die sechziger Jahre voraus, auf *sophisticated* Helden wie James Bond, John Steed und die O.N.K.E.L.- und KOBRA-Agenten.
PETER GUNN war von der Anlage her konsequent auf den Bildschirm zugeschnitten. Da Farbe zu teuer war, nutzte Edwards die Besonderheiten von Schwarzweiß, sprich eine Noir-Ästhetik. Da man kein Geld für teure Tagesdreharbeiten in der Stadt ausgeben konnte, filmte man nachts und meistens noch auf dem Studiogelände, wo Kamerawinkel und ausgeklügelte Beleuchtung den altbekannten Kulissen neue Perspektiven verliehen. Lange, unwirkliche Schatten, die nächtliche Atmosphäre unterlegt mit Jazz, machten Gunns Los Angeles zum mythischen Ort, zur ultimativen Noir-City des Fernsehens. Ähnlich wie dreißig Jahre später Michael Mann mit MIAMI VICE schuf Edwards einen neuen, originären Stil, der den Inhalten entsprach. Bizarre Charaktere und die alptraumhafte Ausleuchtung des Sets gaben der Serie etwas Irreales. Sie spielt in einer fast symbolistischen Welt, in der es immer dunkel ist. Um Kosten zu sparen, gab es keine Massenszenen und keine Verfolgungsjagden mit mehr als zwei Autos, die durch ausgestorbene Straßen rasten. Bei einem weniger stilsicheren Produzenten hätte billig ausgesehen, was Blake Edwards zum PETER GUNN-Touch stilisierte. Der TV-Historiker Ric Meyers: »Der Höhepunkt dieses speziellen Stils war die Episode THE HUNT von 1960, in der Gunn einen Kontraktkiller jagt. Nach der Exposition gibt es keine Dialoge mehr. Nur noch Schwarzweiß-Schemen, Stevens' unnachahmliche Darstellung, Mancinis Musik und Edwards Kontrolle.« Alles sehr impressionistisch, sehr mitreißend und sehr kostengünstig.
Ebenso wie bei MIAMI VICE war die Musik ein stilprägendes Element. Henry Mancini, den Edwards von Universal her kannte, schrieb die bis heute populäre Titelmusik. Die beiden Langspielplatten mit dem Soundtrack der Serie hielten sich drei Jahre in den Charts (eine weitere Parallele zu MIAMI VICE). Das PETER GUNN-Thema wurde zum Klassiker, und Mancini reihte sich in die Unsterblichen der TV-Musik ein, auf demselben Level wie Lalo Schiffrin (KOBRA, ÜBERNEHMEN SIE), Ron Grainer (NUMMER 6, DER MANN MIT DEM KOFFER), Laurie Johnson (MIT SCHIRM, CHARME

PETER GUNN: Craig Stevens

UND MELONE) oder Earle H. Hagen (HARLEM NOCTURNE, TENNISSCHLÄGER UND KANONEN). Bis heute gehört das PETER GUNN-Thema zum Standard gitarrenlastiger Beatkapellen; die wildesten Interpretationen stammen aber nach wie vor von Remo Four und Mick Ronson, dem zu früh verstorbenen Gitarristen von David Bowie und Ian Hunter (Mott the Hoople).
Edwards Erfahrung mit Hörspielserien kam ihm bei den Stories zugute, trotz der geringen Sendezeit. PETER GUNN-Episoden waren nur 25 Minuten lang, ein Format, das bis Mitte der sechziger Jahre auch bei Krimis sehr beliebt war, aber selten komplexe Geschichten ermöglichte. Es wird heute nur noch für Comedys oder Soaps genutzt. Edwards, der die meisten Drehbücher der ersten Saison schrieb und alle überwachte, beherrschte das Kurzformat meisterhaft und fand für jede noch so banale Story den Rhythmus, der sie zur unverwechselbaren PETER GUNN-Episode machte.
Don Sharpe finanzierte die Pilot-Folge THE KILL, bei der Edwards Regie führte. Als er sie den Sponsoren präsentierte, war die Serie am ersten Tag verkauft. Edwards und Sharpe gründeten die Produktionsfirma Spartan Productions und behielten alle Rechte an der Serie, da sie nicht mit einem Sender, sondern dem Sponsor Bristol-Myers direkt abgeschlossen hatten. Damals kauften Sponsoren eine ganze Stunde Sendezeit, die sie dann mit einem Programm nach ihrer Vorstellung füllten. Dieser größere Einfluß der Sponsoren auf das

PETER STROHM: Hannelore Hoger und Klaus Löwitsch

Programm eines Senders wirkte sich oft positiv aus, da sie Fachleute beschäftigten, die ihr Metier kannten und sich von den Programmchefs nicht ins Bockshorn jagen ließen. Die Sender beendeten damals diese Praxis, und PETER GUNN war die letzte unabhängige Serie für lange Zeit.

Regisseure waren u.a. Lamont Johnson, Jack Arnold, Boris Sagal und Robert Altman. Bis auf die letzte Staffel wurden alle Folgen durch NBC ausgestrahlt, dann durch ABC. Ein Unikum in der Seriengeschichte war das Ende. Steven erinnerte sich: »Ende 1961 kam Edwards zu mir und sagte, er wolle künftig nur noch Kino machen und könne die Show nicht weiter betreuen. Er habe aber auch keine Lust, die Kontrolle aufzugeben, um zu erleben, daß die Serie schlechter produziert würde. Natürlich war er der Meinung, außer ihm selbst könne niemand das Niveau garantieren. Also wolle er auf dem Höhepunkt aufhören, die Serie beenden. PETER GUNN wurde nie abgesetzt. Edwards machte einfach Schluß. Natürlich waren Sponsoren, Sender und Zuschauer stinksauer. Wir waren so etwas wie die erste echte Kultserie. Zehn Jahre lang versuchte man eine Wiederaufnahme zu erreichen.«

Was erreicht wurde, war 1967 ein Kinofilm, der aber eher ein buntes Pop-Spektakel wurde als ein Noir-Film mit dem Feeling der Fernsehserie. PETER GUNN war einer der ersten Kinofilme nach einer erfolgreichen Fernsehserie und auch damit seiner Zeit voraus. Ko-Autor William Peter Blatty, der später den Welterfolg DER EXORZIST schrieb, orientierte sich mehr an Mickey Spillane als an der Fernsehserie. 1989 wurde nochmals ein Wiederbelebungsversuch unternommen: in einem mittelmäßigen TV-Movie von Edwards, das 1964 spielte, übernahm Peter Strauss die Titelrolle.

Der Erfolg der Serie hat zahlreiche Nachahmer hervorgebracht: John Cassavetes spielte in JOHNNY STACCATO einen Jazzpianisten, dessen Fälle im Greenwich-Village-Club »Waldos« beginnen. Blake Edwards selbst (wieder mit der Musik von Henry Mancini) produzierte mit Regisseur Jack Arnold noch 1959 MR. LUCKY mit John Vivyan als Zocker. Mike »Mannix« Connors gab sein Seriendebüt in TIGHT ROPE, und Edmond O'Brian spielte JOHNNY MIDNIGHT, während Rod Taylor in HONG KONG die dortigen Nachtklubs unsicher machte. Schließlich konzipierte Edwards auch noch die Bar DANTE'S INFERNO, in der Howard Duff den Besitzer mimte, und Rick Jason spielte einen coolen, gutgekleideten Versicherungsdetektiv in ROBIN SCOTT.

Es gab Dutzende von Serien, die Stil, Haltung oder Konzept von PETER GUNN kopierten. Sie haben alle auch heute noch ihre beinharten Fans, aber jeder von ihnen gibt zu, daß PETER GUNN das Original ist, Urvater all der coolen, schicken Detektive der sechziger Jahre, die in einer Welt agierten, die manchmal so bizarr wie ein BATMAN-Comic von Bob Kane war, und in der Musik und Kamera die zweite Hauptrolle spielten.

Roman: Henry Kane: Peter Gunn; Dell, 1960.
Comic: Four Colour Comics No. 1087.

PETROCELLI: Barry Newman

PHILIP MARLOWE: Powers Boothe

PETER STROHM

BRD 1989-95; 1 x 90 Min. u. 65 x 45-60 Min.; F

Peter Strohm .... Klaus Löwitsch

➜ Der zwielichtige Privatdetektiv Mauss soll das Vorbild für Peter Strohm gewesen sein. »Was den ZuschauerInnen in den 45-Minuten-Krimis an Stories geboten wird, wirft kein Glanzlicht auf Drehbuchautoren und Serienregisseure. Mal muß Löwitsch alias Strohm die hochsensible Aids-Datei eines Arztes aus den Händen unbedarfter Computerfreaks entreißen, wobei er noch ganz nebenbei einen Drogenring entlarvt, eine Hubschrauberfahrt über die Alpen vollführt, bevor er Arztgattin Vera Tschechowa vernaschen darf. [...] Während Götz George jedoch auch bei schlechter Dramaturgie immer noch eine passable Figur macht, wirkt Löwitsch in der Strohm-Serie nur lächerlich. Da helfen potenzstärkende Accessoires – schwarzer Mercedes mit Funktelefon, Pistole und glatzköpfige Schlägervisage – genausowenig wie die Tatsache, daß er fast alle Stunts selbst erledigt. Im Nadelstreifenanzug pirscht sich der 169 Zentimeter kurze Privatdetektiv an Gangster und Frauen heran wie eine Bulldogge mit rosa Schleifchen«, exekutierte Ute Thon die Serie in der *taz* vom 3.6.1991.

Zu den Autoren, die mehr schlecht als recht zeitpolitische Bezüge in die ARD-Serie einbringen wollten, gehörten Friedhelm Werremeier, der sie konzipierte, und Felix Huby.

PETROCELLI

Petrocelli

USA 1974-76; 1 x 90 Min. u. 45 x 45 Min.; F

Tony Petrocelli .... Barry Newman

Maggie Petrocelli .... Susan Howard

Pete Ritter .... Albert Salmi
Lieutenant John Ponce .... David Huddleston

➜ Über den italienischstämmigen Harvard-Absolventen und Rechtsanwalt Petrocelli hatte Sidney J. Furie 1968 den Film DER STRAFVERTEIDIGER (THE LAWYER) gedreht, basierend auf den Mordfall Sheppard. 1974 nahmen die Produzenten Edward K. Miller und Thomas Milkus den Charakter auf und siedelten ihn in San Remo an, einer Kleinstadt in Arizona. Harold Buchman und E. Jack Neumann klauten reichlich bei PERRY MASON (die Grundstruktur: Anwalt, weibliche Vertraute, Privatdetektiv) und ließen den Großstadtanwalt bei den Hinterwäldlern für Gerechtigkeit sorgen. Produziert wurde die Serie um den zwergwüchsigen Anwalt von Paramount für NBC. Der ungewöhnliche Handlungsort und passable Drehbücher sorgten für einen Achtungserfolg.

1990 hätte Albert Salmi seinen früheren Chef selbst gebraucht: Als ihm seine Frau Roberta mit Scheidung drohte, drehte er durch und erschoß sie mit einem 45er Colt.

PHILIP MARLOWE
Marlowe – Private Eye

GB/CAN 1984-86; 11 x 60 Min.; F

Philip Marlowe .... Powers Boothe
Veilchen McGee .... Billy Kearns
Annie Riordan .... Kathryn Leigh Scott

➜ Adaption der Pulp-Kurzgeschichten von Raymond Chandler mit dem Helden der späteren Romane. In den literarischen Vorlagen spielt Marlowe lediglich in einer Story mit. Die Adaptionen gelangen gut, und Austattung und Kamera sorgten für den richtigen Look, der einen Eindruck des Los Angeles der dreißiger Jahren vermittelte. Regisseur-Produzent David Wickes, der die erste Staffel in London und LA für London Weekend TV produzierte, sagte über seinen Hauptdarsteller: »Boothe ist die Idealbesetzung – Bogart und Mitchum waren viel zu alt.« Darüber kann man streiten. Aber der Shakespeare-Schauspieler, der die Rolle als seine Traumrolle bezeichnete, machte eine gute Figur. Mit großem Aufwand wurden ganze Straßenzüge um 50 Jahre zurückversetzt, Oldtimer flottgemacht und Flugzeuge aus dem Museum geholt. Alles im teuren Los Angeles, während die Innenaufnahmen in britischen Studios entstanden. Fast drei Jahre lang investierte die Filmgesellschaft mit erheblichem Risiko – vom Gefeilsche um die teuren Rechte über die Motivsuche, die Beschaffung von alter Kleidung und Möbeln bis zur Herstellung von Bauten. Trotz der manchmal etwas oberflächlich und stark bearbeiteten Bücher von Jesse Lasky Jr., Pat Silver, Jo Eisinger und Wickes selbst, drehten die Regisseure Peter Hunt, Bryan Forbes, Sidney Hayes u.a. ein erstaunlich überzeugendes *Period Piece*. Der Erfolg war vorprogrammiert: die Serie wurde sofort in 36 Länder verkauft. Die zweite Staffel wurde ein Jahr später mit kanadischem Geld in Toronto gedreht.

Roman: Das Gesamtwerk von Raymond Chandler ist im Diogenes Verlag erschienen.

PICKET FENCES – TATORT GARTENZAUN
Picket Fences

USA 1992-96; 1 x 90 Min. u. 87 x 45 Min.; F

Sheriff Jimmy Brock .... Tom Skerritt
Dr. Jill Brock .... Kathy Baker
Kimberly Brock .... Holly Marie Combs
Matthew Brock .... Justin Shenkarow
Zack Brock .... Adam Wylie
Kenny Lacos .... Costas Mandylor
Maxine Stewart .... Lauren Holly
Ginny Weedon (1992-94) .... Zelda Rubinstein
Richter Henry Bone .... Ray Walston
Douglas Wambaugh .... Fyvush Finkel
Dr. Carter Pike .... Kelly Connell
Bürgermeister Pugen (1992-93) ... Michael Keenan
Michael Oslo .... Roy Brocksmith
Reverend Barrett (1993-96) .... Roy Dotrice
Cynthia Parks (1992-93) .... Elisabeth Moss
John Littleton (1993-96) .... Don Cheadle
Rachel Harris (1993-95) .... Leigh Taylor-Young
Ed Lawson (1994-96) .... Richard Masur

➜ Auf den ersten Blick scheint Rome, Wisconsin, eine ganz normale amerikanische Kleinstadt zu sein. Doch es häufen sich sonderbare Kriminalfälle, wie der Mord in einer Geschirrspülmaschine, ein Axtmörder, der Hände sammelt, oder der Badewannen-Fetischist, der sein nasses Unwesen treibt – skurrile Fälle, die Sheriff Brock und seine Mitarbeiter aufzuklären haben. Auch die privaten Schick-

Skurrile Fälle in PICKET FENCES: Der Zinnmann aus THE WIZARD OF OZ wurde ermordet – Tom Skerritt ermittelt

sale der Einwohner sind bisweilen verwunderlich. Die endgültige Entscheidung über das Schicksal der Täter wird oft vor Gericht, unter Mithilfe des schrägen Anwalts Wambaugh, getroffen.
Der ehemalige L.A. LAW-Autor und Produzent David E. Kelley konzipierte und produzierte diese ungewöhnliche Krimiserie für CBS. Die bizarren Fälle erinnern oft an die frühen Romane von Ellery Queen, dessen fiktive Stadt Wrightsville sicherlich eine Inspirationsquelle war. »Sie hat den Mut, mehr heikle Themen anzupacken als irgendeine andere Serie, aber es wird dabei nie schwerfällig oder belehrend [...]. Es hat eine Weile gedauert, aber inzwischen hat PICKET FENCES zu seinem eigenen Rhythmus gefunden und seine eigene, kuriose Stimmung entwickelt«, schrieb *TV Guide*. »Als wir mit der Serie begonnen haben, wußten wir selbst nicht so genau, in welche Richtung wir gehen würden. Und gerade das war und ist die Herausforderung. Die Stories sind komplex aufgebaut, und es gibt viele Handlungsstränge und Entwicklungsmöglichkeiten. Das macht es schwierig, die Geschichten zusammenzuhalten«, sagte Kelley.

Pilotfilm

Ein zumeist mit eineinhalb Stunden doppelt so langer Film wie die regulären Folgen einer Serie, der das Konzept der Serie vorstellt, die Charaktere einführt und sie den Zuschauern nahe bringen soll. Der Zuschauer kennt also weder das Serienkonzept noch die Prota- und Antagonisten, wenn er den Piloten einer neuen Serie betrachtet.

Pitaval

Synonym für Sammlungen von gerichtskundig gewordenen Kriminalfällen; benannt nach dem Herausgeber der CAUSE CÉLÈBRES, der ersten derartigen Sammlung. Alle dokumentarischen Fernsehkrimis mit genauer Schilderung eines tatsächlichen Verbrechens lassen sich auf diese Grundlage zurückführen.

PLAYERS

Players

USA 1997-98; 18 x 45 Min.; F

Isaac »Ice« Gregory .... Ice-T
Alphonso Royo .... Costas Mandylor
Charlie O'Bannon .... Frank John Hughes
Chris Kowalski .... Mia Korf

➔ Die Players sind ein dreiköpfiges Team von ehemaligen Trickbetrügern, die nur deshalb auf freiem Fuß sind, weil sie für das FBI gefährliche Aufträge am Rande der Legalität durchführen müssen. Sie bestehen aus dem coolen, nie um einen Spruch verlegenen Straßenkämpfer Ice, dem Frauenschwarm Alphonso und dem hypochondrischen Computer-Freak Charlie. In der zweiten Folge werden sie nach Los Angeles versetzt, wo sie unter der Leitung der FBI-Agentin Lisa agieren.
Ausgedacht hat sich die Serie Dick Wolf, der sie auch produzierte. Das Konzept wurde zusammen mit Hauptdarsteller Ice-T entwickelt. Der Rapper und Schauspieler wurde durch Rap- und Hip-Hop-Musik in den USA zum Star und zu einem Begründer des »Gangsta Rap«. Seit 1991 taucht er auch in Filmen auf, etwa in NEW JACK CITY, TANK GIRL, RICOCHET oder JOHNNY MNEMONIC.

POLICE RESCUE: Gary Sweet

POINTMAN
Pointman
USA 1994; 1 x 90 Min. u. 22 x 45 Min.; F
Connie Harper .... Jack Scalia
Jennifer Ellis .... Kathy Trageser
Vivian .... Sandra Thigpen
➜ Börsianer Harper führt ein Leben in Saus und Braus, bis er eines Tages unschuldig zu 15 Jahren Haft verurteilt wird. Zwei Jahre später kann ein Anwalt seine Unschuld beweisen. Im Gefängnis hat Harper Überlebensstrategien entwickelt und Kontakte geknüpft, die er bei seiner neuen Berufung einsetzt: dem Kampf für Gerechtigkeit. In seinem Beachclub, den Jennifer und Vivian für ihn führen, hält er sich nur selten auf. Er fährt lieber in seinem Mercedes herum, immer auf der Suche nach Leuten, denen er helfen kann.
Maurice Hurley und Joel Surnow konzipierten die in Jacksonville, Florida, gedrehte Serie für den freien *Syndication*-Markt. Die Musik ist von Mike Post.

POLICE AFFAIR
siehe **MACGRUDER & LOUD**

Police Procedural
In den *Police Procedurals*, die im deutschen Sprachraum meist verallgemeinernd mit Polizeiroman übersetzt werden, steht ein Team von Polizisten im Mittelpunkt, und der Leser nimmt an der realistisch geschilderten Polizeiarbeit teil. Kriminalistische Methoden, die arbeitsteilige Vorgehensweise der Polizei und das Berufs- und Privatleben der Protagonisten stehen oft gleichberechtigt nebeneinander. Das Verdienst, dieses Genre begründet zu haben, teilen sich der amerikanische Autor Lawrence Treat mit seinem Roman V AS IN VICTIM und die Hörfunk- und Fernsehserie POLIZEIBERICHT von Jack Webb. Viele Polizeiserien haben sich von diesem Sub-Genre inspirieren lassen.

POLICE RESCUE
Police Rescue
AUS 1990-96; 1 x 90 Min. u. 41 x 45 Min.; F
Seargant Steve »Mickey« McLintock ...... Gary Sweet
Georgia Rattray .... Sonia Todd
Angel .... Steve Bastoni

POLICE STORY: Tony Lo Blanco und Don Meredith

Sootie .... Peter Browne
Frog .... Marshall Napier
➜ McLintock und das Team der Sydney Police Support Force riskieren Kopf und Kragen bei gefährlichen Rettungseinsätzen. Actionreiche Cop-Serie aus *Down Under*, die in Australien mit Preisen überschüttet wurde. Die BBC beteiligte sich mit drei Millionen Pfund an der von Kim Williams und Penny Chapman für Southern Star Xanadu Productions produzierten Serie. Die Musik ist von Martin Amiger. Der Erfolg führte 1994 zu einem Kinofilm: PROFIS UNTER VERDACHT (POLICE RESCUE – THE MOVIE).

POLICE STORY – IMMER IM EINSATZ
Police Story
USA 1973-80, 1987; 25 x 90 Min.
u. 76 x 45 Min.; F
➜ Revolutionär war das Konzept der Anthologie-Reihe POLICE STORY – IMMER IM EINSATZ, in dem die Cops nicht mehr als übermenschliche, fehlerlose Gerechtigkeitsmaschinen gezeigt wurden.
Konzipiert wurde die Serie von dem Ex-Polizisten Joseph Wambaugh, der den amerikanischen Polizeiroman, die sogenannte *Police procedural*, revolutionierte, indem er die Perspektive änderte: Kein einzelner, außergewöhnlicher Fall stand im Mittelpunkt seiner Bestseller, sondern viele dreckige Routine-Einsätze, die ihre Spuren in Psyche und Privatleben der ohnehin schon angeschlagenen Cops

hinterließen. Wambaugh war noch Polizist, als POLICE STORY – IMMER IM EINSATZ anlief. Er entmythologisierte den Polizeihelden nachhaltig in Bestsellern wie THE BLUE KNIGHT (die TV-Adaption durch Lorimar-Productions von 1973 mit William Holden war die erste Mini-Serie des US-Fernsehens) oder THE NEW CENTURIONS. Das Konzept der Romane wurde mit den üblichen Kompromissen an die Selbstzensur auf die TV-Serie POLICE STORY – IMMER IM EINSATZ, die wöchentlich die Protagonisten wechselte, übertragen. Einige Protagonisten, wie Tony Lo Bianco als Tony Calabrese und Don Meredith als Bert Jameson, tauchten in mehreren Episoden auf (u.a. in dem Return-TV-Movie von 1987). Produzent David Gerber stellte richtig fest: »Wir veränderten die Darstellung von TV-Cops für immer.« Anders als etwa bei POLIZEIBERICHT nahmen sich die Autoren nicht Akten mit echten Fällen vor, sondern ließen Polizisten ihre Geschichten auf Tonband sprechen, um dann daraus ein möglichst authentisches Drehbuch zu machen.
Aus der Reihe gingen verschiedene Serien hervor: Kurzlebig war JOE FORRESTER mit Lloyd Bridges. Ein Erfolg wurde MAKE-UP UND PISTOLEN mit Angie Dickinson, die in der Episode THE GAMBLE den weiblichen Detective Lisa Beaumont gespielt hatte und in der weniger realistischen Serie MAKE-UP UND PISTOLEN als Pepper Anderson Quote machte. In der Episode TRIAL BOARD spielte Scott Hylands die Rolle Joseph Wambaughs.

POLIZEIARZT DANGERFIELD
Dangerfield

GB 1990-99; 62 x 50 Min.; F

Dr. Paul Dangerfield .... Nigel LeVaillant
Dr. Joanna Stevens .... Amanda Redman
Ken Jackson .... George Irving
Marty Dangerfield (1990-93) .... Sean Maguire
Alison Dangerfield (1995-99) .... Lisa Faulkner
Dr. Nick Mackenzie .... Bill Wallis
Dr. Shaaban Hamada .... Nadim Sawalha
Kate Durrani .... Kim Vithana

➜ Dr. Dangerfield ist ein vielbeschäftigter Mann: Eigentlich arbeitet er zusammen mit seinen Kollegen Dr. Hamada, Dr. Mackenzie und der attraktiven Dr. Stevens in einer Gemeinschaftspraxis, die Tag für Tag von sehr vielen Patienten besucht wird. Tatsächlich kommt Dangerfield kaum zur »normalen« Arbeit, denn er arbeitet außerdem für die Polizeiwache von Warwickshire, einer ländlichen Region in Mittelengland. Er wird immer dann gerufen, wenn festgestellt werden muß, wie lange ein Mensch schon tot ist, woran jemand starb oder woher rätselhafte Verletzungen stammen. Seine Kollegen sind schon schwer genervt, weil sie ständig seine Patienten mitbetreuen müssen, während er sich als Detektiv betätigt. Außerdem muß Dangerfield, dessen Frau auf tragische Weise bei einem Unfall starb, sich noch um seine beiden Kinder, die Teenager Alison und Marty, kümmern.
Die von Don Shaw kreierte und geschriebene Serie ist eine Produktion aus der Erfolgsschmiede der BBC. »Die BBC hat eine neue Serie geschaffen, mit einem liebenswerten Helden, einer attraktiven Umgebung und Geschichten, die schon nach zehn Minuten selbstmörderische Depressionen hervorrufen« urteilte der *Daily Mirror*. Regie führten Jan Sargent und Richard Holthouse.

POLIZEIARZT SIMON LARK
Police Surgeon / Dr. Simon Locke

CAN 1972-73; 52 x 25 Min.; F

Dr. Simon Lark/Locke .... Sam Groom
Lieutenant Palmer .... Len Birman
Lieutenant Gordon .... Larry D. Mann
Tony .... Marc Hebet

➜ Warum man den Nachnamen der Hauptrolle von Locke in Lark geändert hat, wird eines der vielen Geheimnisse der ZDF-Serienredaktion bleiben. Chester Krumholz und Wilton Schiller produzierten die Serie über einen Polizeiarzt aus Toronto, der das Gehirn eines Detektivs hat und immer dort zu finden ist, wo die Action ist. Vorausgegangen war eine Serie mit demselben Protagonisten, die aber in einer kleinen kanadischen Provinzstadt angesiedelt war.

POLIZEIBERICHT
Dragnet II

USA 1967-70; 98 x 25 Min.; F

Sergeant Joe Friday .... Jack Webb
Officer Bill Gannon .... Harry Morgan
Captain Brown .... Art Ballinger

POLIZEIBERICHT: Jack Webb als Sergeant Joe Friday (mit Ben Alexander)

➜ Am 16. Dezember 1951 wurde auf NBC der Pilotfilm der neuen Polizeiserie DRAGNET gezeigt. Nichts sollte danach mehr sein wie bisher. Der Fernsehkrimi, den man zuvor als Live-Kammerspiel aus einem Studio übertrug, wurde revolutioniert: Zum ersten Mal wurde eine Krimi-Serie gefilmt und damit die Möglichkeit geschaffen, verschiedene und originale Schauplätze zu zeigen. Und natürlich war das die zaghafte Geburt der Autojagd, ohne die US-Krimis heute fast nicht vorstellbar sind. DRAGNET hatte wie soviele Fünfziger-Jahre-TV-Serien als Hörfunkserie begonnen. Der junge Schauspieler Jack Webb hatte sie 1949 für die Rundfunkstationen von NBC entwickelt. Er schuf eine naturalistische Polizeiserie, die auf echten Fällen der Polizei von Los Angeles basierte und ein ungeschminktes Bild der Polizeiroutine zeigte. Um diesen Realismus auf den Bildschirm zu bringen, mußte man teuer in den Straßen von Los Angeles und in richtigen Filmstudios drehen. NBC gab Webb die damals gigantische Summe von 38.000 Dollar, um einen Pilotfilm zu produzieren (jede 25-Minuten-Episode kostete 30.000 Dollar). Die positive Marktentwicklung ließ den Sender tiefer in die Tasche greifen; DRAGNET wurde die erfolgreichste Krimi-Serie des Jahrzehnts und lief bis 1959. Diese dokumentarische Serie um die Arbeit von Sergeant Joe Friday und seinen wechselnden Mitarbeitern erreichte wöchentlich 38 Millionen Zuschauer. Jack Webb, der Hauptdarsteller, war der erste »Autorenfilmer« der Fernsehgeschichte: Er war gleichzeitig Produzent und Regisseur und schrieb oder überwachte die Drehbücher. Der Erfolg führte zum ersten Kinofilm nach einer Fernsehserie: 1954 schrieb Richard L. Breen den DRAGNET-Film, bei dem Webb natürlich Regie führte.

DER POLIZEICHEF: Michael Chiklis

Das Konzept wurde in Deutschland von Jürgen Roland übernommen, der mit STAHLNETZ eine deutsche Kopie des amerikanischen Originals ablieferte. Als 1958 die erste Folge von STAHLNETZ über die Bildschirme flackerte, hatten Regisseur Jürgen Roland und Hauptautor Wolfgang Menge bis hin zur berühmten Titelmusik von Walter Schumann das amerikanische Vorbild auf miefige deutsche Nachkriegsverhältnisse übertragen.

Von 1967 bis 1970 wurde die Serie noch einmal aufgewärmt. Um diesen POLIZEIBERICHT 2 handelt es sich hier – die erste DRAGNET-Serie wurde in der BRD nicht gezeigt. Merkwürdigerweise wirkten diese neuen Folgen eher wie eine Parodie auf die alte Serie. Wer diese zweite POLIZEIBERICHT-Serie sieht, wird sich nicht vorstellen können, wieso die ursprüngliche Serie so viel Einfluß und Erfolg hatte. Webb zeigt »moderne« Kriminalfälle, in denen es oft um Jugendliche und Rauschgift geht. Ganz auf der Höhe der Zeit beklagt Webb, daß sich Hippies nicht ordentlich anziehen und verlangt Gesetze gegen LSD. Die Kinoparodie SCHLAPPE BULLEN BEISSEN NICHT (DRAGNET) von 1987 mit Dan Aykroyd ist nur wenig komischer als diese Folgen.

Roman: Richard Deming: The Case of the Courteous Killer; Pocket Books, 1958. Dragnet; Whitman, 1970. David Vowell: Dragnet 1968; Popular Library, 1967.

POLIZEIBERICHT
New Dragnet

USA 1989-90; 52 x 25 Min.; F

Sergeant Vic Daniels .... Jeffrey Osterhage
Detective Carl Molina .... Bernard White
Captain Lussen .... Don Stroud
Captain Boltz .... Thalmus Rasulala

➜ Auch wenn Jack Webb 1982 verstarb – sein Werk lebt fort! Ganz in der Tradition des Ur-POLIZEIBERICHT zeigte auch die neue Serie Fälle, die auf den Akten des Los Angeles Police Departments basierten und dort von den jungen Cops Daniels und Molina bearbeitet werden. Daniels ist ein Single, Molina verheiratet und Vater von fünf Kindern.

Arthur L. Annecharico produzierte die Serie direkt für den *Syndication*-Markt.

POLIZEICHEF, DER
The Commish

USA 1991-95; 9 x 90 Min. u. 76 x 45 Min.; F

Commissioner Tony Scali .... Michael Chiklis
Rachel Scali .... Theresa Saldana
David Scali .... Kaj-Erik Eriksen
Sarah Scali (1992-94) ... Dayna u. Justine Cornborough
Arnie Metzger (1991-92) .... David Paymer
Irv Wallerstein (1991) .... Alex Bruhanski
Ricky Caruso (1991-94) .... Nicholas Lea
Camela Pagan (1991-93) .... Gina Belafonte
Stan Kelly (1991-94) .... Geoffrey Nauffts
Cyd Madison (1992-94) .... Melinda McGraw
Paulie Pentangeli (1991-92, 1994-95) ... John Cygan
Lucille Carter .... Kimberly Scott
Mike Rose (1991-94) .... Pat Bermel
Ronnie Lopez .... Jason Scott Schombing
Gordy Tuefel (1991-93) .... Michael Patten
Freddie .... David Ward
Jonathan Papdakis (1992-94) .... Ray Scrivano
Louise Hinton .... Linda Darlow

➜ Tony Scali ist Polizeichef in Eastbridge, einem fiktiven Vorort im Norden New Yorks. Neben den unterschiedlichsten kriminalistischen Fällen nehmen auch Familienleben und Schicksale der Polizisten einen breiten Raum ein – die Serie ist manchmal fast eine Cop-Soap Opera. Sie basiert auf dem Leben des ehemaligen Polizeichefs von Rye, New York, Tony Schembri, der von Produzent Stephen

J. Cannell als Berater für seine Cop-Serien verpflichtet wurde. Ins Gerede kam die Serie, als Präsident Clinton sie zu seiner Lieblings-TV-Serie erklärte. Die gut gemachte ABC-Serie brauchte derartig zweifelhafte Unterstützung sicherlich nicht.

POLIZEI-CHIEFS VON DELANO, DIE
Chiefs

USA 1983; 3 x 90 Min.; F

Hugh Holmes .... Charlton Heston
Foxy Funderburke .... Keith Carradine
Billy Lee .... Stephen Collins
Will Henry Lee .... Wayne Rogers
Sonny Butts .... Brad Davis
Tyler Watts .... Billy Dee Williams
Skeeter Willis .... Paul Sorvino

➜ Die Serie handelt vom Berufsleben dreier Generationen von Polizeichefs in einer Südstaatenstadt, von 1924 bis zur Wahl des ersten schwarzen Polizeichefs 1962. Während der ganzen Zeit treibt der Serienkiller Foxy sein Unwesen.
Die von Martin Manulis und Jerry London (auch Regie) für CBS produzierte Mini-Serie basiert auf dem mit dem *Edgar Allan Poe* Preis ausgezeichneten Roman von Stuart Woods.
Roman: Stuart Woods: Die Nachfolger (Chiefs; 1981); Goldmann 8379, 1989.

POLIZEIFUNK RUFT ...

BRD 1966-69; 50 x 25 Min.; sw

Hauptwachtmeister Hartmann ..... Karl-Heinz Hess
Ingelein, seine Verlobte .... Karin Lieneweg

➜ Abenteuer eines Hamburger Motorradpolizisten, damals »Weiße Maus« genannt. Die Soap-Opera-Elemente waren durch die Dauerverlobte gegeben, die nach 38 Folgen zum Altar geführt

POLIZEIFUNK RUFT ...: Karl-Heinz Heß und Ursula Sieg

POLIZEIINSPEKTION 1: Max Griesser

wurde. Wachtmeister Hartmann wechselte dann zur Kripo. Erfolgreiche, typische Sechziger-Jahre-ARD-Vorabendserie, die ohne spektakuläre Verbrechen auskam und den ganzen spießigen Mief der Zeit wiedergab, abseits von Pop-Revolte und Studentenprotesten. Zeitdokument von hohem Rang, das auch das Balzverhalten nach Vorschrift genau dokumentierte.

POLIZEIINSPEKTION 1

BRD 1978-89; 130 x 25 Min.; F

Franz Schöninger .... Walter Sedlmayr
Helmut Heinl .... Elmar Wepper
Ilona Heinl .... Uschi Glas
Frau Schöninger .... Bruni Löbl
Moosgruber.................................. Max Griesser

➔ Polizeialltag auf einer Wache, mehr Familien- als Polizeiserie. Ein echtes Münchner Schmankerl, das den halbseidenen Charme der Lebenskünstler von der Isar liebevoll einfängt. Diese Weißwurst-Serie hat eine gemütliche Ausstrahlung und ist mehr Soap als Krimi. »Die Delikte sind verhältnismäßig unbedeutend: Amoklauf im Biergarten wegen Föhn, Diebstahl von Luxusbabynahrung, unerlaubte Haustierhaltung [...]. Mord und Totschlag stehen jedenfalls äußerst selten auf der Tagesordnung«, schrieb der *Gong* in Nr. 20/1989. Alles, was im GROSSSTADTREVIER nicht funktioniert, kommt hier überzeugend und mit leichter Hand daher. Die Serie wurde zur erfolgreichsten Vorabendserie der ARD in ihrer Zeit. Unspektakulär und liebenswert.

POLIZEIREVIER HILL STREET

Hill Street Blues

USA 1981-87; 145 x 45 Min.; F

Captain Frank Furillo .... Daniel J. Travanti
Sgt. Phil Esterhaus (1981-84) .... Michael Conrad
Officer Bobby Hill .... Michael Warren
Officer Andy Renko .... Charles Haid
Joyce Davenport .... Veronica Hamel
Detective Mick Belker .... Bruce Weitz
Lieutenant Ray Calletano .... René Enriquez
Detective Johnny J.D. LaRue............... Kiel Martin
Detective Neal Washington .... Taurean Blacque
Lieutenant Howard Hunter .... James G. Sikking
Sgt./Lt. Henry Goldblume .... Joe Spano
Officer/Sergeant Lucille Bates .... Betty Thomas
Grace Gardner (1981-85)........ Barbara Babcock
Fay Furillo (1981-86) .... Barbara Bosson
Captain Jerry Fuchs (1981-84) ..... Vincent Lucchesi
Det./Lt. Alf Chesley (1981-82) .... Gerry Black
Officer Leo Schnitz (1981-85) .... Robert Hirschfeld
Officer Joe Coffey (1981-86) .... Ed Marinaro
Chief Fletcher P. Daniels.................. Jon Cypher
Officer Robin Tataglia (1983-87) .... Lisa Sutton
Irwin Bernstein (1982-87) .... George Wyner
Jesus Martinez .... Trinidad Silva
Richter Alan Wachtel .... Jeffrey Tambor
Detective Harry Garibaldi (1984-85) ..... Ken Olin
Detective Patricia Mayo (1984-85) .... Mimi Kuzyk
Bürgerm. Ozzie Cleveland (1982-85) ... J.A. Preston
Sgt. Stanislaus Jablonski (1984-87) ... Robert Prosky
Lt. Norman Buntz (1985-87) .... Dennis Franz
Celeste Patterson (1985-86) .... Judith Hansen
Sidney Thurston (1985-87) .... Peter Jurasik
Off. Patrick Flaherty (1986-87) ... Robert Clohessy
Officer Tina Russo (1986-87)... Megan Gallagher
Officer Raymond (1987)............... David Selburg

➔ Ein Polizeirevier in einem der rauhesten Viertel einer ungenannten amerikanischen Großstadt ist die *Hill Street Station*. Abenteuer und Schicksalsschläge der Beamten werden in epischer Breite vorgeführt, ohne zu idealisieren oder zu heroisieren. Durch die Menge an Personal, die vielen Handlungsstränge und eine intensiv eingesetzte *Steady Cam* wird ein neuer Realismus in die Cop-Serien eingeführt, der Maßstäbe setzen sollte und Voraussetzung für Serien wie HOMICIDE oder NEW YORK COPS war. »Melodram, Sentimentali-

tät, schlechter Geschmack, Ernsthaftigkeit – alles das wird hier zusammengemixt – und die Mischung stimmt fast immer«, schrieb die amerikanische Schriftstellerin Joyce Carol Oates zur Serie.
Die von Steven Bochco und Michael Kozoll konzipierte Serie wurde bereits nach einem Jahr von NBC abgesetzt, da sie auf Platz 89 der meistgesehenen Sendungen vor sich hindümpelte. Erfolgreicher Zuschauerprotest und die Begeisterung der Kritiker sorgten für eine Wiederaufnahme der Produktion, obwohl niemals zuvor eine NBC-Serie nach so schlechten Ratings verlängert worden war. Aber bereits nach dem ersten Jahr war sie mit neun *Emmys* ausgezeichnet worden, und insgesamt sollte sie es während ihrer Laufzeit auf 26 *Emmys* bringen. Eine Folge kostete damals die gigantische Summe von 1,5 Millionen Dollar. Sicherlich waren die Polizeiromane von Joseph Wambaugh ein Einfluß auf die realistische Darstellung der Cops als Menschen mit Schwächen und Problemen (vgl. den Eintrag POLICE STORY – IMMER IM EINSATZ). POLIZEIREVIER HILL STREET griff Wambaughs Lektionen auf und nutzte sie konsequenter, als das in den siebziger Jahren möglich gewesen war. Statt episodisch zu erzählen, nutzte man das Fortsetzungsprinzip für POLIZEIREVIER HILL STREET und ließ die kaputten Charaktere des Polizeireviers Entwicklungen durchmachen.
Die Musik ist von Mike Post. Einer der Autoren, die sich bei POLIZEIREVIER HILL STREET einen Namen machten, war Anthony Yerkovich, der 1983

POLIZEIREVIER HILL STREET: Michael Conrad, Bruce Weitz

POLIZEIREVIER HILL STREET: Joe Spano, René Enriquez

sein Konzept GOLD COAST verkaufte, aus dem später MIAMI VICE, die andere revolutionäre Cop-Serie der achtziger Jahre, wurde.

POLIZEIREVIER 87

87th Precinct

USA 1961-62; 30 x 45 Min.; sw

Steve Carella .... Robert Lansing
Bert Kling .... Ron Harper
Roger Havilland .... Gregory Walcott
Meyer Meyer .... Norman Fell
Teddy Carella .... Gena Rowlands

➜ Die Romane über das 87. Polizeirevier von Ed McBain, die in einer fiktiven Stadt spielen (für die New York aber das Vorbild ist), gehören zu den Klassikern der Kriminalliteratur. 1956 begann McBain seine Serie über Steve Carella und die anderen Cops des Reviers mit dem Roman COP HATER. Kinoverfilmungen folgten, darunter eine japanische von 1962 nach dem Roman KING'S RANSOM mit Toshiro Mifune, gedreht von Akira Kurosawa. McBain hatte nach der Pionierleistung des Romans V AS IN VICTIM von Lawrence Treat als wichtigster Autor des Polizeiromans bis Ende der sechziger Jahre einen ungeheuren Einfluß auf das Genre. Erst Joseph Wambaugh löste ihn in den siebziger Jahren mit seinen grimmigen, realistischeren Cop-Romanen als Innovator ab. McBain lieferte ein realistisches Bild der Polizeiarbeit, indem er auch kriminaltechnische Methoden in die Geschichten einbezog. Die Männer vom 87. Revier

arbeiten als Team oft gleichzeitig an mehreren Fällen und lösen sie durch Hartnäckigkeit, Polizeiroutine und manchmal mit Glück. Dabei ließ sich Bain, wie Jack Webb bei POLIZEIBERICHT, von realen Fällen anregen. Im Laufe der Zeit nimmt der persönliche Hintergrund der Protagonisten immer größeren Raum ein, und ein Reiz von McBains Romanen, die bis heute erscheinen, liegt in den Soap-Opera-Elementen der Bücher.
Für NBC produzierten Hubbell Robinson und Boris Kaplan diese gelungene und harte Adaption der McBain-Geschichten (die Autoren benutzten auch die Originalromane als Vorlagen für einige Folgen). In der TV-Serie wird der Handlungsort mit New York bestimmt. Die auch in den USA selten (und bei uns nie) wiederholte Serie gehört zu den besten Cop-Shows der sechziger Jahre, und wer sie gesehen hat, wird Steve Carella für immer mit Robert Lansing gleichsetzen. Die Musik ist von Morton Stevens.
Literatur: George N. Dove: The Boys from Grover Avenue; Bowling Green Univerity Press, 1985. Informationen zur TV-Serie finden sich in: Ed McBain: Mordgespenster; Bastei 13825, 1996. Hitze; Bastei 13853, 1997.
Roman: McBains Romane erschienen bei Ullstein und als Knaur-Taschenbücher; seit einigen Jahren bemüht sich der Bastei-Verlag um ungekürzte Neuausgaben, die mit informativen Nachworten (aber leider wenig Neuem zur TV-Serie) ausgestattet sind.

POLIZEIRUF 110

DDR/BRD 1971- ; x 90 Min.; sw u. F
Hauptmann Fuchs .... Peter Borgelt
Grawe .... Andreas Schmidt-Schaller
Oberleutnant Reichenbach .... Friedhelm Eberle
Leutnant Schreiber .... Klaus Nietz
Hauptkommissar Beck (1990-) ... Günter Naumann
Oberkommissar Hübner .... Jürgen Frohriep
Oberleutnant Zimmermann .... Lutz Riemann
Oberkommissar Raabe .... Michael Kind
Herbert Schmücke (1995-) .... Jacki Schwarz
Kommissar Kurt Groth (1994-) .... Kurt Böwe
Kommissar Jens Hinrichs (1994-) ... Uwe Stemle
Hptkom. Vera Bilewski (1995-) ... Angelica Domröse
Silvia Jansen (1997-) .... Gaby Dohm

➔ Die einstige DDR-Antwort auf den TATORT wird heute nach dem TATORT-Konzept weitergeführt: Unterschiedliche ARD-Anstalten lassen verschiedene regional angesiedelte Ermittler für diese Reihe agieren.
»Die Geschichte des POLIZEIRUFs ist ein Kapitel aus dem Buch verpaßter deutsch-deutscher Chancen. Ausgerechnet Spannungskanone Erich Honekker hatte auf dem VIII. Parteitag der SED eine gewisse Langeweile im Ost-Fernsehen ausgemacht. Honis Wort war den TV-Machern von Berlin-Adlershorst Befehl. 1971 starteten sie den POLIZEIRUF 110 mit dem Kriminalistenkollektiv Peter Fuchs und Vera Arndt. Es sollte dem TATORT des westdeutschen Gegners Zuschauer abjagen – mit Erfolg. Zwar nervte die Sendung durch ihr sozialistisches Pädagogisieren und die Verklärung der Vopo-Hauptleute [...]. Daß der DDR-POLIZEIRUF eine Nische für Gesellschaftskritik gewesen sei, ist eine Legende. Vielmehr diente die Krimi-Unterhaltung den verängstigten Greisen im ZK: Genretypisch individualisiert der Kriminalfilm gesellschaftliche Widersprüche«, bemerkt *Der Spiegel* in Nr. 17/1997. »Aus dem Genossen Hauptmann wurde der Herr Hauptmann, der später dann endlich in Kriminalhauptkommissar umbenannt wurde: Etappenweise stellten sich die Verantwortlichen der erfolgreichsten Langzeitserie des DFF auf die üblichen Bezeichnungen im Polizeidienst um. Der POLIZEIRUF 110 gehört seit fast 20 Jahren zu den beliebtesten Dauerbrennern der ehemaligen DDR. Realität und Authentizität waren bislang die Devise, und so soll es auch bleiben. Nur, daß vor der politischen Wende die Schwerpunkte in der Thematik von Amts wegen vorgegeben waren. [...] Eines der Gründungsmitglieder des POLIZEIRUFs, Peter Borgelt, erinnert sich: Natürlich gab es keine Banküberfälle. Was sollten die Leute auch mit dem Geld? Wenn gewalttätige Jugendbanden mal ihr Unwesen trieben, hatten wir sofort die FDJ auf dem Hals, und Gewaltverbrechen aus reiner Habgier gab es ohnehin nicht. Doch das, was trotz aller Vorschriften von oben über den Sender ging, brauchte sich nicht hinter westlichen Krimis zu verstecken«, berichtet Christoph Braatz im *Gong* Nr. 28/1991. Als in den ersten Jahren nach der Wiedervereinigung die Gleichschaltung

POLIZEIRUF 110: Kurt Böwe (rechts) als Kommissar Groth

der Medien für bestimmte westliche Interessen noch nicht richtig funktionierte, drohten verschiedene Anstalten – allen voran natürlich Deutschlands unangenehmster Sender SFB – die »DDR-Altlast« zu kippen. Als man damit nicht durchkam, fuhr man verstärkt ideologische Strategien, um den POLIZEIRUF zu entpolitisieren und meist dümmliche Regionalgeschichten mit geringer gesellschaftlicher Relevanz zu inszenieren. Gottseidank machte der NDR, dem mit Mecklenburg-Vorpommern ein neues Sendegebiet zugefallen war, dieses Spiel nicht mit und ist heute mit den Episoden mit Groth und Hinrichs führend in Originalität und Eigenwilligkeit.

Literatur: Peter Hoff: Das große Buch zum Polizeiruf 110; Verlag Das Neue Berlin, 1996.

Polizei-Serien und -Literatur

In den klassischen Detektivromanen waren die Polizisten meistens dumpfe Halbidioten, die dem großen Detektiv à la Holmes oder Hercule Poirot bei der Verbrechensaufklärung im Weg herumstanden. Erst nach dem Zweiten Weltkrieg, als in allen Bereichen des Lebens der Teamgeist beschworen wurde, wurden die Polizisten zu sympathischen Hauptfiguren der sogenannten *Police Procedurals*, in denen die Arbeit eines Reviers oder Dezernats mit realistischen Zeitbezügen dargestellt wurde. Erfolgreichste Serie bis heute sind die Romane Ed McBains über das 87. Polizeirevier in einer namenlosen Großstadt, die ganz klar New York ist. McBain begann 1956 mit dieser lesenswerten Serie, die jedem Soziologen die wunderbarsten Eindrücke von der Transformation der US-Gesellschaft gestattet.

Endgültig vorbei sind die Zeiten, als die mehr oder weniger edlen Bullen von Ed McBains 87. Polizeirevier ihrem Männerhandwerk nachgingen. Der Ex-Bulle Joseph Wambaugh, den James Ellroy als »Paten« des modernen Polizeiromans feiert, zeigt seit Anfang der siebziger Jahre die dunkle, psychopathische Seite der Freunde und Helfer. Seine Straßen von Los Angeles sind blutige Schlachtfelder, in denen die Großstadtsheriffs rücksichtslos einem brutalen Geschäft nachgehen, obwohl sie eigentlich in die Irrenanstalt gehören. Wambaugh setzte die Parameter für die neuen Bullenromane von James Ellroy, Charles Willeford und ihren Epigonen (vgl. die Einträge zu Joseph Wambaugh und POLICE STORY).
Der literarische Einfluß auf Polizeiserien war immens. Allerdings kam auch immer hinzu, daß Cop-Serien auf der Höhe der Zeit immer innovativ mit neuen Techniken (HOMICIDE, NEW YORK COPS) umgingen oder sogar eine eigene Ästhetik entwikkelten (MIAMI VICE).

POLIZEISTATION

BRD 1973; 13 x 25 Min.; F

Till .... Rainer Goernemann
Heiko .... Detlev Eckstein
Imbeck .... Ferdinand Dux
Nancke .... Susanne Beck

➜ Arbeitsalltag eines jungen Polizisten. Ein bißchen verbittert ist der 23jährige Till, daß man ihn als Nachfolger von Imbeck in die Ein-Mann-Polizeistation seiner Heimatstadt Osterkoog versetzt hat. Wo er doch zur Kripo wollte! Er macht aber bald die Erfahrung, daß er hier noch viel lernen kann.
Eine dieser ZDF-Vorabendserien, die man sofort wieder vergißt. Aber Autor Carl Darrow und Regisseur Hans Georg Thiemt haben mitunter die nördliche Provinz nett eingefangen.

Powers, Stefanie

Amerikanische Schauspielerin. Die Tochter osteuropäischer Einwanderer wurde am 12. November 1942 als Stefania Zofja Federkiewicz in Hollywood geboren. Als Columbia-Starlet trat sie Anfang der sechziger Jahre in einigen Filmen auf, zuerst unter dem Namen Taffy Paul. Seit Mitte der sechziger Jahre arbeitet sie vornehmlich für das Fernsehen. Ihre erste Serienhauptrolle war DANCER FÜR U.N.C.L.E. (THE GIRL FROM U.N.C.L.E. (1966-67). Es folgte THE FEATHER AND FATHER GANG (1977). Weltberühmt wurde sie an der Seite von Robert Wagner in HART ABER HERZLICH (1979-84). Die Aaron-Spelling-Produktion war so erfolgreich, daß immer wieder Return-Filme gedreht werden. Powers war bis zu dessen Tod 1981 die langjährige Lebensgefährtin von William Holden.

PREIS DES REICHTUMS, DER

The Price

GB 1985; 6 x 50 Min.; F

Geoffrey Carr .... Peter Barkworth
Frances .... Harriet Walter
Clare .... Susanna Reid
Frank Crossan .... Derek Thompson
Kate .... Aingeal Grehan

➜ Geoffrey Carr hat mit Computern ein Vermögen verdient. Er heiratet die 20 Jahre jüngere Frances, die ihre Tochter Clare mit in die Ehe bringt. Bald kriselt es zwischen dem Paar, denn Geoffrey ist sein Geschäft wichtiger als sein Privatleben. Nun geschieht etwas Fürchterliches: Frances und Clare werden entführt. Natürlich steckt die IRA dahinter, die Carrs Vermögen begehrt.
Die Idee zu dem Mehrteiler stammt angeblich von Hauptdarsteller Barkworth. Sie kam ihm angesichts der Entführung der Schild-Familie 1979 auf Sardinien. Drehbuchautor Peter Ransley, Regis-

Stefanie Powers mit R. Wagner in HART ABER HERZLICH

DER PREIS DES REICHTUMS: Harriet Walter und Peter Barkworth

seur Peter Smith und Produzent Mark Shivas hatten ein Budget von 6 Millionen Mark zur Verfügung und drehten unter äußerster Geheimhaltung 120 Tage lang. Nach der Ausstrahlung wurde der Serie vorgeworfen, sie verführe geradezu zum Kidnapping und die Zunahme von Entführungen in Irland ginge auf ihr Konto. Verschiedene Entführungsopfer verklagten gar die Produzenten. Selten ist ein derartiges Verbrechen realistischer und minutiöser im Fernsehen dargestellt worden.

PRESTON & PRESTON

The Defenders

USA 1961-65; 132 x 45 Min.; sw

Lawrence Preston .... E.G. Marshall
Kenneth Preston .... Robert Reed
Helen Donaldson (1961-62) .... Polly Rowles
Joan Miller (1961-62) .... Joan Hackett

➜ Reginald Rose konzipierte, schrieb und lektorierte die Drehbücher und produzierte die Serie um ein Anwaltsbüro mit Vater und Sohn gemeinsam mit Herbert Brodkin für CBS. Sie war ein Gegenentwurf zu Serien wie PERRY MASON, indem sie die *Court Room Drama*-Klischees verdrehte. Die Prestons sind Anwälte, die auch mal einen Fall verlieren. Die liberale Serie verzichtete auf plumpe Schwarzweißmalerei von Charakteren und Fällen. Sie basierte auf dem Fernsehspiel THE DEFENDER aus der Anthologiereihe STUDIO ONE, in dem Ralph Bellamy und William Shatner das Vater-und-Sohn-Team spielten und Steve McQueen der Angeklagte war. Sie wurde insgesamt mit 12 *Emmys* ausgezeichnet, darunter drei Jahre hintereinander als beste Serie.
Roman: Roger Fuller (Pseudonym für Don Tracy): Die Verteidigung hat das Wort (Ordeal; 1964);

Heyne 1181, 1965. All the Silent Voices; Pocket Books, 1964. Eve of Judgement; Pocket Books, 1965.

PREY – GEFÄHRLICHE SPEZIES!

Prey

USA 1997-98; 18 x 45 Min.; F

Dr. Sloan Parker .... Debra Messing
Tom Daniels .... Adam Storke
Dr. Ed Tate .... Vincent Ventresca
Dr. Walter Attwood .... Larry Drake
Detective Ray Peterson .... Frankie R. Faison

➜ Als die Anthropologin Dr. Sloan Parker die Unterlagen ihres ermordeten Mentors durcharbeitet, stößt die 30jährige auf hochbrisante Fakten: Ihr Chef scheint eine neue Lebensform entdeckt zu haben, eine gefährliche neue Spezies, die als hochgefährlich einzustufen ist. Sie hat sich im Laufe der Jahrhunderte – bedingt durch die globale Erwärmung – unbemerkt gebildet und ist anpassungsfähiger und stärker als der Homo Sapiens. Die »Neuen« sehen genauso aus wie wir, sind nur wesentlich intelligenter und gerissener. Sie leben mitten unter uns, in allen sozialen Schichten. Sie sind unberechenbar und eliminieren jeden, der ihr Geheimnis entdeckt. Sloan Parker forscht auf eigene Faust nach. Gemeinsam mit dem FBI-Agenten Tom Daniels, der ebenfalls an dem geheimen Projekt gearbeitet hat, macht sie sich auf die Suche. Schon bald verliebt sie sich in Tom. Doch dann macht sie eine erschreckende Entdeckung: Tom ist einer der neuen Menschen. Tom flieht, nachdem er herausfindet, daß Sloan seine wahre Existenz kennt. Sloan findet und verliert Verbündete, mit denen sie gegen die gefährlichen neuen Menschen vorzugehen versucht.

Eine weitere Mystery-Serie im Schatten des Erfolges von AKTE X, deren Struktur sich ein wenig an Larry Cohens INVASION VON DER WEGA (THE INVADERS) orientiert. Hauptdarstellerin Debra Messing wurde am 15. August 1968 auf Rhode Island geboren. Neben zahllosen Theaterauftritten spielte sie die Rolle der Dana Abandano in NEW YORK COPS.

PRINS MUSS HER, DER

BRD 1986; 12 x 45 Min.; F

Raffael Prins .... Peter Sattmann
Ernst Bornicke .... Hans Heinz Moser
Carla Resch .... Franziska Bronnen

➜ Serie über einen Detektiv, der sich auf die Jagd nach Kunstfälschern spezialisiert hat. Unterstützt wird er von Carla Resch, die ein Reisebüro leitet, und dem Laborexperten Bornicke.

WDR-Vorabendserie, zu der Wolfgang Franke zehn Drehbücher beisteuerte und Heinz-Dieter Ziesling zwei. Sattmann ist als arroganter Typ gut wie immer, ansonsten ist die Serie ziemlich schwach. »Ein Privatdetektiv, der sehr gescheit daherredet und ein rechter Gockel ist«, schrieb der *Münchener Merkur*.

Privatdetektive

Seit Dashiell Hammett – im Film spätestens, seit sich Humphrey Bogart Trenchcoat und Hut übergezogen hatte – ist der abgebrühte (engl: *hard-boiled*) Privatdetektiv eine Ikone der amerikanischen Pop-Kultur. In Tausenden von Romanen und Filmen singt er das Hohelied vom ehrlichen Kleinstunternehmer, der sich nicht schmieren läßt und in einer korrupten Welt für etwas mehr Gerechtigkeit sorgt. Klar, daß auch das Fernsehen nicht ohne diesen Mythos auskommen wollte. Bereits 1949 schickte der Sender NBC den ersten *Private Eye* auf den Bildschirm: MARTIN KANE, gespielt zuerst von William Gargan, dann von Lloyd Nolan und Lee Tracy und schließlich von Mark Stevens. Mit der Zeit gelang es den TV-Privatdetektiven, sich von ihren literarischen Vorbildern zu lösen, ohne den Mythos zu verraten. Die besten TV-*PIs*, wie PETER GUNN, DETEKTIV ROCKFORD, MAGNUM, BOOKER, HAZELL, DER MANN MIT DEM KOFFER oder HARRY O (eine Serie, die allerdings wie kaum eine andere *PI*-Serie Bezug auf literarische Vorbilder nahm), entwickelten eine eigene Ästhetik, die nicht mehr nur an den literarischen Vorbildern ausgerichtet war, sondern sich an den dramaturgischen Möglichkeiten der Fernsehserie orientierte. Trotzdem griffen die Produzenten immer wieder auf die großen Stars der Kriminalliteratur zurück, um sie für den Bildschirm aufzubereiten. Zumeist mit äußerst zweifelhaftem Erfolg, denn es gelang nur selten, die literarische Faszination einer Figur adäquat umzusetzen und dem audiovisuellen Medium anzupassen.

Zwei Staffeln lang, von 1958 bis 1960, spielte Darren McGavin Mickey Spillanes Brutalo-Helden MIKE HAMMER. Zuvor war ein Pilotfilm mit Brian Keith durchgefallen. Hammer, der berühmt ist für seine 45er, bekam in dieser Serie eine schmächtige 38er in die Hand gedrückt, da McGavin so kleine Hände hatte. Das gefiel Autor Spillane noch weniger als den Zuschauern. McGavin rehabilitierte sich später mit der erstklassigen Privatdetektivserie DER EINZELGÄNGER. Als nächster setzte sich Kevin Dobson Mikes *Porkpie* auf in dem TV-Movie MARGIN FOR MURDER. Aber auch der als Crocker in EINSATZ IN MANHATTAN unsterbliche Dobson brachte es nicht. Erst Stacy Keach gelang es, Mitte der achtziger Jahre einen überzeugenden Hammer auf die Mattscheibe zu bringen. Die Serie wurde ein ordentlicher Erfolg, bis man Keach in England mit Kokain erwischte und einsperrte. Spillane war sauer, verzieh ihm aber bald, und so gab es noch eine letzte Staffel, THE RETURN OF MIKE HAMMER, und ein TV-Movie. Während es in den ersten Staffeln nur so von vollbusigen, tiefdekolletierten Superbabes wimmelte, gab es sie in der letzten Staffel leider kaum noch. Die Feministinnen hatten mal wieder zugeschlagen und die Serie »als sexistischste« des Fernsehens so lange fertiggemacht, bis der Sender klein beigab. Dabei war alles recht harmlos: purer Pop, ohne daß man auch nur einen nackten Busen zu sehen bekam (was ja bis heute ein Tabu der US-Major-Networks ist). Aber es sollte noch schlimmer kommen: Zu Mickeys Entsetzen holte man sich Rob Estes, den Dumpfbeutel aus PALM BEACH DUO für ein weiteres Mike-Hammer-TV-Movie. Als wäre das bleiche Handtuch Estes noch nicht übel genug, verlegte man Mikes Arbeitsplatz ins sonnige Miami. Hier war nun endgültig nichts mehr

Der berühmteste aller Privatdetektive: Philip Marlowe (Powers Boothe)

von Spillanes Poesie des rächenden Propheten im regnerischen Großstadtdschungel von New York zu spüren.

1959 ging erstmals Raymond Chandlers unsterblicher PHILIP MARLOWE an den TV-Start. In der halbstündigen Serie, die mit Ach und Krach eine Saison schaffte, mußte Phil Carey, sehr zu seinem Nachteil, den Vergleich mit Bogart antreten. Chandler giftete noch kurz vor seinem Tod gegen diese Demontage seines Lebenswerks. Besser machte es Mitte der Achtziger Powers Boothe in zwei Staffeln, die auf Chandlers Kurzgeschichten (in denen

Jim Rockford (James Garner)

der Detektiv noch nicht Marlowe heißt) basierten und in Kanada gedreht wurden. Die Serie war ein erstklassiges *Period Piece* und fing die Atmosphäre der späten dreißiger und frühen vierziger Jahre detailfreudig ein. Und Booth konnte prima neben Humphrey Bogart und Robert Mitchum bestehen. Weniger Glück hatte der Vater des modernen Privatdetektivs, Dashiell Hammett. Als Kommunist war er unter Senator McCarthy ins Gefängnis gebracht worden (obwohl Hammett in zwei Weltkriegen für die USA eingerückt war), und seine Bücher verschwanden aus den öffentlichen Bibliotheken. Aber nicht nur das: Man setzte seine Radioserien ab und erneuerte keine Optionen. Lediglich NBC kümmerte sich nicht darum, daß Hammett in Hollywood auch nach McCarthy nicht gut gelitten war: Zwei Jahre lang, von 1957 bis 1959, versuchten sie mit der halbstündigen Serie

Thomas Magnum (Tom Selleck)

THE THIN MAN an die Vorkriegs-Kinoerfolge mit William Powell und Myrna Loy in der gleichnamigen Serie anzuschließen. Aber leider hatte man nicht Powell und Loy, sondern nur den unsäglichen Peter Lawford und Phyllis Kirk. Gelungener war da DER PRIVATDETEKTIV, die viereinhalbstündige Adaption des Romans THE DAIN CURSE mit James Coburn. CBS hatte 1978 die stattliche Summe von 250.000 Dollar ausgegeben, um eine genaue Rekonstruktion des in den zwanziger Jahren angesiedelten Romans zu ermöglichen.

Auch der dritte unter den großen Vier des amerikanischen Privatdetektivromans, Ross Macdonald, hatte kein Glück mit der Umsetzung seines Werks für das Fernsehen. Seine beiden ersten Lew-Archer-Romane waren als HARPER (angeblich mußte man den Namen von Archer in Harper ändern, weil Paul Newman meinte, Filme, die mit »H« anfingen, seien für ihn erfolgreicher. Ich glaube eher, daß Macdonald nicht seine Figur für alle Zeiten an Hollywood verscherbeln wollte) und UNTER WASSER STIRBT MAN NICHT (THE DROWNING POOL) bereits erfolgreich mit Paul Newman für das Kino verfilmt worden. 1974 zog Paramount alle Register, um Macdonalds Bestseller FAMILIENGEHEIMNISSE (THE UNDERGROUND MAN) als TV-Movie auf den Bildschirm zu bringen; es sollte gleichzeitig auch der Pilotfilm für eine geplante Serie werden. Howard Koch produzierte, Paul Wendkos führte Regie und Peter Graves als Lew Archer war nicht so schlecht, wie die Kritiker

meinten. Doch NBC wollte den Piloten nicht haben, wohl aber die Serie. Statt Graves spielte in der Serie Brian Keith den Archer. Sie wurde ein gnadenloser Flop, und NBC machte ihr schon nach drei Wochen den Garaus. Gelegentlich kann man den UNDERGROUND MAN noch sehen und fragt sich, was der Sender daran auszusetzen hatte. Es wird mal wieder so gewesen sein, daß NBC »kreative Bedingungen« für die Serie eingebracht hat und damit selbst für ihren Mißerfolg sorgte.
Mehr Glück hatte Robert B. Parker, der oft als einziger originärer Nachfolger von Hammett, Chandler, Macdonald und Spillane bezeichnet wurde. Seine ultrabrutalen Romane um den Bostoner Privatdetektiv Spenser bildeten die Grundlage für die Serie SPENSER: FOR HIRE, die von 1985 bis 1988 erfolgreich lief. Natürlich mußten Kompromisse gemacht werden: Robert Urich als Spenser war längst nicht so hart wie die literarische Vorlage. Sein Freund Hawk, gespielt von Avery Brooks, ist in den Romanen ein Mietkiller. Für die Serie wurde er soweit gesoftet, daß er es sogar zu einer kurzlebigen *Spinoff*-Serie brachte, in der Hawk in Washington den Bösewichtern aufs Haupt schlug. SPENSER war aufwendig *on Location* produziert und es gab einige beeindruckende Folgen. Oft genug geriet die Serie, in der Urich noch peinlicher als in den Romanen dauernd klassische Zitate faseln mußte, zur unfreiwilligen Selbstparodie. Aber die Zuschauer mochten sie, und Robert Parker, der sich zusätzlich noch als *Creative Consultant* bezahlen ließ, verdiente mit ihr einen Haufen Geld.
Ein Flop war auch der Versuch, John D. MacDonalds unsterblichen Bergungsexperten TRAVIS MCGEE ins Fernsehen zu bringen. 1970 hatte Robert Clouse fürs Kino eine überzeugende Verfilmung von DARKER THAN AMBER gedreht: MCGEE, DER TIGER. McGee wurde damals von Rod Taylor gespielt, was sicherlich einigen Fans der Romane nicht behagte. Aber viel schlimmer war Sam Elliott in dem 1983 gedrehten Pilotfilm für eine TRAVIS MCGEE-Serie, die anschließend nicht zustande kam. Regie bei der Bearbeitung des Romans THE EMPTY COPPER SEA (einer der besten der Serie) führte Andrew V. McLaglen.
Erfolgreicher als die amerikanischen *Hardboiled*-Autoren waren wohl die sanfteren britischen Vettern im Fernsehen: Die vielen Serien über Sherlock Holmes, aber auch über Agatha Christies Poirot und Miss Marple taten sich leichter in diesem Medium. Für die harten Privatdetektive gilt wohl, daß die eigens für den Bildschirm entwickelten Schnüffler – von PETER GUNN, 77 SUNSET STRIP über MANNIX, DETEKTIV ROCKFORD bis MAGNUM – besser ankommen als Bearbeitungen der literarischen Vorbilder.

PRIVATDETEKTIV FRANK KROSS

BRD 1972-73; 13 x 25 Min.; F

Frank Kross .... Siegfried Wieschnewski

➜ Kross jettet quer durch Europa, um immer da einzugreifen, wo die Polizei hilflos ist.
Autor Bruno Hampel und Regisseur Erich Neureuther schufen diesen ARD-Vorabend-*Private Eye* für die Taunusfilm. Kann man etwas Negatives sagen, wenn Wieschnewski die Hauptrolle spielt?

PRIVATDETEKTIV HARRY HOLL

BRD 1963; (?) x 25 Min.; sw

Harry Holl .... Udo Kämper

➜ Legendäre ZDF-Serie, die anscheinend niemand gesehen hat. Sie spielte in England und dürfte eine der ersten Privatdetektiv-Serien, wenn nicht gar die erste, aus Deutschland sein. Ein weiterer Kandidat ist DIE KARTE MIT DEM LUCHSKOPF.

PRIVATDETEKTIVIN HONEY WEST

Honey West

USA 1965; 30 x 25 Min.; sw

Honey West .... Anne Francis
Sam Bolt .... John Ericson
Tante Meg .... Irene Hervey
und Bruce, der Ozelot

➜ Honey West ist eine Privatdetektivin in Los Angeles, die mit ihrem Partner Sam Bolt meistens für Versicherungen arbeitet. Sie ist mit »hypermoderner« Technik, einem Van mit Abhöreinrichtung oder einer Gasmaske im Straps ausgerüstet und hat einen zahmen Ozelot als Kuscheltier. Daheim wacht Tante Meg als gute Seele des Teams.
1957 erschien der erste HONEY WEST-Roman von G.G. Fickling; es folgten schnell weitere, und man kann wohl behaupten, daß Honey die erste wirklich populäre Superheldin der Kriminalliteratur

war (lange vor Modesty Blaise). In der Folge WHO KILLED THE JACKPOT, geschrieben von Gwen Bogni und Paul Dulow aus der Serie AMOS BURKE, tauchte Honey erstmals im Fernsehen auf. Bogni und Dulov entwickelten anschließend für Four Star und ABC die Serie. *Executive Producer* war Aaron Spelling. Die geradlinigen Geschichten waren nett anzusehen (die späteren COLUMBO-Erfinder Levinson und Link schrieben für die Serie), aber sie wird in Deutschland wohl immer zu Unrecht als schlechter Abklatsch von MIT SCHIRM, CHARME UND MELONE betrachtet werden. Dabei kam die Serie oft ganz ohne Morde aus, und Anne Francis braucht sich wahrlich nicht hinter Diana Rigg zu verstecken. Doch natürlich kann die Serie es an Originalität und Einfallsreichtum nicht mit MIT SCHIRM, CHARME UND MELONE aufnehmen. Aber welche Serie kann das schon?

Roman: G.G. Fickling (Pseudonym für Gloria und Forrest Fickling): Das große Töten (This Girl for Hire; 1957); Loh, 1969. Hübsche Mädchen sterben nicht (Girl on the Loose; 1958); Loh, 1969. Tod eines Porno-Stars (A Gun for Honey; 1958); Loh, 1969. Girl on the Prowl; 1959. Honey in the Flesh, 1959. Mord auf Mexikanisch (Dig a Dead Doll; 1960); Loh, 1969. Paradies der Mörder (Kiss for a Killer; 1960); Loh, 1969. Blood and Honey, 1961. Der Tod hat viele Gesichter (Naughty but Dead; 1962); Zauberkreis, 1968. Bombshell; 1964. Honey on Her Tail; 1971; Stiff as a Board; 1972.

Comic: Honey West No. 1; Gold Key, Sept. 1966.

PRIVATDETEKTIV JOE DANCER

Joe Dancer

USA 1981; 3 x 90 Min.; F

Joe Dancer .... Robert Blake
Charlie .... Sondra Blake

➜ Nach seinem großen Erfolg als BARETTA ließ sich Robert Blake von Michael Butler die Rolle des Privatdetektivs aus Los Angeles für mehrere TV-Movies für NBC auf den Leib schreiben. Eigentlich sollte daraus eine klassische Privatdetektiv-Serie werden, aber Blake, der selbst produzierte, wollte zuviel Einfluß haben, und NBC winkte nach drei TV-Movies ab. Den zweiten Film THE MONKEY MISSION schrieb Robert Crais, der nach Drehbüchern (u.a. für MIAMI VICE) mit seinen Elvis-Cole-Romanen als einer der besten neueren Privatdektivroman-Autoren gilt. Diese drei Filme sind ganz nett, aber nichts Besonderes und leider mit Dancers nervtötender *Voice Over* belastet.

PROFILER

Profiler

USA 1996-2000; 83 x 45 Min.; F

Dr. Sam Waters (1996-99) .... Ally Walker
Bailey Malone .... Robert Davi
Grace Alvarez .... Roma Maffia
John Grant .... Julian McMahon
George Findley .... Peter Frechette
Rachel Burke (1999-2000) .... Jamie Lunes
Jill (1997) .... Traci Lords
Nick Cooper (1996-97) .... A Martinez

➜ Als Thomas Harris 1981 seinen Roman RED DRAGON veröffentlichte, ahnte er nicht, was er anrichten würde. Dieser Roman über einen Serienkiller und seine Verfolger vom FBI stellte erstmals einen sogenannten *Profiler* in den Mittelpunkt der Handlung. Harris hatte als einer der ersten Zugriff auf die Erkenntnisse der Abteilung für Verhaltensforschung des FBI in Quantico, aus der die *Profiler* hervorgingen. Die Grundlagen für ihre Arbeit hatte in den siebziger Jahren der legendäre *G-Man* Robert K. Ressler durch detaillierte Interviews mit Serienkillern gelegt, aus denen bestimmte Verhaltensmuster der Täter destilliert wurden. Die Ausbildung der *Profiler* besteht darin, aus der Analyse von Tatorten Rückschlüsse auf den Tätertyp zu ziehen, die in Erkenntnisse über seine Person gipfeln. Erfolge und Vorgehensweise des FBI und natürlich die grauenvollen Täter faszinierten Krimi-Autoren, und in den späten achtziger Jahren schwappte eine Welle von *Serial Killer*-Thrillern über den Krimimarkt. An die fünfhundert Romane sind bisher erschienen. Natürlich rief der Erfolg dieses neuen Subgenres auch Hollywood auf den Plan. MIAMI VICE-Produzent Michael Mann sicherte sich sofort die Rechte an Harris' Roman und verfilmte ihn 1986 unter dem Titel ROTER DRACHE (MANHUNTER). Manns ästhetisch kompromißloses Meisterwerk kam zu früh und hatte nicht den verdienten Erfolg. Den heimste Jonathan Demme mit der glatten, kommerziellen Verfilmung von Harris' Fortsetzung DAS SCHWEIGEN DER LÄMMER (SI-

Der PROFILER-Vorspann

LENCE OF THE LAMBS) ein, und Anthony Hopkins bekam für seine lausige Darstellung des Serienmörders Dr. Lecter auch noch einen Oscar. Hopkins' Killer, der jeden Zahnarzt furchteinflößender aussehen läßt als einen Serienkiller, machte diese Menschenbestien zu einem Mainstream-Produkt, das den Mittelschichtszuschauern wohlige Schauder verpaßte, sie aber nicht zu Tode ängstigte, wie es Michael Mann zuvor getan hatte. Serienkiller und Profiler tauchten nun mit schöner Regelmäßigkeit auch im Fernsehen auf. Künstlerisch und kommerziell am erfolgreichsten war die Serie FÜR ALLE FÄLLE FITZ, die in den USA sogar den *Edgar Allan Poe*-Preis der Krimiautoren gewann.
Es war also nur eine Frage der Zeit, bis die Amerikaner nachzogen. Das Vorbild FÜR ALLE FÄLLE FITZ zeigte, wie schwierig es ist, dieses Thema intelligent und originell zu behandeln, ohne sich zu wiederholen. FÜR ALLE FÄLLE FITZ hatte den Produktionsvorteil, nur maximal sechs Folgen im Jahr abliefern zu müssen. Für US-Verhältnisse ein unmögliches Schema. Cynthia Saunders entwikkelte, beraten durch den FBI-Agenten Jim Greenleaf, für NBC ein Konzept, das wöchentliche Episoden ermöglichte, die in eine übergreifende Handlung eingebettet waren. Im Mittelpunkt der Serie steht die *Profilerin* Sam Waters, gespielt von Ally Walker, die einen Tatort so intensiv lesen kann, daß sie den Tathergang fast wie einen Film sieht. Folgenübergreifend wird sie von Jack, einem Serienkiller, gejagt, der schon ihren Mann in die Luft gesprengt hat. Die Intuition, die echte *Profiler* wie John Douglas aufgrund langjähriger Erfahrungen Fakten richtig interpretieren läßt, wurde zugunsten eines fast parapsychologischen Moments aufgegeben. Aus dramaturgischer Sicht ein gelungener Kunstgriff, der erklärt, warum Dr. Waters vom FBI so begehrt ist und eine schnelle Aufklärung der Fälle ermöglicht, ohne die Drehbuchautoren zu überfordern. Auch wenn den eingefleischten Krimi-Fan diese »Gabe des Sehens« statt einer stringent logischen Untersuchung ärgert, kann man der Serie Originalität und Spannung nicht absprechen. Die wissenschaftliche Vorgehensweise der Ermittler ist fast durchweg genau (da könnten sich ähnlich gestrickte deutsche Produktionen eine Menge abgukken), und die emotionalen Konflikte sind fesselnd.

PROFILER: Ally Walker als Dr. Sam Waters

PROFIS, DIE
The Professionals

GB 1977-83; 57 x 50 Min.; F

George Cowley .... Gordon Jackson
Bodie .... Lewis Collins
Doyle .... Martin Shaw

➜ Wenn Bodie und Doyle, die beiden Top-Agenten des paramilitärischen Geheimdienstes CI 5, auf die Jagd nach Spionen, Terroristen, Gangstern oder korrupten Politikern gehen, tut sich was auf dem Bildschirm. Dann wird Action geboten, wie sie der Fernsehzuschauer Anfang der achtziger Jahre zuvor noch nicht gesehen hatte. Bei den PROFIS sieht man, wo der Etat von 115.000 Pfund pro Folge geblieben ist. Ideologisch war die Serie ebenfalls nie zimperlich, und die Botschaft war von Anfang an klar: Damit der faule Bürger seine Ruhe hat, müssen ein paar harte Soldaten so ziemlich alles dürfen, um Bedrohungen vom Staat abzuwenden. Und schon gar nicht sollten blöde Bürger die Möglichkeit bekommen, diese tapferen Burschen auch noch demokratisch zu kontrollieren. Ausgedacht hat sich die Serie Anfang 1977 der Autor-Produzent Brian Clemens, der in den sechziger Jahren maßgeblich am Erfolg von MIT SCHIRM, CHARME UND MELONE beteiligt war. Sein Konzept: eine Serie über eine Elite-Truppe, die am Rande der demokratischen Kontrollinstanzen und mit bedenklichen Kompetenzen ausgestattet all das jagen darf, was den sonstigen Sicherheitskräften durch die Maschen geht. Dabei sollte diese fiktive Organisation CI 5 völlig auf ihren »Führer« eingeschworen sein, der wiederum nur dem Premierminister (und eigentlich nicht mal dem) untergeordnet ist. Keine Serie für Bürgerrechtler oder eingeschworene Demokraten. Aber Brian Tesler, dem Chef von London Weekend Television, gefiel das so gut, daß er Clemens und seinem Partner Albert Fennell sofort grünes Licht gab. Deren Produktionsgesellschaft Mark 1 begann mit den Vorbereitungen, und ab Juni 1977 wurde in den Pinewood-Studios gedreht. Als *Line Producer* wurde der Ex-Cutter und Regisseur Sidney Hayes verpflichtet. Er war maßgeblich für den Look der Serie verantwortlich, für diese Mischung aus hart und schnell geschnittenen Action-Szenen und ungewöhnlich vielen Außenaufnahmen. Fast 90 Prozent jeder Folge wurden *on location*, meist in und um Wembley, gedreht. Die Produktionsbedingungen waren mörderisch: jede der 57 Folgen, die zunehmend mit komplizierten Action-Szenen und *Special Effects* vollgepackt wurden, mußte in 10 Tagen abgedreht sein. Das technische Team konnte man nach jeder Folge austauschen, nicht aber die beiden Agentendarsteller Martin Shaw und Lewis Collins, die in 80 Prozent jeder Episode vor die Kamera mußten und die meisten Stunts selbst machten. Das bedeutete für die beiden einen 16-Stunden Arbeitstag. Keiner von ihnen wollte 1981 seinen Vierjahresvertrag verlängern, und so wurde die Serie auf dem Höhepunkt ihres Erfolges (verkauft in mehr als 50 Länder und alleine in England regelmäßig 20 Millionen Zuschauer) eingestellt. Die Gagen der Stars hielten sich in Grenzen: pro Folge bekam Collins 2400 Pfund, Shaw 2200 Pfund, und der nur zornig als Chef herumhumpelnde Gordon Jackson 3700 Pfund (zu Collins und Shaw vgl. Einträge).

DIE PROFIS: Lewis Collins und Martin Shaw

Die Serie ist bis heute ein Welterfolg und machte so manchen glauben, daß es in England tatsächlich einen CI 5 gibt. Zumindest Zuschauer in Lybien glaubten es, als sie 1980 nach dem Kommandounternehmen der SAS gegen die iranische Botschaft in London an die Wände der britischen Botschaft in Tripolis schrieben: »Down with CI 5«.

Literatur: Dave Rogers: The Complete Professionals; Queen Anne Press 1986. Shaw and Collins Are The Professionals; Danacell Press, 1979. The Professionals (Magazin): 10 Ausgaben; Walton Press 1979 u. Colonna Press 1980, 1983.

Roman: Alle folgende Taschenbücher erschienen bei Sphere Books; es sind Bearbeitungen der Drehbücher und wurden unter dem Hauspseudonym »Ken Blake« veröffentlicht: Where the Jungle Ends; 1978. Long Shot; 1978. Stake Out; 1978. Hunter, Hunted; 1978. Blind Run; 1979. Fall Girl; 1979. A Hidding To Nothing; 1980. Dead Reckoning; 1980. No Stone; 1981. Cry Wolf; 1981. Spy Probe; 1981. Foxhole; 1982. The Untouchables; 1982. Operation Susie; 1982. You'll Be All Right; 1982.

PROFIS, DIE – DIE NÄCHSTE GENERATION

CI 5: The New Professionals

GB 1998; 13 x 50 Min.; F

Harry Malone .... Edward Woodward
Sam Curtis .... Colin Wells
Chris Keel .... Kal Weber
Tina Backus .... Lexa Doig

→ DIE PROFIS, Siebziger-Jahre-Legende und Kultserie aller Ford-Capri-Fahrer, wurde erfolglos neu aufgelegt: 13 Folgen, budgetiert mit 10,8 Millionen Pfund, entstanden zwischen Kapstadt und London, produziert von den früheren PROFIS-Produzenten Brian Clemens und David Wickes. Die neue Crew besteht natürlich nicht mehr aus Martin Shaw, Lewis Collins und Gordon Jackson. Der kanadische Schauspieler Kal Weber spielt den Ex-Navy-SEAL Chris Keel, Collin Wells den Undercover-Agenten Sam Curtis, und die Kanadierin Lexa Doig die Computerspezialistin und Kampfsportexpertin Tina Backus. »Eine Emma Peel für das nächste Jahrtausend«, behauptet die Produktion. Boß der Truppe ist Ex-CALLAN und Ex-EQUALIZER Edward Woodward als Harry Malone. »Die Macher der neuen Serie orientierten sich eher an gängigen Produktionen aus den USA. [...] Hauptsache: Action, Ballereien, Autojagd, Explosionen und Alptraum. Reines Spektakel«, schrieb Fred Diehl im *Gong* Nr. 15/1999. Leider war der Neuaufguß auch noch sehr langweilig.

PROFIS CONTRA GANOVEN
Pros and Cons

USA 1991-92; 10 x 45 Min.; F

Gabriel Bird .... James Earl Jones
Mitch O'Hannon .... Richard Crenna
Josephine Austin .... Madge Sinclair

→ Nachdem die erste Staffel des Starvehikels für James Earl Jones' Serie CHICAGO SOUL kein Erfolg war (vielleicht, weil sie zu düster war), änderte man Titel und Konzept, hielt aber an der ursprünglichen Figur fest: Der schwarze Ex-Cop und Ex-Häftling Bird geht von Chicago (dem Schauplatz der ersten Staffel) nach Kalifornien. Gleich nach seiner Ankunft rettet er dem Privatdetektiv O'Hannon das Leben. Die beiden mögen sich und arbeiten von nun an gemeinsam als Privatdetektive.

PROTECTOR – DAS RECHT IM VISIER
Swift Justice

USA 1996; 13 x 45 Min.; F

Mac Swift .... James McCaffrey
Randall .... Gary Dourdan
Michael .... Len Cariou

→ Bei der Jagd auf einen Drogenboß begeht Swift eine Unbesonnenheit und wird aus dem Polizeidienst entlassen. Sein ehemaliger Partner hält weiter zu ihm, obwohl Macs Vater dagegen ist. Von nun an kümmert sich Mac um Fälle, bei denen die Polizei offiziell nichts tun kann.
Der ehemalige MIAMI VICE-Producer Dick Wolf hat sich zusammen mit Richard Albarino diesen modernisierten Aufguß des EQUALIZER ausgedacht. Er versucht die Ästhetik von MIAMI VICE noch etwas weiter voranzutreiben (Schnitte in *Slow Motion*-Sequenzen, *Jump Cuts*, Einsatz von Musik, konsequente Farbdramaturgie), aber mit geringem Erfolg, da die 08/15-Stories nicht tragen und den Figuren keine Tiefe geben. Ganz Zeitgeist, surft Mac viel im Internet bei seinen Nachforschungen. Die Musik ist von Rick Marotta.

PROTOKOLLE DES HERRN M., DIE

BRD 1969; 13 x 25 Min.; F

Mannhardt .... Herbert Fleischmann
Textor .... Horst Janson

→ Mannhardt arbeitet bei der Münchener Bahnpolizei. Zusammen mit seinem Freund Textor vom Morddezernat löst er Kriminalfälle, hat aber immer auch Zeit für die menschlichen Nöte der Reisenden.
Die von Rolf Schulz geschriebene und von Harald Philip inszenierte Serie hielt leider alles, was das ZDF-Vorabendprogramm versprach.

PSYCHODEZERNAT, DAS
Broken Badges

USA 1990-91; 1 x 90 Min. u. 6 x 45 Min.; F

Beau Jack Bowman .... Miguel Ferrer
J.J. Bullet Tingreedes .... Eileen Davidson
Stanley Jones .... Jay Johnson
Toby Baker .... Ernie Hudson
Priscilla Mather .... Charlotte Lewis

→ Aus Cops, die wegen psychischer Störungen beurlaubt wurden, stellt sich Bowman sein Spezialteam zusammen: Die Harley-Fahrerin Bullet braucht Thrill und Nervenkitzel, Baker ist Forensikspezialist und ein depressiver Kleptomane, Jones ein verrückter Bauchredner. Mit dieser CBS-Serie hatte Stephen J. Cannell keinen Erfolg – das war wirklich zu abgefahren.

Psycho-Thriller
Krimis, in denen die Spannung aus der psychischen Interaktion zwischen den Personen gezogen wird. Den Schwerpunkt der Handlung bildet die innere Reaktion auf äußere Aktionen. Spannender als der Handlungsablauf ist zumeist die Psychologie der verstrickten Personen. Im Fernsehen wird diese Form für TV-Movies und Mehrteiler genutzt.

PUBLIC MORALS – DIE ROTLICHT-COPS
Public Morals
USA 1996-97; 13 x 25 Min.; F

Ken Schuler .... Donal Logue
Corinne O'Boyle .... Julianne Christie
Mickey Crawford .... Justin Louis
Val Vandergroot .... Jana Marie Hupp
Darnel »Shag« Ruggs .... Joseph Latimore
Richie Biondi .... Larry Romano
Neil Fogerty .... Peter Gerety
John Irvin .... Bill Brochtrup

➜ Im Mittelpunkt der Cop-Sitcom steht ein Sittendezernat der Polizei von New York, das von dem übereifrigen Lieutenant Fogerty geleitet wird, der stets am Rande des Nervenzusammenbruchs steht. Zu Fogertys Mitarbeitern zählen die weichherzige Corinne, ihre Geschlechtsgenossin Val, der dorftrottelige Richie, der ungepflegte und flegelhafte Ken sowie dessen Gegenpart, der immer aus dem Ei gepellte Schleimer Shag. Mickey und der schwule John werden dem Team zur Unterstützung beigestellt.

Der Produzent und Autor Steven Bochco kennt sich mit Cop-Serien aus. Mit NEW YORK COPS schuf er die bisher erfolgreichste Cop-Serie überhaupt, was ihm zur Carte Blanche für drei Serien seiner Wahl verhalf. Nun wollte er es auch mal mit einer Sitcom versuchen, was jedoch gründlich fehlschlug. Bochco schwebte eine Serie aus der Perspektive des einfachen Mannes von der Straße vor. Dazu gehörte, daß die Dialoge mit derben Ausdrücken gespickt wurden (hier wollte er wohl, wie zuvor mit der Nacktszene in NEW YORK COPS, ein Tabu sprengen). Diese Serie wurde in den USA nach nur einer Folge abgesetzt. Vorangegangen waren einige Querelen. Bei der Abnahme des Pilotfilms stießen sprachliche und inhaltliche Vulgarität beim Sender CBS auf massive Kritik. Schlimmer noch: man entdeckte keine Komik! Die Serie ging entschärft auf Sendung, blieb aber in der Wortwahl schlüpfrig und voller Stereotypen, die man schon oft und besser gesehen hatte.

PULASKI
Pulaski
GB 1987; 1 x 90 Min.; u. 8 x 50 Min.; F

Larry Summers/Pulaski .... David Andrews
Kate Smith/Briggsy .... Caroline Langrishe
Paula Wilson .... Kate Harper
Jerome .... Rolf Saxon
Hilary .... Timothy Carlton

➜ Larry Summers ist der Star einer populären Fernsehserie, in deren Mittelpunkt Pulaski steht, ein polnisch-amerikanischer Privatdetektiv, der in England arbeitet. Auf dem Bildschirm ist er vornehm, großherzig und moralisch, privat ein Trunkenbold, der es mit dem Gesetz nicht so genau nimmt. Auf dem Bildschirm klappt es prima mit seiner Frau Briggsy, die von seiner tatsächlichen Ehefrau Kate gespielt wird. In Wirklichkeit fliegen zwischen ihnen die Fetzen, und sie will sich scheiden lassen. Schließlich beschließt Summers, genau wie Pulaski gefährliche Abenteuer zu erleben.

Humorvolle und ziemlich schräge BBC-Produktion. Die Titelmusik ist von den Shadows, deren Drummer Brian Bennett die gesamte Musik der Serie komponierte.

Pulp-Magazine
Auf billigem Papier gedruckte Magazine mit Kurzgeschichten und Romanen, die vor allem in den zwanziger bis vierziger Jahren in den USA als Massenmedium großen Einfluß auf die Entwicklungsgeschichte der Kriminalliteratur hatten. Das berühmteste Krimi-Pulpmagazin war das legendäre BLACK MASK, in dem Hammett und Chandler veröffentlichten.

QUINCY: Jack Klugman, Stuart Whitman

QUINCY

Quincy, M.E.

USA 1976-83; 8 x 90 Min. u. 139 x 45 Min.; F

Quincy .... Jack Klugman
Lieutenant Frank Monahan .... Garry Walberg
Sam Fujiyama .... Robert Ito
Lee Potter (1976-77) .... Lynette Mettey
Danny Tovo .... Val Bisoglio
Dr. Robert Asten .... John S. Ragin
Sergeant Brill .... Joseph Roman
Eddie .... Ed Garrett
Diane (1980-83) .... Diane Markoff
Marc (1978-83) .... Marc Scott Taylor
Dr. Emily Hanover (1982-83) .... Anita Gillette

➜ Dr. Quincy arbeitet als Pathologe in der Gerichtsmedizin von Los Angeles. Seine Hauptaufgabe ist eigentlich das Ausstellen von Totenscheinen. Doch immer wieder zweifelt er die polizeilichen Untersuchungsergebnisse an und vermutet Tötungsdelikte, wo andere einen ganz gewöhnlichen Todesfall attestieren würden. Damit verärgert er regelmäßig den Kriminalbeamten Monahan und seinen Chef Ragin. Besonders, weil er am Ende immer recht behält.

Lange vor dem Erfolg der Romane von Patricia Cornwell schufen Glen A. Larson und Lou Shaw diese Serie, die einen Großteil ihrer Spannung aus forensischen Untersuchungen bezieht. Sie begann mit 90-Minuten-Filmen in der Anthologiereihe NBC SUNDAY MYSTERY MOVIE, in der sie sich mit COLUMBO, EIN SHERIFF IN NEW YORK und MCMILLAN & WIFE abwechselte. Sie alle wurden zu eigenständigen Serien. QUINCY verdankt ihren Erfolg nicht nur den oft hervorragenden Drehbüchern, u.a. von Robert Crais, sondern vor allem ihrem Hauptdarsteller. Nach seinem Welterfolg in der Comedy MÄNNERWIRTSCHAFT (THE OLD COUPLE) konnte sich Klugman seine nächste Serie aussuchen. Er lehnte jede Sitcom ab und bewies Instinkt, indem er sich für diese Krimi-Serie entschied, die ebenfalls ein Welterfolg wurde.

Quincy mit Charlie Barnes (Joseph Campanella)

RACHE IST EIN SÜSSES WORT
If Tomorrow Comes

USA 1986; 3 x 90 Min.; F

Tracy Whitney .... Madolyn Smith
Jeff Stevens .... Tom Berenger
Daniel Cooper .... David Keith
Onkel Willie .... Jack Weston
Charles Stanhope .... John Laughlin
Ernestine .... C.C.H. Pounder
Joe Romano .... Joe Cortese
Perry Pope .... Frank Dent
Anthony Orsatti .... George DiCenzo

➜ Die New Yorker Bankangestellte Tracy ereilt ein übles Schicksal: Schwanger von ihrem Verlobten Stanhope erfährt sie, daß sich ihre Mutter das Leben genommen hat. Schuld daran ist die Mafia. Tracy erschießt den Obermafioso, kommt ins Gefängnis und verliert ihr Kind. Von Rache getrieben, erlebt sie ein melodramatisches Abenteuer nach dem anderen.

Carmen Culver schrieb das Drehbuch nach dem Roman von Sidney Sheldon, der mit seinen *Potboilern* Welterfolge feierte. Die Regie für diese CBS-Miniserie übernahm Jerry London. In den USA beklagte die Kritik, daß es wohl weniger um die Krimihandlung ginge als um die teuren modischen Accessoires der Hauptdarstellerin.

Roman: Sidney Sheldon: Kalte Glut; Goldmann 8876, 1986.

RACHE NACH PLAN
Vengeance Unlimited

USA 1998; 16 x 45 Min.; F

Mr. Chapel .... Michael Madsen
KC Griffin .... Kathleen York

➜ Niemand erfährt, woher Mr. Chapel kommt: Er hat weder einen Vornamen noch eine Vergangenheit. Er übt Vergeltung für Menschen, denen Unrecht widerfahren ist. Dabei handelt es sich um Fälle, bei denen die Polizei versagt hat, Gerichte nicht helfen konnten oder rechtschaffene Bürger ohne Schuld alles im Leben verloren haben. Diese »Klienten« rächt Mr. Chapel für einen Gefallen, den sie ihm irgendwann einmal zurückzahlen müssen: dann, wenn er Hilfe für ein anderes unschuldiges Opfer benötigt (STINGRAY läßt grüßen). Unterstützt wird er von KC Griffin, einer Mitarbeiterin der Staatsanwaltschaft. Die attraktive Frau, selbst einst Opfer einer Gewalttat, versorgt Mr. Chapel mit Informationen, die für seine Vergeltungsschläge von Nutzen sind.

Ausgedacht und produziert wurde diese Vigilantenserie im Stile von DIE VERSCHWÖRER – IM NAMEN DER GERECHTIGKEIT von John McNamara.

RACING GAME
The Racing Game

GB 1979-80; 6 x 50 Min.; F

Sid Halley .... Mike Gwilym
Chico Barnes .... Mick Ford

➜ Der ehemalige Jockey Halley arbeitet als Privatdetektiv hauptsächlich für reiche Pferderennställe.

Der Thrillerautor Dick Francis ist einer der erfolgreichsten Schriftsteller des Jahrhunderts. Als ehemaliger Jockey hat er sich auf Thriller spezialisiert, die im Reit- und Rennmilieu spielen. Halley ist der einzige Charakter, der in mehreren seiner Romane die Hauptrolle spielt.

Von der TV-Adaption erwarteten sich die Millionen Francis-Fans viel, wurden enttäuscht und waren froh, daß man die erfolglose Serie nicht fortsetzte. Produziert wurde die ITV-Serie von Lawrence Gordon Clark; Terrence Feely schrieb Drehbücher nach Motiven von Francis, statt die Romanvorlagen zu adaptieren.

Roman: Die Sid Halley-Romane: Nervensache (Odds Against; 1965); Diogenes, 1993. Handicap (Whip Hand; 1979); Diogenes, 1991. Favorit (Come to Grief; 1995); Diogenes, 1997.

RANDALL UND HOPKIRK / RANDALL UND HOPKIRK – DETEKTEI MIT GEIST

Randall & Hopkirk (Deceased)

GB 1969-71; 26 x 50 Min.; F

Jeff Randall .... Mike Pratt
Marty Hopkirk .... Kenneth Cope
Jean Hopkirk .... Annette Andre
Inspector Large .... Ivor Dean

➜ Die Produzenten Morty Berman und Dennis Spooner (der die Serie erfand) gingen bei diesem Fantasy-Crime-Crossover noch weiter als bei den CHAMPIONS: Nach dem Mord an dem Privatdetektiv Marty kehrt dieser als Geist zurück, um seinem Partner Jeff zu helfen, der ihn als einziger sehen kann. Nicht die Plots machten den Reiz der Serie aus, sondern komödiantische Elemente und Action-Szenen.

Fans genießen natürlich Ivor Dean als den Polizeikontakt der Privatdetektive: Dean wurde nämlich als Inspector Claude Teal in SIMON TEMPLAR unsterblich. RANDALL & HOPKIRK gehört in England zu den großen Kult-Serien.

Literatur: Geoff Tibballs: Randall & Hopkirk (Deceased); Boxtree, 1994.

RÄTSEL DER SANDBANK, DAS

BRD 1985; 7 x 45 Min.; F

Davies .... Burghart Klaußner
Carruthers .... Peter Sattmann
Clara .... Isabel Varell
Dollmann .... Gunnar Möller
von Brüning .... Joachim Dietmar Mues
Grimm .... Joachim Regelien
Böhme .... Rolf L. Freisler
Bartels .... Siegfried Wald
Wilhelm II. .... Wigand Witting
Sir James .... Henning Schlüter

➜ Herbst 1904, eine Zeit wachsender Marineaufrüstung und zunehmender Spannungen zwischen Deutschland und Großbritannien. Was haben die beiden jungen Engländer Carruthers und Davies an der deutschen Nordsee verloren? Welchen Geheimnissen sind sie auf der Spur? Versuchen sie vielleicht, die deutschen Militärpläne zu durchkreuzen?

Drehbuchautor Christoph Mattner und Regisseur Rainer Boldt setzten den erstmals 1903 erschienen Klassiker des Spionageromans RIDDLE OF THE SANDS von Erskine Childers mit einem Etat von sechs Millionen Mark für Radio Bremen kongenial um. Die von Jürgen Kiebach hervorragend ausgestattete Serie hatte bei den Dreharbeiten mit schlechten Wetterbedingungen zu kämpfen, was man dem überzeugenden Ergebnis nicht ansieht. Zuerst lief die lange Fassung in Fortsetzungen im Vorabendprogramm der ARD; später eine komprimierte Fassung als TV-Film im Abendprogramm.

Roman: Erskine Childers: Das Rätsel der Sandbank; Diogenes 20211, 1984.

Rätselkrimis

Eine andere Bezeichnung für klassische Detektivgeschichten, in denen es darauf ankommt, induktiv oder deduktiv ein rätselhaftes Verbrechen zu lösen. Neben den Verfilmungen mit klassischen Detektiven von Sherlock Holmes bis Inspector Morse wird diese Form von Serien wie MORD IST IHR HOBBY genutzt.

RÄUBER MIT DER SANFTEN HAND, DER

BRD 1995; 3 x 90 Min.; F

Siegfried Dennery .... Hannes Jaenicke
Gaby Dennery .... Catherine Flemming
Oliver Dennery .... Philipp Doll
Konsul Struckenberg .... Wolf-Dietrich Berg
Jürgen Meister .... Robinson Reichel
Willi Bimmer .... Andreas Schmidt-Schaller

➜ Bei kaltschnäuzig durchgeführten Banküberfällen raubte Dennery in den achtziger Jahren etwa 1,5 Millionen Mark aus Bayrischen Banken. 1984 wurde er geschnappt und zu 14 Jahren verurteilt. Im Gefängnis studierte er Literaturwissenschaften und schrieb seine Autobiographie, die Grundlage dieser RTL-Produktion von Regisseur Wolfgang Mühlbauer wurde.

RAVEN
Raven

USA 1992-93; 1 x 90 Min. u. 19 x 45 Min.; F

Jonathan Raven .... Jeffrey Meek
Herman »Ski« Jablonski .... Lee Majors
Kahuna .... Andy Bumatai

➜ Auf den Inseln rund um Hawaii versucht der rätselhafte Raven, ein Karatemeister, dem mörderischen Geheimbund der *Black Dragons* zu entkommen. Außerdem sucht er nach seinem Sohn, den er noch nie gesehen hat. Jablonski hilft ihm bei seiner Suche. Der ehemalige Alkoholiker diente früher mit Raven in einer Spezialeinheit. Raven wuchs nach der Ermordung seiner Eltern durch die *Black Dragons* in Japan auf. Er infiltrierte den Geheimbund und zerstörte ihn fast völlig. Das haben ihm die überlebenden Mitglieder übelgenommen und wollen sich nun rächen.
Frank Lupo hatte sich für sein Konzept wohl von den Fernost-Thrillern Eric Van Lustbaders anregen lassen. Die Musik ist von Christopher Franke.

RAVEN – DIE UNSTERBLICHE
Highlander: The Raven

USA 1998-99; 1 x 90 Min. u. 20 x 45 Min.; F

Amanda .... Elizabeth Gracen
Nick Wolfe .... Paul Johansson
Bert Myers .... Hannes Jaenicke

➜ Als ausgebuffte Meisterdiebin hat sich die Unsterbliche Amanda geschickt durch die letzten zwölf Jahrhunderte gemogelt. Doch ihr unbeschwertes Leben findet ein jähes Ende, als ihr ein Mord angehängt wird. Der Cop Wolfe verfolgt sie als Hauptverdächtige. Doch bald entpuppt sich ein skrupelloser Polizist als wahrer Täter, der bei einem Schußwechsel Nick Wolfes Partnerin tötet. Amanda fühlt sich für den Tod der Polizistin verantwortlich. Als Wolfes Vorgesetzte versuchen, den Mord an der Partnerin zu vertuschen, quittiert er den Dienst und arbeitet fortan als Sicherheitsexperte und Privatdetektiv. Dabei wird er von Amanda unterstützt, die sich zu ihrer Überraschung immer öfter auf der richtigen Seite des Gesetzes wiederfindet. Beide arbeiten oft für Myers, einen ehemaligen CIA-Agenten mit dunkler Vergangenheit. Als Chef einer Sicherheitsfirma scheint er oft ganz eigene Pläne zu verfolgen. Während Wolfe seinem alten Freund vertraut, bleibt Amanda ihm gegenüber mißtrauisch.
Die Serie beginnt, wo die Fantasy-Serie HIGHLANDER nach sechs Jahren aufgehört hat. Sie stellt eine Nebenfigur des Vorgängers in den Mittelpunkt: Amanda wurde in der ersten Staffel von HIGHLANDER eingeführt und hatte bis 1998 mehrere Gastauftritte. Hinter den Kulissen arbeiten die HIGHLANDER David Abramowitz (Autor), Dennis Barry (Regie) und die Produzenten William N. Panzer und Peter S. Davis. Gefilmt wird in Paris und Toronto.
Die 1960 in Booneville, Arkansas, geborene Elizabeth Gracen wurde in den USA zu einer nationalen Berühmtheit: 1982 wurde sie »Miss Arkansas« und dann »Miss America«. Für Schlagzeilen sorgte sie mit einer Bildstrecke im *Playboy* und mit ihrem Geständnis, mit Bill Clinton während seiner Amtszeit als Gouverneur von Arkansas eine Affäre gehabt zu haben.

REBECCA
Rebecca

GB 1979; 4 x 60 Min.; F

Maxim de Winter .... Jeremy Brett
Mrs. de Winter .... Joanna David
Jack Favell .... Julian Holloway
Beatrice Lacy .... Vivian Pickles
Mrs. Danvers .... Anna Massey

➜ Die berühmteste Umsetzung von Daphne Du Mauriers 1938 erschienenem Roman ist nach wie

Die Reinecker-Serien DER KOMMISSAR und ...

DERRICK (Horst Buchholz, Horst Tappert, Fritz Wepper)

vor der Film von Alfred Hitchcock. Diese TV-Adaption ist detailreicher und näher an dem Buch. *Roman:* Daphne Du Maurier: Rebecca; Rowohlt, 1956; Knaur 1006, 1982.

REILLY – SPION DER SPIONE

Reilly: Ace of Spies

GB 1983; 1 x 90 Min. u. 11 x 50 Min.; F

Sidney Reilly .... Sam Neill
Margaret Thomas Reilly .... Jeananne Crowley
Basil Zaharov .... Leo McKern
Cummings .... Norman Rodway
Inspector Tsientsin .... David Suchet
Lenin .... Kenneth Cranham
Fothergill .... Peter Egan
Lockhart .... Ian Charleson
Stalin .... David Burke

➜ Basierend auf einer Biographie des berühmten britischen Spions erzählt die Serie Reillys Missionen von 1904 bis zum Ende der Russischen Revolution. Die von Troy Kennedy Martin geschriebene und von Martin Campbell und James Goddard inszenierte Serie verklärt diesen Superspion. In Wirklichkeit war Reilly weit davon entfernt, aus patriotischen Gründen zu arbeiten, wie ihm die Serie unterstellt. Er war ein zwielichtiger Abenteurer, immer auf der Suche nach neuen Geldquellen. In der gut gemachten Serie, die ihren historischen Hintergrund spannend nutzt, ist der russische Agent und berüchtigte Waffenhändler Zaharov Reillys direkter Gegenspieler. Weitgehend ein gelungener und beeindruckender Polit-Thriller.

Reinecker, Herbert

Deutscher Autor. Geboren am 24. Dezember 1914 in Hagen als Sohn eines Reichsbahnbeamten. Er war Chefredakteur der Nazi-Postille *Jungvolk* in Berlin. Reinecker schrieb von 1936 bis 1939 sechs Jugendbücher im nationalsozialistischen Erziehungsgeist. Sein Roman DER MANN MIT DER GEIGE (1939), der den Einmarsch in Österreich rechtfertigt, wurde 1942 mit Luise Ulrich und Paul Hubschmid als DER FALL RAINER von der Tobis verfilmt. Als Kriegsberichterstatter bei der Waffen-SS war er in Finnland und in der Sowjetunion im Einsatz. 1944 schrieb er zusammen mit Alfred Weidenmann das Drehbuch zu dem Propagandafilm JUNGE ADLER. In den fünfziger und sechziger Jahren half Reinecker tatkräftig mit, dem deutschen Film den Garaus zu machen. Aus seiner Feder stammten die Vorlagen für Machwerke wie STERN VON AFRIKA, TAIGA oder KITTY UND DIE GROSSE WELT. Anschließend rettete er sich ins Fernsehen, wo er es mit Dreiteilern wie DER TOD LÄUFT HINTERHER und DER KOMMISSAR, dem schamlosen Sittengemälde der sozialliberalen Ära, zur Unsterblichkeit brachte. 1972 schrieb er mit DAS MÄDCHEN AUS HONGKONG seinen 47. und letzten Kinofilm. Nachdem absehbar war, daß Erik Ode sich bald zum letzten Mal mit seinen drei Assistenten in einen Mittelklassewagen zwängen würde, um Hippies, aufmüpfigen Jugendlichen und geilen Mittelstandsunternehmern zu zeigen, wo es langgeht, beschloß das ZDF rechtzeitig eine Folgeserie. Der inzwischen völlig enthemmte Reinecker schuf 1974 mit DERRICK eine der schlechtesten und erfolgreichsten Krimi-Serien des deutschen Fernsehens. Seit 1964 lebt er am Starnberger See. Er ist zum zweiten Mal verheiratet.

REMINGTON STEELE

Remington Steele

USA 1982-87; 94 x 45 Min.; F

Laura Holt .... Stephanie Zimbalist
Remington Steele .... Pierce Brosnan
Murphy Michaels (1982-83) .... James Read
Bernice Foxe (1982-83) .... Janet DeMay

Mildred Krebs (1983-87) .... Doris Roberts
Daniel Chalmers (1983-87) .... Efrem Zimbalist Jr.
Tony Roselli (1987) .... Jack Scalia

➔ Schon immer träumte Laura davon, Privatdetektivin zu sein, und machte ihren Traum schließlich wahr. Doch weil niemand einer Frau diesen Job zutraute, blieben die Klienten aus. So erfand sie kurzerhand Remington Steele, den vermeintlichen unsichtbaren Chef ihrer Detektei. Eines Tages taucht ein geheimnisvoller Engländer auf, der zur Personifikation Remington Steeles wird. Gemeinsam lösen sie die schwierigsten Fälle. Wenn

REMINGTON STEELE: Zimbalist und Brosnan

ihr gefährlicher Job nicht für Spannung sorgt, dann tut es ihr Verhältnis zueinander.

Die von Michael Gleason und Robert Butler erfundene Serie wurde hauptsächlich in Los Angeles gedreht. Nur 1984, während der dortigen Olympischen Spiele, wurden die Dreharbeiten nach Malta, Irland, Cannes, Las Vegas und England verlegt. Zu den Gaststars gehörten Sharon Stone und Geena Davis. Die Titelmusik, REMINGTON'S THEME, stammt von Henry Mancini.

Die erste Staffel hatte noch traditionelle Action-Geschichten, an denen auch Murphy und Bernice ihren Anteil hatten. Erst ab der zweiten Staffel wurde die Formel aus aberwitzigen Stories, Romantik und Humor perfektioniert. Ab da mußte sich Steele auch öfter mit düsteren Gestalten aus seiner Vergangenheit, wie Daniel Chalmers (gespielt von Stepanie Zimbalists Vater) auseinander-

Stephanie Zimbalist, Pierce Brosnan

setzen. Im Gegensatz zu DAS MODEL UND DER SCHNÜFFLER, einer von REMINGTON STEELE inspirierten Serie (deren Erfinder Glenn Gordon Caron zu den Steele-Autoren der ersten Staffel gehörte), gleitet diese Serie nie völlig in reine Soap-Geschichten über die beiden Hauptdarsteller ab. »In fast jeder Episode haben Laura und Steele einen komplexen Fall zu lösen. In den Fällen gibt es keine gesellschaftlich relevanten Themen, wie z.B. Arbeitslosigkeit oder die wirtschaftliche Lage«, schreibt Monika Großkopf.

Keine guten Erinnerungen dürfte Brosnan an REMINGTON STEELE haben: 1986 kam das Aus für die Serie, und Brosnan sollte als neuer James Bond den Part von Roger Moore übernehmen. Wegen

Jack Scalia und Pierce Brosnan

des großen Presserummels um Brosnan entschlossen sich die Produzenten und NBC, die Serie ein weiteres Jahr fortzusetzen, und Brosnan verlor den Bond-Job vorerst an Timothy Dalton.
Die beste Plazierung in den US-Ratings hatte die Serie 1984/1985, als sie auf Platz 25 kam.
Literatur: Monika Großkopf: Tough Guys With a Difference, in: Scherer/Ganz-Blättler/Großkopf/Wahl: Morde im Paradies; Ölschläger, 1994.

RENDEZVOUS MIT DEM TOD

Rendez-vous en noir

F 1980; 6 x 40 Min.; F

Inspecteur Camaret .... Daniel Auteuil

➜ Camaret jagt einen Serienmörder, der immer am 31. Mai mordet.
John Sevastopopulo produzierte die Miniserie nach dem Roman RENDEZVOUS IN BLACK von William Irish; die Drehbuchadaption besorgten André Var und Claudine Kerzanet.
Roman: Cornell Woolrich (William Irish war ein Pseudonym): Rendezvous in Schwarz; Diogenes 21874, 1990.

RENEGADE – GNADENLOSE JAGD

Renegade

USA 1992-97; 110 x 45 Min.; F

Reno Raines/Vince Black .... Lorenzo Lamas
Bobby Sixkiller .... Branscombe Richmond
Cheyenne Phillips (1992-96) .... Kathleen Kinmont
Lt. Donald »Dutch« Dixon .... Stephen J. Cannell
Sergeant Frank »Woody« Bickford .... Ron Johnson
Hound Adams (1993-94) .... Geoffrey Blake
Sandy Carruthers (1997) .... Sandra Ferguson

➜ Als der junge *Bay City*-Cop Raines gegen korrupte Kollegen vorgeht, schieben diese ihm einen Mord unter. Vor der Verhandlung flieht er und versucht Beweise für seine Unschuld zu finden. Nebenher arbeitet er unter dem Namen »Black« als Kopfgeldjäger für Bobby Sixkiller.
Wenn Raines auf seinem Motorrad durch die Lande braust, um Gutes zu tun, ist ihm der korrupte Cop Dixon, gespielt von Serienerfinder und Produzent Stephen J. Cannell, stets dicht auf den Fersen. Gedreht wurde in und um San Diego.

Rénier, Yves

Französischer Schauspieler. Er wurde am 29. September 1942 in Bern geboren, studierte am Conservatoire D'Art Dramaturgie und schaffte in den sechziger Jahren den Durchbruch als TV-Star. 1965 spielte er in der Kultserie BELPHEGOR. Es folgte 1965-68 an der Seite von Edward Meeks die Serie DIE GLOBETROTTER (LES GLOBES TROTTERS). Seitdem spielte er in über 120 Filmen und TV-Stücken. Seit 1975, als Claude Boissol die Serie KOMMISSSAR MOULIN erdachte, spielt Rénier die Hauptrolle. 1989 übernahm er die Serie und gab ihr als Autor und Regisseur eine neue Richtung.

RENN, BUDDY, RENN

Run Buddy Run

USA 1966-67; 16 x 25 Min.; F

Buddy Overstreet .... Jack Sheldon
Devere (Mr. D.) .... Bruce Gordon
Junior Devere .... Jim Connell
Wendell .... Nick Georgiade
Harry .... Gregg Palmer
Joseph .... Dort Clark
Susan Overstreet, Buddys Schwester .. Laurel Goodwin
Miss Oglethorpe, Deveres Sekretärin ... Jackie Joseph

➜ Zufällig wird Buddy in der Sauna Ohrenzeuge, als einige Gangster einen Mord unter den Codeworten »Hühnchen« und »der Mann in Chicago« planen. Natürlich kann Buddy sich überhaupt nichts darunter vorstellen. Aber das interessiert die Gangster nicht, die ihn schließlich entdecken. Buddy flieht, aber Syndikat-Boß Mr. D. (Bruce Gordon spielte Frank Nitti in CHICAGO 1930) läßt ihn jagen, um ihn zu töten. Und nun rennt Buddy, daß die Socken qualmen.
Das war die definitive Parodie auf *Man on the Run*-Serien wie AUF DER FLUCHT. David Susskind und Leonard B. Stern produzierten sie mit leider nur geringem Erfolg für CBS. Aber zumindest in Deutschland, wo sie Mitte der sechziger Jahre vom ZDF ausgestrahlt wurde, ist sie zur Kult-Serie geworden.
Comic: Run, Buddy, Run; No. 1, Juni 1967; Gold Key.

REPORTER

BRD 1989; 9 x 45 Min.; F

Azade Celik .... Renan Demirkan
Pit »Piwi« Wilkens .... Walter Kreye
Struck .... Jürgen Holtz
Herbst .... Dietmar Schönherr
Sasse .... Georg Marischka
Charly .... Fritz Müller-Scherz

➜ »Wie immer, wenn die Serienmacher am Werke sind, gibt's viel Mythos und ein bißchen Wahrheit zu sehen. Der neue WDR-Neunteiler REPORTER, von diesem Montag an auf dem Sendeplatz des endlich weggeputzten Plattkopfes PETER STROHM, macht da keine Ausnahme. Was die schlanke, schöne Schreiberin Azade und der wie der junge Richard Burton dreinblickende Photoreporter Piwi (TV-Entdeckung Walter Kreye) in dieser Serie für das sprengstoffhaltige Blatt *TNT* – nach den Bekundungen der Autoren Horst Vocks und Thomas Wittenburg irgendwo zwischen *Bunte* und *Stern* angesiedelt – in neun Folgen zusammenrecherchieren, reicht für zehn Journalistenleben. Immer auf *Kisch-Preis*-Höhe, enttarnt das Duo palästinensische Terrororganisationen, klärt Kiezmorde und spürt Werwölfe der Neonazis auf, überführt Überläufer, macht Südamerika unsicher und beschützt unschuldige Türken«, spöttelte *Der Spiegel* zum Auftakt.

Für deutsche Verhältnisse eine bemerkenswerte Serie mit schneller Szenenfolge und knappen, ironischen Dialogen. Regie führten Klaus Emmerich und Hans Noever.

REPORTER DES VERBRECHENS

Hot Shots

USA 1986-87; 1 x 90 Min. u. 12 x 45 Min.; F

Amanda Reed .... Dorothy Parke
Jason West .... Booth Savage
Nicholas Broderick .... Paul Burke
Al Pendleton .... Clark Johnson
Cleo .... Heather Smith

➜ Amanda und Jason arbeiten oft im Team für das Magazin *Crime World*, um Verbrechen aufzuspüren und aufzuklären. Obwohl sie gerne miteinander konkurrieren, können sie ihre gegenseitige sexuelle Anziehungskraft nicht verleugnen. Keith Johnson konzipierte diese wenig originelle Serie, die von Stephen J. Roth und Sonny Grosso in Toronto produziert wurde.

Reynolds mit Michael Ontkean in DAN OAKLAND

Reynolds, Burt

Amerikanischer Schauspieler. Geboren am 11. Februar 1936 in Waycross, Georgia, aufgewachsen in Palm Beach, Florida, als Sohn des Polizeichefs. Er war ein hervorragender College-Footballspieler, bis ein Autounfall seine Karriere beendete. Ein Stipendium brachte ihn nach New York, wo er eine Schauspielausbildung absolvierte. Trotzdem war er auf Nebeneinküfte angewiesen und arbeitete als Tellerwäscher und Rausschmeißer. Er spielte kleine Rollen auf der Bühne und in Fernsehserien. In RIVERBOAT (1959-60) hatte er neben Darren Mc-

Burt Reynolds in B.L. STRYKER

Gavin seine erste große Serienrolle. Anschließen spielte er drei Jahre den Schmied Quint Asper in RAUCHENDE COLTS (GUNSMOKE). Als Enkel einer Cherokee-Indianerin war er prädestiniert für die Rolle eines New Yorker Undercover-Cops irokesischer Abstammung in der Kult-Serie HAWK (1966). Danach versucht er, es Clint Eastwood und Lee Van Cleef gleichzutun, und drehte in Europa den Italowestern KOPFGELD: EIN DOLLAR (NAVAJO JOE, 1966) von Sergio Corbucci. Einen weiteren Cop spielte er in DAN OAKLAND (1970-71). Den endgültigen Durchbruch brachte ihm John Boormans pessimistischer Abenteuerfilm BEIM STERBEN IST JEDER DER ERSTE (DELIVERANCE, 1972). Sein Image als Frauentyp verdankte er dem Centerfold im Frauenmagazin *Cosmopolitan*. Er stieg zu einem der teuersten Filmstars der siebziger Jahre auf. Gemeinsam mit Robert Aldrich, mit dem er mehrere Filme drehte, gründete er eine Produktionsfirma und lieferte 1976 mit MEIN NAME IST GATOR (GATOR) sein Regiedebüt ab. Als es in den achtziger Jahren mit seiner Filmkarriere bergab ging, drehte er wieder TV-Serien. Darunter B.L. STRYKER (1989-90) und die Sitcom EVENING SHADE (1990-94), für die er mit dem *Emmy* ausgezeichnet wurde. Schlagzeilen machte er vor allem durch seine strapaziösen Beziehungen zu Sally Field und Loni Anderson. Inzwischen ist auch durch die Carl Hiaasen-Verfilmung STRIPTEASE, in der er in einer Nebenrolle beeindruckte, seine Filmkarriere wieder ins Laufen gekommen. Einen Teil seiner Zeit widmet er seinem 1978 gegründeten eigenen Theater in Jupiter, Florida. Dem *Burt Reynolds Dinner Theatre* angeschlossen ist das *Institute For Theatre Training*, das gemeinnützig der Nachwuchsförderung dient.

RICHARD DIAMOND, PRIVATDETEKTIV

Richard Diamond, Private Detective / Call Mr. D.

USA 1957-60; 51 x 25 Min.; sw

Richard Diamond .... David Janssen
Lieutenant McGough (1957-58)..... Regis Toomey
Karen Wells (1959) .... Barbara Bain
Lieutenant Kile (1959-60) .... Russ Conway
Sam (1959) .... Mary Tyler Moore
Sam (1959-60) .... Roxanne Brooks

➜ Die Serie begann als von Blake Edwards erfundene Hörfunkserie, die von 1949 bis 1952 mit Dick Powell als Diamond ausgestrahlt wurde. Mitte der fünfziger Jahre verpflichtete Powell Edwards, um eine neue Serie für Powells Produktionsfirma Four Star zu konzipieren. Edwards aktualisierte die alte Rundfunkserie um einen ehemaligen New Yorker Polizisten, der Privatdetektiv wird. Der junge David Janssen landete mit ihr seinen ersten Serienhit. Nach dem ersten Jahr zog Diamond nach Hollywood. Dort unterstützte ihn die Telefonistin Sam, die für ihn den telefonischen Auftragsdienst machte und Diamond oft im Auto (der erste Privatdetektiv mit Autotelefon) anrief. Der Gag war: Man sah nie Sams Gesicht, sondern nur ihre wohlgeformten Beine, und hörte ihre verführerische Stimme. Als *Leg Model* der erste Job für den späteren TV-Superstar Mary Tyler Moore. Sie stieg nach einem Jahr aus, weil ihr 80 Dollar Honorar pro Folge für ihre Beine zu wenig waren. In Los Angeles gab man Diamond auch eine Weile eine ständige Freundin zur Seite, gespielt von Barbara Bain, die später in KOBRA, ÜBERNEHMEN SIE zum Superstar werden sollte. Drei künftige Superstars in einer kleinen, gut gemachten *Private Eye*-Serie. Die Musik der Serie, die vom Sender CBS zu NBC wanderte, war von Pete Rugolo.

RICHTERIN, DIE

Le juge est une femme

F 1993-94; 4 x 85 Min.; F

Florence .... Florence Pernel

➜ Die Fälle einer jungen, engagierten Richterin. In der ersten Folge spielte Anthony Delon einen Verdächtigen, Regie führte Serge Leroy.

Rigg, Diana

Englische Schauspielerin. Geboren am 20. Juli 1938 in Doncaster, Yorkshire, als Tochter von Beryl Rigg und dem Bahnbeamten Louis Rigg. Sie wuchs vom zweiten bis zum achten Lebensjahr in Jodhpur, Indien auf, wo ihr Vater im Dienste Ihrer Majestät tätig war. Dann ging sie in England zur Schule. Sie nahm zwei Jahre Schauspielunterricht an der Royal Academy of Dramatic Arts, arbeitete als Model und absolvierte ihr Bühnendebüt 1957 als Natella im KAUKASISCHEN KREIDEKREIS. 1959 trat sie in

Diana Rigg in der MIT SCHIRM, CHARME UND MELONE-Folge A TOUCH OF BRIMSTONE die *Royal Shakespeare Company* ein und spielte fünf Jahre klassische Rollen. 1965 ersetzte sie Honor Blackman als weibliche Hauptrolle in MIT SCHIRM, CHARME UND MELONE. Nachdem sie 1968 aus der Serie ausgestiegen war, ging sie zum Theater zurück und drehte gelegentlich Filme. Darunter: JAMES BOND 007 – IM GEHEIMDIENST IHRER MAJESTÄT (ON HER MAJESTY'S SECRET SERVICE) und MURDER BUREAU. 1973-74 drehte sie in den USA die Sitcom DIANA. Auch wenn sie anschließend hauptsächlich Theater spielte, tauchte sie immer wieder in Filmen, TV-Movies (z.B. WITNESS FOR THE PROSECUTION) oder Mini-Serien (BLEAK HOUSE) auf. In den USA moderierte sie die Reihe MYSTERY!, in der britische Krimiserien präsentiert werden. 1973-74 war sie mit dem israelischen Künstler Menachem Gueffen verheiratet. 1982 heiratete sie den Ex-Scots-Guard Archie Stirling. 1994 wurde sie von der Königin zur »Dame Diana« ernannt. Ganz in schwarzem Leder wurde sie im Buckingham Palace auch in den Orden des Britischen Empires aufgenommen. Nach zwei gescheiterten Ehen lebt sie heute allein mit ihrer Tochter Rachel.

RING DER MUSKETIERE, DER
Ring of the Musketeers

BRD/USA 1992; 4 x 45 Min.; F

John D'Artagnan-Smith .... David Hasselhoff
Peter Porthos .... Thomas Gottschalk
Anne-Marie Athos .... Alison Doody
Burt Aramis .... Cheech Marin
Maurice Treville .... John Rhys-Davies

➜ Die Nachfolger der Musketiere sorgen auch heute für Recht und Ordnung: D'Artagnan ist ein Romantiker mit musischem Talent und stolzer Besitzer einer Burg; Athos ist als »Doctor Love« eine bekannte Radio-Sexberaterin, Porthos der beliebteste Deutschlehrer eines Jugendcamps... Es wäre zuviel verlangt, den weiteren Blödsinn in diesem RTL-Flop aufzuzählen, der in den USA von einem John Paragon gedreht wurde und keinen amerikanischen Sender fand. Auch RTL tauschte diesen Mist lieber gegen den Superflop BLAUES BLUT aus, den das ZDF erst wenige Jahre zuvor mit so wenig Resonanz ausgestrahlt hatte, daß es auf die Wiederholungsrechte verzichtete. Es ist einfach qualvoll, einem eitlen, alternden Gecken wie Gottschalk zuzusehen.

RISKANTE SPIELE
Foul Play

USA 1981; 9 x 45 Min.; F

Gloria Munday .... Deborah Raffin
Detective Tucker Pendleton .... Barry Bostwick
Captain Vito Lombardi .... Richard Romanus
Stella .... Mary Jo Catlett
Ben .... Greg Rice
Beau .... John Rice

➜ Diese komödiantische Serie erzählte die Krimiabenteuer einer Fernsehmoderatorin und eines Polizisten, der klassische Musik liebt und früher Konzertgeiger war. Gemeinsam lösen sie Verbrechen, die die Zuschauer offenbar zu Tode langweilten. Hal Sitowitz konzipierte für Paramount und ABC die Serie nach dem gleichnamigen Erfolgsfilm mit Goldie Hawn und Chevy Chase. Allerdings ohne Erfolg: sie lief in den USA gerade mal sechs Wochen.

ROBINS CLUB
Robin's Hoods

USA 1994-95; 22 x 45 Min.; F

Brett Robin .... Linda Purl
Annie Beckett .... Jennifer Campbell
Eddie Bartlett .... David Gail
Stacey Wright .... Julie McCullough
Maria Alvarez (1994) .... Mayte Vilan
Mackenzie Mac Magnuson .... Claire Yarlett
Detective Stephen DeCosta (1994) ... Michael Beck
Detective Chris Carpenter .... Ramy Zada
K.T. Parker .... Gretchen Palmer
Nick Collins .... Rick Springfield

➜ Nachdem ihr Mann Detective Jake Robin in Ausübung seiner Pflicht getötet wurde, übernimmt die stellvertretende Staatsanwältin Brett Robin das Management des Country & Western-Clubs »Robin's Nest«. Dort arbeiten nur junge Kriminelle, die Jake auf den rechten Weg bringen wollte. Sie helfen mit, Jakes Mörder zu finden, und werden natürlich alle immer wieder in schlimme Kriminalfälle verwickelt.
Nette, anspruchslose kleine Serie, die in Vancouver gedreht wurde.

ROBIN SCOTT
The Case of The Dangerous Robin

USA 1960-61; 38 x 25 Min.; sw

Robin Scott .... Rick Jason
Phyllis Collier .... Jean Blake

➜ Versicherungsdetektiv Robin Scott, unterstützt von seiner schönen Helferin Phyllis, sorgte mit Karateschlägen dafür, daß unberechtigte und betrügerische Ansprüche der Kunden nicht erfüllt wurden. Die bildhübsche Jean Blake und der eisige Rick Jason gaben zwar ein sehenswertes Paar ab, aber die Serie hatte nur ausgelutschte Stories zu bieten. Die Titelmusik ist von David Rose, dem ehemaligen Orchesterchef von Red Skelton.

ROBOCOP
RoboCop – The Series

USA/CAN 1993-94; 1 x 90 Min. u. 21 x 45 Min.; F

Alex Murphy/RoboCop .... Richard Eden
Detective Lisa Madigan .... Yvette Nipar
Sergeant Stanley Parks .... Blu Mankuma
Diana Powers .... Andrea Roth
Gadget .... Sarah Campbell
Charlie Lippincott .... Ed Sahely
Bo Harlan .... Dan Duran
Rocky Crenshaw .... Erica Ehm
Nancy Murphy .... Jennifer Griffin
Jimmy Murphy (als 15jähriger) ...... Peter Costigan
Pudface Morgan .... James Kidnie

➜ Delta City im 21. Jahrhundert – das Verbrechen nimmt überhand. Als der Polizist Murphy ermordet wird, kreieren die Wissenschaftler des Computerkonzerns Omni Consumer Products (OCP) aus ihm einen Cyborg, einen RoboCop, den idealen Gangsterjäger. Der OCP-Konzern beherrscht alles und hat längst auch die Oberhoheit über die Ordnungskräfte übernommen. Viel Action gibt es im alten Detroit, der Old Town, in der die Armen leben und das Verbrechen der Normalzustand ist. Auch Murphys Frau und sein Sohn leben hier, aber RoboCop kann sich nur selektiv an die Vergangenheit erinnern.

Die Serie, die eine äußerst unangenehme und doch realistische Zukunft zeigt, basierte auf Paul Verhoevens Film von 1987. Die beiden harmloseren Kino-Fortsetzungen hat man für das Serienkonzept zum Glück ignoriert. Die Produktionsfirma Skyvision verpflichtete die RoboCop-Erfinder Michael Miner und Ed Neumeier, budgetierte den Pilotfilm mit 5 Millionen Dollar und die einzelnen Folgen mit 1,5 Millionen. Man produzierte in Toronto und nutzte digitale *Matte Paintings*, um das bekannte Alt-Detroit des Kinofilms wiederaufleben zu lassen. Die sarkastische Serie geht in der Gewaltdarstellung natürlich nicht so weit wie der Film. Leider ließ das Konzept – oder der Einfallsreichtum der Autoren – nicht viel Raum für ungewöhnliche Geschichten, und so ähneln sich die Folgen sehr stark. Der große Erfolg in den USA blieb aus und die Serie wurde nach einer Staffel abgesetzt. Hauptdarsteller Eden ist der Sohn der »bezaubernden Jeannie« Barbara Eden.

ROLAND HASSEL

S 1986; (?) x 80-90 Min.; F

Roland Hassel .... Lars-Erik Berenett

➜ Gutgemachte, realistische Krimiunterhaltung aus Schweden, die das organisierte Verbrechen als Hintergrund nutzt, um komplexe Geschichten zu erzählen. Autor ist Lars Björmann, und zu den Regisseuren gehören Mikael Hafström und Mikael Ekman. Keine wirkliche Serie, aber TV-Movies mit derselben Hauptperson.

Roland, Jürgen

Deutscher Regisseur. Geboren am 25. Dezember 1925 in Hamburg. Nach dem Notabitur wurde er 1943 eingezogen, zuerst zum Reichsarbeitsdienst, dann zur Wehrmacht. Seine Erfahrungen machten ihn zum überzeugten Antifaschisten. Nach dem Krieg wurde er zuerst Rundfunkreporter, der als Chronist des Kiezlebens von St. Pauli eine andauernde Liebe zum Milieu entwickelte. Dann wechselte er zum NDR-Fernsehen, wo er festangestellter Redakteur und Regisseur wurde. 1954 entwickelte er mit Wolfgang Menge die Serie DER POLIZEIBERICHT MELDET. 1958 gelang ihm mit STAHLNETZ, einer deutsche Variante der US-Serie DRAGNET, der große Wurf. Er drehte auch Kinofilme wie den Antikriegsfilm DER TRANSPORT (1962) oder den mehrfach preisgekrönten Kiez-Krimi POLIZEIREVIER DAVIDSWACHE (1965). Es folgten zahlreiche Fernseharbeiten, darunter das Krimi-Quiz DEM TÄTER AUF DER SPUR mit Günther

Neutze. 1985 schuf er mit GROSSSTADTREVIER eine der langlebigsten und erfolgreichsten Vorabendserien. Man kann über seine Arbeiten streiten, Tatsache ist und bleibt, daß er einen großen Einfluß auf das Krimi-Genre im deutschen Fernsehen hatte.

Romantic Thriller

Krimis, die zumeist eine junge Frau in einem schaurigen Komplott zeigen und atmosphärisch von bedrohlichen Situationen für die Heldin leben. Nahe mit dem Psycho-Thriller verwandt. Beliebtes Sujet für TV-Movies.

ROSA ROTH

BRD 1994- ; x 90 Min.; F

Rosa Roth .... Iris Berben
Karin von Lomanski .... Carmen Maja Antoni
Charly Kubick .... Jockel Tschiersch
Jürgen Roeder .... Zacharias Preen
Günther Zorn .... Gunter Schoß
Steinkopf .... Dieter Kichlechner

➜ Rosa Roth ist Kriminalkommissarin in der Berliner Mordkommission und ermittelt zusammen mit ihrem Team. Sie tauchte zu einer Zeit auf, als die Schwemme weiblicher Krimiheldinnen mit der üblichen Verspätung aus der Kriminalliteratur über das deutsche Fernsehen hereinbrach. Carlo Rola, der bisher bei allen Folgen der ZDF-Serie Regie führte, erdreistete sich zu folgenden Aussagen, die seine Ahnungslosigkeit im Genre deutlich machen: »ROSA ROTH ist eine Art Film Noir. [...] Rosa Roth fährt einen amerikanischen Wagen, weil ich ein großes Vorbild habe: Ich bewundere Melville sehr. Und in seinen Filmen fahren die Protagonisten amerikanische Wagen. « Na, dann steht ja Meisterwerken wie DER EISKALTE ENGEL (LE SAMOURAÏ) oder DER CHEF (UN FLIC) nur die deutsche Autoindustrie im Wege. Rola hat sich mit weniger abgefunden als er angestrebt hat, und sich dann eingeredet, es würde wohl reichen. Und Iris Berben, die besser nicht über Sachen quatschen sollte, von denen sie nicht den Hauch einer Ahnung hat, setzt noch einen drauf: »Die emotionale Ebene ist im Krimigenre ja nicht neu – nur vergessen.« Was ist los? Spielen die Backstreet Boys Heavy Metal? Aber weiter mit Frau Berben, die bekanntlich ebenso schön wie klug ist: »Es wäre schön, an den Film Noir, an Melville, anknüpfen zu können. Er ist ein Vorbild für das Genre, das ich hier bedienen möchte.« Vielleicht sollte sie sich erst ihres Hirns bedienen, bevor sie den wahrscheinlich im Grabe rotierenden Melville mit ihrer kleinen Provinzserie in Verbindung bringt. Ausgeheckt hat sich das originelle Konzept von einer *modernen, selbstbewußten Frau als Krimiheldin* mal wieder Felix Huby, dem wir ja mit DETEKTIVBÜRO ROTH und Ähnlichem ganz schlimme Fernsehstunden verdanken. Zum Glück schrieben andere die mäßig spannenden Stories: Matthias Herbert, Claus Wilbrandt, Klaus Poche und ein Knut Boeser. Der Handlungs-Mischmasch ist das übliche: ganz böse Russenmafia (ohne wirkliche Ahnung von deren Strukturen), Aidsinfizierte, Nuttenmord und – hier kommt der aufgeklärte liberale Spießer der öligen 68er Generation wieder vor – Brandanschläge auf Berliner Villen. Wollen wir hoffen, daß auch noch Neo-Nazis, islamische Fundamentalisten, Kinderpornos, der Dalai Lama und Proliferation künftig abgehandelt werden. Wenn künftig ROSA ROTH läuft, bleibt mein Bildschirm jedenfalls noir.

ROSENBAUM

Rosenbaum

S 1991; 3 x 90 Min.; F

Samuel Rosenbaum .... Erland Josephson

➜ Der renommierte Strafverteidiger Rosenbaum hat ein Faible für knifflige Fälle. Typisch schwedische Serie insofern, als sie einen Blick hinter die Kulissen der korrupten Gesellschaft zuläßt.

ROSSIS GESETZ

The Justice Game

GB 1989; 7 x 45 Min.; F

Dominic Rossi .... Denis Lawson
Kate Fielding .... Diana Quick
Tim Forsyth .... Michael Kitchen
Sir James Chrichton .... Joss Ackland
Glen .... James Cosmo
Jack Flynn .... Iain Cuthbertson
Sandy Sadowski .... Russell Hunter

➜ Der Glasgower Anwalt Rossi ist clever, charmant und mit allen Wassern gewaschen. Als Sohn eines Italieners und einer Schottin wuchs er im

Jürgen Roland und der STAHLNETZ-Kommissar Heinz Engelmann

Arbeiterviertel auf und hat sich nach längerem Aufenthalt in den USA nach oben durchgeboxt. In den sieben Folgen bewegt er sich mühelos zwischen Gosse und Gerichtssaal und liebt die Frauen genauso wie seinen alten Alfa Romeo. Er löst Probleme schlagfertig und locker, ist politisch eher links und eine Kombination aus Detektiv und Strafverteidiger.
Autor Norman Stone und Regisseur John Brown hatten wohl so etwas wie ein Glasgower Sittengemälde im Sinn, als sie diese durchschnittliche Serie machten.

ROTEN ELEFANTEN, DIE

BRD/A 1986; 7 x 45 Min.; F

Karl Wegner .... Wolf Roth
Dr. Ginger Redcliffe .... Silvia Janisch
Adipo .... Sydney Chama
Benson .... Manfred Seipold
Njeru .... Karen Pillay

➔ Afrikanische Abenteuergeschichte mit Krimielementen von Autor Henry Kolarz nach seinem Roman, den Regisseur Wolf Dietrich für das ZDF inszenierte.

ROTE KAPELLE, DIE

BRD 1972; 7 x 60 Min.; F

Trepper .... Werner Kreindl
Victor Sukulow .... Georges Claisse
Margarete Barcza .... Rada Rassimov
Großvogel .... Jacques Rispal
Katz .... Manfred Spies
Rita Arnold .... Julia Laroche
Sophie Posnanska .... Ruth Köhler
Isidor Springer .... Henri Sokal
Harro Schulze-Boysen .... Peter Fricke
Libertas Schulze-Boysen .... Edeltraut Elsner
Aruid Harnack .... Dieter Wagner
Mildred .... Christine Gerlach
Adam Kuckhoff .... Hans Schulze
Greta Kuckhoff .... Ursula Herwig
Glering .... Günther Neutze
Piepe .... Alexander Hegarth

➔ Kombination aus Thriller und politischem Film, der auf wahren Begebenheiten fußt: Nämlich auf sowjetischen Spionagefällen während des Zweiten Weltkriegs. 1939 begann von Brüssel aus der Pole Leopold Trepper ein Agentennetz aufzubauen, das von der deutschen Abwehr als *Rote Kapelle* bezeichnet wurde.
Geschrieben wurde diese eindrucksvolle Serie von Peter Adler, Hans Gottschalk und Franz Peter Wirth, der auch gewohnt souverän und effektiv Regie führte. Gute Besetzung, gute Regie und gute Drehbücher machten die Serie zu einer Sternstunde der deutschen TV-Unterhaltung.

RUMPOLE VON OLD BAILEY

Rumpole of the Bailey / The Trials of Rumpole

GB 1978-80, 1983, 1987;
1 x 90 Min. u. 24 x 50 Min.; F

Horace Rumpole .... Leo McKern
Claude Erskine-Brown .... Julian Curry
Phyllida Trent Erskine-Brown .... Patricia Hodge
Guthrie Featherstone .... Peter Bowles
George Frobisher .... Moray Watson

Rumpole von Old Bailey

Onkel Tom .... Richard Murdoch
Hilda Rumpole (1978-83) .... Peggy Thorpe-Bates
Hilda Rumpole (1987) .... Marion Mathie
Henry .... Jonathan Coy
Diane .... Maureen Derbyshire
Fiona Allways (1983) .... Rosalyn Landor
Marigold Featherstone .... Joanna Van Gyseghem

➜ Ein Starvehikel für Leo McKern, der mit dieser Rolle in die britische Folklore eingegangen ist. Der Anwalt Rumpole könnte einem Roman von Charles Dickens entstiegen sein. Er liebt guten Wein (in *Pomeroy's Wine Bar*), zitiert Gedichte aus dem *Oxford Book of Poetry*, kennt kaum Skrupel und nennt den Richter auch mal »old Darling«. Ein glücklicher Schwerenöter, wäre da nicht seine ewig meckernde Frau, die er in Anlehnung an Henry Rider-Haggards Klassiker SHE »die, der man gehorchen muß« nennt.

Erfunden wurde die ungeheuer populäre Serie, von der bei uns leider nur elf Folgen in einigen dritten Programmen gezeigt wurden, von John Mortimer. Produziert wurde sie von Lloyd Shirley für Thames TV. Die Musik ist von Joseph Horowitz.

Roman: Alle Bände beinhalten Kurzgeschichten, die auch die Grundlage der TV-Serie waren. John Mortimer: Rumpole of the Bailey; Penguin, 1978. Trials of Rumpole; Penguin, 1979. Rumpole's Return; Penguin, 1980. Regina vs. Rumpole; Allen Lane, 1981. Rumpole for the Defense; Penguin, 1982. Rumpole and the Golden Thread; Penguin, 1983. Rumpole's Last Case; Penguin, 1987. Rumpole and the Age of Miracles; Penguin, 1988.

S.R.I. UND DIE UNHEIMLICHEN FÄLLE

J 1970; 13 x 25 Min.; F

Tadashi Matoya .... Miho Hara
Shiro Maki .... Mori Kishisa
Hiroshi Nomura .... Shyoji Matsyama

➜ Das ZDF brachte diese Krimiserie aus dem modernen Japan ins Vorabendprogramm. Die Spezialisten von der Gruppe S.R.I. und ihr Boß Tadashi springen dort ein, wo die Polizei nicht weiterkommt. Fernöstliche Nachahmung von Serien wie SOLO FÜR O.N.K.E.L. und MIT SCHIRM, CHARME UND MELONE.

SAHARA-PROJEKT, DAS

BRD 1992; 4 x 90 Min.; F

Thomas Altenburg .... Peter Bongartz
Graf Leo Waldegg .... Michael Degen
Giovanna Waldegg .... Delia Boccardo
Ayse Erkin .... Renan Demirkan
Laura .... Laura Sadler
Bergmann .... Helmut Berger
Olaf Greiner .... Rüdiger Vogler
Toni Waldegg .... Sebastian Koch
Eva Bosch .... Anne Kasprik
Dreesen .... Heinz Bennent
Collani .... Gottfried John
Dhouzain .... Jean Sorel
Julia Dahlhaus .... Veronica Ferres

➜ Der Wissenschaftler Altenburg arbeitet seit Jahren am Sahara-Projekt: Er will Europa mit Solarstrom aus der Wüste versorgen, um dem Treibhauseffekt entgegenzuwirken. Das paßt einem Finanzmagnaten samt seiner Öl- und Atomlobby gar nicht. Intrigen, Erpressung, Terror, Geiselnahmen und Attentate behindern die Arbeit am Projekt. Helmut Krapp und Horst Vocks schrieben diesen Öko-Thriller voller Melodramatik, und Hans Noever führte Regie bei dieser aufwendigen Bavaria-Produktion für das ZDF.

SAN FRANCISCO AIRPORT

San Francisco International Airport

USA 1970; 1 x 90 Min. u. 6 x 45 Min.; F

Jim Conrad (Pilotfilm) .... Pernell Roberts
Jim Conrad .... Lloyd Bridges
Bob Hatten .... Clu Gulager
June .... Barbara Werle
Suzie Conrad .... Barbara Sigel

➜ Die kurzlebige Serie erzählt spannend, was so alles Gefährliches auf einem der größten Flugplätze der Welt (mit 35.000 Beschäftigten) passieren kann, und zwar aus der Perspektive des Flughafenmanagers und des Sicherheitschefs (die ARD-Serie AIRPORT mit Hansjörg Felmy klaute das Konzept). Richard Irving produzierte sie für Universal und NBC, wo sie Teil der Reihe FOUR IN ONE war. Die Musik stammt von Patrick Williams.

SARDSCH: Hannes Jaenicke, Nina Franoszek

SARDSCH

BRD 1996/97; 3 x 90 Min.; F

Sardsch Thomas Kopper .... Hannes Jaenicke
Klaus Kähler .... Wolfgang Condurs
Heinz Baranowski .... Rolf Hoppe
Dr. Sonja Kroneck .... Nina Franoszek
Ulrich Scheffler .... Günter Junghans
Wolf Gruber .... Utz Krause
Horst Fritsche.................................... Zsolt Bacs
Fritz Baier .... André Hennicke

➜ Während der Feier zu seinem 60. Geburtstag wird Oberstaatsanwalt Dr. Eberhard Schwarz, Ziehvater von Staatsanwalt Sardsch Thomas Kopper, erschossen. Der entschließt sich, den Fall auf eigene Faust zu lösen, und erkennt schnell, daß ein gnadenlos chargierender Rolf Hoppe hinter dem Bösen auf der Welt steckt.

Einer dieser uninspirierten SAT.1-Krimis, die das Publikum oberhalb der RTL-Auto-kaputt-fahren-Serien bedienen. Die Jury des *Grimme*-Preises muß wohl von allen guten Geistern verlassen gewesen sein, als sie zum Schaden des Preises diesen Dreiteiler auszeichnete. Aber vielleicht ist dies auch ein Beleg dafür, daß man in Deutschland nicht genügend intelligente TV-Kritiker für eine Jury zusammentrommeln kann. Brigitte Knot-Wolff, die nicht zur Jury gehörte, brachte es in der *Funk-Korrespondenz* Nr. 1-2/1998 auf den Punkt: »Weder spannend noch gruselig, weder besinnlich noch unterhaltsam war dieser Fernseh-Schinken zur Weihnachtszeit. [...] Stattdessen wurden sich erheblich in die Länge ziehende Märchenstunden für Erwachsene geboten, in denen Spannung durch ein Maximum an schaurig-schönen Leichen ersetzt wurde: Kurz bevor der Zuschauer endgültig das Interesse verlor, wurde immer mal wieder einer höchst dekorativ erschossen. Allein die Wiedererkennbarkeit von gängigen Versatzstücken derzeitiger TV-Krimi-Kultur (Vereinigungskriminalität, Korruption, organisiertes Verbrechen, sozialkritisches Feigenblatt) machte den Realitätsgehalt dieses Krimis aus. [...] die Rollenverteilung zwischen den Guten und den Bösen war so eindeutig, daß sich daraus kein Spannungsmoment entwikkeln konnte.«

Geschrieben wurde der Schrott von Wolfgang Hesse, gedreht von Axel de Roche.

Sattmann, Peter

Deutscher Schauspieler. Er wurde 1947 in Zwikkau geboren. Nach seiner Schauspielausbildung in München kam er 1969 an das Deutsche Theater in Göttingen. Weitere Stationen waren Stuttgart (1972-79), Bochum (1980-83), die Freie Volksbühne Berlin (1984-87) und das Schillertheater (1988-90). Er wurde 1975 und 1977 von den Theaterkritikern zum Schauspieler des Jahres gewählt. Er ist außerdem Autor einiger satirischer Stücke und komponiert Musik. Sattmann lehnte eine Hauptrolle in der SCHWARZWALDKLINIK ab, dreht aber seit 1981 regelmäßig Fernsehfilme und Serien. Darunter DAS RÄTSEL DER SANDBANK (1985) und UNSER MANN (1995). Er ist fraglos einer der besten Schauspieler seiner Generation und lebt in Berlin. Mit Katja Riemann hat er ein gemeinsames Kind.

Savalas, Telly

Amerikanischer Schauspieler. Er wurde am 21. Januar 1924 als Sohn eines Tabakimporteurs griechischer Herkunft in Garden City, New York, geboren. Nach dem Zweiten Weltkrieg, in dem er für seine Tapferkeit ausgezeichnet wurde, entschloß er sich zum Studium der Psychologie. Nach erfolgreichem Abschluß arbeitete er für das US-Außenministerium im Mediensektor. Das ermöglichte ihm später den Wechsel zum TV-Sender ABC, wo er als Produzent und Regisseur für Nachrichtensendungen tätig war. Unter anderem betreute er die populäre und mehrfach ausgezeichnete Sendung YOUR VOICE OF AMERICA. Um einem Freund einen Gefallen zu tun, ging er zu einem Vorsprechtermin, als ein Schauspieler mit europäischem Akzent gesucht wurde. Er bekam die Rolle in dem Live-TV-Spiel BRING HOME A BABY.

Von nun an widmete er sich ausschließlich der Schauspielerei. Sein erstes Kino-Engagement erhielt er durch Burt Lancaster im Film DER GEFANGENE VON ALCATRAZ (BIRDMAN OF ALCATRAZ, 1961). Für seine Leistung wurde er 1962 für den *Oscar* nominiert. Erstmals eine Glatze schneiden ließ er sich 1963 auf Anraten des Regisseurs für die Rolle des Pontius Pilatus in George Stevens' DIE GRÖSSTE GESCHICHTE ALLER ZEITEN (THE

Telly Savalas in EINSATZ IN MANHATTAN

GREATEST STORY EVER TOLD). Die Glatze wurde sein Markenzeichen, auch wenn er nicht den Status eines Yul Brynner erreichte. In den sechziger Jahren war er ein gefragter *Supporting Actor* und auf Schurken spezialisiert. So spielte er auch den Blofeld in dem James-Bond-Film IM GEHEIMDIENST IHRER MAJESTÄT (ON HER MAJESTY'S SECRET SERVICE). Ein Star wurde er erst mit der TV-Rolle Kojak in EINSATZ IN MANHATTAN. »Ich habe über 70 Filme gedreht, ohne den Durchbruch zu schaffen. Dann kam Kojak – und jeder wollte plötzlich mit mir arbeiten«, bemerkte er einmal. Auf dem Höhepunkt der Kojak-Popularität plazierte Savalas seine Single IF in den Charts. Er war zum vierten Mal verheiratet, als er 1994 an Krebs starb.

SCHARFE WAFFEN – HEISSE KURVEN

Dangerous Curves

USA 1992-93; 34 x 45 Min.; F

Gina McKay .... Lise Cutter
Holly Williams .... Michael Michele
Lieutenant Ozzie Bird .... Gregory McKinney
Marina Bonnelle (1992) .... Diane Bellego
Alexandre Dorleac .... François-Eric Gendron

➔ Sexy, smart und tough sind die beiden Ermittlerinnen Holly und Gina, die für eine exklusive Privatdetektei arbeiten. Zu ihren Klienten gehören die Reichen und Schönen von Dallas, für die jeder Job möglichst schnell und diskret erledigt werden muß. Klingt schlimmer als es ist, da die Drehbücher oft recht gut sind. David Paulsen und Leonard Katzmann erfanden die Serie für CBS.

SCHATTENMANN, DER

BRD 1996; 5 x 110 Min.; F

Herzog .... Mario Adorf
Held .... Stefan Kurt
King .... Heinz Hoenig
Gehlen .... Heiner Lauterbach
Michelle .... Maja Maranow
Barbara .... Jennifer Nitsch
Anneliese .... Julia Stemberger
Möllbach .... Günter Strack

➔ Die Geschichte von Charly Held, einem verdeckten Ermittler. In der Maske eines ehemaligen Stasi-Offiziers freundet er sich mit Janusz Herzog an, einem kriminellen Immobilienhai aus dem Rotlichtmilieu. Im Verlauf der Ermittlungen gerät auch Held zunehmend ins Zwielicht.
Crockett und Tubbs oder Jürgen Roth müssen sich vor Lachen geschüttelt haben über diesen pseudorealistischen Schwachsinn, den Dr. Dieter Wedel als Studie über das organisierte Verbrechen verkaufte. 18 Millionen Mark ließ sich das ZDF den Langweiler kosten, in dem Heinz Hoenig und Stefan Kurt auf Wunsch von Dr. Dieter Wedel in Szenen agierten, die den subtilen Humor eines Terrence-Hill-Bud-Spencer-Vehikels hatten. Alle ahnungslosen Kritiker waren begeistert von diesen Illustrierten-Plattheiten und pfefferten den Dieter Bohlen des TV-Mehrteilers mit irgendwelchen Preisen zu, die den Verkauf des Fünfteilers an das argentinische Fernsehen begünstigten. Nicht so schlimm wie DER KÖNIG VON ST. PAULI, aber auch nicht mal so gut wie ein STAHLNETZ von Jürgen Roland. Wahrscheinlich sorgten im Schneideraum strenge und qualitätsorientierte ZDF-Redakteure dafür, daß Wedel seine Version von der deutschen Unterwelt nicht ungebremst durchziehen konnte. Ähnliches hätte man sich auch für den KÖNIG VON ST. PAULI gewünscht, aber die SAT.1-Redakteure sind wohl leichter ins Bockshorn zu jagen, und Dr. Dieter Wedel und die Produktion konnten wahrscheinlich machen, was sie wollten.

SCHATZSUCHER UNSERER TAGE

BRD 1968; 10 x 25 Min.; F

Sylvia Horn .... Sabine Eggerth
Jan van Dongen .... Wolfgang Preiss
Tom Halley .... Walter Wilz
Regenschirm .... Cocky Tlohtlhalemaje
Don Connors .... Don Barrigo

➜ Wieder mal nutzte man den Drehort Südafrika, um eine gähnend langweilige ZDF-Serie abzudrehen. Diesmal über moderne Schatzsucher und ihren bösen Gegenspieler Connors. Dabei schreckten Autor Stefan Gommermann und die Regisseure Rolf von Sydow und Hans-Jürgen Tögel auch nicht vor rassistischen Klischees zurück, indem sie etwa einen Schwarzem den vermeintlich lustigen Spitznamen »Regenschirm« verpaßten.

SCHAUPLATZ LOS ANGELES

The New Breed

USA 1961-62; 36 x 45 Min.; sw

Lieutenant Price Adams .... Leslie Nielsen
Sergeant Vince Cavelli .... John Beradino
Officer Joe Huddleston .... John Clarke
Officer Pete Garcia .... Greg Roman
Captain Keith Gregory .... Byron Morrow

➜ Neue, guttrainierte Polizisten müssen da ran, wo die normale Polizei nicht weiterkommt. Diese Spezialeinheit der Polizei von Los Angeles benutzt vorzugsweise modernste Technik im Kampf gegen die Unterwelt.

Wahrscheinlich die erste *Special Team*-Krimiserie, der später Serien wie DIE KNALLHARTEN FÜNF oder auch DAS A-TEAM folgen sollten. Eine der vielen Cop-Serien von Quinn Martin, der sie mit Walter Grauman für ABC produzierte: kompetentes Handwerk, aber nicht mehr. Die Musik ist von Dominic Frontiere. Nach der Disney-Serie SWAMP FOX war dies Leslie Nielsens erste Cop-Serie.

SCHAUPLATZ NEW YORK

Eischied

USA 1979-80; 1 x 90 Min. u. 13 x 45 Min.; F

Chief Earl Eischied/Ashley .... Joe Don Baker
Captain Finnerty .... Alan Oppenheimer
Deputy Commissioner Kimbrough ..... Alan Fudge
Chief Inspector Ed Parks .... Eddie Egan
Detective Carol Wright .... Suzanne Lederer
Rick Alessi .... Vincent Bufano
Detective Malfitano .... Joe Cirillo
Howard Knight (TV-Movie) .... Patrick O'Neal
Howard Knight .... Raymond Burr
Irene Stefan .... Laraine Stephens

➜ Nach dem Erfolg des TV-Movies TO KILL A COP nach einem Roman von Robert Daley starteten die Produzenten David Gerber (der mit POLICE STORY – IMMER IM EINSATZ die amerikanischen Cop-Serie nachhaltig veränderte) und Matthew Rapf diese kurzlebige, realistische Serie um den Chef der New Yorker Kriminalpolizei. Eischied ist ein einsamer Wolf aus den Südstaaten, lebt mit seiner Katze zusammen und verstößt auch mal gegen Regeln und Gesetze, um böse Buben zu erledigen. Er ist die Abkehr von den sozialbewußten Cops der siebziger Jahre. Aus unerklärlichen Gründen änderte die ARD in der deutschen Synchronisation den Namen Eischied in Ashley.

Roman: Robert Daley: Der gehetzte Bulle; Heyne 6556, 1986.

SCHICKSAL DER WOCHE – DER FÜNF-MINUTEN-KRIMI

BRD 1993; 4 x 25 Min.; F

Ina Thorwald .... Nadja Tiller
Pitty .... Christian Karmann
Kerstin Müller .... Wookie Mayer

➜ Die Journalistin Ina Thorwald ist für die Leserbriefseite »Schicksal der Woche« zuständig. Aus der Flut der Briefe stechen immer wieder Schicksale hervor, die sich bei der Recherche zu Kriminalfällen entwickeln.

Ungewöhnliches Experiment des ZDF. Die Idee dazu hatten drei Redakteure: Eva Appel, Klaus Bassiner und Liane Jessen. Ausgangspunkt ihrer Überlegungen war, eine Serie in anderer, ungewöhnlicher Erzählstruktur zu präsentieren. So entstand der Kurzkrimi, der jeden Tag fünf Minuten lang eine Story in Fortsetzungen erzählt. Für die Pilotserie wurden vier Folgen mit je 25 Minuten in Mainz und Wiesbaden gedreht. Regie führte Martin Enlen, die Drehbücher waren von Günter Knarr, Claus Stirzenbecher und Peter Gast. Ein Flop, den auch Nadja Tiller nicht retten konnte. Aber ein bemerkenswert mutiges Experiment, das man vom ZDF nicht erwartet hätte.

DIE SCHNÜFFLER: James Slogan, Jeff Goldblum, Ben Vereen

SCHIESS IN DEN WIND, HO
The Chinese Detective

GB 1981-82; 14 x 50 Min.; F

Detective Sergeant John Ho .... David Yip
Detective Chief Inspector Berwick .... Derek Martin
Detective Sergeant Donald Chegwyn ... Arthur Kelly
Marley-Harris .... Allan Surtees

➜ Viele Feinde und wenige Freunde hat der chinesische Detective John Ho unter seinen Kollegen bei der Londoner Polizei, die mit den eigenwilligen Methoden des Außenseiters selten einverstanden sind. Über mehrere Folgen jagt er den korrupten Ex-Chief Inspector Marley-Harris, der einst Hos Vater ins Gefängnis brachte. Ian Kennedy Martin, der Erfinder der FÜCHSE, schuf diesen ersten ethnischen Detektivhelden des britischen Fernsehens. Produziert wurde die Serie von Terrence Williams für die BBC. Knallhart und gut inszeniert, zeigt sie einen chinesischen Detektiv, der nichts mit den verblödeten Charlie-Chan-Klischees zu tun hat.

SCHIMANSKI

BRD 1997-   ;   x 90 Min.; F

Horst Schimanski .... Götz George
Tobias Schrader (1997-99) .... Steffen Wink

➜ 1991 verabschiedete sich Kommissar Schimanski nach 29 Folgen vom TATORT. Zuvor hatte es die Figur sogar auf die große Leinwand mit zwei Kinofilmen, ZAHN UM ZAHN und ZABOU, geschafft. Die anhaltende Popularität sorgte schließlich dafür, daß der WDR seinen bekanntesten Krimi-Helden exhumierte und ihm eine eigenständige Serie gab, die unregelmäßig, aber mit mindestens drei Filmen pro Jahr ausgestrahlt werden soll.

Der ruppige Schimanski ist in der neuen Serie nicht mehr bei der Polizei, aber als eine Art Trouble-

shooter im Auftrag der Düsseldorfer Staatsanwaltschaft tätig. Ansonsten ähneln die Filme im Negativen den vorangegangenen TATORTEN: schlechte Drehbücher mit Löchern, durch die Sonny Crokkett mit zwei Ferraris nebeneinander fahren könnte, eine bemühte Regie, die zu allem Überfluß auch noch das mißverstanden hat, was seit MIAMI VICE Farbdramaturgie ausmachen kann (bei SCHIMANSKI in den ersten Folgen extreme grau-blaue Schattierungen).
Zusammengehalten wird der langweilige Wust nur durch Götz George, der mit seiner Präsenz diese Figur noch immer annehmbar macht. Irgend jemand sollte ihm einmal sagen, daß er sich den Knöchel verstauchen oder anbrechen kann, wenn er eine großkalibrige Handfeuerwaffe beim Schießen schräg hält.
Literatur: Frank Becker/Frank Jaeger: Das große Schimanski-Buch; Bastei-Lübbe, 1988. Heiko R. Blum: Götz George. Das liebenswerte Rauhbein; Heyne Filmbibliothek 206, 1998. Günter Franzen: Komm zurück, Schimmi!; Rasch und Röhring, 1992. Berndt Schulz: Götz George; Bastei 61134, 1988.
Roman: Martin Gies: Zabou; Heyne 6849, 1987. Gebrochene Blüten; Heyne 7618, 1988. Götz George /Felix Huby: Schimanski; Heyne 6686, 1986. Julius Padberg: Zahn um Zahn; Heyne 7644, 1987.
Comic: Martin Frei (Zeichnungen): Zweierlei Blut; Ehapa, 1992.
(Die aufgeführte Literatur bezieht sich auf die TATORT-Folgen mit Schimanski).

SCHIMPIS ABENTEUER

BRD 1967; 6 x 25 Min.; sw

➜ Affen als erfolgreiche Detektive. Kommentar überflüssig. ZDF.

SCHLÜSSEL, DER
siehe DURBRIDGE-KRIMIS

SCHNÜFFLER, DIE
Tenspeed and Brown Shoe

USA 1980; 10 x 45 Min.; F

E.L. Turner .... Ben Vereen
Lionel Whitney .... Jeff Goldblum
Mike Magill .... James Slogan
John Dalem, E.L.s Bewährungshelfer ... Nicolas Coster
William Whitney .... John Hillerman
Mark Savage .... Stephen J. Cannell

➜ Eine ebenso ungewöhnliche wie leider erfolglose Krimikomödie. Der schwarze, vorbestrafte Turner und der ehemalige Börsenmakler Whitney, der zuviele Privatdetektivromane gelesen hat, gründen in Los Angeles eine Privatdetektei. Stephen J. Cannell konzipierte und produzierte zusammen mit Juanita Bartlett und Chuck Bowman diese von Fans hochgeschätzte Serie für ABC. Ihr glückte der sonst selten gelingende Drahtseilakt zwischen purer Komödie und Suspense. Cannell trieb seine bei DETEKTIV ROCKFORD gewonnenen Erfahrungen bis an die Grenze des Möglichen. Außerdem machte er sich gekonnt über die Klischees des Genres lustig: wenn zum Beispiel Whitney in den Romanen seines Lieblingsautors Mark Savage liest, um einen Hinweis zu suchen, wie er weiter vorgehen soll. Mit solchen Aktionen droht er seinen *streetsmarten* Partner in den Wahnsinn zu treiben. Unter amerikanischen Fans ist die Serie ein Kult. Der geringe Erfolg hatte auch Auswirkungen auf Cannells Arbeit der nächsten Jahre: Statt weiterhin anspruchsvolle Projekte zu versuchen, setzte er erst mal auf Nummer Sicher und paßte sich mit Serien wie DAS A-TEAM oder THE GREATEST AMERICAN HERO gnadenlos dem Massengeschmack an.

Schulze-Rohr, Peter

Deutscher Regisseur. Geboren 1926 in Leipzig, wuchs in Berlin auf. Die letzten beiden Kriegsjahre war er in der Marine. Nach 1945 studierte er Rechts-, Literatur- und Theaterwissenschaften in Jena, Bern und Berlin. Nach einer Lehrzeit als Regieassistent beim Berliner Ensemble von 1951 bis 1953 und der Mitarbeit am Schiller Theater arbeitete er mehrere Jahre als Journalist und berichtete u.a. vom Algerienkrieg. 1960 wurde er Chefdramaturg beim SWF, 1964 bis 1969 war er als Redakteur und Regisseur beim NDR. Gemeinsam mit Egon Monk leistete er einen wichtigen Beitrag zur kritischen Aufarbeitung der deutschen Vergangenheit, zum Beispiel durch die szenische Auseinandersetzung mit dem Auschwitz-Prozess. Von 1978 bis 1989 leitete er die Hauptabteilung Fernsehspiel und Musik des SWF. Er drehte zahlreiche TATORTE (darunter mit TAXI NACH LEIPZIG den allerersten) und gilt als Krimi-Spezialist. »Der Kriminalfilm zwingt den Regisseur, bei der Arbeit nicht eine Sekunde das Publikum zu vergessen. Das ist ungemein nützlich. Und zwar gerade dann, wenn man mehr erreichen möchte als die Festigung von bereits gefaßten Meinungen«, sagt er. Seine Filme wurden vielfach ausgezeichnet.

SCHWARZE SERIE
Série noir

F/CH 1984-89; 37 x 90 Min.; F

➜ Die wahrscheinlich beste Krimi-Anthologie aller Zeiten! Nach den Romanen internationaler – vor allem aber französischer – Spitzenautoren wurde diese aufwendige Reihe gestaltet. Die Vorlagen erschienen in Frankreich in der legendären Buchreihe SÉRIE NOIR des Gallimard Verlages. Als Regisseure gewann die Reihe ebenfalls große Namen wie Jean-Luc Godard (der SOFT CENTRE von James Hadley Chase als Folge 21 verfilmte), José Giovanni, Yves Boisset oder Jean Luis Buñuel. Zu den Autoren zählten Jean-Patrick Manchette, Pierre Lesou, Chase, Hillary Waugh, Francis Ryck, Daniel Pennac, Joseph Bialot u.a. In Deutschland wurden einige Folgen durch RTL und Vox ausgestrahlt, aber die anspruchsvolle Reihe paßte nicht in die Senderprofile und fand kein Publikum. Es ist zu hoffen, daß sich Arte irgendwann mal verstärkt dem Ausstrahlen französischer Krimiserien widmet. Diese Reihe ist ein Klassiker!

SCHWARZ GREIFT EIN

BRD 1994-95; 1 x 90 Min. u. 26 x 45 Min.; F

Henning Schwarz .... Klaus Wennemann
Hauptkom. Reiner Berg (1994) ... Rainer Grenkowitz
Konrad Hellmann .... Klaus Herm
Rita Bluhm (1994) .... Cristina Marsillach
Carola Nowack (1994) .... Ilona Grübel
Ma Becker (1994) .... Ingeborg Lapsien
Albert Jakob (1994) .... Dieter Landuris
Hauptkom. Jan Fisher (1995) ... Thure D. Riefenstein
Erika Voss (1995) .... Patricia Schäfer
Gabriele Mancini (1995) .... Lina Sastri
Gina Mancini (1995) .... Barbara Ricci

➜ Der ehemalige Kriminalbeamte Schwarz kehrt nach über zehn Jahren Abwesenheit in sein altes Revier, das Bahnhofsviertel in Frankfurt am Main,

SCHWARZ GREIFT EIN: Piotre Olev, Klaus Wennemann

zurück. Den Polizeidienst hat er längst quittiert und ist jetzt katholischer Pfarrer. Kaum hat er die St.-Antonius-Gemeinde übernommen, da holt ihn schon die Vergangenheit ein, und nun muß er auch im neuen Beruf Kriminalfälle lösen.

Produziert wurde dieser SAT.1-Schmarrn von der IFAGE-Filmproduktion mit Unterstützung der Kirche. Angeblich wurde die Serie gar von Ulrich Fischer, dem Beauftragten der Deutschen Bischofskonferenz, in Absprache mit den zuständigen Redakteuren vorgeschlagen. Das originelle Konzept erklärte der Hauptdarsteller zum Start der zweiten Staffel: »Ich bin weiterhin der hilfsbereite Pfarrer, der ohne Berührungsängste der Gerechtigkeit zum Sieg verhelfen will. Manchmal gehe ich behutsam vor, manchmal härter, vor allem, wenn ich es mit richtigen Gaunern zu tun habe. Die Themen reichen von Prostitution bis Mafia. Das Zölibat wird nicht angesprochen.« Die *Funk-Korrespondenz* schreibt in Nr. 7/1994: »Das wirklich spannende an der neuerlichen Seelsorger-Serie ist die bislang einmalige Kooperation zwischen der katholischen Kirche und SAT.1. Rund 1,6 Mio. DM sind vom Medienfonds der katholischen Kirche zu dem 15-Mio.-Gesamtobjekt beigesteuert worden. [...] Die Erwartungshaltungen sind und waren verständlicherweise hochgesteckt. Doch das Ergebnis kann hämische oder mißlaunige Kritik nicht hinreichend entkräften. [...] Natürlich ist dieser ehemalige Kriminalhauptkommissar vor allem Polizist und nur unter ferner liefen Geistlicher.

Just solche dramaturgischen Drahtseilakte machen den Helden vom Bahnhof zu Frankfurt in letzter Konsequenz unglaubwürdig und wenig tauglich für das zentrale Unternehmen: die Mobilisierung träumender und verschlafener Massen für das Wort in der Kirche.«
Roman: Markus Kappel: Schwarz greift ein; VGS, 1994.

SCHWARZ ROT GOLD

BRD 1982-94; 18 x 90 Min.; F
Zaluskowski .... Uwe Friedrichsen
Doelke .... Georg Meyer-Goll
Globig .... Edgar Bessen
Hobel .... Siegfried Kernen
➜ Wirtschaftskrimis um Zollfahnder Zaluskowski und seine Mitarbeiter vom Hamburger Zollamt. Die von Dieter Meichsner konzipierte und geschriebene ARD-Serie gehört zum Besten, was in den achtziger Jahren an deutscher Krimiunterhaltung geboten wurde. Oft gelang es Meichsner, komplizierte Wirtschaftsverbrechen in eine spannende Handlung zu verpacken und im besten Sinne des Wortes aufklärerisch zu wirken. Leider baute die Serie in den neunziger Jahren dramatisch ab; wo einst Analyse in Dramaturgie umgesetzt wurde, verbreitete man nun plakative Peinlichkeiten.

SCHWURGERICHT

BRD 1995-96; 24 x 90 Min.; F
Katharina Dorn .... Jenny Gröllmann
Herbert Hunzinger .... Oliver Stritzel
Günther Roth .... Christian Wittmann
Franziska Dorn .... Rita Langyel
Ludwig Küsel .... Gert Burkard
Adalbert von Meck (1996) ...... Klaus Wennemann
➜ Das staatsanwaltliche System im Kampf für Gerechtigkeit steht im Mittelpunkt dieser merkwürdigen Gerichtsserie. Die naiven SAT.1-Programmplaner wollten mit ihr am Sonntagabend dem ARD-TATORT Konkurrenz machen. Die langweiligen Fälle kamen weder bei der Kritik noch beim Publikum an, und so kippte man diese Bavaria-Produktion nach wenigen Folgen aus dem Programm. Die restlichen Folgen versendete man unregelmäßig unter so schönen Oberbegriffen wie DER MORDSFILM. Übrigens dürfte sich SAT.1 mit der Wortschöpfung »Der Film-Film« einen Ehrenplatz im großen Buch der Sprachidiotien erobert haben.

SCOTLAND YARD KLÄRT AUF

Scotland Yard

USA 1957-58; 39 x 25 Min.; sw
Gastgeber .... Edgar Lustgarten
Inspector Duggan .... Russell Napier
Inspector Ross .... Ken Henry
Sergeant Mason .... Arthur Mason
➜ Edgar Lustgarten war ein bekannter englischer Kriminologe und Kriminalschriftsteller. Er konzipierte die Serie nach authentischen Fällen von Scotland Yard und führte in jede Folge als Gastgeber ein. Gefilmt wurde in England. Für ABC von Alex Snowden produziert.

SECHS-MILLIONEN-DOLLAR-MANN, DER

The Six Million Dollar Man

USA 1973-78; 6 x 90 Min. u. 100 x 45 Min.; F
Colonel Steve Austin .... Lee Majors
Oscar Goldman .... Richard Anderson
Dr. Rudy Wells (Pilotfilm) .... Martin Balsam
Dr. Rudy Wells (1974-75) ...... Alan Oppenheimer
Dr. Rudy Wells (1975-78) .... Martin E. Brooks
Major Kelly Wood .... Farah Fawcett
Janet Callahan .... Jennifer Darling
Miss Johnson .... Susan Keller
➜ Steve Austin, Astronaut und NASA-Pilot, wird bei einem schrecklichen Unfall lebensgefährlich verletzt. Doch mittels modernster medizinischer Technik wird er rekonstruiert und verfügt jetzt über übermenschliche körperliche Fähigkeiten: Er kann Eisenketten zerreißen, fast 90 Meilen schnell laufen und hat einen Infrarot-Blick. Eben alles, was man von einer sechs Millionen Dollar teuren Operation erwarten kann. Natürlich stellt er seine Fähigkeiten seinem Vaterland und dem *Office of Scientific Intelligence* zur Verfügung und kämpft als Superheld auf der ganzen Welt (die überall wie die Universal Studios oder Südkalifornien aussieht) gegen böse Kommunisten und andere Schurken.
Inspiration für diese Superhelden-Serie mit Crime-Elementen war Martin Caidins Roman CYBORG. Die Serie war Mitte der siebziger Jahre so erfolg-

reich, daß ein *Spinoff* entstand: DIE SIEBEN-MILLIONEN-DOLLAR-FRAU (THE BIONIC WOMAN) mit Lindsay Wagner. Zu den vielen Produzenten gehörte zeitweilig auch Glen A. Larson. Die Titelmusik wurde von Dusty Springfield gesungen.

SECRET SERVICE
Secret Service

USA 1982-83; 22 x 45 Min.; F

Gastgeber .... Steven Ford

➜ Der amerikanische *Secret Service* ist nicht nur für den Personenschutz von Präsident und Ministern zuständig, sondern für alle Verbrechen, die die nationale Sicherheit oder die Stabilität der Ökonomie (z.B. Geldfälschung) gefährden. Diese Anthologie-Reihe stellt als Docu-Drama reale Fälle nach. Gastgeber ist der gescheiterte Schauspieler und Sohn des ehemaligen US-Präsidenten Gerald Ford.

Selleck, Tom

Amerikanischer Schauspieler. Er wurde am 29. Januar 1945 in Detroit, Michigan, geboren, sein Vater war Präsident einer Firma für Anlageberatung. Mit vier Jahren kam er nach Kalifornien. Auf dem College war er ein gefeierter Athlet und trat in Werbespots auf. 1965 erhielt er ein Basketballstipendium, studierte Betriebswirtschaft und arbeitete nebenher als Dressman. Um nicht nach Vietnam zu müssen, diente Selleck in der Nationalgarde. 1968 brach er sein Studium ab und unterschrieb einen Vertrag bei der Twentieth Century Fox. Um 1970 war er in verschiedenen Serien zu sehen und hatte regelmäßige Auftritte in BRAKKEN'S WORLD. Im selben Jahr spielte er in dem Kinofilm MYRA BRECKENRIDGE – MANN ODER FRAU? einen von Mae Wests Gespielen. Es folgten Gastauftritte in weiteren Serien, bevor er 1974-75 in der *Daily Soap* SCHATTEN DER LEIDENSCHAFT (THE YOUNG AND THE RESTLESS), noch ohne Schnurrbart, eine größere Rolle erhielt. Sein erster richtiger Erfolg war die Mini-Serie THE SACKETTS (1977) nach Louis L'Amour. Es folgten TV-Movies und erfolglose Pilotfilme: BUNCO (1977) mit Robert Urich, THE GYPSY WARRIORS (1978), BOSTON AND KILBRIDE (1979). Aufsehen erregten seine beiden Auftritte als perfekter Privatdetektiv Lance White in DETEKTIV ROCKFORD. 1980 kam dann die Serie, die wohl für immer mit seinem Namen verbunden bleiben wird: MAGNUM. 1984 erhielt er den *Emmy* als bester Schauspieler in einer dramatischen Serie. Ein Jahr später folgte der *Golden Globe*. Während der Produktionszeit von MAGNUM drehte er zahlreiche Kinofilme: Abenteuerfilme, Krimis und Komödien. Trotz der Qualität vieler Filme blieb ihm der Durchbruch als großer Kino-Star versagt. 1987 heiratete er zum zweiten Mal: Jillie Mack, eine englische CATS-Darstellerin, mit der er seit 1983 befreundet war.

Tom Selleck in MAGNUM

SECRET SERVICE

SELTSAMEN METHODEN DES FRANZ JOSEF WANNINGER, DIE / UNSTERBLICHEN METHODEN DES FRANZ JOSEF WANNINGER, DIE

BRD 1964-71, 1978; 112 x 25 Min.; sw u. F

Wanninger .... Beppo Brem
Fröschl .... Maxl Graf
Kettwig .... Claus Biederstaedt
Steiner .... Wolf Ackva

➜ Einer der Dauerbrenner des ARD-Vorabendprogramms. Beppo Brem als bayrisches Original und Kriminalbeamter (später im Ruhestand) zeigte seinen Assistenten und Mitarbeitern, wie man Fälle aufklärt, wenn die üblichen Methoden versagen und echt bayrischer Einfallsreichtum verlangt wird. Dabei schlüpft Wanninger gerne in die Rolle des Deppen, der die bösen Buben über ihre Eitelkeit hereinlegt.

SENTINEL, DER / SENTINEL, DER – IM AUGE DES JÄGERS

The Sentinel

USA 1996- ; x 45 Min.; F

Jim Ellison .... Richard Burgi
Blair Sandburg .... Garrett Maggart
Captain Simon Banks .... Bruce A. Young
Cassie Wells (1998-) .... Lisa Akey
Megan Conner (1998-) .... Anna Galvin

➜ Ein Flugzeugabsturz in Peru: Ellison ist der einzige Überlebende. Nur mit Hilfe von Eingeborenen übersteht er 18 Monate im tiefen Dschungel unter fremden Kulturen, gefährlichen Tieren und exotischen Pflanzen. Während dieser Zeit schärfen sich seine Sinne – Ellison fühlt, hört, riecht, schmeckt und sieht besser als jeder andere Mensch. Nach seiner Rettung geht er zur Polizei. Zurück in der Zivilisation verwirren ihn seine sensorischen Fähigkeiten. Dann macht er Bekanntschaft mit dem Anthropologen Blair, der ihm hilft, die verstärkten Sinneswahrnehmungen besser zu verstehen und sie gezielt anzuwenden.

Viel Action wird mit etwas Esoterik gekreuzt – das Ergebnis ist eine unterhaltsame Serie, die einiges den modernen Superhelden-Comics verdankt. Also war es nur konsequent, daß der Comic-Autor Howard Chaykin ein Drehbuch beisteuerte. Konzipiert wurde sie von Paul DeMeo und Danny Bilson. Die Idee zur Serie kam den Produzenten Bilson und DeMeo (auf ihr Konto geht auch VIPER) durch eine Theorie des englischen Forschers Richard Burton, der Ende des 19. Jahrhunderts von einem Phänomen berichtete: Alte Stammeskulturen verfügten über einen Wächter, der um die Ansiedlungen patrouillierte und für diese Position wegen seiner besonders geschärften Sinne ausgewählt wurde. Wie sich zeigte, eine genetisch vererbbare Gabe.

Obwohl die Produzenten das klassische Konzept einer Polizeiserie gewählt haben, versuchen sie einen neuen Dreh. DeMeo: »Die Serie kombiniert Spezialeffekte mit humorvollen Stories. Sie geht in Richtung STIRB LANGSAM (DIE HARD) und ZWEI STAHLHARTE PROFIS (LETHAL WEAPON). Mit virtuellen Hintergründen und Szenen, die im Computer entstehen, haben wir eine neue Dimension von TV-Serien geschaffen.« Die passende Kulisse fanden die Macher im kanadischen Vancouver, die Serie selbst spielt in der fiktiven Stadt Cascade im Bundesstaat Washington. Es war die erste Serie, deren Ende 1999 durch Fan-Proteste im Internet verhindert wurde. Erfolgreich war auch der anschließende Protest gegen die Absetzung der Serie MAGNIFICANT SEVEN.

SERGEANT BERRY

BRD 1974-75; 26 x 25 Min.; F

Sergeant Berry (1974) .... Klausjürgen Wussow
Sergeant Berry (1975) .... Harald Juhnke
Commissioner Deeds .... Hannes Messemer
Privatdetektiv Goofy .... Klaus Dahlen
Betty Mac Milan .... Andrea Rau
Oma Agatha .... Käthe Mack
Donovan .... Gerhard Frickhöffer

➜ Sergeant Berry, Titelheld eines Hans-Albers-Films von 1938, ist zu neuem Leben erwacht. In Los Angeles versieht er seinen Dienst als Verkehrspolizist, flirtet mit schönen Girls und löst im Handumdrehen die schwierigsten Fälle.

Die von Autorin Viola Liessen nach dem Roman von Robert Arden konzipierte und von Harald Philips inszenierte Serie war ein typisches ZDF-Vorabendprodukt. Allerdings teurer und aufwendiger, da an Originalschauplätzen gedreht. Das Ungewöhnlichste an ihr war aber sicherlich die Besetzung der Hauptrolle nacheinander mit Wussow und Juhnke.

SERGEANT MADIGAN

Madigan

USA 1972-73; 6 x 90 Min.; F

Dan Madigan .... Richard Widmark

➜ In Don Siegels Kinofilm NUR NOCH 72 STUNDEN (MADIGAN) von 1968 starb Richard Widmark am Ende. Das hinderte die Produzenten Roland Kibbee und Frank Rosenberg aber nicht, den Sergeant vom 10. Revier in Manhattan für Universal und NBC wieder zum Leben zu erwecken. Somit hat Don Siegel mit zwei Filmen TV-Serien inspiriert, denn EIN SHERIFF IN NEW YORK basierte deutlich auf seinem Film COOGANS GROSSER BLUFF (COOGAN'S BLUFF). Nach dem TV-Film BROCKS LETZTER FALL (BROCK'S LAST CASE) lieferte Hollywoods Altstar Widmark seine erste Fernsehserie ab, nach Drehbüchern von Kibbee, Dean Hargrove, Peter Fields u.a. Die Serie wurde im Rahmen von NBC's WEDNESDAY NIGHT MYSTERY MOVIE ausgestrahlt. Eine ordentliche Cop-Serie, die vor allem von Widmarks Präsenz lebt.

SERPICO

Serpico

USA 1976-77; 1 x 90 Min. u. 13 x 45 Min.; F

Frank Serpico .... David Birney
Lieutenant Tom Sullivan .... Tom Atkins

➜ Wieder einmal war ein guter Film Auslöser für eine schlechte bis mittelmäßige TV-Serie. Film und Serie basieren auf Peter Maas' Tatsachenbericht über den New Yorker Polizisten Serpico, der als Undercover-Agent erstmals die berüchtigte Korruption in der New Yorker Polizei aufdeckte. Nachdem ein kleiner Dealer ihm ins Gesicht geschossen hatte, ging er als gebrochener Mann nach Schweden.

Krampfhaft bemühten sich Dan Ingalls und Barry Oringer, die die Serie für NBC produzierten, aus dem Film-Hippie-Cop einen TV-Hippie-Cop zu machen, indem man ihn Gitarre spielen ließ, ihm einen Bart verpaßte und ihn in Greenwich Village ansiedelte. Der schwer erträglich Birney tapert hilflos durch bekloppte Handlungsstränge, eine Pistole im Fransenhandtäschchen, um 2000-Dollar-Deals zu verhindern. Gern flitzt er auf auf seinem Moped zur Rettung herbei, wobei er immer noch Zeit findet, ein Kleinkind aus einem brennenden Haus zu retten, während hilflose Feuerwehrleute applaudieren. Gnadenlos trashig.

SEVENTH AVENUE – STRASSE DER MODE

Seventh Avenue

USA 1977; 3 x 180 Min.,
auch: 12 x 25 Min. bzw. 6 x 45 Min. ; F

Jay Blackman .... Steven Keats
Rhoda Gold .... Dori Brenner
Myrna Gold .... Anne Archer
Joe Vitelli .... Herschel Bernardi
Harry Lee .... Alan King
Marty Cass .... John Pleshette
Eva Meyers .... Jane Seymour

➜ Dieses Krimi-Melodram erzählt vom Aufstieg eines jungen Mannes aus der New Yorker Lower East Side während der vierziger und fünfziger Jah-

re zum Tycoon im Bekleidungs-Business. Dabei nehmen seine Berührungen mit dem organisierten Verbrechen breiten Raum ein.
Die Miniserie basiert auf dem gleichnamigen Roman von Norman Bogner und wurde im Rahmen der Anthologie NBC's BEST SELLERS ausgestrahlt. Produziert wurde sie von Franklin Barton und Richard Irving.

77 SUNSET STRIP

77 Sunset Strip

USA 1958-64; 1 x 90 Min. u. 205 x 45 Min.; sw
Stuart Bailey .... Efrem Zimbalist Jr.
Jeff Spencer (1958-63) .... Roger Smith
Gerald Lloyd Kookson III,
»Kookie« (1958-63) .... Edd Byrnes
Roscoe (1958-63) .... Louis Quinn
Suzanne Fabray (1958-63) .... Jacqueline Beer
Lieutenant Gilmore (1958-63) .... Byron Keith
Rex Randolph (1960-61) .... Richard Long
J.R. Hale (1961-63) .... Robert Logan
Hannah (1963-64) .... Joan Staley

➜ Ende der fünfziger Jahre wehte ein neuer Wind durch das Genre der Privatdetektiv-Serien: Nicht mehr die schäbigen Schnüffler mit verlaustem Büro und im Trenchcoat gaben den Ton an, sondern gutgekleidete Jungdynamiker, die viel Geld verdienten und teure Autos fuhren. Der wirtschaftliche Aufschwung hatte endlich auch die *Private Eyes* erreicht.
Die erste Fernsehserie, die bei Teenagern einen Starkult hervorrief, hieß 77 SUNSET STRIP, und ihr Held Edd »Kookie« Byrnes wurde zum ersten Popstar der Seriengeschichte. Synchronisiert wurde der Nachwuchsdetektiv und Kammfetischist bei uns von Hans Clarin. In dieser Krimiserie um ein Hollywooder Privatdetektivbüro wurde mit der Figur Kookie der Nachkriegsjugend und Rock 'n' Roll-Generation erstmals eine überzeugende Identifikationsfigur geliefert. Roy Huggins, Erfinder der Serie und einer der wichtigsten Fernsehproduzenten überhaupt, hatte das natürlich nicht so geplant: »Kookie war nur eine Nebenrolle. Der Junge, der die Autos für das Restaurant neben dem Detektivbüro parkte und gerne Privatdetektiv werden wollte.« Byrnes fing an, für Erwachsene schwer verständlichen Kauderwelsch zu reden. Er brachte damals so neue Worte wie »steiler Zahn« oder »Wuchtbrumme« ins Fernsehen, saß grinsend in seinem Ford Modell T und machte sich um nichts in der Welt mehr Sorgen als um den Sitz seines Haupthaars, den er alle paar Minuten mit dem Kamm überprüfte. Wie damals üblich, mußte Byrnes auch noch singen. Zusammen mit der Kollegin Connie Stevens aus HAWAIIAN EYE hatte er einen Hit mit der Single KOOKIE, KOOKIE, LEND ME YOUR COMB.
Darüber hinaus hatte 77 SUNSET STRIP einen wichtigen Platz in der Entwicklungsgeschichte der Fernsehserie. Roy Huggins, der auch Serien wie AUF DER FLUCHT, BARETTA, MAVERICK oder DETEKTIV ROCKFORD – ANRUF GENÜGT konzipierte, führte mit ihr die erste einstündige (nach Abzug der Werbung 45 Minuten) Privatdetektivserie im Fernsehen ein. Eine Sendeform, die sich gerade

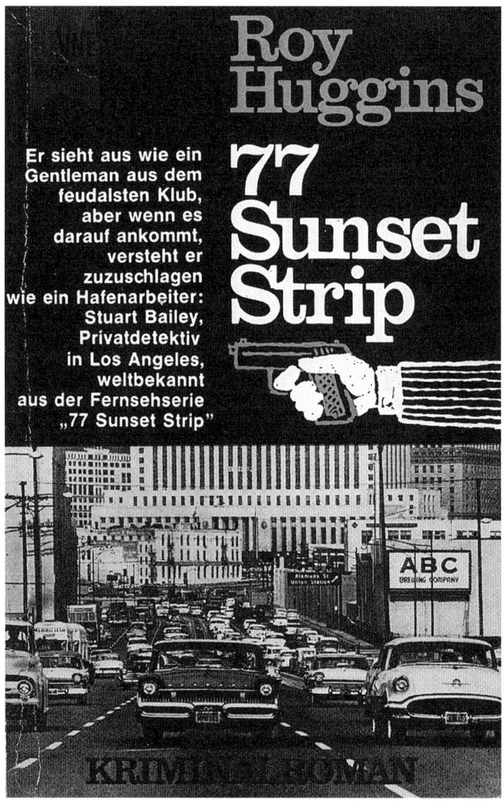

bei amerikanischen Krimiserien als Standard bewährt hat. Huggins erinnert sich: »Ich ging 1955 zum Fernsehen aus einem einfachen Grund: Fernsehen war ein Medium für Produzenten, Kino eines für Regisseure. Als ich noch Drehbücher schrieb und Regie führte, wurde mir klar, daß ich keine Lust mehr hatte, den ganzen Tag auf den Beinen zu sein. Und genau das muß man. Außerdem erkannte ich instinktiv, daß mit Fernsehserien mehr Geld zu verdienen war und man als Regisseur mehr Freiheiten hatte. Ich begann mit Western, meiner ersten Liebe. Ich machte CHEYENNE und MAVERICK, und das veränderte die Westernserien und war ein Riesenerfolg. Dann erfand ich 77. Ich ging zum Studio und sagte: Bisher gab es noch keine einstündige Privatdetektivserie. Das muß hinhaun! Sie stimmten zu. Es hatte auch keine einstündigen Westernserien gegeben, bevor ich CHEYENNE machte. Und da hatte es schließlich auch funktioniert.« Als Vorlage für die Serie dienten Huggins der Roman THE DOUBLE TAKE, den er 1946 veröffentlicht hatte, und einige Kurzgeschichten um den Privatdetektiv Stu Baily. In der Anthologiereihe CONFLICT brachte Huggins Efrem Zimbalist Jr. erstmals als Stu Bailey auf den Bildschirm: 1957 in der Episode ANYTHING FOR MONEY (nach seiner Kurzgeschichte DEATH AND THE SKYLARK von 1952). Zusammen mit *Executive Producer* William T. Orr, Regisseur Richard L. Bare und Drehbuchautor Marion Hargrove machte Huggins 1958 so etwas wie einen zweiten, 90minütigen Pilotfilm. Man dachte daran, den Piloten als *B-Picture* in die Kinos zu bringen, falls die Serie beim Sender durchfallen würde. Der Film mit dem Titel GIRL ON THE RUN zeigt, wie Stu Bailey ein junges Mädchen vor einem schizophrenen jugendlichen Killer beschützt. Der Killer, der sich kurz vor seinem Tod noch die Haare kämmt, wurde ausgerechnet von Edd Byrnes gespielt! »Nach der Preview standen wir vor dem Kino und warteten auf die Zuschauer. Die Reaktionen des Publikums waren gut gewesen. Dann kam Edd Byrnes raus und hinter ihm kreischende Teenager, die ihn umzingelten, als wäre er der Star gewesen. Seine Rolle war das Letzte gewesen, und trotzdem waren die Teenies verrückt nach ihm. Wir merkten sofort, was los war. Ich wußte auch, daß das Kämmen der Haare

77 SUNSET STRIP: »Kookie« greift bei jeder sich bietenden Gelegenheit zum Kamm

Richard Long

die Quintessenz seines Charakters war. Wir beschlossen schleunigst, ihn in die Serie einzubauen. Denn mit Kookie in der Sendung hatten wir nicht nur die Alten, sondern auch noch die Kinder.« Huggins entwickelte das Serienkonzept nach der Formel, die sich bereits bei MAVERICK bewährt hatte: Zwei oder mehr Hauptdarsteller, die abwechselnd im Mittelpunkt einer Folge stehen, damit man gleichzeitig zwei Folgen abdrehen konnte. So verringerte man den Produktionsdruck von 43 Folgen pro Jahr und konnte bei Bedarf auch mal die Hauptdarsteller unter Druck setzen oder gar austauschen (indem man neue, alte Figuren aus einer anderen Serie übernahm). Die Chefs von Warner Brothers liebten diese Produktionsweise, verweigerten aber Huggins eine Beteiligung als Erfinder.

Das Genie der Serie, in der eigentlich Efrem Zimbalist Jr. als Stuart Bailey der Star sein sollte, war Roger Smith, der Baileys Partner Jeff Spencer spielte. Als Autor schrieb er einige Folgen, die Fernsehgeschichte machten: In der Folge THE SILENT CAPER, in der Detektiv Spencer eine entführte Stripperin befreit, wurde nicht ein einziges Wort gesprochen. Und in ONCE UPON A CAPER adaptierte Smith Kurosawas Film RASHOMON. Jeder der Detektive des Büros wird gefragt, wie die Detektei überhaupt gegründet wurde – und jeder erzählt in Rückblenden eine andere wilde Geschichte. Smith, der ein Orson Welles der Fernsehserie hätte werden können, spielte anschließend noch die Hauptrolle in der Serie MR. ROBERTS und als Gaststar in verschiedenen Serien, bevor er 1967 die Schauspielerei aufgab, um sich als Manager ganz der Karriere seiner Frau Ann Margaret zu widmen.

1960 hatte die Serie Einschaltquoten um die 30 Prozent. Später wurde zuviel an ihr herumgedoktert und die Zuschauerzahlen sanken ständig. Bemerkenswert war die Folge RESERVED FOR MR. BAILEY nach einer Story von Charles Sinclair und Bill Finger (dem Mann, der die frühen BATMAN-Comics schrieb), in der Zimbalist in eine Geisterstadt gerufen wird, wo eine körperlose Stimme ihm den Tod androht. Kein anderer Schauspieler ist in der Folge zu sehen, deren Spannung bis zum Ende durchgehalten wurde. Smith stieg aus, zeitweilig war Byrnes nicht mehr dabei, und die Drehbücher wurden immer schlechter. Warner Brothers hatte nämlich die »geniale« Idee, aus alten Westerndrehbüchern neue Folgen für 77 SUNSET STRIP zusammenzuschustern. So tauchte als Drehbuchautor immer häufiger ein »W. Hermanos« auf (span. *hermanos* = Brüder). Zudem überreizte man die Formel, indem immer mehr Serien nach dem 77-Muster produziert wurden, wie NEW ORLEANS – BOURBON STREET, SURFSIDE SIX, HAWAIIAN EYE und dergleichen. Wenn diese Serien dann geflopt waren, schickte man die Hauptdarsteller zum SUNSET STRIP, bis sich bei Bailey und Spencer mehr Detektive als Ganoven herumtrieben.

Warner Brothers war immer noch ein traditionelles Studio und verprellte seine Vertragsschauspieler, die durch Serien zu Stars geworden waren, durch schlechte Bezahlung. In den ersten beiden Jahren verdienten die Hauptdarsteller 250 Dollar in der Woche (Raymond Burr machte zur gleichen Zeit als PERRY MASON eine Million Dollar im Jahr), und erst nach einer kleinen Revolte erhielten sie im dritten Jahr 750 Dollar pro Woche. Aber die alte Magie war dahin. Im letzten Jahr holte man Jack Webb (POLIZEIBERICHT) und William Conrad (der spätere CANNON) als *Producer*, um die Serie noch einmal auf Vordermann zu bringen. Die beiden warfen alle Darsteller bis auf Zimbalist raus. Ihn setzten sie in ein neues Büro im Bradley Building (wieso die Serie weiterhin 77 SUNSET STRIP hieß, begriff kein Mensch) und machten aus ihm einen Einzelkämpfer, der jede der niveaulosen Geschichten im Rückblick erzählte. Thematisch ging es jetzt vornehmlich um Geheimagentengeschichten mit Bailey als Weltreisenden. Gleich die Eröffnung war ein Hammer an Trash: Ein Fünfteiler um die Jagd auf einen Schmugglerring über drei Kontinente, geschrieben von acht verschiedenen Autoren. Dazu verpflichtete man ein Mega-Aufgebot an Gaststars: Clint Walker, Richard Conte, Wally Cox, Peter Lorre, William Shatner, Kennan Wynn, Lloyd Nolan, Tony Nennett, Cesar Romero, Telly Savalas, Brian Keith. Am 26. Februar 1964, nach 205 Folgen, war dann endgültig Schluß. Zum letzten Mal erklang die einprägsame Titelmusik von Jerry Livingston und Mack David.

Roman: Roy Huggins: 77 Sunset Strip; Heyne 1121, 1964. Neuübersetzt als: Lange Nacht am Sunset Strip; Bastei 19162, 1992. Der kalte Schlaf; Bastei 19173, 1992. Diverse deutsche Autoren schrieben die Groschenhefte der Serie 77 SUNSET STRIP; Neuer Tessloff Verlag, Nr. 1, 1965, bis Nr. 40, 1966.

Comic: 77 SUNSET STRIP in: TASCHENSTRIP; Neuer Tessloff Verlag, Nr. 10, 14, 29, 1963-65.

Efrem Zimbalist

SHAFT
Shaft

USA 1973-74; 7 x 90 Min.; F

John Shaft .... Richard Roundtree
Lieutenant Al Rossi .... Ed Barth

→ Nach drei erfolgreichen Spielfilmen (der erste erhielt für die Musik von Isaac Hayes einen *Oscar*) um den schwarzen Mike Hammer brachten die Produzenten William Woodfield und Allan Baker eine kastrierte Version für MGM und CBS auf den Bildschirm. »Shaft im TV läßt BARNABY JONES (Serie um einen Greis als Detektiv, M.C.) aussehen wie Eldridge Cleaver«, höhnte die *Los Angeles Times*.

Shaft ist eine Erfindung des Kriminalschriftstellers Ernest Tidyman (1928-84), der für sein Drehbuch zu FRENCH CONNECTION – BRENNPUNKT BROOKLYN mit dem *Oscar* und dem *Edgar* ausgezeichnet wurde. Der erste von drei Shaft-Filmen, 1971 von Gordon Parks realisiert, löste die Welle von schwarzen Unterhaltungsfilmen der siebziger Jahre aus, die sogenannten *Blaxploitation Movies*. Richard Roundtree wurde mit dem Film zum Sex-Symbol.

Roman: Ernest Tidyman: Shaft (Shaft; 1970); Ullstein 1496, 1972. Shaft beim Kongreß der Totengräber (Shaft's Big Score; 1972); Ullstein 1572, 1973. Shaft und die sieben Rabbiner (Shaft among the Jews; 1972); Ullstein 1536, 1973. Shaft läßt die Puppen tanzen (Shaft Has a Ball; 1973); Ullstein 1596, 1974. Shaft und die verlorenen Söhne

(Good-bye; Mr. Shaft, 1973); Ullstein 1632, 1974. Shafts Karneval für Killer (Shaft's Carnival of Killers; 1974); Ullstein 1662, 1975.

SHANNON KLÄRT AUF
Shannon

USA 1961; 36 x 25 Min.; sw

Joe Shannon .... George Nader
Bill Cochran .... Regis Toomey

➜ Im Auftrag seines Vorgesetzten Bill klärt Shannon für die *Transport Bonding and Security Company* in zehn Staaten der USA Fälle von Versicherungsbetrug auf. Größte Hilfe dabei ist sein mit *Gadgets* vollgestopfter Ford Thunderbird. Im Gegensatz zu den USA, wo die Serie sofort in *Syndication* ging und nicht auf einem der großen Networks erstausgestrahlt wurde, war sie in Deutschland zu Anfang der sechziger Jahre ungeheuer populär (in Ermangelung von Alternativen). Niemand, der als Kind die Serie gesehen hatte, vergaß das Auto-Periskop, das Shannon ausfuhr, um düstere Komplotte zu durchschauen. Produziert wurde die von John Hawkins konzipierte Serie von Robert Sparks und Jerry Briskin für Columbia. Für George Nader, dessen Hollywoodkarriere ins Stokken geraten war, wurde SHANNON zum Sprungbrett für Hauptrollen in europäischen Action-Filmen. Den Höhepunkt seiner Popularität in Deutschland erreichte er Mitte der sechziger Jahre mit seiner Verkörperung des Groschenheft-*G-Man* JERRY COTTON.

SHANNONS SPIEL
Shannon's Deal

USA 1990-91; 1 x 90 Min. u. 14 x 45 Min.; F

Jack Shannon .... Jamey Sheridan
Lucy Acosta .... Elizabeth Peña
Neala Shannon .... Jenny Lewis
Wilmer Slade .... Richard Edson
Todd Spurrier .... Miguel Ferrer
Lou Gondolf .... Martin Ferrero

➜ Shannon ist Anwalt. Seinen Job bei einer großen Kanzlei hat er verloren, ebenso wie seine Frau und sein Geld, das beim Glücksspiel draufging. Jetzt hat er seine eigene Kanzlei gegründet. Eigentlich will er nur eine ruhige Kugel schieben, aber mit spektakulären Fällen landet er regelmäßig auf den Titelseiten der Zeitungen. Obwohl ihn das Pokern nicht losläßt, hält ihn seine Sekretärin Lucy für den besten Anwalt der Stadt.
Man hatte bei NBC große Hoffnungen in diese von John Sayles konzipierte Serie gesetzt. Als Berater stand der berühmte Harvard-Professor Alan Dershowitz zur Verfügung, und für die Musik konnte man Dave Grushin, Wynton Marsalis und Chick Corea gewinnen. Trotzdem wurde sie ein Flop.

Shaw, Martin

Englischer Schauspieler. Geboren am 21. Januar 1945 in Birmingham. Er machte eine Ausbildung zum Handelskaufmann, bevor er Schauspieler wurde. Nachdem man ihn auf der Bühne des Old Vic in Bristol gesehen hatte, gab man ihm verschiedene Fernsehrollen, darunter auch die Serie DOCTOR AT LARGE. Im Kino trat er in Polanskis MACBETH auf. Internationalen Ruhm brachte ihm die Rolle des Ray Doyle in DIE PROFIS. Eigentlich wollte der Nichtraucher, Abstinenzler und Vegetarier Shaw bereits nach dem ersten Jahr aussteigen. Er war es auch, der durch einen Gerichtsbeschluß erwirkte, daß die Serie 1985 in England nicht wiederholt werden durfte. Er hatte Angst um sein Image als Schauspieler und brachte so eine Menge Kollegen um ihr Wiederholungshonorar.

SHERIFF CADE
Cade's County

USA 1971-72; 24 x 45 Min.; F

Sam Cade .... Glenn Ford
J.J. Jackson .... Edgar Buchanan
Arlo Pritchard .... Taylor Lacher
Rudy Davillo .... Victor Campos
Pete .... Peter Ford
Joannie Little Bird (1971) .... Sandra Ego
Betty Ann Sundown .... Betty Ann Carr

➜ Madrid County, Kalifornien, war der Schauplatz dieser modernen Western-Cop-Serie. Eine Gegend, die anscheinend Anfang der siebziger Jahre in Gefahr war, Land der Gesetzlosen zu werden. Zum Glück paßte aber Sheriff Cade gut auf und jagte die modernen Outlaws mit Jeep und indianischen Deputies. In den USA nennt man diese *Crossover*-Serien aus modernem Western und Cop-Show auch *Frontier Detectives*. Anthony

John Shaft alias Richard Roundtree

Wilson und Rick Husky konzipierten die CBS-Serie für die Produzenten David Gerber und Charles Larson. Cades jüngster Helfer Pete wurde von Glenn Fords Sohn gespielt.
Roman: Alfred Lawrence: Cade's County; Popular Library, 1972.

SHERIFF IN NEW YORK, EIN
McCloud

USA 1970-77; 6 x 45 Min. u. 40 x 90 Min.; F
Sam McCloud .... Dennis Weaver
Peter B. Clifford .... J.D. Cannon
Sergeant Joe Broadhurst .... Terry Carter
Chris Coughlin .... Diana Muldaur
Sergeant Grover .... Ken Lynch

➜ Ein Deputy Marshal aus Taos, New Mexico, kommt nach New York, um beim 27. Revier in Manhattan die Methoden der Großstadtpolizei zu studieren und nebenher mit Cowboymethoden in der New Yorker Unterwelt aufzuräumen. Sein Getue geht den New Yorker Kollegen natürlich mächtig auf die Nerven.
Die von Glen A. Larson produzierte Serie hing sich schamlos an den Don Siegel-Film COOGANS GROSSER BLUFF (COOGAN'S BLUFF) mit Clint Eastwood an. Blöde Geschichten und ein unerträglicher Dennis Weaver taten dem Erfolg aber keinen Abbruch. Zuerst lief die NBC-Serie in der Anthologie FOUR-IN-ONE, später wechselte sie sich mit COLUMBO und MCMILLAN & WIFE im NBC MYSTERY MOVIE ab.
Roman: Colin Wilcox: McCloud; Award, 1974.

EIN SHERIFF IN NEW YORK: J.D.Cannon und Dennis Weaver

SHERIFF LOBO

The Misadventures of Sheriff Lobo / Lobo

USA 1979-81; 39 x 45 Min.; F

Elroy P. Lobo .... Claude Akins
Deputy Perkins .... Mills Watson
Deputy Birdie Hawkins .... Brian Kerwin
Sarah Cumberland (1979-80) .... Leann Hunley
Rose Lobo Perkins (1979-80) ... Cydney Cramspton
Margaret Ellen (1979-80) .... Janet Lynn Curtis
Chief J.C. Carson (1980-81) .... Nicolas Coster
Sergeant Hildy Jones (1980-81) .... Nell Carter
Peaches (1980-81) .... Amy Botwinick
Brandy (1980-81) .... Tara Buckman

➜ Eine Parodie auf Cop-Serien. Lobo, Sheriff des Orly County in Georgia, hat einen phänomenalen Riecher für jede Art von Ärger. Jede Folge zeigt ihn vom Pech verfolgt, und oft müßte man ihn als Missetäter aus dem Amt jagen. Trotzdem sorgen die Umstände gegen seinen Willen immer wieder dafür, daß er die bösen Buben fängt und makellos dasteht. Da Lobo niemals Kriminalstatistiken geführt hatte, glänzt Orly County mit einer Kriminalitätsrate von nahezu null Prozent. Deshalb versetzt der Gouverneur diesen effizienten Polizisten in der zweiten Staffel nach Atlanta, damit er in der kriminellen Großstadt ordentlich aufräumt.
Die von Glen A. Larson für NBC produzierte Serie war ein *Spinoff* von B.J. AND THE BEAR. Der Titelsong THE BALLAD OF SHERIFF LOBO wurde von Frankie Laine (RAWHIDE) gesungen.

SHERIFF OHNE COLT UND TADEL

Nichols

USA 1971-72; 29 x 45 Min.; F

Nichols .... James Garner
Ma Ketcham .... Neva Patterson

Ketcham .... John Beck
Mitch .... Stuart Margolin
Ruth .... Margot Kidder
Bertha .... Alice Ghostley

➜ Mehr Western als Krimi und eine der ganz wenigen Serien, in welcher der Held wegen schlechter Quoten erschossen wurde. Sie spielt 1914 in Nichols, Arizona. Nach achtzehnjähriger Abwesenheit kehrt Nichols in seine Heimatstadt zurück. Nachdem er bei einer Schlägerei einen Saloon demoliert hat, muß er als Sheriff den angerichteten Sachschaden abarbeiten. Die komödiantischen Elemente, für die James Garner zu Recht berühmt ist, kamen diesmal beim Publikum nicht gut an. So wurde Nichols in der letzten Folge erschossen, damit sein gerade eingeführter, härterer Zwillingsbruder die Serie übernehmen konnte. Aber NBC erneuerte den Vertrag auch mit einem knallharten Nichols nicht.

Frank Person und Meta Rosenberg produzierten im Auftrag von Garners eigener Firma Cherokee Productions in der Nähe von Lancaster, Kalifornien.

SHERLOCK HOLMES

Sherlock Holmes

USA 1954; 39 x 25 Min.; sw

Sherlock Holmes .... Ronald Howard
Dr. John Watson .... Howard Marion-Crawford
Inspector Lestrade .... Archie Duncan

➜ Diese zweite Sherlock Holmes-TV-Serie wurde von Sheldon Reynolds in Frankreich produziert. Zuvor hatte die BBC 1951 eine sechsteilige Serie mit Alan Wheatley gedreht. Die Serie gelangte sofort auf den *Syndication*-Markt und wurde weltweit erfolgreich verkauft. Die Musik war von Claude Durant, Regie führten Jack Gage, Reynolds selbst und Steve Previn. Unter den Holmes-Fans gilt die Serie als bestenfalls exzentrisch, und in einer Folge sieht man den Meisterdetektiv gar auf dem Eiffelturm. Die Drehbücher basierten nicht auf Conan Doyles Holmes-Geschichten, sondern auf Originaldrehbüchern.

SHERLOCK HOLMES

The Cases of Sherlock Holmes

GB 1968; 16 x 50 Min.; sw

Sherlock Holmes .... Peter Cushing
Dr. John Watson .... Nigel Stock
Inspector Lestrade .... William Lucas
Mrs. Hudson .... Grace Arnold
Mycroft Holmes .... Ronald Adam

➜ Diese von William Sterling für die BBC produzierte Serie zeichnet sich besonders durch die originalgetreue Umsetzung der Vorlagen von Conan Doyle aus. Für damalige Verhältnisse war sie ungewöhnlich brutal. Es ist wohl die beste Holmes-Serie neben den Granada-Serien mit Jeremy Brett, und Peter Cushing ist vielleicht der überzeugendste Darsteller dieses mythischen Helden, der bisher von 120 verschiedenen Schauspielern verkörpert wurde.

Literatur: Peter Haining: The Television Sherlock Holmes; Virgin Books, 1994. Ron Haydock: Deerstalker! Holmes and Watson on Screen; Scarecrow Press, 1978.

SHERLOCK HOLMES: Peter Cushing

SHERLOCK HOLMES UND DR. WATSON

Sherlock Holmes and Dr. Watson

USA/P 1980; 24 x 25 Min.; F

Sherlock Holmes .... Geoffrey Whitehead
Dr. John Watson .... Donald Pickering
Inspector Lestrade .... Patrick Newell
Mrs. Hudson .... Kay Welsh

➜ 1953 hatte Sheldon Reynolds bereits eine Holmes-Serie in Frankreich gedreht. Er nutzte die alten Drehbücher, die nichts mit den Originalgeschichten zu tun hatten, um in Polen ein Remake der Serie zu produzieren. Die meisten Folgen dieser äußerst schwachen Holmes-Serie wurden von Val Guest inszeniert. Allerdings nutzte man die *Cloak and Dagger*-Atmosphäre Warschaus für stimmungsvolle, gruselige Bilder.

SIDEKICKS – KARATE KID & CO.

Sidekicks

USA 1986-87; 1 x 45 Min. u. 22 x 25 Min.; F

Sergeant Jake Rizzo .... Gil Gerard
Ernie Lee .... Ernie Reyes Jr.
Patricia Blake .... Nancy Stafford
Detective Mooney .... Frank Bonner
Sabasan .... Keye Luke
Captain Blake .... Vinny Argiro

➜ Der weise, alte und mit übernatürlichen Fähigkeiten ausgestattete Mr. Lee lebt zusammen mit seinem zehnjährigen Enkel Ernie in den Vereinigten Staaten. Da er bald sterben wird, sucht er einen Pflegevater für seinen Enkel. Die Wahl fällt auf den alleinstehenden Polizisten Jake Rizzo. Dessen Leben ändert sich dadurch dramatisch. Künftig steht Ernie, der von seinem Großvater die übernatürlichen Kräfte geerbt hat und über außergewöhnliche Karatekünste verfügt, Jake bei der Lösung seiner Kriminalfälle zur Seite.
Die STAR WARS-Saga und die KARATE KID-Filme beeinflußten das Konzept dieser ABC-Serie. Ernie Reyes Jr. war bereits als Knabe Träger des Schwarzen Gürtels. Die Choreographie der Karate-Kampfszenen übernahm sein Vater Ernie Reyes Sr. Der Pilotfilm lief ursprünglich unter dem Titel NINJA BOY – DER KLEINE MIT DEM SUPERSCHLAG (THE LAST ELECTRIC KNIGHT) in der Reihe WALT DISNEY ANTHOLOGY.

SIERRA

Sierra

USA 1974; 1 x 90 Min. u. 13 x 45 Min.; F

Tim Cassidy .... James G. Richardson
Matt Harper (Pilot) .... Colby Chester
Matt Harper .... Ernest Thompson
Chief Jack Moore (Pilot) .... Jim B. Smith
Chief Ranger Jack Moore .... Jack Hogan
P.J. Lewis .... Michael Warren
Julie Beck .... Susan Foster

➜ Die Park-Ranger sind verantwortlich für die Sicherheit im fiktiven Sierra National Park. Dabei gibt es immer wieder Ärger mit Touristen, die die Schönheit der Natur nicht respektieren oder durch ihre urbane Dämlichkeit in Gefahr geraten.
Eine frühe Ökologie-Cop-Serie von Jack »Polizeibericht« Webb, die von Robert A. Cinader mitkonzipiert und für NBC mitproduziert wurde. Wie alle späten Webb-Serien zeichnete sich auch SIERRA durch ein Minimum an originellen Plots aus, bezog sich aber auf reale Vorbilder.

SIMON & SIMON

Simon & Simon

USA 1981-88; 2 x 90 Min. u. 152 x 45 Min.; F

Andrew Jackson (A.J.) Simon .... Jameson Parker
Rick Simon .... Gerald McRaney
Cecilia Simon .... Mary Carver
Janet Fowler (1981-83) .... Jeannie Wilson
Myron Fowler (1981-83) .... Eddie Barth
Det. Marcel »Downtown« Brown (1983-87) ... Tim Reid

SIMON & SIMON: Jameson Parker, Gerlad McRaney

Officer Nixon (1986-88) .... Scott Murphy
Lt. Abigail Marsh (1987-88)....... Joan McMurtrey
Officer Susie (1988) .... Donna Jepsen

➜ A.J. und Rick Simon sind ein höchst ungleiches Brüderpaar: A.J. ein konservativer Yuppie, immer frisch rasiert und aus dem Ei gepellt. Rick dagegen ist ein Überbleibsel aus den sechziger Jahren, das gerade mit seiner Easy-Rider-Harley aus dem Schlamm von Woodstock herausgefahren zu sein scheint. A.J wohnt in einem blitzsauberen Appartement hinter seinem Büro und Rick auf einem Hausboot. Beide zusammen betreiben in San Diego (3461 LaCosta Road) eine Privatdetektei, nicht gerade zur Freude ihrer Mutter Cecilia. Außerdem gibt es anfangs noch ihren Haushund Marlowe. Ausgerechnet ihrem Büro gegenüber liegt (zumindest während zwei Staffeln) die rivalisierende Privatdetektivagentur Fowler. Aber Janet, die Tochter und Mitarbeiterin von Myron Fowler, hilft Rick und A.J. gerne mal aus. Später schließt Fowler seine Agentur und geht in den Ruhestand, während Janet stellvertretende Staatsanwältin wird.

Philip DeGuere konzipierte und produzierte diese hervorragende Privatdetektivserie für Universal und CBS. Für viele Folgen ging man ungewöhnliche Wege, indem man die Fälle in einer Subkultur (Comic-Sammler, Soap-Opera-Fans, Pop-Musik-Szene usw.) ansiedelte und mit leichter Hand ein Soziogramm der jeweiligen Szene mitlieferte. Daneben gab es auch die traditionellen Privatdetektivgeschichten. Etwa aus der korrupten Kleinstadt, die von Bürgermeister und Exekutivkräften ausgebeutet wird. DeGuere gelang es durch die originellen Charaktere und hervorragenden Autoren immer wieder, neues Leben aus den ausgelutschtesten Privatdetektiv-Klischees zu schlagen. Immerhin schrieb kein geringerer als Kult-Autor Ross Thomas zwei Folgen der Serie. Auch hochkarätige Kriminalliteraten wie Howard Browne und Thomas Perry schrieben für die Serie, und der erste Pilotfilm SIMON & SIMON: MORD IM PARADIES (PIRATE'S KEY) basierte auf einem Travis-McGee-Roman von John D. MacDonald. Dieser Pilot, der in Florida angesiedelt war, floppte. Aber DeGuere bekam eine zweite Chance und drehte einen weiteren Pilotfilm, diesmal mit dem voll entwickelten Konzept in San Diego. DeGuere hatte sich wohl

von DETEKTIV ROCKFORD für diese *PI*-Comedy inspirieren lassen. 1983 bis 1985 war sie erfolgreicher als MAGNUM, der als *Lead In* direkt vor SIMON & SIMON auf CBS ausgestrahlt wurde, und kam auf Platz 5, bzw. Platz 7 der meistgesehenen TV-Shows. In einer MAGNUM-Folge tauchten die Brüder Simon gar in Hawaii auf. Gerald McRaney sollte ursprünglich in MAGNUM den T.C. spielen, aber Tom Selleck schlug vor, die Rolle mit einem Schwarzen zu besetzen.

Eine weitere Parallele zu James Garner und ROCKFORD: 1992 verklagte DeGuere Universal auf 31,2 Millionen Dollar, die ihm als Beteiligung aus Verkäufen der Serie zustünden. Ähnliches hatte Garner zuvor getan und dann nach jahrelangen Gerichtsstreitereien mit Universal einen Vergleich geschlossen. Auch diesmal behauptete Universal keck und frech, die weltweit vermarktete Erfolgsserie sei noch mit 60,3 Millionen Dollar in den roten Zahlen. Der Titelsong von Barry DeVorson wurde in der ersten Saison von den Trasher Brothers präsentiert.

SIMON TEMPLAR

The Saint

GB 1962-69; 118 x 45 Min.; sw/F

Simon Templar .... Roger Moore
Inspector Fernack........................... Allan Gifford
Inspector Claude Teal (1962) ... Campbell Singer
Inspector Claude Teal (1962) .... Norman Pitt
Inspector Claude Teal (1963) .... Wensley Pithey
Inspector Claude Teal (1963-69) .... Ivor Dean

➜ Simon Templar ist der Inbegriff des abenteuerlichen Krimi-Helden, ein Typ aus einer anderen Zeit. Er schlendert herum, zieht eine Augenbraue hoch und sieht schon eine hübsche Frau in Gefahr. Da kann er nicht widerstehen und greift ein, immer mit einem flotten Spruch auf den Lippen.

1929 veröffentlichte der britische Autor Leslie Charteris seinen ersten Roman über den modernen Filibuster Simon Templar, genannt »Der Heilige«. Weiter Romane und Kurzgeschichten in dem Magazin *The Thriller* folgten, und bereits nach Ende des Zweiten Weltkrieges war Simon Templar ein multimedialer Erfolg in allen populärkulturellen Medien wie Film, Radio und Comic. Neben Sherlock Holmes, Tarzan und Mike Hammer galt der Heilige als eine der lukrativsten literarischen Schöpfungen des 20. Jahrhunderts. Mit den neun Filmen, die bis 1953 gedreht wurden, war Charteris unzufrieden (es folgten noch zwei französische, darunter einer mit Jean Marais, ohne Zustimmung des Autors). Auch die Templar-Darsteller Louis Hayward (zweimal), George Sanders (fünfmal) und Hugh Sinclair (zweimal) fanden keine Gnade vor Charteris Augen. Als Mitte der fünfziger Jahre mehrere Interessenten an Charteris herantraten – darunter auch Roger Moore, der seit seiner Jugend ein Fan der Serie war –, um diesen Pop-Mythos fürs Fernsehen umzusetzen, lehnte Charteris ab. Erst 1960, als er die Produzenten Robert S. Baker und Monty Berman traf, ließ er sich umstimmen und kassierte für die ersten 26 Folgen eine halbe Million Pfund. »Die Figur, die wir von Charteris haben wollten, war der spätere Simon Templar, der anders war als der Vorkriegsheld mit seiner Gang von Freunden. Für eine TV-Serie war der Simon Templar ab dem New-York-Roman erfolgversprechender. Seit THE SAINT IN NEW YORK ist Templar ein einsamer Wolf, der sich in der ganzen Welt herumtreibt und überall in Abenteuer gerät«, erinnerte sich Baker. Tatsächlich waren einige Hardcore-Fans nie damit einverstanden, mit welcher Nonchalance ihr Held fürs Fernsehen adaptiert wurde. Nachdem man Roger Moore für die Titelrolle verpflichtet hatte, produzierte man die erste Staffel in den Elstree Studios mit einem Budget von 30.000 Pfund pro Folge für Lew Grades ITC-Produktionsgesellschaft. Sie war auf Anhieb ein großer Erfolg. Aber Lew Grade versuchte vergeblich, sie in die USA an eines der großen Networks zu veräußern. Also verkaufte er sie direkt an die unabhängigen Lokalsender in *Syndication*. Der Erfolg stellte sich ein, und schließlich bestellte NBC neue Folgen in Farbe. Die ersten 71 Schwarzweiß-Folgen wurden auch nach Osteuropa verkauft. Nachdem Grade den NBC-Deal in der Tasche hatte, verlangte Roger Moore eine Beteiligung als Co-Produzent, die ihm Grade zähneknirschend gab. Außerdem setzte Moore durch, daß er gelegentlich Regie führen durfte; er tat dies bei acht Folgen. Da auch heute noch kein Tag vergeht, an dem nicht irgendwo auf der Welt eine TEMPLAR-Folge ausgestrahlt wird, dürfte Moore mit seiner Beteiligung ein nettes Nebeneinkommen haben. Die ab 1966 produzierten 47 Farbfolgen ließen sich noch besser vermarkten. Die Abenteuer des Heiligen gehören zu den 20 erfolgreichsten TV-Serien aller Zeiten und hatten bis 1990 über 400 Millionen Pfund Gewinn für die Produzenten eingebracht durch über 500 Millionen Zuschauer in 106 Ländern. 1968 hatte Moore endgültig die Nase von den mörderischen Produktionsbedingungen voll, die ihn zwangen, alle zwei Wochen eine Folge zu drehen. Er stieg aus, obwohl weltweit kein Popularitätsverlust festzustellen war. Das berühmte SIMON TEMPLAR-Thema wurde von Edwin Astley komponiert.

Literatur: Burl Barer: The Saint. A Complete History in Print, Radio, Film and Television; McFarland, 1993. Tony Mechele/Dick Fiddy: The Saint; Boxtree, 1989. Paul Simper: The Saint: From Big Screen to Small Screen and Back Again; 1997. *Roman:* Leslie Charteris: Der Heilige gegen Scot-

Roger Moore als Simon Templar

land Yard (The Saint vs. Scotland Yard; 1932); Signum 89, 1962. Der Heilige greift ein (The Saint Intervenes; 1934); Signum 186, 1963. Der Heilige in London (The Saint in London; 1941); Signum 162, 1963. Der Heilige in New York (The Saint in New York; 1935); Signum 2104, 1964; Heyne 1980, 1982 und 10092, 1997. Der Heilige ist schlauer (The Brighter Buccaneer; 1933); Signum 138, 1963. Der Heilige kommt davon (Saint's Getaway; 1932); Signum 104, 1962. Der Heilige macht weiter (The Saint Goes on; 1934); Signum 203, 1963. Der Heilige über Bord (The Saint Overboard; 1936); Signum 2114, 1964; Heyne 2004, 1982. Der Heilige und die Dame Jill (The Saint Meets his Match; 1945); Signum 75, 1962; Heyne 1941, 1981. Der Heilige und Mr. Teal (The Saint and Mr. Teal; 1933); Signum 123, 1963. Kennen Sie den Heiligen? (The Last Hero; 1930); Signum 55, 1961; Heyne 1935, 1981 u. 10092, 1997. Die Rache des Heiligen (The Avenging Saint; 1931); Signum 59, 1961; Heyne 2082, 1984 und Heyne 10092, 1997.
Comic: Simon Templar; Bildschriften Verlag Nr. 1-4, 1967.
Fanclub: The Saint Club; Arbor Youth Centre, Shandy Street, Stepney, London E1 4ST, England.

SIMON TEMPLAR – EIN GENTLEMAN MIT HEILIGENSCHEIN

The Return of the Saint

GB 1978-79; 24 x 45 Min.; F

Simon Templar .... Ian Ogilvy

➜ Der Erfolg der ersten SIMON TEMPLAR-Serie ließ die Produzenten Robert Baker und Anthony Spinner nicht ruhen, und so produzierten sie für ITC eine modernisierte Neuauflage. Templar fuhr nun einen Jaguar XJ-S statt des berühmten Volvo-Coupés. Auch ein neues musikalisches Thema wurde von Brian Dane komponiert. Obwohl Ogilvy in der aufwendig an Originalschauplätzen in Italien gedrehten Serie wie Roger Moores jüngerer Bruder aussieht, konnte die Serie nicht an den Welterfolg anknüpfen. Dabei sparte man an nichts und verpflichtete Autoren wie John Kruse (der einige der besten Moore-TEMPLAR-Folgen geschrieben hatte), Terrence Feely, George Markstein (ebenfalls ein TEMPLAR-Veteran und NUMMER 6-Autor)

SIMON TEMPLAR: Roger Moore

und Leslie Charteris selbst. Während die Farbfolgen der Moore-Serie 75.000 Dollar kosteten, stieg das Budget für die neuen Folgen auf 300.000 Dollar.

SIMON TEMPLAR

The Saint

GB 1989; 6 x 75 Min.; F

Simon Templar .... Simon Dutton

➜ Bevor Simon Templar zum dritten Mal in Serie ging, produzierten Robert S. Baker und Dennis E. Doty nach einem fürchterlichen Drehbuch von Peter Gethers und David Handler das TV-Movie THE SAINT IN MANHATTAN als amerikanisch-kanadische Koproduktion. Unter der Regie von James Frawley spielte der Australier Andrew Clarke einen schnurrbärtigen Heiligen.
Unter 250 Schauspielern wurde schließlich Dutton ausgewählt, um einen modernen, zeitgemäßen Templar in der neuen Serie zu spielen. Die Geschichten waren aktuell (Terrorismus, Waffenschieber, Grundstücksbetrug) und Templar selbst bekam etwas von der Härte und der Gesetzlosigkeit der Bücher der dreißiger Jahre zurück. Gedreht wurde u.a. in Berlin (vor dem Mauerfall, was die Episode WRONG NUMBER bei ihrer Erstausstrahlung zu einem historischen Dokument machte), London, Paris und Australien. Regie führten: Marijan Vajda, Ian Toynton, Henry Herbert, Paolo Barzman, Donald Crombie und Dennis Berry. Die Drehbücher waren von Peter Palliser, Patricia John-

son, John Goldsmith und Anthony Horowitz. Lediglich in der Folge BRAZILIAN CONNECTION tritt Templars alter Widersacher Inspector Teal (David Ryall) auf. Die Serie war trotz einiger aufregender Stunts langweilig, und *Consultant* Robert S. Baker sagte 1991: »Je weniger man über sie sagt, umso besser. Alles ging viel zu schnell. Die Vorbereitungen waren nicht sorgfältig genug.« Produziert wurde die Serie von Dennis E. Doty und Jack Stoller. Noch schlimmer war der 1996 von Robert Evans produzierte Kino-Film mit Val Kilmer unter der Regie von Philip Noyce, der fast nichts mehr mit der Originalfigur zu tun hat.

SINGENDE DETEKTIV, DER

The Singing Detective

GB 1986; 6 x 60-80 Min.; F

Philip Marlow .... Michael Gambon
Raymond/Mark Binney, Mark Finney ... Patrick Malahide
Schwester Mills/Carlotta .... Joanne Whalley
Dr. Gibbon .... Bill Paterson
Nicola .... Janet Suzman

➜ Todkrank liegt Krimiautor Marlow im Krankenhausbett, während im Delirium sein Leben vorbeizieht: ein wildes Puzzle aus Szenen und Musical-Einlagen. Weniger Krimi als ein äußerst originelles Experiment, eine TV-Serie als Musical anzulegen. Geschrieben von Dennis Potter und für die BBC gedreht von Jon Amiel. Im Gegensatz zum dumpfen deutschen TV-Glotzer wissen die Briten Experimente zu schätzen: Acht Millionen sahen die Erstausstrahlung, und der Soundtrack kam sogar in die Hitparade.

SISKA

BRD 1999- ; x 60 Min.; F

Peter Siska .... Peter Kremer
Lorenz Wiegand .... Matthias Freihof
Jacob Hahne .... Werner Schnitzer

➜ Die Nachfolgeserie des Dauerbrenners DERRICK, ebenfalls von Helmut Ringelmann: Hauptkommissar Siska hat sich von Mülheim/Ruhr nach München versetzen lassen, nachdem er Zeuge des Mordes an seiner Frau werden mußte. Dort wird er Leiter der Mordkommission. »Der Name klingt nach Eisstürmen, knirschendem Schnee und der Halsbandschelle eines sibirischen Schlittenhundes. Diese Assoziation hat Herbert Reinecker zu verantworten, der die beiden ersten Folgen geschrieben hat. [...] Bereits in der zweiten Folge wird klar, daß sich die Art und Weise, wie die Geschichten um Siska herum erzählt, aufgebaut und ins Bild gesetzt werden, nicht sonderlich vom Derrick-Stil unterscheidet. Schon jetzt konnte man wieder einige gediegene Wohnungseinrichtungen bestaunen, die an Derricks Grünwald-Innenwelten erinnerten. Vielleicht bewegt sich die Kamera (Franz Xaver Lederle) jetzt etwas schneller, es wird abwechslungsreicher und häufiger gezoomt und härter geschnitten, aber nicht allzusehr. Erschrecken muß niemand«, schrieb Torsten Korner nach zwei Folgen in der *Funk-Korrespondenz* Nr. 46/1998. Im *Gong* Nr. 24/1999 stand: »Das ZDF hat mit SISKA trotz kurviger Quotenverläufe einen beachtlichen Erfolg gelandet. [...] Der Erfolg wurde allerdings nicht ohne Blutvergießen erreicht. Nach den ersten Folgen beschwerten sich viele Zuschauer (auch im *Gong*) über harte Action-Szenen. Weitere Kritikpunkte waren die spröde Art, in der Peter Kremer seine Rolle anlegt, die manchmal gespreizten Dialoge aus der Feder von Herbert Reinecker und schließlich der Name der Serie, den der emeritierte Derrick zum Abschied so kommentierte: ›Ich dachte zuerst, das ist ein Waschmittel.‹ Aber alle Probleme sind überwunden. Altmeister Reinecker wurde durch Sigi Schneider und Alfred Schröder ersetzt. [...]« Zum Erfolg hat nicht zuletzt auch die ZDF-Programmplanung ihr Scherflein beigetragen: Das SISKA-Dreierpack zu Ostern erwies sich als kluger Schachzug, um die Etablierung der Figur zu beschleunigen.

SKANDAL IN VERONA

I 1989; 3 x 90 Min.; F

Sergio Barberi .... Massimo Ghini
Mauro Barberi .... Larry Lamb
Anna Barberi .... Cyrielle Claire
Riccardo Barberi .... Marco Vivio
Monique Garin .... Nancy Brilli
Lorenzo Martini .... Ralph Schicha
Leandro Brunetti .... William Berger

➜ Mafia-Attentat auf den Untersuchungsrichter Sergio Barberi. Dessen Bruder Mauro, Chefarzt in Verona, rettet ihn und sorgt für Sergios Verset-

zung. In Verona ist Sergio bald einem Umweltskandal auf der Spur.
Annehmbarer Dreiteiler von Alberto Lattuda (Regie) und Ennio De Concini und Silvana Buzzo (Buch).

SK-BABIES

BRD 1996- ; 1 x 90 Min. u. x 45 Min.; F
Kevin Peters .... Fabian Harloff
Hannes Lohberg .... Michael Deffert
Vittorio del Favero .... Raffaello Kramm
Nesrin Üstünkaya .... Türkiz Talay
Mic Andersen .... Susann Uplegger
Stefan Jarcyk .... Thomas Schücke
Polizeipräsident Siedhoff .... Jürgen Thormann

➜ Um die Jugendkriminalität in den Griff zu bekommen, setzt Jarcyk bei der Polizeileitung eine Gruppe junger Ermittler durch, die in der Szene operieren. Das klingt wie ein ganz mieses Plagiat von 21 JUMP STREET – und ist es auch. »Erfinder« Philip Moog behauptete, die Idee zu der Serie sei ihm bei einem TV-Bericht über junge Polizisten gekommen. JUMP STREET als TV-Dokumentation? Leider ist diese RTL-Knatter-Serie von JUMP STREET so weit entfernt wie Helmut Kohl von Slimfast. »Und weil SK-Babies wichtige dramaturgische Verläufe fast alle aus Dialogen entwickelt, erzeugt dieser Krimi weniger Spannung, als daß es einem vor Grausen die Fußnägel hochrollen läßt. [...] Statt Charaktere erleben wir stereotypes Multi-Kulti-Gehabe, wie von einem Plakat von *United Colours of Bennetton* durchgepaust [...]«, schreibt die *Funk-Korrespondenz* in Nr. 22/1996.
Roman: Frank Rehfeld: SK-Babies; VGS, 1997.

SK KÖLSCH

BRD 1998; 1 x 90 Min. u. 11 x 45 Min.; F
Jupp Schatz .... Uwe Fellensiek
Klaus Taube .... Christian M. Goebel
Gabi Schmitz .... Michaela Wiebusch
Dino Riaci .... Pasquale Aleardi
Achim Pohl .... Gustav-Peter Wöhler
Heinrich Haupt .... Christoph Quest

➜ Auch SAT.1 bescherte Köln ein Kripo-Team. Produziert von Martin Kraml für Dream Productions, geschrieben von Georg Heinzen, Guy Meredith, Daniel Maximilian, Thomas Pauli, Ralf Hutanus und Oliver Pautsch. Regie führten Holger Barthel und Detlef Rönfeldt. Diese unglaublich dämliche Serie, in der sogar regelmäßig ein *Profiler* vom BKA auftaucht, fand vor dem strengen Blick der *Funk-Korrespondenz* ungewohnte Milde: »SK-KÖLSCH hat weder das Rad noch den Krimi neu erfunden. Die Serie bietet aber solide Unterhaltung mit bekannten Genre-Versatzstücken. Ein gemischtes Team, ein bißchen Privatleben und viel Lokalkolorit durch den Titelsong von BAP, markiges Kölsch bei fast allen Figuren, den 1. FC Köln, das Müngersdorfer Stadion und selbstredend viele Sichten auf den Kölner Dom«, schrieb Karin Wehn in Nr. 4/1999.
Richtig schlimm ist Fellensiek in der Jupp-Rolle, die gnadenlos den besseren Schimanski kopiert. Köln hat wahrlich besseren Pop & Rock als den von BAP verdient und bessere Krimi-Serien als SK-KÖLSCH ebenfalls.

SKORPION
Scorpion

GB 1983; 6 x 25 Min.; F
Gabrielle de Faujas .... Marianne Borgo
Chief Superintendent Franks .. Terrence Hardiman
Chief Inspector Perry .... Jack McKenzie
Inspector Clarke .... Daniel Hill
Agatha Kendrick .... Mary Wimbush
Delangre .... Neville Jason
WPC Baker .... Tammy Ustinov
Captain Percival .... Michael Dennison

➜ Gabrielle, Leiterin einer Fluchthilfeorganisation in Paris, verschwindet. Sowohl Polizei wie auch Geheimdienst suchen nach ihr. Gabrielle versteckt sich in Schottland, und es kommt zu einem Wettlauf zwischen der Polizei und dem Killer Delangre. Gutgemachter Agenten-Thriller von John Brason (Buch) und Michael Hayes (Regie) für die schottische BBC.

SLEDGE HAMMER
Sledge Hammer

USA 1986-88; 41 x 25 Min.; F
Det. Inspector Sledge Hammer .... David Rasche
Officer Dori Doreau .... Anne-Marie Martin
Captain Trunk .... Harrison Page
Officer Mayjoy .... Leslie Morris

SLEDGE HAMMER: David Rasche, Harrison Page

Officer Daley (1987-88) .... Patti Tippo
Norman Blates (1986-87) .... Kurt Paul

➜ Was MAXWELL SMART für Agentenserien ist, ist SLEDGE HAMMER für Cop-Shows à la DIRTY HARRY. Markenzeichen des ebenso dämlichen wie harten Cops Hammer sind seine coole Sonnenbrille und seine 44er Magnum, die er zärtlich Susi nennt (im Original »Just Gun«). Zusammen mit seiner Kollegin Doreau löst er auf unnachahmliche Art seine Fälle. Selbstverständlich bleiben reichlich viele Unschuldige auf der Strecke. Wenn Sledge Hammer »Vertrauen Sie mir. Ich weiß, was ich tue« sagt, sollte man besser in Deckung gehen.
Produziert und konzipiert wurde die gelungene *Trash Comedy* von Alan Spencer für ABC. Da man nicht glaubte, daß die Serie eine Staffel überleben würde, jagte Sledge in der letzten Folge sich und ganz Los Angeles mit einer Atombombe in die Luft. Als ABC dann weitere Folgen bestellte, ließ man diese eiskalt in bester DALLAS-Manier fünf Jahre vor der Explosion spielen.

SLIM CALLAGHAN GREIFT EIN

BRD 1964; ? x 25 Min.; sw

Slim Callaghan .... Viktor de Kowa

➜ Der Londoner Privatdetektiv Slim Callaghan war eine Erfindung des englischen Kriminalschriftstellers Peter Cheyney (1896-1951), der auch den FBI-Agenten Lemmy Caution (vor allem durch die französischen Verfilmungen mit Eddie Constantine bekannt) kreierte. Die vom ZDF produzierte Serie basierte wahrscheinlich auf den Callaghan-Kurzgeschichten.

SMILEYS LEUTE – AGENT IN EIGENER SACHE

Smiley's People

GB 1982; 6 x 60 Min.; F

George Smiley .... Alec Guinness
General Vladimir .... Curd Jürgens
Madame Ostrakova .... Eileen Atkins
Oleg Kirov .... Dudley Sutton
Oliver Lacon .... Anthony Bate
Claus Kretschmar .... Mario Adorf
Ann Smiley .... Sian Phillips
Toby Esterhase .... Bernard Hepton
Peter Guillam .... Michael Byrne
Karla .... Patrick Stewart

➜ Die Fortsetzung von DAME, KÖNIG, AS, SPION nach dem Roman von John LeCarré: Der pensionierte Geheimdienstchef Smiley wird reaktiviert, um einen Sonderauftrag auszuführen. Jonathan Powell produzierte für die BBC nach einem Drehbuch von LeCarré und John Hopkins unter der Regie von Simon Langton diese hochgelobte Adaption des Spionageroman-Bestsellers. Dieser letzte Band der Karla-Trilogie endet mit dem Wechsel des sowjetischen Geheimdienstchefs Karla über die Berliner Oberbaumbrücke in den Westen, wo ihn Smiley erwartet. Die Verfilmung endet mit der Überquerung, als ob man sich die Möglichkeit einer Fortsetzung offen lassen wollte. Die aufwendige Serie wurde an Originalschauplätzen in London, Hamburg, Zürich, Paris und Berlin gedreht. Qualitativ hochwertig, gehört sie zu den besten Produktionen des Genres. LeCarré war von Alec Guiness' Darstellung des Smiley so beeindruckt, daß er sagte, daß dieser »für immer Alecs Gesicht« tragen würde.
Roman: John LeCarré: Agent in eigener Sache; Heyne 7720, 1988.

SOKO 5113

BRD 1978- ; x 50 Min.; F

Göttmann (1978-92) .... Werner Kreindl
Schickl (1978-) .... Wilfried Klaus
Herbst (1979-) .... Ingeborg Schöner
Blascke (1978-81) .... Peter Seum

SOKO 5113: Wilfried Klaus als Horst Schickl

Herle (1978-82) .... Diether Krebs
Leß (1978-91) .... Bernd Herzsprung
Stanelle .... Hans Schulze
Zellmann (1978-85)....................... Rolf Schimpf
Carola Leß (1978-88) .... Michaela May
Burger (1978-79) .... Ingrid Fröhlich
Django (1982-84) .... Giovanni Früh
Sudmann (1987-92) .... Heinz Baumann
Mattner (1987-88) .... Sabine Kaack
Frau Göttmann (1978-91) .... Kyra Mladeck
Berger (1988-95).......................... Olivia Pascal
Brand (1991-) .... Hartmut Schreier
Renner (1992-) .... Michel Guillaume
Larenzi (1995-96) .... Jutta Schmuttermaier
Cramer (1997-) .... Cay Helmich
Kraske .... Joachim Wichmann
Neubert .... Tilo Prückner
Rechlin .... Hartmut Becker
Frau Herle .... Viktoria Brams

➔ Angefangen hat alles mit dem Roman DER DURCHLÄUFER des Kriminalbeamten Dieter Schenk. Daraus entwickelte Hasso Plötze die ersten 30-Minuten-Folgen über eine Münchener Sonderkommission. Der Roman hatte einen einzelnen Beamten in den Mittelpunkt gestellt, die Produzenten von Elan-Film, die die Serie bis 1996 für das ZDF machten (danach die Ufa), entschieden sich für ein Team. Die Mischung aus Krimi und privaten Problemen der Protagonisten kam gut an. In den frühen Folgen wurde auch mit episodenübergreifenden Handlungssträngen experimentiert. Kai Borsche und Ulrich Stark wurden die Hauptregisseure der Serie. Immer wieder wurde das Team ausgetauscht, und seit dem Tod von Werner Kreindl, der als Chef die Teams dominierte, ist Wilfried Klaus als sein Nachfolger der einzige Schauspieler, der von Anfang an bis heute bei der Serie blieb. Geschickt entwickelten die Produzenten ein an amerikanischen und englischen Vorbildern orientiertes Konzept von Fällen und Schicksalen, die sich über eine ganze Staffel hinziehen konnten. Und der Zuschauer konnte seiner Protagonisten nie sicher sein: So wurde etwa Peter Seum im Einsatz getötet, und Diether Krebs verschwand, nachdem ihm ein krimineller Coup gelungen war. Neben originellen Folgen gab es leider auch durchschnittliche oder ausgesprochen schwache. Unvergessenes Glanzlicht war 1984 die Folge EIN MORDFALL FÜR GÖTTMANN von Ulrich Stark. Auf der Suche nach einem Industriellenmörder tritt Göttmann Politikern und Verfassungsschützern auf die Zehen und ihm wird sogar der Fall entzogen. Natürlich macht er weiter. Nie wurde München so abgefilmt wie in dieser Episode: Ein Hauch von Noir-Filmen legte sich über die Serie, wenn Regisseur Stark im Morgengrauen die Isarmetropole abfilmte. Nach Kreindls Tod verflachte die Serie immer mehr, was sicherlich auch mit der Übernahme der Soko durch Wilfried Klaus zu tun hatte, der nichts von Kreindls kompromißloser Härte hat. Auch die politische Dimension schwand, und heute ähnelt Soko eher einer Action-Ausgabe der POLIZEIINSPEKTION 1. Seit der Produktionsübernahme durch die Ufa ist der Qualitätsverlust noch schmerzhafter. Die neuen Folgen haben keinen Charme, sind schlecht geschrieben, einfallslos und nur noch ein schwacher Abklatsch des früheren Konzepts. Aber nach 200 Folgen sind Abnutzungserscheinungen wohl schwer vermeidbar. Schade. Aber ein deutsches POLIZEIREVIER HILL STREET war die Serie bei allem Wohlwollen sowieso nie.

Literatur: Frank Künzer: SOKO 5113. Das Buch zur ZDF- Serie; Burgschmiet 1999.
Roman: Dieter Schenk: Der Durchläufer (1978); Fischer 8094, 1983.

SOLO FÜR O.N.K.E.L.
The Man from U.N.C.L.E.

USA 1964-68; 105 x 45 Min; 29 x sw, 76 x F
Napoleon Solo .... Robert Vaughn
Illya Kuryakin .... David McCallum
Mr. Alexander Waverley .... Leo G. Carroll
Lisa Rogers (1967-68) .... Barbara Moore

➜ Als sich Anfang der sechziger Jahre der Welterfolg von Agententhrillern in allen Medien abzuzeichnen begann, wollte das US-Fernsehen natürlich daran teilhaben. Die Briten hatten bereits großen Erfolg mit den TV-Serien GEHEIMAUFTRAG FÜR JOHN DRAKE und MIT SCHIRM, CHARME UND MELONE, und die Bond-Welle im Kino stand unmittelbar bevor. Die Pop-Kultur war im Umbruch: Langhaarige Beat-Bands kauften den Matinee-Idolen oder Hinterwald-Rock 'n' Rollern den Schneid ab. An Universitäten las man *MAD*, und die Ausdrücke »cool«, »camp« oder »sophisticated« wurden Modeworte. Seit den fünfziger Jahren entwickelte sich eine eigenständige Jugendkultur, unterstützt durch die Tatsache, daß keine Generation in der westlichen Welt zuvor über soviel Kaufkraft verfügte. Die Engländer verloren zwar ihr Empire, aber sie waren Vorreiter und Vordenker für das, was später den Namen Pop-Kultur erhalten sollte. Der Produzent und *Emmy*-Preisträger Norman Felton (DR. KILDARE, PLAYHOUSE 90) wollte schon lange eine Spionage-Serie auf den Bildschirm bringen. Die Verantwortlichen bei NBC hatten ein offenes Ohr, die Zeit war reif für neue Helden oder Formate, wie man heute so schön zu sagen pflegt. Felton traf sich im November 1962 mit dem 007-Erfinder Ian Fleming, der zwar bereits erkrankt war (er starb 1964 und erlebte den Welterfolg seiner geistigen Schöpfung nur im Anfangsstadium mit), aber sehr angetan war von der Idee, eine Fernsehserie zu kreieren. Von Flemings konzeptionellen Überlegungen blieb dann aber nicht viel übrig, nur die Namen Napoleon Solo (der einem Gangster aus GOLDFINGER entliehen wurde) und April Dancer (die in der *Spinoff*-Serie DANCER FÜR U.N.C.L.E. [THE GIRL FROM U.N.C.L.E.] von 1966 bis 1967 von Stefanie Powers verkörpert wurde). Aber natürlich schadete es der späteren Serie nicht, daß sie immer wieder mit Ian Fleming in Verbindung gebracht wurde.

SOLO FÜR O.N.K.E.L. ist eine Agentenserie, die ihre eigene Parodie gleich mitliefert. Ununterbrochen retten die Agenten der weltumspannenden Organisation U.N.C.L.E. die Welt vor einer (scheinbar) apolitischen Verbrecherorganisation namens THRUSH. Die absurden Plots verdanken einiges den britischen Pop-Klassikern MIT SCHIRM, CHARME UND MELONE, CORRIDOR PEOPLE oder THE ODD MAN (zwei brillante Serien von Edward Boyd, die noch auf eine deutsche Ausstrahlung warten). Das für damalige Verhältnisse ungewöhnlich hohe Tempo erreichte die Serie durch den gnadenlosen Einsatz von Wischblenden und die Handführung der Arriflex-Kamera bei Action-Sequenzen – Techniken, die im Fernsehen zuvor nie genutzt worden waren. Das Konzept, wie es von Autor Sam Rolfe weiterentwickelt wurde, ist eine Mixtur aus Bond-Filmen und Hitchcock-Thrillern: Von Hitchcock

übernahm man den Topos von der Durchschnittsperson, die in fast jeder Folge unschuldig in den Kampf zwischen U.N.C.L.E. und THRUSH verwickelt wird. Und Robert Vaughn als Napoleon Solo hat einiges von Hitchcocks Lieblingsschauspieler Cary Grant. Aus den Bond-Filmen übernahm man den weisen, alten Chef in der Gestalt von Leo G. Carroll als Mr. Waverly, die professionellen Agenten, die bizarren Superschurken und die weltweiten Handlungsorte (die sich immer innerhalb der MGM-Studios befanden). Um nicht in Kalter-Krieg-Ideologie zu verfallen, hatte Sam Rolfe aus der U.N.C.L.E.-Organisation eine Art Geheimdienst der UNO gemacht, in der der Amerikaner Solo zusammen mit dem Russen Illja Kuryiakin gegen die asozialen Ganoven von THRUSH kämpfte. Beide Organisationen sind mehr als nur Action-Lieferanten für Drehbuchautoren. Die U.N.C.L.E-Agenten stellten einen neuen Protagonistentypus im Fernsehen dar: Gutgekleidete, liberale Weltbürger, die keiner erotischen Versuchung aus dem Wege gehen (zumindest der Sexmaniac Solo). Ihre Umgangsformen sind kameradschaftlich, und auch das Verhältnis zu ihrem Chef ist nicht von Untertanenmentalität geprägt. Dagegen stehen die karrieresüchtigen Aufsteiger der als gigantische Bürokratie karikierten Organisation THRUSH. Deren Agenten haben die strenge hierachische Struktur verinnerlicht, träumen von der nächsten Beförderung und machen sich Gedanken über den internen Rentenplan. Sie zeichnen sich durch eine unterdrückte Sexualität aus, die im krassen Gegensatz zum erotischen Appetit eines Napoleon Solo steht. THRUSHs Ziel ist eine primitive, puritanische Version des Kapitalismus, der Menschen als Rohmaterial ansieht. Dem gegenüber steht bei U.N.C.L.E. das Konzept einer liberalen, aufgeklärten Angestelltengesellschaft vermeintlich freier Individuen. Das Böse entwickelt sich nicht mehr, wie in den Serien der fünfziger Jahre, aus moralischer Schwäche, sondern aus dem fanatischen Puritanismus. Diese ideologische Strategie der Serie ließ sie damals so modern wirken: Die neue Konsumgesellschaft der sechziger Jahre verlangte von ihren Mitgliedern andere Fähigkeiten als in früheren kapitalistischen Phasen: Statt Treue zum Arbeitsplatz war nun Mobilität gefordert, statt sklavischer Ausführung von Anordnungen brauchte man nun den mitdenkenden Facharbeiter, statt Bescheidenheit war verschärfter Konsum angesagt. Die Pop-Serien der sechziger Jahre singen das hohe Lied der nivellierten Mittelstandsgesellschaft. Anders als in den Fünfziger-Jahre-Serien wird der hedonistische, konsumfreudige Weltmann heroisiert, der seine Bedürfnisse frei auslebt. Der moralisierende, sich selbst kasteiende Serienheld des vorigen Jahrzehnts wurde als THRUSH-Agent lächerlich gemacht. Nicht mehr derjenige, der seine Sexualität auslebt, ist der gefährliche Irre, sondern derjenige, der sie unterdrückt. Immer wieder hat es Napoleon Solo mit frigiden Workaholics und frustrierten Hausfrauen zu tun, denen er mit seinem geballten Sexappeal so zusetzt, daß sie am Ende jeder Folge in ein befriedigenderes Leben aus der Serie entschwinden. Dieser Subtext korrespondierte natürlich mit der Haltung der jüngeren Generation, insbesondere der College-Jugend, der die Serie ihren Erfolg verdankte: In den ersten Monaten war SOLO FÜR O.N.K.E.L. ein echter Flop und stand kurz vor der Absetzung. Aber dann kamen die Studenten in den Weihnachtsferien nach Hause. PR-Mann Painter: »Jedesmal, wenn ich an einem Studentenheim vorbeikam, während unsere Serie lief, hörte ich bekannte Töne. Leider wurden die Fernseher in den Studentenheimen aber nicht von Nielsen nach Einschaltquoten gemessen. Aber ich wußte, wenn die Studenten in den Ferien nach Hause kommen, haben wir gewonnen.« Und so kam es auch. Über Nacht gingen die Einschaltquoten steil nach oben, und die Serie wurde zu einem Phänomen. Auf dem Höhepunkt des Erfolges bekamen die Stars 60.000 Fanbriefe monatlich, der Rummel um Robert Vaughn und David McCallum war auf demselben Level wie die Beatlemania oder die Bonditis. Die PR-Abteilung der Produktion hatte allerdings wesentlichen Anteil daran, die Serie auf Erfolgskurs zu bringen. SOLO FÜR O.N.K.E.L. war ein (erstes) Musterbeispiel für die Bedeutung von Marketing für einen Serienerfolg: Als die Serie im ersten Jahr in den Nielsen-Ratings so schlecht dastand, daß ihre Fortführung gefährdet war, holte sich Sam Rolfe den Presse-Agenten Chuck Painter. Der entwickelte sofort eine durchschlagende Strategie: Er sah sich die

SOLO FÜR O.N.K.E.L.: David McCallum und Robert Vaughn

Großstädte an, in denen die Einschaltquoten am schlechtesten waren. Dort organisierte er für die Wochenenden Auftritte der U.N.C.L.E.-Stars in Supermärkten und lokalen Nachrichtensendungen. Freitags nach Drehschluß, nachdem sie fünf Tage lang täglich zwölf Stunden vor der Kamera gestanden hatten, wurden Robert Vaughn und David McCallum zum Flughafen gebracht, um am Wochenende drei Städte zu besuchen und Werbung für die Serie zu machen. Ein mörderisches Programm, das wohl kein deutscher Produzent mit seinen Stars durchziehen könnte. Aber es zeigte Wirkung. In jeder Stadt, wo die U.N.C.L.E.-Stars aufgetreten waren, gingen die Ratings hoch. Robert Vaughn: »Wäre das alles in den achtziger Jahren statt in den Sechzigern passiert, hätte man uns abgesetzt. Man würde ihr heute keine Chance geben, sich das Publikum zu erobern.« Mit Sicherheit ist die Kurzatmigkeit der unter enormem Druck stehenden TV-Manager mit dafür verantwortlich, daß es heute weniger innovative Serien gibt als in den sechziger Jahren (der Erfolg des neuen FOX-Networks, das aus ökonomischen Gründen an anfänglichen Flop-Serien wie 21 JUMP STREET oder EINE SCHRECKLICH NETTE FAMILIE festhalten mußte, zeigt dagegen die Kontraproduktivität dieser Kurzatmigkeit). In Fan-Briefen wurde laufend nach U.N.C.L.E.-Devotionalien gefragt. Das brachte Painter auf die Idee, U.N.C.L.E.-Sticker und Ausweise herzustellen, um sie an die Fans zu schicken. Die Nachfrage war unglaublich, und die Industrie reagierte umgehend. In Windeseile wurde eine Artikel-Palette – von Comic Books und Romanen über Spielzeugpistolen und -autos bis hin zu Spielen und Puppen und mehr – auf den Markt geworfen. Das gnadenlose Merchandising-Geschäft, das sich auch gut mit dem zeitgleichen 007-Merchandising ergänzte, heizte den Erfolg der Serie weiter an. Geradezu provinziell wirkte dagegen die erste große TV-Serien-Vermarktung, die in den fünfziger Jahren durch die Walt-Disney-Serie DAVY CROCKETT ausgelöst worden war; damals lief kein Junge ohne Davy Crocketts Waschbärenmütze herum. Ein ähnlich erfolgreiches TV-Merchandising wie bei SOLO FÜR O.N.K.E.L. hat es erst wieder in den achtziger Jahren mit MIAMI VICE gegeben.

Mit der Serie begann auch der Trend, daß namhafte Schauspieler in populären TV-Serien Gastauftritte als Schurken absolvierten (wenig später wurde das zum Markenzeichen der Pop-Serie BATMAN). Bei SOLO FÜR O.N.K.E.L. sah man Vincent Price, Senta Berger, Boris Karloff, William Shatner, Joan Collins, Cher, Joan Crawford, Leslie Nielsen, Kurt Russell, George Sanders oder Nancy Sinatra als Gaststars. Auch unter den Drehbuchautoren fanden sich Spitzenleute: Robert Towne, Henry Slesar, Howard Rodman und Harlan Ellison. Da wundert es nicht, daß Regisseure wie Richard Donner, Tom Gries, John Brahm, Joseph Sargent oder Michael Ritchie ebenfalls für SOLO FÜR O.N.K.E.L. arbeiteten.

SOLO FÜR O.N.K.E.L. war die erste *Camp*-Serie des US-Fernsehens. *Camp* ist kein Genre, sondern eine Erzählstrategie, die die oberflächliche Botschaft eines Textes soweit aufbläst, daß sie dem Betrachter eine zusätzliche Rezeptionsebene eröffnet. *Camp* verlangt die intellektuelle Überlegenheit des Zuschauers über den vordergründigen Text, der auf einer zweiten Ebene ironisch gebrochen wird, indem er bewußt auf seine Minderwertigkeit in Form abgedroschener Klischees verweist. So verlangt *Camp* nicht nur eine genaue Kenntnis der (Genre-)Spielregeln, sondern auch intellektuelle Distanz zu ihnen. Was natürlich nicht ausschließt, daß der weniger informierte Zuschauer nicht auf anderer Ebene ganz naives Vergnügen an einer derartigen Serie haben kann.

Das Ende kam nicht zu überraschend: Durch eine der regelmäßig wiederkehrenden Gewaltdiskussionen geriet SOLO FÜR O.N.K.E.L. ins Schußfeld aufgebrachter Eltern und Pädagogen. Es waren wohl nicht die eher harmlos anmutendenden Gewaltszenen, die bigotte Moralapostel auf die Palme brachten, als vielmehr die kindliche Begeisterung für eine Serie, deren Moralvorstellungen so radikal mit den konservativen Haltungen der fünfziger Jahre brach. Schließlich begann die westliche Jugend spätestens 1967 aus dem Ruder zu laufen und sich neue Wertmaßstäbe zu setzen, die konservative Kreise mit Abscheu erfüllten. Aber mit der Jugendbewegung verlor auch SOLO FÜR O.N.K.E.L. seine treuesten Fans: zunehmende Politisierung der Jugend durch Pop-Revolte, sexuelle Befreiung und Vietnamkrieg ließ die hedonistische Ideologie der Serie an Bedeutung verlieren. Zu unglaubwürdig wurde ihre Vorstellung von der Modernisierung des Establishments, die letzter Ausdruck der Kennedy-Ära war, angesichts der Ausweitung des Krieges und des zunehmenden Generationskonflikts. Hauptdarsteller Robert Vaughn (siehe Eintrag) war selbst ein engagierter Gegner des Vietnamkrieges.

Robert Vaughn

Die von 1964 bis 1968 ausgestrahlte Serie brachte es auf 105 Folgen (von denen einige Zweiteiler in Europa zu Kinofilmen zusammengefaßt wurden). Da die erste Staffel mit 29 Folgen in Schwarzweiß gedreht wurde, verzichtete RTL aus kommerziellen Gründen (angeblich gehen bei Schwarzweiß-Produktionen die Zuschauerzahlen sofort zurück) auf ihre Ausstrahlung bei einem Wiederholungsversuch. Das ist bedauerlich, denn unter Insidern gilt die erste Staffel als die beste, und die 26 Episoden, die 1967 vom ZDF ausgestrahlt wurden, liegen zudem noch in einer weitaus besseren Synchronisierung vor als die RTL-Folgen.
1983 schrieb und produzierte Michael Sloane für CBS mit THE FIFTEEN-YEARS-LATER-AFFAIR (bei uns als THUNDERBALL) ein TV-Movie, in dem unter der Regie von Ray Austin Solo und Illya noch einmal die Welt retten müssen. Der 2,3 Millionen Dollar teure Film konnte es mit den besten Folgen aufnehmen und brachte ein paar nette Gags: Patrick Macnee spielte den neuen U.N.C.L.E.-Chef und George Lazenby hatte einen kurzen Auftritt im Aston Martin DB 5 als James Bond.
Literatur: Jon Heitland: The Man From U.N.C.L.E.-Book; St. Martin's Press, 1987. John B. Murray: Robert Vaughn; Tessaly Press London, 1987.
Roman: Michael Avallone: Tausend Särge sind zuviel (The thousand Coffins Affair; 1965); Heyne 1260, 1967. John Oram: Glorianas Nachtklub (The Stone-Cold Dead in the Market Affair; M 1966); Heyne 1262, 1967. Brennpunkt Kopenhagen (The Copenhagen Affair; 1965); Heyne 1261, 1967. Peter Leslie: Flammen über Nizza (The Finger in the Sky Affair; 1966); Heyne 1286, 1968. Das radioaktive Kamel (The Radioactive Camel Affair; 1966); Heyne 1296, 1968. Ingesamt erschienen in den USA und in England 23 Romane der Serie (darunter THE DOOMSDAY AFFAIR, 1965, von Kult-Autor Henry Whittington) und 24 Kurzromane im MAN FROM U.N.C.L.E.-Magazin. Darunter die meisten von John Jakes geschrieben.
Comic: NAPOLEON SOLO, DER MANN VON U.N.C.L.E.; Semic Press/Bildschriftenverlag. Nr. 1, 12/1967 – Nr. 9, 4/1969. In den USA erschienen 22 Comic Books bei Gold Key.
Fanclub: U.N.C.L.E. HQ: Lynda Mendoza. PO Box 165, Downer's Grove, IL 60515, USA.

SOLO FÜR SUDMANN

BRD 1996; 12 x 45 Min.; F

Jürgen Sudmann .... Heinz Baumann
Susanne Wegener .... Esther Francksen

➜ Jürgen Sudmann von der SOKO 5113 wurde pensioniert. Aber er kann sich mit dem Ruhestand nicht abfinden. Der Pensionär eröffnet eine Privatdetektei, die er mit seiner Assistentin Susanne, einer Jura-Studentin, betreibt. Reinhard Donga schrieb diese *Spinoff*-Serie von SOKO 5113, die wiederum im ZDF lief.

SONDERDEZERNAT K 1

BRD 1972-82; 24 x 60-90 Min.; F

Arnold Matofski .... Gert Günther Hoffmann
Kurt Dieckmann .... Hubert Suschka
Oliver Stüben (1972-74) .... Hermann Treusch

SK 1: Horst Bollmann und Uwe Friedrichsen

Theodor Beer (1972-79) .... Peter Lakenmacher
Robert Hahn (1981-82) .... Horst Janson

➜ »Keine Superhelden in dieser Serie: Die Arbeit der Hamburger Kriminalpolizei wird vielmehr so geschildert, wie sie die Beamten täglich zu leisten haben. Das Sonderdezernat K1 (das K steht für Kapitalverbrechen) befaßt sich mit Mord, Erpressung, Raub, Totschlag und Brandstiftung. Vier Beamte bilden das SD«, schrieb *Hör Zu* zum Start der Serie, die von Maria Matray und Answald Krüger konzipiert worden war. Sie schrieben auch die ersten zwölf Folgen dieser Studio-Hamburg-Produktion. Danach übernahm Harald Vock. Zu den Regisseuren gehörten Schwergewichte wie Alfred Weidenmann, Hans Quest, Helmut Ashley und Peter Schulze-Rohr. Die ARD-Serie war für die damaligen Verhältnisse recht hart. Nachdem sie beendet wurde, führte Harald Vock ein ähnliches Konzept mit den MÄNNERN VOM K 3 fort. Das SONDERDEZERNAT gehört zu den besten deutschen Serien und ist ein weiterer Beleg dafür, daß der deutsche TV-Serien-Krimi in den siebziger Jahren meistens eine bessere Qualität bot als später.

SONDERDERZERNAT K1: Hubert Suschka, Hansjörg Felmy, Peter Lakenmacher

SONNE, WEIN UND HARTE NÜSSE

BRD 1978-80; 28 x 25 Min.; F

Eric Ott .... Erik Ode
seine Schwester .... Hilde Volk
Kommissar Giraud .... Hans Joachim Frick

➜ Erik Ode variiert seine Kommissar-Rolle: Als pensionierter Kriminalkommissar Ott zieht er zu seiner Schwester nach Frankreich, um einen ruhigen Lebensabend zu verbringen. Aber natürlich wird er ständig in irgendwelche Kriminalfälle verwickelt.

Ambitionslose kleine Geschichten mit dem angenehmen Hintergrund der Côte d'Azur. Entspannte Mischung aus Ferienfreuden und leichter Krimiunterhaltung. Eine typische, harmlose WDR-Vorabendserie, der man nicht böse sein kann.

SOPHIE – SCHLAUER ALS DIE POLIZEI

BRD 1996; 1 x 90 Min. u. 13 x 45 Min.; F

Sophie Mayerhofer .... Enzi Fuchs
Pater Anselm .... Martin Benrath
Kriminalrat Ludwig Mayerhofer .... Jörg Hube
Philipp .... Frank Giering
Charlotte Mayerhofer .... Monika Baumgartner
Laura .... Carola Aichner

➜ Nach über 30 Jahren in London kehrt Sophie in einem englischen Taxi in ihre Heimatstadt Regensburg zurück. Da dort jede Menge mysteriöse Morde geschehen, betätigt sich die scharfsinnige Sophie als Amateurdetektivin – sehr zum Ärger ihres Bruders, der Kriminalrat ist. Bei ihren Nachforschungen stehen Sophie aber auch Freunde zur Seite: der Jugendfreund Pater Anselm und dessen Ziehsohn, der Computerfreak Philipp, sowie ihre Nichte Laura.

Irene Rodrian dachte sich diese Weißwurst-Miss-Marple für die NDF und SAT.1 aus. Harmlos und nicht in der Klasse von MORD IST IHR HOBBY. Über den Pilotfilm schrieb die *Funk-Korrespondenz* in Nr. 23/1997: »Nach guten Ansätzen und genauen Beobachtungen flacht die Pilotfolge immer weiter ab, so daß nach den obendrein viel zu vielen Werbeunterbrechungen der Blutdruck immer weiter absackt. Der dramaturgisch schlecht durchgearbeitete Pilotfilm wirkte in vielen Szenen unnötig in die Länge gezogen. Vielleicht ist Sophie als Serienformat überzeugender.« Mitnichten.

SOPRANOS, DIE

The Sopranos

USA 1999- ; x 45 Min.; F

Tony Soprano .... James Gandolfini
Carmela Soprano .... Edie Falco
Livia Soprano .... Nancy Marchand
Onkel Junior Soprano .... Dominic Chianese
Dr. Jeniffer Melfi .... Lorraine Bracco
Big Pussy Bompensiero .... Vincent Pastore
Silvio Dante .... Steve Van Zandt
Paulie Walnuts .... Tony Sirico
Hesh Rabkin .... Jerry Adler
Vin Makasian .... Johnny Heard
Anthony Soprano Jr. .... Robert Iler
Meadow Soprano .... Jamie-Lynn Sigler
Pater Phil .... Michael Santoro
Arthur Bucco .... John Ventimiglia
Charmaine Bucco .... Katherine Narducci
Christopher Moltisanti .... Michael Imperioli
Adriana .... Drea de Matteo
Micjey Palmice .... Al Sapienza

➜ DIE SOPRANOS erzählt die Geschichte einer »ganz normalen« amerikanischen Mittelschichtsfamilie in einer sich immer mehr kriminalisierenden Gesellschaft. Der übergewichtige Tony ist zwar leicht reizbar, aber Sohn und Tochter versucht er ebenso ein guter Vater zu sein wie seiner Frau ein akzeptabler Ehemann. Er hat für ein schönes Haus mit Swimmingpool gesorgt, und materiell geht es den Sopranos bestens. Allerdings muß sich Daddy dafür auch reichlich ins Zeug legen und schon mal einen säumigen Schuldner krankenhausreif prügeln. Denn Tony ist ein Mafia-Boß, der darauf achten muß, daß ihm sein anvertrautes Terrain in New Jersey nicht aus dem Ruder läuft. »Wenn es an der Zeit ist, gewalttätig zu sein, ist die Serie sehr gewalttätig. Diese Leute sind keine Teddybären und trotz ihrer Schwächen und zärtlichen Seiten sehr brutale Männer«, sagt Serien-Erfinder David Chase über seine Protagonisten. Die Serie war 1999 der Überraschungserfolg des Jahres in den USA und ist immer noch dabei, alle wichtigen Preise einzuheimsen. Sie ist der bisher wohl größte Erfolg des Pay-TV-Senders HBO, der an die 30 Millionen Zuschauer mit den SOPRANOS erreicht. Der Erfolg ist auf den ersten Blick nicht zwingend: Erzählt werden episodisch und ohne durchgehenden Spannungsbogen alle möglichen Aspekte und Erlebnisse einer reichen US-Spießerfamilie, deren Oberhaupt ein Geschäftsmann des Illegalen ist. Natürlich sind die Schauspieler wunderbar (ja, es ist der Little Steven Van Zandt aus Bruce Springsteens E-Street Band!), die Drehbücher intelligent und witzig, und Regie, Kamera und Schnitt auf hohem professionellen Niveau. Aber derartige Charaktere waren – ähnlich wie die Bundys – bisher keine Identifikationsfiguren und somit als erfolgreiche Fernsehhelden untauglich. Anscheinend hat sich das Sehverhalten in der westlichen Welt verändert, und das oft zitierte moralische Koordinatensystem ist nicht nur durch die Nachmittags-Talkshows nach unten gesenkt worden.

Es ist kaum zehn Jahre her, da bestritten unsere Politiker vehement, daß es bei uns so etwas wie organisierte Kriminalität gebe. Dank der Medien (und vor allem dank des Bestsellererfolges von Dagobert Lindlaus Buch *Der Mob*) mußten sie irgendwann zähneknirschend zugeben, daß es ja leider doch organisiertes Verbrechen gibt, aber natürlich alles nicht so schlimm sei. Schnell hatte man sich daran gewöhnt und diese Tatsache als Argument zum Abbau von Freiheitsrechten instrumentalisiert. Daß inzwischen ganze Staatsapparate von kriminellen Organisationen beherrscht werden (Kolumbien, Bolivien, Belgien usw.), wird natürlich nicht weiter von Volksvertretern thematisiert, die selbst häufig im Verdacht der Vorteilsnahme stehen.

Die Bedrohung durch die organisierte Kriminalität, die ganze Staaten unterwandern und korrumpieren und mit ihrem illegalen Kapital ganze Volkswirtschaften kontrollieren oder demontieren kann, hatten amerikanische TV-Serien schon in den 80er

James Gandolfini in ...

Jahren erkannt. MIAMI VICE (1984-89) von Michael Mann zeigte eindrucksvoll den aussischtslosen Krieg kleiner Polizisten gegen die Macht der Drogenhändler, die längst eine Allianz mit den Banken der Wall Street eingegangen waren. Auch KAMPF GEGEN DIE MAFIA (1987-90) von Stephen J. Cannell behandelte den unzerstörbar gewordenen Filz zwischen Politik, Wirtschaft und der organisierten Kriminalität. Mittlerweile ist die weltweite organisierte Kriminalität in Kartellen zusammengeschlossen und steuert global und weitgehend einvernehmlich ihre Aktivitäten, die längst auch halblegale und legale Geschäfte beinhalten (schließlich muß das gewaschene Geld aus den illegalen Einkünften angelegt und somit in den legalen Wirtschaftskreislauf zurückgeführt werden). Mit dieser Konzentration multinationaler Kriminellenorganisationen ging der Abstieg der amerikanischen Mafia einher, die wegen ihrer Provinzialität mit agileren Gruppen wie etwa den japanischen Yakuza, den chinesischen Triaden oder den verschiedenen russischen Organisationen im großen Maßstab nicht mehr konkurrenzfähig ist. Im Wettbewerb der großen Verbrechenskonzerne ist die US-Mafia längst abgeschlagen, zu Vorortbanditentum verkommen, weitgehend ohne den einstigen politischen Einfluß. Vorbei die Zeiten, wo der Chicagoer Boss Sam Giancanna für die erfolgreiche Wahl des Präsidentschaftskandidaten John F. Kennedy sorgen konnte.

Dieser Verfall hat nicht, wie *Der Spiegel* in seinem SOPRANO-Artikel irrtümlich behauptet, mit der Inhaftnahme des New Yorker Chefs des Gambino-Clans, John Gotti, begonnen, sondern schon Ende der siebziger Jahre. Ursache war die fortschreitende weltweite Vernetzung anderer Kriminalitätskartelle und der Respektverlust der Mafiosi bei neuen aggressiven ethnischen Gangs aus Südamerika und Asien. Der Stoff, der den Motor der neuen organisierten Kriminalität antrieb, war der Drogenhandel.

Vor diesem Hintergrund muß man DIE SOPRANOS sehen, wenn man einen Teil ihrer Anziehungskraft für das US-Publikum verstehen will. In diesem Mafiabild symbolisiert sich auch der Verfall der amerikanischen Mittelschicht, der seit der Reagan-Ära unaufhaltsam fortschreitet. Der Mafioso John

Gotti selbst hatte in Auftreten und Habitus mehr mit dem mittleren Vorstadtganoven Tony Soprano gemeinsam als mit Don Corleone. Medial wurde der schleichende Niedergang der italienischen US-Mafia seit Jahrzehnten durch Filme und Romane begleitet. Der Pop-Journalist Nick Tosches etwa zeigte in seinem Roman DIE MEISTER DES BÖSEN (Kiepenheuer & Witsch, 1996) die Zerfleischung und Rückzugsgefechte der New Yorker Familien. Und Martin Scorsese entwickelte mit GOODFELLAS eine neue Mafiafilm-Ästhetik, die nichts mehr mit dem schwülstigen Pathos des Mafia-Werbespots DER PATE zu tun hatte. Scorsese hatte mit HEXENKESSEL (MEAN STREETS) und GOODFELLAS gleichsam die Italo- und Spätwestern des amerikanischen Gangsterfilms gedreht. Ohne Scorseses Werke wären die SOPRANOS, die dessen Filmsprache und realistische Haltung überzeugend kopieren, nicht denkbar. Viele der komischen Momente (etwa das versehentliche Erschießen eines LKW-Fahrers in der dritten Episode) sind von Quentin Tarantinos Film PULP FICTION und dessen surrealen Naturalismus beeinflußt. Die unentwegten Besuche von Tony Soprano bei seiner Psychiaterin sind bezeichnend: Er ist kein mächtiger, alter Don, sondern ein emporgekommener, frustrierter Proll-Spießer, an Seele und Leib verfettet, der sich körperlich nicht fit hält, weil man bei Leibesübungen kein Dosenbier in der Hand halten kann. Die Banalität des Bösen manifestiert sich in der Figur Tony Sopranos. Der Gangsterboß ist jederzeit dazu in der Lage, mit eigenen Händen zu töten. Aber er ist auch besorgter Sohn einer ebenso widerlichen wie gnadenlosen Mutter, dumpfer Vater (der den Sohn durch Nintendo-Verbote diszipliniert), Macho-Ehemann und Tierfreund. Ob er jemanden brutal zusammenschlägt oder die Mutter im Altersheim besucht – er ist eigentlich nie wirklich schockierend, denn Regie und Buch legen alle Szenen völlig gleichwertig an. So ist eben das Leben, mal lustig, mal traurig und mal brutal. Die Figuren entziehen sich jeder moralischen Wertung des Zuschauers. Diese Gleichgewichtung aller Handlungselemente machen DIE SOPRANOS zu einer absolut amoralischen Serie. Sie ist der serielle Endpunkt einer völlig verinnerlichten Doppelmoral, die dem materiellen Erfolg alles unterordnet.

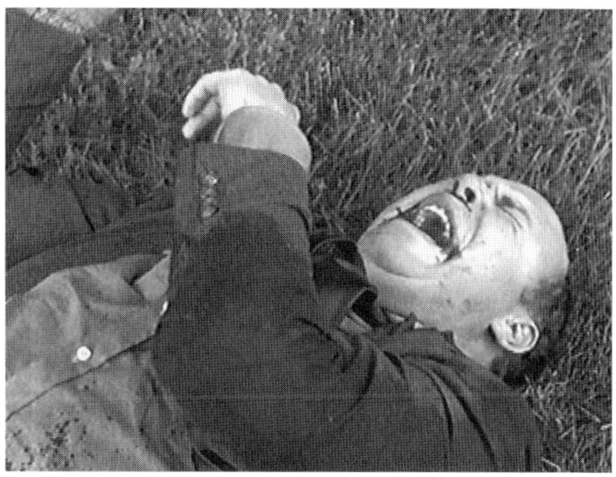

… DIE SOPRANOS

DIE SOPRANOS: James Gandolfini

MIAMI VICE oder KAMPF GEGEN DIE MAFIA thematisierten noch den Kampf gegen die übermächtige organisierte Kriminalität. Zehn Jahre später ist mit der Serie DIE SOPRANOS eine neue Dimension erreicht: Nicht mehr der Kampf gegen die Mafia ist die erzählerische Perspektive, sondern die Normalität der organisierten Kriminalität in der direkten Nachbarschaft. Gangstertum ist nicht länger ein bedrohlicher Mythos der freien Marktwirtschaft, sondern nur eine Soap-Opera mit durchgeknallten Sitcom-Charakteren.
Während MIAMI VICE, KAMPF GEGEN DIE MAFIA oder eben DIE SOPRANOS ein realistisches Bild der organisierten Kriminalität vermitteln, ist dies deutschen Produktionen in dieser Komplexität nie gelungen. Man vergleiche nur die Undercoveragenten in KAMPF GEGEN DIE MAFIA mit denen in Dieter Wedels lächerlicher Klamotte DER SCHATTENMANN, in der V-Mann Heinz Hoenig wie Bud Spencer als Tanzbär chargiert.
David Chase feierte erste Erfolge als Drehbuchautor für DETEKTIV ROCKFORD: ANRUF GENÜGT. Zu den von ihm erdachten Serien gehören AND I'LL FLY AWAY (bei uns nicht gezeigt) und NORTHERN EXPOSURE, das unter dem dämlichen Titel AUSGERECHNET ALASKA auch in Deutschland eine Kultgemeinde fand. Der (vor den SOPRANOS) zweifache Emmy-Preisträger Chase ist selbst Italo-Amerikaner, in New Jersey, wo die SOPRANOS spielen und gedreht werden, aufgewachsen und verwertet seine Erfahrungen mit dem dortigen Mafiaklüngel. Chase bot DIE SOPRANOS zuerst den Free-TV-Networks an, erhielt aber nur Ablehnungen. Im Nachhinein ein Glücksfall: Ohne die Selbstzensur der Networks, ohne Werbeunterbrechungen und ohne Einmischung der Werbewirtschaft kann

David Chase seine Geschichten bei HBO komplexer und mit bedingungsloser Realitätsnähe erzählen.
Wieder einmal zeigt sich, daß TV-Serien erfolgreich und anspruchsvoll sein können, wenn man den richtigen Machern die richtigen Rahmenbedingungen einräumt. Und natürlich muß man wieder einmal einräumen, daß es weder zu den SOPRANOS noch zu MIAMI VICE, POLIZEIREVIER HILL STREET, NEW YORK COPS oder KAMPF GEGEN DIE MAFIA ein vergleichbares Gegenstück in der deutschen TV-Serienkultur gibt.

SOS VERMISST

SOS Disparus

F 1988; 1 x 90 Min. u. 6 x 53 Min.; F

Hélène Frank ..... Alexandra Stewart
Cécile ..... Christine Laurent
Maresco ..... François Dunoyer
Julie ..... Cécilia Hornus
Renard ..... Bernard Waver
Robin ..... Jean-Pierre Sentier
Irene Baron ..... Marie Bizet
Madeleine ..... Micheline Presle

➜ In Europa verschwinden jährlich etwa hunderttausend Menschen spurlos. Sie tauchen freiwillig unter, werden nach Unglücksfällen vermißt oder Opfer von Verbrechen. Auch Hélène hat das erlebt. Ihre zehnjährige Tochter Agnes wurde entführt und ermordet. Deshalb hat sie SOS Disparus gegründet, eine Organisation, die den Betroffenen und ihren Angehörigen hilft.
Jede Folge der von Michel Grisola, Joel Santoni, Marie-Thérèse Cuny und Tito Topin geschriebenen Serie erzählt einen in sich abgeschlossenen Fall. Regie führten Joel Santoni, Maurice Frydland, Claude Grinberg, Daniel Losset, Pierre Boutron, Jacques Renard und Michel Favart.

SOUTH BEACH

South Beach

USA 1993; 1 x 90 Min. u. 6 x 45 Min.; F

Kate Patrick ..... Yancy Butler
Agent Roberts ..... John Glover
Roxanne ..... Patti d'Arbanville
Caesar ..... Tony Guzman
Vernon Charday ..... Eagle Eye Cherry

➜ Mit nur 22 Jahren ist Kate schon eine routinierte Hochstaplerin und Betrügerin. Am Südstrand von Miami wartet sie auf ihre Kundschaft: die Reichen und Schönen, die Finanzmogule der Ober- und Unterwelt, die sie ausnehmen kann. Aber dann gerät sie ins Visier des Agenten Roberts, der ihr nur eine Wahl läßt: Entweder sie stellt ihre Fähigkeiten in den Dienst der Regierung oder sie kommt ins Gefängnis. Klar, wofür sich Kate entscheidet.
IHR AUFTRITT, AL MUNDY meets MIAMI VICE in dieser Flop-Serie, die Glen Davis und William Laurin für NBC konzipierten. Yancy Butler ist die Tochter des *Lovin' Spoonful*-Schlagzeugers Joe Butler.

SPACE COPS – TATORT DEMETER CITY

Space Precinct

GB/USA 1994-95; 24 x 45 Min.; F

Lieutenant Patrick Brogan ..... Ted Shackleford
Officer Jack Haldane ..... Rob Youngblood
Officer Jane Castle ..... Simone Bendix
Sally Brogan ..... Nancy Paul
Matt Brogan ..... Nic Klein
Liz Brogan ..... Megan Olive
Podly ..... Jerome Willis
Orrin ..... Richard James
Took ..... Mary Woodvine
Fredo ..... David Quilter

➜ »›Wir haben keine Kosten und Mühen gescheut‹, meint Bond-Regisseur John Glen zu seinem neuen Werk. 36 Millionen Dollar kostete die Science Fiction-Krimi-Serie. Arena der Kämpfe zwischen den computergesteuerten Glibber- und Horrorwesen und menschlichen Cops ist der Planet Altor – ein intergalaktischer Schmelztiegel. Alles deutet also auf eine düstere Multi-Kulti-Vision aus dem 21. Jahrhundert hin«, schrieb der *Gong* in Nr. 16/1996 zum Deutschlandstart auf RTL.
Mastermind hinter der Serie ist die englische Kultfigur Garry Anderson. Mit seinen animierten Puppenserien THUNDERBIRDS, SUPERCAR, FIREBALL XL oder STINGRAY setzte er in den sechziger Jahren neue Maßstäbe im Trickfilm. Um SPACE COPS zu realisieren, braucht er zehn Jahre: Bereits 1987 hatte er mit SPACE POLICE einen Pilotfilm produziert. Die Serie, die pro Folge 1,5 Millionen Dollar verschlang, wurde in den Pinewood- und in den Shepperton-Studios gedreht.

SPECIAL SQUAD

Special Squad

AUS 1984; 39 x 45 Min.; F

Don Anderson .... Alan Cassell
Joel Davis .... John Diedrich
Greg Smith .... Anthony Hawkins

➜ Eine harte *Down Under*-Cop-Show, die im Staat Victoria spielt. Unter dem Kommando ihres diktatorischen Chefs Anderson kämpfen der athletische Davis und der Junkfood-Fan Smith ununterbrochen gegen die Unterwelt.

Terry Stapleton konzipierte und produzierte die Serie für die Produktionsgesellschaft der Crawford-Brüder, die eine ganze Reihe australischer Cop-Shows zu verantworten haben.

Spelling, Aaron

Amerikanischer Produzent. Der am 22. April 1923 in Texas geborene Autor/Produzent ist der erfolgreichste Produzent in der Geschichte des Fernsehens. Er begann seine Karriere in Hollywood als Schauspieler, schrieb dann Drehbücher für Anthologie-Reihen. Seine erste Produktion war der kurzlebige Western JOHNNY RINGO (1959-60) mit Don Durant für Four Star. Für diese Produktionsfirma realisierte er seine erste erfolgreiche Serie: AMOS BURKE (1963-66). Erstmals taucht hier ein superreicher Detektiv auf, der Kriminalitätsbekämpfung mit dem verbindet, was Spelling wohl unter *Good Living* versteht. Spätere Serien wie HART ABER HERZLICH (1979-84) oder MATT HOUSTON (1982-85) zeigten diesen Typus ebenfalls. Aus dem Auftritt von HONEY WEST in AMOS BURKE entwickelte er eine eigene Serie. Sein richtiger Durchbruch kam 1968 mit TWEN POLICE (1968-73). Zuvor hatte er mit Danny Thomas eine eigene Produktionsfirma gegründet. Er plünderte die TWEN POLICE-Formel mit weiteren Serien aus: NEU IM EINSATZ (1972-76), STARSKY UND HUTCH (1975-79) und DIE KNALLHARTEN FÜNF (1975-76). Mit DREI ENGEL FÜR CHARLIE (1976-81) landete er einen weiteren Hit. 1977 ging er eine Partnerschaft mit Leonard Goldberg ein und ließ die Hit-Maschine auf vollen Touren laufen: LOVE BOAT (1977-87), FANTASY ISLAND (1978-84), VEGA$ (1978-81) und in den achtziger Jahren DENVER-CLAN (DYNASTY, 1981-89), MATT HOUSTON, T.J. HOOKER (1982-87), HOTEL (1983-88). Dann war er eine Weile weniger erfolgreich und zu sehr mit dem Bau des größten Privathauses (123 Zimmer) in Beverly Hills beschäftigt. In den Neunzigern fand er wieder Anschluß und produzierte mit BEVERLY HILLS 90210 und MELROSE PLACE weitere erfolgreiche Soap Operas. Kein anderer Produzent hat einen ähnlich starken Instinkt für den kleinsten gemeinsamen Nenner des Publikums, und kein anderer Produzent hat soviele miese Krimi-Serien verbrochen. Das Massenpublikum liebt seine Shows, die Kritiker hassen sie. Spelling: »Natürlich tun die Kritiken weh. Aber ich mache kein Fernsehen für ein paar Kritiker. Selbst wenn ich die Bibel in Originalbesetzung verfilmen würde, bekäme ich schlechte Kritiken: Das Drehbuch stimmt nicht, die Darsteller sind schlecht.« Jedenfalls kassiert er genug Schmerzensgeld.

SPENSER

Spenser: For Hire

USA 1985-88; 1 x 90 Min. u. 57 x 45 Min.; F

Spenser .... Robert Urich
Hawk .... Avery Brooks
Susan Silverman (1985-86, 1987-88) ... Barbara Stock
Lt. Martin Quirk (1985-87) .... Richard Jaeckel
Sergeant Frank Belson (1986-87) ..... Ron McLarty
StA. Rita Fiori (1986-87) .... Carolyn McCormick

➜ Robert B. Parker ist der erfolgreichste zeitgenössische Autor von Privatdetektivromanen. Seine Figur des knallharten Bostoner *PIs* Spenser, der

SPENSER: Robert Ulrich

Dieter Pfaff als Hans Sperling (mit Ingo Naujoks, links)

gelegentlich mit dem Killer Hawk zusammenarbeitet, und mit einer emanzipierten Psychologin so etwas wie eine Liebesbeziehung hat, ist eine Art liberaler Mike Hammer. Genauso brutal, aber politisch korrekt. Parker war der erste *Private Eye*-Autor, der es seit Ross Macdonald auf die Bestsellerlisten schaffte. Für die Fernsehserie mußten seine brutalen Geschichten natürlich von Produzent John Wilder für ABC entschärft werden. So wird niemals deutlich, daß Hawk ein Auftragskiller ist. Parker selbst arbeitete als Berater an der Serie mit. In Spensers Boston existiert offensichtlich so etwas wie eine friedliche Koexistenz zwischen organisiertem Verbrechen und den Ordnungskräften. Spensers Fälle haben immer etwas mit persönlichen Schicksalen zu tun und nicht mit einem systematischen Kampf gegen den Mob. Die *Los Angeles Times* fragte einmal, ob die Serie eine Parodie sei. Tatsächlich ist sie manchmal unfreiwillig komisch, was aber schon in den moralisierenden Romanvorlagen angelegt ist. Trotzdem ist sie eine sehenswerte Serie, und das winterliche Boston, das besonders im Pilotfilm (gedreht nach dem Roman THE PROMISED LAND, der mit dem *Edgar Allan Poe*-Preis ausgezeichnet wurde) eindrucksvoll in Szene gesetzt wurde, fasziniert. 1994 kehrte Robert Urich als Spenser in vier TV-Movies zurück, Verfilmungen der Romane PALE KINGS AND PRINCES (1987), CEREMONY (1982), A JUDAS GOAT (1978) und A SAVAGE PLACE (1981).

Literatur: Robert B. Parker: Spenser's Boston; Otto Penzler Books, 1994. Dennis Tallett: The Spenser Companion; 1998.

Roman: Auf deutsch erschienen Parkers Romane zuerst bei Ullstein, dann bei Goldmann und jetzt bei Rowohlt.

SPERLING

BRD 1996- ; x 90 Min.; F

Hans Sperling .... Dieter Pfaff
Karsten Rohde .... Benno Fürmann
Verena Kowalski .... Petra Kleinert
Norbert Wachutka .... Hans-Joachim Grubel

➜ »Mit Sperling betritt eine ungewöhnliche Figur den deutschen Serienkrimi. Zum einen reaktiviert sie den mitfühlenden und dennoch nicht leicht zu enttäuschenden, auf Psychologie und Menschenkenntnis setzenden Kommissar, wie ihn Simenon mit Maigret zur Perfektion entwickelt hat. Zum anderen verzichtet sie nicht auf handlungsverstärkende und zugleich zielgerichtete Aktion, die für viele amerikanische TV-Kommissare zur täglichen Pflicht gehören. Zum dritten zeichnet sie die melancholisch ausbalancierte Einsamkeit aus, die seit Chandlers Philip Marlowe die privaten Konkurrenten der Detektivfraktion in ihrem Verhalten bestimmt. Doch Sperling ist alles andere als ein am Computer synthetisierter Genre-Homunculus. [...] Das liegt vor allem am Schauspieler Dieter Pfaff. Der hält seine Figur wunderbar in der Balance zwischen Reflektion und Aktion, zwischen Einfühlung und Verweigerung, zwischen melancholischer Skepsis und handlungsleitender Hoffnung«, schrieb Dietrich Leder in der *Funk-Korrespondenz* Nr. 9/1996. Die von der Polyphon für das ZDF in Berlin produzierte Serie basiert auf einem Konzept von Ralf Basedow und Dieter Pfaff und entwickelt sich zu einer der großen Samstagabendserien des Senders.

SPEZIALAUFTRAG

Strange Report

GB 1968-69; 16 x 50 Min.; F

Adam Strange .... Anthony Quayle
Hamlyn Gynt .... Kaz Garas
Evelyn McLean .... Anneke Wills
Chief Superintendent Cavanagh .... Gerald Sim
Professor Marks .... Charles Lloyd Pack

➜ Die ungewöhnlichen Fälle eines ehemaligen Polizeikriminologen, der die Fälle löst, an denen die besten Gehirne von Scotland Yard scheiterten oder die für die britische Regierung brisant sind. Strange fährt im zivilisiertesten Verkehrsmittel der Welt, einem schwarzen Londoner Taxi, und wird von einem Museumsmitarbeiter und der Nachbarin seiner Paddingtoner Wohnung unterstützt.
Die von Robert Berger und Norman Felton für Arena und ITC produzierte Serie erfreut sich noch heute unter den Krimi-Fans großer Beliebtheit wegen ihrer ausgeklügelten Geschichten, die in jeder Folge ein besonderes Milieu (Modewelt, Universität, Heiratsvermittlungen usw.) als Mikrokosmos beleuchteten. Zu den Autoren gehörten John Kruse, Tudor Gates, Bill Strutton, Edward DeBlasio und Jan Read. Regie führten u.a. Peter Medak, Charles Crichton, Peter Duffell und Daniel Petrie.
Roman: John Burke: Strange Report; Hodder, 1970.

SPEZIALISTEN, DIE

Special Branch

GB 1969-70, 1973-74; 52 x 50 Min.; F

Det. Inspector Jordan (1969-70) ... Derren Nesbitt
Det. Superintendent Eden (1969) ... Wensley Pithey
Det. Superintendent Inman (1970) ... Fulton Mackay
Det. Chief Insp. Craven (1973-74) ... George Sewell
Det. Chief Insp. Haggerty (1973-74) ... Patrick Mower
Det. Sgt. North (1973) .... Roger Rowland
Commander Nicols (1973) .... Richard Butler
Commander Fletcher (1974)...... Frederick Jaeger
Strand (1974) .... Paul Eddington

➜ Die Serie führte einen völlig neuen Typus des Krimihelden in britischen TV-Serien ein: Inspector Jordan war nicht mehr der unauffällige, freundliche Allerweltstyp im Regenmantel, sondern ein modisch-eleganter Frauenheld, ganz im Stil der Zeit mit breiten Krawatten und Kragen. Er war direkt dem Chef von Scotland Yards *Special Branch* unterstellt, einer geheimen Abteilung, die vor allem ausländische Spione jagte. Die ersten beiden Staffeln wurden noch auf Video gedreht. Danach machte Thames Televison ein paar Jahre Pause und schickte ein neues Team auf Agentenjagd. Diesmal wurde auf Film gedreht und von Euston Films produziert, die hier all das lernten, was ihnen später bei den FÜCHSEN helfen sollte, eine neue Dynamik in die britische Serienästhetik zu bringen. Zu den Autoren der gut gemachten Serie gehörte auch George Markstein, der die Serie mitkonzipierte und die erste Staffel als Redakteur prägte.
Roman: John Eyers: In at the Kill; Futura, 1976.

SPIONAGESCHIFF: Peter Eyre, David Burke

SPEZIALISTEN UNTERWEGS, DIE

Misfits of Science

USA 1985; 1 x 90 Min. u. 14 x 45 Min.; F

Dr. Billy Hayes .... Dean Paul Martin
Dr. Elvis »El« Lincoln .... Kevin Peter Hall
Johnny Bukowski .... Mark Thomas Miller
Gloria Dinallo .... Courteney Cox
Jane Miller .... Jennifer Holmes
Dick Stetmeyer .... Max Wright
Miss Nance .... Diane Civita

➜ Eher eine teenie-orientierte Fantasy-Serie. James D. Parrott konzipierte und produzierte für Universal und NBC diese Serie um Mutanten, die gegen das Böse kämpfen. Ganz klar wurde sie von *Marvel Comics* wie FANTASTIC FOUR oder X-MEN inspiriert. »Zuviel dümmliche Dialoge und zuwenig Special Effects«, urteilte *Halliwell's TV Companion*.

SPIONAGE

Spy

GB 1980; 6 x 50 Min.; F

➜ Anthologie-Reihe über wahre Spionagefälle. Die sechste Folge, SCHAUPLATZ TOKIO, behandelt den Fall Richard Sorge, der von Richard Johnson gespielt wurde; geschrieben von Allan Prior.

SPIONAGESCHIFF

Spyship

GB/AUS 1983; 6 x 55 Min.; F

Martin Taylor .... Tom Wilkinson
Suzy Summerfield .... Lesley Nightingale
Sir Peter Hillmore .... Michael Aldridge
Francis Main .... Peter Eyre
Rokoff .... David Burke
Evans .... Philip Hynd

➜ Während eines NATO-Manövers vor der norwegischen Küste verschwindet ein englischer Fischkutter, die *Caistor*. Es werden weder Mitglieder der Besatzung geborgen noch Wrackteile gefunden. Taylor, dessen Vater zu den verschwundenen Seemännern gehört, versucht herauszufinden, was passiert ist. Dabei wird er vom britischen Geheimdienst beobachtet.

James Mitchell schrieb das Drehbuch nach dem Tatsachenroman von Tom Keene und Brian Haynes. Michael Custance führte Regie und Colin Rogers produzierte diesen spannenden Sechsteiler für die BBC.

Roman: Tom Keene mit Brian Haynes: Das Geheimnis der Caistor; Bastei 13022, 1985.

SPIONIN WIDER WILLEN: Michu, Denner, de Capitani

SPIONIN WIDER WILLEN

Espionage et tais-toi

BRD/F 1986-87; 6 x 45 Min.; F

Annette Vallier .... Grace de Capitani
Colonel Odoard .... Charles Denner
Annettes Mutter .... Sophie Grimaldi
Annettes Vater .... Jacques François
Galichon .... Clément Michu
Colones Hermes .... Christian Barbier
Georges .... Gérard Loussine

➜ Die erfolgreiche Hoteldiebin Annette wird vom Geheimdienstchef beim Stehlen erwischt. Der zwingt sie dazu, künftig für ihn zu arbeiten.
Gewollt humorvolle Spionagekomödie, geschrieben von Laurence Lignères und Christian Watton, inszeniert von Claude Boissol. Eine frivole französische Antwort auf IHR AUFTRITT, AL MUNDY. Die vornehmste Aufgabe der Serie war, ihre attraktive Hauptdarstellerin möglichst oft wenig bekleidet in verführerischen Posen zu zeigen.

Spooner, Dennis

Englischer Autor und Produzent. Geboren 1932 in Tottenham, London, gestorben 1986. Als Autor, *Story Editor* und Koproduzent gehörte er zu den einflußreichsten Autoren im britischen Fernsehen der sechziger Jahre. Er schrieb u.a. für CHAMPIONS, DEPARTMENT S, JASON KING, MIT SCHIRM, CHARME UND MELONE. Bevor er zum Schreiben kam, schlug er sich mit Gelegenheitsjobs durchs Leben. Seinen Militärdienst leistete er in Ägypten. Anschließend schrieb er Gags für Stand-up-Komiker. 1961 hatte er seinen Durchbruch als TV-Autor mit Drehbüchern für Gerry Andersons Serie FIREBALL XL5 und die gerade gestartete Soap Opera CORONATION STREET . Es folgten Arbeiten für MIT SCHIRM, CHARME UND MELONE, NO HIDING PLACE und HANCOCK. 1964 stieß er zum Autorenteam der Science-Fiction-Kultserie DR. WHO. Er schrieb Bücher für DER BARON, bevor er gemeinsam mit Richard Harris seinen größten Wurf landete: DER MANN MIT DEM KOFFER. Später entwickelte er mit Monty Berman die Serien CHAMPIONS, THE ADVENTURER und DEPARTMENT S. Am bekanntesten in England wurde er durch die fantastische Privatdetektivserie RANDALL & HOPKIRK. In den siebziger und frühen achtziger Jahren schrieb er Bücher für THRILLER, die Neuauflage von MIT SCHIRM, CHARME UND MELONE, DIE PROFIS, BERGERAC, HART ABER HERZLICH und REMINGTON STEELE.

SPÜRSINN DES MR. REEDER, DER

The Mind of Mr. Reeder

GB 1969, 1971; 16 x 50 Min.; F

J.G. Reeder .... Hugh Burden
Sir Jason Toovey .... Willoughby Goddard
Mrs. Houchin (1969) .... Mona Bruce
Miss Belman (1971) .... Gillian Lewis

➜ Der kleine, unscheinbare Mr. Reeder sieht nicht aus wie jemand, der bösen Buben gefährlich werden kann. Aber hinter seinem unscheinbaren Äußeren versteckt sich ein scharfer, brillanter Verstand.
Die nette Serie basiert auf den Reeder-Geschichten von Edgar Wallace und wurde von Lloyd Shirley für Thames TV produziert. In Deutschland lief sie innerhalb der Reihe FAHNDUNG im DDR-Fernsehen.

STAATSANWÄLTIN, DIE

BRD 1995; 3 x 90 Min.; F

Katharina Reuter .... Lena Stolze
Ernst Sternberg .... Wolfgang Greese
Andreas Döpke .... Christoph Waltz
Sonja .... Nina Hoger
Grutschenkow .... Manfred Zapatka

DIE STAATSANWÄLTIN UND DER COP: **Matlin, Harmon**

Färber .... Jaecki Schwarz
Otto Ludwig .... Andreas Mannkopf
Thomas Reuter .... Peter Lohmeyer
Bieler .... Dieter Wien
Brückmann .... Torsten Ranft
Sauer .... Sven Martinek
Frau Lehmann .... Karin Düwel

➜ Für Staatsanwältin Reuter bricht eine Welt zusammen, als ihr Mann auf offener Straße erschossen wird. Sie entdeckt, daß er ein gefährliches Doppelleben geführt hat. Die Ermittlungen führt ihr Jugendfreund Döpke, und bald stecken sie in einem Sumpf aus Plutoniumschmuggel und Russenmafia.
Geschrieben für die ARD von Marlies Ewald und Peter Probst, Regie führte Thomas Jacob.

STAATSANWÄLTIN UND DER COP, DIE
Reasonable Doubts

USA 1991-93; 1 x 90 Min. u. 43 x 45 Min.; F
Staatsanwältin Tess Kaufman .... Marlee Matlin
Detective Dicky Cobb .... Mark Harmon
Arthur Gold .... William Converse-Roberts
Bruce Kaufman .... Tim Grimm
Kay Lockman (1991-92) .... Nancy Everhard
Maggie Zambro (1992-93) .... Kay Lenz
Sean Kelly (1991-92) .... John Mese

➜ Der knochenharte Cop Cobb wird mit der taubstummen Staatsanwältin zusammengespannt, weil er Zeichensprache beherrscht. Sonst haben beide nicht viel gemeinsam, und Cobbs Freundin Kay, die zu Beginn der zweiten Staffel stirbt, hat eigentlich keinen Grund zur Eifersucht, ist es aber auf eine nervtötende Art und Weise.

Stack, Robert

Amerikanischer Schauspieler. Er wurde am 13. Januar 1919 in Los Angeles geboren. Als Kind reiste er mit seiner Mutter durch Europa. Er studierte Schauspiel an der Henry Duffy School of Theatre, als er von einem Talentscout entdeckt wurde. Seine Filmkarriere begann 1939, als er in FIRST LOVE der jungen Deanna Durbin ihren ersten Filmkuß geben durfte. Weitere Filme mit ihm als romantischem Liebhaber folgten. Im Zweiten Weltkrieg war er in der Navy. Nach dem Krieg spielte er in Budd Boettichers THE BULLFIGHTER AND

Robert Stack in CHICAGO 1930

THE LADY (1951) und wurde als bester Nebendarsteller in IN DEN WIND GESCHRIEBEN (WRITTEN ON THE WIND, 1957) für den *Oscar* nominiert. Berühmt wurde er durch das Fernsehen: Im Klassiker CHICAGO 1930 wurde er als Eliot Ness weltberühmt und 1960 mit dem *Emmy* ausgezeichnet. Anschließend drehte er zahlreiche Filme in Europa. Weniger Glück hatte er mit weiteren Serien: THE NAME OF THE GAME (1968-71), MOST WANTED (1976-77), STRIKE FORCE (1981-82). 1980 erschien seine Biographie: STRAIGHT SHOOTING. Er spielte seitdem vor allem in TV-Movies und als Gaststar in Serien. Sein Image als Eliot Ness wurde er nie los.

STADTINDIANER, DIE

BRD 1994, 1996; 1 x 65 Min. u. 25 x 45 Min.; F
Stan Gombrovicz (1994) .... Max Tidorf
Marion (1994) .... Barbara Rudnik
Elfriede (1994) .... Ursula Karusseit

Nobbi .... Richy Müller
Ecki .... Rolf Becker

➜ In der ersten Staffel der ZDF-Serie steht der Taxi fahrende Privatdetektiv Stan im Mittelpunkt. Danach übernahm der Kripobeamte Nobbi und versuchte, die korrupten Straßen von Berlin sicherer zu machen.

STAHLKAMMER ZÜRICH

BRD 1987; 30 x 45 Min.; F

Yves Klein .... Robert Atzorn

➜ Yves Klein ist ein hoher Angestellter des Schweizer Bankhauses Helvetia. Wenn die Miete für ein Schließfach nicht mehr bezahlt wird und Briefe unbeantwortet bleiben, macht er sich auf die Suche nach den Eigentümern und gerät natürlich in gefährliche Situationen.

Die relativ teure Vorabendserie des WDR wurde weltweit in Rio, Marrakesch, Marseille, Barcelona, Budapest, Genf, New York, Casablanca, Venezuela, Bolivien, Kanada, Taiwan und China gedreht und von der Bavaria produziert. »Auf der von allen Fernseh-Machern in aller Welt betriebenen Suche nach einer originellen Grundidee für eine Krimiserie sind die WWF-Leute tatsächlich auf ein neues Grundmuster gestoßen. Es entstammt nicht ihren Köpfen, sondern wurde von einem in Brüssel lebenden deutsch-polnischen Ehepaar gekauft. Ein Dutzend Autoren schrieb die Drehbücher. Sie alle hatten Schwierigkeiten«, schrieb der *Gong* in Nr. 32/1989.

STAHLNETZ

BRD 1958-68; 25 x 40-90 Min.; sw

➜ Regisseur Jürgen Roland und Autor Wolfgang Menge kupferten Jack Webbs bahnbrechende Serie POLIZEIBERICHT ab und übertrugen sie auf bundesdeutsche Verhältnisse. Man übernahm sogar die Originalmusik von Walter Schumann. Die ARD-Serie war mit Einschaltquoten von bis zu 90 Prozent Anfang der sechziger Jahre einer der großen Straßenfeger und etablierte eine typisch deutsche, autoritäre Kommissarfigur. Bis auf die letzte Episode wurden alle Folgen in Schwarzweiß gedreht. Im März 1964 wurde eine Folge, in der es um Kindesentführung ging, auf Anraten der Polizei abgesetzt. Man befürchtete, dieser Film könnte Einfluß auf die Ermittlungen in einem tatsächlichen Fall nehmen, nämlich die Entführung des kleinen Timo Rinnelt. Heute wirken diese Sittenbilder einer Epoche oft unfreiwillig komisch. Aber in der Entwicklungsgeschichte des deutschen TV-Krimis nehmen sie einen zentralen Platz ein. Zu den Kommissar-Darstellern gehörten Heinz Engelmann, Rudolf Platte, Dieter Eppler und Hellmut Lange in seiner ersten TV-Hauptrolle.

Roman: Wolfgang Menge: Die Tote im Hafenbekken; Heyne 1945, 1981. Zeugin im grünen Rock; Heyne 1961, 1981.

STAN BECKER

BRD 1998- ; x 90 Min.; F

Stan Becker .... Heinz Hoenig

➜ Könnte ZORC lesen und ein wenig schreiben, wäre er Stan Becker, der intellektuelle Krimi-Held für das Birte-Karalos-Publikum. Dreimal bis 2000 wurde Heinz Hoenig, der immer mehr zum Tanzbären mutiert, von SAT. 1 als knallharter Ermittler eingesetzt – alle drei Filme waren echte Katastrophen. Den ersten Film von Frank Guthke (Regie) und Martin Kluger (Buch) präsentierte der Sender so: »Stan Becker, Kripo Wuppertal, hat die Ruhrpott-Drogenszene im Visier, als sein Bruder Carlo ermordet wird. Gegen die ausdrückliche Anweisung seines Chefs ermittelt Stan auf eigene Faust. Die Spur führt ihn nach Südafrika. [...] In den weiteren Folgen ist er dann Ex-Bulle und Privatermittler.« Aus Sorge um die Gesundheit ihrer Mitarbeiter ließ die *Funk-Korrespondenz* nur den ersten Film rezensieren: »Die Geschichte des Films, mit der sich Heinz Hoenig herumschlagen muß, ist vielleicht der gefährlichste Gegner des Abends, weil sie sich kaum blicken läßt, aber trotzdem alles im unnachgiebigen Griff hat. [...] Zuwenig Action, zuwenig Thrill [...]. Die aufgezählten Defizite kann Hoenig allein nicht meistern. Und schlimmer: Die fehlende Sorgfalt der Produktion kratzt auch an seinen Fähigkeiten. Manchmal wirkt der bullige und kraftstrotzende Körper nur lethargisch und schwer, wie ein tapsiger Tourist in schlecht sitzenden Hosen. Eine mürbe Action-Bulette. [...] Wenn man schon eine Star-Serie (angelegt auf sieben Folgen) für Hoenig entwickelt, hätte man ihm mehr Rückendeckung geben müssen. Mehr Mi-

Wolfgang Völz und Heinz Engelmann in STAHLNETZ

lieu, mehr Geschichte, mehr Sprengstoff, mehr Spannung, mehr Witz und bessere Kombattanten«, schrieb Torsten Körner in Nr. 40/1998.

STARKES GESPANN, EIN
Dog and Cat

USA 1977; 1 x 90 Min. u. 7 x 45 Min.; F

Detective Sergeant Jack Ramsey .... Lou Antonio
Officer J.Z. Kane .... Kim Basinger
Lieutenant Arthur Kipling .... Matt Clark

➜ Dog and Cat ist der Slangausdruck für ein aus beiden Geschlechtern bestehendes Polizeiteam. Basinger spielt eine sexy Südstaaten-Schönheit, die mit dem alten Hasen Antonio ein Team der 42. Division der Polizei von Los Angeles bildet. Der Pilotfilm erzählt, wie die beiden zusammenkommen, nachdem Antonios früherer Partner umgebracht wurde. Leicht komödiantische Anklänge in dieser von Walter Hill konzipierten Serie, die Robert Singer und Lawrence Gordon für Paramount und ABC produzierten. Ein Folge wurde von Krimi-Kultautor Heywood Gould geschrieben.

STARKES TEAM, EIN

BRD 1996- ; x 90 Min.; F

Verena Bertold .... Maja Maranow
Otto Garber .... Florian Martens
Georg .... Leonard Lansink
Yücsel .... Tayfun Bademsoy
Axel .... Maximilian Wigger

➜ Angeblich ein starkes Team bilden Verena und Otto in einer Spezialgruppe der Berliner Polizei. Otto, der sanfte, aber überzeugte Macho, und Verena, die mit Cleverness und Intuition ihre Frau in einer Krimiserie steht, deren Geschichten so wirr wie das Gebrabbel zugedröhnter Althippies sind.

Sittenbilder einer Epoche: STAHLNETZ

Der *Gong* entschuldigte dies in Nr. 39/1997 so: »Das Spannende sind dabei nicht die Stories, sondern das ungleiche Paar.« Dann hätte man besser eine Soap gedreht. Natürlich ist Maja Maranow eine attraktive Frau und eine gute Schauspielerin, und Florian Martens ist auch kein Blindgänger; aber was nützt das angesichts der katastrophalen Drehbücher, die ZDF-Redakteur Günther von Endert durchgehen ließ? Autor der meisten Geschichten ist Krystian Martinek.

STARSKY UND HUTCH

Starsky and Hutch

USA 1975–79; 1 x 90 Min. und 88 x 45 Min., F

Dave Starsky .... Paul Michael Glaser
Ken Hutchinson .... David Soul
Captain Harold Dobey .... Bernie Hamilton
Huggy Bear .... Antonio Fargas

➔ Der alte Zyniker Aaron Spelling hatte schon früh erkannt, wie man aus der Jugendrevolte ein paar Dollar schlagen konnte und gleichzeitig auch noch die Eltern beruhigte: In TWEN POLICE ließ er drei Hippies Undercoverarbeit für das Establishment machen, indem sie den Bösen unter ihren Altersgenossen das Handwerk legten. Beruhigt saßen Amerikas Eltern vor der Glotze und ließen sich erzählen, daß die Kinder trotz Hippieklamotten echte Amerikaner sein konnten, die an die alten Werte glaubten, auch wenn sie ein wenig laute Musik hörten.

Spelling dachte sich Mitte der Siebziger: Was einmal funktioniert hat, kann wieder funktionieren. Der Vietnamkrieg ging zu Ende und die Zeit war reif, daß Aussteiger und alternde Protestler ihren Frieden mit dem System machten. Was lag näher, als zwei Freaks in Turnschuhen in ein knallrotes Auto zu setzen und auf Gangsterjagd zu schicken? Und um Toleranz und Liberalität bis zum Äußersten zu treiben, setzte man ihnen auch noch einen schwarzen Vorgesetzten vor die Nase. Die Bürgerrechtsbewegung war somit wohl am Ende ihres Kampfes angelangt und hatte alle Ziele verwirklicht. Jetzt mußten sogar Kalkgesichter für einen Schwarzen arbeiten! Ein Wunder, daß sich der Ku-Klux-Klan nicht umgehend auflöste.

William Blinn kreierte diese Serie, die weltweit Erfolg hatte; besonders bei Kindern, die gerne mit dem Corgy-Modell von Starskys und Hutchs 1974er Ford Torino spielten. Und bis heute hält der Kult an. Die beiden Helden waren Charaktere, wie man sie sonst nur aus deutschen Serien gewohnt ist. Starsky hatte eine 45er Army Automatic, trug Adidas-Turnschuhe, aß Junk Food und war ein erdiger Typ von der Straße. Hutch hatte eine 257er Magnum, aß nur gesunde Sachen, spielte Gitarre und machte Yoga. Daß sie sich nicht gegenseitig auf die Fresse hauten, interpretierten einige Kritiker als neue Toleranz zwischen den gesellschaftlichen Gruppen, die den fremden Lebensstil des anderen freundlich akzeptierten. Ein echt kulturelles Verdienst der Swinging Sixties! Gemeinsam verprügelten sie die Serienkiller in Los Angeles und rasten mit quietschenden Reifen von einer langweiligen Autojagd zur nächsten, holten sich Tips bei einem bekloppten Spitzel namens Huggy Bear und schossen wahrscheinlich jeden Drehbuchautor nieder, der ihnen in die Quere kam. Kriminalität hing meist mit den unteren Gesellschaftsschichten zusammen. Aber keine soziologische Erklärung wurde als Begründung bemüht, sondern das alte Lied von der moralischen Verderbtheit Einzelner. Am liebsten führte die Serie ihre Gangster in Form von Psychopathen vor. Das waren dann meistens Ausgeflippte, die noch nicht mitgekriegt hatten, daß die hedonistischen sech-

STARSKY UND HUTCH

STARSKY UND HUTCH: David Soul, Paul Michael Glaser

ziger Jahre vorbei waren, und nun gerne jungen Mädchen in den Hals bissen. Um die Motivation der Psychos zu erklären, legte man ihnen so sensible Worte in den Mund wie: »Ich mußte es tun. Ich weiß nicht warum. Ich muß es immer wieder tun. Arrgghh.« Um zu zeigen, in welch' heruntergekommenen Regionen die beiden Detektive ihrer schweren Tätigkeit nachgingen, stellte man für Nachtaufnahmen gerne brennende Mülltonnen à la New York ins warme kalifornische Studio. Vielleicht lief es den Beteiligten bei dieser Produktion so kalt den Rücken runter, daß man die lauen kalifornischen Nächte mit Ghettoheizungen erwärmen mußte.

Starskys und Hutchs Deduktionen gipfelten regelmäßig in Überraschungen für ihren Captain:

Captain: Was ist mit dem einarmigen Würger?

Starsky: Was wir Ihnen damit sagen wollen? Was wir Ihnen damit sagen wollen, ist, daß da draußen ein Monster rumrennt.

Hutch: Warum nimmt er immer den selben Taxistand?

Starsky: Weiß ich nicht. Vielleicht ist da was, was ihn morden läßt.

Die meisten Drehbücher und Charaktere wurden von Spelling für seine anderen Spitzenserien DREI ENGEL FÜR CHARLIE oder VEGA$ recycelt. Wundert es einen, daß der Mann, der die beschissensten aller US-Krimi-Serien produzierte, auch der reichste Produzent Hollywoods wurde? Mit TWEN POLICE, STARSKY UND HUTCH und DREI ENGEL FÜR CHARLIE hat er jedenfalls Kultserien für ganz Hartgesottene geschaffen.

Roman: Max Franklin (Pseudonym von Richard Deming): Starsky and Hutch; Ballantine, 1976. Kill Huggy Bear; Ballantine, 1976. The Psychic; Ballantine, 1977. Terror on the Docks; Ballantine, 1977. Murder on Playboy Island; Ballantine, 1978. The Set-Up; Ballantine, 1978.

STECKBRIEFE

BRD 1982; 6 x 58 Min.; F

Paul Hartung .... Gunther Malzacher
Willi Stock .... Udo Thomer
Franz Schrem .... Karl Obermayr
Jürgen Haldern .... Christian Reiner
Klaus Mautner .... Kay Sabban
Zimmermann .... Friedrich Georg Beckhaus
Ernst Käfer .... Henning Gissel

➜ Die Schicksale von fünf Mördern, die aus dem Gefängnis ausbrechen. Jede Folge konzentriert sich auf einen der Ausbrecher.

Nach einem amerikanischen Konzept entwickelten Peter Berneis und Karl Heinz Willschrei für die ARD diese ungewöhnliche und originelle Serie, bei der Theo Metzger und Hans Dieter Schwarze Regie führten.

STEINS FÄLLE

BRD 1994; 5 x 45 Min.; F

Alexander Stein .... Klaus J. Behrendt

➜ Unter diesem Titel entsorgte SAT.1 1998 einige Altlasten der Serie A.S., die die Verantwortlichen aus unerfindlichen Gründen bei der Erstausstrahlung zurückgehalten hatten.

STEUERINSPEKTOR, DER

Le vérificateur

F 1978; 4 x 50 Min.; F

Jean-Louis Chassebon .... Bruno Pradal
Seine Frau .... Annie Sinigalia

➜ Gérard Sire schrieb und Pierre Goustas inszenierte für Téléfrance diese Serie über einen Steuerinspektor mit unkonventionellen Methoden.

STINGRAY

Stingray

USA 1986-87; 1 x 90 Min. u. 23 x 45 Min.; F

Stingray .... Nick Mancuso

➜ Sprachkenntnisse, Geheimdiensterfahrung, technisches Geschick und männliche Härte sind die Talente des seltsamen Einzelgängers Stingray, der seine Identität geheimhält und nach seiner schwarzen 65er Corvette benannt wird. Seine Auftraggeber findet er über verschlüsselte Zeitungsanzeigen. Aus Prinzip übernimmt er nur Fälle, die ihn interessieren und bei denen ihm die Klienten sympathisch sind. Stingray arbeitet nie für Geld, sondern nach dem Motto. »Eines Tages werde ich kommen und dich um einen Gefallen bitten, den

STINGRAY: Nick Mancuso mit Tom O'Brien

du erfüllen mußt.« So verfügt er mit der Zeit über ein Netz von nützlichen Leuten, die ihm verpflichtet sind und die ihm helfen, seine Identität zu ändern, wenn es nötig ist. Mal tritt er als Priester auf, mal als Hafenarbeiter oder griechischer Einwanderer. Aber immer fährt er, melancholisch und unangreifbar, zum Schluß in seiner schwarzen Corvette in den Sonnenuntergang.

Stephen J. Cannell konzipierte diesen modernen Westernhelden à la SHANE für Columbia und NBC, der soetwas wie ein Ein-Mann-A-TEAM für Erwachsene war. Die Titelmusik ist von Mike Post und Pete Carpenter.

STOCKER UND STEIN

BRD 1990; 12 x 45 Min.; F

Stocker .... Heinz Schubert

Stein .... Karl-Michael Vogler

➜ Stocker war vor seiner Pensionierung Ingenieur für Präzisionswerkzeuge und hat eine große Klappe. Stein ist ein feingeistiger Intellektueller, der gelegentlich Cello in einem Orchester spielt. Beide sind Privatdetektive und als solche grausame Dilettanten, die sich auch noch in ihrer gemeinsamen Firma gegenseitig blockieren.

»Nach ähnlichem Muster waren zuletzt gleich mehrere komische Serien des Kölner Werbefernsehens gehäkelt. Immer Absonderlicheres wurde den Autoren abverlangt und angenommen, immer skurrilere Kommissare und Detektive füllen immer seltsamere Serien aus. Stocker und Stein stammen aus der eigentlich überbeschäftigten Buchfabrik des Eberhard Hungerbühler alias Felix Huby«, stellte der *Gong* in Nr. 2/1991 treffend fest. Grausamster ARD-Vorabendmist, mit dem Huby an Schwachsinn wie DETEKTIVBÜRO ROTH oder HAFENDETEKTIV anschloß. Man fragt sich nur, wie Vogler in so etwas reingeraten konnte. Der WWF muß ihn wohl mit Millionen von Dollar an Honorar geködert haben.

STOCKINGER

BRD/A 1995; 1 x 90 Min. u. 13 x 45 Min.; F

Ernst Stockinger .... Karl Markovics

Karin Stockinger .... Anja Schiller

Karl Markovics als Ernst Stockinger

Günter Strack (Mitte) in EIN FALL FÜR ZWEI

Antonella Simoni .... Sandra Cervik
Oberst Dr. Brunner .... Hans Peter Heinzl
Michael Fuchs .... Herbert Fux

➜ Erst war Stockinger Teil des Teams um KOMMISSAR REX. Dann erbt seine Frau Karin das Haus ihres Vaters in St. Gilgen und er läßt sich dorthin versetzen. Mit seiner unfreiwillig komischen Ernsthaftigkeit manövriert er sich bei den Mordfällen häufig in absurde Situationen.
Helmut Dimko produzierte für SAT.1 diesen Alpen-Columbo, dessen Komik sich erst wirklich nach einem ausgiebigen Heurigen erschließt.

Strack, Günter

Deutscher Schauspieler. Geboren am 4. Juni 1929 in Darmstadt, studierte nach dem Abitur in Stuttgart bei Paul Riedy und Lilly Ackermann. Nach Engagements an verschiedenen Theatern folgte er einem Angebot Bernhard Wickis, der ihn für seinen Film DAS WUNDER DES MALACHIAS holte. 1958 war er erstmals im Fernsehen zu sehen. Über 400 TV-Rollen folgten. Besonders bekannt machten ihn die Serien DIESE DROMBUSCHS, EIN FALL FÜR ZWEI, MIT LEIB UND SEELE und DER KÖNIG. Er starb 1999.

STRAFVERTEIDIGER, DER
Judd, for the Defense

USA 1967-69; 50 x 45 Min.; F
Clinton Judd .... Carl Betz
Ben Caldwell .... Stephen Young

➜ Die Fälle eines ungeheuer reichen texanischen Anwalts, der mit dem eigenen Flugzeug durch die Gegend schwirrt, um Klienten zu finden und zu verteidigen.
Angeblich basiert die von Paul Monash für ABC produzierte Serie auf der Karriere des berühmten Strafverteidigers F. Lee Bailey. Gerne wurden aktuelle Ereignisse in den Drehbüchern verarbeitet.

STRASSEN VON BERLIN, DIE

BRD 1995-97; 12 x 90 Min.; F
Irene Starnow (1995) .... Jennifer Nitsch
Hajo Kroll (1995).................. Uwe Ochsenknecht
Tom Geiger (1995) .... Hannes Jaenicke
Alex Vitalij .... Peter Lohmeyer
Jockel Pietsch .... Martin Semmelrogge
Gilbert Mosch (1997)................ Guntbert Warns
Peter Delroy (1997) .... Hermann Treusch
Dr. Maas .... Dietrich Mattausch
Tessa Norman (1997) .... Nadesha Brennicke
Frank (1997) .... Ingo Naujoks

➜ Eine Berliner Sonderkommission im Kampf gegen das organisierte Verbrechen. Schon die erste Staffel war nicht besonders aufregend, aber beim Publikum mit durchschnittlich 3,5 Millionen Zuschauer ein großer Erfolg für Sender Pro 7 und den Produzenten Wolfgang Limmer, der sich von Klein-Fritzchen erzählen ließ, wie die böse Russenmafia Böses tut. (An dieser Stelle: Wann begreifen TV-Autoren endlich, daß es keine Russenmafia gibt, sondern unterschiedliche ethnische Mobs auf dem

DIE STRASSEN VON BERLIN: Lohmeyer und Jaenicke

DIE STRASSEN VON SAN FRANCISCO: Michael Douglas als Insp. Steve Heller und Karl Malden als Lt. Mike Stone

Gebiet der ehemaligen Sowjetunion, die gelegentlich Allianzen eingehen?) Mit von der Partie wieder einmal die erste Garde deutscher Zwergmachos, die vor der Kamera gefährlicher sind als mit Schußwaffen: Ochsenknecht, Jaenicke, Warms, Semmelrogge. Ganz schlimm wurde dann die zweite Staffel, in der man überhaupt nicht mehr versuchte, Spannung zu erzeugen oder eine Story zu erzählen. Stattdessen reihten Regisseure wie der völlig überschätzte Werner Masten oder Thorsten Näter spektakuläre Stunts aneinander, die nur Tom-Gerhardt-Fans faszinierten oder das debile RTL-Publikum herüberziehen sollten. Nun war die Serie nicht mehr so erfolgreich und wurde von mildtätigen Verantwortlichen beendet. Ihre Absetzung schließt die Lücke, die sie hinterläßt.

STRASSEN VON SAN FRANCISCO, DIE

The Streets of San Francisco

USA 1973-77; 1 x 90 Min. u. 119 x 45 Min.; F

Lieutenant Mike Stone .... Karl Malden
Inspector Steve Heller
(im Original: Keller) (1972-76) .... Michael Douglas
Inspector Dan Robbins (1976-77) ... Richard Hatch
Lieutenant Lessing .... Lee Harris
Jean Stone .... Darleen Carr
Officer Hasseejian .... Vic Tayback

➜ Selten wurde das alte Cop-Serienklischee so erfolgreich umgesetzt: Ein alter, erfahrener Polizist, der das Leben auf der Straße kennt, bildet ein Team mit einem jungen, unerfahrenen Idealisten, der gerade von der Universität kommt. Ein ähnliches Konzept, ebenfalls in San Francisco angesiedelt, hatte 1954 die erfolgreiche Serie THE LINE-UP, aus der Don Siegel sogar einen Kinofilm machte.

DIE STRASSEN VON SAN FRANCISCO: Karl Malden, Michael Douglas

Konzept und Pilotfilm basierten auf dem Roman POOR, POOR OPHELIA von Carolyn Weston. Quinn Martin produzierte diese geradlinige Polizeiserie erfolgreich nach handwerklich meist ordentlichen Drehbüchern für ABC. Solide Regie und die vielen Außenaufnahmen waren ein weiteres Plus dieser liberalen Cop-Show. Die Serie tat in den Siebzigern für San Francisco, was GNADENLOSE STADT in den Sechzigern für New York getan hatte: ein detailliertes Sittenbild einer Metropole zu einem bestimmten historischen Zeitpunkt zu zeichnen und mentalitätsgeschichtlich zu fixieren.
Im letzten Jahr ersetzte Richard Hatch Michael Douglas, da dieser als Produzent von EINER FLOG ÜBERS KUCKUCKSNEST (ONE FLEW OVER THE CUCKOO'S NEST) einen Überraschungserfolg gelandet hatte und sich nun ganz auf seine Filmkarriere konzentrierte. Aber es war natürlich vor allem Karl Maldens Serie. 1992 wurde mit ihm und Serien-Tochter Darleen Carr noch das TV-Movie ZURÜCK AUF DIE STRASSEN VON SAN FRANCISCO (BACK TO THE STREETS OF SAN FRANCISCO) produziert.

STREET HAWK
Street Hawk

USA 1985; 1 x 90 Min. u. 12 x 45 Min.; F

Jesse Mach .... Rex Smith
Norman Tuttle .... Joe Regalbuto
Captain Leo Altobelli .... Richard Venture
Rachel Adams .... Jeannie Wilson

➔ Ein Motorradpolizist wird schwer verletzt und soll nur noch Schreibtischarbeit machen. Aber da tritt Norman Tuttle an ihn heran: Mit Hilfe von experimenteller Chirurgie wird man Mack wieder fit machen, wenn er als Gegenleistung als Testpi-

lot das supergeheime Polizei-Motorrad *Street Hawk* fährt. Von nun an sorgen ein maskierter Polizist und sein mit Superturbo ausgestattes Krad für Gerechtigkeit.
Robert Wolterstorff und Paul Belous konzipierten und produzierten diesen KNIGHT RIDER-Abklatsch für Universal und ABC. Besonders schlecht waren auch die Motorradjagden, die langsamer gedreht wurden und dann doppelt schnell abgespielt wurden.

STREIFENWAGEN 2150

Highway Patrol

USA 1955-59; 156 x 25 Min.; sw

Chief Dan Matthews .... Broderick Crawford
Sergeant Williams .... William Boyett

➜ In einem namenlosen US-Staat im Westen der USA sorgten *Oscar*-Preisträger Crawford und seine Mannen auf den Highways für Recht und Ordnung.
Diese von Jack Hersberg und Vernon E. Clerk produzierte schnörkellose Cop-Serie war in den USA in den fünfziger Jahren ein großer Hit. Dabei lief sie auf keinem großen Sender, sondern wurde direkt für den *Syndication*-Markt hergestellt. Die geradlinigen Jagdgeschichten basierten angeblich auf wahren Fällen der *Highway Patrol.*
Wenn man die in der BRD 1963 vom ZDF ausgestrahlte Serie mit der etwa zeitgleich laufenden Bavaria-Produktion ISAR 12 vergleicht, werden einem die kulturellen Unterschiede zwischen Deutschen und Angelsachsen geradezu schmerzhaft deutlich, auch was die herstellerische Qualität angeht. Die vom Ziv-Syndikat vertriebene Serie wurde zum Vorbild für viele ähnliche US-Serien.

STUNDE DER ENTSCHEIDUNG

Kraft Suspense Theatre

USA 1963-65; 59 x 45 Min.; sw

➜ Eine der letzten Anthologie-Reihen der sechziger Jahre. Mord, Psychoterror und andere Krimithemen wurden in den einzelnen Episoden verbraten. Zu den Schauspielern der Episoden gehörten *Big Names* wie Lee Marvin, Ann Francis, Leonard Nimoy, Ronald Reagan, Peter Lorre, Jack Klugman, Cornel Wilde und Lloyd Bridges. Die Episode RAPTURE AT TWO FORTY vom April 1965 wurde zum Pilotfilm der Serie WETTLAUF MIT DEM TOD.

SUNSET BEAT

Sunset Beat

USA 1990; 1 x 90 Min. u. 6 x 45 Min.; F

Chic Chesbro .... George Clooney
Tim Kelly .... Michael DeLuise
Bradley Coolidge .... Markus Flanagan
Tucson Smith .... Erik King
Captain Ray Parker .... James Tolkan
Bickford .... Jack McGee
Peter Schmid .... Anthony Gregory

➜ Chesbro gehört mit vier weiteren Cops zu einer Undercover-Einheit in Los Angeles. Getarnt als Harley-Fahrer säubern sie die Stadt von irren Killern, Dealern und anderen Rabauken. In seiner Freizeit spielt Chic Baß in einer Rock-Band. Seine Ex-Frau, die Lead-Sängerin der Band, bringt Chic mit ihren Drogenproblemen immer wieder in Schwierigkeiten.
Ein Trash-Klassiker von ABC – nicht nur für Clooney-Fans! Legendär ist die Folge, in der ein Killer die Leiche eines Polizisten aus einem Hubschrauber auf die Bühne eines Rock-Konzerts wirft!

SUPER MAX siehe MINI MAX

SUPERSTAR

Bert D'Angelo, Superstar

USA 1976; 13 x 45 Min.; F

Sergeant Bert D'Angelo .... Paul Sorvino
Inspector Larry Johnson .... Robert Pine
Captain Jack Breen .... Dennis Patrick

➜ Erstmals tauchte D'Angelo in einer Folge der STRASSEN VON SAN FRANCISCO auf. Überzeugt von seiner Serienpotenz und vor allem vom Schauspieler Sorvino, gab Produzent Quinn Martin dem harten New Yorker Bullen, der nach San Francisco versetzt wird, eine eigene Serie. Seinen Spitznamen »Superstar« erhielt er wegen seiner hohen Festnahmequote. Im SF-Polizeidienst übernahm er die Fälle, die nicht eindeutig in den Zuständigkeitsbereich einer bestimmten Abteilung fielen. Morton Fine hatte sie konzipiert, aber in den Ratings war D'Angelo kein Superstar und ABC setzte ihn schnell wieder ab. Die Musik schrieb Paul Williams.
Roman: Marion Hargrove: Superstar und die Todfeinde (The Serpent's Tooth; 1971); Bastei, 1977.

Superverbrecher

Antipode des großen Detektivs oder Geheimagenten, der über ähnliche Fähigkeiten verfügt wie der Protagonist. Berühmt sind die Antagonisten in den James-Bond-Filmen. Eine der wenigen TV-Serien über einen Superschurken ist FANTOMAS (die moderne Variante JIM PROFIT scheiterte in der Publikumsgunst). Anscheinend sind TV-Serien, die einen übermächtigen Bösewicht in den Mittelpunkt stellen, nicht sehr gefragt. 1955 bis 1958 gab es eine Serie mit Sax Rohmers legendärem Superschurken FU-MANCHU.

Syndication

Wenn eine Serie in den USA von den überregionalen Fernsehsendern (CBS, FOX, NBC usw.) ausgestrahlt und ausgewertet wurde, fallen die Rechte meistens ganz oder zu einem hohen Prozentsatz an die Produktionsgesellschaften zur weiteren Vermarktung zurück. Diese bieten die Serien dann nicht nur im Ausland an, sondern auch kleineren amerikanischen Sendern, die nur regional ausstrahlen – in einer Stadt, einer Region oder in einem Bundesstaat. Dieses Verkaufen an unterschiedliche Regionalanbieter nennt sich *Syndication*. Ursprünglich bezog sich der Ausdruck auf Zeitungssegmente (Comics, Kolumnen beliebter Kommentatoren und ähnliches), deren Abdrucksrechte in unterschiedlichen Regionen jeweils nur von einer Lokalzeitung erworben wurden. Natürlich zahlen die Regionalsender weitaus weniger für diese begrenzten Wiederholungsrechte als die *Coast-to-Coast-Networks* bei der Erstausstrahlung (bei der sie meistens die Produktionskosten in voller Höhe tragen). Durch den Verkauf an viele kleine regionale Sender ist die *Syndication* aber trotzdem ein hervorragendes Geschäft für die Produktionsfirmen (und die inzwischen zu einem Großteil daran beteiligten *Networks*).

T. & T.
T. and T.

USA 1988-90; 1 x 90 Min. u. 25 x 25 Min.; F
T.S. Turner .... Mr. T
Amanda Taler (1988-89) .... Alexandra Amini
Terri Taler (1990) .... Kristina Nicoll
Danforth Decker .... David Nerman
Detective Jones (1988) .... Ken James
Martha Robinson (1988) .... Jackie Richardson
Renee (1988) .... Rachael Crawford
Sophie (1988) .... Catherine Disher
Joe Casper (1988-89) .... Sean Roberge
Det. Dick Hargrave (1990) .... David Hamblen

➜ Der Ex-Boxer und Privatdetektiv Turner und die engagierte Rechtsanwältin Amy Taler kämpfen gemeinsam für die Rechte der Unterdrückten. Nachdem Mr. T. durch das A-TEAM zum Liebling aller Kinder geworden war, schickte man den Muskelmann mit dem Irokesenschnitt in seiner eigenen Serie durch den *Syndication*-Markt.

TAGGART
Taggart

GB 1983-94; 7 x 90 Min. u. 63 x 60 Min.; F
Det. Chief Inspector Jim Taggart ... Mark McManus
Det. Sgt. Livingstone (1983-87) .... Neil Duncan
Det. Sgt. Jardine (1987-94) ... James MacPherson
Superintendent McVitie .... Iain Anders
Jean Taggart .... Harriet Buchan
Dr. Andrews .... Robert Robertson
Det. Sgt. Jackie Reid (1990-94) .... Blythe Duff

➜ Taggart, der Mann mit dem Granitgesicht, ist heute schon eine schottische Legende. Die Serie um den harten, zynischen Bullen aus Glasgow war bis zum Tode des Hauptdarstellers das meistgesehene Programm in Schottland. Taggarts Frau Jean muß seit der Geburt der gemeinsamen Tochter im Rollstuhl sitzen und erwartet längst nicht mehr, daß ihr schweigsamer Mann zu einer normalen Uhrzeit heimkommt. Jean liebt die schönen Künste, besonders Musik. Ihr Mann dagegen hält Gilbert und Sullivan für die Verteidiger, mit denen die *Glasgow Rangers* 1948 den Cup holten. Seine brutalen Fälle führen Taggart durch den Mikrokosmos der schottischen Gesellschaft (ein Fall führte ihn gar bis München). Die Struktur der Fälle folgt dem klassischen Whodunit-Muster aus der Perspektive der Polizei. Der schwarze Humor der Serie ist ebenfalls legendär.

Horst Tappert

Erfunden wurde die Serie, deren Geschichten in Dreiteilern und 90-Minuten-TV-Movies erzählt werden, von Glenn Chandler. Produziert wurde sie von Robert Love. Die Titelmusik von Mike Moran wurde von Maggie Bell gesungen. Die Serie ist in 30 Ländern erfolgreich, besonders in Frankreich. Bei uns zeigte man bisher leider nur sehr wenige Folgen, zusammenhanglos in einigen 3. Programmen der ARD ausgestrahlt. Kenner zählen sie zu den besten Krimi-Serien der Welt.
Literatur: Geoff Tibballs: Taggart Casebook; Boxtree, 1994.
Roman: Peter Cave: Murder in Season; Mainstream, 1985.

Tappert, Horst

Deutscher Schauspieler. Er wurde am 26. Mai 1923 in Elberfeld als Sohn eines Beamten geboren. Er besuchte die Hauptschule, machte eine kaufmännische Lehre und wurde zum Kriegsdienst eingezogen. Nachdem er aus der Kriegsgefangenschaft entlassen worden war, arbeitete er als Hilfsarbeiter am Theater in Stendal. Dort debütierte er 1945. Von Paul Rose erhielt er 1945 bis 1947 Schauspielunterricht. Rose engagierte ihn anschließend für mehrere Bühnen, u.a. in Göttingen, Kassel, Bonn und Wuppertal. Seit den fünfziger Jahren spielte er auch in Kinofilmen mit: DIE TRAPP-FAMILIE IN AMERIKA (1958), WIR WUNDERKINDER (1959), DIE RECHNUNG EISKALT SERVIERT (1966), DER HUND VON BLACKWOOD CASTLE (1968), UND JIMMY GING ZUM REGENBOGEN (1970) u.v.m. Einem großen Publikum wurde er durchs Fernsehen bekannt, besonders durch den Dreiteiler DIE GENTLEMEN BITTEN ZUR KASSE (1966). Zur TV-Ikone wurde er als DERRICK (1974-98). Er ist seit 1957 in dritter Ehe mit Ursula, geborene Pistor, verheiratet und hat drei Kinder.

TASK FORCE POLICE

Softly, Softly

GB 1966-75; 264 x 60 Min.; sw u. F
Detective Chief Superintendent
Charlie Barlow .... Stratford Johns
Det. Chief Inspector John Watt ...... Frank Windsor
Det. Inspector Harry Hawkins ...... Norman Bowler
Police Constable Henry Snow .... Terence Rigby
Mr. Blackitt .... Robert Keegan
Inspector Gwyn Lewis .... Garfield Morgan
Detective Constable Stone .... Alexis Kanner
Detective Constable Box .... Dan Meaden
Sergeant Evans .... David Lloyd Meredith
Assistant Chief Constable Gilbert ..... John Barron
Chief Constable Calderwood .... John Welsh
Chief Constable Cullen .... Walter Gotell

➜ Lebensechte Geschichten um eine *Task Force* in Thamesford, einen fiktiven Ort in der Nähe Bristols. Alle Dienstgrade der Polizeihierarchie, vom Superintendent bis zum Hundeführer, dienten den Autoren Elwyn Jones und Robert Barr als Inspiration für fesselnde Alltagsgeschichten. Die Serie war ein *Spinoff* von Z-CARS, in der Stratford Johns und Frank Windsor ihre Charaktere bereits gespielt hatten. Trotz gelegentlicher Studioatmosphäre verlor die Serie nie ihren Charme, der im

Realismus wurzelte. TASK FORCE POLICE war die erste britische Polizeiserie, in der Korruption innerhalb der Polizei thematisiert wurde. 1973 traten Barlow und Watt als Team im Sechsteiler THE RIPPER FILE auf, um den Fall Jack the Ripper zu untersuchen. Von 1971 bis 1975 bekam Barlow, der populärste Charakter der Serie, zwei eigene Shows: BARLOW AT LARGE und BARLOW.
Roman: Elwyn Jones: Sonderauftrag für Chefinspektor Barlow (Barlow in Charge; 1973); Goldmann 4519, 1976 und 4815, 1979. Barlow und der Richter (Barlow Comes to Judgement; 1974); Goldmann 4528, 1978. Blamage für Barlow? (Barlow Exposed; 1976); Goldmann 4729, 1978. Chefinspektor Barlow in Australien (Barlow Down Under; 1977); Goldmann 4862, 1979. Arnold Yarrow: Softly, Softly Casebook; Pan Books, 1973.

TASSILO GRÜBEL – EIN FALL FÜR SICH

BRD 1991; 6 x 60 Min.; F
Tassilo Grübel .... Bruno Ganz
Hugo .... Axel Milberg
Frau Grübel .... Herta Schwarz
➜ »Tassilo möchte sich nicht überflüssig vorkommen. Deshalb arrangiert er Fälle, die er nachher als Privatdetektiv bearbeiten kann. [...] Da sich Tassilo der praktischen Abwicklung der von ihm provozierten Fälle nicht gewachsen fühlt, arbeitet er mit dem stellungslosen Grafiker Hugo zusammen. Da beide immer in jener Grauzone operieren, die noch nicht Verbrechen, aber auch nicht mehr Legalität genannt werden kann, und da beide keine eiskalten Kerle sind, haben sie in jedem Fall ganz schön Angst«, beschreibt Autor Martin Walser seine Serienfigur, die zunächst zwischen 1974 und 1989 in Hörspielen auftauchte. Für das ZDF wurden fünf Walser-Geschichten vom legendären Hörspielmacher Hermann Naber bearbeitet (die sechste Folge stammte von Rolf Basedow) und von Hajo Gies verfilmt. »Tassilo fungiert in Walsers Handlungskonstruktion als Katalysator, der die Verderbtheit der Reichen und Mächtigen in ihrer schmutzigen Reinheit hervortreibt, ohne daß sich der Detektiv je von klassenkämpferischem Ernst überwältigen ließe – ein Hofnarr unter reichen Narren«, meinte *Der Spiegel* in Nr. 7/1991.

TASSILO GRÜBEL: Ganz, Milberg, Villoresi

TÄTER AUF DER SPUR, DEM

BRD 1967-69; 15 x 90 Min.; F
Kommissar Bernard .... Günther Neutze
Inspector Mireux (bis Folge 3) .... Günter Stoll
Inspector Janot (ab Folge 3) .... Karl Lieffen
➜ Jürgen Roland übernahm aus Frankreich das Konzept für diese Spiel-Show. Ein Verbrechen wird begangen, danach zeigt man die Untersuchung durch Neutze und Lieffen. Kurz vor der Aufklärung werden von Roland im Studio Prominente und Zuschauer befragt, wer ihrer Meinung nach der Täter sei. Die Bücher zu den cleveren Fällen stammten ebenfalls aus Frankreich von Autoren wie André Maheux, Henri Grangé, Alain Franck, Fred Kassak und Louis C. Thomas. Diese Studio Hamburg-Produktion wurde längst nicht so erfolgreich wie ihr französisches Gegenstück. Offensichtlich war das deutsche Publikum weniger daran interessiert, vor dem Bildschirm seinen Grips zu strapazieren. Eine Tradition, die sich bis heute hält und jedem zu denken geben sollte, der an den Erfolg von interaktiven Fernsehen glaubt.

TATORT

BRD 1970- ; x 90 Min.; F
Die Ermittler (in Klammern Sender, Jahr, Anzahl der Folgen) und ihre Darsteller:
Ballauf/Schenk (WDR 1997-) ....
.... Klaus J. Behrendt/Dietmar Bär
Batic/Leitmayr (BR 1991-) ....
.... Miroslav Nemec/Udo Wachtveitl

Schimanski und Thanner (Götz George, Eberhard Feik)

Beck (NDR 1981; 1) .... Hans Häckmann
Becker (ORF 1996; 1) .... Klaus Wildbolz
Behnke (SFB 1978-79; 2) .... Hans-Peter Korff
Bergmann (HR 1978; 1) .... Heinz Treuke
Bergmann (HR 1981, 1983; 2) .... Lutz Moik
Bienzle (SDR 1992-) .... Dietz Werner Steck
Böck (RB 1973; 1) .... Hans Häckermann
Brammer (NDR 1974-77; 4) .... Knut Hinz
Brandenburg (BR 1988-89; 2) .... Horst Bollmann
Brinkmann (HR 1985-) .... Karl-Heinz Hassel
Buchmüller (SWF 1978-80; 3) .... Nicole Heesters
Bülow (SFB 1985-89; 6) .... Heinz Drache
Carlucci (SF-DRS 1991-92; 2) .... Andrea Zogg
Delius (NDR 1979, 83, 85; 3) .... Horst Bollmann
Dietze (HR 1985; 1) .... Klaus Löwitsch
Ehrlicher (MDR 1992-) .... Peter Sodann
Eisner (ORF 1999-) .... Harald Krassnitzer
Enders (WDR 1980; 1) .... Jörg Hube
Felber (HR 1995; 1) .... Heinz Schubert
Fichtl (ORF 1989-97; 10) .... Michael Janisch
Finke (NDR 1971-78; 7) .... Klaus Schwarzkopf
Flemming (WDR 1992-97; 15) .... Martin Lüttge
Gerber (SWF 1973-77; 5) ... Heinz Schimmelpfenning
Greve (NDR 1981; 1) .... Erik Schumann
Haferkamp (WDR 1974-80; 20) ... Hansjörg Felmy
Hellmann / Ritter (SFB 1999-) ....
.... Stefan Jürgens/Dominic Raacke
Hirth (ORF 1984-86; 3) .... Kurt Jaggberg
Howald (SF-DRS 1990; 1) ...... Mathias Gnädiger
Kasulke (SFB 1971-72; 2) .... Paul Esser
Konrad (HR 1971-79; 8) .... Klaus Höhne
Kressin (WDR 1971-73; 7) .... Sieghard Rupp
Kreutzer (WDR 1980; 1) .... Willy Semmelrogge
Lenz (BR 1981-87; 7) .... Helmut Fischer

Liersdahl (SR 1970, 73; 2) .... Dieter Eppler
Lürsen (RB 1998-) .... Sabine Postel
Lutz (SDR 1971-82; 16) ...... Werner Schumacher
Marek (ORF 1971-83, 87; 14) .... Fritz Eckardt
Markowitz (SFB 1991-94; 7) .... Günter Lamprecht
Nagel (NDR 1979; 1) .... Diether Krebs
Odenthal (SWF 1989-) .... Ulrike Folkerts
Palu (SR 1988-) .... Jochen Senf
Passini (ORF 1987; 1) .... Christoph Waltz
Pfeifer (ORF 1988; 1) .... Bruno Dallansky
Pflüger (SWF 1972; 1) .... Ernst Jacobi
Piper (NDR 1982; 2) .... Bernd Seebacher
Riedmüller (BR 1986; 1) ... Günther Maria Halmer
Roiter (SFB 1996-98; 12) ...... Winfried Glatzeder
Rolfs (HR 1982; 1) .... Klaus Löwitsch
Ronke (NDR 1983; 1) .... Ulrich von Bock
Rullmann (HR 1984; 1) ... Hans-Werner Bussinger
Sander (HR 1980; 1) .... Volker Kraeft
Schäfermann (SR 1977, 79, 80, 84; 4) .... Manfred Heidmann
Scherrer (BR 1987; 1).................... Hans Brenner
Schimanski (WDR 1980-91; 29) ..... Götz George
Schmidt (SFB 1975-77; 3) .... Martin Hirthe
Schnoor (NDR 1982; 1) .... Uwe Dallmeier
Schreitle (SDR 1987-88; 3) ... Horst Michael Neutze
Sommer (NDR 1997; 2) .... Hannelore Elsner
Stoever (NDR 1984-).................. Manfred Krug
Trimmel (NDR 1970-82; 11).......... Walter Richter
Veigl (BR 1972-81; 15) .... Gustl Bayrhammer
Von Burg (SF-DRS 1993-99; 7) .... Laszlo I. Kish
Walther (SFB 1981-85; 6) .... Volker Brandt
Wiegand (SWF 1981-88; 8) .... Karin Anselm

➜ »Die scharfen Schüsse auf Kommissar Ode gingen nach hinten los«, höhnte das Zentralorgan des mündigen Bürgers, *Bild am Sonntag*, zum Start der ARD-Reihe. Wie oft zuvor und danach lag das Blättchen falsch. Die Idee hinter dem TATORT-Konzept war so einfach wie genial: Jeder ARD-Sender sollte eine eigene Krimi-Serie produzieren, die auch Raum für die Besonderheiten der jeweiligen Region ließ. Lange bevor in der internationalen Kriminalliteratur vom Regional-Krimi gesprochen wurde, produzierte die ARD ihn mit Erfolg. Alternierend, je nach Größe der ARD-Anstalten, wurden unter dem Oberbegriff TATORT die Fälle höchst unterschiedlicher Kommissartypen erzählt. Die ersten zehn Jahre sorgten für beste Krimiware. Kaum ein TATORT ging wirklich schief und man achtete auf logische, stringente Geschichten, ohne dabei die Charaktere aus dem Auge zu verlieren. Ausgerechnet mit Schimanski Anfang der achtziger Jahre begann der Niedergang. Man verließ sich auf Götz Georges Präsenz und verlor die Plots aus den Augen. Teilweise wurden nun Kriminalfilme präsentiert, deren Handlung nicht mehr zu folgen war. Idioten auf allen Ebenen sorgten dafür, daß das Markenzeichen TATORT unter Kennern in Verruf geriet. Bereits 1986 rauschte es durch den Blätterwald, und von der *Süddeutschen Zeitung* bis zum *Gong* fragten sich scharfsinnige Kritiker, was mit dem TATORT los sei. Nur noch verblödete Geschichten ohne Sinn und Verstand (heute wird jeder TATORT beklatscht, der eine halbwegs logische Handlung hat). Im Bemühen um vermeintlich originelle Charaktere tat man ein übriges, um den TATORT herunterzuwirtschaften. Ausgerechnet der ehemals großartige Filmkritiker Hans C. Blumenberg erreichte mit seinen Filmen um den Saarbrückener Kommissar Max Palu das unterste Ende der Fahnenstange: Bescheuerte Geschichten ohne logischen Handlungsaufbau, und ein Protagonist, der so unglaubwürdig wie leblos und unsympathisch war. Da half es auch nicht, wenn man in einer Folge als Reverenz vor angelsächsischen Vorbildern die Crime-Ikone Robert Vaughn in einer Nebenrolle als Killer besetzte. Fast noch schlimmer war ein Schauspieler namens Glatzeder, der in den Neunzigern durch ebenso langweilige wie

Hansjörg Felmy als Kommissar Haferkamp

Ballauf und Schenk: Klaus J. Behrendt, Dietmar Bär

schlecht konstruierte Berliner TATORTE schlich, als frühstücke er Valium in Familienpackungen. Unangenehm war auch das dauernde Gejammer von Günther Lamprecht. Monatelang beklagte er sich über die Bedingungen, unter denen beim SFB seine Markowitz-TATORTE entstanden, und immer wieder behauptete er enervierend, daß er doch die theatralische Schießbudenfigur mitentwickelt habe. Der Beliebtheit tut dies jedoch keinen Abbruch: Nach wie vor gehört der TATORT zu den Quotenrennern der ARD. Egal, welchen Schwachsinn man dort zeigt, der anspruchsvolle deutsche Krimi-Zuschauer ist treu und hofft jedesmal auf eine gelungene Folge, während es dem debilen Zuschauer sowieso nur darum geht, daß der Bildschirm bunt flackert. Doch immer wieder gibt es unter dem vielen Schrott auch mal einen überzeugenden TATORT, wie das Debüt des neuen WDR-Kommissars Ballauf. Höchst betrüblich ist auch die Versetzung/Beförderung von ORF-Fichtl in den Innendienst. Aus Wien kamen seit der Übergabe an diesen bärbeißigen Kommissar einige der bestechendsten Filme. Grandios wurde oft die Atmosphäre der Stadt eingefangen und Typen vorgeführt, die exotischer als mancher Drogenhändler aus MIAMI VICE waren. Diese ORF-Thriller hatten eine ganz eigene, höchst originelle Handschrift und retteten den TATORT durch die Achtziger und frühen Neunziger. Erschreckend ist der Niedergang eines der besten deutschen Regisseure: Peter Schulze-Rohr. Er hatte in den siebziger Jahren einige hervorragende TATORTe um den Hamburger Kommissar Trimmel inszeniert und verliert sich momentan in langweiligen, mangelhaft gebauten Geschichten um die Kommissarin Odenthal, die mit dem Charme eines übellaunigen Tankwarts durch Patchworkstories taumelt.

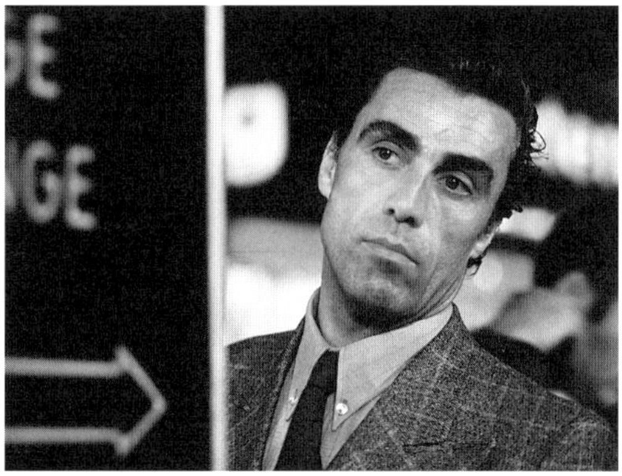

Sieghard Rupp als Zollfahnder Kressin

Ulrike Folkerts als Kommissarin Lena Odenthal

Für Skandale war die Reihe von Anfang an berühmt: Als der Südfunk einen Mannheimer Messer-Mord im vierten TATORT, dem Kommissar Lutz-Krimi AUF OFFENER STRASSE, nacherzählte, legte der einsitzende Täter erfolglos Klage ein. Die Witwe des Erstochenen wurde per Vergleich mit tausend Mark abgefunden. Tagesgespräch war Zollfahnder Kressin, der sich frech jungen Frauen nä-

Kommissar Palu alias Jochen Senf

herte, um mit ihnen seinen sexuellen Neigungen nachzugehen. Als er dann von der Fernsehnation mit zwei Frauen gleichzeitig im Bett erwischt wurde, schrie die empörte Mehrheit auf, und Kressin, der erste und wahrscheinlich auch einzige TATORT-Recke mit einem Sexualleben, mußte wie ein geprügelter Hund vom Hofe schleichen. Völlig irritiert reagierten die Durschnittszuschauer 1973 auf die Folge TOTE TAUBE IN DER BEETHOVENSTRASSE des amerikanischen Kult-Regisseurs Samuel Fuller, der den braven bundesrepublikanischen Sehgewohnheiten mit einem frühen TV-Pulp Fiction zusetzte. In TOTE BRAUCHEN KEINE WOHNUNG aus demselben Jahr prangerten Autor Michael Molsner und Regisseur Wolfgang Staudte die Auswüchse sogenannter Luxusrenovierungen an. Sofort intervenierte der Verband der Hausbesitzer mit Unterstützung der FDP, und der damalige Fernsehdirektor des Bayrischen Rundfunks Oeller monierte, »daß die Verknüpfung von gesellschaftlichen Bezügen und Krimihandlung nicht geglückt sei«. So wanderte dieser TATORT ins Archiv und wurde als einziger TATORT über zwanzig Jahre lang nicht wiederholt. Immer wieder waren Unternehmer oder Reiche, die noch reicher werden wollten, die Täter. Kein Wunder also, daß sich ein Intelligenzblatt wie *Die Welt* ereiferte: »Wie lange wird das Fernsehen sein allmählich hetzerisch wirkendes Krimi-Strickmuster noch beibehalten?« Ja, der TATORT war oft genug ein Hort der politischen Aufklärung. Leider bekamen das zu oft nur die Reaktionäre aller Schattierungen mit. Allergisch reagierten die Ärzteschaft auf standeskritische TATORTE. Nach dem Film RICHTER IN WEISS von 1971 um einen bestechlichen Gerichtspsychiater meldeten sich gekränkte Mediziner »bestürzt und entrüstet« beim NDR. Die Gewerkschaft der Polizei protestierte zusammen mit dem Duisburger Oberbürgermeister gegen Schimanski, bis sie mitbekam, daß er wohl der beste Werbeträger für Exekutive und Stadt war. Außerdem zählte ein Boulevardblatt entrüstet mit, wie oft George in einer Schimanski-Folge Scheiße gesagt hatte. 1978 beschwerten sich rheinische Vollzugsbeamte und ihre Anwälte über die Darstellung ihres Berufsverbandes in TRIMMEL HÄLT EIN PLÄDOYER. Absurd war auch 1991 der Protest des

Kommissar Schimanski als Comic-Variante

FDPlers Brüderle, »gegen die Diffamierung der Kanzler-Heimat« in TOD IM HÄCKSLER. 1992 noch protestierte ausgerechnet Martin Hildebrandt, der Fraktionsvorsitzende der niedersächsischen FDP, gegen KINDERSPIEL wegen »Schleichwerbung, die gegen den Rundfunkstaatsvertrag verstößt«.
Die Augen im Vorspann gehören dem Schauspieler Horst Lettenmayer, der für die Aufnahmen 400 Mark bekam und vergeblich auf Wiederholungshonorar klagte.
Literatur: Holger Wacker: Das große TATORT-Buch. Filme, Fakten und Figuren; Henschel, 2000. Eike Wenzel (Hg.): Ermittlungen in Sachen TATORT. Recherchen und Verhöre, Protokolle und Beweisfotos; Bertz, 2000.

T.E.A.M. BERLIN

BRD 1998- ; x 90 Min.; F
Georg Paulsen .... Georges Claisse
Natalie Pohl .... Nina Kronjäger
Frank Lanart .... Ralph Herforth
Mirko Schmeisser .... Jens-Peter Nünemann
Innensenator Werner Brandes ...... Jürgen Hentsch
➜ Auf Geheiß des Berliner Innensenators stellt Paulsen ein neues SEK-Team zusammen. Die Crew besteht aus dem »Sitte«-Spezialisten Mirko, der Sprengstoffexpertin Nathalie und dem Scharfschützen Lanart.
Die wenig überzeugende ZDF-Serie basiert auf einer Idee von Alexander Rümelin und M.N. Ulikuh. Bei den Schauspielern ist natürlich auch wieder ein Depp, der seine Handfeuerwaffe schräg hält und dessen Handgelenk froh sein kann, daß er keine echte Waffe abfeuern muß. Unnötiger Kram, den die Angelsachsen besser machen, aber nicht so schlimm wie die ähnlichen STRASSEN VON BERLIN.

TEAM KNIGHT RIDER
Team Knight Rider

USA 1997-98; 22 x 45 Min.; F
Kyle Stewart .... Brixton Karnes
Erica West .... Kathy Trageser
Kevin »Trek« Sanders .... Nick Wechsler
Jenny Andrews .... Christine Steel
Duke DePalma .... Duane Davis
➜ Fünf junge, bestens ausgebildete Frauen und Männer bilden das Team. Sie sind mit besonderen Fähigkeiten und futuristischem Hightech-Equipment ausgestattet, mit dem sie ihre gefährlichen Einsätze im Auftrag der US-Regierung durchführen. Geleitet wird das Team von dem ehemaligen CIA-Agenten Stewart, der bei den Einsätzen mit dem intelligenten und sprechenden Sportwagen Dante unterwegs ist. Die Serie, die gleichzeitig in Deutschland und den USA startete, wurde von Sterling Pacific Films für MCA, Universal und RTL produziert. Rick Copp und David A. Goodman konzipierten diese Fortsetzung der David-Hasselhoff-Serie KNIGHT RIDER. Sie ist mindestens genauso bekloppt, hat aber nicht den infantilen Charme des A-Typs.

TEK WAR – KRIEGER DER ZUKUNFT
TekWar/Teklab

USA 1994-96; 4 x 90 u. 18 x 45 Min.; F
Jake Cardigan .... Greg Evigan
Walter Boscom .... William Shatner
Sid Gomez .... Eugene Clark
Sam Houston .... Maria Del Mar
Lieutenant Winger .... Maurice Dean Wint
Nika .... Natalie Radford
Shelley Grout .... Dana Brooks
Cowgirl .... Lexa Doig
Spaz .... Ernie Gruenwald
➜ Los Angeles im Jahre 2044. Die Drogendealer handeln mit Tek, einem Computerchip. Er projiziert virtuelle Realitäten in die Gehirnzellen und macht süchtig. Polizist Jake soll im Auftrag seines Vorgesetzten Walter von der *Cosmos Detective Agency* den Handel mit Tek unterbinden.
Streiks sind doch etwas Böses: Während eines Streiks bei den Dreharbeiten zu STAR TREK V setzte sich der große Toupet-Träger William Shatner hin und begann – inspiriert durch BLADE RUNNER und einen Haufen Pulp-Science-Fiction – den ersten TEK WAR-Roman zu schreiben. Zu viele weitere folgten und schließlich kam es zu vier TV-Movies und dieser Serie. Shatner selbst produzierte diesen SF-Trash für Universal und das neue USA Network.
Roman: William Shatner: Die TEK-Verschwörung; Goldmann 23120. Das TEK-Kartell; Goldmann 23126. Die TEK-Dealer; Goldmann 23139. Die TEK-Rache; Goldmann 23145. Das TEK-Geheimnis; Goldmann 23150. TEK-Power; Goldmann 23174.

TENNISSCHLÄGER UND KANONEN als Comic

TENNISSCHLÄGER UND KANONEN

I Spy

USA 1965-68; 82 x 45 Min.; F

Kelly Robinson .... Robert Culp
Alexander Scott .... Bill Cosby

➔ TENNISSCHLÄGER UND KANONEN war die erste Serie, die an Originalschauplätzen auf der ganzen Welt gedreht wurde und einen neuen realistischen Touch in die Agentenserien brachte. Außerdem wurde hier zum ersten Mal über Moral und Unmoral der Aktivitäten von west- wie östlichen Geheimdiensten räsoniert. Aber vor allem war es die erste überregional erfolgreiche Fernsehserie der Mediengeschichte mit einem Schwarzen in einer gleichberechtigten Hauptrolle. Bill Cosby, der neben Robert Culp in TENNISSCHLÄGER UND KANONEN spielte, wurde einer der höchstbezahlten Schauspieler im amerikanischen Fernsehen, dank seines langjährigen Einschaltquotendauerbrenners BILL COSBY SHOW.

Konzipiert und produziert wurde die Serie von dem 1907 geborenen Ex-Schauspieler Sheldon Leonard, dem die Autoren-Produzenten David Friedkin und Morton Fine zur Seite standen. Friedkin hatte die schwierige Aufgabe, die Außendrehorte auf den verschiedenen Kontinenten zu organisieren. Culp: »Er machte das großartig. Wenn wir irgendwo auf der Welt zum Drehort kamen, war alles so gut wie dort eben möglich organisiert.« Leonard selbst sah die unter dem Arbeitstitel DANNY DOYLE begonnene Agentenserie wegen ihrer humoristischen Elemente als Parodie an: »Es ist eine Satire auf diesen Geheimagentenkult, eher komisch als ernst. Wir nennen sie eine Abenteuerkomödie. Typen wie unsere Helden sind völlig irreal.« Die Helden sind zwei CIA-Agenten, die als Tennis-Profi (Kelly Robinson) und Trainer (Alexander Scott) getarnt rund um den Globus reisen und Spezialaufträge ausführen. Sie sind die ersten TV-Agenten des US-Fernsehens, die manchmal die Moral ihrer Missionen in Frage stellen und an der Rechtmäßigkeit einiger Aufträge zweifeln. Es gibt mehrere Folgen, in denen sie sogar den Dienst quittieren wollen.

Die Serie, zu der Earle H. Hagen (sein berühmtes HARLEM NOCTURNE wurde zur Vorspannmusik

TENNISSCHLÄGER UND KANONEN: Robert Culp und Bill Cosby

der MIKE HAMMER-Serie) eine schmissige Titelmusik komponierte, lief vom 15. September 1965 bis zum 9. September 1968 auf NBC; in Deutschland kam sie erstmals 1968 durch das ZDF ins Programm.
Zunächst hatten alle Beteiligten ein wenig Angst vor der Zuschauerreaktion auf einen schwarzen Hauptdarsteller. 1958 war die NAT KING COLE SHOW abgesetzt worden, weil niemand eine Serie mit einem schwarzen Star sponsern wollte. 1963 noch hatten sich verschiedene Sendestationen in den Südstaaten geweigert, die Serie EAST SIDE/WEST SIDE wegen ihrer klischeelosen Darstellung von Schwarzen auszustrahlen. Als hätte die Branche ein schlechtes Gewissen, begrüßte sie nun Cosby enthusiastisch und verlieh ihm dreimal hintereinander den *Emmy* als besten Hauptdarsteller in einer dramatischen Serie. Ausgesucht worden war Cosby gemeinsam von Sheldon Leonard und Robert Culp. Nicht, weil er schwarz war, sondern weil er – wie Culp sagte – der Beste für die Rolle sei. Die Serie kam zwar während ihrer gesamten Laufzeit nie unter die 25 meistgesehenen Fernsehprogramme, war aber ungeheuer populär und in vielen Ländern ein ganz großer Hit.
Nach drei Jahren hatten Culp und Cosby genug. Die Dreharbeiten in aller Welt waren mörderisch, und es wurde auch schwieriger, gute Drehbücher zu bekommen. Cosby: »Ich bin zu wenig zu Hause. Eigentlich nur, wenn wir Innenaufnahmen in den Desilu-Studios drehen.« Und Culp erinnert sich: »Ich mußte für die Serie Tennisunterricht nehmen. Ich war zwar mal Meister im Hochsprung, aber mit Tennis hatte ich nie was zu tun. Ich spiele den Tennis-Star, aber Bill ist ein viel besserer Spieler. Das Schlimmste an der Popularität durch die Serie sind irgendwelche Idioten, die herausfinden wollen, ob man wirklich so stark wie im Fernsehen ist. In Mexiko mußten Bill und ich um unser Leben rennen, weil ein paar Betrunkene mit Messern auf uns losgingen. Davon habe ich eine Narbe zurückbehalten.«
Zu den Autoren gehörte neben David Karp, Friedkin, Eric Bercovici, Marion Hargrove, Berkeley Mather, Robert Bloch, Bill S. Ballinger und Stephen Kandel auch Culp, der sechs Folgen schrieb und auch zweimal Regie führte; zu den Regisseuren gehörten Leo Penn, Paul Wendkos, Richard Serafian, Earl Bellamy und Tom Gries.

Die erste Staffel, die auch die beste war, wurde im fernen Osten, vor allem in Hongkong und Tokio gedreht. Während bei den späteren Folgen meist der Klamauk überwog, war die erste Staffel ausgewogen an eher humorigen und ernsten Folgen. Die Episode TATIA, in der sich Kelly gegen die Warnungen seines Partners in eine kommunistische Agentin verliebt, ist ein frühes Beispiel für eine TV-Krimi-Episode, in der die Spannung aus der Charakterisierung der Personen und nicht aus der Action gezogen wird. Die späteren Folgen wurden vor allem in Mexiko und Südeuropa gedreht, konnten aber an die Klasse der ersten Staffel nur selten anschließen.
Roman: John Tiger (Pseudonym für Walter Wager): Turnier der Mörder (I Spy; 1965); Moewig

33, 1968. Der Meistercoup (Masterstroke; 1966); Moewig 35, 1968. Unternehmen Schmetterball (Countertrap; 1967); Moewig 41, 1968. Finale für zwei Pistolen (Wipeout; 1967); Moewig 49, 1969. Superkill; Popular Library, 1967. Doomdate; Popular Library, 1967. Death-Twist; Popular Library, 1968.
Comic: I Spy: No. 1, August 1966 – No. 6, September 1968; Gold Key.

TEQUILA & BONETTI

Tequila & Bonetti

USA 1992; 12 x 45 Min.; F

Nico Bonetti .... Jack Scalia
Officer Angela Garcia .... Mariska Hargitay
Captain Midian Knight .... Charles Rocket
Detective Lee .... W.K. Stratton
Sergeant Nuzo .... Terry Funk
Officer Vita .... Joe Vita

➜ Der New Yorker Detektiv Bonetti wird nach Kalifornien versetzt, weil er versehentlich einen unschuldigen Menschen getötet hat. Seine Verstörung sucht er durch rauhe Sprüche und Macho-Gehabe zu überspielen. Er staunt nicht schlecht, als man ihm seine Partner in Los Angeles vorstellt: Während er von der atemberaubenden Angela sofort angetan ist, kann er mit dem französischen Mastiff-Polizeihund Tequila nicht viel anfangen. Er ist der Gag der Serie, denn die Zuschauer hören aus dem Off seine Kommentare, während sich die Serienhelden mit seinem zerknautschten Gesichtsausdruck begnügen müssen.
Produziert und konzipiert wurde die komödiantische Serie von Donald P. Bellisario für CBS.

Thaw, John

Englischer Schauspieler. Geboren am 3. Januar 1942. Bereits mit 21 Jahren war er die zweite Besetzung von Sir Lawrence Olivier in dem West-End-Stück SEMI DETACHED und übernahm das Stück einmal für eine ganze Woche. Mit 22 Jahren hatte er seine erste eigene TV-Serie: REDCAP. Er ist auf der Bühne genauso zu Hause wie auf dem Bildschirm. Aber es sind zwei Krimi-Serien, die für alle Zeiten mit dem Namen Thaw verbunden sein werden: DIE FÜCHSE (1975-78) und INSPECTOR MORSE (seit 1987).

T.H.E. CAT – LAUTLOS WIE EIN SCHATTEN

T.H.E. Cat

USA 1966-67; 26 x 25 Min.; F

Thomas Hewitt Edward Cat .... Robert Loggia
Captain MacAllister .... R.G. Armstrong
Pepe .... Robert Carricart
Maria .... Norma Bengell

➜ T.H.E. Cat ist ein ehemaliger Zirkusartist und Einbrecher. Jetzt arbeitet er als Bodyguard und beschützt Klienten, die auf der Todesliste des Mob stehen. Sein »Büro« ist der Nachtklub *Casa del Gato* in San Francisco, der seinem Freund Pepe, einem spanischen Zigeuner, gehört.
Boris Sagal produzierte die originelle, klaustrophobische Serie für NBC und führte auch bei einigen Folgen Regie. Die Musik ist von Lalo Schifrin. Robert Loggia war Stuntman, bevor er Schauspieler wurde.
Comic: T.H.E. CAT No. 1, März 1967 – No. 4, Oktober 1967; Dell Publishers.

THEKLA CAROLA WIED IN:

BRD 1996; 3 x 90 Min.; F

Dorothee Rathenau .... Thekla Carola Wied
Julian Kemper .... Stefan Ullrich
Staatsanwalt Mautner .... Alexander May

➜ Als Staatsanwältin bringt Frau Wied unter Einsatz ihres Lebens die Mörder zur Strecke. Leider auch ihr Privatleben.
»Unter die Haut gingen die Filme nicht. Dafür war die Storyline zu vorhersehbar angelegt; fehlte den Personen, selbst den Bösewichtern, so etwas wie ein Geheimnis. Ihre Motive waren letztlich so durchschaubar wie die Gedankenfolgen der Hauptdarstellerin«, stellte Alexander Frauke Döhring in der *Funk-Korrespondenz* Nr. 51/1997 fest. Ausgedacht hatte sich die Geschichten Alexander Michael Fengler für SAT.1.

THRILLER

GB/USA; 26 x 60-90 Min.; F

➜ Unter diesem Reihentitel sendete das ZDF von 1980 bis 1982 amerikanische Pilotfilme nicht realisierter Serien, TV-Movies und britische Fernsehfilme aus dem Krimi- und Horrorgenre. Darunter waren so interessante Beiträge wie Paul Wendkos

Adaption von Ross Macdonalds THE UNDERGROUND MAN (FAMILIENGEHEIMNISSE) mit Peter Graves als Lew Archer oder NERO WOLFE nach THE DOORBELL RING von Rex Stout, gedreht von Frank D. Gilroy mit Thayer David als Wolfe. Die meisten englischen Filme basierten auf Drehbüchern von Brian Clemens.

THUNDER IN PARADISE – HEISSE FÄLLE, COOLE DRINKS

Thunder In Paradise

USA 1993-94; 4 x 90 Min. u. 14 x 45 Min.; F
Randolph J. »Hurricane« Spencer ...... Hulk Hogan
Martin »Bru« Brubaker .... Chris Lemmon
Kelly LaRue .... Carol Alt
Edward Whitaker .... Patrick Macnee
Megan Whitaker Spencer (Pilot) ... Felicity Waterman
Jessica Whitaker Spencer (Pilot) ... Robin Weisman

Trelawny (D.J. Moran) .... Kiki Shepard
Jimmy .... Jimmy Hart
Allison Wilson .... Heidi Mark
Brutus .... Ed »Brutus Beefcake« Leslie
Kowalski .... Jim Neidhart
Hammerhead McCall .... Steve »Sting« Borden
Kristen/T.C. .... Tai Collins

➜ Die beiden ehemaligen *Navy Seals* Spencer und Brubaker haben das technische Wunderwerk *Thunder* gebaut, den Prototyp eines neuen Einsatzbootes. Doch die Navy will es ihnen nicht abkaufen. Die Bank fordert ihren Kredit zurück und die Freunde stecken in Schwierigkeiten. Um Geld zu verdienen, verdingen sie sich als Helfer in der Not. Neben dem Boot, das 500 Meilen in der Stunde fahren kann, nützt ihnen ihre militärische Ausbildung und Spencers Muskelkraft.
Der eigentliche Star der Serie ist *Thunder*, ein 13 Meter langes Speedboot mit 415 PS und ausgerüstet mit einem High-Tech-Arsenal. Die Produzenten Douglas Schwartz und Michael Berk arbeiteten bereits für BAYWATCH. Das Konzept ihrer Serie ist unschwer als BAYWATCH *meets* KNIGHT RIDER erkennbar. Hauptdarsteller Hulk Hogan, der eigentlich Terry Boulder heißt, dürfte vor allem als einer der Superstars der *World Wrestling Federation* bekannt sein.

TIME TRAX – ZURÜCK IN DIE ZUKUNFT

Time Trax

USA 1992-94; 1 x 90 Min. u. 41 x 45 Min.; F
Captain Darien Lambert .... Dale Midkiff
Selma .... Elizabeth Alexander
Dr. Mordecai Sahmbi .... Peter Donat
Dr. Elissa Chang Knox /Annie Knox .... Mia Sara

➜ Wir schreiben das Jahr 2193: Der geniale Wissenschaftler Dr. Sahmbi hat eine Zeitmaschine erfunden, die Menschen in die Vergangenheit bringen kann, TRAX (Trans/Time Research And Experimentation). Kriminelle erkaufen sich den Transport ins Jahr 1993, um vor der Polizei zu fliehen. Sahmbis Gegner ist der *Police Captain* Lambert, der ihm auf die Schliche kommt. Sahmbi flieht selbst in die Vergangenheit, um König unter den Primitiven des 20. Jahrhunderts zu werden. Lambert folgt ihm. Seine einzige Hilfe ist ein Compu-

T.J. HOOKER: William Shatner und Michael Horton

ter, der auf Lamberts Befehl hin weibliche Gestalt annimmt. Ansonsten hat Selma die Größe einer Kreditkarte. Wow! Wenn das kein echter Männertraum ist!

Konzipiert wurde die Trash-Serie von Harve Bennett, der sie mit Jeffrey M. Hayes und Grant Rosenberg für den internationalen *Syndication*-Markt produzierte. Nach DR. WHO (1963), Irvin Allens TIME TUNNEL (1966), TIME EXPRESS (1976) mit Vincent Price und ZURÜCK IN DIE VERGANGENHEIT (1989) eine weitere Zeitreise-Serie. Bennett, der auch an Serien wie TWEN POLICE und DER SECHS-MILLIONEN-DOLLAR-MANN mitarbeitete, wurde von dem Film STAR TREK V zu der Serie angeregt. Produziert wurde die Serie in Australien in den Warner Roadshow Movie World Studios in Queensland.

TIM FRAZER siehe DURBRIDGE-KRIMIS

TIM FRAZER: DER FALL SALINGER siehe DURBRIDGE-KRIMIS

T.J. HOOKER
T.J. Hooker

USA 1982-86; 1 x 90 Min. u. 88 x 45 Min.; F

Sergeant T.J. Hooker .... William Shatner
Officer Vince Romano (1982-85) .... Adrian Zmed
Officer Stacy Sheridan .... Heather Locklear
Capt. Dennis Sheridan (1982-85) ... Richard Herd
Fran Hooker (1982-83) .... Lee Bryant
Vicki Taylor (1982) .... April Clough
Officer Jim Corrigan (1983-86) ..... James Darren
Cathy Hooker .... Susan McClung
Chrissie Hooker .... Nicole Eggert

➜ Sergeant Hooker ist ein Mann, der von seinem Beruf überzeugt ist. Er will die unschuldigen Bürger vor Gewalt und Kriminalität bewahren. Nach dem Tod seines besten Freundes hätte er eine Schreibtisch-Karriere einschlagen können. Aber ihn zieht es auf die Straße, um in vorderster Front zu kämpfen. Seine Ehe mit Fran wurde natürlich Opfer seines Berufes, er ist geschieden und hat zwei Kinder. Seine Erfahrung kann er an der Polizei-Akademie an die jungen Rekruten weitergeben. Ein besonders gutes Verhältnis hat er zu seinem jungen Partner Vince und der hübschen Stacy. Man weiß nicht, was faszinierender ist: Seine Predigten über polizeiliche Tugenden oder der Sitz von Shatners fürchterlichem Toupet, um das man unbegründet bei so mancher Verfolgungsjagd bangt. Ausgedacht hat sich diese Routine-Cop-Show Rick Husky für die Produzenten Aaron Spelling und Leonard Goldberg. Zu den Gaststars gehörten Jerry Lee Lewis und die Beach Boys. »Ein Haufen Klischees mit den abgestandenem Spelling-Goldberg Warenzeichen«, urteilte der *TV-Guide*.

TOCHTER DES SCHWEIGENS

BRD 1978; 12 x 25 Min.; F

Anna Albertini .... Paola Pitagora
Alberto Ascolini .... Arno Assmann
Carlo Rienzi .... Udo Vioff
Valeria Rienzi .... Hannelore Elsner
Peter Landon .... Heinz Baumann

➜ An einem Sommerabend des Jahres 1960 tötet Anna den Bürgermeister des kleinen toskanischen Dorfes Santo Stefano. Unmittelbar nach der Tat stellt sie sich der Polizei. Der Dorfgeistliche besorgt ihr Carlo als Verteidiger. Motiv der Tat: Der Bürgermeister war gegen Ende des Krieges Chef eines Partisanenkommandos und hatte dafür gesorgt, daß Annas Mutter wegen Kollaboration mit den Deutschen hingerichtet wurde.

Halb Soap, halb Gerichtsdrama ist diese Bavaria-Produktion nach dem Roman von Morris L. West. Regie führte Hans Dieter Schwarze, die Kamera machte Joseph Vilsmaier.

Roman: Morris L. West: Tochter des Schweigens (Daughter of Silence; 1961); Knaur 75, 1965.

TOD LÄUFT HINTERHER, DER

BRD 1967; 3 x 75 Min.; sw

Edward Morrison .... Joachim Fuchsberger
Mary Hotkins .... Marianne Koch
Myrna Collins .... Gisela Uhlen
John Evans .... Pinkas Braun
Harry Brenton .... Gerd Baltus
Inspektor Brown .... Ernst Fritz Fürbringer
Gaston .... Josef Meinrad
Edna Stone .... Elisabeth Flickenschildt
David Stone .... Friedrich Schoenfelder
Madame Bressac .... Marianne Hoppe
Monsieur Brassac .... Walter Richter

➜ Fuchsberger sucht seine verschwundene Schwester und kommt einem Verbrecherring auf die Spur.

Mit diesem Dreiteiler begann Herbert Reineckers TV-Krimi-Durchbruch. Ein an Durbridge-Strukturen geschulter Thriller, der aufwendig in England und Frankreich gedreht wurde.
Das ZDF setzte damit den Durbridge-Mehrteilern der ARD ein konkurrenzfähiges Produkt entgegen und wurde mit traumhaften Einschaltquoten belohnt. Regie führte Wolfgang Becker. Der Erfolg führte zu den weiteren Dreiteilern BABECK und 11 UHR 20.

TÖDLICHE WAHL

BRD 1993; 3 x 90 Min.; F

Alex Bronner .... Jürgen Prochnow
Eva Sachse .... Gertraud Jesserer
Conny Sachse .... Anja Kling
Michael Naumann .... Günther Maria Halmer
Simone .... Gaby Dohm

TÖDLICHE WAHL: Jürgen Prochnow als Alex Bronner

Christine Bonetzki .... Iris Stromberger
Wolf Kabitz .... Dominique Horwitz

➜ Ex-Polizist Bronner betreibt eine gutbürgerliche Kneipe in Darmstadt. Nachdem ein früherer Kollege und Freund ermordet wurde, macht er sich auf die Suche nach dem Täter. Damit beginnt ein Doppelleben. Er entdeckt, daß hinter dem Mord eine Organisation steckt.
Nach zwölf Jahren Arbeit an den 39 Episoden der Familienserie DIESE DROMBUSCHS ermöglichte das ZDF seinem Erfolgsautor Robert Stromberger, diesen dilettantisch schlechten Krimi-Dreiteiler um die »Aufdeckung einer Form des organisierten Verbrechens mit aktuellen zeitpolitischen Bezügen« (ZDF). Regie führte Peter Deutsch.

TÖDLICHES GEHEIMNIS
Caleb Williams

GB/BRD/F/I 1980; 4 x 90 Min.; F
Caleb Williams .... Mick Ford
Falkland .... Günther Maria Halmer
Tyrell .... Stephen Rea
Emily .... Diane Stolojan
Grimes .... Arthur Brauss
Jane .... Chrissie Cotterill
Forester .... Jacques Maury
Hannah .... Angelika Bender

➜ England zur Zeit der Französischen Revolution. Caleb, ein armer Bauernsohn, wird Opfer der Intrigen des Richters und vorgeblichen Gentlemans Falkland. Er wird ins Gefängnis geworfen, flieht als Gesetzloser und macht ein Martyrium durch, bevor er Gerechtigkeit erfährt und einen Mord aufklärt.
Eine atemberaubende Verfilmung des klassischen Romans DIE DINGE, WIE SIE SIND, ODER DIE ABENTEUER DES CALEB WILLIAMS von William Godwin (1756-1836). Bei dieser europäischen Koproduktion stimmte alles. Regie führte Herbert Wise und die Drehbuchbearbeitung machte Robin Chapman.
Über diesen Klassiker der Kriminalliteratur und des sozialen Romans von 1794 schrieb der englische Krimi-Großmeister Julian Symons in dem Standardwerk AM ANFANG WAR DER MORD (BLOODY MURDER): »Die Bedeutung von CALEB WILLIAMS besteht darin, daß der Roman im Grunde sämtliche Behauptungen leugnet, welche später von den Detektivromanen erhoben werden. Im Detektivroman wird das Gesetz als das absolut Gute dargestellt, in Godwins Buch dagegen als das Böse schlechthin. Die bemerkenswerte Strömung in der modernen Kriminalliteratur, welche sich mit der Korruption bei den Behörden und mit der Bürokratie als Übel befaßt, und nicht selten sogar eine Allianz zwischen der Polizei und den Gangstern herstellt, wird in erster Linie von Dashiell Hammett und Raymond Chandler repräsentiert, aber man sollte nicht übersehen, daß sie gerade hier, in Godwins CALEB WILLIAMS ihren bedeutendsten Vorläufer besitzt. Manchmal spricht er fast mit der Stimme Brechts [...]«
Dieser Vierteiler ist eine Sternstunde des Fernsehens!

TOMA
Toma

USA 1973-74; 1 x 90 Min. u. 22 x 45 Min.; F
David Toma .... Tony Musante
Inspector Spooner .... Simon Oakland
Patty Toma .... Susan Strasberg
Jimmy Toma .... Sean Manning
Donna Toma .... Michelle Livingston

➜ Wie SERPICO basierte TOMA auf den Fällen eines wirklichen Polizisten. Edward Hume konzipierte mit dem Produzenten Roy Huggins diese Serie über einen Undercover-Cop, der ein Meister der Verkleidung ist. Der echte Dave Toma war in Newark, New Jersey, wegen seiner erfolgreichen, aber unkonventionellen Methoden schon eine Legende. »Neben den ermüdenden Versatzstücken des Genres (Autojagden u.a. urbane Räuber- und Gendarmspiele) stellt TOMA die keineswegs glamouröse Routine-Arbeit der Polizei dar, leistet sich einen Hauch Realismus«, schrieb Hans C. Blumenberg in *Die Zeit* Nr. 12/1977. Als die Serie lief, arbeitete Toma seit achtzehn Jahren als Cop und stand der Produktion als Berater zur Verfügung. Die Serie wurde kein Überraschungserfolg, steigerte aber von Folge zu Folge ihre Zuschauerzahlen. Zu den Drehbuchautoren gehörte neben Huggins (unter seinem Pseudonym John Thomas James) und Stephen J. Cannell auch Tony Musante mit seiner Frau. Schließlich stieg der Hauptdarsteller gegen den Wunsch aller Beteiligten nach der ersten Staffel aus der Serie aus, um nicht »als Serienschauspieler verheizt zu werden«. Huggins verzichtete darauf, ihn durch einen anderen Toma-Darsteller zu ersetzen. Stattdessen behielt er das Konzept in seiner Grundstruktur für eine neue Show bei, verpflichtete den Schauspieler Robert Blake und landete mit der Nachfolgeserie BARETTA einen Hit.

TOP COPS
Top Cops

USA 1990-93; 80 x 50 Min.; F

➜ *Reality-TV at its worst.* Eine Anthologie-Reihe, in der echte Polizisten ihre fürchterlichsten Abenteuer erzählen, die dann nachgestellt werden. Um das *Reality*-Grauen komplett zu machen, moderierte auch noch Mareike Carrière in der deutschen Fassung die Übergänge der drei Geschichten, aus denen eine Folge jeweils bestand. Hochsensibel erklärte die Moderatorin: »Was mich am meisten interessiert ist die Tatsache, daß die daran beteiligten Polizisten ihre Einsätze selbst reflektieren.« So hörte der Zuschauer brillante Reflektionen wie »Das Blut in der Wunde sagte mir, daß mein Partner verwundet war.«

TOTAL RECALL 2070
Total Recall 2070

USA 1998; 1 x 90 Min. u. 20 x 45 Min.; F

David Hume .... Michael Easton
Ian Farve .... Karl Pruner
Olivia Hume .... Cynthia Preston

➜ Die Erde im Jahre 2070: Spezialagent Hume riskiert für die Polizeiabteilung CPB (Citizen Protection Bureau) jeden Tag sein Leben. Unterstützung bekommt er dabei von dem hochentwickelten Androiden Farve.

Mit TOTAL RECALL und vor allem BLADE RUNNER standen zwei Kinoklassiker Pate bei dieser Future-Cop-Serie. Jede Folge dieser internationalen Koproduktion soll 1,5 Millionen Dollar gekostet haben. Das sieht man der Serie nicht unbedingt an.

TOTE VON AMELUNG, DIE

BRD 1995; 3 x 80 Min.; F

Jan Mendel .... Paul Herwig
Sigurd Flotow .... Heinz Meier
Maria Albrecht .... Andrea Heuer
Florentine .... Romy Kühnert
Ohm Weber .... Michael Gwisdek
Kaszimir .... Borys Ponew
Maike Schredder .... Brigitte Janner
Loennstroem .... Dieter Laser
Leander .... Horst-Günter Marx
Constanze .... Julia Bremermann
Greth Lamm .... Tilly Lauenstein
Adrian von Riel .... Christoph Eichhorn
Edelgard .... Irm Hermann

➜ Ein geheimnisvoller Mord an einer Pastorenwitwe, die selbst zur Mörderin an ihrem Kinder schändenden Mann wurde, auf der idyllischen Insel mit 37 Einwohnern – unter ihnen der Mörder.

Ausgedacht haben sich diesen schwachsinnigen RTL-Dreiteiler Rainer Berg und Beate Langmaack, gedreht wurde er von Hajo Gies auf Bornholm für die Rialto Film. Klaus Hamburger urteilte ihn in der *Funk-Korrespondenz* Nr. 1/1996 ab: »Diesem dreiteiligen Kriminalfilm mit Gewinnspiel (Ermitteln Sie selbst), lag unverhohlen ein altbewährtes Spannungsmuster zugrunde: Schuld- und Tätersuche innerhalb einer Gruppe von Eingeschlossenen. [...] Die häckselnde Schnittechnik stiftet Verwirrung bereits in der Einleitung, die anscheinend die Selbsteinschätzung der Macher, es handele sich um einen Mystery-Krimi, von Anfang an untermauern sollte. Aber bereits im zweiten Teil dieses oft zu künstlich gedehnt anmutenden Dreiteilers bricht die durch die mannigfachen Mystifikationen von Teil Eins aufgebaute, angestaute Spannung zusammen, und im Finale wird die Verrätselung so stark überzogen, daß die Auflösung am Ende kaum noch nachzuvollziehen ist und entsprechend gleichgültig läßt, zu kennzeichnen mit einem Satz aus dem Dialog des Films: Das ist doch unglaublich naiv.«

TRAFFIK
Traffik

GB/BRD 1989; 5 x 60 Min.; F

Jack Lithgow .... Bill Paterson
Caroline Lithgow .... Julia Ormond
Helen Rosshalde .... Lindsay Duncan
Dieter .... Tilo Prückner
Ronnie .... Fritz Müller-Scherz

Henderson .... Peter Bourke
Rachel .... Linda Bassett

➜ In dieser großartigen Mini-Serie wird der Weg des Opiums auf mehreren Ebenen vorgeführt: Da ist der britische Staatssekretär Lithgow, dessen Tochter Caroline heroinabhängig wird. Er besucht Pakistan, um sich über die westliche Wirtschaftshilfe im Kampf gegen den Opiumanbau zu informieren. Zufällig trifft er auf den deutschen Unternehmer Rosshalde, der in Pakistan Geschäfte betreibt. Erst nach und nach erkennt Lithgow, daß Pakistan ein Mafia-Staat ist und der Rauschgifthandel das Land bis in die Regierungsspitze korrumpiert hat. Bei einem Besuch in Hamburg wird Rosshalde, der einen riesigen Rauschgiftring aufgebaut hat, von den zähen Drogenfahndern Dieter und Ronnie festgenommen. Nun beginnt ein erbarmungsloser Kampf gegen Rosshalde und seine Investoren. In Pakistan wird gleichzeitig vom Leben eines Kleinbauern und seiner Familie erzählt, der den Mächtigen in die Quere kommt und gnadenlos zerstört wird.

Grandios verstehen es Autor Simon Moore und Regisseur Alastair Reid, die verschiedenen Handlungsebenen, die ein komplexes Bild der Drogenproblematik liefern, zu verknüpfen. Brian Eastman produzierte die Serie unter schwierigen Bedingungen an Originalschauplätzen und liefert – zusammen mit Michael Manns Serien – das wohl illusionsloseste und realistischste Bild von Dritte-Welt-Staaten, die längst von kriminellen Strukturen durchdrungen sind und beherrscht werden. Diese Schwellenfilme zeigen die organisierte Kriminalität der achtziger Jahre. Damals herrschte noch geringer und unbegründeter Optimismus, diese Problematik in den Griff zu bekommen. Heute, nach dem Zusammenbruch der Sowjetunion und der Wandlung Rußlands in den größten Mafiastaat der Welt, zerfrißt die organisierte Kriminalität bekanntlich auch die politischen und staatlichen Strukturen der Europäischen Union und der westlichen Demokratien. Die große Krimi-Serie darüber steht noch aus. TRAFFIK jedenfalls gehört zu den besten TV-Produktionen überhaupt.

TRAUZEUGE FBI

P.S. I Luv U

USA 1991-92; 14 x 45 Min.; F

Dani Powell/Wanda Talbert .... Connie Sellecca
Cody Powell/Joey Paciorek .... Greg Evigan
Matthew Durning .... Earl Holliman
Onkel Ray Bailey......................... Patrick Macnee
Fuji .... Rob Narita
Dori .... Lisa Canning
Jojo .... Jayne Frazer
Sheriff Hollings .... Jack Ging

➜ Um ihrer Strafe zu entgehen, hilft die kleine Gaunerin Wanda der New Yorker Polizei, einen hohen Mafioso hinter Gitter zu bringen. Der schwört Rache an allen an seiner Festnahme Beteiligten. Wanda kommt ins Zeugenschutzprogramm des FBI und erhält eine neue Identität: Sie wird mit Joey, der die Aktion der Polizei geleitet hat und ebenfalls auf der Abschussliste des Mafioso steht, verheiratet, und beide leben künftig in Palm Springs, wo sie für eine Security-Firma (PSI) arbeiten.

Glen A. Larson war nicht nur für Konzept und Produktion dieser CBS-Serie verantwortlich, er schrieb auch mit Matthew Delgado den Titelsong P.S. I LUV U, der von Greg Evigan und Suzanne Fountain gesungen wurde.

TRESKO

BRD 1996; 3 x 90 Min.; F

Jo Tresko .... Mario Adorf
Katrin Tresko .... Gudrun Landgrebe

➜ Erstmals in der Geschichte von SAT.1, so prahlte der Sender, wurde einem internationalen Star ein Projekt auf den Leib geschneidert. Tresko löste als Kunstexperte früher für den BND Fälle ... Hat man solchen Schwachsinn schon gehört? Hoffentlich kommt in Pullach niemand auf dumme Gedanken. Jedenfalls verdächtigte man ihn, ein Maulwurf zu sein und Tresko nahm seinen Hut. Jetzt hat er endlich mehr Zeit für seine Ehefrau Katrin, eine erfolgreiche Journalistin. Aber der BND kann doch nicht auf ihn verzichten. Wieviel Kunstexperten hat er schon? Als Experte soll er nun gegen die Drogenmafia ermitteln. Im dritten Teil dieser hoffentlich nicht weiterzuführenden Serie wird auch noch seine Frau umgebracht. Angeblich »dachte Mario Adorf gemeinsam mit dem einstigen Ga-

Mario Adorf als Jo Tresko

noven und erfolgreichen Drehbuchautoren Peter Zingler über eine Figur nach, die ihn nicht wieder als Bösewicht zeigen würde, aber trotzdem vielschichtig ist« (SAT.1). Wenn Zingler als Ganove ähnlich clever war, wie er als Drehbuchautor arbeitet, wundert es nicht, daß er viel Zeit im Knast verbracht hat. Produziert wurde das langweilige Leichtgewicht von Dr. Eberhard Jost von der Telefilm Saar für SAT.1.
Roman: Tresko; S & L Medienkontor, 1996.

TRIO MIT VIER FÄUSTEN
Riptide

USA 1984-86; 1 x 90 Min. u. 56 x 45 Min.; F

Cody Allen .... Perry King
Nick Ryder .... Joe Penny
Murray »Boz« Bozinsky .... Thom Bray
Mama Jo (1984) .... Anne Francis
Lieutenant Ted Quinlan (1984-85) ...... Jack Ging
Kirk Dooley (1984-85) .... Ken Olandt
Lt. Joanna Parisi (1985-86) .... June Chadwick

➜ Am Pier 56 in King's Harbour lag zwei Jahre die *Riptide*, ein schwimmendes Privatdetektivbüro. »Gezeigt wurden die manchmal haarsträubenden Fälle eines Privatdetektivtrios, das sich aus zwei echten kalifornischen Strandjungs und Vietnamveteranen und einem tolpatschigen Computerspezialisten zusammensetzt. [...] fast jede Folge beinhaltete Verfolgungsjagden zu Lande, zu Wasser und in der Luft, und viele Schlägereien. Doch der Bildschirm blieb sauber! Es wurde nie jemand verletzt. Die Moral von der Geschichte: Shooting is fun – und harmlos [...]. In jeder dritten oder vierten Folge hob eine handfeste Charakterisierung ihr selten gezeigtes Antlitz: Aus den Beachcombers wurden plötzlich dreidimensionale Charaktere, und

TRIO MIT VIER FÄUSTEN: **Joe Penny, Perry King und Thom Bray**

auch die Fälle des Trios waren dann intelligent und spannend. Da ging es um Computerkriminalität, Korruption oder auch um die Midlifecrisis der älter werdenden Strandboys«, schrieb Andreas Dekker im *Jahrbuch der Kriminalliteratur* 1989.
Stephen J. Cannell und Frank Lupo konzipierten und produzierten die Serie für Paramount und NBC, und Mike Post und Pete Carpenter waren einmal mehr für eine schmissige Titelmusik zuständig. Als Cannell die heimlichen Helden Bozinsky und seinen Roboter Roboz entwickelte, dachte er an Stephen Wozniak, der einst in der Garage seiner Eltern den ersten Apple-Computer entwikkelt hatte, und natürlich an R2D2, den vermenschlichten Roboter aus STAR WARS.

TROPICAL HEAT
Sweating Bullets

USA 1991-93; 66 x 45 Min.; F

Nick Slaughter .... Rob Stewart
Sylvie Girard .... Carolyn Dunn
Ian Stewart (1991-92) .... John David Bland
Lieutenant Carillo (1991-92) ... Pedro Armendáriz
Ollie Porter (1991) .... Eugene Clark
Spider Garvin (1992-93) .... Ian Tracey
Sergeant Gregory (1992-93) .... Ari Sorko-Ram
Rollie (1992-93) .... Alon Nashman

➜ Am liebsten würde er den ganzen Tag faul in der Sonne herumliegen, Margaritas trinken und sich den Pelz bräunen. Doch leider läßt man Nick nicht in Ruhe. Der ehemalige DEA-Agent will sich nach seinem Rausschmiß im tropischen Key Mariah auf einer Halbinsel vor der Küste Floridas ein geruhsames Leben als Privatdetektiv machen. Doch seine Partnerin Sylvie schleppt mehr Klienten an, als ihm lieb ist.
Die von Sam Egan erfundene und von Harel Goldstein produzierte CBS-Serie hat eine aberwitzige Set-Karriere: Aus Kostengründen wurde die erste Staffel in Puerto Vallarta an der Westküste Mexikos produziert, die zweite Staffel in Israel und die dritte in Pretoria, Südafrika. Da Pretoria 500 Kilometer vom Meer entfernt liegt, wurden sämtliche Strandszenen auf Mauritius nachgedreht. Goldsteins Tagebuch dürfte spannender als jede Folge dieser konventionellen *Private Eye*-Serie sein. Der Kanadier Rob Stewart popularisierte mit »Highlander« Adrian Paul jedenfalls den männlichen Pferdeschwanz für TV-Action-Helden.

TWEN POLICE
The Mod Squad

USA 1968-73; 124 x 45 Min.; F

Pete Cochran .... Michael Cole
Linc Hayes .... Clarence Williams III
Julie Barnes .... Peggy Lipton
Captain Adam Greer .... Tige Andrews

➜ Die Serie war der erste und einer der erfolgreichsten Versuche, aus der Jugendrevolte der sechziger Jahre Krimiserien-Kapital zu schlagen. Um den Verfolgungen durch das Gesetz zu entkommen (natürlich haben sie nur ein bißchen jugendlichen Unsinn angestellt; der schwarze Linc etwa wurde nach Rassenunruhen in Watts in Handschellen abgeführt. Er sollte nie wieder so etwas Böses tun!), arbeiten Pete, Linc und Julie für Captain Greer in Milieus, in die ältere Polizisten nicht eindringen können. Und das Establishment konnte beruhigt aufatmen: Ihre verrückt gewordenen Kinder konnten unter Kontrolle gebracht werden.
Diese Ur-Mutter der Serien von STARSKY UND HUTCH bis 21 JUMP STREET wurde von Bud Ruskin erfunden und konzipiert. Ruskin war Polizist und Privatdetektiv. Inspiriert wurde die Serie durch eigene Erfahrungen: In den Fünfzigern gehörte er zu der aus jungen Cops bestehenden Drogenfahnderabteilung des Sheriff-Büros von Los Angeles.

Bereits 1960 hatte er einen Pilotfilm für die Serie geschrieben. Spelling produzierte die Serie mit Danny Thomas für ABC. Die Musik war von Earle H. Hagen. In ihrem wunderbaren Buch *The Best of Crime & Detective TV* vernichten Max Allan Collins und John Javna die Serie in Form eines Fahndungsplakates: »Täterbeschreibung: Eine flotte Biene (augenscheinlich ein Zombie), ein Macho-Typ (wurde zuletzt murmelnd gesehen) und ein Afro-Amerikaner (auf der Suche nach seinem Hals). Die einzige Show in der TV-Geschichte, die schon alt war, bevor sie je gesendet wurde. Sag einfach nein.«

TWEN POLICE: Peggy Lipton, Michael Cole und Clarence Williams III

Johnny Depp in 21 JUMP STREET

Roman: Richard Deming: The Greek God Affair; Pyramid, 1968. A Groovy Way to Die; Pyramid, 1968. The Hit; Pyramid, 1970. The Sock-It-to-Em Murders; Pyramid, 1968. Spy-In; Pyramid, 1969. William Johnston: Home Is Where the Quick Is; Pinnacle, 1971.
Comic: Mod Squad No. 1, 1969 – No. 8, 1971; Dell.

21 JUMP STREET – TATORT KLASSENZIMMER

21, Jump Street

USA 1987-91; 1 x 90 Min. u. 105 x 45 Min.; F
Tom Hanson (im Pilotfilm) .... Jeff Yagher
Tom Hanson (1987-90) .... Johnny Depp
Doug Penhall (1987-90) .... Peter DeLuise
Judy Hoffs .... Holly Robinson Peete
Harry Truman Ioki (1987-90) .... Dustin Nguyen
Captain Richard Jenko (1987) .... Frederic Forrest
Captain Adam Fuller .... Steven Williams
Dorothy Pezzino (1988-89) .... Gina Nemo
Jackie Garrett (1988-89) .... Yvette Nipar
Dennis Booker (1988-89) .... Richard Grieco
Sal Banducci (1988-90) .... Sal Jenco
Clavo (1990) .... Tony Dakota
Anthony »Mac« McCann (1990-91) ... Michael Bendetti
Joey Penhall (1990-91) .... Michael DeLuise

➜ Eine Eliteinheit junger Polizisten in Los Angeles kümmert sich in Zeiten zunehmender Jugendkriminalität um Verbrechen, die ihre Altersgruppe betreffen. Woche für Woche klären die Under-

Johnny Depp in 21 JUMP STREET

cover-Agenten an High Schools und in Jugendklubs Drogenfälle, Erpressung, Bandenkriege, Teenagerprostitution und Morde auf. Die Einheit hat ihren Sitz in einer ehemaligen Kapelle in der Jump Street.

Fernsehhistorische Bedeutung hatte diese Neuauflage von TWEN POLICE vor allem als erste Erfolgsserie des kurz zuvor gegründeten FOX-Networks. Konzipiert wurde sie von Patrick Hasburgh und Stephen J. Cannell, der sie von Steve Beers in seiner Produktionsfirma für Columbia Pictures Television und FOX produzieren ließ. Die in Vancouver gedrehte Serie machte Hauptdarsteller Johnny Depp zum Star. Am Ende jeder Episode nannte einer der Hauptdarsteller Telefonnummern von Selbsthilfegruppen und Organisationen, bei denen man sich kostenlos zu Drogenmißbrauch, Aids, psychischen Problemen oder Vergewaltigungsfällen beraten lassen konnte. Meistens hatte die gerade ausgestrahlte Folge eines dieser Probleme thematisiert. Der Erfolg war gigantisch, und das Justizministerium richtete aufgrund einer Episode eine eigene Hotline zum Thema Rassismus ein.

Richard Grieco, der eine Staffel lang zum Team gehörte, erhielt mit BOOKER eine *Spinoff*-Serie. Die Titelmusik wurde von Kim Wilde gesungen.

TWIN PEAKS siehe
GEHEIMNIS VON TWIN PEAKS, DAS

U

ÜB' IMMER TREU UND REDLICHKEIT

BRD 1966; ? x 25 Min.; sw
Gretchen .... Monika Borg
Klaus Knuth, Klaus Löwitsch u.a.

➜ Trottelige Gauner planen einen Coup nach dem anderen, doch immer geht alles schief. Ein weiterer verkrampfter Versuch des ZDF, eine Krimikomödie mit teutonischem Humor zu machen.

UNBESTECHLICHE, DIE

BRD 1995; 1 x 90 Min. u. 8 x 45 Min.; F
Sylvia Brant .... Maja Maranow
Franz Teuscher .... Martin Benrath
Katrin Brant .... Jenni Stiebel
Monika .... Antje Schmidt
Evchen Engel .... Maria Körber
Georg Engel .... Klaus Herm
Thomas Rönnfeld .... Florian Martens

➜ Sylvia hat es nicht bereut, daß sie nach der Geburt ihrer Tochter Katrin ihr Jurastudium abgebrochen hat. Ihr Lebensgefährte Peter Teuscher arbeitet als Rechtsanwalt in Celle. Als Peter bei einem Verkehrsunfall ums Leben kommt, steht Sylvia vor dem Nichts. Mit Hilfe eines Bekannten erhält sie eine befristete Anstellung bei einer Zeitung als Gerichtsreporterin und gerät in viele spannende Fälle.
Eine Mischung aus Soap-Melodram und Krimi. Idee und Konzeption sind von Dr. Dieter Wedel, aber die wenigsten Drehbücher und Regie, was dem Niveau der Serie zugute kommt. Diese 1995 für SAT.1 produzierte Serie wurde erst 1998 ausgestrahlt. Wahrscheinlich glaubte der Sender selbst nicht an einen Erfolg.

UNBESTECHLICHEN, DIE siehe CHICAGO 1930 und NEW UNTOUCHABLES

UNDERCOVER! – ZWISCHEN DEN FRONTEN

Between The Lines

GB 1992; 25 x 50 Min.; F
Tony Clark .... Neil Pearson
Chief Superintendent Deakin .... Tony Doyle
Maureen Connell .... Siobhan Redmond
Harry Naylor .... Tom Georgeson

➜ Eine ganz andere Cop-Serie: Knallharte Dramen über die dunkle Seite der Londoner Polizei. Detective Tony Clark gehört zu den besten Leuten der Polizeistation in der Mulberry Street. Mit Druck von oben wird er zur Dienstaufsichtsbehörde geschoben, um seine Kollegen zu bespitzeln. Auch privat gibt es Probleme: die Affäre mit seiner Kollegin Jenny sorgt für Turbulenzen in der Ehe des verheirateten Tony. Aber damit fängt eine große Serie erst an, deren Fortsetzungsgeschichten immer mehr Dynamik gewinnen und die Korruption kleiner Beamter und großer Fische beschreiben. Dazwischen gibt es gefährliche Mordfälle, Geschich-

DIE UNBESTECHLICHE: Benrath, Maranow, Wedel

UNDERCOVER!: Neil Pearson als Tony Clark

ten um organisierte Kriminalität und politische Verbrechen. Die tabubrechende Serie wartet mit einem knalligen Ende auf (das sich über mehrere Folgen hinzieht), das hier keinesfalls verraten werden darf.
Wieder mal sorgte die BBC für einen modernen Klassiker des TV-Krimis. Erfunden wurde die Serie von J.C. Wilsher, produziert von Tony Garnett und Peter Norris. Garnett wurde berühmt mit der kontroversen Serie LAW AND ORDER (nach Konzept und Buch des Polizei-Korruption-Spezialisten und Krimiautors G.F. Newman), die nichts mit der gleichnamigen US-Serie zu tun hat.
Roman: Krystyna Zukowska: Between the Lines: Tony Clark's Dossier; Boxtree, 1994.

UNFASSBAREN, DIE
Once a Thief
USA/CAN 1996; 1 x 90 Min. u. 7 x 45 Min.; F
Mac Ramsey .... Ivan Sergei
Li Ann Tsei .... Sandrine Holt
Victor Mansfield .... Nicholas Lea
Tang .... Michael Wong
Direktorin .... Jennifer Dale
➔ Mac und seine Geliebte Li Ann fliehen vor ihrem ehemaligen Halbbruder, dem Triaden-Oberhaupt Tang. Sie verlieren sich aus den Augen und treffen sich Jahre später in Kanada wieder. Dort zwingt sie eine mysteriöse Direktorin, für eine geheime Polizeiorganisation zu arbeiten.
Mit Spannung wurde die erste TV-Arbeit des Regisseurs John Woo erwartet. Der Kult-Regisseur des Hongkong-Action-Kinos choreographierte auch in diesem Medium Kampfszenen, die den Freunden des Genres gefielen. Die Geschichten waren dünn, hatten aber etwas von diesem naiven Charme chinesischer Action-Filme. Die weiteren, ähnlich absurden Folgen wurden von Schülern des Meisters inszeniert, der nur den Pilotfilm realisierte.

UNGEWÖHNLICHE GESCHICHTEN VON ROALD DAHL
Tales of the Unexpected
GB 1980-81; 24 x 25 Min.; F
Gastgeber .... Roald Dahl
➔ Von Regisseuren wie Herbert Wise, Michael Tuchner, Alastair Reid und Simon Langton wurden die bissigen, bösen Kurzgeschichten von Roald Dahl umgesetzt. Seine berühmteste, DIE LAMMKEULE (LAMB TO THE SLAUGHTER), in der die Polizisten die Mordwaffe aufessen, eröffnete die Anthologie-Reihe, in der u.a. John Mills, Joseph Cotton, Gloria Grahame, Joan Collins und John Gielgud zu sehen waren. Zwei Geschichten stammten nicht von Dahl: DER FLIEGENFÄNGER (THE FLY PAPER) von Elizabeth Taylor und MR. APPLEBYS HEILE WELT (THE ORDERLY WORLD OF MR. APPLEBY) von Stanley Ellin. Die Musik für diese Koproduktion zwischen Anglia TV und der Telemünchen für das ZDF stammte von Ron Grainer.

Action in John Woos DIE UNFASSBAREN

UNSCHLAGBAREN ZWEI, DIE

The Oldest Rookie

USA 1987-88; 13 x 45 Min.; F

Ike Porter .... Paul Sorvino
Tony Jonas .... D.W. Moffett
Lieutenant Marco Zaga .... Raymond J. Barry
Gordon Lane .... Marshall Bell
Chief Black .... Patrick Cronin

➜ Nachdem er 25 Jahre als Pressesprecher der Polizei von Los Angeles gearbeitet hat, entscheidet sich Ike nach dem Tod eines Freundes, sein bequemes Leben aufzugeben. Er geht auf die Polizeischule und besteht zur Überraschung aller. Nun arbeitet er zusammen mit einen jungen Partner, der lieber Hardrock hört als Big Band Sound.
Uninspirierte Buddy-Serie. Produzent Gil Grant meinte: »Es gibt eine Menge Leute, die ihren Job nicht mögen. Unser Charakter bekommt eine zweite Chance und viele können sich damit identifizieren.« Aber für CBS waren das nicht genug Zuschauer, und so wurde der Flop schnell abgesetzt.

UNSER MANN ...

BRD 1995-96; 3 x 90 Min.; F

Thomas Bosch .... Peter Sattmann
Alexander Rhomberg .... Jürgen Hentsch

➜ »Unser Mann« ist Bosch, ein Spezial-Agent im Auftrag der Regierung, der in Kreisen internationaler Verbrecherbanden ermittelt. Sein Freund Rhomberg ist Staatssekretär in Bonn. Er gibt Bosch die Aufträge, die von großem Interesse für die Regierung sind.
Was wie ein wirklich interessantes Konzept klingt, ist in der Umsetzung zu weltfremdem und spannungslosem Blödsinn verkommen. Hauptverantwortlicher dafür ist Rainer Bär, der nicht nur die drei Drehbücher verbrochen hat, sondern diese auch selbst für SAT.1 verfilmte. Gedreht wurde in Köln, Neapel und Marokko. »Alle drei Teile funktionieren nach demselben Strickmuster. Bosch deckt im Ausland ein Verbrechen auf, und die Hintermänner in Deutschland benutzen darauf sehr häufig das Telefon. Wegen der Serialität der Gestaltung wurden jedesmal dieselben Fehler im dramaturgischen Ablauf gnadenlos wiederholt. [...] Noch lauter knirscht es im Gebälk, wenn die Darsteller Handlungsstränge im Dia- bzw. Monolog erklären müssen. [...] Ist das der ideologisch regierungstreue SAT.1-Krimi?«, fragte Manfred Riepe in der *Funk-Korrespondenz* Nr. 17/1996.

UNSICHTBARE, DER

The Invisible Man

USA 1975-76; 1 x 90 Min. u. 12 x 45 Min.; F

Dr. Daniel Westin .... David McCallum
Walter Carlson .... Craig Stevens
Dr. Kate Westin .... Melinda Fee

➜ Während eines Laborversuchs entdeckt der Wissenschaftler Westin ein Serum, das unsichtbar macht. Damit es nicht von den Militärs mißbraucht wird, vernichtet er es. Aber für ihn selbst ist es zu spät: Er ist unsichtbar und muß eine perfekte Gesichtsmaske tragen, wenn er gesehen werden will. Aber das hat auch sein Gutes, und so kämpft er pausenlos für die Gerechtigkeit, im Auftrag der *KLAE Corporation* und der Regierung.
Steven Bochco modernisierte H.G. Wells Klassiker und produzierte die Serie für Universal und ABC.

UNTERNEHMEN FEUERSTURM

Lightning Force

USA 1991-92; 1 x 45 Min. u. 23 x 25 Min.,
auch: 12 x 45 Min.; F

Lt. Col. Matthew Alan Coltrane (Trane) ... Wings Hauser
Col. Zaid Abdul-Rahmad (Zeke) ...... Marc Gomes
Marie Joan Jacquard (Joan) .... Guylaine St. Onge
Lt. Winston Churchill Staples (Church) ... David Stratton
Major General Bill McHugh .... Matthew Walker
Mike Rodney (Pilot) .... Michael A. Jackson

➜ Vier unterschiedliche Charaktere aus vier verschiedenen Ländern kämpfen gegen den internationalen Terrorismus als Elitetruppe *Lightning Force*. Chef ist der Amerikaner Mike Rodney, der im Pilotfilm umkommt und durch Trane ersetzt wird. Mit dem kanadischen Sprengstoffexperten Church, der französischen Kampffliegerin Joan und dem Ägypter Zaid kämpft er mit viel Gewalt für das vermeintlich Gute.
Die in Vancouver gedrehte Serie wurde direkt für den *Syndication*-Markt produziert.

UNTERSUCHUNGSRICHTERIN, DIE

Madame le juge

F 1978; 6 x 90 Min.; F

Elisabeth Massot .... Simone Signoret

➜ Sechs Fälle einer Pariser Juristin. Die Signoret als scharfsinnige, menschliche und obendrein mit Phantasie und Humor gesegnete Richterin in Aix-en-Provence. Mme. Massot weiß, daß sich das Leben nicht immer auf Paragraphen festlegen läßt. Konzipiert wurde die Serie von Raymond Thevenin, Regie führten u.a. Claude Chabrol und Edouard Molinario. Namen, die Qualität garantieren.

UNTER VERDACHT

Under Suspicion

USA 1994-95; 1 x 90 Min. u. 16 x 45 Min.; F

Rose »Phil« Philips .... Karen Sillas
Sergeant James Vitelli .... Philip Casnoff
Captain Mickey Schwartz .... Seymour Cassel
Desmond Beck .... Michael Beach
Chief Jack DeSort (1994) .... Ray Baker
Patrick Clarke (1994) .... Paul McCrane
Lou Barbini (1994) .... Richard Foronjy
Costa »Doc« Papadakis .... Anthony DeSando
Patsi Moosekian .... Arabella Fields
Leon Hart .... Doug Baldwin
Elena .... Jeannette Aguilar Harris

➜ Rose ist das einzige weibliche Mitglied der Mordkommission von Portland, Oregon. Sie muß nicht nur gegen Gangster kämpfen, sondern auch gegen die sexistischen Angewohnheiten ihrer Kollegen (die sie im Minirock immer wieder herausfordert). Das soll wohl so etwas wie eine politisch korrekte Crime-Serie sein. Jedenfalls sind die Charaktere gut und die Geschichten spannend.

Urich, Robert

Amerikanischer Schauspieler. Er wurde am 19. Dezember 1947 in Toronto, Ohio, geboren. Bevor er zur Schauspielerei kam, schloß er sein Studium mit einem *Bachelor of Arts* in Rundfunk- und TV-Kommunikationswissenschaft ab. Zeitweilig arbeitete er in Chicago als Sendezeitverkäufer für eine lokale Rundfunkstation. Ein paar Monate spielte er auf Chicagoer Bühnen, bevor er seinen Kumpel Burt Reynolds wiedertraf, der ihm in Hollywood einige Türen öffnete. Er begann mit kleinen Rollen in Serien wie KUNG FU, F.B.I. und DR. MED. MARCUS WELBY. 1973 bekam er seine erste Serienrolle in der Comedy BOB & CAROL & TED & ALICE. Es folgten DIE KNALLHARTEN FÜNF (1975-76), DIE AUSGEFLIPPTEN (SOAP, 1977), TABITHA (1977-78) und schließlich der große Durchbruch mit VEGA$ (1978-81). Danach spielte er in vielen TV-Movies und den Serien GAVILAN (1982-83) und SPENSER (1985-88). Er ist mit der Schauspielerin Heather Menzies verheiratet und hat zwei Kinder. Als engagierter Umweltschützer brachte er mehrere Bücher zum Thema in seinem eigenen Verlag *Beaver Dam Press* heraus. Nach einem langen, erfolgreichen Kampf gegen den Krebs ist er heute als Kapitän auf dem wiederbelebten LOVE BOAT von Aaron Spelling zu sehen.

USCHI GLAS IN:

BRD 1997; 3 x 90 Min.; F

Johanna Hohenberg .... Uschi Glas
Marie Claire Hauff .... Gesine Cukrowski
Max Silberschneider .... Gerd Silberbauer
Dominik Feller .... Bruno Eyron
Josef Bender .... Michael Brandner
Martin Knoll .... Winfried Hübner

➜ Johanna ist Staatsanwältin und Leiterin der SOKO 197. Aber sie ist natürlich auch eine patente Person, vom Leben gebeutelt und kinderlieb. Ihr Mann und ihre Tochter sind vor Jahren ums Leben gekommen.

Der *Gong* Nr. 52/1997 schrieb über diese merkwürdige Serie: »Eigentlich war dieser (erste) Film eine unveröffentlichte Folge der Serie SCHWURGERICHT gewesen. Sobald man aber die Einsicht realisiert hatte, daß der TATORT (der zur selben Sendezeit ausgestrahlt wurde) mit Gewalt nicht kaputtzukriegen sei, schoß SAT.1 die Serie tot. 1997 geisterten die Horrorkrimis wieder durchs Programm. Wut und Blut unter der Marke ›Der Mordsfilm‹.«

Nikolai Müllerschön schrieb und inszenierte für SAT.1 diesen Brei aus bekannten Klischees, den nicht mal Uschi Glas retten konnte.

V.I.P. – DIE BODYGUARDS
V.I.P.

USA 1998- ; x 45 Min.; F

Valerie Irons .... Pamela Anderson Lee
Maxine .... Angelle Brooks
Tasha .... Molly Culver
Kay .... Leah Lail
Quick .... Shaun Baker
Nikki .... Natalie Raitano

➜ Zuerst die schlechten Nachrichten: Pamela Anderson hat sich die Brüste wieder verkleinern lassen und die Serie geht in ihre 2. Saison.

Eine gute Nachricht gibt es nicht. Ausgenommen natürlich, man ist ein echter Fan amerikanischer Trash-Serien wie DREI ENGEL FÜR CHARLIE, A-TEAM oder KNIGHT RIDER.

Das Konzept ist simpel genug, um Quote beim entsprechenden Publikum zu machen: Das blonde Dummchen Valerie, gespielt von der angeblich »sexiest woman of the nineties« (die gottseidank jetzt zu Ende sind) Pam Anderson Lee, ist eine einfache, saubere Würstchenverkäuferin. Zufällig rettet sie einen ebenso arroganten wie unsympathischen Fernsehstar vor einem Attentat. Das wird von den Medien groß abgefeiert, und schon bitten vier echte Bodyguards Valerie, künftig als Frontfrau ihrer Agentur zu agieren. In Los Angeles wartet eben auf jeden Fastfood-Malocher die große Chance. Soweit der Inhalt des Pilotfilms, der sehr ausführlich keine Story erzählt. Von nun an beschützen und retten Pam und ihre Gefährten Folge um Folge die Reichen und Prominenten vor bösen Menschen, die ihnen ans Leben wollen. Das alles in einem bonbonfarbenen Kalifornien ohne jeglichen realen Bezug. Eine Kaugummiblase, in der soziale Konflikte nichts zu suchen haben. Aber wieder einmal lernen wir, daß auch die Reichen und Schönen gräßliche Probleme haben. Um die dünnen Geschichtchen zu strecken, gibt man humorigen Einlagen Raum, deren simple Komik fälschlich als Ironie bezeichnet wird. Wenn Pamela Anderson behauptet, die Serie werfe »einen Blick hinter die schillernde Kulisse Kaliforniens«, verdeutlicht sie vortrefflich, über welch ausgeprägtes Wahrnehmungsvermögen sie verfügt. Ihre Silikonformen mögen rund sein, ihre Statements sind ähnlich flach wie ihr *Playboy*-Centerfold.

Ausgedacht hat sich die Serie der PRETTY WOMAN-Drehbuchautor J.F. Lawton, der auch als Regisseur, Autor und Produzent die Serie betreut. Tatkräftig unterstützt durch seine Koproduzentin Pamela Anderson, die erfolgreich darauf achtet, daß das Niveau der Serie nicht versehentlich ansteigt. So paart sich geringe Intelligenz mit natürlicher Dummheit. Neben den attraktiven Hauptdarstellerinnen bemühen sich prominente Gaststars wie Jay Leno und Katie Witt, die langweiligen, voraussehbaren Geschichten zu würzen. Auch der Voyeur kommt nicht auf seine Kosten. Denn in amerikanischen TV-Serien herrscht gnadenlose Prüderie, und mehr als Bikinis und tiefe Ausschnitte bekommt man nicht zu sehen. Übrig bleibt eine handwerklich ordentlich gemachte Nullnummer, eine dieser zahlreichen Eskapismus-Serien, in denen das Fernsehen momentan zu ersaufen droht.

VAN DER VALK

BRD 1972-75; 3 x 90 Min.; F

Van der Valk .... Frank Finlay
Arlette .... Françoise Prevost

➜ Die Fälle eines menschlich einfühlsamen Kriminalkommissars in Amsterdam.

Nach dem Roman GUN BEFORE BUTTER inszenierte Peter Zadek für Iduna-Film und WDR den TV-Film VAN DER VALK UND DAS MÄDCHEN (5. Oktober 1972). Zadek hatte schon 1960 für den

Süddeutschen Rundfunk einen Kriminalfilm gedreht: DIE DAME MIT DER SCHWARZEN ROBE. Zadek während der Dreharbeiten: »Im übrigen wird es sich herausstellen, ob unsere Rechnung aufgeht, daß man heute einen Krimi ohne Gewalt und Action machen kann, ohne rasante Schnitte einen ruhigen Film, der seine Spannung aus dem Verhalten der Menschen zueinander bezieht – oder ob das Publikum überstrapaziert wird, daß es für Raffinessen verdorben ist.« Wegen des Erfolgs entschloß man sich, jährlich einen Film mit Finlay zu produzieren: 1973 VAN DER VALK UND DIE REICHEN (nach dem mit dem *Edgar Allan Poe-Preis* ausgezeichneten Roman KING OF THE RAIN COUNTRY) und 1975 VAN DER VALK UND DIE TOTEN. Die Adaptionen schrieb Robert Muller und Regie führte u.a. Marcel Cravene. Nicolas Freelings Bücher über den an Maigret orientierten Van der Valk gehörten zu den erfolgreichsten Kriminalromanen der sechziger Jahre. Bemerkenswert war, daß Freeling seinen Protagonisten im elften Roman der Serie sterben ließ.
Roman: Freelings VAN DER VALK-Romane sind bei Ullstein und im Goldmann-Verlag erschienen und nicht mehr lieferbar.

VAN DER VALK
Van der Valk

GB 1972-73; 1977; 1991;
25 x 45 Min. u. 4 x 90 Min.; F

Peter Van der Valk .... Barry Foster
Arlette (1972-73) .... Susan Travers
Arlette (1977) .... Joanna Dunham
Arlette (1991) .... Meg Davies
Kroon (1972-77) .... Michael Latimer
Samson (1972-77) .... Nigel Stock
Samson (1991) .... Ronald Hines
Wim (1991) .... Richard Huw

➜ Etwas Einmaliges: Die deutschen TV-Produktionen nach Freeling waren den britischen weit überlegen. Während sich die deutschen Filme an den Romanvorlagen orientierten, übernahm die von Lloyd Shirley für Thames TV und Euston Films produzierte Serie lediglich den Namen der Hauptfigur und den Schauplatz Amsterdam. Heraus kam eine übliche Action-Serie, die wenig mit der Vorlage gemein hatte. Falls man die Romane

V.I.P.: Pamela Anderson und Kevin Light

nicht kennt, wird man die routiniert gemachte Serie, die ihren Schauplatz gut nutzt, wohl milder beurteilen. Barry Foster dürfte den meisten Zuschauern als Krawattenmörder aus Hitchcocks FRENZY bekannt sein. Die Neuauflage der Serie 1991 war noch schlechter und weniger den literarischen Vorlagen gerecht. Zu allem Überfluß gab man Van der Valk einen Sohn, Wim, der ebenfalls Polizist war, zur Seite.
Die Titelmusik EYE LEVEL wurde von Jan Stoeckhart unter dem Pseudonym Jack Trombey geschrieben und vom Simon Park Orchester eingespielt; sie war 1973 vier Wochen in der englischen Hit-Parade.

Van Dyke, Dick

Amerikanischer Schauspieler. Geboren am 13. Dezember 1925 in West Plains, Missouri. Er begann mit seiner schauspielerischen Karriere in den vierziger Jahren. 1947 gründete er sein erstes Ensemble: *The Merry Mutes*, eine Pantomime-Gruppe, die in Nachtklubs auftrat. 1953 moderierte er seine erste TV-Show: THE MUSIC SHOP. Er trat regelmäßig im Fernsehen auf, debütierte 1959 am Broadway in THE GIRLS AGAINST THE BOYS und wurde ein Jahr später mit einem *Theatre World Award* ausgezeichnet. Zur amerikanischen Institution wurde er als Rob Petrie in der CBS-Sitcom THE DICK VAN DYKE SHOW, die von 1961 bis 1966 ausgestrahlt wurde. Es folgten 1971 THE NEW DICK VAN DYKE SHOW und 1976-77 VAN

DYKE AND COMPANY. Zu seinen bekanntesten Kinofilmen gehören u.a. MARY POPPINS, CHITTY CHITTY BANG BANG und THE COMIC. Nachdem Dr. Sloan, der Protagonist von DIAGNOSE: MORD, in einer Folge von JAKE UND MCCABE und in drei TV-Movies aufgetreten war, überzeugte man Van Dyke, in einer wöchentlichen Serie mitzumachen. Cleveres Argument der Produzenten: Sein Serien-Sohn wird von seinem Sohn Barry dargestellt.

VANISHING SON – DER SOHN DER UNTERGEHENDEN SONNE

Vanishing Son

USA 1994-95; 4 x 90 Min. u. 13 x 45 Min.; F

Jian-Wa Chang .... Russell Wong
Wago Chang .... Chi Muoi Lo
Dan Sandler (nur Serie) .... Jason Adams
Judith Phillips (nur Serie) .... Stephanie Niznik
Lili .... Vivian Wu
General .... Haing S. Ngor
Fu Qua Johnson .... Marcus Chong

➜ Nachdem sie bei einer politischen Demonstration mitgemacht haben, müssen die Brüder Chang, die beide hervorragende Martial-Arts-Kämpfer sind, aus China fliehen. Sie schmuggeln sich als blinde Passagiere in Kalifornien ein. Dort werden sie aufgegriffen und ins Gefängnis gesteckt, wo sie den Triaden-Boß Fu Qua Johnson kennenlernen. Nach ihrer Entlassung und der Bewilligung ihres Antrags auf politisches Asyl finden sie nur schlechte Jobs. Das Blatt scheint sich zu wenden, als Jian-Wa, ein begnadeter Musiker, eine junge Violinistin kennenlernt. Der mit dem Schicksal hadernde Wago wendet sich den Triaden zu. Die Brüder verlieren sich aus den Augen, bis Jian-Wa im Auftrag der Regierung die Triaden unterwandern soll. Wago wird ermordet und Jian-Wa muß fliehen, da die Regierung ihn des Mordes an zwei Agenten verdächtig, der vietnamesische Superschurke »General« und auch noch der Ku-Klux-Klan hinter ihm her ist. Nur die Agentin Phillips glaubt an seine Unschuld.

Episch breit wird in den vier der Serie vorangehenden TV-Movies von Autor Marcus Robert Eisele und Ex-MIAMI-VICE-Regisseur John Nicolella die Vorgeschichte ausgebreitet. Die anschließende Serie könnte man auf den Kurznenner bringen: AUF DER FLUCHT *meets* KUNG FU. Jian-Wa rennt wie Shane, Caine oder einst Kimble von Ort zu Ort, um Leuten in Bedrängnis zu helfen und seine Unschuld zu beweisen. Ein interessanter Versuch, neue Themen für den TV-Krimi zu erschließen. Leider nicht immer überzeugend.

Robert Vaughn in SOLO FÜR O.N.K.E.L.

Vaughn, Robert

Amerikanischer Schauspieler. Geboren am 30. November 1932 in New York City. Er wuchs in Minneapolis auf und studierte Theaterwissenschaften und Politologie, während er ab 1957 auch in Filmen und Serien als Schauspieler auftrat. 1959 wurde er für seine Leistung in der MANN AUS PHILADELPHIA (THE YOUNG PHILADELPHIANS) für den *Oscar* als bester Nebendarsteller nominiert. Seine erste Serienhauptrolle spielte er 1963 in THE LIEUTENANT.

Die folgende Agentenserie SOLO FÜR O.N.K.E.L. (1964-68) machte ihn zum Superstar. Vaughn, ein Freund Robert Kennedys, hatte während der Dreharbeiten seine Doktorarbeit über den McCarthy-

ismus geschrieben (die später unter dem Titel ONLY VICTIMS als Buch erschien) und war der erste Schauspieler, der sich öffentlich gegen den Vietnamkrieg aussprach und 1967 an der Harvard Universität eine aufsehenerregende Rede gegen den Krieg gehalten hatte.
Zahlreiche Filme und Serien folgten, darunter: THE PROTECTORS (1972-73), CAPTAIN AND KINGS (1976), CENTENNIAL (1978-79), WASHINGTON BEHIND CLOSED DOORS (1978), für die er mit dem *Emmy* ausgezeichnet wurde, BACKSTAIRS AT THE WHITE HOUSE (1979), THE BLUE AND THE GREY (1982), EMERALD POINT N.A.S. (1983-84), THE A TEAM (1986) usw. Hans C. Blumenberg holte ihn für einen Gastauftritt als Killer in einen Palu-TATORT.

VEGA$
Vega$

USA 1978-81; 1 x 90 Min. u. 66 x 45 Min.; F

Dan Tanna .... Robert Urich
Bea Travis .... Phyllis Davis
Angie Turner (1978-79) .... Judy Landers
Bobby Borso (Binzer) .... Bart Braverman
Sgt. Bella Archer (1978-79) .... Naomi Stevens
Lt. David Nelson (1979-81) .... Greg Morris
Philip Roth .... Tony Curtis
Margie .... Cindy Morgan
Eli Two Leaf .... Will Sampson

➜ Die Abenteuer eines Privatdetektivs in Las Vegas, der mit Polizei und Casino-Managern bestens kann. Als Assistentinnen hat er zwei Showgirls, als *Leg Man* dient ihm der kleine Ex-Ganove Binzer. Er gehört zu den wohlhabenden Privatdetektiven in der Tradition von 77 SUNSET STRIP und hat beste Kontakte zur Polizei. Natürlich wird nie erwähnt, daß in Wirklichkeit der Mafia die Casinos gehören. In dieser Serie ist Las Vegas eine Stadt voller ehrbarer Showbiz-Typen, und die Idylle wird nur gestört, wenn die aus STARSKY UND HUTCH oder DREI ENGEL FÜR CHARLIE übriggebliebenen Psychos in die Stadt kommen, um sinnlose Morde zu begehen. Niemand geringerer als Michael Mann konzipierte diese Glamour-Serie. Nachdem er gemerkt hatte, was Spelling aus seinem Konzept machte, ließ er alles stehen und liegen, um abzuhauen. Für den Ex-Footballspieler Urich, den Freund Burt Reynolds nach Hollywood geholt hatte, war die Serie der Durchbruch, und er selbst wurde eine Zeitlang als neues männliches Sexsymbol gehandelt. Produziert wurde die Serie von Aaron Spelling und Douglas S. Cramer für ABC. Ihr Blickfang war neben den leichtbekleideten Showgirls vor allem Urichs 1957er Thunderbird Convertible. Die Geschichten lagen – von wenigen Ausnahmen abgesehen – leicht über dem Niveau von DREI ENGEL FÜR CHARLIE.
Roman: Max Franklin (Pseudonym von Richard Deming): Vegas; Ballantine, 1978.

Robert Vaughn (rechts) zu Gast bei HUNTER

VERBRECHEN DES PROFESSOR CAPELLARI, DIE

BRD 1998- ; x 90 Min.; F

Viktor Capellari .... Friedrich von Thun
Hermine Feichtbauer .... Irm Hermann
Johannes Capellari .... Karl Schönböck

➜ Professor Capellari, Kriminologe an der Uni München, Junggeselle, Charmeur in den besten Jahren und Hobbydetektiv, verbringt seine vorlesungsfreien Tage in seinem alten Haus in Starnberg. Trickreich löst er rund um seinen geliebten See mit Vorliebe die Fälle, an denen die etwas schwerfällige Justiz scheitert. Das ZDF teilte abschreckend mit: »Die Figur des Professor Capellari und das damit verbundene warmherzige Krimiformat basieren auf einer Idee von Friedrich von Thun, die in enger und kreativer Zusammenarbeit mit ihm weiterentwickelt wurde.«

VEGA$: Robert Urich als Dan Tanna

Über den ersten Fall schrieb Reinhard Lüke in der *Funk-Korrespondenz* Nr. 1-2/1998: »Der Plot hätte womöglich eine passable DERRICK-Folge hergegeben, wurde hier jedoch umständlich auf 90 Minuten gestreckt. Zumal, was Autor Ralph Werner den Figuren an Dialogen in den Mund gelegt hatte, nur unwesentlich origineller war als die 08/15-Prosa eines Herbert Reineckers. Und Regisseur Hans C. Blumenberg fiel nach dem vielversprechenden Intro auch nichts Nennenswertes mehr ein.«

VERBRECHEN, DIE GESCHICHTE MACHTEN

BRD 1996; 9 x 50 Min.; F

Gastgeber .... Dr. Manfred Schreiber

➜ SAT.1-Anthologie-Reihe von Eduard Zimmermann, in der wahre Kriminalfälle aus der Bundesrepublik als Doku-Drama nachgestellt wurden. Vorgestellt werden sie von dem ehemaligen Münchener Polizeipräsidenten Manfred Schreiber, in dessen Zuständigkeit einige Fälle fielen.

VERFEINDET BIS AUFS BLUT

Our Family Honor

USA 1985; 1 x 90 Min. u. 12 x 45 Min.; F

Com. Patrick McKay .... Kenneth McMillan
Vincent Danzig .... Eli Wallach
Sergeant Frank McKay .... Tom Mason
Officer Liz McKay .... Daphne Ashbrook
Katherine McKay .... Georgann Johnson
Augie Danzig .... Michael Madsen
Marianne Danzig .... Barbara Stuart
Jerry Cole (Danzig) .... Michael Woods
Officer Ed Santini .... Ray Liotta
Rita Danzig .... Sheree J. Wilson
Jonas Jones .... Dick Anthony Williams
George Bennett .... Ron Karabatsos

➜ Zwei New Yorker Familien stehen sich unversöhnlich gegenüber. Obwohl ihre Oberhäupter, Patrick McKay und Vincent Danzig, Schulkameraden waren, befinden sich ihre Clans nun auf verschiedenen Seiten des Gesetzes: Bei den McKays ist der Polizeidienst Familientradition, die Danzigs gehören zu einer der großen Familien des organisierten Verbrechens.
Diese ABC-Produktion, die zu schönsten Hoffnungen veranlaßte, versuppte bald in langatmigen Soap-Opera-Elementen. Als TV-Pate leider gescheitert, aber mit Ray Liotta in einer frühen Rolle.

VERFOLGER, DIE

The Pursuers

GB 1961-62; 39 x 25 Min.; sw

Inspector John Bollinger .... Louis Hayward
Sergeant Steve Wall .... Gaylord Cavallaro

➜ Mit seinem treuen Polizeihund Rex patrouilliert Inspector Bollinger durch Londons Straßen, um sie sicherer zu machen. Donald Hyde konzipierte und produzierte diese Polizeihund-Krimi-Serie, über die Geoff Tiball anmerkte: »Die Serie floppte fürchterlich. Nicht nur war der Hund intelligenter als die beiden Polizisten, er war auch der bessere Schauspieler.« In Deutschland lief dieses kleine Trash-Juwel unwiederholt 1962 im kurzlebigen zweiten Programm der ARD.

VERONICA CLARE
Veronica Clare

USA 1991; 9 x 45 Min., auch 4 x 90 Min.; F

Veronica Clare .... Laura Robinson
Duke Rado .... Robert Beltran
Kelsey Horne .... Christina Pickles
Nikki Swarcek .... Tony Plana
Sergeant Tweed .... Robert Ruth
Rocco .... Robert Sutton
Jimmy .... Wayne Chou

➔ Die clevere Geschäftsfrau Veroncia Clare besitzt als Partnerin von Duke Rado nicht nur einen gutlaufenden Jazzclub in der Chinatown von Los Angeles, sondern auch eine Lizenz als Privatdetektivin. Ihre zweite Identität als Schnüfflerin kennt aber kaum einer. Ihre mysteriöse Vergangenheit wurde leider nie aufgeklärt, da die Serie zu schnell abgesetzt wurde.

Jeffrey Bloom konzipierte und schrieb diese Serie für das Lifetime Network. Anklänge an Noir-Filme und Noir-*PI*-Serien wie PETER GUNN oder JOHNNY STACCATO waren zwar angestrebt, wurden aber nur selten erreicht. Bei uns wurden die ersten acht Folgen, die zweiteilige Geschichten erzählen, zu vier TV-Movies zusammengefaßt.

DER VERRATENE TRAUM
Silent Reach

AUS 1980; 5 x 45 Min.; F

Steve Sinclair .... Robert Vaughn
Antonia Russel .... Helen Morse
Doc Margan .... Kevin Leslie
Chasser Fitzpatrick .... Graham Kennedy

➔ Der ehemalige CIA-Agent Sinclair ist als Sicherheitsbeauftragter des mächtigen Minenkonzerns Conwright in Australien angestellt. Er soll eine Reihe von Anschlägen gegen die Firma aufklären.

Die spannende Serie wurde von Syme International produziert. Regie führte Howard Rubie, das Drehbuch von Ted Roberts basiert auf einem Roman von Osmar White.

Roman: Osmar White: Buschjagd (A Silent Reach; 1978); Goldmann 6690, 1983.

VERSCHOLLEN IN THAILAND

BRD 1997; 1 x 90 Min. u, 9 x 45 Min.; F

Constanze Strauten .... Gerit Kling
Konstantin Strauten .... Gunter Berger
Karl Strauten .... Michael Degen
Yvi Steinberg .... Lisa Wolf
Robert Willhagen .... André Hennicke
Chris Williamson .... Oliver Tobias
Fred Reimers .... Manfred Lehmann

➔ Die Brüder Karl und Konstantin Strauten besitzen einen Holzhandel in Bremen mit einer Niederlassung in Thailand. Seit Konstantin vor zehn Jahren verschwunden ist, leitet Karl das Unternehmen alleine. Er und sein Sohn Peter wollen Konstantin für tot erklären lassen, um das Geschäft verkaufen zu können. Doch Konstantins Tochter Constanze glaubt nicht an den Tod ihres Vaters und verweigert ihr Einverständnis. Zusammen mit ihren Freunden Yvi und Robert reist sie nach Thailand, um den Vater zu suchen und viele, viele Abenteuer zu erleben.

Die Autoren Christian Pfannenschmidt und Peter Pursche und Regisseur Stefan Bartmann versuchten vergeblich, mit dieser ZDF-Fortsetzungsgeschichte an die seligen Tage des Straßenfegers anzuknüpfen. Die Story war zu dünn für die zu vielen Fortsetzungen. Schade. Eine Chance zur Neubelebung spannender deutscher *cliffhanger*-Serien wurde vertan.

VERSCHWÖRER, DIE – IM NAMEN DER GERECHTIGKEIT
Dark Justice

USA 1991-93; 66 x 45 Min; F

Nicholas Marshall (1991) .... Ramy Zada
Nicholas Marshall (1992-93) .... Bruce Abbott
Arnold »Moon« Willis .... Dick O'Neill
Jericho »Gibs« Gibson .... Clayton Prince
Catalana »Cat« Duran (1991) .... Begonia Plaza
Maria Marti (1991) .... Viviane Vives
Tara McDonald (1991-93) ...... Carrie-Anne Moss
Ken Horton .... Kit Kincannon
Kelly Cochran (1992-93) .... Janet Gunn
Kari-Lynn (1992-93) .... Joanne Haas
Samantha »Sam« Collins (1993) .... Elisa Heinsohn

➔ Richter Marshall ist es leid, mitansehen zu müssen, wie Schuldige durch Gesetzeslücken schlüp-

fen und ungestraft davonkommen. Obwohl er streng gegen Verbrecher vorzugehen sucht, stößt er immer wieder auf verfahrenstechnische Schwierigkeiten und Abmachungen zwischen Ankläger und Beklagten. Deshalb geht Marshall neue Wege, um die Verbrecher doch noch zu schnappen. Mit seinen Freunden denkt er sich Fallen aus, in die er die Kriminellen locken kann. Zu diesem Zweck folgen sie dem Gangster, freunden sich mit ihm an und verschaffen sich Zugang zu seinem Leben – bis eines Tages die Falle zuschnappt.
Produzent Jeff Freilich ließ sich von Filmen wie EIN RICHTER SIEHT ROT (STAR CHAMBER), aber auch Serien wie KOBRA, ÜBERNEHMEN SIE und HARDCASTLE UND MCCORMICK zu dieser Fast-Vigilantenserie anregen. Sie spielt in einer namenlosen amerikanischen Stadt, wurde aber im ersten Jahr in Barcelona gedreht. Als die Dreharbeiten 1992 nach Los Angeles verlegt wurden, übernahm Bruce Abbott die Rolle von Richter Marshall.

DIE VERSCHWÖRER: stehend: Janet Gunn, Clayton Prince, Dick O'Neill; vorne: Bruce Abbott

VERSCHWÖRUNG AUF DER THEMSE
The December Rose

GB 1989; 6 x 25 Min.; F

Barnacle .... Courtney Roper-Knight
Tom Gosling .... Tony Haygarth
Roberts .... Bill Wallis
Inspector Creaker .... Ian Hogg
Hastymite .... Patrick Malahide
Lord Hobart .... John Quarmby
Lady Hobart .... Shirley Dixon
Mrs. McDipper .... Judy Cornwell
Miranda .... Cathy Murphy
Salomon Levy .... Linal Haft
Lord Stirling .... Michael Aldridge

➜ Das viktorianische England Ende des 19. Jahrhunderts. Der Kaminkehrerjunge Barnacle belauscht ungewollt ein Geheimtreffen zwischen Lord Hobart, Staatssekretär Hastymite und Inspector Creaker. Creaker hatte kurz vorher seine Frau ermordet und ihr ein Medaillon abgenommen, das einer Verschwörergruppe als Legitimation dient. Barnacle gelangt in den Besitz des Medaillons und Creaker verfolgt ihn erbarmungslos, um ihn ebenfalls zu töten.
Die von Leon Garfield geschriebene und von Remy Rye inszenierte Miniserie ist ein aufregender historischer Krimi (*Period Piece*) nicht nur für Jugendliche. Ausstattung und Kamera lassen ein überzeugendes Zeitbild entstehen, das man sich nicht entgehen lassen darf und das von ähnlich authentischer Qualität ist wie Granadas Sherlock-Holmes-Serie mit Jeremy Brett.

VICTOR CHARLIE RUFT LIMA SIERRA
The French Atlantic Affair

USA 1979; 3 x 90 Min.; F

Kapitän Girodt .... Louis Jourdan
Craig Dunleavy .... Telly Savalas
Harold Columbine .... Chad Everett
Jennie Barber .... Michelle Phillips
Julien .... Richard Jordan
Helen .... Shelley Winters

➜ Ein Sektenführer und seine Anhänger nehmen 3000 Menschen an Bord eines Luxusdampfers als

Geiseln, um 70 Millionen in Gold zu erpressen. Douglas Heyes inszenierte nach einem Roman von Ernest Lehman für Aaron Spelling und ABC diesen eher langweiligen Dreiteiler.

VIDOCQ
Vidocq

F 1966; 13 x 30 Min.; sw

Vidocq .... Bernard Noël
Flambart .... Alain Mottet
Annette .... Geneviève Fontanel
Henri Desfossés .... Jacques Seiler

➜ François Vidocq (1775-1857) kannte die Unterwelt genau. Denn er war selbst ein Verbrecher. 1810 bot er dem Pariser Polizeipräfekten seine Dienste an. Für den Erlaß einer Zuchthausstrafe wollte er sich auf die Seite des Rechts schlagen. Das wurde akzeptiert. So wurde der ehemalige Gauner Begründer der französischen Kriminalpolizei *Sureté*. Er gilt als Vater des modernen Polizeisystems, ist ein französischer Mythos, und seine Memoiren nehmen eine zentrale Stellung innerhalb der Entwicklungsgeschichte der Kriminalliteratur ein. Er war eine umstrittene Figur, wurde nach ein paar Jahren seines Amtes entbunden und galt als unehrlich.
Diese von Georges Neueux geschriebene und von Marcel Bluwal und Claude Loursais inszenierte Serie geht von Vidocqs eigener Darstellung und dem verklärenden Mythos aus. Die gutgemachte Serie wurde musikalisch von Serge Gainsbourg untermalt.
1971 wurde eine weitere Serie, LES NOUVELLES AVENTURES DE VIDOCQ, produziert, in der Claude Brasseur die Titelrolle in 13 Folgen spielte.
Roman: François Vidocq: Der Mann mit 100 Namen; dtv 683, 1970.

VIER BUBEN UND EIN AAS
Sinkadus / With a Little Bit of Luck

S 1981; 6 x 45 Min.; F

Rosemarie .... Mona Seilitz
Conny Åsberg .... Leif Magnussen
Hissing .... Hans Ernback

➜ Dem Gangsterquartett Rosemarie, Conny, Josef und Bintje gelingt mitten in Stockholm ein großer Coup. Sie erbeuten 10 Millionen Kronen, aber dann läuft alles schief. Versehentlich packen sie die Beute in das Auto des schüchternen Angestellten Hissing, und sie werden auch noch von einem Gangstersyndikat gehetzt.
Geschrieben und inszeniert von Leif Krantz.

VERSCHWÖRUNG AUF DER THEMSE

DIE VIER GERECHTEN
The Four Just Men

GB 1959-60; 39 x 25 Min.; sw

Jeff Ryder .... Richard Conte
Nicole .... Honor Blackman
Tim Collier .... Dan Dailey
Ben Manfred .... Jack Hawkins
Ricco Poccari .... Vittorio de Sica

➜ Die Serie basiert frei auf Edgar Wallaces (1875-1932) erstem und bestem Roman: DIE VIER GERECHTEN schließen sich zu einer Geheimgesellschaft zusammen, um auf eigene Faust für Gerechtigkeit zu sorgen.
Die von Sidney Cole, Jud Kinberg und Hanna Weinstein für Sapphire Films und ATV produzierte Serie stellte bei jeder Folge nach dem Rotationsprinzip eine andere Hauptfigur in den Vordergrund.

Geschrieben wurden sie u.a. von Louis Marks, Leon Griffiths und Marc Brandel. Der zugrunde liegende Roman erschien erstmals 1905 und ruinierte seinen Autor, der ihn im Selbstverlag veröffentlicht hatte und eine kostenintensive Werbeaktion führte: Wallace ließ die letzten Seiten des Buches weg und versprach jedem Leser für die richtige Lösung 500 Pfund. Es kamen zu viele richtige Lösungen ein, als daß die Preise durch den guten Verkauf des Romans finanziert werden konnten.
Roman: Edgar Wallace: Die vier Gerechten; Goldmann, 1990.

Vigilantenkrimis

Oberbegriff für die besonders in den siebziger Jahren aufgekommenen Kriminalromane und -filme, in denen der Held meist aus Rache das Gesetz selbst in die Hand nimmt und den Verbrechern als Ankläger, Richter und Henker gegenübertritt. Inbegriff dieses Subgenres im Kino wurde Charles Bronson durch die Verfilmung von Brian Garfields Roman DEATH WISH (EIN MANN SIEHT ROT). TV-Serien wie DIE VERSCHWÖRER oder AUF EIGENE FAUST bedienen sich des Themas.

VINCENT VINCENT

BRD 1990; 6 x 45 Min.; F

Vincent Vincent .... Felix von Manteuffel
Annette von Berkowitz .... Louise Martini
Paul Notte .... Claus-Dieter Reents
Iris Woelck .... Anja Jaenicke

➜ Im Auftrag seiner adeligen Chefin löst der Volltrottel Vincent Versicherungsfälle. Dabei streicht die Auftraggeberin den Löwenanteil ein, während der Idiot mit dem Tagessatz abgespeist wird. Vincent lebt auf einem klapprigen Hausboot auf der Spree und schreibt auch noch an einem Kriminalroman.
Erst spät merkte WWF-Redakteurin Irmgard Lanier-Kuhn, was sie für einen Schwachsinn produzierte. Beherzt wandte sie sich an die britische TV-Legende Ted Willis, der zwei Drehbücher aus dem Ärmel schüttelte und den Westdeutschen Werbefunk begeisterte. Da machte es auch nichts, daß durch die Übersetzungen Mehrkosten auf den Etat drückten. Genutzt hat es dieser überflüssigen ARD-Vorabendserie, die zum Glück so gut wie nie wiederholt wird, nicht.

VIPER
Viper

USA 1994; 1996-99; 79 x 45 Min.; F

Joe Astor/Michael Payton .... James McCaffrey
Julian Wilkes (1994) .... Dorian Harewood
Frankie Waters .... Joe Nipote
Delia Thorne (1994).................. Lee Chamberlin
Cameron Westlake (1996-99)... Heather Medway
Thomas Cole (1996-97)..................... Jeff Kaake
Sherman Catlett (1998-99) .... J. Downing
Allie Farrow (1996) .... Dawn Stern

➜ Anfang des 21. Jahrhunderts setzt die Polizei ein neu konstruiertes High-Tech-Auto im Kampf gegen das Verbrechen ein. Steuern soll das komplizierte Fahrzeug ausgerechnet der beste Fahrer der Unterwelt: Michael Payton, dem man eine Gehirnwäsche verpaßt.
Ausgedacht haben sich diesen KNIGHT RIDER für Ältere die Produzenten Paul DeMeo und Danny Bilson für NBC. Der Wagen war ein virtuell veränderter Dodge Viper.

VOGEL & OSIANDER

BRD 1992; 8 x 45 Min.; F

Josef Vogel .... Gerhard Olschewski
Karl-Heinz Osiander .... Alexander Hauff

➜ Im Düsseldorfer Landeskriminalamt arbeitet der erfahrene und dienstmüde Polizist Vogel mit dem jungen Kollegen Osiander an langweiligen Fällen. »Die Normalität des Polizeialltags ist in der Serie vor allem durch die grauen Wände des Büros, den nervenden Hausboten u.a.m. dargestellt«, stellte der *Gong* in Nr. 10/1992 zu dieser WWF-Produktion fürs ARD-Vorabendprogramm fest und bemängelte auch die holprigen Actionszenen, die von vier Regisseuren verbrochen wurden: dem unvermeidbaren Hajo Gies, Georg Borgel, Peter Carpentier und Volker M. Arendt. Ausgedacht hatte sich die Serie Bernd Schwamm. Der *Gong*: »Geplant waren 13 Folgen. Nur acht – das trieb die Kosten pro Folge in die Höhe. Dazu Geschäftsführer Rolf M. Degener von der Produktionsfirma West-Film: Jetzt müssen wir mit 13.000 DM pro Sendeminute kalkulieren. Aber damit kommen wir auch ganz gut hin […]. Vielleicht schaffen wir es, danach ins bundesweite Programm aufzusteigen und können weiter produzieren.« Zum Glück nicht.

VON FALL ZU FALL

BRD 1995: 4 x 90 Min.; 1997: 13 x 90 Min.; F

Wilfried Stubbe .... Wolfgang Stumph
Caroline Stubbe .... Marie Gruber
Christiane Stubbe .... Stephanie Stumph
Fabian Stubbe .... Dirk Meier
Charlotte Hoyn .... Margot Homeyer
Bernd Zimmermann (1995) .... Lutz Mackensy
Martin Gessler (1997-) .... Ulrich von Dobschütz

➜ Kripokommissar Stubbe ist kein *Loner* wie viele Kollegen: Er liebt seine Familie, die den Mittelpunkt seines Lebens darstellt. In der ersten Staffel ermittelt er in Dresden, dann zieht er nach Hamburg um, wo ihn die Drehbuchautoren gerne *undercover* arbeiten lassen.
Die Mischung aus Familien- und Krimigeschichten kam beim Publikum gut an und machte die Serie mit 17 Prozent Einschaltquote zu einer der erfolgreichsten innerhalb des ZDF-Samstagskrimis. Der Hauptdarsteller hat angeblich seine Rolle selbst erfunden. Produziert wurde die Serie von der Polyphon, Hamburg.

VON NULL UHR EINS BIS MITTERNACHT – DER ABENTEUERLICHE URLAUB DES DETEKTIVS MARK LIESSEN

BRD 1967; 26 x 25 Min.; sw

Mark Liessen .... John VanDreelen

➜ Der US-Schauspieler VanDreelen sollte der von Rudolf Nussgruber für das ZDF-Vorabendprogramm gedrehten Serie wohl etwas internationales Flair geben. Heraus kamen die üblichen langweiligen Geschichten über einen weltgewandten Detektiv von Interpol. Statt Schauplätzen in aller Welt bleiben nur ungeschickte Studiokulissen in Erinnerung.

WACHE, DIE

BRD 1993- ; x 45 Min; F

Hans Maybach .... Hans Heinz Moser
Theo Severing .... Axel Pape
Judith Arend .... Béatrice Bergner
Frank Ruland .... Karsten Dörr
Karl Schumacher .... Mogens von Gadow
Paul Daschner .... Daniel Hajdu
Dieter Ehrhardt .... Hans Heller
Ulf Schelling .... Bernd E. Jäger van Boxen
Andreas Schmitt .... Holger Kunkel
Jojo Schrader .... Gernot Schmidt
Horst Fink .... Michael Zittel
Marianne Stockhausen .... Karin Schröder
Tom Stone .... Michael Breitsprecher
Beatrice Koeppen .... Anja Freese
Doro von Laubenthal .... Carmen Plate
Stefanie Vorath .... Jana Hora
Franz Werner .... Nik Neureiter
Dirk Brause .... Harald Kempe
Jürgen Pfeiffer .... Uwe Kockisch
Daniel van Eck .... Aram van de Rest

➜ In einem Modellversuch des Innenministeriums von Nordrhein-Westfalen arbeiten auf einer Wache Streifen- und Kriminalpolizisten Tür an Tür. Da stehen kleine Gaunereien neben dem großen Ding, müssen die zwischenmenschlichen Probleme innerhalb der Nachbarschaft genauso gelöst werden wie Kapitalverbrechen. Verschiedene parallele Handlungsstränge werden möglichst oft verknüpft und sollen ein realistisches Bild der Polizeiarbeit zeigen.

DIE WACHE ist eine Adaption der britischen TV-Serie THE BILL, die in England seit 1984 ungeheuer erfolgreich ist. Da die Produktionsfirma Endemol fast nur mit Shows erfolgreich war und ist, kaufte man in Ermangelung eigener Entwicklungen die Rechte von den Briten und schrieb die Geschichten auf deutsche Verhältnisse um. Damit nicht allzuviel schief ging, verpflichtete man für die erste Staffel drei britische BILL-Regisseure: Bob Blagden, Robert Tucker und Andrew Higgins, die den deutschen Kollegen zeigten, wie so etwas gemacht wird. Die Rechnung ging auf, und RTL zählt die Serie zu seinen erfolgreicheren Programmen. Für die ersten 26 Folgen wurde über ein Jahr lang in Köln-Dellbrück gedreht. Die Firma Endemol tat sich übrigens mit einer der schlechtesten TV-Adaptionen aller Zeiten hervor: Produzent Martin Zimmermann wagte sich an den Groschenheftmythos JOHN SINCLAIR und lieferte eines der miesesten TV-Movies aller Zeiten ab. Damit wurde die Chance vertan, aus dem Geisterjäger eine erfolgreiche TV-Serie zu machen.

WAGEN 54 BITTE MELDEN

Car 54, Where Are You?

USA 1961-63; 60 x 25 Min.; SW

Officer Gunther Toody .... Joe E. Ross
Officer Francis Muldoon .... Fred Gwynne
Captain Martin Block .... Paul Reed
Lucille Toody .... Beatrice Pons
Officer O'Hara .... Albert Henderson
Officer Anderson (1961-62) .... Nipsey Russell
Officer Antonnucci (1961-62) .... Jerome Guardino
Officer Riley (1961-62) .... Duke Farley
Officer Murdock (1961-62) .... Shelley Burton
Officer Steinmetz .... Joe Warren
Officer Schnauser .... Al Lewis
Officer Kissel .... Bruce Kirby
Officer Ed Nicholson .... Hank Garrett
Officer Nelson .... Jim Gormley
Sylvia Schnauser .... Charlotte Rae
Officer Wallace (1962-63) ...... Frederick O'Neal

➜ Nat Hiken konzipierte und produzierte diese erfolgreiche und manchmal umwerfend komische

Polizeiserie um zwei trottelige Polizisten vom 53. Revier auf der Tremont Avenue in der Bronx. Hiken, der auch Regie führte, hatte durch seine Eupolis-Produktion totale Kontrolle über die Serie und drehte an Originalschauplätzen. Den Streifenwagen von Toody und Muldoon hatte man rot und weiß gestrichen, damit er bei den Außendrehs nicht für einen echten Polizeiwagen gehalten wurde. In den schwarzweiß gedrehten Folgen erkennt man das natürlich nicht. Die guten Charakterisierungen auch der Nebenfiguren und die Magie der Hauptdarsteller, die mit dieser Serie in den Kanon der großen Komiker-Duos eingingen, machen die Serie auch heute noch sehenswert.

Comic: Car 54, Where Are You? No. 1, 1962 – No. 7, 1963; Dell Publishers

Wagner, Robert

Amerikanischer Schauspieler. Geboren am 10. Februar 1930 in Detroit, Michigan, als Sohn eines Stahl-Magnaten. Als 20jähriger debütierte er in dem MGM-Film WILDE JAHRE IN LAWRENCEVILLE (THE HAPPY YEARS). In den folgenden Jahren avancierte er als makelloser Held in Kriegs- und Westernfilmen zum Teenie-Idol. Bekannt wurde er bei uns vor allem durch die Comic-Verfilmung PRINZ EISENHERZ (PRINCE VALIANT, 1954) von Henry Hathaway. Ab 1967 tat er sich vor allem mit TV-Serien hervor: IHR AUFTRITT, AL MUNDY, DIE ZWEI MIT DEM DREH, HART ABER HERZLICH. Er war mehrfach verheiratet: 1957 bis 1962 mit Nathalie Wood, 1963 bis 1971 mit Marion Marshall, 1972 erneut mit Nathalie Wood und nach deren mysteriösem Tod schließlich 1990 mit Jill St. John.

Walker, Ally

Amerikanische Schauspielerin. Sie wurde am 25. August 1961 in Tullahoma, Tennessee, als Tochter eines Wissenschaftlers und einer Anwältin geboren. Sie wuchs in Santa Fé, New Mexico, auf und studierte Biologie und Chemie an der University of California in Santa Cruz. Während eines Auslands-Semesters am Richmond College in London wurde ihr Interesse für das Theater geweckt. Nach ihrem Abschluß arbeitete sie ein paar Monate als Labortechnikerin an einem Genforschungs-Projekt, bis ein Produzent sie in Los Angeles in einem Restaurant sah und für den B-Film ALOHA SUMMER engagierte. Ihre Szenen wurden allerdings später aus dem Film herausgeschnitten. Anschließend arbeitete sie als Produktionsassistentin und Model für Clairol. Dann spielte sie in der Soap SANTA BARBARA und den Krimiserien E.S.U. – NOTRUF NEW YORK und MOND ÜBER MIAMI und hatte eine wiederkehrende Rolle in L.A. LAW. Mit einem Kurzauftritt in EYE OF THE STORM (1991) mit Dennis Hopper gelang der Sprung ins Kino. Es folgten UNIVERSAL SOLDIER, SINGLES (1992) und WÄHREND DU SCHLIEFST (WHILE YOU WERE SLEEPING; 1995). Dann passierte nichts. Für sich selbst schrieb sie den Piloten einer Comedy-Serie. Dann stach sie beim Vorsprechen für PROFILER alle Mitwerberinnen aus und bekam die Rolle der Sam Waters. Neben PROFILER spielte sie in CONTINUED ADVENTURE OF REPTILE MAN an der Seite von Tony Curtis, in ROSENBETT mit Christian Slater und in der Walt Disney-Produktion KAZAAM. Sie ist in zweiter Ehe mit dem TV-Produzenten John Landgraf verheiratet und lebt in Santa Monica. Am 6. August 1997 wurde ihr Sohn John geboren.

WALKER, TEXAS RANGER

Walker, Texas Ranger

USA 1993- ; 1 x 90 Min. u. x 45 Min.; F

Cordell »Cord« Walker .... Chuck Norris
James »Jimmy« Trivette .... Clarence Gilyard
District Attorney Alex Cahill .... Sheree J. Wilson

Robert Wagner mit S. Powers in HART ABER HERZLICH

Ally Walker in PROFILER

C.D. Parker (Pilot) .... Gailard Sartain
C.D. Parker .... Noble Willingham
Ray Firewalker (1993-94) ... Floyd Red Crow Westerman

➜ Der Texas Ranger Cord Walker löst knifflige Fälle mehr durch Instinkt als durch kriminalistische Methodik. Ganz im Gegensatz zu seinem Partner Jimmy, einem ehemaligen Football-Star und Absolventen einer Abendschule für Kriminalistik. Kein Wunder, daß es zwischen ihnen häufig Reibereien gibt. Aber da ist auch noch Staatsanwältin Alex Cahill, die zwischen beiden vermittelt. Die actionorientierte CBS-Serie spielt in Dallas und Umgebung. Nachdem die Filmkarriere von Karate-Champion Chuck Norris nicht mehr richtig von der Stelle kam, griff er zu, als Frank Lupo, der die Serie mit Paul Haggis und anderen konzipiert hatte, ihm die Rolle anbot. Mit bisher über 100 Folgen gehört diese Mischung aus zeitgenössischem Western, Krimi und Martial Arts zu den erfolgreichsten TV-Serien der neunziger Jahre.
Roman: Jeff R. Cooper: Der Mörder seiner Eltern; VGS, 1998.

Wambaugh, Joseph

Amerikanischer Autor und Produzent. Der am 22. Januar 1937 geborene Ex-Polizist revolutionierte Anfang der siebziger Jahre den Polizeiroman mit seinen realistisch-makabren Büchern, die Bestseller und erfolgreich für das Kino verfilmt wurden. Er zeigte die Polizisten als dreidimensionale Charaktere mit Fehlern und Neurosen und das hatte schließlich auch Auswirkungen auf Fernsehserien. Hochgelobt ist die von Wambaugh konzipierte Serie POLICE STORY – IMMER IM EINSATZ (eine Folge bildete die Grundlage für MAKE-UP UND PISTOLEN), die ein ungeschminktes Bild der Polizisten und ihrer Arbeit zeigte. 1973 entstand mit der vierstündigen Adaption des Joseph Wambaugh-Bestsellers THE BLUE KNIGHT die neue Form der Mini-Serie (vgl. den Eintrag zu BUMPERS REVIER).

Waterman, Dennis

Englischer Schauspieler. Geboren am 24. Februar 1948 in Clapham, London. Als Elfjähriger trat er in dem Film NIGHTTRAIN TO INVERNESS auf. Mit 16 spielte er in THE MUSIC MAN, trat eine Saison in Stratford-upon-Avon auf und war der erste William in der TV-Version von JUST WILLIAM. Dann ging er nach Hollywood und spielte den Neville Finch in der Comedy-Serie FAIR EXCHANGE (1962-63). Der große Durchbruch kam an der Seite von John Thaw in der Serie DIE FÜCHSE. Er spielt Gitarre und schreibt Songs. Sein Tonträger DOWN WIND WITH ANGELS war ein Hit in England. Sein größter TV-Erfolg wurde die Serie DER AUFPASSER (1980-85).

WATER RATS – DIE HAFENCOPS
Water Rats

AUS 1995-96; 39 x 45 Min.; F
Frank Holloway .... Colin Friels
Rachel »Goldie« Goldstein ... Catherine McClements
Tommy Tavita .... Jay Laga'aia
Kevin Holloway .... Jeremy Callaghan
Jimmy Holloway .... Andrew Gilbert
Terry Watson .... Aaron Jeffrey
Fiona Cassidy .... Sophie Heathcote

➜ Der Hafen von Sidney ist das Einsatzgebiet der *Water Rats*, der örtlichen Wasserschutzpolizei. Chef der Wasserratten ist *Detective Senior Constable* Frank Holloway, der sich nicht gerne an Richtlinien hält. Ihm zur Seite steht die ranggleiche Rachel Goldstein, eine Frau mit Durchsetzungsvermögen. Ihre Abenteuer stehen im Mittelpunkt der Action-Serie, die aufwendig vor dieser beeindruckenden Kulisse gedreht wurde. Die Produktionskosten der von Regisseur Kris Noble und den Autoren Tony Morphett und Ann Brooksbank geprägten Serie beliefen sich auf über eine halbe Million Dollar pro Folge. Denn die Unterwasserszenen wurden nicht, wie sonst üblich, in großen Tanks gedreht, sondern im Hafen und auf offenem Meer. Aber noch bevor die erste Klappe fiel, war die Serie in 20 Länder verkauft worden und erwies sich als ein erfolgreiches Geschäft.

Watson

Der Watson, benannt nach Sherlock Holmes' Freund und Chronisten, ist der Helfer des Detektivs klassischen Musters, der oft auch (besonders in der klassischen Detektivgeschichte) als Erzähler fungiert und als Mensch mit durchschnittlicher Intelligenz vermittelnd zwischen der Gedankenakrobatik des Meisterdetektivs und dem Leser steht. In den visuellen Medien ist der Watson durch den *Sidekick* ersetzt, einen minderbegabten Helfer oder Freund des Helden, der sich gerne in Gefahr begibt, um vom Helden gerettet zu werden.

Webb, Jack

Amerikanischer Schauspieler, Autor, Produzent und Regisseur. Der Erfinder des Docu-Dramas wurde 1920 in Santa Monica, Kalifornien, geboren. Er begann seine Medienarbeit Ende der dreißiger Jahre für eine Radio-Produktionsfirma. Während des Zweiten Weltkrieges diente er als Bomberpilot im Pazifik. Nach dem Krieg ging er nach San Francisco und machte seine erste Radio-Show für ABC, ONE OUT OF SEVEN. Hier entwickelte er das Format, für das er berühmt werden sollte: Wahre Geschichten aus dem Leben, die er adaptierte und produzierte, und in denen er auch noch einige Rollen selbst sprach. In den vierziger Jahren kreierte er vor allem harte Privatdetektivserien: PAT NOVAK FOR HIRE (1946), JOHNNY MADERO, PIER 23 (1947) und JEFF REGAN, INVESTIGATOR (1948). 1947 ging er nach Los Angeles und arbeitete als Schauspieler u.a. in HE WALKS BY NIGHT und SUNSET BOULEVARD. Aber ihn reizte mehr, seine eigenen Produktionen zu gestalten. Er gründete die Produktionsfirma MARK VII und verkaufte die Radio-Serie DRAGNET (vgl. POLIZEIBERICHT) an NBC, die sofort ein Hit wurde und auf echten Fällen des Los Angeles Police Departments beruhte, zu denen ihm Polizeichef William Parker Zugang verschaffte. Bekanntlich wurde DRAGNET ein Hit und die erste typisch amerikanische Cop-Show. Während die Serie Triumphe feierte, erfand und produzierte Webb weitere, weniger erfolgreiche Shows: NOAH'S ARC (1957) aus den Akten südkalifornischer Veterinäre, THE D.A.'S MAN (1959) über die Arbeit eines Undercover-Agenten in New York und PETE KELLY'S BLUES (1959), ein *Period Piece* aus den wilden Zwanzigern nach seiner Rundfunkserie. Nach dem Ende von DRAGNET hatte Webb keinen Erfolg mehr in den sechziger Jahren. Dann belebte er die Serie als DRAGNET 67/DRAGNET II wieder. Diese unfreiwillig komische und extrem konservative Serie war ein kleiner Erfolg. In ihr gab es eine Nebenfigur, Officer Jim Reed (Kent McCord), die 1968 zu einer weiteren Erfolgsserie ausgebaut wurde: ADAM 12 (1968-75). Der junge Stephen J. Cannell hatte hier seinen ersten großen Durchbruch, als ihn Webb als Redakteur verpflichtete. Cannell erinnerte sich an Webbs Stil: »Man hatte zum Beispiel folgende DRAGNET-Dialogzeile geschrieben. Friday sagt zu Gannon: Ich sage dir eines, sie wird es nie wieder

Jack Webb in POLIZEIBERICHT

tun. Dann änderte Webb das so: *Friday*: Eines ist sicher. *Gannon:* Was? *Friday:* Das Mädchen. *Gannon:* Ja? *Friday:* Sie wird das nicht wieder machen. Er machte sechs Dialogzeilen aus einer. Das war sein Stil.« Webb produzierte einige Flops in den nächsten Jahren: DER ANKLÄGER (1971-72), O'HARA, U.S. TREASURY (1971-72), HEC RAMSEY (1972-74), CHASE (1973-74), SIERRA (1974) usw. Nur die Serie NOTRUF CALIFORNIA (EMERGENCY!, 1972-77) kam über die erste Staffel hinaus und wurde ein kleiner Erfolg. Seine letzte Serie, die ebenfalls flopte, war wohl ihrer Zeit zu weit voraus: PROJEKT U.F.O. (1978-79) nach Unterlagen des *Blue Book* für UFO-Beobachtungen des Pentagon. Webb starb 1982.

Wennemann, Klaus

Deutscher Schauspieler. Geboren am 18. Dezember 1940 in Herne. Er machte eine kaufmännische Lehre, heiratete mit 22 Jahren und nahm heimlich Schauspielunterricht, bis er zur Bundeswehr mußte. Nachdem er seine Schauspielausbildung an der Essener Folkwang-Schule beendet hatte, erhielt er sein erstes Engagement in Landshut. Anschließend ging er nach Stuttgart ans Schauspielhaus. Es folgten Engagements in Recklinghausen und Düsseldorf. Erstmals vor einer Kamera stand er in Wolfgang Petersens DAS BOOT. Sein großer Durchbruch erfolgte als erster Protagonist in der Serie DER FAHNDER. Es folgten zahlreiche TV-Rollen, darunter auch die des Pfarrers Schwarz in SCHWARZ GREIFT EIN. Er starb 2000.

Wepper, Fritz

Deutscher Schauspieler. Geboren am 17. August 1941 in München als Sohn eines Juristen. Sein Vater wurde 1944 im Krieg in Rußland als vermißt gemeldet. Mit neun Jahren spielte er beim Bayrischen Rundfunk in Kindersendungen mit. Am Theater debütierte er 1952 in PETER PAN. Internationalen Erfolg hatte er mit Bernhard Wickis Antikriegsfilm DIE BRÜCKE (1959). Für seine Rolle in dem Film UNTERNEHMEN REIHER erhielt er 1964 den *Bundesfilmpreis*. Es folgten weitere Filme: WENN ES NACHT WIRD AUF DER REEPERBAHN (1967), DER ARZT VON ST. PAULI (1968), CABARET (1972) u.v.m. Bekannt und populär wurde er vor allem als Assistent Harry Klein in den Serien DER KOMMISSAR und DERRICK. Nach dreißig Jahren in dieser Rolle meldete er in der Debatte um eine mögliche Serienfortsetzung seinen Anspruch auf die Rolle des Oberinspektors an und schlug sogar eine Adoption vor, damit er mit Derricks Namen in dessen Fußstapfen treten könne. Diese wohl nicht wirklich ernst gemeinte Idee traf bei Tappert auf wenig Gegenliebe. Für negative Schlagzeilen sorgte Wepper gegen Ende der achtziger Jahre, als man ihn wegen Kokain-Besitzes zu einer Geldstrafe verurteilte und ihm in Zusammenhang damit vorübergehend Jagd- und Waffenschein entzog. Seit 1994 spielt er in der unregelmäßig ausgestrahlten Serie ZWEI BRÜDER an der Seite seines Bruders Elmar Wepper. Seit 1979 ist er mit seiner langjährigen Freundin Angela verheiratet. Die 1981 geborene Tochter Sophie-Margarita wirkte in der DERRICK-Folge CAPRESE IN DER STADT mit.

WER RÄCHT MEINE TOCHTER?

Delitti privati

I 1992; 3 x 90 Min.; F

Nicole Venturi .... Edwige Fenech
Kommissar Avanzo .... Ray Lovelock
Anna Selpi .... Victoria Vera
Andrea Baresi .... Manuel Bandera
Roberto Durante .... Jacques Perrin
Daniela Pierboni .... Gudrun Landgrebe
Milena Bolzoni .... Maja Maranow
Mathilde Pierboni .... Alida Valli
Filippo Pierboni .... Davide Bechini

➜ Eine Frau auf der Suche nach dem Mörder ihrer Tochter. Edwige Fenech in der Rolle der starken Frau und harten Journalistin, die bis an ihre Grenzen geht, um in einem Morast von Intrigen, Kriminalität und Betrug nach dem Mörder zu suchen. Eine Frau gegen den Rest der Welt. Die Story ist von dem erfolgreichen italienischen Autorengespann Laura Toscano und Franco Marotta, denen es neben einer spannenden Handlung auch um Sozialkritik geht. Edwige Fenech war Koproduzentin, die Regisseur Sergio Martino verpflichtete. Seit DER KILLER VON WIEN (LO STRANO VIZIO DELLA SIGNORA WARD, 1970) hat sie mit ihm zehn Filme gemacht. Gedreht wurde in Lucca, Marlia und Florenz. Die Musik schrieb Natale Massara.

Klaus Wennemann (rechts) mit Heiner Lauterbach in DER FAHNDER

WETTLAUF MIT DEM TOD

Run For Your Life

USA 1965-68; 84 x 45 Min.; F

Paul Bryan .... Ben Gazzarra

➔ Der überraschend große Erfolg von AUF DER FLUCHT ließ die Fernsehbosse nicht ruhen. Mit gehetzten Außenseitern ließen sich anscheinend erfolgreiche Programme machen. Also sollten die Studios mehr und ähnliches produzieren. So entstanden der *Man on the Run*-Western SEIN NAME WAR GANNON (A MAN CALLED GANNON), der Kult-Krimi CORONET BLUE, die SF-Serie INVASION VON DER WEGA (THE INVADERS) und die Parodie RENN, BUDDY, RENN zwischen 1965 und 1967. Neben INVASION VON DER WEGA war die Serie WETTLAUF MIT DEM TOD der erfolgreichste *Spinoff* von AUF DER FLUCHT. Zwischen 1965 und 1968 jagte Hauptdarsteller Ben Gazzara für den Sender NBC rund um den Erdball. Erfunden hatte die Serie Roy Huggins, der auch für AUF DER FLUCHT zuständig war. Die Titelmusik war vom AUF DER FLUCHT-Komponisten Pete Rugolo. Begonnen hatte die Serie mit einem von Walter Davis geschriebenen Pilotfilm, der großen Erfolg in der Anthologie-Reihe KRAFT SUSPENSE THEATRE hatte. Der 35jährige Rechtsanwalt Paul Bryan erfährt von seinem Arzt, daß er nur noch etwa zwei Jahre zu leben hat. Der wohlhabende Anwalt beschließt die Zeit zu nützen, um sehr intensiv (was natürlich gefährlich heißt) zu leben und als Aussteiger um die Welt zu reisen. Im Hinterstübchen hat er dabei die Hoffnung, irgendwo jemanden zu finden, der seine tödliche Krankheit heilen kann. Dabei gerät er von einem Schlamassel in das nächste und hilft selbstlos wie Dr. Kimble den Unschuldigen. Und wie Kimble kann und will er keine Beziehungen eingehen, um am Ende jeder

Fritz Wepper in DER KOMMISSAR (Christiane Schröder)

Folge da anzukommen, wo jede Folge beginnt: Mit einem einsamen Mann mit Koffer, getrieben und ruhelos auf der Suche. Einen Teil des Erfolges verdankt die Serie ihrem Hauptdarsteller, dem 1930 in Little Italy, New York, geborenen Ben Gazarra, der auch bei einigen Folgen selber Regie führen durfte. Der Piscator-Schüler hatte 1952 sein Debüt am Broadway und wurde als bester Nachwuchsschauspieler mit dem *Critic's Award* ausgezeichnet. Es folgten Nebenrollen in Filmen und Gastauftritte in Fernsehsendungen. 1963 spielte er neben Chuck Connors die Hauptrolle in der kurzlebigen Krimiserie ARREST AND TRIAL. Der internationale Durchbruch gelang ihm in den frühen siebziger Jahren in Filmen seines Freundes John Cassavetes wie z.B. EHEMÄNNER (HUSBANDS). Seitdem spielte er oft in italienischen Produktionen und TV-Movies. Er scheint in Europa populärer zu sein als in den USA. Sein Debüt als Kinoregisseur gab er 1989 in dem Midlife-Crisis-Film AUSSTIEG INS PARADIES (BEYOND THE OCEAN), in dem er auch die Hauptrolle spielte.

Whodunit

Der Begriff entstand aus der Frage *Who (has) done it?* (Wer war's?) und wird vor allem in England nach wie vor als Synonym für den klassischen Detektivroman oder Rätselkrimi gebraucht.

Wickes, David

Englischer Regisseur und Produzent, geboren 1940. Wickes wurde einer der wichtigsten englischen TV-Regisseure der siebziger Jahre. Er verfilmte einige der besten FÜCHSE-Folgen und führte auch bei den beiden SWEENEY-Kinofilmen Regie. Weiterhin arbeitete er an den Krimi-Serien TARGET und DIE PROFIS. Als unabhängiger Produzent realisierte er PHILIP MARLOWE mit Powers Boothe.

WIEDERKEHR DES SHERLOCK HOLMES, DIE

The Return of Sherlock Holmes

GB 1986-88; 2 x 90 Min. u. 11 x 52 Min.; F

Sherlock Holmes .... Jeremy Brett
Dr. Watson .... Edward Hardwicke
Inspector Lestrade .... Colin Jeavons
Mrs. Hudson .... Rosalie Williams

➜ Nach dem großen Erfolg der ABENTEUER DES SHERLOCK HOLMES produzierte Granada TV eine weitere Serie, diesmal mit einem neuen Watson-Darsteller. Der Welterfolg blieb nicht aus, und es bleibt unverständlich, warum nur einige dritte Programme der ARD diese bisher genaueste und historisch detailgetreueste Umsetzung der Conan-Doyle-Geschichten ausstrahlten. Von den 13 Folgen wurden bei uns nur sieben gezeigt. Außerdem wurde 1988 noch eine 90minütige Verfilmung von DER HUND VON BASKERVILLE angehängt. 1991 wurde eine weitere Serie produziert: THE CASEBOOK OF SHERLOCK HOLMES und später noch THE MEMOIRS OF SHERLOCK HOLMES.

Liste der Episoden mit Jeremy Brett:

ABENTEUER DES SHERLOCK HOLMES; 1984-85:
A Scandal in Bohemia. The Dancing Men. The Naval Treaty. The Solitary Cyclist. The Crooked Man. The Speckled Band. The Blue Carbuncle. The Copper Beeches. The Greek Interpreter. The Norwood Builder. The Resident Patient. The Red-Headed League. The Final Problem.

THE RETURN OF SHERLOCK HOLMES; 1986, 1988:
The Empty House. The Abbey Grange. The Musgrave Ritual. The Second Stain. The Man With the Twisted Lip. The Priory School. The Six Napoleons. The Devil's Foot. Silver Blaze. Wisteria Lodge. The Bruce Partington Plans.

THE SIGN OF FOUR; 1987.

THE HOUND OF THE BASKERVILLES; 1988.

THE CASEBOOK OF SHERLOCK HOLMES; 1991, 1993:

The Disappearance of Lady Frances Carfax. The Problem of Thor Bridge. The Boscombe Valley Mystery. The Illustrious Client. Shoscombe Old Place. The Creeping Man. The Master Blackmailer (nach CHARLES AUGUSTUS MILVERTON). The Last Vampyre (nach THE SUSSEX VAMPIRE). The Eligible Bachelor (nach THE NOBLE BACHELOR).
THE MEMOIRS OF SHERLOCK HOLMES; 1994: The Three Gables. The Dying Detective. The Golden Pince-Nez. The Red Circle. The Mazarin Stone. The Cardboard Box.

WIE EIN BLITZ siehe **DURBRIDGE-KRIMIS**

WILD PALMS

Wild Palms

USA 1993; 3 x 90 Min.; F

Harry Wyckoff .... James Belushi
Grace Wyckoff .... Dana Delany
Senator Tony Kreutzer .... Robert Loggia
Paige Katz .... Kim Cattrall
Josie Ito .... Angie Dickinson
Tommy Laszlo .... Ernie Hudson
Tabba Schwartzkopf .... Bebe Neuwirth
Tully Woiwode .... Nick Mancuso
Tobias Schenkl .... Bob Gunton
Chickie Levitt .... Brad Dourif

➜ Los Angeles 2007: Harry Wyckoff ist Ehemann, Vater zweier Kinder und ein relativ erfolgreicher Patentanwalt. Eines Tages erhält er Besuch von Paige, seiner ersten großen Liebe. Sie bittet ihn, Nachforschungen über den Verbleib ihres vor fünf Jahren verstorbenen Sohnes anzustellen. Harry übernimmt den detektivischen Auftrag, lernt den zwielichtigen Politiker Kreutzer kennen und gerät in eine tödliche Intrige, in der ein holographisches Fernsehsystem eingesetzt wird, um die gnadenlosen Ziele einer mächtigen Geheimorganisation durchzusetzen.

»Um Erfolg zu haben, muß man anders sein als andere – und WILD PALMS ist anders«, sagte Robert Iger, damals Präsident von ABC Entertainment. Auf der Suche nach einem Stoff, der im Fernsehen für ähnliche Furore sorgen könnte wie David Lynchs GEHEIMNIS VON TWIN PEAKS, stieß er auf den Comic Strip WILD PALMS von Bruce

James Belushi in WILD PALMS

Wagner. Seit 1991 wurde die Fortsetzungsgeschichte mit wachsendem Erfolg im Magazin *Details* veröffentlicht. Die Idee zu dem Kult-Comic kam Wagner eines Tages auf der Melrose Avenue in einem Trendladen namens L.A. Eyeworks: »Was wäre, wenn ein paar betuchte Typen hier reinkämen, irgendjemanden mit Gewalt aus dem Laden zerren würden und die anderen Kunden so täten, als sei nichts passiert.« Iger konnte Oliver Stone für die Produktion gewinnen. Der mehrfache *Oscar*-Preisträger hatte vorher nie für das Fernsehen gearbeitet, akzeptierte die ungewohnt kurze Produktionszeit von zehn Wochen. Bruce Wagner zog sich für einige Wochen in ein Hotelzimmer in Santa Monica zurück und erarbeitete das Drehbuch. Regie führten Peter Hewitt, Keith Gordon, Phil Joanou und Kathryn Bigelow.
Comic: Bruce Wagner & Julian Allen: Wild Palms; Bastei Lübbe 71106, 1994.

Willschrei, Karl Heinz

Deutscher Autor und Produzent. Geboren am 18. März 1939 in Homberg/Niederrhein. Sein Vater, ein Studienrat, fiel 1942. Er wuchs als Einzelkind in Essen auf. Während des Studiums der Germanistik und der Theaterwissenschaften vermittelte ihn ein Kommilitone an die Bavaria. Er debütierte als Autor mit einer Folge der SELTSAMEN METHODEN DES FRANZ JOSEF WANNINGER. Seine Geschichten gefielen den Verantwortlichen, und nach dem Studium verpflichteten sie ihn als Drehbuchautor mit Fixum und Honorar. Dort schrieb oder/und produzierte er Serien wie GRAF YOSTER, HÄRTE 10, ALEXANDER ZWO, Haferkamp-TATORTE, LOBSTER und anderes. Bis heute ist er an über 200 Fernsehfilmen und Serienfolgen beteiligt. Nachdem er von 1970 bis 1973 die Auslandsabteilung der Bavaria geleitet hatte, verließ er sie Mitte der siebziger Jahre und wurde freier Drehbuchautor. Er ist seit 1976 Teilhaber einer Produktionsfirma mit Georg Althammer. Er erfand die erfolgreichen Serien EIN FALL FÜR ZWEI für das ZDF und WOLFFS REVIER für SAT.1 und vieles mehr. Er lebt teils in Berlin und teils in Altea, Spanien. In einem Portrait im *Stern*-Magazin Nr. 16/1989 schrieb Peter Zingler über seine Persönlichkeit: »Für Außenstehende wirken manche Willschrei-Auftritte allerdings seltsam gequält: wenn er etwa, ganz Macho, sein 300-PS-Rennboot namens Umba über die See peitscht oder wie ein pubertierender Jüngling mit dem Buggy oder der Fünfziger-Maschine durch die Gegend dröhnt [...].« Und Willschrei selbst: »Ich schreibe wahnsinnig gern. Das ist eben der Punkt, wo sich Abenteurer und Philosoph treffen, sich versöhnen. Wo der eine von Verbrechen erzählt, von Habgier, Verrat, von unerhörten Ländern. Und wo der andere raunt: nicht so kalt, nicht so trocken, vergiß nicht den Schweiß, die zittrigen Hände, den verfluchten Zufall und die fatale Liebe. [...] Ich baue meine Kriminalgeschichten wie ein Schachspiel, Zug um Zug, bis es zum Matt oder zum Remis kommt. Ich bin sicher, ein guter Schachspieler wäre immer auch ein guter Mörder.« Willschreis Bücher sind meistens (nicht immer) brauchbares bis ordentliches Handwerk, die solide Kriminalgeschichten erzählen, ohne innovativ zu sein. Dabei läßt er sich auch gerne von angelsächsischen Autoren anregen, wie etwa bei der Privatdetektivserie A.S. vom amerikanischen Autor Lawrence Block, der zuvor ungleich subtiler in seinen Matt-Scudder-Romanen das platonische Verhältnis zwischen einem Privatdetektiv und einer Edelhure beschrieb. Er schrieb auch mehrere Science-Fiction-Filme fürs Fernsehen und das Theaterstück HIPPIE END. Er war kurz mit der Schauspielerin Angelika Bender verheiratet.

WIR VOM REVIER

BRD 1999; 12 x 25 Min.; F

Adi Fuchs .... Gert Burkhard
Kevin von Malottki .... Christoph Gottschalch
Sabine Berger .... Kira Koschella
Polizeidirektor Lütjens .... Rainer Basedow
Oesterfeld .... Robert Louis Griesbach
Schmidtke .... Marco Rima

➜ Im Polizeirevier von Oldermünde sorgen Polizeimeister Adi Fuchs und seine Chaotentruppe für Trubel. Drunter und drüber geht es in dieser Cop-Sitcom, die als deutsches Produkt nie an die angelsächsischen Vorbilder heranreicht. Produziert von Dietrich Duppel für SAT.1, geschrieben von Claus Grimm, Regie führte Peter Hill.

WIR VOM 12. REVIER

Barney Miller

USA 1975-82; 168 x 25 Min.; F

Captain Barney Miller .... Hal Linden
Elizabeth Miller (Pilot) .... Abby Dalton
Elizabeth Miller (1975-76) .... Barbara Barrie
Rachel Miller (1975) .... Anne Wyndham
David Miller (1975) .... Michael Tessier
Detective Phil Fish (1975-77) .... Abe Vigoda
Bernice Fish (1975-77) .... Florence Stanley
Sergeant Wojohowicz .... Max Gail
Det. Sgt. Amenguale (1975-76) ... Gregory Sierra
Sergeant Yemana (1975-78) .... Jack Soo
Inspector Frank Luger .... James Gregory
Detective Harris .... Ron Glass
Det. Janice Wentworth (1975-76) ..... Linda Lavin
Officer Carl Levitt (1976-82) .... Ron Carey
Detective Baptista (1976-77) .... June Gable
Det. Arthur Dietrich (1976-82) ... Steve Landsberg
Lt. Scanlon (1978-82) .... George Murdock

➜ Erfolgreiche und originelle Kombination aus Familien- und Polizeikomödie. Erzählt werden die komischen Erlebnisse von Captain Miller, seiner Familie und den Polizisten vom 12. Revier, 6th Avenue, in Greenwich Village. Jeder einzelne Polizist ist ein Neurotiker und gleichzeitig Repräsentant einer ethnischen Gruppe, deren Eigenheiten erbarmungslos durch den Kakao gezogen werden. Der jüdische Detektiv Fish kam so gut an, daß er eine kurzlebige eigene Serie bekam. Krimi-Altmeister Mickey Spillane sagte über die Serie: »BM ist die beste aller Cop-Shows. Großartige Charaktere.« Konzipiert und produziert wurde sie (in den USA kam sie als Ersatz für MÄNNERWIRTSCHAFT [THE ODD COUPLE]) von Theodore J. Flicker und Danny Arnold für ABC.

Wissenschaftsdetektiv

Bezeichnung für einen besonderen Typus des großen Detektivs, der seine Fälle auf Grund naturwissenschaftlicher Kenntnisse und Experimente vor allem durch Labortätigkeit löst. Die modernen TV-Varianten sind forensische Detektive wie Quincy, aber auch Psychologen wie Fitz. Die Entwicklung der Kriminalistik läßt auch die modernen Polizei-Serien nicht mehr ohne die wissenschaftlichen Aspekte der Spurensicherung und Spurenanalyse auskommen.

WOLF

Wolf

USA 1989; 1 x 90 Min. u. 10 x 45 Min.; F

Tony Wolf .... Jack Scalia
Sal Wolf .... Joseph Sirola
Dylan Elliott .... Nicholas Surovy
Melissa Shaw-Elliott .... Judith Hoag
Connie Bacarri .... Mimi Kuzyk
Angeline Bacarri .... J.C. Brandy
Captain Barnett .... Don Hood

➜ Tony Wolf ist Undercover-Agent der Polizei von San Francisco. Von einem korrupten Polizisten wird er eines Tages in eine Falle gelockt, dabei kommt sein bester Freund und Kollege um. Wolf wird der Mord angelastet. Er muß den Dienst quittieren und taucht für zwei Jahre unter. Danach kehrt er zu seiner Familie zurück, die seit Generationen in San Francisco vom Fischfang lebt. Von nun an lebt er auf dem Boot *Sea Wolf*. Mit allen Mitteln versucht Wolf, seinen Namen reinzuwaschen. Unterstützt wird er von Staatsanwalt Dylan Elliott, der seinerzeit das Verfahren gegen ihn geführt hatte. Dafür hilft Wolf ihm bei delikaten Ermittlungen.

Konzipiert und produziert wurde die Serie von Rod Holcomb und David Peckinpah für CBS.

WOLFFS REVIER

BRD 1993- ; x 90 Min. u. x 45 Min.; F

Andreas Wolff .... Jürgen Heinrich
Günther Sawatzki (1993-98) .... Klaus Pönitz
Dr. Peter Fried (1993-98) .... Gerd Wameling
Tom Borkmann (1999-) .... Steven Merting
Verena Wolff .... Nadine Seiffert
Ellen Wolff .... Elia Zimmermann

➜ Wolff ist Hauptkommissar der Mordkommission in Berlin. Sawatzki, Wolffs zweiter Mann, kommt aus dem Osten und hat eine geheimnisumwitterte Vergangenheit. Besonders knifflige Fälle bespricht Wolff bei einem Whisky mit seinem Freund, Staatsanwalt Dr. Fried. Der alleinerziehende Vater Wolff lebt mit seiner Teenie-Tochter Verena zusammen, die ihn durch ihre pubertären Kapriolen zusätzlich in Atem hält.

Dies war die erste eigenproduzierte Krimi-Serie von SAT.1. Karl Heinz Willschrei hatte sie ausgeheckt, produziert wurde sie von der Borussia Me-

WOLFFS REVIER: Jürgen Heinrich als Andreas Wolff und Eberhard Feik als Jupp Polka

dia in Berlin. Wahrscheinlich die bisher beste Serie des Senders. Sie wurde 1993 mit dem *Adolf Grimme-Preis* ausgezeichnet. Im Laufe der Jahre verschliß sich der Charme der ersten Folgen, und heute ist die sie eine von vielen, die eher durch unterdurchschnittliche Geschichten auffällt und sich selbst wiederholt. Um an ein jüngeres Zielpublikum heranzukommen, ließ SAT.1 Wolffs älteren Kollegen Sawatzki sterben und ersetzte ihn ab Folge 97 durch den 28jährigen Steven Merting.
Roman: Gabriele Auensen-Borgelt: Wolffs Revier; Heyne 8705, 1993. Horst Friederichs: Russisches Roulette; Bastei 12810, 1998.

Woodward, Edward

Englischer Schauspieler. Geboren am 1. Juni 1930 in Croydon, Surrey. Ursprünglich wollte er Journalist werden. Er studierte Schauspiel an der Royal Academy of Dramatic Arts und gab sein Londoner Debüt in WHERE THERE'S A WILL. Er spielte in den fünfziger Jahren im Film und auf dem Theater, kam aber über Nebenrollen nicht hinaus. Zu einer nationalen Berühmtheit wurde er durch die grandiose Spionageserie CALLAN (1967-73), deren Kinoversion, A MAGNUM FOR SCHNEIDER/ RED FILE FOR CALLAN (1971), gelegentlich im deutschen Fernsehen zu sehen ist. Anschließend spielte er verschiedentlich auch in den USA. Einen weiteren *Loner* gab er in DER EQUALIZER (1985-89). Weniger erfolgreich war seine letzte Serie NUR ÜBER MEINE LEICHE, in der er nicht den harten Knochen spielen mußte. In England ist Woodward auch als Sänger bekannt und hat ein gutes Dutzend Longplays veröffentlicht.

YELLOWTHREAD STREET – STRASSE DER ANGST

Yellowthread Street

GB 1990; 13 x 45 Min.; F

Rolle	Darsteller
Chief Inspector Alex Vale	Ray Lonnen
Eddie Pak	Tzi Ma
Kelly Lang	Catherine Neilson
Peter Marenta	Robert Taylor
C.J. Brady	Mark McGann
Nick Eden	Bruce Payne
Jackie Wu	Doreen Chan

➔ Hongkong ist eine der gefährlichsten Städte der Welt, und die sieben Polizisten aus der Yellowthread Street kämpfen ständig unter Einsatz ihres Lebens gegen Triaden und durchgeknallte Psychopathen.

Die Serie wurde von den Produzenten Ronald Graham und Keith Richardson nach den manchmal ziemlich durchgedrehten Romanen von William Marshall entwickelt. Produziert wurde sie aufwendig mit hohem Etat für Yorkshire Television an den Originalschauplätzen. Gedreht wurde auf 35mm-Film, und die Ästhetik der Serie, die die Stadt faszinierend einfängt, erinnert manchmal an MIAMI VICE. Um ganz sicher zu sein, das Flair Hongkongs vor der Übergabe an die Chinesen einzufangen, hat Richardson lokale Produktionsteams hinzugezogen. Die Serie ist actionreich, hat viele musikalische Elemente (von Roger Bellon) und dazu eine Kamera, die auch mal unkonventionelle Wege geht. Leider war sie nicht so erfolgreich, daß sie über eine Staffel hinauskam.

Roman: William Marshall: Der Kino-Killer (The Hatched Man; 1976); Goldmann 4656, 1977. Bombengrüße aus Hongkong (Gelignite; 1976); Goldmann 4738, 1978. Dünne Luft (Thin Air; 1977); Goldmann 4722, 1978. Das Skelett auf dem Floß (Skullduggery; 1979); Goldmann 5403, 1980. Feuerkiller (SCI FI; 1981); Goldmann 5434, 1982. Die Katze frißt den Schmetterling (Perfect End; 1981); Goldmann 5234, 1982. Hongkong Roadshow (Roadshow; 1985); Rotbuch 605, 1987.

Zada, Ramy

Amerikanischer Schauspieler. Er wurde am 1. Februar 1958 in Los Angeles geboren. Der Amerikaner mit griechischen Vorfahren studierte an der Universität in Northridge Architektur, wechselte dann ins Werbefach und machte seinen Abschluß schließlich in Film- und Theaterwissenschaften. Nachdem er als Kamera-Assistent die Arbeit hinter der Kamera gelernt hatte, entschloß er sich doch für die Schauspielerei. Nach mehreren Gastauftritten in Serien bekam er 1991 die Hauptrolle in DIE VERSCHWÖRER – IM NAMEN DER GERECHTIGKEIT. Er verließ die Serie nach der ersten Staffel und ist seitdem in Mini-Serien und TV-Movies zu sehen. Außerdem hat er ein Theater in Venice und schreibt Drehbücher.

ZAPPEK

BRD 1995; 26 x 45 Min.; F

Zappek .... Uwe Kockisch
Polikeit .... Claudius Freyer
Claude Zappek .... Oliver Korittke
Frau Verheugen .... Karin Gregorek

➜ Hauptkommissar Zappek vom Prenzlauer Berg arbeitet mitten im Berliner Kiez. Zweite Hauptrolle spielt – wie es in der ARD-Eigenwerbung so schön heißt – »die Stadt Berlin. Die Fälle gehören zur Realität der pulsierenden Stadt und zeigen ein Berlin, das nicht nur aus Prenzlauer Berg und Ku'-damm besteht«.
Hauptdarsteller Kockisch zierte sich lange, bevor er in der Serie spielte: »Die Serienarbeit ist weitaus kreativer, als ich es mir vorgestellt hatte. Ich habe dabei festgestellt, daß nicht nur im Theater Qualität gemacht wird.« Da hat er wohl recht, wenn man an CRIME STORY oder MIAMI VICE denkt. ZAPPEK ist eine nette, unspektakuläre Serie. Geschrieben und konzipiert wurde sie von Leo P. Ard und Michael Illner. Ard heißt mit bürgerlichen Namen Jürgen Pomorin, war früher Bankkaufmann und Journalist, bevor er 1993 Drehbuchautor wurde. Er schrieb mehrere Kriminalromane und gemeinsam mit Illner die RTL-Serie BALKO.

Zimbalist, Efrem Jr.

Amerikanischer Schauspieler. Er wurde am 30. November 1918 in New York City als Sohn des Konzertviolinisten Efrem Zimbalist und der Opernsängerin Alma Gluck geboren. Nach aktivem Einsatz im Zweiten Weltkrieg begann er seine Schauspielerkarriere. Seine erste große TV-Rolle hatte er 1954-55 in der täglichen Soap Opera CONCERNING MISS MARLOWE. International berühmt wurde er als Stu Bailey in 77 SUNSET STRIP (1958-64). Der Erfolg blieb ihm treu, als er FBI-Agent Lew Erskine in THE F.B.I. (1965-74) spielte. Er ist der Vater von Stephanie Zimbalist, die in REMINGTON STEELE (1982-86) großen Erfolg hatte. In dieser Serie trat er als Ganove Daniel Chalmers in mehreren Folgen auf.

ZORC – MANN OHNE GRENZEN

BRD 1992; 1 x 90 Min. u. 9 x 50 Min.; F

Zorc .... Klaus Löwitsch
Jacob .... Gerry Wolff
Sharon .... Michele Marian

➜ Der harte Zorc hat ein abenteuerliches Leben in Afrika hinter sich: Fremdenlegion, Sicherheitschef in einer Diamantenmine, schließlich Gefängnis (hätte man ihn doch bloß dabehalten!). Jetzt ist er in Berlin Beschützer und Partner der jungen Top-Journalistin Sharon, einem Wunderkind des investigativen Journalismus. In den Episoden geht es um Erpressung, Waffenhandel, Pornografie, Drogen – eben alles, was das Actionherz begehrt. Produziert wurde die unfreiwillig komische Serie, die sich ein Robert Shermen ausgedacht hatte, von Jürgen Dohme für Activefilm in Berlin, Italien und Südafrika. Natürlich waren die Geschichten hinter den Kulissen spannender als die Serie: Regisseur Klaus Emmerich stieg nach drei Folgen aus (die unter Pseudonym ausgestrahlt wurden, da er nicht die Endfertigung machen konnte), weil er Löwitschs Beleidigungen nicht mehr aushielt. Der hatte in einem Interview gesagt: »Ich halte ihn (Emmerich, M.C.) für reaktionär und faschistoid. Er will mir Dinge beibringen, die ich schon kann. Aber ich habe den Erfolg und nicht dieser provinzielle Vollidiot.« Übel ging Produzent Dohme mit den verpflichteten ostdeutschen Schauspielern um:

Efrem Zimbalist Jr. (Mitte) in 77 SUNSET STRIP

Während Löwitsch seine Star-Gage regelmäßig kassierte, mußten andere Schauspieler ihren Lohn einklagen. Löwitsch jammerte nach Ausstrahlung der Serie wieder über die Qualität. Das kannte man schon von seiner Arbeit an PETER STROHM. Aber jetzt war RTL der Prügelknabe, und Löwitsch bereitete so seinen Rücksturz zu PETER STROHM und der ARD vor.

Zorc jedenfalls gehört zu den trashigsten Serien überhaupt. Wirre Handlung, spastische Action und ein Hauptdarsteller, der vor der wilden Kiezkulisse wie ein verirrter Neandertaler agiert. Dabei wirkt er so gefährlich wie einer von Schneewittchens sieben Zwergen. Aus humanitären Gründen wird die Serie wohl nie wiederholt werden.

ZUGRIFF

BRD 1998; 1 x 90 Min. u. 13 x 45 Min.; F

Franz Xaver Berg .... Dietz-Werner Steck
Beate Claudius .... Krista Posch
Elvis Kogler .... Giulio Ricciarelli
Roland »Rolli« Bauer .... Oliver Mink
Chris Schmitt .... Chris Hohenester
Dr. Oberländer .... Edwin Noël

➜ Sie kämpft gegen das organisierte Verbrechen, deckt Kinder-Pornoringe auf und ermittelt in Mafiakreisen – die Spezialeinheit der Münchener Kripo.

Die triste Serie ist nicht gerade sorgfältig gemacht: Da explodiert etwa eine Bombe, und die Fenster bleiben heil, während die sinnlose Zerstörungswut der Pyrotechniker alles andere in Schutt und Asche legt. Die Vorstellungen vom organisierten Verbrechen, die die Autoren Georg Gilcher, Hartmut Grund, Georg Heinzen und Holger Zimmermann präsentieren, bleiben hinter jeder Groschenheftdramaturgie des Sujets zurück. Produziert wurde der erfolglose Langweiler von Jochen Ludwig, die Redaktion für SAT.1 gestaltete eine Annette Esther Bott.

Vielleicht die lächerlichste Serie der Saison. Als Zielgruppe wurde wohl die große Zahl unfähiger Produzenten und Redakteure ins Auge gefaßt.

ZUGRIFF: Dietz-Werner Steck und Giulio Ricciarelli

ZUM KLEINEN FISCH

BRD 1977; 13 x 25 Min.; F

Henri Dullac .... Horst Niendorf
Paulette .... Lis Verhoeven
Nicole .... Hannelore Kiesbauer
Bonnet .... Gernot Endemann
Bürgermeister .... Otto Kuhlmann

➔ Der Marseiller Kriminalkommissar Dullac erbt überraschend das Bistro *Zum kleinen Fisch* und mehrere Weinberge von seinem Onkel, der unter mysteriösen Umständen ums Leben kam. Er will sich nun ganz der Gastronomie widmen, aber in dem scheinbar friedlichem Dorf geschehen immer neue Verbrechen, die seinen kriminalistischen Spürsinn herausfordern.

Gerd Oelschlegel schrieb und Herbert Ballmann inszenierte diese Vorabendmischung aus betulichen Krimi-Elementen und Alltagskomödie für das ZDF.

ZU VIELE KÖCHE

BRD 1961; 5 x 50 Min.; sw

Nero Wolfe .... Heinz Klevenow
Archie Goodwin .... Joachim Fuchsberger
Dina Laszio .... Rosl Schäfer
Mr. Tolman .... Robert Graf
Jerome Borin .... Herbert Hübner
Constanza Borin .... Gerlinde Locker
Odell .... Horst Tappert

➔ Der ebenso berühmte wie fette Privatdetektiv Wolfe muß auf dem »Kongreß der Küchenmeister« zusammen mit seinem Assistenten Archie eiskalte Morde klären.

Kurt Wilhelm verfilmte Rex Stouts gleichnamigen Kriminalroman für die ARD mit deutscher Besetzung in einem krampfhaft um amerikanische Atmosphäre bemühten Studio. Herausgekommen ist aus heutiger Sicht eine unfreiwillig komische Verfilmung, die den Witz der Originalvorlage teutonisch schwerfällig umzusetzen versuchte.

Roman: Rex Stout: Zu viele Köche (Too many Cooks; 1938); Goldmann, 1986.

ZWEI, DIE

The Persuaders!

GB 1971-72; 24 x 45 Min.; F

Danny Wilde .... Tony Curtis
Lord Brett Sinclair .... Roger Moore
Richter Fulton .... Laurence Naismith

➔ Die Abenteuer eines US-Selfmade-Millionärs und eines britischen Lords, die im Auftrag eines pensionierten Richters auf Verbrecherjagd gehen.

Der Erfolg seiner früheren Serien wie SIMON TEMPLAR veranlaßte den Produzenten Sir Lew Grade zu einem Supercoup, der international in die Hose ging, indem er Curtis (mit Blick auf den US-Markt) und Moore zusammenbrachte. Rund eine Million DM pro Folge hatte Robert S. Baker zur Verfügung, um die bis dato teuerste europäische Serie in Szene zu setzen. Roger Moore erhielt 40.000 DM pro Woche und Curtis 60.000 DM. Aber trotz des großen Aufwands stimmte die Magie nicht und die Serie floppte in den USA, wo sie auf Platz 56 der meistgesehehenen Sendungen landete. Nur in Deutschland lief sie erfolgreich, was vor allem an der geistlos kalauernden Synchronisation von Rainer Brandes und K.H. Brunnenmann lag. Eigentlich war eine Produktionszeit von fünf Jahren mit jährlich 24 Folgen veranschlagt. Für Roger Moore war es ein Glück, daß die Serie abgesetzt wurde: so war er frei, als ihn das Angebot der James-Bond-Produzenten erreichte, den dritten 007 in der erfolgreichsten Filmserie aller Zeiten zu spielen.

Roman: Frederick Smith: The Persuaders 1; Pan 02884, 1971. The Persuaders 2; Pan 02936, 1972. The Persuaders 3; Pan 23421, 1973.

ZWEI BRÜDER

BRD 1994-97; 10 x 90 Min.; F

Peter Thaler .... Elmar Wepper
Christoph Thaler .... Fritz Wepper
Marie Luise Thaler .... Ruth Hausmeister
Katja Thaler .... Angela Roy
Elise Steininger .... Nina Petri

➔ Die Brüder Wepper kämpfen im Auftrag des ZDF gegen das Verbrechen: Christoph, der ehrgeizige Oberstaatsanwalt, der für seine Karriere einiges zu tun bereit ist, und Peter, der sensible, trinkfreudige und draufgängerische Kriminalkommissar, der seine Fälle schon mal im Alleingang mit

DIE ZWEI: Tony Curtis, Roger Moore

unkonventionellen Methoden löst. Mit von der Partie sind stets Freundin und Kollegin Elise sowie Mutter Thaler.
Ausgedacht hat sich die harmlose Serie Felix Huby. Nicht nur Wepper-Fans mögen den leichten Ton, wie die Quoten zeigten. Deshalb wird sie wohl auch weitergedreht werden.

ZWEI ENGEL MIT VIER FÄUSTEN
Noi siamo angeli

I/F/BRD 1996; 6 x 90 Min.; F

Bob/Vater Orso .... Bud Spencer
Joe/Vater Zacharias .... Philip Michael Thomas
Vater Campana .... Renato Scarpa

➜ Die beiden Tunichtgute Bob und Joe brechen aus einem mittelamerikanischen Gefängnis aus und geben sich auf der Flucht als Mönche aus. Bald müssen sie ein Mädchen aus den Händen skrupelloser Mädchenhändler befreien.
Die Idee zur Serie stammte von Bud Spencer. RTL produzierte gemeinsam mit der RAI und einem französischen Partner in Costa Rica; als Produzent fungierte Spencers Sohn Giuseppe Pedersoli. Sie war als Folgeserie von ZWEI SUPERTYPEN IN MIAMI gedacht und zeichnet sich durch den üblichen Haudrauf-Humor aus.

ZWEI MIT DEM DREH, DIE
Switch

USA 1975-78; 66 x 45 Min. u. 2 x 75 Min.; F

Frank McBride .... Eddie Albert
Pete Ryan .... Robert Wagner
Maggie .... Sharon Gless
Malcolm .... Charlie Callas
Revel .... Mindi Miller
Lieutenant Shilton (1976-78) .... William Bryant
Lt. Modeer (1976-77) .... Richard X. Slattery
Lieutenant Griffin (1975-76) .... Ken Swofford
Wang (1977-78) .... James Hong

➜ Ein ehemaliger Polizist (Albert) und ein ehemaliger Ganove (Wagner) betreiben gemeinsam eine Privatdetektei. Ihr Dreh: Gauner und Betrüger mit deren eigenen Mitteln zu schlagen, indem sie selbst reingelegt werden.
Glen A. Larson konzipierte und produzierte diese witzige und einfallsreiche Serie, die offensichtlich von dem Redford-Newman-Film DER CLOU (THE STING) inspiriert war, für Universal und CBS. Gute Drehbücher und der komödiantische Ton machten die Serie zu einem Hit.

ZWEI PARTNER AUF 6 PFOTEN

BRD 1995; 6 x 45 Min.; F

Mark Hopper .... Michele Oliveri
Vater Wilhelm .... Volker Spahr
Kriminalkommissar Bruske .... Michael Gordon
Carola .... Esther Schweins

➜ Mark Hopper, Anfang 40, ist ein Mann mit Vergangenheit. Der Ex-Journalist arbeitet als Privatdetektiv. Der Aussteiger lebt mit seinem Hund Lu(dwig), einem Golden Retriever, auf einem ausgedienten Rheinfrachter, den er zum Hausboot umgebaut hat. Der Kahn ist Büro und Wohnung in einem. Natürlich haben sie auch Freunde, die ihnen hin und wieder bei ihren Aufträgen helfen. Allen voran Marks Freundin Carola, eine selbstbe-

DIE ZWEI: Roger Moore als Lord Brett Sinclair und Tony Curtis als Danny Wilde

wußte Rechtsanwältin, und sein Vater Wilhelm, ein alter Charmeur. Hoppers größter Widersacher ist Kommissar Bruske.
Kurzlebige RTL-Produktion, die auf US-Vorbilder schielte.

ZWEI SUPERTYPEN IN MIAMI
Extralarge: Black and White

BRD/I/USA 1991, 1993; 12 x 90 Min.; F
Jack Costello/Extralarge .... Bud Spencer
Willy Dumas (1991) .... Philip Michael Thomas
Willy Dumas (1993) .... Michael Winslow
Sam .... Lou Bedford
Maria Martinez .... Vivian Ruiz
➜ Der Sonnenstaat Florida ist die Heimat von Privatdetektiv Costello und seinem Partner Dumas. Der Ex-Polizist kämpft in Miami gegen das Böse. Sein Partner ist ein angehender Schriftsteller und talentierter Zeichner, der im Windschatten Costellos aufregende Fälle erleben möchte, um sie zu Kriminalromanen zu verarbeiten. In der zweiten Staffel wurde die Rolle von Costellos Partner komischer angelegt.
Die erste Staffel der ebenso aktionsgeladenen wie gequält humorvollen Serie wurde von Enzo G. Castellari inszeniert. Dann übernahm Allessandro Capone. Gemeinsam mit Claudio Bonivento fungierte Spencer-Sohn Giuseppe Pedersoli für die RTL-Koproduktion als Produzent. Als Co-Autor schrieb er auch an den Drehbüchern mit. Mit acht Millionen Zuschauern war die Serie in Italien besonders erfolgreich. In der 6. Folge BLACK MAGIC war Dionne Warwick als Gaststar zu sehen.

ZWEI VON DER DIENSTSTELLE, DIE
The Partners

USA 1971-72; 20 x 25 Min.; F
Sergeant Crooke .... Don Adams
Sergeant Robinson .... Rupert Crosse
Captain Andrews .... John Doucette
Sergeant Higgenbottom .... Dick Van Patten
Freddie Butler .... Robert Karvelas
➜ Komödie über einen schwarzen und einen weißen Kripobeamten vom 33. Revier in Los Angeles. Don Adams scheiterte beim Versuch, den Erfolg von MAXWELL SMART zu wiederholen. Don hatte die Serie konzipiert, produzierte selbst für NBC, schrieb die Drehbücher und führte Regie (die Musik war von Lalo Schifrin).

ZWICKELBACH & CO.

BRD 1976; 13 x 25 Min.; F
Immanuel Zwickelbach .... Karl Lieffen
Geiger Martl .... Ludwig Schmid-Wildy
Veronika .... Rosemarie Seehofer
Wali Geiger .... Lore Bronner
➜ Gewollt heitere Detektivgeschichten von Georg Lohmeier (Buch) und Erich Neureuther (Regie). Typisches, langweiliges ZDF-Vorabendprogramm der siebziger Jahre.

Abkürzungsverzeichnis

A = Österreich
AUS = Australien
B = Belgien
BRD = Bundesrepublik Deutschland
CAN = Kanada
CH = Schweiz
DDR = Deutsche Demokratische Republik
DK = Dänemark
E = Spanien
F = Frankreich
GB = Großbritannien
I = Italien
J = Japan
NL = Niederlande
P = Polen
S = Schweden

F = Farbe
sw = Schwarzweiß

Col. = Colonel
Com. = Commissioner
Const. = Constable
Cpt. = Captain
Det. = Detective
Hptkom. = Hauptkommissar/in
Insp. = Inspector
Kom. = Kommissar/in
Lt. = Lieutenant
Off. = Officer
Sgt. = Sergeant
StA. = Staatsanwalt/anwältin

Über den Autor

Bereits in jungen Jahren beschäftigte sich der 1954 in Witten/Ruhr geborene Martin Compart mit populärkulturellen Themen. Nach der Schulzeit und Bundeswehr arbeitete er für die Wittener *Ruhr-Nachrichten* und schrieb nebenher für die heute schon legendären Magazine *Comixene* und *Science Fiction Times*. Während des Studiums der Politikwissenschaften gründete er die *Arbeitsgemeinschaft Kriminalliteratur*. 1982 wurde er als Herausgeber der gelben Ullstein-Krimis verpflichtet, die er reformierte und zu einer der wichtigsten Reihen mit Kriminalliteratur in den 80er Jahren entwickelte. Zusammen mit seinem Freund Jörg Fauser gründete er die *Gruppe Oberbaumbrücke*, deren Präsident ihr Idol Ross Thomas war. Für den Ullstein-Verlag konzipierte und betreute er die Reihen *Populäre Kultur* und *Ullstein-Abenteuer* (in der die heute so gesuchten *Flashman*-Romane erschienen). 1996 wechselte er zum Bastei-Lübbe Verlag nach Bergisch-Gladbach, für den er ein kriminalliterarisches Segment aus drei Reihen entwickelte. Am bekanntesten wurde wohl die *Schwarze Serie*. 1987 wurde er in Gijon beim Jahrestreffen des *Weltverbandes der Kriminalschriftsteller* (AIEP) als erster Deutscher ins Präsidium gewählt. Daneben arbeitete er weiterhin journalistisch, u.a. für die Züricher *Weltwoche*, *Lui*, *TransAtlantik* und mit eigener Kolumne für den *BuchMarkt*. 1989 machte er sich selbstständig, schrieb für den *Spiegel*, *Esquire*, *taz*, *Musik-Express*, *TV-Spielfilm*. 1990 schrieb und inszenierte er für das ZDF das Doku-Drama *Verräter und Spione* über die Gründung des britischen Geheimdienstes mit Alexander Kerst und Peter Roggisch. 1992 begann die bis heute anhaltende Zusammenarbeit mit der *Funk Korrespondenz*, für die er vornehmlich über Fernsehserien schreibt. Seitdem gilt er als einer der härtesten Kritiker überhaupt; er verdarb es sich lieber mit Redakteuren in den Sendern (bei SAT.1 steht er auf der Schwarzen Liste, trotz des Drehbuchpreises – siehe unten), als ihnen nach dem Mund zu schreiben. 1994 wurde er erstmals in die Jury des *Adolf-Grimme-Preises* berufen. Auf den Französischen Filmtagen in Tübingen hielt er den einführenden Vortrag zur ersten deutschen Retrospektive des französischen Regisseurs Jean-Pierre Melville. Neben diesen Tätigkeiten auch weitere Drehbücher. 1994 erhielt er den 1. Preis des SAT.1-Drehbuchwettbewerbes, 1996 den Preis *Das Skript* der Taunus-Film. 1997 erschien sein erstes Buch zu Fernsehserien: *Von Alf bis U.N.C.L.E. Angloamerikanisches Kult-TV* (Klartext). 1999 konzipierte und betreute er als Herausgeber die Kriminalliteraturreihe *DuMont Noir*, in der im Oktober 2000 sein Reader *NOIR 2000* erscheint. Momentan arbeitet er für den NDR an vier langen Nächten der *Deutschen Tough-Guys* (Horst Frank, Günter Neutze, Günther Ungeheuer und Harald Leipnitz). Daneben weitere TV-, Buch- und Kino-Projekte. Zusammen mit Ronald M. Hahn gründete er den *Verlag Nummer Eins*, in dem ab November 2000 monatlich je ein Titel mit Primär- oder Sekundärliteraur zu populärkulturellen Genres erscheint.

Bibliographie

Bücher:

Baudou, Jacques & Jean-Jacques Schleret: Meurtres en série; Huitième Art, 1990.

Baker, Robert A. & Michael Nietzel: Private Eyes. 101 Knights; Ohio University Press, 1985.

Barbour, Alan G.: Cliffhanger. A Pictural History of the Motion Picture Serial; Citadel, 1977 u. 1984 (3. Aufl.).

Block, Alex Ben: Outfoxed. The Inside Story of America's Fourth TV Network; St. Martin's, 1991.

Brooks, Tim & Earle Marsh: The Complete Directory to Prime Time Network and Cable TV-Shows; Ballantine, 1995 (6. Aufl.).

Castleman, Harry & Walter J. Podrazik: Harry and Wally's Favorite TV Shows; Prentice Hall, 1989.

Collins, Max Allan & John Javna: The Best of Crime & Detective TV; Harmony Books, 1988.

Compart, Martin: Von Alf bis U.N.C.L.E. Angloamerikanisches Kult-TV; Klartext, 1997.

Conquest, John: Trouble is their Business. Private Eyes in Fiction, Film and TV, 1927-1988; Garland, 1990.

Cornell, Paul & Martin Day & Keith Topping: The Guiness Book of Classic British TV; Guiness, 1993.

DeAndrea, William: Encyclopedia Mysteriosa; Prentice Hall, 1994.

Dove, George N.: The Police Procedural; Ohio Popular Press, 1982.

East, Andy: The Cold War File; Scarecrow Press, 1983.

Evermann, Jovan: Der Serien-Guide; Schwarzkopf, 1999.

Fabbri, Marina & Elisa Resegott: I colori del nero; Ubulibri, 1989.

Ganz-Blättler, Ursula u.a.: Morde im Paradies; Ölschläger, 1994.

Gifford, Dennis: The Golden Age of Radio; Batsford, 1985.

Gitlin, Todd: Inside Prime Time; Routledge, 1994.

Glut, Donald F. & Jim Harmon: The Great Television Heroes; Doubleday, 1975.

Goldberg, Lee: Unsold Television Pilots; McFarland, 1990.

Goodstone, Tony: The Pulps: Fifty Years of American Pop Culture; Bonanza Books, 1970.

Goulart, Ron: Cheap Thrills. An Informal History of the Pulp Magazines; Arlington House, 1972.

Grade, Lew: Still Dancing; Fontana/Collins, 1988.

Haining, Peter: The Fantastic Pulps; Vintage Books, 1976.

Horn, Maurice: The World Encyclopedia of Comics; Chelsea House, 1976.

Hubin, Allan J.: Crime Fiction, 1749-1990. A Comprehensive Bibliography; Garland Publ., 1994.

Ousby, Ian: Guilty Parties; Thames and Hudson, 1997.

Keats, Robin: TV Land; St. Martin's Griffin, 1995.

Keller, Harald: Kultserien und ihre Stars; Rowohlt, 1999.

Leeflang, Thomas: TV Klassieken; Loeb, 1986.

Lewis, Jon E. & Penny Stempel: Cult TV; Pavillon, 1996.

McNeil, Alex: Total Television; Penguin, 1991.

Marc, David & Robert J. Thompson: Prime Time Movers; Syracuse University Press, 1995.

Meyers, Richard: TV-Detectives; Barnes u. Tanitivy Press, 1981.

Meyers, Richard: Murder on the Air; Mysterious Press, 1989.

Miller, Ron: Mystery! A Celebration; KQED Books, 1996.

Pederson, Jay P. (Hg.): St. James Guide to Crime & Mystery Writers; St. James Press, 1996.

Rovin, Jeff: Adventure Heroes; Facts On File, 1994.

Rovin, Jeff: The Great Television Series; A.S. Barnes u. T. Yoseloff, 1977.

Rogers, Dave: The ITV Encyclopedia of Adventure; Boxtree, 1988.

Sackett, Susan: Prime Time Hits; Watson-Guptill, 1993.

Schalow, Matthias: Allgemeiner Deutscher Roman Preiskatalog; Hethke Verlag, 1989 (3. Aufl.).

Stedman, Raymond W.: The Serials; Norman, 1971.

Story, David: America on the Rerun; Citadel Press, 1993.

Tibballs, Geoff: TV-Detectives; Boxtree, 1992.

Tuska, Jon: In Manors and Alleys. A Casebook on the American Detective Film; Greenwood Press, 1988.

Veraldi, Gabriel: Le roman d'espionage; Presses Universitaires, 1983.

Walkhoff-Jordan, Klaus-Dieter: Bibliographie der Kriminalliteratur 1945-1984 im deutschen Sprachraum; Ullstein 10325, 1985.

Walkhoff-Jordan, Klaus-Dieter: Bibliographie der Kriminalliteratur 1985-1990; Ullstein 34813, 1991.

Wilt, David: Hardboiled in Hollywood; Bowling Green University Press, 1991.

Woolley, Lynn & Robert W. Malsbary & Robert G. Strange, Jr.: Warner Bros. Television; McFarland, 1985.

Periodika:

The Armchair Detective, Crime Time, Cult-TV, Fantazia, Funk-Korrespondenz, Hör Zu, Gong, Million, Mystery Scene, Tele Vision, TV Highlights, TV-Serien-Hits, TV Zone.

Verzeichnis der Originaltitel

Dieses Verzeichnis enthält alle Originaltitel der Serien, die in diesem Buch einen Eintrag haben. Alle? Nicht ganz: Auf Titel mit einem »Originalvorspann«, wie zum Beispiel CHOPPER 1 – auf Deutsch: CHOPPER 1 BITTE MELDEN –, wurde verzichtet. Genausowenig sind jene Titel aufgeführt, die mit gleichem Wort(laut) beginnen, wie beispielsweise ALFRED HITCHCOCK PRESENTS alias ALFRED HITCHCOCK ZEIGT oder DIAGNOSIS MURDER, zu Deutsch DIAGNOSE: MORD. Kurz: Alles, was man unter dem Originalstichwort im lexikalischen Teil sowieso findet, steht *nicht* in diesem Verzeichnis.

A

Originaltitel	Deutscher Titel
ADVENTURER, THE	GENE BRADLEY IN GEHEIMER MISSION
ADVENTURES OF HIRAM HOLLIDAY, THE	ABENTEUER DES HIRAM HOLLIDAY, DIE
ADVENTURES OF SHERLOCK HOLMES, THE	ABENTEUER VON SHERLOCK HOLMES, DIE
ADVOCATO DELLE DONNE	FÜR LIEBE UND GERECHTIGKEIT
ANDROS TARGETS, THE	MIKE ANDROS – REPORTER DER GROSSTADT
AVENGERS, THE	MIT SCHIRM, CHARME UND MELONE
AVENTURES DE BOB MORAN, LES	ABENTEUER DES BOB MORANE, DIE

B

Originaltitel	Deutscher Titel
BAKERSTREET BOYS, THE	AUF DEN SPUREN VON SHERLOCK HOLMES
BANYON	LOS ANGELES 1937
BARNEY MILLER	WIR VOM 12. REVIER
BEARCATS	OHNE FURCHT UND SATTEL
BERT D'ANGELO, SUPERSTAR	SUPERSTAR
BETWEEN THE LINES	UNDERCOVER! – ZWISCHEN DEN FRONTEN
BIG MAN	JACK CLEMENTI – ANRUF GENÜGT
BLUE KNIGHT, THE	BUMPERS REVIER
BLUE THUNDER	FLIEGENDE AUGE, DAS
BODIES OF EVIDENCE	MORD OHNE SPUREN
BOURBON STREET BEAT	NEW ORLEANS, BOURBON STREET
BRIGADE VERTE	GRÜNE BRIGADE, DIE
BRIGADES DU TIGRE, LES	MIT ROSE UND REVOLVER
BROKEN BADGES	PSYCHODEZERNAT, DAS
BROTHERHOOD OF THE ROSE	GEHEIMBUND DER ROSE
BURKE'S LAW	AMOS BURKE

C

Originaltitel	Deutscher Titel
CADE'S COUNTY	SHERIFF CADE
CADFAEL	BRUDER CADFAEL
CALEB WILLIAMS	TÖDLICHES GEHEIMNIS
CALL ME MISTER	AUFTRAG FÜR SIR JACK
CAR 54, WHERE ARE YOU?	WAGEN 54 BITTE MELDEN
CASE OF THE DANGEROUS ROBIN, THE	ROBIN SCOTT
CASES OF SHERLOCK HOLMES, THE	SHERLOCK HOLMES

CHARLIE'S ANGELS	DREI ENGEL FÜR CHARLIE
CHASE THROUGH THE NIGHT	FLUCHT IN DIE NACHT
CHEATERS, THE	BETRÜGER, DIE
CHEVALIERS DU CIEL, LES	AGENTEN HABEN'S SCHWER
CHIEFS	POLIZEI-CHIEFS VON DELANO, DIE
CHINESE DETECTIVE, THE	SCHIESS IN DEN WIND, HO
CINQ DERNIÈRES MINUTES, LES	FÄLLE DES MONSIEUR CABROL, DIE
COMMISH, THE	POLIZEICHEF, DER
COMMISSAIRE MOULIN ... POLICE JUDICAIRE	KOMMISSAR MOULIN
CORONET BLUE	GEHEIMNIS DER BLAUEN KRONE, DAS
COSBY MYSTERIES, THE	DETEKTIV HANKS
COUNTERSTRIKE	AUF EIGENE FAUST
CRACKER	FÜR ALLE FÄLLE FITZ
CRACKER	IMMER WIEDER FITZ
CRAZY LIKE A FOX	FÄLLE DES HARRY FOX, DIE
CUGINO AMERICANO, IL	AMERIKANER, DER

D

D.A., THE	ANKLÄGER, DER
DAI KUKO	FLUGHAFENPOLIZEI TOKIO
DAIN CURSE, THE	FLUCH DES HAUSES DAIN, DER
DAN AUGUST	DAN OAKLAND
DANGER MAN	GEHEIMAUFTRAG FÜR JOHN DRAKE
DANGERFIELD	POLIZEIARZT DANGERFIELD
DANGEROUS CURVES	SCHARFE WAFFEN – HEISSE KURVEN
DARK JUSTICE	VERSCHWÖRER, DIE – IM NAMEN DER GERECHTIGKEIT
DARKROOM	MEINE SCHWARZE STUNDE
DECEMBER ROSE, THE	VERSCHWÖRUNG AUF DER THEMSE
DEFENDERS, THE	PRESTON & PRESTON
DELITTI PRIVATI	WER RÄCHT MEINE TOCHTER?
DETECTIVES STARRING ROBERT TAYLOR, THE	KEIN FALL FÜR FBI
DIAL 999	LONDON 999
DOG AND CAT	STARKES GESPANN, EIN
DRAGNET II	POLIZEIBERICHT
DRUG WARS 1: CAMARENA/DESPERADOS, THE	CAMARENA-KOMPLOTT, DAS
DRUG WARS 2: THE COCAINE CARTEL, THE	BLUTROTER SCHNEE
DUE SOUTH	AUSGERECHNET CHICAGO

E

DGE OF DARKNESS	AM RANDE DER FINSTERNIS
87TH PRECINCT	POLIZEIREVIER 87
EISCHIED	SCHAUPLATZ NEW YORK
ENIGMA FILES, THE	NICK LEWIS, CHIEF INSPECTOR
ENQUÊTES DU COMMISSAIRE MAIGRET, LES	MAIGRET
EQUAL JUSTICE	ENDSTATION GERECHTIGKEIT
ESPIONAGE ET TAIS-TOI	SPIONIN WIDER WILLEN

EVERGLADES .... GLEITBOOT PATROUILLE
EXILE, THE .... DECKNAME STONE
EXTRALARGE: BLACK AND WHITE .... ZWEI SUPERTYPEN IN MIAMI
EYE OF THE STORM .... JACK HIGGINS: DIE KRIEGER

F

FALL GUY, THE .... COLT FÜR ALLE FÄLLE, EIN
FALLEN ANGELS .... GEFALLENE ENGEL
FATHER DOWLING MYSTERIES .... GESEGNETES TEAM, EIN
FEMME NIKITA, LA .... NIKITA
FOREVER KNIGHT .... NICK KNIGHT – DER VAMPIRCOP
FOUL PLAY .... RISKANTE SPIELE
FOUR JUST MEN, THE .... DIE VIER GERECHTEN
FRANCHISE AFFAIR, THE .... GROSSE VERDACHT, DER
FRENCH ATLANTIC AFFAIR, THE .... VICTOR CHARLIE RUFT LIMA SIERRA
FUGITIVE, THE .... AUF DER FLUCHT

G

GENTLE TOUCH, THE .... AUF DIE SANFTE TOUR
GET SMART .... MINI-MAX – ODER DIE UNGLAUBLICHEN ABENTEUER DES MAXWELL SMART
GODFATHER, THE .... PATE, DER
GRAND SECRET, LE .... GROSSE GEHEIMNIS, DAS

H

HARBOR COMMAND .... ALARM IM HAFEN
HIGHLANDER: THE RAVEN .... RAVEN – DIE UNSTERBLICHE
HIGHWAY PATROL .... STREIFENWAGEN 2150
HILL STREET BLUES .... POLIZEIREVIER HILL STREET
HONEY WEST .... PRIVATDETEKTIVIN HONEY WEST
HOOPERMAN .... INSPEKTOR HOOPERMAN
HOT SHOTS .... REPORTER DES VERBRECHENS
HOUSTON KNIGHTS .... GLORREICHEN ZWEI, DIE
HUMAN TARGET .... MASKE, DIE

I

I SPY .... TENNISSCHLÄGER UND KANONEN
IF TOMORROW COMES .... RACHE IST EIN SÜSSES WORT
IN THE HEAT OF THE NIGHT .... IN DER HITZE DER NACHT
INTERPOL CALLING .... HIER INTERPOL – INSPEKTOR DUVAL
IRONSIDE .... CHEF, DER
ISPETTORE SARTI, L' .... INSPEKTOR SARTI
IT TAKES A THIEF .... IHR AUFTRITT, AL MUNDY

J

JEMIMA SHORE INVESTIGATES .... HARTE FÄLLE IN ZARTEN HÄNDEN
JIKEN .... MORDPROZESS HIROSHI UEDA

K

L

M

N

O

P

R

S

SECRET SERVANT, THE ... GEHEIMOPERATION DOWNING STREET
SÉRIE NOIR ... SCHWARZE SERIE
SHADES OF L.A. ... GRÜSSE AUS DEM JENSEITS
SHANNON ... SHANNON KLÄRT AUF
SHANNON'S DEAL ... SHANNONS SPIEL
SILENT REACH ... VERRATENE TRAUM, DER
SILENT WITNESS ... GERICHTSMEDIZINERIN DR. SAM RYAN
SILK STALKINGS ... PALM BEACH DUO, DAS
SINKADUS ... VIER BUBEN UND EIN AAS
SIRENS ... LADY COPS
SIX MILLION DOLLAR MAN, THE ... SECHS-MILLIONEN-DOLLAR-MANN, DER
SOFTLY, SOFTLY ... TASK FORCE POLICE
SPACE PRECINCT ... SPACE COPS – TATORT DEMETER CITY
SPECIAL BRANCH ... SPEZIALISTEN, DIE
SPY ... SPIONAGE
SPYSHIP ... SPIONAGESCHIFF
STACCATO ... JOHNNY STACCATO
STAYING AFLOAT ... ALEX III – DER SCHNÜFFLER MIT DER GOLDENEN NASE
STRANGE REPORT ... SPEZIALAUFTRAG
STRANGERS ... DETECTIVE SERGEANT BULMAN
STREET JUSTICE ... GESETZ DER STRASSE, DAS
STREETS OF SAN FRANCISCO, THE ... STRASSEN VON SAN FRANCISCO, DIE
SWEATING BULLETS ... TROPICAL HEAT
SWEENEY, THE ... FÜCHSE, DIE
SWEET JUSTICE ... ALLES SCHÖN UND RECHT
SWIFT JUSTICE ... PROTECTOR – DAS RECHT IM VISIER
SWITCH ... ZWEI MIT DEM DREH, DIE
SYSTÈME NAVARRO, LE ... KOMMISSAR NAVARRO

T

TALES OF THE UNEXPECTED ... UNGEWÖHNLICHE GESCHICHTEN VON ROALD DAHL
TENSPEED AND BROWN SHOE ... SCHNÜFFLER, DIE
THIN AIR ... AUF FALSCHER WELLE
THIN BLUE LINE, THE ... INSPEKTOR FOWLER – HÄRTER ALS DIE POLIZEI ERLAUBT
THREE ... DREI STAHLHARTE PROFIS
TINKER, TAILOR, SOLDIER, SPY ... DAME, KÖNIG, AS, SPION
TIROIR SECRET, LE ... GEHEIMSCHUBLADE, DIE
TOP SECRET LIFE OF EDGAR BRIGGS, THE ... GEHEIMAGENT 0014
TRIALS OF ROSIE O'NEILL, THE ... FÄLLE DER ROSIE O'NEILL, DIE
TRIALS OF RUMPOLE, THE ... RUMPOLE VON OLD BAILEY
TRUE BLUE ... E.S.U – NOTRUF NEW YORK
TUCKER'S WITCH ... DETEKTEI MIT HEXEREI
21 BEACON STREET ... BEACON STREET 21
TWIN PEAKS ... GEHEIMNIS VON TWIN PEAKS, DAS
TWO ... GEJAGT – DAS ZWEITE GESICHT

U

UNDER SUSPICION .... UNTER VERDACHT
UNTOUCHABLES, THE .... CHICAGO 1930 / DIE UNBESTECHLICHEN
UNTOUCHABLES, THE .... NEW UNTOUCHABLES, THE / UNBESTECHLICHEN, DIE

V

VENDETTA: SECRETS OF A MAFIA BRIDE / DONNA D'ONORE .... FRAU VON EHRE, EINE
VENGEANCE UNLIMITED .... RACHE NACH PLAN
VÉRIFICATEUR, LE .... STEUERINSPEKTOR, DER

W

WISEGUY .... KAMPF GEGEN DIE MAFIA
WITH A LITTLE BIT OF LUCK .... VIER BUBEN UND EIN AAS
WRITING ON THE WALL , THE .... OPERATION SCHMETTERLING

X

X-FILES, THE .... AKTE X

Z

ZERO ONE .... KENNZIFFER 01

Personenregister

A

C

D

E

F

H

I

J

K

L

M

N

O

T

U

V

X

Y

Z

ECKARDT OPITZ

Die unser Schatz und Reichtum sind 60 PORTRAITS AUS SCHLESWIG-HOLSTEIN

CHRISTIANS

CIP-Titelaufnahme der Deutschen Bibliothek

Die **unser Schatz und Reichtum sind ...**: 60 Porträts aus
Schleswig-Holstein / Eckardt Opitz. – Hamburg: Christians, 1990
ISBN 3-7672-1115-7
NE: Opitz, Eckardt

1. Auflage November 1990

Umschlaggestaltung Manfred Brandt
Abbildung auf dem Umschlag von Carl Ludwig Jessen,
Friesisches Thinggericht 1875 (Ausschnitt)
Kunsthalle Kiel
Printed in Germany
ISBN 3-7672-1115-7

Für Charlotte

Inhalt

Vorwort

Als Titel dieses Buches wurde eine Gedichtzeile von Matthias Claudius gewählt, dessen 250. Geburtstags 1990 auf vielfältige Weise gedacht wurde. Sie soll zum Ausdruck bringen, daß Schleswig-Holstein nicht weniger als andere Regionen in Deutschland stolz sein darf auf die Söhne und Töchter, die im Lande geboren wurden und Leistungen erbracht haben oder jene, die während entscheidender Phasen ihres Lebens im Lande wirken konnten. Sich an ihnen zu orientieren, auf sie stolz zu sein, stellt eine leicht einzulösende Verpflichtung dar; ihr Erbe zu wahren, wiegt ungleich schwerer; aber daraus eine Verpflichtung für eigene Anstrengungen, die sich an den Vorbildern messen lassen, einzugehen, bedeutet die größte denkbare Konsequenz.

Matthias Claudius hat anläßlich seiner Silberhochzeit am 15. März 1797 ein Huldigungsgedicht auf seine Ehefrau geschrieben, das den Titel »An Frau Rebekka« trägt. Darin heißt es:

> »Ich danke dir mein Wohl, mein Glück in diesem Leben.
> Ich war wohl klug, daß ich dich fand;
> Doch ich fand nicht. Gott hat dich mir gegeben;
> So segnet keine andre Hand.
>
> Sein Tun ist je und je großmütig und verborgen;
> Und darum hofft' ich, fromm und blind,
> Er werde auch für unsre Kinder sorgen,
> Die unser Schatz und Reichtum sind.«

Es ist kaum möglich, in der Manier des »Wandsbeker Boten« auf die in diesem Band porträtierten Landeskinder zu blicken. Daß sie zum Reichtum Schleswig-Holsteins gehören, wird kaum zu bestreiten sein.

Darüber, ob Männer und Frauen Geschichte machen, wird nicht nur unter Historikern gestritten. Es mag durchaus sein, daß der Fortgang der Geschichte eher von wirtschaftlichen und sozialen Strukturen bestimmt wurde und wird als von Einzelpersönlichkeiten; daß derartige Strukturen auch die Initiale für Gedichte, Kompositionen, Gemälde oder andere Gegenstände künstlerischen oder geistigen Schaffens wären, ist bisher nicht bekannt geworden. Mithin besteht Veranlassung genug, den Blick auf die Menschen zu richten, denen wir die jeweiligen Werke verdanken.

Die Auswahl ist bei einem solchen Vorhaben allemal problematisch. Wer gehört auf den schleswig-holsteinischen Parnaß, wer hat nur bedingt Zutritt, und wer ist auszuschließen? Es gibt kaum objektive Kriterien für die Auswahl, wohl aber viel subjektive Wertschätzung. Fünfundsechzig Persönlichkeiten vom Beginn der Neuzeit (etwa 1500) bis an die Schwelle der Gegenwart und aus möglichst vielen Lebensbereichen sollten in sechzig Kurzbiographien dargestellt werden. Daraus konnte und sollte kein biographisches Lexikon werden. Deshalb wurde bei der Abfolge auch die chronologische und nicht die alphabetische Reihenfolge gewählt. Vielfalt, nicht Vollständigkeit wurde angestrebt. Daß die hier Vorgestellten zu jenen zählen, die »unser Schatz und Reichtum sind«, wird am ehesten unwidersprochen bleiben, wenn zugleich darauf verwiesen wird, daß es selbstverständlich viele andere gibt, die Anspruch auf einen Ehrenplatz im Reigen der verdienten Schleswig-Holsteiner haben.

Ohne die Unterstützung zahlreicher Mitarbeiter hätte dieses Buch nicht entstehen können. Allen voran sei Reinhard Scheiblich genannt. Er hat für die Fotoreproduktion der graphischen Vorlagen gesorgt und auch einige Originalfotografien beigesteuert. Michael Busch M. A. hat sich bei der Beschaffung der Literatur verdient gemacht und bei vielen Diskussionen wertvolle Anregungen gegeben. Kirsten Neumann hat viel Geduld und Fleiß darauf verwandt, aus den Manuskripten und Diktaten ansprechend gestaltete Texte zu machen. Ihre engagierte Mitarbeit hat auch dazu geführt, daß wir jetzt mehr als sechzig gemeinsame Bekannte haben. Beim Erstellen des Personenregisters konnte ich mich auf die Sorgfalt meiner Tochter Catharina und meines Sohnes Christoph verlassen.

Der Landesbibliothek in Kiel danke ich für die Unterstützung bei der Auswahl der Bildvorlagen. Hans Henseleit schulde ich Dank für viele Hinweise und für Ratschläge bei der Auswahl. Dem Verlag bin ich dankbar für die Freundlichkeit und Geduld, die er mir entgegengebracht hat.

Eckardt Opitz

Peter Swyn

Peter Swyn war ein Mann des Übergangs. Als junger Bauern-Krieger kämpfte er nicht nur für die Freiheit und Unabhängigkeit der Bauernrepublik Dithmarschen, sondern auch für die archaischen Rechtsvorstellungen der alten Geschlechterverbände. In seinen letzten Jahren erwies er sich hingegen als Staatsmann besonderer Art: er leistete einen entscheidenden Beitrag zur landesgemeindlichen Staatsbildung in Dithmarschen, indem er im Rahmen des Ausbaus einer eigenständigen Landeskirche das geistliche Gericht unter die Aufsicht des Landes durch dessen Regenten stellte. Die Schaffung derartiger »staatlicher« Instanzen hatte naturgemäß eine Schmälerung der alten genossenschaftlichen Organisationsformen und Rechtsnormen, und das heißt letztlich auch der Geschlechterverbände, zur Folge; denn die Eideshilfe und die Blutrache, bis dahin Selbstschutz der Personalverbände, sollten abgeschafft werden. Die Blutrache »sollte dem ordentlichen Gerichtsgang vor der lokalen Instanz des Kirchspiels mit Appellationsrecht an das Land weichen; der Eid wurde nicht mehr als Leumund zur Reinigung des Beschuldigten verstanden, sondern sollte dem Wahrheitsbeweis für Tatzeugen vorbehalten werden« (Heinz Stoob).

Peter Swyn – der Name ist von »Swehn« oder »Sven« herzuleiten – wurde wahrscheinlich 1481 oder 1482, vermutlich in Lunden, geboren. Das Datum ist nicht einer Urkunde üblicher Art zu entnehmen, sondern den Angaben auf seiner Grabplatte; sie weisen aus, daß Peter Swyn 57 Jahre alt war, als er 1537 erschlagen wurde.

Um die Mitte des 15. Jahrhunderts hatte die Bauernrepublik mit dem Dithmarscher Landrecht und der Einsetzung des Kollegiums der Achtundvierziger ein höheres Maß an »Staatlichkeit« und eine gestärkte Zentralgewalt erhalten. Doch behielten die Geschlechterverbande, die sich während der Marschenkolonisierung im 12. Jahrhundert herausgebildet haben dürften, und die 14 Kirchspiele, die es seit dem 13. Jahrhundert gibt, weiterhin wichtige Aufgaben im politischen und Rechtsleben. Das Gremium der 48

Der Sühnestein für Peter Swyn auf dem Lundener Geschlechterfriedhof. Auf ihm ist zu lesen: »He is dussem lande so ratlick truwe gewesen, / alse bi velen heren, steden, landen uterlesen / de vriheit dusses landes so vri bewart, / darumme liff un levent nicht gespart.«

Ratgeber oder Richter, die später auch Verweser oder Regenten genannt wurden, führte die übergeordneten Geschäfte des Landes. Dieser Oligarchie gehörte auch Reymer Swyn, der mutmaßliche Vater Peter Swyns, zwischen 1461 und 1480 an. Die Swyns zählten zu dem in den Kirchspielen Hemme und Lunden ansässigen Wurtmannengeschlecht.

Über die Jugend Peter Swyns ist nichts bekannt. Er erscheint als Neunzehnjähriger auf einer Liste von Verletzten, denen Hamburg eine Entschädigung zahlen sollte. Daß er im Jahre 1500 an der Schlacht bei Hemmingstedt, und zwar an der Schanze »Dusent duvels warff«, teilgenommen hatte, gilt als sicher. Aber Peter Swyn gehörte auch zu jenem Verbande der Sulemannen und Wurtmannen, der 1508 auszog, um ein »verunehrtes« Mädchen in einer Scheune zu verbrennen, weil sich zu ihm kein Kindesvater bekennen wollte oder konnte. Diese Handlung war keineswegs Unrecht; sie erfolgte gemäß dem jüngeren Landrecht von 1478!

Ob Swyn Zweifel an der Richtigkeit dieses Tuns aufgekommen waren und er sich deshalb an der Gründung einer Pantaleonsbruderschaft mit caritativen Aufgaben in Lunden beteiligte, wie Heinz Stoob, der beste Kenner dieser Epoche der Dithmarscher Geschichte vermutet, mag dahingestellt bleiben. Auch bei der Umstiftung eines Meldorfer Benediktinerkonvents zu einem in Lunden einzurichtenden Franziskanerkloster müssen nicht unbedingt religiöse Absichten eine Rolle gespielt haben. Der Kauf eines Ablaßbriefes aber, der für 1516 nachgewiesen werden kann, und die auf eigenem Schiff erfolgte Jakobs-Wallfahrt nach Santiago de Compostela in Spanien, 1522, waren zweifellos religiös motiviert.

In wirtschaftlicher Hinsicht kannten die Dithmarscher Bauern keine Skrupel, wenn es darum ging, aus politischen Gründen verhängte Boykotte seitens der Hanse zu umgehen, ja diese geradezu für eigene Gewinne auszunutzen. Ihre flachgehenden Schiffe ermöglichten eine Schiffahrt entlang der Küste bis zum Rheindelta. Der zunehmende Reichtum erlaubte eine Prachtentfaltung, die bei den Nachbarn, den Hansestädten Hamburg und Lübeck, Anstoß und Neid erregte. Peter Swyn gehörte zu den wohlhabendsten Bauern seines Landes. Spätestens seit 1512 war er Mitglied im Kreis der Achtundvierziger, denn in diesem Jahr überreichte er, gemeinsam mit dem Sulemann Clawes Junge, dem neugewählten Bremer Erzbischof, der offiziell als Landesherr angesehen wurde, den »Willkomm« (eine Geldsumme) des Landes Dithmarschen.

Den ersten Anzeichen der reformatorischen Bewegung standen Swyn und die meisten der Regenten reserviert bis ablehnend gegenüber. Vor der 1523 fälligen Kirchenrevision durch einen Vertreter des Hamburger Domkapitels versuchten sich die Regenten Rat beim Domdekan einzuholen. In Dithmarschen wurde die Jungfrau Maria als Schutzpatronin verehrt. Ihr war man dankbar für den Sieg über das Fürstenheer im Jahre 1500. Da lag es besonders nahe, am alten Glauben festzuhalten. Abtrünnigen Priestern wurde in einer 1523 verabschiedeten »Kirchspielprotestation« schwere Strafe angedroht. Und doch gab es bereits zu dieser Zeit Pfarrherren, die als Verfechter lutherischer Glaubenssätze auftraten. 1524 wurde Nicolaus Boie in Meldorf beschuldigt, den aus den Niederlanden stammenden und als Ketzer verfolgten abtrünnigen Mönch Heinrich von Zütphen, ins Land geholt und ihm die Kanzel zur Predigt eingeräumt zu haben. Die Regenten reagierten mit dem Beschluß, ein Predigtverbot für Zütphen zu erteilen, an das sich Boie aber nicht hielt.

Peter Swyn und seine engeren Freunde beteiligten sich offenbar nicht an der Festnahme Zütphens in Meldorf, an der sogenannten Gerichtsverhandlung und an der anschließenden Hinrichtung des Reformators in Heide. Ihre Namen zumindest werden in diesem Zusammenhang nirgends genannt. Peter Swyn näherte sich sehr vorsichtig der neuen Lehre. Erst als eine deutliche Mehrheit der Achtundvierziger sich für das Verbot lateinischer Messen ausgesprochen und als bis 1533 alle Kirchspiele sich für die Reformation entschieden hatten, setzte sich auch Swyn mit Nachdruck für den Ausbau einer eigenständigen Landeskirche Dithmarschens ein. Eine Kirchenordnung wurde verfaßt und verabschiedet. Schließlich kam es zum entscheidenden Landesbeschluß vom 14. Juli 1537, der Peter Swyns persönliches Schicksal herbeiführen sollte. Die politische und rechtliche Bedeutung dieses Beschlusses ist eingangs schon beschreiben worden.

Die Abkündigung der neuen Landesordnung, die so tief in die traditionellen Kompetenzen der Geschlechterverbände eingriff, war allemal riskant. Peter Swyn ging das Wagnis ein und bereiste Sonntag für Sonntag die Kirchspiele, um jeweils im Anschluß an den Gottesdienst auf den Kirchhöfen die Landesordnung abzukündigen. Ob sich die Fehde zwischen den Russebolingmannen von St. Annen und Swyns eigenem Verband, den Wurtmannen, um die Landesordnung entzündet oder andere Ursachen hatte, ist nicht bekannt. Tatsache ist, daß Peter Swyn, offenbar auf dem Heimwege von einer der Kirchspielversammlungen, das Opfer eines Blutracheaktes wurde. An der Stelle des Totschlags wurde ein sogenannter Sühnestein errichtet, der heute als Stele oberhalb der Grabplatte Peter Swyns auf dem Lundener Geschlechterfriedhof angebracht ist. Auf ihm ist über den Regenten Peter Swyn zu lesen: »He is dussem lande so ratlick truwe gewesen,/alse bi velen heren, steden, landen uterlesen/de vriheit dusses landes so vri bewart,/darumme liff un levent nicht gespart.«

Johann und Heinrich Rantzau

Die Herzogtümer Schleswig und Holstein erreichten im 16. Jahrhundert eine wirtschaftliche und kulturelle Blüte, die eng mit den führenden Adelsgeschlechtern des Landes verbunden ist. Nachdem sich der Adel verhältnismäßig schnell von der schweren Niederlage erholt hatte, die ihm von den Dithmarscher Bauern in der Schlacht bei Hemmingstedt am 17. Februar 1500 beigebracht worden war, konnte er von den Wirren in Nordeuropa wirtschaftlich profitieren. Vor allem aber konnte er die Turbulenzen, die König Christian II. ausgelöst hatte, zur Erweiterung seiner Privilegien nutzen. Die Landesherren waren finanziell von den Ständen abhängig, und wurden entsprechend ausgenutzt. Zu den Privilegien der Ritterschaft gehörte es, daß die wichtigsten Positionen in der Landesverwaltung nur aus den eigenen Reihen besetzt werden durften. Das mußte notwendigerweise zu einer Stärkung der großen Adelsgeschlechter führen. So bedeutend der Einfluß und der Reichtum der Ahlefeldts, Blomes, Buchwalds oder Reventlows auch sein mochte, sie wurden alle durch die Rantzaus übertroffen. Und unter diesen nahm Johann Rantzau, Herr auf Breitenburg und Bothkamp, unbestritten die Führungsrolle ein.

Er war »dreier (dänischer) Könige Oberster Feldherr und Rat«; er wurde gefeiert als »Sieger in acht Schlachten«. Vergebens hatten sich Kaiser Karl V. und sein Rivale, König Franz I. von Frankreich, bemüht, ihn als Feldherrn zu gewinnen. Er ist im Norden geblieben und hat militärisch und politisch auf die Entwicklung in Dänemark und in Schleswig-Holstein entscheidend eingewirkt.

Geboren wurde Johann Rantzau am 12. November 1492 auf Steinburg bei Itzehoe. Schon als Dreizehnjähriger wollte er sich zum Soldaten ausbilden lassen, wurde aber von den Eltern veranlaßt, die »Standesausbildung« auch über das Fechten hinaus fortzusetzen. 1516 unternahm er eine ausgedehnte Reise, die ihn nach England und anschließend im Rahmen der Jakobs-Prozession nach Santiago de Compostela in Spanien führte. Hier entschloß er sich, seine Pilgerreise durch den Mittelmeerraum bis nach Jerusalem fortzusetzen, wo er zum Ritter des Heiligen Grabes geschlagen und bei der anschließenden Station in Rom von Papst Leo X. in Privataudienz empfangen wurde. Rantzau hatte sich als guter Katholik bewährt.

Nach seiner Rückkehr wurde er von Herzog Friedrich I. zum Hofmeister für dessen Sohn Christian, später Christian III., ernannt. Als Prinz Christian 1521 nach Worms zum Reichstag reiste, begleitete ihn Johann Rantzau. Der Auftritt Luthers machte großen Eindruck auf die beiden Besucher. Rantzau wurde zum Anhänger der neuen Lehre und setzte sich für diese in den Herzogtümern ein.

Seit 1522 war er Amtmann in Gottorf, und als Herzoglicher Rat wurde er schnell zu Friedrichs I. wichtigstem Ratgeber, der sicherlich auch Einfluß auf die Bestimmungen des Bordesholmer Vergleichs vom 10. August 1522 genommen hat. Als König Christian II. 1523 nach der Niederlage gegen Gustav I. Wasa geflohen war, drängte Johann Rantzau Herzog Friedrich, nach der dänischen und der norwegischen Krone zu greifen, um zu verhindern, daß auch diese – wie bereits die schwedische – dem Fürstenhaus der Oldenburger verlorengingen. Bevor eine Verbindung zwischen Christian II. und Franz I. von Frankreich Wirkung zeigen konnte, besetzten die Truppen Friedrichs I. unter Rantzaus Führung Dänemark. Im März 1523 wurde Friedrich I. zum König von Dänemark und Norwegen ausgerufen. Die schleswig-holsteinischen Stände huldigten ihm im April 1524. Die Ritterschaft, die Friedrich unterstützt hatte, konnte eine bedeutsame Erweiterung ihrer Privilegien zu Lasten der Bauern durchsetzen.

Johann Rantzau schlug in den folgenden Jahren Bauernaufstände nieder und sorgte dafür, daß der große Unruhestifter, Christian II., 1532 gefangengenommen und bis zu seinem Lebensende eingekerkert wurde. Nach dem Tode König Friedrichs I. setzte sich Rantzau für Christian III. ein, dessen Nachfolge als König von Dänemark keineswegs gesichert war, nachdem sich auch Lübeck gegen ihn und für die Befreiung Christians II. ausgesprochen hatte. Wieder bewährte sich Johann Rantzau als Feldherr. Er warf nicht nur die aufständischen Bauern in Jütland nieder, sondern besiegte auch in der Schlacht am Ochsenberge bei Assens am 11. Juni 1535 die Söld-

Johann Rantzau auf Breitenburg begründete den Reichtum und den politischen Einfluß seiner Familie auf die Geschicke der Herzogtümer im 16. Jahrhundert.

ner des Grafen Christoph von Oldenburg und beendete damit die »Grafenfehde«.

König Christian III. ernannte ihn zum Statthalter in den Herzogtümern und betraute ihn mit bedeutenden diplomatischen Missionen; zu den wichtigsten gehörte sein Auftritt beim Reichstag in Speyer, auf dem Kaiser Karl V. 1544 die neuen Verhältnisse im Norden anerkannte.

Wie zu dieser Zeit üblich, wurden Rantzaus Verdienste und Erfolge reichlich mit Landbesitz vergolten. Er erhielt Güter in Dänemark, und zeitweilig sogar das dänische Kronberg; er war Stiftsamtmann von Ripen und Mitglied des dänischen Reichsrats. Der Schwerpunkt seines politischen Interesses lag aber in den Herzogtümern, für deren Einheit und Sonderstellung gemäß der Urkunde von Ripen, 1460, er sich genauso einsetzte wie für die Personalunion mit Dänemark. Deshalb legte Johann Rantzau seine Ämter nieder, als Christian III. 1544 die Teilung der Herzogtümer vor-

Heinrich Rantzau, »das Licht und Leben Holsteins«, diente drei dänischen Königen als Ratgeber, Amtmann und Statthalter.

nahm, um seine Brüder angemessen zu versorgen. Er stand den Landesherren dennoch weiterhin mit seinem Rat zur Verfügung, lebte aber im wesentlichen zurückgezogen auf Schloß Breitenburg, das er 1531 hatte erbauen lassen.

Die politische und militärische Bühne betrat Johann Rantzau erst wieder, als sich die drei Landesherren, Johann, Adolf und König Friedrich II. verständigt hatten, gegen die Bauernrepublik Dithmarschen vorzugehen. Er übernahm 1559 den Oberbefehl, und dank seiner geschickten Operationsplanung gelang es, die Eroberung Dithmarschens in wenigen Wochen zu vollenden.

Es gilt als sicher, daß Johann Rantzau, dem es nicht gelungen war, die Landesteilung von 1544 zu verhindern, dafür gesorgt hat, daß die Stände sich 1564 weigerten, eine weitere Teilung und damit einen vierten Landesherrn anzuerkennen. Darüber hinaus führten die Flensburger Landtagsbeschlüsse zu einer besseren Regelung der gemeinschaftlichen Regierung durch die drei Landesherrn.

Von Johann Rantzau, der am 12. Dezember 1565 auf Breitenburg starb, sind durch sein Wirken als Feldherr und Staatsmann Impulse auf die dänische und vor allem die schleswig-holsteinische Geschichte ausgegangen, die über fast vierhundert Jahre nachgewirkt haben. Die Anerkennung, als ein »Großer« in der Landesgeschichte zu gelten, ist ihm gewiß. Die Frage, ob dem Vater oder dem Sohn, Heinrich Rantzau, der größere Ruhm gebührt, bleibt allerdings offen. Denn Heinrich Rantzau, am 11. März 1526 auf Steinburg geboren, wurde als »das Licht und Leben Holsteins« zu einer europäischen Berühmtheit. Er diente drei dänischen Königen – Christian III., Friedrich II. und Christian IV. – als Ratgeber, Amtmann und Statthalter; er war aber auch ein selbstbewußter Anwalt der Schleswig-Holsteinischen Ritterschaft, wenn es um die Verteidigung ständischer Privilegien ging.

Heinrich Rantzau wirkte von 1556 bis 1598 als Statthalter im königlichen Anteil von Schleswig-Holstein. Sein Vater hatte ihn auf diese Karriere systematisch vorbereitet: Nach dem Besuch der Klosterschule in Bordesholm ging er 1538 zum Studium nach Wittenberg, wo er persönlichen Kontakt zu Martin Luther und Philipp Melanchthon hatte. Zehn Jahre später begleitete er, zusammen mit seinem Vater, Herzog Adolf von Schleswig-Holstein-Gottorf auf seiner Reise an den Hof Kaiser Karls V., wo er sieben Jahre blieb und während dieser Zeit an der Eroberung von Metz, 1552/53, teilnahm.

Zunächst als Amtmann von Segeberg und seit 1556 als Statthalter in den Herzogtümern – wie zuvor sein Vater – diente Heinrich Rantzau den dänischen Königen an hervorragender Stelle und war ihnen ein treuer Ratgeber. Nach der Eroberung Dithmarschens, 1559, an der er teilgenommen hatte, oblag ihm die Verwaltung des königlichen Anteils. Unter dem Pseudonym »Cilicius Cimber« veröffentlichte er 1570 in Basel einen in lateinischer Sprache abgefaßten Bericht über den Feldzug gegen die Dithmarscher.

Rantzau hatte schon vom Vater große Reichtümer geerbt und diese 1554 noch durch eine reiche Heirat vermehrt: Christine von Halle, seine Frau, war die einzige Tochter eines begüterten braunschweigischen Edelmans. Er wußte die wirtschaftlichen Konjunkturen zu nutzen. Heinrich Rantzau bewirtschaftete 21 Güter mit großem Erfolg, erzielte in Geld- und Handelsgeschäften in ganz Europa Gewinne, er gründete Manufakturen und betrieb Mühlen. Bei alledem profitierte er von der Steuer- und Zollfreiheit des Adels und von der Leibeigenschaft seiner Gutsuntertanen. Wie die Fugger und Welser war er der Gläubiger von Königen und Fürsten; auch Städte wie Hamburg, Lübeck, Antwerpen oder Danzig standen bei ihm in der Kreide. Sein ungeheurer Reichtum erlaubte es ihm, die von seinem Vater errichtete Breitenburg zum prächtigsten Herrensitz des Landes auszubauen. Er unternahm große Anstrengungen, um diesem den Charakter eines altrömischen Hauses zu geben. Hier trug er eine Bibliothek zusammen, die 1590 etwa 6300 Bände umfaßte und in der sich Raritäten aus zahlreichen Wissensgebieten befanden. Aufgrund seiner intensiven Sammeltätigkeit wurde er sogar mit dem glänzendsten der italienischen Renaissancefürsten, mit Lorenzo di Medici, verglichen. Auch Rantzau umgab sich mit einer Schar von Dichtern und Gelehrten und stand mit bedeutenden Humanisten in regelmäßigem Briefwechsel, von diesen durchaus als ebenbürtiger Partner betrachtet. Er verfaßte die erste Landesbeschreibung Schleswig-Holsteins, die »Descriptio Chersonesi Cimbricae«, regte aber auch andere dazu an, bedeutende Werke zu schaffen. So veranlaßte er Georg Braun und Franz Hogenberg zu dem Städtebuch »Civitates Orbis Terrarum«, an dem sich Rantzau selbst beteiligte und in dem Ansichten der schleswig-holsteinischen Städte im Zustand des späten 16. Jahrhunderts enthalten sind.

Als Auftraggeber für Gold- und Silberschmiedearbeiten wirkte er stilbildend; als Bauherr war er für die Renaissance-Architektur im Lande geradezu richtungweisend. Die von ihm erbauten Herrenhäuser wie Nütschau, Mehlbek, Wandsbek, Redingsdorf und Rantzau wurden zu »klassischen« Bauten der schleswig-holsteinischen Herrenhaus-Architektur. Daneben besaß Heinrich Rantzau in allen größeren Städten des Landes prächtige Stadthäuser.

Mit den Fuggern verband ihn nicht nur der Reichtum, sondern auch eine wichtige Errungenschaft, um diesen zu erhalten: beide Häuser schufen ein bedeutendes Nachrichtensystem, das es ihnen erlaubte, auf Krisen und Konflikte rechtzeitig zu reagieren. Segeberg, Heinrich Rantzaus Residenz als Statthalter, und Breitenburg, sein Stammsitz, waren fast ein halbes Jahrhundert hindurch die Zentren des europäischen Nordens (so wie das Augsburg der Fugger im Süden), wo alle Nachrichten über politische Zeitereignisse registriert wurden.

Als nach dem Tode König Friedrichs II., 1588, die Zwistigkeiten zwischen den beiden regierenden Linien untereinander und mit den Ständen um das Wahlrecht begannen, sank der politische Stern Heinrich Rantzaus. Er stellte sich 1593 an die Spitze der schleswig-holsteinischen Stände, als es darum ging, sich dem Plan der Königinwitwe Sophie zu widersetzen, den königlichen Anteil der Herzogtümer zugunsten ihrer jüngeren Söhne – sie fungierte als Vormund Christians IV. – nochmals zu teilen. Rantzau hatte zwar mit seinem Widerstand Erfolg; er fiel aber in Ungnade und wurde im Januar 1598 aller seiner Ämter enthoben. Heinrich Rantzau starb 72jährig in der Neujahrsnacht 1598/99.

Über mehr als vierzig Jahre war er – wie sein Vater – der angesehendste und mächtigste Mann in den Herzogtümern. Sein Ansehen und seine tatsächliche Bedeutung drückt noch heute die stolze Inschrift in der Laurentiuskirche zu Itzehoe aus: »Henrici tumulus Ranzoi heic. Caetera norunt Europae gentes orbis et occiduus.« (Heinrich Rantzaus Grab. Das übrige wissen die Völker. In Europa rings und in der westlichen Welt.)

Johann Claussen Rollwagen

Seit dem Mittelalter waren es immer wieder Niederländer, die sich in Schleswig-Holstein als Spezialisten im Deichbau bewährten. Im späten 16. und frühen 17. Jahrhundert kamen auch zahlreiche Glaubensflüchtlinge ins Land, unter ihnen viele Remonstranten und Mennoniten, die zumeist bei den Landesherren, dem König von Dänemark und dem Herzog von Schleswig-Holstein-Gottorf Aufnahme fanden. Ob der höchstwahrscheinlich aus der Provinz Nordholland stammende Johann Claussen Rollwagen (niederländisch: Jan Claeß Rolwaghen) aus religiösen Gründen seine Heimat verließ, ist nicht sicher. Geboren wurde er um 1565; der Geburtsort ist unbekannt.

Rollwagen kam vermutlich im Jahre 1600 nach Amsterdam, wo er sich um die Zulassung als Makler bemühte. 1601 engagierte er sich in mehreren Flugschriften für religiöse Toleranz. Von Amsterdam aus siedelte er nach Alkmaar über und erwarb dort das Bürgerrecht. Seine erste Ehefrau, Clara van der Voort, war in Alkmaar Mitglied der reformierten Gemeinde. 1603 arbeitete Rollwagen als Deichunternehmer in Schoonoort und 1605 im Bunder Land. Seit 1608 bestanden Kontakte zu Herzog Johann Adolf von Schleswig-Holstein. Dieser ernannte ihn 1609 zum Generaldeichgrafen, mit Wohnsitz auf Schloß Tönning an der Eider. Der Herzog stattete Rollwagen mit ungewöhnlich weitgehenden Vollmachten aus, die alle auf eine rasche Gewinnung von Land durch Bedeichung abzielten. Buchten sollten überdämmt und Inseln an das Festland angedeicht werden.

Rollwagens Vorschläge unterschieden sich von den Plänen seiner Konkurrenten durch ihre solide Handwerklichkeit. Er ersetzte den ungenügenden Stackdeich durch einen neuen Typ mit flachgeneigten Außenböschungen, was zudem noch die Kosten verringerte. Seine Vorschläge kennzeichnete stets eine geodätische Genauigkeit und Wirtschaftlichkeit. Darüber hinaus war der Generaldeichgraf darauf bedacht, günstige Schiffahrtswege zu schaffen oder bewährte zu erhalten.

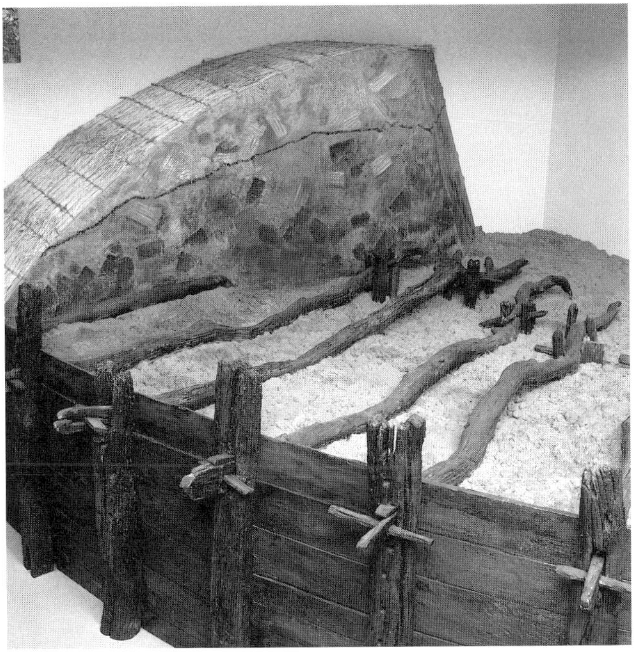

Rekonstruktion auf der Grundlage archäologischer Funde eines spätmittelalterlichen Deiches, wie ihn J. C. Rollwagen vorfand, als er das Amt eines Generaldeichgrafen antrat.

Anspruchsvolle Aufträge erhielt Rollwagen auch unter Herzog Friedrich III., dem Nachfolger Johann Adolfs, und konnte dabei seinem Sohn, Claus Jansen Rollwagen, die Nachfolge im Amt sichern. Er hat folgende Köge bedeicht: den Sieversflether Koog (1610), den Fresenkoog bei Koldenbüttel (1611), den Alt-Augustenkoog bei Westerhever (1611), den Harbleker und den Dreilander Koog (1612) und den Süderfriedrichskoog (1613).

Der berühmte Deichbauer sorgte 1610 für die Vermessung der Dagebüller Bucht und zwei Jahre später für die des Gotteskooges. Seine Erfolge zogen zahlreiche weitere Aufträge nach sich, denen er nicht immer gerecht werden konnte. Die Bevölkerung, vor allem die in Eiderstedt, begegnete den Plänen Rollwagens mit massivem Widerstand, denn sie befürchtete – nicht zu Unrecht – daß der Landesherr nicht nur nach ihrem Vordeichgelände griff, sondern die Bedeichung auch auf ihre Kosten ausführen ließ.

Rollwagen war ein ungewöhnlich kreativer und erfolgreicher Fachmann für Deich- und Wasserbau. Gestorben ist er 1623 oder 1624, vermutlich in Alkmaar.

Hans Gudewerth – Vater und Sohn

Im 16. und 17. Jahrhundert stand das Eckernförder Bildschnitzerhandwerk in hohem Ansehen. Neben dem Gottorfer Hof waren vor allem die adligen Familien des Landes die Auftraggeber für Truhen und Ausstattungsgegenstände des häuslichen Bedarfs und für das Interieur der Kirchen. Die wirtschaftliche Blüte des Landes hatte das Repräsentationsbedürfnis gesteigert und damit die Bildschnitzer zu immer neuen Schmuckformen herausgefordert.

Zu den besonders gefragten Meistern gehörte Hans Gudewerth, den die Kunstgeschichte zu den herausragenden Bildschnitzern der schleswig-holsteinischen Spätrenaissance zählt. Über sein Leben gibt es kaum gesicherte Daten. Im Jahr 1600 kaufte er ein Haus in Eckernförde; im selben Jahr, vielleicht auch schon 1599, wurde sein Sohn gleichen Namens geboren. Geht man davon aus, daß er zu dieser Zeit bereits Meister war und dies im damals üblichen Alter von etwa dreißig Jahren geworden ist, darf als ungefähres Geburtsjahr 1570 angenommen werden. 1605 wurde Gudewerth zu einem der beiden Älterleute des Eckernförder Schnitkeramtes gewählt. Er muß ein angesehener und wohlsituierter Bürger gewesen sein, was aus der Tatsache zu schließen ist, daß er eine Zeitlang zum Einnehmer öffentlicher Kirchengelder bestellt worden war. Wahrscheinlich hat er sich um 1634 aus dem Geschäft zurückgezogen, seine Werkstatt den Söhnen übergeben und sich als Ältermann von anderen vertreten lassen. Um 1642 ist er offenbar gestorben, denn in diesem Jahr wurde ein neuer Meister zum Ältermann gewählt.

Genauso spärlich wie die Nachrichten über sein Leben sind zuverlässige Quellen über das Œuvre des Bildschnitzers. Das einzige urkundlich gesicherte Werk ist die Kanzel in der Kirche von Gottorf. Erst die kunsthistorischen Arbeiten von J. Brinkmann (1846) und G. Brandt (1903) haben einen Zusammenhang zwischen dem »Meister mit den flöteblasenden Hasen« und Hans Gudewerth hergestellt. Danach konnten die Patronats-

Der Rumohrsche Patronatsstuhl (Mitte) in der Kirche zu Esgrus in Angeln, eine Arbeit Hans Gudewerths d. Ä.

stühle der Rumohrs in der Kirche zu Esgrus in Angeln und mehrere Brauttruhen dem Eckernförder Meister zugeordnet werden.

Gudewerth der Ältere hat aus dem figürlich-plastischen im Laufe der Jahre einen ornamentalen Prunkstil entwickelt, in dem sich bereits der Übergang zu barocken Formen andeutet.

Sein Sohn Hans hat seine Lehrzeit wohl in der väterlichen Werkstatt absolviert. Es wird angenommen, daß seine Lossprechung als Geselle zwischen 1621 und 1625 erfolgte, denn für diesen Zeitraum haben sich keine Unterlagen erhalten, und auf den voraufgegangenen Listen ist sein Name nicht verzeichnet. Andererseits ist das Lebensalter – 21 bis 25 – recht hoch für die Beendigung einer Handwerkslehre. Auch über die Wanderjahre des Gesellen gibt es keinerlei Zeugnisse, was zu umfangreichen Spekulationen Anlaß gegeben hat. Da er während der Wanderschaft einen individuellen Stil entwickelte, wurden die Einflüsse sowohl in den Niederlanden wie auch in Süddeutschland gesucht.

In Eckernförde ist Gudewerth der Jüngere von 1632 an wieder nachweisbar; als Meister wurde er 1634 eingeschrieben und – wie sein Vater –

1646 zum Altermann gewählt. Er setzte die Tradition des Vaters fort, eine angesehene und damit vielbeschäftigte Werkstatt zu führen. Sein Stil aber folgte neuen Wegen. Gudewerth der Jüngere gilt in der Kunstgeschichte als der bedeutendste Bildschnitzer des Barock in Schleswig-Holstein, der auch weit nach Dänemark und Norwegen hineingewirkt hat. Er bearbeitete fast ausnahmslos Eichenholz und erreichte dabei die Grenze der Bearbeitungsfähigkeit dieses Materials. Auch in seiner Epitaphplastik dominiert beim Schnitzwerk das Ornamentale.

Zu seinen Hauptwerken zählen die Altäre in Eckernförde (1640), in Kappeln (1641), in Schönkirchen bei Kiel (1653) sowie in der Klosterkirche Preetz (1656); ferner die Taufe in Gelting (1653) und die Kanzel in Sörup (1663). Von den zahlreichen Epitaphien und Grabbekrönungen gehört der Hackesche Epitaph in der Flensburger Marienkirche sicher zu den bedeutendsten. Mehrere Altäre, Kanzeln und Epitaphien in Dänemark werden Gudewerth oder seiner Werkstatt zugeschrieben (Bøstrup, Snøde und Stoense auf Langeland; Sandby, Halsted und Nakskov auf Lolland).

Zum künstlerischen Ansehen, vor allem aber zum wirtschaftlichen Erfolg trugen auch die Aufträge des Gottorfer Hofes bei, der bei Gudewerth Schlitten, Brautwagen, Portale, Hirschköpfe und zahlreiche Bilderrahmen fertigen ließ. Da der Adel nicht nur kirchliche Ausstattungsstücke in Auftrag gab, sondern – genauso wie das städtische Bürgertum – repräsentative Gebrauchsgegenstände benötigte, konnte Gudewerth seinen Söhnen Hans und David einen florierenden Betrieb und eine Stätte künstlerischer Meisterschaft übergeben. Doch bald nach seinen Tode, Hans Gudewerth der Jüngere wurde am 12. Februar 1671 in Eckernförde begraben, begann der Niedergang der Werkstatt. Nach 1709 gibt es keine Hinweise mehr auf die Präsenz eines Bildhauers aus der Familie Gudewerth in Eckernförde.

Anna Ovena Hoyers

Für die lutherische Orthodoxie war Anna Ovena Hoyers eine Ketzerin, die sowohl den Rosenkreuzern als auch den Wiedertäufern zugesellt wurde, obgleich sie mit beiden Gruppen nichts zu tun hatte. Sie bekannte sich in mehreren Religionsgesprächen zu ihren Glaubensüberzeugungen und wurde dafür von den Pastoren in offener Predigt diffamiert. Dieses Vorgehen beschreibt und kritisiert der Gottorfer Hofprediger Jacob Fabricius d. J. in seinem Tagebuch; besonders gegen den Schleswiger Dompastor Christian Sledanus wendet er sich, wenn er im November 1624 vermerkt: Anna Hoyers »saget, was ihre meinung sei. Damit er alsbald folgenden sontag uf der cantzel; saget praeter alia von thörinnen, die sich solcher schwermerey teilhafftig machen etc. Ist das woll gehandelt, in gutem vertrauwen reden et postea uf die cantzel bringen? Ich wolte mit Sledano nicht gern was zu thuen haben; wen ich noch so gute sache hette, konte ich mit ihm nicht gewinnen«.

Wer war die Frau, von der Fabricius mit einem gewissen Respekt spricht und der seiner Meinung nach Unrecht geschehen war? Ihr Vater, Hans Ovens, gehörte zu den reichen und gebildeten Grundbesitzern in Eiderstedt. Anna (Anke) wurde 1584 in Koldenbüttel geboren. Nach dem frühen Tod der Eltern wuchs sie bei den Brüdern ihres Vaters in Witzwort auf. Dort erhielt sie eine für Frauen ihrer Zeit ungewöhnliche Bildung; sie sprach lateinisch und besaß auch griechische und hebräische Sprachkenntnisse. 1599 heiratete die fünfzehnjährige Anna Ovens den Staller Hermann Hoyer und stieg damit in den Kreis der führenden Familien des Landes auf. Seit der Eheschließung benutzte sie – nordfriesischer Sitte folgend – den Namen ihres Mannes in der Genetivform; außerdem führte sie die lateinische Namensform ihres Vaters: »Ovena«.

Bis 1603 lebte sie auf Gut Hoyerswort, danach im herzoglichen Schloß Tönning. Anna Hoyers soll schon früh sektiererische Neigungen bekundet haben, was auch Konflikte mit ihrem Ehemann zur Folge hatte. Hermann

Anna Ovena Hoyers in der Tracht einer eiderstedter »Standesperson«.

Hoyer war von Amts wegen verpflichtet, gegen Wiedertäufer, Schwärmer und andere von der lutherschen Lehre abweichenden Glaubensauffassungen vorzugehen. Seine Frau fühlte sich den Lehren Kasper von Schwenckfelds (1489–1561) verbunden. Dieser betrachtete die Vergottung des Fleisches Christi als einen Teil der Dreieinigkeit und erkannte in Brot und Wein beim Abendmahl lediglich Sinnbilder der Zuneigung des Geistes Christi. Er verwarf alle positiven Satzungen und Übungen der Kirchenverfassung und wollte nur ein Christentum des inneren Sinnes und der fortwährenden göttlichen Eingebung gelten lassen. Schwenckfeld hatte als Lutheraner begonnen, dann aber versucht, der Reformation eine mystisch-schwärmerische Richtung zu geben. Seine Anhänger konnten sich deshalb bei Disputationen stets darauf berufen, auf dem Boden der lutherschen Theologie zu stehen.

Nach dem Tode ihres Mannes, 1622, zog sich Anna Hoyers mit ihren neun Kindern nach Hoyerswort zurück und fand Kontakt zu dem wegen seines Bekenntnisses zur Schwenckfeldschen Lehre aus Flensburg vertriebenen Arzt Nicolaus Knutzen, genannt Teting (1593/94 – vor 1642). Teting zog 1623 mit seiner Familie nach Hoyerswort und folgte seiner Gönnerin nach Husum, als diese wegen hoher Schulden 1624 das Gut verkaufen mußte.

In Husum wurde der Hoyers-Teting-Kreis sehr aktiv und wagte auch, offen gegen das orthodoxe Luthertum vorzugehen. Dabei fanden die Sektierer mehr Anhänger, als der Kirchenobrigkeit lieb sein konnte. Besonders die Ansicht, daß die »wahre« Kirche Christi eine Laienkirche sein müsse, eine Gemeinschaft von im Geist erleuchteten Laien, die »Christi Mitgenossen« seien, erregte die Vertreter der Amtskirche. Es gelang ihnen, die Ausweisung Tetings aus den Herzogtümern beim Herzog zu erwirken. Die »Stallerin«, wie Anna Hoyers nach dem Tode ihres Mannes genannt wurde, brauchte das Schicksal des Arztes nicht zu teilen, denn sie stand unter dem Schutz der Herzoginwitwe Augusta. Sie war nicht nur freigiebig, wie Fabricius betont (»Die gute Anna gibt frei zum besten aus ihren gütern«), sondern wollte auch – bei grundsätzlicher Betonung einer ständisch geprägten Gesellschaftsordnung – Veränderungen bei den sozialen Verhältnissen bewirken; nur so ist zu erklären, daß sie trotz ihres Standes gemeinsam mit ihrem Gesinde Feldarbeit verrichtete.

1632 verließ Anna Ovena Hoyers ihre Heimat, um – einer Empfehlung

Hoyersworth, Amtssitz des Stallers und zeitweilig Wohnung der Anna Ovena Hoyers.

der Herzogin Augusta folgend – nach Schweden überzusiedeln. Dort wurde sie von Königin Maria Eleonora gefördert und lebte zunächst in Västervik und zuletzt auf dem Hof Sittwick bei Stockholm, einem Geschenk der Königin. Dort starb sie am 27. November 1655.

Die Schleswiger Geistlichkeit hatte es nicht vermocht, die »Stallerin« auszuweisen; Anna Hoyers konnte ihre »Schwenckfeldsche Winkelkirche« viele Jahre lang betreiben und Anhänger sammeln. Die Herzogin sah in ihr eine Prophetin gegen das von ihr abgelehnte Staatskirchentum. Sie favorisierte ein intensives Glaubensleben, um den Boden für kirchliche und außerkirchliche Erweckungen in Schleswig-Holstein – und darüber hinaus – zu bereiten.

Die »Stallerin« konnte volkstümlich schreiben und dichten; ihre niederdeutschen Stücke belegen, daß sie fähig war, »dem Volk aufs Maul zu schauen«. 1642 bearbeitete sie Schwenckfelds Schrift »Vom Werte Gottes«; dabei betonte sie ihre Überzeugung: »Casparus Schwenckfeldius est Sanctus Christianus«. Für sie war der Glaubenslehrer David Joris der wichtigste »Zeuge der einen Wahrheit«. Entsprechend negativ stand sie den Repräsentanten der offiziellen Kirche gegenüber. Sie warf ihnen vor, »Gottesknechte« wie Schwenckfeld, Joris und andere unter Berufung auf Luther ohne Begründung als »Schwärmer« abgetan zu haben. In der Satire »De denische Dörp-Pape«, die – aufgenommen in »Geistliche und Weltliche Poemata« – seit 1650 Verbreitung fand, spottet sie über einen Dorfpastor, der nichts anderes im Sinn hat, als sich das Leben angenehm zu machen. Nicht einmal an der Predigt brauche er zu arbeiten, weil er dafür eine Postille habe, aus der er vorlesen könne: »Vörm Altar in der Karken wy hebbent gut mit den Postillen, könen daruth na unsen willen, mehr als nödlich, spreken, tho verdenen dat jarlich lohn.« Das Studium, wirft sie den Pastoren vor, mache hochmütig und über Gebühr anspruchsvoll in materiellen Dingen. Anna Hoyers kommt zu dem Ergebnis: »Alle solke Papen sint Apen, de fast in eren sünden schlapen, un nicht recht handlen by den Schapen. Van ehnen iß nichts guds to hapen.«

Literarisch wirkte sie zunächst als Übersetzerin. Eigene Dichtungen entstanden erst nach 1624. Sie zeugen nicht nur vom Selbstbewußtsein der Verfasserin, sondern sind auch durch eine gewisse Härte gekennzeichnet, was durch die niederdeutsche Sprache noch unterstrichen wird. Neben zahlreichen geistlichen Liedern hat sie auch Texte geschrieben, die, mit Knittelversen durchsetzt, thematisch im weiteren Sinne als Lehrgedichte anzusehen sind. Anna Ovena Hoyers steht literarisch noch in der Tradition des 16. Jahrhunderts. Vom dichterischen Aufbruch ihres Zeitgenossen Martin Opitz blieb sie gänzlich unberührt. Die schwedischen Gedichte wurden erst 1952 von Hans Joachim Schoeps entdeckt. Lange Zeit war das Urteil über Anna Ovena Hoyers bestimmt durch die Einschätzung der orthodoxen Geistlichkeit; sie erschien als sektiererische Fanatikerin, weil sie sich geweigert hatte, ihre religiösen Ansichten zu widerrufen. In der allgemeinen deutschen Literaturgeschichte fand und findet sie bestenfalls Erwähnung als »dichtende Frau«. Albrecht Schöne hat ihr Gedicht »Posaunenschall« 1963 in seine Barock-Anthologie aufgenommen. In der evangelischen Kirche haben die geistlichen Schätze der Schwenckfeldschen Erfahrungsfrömmigkeit längst eine positive Resonanz gefunden. Damit könnte auch ein Schritt für die Rehabilitierung der »Stallerin« Anna Ovena Hoyers getan sein. Der beste Weg dazu wäre eine Neuauflage ihrer »Geistlichen und Weltlichen Poemata«, die seit 1650 nicht wieder veröffentlicht wurden.

Peter Sax

An der schleswig-holsteinischen Westküste entwickelte sich seit dem 16. Jahrhundert eine eigenständige Form der Geschichtsschreibung und der Landeskunde. Als Höhepunkte dieser Gattung gelten die »Chronik des Landes Dithmarschen« von Neocorus (Johann Adolf Köster, ca. 1550 bis 1630) und die »Nordfresische Chronik« von Anton Heimreich (1626 bis 1685). Diese Aufzeichnungen sind späte Nachkommen der mittelalterlichen Städtechroniken. In Schleswig-Holstein finden sie sich nur in den Marschgebieten der Westküste, wo es freie Bauern gab und unter ihnen solche, die über eine gelehrte Bildung verfügten. Die regionale Bezogenheit der Chroniken ist so groß, daß eine Verbreitung über die engen Grenzen hinaus ausgeschlossen war. Ähnlich wie die Städtechroniken sind auch die Bauernchroniken Ausdruck des Bewußtseins von Eigenständigkeit und der Zugehörigkeit zu einer selbstverwalteten engen Gemeinschaft. Die Annalen und Chroniken des Peter Sax, in deren Mittelpunkt Eiderstedt steht, nehmen in der Tradition dieser literarischen Gattung einen respektablen Platz ein.

Peter Sax gehörte dem bäuerlichen Patriziat Nordfrieslands an; geboren wurde er am 6. September 1597 in Evensbüll, Alt-Nordstrand. Er besuchte von 1609 bis 1614 die Husumer Lateinschule und ging anschließend nach Lübeck, um sich bis 1617 am dortigen Katharineum auf das Studium vorzubereiten. An der Universität Wittenberg studierte er hauptsächlich Jura. 1621 kehrte Sax in seine Heimat zurück und ließ sich in Koldenbüttel (Eiderstedt) nieder, wo sein Vater einen Hof besaß. Hier blieb er bis zu seinem Tode.

Der Hof, den er im Drandersum-Koog bewirtschaftete, erhielt später den Namen »Staatshof« (i. e. »Stallershof«); in Theodor Storms Novelle »Auf dem Staatshof« hat er Eingang in die deutsche Literatur gefunden. Die hohe soziale Stellung Peter Sax' kommt zum Ausdruck durch die von ihm wahrgenommenen Ämter: er war Kirchenältester und seit 1630 Ratmann.

Der Grabstein des Peter Sax vor der Kirche in Koldenbüttel. Ein Porträt des Chronikschreibers ist nicht bekannt.

1639 wurde er Erster Ratmann und bekleidete damit eine der angesehensten Positionen in der Selbstverwaltung Eiderstedts.

Sax begann gleich nach seiner Übersiedlung nach Koldenbüttel damit, Materialien zur Geschichte seiner Heimat zu sammeln. Dabei verfuhr er nicht anders als die Chronikschreiber in den Nachbarregionen. Es kam nicht darauf an, etwas Neues, Eigenständiges zu Papier zu bringen, sondern möglichst viele Nachrichten aus alten und »bewährten« Quellen zusammenzutragen. Dabei ergab sich eine Zweiteilung: Den Anfang bildete eine allgemeine Beschreibung des geographischen, politischen und kulturellen Zustandes des Landes; anschließend folgte die eigentliche Chronik, die in Form von Annalen Ereignisse festhielt oder Nachrichten aus unterschiedlichen Quellen dem jeweiligen Jahr zuordnete. Zur Landesbeschreibung gehörten in der Regel auch Karten und Skizzen. So entstanden Gesamtdarstellungen von Topographie und Geschichte der Marschregionen.

Peter Sax verfaßte zunächst eine »historische Beschreibung der Landen

Titelblatt der historischen Beschreibung von »Eyderstett, Everschop und Uthholm. Anno 1641«.

So stellte sich Peter Sax die Kleidung seiner Vorfahren vor: »Habitus virorum Dithmarsicorum«.

Eyderstett, Everschop und Uthholm«, die in einen größeren Rahmen eingebettet ist. Die Zielsetzung des Werkes kommt im vollständigen Titel zum Ausdruck: »Nova, totius Frisiae septentrionalis, Descriptio, das ist, Ein newe Beschreibung, der sembtlichen, im gantzen Nordfrießlande, am Cimbrischen Meere, gelegene Landen, Insulen, und Ougen; von derselben Grentzen, Gelegenheit, Begriff, Zustandt, Eygenschaft, und Fruchtbarkeit; Und von der hieselbst geseßenen Nordfriesischen Völcker Ursprung, Ankumfft, Nahmen, Art, Spraach, Kleydung, Religion, Freyheit, Gesetzen, Gebrauchen, Rechten, Leben und Wandel; Und wie diese Einwohnere, bey Ihrem Antritt, Respective, Köge, hernach Bawerschaften, Dörffer, Communen, Flecken, Stette, und Lande erbawet, und in der Mittel Zeit, Ihre Gottesheußer, Capellen, Kirchen, und Schulen fundi- und Dotiret haben, und bey all solchen Überaus schweren, Und großen Verrichtungen, für grausahme Fata an Kriegen, Überzügen, Niederlagen, Tempesten, Waßerfluthen, Schatzungen, Und Ruinen erleben müßen;«

1637 folgten die »Annales Eyderstadiensium, Ein kurtze Verzeichnis etzlicher Geschichten, so sich in den Landen, Eyderstett, Everschop und Utholm, in den gesetzten Jahren, zugetragen«. Diese Annalen wurden bis in die vierziger Jahre hinein ergänzt. Nach Abschluß der Eiderstedter Annalen beschäftigte sich Sax mit der chronikalischen Überlieferung aus anderen Teilen Nordfrieslands und Dithmarschens, die aber in Umfang und Qualität hinter den vorangegangenen Arbeiten zurückstehen. Eine bemerkenswerte historische Quelle stellen die genealogischen Tafeln der vornehmsten Eiderstedter Familien von 1655 dar.

Neben den schriftlichen Quellen bemühte sich Sax auch selbst um die Karten, die den früheren Zustand Nordfrieslands bildhaft machen sollten. Da er selbst kein Talent zum Zeichnen besaß, überließ er die Ausführung dieser Arbeiten Johannes Mejer (1606–1674), dem jedoch oft das historische Verständnis für seine Vorlagen fehlte.

Im Werk des Peter Sax verbinden sich bäuerliche Traditionen und humanistische Bildung. Letztere hat dazu geführt, daß der im Humanismus üblichen «gelehrten» Spekulation viel Raum gegeben worden ist; von einer kritischen Einstellung den Quellen gegenüber kann aber nicht die Rede sein. In positiver Hinsicht weicht Peter Sax von vielen anderen Chronisten ab, indem er seine Quellen benennt; sein Werk stellt damit auch eine wichtige Dokumentation für etwa hundert Jahre der Chronistik dar. Peter Sax starb kinderlos am 23. April 1662. Sein Grabstein hat sich vor der Kirche von Koldenbüttel erhalten.

350 Jahre lang standen die Annalen und Landesbeschreibungen des Peter Sax, von wenigen Ausnahmen abgesehen, nur als Handschrift, verwahrt in der Königlichen Bibliothek in Kopenhagen, zur Verfügung. Seit 1988 liegen »Peter Sax: Werke zur Geschichte Nordfrieslands und Dithmarschens« in sieben sorgfältig edierten Bänden vor, die das Nordfriisk Institut in Bredstedt/Bräist betreut hat.

Adam Olearius

Die Kunstkammer und die Bibliothek des Herzogs von Schleswig-Holstein-Gottorf waren im 17. Jahrhundert so berühmt, daß ein Besuch auf Schloß Gottorf für reisende »Standespersonen« dieser Attraktionen wegen selbstverständlich war. Herzog Friedrich III. war ein kunstsinniger Fürst, der sich lieber mit Fragen der Wissenschaft beschäftigte als mit den zu seinen Lebzeiten reichlich geführten Kriegen. Als Rat, Hofmathematiker und Bibliothekar stand ihm ein hervorragender Gelehrter zu Diensten: Adam Olearius.

Geboren wurde dieser als Adam Oehlschlegel am 15. August 1603 in Aschersleben. Dort besuchte er auch das Gymnasium, um 1620 das Studium der Theologie in Leipzig aufzunehmen. Seit seiner Magisterarbeit benutzte er die latinisierte Form seines Familiennamens: Olearius. 1629 habilitierte er sich, was durch eine Disputation belegt ist (»Disputatio ethica de summo hominis bono practico«). Anschließend war er 1630–1632 Lehrer an der Nicolaischule in Leipzig. In dieser Zeit lernte er den Dichter Paul Fleming (1609–1640) kennen, mit dem ihn bald eine enge Freundschaft verband und dessen Gedichte er nach dem frühen Tode Flemings in mehreren Ausgaben edierte.

1633 traten Olearius und Fleming in die Dienste Herzog Friedrichs III. von Schleswig-Holstein; sie beteiligten sich an der Gesandtschaft, die der Herzog nach Moskau und Persien ausschickte und die das Ziel hatte, eine neue Route für den Seidenhandel zu eröffnen. Olearius wurde als Gesandtschaftssekretär, Fleming als Hofjunker aufgenommen.

Die Reise begann im November 1633 in Hamburg und führte, mit Unterbrechungen in Narwa und Nowgorod, nach Moskau, wo bis zum Herbst 1634 verhandelt wurde. Die Gesandten kehrten 1635 nach Gottorf zurück, und erst im Herbst 1636 wurde der zweite Teil der Reise angetreten, der wieder nach Moskau und von dort über die Wolga in das Kaspische Meer nach Isfahan führte. Vier Monate währte der Aufenthalt in Persien,

Adam Olearius (Oelschlegel) aus Aschersleben war Hofmathematiker des Herzogs Friedrich III. von Schleswig-Holstein. Er gehörte zum Kreis der Universalgelehrten des 17. Jahrhunderts.

den Olearius nutzte, um sich – wie er dies auch in Rußland getan hatte – möglichst umfassende Kenntnisse über Klima und Vegetation, den Stand der Landwirtschaft, Lebensweise, Bräuche und Religion der Bewohner, aber auch über Staat und Rechtswesen und den Stand von Bildung und Wissenschaft zu verschaffen. Mit der persischen Sprache machte er sich soweit vertraut, daß er den »Gulistan« des Dichters Saadi (1184–1291) übersetzen konnte; diese Ausgabe erschien unter dem Titel »Persianisches Rosen-Thal und Baum-Garten« 1654.

Die gottorfische Gesandtschaft kehrte erst 1639 zurück, ohne daß sich aus diesem, dem Geiste des Merkantilismus verpflichteten ehrgeizigen Projekt wirtschaftlicher Nutzen ergeben hätte.

Olearius reiste ebenfalls nach Gottorf zurück, obgleich ihn der russische Zar zum Hofastronomen berufen hatte. Der junge Gelehrte zog die ihm von Herzog Friedrich angebotene Stellung als Herzoglicher Rat und Hofmathematicus vor. 1649 kam noch die Position des Bibliothekars hinzu.

Seine Pflichten am Gottorfer Hof ließen ihm genügend Zeit für eigene schriftstellerische und editorische Betätigung. Neben einigen Gedenkschriften auf verstorbene Persönlichkeiten – offenbar Auftragsarbeiten – widmete er sich der Herausgabe von Gedichten Paul Flemings. Im Mittelpunkt seines Schaffens stand jedoch die Bearbeitung seiner Reiseaufzeichnungen zu einer groß angelegten und prachtvoll ausgestatteten Reisebeschreibung. 1647 erschien der Band mit dem Titel »Offt begehrte Beschreibung Der Newen Orientalischen Reise«. Das Buch machte Olearius in Deutschland rasch bekannt; schon bald erschienen auch Übersetzungen im Ausland. 1651 nahm die »Fruchtbringende Gesellschaft« den Autor der Reisebeschreibung in ihren Kreis auf. Der Erfolg veranlaßte Olearius, sein Werk umzuarbeiten und zu erweitern; in dieser Fassung wurde es 1656 veröffentlicht. Zu Lebzeiten des Autors erschienen fünf Auflagen der »Vermehrten Newen Beschreibung Der Muscowitischen und Persianischen Reyse«.

Das Buch stellt die erste wissenschaftliche Reisebeschreibung in deutscher Sprache dar. Noch heute zählt »der Olearius« zu den wertvollsten Quellen für die durchreisten Gebiete. Darüber hinaus ist das Opus zu einem der klassischen Werke der deutschen Barockliteratur geworden. Zahlreiche Auflagen bis in unser Jahrhundert hinein unterstreichen dies eindrucksvoll.

Olearius trug wesentlich zur Erweiterung der herzoglichen Bibliothek bei und sorgte auch dafür, daß die fürstliche Druckerei zu einem leistungsfähigen Unternehmen ausgebaut wurde, in dem nicht zuletzt seine eigenen Schriften oder solche, die er betreut hatte, gedruckt wurden. Aus der Vielzahl seiner Schriften seien besonders genannt: Die Beschreibung des Leichenbegängnisses Friedrichs III. (1662), eine Agende der Landeskirche »Das Schleßwigische und Holsteinische Kirchen Buch« (1665); und das Buch die »Gottorfische Kunst-Cammer« (1666), worin er einen kleinen Teil der herzoglichen Sammlung beschrieb; schließlich sei noch die »Historia der Cleopatra« (1666) erwähnt. Dem spürbaren Interesse an Reisebeschreibungen suchte Olearius auch durch die Edition von Berichten anderer Autoren entgegenzukommen. So sorgte er für den Druck der Arbeiten von A. J. v. Mandelslo, H. v. Üchtritz, Jürgen Andersen und Volquard Iversen.

Auch als Historiker hat sich Olearius betätigt. Seine Abhandlung »Kurtzer Begriff einer holsteinischen Chronic« (1663) ist allerdings einer der üblichen Chroniken-Verschnitte, d. h. – Neues wird kaum mitgeteilt. Olearius hebt ausdrücklich hervor: »Ich hoffe (...) daß ich bey meinem Büchlein desto gütigere Censores haben werde/weil ich nicht auß mir selbst/sondern auß andern Historien Schreibern schriebe/und also nur relato refero, wobey ich über das ein moderamen gebrauchet/daß ich etlicher Affecten, auch wol bißweilen Unwarheiten/wenn ich selbige erkannt/gemeidet (...) Ich habe dieses als ein Compendium geschrieben/in welchem ich nach Art der Mathematicorum, so die Landkarten machen/im engen Begriff viel Städte nur mit Puncten andeuten/meist nur den Einhalt der Geschichten ohne vielen Umbständen melden/und gleichsamb als durch Bäche zum grossen Meer führen/und den Leser zu weitleufftigern und vollständigern Autoren den Weg weisen wollen.«

Die Geschichtsauffassung, der Olearius anhing, bestand seit der Renaissance. Besonders im Zeitalter der Aufklärung empfahl sie eine gepflegte moralisierend-belehrende Betrachtung der Vergangenheit: »Unter allen Wissenschaften aber/so eines Herrn Standes Person wol anstehen/und nutzbar sein mügen/ist meines erachtens/die wissenschaft der Historien und Geschichten/so sich in Welt-Sachen vor unserer Zeit begeben haben. Dann durch Beobachtung derselben können wir uns in die vorige Zeiten schwingen/und gleich als in einem Spiegel der Alten Leben/Thun und Wesen/auch die darbey fürgegangene Glücks oder Unglücksfälle sehen/und daraus lernen/wie wir unser Leben darnach anstellen oder moderiren sollen.«

Als Mathematiker, Astronom und Mechaniker zugleich erwies sich der Gelehrte bei der Konstruktion kunstvoller Uhrwerke und Instrumente, von denen einige in den Kopenhagener Sammlungen erhalten sind. Berühmt und bestaunt war der von ihm entworfene Riesenglobus, der einen Durchmesser von etwa drei Metern hatte und dessen Inneres eine Art Planetarium darstellte.

Mit dem Tode Herzog Friedrichs III., (1659), hatte Olearius den Auftraggeber und interessiertesten Bewunderer seiner Arbeiten verloren. Olearius behielt zwar seine Ämter, nahm aber am Gottorfer Hofleben kaum mehr teil. Er erlebte noch die Gründung der Universität Kiel, zu deren Anregern er gezählt werden muß. Adam Olearius starb am 22. Februar 1671 in Gottorf und fand seine letzte Ruhestätte im Dom zu Schleswig.

Johann Rist

Ein großer Teil seines Lebens ist durch den Krieg und seine Folgen geprägt worden. Deshalb ist es nicht nur eine barocke Formel, wenn Johann Rist von sich schreibt: »Anno 1607 den 8. Tage deß Märtzens bin ich in diese betrübte Welt geboren«. Sein Leben sei eine mühselige »Wallfahrt oder Wanderschaft« gewesen. Nach den folgenden Zeilen sind allerdings schon Fragezeichen angebracht: »Schätze und Reichthümer sind bey mir nicht fürhanden, dann dieweil ich die gantze Zeitt meines Lebens nach irdischen Gütern nit getrachtet und mich um Gelt und Gut wenig bekümmert«. Rist war ein geschäftstüchtiger Mann, der seine Talente wohl zu nutzen wußte. Daß er in zwei Kriegen den größten Teil seiner beträchtlichen Habe einbüßte, steht auf einem anderen Blatt. In Merians Topographie wird berichtet, daß er 1645, »als er dazumal zu Hamburg war, auch umb seyn Viehe, Korn, Proviant, Haußrath, etlich hundert Stück Bücher, und seine wolzugerichtete Apotheke kommen: Seynd ihm auch viel Mathematische Instrumenta verwüstet vnd seyn beyde schöne Gärten, darinn viel hundert frembder Gewächse, mit grosser Mühe zusammen gebracht, zu finden gewesen, zerissen worden«. Da ist nicht die Rede von der Habe eines armen Dorfpastors, sondern von den Besitztümern eines wohlhabenden Gelehrten, der im Hauptberuf Pastor war, aber darüber hinaus noch einiges mehr.

Geboren wurde er in Ottensen als Sohn eines Pastors. Nach Privatunterricht und dem Besuch des Hamburger Johanneums begann Johann Rist 1626 ein Jurastudium am Gymnasium illustre zu Bremen, das er aber bald abbrach, um nach Rostock zu gehen, wo er im Hauptfach Theologie studierte. Daneben beschäftigte er sich auch mit Mathematik, Chemie und Medizin. 1628, nach der Einnahme Rostocks durch Wallenstein, verließ der Student die Stadt und ging nach Rinteln, um dort sein Studium fortzusetzen. Hier wird er sich kaum über das Jahr 1630 hinaus aufgehalten haben. Wahrscheinlich hat er in der Zeit bis 1633 in Leiden und Utrecht studiert, um dann nach Holstein zurückzukehren. Bereits als Student hat Rist drama-

Johann Rist, der Pastor in Wedel, war im 17. Jahrhundert ein vielbewunderter Dichter und Gelehrter.

tische Werke geschrieben, von denen sich aber nur eins, die zusammen mit Ernst Stapel verfaßte und 1630 in Hamburg aufgeführte »Irenaromachia« erhalten hat.

Zwei Jahre lebte Rist als Hauslehrer. 1634 ließ er sich in Bückeburg examinieren und konnte daraufhin als Pastor nach Wedel berufen werden, wo er 32 Jahre lang, bis zu seinem Tode, blieb. Daß er sich nicht um eine lukrativere Stelle, etwa ein Hamburger Hauptpastorat, bewarb, ist wohl nur damit zu erklären, daß ihm in Wedel hinreichend Zeit für seine Aktivitäten als Schriftsteller blieb, ebenso wie für seine naturwissenschaftlichen Studien und schließlich für die Musik sowie die Geselligkeit in einem großen Freundeskreis. Die zahlreichen »Glückwünschungen«, »Klag-Lieder« und »Trost-Gedichte« dürften oft genug Auftragsarbeiten gewesen sein, durch die das Pastorengehalt eine Aufbesserung erfuhr. Rist scheute sich auch nicht, durch Widmungsgedichte Gönner zu finden, etwa den Haseldorfer Gutsherrn Detlev von Ahlefeldt, zu dessen Rückkehr von seiner ausgedehnten Bildungsreise er 1640 ein überaus schmeichelhaftes und eine Erwiderung geradezu herausforderndes Gedicht schrieb, das er dem vierten Teil der »Himmlischen Lieder« (Lüneburg 1642) als »Dedicatio« voranstellte. Ahlefeldt hat sich in seinen Memoiren negativ über Rist geäußert; der Grund dafür lag in der Eheschließung Rists mit der Witwe von Ahlefeldts Verwalter Philipp Hagedorn, mit dem der Gutsherr sich ehedem überworfen hatte.

Johann Rist war mit seinen weltlichen und geistlichen Liedern sehr erfolgreich. 659 dieser Lieder veröffentlichte er in zehn größeren Sammlungen; ein weiterer Teil dürfte bei der zweimaligen Plünderung seines Hauses vernichtet worden sein. Rist ist in seiner Liebeslyrik und in den historisch-politischen Gedichten streng dem Vorbild des Martin Opitz gefolgt, zu dem er Kontakt hatte. Geprägt wurde er auch durch die Aufnahme in den Nürnberger »Pegnesischen Blumenorden« (1645) und die Verbindung mit der »Fruchtbringenden Gesellschaft«, deren Mitglied er 1647 wurde. Seine geistlichen Lieder haben einen eigenen Stil; sie sind darauf angelegt, singbar zu sein; der Verfasser gab ihre Vertonung bei bekannten Vertretern der Hamburger Liedschule in Auftrag. Einige Stücke gehören auch heute noch zum Bestand der evangelischen Gesangbücher.

1646 wurde Johann Rist als einer der wenigen Geistlichen in die »Fruchtbringende Gesellschaft« aufgenommen, in der er den Namen »der Rüstige« trug.

Daß Johann Rist nicht nur Klagelieder in Anbetracht des schrecklichen Krieges (»Holsteins Erbärmliches Klag- und Jammer-Lied«, 1644) schuf, um zu Buße und Besserung aufzurufen, belegen seine Sammlung »Des Daphnis aus Cimbrien Galathee« (1642) oder Scherzgedichte wie die

»Grabschrift einer Fliege«

Hier lieg' ich schwaches Tier, doch mutig und verwegen.
Nie floh ich Harnisch, Blei und Büchsen, Spieß und Degen,
Kein Weib war je so schön, kein Jungfräulein so rein,
Ich flog ihr ohne Scheu ins Angesicht hinein.

Der Kayser konnte selbst vor meinem Trotz nicht bleiben,
Offt ließ ich meinen Mist an seinem Throne kleiben.
Und wenn ich ruhen wollt' in eines Fürsten Haus,
Alsdann so sucht ich mir nur seine Decken aus.

Die Speisen nahm ich an mit süßer Lust aus Schalen
Von Silber und den Wein aus güldenen Pocahlen.
Bis daß in höchster Freud ein Säuffer aus dem Krug,
In dem ich trinken wollt, auf Stücklein mich zerschlug.

1646 erfolgte Rists Krönung zum Poeta laureatus Caeraeus und die Erhebung in den persönlichen Adelsstand. Seine beiden allegorischen Friedensspiele »Das Friede wünschende Teutschland« (1647) und »Das Friedejauchzende Teutschland« (1653) setzten sich noch einmal mit dem Dreißigjährigen Krieg auseinander. Dabei nennt er auch »Schuldige«. Die Gedichte des Wedeler Pastors waren in ganz Deutschland bekannt. Kaiser Ferdinand III. verlieh ihm 1653 den Titel eines »Kaiserlichen Hofpfalzgrafen«. Damit war das Recht verbunden, selbst Poeten zu krönen – und unehelich geborene Kinder zu »ehelichen« zu machen.

Rist gründete 1656 eine sprachreinigende Gesellschaft, den »Elbschwanenorden«, dessen »Palatin« er bis zu seinem Tode blieb. 1659 erschien die Liedsammlung »Neue Musikalische Kreutz-Trost-Lob- und Danckschuhle«. Nachdem der Dichter 1658 erneut seiner Habe beraubt worden war, hoffte er auf Unterstützung durch seinen Landesherrn, den dänischen König. Ihm widmete er ein Huldigungsgedicht »Dennemarck ein Erbkönigreich« (1660).

In seinen letzten Lebensjahren verfaßte Rist noch ein bedeutendes Prosawerk, die »Monatsgespräche«. Zwölf Bände sollten es werden; sechs erschienen von 1663 bis 1668. In diesen »Monatsgesprächen« unterhalten sich Mitglieder des »Elbschwanenordens« über vielfältige Gegenstände. Die Texte dienten als rhetorische Übung und als Wissensvermittlung. Sie zeugen davon, daß der Autor als ein ungewöhnlich gebildeter und vielseitig interessierter Vertreter im Geistes- und Literaturleben des 17. Jahrhunderts bestehen konnte.

Johann Rist starb am 31. August 1667 und wurde unter dem Altar »seiner« Kirche in Wedel beigesetzt. Die Stadt Wedel ehrte ihn 1908 durch die Aufstellung einer Bronzebüste. Eine Straße, eine Schule und ein kirchliches Gemeindehaus tragen seinen Namen.

Johann Adolph von Kielmannsegg

Wenn vom gottorfisch-dänischen Dualismus im 17. und 18. Jahrhundert die Rede ist, wird auch der Name Johann Adolph von Kielmannsegg genannt. Das Urteil über seine politische Leistung fällt – je nach Standpunkt – sehr verschieden aus. Unbestritten sind seine Verdienste für die gottorfische Hofkultur, die in der Gründung der Universität Kiel gipfelten.

Als Johan Adolf Kielmann wurde er am 15. November 1612 in Itzehoe geboren, wo sein Vater als Klostervogt des dortigen Adligen Jungfrauenklosters amtierte. Der junge Kielmann besuchte die Gelehrtenschule in Lübeck und studierte dann auf verschiedenen Universitäten Rechtswissenschaft, um 1633 an der Universität Jena zum Doktor beider Rechte promoviert zu werden. Eine ausgedehnte Bildungsreise führte ihn in die Niederlande, nach Frankreich und durch Deutschland. Für einige Monate hielt er sich studienhalber beim Reichskammergericht in Speyer auf und besuchte anschließend noch Ungarn und Böhmen.

Nach seiner Rückkehr, 1635, ließ Kielmannsegg sich als Advokat in seiner Heimatstadt nieder. Kurz darauf wurde er ritterschaftlicher Landsyndikus. Er muß sich schnell als tüchtiger Jurist profiliert haben, denn schon 1636 berief ihn Herzog Friedrich III. von Schleswig-Holstein an den Gottorfer Hof und ernannte ihn 1637 zum Hofrat.

Kielmannsegg wurde mit wichtigen diplomatischen Missionen betraut: nach Kopenhagen zu König Christian IV., zum Kaiser und zu verschiedenen deutschen Fürsten. Auch beim Reichstag zu Regensburg vertrat er 1640/41 seinen Herzog. Kaiser Ferdinand III. erhob ihn 1641 in den Reichsfreiherrnstand; seit 1652 durfte er den Namen Kielmann von Kielmannsegg führen. 1641 machte Herzog Friedrich ihn zum Geheimen Rat. Er gab in allen Regierungskollegien den Ton an und bestimmte zunehmend die Gottorfer Außenpolitik. Mit der Ernennung zum Kanzler am 20. März 1644 erhielt Kielmannsegg auch nach außen den Rang, der seiner tatsächli-

Der Kanzler des Herzogs von Schleswig-Holstein, Johann Adolph von Kielmannsegg, Gemälde von Jürgen Ovens.

chen Macht entsprach. Neben den Hof- und Staatsämtern hatte er verschiedene, teilweise einträgliche Positionen inne: er war Hamburger Dompropst – seit 1650 –, Vorsteher des St. Johannisklosters bei Schleswig und Amtmann von Trittau, Reinbeck und Mohrkirchen. Er besaß die adligen Güter Satrupholm in Schleswig und Kronshagen in Holstein. In den Kreis der Schleswig-Holsteinischen Ritterschaft wurde er erst 1662 aufgenommen.

Herzog Friedrich III. war ein kunstsinniger und den Wissenschaften zugetaner Fürst, der sich aus den großen Händeln seiner Zeit heraushalten wollte. Er war aber auch energisch, wenn es darum ging, seine Rolle als Landesherr auszubauen, und zwar durchaus im Sinne des Absolutismus. Als besonders negativ wurde die Lehnsabhängigkeit von seinem Vetter, dem dänischen König, empfunden. Kielmannsegg erkannte im latenten dänisch-schwedischen Gegensatz eine Möglichkeit, dem Gottorfer Herzog eine unabhängigere Position zu verschaffen. Mit der Eheschließung zwischen der Tochter des Gottorfers, Hedwig Eleonore, und dem schwedischen König Karl X. Gustav 1657 begann eine Außenpolitik, die das Herzogtum Schleswig-Holstein-Gottorf über Jahrzehnte aufs engste an Schweden band, was sich jedoch als Nachteil für das Land erweisen sollte. Gottorf wurde in alle Auseinandersetzungen der nordischen Mächte hineingezogen. Zwar konnte Kielmannsegg vom Siegeszug des schwedischen Königs zu Beginn des Jahres 1658 profitieren: Dänemark mußte dem Gottorfer die Souveränität in seinem Anteil des Herzogtums Schleswig zubilligen, womit die Lehnsabhängigkeit vorerst beendet war. Doch schon ein Jahr darauf zeigte sich, in welche Bedrängnis der Herzog geriet, wenn Schweden vor einem überlegenen Gegner zurückweichen mußte. Die Selbständigkeit konnte im Frieden von Kopenhagen nur durch internationalen Druck gewahrt werden.

Herzog Friedrich III. war 1659 gestorben; sein Sohn und Nachfolger, Christian Albrecht, war zu jung und unerfahren, um ohne Ratgeber die Regierungsgeschäfte übernehmen zu können. Kielmannsegg hatte die Absicht geäußert, sich aus der Politik zurückzuziehen, wurde aber vom jungen Herzog, vor allem aber von Schweden bedrängt, im Amt zu bleiben. Er war der Garant für eine enge Verbindung mit Schweden und sorgte dafür, daß Schleswig-Holstein-Gottorf als »Pfahl im Fleische« des Königs von

Dänemark empfunden wurde. In Geheimabsprachen war vorgesehen, daß im Falle einer Niederlage Dänemarks in einer weiteren Auseinandersetzung mit Schweden Gottorf die königlichen Anteile von Schleswig und Holstein erhalten sollte. Mit dieser Politik wurde schließlich – im Verlauf des 18. Jahrhunderts – das Gegenteil erreicht: die Gottorfer verloren ihren Anteil in Schleswig und übergaben im Tauschvertrag von 1773 auch den holsteinischen Teil an den dänischen König. Doch das ist weit vorgegriffen und geschah schon längst nicht mehr in der Verantwortung Kielmannseggs. Dieser war 1662 Regierungs- und Kammerpräsident geworden und leitete noch im selben Jahr eine Reform der Gottorfer Verwaltung ein, die auch mit durchgreifenden personellen Veränderungen verbunden war.

Die Universität Kiel trägt zwar den Namen Christian Albrechts, ist aber tatsächlich ein Werk Kielmannseggs. Herzog Friedrich war wohl der erste, der sich, beraten auch von seinem Hofmathematiker Adam Olearius, mit dem Gedanken trug, eine Universität zu gründen. Sein Kanzler verhandelte darüber mit dem kaiserlichen Hof und erwirkte 1652 ein entsprechendes Privileg des Kaisers. Die wirtschaftlichen Verhältnisse ließen eine sofortige Realisierung nicht zu. Erst 1665 konnte die Christiana Albertina feierlich eröffnet werden. Kielmannsegg vertrat dabei als Reichsfreiherr den Kaiser und hielt in dessen Namen eine Rede in lateinischer Sprache.

In der Außenpolitik suchte Kielmannsegg das Verhältnis zu Dänemark zu verbessern. Dem sollte vor allem die Eheschließung Christian Albrechts mit der dänischen Prinzessin Friederike Amalie, 1667, dienen. Doch die Spannungen zwischen Gottorf und Kopenhagen ließen sich damit nicht überwinden. Die Frage, wie die Erbfolge für Oldenburg und Delmenhorst gelöst werden könnte, führte zu neuen Irritationen. Kielmannsegg fühlte sich zeitweilig persönlich bedroht, so daß er 1671 Zuflucht in Hamburg suchte. Vor allem der dänische Statthalter Friedrich von Ahlefeldt war ein erklärter Gegner der gottorfischen Politik und damit Kielmannseggs. Dennoch kam es zu Verhandlungen zwischen dem Gottorfer Regierungschef und seinem Sohn, dem Vizekanzler Friedrich Christian von Kielmannsegg, einerseits und dänischen Unterhändlern andererseits in der Oldenburg-Delmenhorst-Frage. Als die Gottorfer für einen Verzicht 500 000 Reichstaler verlangten, scheiterten die Verhandlungen am Widerstand der dänischen Regierung.

1674 wurde die gottorfisch-schwedische Allianz von 1661 erneuert. Kielmannsegg ließ die Kontakte mit Kopenhagen aber nicht abbrechen; in einem Briefwechsel mit dem dänischen Reichskanzler, Graf Griffenfeldt (Peter Schumacher), wurden weitere Tauschgeschäfte erörtert. Im Juni 1675 kam es sogar zu offiziellen Verhandlungen in Rendsburg, in deren Verlauf Kielmannsegg dem Reichskanzler das Amt Steinhorst als Belohnung in Aussicht stellte, falls dieser eine für Gottorf günstige Lösung herbeiführen würde. Doch dazu kam es nicht.

Am 10. Juli 1675 zwang König Christian V. Herzog Christian Albrecht, den Rendsburger Rezeß zu unterzeichnen, mit dem der Gottorfer alle fremden Bündnisse aufgeben und auf die 1658/60 erlangte Souveränität verzichten mußte. Kielmannsegg und seine Söhne hatten sich zu verpflichten, die Herzogtümer nicht zu verlassen. Da ihm die dänische Regierung nicht traute, setzte sie ihn und seine Söhne am 17. März 1676 gefangen und brachte sie nach Kopenhagen. Die Drohung, ihm den Prozeß zu machen, veranlaßte Kielmannsegg, sich mit einer Riesensumme freizukaufen. Seiner Freiheit aber konnte er sich nicht mehr erfreuen. Noch in der Zitadelle von Kopenhagen erlag er am 8. Juli 1676 einem Schlaganfall. Seine letzte Ruhestätte fand er im Schleswiger Dom.

Johann Adolph von Kielmannsegg war ein typisches Beispiel des begabten Juristen bürgerlicher Herkunft, der im Dienst eines kleinen Territorialherren zu höchsten Staatsämtern aufstieg und dafür alles daran setzte, dem Staatsinteresse gegen partikulare und hergebrachte Ansprüche Geltung zu verschaffen. Kielmannsegg machte das Herzogtum Schleswig-Holstein-Gottorf zu einer »Domäne Schwedens« und setzte es damit Gefahren aus, an denen er am Ende selbst zugrunde ging. Er war zweifellos ein bedeutender Staatsmann im Zeitalter des Absolutismus. Einen Biographen hat er bisher nicht gefunden.

Detlev von Ahlefeldt

Während das 16. Jahrhundert in der schleswig-holsteinischen Landesgeschichte als das rantzauische gilt, wird das 17. als das ahlefeldtsche bezeichnet. Namengebend war vor allem der zum Grafen und Dänischen Großkanzler aufgestiegene Friedrich von Ahlefeldt auf Gravenstein und Langeland, der seit 1663 auch königlicher Statthalter in den Herzogtümern war. Aber nicht von ihm soll im folgenden die Rede sein, sondern von Detlev von Ahlefeldt auf Haseldorf und Haselau. Daß seine zahlreichen Verdienste, die er für seine Landesherren erworben hat, nicht zu einer Standeserhöhung geführt haben, hat ihn in späteren Jahren verbittert, ihn aber auch veranlaßt, einen bemerkenswerten Traktat über Standeserhöhungen zu verfassen, der – wie zahlreiche seiner Schriften – niemals veröffentlicht wurde. Dennoch erlaubt die Biographie Detlev von Ahlefeldts, mehr noch als die seines erfolgreicheren Vetters, tiefe Einblicke in das politische, soziale und kulturelle Geschehen Schleswig-Holsteins im 17. Jahrhundert.

Geboren wurde er als Sohn des Uetersener Klosterpropsten Benedict (Bendix) von Ahlefeldt am 20. Februar 1617 auf Gelting. Sein Vater besaß neben dem Stammsitz Haseldorf auch die Güter Osterrade und Kluvensiek. Detlev wurde auf Osterrade von Präzeptoren und Hofmeistern erzogen, von denen der gelehrte Theologe Siegesmund Koch (Cocceius) besonders großen Einfluß ausübte. Er war es, der seinen Zögling von den alchimistischen Studien des Vaters wegzuführen und ihn auf andere Bereiche der väterlichen Bibliothek und der darin aufbewahrten Wissenschaften zu lenken suchte. Der Hofmeister begleitete den jungen Herrn 1635 nach Paris, wo dieser für etwa drei Jahre an einer Ritterakademie studierte, um anschließend auf den Grand Tour durch Frankreich, Italien und die Schweiz zu gehen, dem sich kurze Aufenthalte in England und den Niederlanden anschlossen, bevor der junge Kavalier 1640 auf Geheiß der Mutter nach Haseldorf zurückkehrte. Die bereits von den Eltern vorbereitete Ehe mit

DITLEV AHLEFELDT
1617–86

Detlev von Ahlefeldt auf Haseldorf und Haselau war im 17. Jahrhundert einer der bedeutenden Diplomaten Dänemarks und zugleich ein wichtiger Vertreter der Schleswig-Holsteinischen Ritterschaft.

Ida Pogwisch brachte ihm Haselau und Katen ein, während Osterrade und Kluvensiek an Mutter und Bruder abgetreten wurden.

Die Ereignisse des Dreißigjährigen Krieges waren nicht günstig für ein adeliges Landleben traditioneller Art. Deshalb suchte auch Detlev von Ahlefeldt nach einer Betätigung im unmittelbaren Kriegsgeschehen und fand sie in den Diensten der Landgräfin Anna-Elisabeth von Hessen-Kassel. Sein Temperament war allerdings nicht von der Art, daß eine Unterwerfung unter landesherrliche Gewalt auf Dauer erfolgen konnte. Der Konflikt brach bald offen aus und endete damit, daß Ahlefeldt seinen Dienst in Hessen quittieren und nach Schleswig-Holstein zurückkehren mußte. Er war ohne nennenswertes Vermögen nach Kassel gegangen und hatte – bestrebt, ein standesgemäßes Leben in der Residenzstadt zu führen – seine Schulden erheblich vermehrt. Die Einnahmen aus den Gütern hätten kaum ausgereicht, um die wirtschaftlichen Verhältnisse auszugleichen. Deshalb suchte er die Dienste seines Landesherren, des Königs von Dänemark, und fand sie, als dieser ihn 1652 zum Amtmann von Flensburg ernannte.

Als Vertreter der Ritterschaft von uradligem Stand war Ahlefeldt verpflichtet, für die Interessen seines Standes gegenüber dem König und dem Herzog als den Landesherren einzutreten. Als Amtmann war er aber Diener des Königs und hatte in dessen Sinne die Verwaltung des ihm anvertrauten Amtes wahrzunehmen. Der Konflikt war gleichsam vorgeplant. Tatsächlich hat kaum ein anderer Vertreter seines Standes die Diskrepanz zwischen formaler und tatsächlicher Rolle im 17. Jahrhundert so sehr empfunden wie Ahlefeldt. In Krisenzeiten versuchte er, als Vertreter der Ritterschaft die Privilegien derselben in Sicherheit zu bringen; zugleich aber hatte er als Generalkriegskommissar dafür zu sorgen, daß die Interessen der Landesherrn berücksichtigt wurden. Detlev von Ahlefeldt hat diese Doppelanforderung ernst genommen und suchte ihr auch nach beiden Seiten hin gerecht zu werden. Am Ende geriet er in die Mühlen, die der Absolutismus für seine Diener konstruiert hatte.

In den Jahren nach 1660 war Ahlefeldt ständig mit diplomatischen Aufgaben betraut, bei denen es neben den dynastischen Verbindungen zwischen Dänemark einerseits und Kursachsen, Hessen und Kurpfalz andererseits vorwiegend darum ging, die norddeutschen Höfe für die dänische Politik zu gewinnen. Diese zahlreichen, oft erfolgreich ausgehandelten flankierenden Maßnahmen für weiterreichende außenpolitische Operationen Dänemarks sind Ahlefeldts Verdienst; zu nennen ist besonders die gegen die schwedische Annektionspolitik gerichtete Quadrupelallianz von 1666 (Dänemark, Brandenburg, Braunschweig-Lüneburg und die Niederlande). 1667 wurde Ahlefeldt mit dem Elefantenorden ausgezeichnet. Er glaubte sich kurz vor der Betrauung mit bedeutenden Staatsämtern und der damit verbundenen Standeserhöhung, als er 1668 einer Hofintrige zum Opfer fiel; der König beschuldigte ihn der Rebellion und ließ ihn aller seiner Ämter entheben. Nur unter erheblichen Anstrengungen gelang es Ahlefeldt, den Konflikt beizulegen. Sein Mißtrauen gegen die Maßnahmen zur Durchsetzung des Absolutismus vertiefte sich in dem Maße, wie ihm bewußt wurde, daß es ihm auch unter Christian V. nicht vergönnt sein würde, seine alte Position bei Hofe wiederzugewinnen. Er versuchte deshalb, in Dresden und in Berlin zu Würden und Ehren zu gelangen; doch blieben auch hier die Türen verschlossen.

Auf Betreiben von Reichskanzler Griffenfeldt wurde er 1676 heimlicher Unterhandlungen mit Schweden beschuldigt. Nun war an ein Avancement nicht mehr zu denken, obwohl er unmittelbar nach den Sturz Griffenfeldts rehabilitiert wurde. Seine Ernennung zum Geheimen Rat konnte die übrigen Zurücksetzungen kaum kaschieren. Die letzten Verhandlungen, die ihm aufgetragen wurden, führten ihn noch einmal nach Berlin und Dresden; von Bedeutung waren sie nicht. Ahlefeldt nahm 1680 seinen Abschied – verbittert über die ihm zuteil gewordene Behandlung. Er zog sich nach Hamburg zurück, wo er sich historischen, philosophischen, theologischen und okkultistischen Studien, aber auch der Prozeßführung gegen die Haseldorfer und Haselauer Bauern beim Reichskammergericht in Speyer widmete. Die Güter selbst hatte er bereits 1678 an seine Söhne übertragen.

Detlev von Ahlefeldt diente drei dänischen Königen mehr als dreißig Jahre lang. Sein schroffes und streitbares Wesen, seine Unfähigkeit, sich anzupassen, sein unbändiger Stolz und seine Intelligenz sowie die überdurchschnittliche Bildung schlossen eine Karriere bei Hofe nahezu aus, obwohl Ahlefeldt sich diese gewünscht und seinen ganzen Ehrgeiz darauf gerichtet hatte. Die gegen ihn gewandten Maßnahmen der Könige Friedrich III. und Christian V. bewirkten eine sich vertiefende Gegnerschaft zum Absolutismus und eine romantisch-verklärte Verehrung für König Christian IV., die von vielen seiner Standesgenossen geteilt wurde. Seine »Memoires oder Kurtze Erzehlung meineß Lebenßlauffes«, deren Niederschrift er 1678 in Dresden begann und die leider nur fragmentarisch erhalten sind, weisen ihn als einen scharfsinnigen, spöttischen, aber auch zur Selbstironie fähigen Beobachter und als glänzenden Erzähler aus. Obgleich sie nur die Jahre bis 1659 umfassen, stellen sie eine einzigartige kulturhistorische Quelle und ein beachtenswertes Dokument barocker Literatur dar. In der deutschen Literatur des 17. Jahrhunderts, in der aufschlußreiche Selbstdarstellungen selten sind, gibt es kaum Vergleichbares. Bis auf einige Aufzeichnungen über Geistererscheinungen, die Petrus Goldschmidt nach Ahlefeldts Tod in seinem »Höllischen Morpheus« benutzte, blieben seine Arbeiten und die meisten seiner Aufzeichnungen bisher ungedruckt; er selbst hat eine Veröffentlichung nie erwogen, sondern betrieb seine Studien im besten Sinne dilettantisch, wie es dem Selbstverständnis des Adels im 17. Jahrhundert entsprach. Detlev von Ahlefeldt starb am 25. November 1686 in Hamburg.

Jürgen Ovens

Noch immer wird Jürgen Ovens als Schüler Rembrandts bezeichnet. Dabei hat er es gar nicht nötig, in den Dunstkreis eines Größeren gestellt zu werden. Ovens gehört zweifellos zu den bedeutendsten Malern des 17. Jahrhunderts in Norddeutschland. Eine Lehre bei Rembrandt (1606 bis 1669) ist weder archivalisch noch stilistisch nachweisbar; sie ist auch aus sozialgeschichtlichen Gründen sehr unwahrscheinlich: Jürgen Ovens, der um 1623 in Tönning geboren wurde, war der älteste Sohn eines wohlhabenden Hofbesitzers und Reeders. In sehr jungen Jahren wurde er nach Amsterdam geschickt, um dort eine Ausbildung als Maler zu absolvieren. Vermögend wie er war, dürfte der junge Mann kaum ein traditionelles Lehrverhältnis eingegangen sein. Der Hinweis auf eine »Lehre« bei Rembrandt taucht erstmals bei Arnold Houbraken in einer Arbeit aus dem Jahr 1753 auf, ist aber sonst nicht belegt. Daß sein Stil grundsätzlich der niederländischen Malerei verpflichtet ist, unterliegt keinem Zweifel. Doch sind dabei die Einflüsse von Rubens (1577–1640) und van Dyck (1599–1641) nicht weniger bestimmend als die der Rembrandt-Schule, aus der besonders Jan Lievens (1607–1674) und Gerard Dou (1613–1675) zu nennen wären.

In Amsterdam entstanden Genrebilder, aber auch Arbeiten, die sich mit biblischen, historischen und allegorischen Themen nach der Mode der Zeit auseinandersetzten. Bereits in diesen Werken zeigt sich Ovens besonderes Talent für die Porträtmalerei. Sie machte den jungen Künstler zunächst bei den wohlhabenden Amsterdamer Kaufmannsfamilien bekannt. Bald aber drang sein Ruhm als Bildnismaler auch über die Grenzen der Niederlande hinaus.

1650 beauftragte Herzog Friedrich III. Ovens mit vier Porträts, was den Künstler veranlaßte, in seine Heimat zurückzukehren. Er ließ sich in der Nähe des Gottorfer Hofes, im neugegründeten Friedrichstadt nieder. Dort heiratete er 1652 Maria Martens, die Tochter eines Tönninger Ratsherren, die nicht nur hübsch, sondern auch wohlhabend war: Ihre Mitgift

Jürgen Ovens war bereits ein anerkannter Maler, als er an den Hof des Herzogs nach Gottorf gerufen wurde. Seine Werke gehören zum Besten, was während des 17. Jahrhunderts in Schleswig-Holstein entstanden ist. Sein Epitaph in der Kirche zu Tönning enthält neben einem Selbstbildnis auch das Porträt seiner Frau Maria.

betrug 60 000 Reichstaler – ein fürstliches Vermögen. Doch hatte der Maler dank der Wertschätzung des Herzogs und als begehrter Porträtist ohnedies ein gesichertes Einkommen.

1657 floh Ovens mit seiner Familie vor den Wirren des Schwedisch-Polnischen Krieges, in den Schleswig-Holstein an der Seite Schwedens verwickelt war, nach Amsterdam, erwarb dort das Bürgerrecht und blieb bis 1663. Während dieser Zeit erreichte sein an künstlerischen Erfolgen reiches Leben einen absoluten Höhepunkt: Ovens wurde *der* Modemaler für das wohlhabende Amsterdamer Bürgertum. Sein Gemälde »Die nächtliche Verschwörung der Bataver unter Claudius Civilis« wurde einer Arbeit Rembrandts vorgezogen und im Rathaus von Amsterdam aufgehängt.

Der Kontakt zum Gottorfer Hof war aber durch die Flucht nach Amsterdam nicht abgerissen. 1661 vollendete Ovens noch in den Niederlanden ein von Herzog Christian Albrecht, dem Nachfolger Friedrichs III., in Auftrag gegebenes Monumentalgemälde, das den neuen Herrn in Schloß Gottorf als Beschützer der Künste und Wissenschaften darstellt. 1663 kehrte der Künstler nach Schleswig-Holstein zurück, gelockt durch die Privilegien eines Herzoglichen Hofmalers. Während der letzten 15 Jahre seines schaffensreichen Lebens blieb er – sieht man von einer Reise (1674/75) in die Niederlande ab – in seiner Heimat. Er porträtierte die herzogliche Familie und die Beamten des Hofes und schuf – im Auftrag des Herzogs – monumentale Gemälde mit Motiven aus der Geschichte des Oldenburger Fürstenhauses.

Ovens war auch erfolgreich als Kunsthändler tätig. Als Lieferant mehrerer Herrscherhäuser und führender Persönlichkeiten konnte er stets gute Künstler für sein Geschäft gewinnen. Wäre er nicht schon ein reicher Mann gewesen, die zahllosen gutdotierten Aufträge hätten ihn dazu gemacht. Ovens bewohnte das größte und prächtigste Haus in Friedrichstadt. Hier starb er hochgeehrt am 9. Dezember 1678.

Die enge, wenn auch spannungsreiche Verbindung des Gottorfer Hofes zu den Höfen in Stockholm und Kopenhagen hat dazu geführt, daß Jürgen Ovens eine wichtige Rolle bei der Vermittlung niederländischer Kunstauffassungen nach Skandinavien zukam. Die politischen Geschicke der Gottorfer Fürsten brachten es mit sich, daß der größte Teil der Ovensschen Werke im 18. Jahrhundert nach Dänemark und Schweden gelangte (Schloß Frederiksborg und Schloß Gripsholm). Dieser Umstand bewirkte, daß der Künstler erst im späten 19. Jahrhundert als herausragender Barockmaler wiederentdeckt wurde. Harry Schmidt widmete seinem Werk 1922 eine gründliche historische Studie und hat sich auch später immer wieder mit der Malerei und Biographie Jürgen Ovens' beschäftigt. Diese Arbeiten hat – dabei die kunsthistorischen Belange stärker betonend – Gertrud Schlüter-Göttsche fortgesetzt.

Dietrich Buxtehude

Wann und wo der wichtigste Vertreter der norddeutschen Orgelkunst vor Johann Sebastian Bach geboren wurde, steht nicht mit Sicherheit fest. Angaben in der älteren Literatur weisen 1637 als Geburtsjahr und Helsingør als Geburtsort aus. Das Jahr könnte stimmen, der Ort ist aber umstritten, da unsicher ist, wann der Vater, der Organist Johann Buxtehude, nach Dänemark ging und ob er identisch ist mit einem bis 1638 in Oldesloe bezeugten Organisten und Schulmeister gleichen Namens. In letzter Zeit geht die Forschung mehr davon aus, daß Dietrich (Diederich) Buxtehude in Oldesloe das Licht der Welt erblickte. Aufgewachsen ist er jedenfalls in Helsingør auf der dänischen Insel Seeland. Es ist davon auszugehen, daß der Vater auch sein erster Musiklehrer war, der ihn in Theorie und Praxis des Orgelspiels einführte.

Als gesichertes Datum gilt, daß Dietrich Buxtehude 1657 im Alter von etwa 20 Jahren Organist an der Marienkirche in Helsingborg wurde, also kurz bevor Schonen als Folge des Schwedisch-Polnischen Krieges von Dänemark an Schweden abgetreten werden mußte. Daß Dietrich Buxtehude sich 1660 um das Amt des Organisten in Helsingør bewarb, stand möglicherweise im Zusammenhang mit jenen politischen Ereignissen. Tatsächlich erhielt er die erstrebte Anstellung als Organist an der Marienkirche, die auch die Hauptkirche für die dortige deutsche Gemeinde war.

In Helsingør wirkte er bis 1668. In dieser Zeit entstanden seine ersten eigenen Kompositionen, so etwa die Kantate »Aperite mihi portas justitiae«. Mit der Berufung Buxtehudes auf die Stelle des Organisten von St. Marien in Lübeck (1668) begann der eigentliche Aufstieg des Komponisten zu einer internationalen Berühmtheit. In Lübeck wirkte er nicht nur als Instrumentalist und Komponist, sondern auch als Lehrer und – mit besonders großem Erfolg – als Musikorganisator. Denn er entwickelte die von seinem Vorgänger, Franz Tunder, begründeten Abendmusiken zu Abendkonzerten, die mit ihren Oratorienaufführungen weit über Lübeck hinaus die Aufmerk-

Ein gesichertes Porträt Dietrich Buxtehudes gibt es nicht. Es gilt als wahrscheinlich, daß der neben der Lautenspielerin Abgebildete in der »Häuslichen Musikszene« von Johannes Voorhout aus dem Jahr 1674 der Marienorganist Buxtehude ist.

samkeit der Musikliebhaber erregten. Seine Aktivitäten machten Lübeck im letzten Drittel des 17. Jahrhunderts zu einem Zentrum der europäischen Kirchenmusik. Um so mehr verwundert es, daß über den so berühmten Mann, der fast 40 Jahre in Lübeck gelebt und gearbeitet hat, so wenig biographische Daten bekannt sind. Gleiches gilt auch für sein kompositorisches Werk. Nur wenige Kompositionen veröffentlichte er selbst. Das meiste ging seltsame Wege oder fiel den Revisionen seiner Nachfolger im Amt zum Opfer. Die Orgelwerke sind ausschließlich als Kopien, die in der Umgebung Buxtehudes angefertigt wurden, auf uns gekommen. Jeder hatte offenbar das abgeschrieben, was er gerade gebrauchen konnte. Daraus darf allemal geschlossen werden, daß die Verluste auf dem ureigenen Feld des Marien-Organisten beträchtlich sein dürften. Wirklich erhalten hat sich offenbar nur ein zufälliger Rest. Die für die Orgelkompositionen getroffene Aussage gilt auch für die anderen Bereiche seines Schaffens. Dem Stockholmer Hofkapellmeister und Organisten Gustav Düben, mit dem Buxtehude bereits in Helsingør freundschaftlich verbunden war, kommt das Verdienst zu, einen repräsentativen Teil des Buxtehudeschen Kantatenwerks in eine umfangreiche Musikaliensammlung aufgenommen zu haben. Diese befindet sich seit 1732 im Besitz der Universitätsbibliothek Uppsala. Die Dübensche Sammlung enthält allerdings nur jene Kantaten, die vor 1690 entstanden sind. Was nach Dübens Tod (1690) komponiert wurde, muß als verschollen gelten.

Seit der Wiederentdeckung Buxtehudes im 19. Jahrhundert, die eng verbunden ist mit der Bach-Forschung, hat die Musikwissenschaft viel Fleiß darauf verwandt, ihn in eine der bestehenden Schulen einzuordnen oder Einflüsse anderer Praktiker oder Theoretiker der Kirchenmusik seiner Zeit aufzuspüren. Überzeugende Ergebnisse haben diese Fleißarbeiten kaum gebracht. Dietrich Buxtehude läßt sich nicht in ein Stilschema seiner Zeit hineinklassifizieren.

Daß Buxtehude mit Johann Adam Reincken (1623–1722) in Hamburg und Johann Theile (1646–1724), dem Hofkapellmeister in Gottorf, eine Freundschaft verband, sagt kaum etwas über Charakter und Qualität der drei Musiker aus. Daß Georg Friedrich Händel gemeinsam mit Johann Mattheson 1703 nach Lübeck reiste, um Dietrich Buxtehude zu begegnen und daß Johann Sebastian Bach 1705 zum »König der Organisten« pilgerte und dabei die 50 Meilen von Arnstadt nach Lübeck zu Fuß zurücklegte, sagt aber etwas aus über den Ruf und wohl auch über die Bedeutung Buxtehudes zu Beginn des 18. Jahrhunderts.

Dietrich Buxtehude hatte 1668 die Tochter seines Vorgängers, Anna Margeritha Tunder, geheiratet. Aus der Ehe gingen sieben Töchter hervor; eine von ihnen, Anna Margeritha, heiratete Johann Christian Schieferdekker (1679–1732), den Nachfolger Buxtehudes als Organist an St. Marien. Dietrich Buxtehude starb am 9. Mai 1707 in Lübeck.

Nicolaus Bruhns

Die Vorfahren des Nicolaus Bruhns waren in Schwabstedt, Husum und Lübeck als Musiker tätig. Sein Großvater, Paul Bruhns, war einige Jahre in der Hofkapelle des Herzogs von Schleswig-Holstein-Gottorf als Musikmeister beschäftigt und wurde 1639 zum Lautenisten der Lübecker Ratsmusik gewählt. Er war ein angesehener Musiker, der zu bürgerlichem Wohlstand gelangte. Auch seine drei Söhne wurden Musiker, der jüngste, Paul (1640– um 1689), erhielt eine Organistenausbildung. Es gilt als sicher, daß er vom Marien-Organisten Franz Tunder, dem Vorgänger Dietrich Buxtehudes, ausgebildet wurde, bevor er etwa 1665 die Organistenstelle in Schwabstedt übernahm. Nicolaus Bruhns wurde in der Adventszeit des Jahres 1665 in Schwabstedt geboren.

Der Ort, heute ein Dorf, war im Spätmittelalter der Sitz der Bischöfe von Schleswig, die hier eine zum Schloß ausgebaute Burg besaßen. Mit der Reformation begann der Niedergang Schwabstedts und der Aufstieg Husums. Die Jacobi-Kirche in Schwabstedt besaß aber bereits früh eine Orgel, die – wenn erforderlich – sogar erneuert wurde. Das Instrument, an dem Nicolaus Bruhns unterwiesen wurde, war ein Geschenk des Herzogs Ulrich, es wurde von Johann Lorenzen gebaut und 1616 eingeweiht. Sein Äußeres ist bis heute nahezu unverändert erhalten.

Daß es in Schwabstedt im 17. Jahrhundert ein nennenswertes Musikleben gab, darf bezweifelt werden. Ein gewisser gesellschaftlicher Rang kam dem Ort nach wie vor zu, weil das Schloß als Amtshaus diente und von den Blomes und den Witthorfs bewohnt wurde. Es kann deshalb nicht ausgeschlossen werden, daß der junge Nicolaus Bruhns Kontakte mit durchreisenden Musikern gehabt hat. Über seine musikalische Ausbildung wissen wir fast nichts; sein Vater, heißt es, habe ihm so viel beigebracht, »daß er nicht nur die Orgel recht gut spielen, sondern auch schon gute Klavier- und Singsachen setzen konnte«. Darüber hinaus dürfte das damals rege Husumer Musikleben nicht ohne Eindruck auf ihn geblieben sein.

1681 schickten die Eltern den 16jährigen Nicolaus nach Lübeck. »Hier erwarb er sich auf der Viola da Gamba und besonders auf der Violine eine solche Fertigkeit, daß ihn jeder, wer ihn nur hörte und kennen lernte, bewundern und schätzen mußte« (E. L. Gerber). Er wurde unter den Lübecker Violinisten, die durch ihre Virtuosität die Zeitgenossen in grenzenloses Staunen versetzten, der jüngste Meister. Nicolaus Bruhns nahm »dann und wann seine Violine mit auf die Orgel und da er sehr geübt auf diesem Instrument war, so daß es schien, als ob sich 2, 3 und mehrere zugleich hören ließen, wenn er spielte, so zerarbeitete er sich oben mit der Violine, indem er mit den Füßen vermittels einer schicklichen Pedalstimme den Baß dazu spielte.« Dieser Bericht galt lange Zeit als absurde Anekdote – bis das Konzert für Baßsolo, obligate Violine und Continuo »Mein Herz ist bereit«, Psalm 57, Vers 8–12, in der Universitätsbibliothek zu Lund in Schweden aufgefunden wurde. Musikwissenschaftler haben ermittelt, daß dieses Werk so ausgeführt wurde, daß Bruhns den Violin- und den Orgelpart gleichzeitig hätte spielen können. Der Violinpart ist mit virtuosen Läufen und Doppelgriffen ausgestattet, und es ist ihm so viel Raum gegönnt, daß der Eindruck erweckt wird, er sei Selbstzweck. Das Continuo läuft in so einfachen Schritten, daß seine zweitinstrumentale Bewältigung durchaus wahrscheinlich ist. Dieses Konzert ist das einzige Werk, das einen Eindruck vom meisterhaften Spiel des Komponisten zu vermitteln vermag. Höchstwahrscheinlich erreichte Bruhns bereits in Lübeck die Virtuosität auf der Violine, die seinen Ruhm begründete.

Neben dem Violinspiel widmete sich Nicolaus Bruhns dem Studium der Komposition. Sein Lehrer war kein Geringerer als Dietrich Buxtehude, der sich während der 80er Jahre des 17. Jahrhunderts nicht nur auf der Höhe seines Ruhms, sondern auch in einer Phase pietistischer Gläubigkeit befand, die sich auf seinen Schüler Bruhns übertrug.

Als Bruhns 1689 nach Husum berufen wurde, heiratete er Anna Dorothee Hesse, eine Stiefschwester seiner Tante. Damit trat er mit einer Familie in Verbindung, die in Lübeck Ansehen und Einfluß hatte und auch über Verbindungen nach Kopenhagen verfügte. Diese konnte Bruhns während eines Aufenthalts in der dänischen Hauptstadt nutzen. Daß er dort Organist gewesen sei, wie in der älteren Literatur behauptet wird, ist

In der Kirche zu Schwabstedt hat Nicolaus Bruhns das Orgelspielen erlernt. Von der historischen Orgel ist nur noch der Prospekt erhalten.

unwahrscheinlich. Es ist eher davon auszugehen, daß er im Rahmen einer Kunstreise, die bei jungen Musikern üblich war, als Violinvirtuose konzertierte.

Am 30. März 1689 wurde Bruhns als Organist an der Husumer Stadtkirche »durch allgemeine Zustimmung angenommen, da vorher seines gleichen von Composition und Tractierung allerlei Arten von Instrumenten in dieser Stadt nicht wahr gehöret worden«. Fast gleichzeitig hatte sich auch Kiel um den Meister bemüht. Ein hitziger Streit entbrannte zwischen beiden Städten. Die Entscheidung für Husum hatte nicht zuletzt den Reiz einer deutlichen Verbesserung des Gehaltes, die Bruhns hatte durchsetzen können. In der St. Marienkirche stand dem neuen Kantor eine 1629 von Gottfried Fritsch gebaute Orgel zur Verfügung. Der Vokalchor wurde von Georg Ferber, danach von Petrus Steinbrecher einstudiert, das Orchester zur Aufführung der Bruhnsschen Kantaten von Heinrich Pape geleitet. Mit seinen von den Zeitgenossen so geschätzten Kompositionen stand Bruhns in der Tradition des nordischen Musikbarocks. Nur wenige Beispiele sind erhalten geblieben. Darunter drei Toccaten und eine Choralphantasie für Orgel, 12 geistliche Konzerte (Cantaten) und das bereits erwähnte Konzert »Mein Herz ist bereit«. Die Klavierwerke, die J. S. Bach noch als Übungsstücke gedient haben sollen, sind verloren.

Nicolaus Bruhns ist nur 32 Jahre alt geworden. Er starb am 29. März 1697 und wurde am 2. April, von allen Husumer Glocken beläutet, zu Grabe getragen. In Husum werden sein Andenken und sein Werk von der Nicolaus-Bruhns-Gesellschaft gepflegt, die ihm 1965, zu seinem 300. Geburtstag, eine Festschrift widmete.

Philipp Ernst Lüders

Philipp Ernst Lüders gehört zu jenen Theologen des Aufklärungszeitalters, die wegen ihres Einsatzes für die Volksbildung weit in das 19. Jahrhundert hinein gewirkt haben. Sein Großvater, Carsten Lüders, der Kammerschreiber beim Herzog Christian von Glücksburg war, hatte 1676 das Gut Freienwillen, Amt Grundhof in Angeln, erworben. Auf diesem Gut wurde Lüders am 6. Oktober 1702 geboren. Hier wuchs er auf und war deshalb mit Fragen der Landwirtschaft von Kind auf vertraut. Von 1714 bis 1721 lebte er bei den Eltern seiner Mutter in Satrup und erhielt Privatunterricht bei dem dortigen Pastor, der ihn auf das Studium der Theologie vorbereitete. Er besuchte von 1721 bis 1724 die Universitäten in Wittenberg und Jena. Nach dem Examen widmete sich der junge Geistliche zunächst dem Gutsbetrieb seines Großvaters, bis er die üblichen theologischen Hilfsdienste absolvierte. 1728 wurde Lüders Diakon an der Kirche in Munkbrarup; doch bereits ein Jahr später ernannte ihn Herzog Friedrich V. zum Hofprediger in Glücksburg. 1755 wurde er Propst der glücksburgischen Propstei Munkbrarup. Beide Positionen behielt er bis zu seinem Tod am 20. Dezember 1786. Neben der Wahrnehmung seiner geistlichen Ämter galt sein besonderes Interesse der Förderung der schleswig-holsteinischen Landwirtschaft. Kritiker hielten ihm vor, er vernachlässige darüber seine eigentlichen Amtspflichten. Diesen hielt er entgegen, daß es nicht verboten sei, zwei Wissenschaften zu betreiben und daß jeder in seinen freien Stunden das tun solle, was ihm zusage, besonders dann, wenn für andere daraus ein Nutzen erwachse.

Lüders hatte bereits in jungen Jahren die Witterungsabläufe in seiner engeren Heimat beobachtet und darüber Buch geführt. Er verfolgte das Ziel, aus den Beobachtungen praktische Konsequenzen für die Landwirtschaft zu ziehen. Später legte er Versuchsfelder an und propagierte nach eingehenden Experimenten den Anbau von Klee, Korbweiden, Maulbeersträuchern und anderen bisher im Land wenig bekannten Nutzpflanzen. Er

Philipp Ernst Lüders war einer der ersten Erwachsenenpädagogen, die auf dem Gebiet der Landwirtschaft für neue Anbaumethoden eintraten.

setzte sich für die Intensivierung der Bienenzucht ein und sorgte vor allem für die Verbreitung des Kartoffelanbaus im Herzogtum Schleswig. All seine Bemühungen waren auf die Verbesserung der Produktion der Bauern seiner Heimat gerichtet. Um die Menschen auf dem Lande zu überzeugen, verbreitete Lüders seine Erfahrungen schriftlich und mündlich. Seit 1751 wurde er vom königlichen Hof in Kopenhagen, der seine Aktivitäten aufmerksam verfolgte, bedrängt, auch offiziell die Belange der Landwirtschaft zu vertreten. Diesen Schritt tat er aber erst 1754. Als »Patriot« das heißt als ein um das Wohlergehen seines Vaterlandes bemühter Bürger, fühlte er sich verpflichtet, seine betriebswirtschaftlichen und agrarpolitischen Erkenntnisse auch in größerem Stil an die Bauern weiterzugeben. Am Ende stand 1762 die Gründung der »Dänischen Ackerakademie« in Glücksburg, worunter nicht eine Forschungsstätte, sondern vielmehr eine Gesellschaft von »Patrioten« zur Förderung landwirtschaftlichen Fortschritts zu verstehen ist. Es handelte sich bei dieser »Akademie« um eine der ersten landwirtschaftlichen Gesellschaften in Europa überhaupt.

Seit 1757 verfaßte Lüders eine Fülle von Aufsätzen, die in Fachzeitschriften, Magazinen oder als Broschüren – zumeist kostenlos verteilt – veröffentlicht wurden. Seine praxisnahen Vorschläge fanden auf diese Weise auch über seine engere Heimat hinaus in ganz Schleswig-Holstein Verbreitung. Lüders begriff früh die Notwendigkeit der Werbung für die Belange der beruflichen Erwachsenenbildung. Er erwies sich als bedeutender Forscher auf dem agrar-ökonomischen und -sozialen Sektor. Stets war das Landvolk Adressat seiner breit angelegten Belehrungsbemühungen, die auch tagespolitische Informationen einbezogen.

Lüders gehörte auch zu den frühen Streitern für die Aufhebung der Feldgemeinschaften, die in Schleswig durch eine Verordnung im Jahre 1766 erreicht wurde. Nach Abschluß der »Verkoppelung« empfahl er den Bauern, durch bepflanzte Erdwälle ihre Felder gegen Erosion zu schützen. Mit der Errichtung dieser »Knicks« nahm Lüders langfristig auf die Gestaltung der Landschaft Einfluß. Seine »Akademie« bestand nur etwa vier Jahre. Die Impulse aber, die von Propst Lüders und seinen Freunden ausgingen, waren noch nach Jahrzehnten spürbar; denn überall im Land profitierten die Bauern von seinen an der Praxis orientierten Empfehlungen.

Friedrich Gottlieb Klopstock

Seinen zeitgenössischen Verehrern galt Klopstock als der Dichter, dem die »Durchseelung der Welt in lyrischem Anruf« gelungen war; für die heutige Literaturwissenschaft steht seine »epochale Bedeutung« außer Zweifel. Dazwischen liegt Christian Dietrich Grabbes Urteil, das er den Teufel in seinem Lustspiel »Scherz, Satire, Ironie und tiefere Bedeutung« (1827) aussprechen läßt (am Ende des ersten Aufzugs): »Es ist doch gut, daß ich mein altes unfehlbares Schlafmittelchen, Klopstocks ›Messias‹ mitgebracht habe! Ich brauche nur drei Verse darin zu lesen, dann bin ich so müde wie der Daus.«

Der »Erneuerer der Dichterwürde im Deutschland der Aufklärungszeit«, die »große Mittelgestalt zwischen Barock und Klassik« (Hermann Pongs) wurde zu seinen Lebzeiten als der größte deutsche Dichter gefeiert, und war bereits zwanzig Jahre nach seinem Tod nur noch Gegenstand distanzierter Bewunderung (Lessing: »Wer wird nicht einen Klopstock loben; / doch wird ihn jeder lesen? Nein!«). Oder – wie das Beispiel Grabbes zeigt – Gegenstand literarischer Satire. Klopstock hat immer einen Platz in den deutschen Lyrikanthologien zwischen Kleist und Knorr von Rosenroth behalten, populär aber ist er nicht wieder geworden. »Die Frühlingsfeier« gehörte noch bis in die fünfziger Jahre unseres Jahrhunderts zum »Bildungsgut« der Gymnasien:

»Nicht in den Ozean der Welten alle
Will ich mich stürzen! Schweben nicht,
Wo die ersten erschaffenen, die Jubelchöre der Söhne des Lichts,
Anbeten, tief anbeten und in Verzückung vergehen.«

Inzwischen haben nicht nur die Schüler, sondern auch ihre Lehrer Schwierigkeiten, mit solchen Texten umzugehen. Und doch besteht für jeden, der sich – und sei es nur flüchtig – mit der Geschichte der deutschen Literatur beschäftigt hat, kein Zweifel daran, daß Klopstock zu den großen

Die Widmung für Johann Hartwig Ernst von Bernstorff in Klopstocks »Oden«, Ausgabe Hamburg 1771.

literarischen Persönlichkeiten zählt, die der Dichtung in deutscher Sprache die Richtung gewiesen und selbst zur Grundlegung beigetragen haben.

Geboren wurde der Dichter am 2. Juli 1724 in Quedlinburg. Sein Vater war Stiftsadvokat und Pächter eines Gutes in Friedeburg/Saale, bis er sein Vermögen verlor. Der Sohn besuchte das Gymnasium in Quedlinburg und erhielt 1739 eine Freistelle in Schulpforta, der berühmtesten und ältesten (seit 1543) der altsächsischen Landesschulen. Hier erfuhr Klopstock eine gründliche humanistische Ausbildung; das Studium der Bibel und die Lektüre der griechischen und lateinischen Autoren standen dabei im Vordergrund. Sie regten den Schüler zu eigenen dichterischen Versuchen in der lateinischen, aber auch in der deutschen Sprache an.

Am 21. September 1745 hielt er die traditionelle Abiturientenrede. Sie unterschied sich von den vorangegangenen, denn in ihr wurde ein Programm ausgesprochen, das nicht nur dem Redner zur Verpflichtung wurde, sondern auch für viele andere richtungweisend war. Klopstock begann in Jena ein Studium der Theologie. Doch zugleich fing er an, den »Messias« zu schreiben, eine Dichtung, mit der er sich seit längerer Zeit beschäftigt hatte. Drei Gesänge in Prosa entstanden in Jena. 1746 wechselte Klopstock nach Leipzig über. Dort gründete sich ein Freundschaftsbund mit Johann Andreas Cramer, Johann Elias Schlegel, Gottlieb Wilhelm Rabener, Nicolaus Dietrich Giseke und Christian Fürchtegott Gellert. Sie gehörten zu den »Bremer Beiträgern«, den Herausgebern und Autoren der in Bremen erscheinenden »Neuen Beyträge zum Vergnügen des Verstandes und des Witzes«. 1748 erschienen in dieser Zeitschrift die ersten drei Gesänge des »Messias«, inzwischen in klassische Hexameter umgesetzt.

Klopstock hatte nach Abschluß seines Studiums – wie viele andere Theologen seiner sozialen Herkunft auch – eine Hauslehrerstelle angenommen, und zwar in Langensalza. Das war für ihn ein Glücksfall, weil er dort seiner geliebten Cousine, Maria Sophia Schmidt, nahe war, die er in zahlreichen Oden als »Fanny« besungen hat. Klopstocks Liebe blieb jedoch unerwidert.

Der »Messias« machte seinen Autor in Kreisen bekannt, die der Lyrik in deutscher Sprache gegenüber aufgeschlossen waren. Das war im Zeitalter Friedrichs des Großen, der die deutsche Sprache nicht schätzte und sie für die Dichtung als gänzlich ungeeignet erachtete, nicht selbstverständlich. Nur wenige Zirkel von Literaten fanden den Mut, sich für die deutsche Dichtung einsetzten. Zu ihnen gehörten neben Klopstock Autoren wie Johann Jakob Bodmer, Johann W. L. Gleim und Friedrich von Hagedorn.

1750, als sich Klopstock auf Einladung Bodmers in Zürich aufhielt, erreichte ihn die Nachricht, daß König Friedrich V. von Dänemark ihn mit einem Jahresgehalt von 400 Reichstalern nach Kopenhagen berufen hatte, damit er dort den »Messias« vollenden könne. Dieser Ruf war auf Veranlassung von Johann Hartwig Ernst von Bernstorff erfolgt. Klopstock, der des öfteren die Notwendigkeit betont hatte, daß die deutschen Fürsten sich mehr für die Dichtung und die Kunst einsetzen sollten, nahm das Angebot dankbar an; daß er an einen ausländischen Hof berufen wurde, traf nur bedingt zu; denn König Friedrich V. war auch Herzog in Schleswig und Holstein.

Während der Reise von Zürich nach Kopenhagen machte er in Hamburg Station, wo er Margaretha (Meta) Moller, eine glühende Verehrerin seiner Gedichte, kennenlernte. In Meta Mollers Briefen erscheint ein anderer Klopstock, nicht der unnahbare Dichter, der sein Amt wie das eines Priesters begriff, sondern ein temperamentvoller junger Mann. »Ich hatte gar nicht die Meinung«, schrieb sie am 4. April 1751, »daß ein ernsthafter Dichter finster und mürrisch aussehn, schlecht gekleidet sein und keine Manieren haben müsse, aber ich stellte mir doch auch nicht vor, daß der Verfasser des ›Messias‹ so süß aussähe und so bis zur Vollkommenheit schön wäre. Denn das ist Klopstock in meinen Augen, ich kann nicht helfen, daß ich's sage. Er stutzte auch.« Er stutzte tatsächlich; zwar beklagt er in den Briefen an seine Freunde, wie unglücklich er sei, weil Briefe von Fanny ausblieben. Doch am 1. Mai 1751 erfuhr Gleim, daß die »Mollerin in Hamburg (...) im eigentlichen Verstande so liebenswürdig und so voller Reize (ist), daß ich mich bisweilen kaum enthalten konnte, ihr insgeheim denjenigen Namen zu geben, der mir der teuerste auf der Welt ist.« Und Gisekes Frage, ob er Küsse an »die Mollern« bestellt habe, beantwortet er – offenbar unwahr – mit dem Hinweis, daß »sich die Mollern durchaus nicht küssen« ließe. Meta dagegen schreibt: »Ich dachte, warum küßt der Affe dich denn nicht? Du kannst ihm den Kuß ja nicht geben.« Diesen Ton behielt sie auch in der Korrespondenz mit dem Dichter bei, etwa wenn sie anfragt: »Sind Sie nicht ein rechter kleiner Affe, Klopstock?«

Meta Moller verdanken wir ein anderes als das ins Seraphische gesteigerte Bild des Dichters, nämlich ein sehr irdisches, heiter-liebenswürdiges. Denn Klopstock geht auf den Ton ein; er hatte seiner neuen Freundin seinen Kummer über Fanny offenbart und sie dazu gebracht, mit ihm zu leiden. Das machte es möglich, einen der ersten Briefe an Meta so zu eröffnen: »Eh ich Ihnen ein einziges Wort weiter sage, muß ich Sie erst meine kleine, süße, allerliebste Moller nennen, und alle übrigen süßen zärtlichen Namen, die in

Zu seinen Lebzeiten war Klopstock ein gefeierter Dichter. Aber schon Lessing stellte fest: »Wer wird nicht einen Klopstock loben; doch wird ihn jeder lesen? Nein!«

meinem vollen freundschaftlichen Herzen noch sind und die meine kleine Moller alle verdient.« Die »kleine Moller« war dreiundzwanzig Jahre alt. Mit ihrer Korrespondenz beginnt auch in Deutschland der Brief zur literarischen Gattung zu werden; es sind über zweihundert Briefe von ihr erhalten, und sie sind durchweg auch heute noch so erfrischend wie am ersten Tag. Sie hat Klopstock dazu gebracht, Liebesbriefe zu schreiben, deren literarische Qualität höher einzuschätzen ist als die mancher seiner Dichtungen.

1751 verlobte er sich mit seiner »Mollern«. Am 2. Juni 1754 wurde das Paar in St. Petri zu Hamburg getraut. Es war eine kurze, aber überaus glückliche Ehe. Meta Klopstock starb am 21. November 1758 bei der Geburt ihres ersten Kindes. Den toten Sohn nahm sie mit ins Grab.

Klopstock gab ihre »Hinterlassenen Schriften« heraus, nachdem er Kopenhagen verlassen hatte; doch 1764 kehrte er nach Dänemark zurück, wo sich ein neuer Freundeskreis um ihn geschart hatte. Sein Ruhm als Dichter war längst gefestigt, spätestens mit dem zweiten Band des »Messias« (1755) und dem Trauerspiel »Der Tod Adams« (1757). In Kopenhagen schrieb er – neben zahlreichen Gedichten – noch sein vaterländisches Drama »Hermanns Schlacht«, das er 1769 Kaiser Joseph II. widmete. Damit hoffte er, an die vom Wiener Hof geplante Akademie der Künste und Wissenschaften berufen zu werden.

Nach dem Sturz seines Freundes und Gönners Bernstorff durch Struensee verließ Klopstock den dänischen Hof und ließ sich in Hamburg nieder. Als Zeichen der Verbundenheit widmete er Johann H. E. von Bernstorff 1771 seine »Oden«. Der Dichter hat seinem Mäzen auch nach dessen Tod (1772) seine Dankbarkeit bekundet. So zum Beispiel in einem Gedicht, das die Verdienste Bernstorffs für den Bau des Schleswig-Holsteinischen Kanals (»Eiderkanals«) preist:

»Bernstorff
entwarf, leitete, und brachte eine Unternehmung zu Stande,
durch den Tod abgerufen, nur nicht zu Ende, die auch
den Erfolg hatte, daß wir dem Schiffer diesen
kürzeren und sicheren Weg in beyde
Meere eröffnen konnten.
Wer hier der Wegfahrenden oder Ankommenden Flagge
wehen, und Segel schwellen sieht, der erinnere
sich des Grundlegers mit einer guten
Thräne, daß ihm dieser Anblick
nicht ward«

Diese Verse sind festgehalten am Fuße einer Pyramide im Garten des Gutes Eckhof, nahe der Strander Bucht.

Während seiner letzten Kopenhagener und der ersten Hamburger Jahre war Klopstock besonders produktiv. 1764 entstand der »Salomo«; 1769 erschienen seine »Geistlichen Lieder«; 1772 gab er den »David«, sein drittes biblisches Drama, heraus. 1768 vollendete der Dichter den dritten und 1773 den vierten und letzten Band des »Messias«. Ein Jahr später folgte

»Die deutsche Gelehrtenrepublik«, eine Utopie, in der Klopstock seine Vorstellungen von einem künftigen deutschen Geistesleben ausbreitete.

1774 und 1775 hielt er sich auf Einladung des Markgrafen Karl Friedrich von Baden in Karlsruhe auf. Dort hätte er als Hofrat ein gesichertes Auskommen haben können, doch Klopstock fühlte sich am badischen Hof nicht wohl. Er verließ Karlsruhe und kehrte in seine vertraute Hamburger Umgebung zurück. Bei Johanna Elisabeth von Winthem, einer Nichte seiner verstorbenen Frau, fand er Unterkunft; 1791 ging er mit ihr eine zweite Ehe ein.

Klopstock hatte für seine »vaterländischen Gedichte« die Bezeichnung »Bardiet« erdacht. Dabei verwechselte er jedoch den Begriff des »Barden« mit dem bei Tacitus in der »Germania« überlieferten »Barditus«, womit das Schlachtgeschrei der Germanen gemeint war. Sein Bardiet »Hermanns Schlacht« erweiterte er durch die beiden, ebenfalls Bardiet genannten Dramen, »Hermann und die Fürsten« (1784) und »Hermanns Tod« (1787) zu einer vaterländischen Trilogie. Daneben schrieb er zahlreiche Oden, Elegien, Hymnen und Epigramme.

Schon früh hatte sich Klopstock mit Problemen der Orthographie und der Grammatik beschäftigt. Seinen »Messias« hatte er – neben einer in normaler Orthographie abgefaßten Form – auch in einer eigenen Rechtschreibung herausgegeben. Er verfolgte stets das Ziel, die Schönheit und Kürze der deutschen Sprache zu demonstrieren.

Klopstock feierte enthusiastisch die Französische Revolution und schockierte damit viele seiner adligen Verehrer in Deutschland, so auch die Reventlows in Emkendorf, die ihn – wie Matthias Claudius – lieber als pietistischen Dichter in ihrem Kreis vereinnahmt hätten.

Seine Revolutionsoden veranlaßten die französische Nationalversammlung dazu, ihm 1792 das Ehrenbürgerrecht zu verleihen. Die Jakobinerherrschaft und die beginnenden Eroberungskriege schreckten Klopstock ab. Er schlug danach eher einen konservativen Kurs ein.

»Was Klopstock sang, ist alles groß, erhaben mächtig und von schöpferischem Genie beseelt; allenthalben ist Reichtum der Phantasie und überströmende Empfindung; der Schwung seiner Gedanken ist unerreichbar, er mag zu religiösen Hymnen im Geiste der Psalmen, oder zu Gesängen im

Tone der alten Cheruskerbarden, oder zu Liedern der Freundschaft und teutschen Vaterlandsliebe die Laute rühren; höher steht er als Homer, höher als Milton: ein Wunder unsers Jahrhunderts«, schreibt C. A. Küttner 1781 in seinem Buch »Charaktere teutscher Dichter und Prosaisten«.

Diese Bewunderung hatte ihren Ursprung einerseits in der neuartigen Sprache Klopstocks; sie rührte aber andererseits aus der theologischen Position des Dichters, der Elemente der lutherischen Orthodoxie mit solchen des Pietismus zu verbinden vermochte. Bei Klopstock gingen stets Religion und Dichtung eine Synthese ein. Der Dichter hatte sich auch als Priester zu bewähren, dem es oblag, in höchstem Glaubenserleben die heilige Wahrheit zu verkünden. Dazu galt es, die Sprache der Poesie von jener der Prosa zu trennen. Deshalb hebt sich Klopstocks karge, asketische, von keinerlei Wortumstellung oder Metaphorik berührte, nur auf Genauigkeit zielende Prosa von seiner Poesie deutlich ab. Seine Dichtung ist hingegen stets gekennzeichnet durch hohen Stil und durch Nachdrücklichkeit. Johann Jakob Breitinger war ihm dabei eher Vorbild als Johann Christoph Gottsched.

Der Dichter hat vielfach mit der deutschen Sprache experimentiert. So zum Beispiel, wenn er ihr durch Verzicht auf Artikel, Konjunktionen, Präpositionen, Pronomen und andere Bestandteile, die den Sinn wohl zu verdeutlichen vermögen, aber auch zur Aufsplitterung führen, neue Strukturen zu verleihen suchte.

Die »heilige Poesie«, forderte Klopstock, »muß uns über unsere kurzsichtige Art zu denken erheben, um uns dem Strome zu entreißen, mit dem wir fortgezogen werden.« Dies gelang ihm bei seinem Publikum vor allem mit den ersten Gesängen des »Messias« und mit seiner Lyrik. In seinen Oden behandelte er zwar konventionelle Themen wie Religiosität, Freundschaft, Liebe, Natur, Vaterland und Geschichte, doch gestaltete er seine Gedichte auf eine Weise, die sich in Sprache und Form weit von der Anakreontik des Rokoko entfernt.

Nach 1775 war es ruhig um Klopstock geworden. Er lebte zurückgezogen in Hamburg – verärgert darüber, daß seine »Gelehrtenrepublik« (1774) nur sehr kühl aufgenommen wurde. Seine »Fragmente über Sprache und Dichtkunst« (1779) stießen weitgehend auf Ablehnung oder Unverständnis.

Die neuen Strömungen in der deutschen Literatur nahm Klopstock kaum wahr; er spann sich immer mehr in seiner Sonderstellung ein. Er schrieb noch zahlreiche Oden, die aber – verglichen mit den früheren – schwerfällig im Ausdruck sind. Während seiner letzten Jahre beschäftigte er sich fast ausschließlich mit der Ausfeilung seiner früheren Schriften. An äußeren Ehren waren auch diese Jahre noch reich.

Friedrich Gottlieb Klopstock starb am 14. März 1803. Das Leichenbegängnis am 22. März war pompös wie das eines Fürsten. Der Kondukt ging vom Sterbehaus in der Nähe des Neuen Walls aus. Dem Sarg folgten der gesamte Rat, das Hamburger diplomatische Korps, das Geistliche Ministerium und zahlreiche Verehrer des Dichters. An der Grenze zu Altona empfing der Oberpräsident den Sarg. Dänische Husaren traten an die Spitze des Trauerzuges. Entlang des Weges nach Ottensen stand eine dänische Ehrenwache. Von allen Türmen läuteten die Glocken. An den Masten der Schiffe wehten Trauerflaggen. Fünfzigtausend Menschen säumten die Straßen, durch die sich der Zug bewegte. So war und ist in Deutschland niemals ein Dichter bestattet worden.

Carsten Niebuhr

Am 31. Oktober 1758 unterschrieb Johann Hartwig Ernst von Bernstorff einen Brief mit folgendem Wortlaut: »HochEdler, Hochgeehrter Herr, Demnach die Wahl des Herrn Professor's Michaelis auf Ew. HochEdl. gefallen, um dieselbe zu der Arabischen Reise in Vorschlag zu bringen, so setze ich in gantz keinen Zweifel, daß Sie dazu erforderliche Geschicklichkeit und Gaben besitzen werden und gratulire Ihnen dannenhero zu solchem Vorhaben von Hertzen, mit der Versicherung, daß ich mich sehr erfreuen werde, Ew. HochEdl. sowohl vor und in währender, als auch nach der, Gott gebe, glücklich zurückgelegten Reise nach Vermögen nützlich seyn, und Ihnen in der That diejenige Dienstbegierde beweisen zu können, mit welcher ich stets seyn werde Ew. HochEdl. dienstwilliger Bernstorff.« Adressiert war das Schreiben an »Herrn C. Niebuhr zu Göttingen«.

Mit diesem Anstellungsschreiben begann für einen 25jährigen Studenten der Mathematik ein Abenteuer, das ihn neun Jahre in Anspruch nahm und mit dessen Aufarbeitung er weitere zehn Jahre beschäftigt war. Der Ertrag des Abenteuers bestand nicht nur in einer Reisebeschreibung, sondern auch in zahlreichen wissenschaftlichen Forschungsergebnissen.

Carsten Niebuhr wurde am 17. März 1733 in Lüdingworth im Land Hadeln geboren. Sein Vater war Bauer; er starb, als der Sohn sechzehn Jahre alt war. Nach dem Schulbesuch in Otterndorf und Altenbruch mußte der junge Niebuhr daraufhin als Knecht auf dem Hof eines Onkels dienen. Volljährig geworden, ging er nach Hamburg, wo er Privatstunden nahm, um seine mangelhafte Schulbildung zu verbessern. Von 1755 an besuchte er das Gymnasium und schrieb sich dann an der Universität Göttingen ein, wo er Mathematik studierte mit dem Ziel, Landvermesser zu werden.

Zur selben Zeit lehrte in Göttingen der Orientalist Johann David Michaelis, der glaubte, eine genauere Kenntnis der Verhältnisse im modernen Orient würde zu einem besseren Verständnis der im Alten Testament dargestellten Realien und der dabei verwendeten Begriffe führen. Michaelis

Carsten Niebuhr, Kupferstich von C. C. Glassbach, um 1770.

wußte, daß König Friedrich V. von Dänemark und Staatsmänner wie J.H.E. Bernstorff und Adam Gottlob Moltke sich um die Förderung von Wissenschaft und Literatur bemühten. Ihr Mäzenatentum war spätestens sichtbar geworden, als sie Friedrich Gottlieb Klopstock nach Kopenhagen beriefen, damit er dort seinen »Messias« vollenden könne.

Michaelis wandte sich an Bernstorff und regte eine Expedition in den Jemen an, ein Land, das damals nach römischem Vorbild »Arabia felix« genannt wurde. »Dieß Land«, schrieb Michaelis, »ist noch an uns unbekannten Geschenken der Natur reich: seine Geschichte steiget bis in die allerältesten Zeiten hinauf: seine Dialect ist von dem uns bekannten westlichen Arabischen noch verschieden, und da dieß Arabische, welches wir kennen, bisher das sicherste Hülfsmittel zur Erklärung des Hebräischen gewesen ist, was für ein Licht müßen wir dann billig für das allerwichtigste Buch des Alterthums, für die Bibel, erwarten, wenn wir die östliche Dialect Arabiens so gut kennen lernten, als die westliche?«

Bernstorff zeigte sich sofort an der Verwirklichung dieses Vorschlags interessiert. Sehr schnell weitete sich das Forschungsinteresse aus; nicht nur philologisch-theologische Fragestellungen wurden aufgeworfen, sondern – vorgetragen von den verschiedensten wissenschaftlichen Institutionen – zunehmend auch naturwissenschaftliche. Michaelis stellte einen Fragenkatalog zusammen, der 1762 veröffentlicht wurde, als die Expedition bereits unterwegs war: »Fragen an eine Gesellschaft Gelehrter Männer, die auf den Befehl Ihro Majestät des Königes von Dännemark nach Arabien reisen«. Der Göttinger Gelehrte war auch an der Formulierung der Instruktion für die Teilnehmer der Expedition beteiligt; der Text jedoch, bestehend aus 43 Paragraphen, trägt deutlich die Handschrift Bernstorffs.

Die Expedition verfolgte ausschließlich wissenschaftliche Ziele und stellte allein aufgrund dieser Forschungsvorhaben eine große kulturpolitische Leistung des dänischen Gesamtstaates dar. Den Reisenden wurde in Paragraph 1 der Instruktion eingeschärft, den »vorgesetzten Endzweck stets vor Augen (zu) haben, daß sie in diesem Land so viele Entdeckungen für die Gelehrsamkeit machen, als ihnen möglich seyn wird«. Der Aufenthalt in Arabien sollte zwei, möglichst aber drei Jahre währen. Als Voraussetzung für eine ertragreiche Arbeit wurde die Kenntnis der arabischen Sprache angesehen; deshalb sollten alle Teilnehmer, sofern sie noch kein Arabisch beherrschen, dieses sich aneignen.

Die Forschergruppe sollte so tief in das Land vordringen wie irgend möglich und dabei »den Ort ihres Aufenthalts oft genug verändern, um nicht bloß die Küste, sondern das Land kennen zu lernen«. Jedem der Teilnehmer wurden bestimmte Aufgaben zugeteilt. Alle sollten aber, und zwar jeder für sich, Tagebücher führen, in denen alle Beobachtungen festzuhalten waren. Gesammelte Materialien waren auf dem schnellsten Wege nach Kopenhagen zu senden. »Die sämtlichen Reisenden haben sich gegen die Einwohner Arabiens der grössesten Höflichkeit zu befleissigen. Sie sollen ihrer Religion nicht widersprechen, noch weniger sie auch nur implicite verächtlich machen, sie sollen sich dessen enthalten, was jenen verdrießlich ist.« Das ist nicht die Sprache kolonialherrlicher Arroganz, sondern zeugt von aufgeklärtem Geist. Dem hohen Anspruch in der Formulierung der Aufträge entsprachen dann auch die Ergebnisse der Expedition, deren wichtigste mit dem Namen Carsten Niebuhrs verbunden sind, und das nicht nur, weil er der einzige Überlebende war.

Professor Michaelis in Göttingen und Graf Bernstorff in Kopenhagen suchten die fünf Teilnehmer an der Expedition aus. Als erster bewarb sich der dänische Philologe Frederik Christian von Haven (1727–1763). Der zweite Bewerber, der Schwede Petrus Forsskål (1732–1763), studierte bei Michaelis Orientalistik, war aber auch Schüler des großen Botanikers Carl von Linné. Als Arzt trat Christian C. Cramer (1732–1763) hinzu, der nicht nur die Gruppe medizinisch betreuen, sondern auch bestimmte Forschungsaufgaben wahrnehmen sollte. Der vierte im Bunde war der aus Nürnberg stammende Zeichner und Maler Georg Wilhelm Baurenfeind (1728–1763), der die Aufgabe hatte, »den sämtlichen Reisenden zu Verfertigung der von ihnen ihm aufgetragenen Zeichnungen und Gemählde mit aller Willigkeit an Hand zu gehen. Insbesondere soll seine Hauptpflicht seyn, dem Professor Forsskål, in Ansehen der Naturalien, Thiere etc., deren Abzeichnung selbiger von ihm verlangen wird, Hülfe zu leisten. Wenn er diese erfüllet hat, so wird ihm auch aufgegeben, dem Philologo, Mathematico, und Artzte in Copirung von Inscriptionen und anderen Gelegenheit, da sie seiner Kunst nötig haben möchten, ohne Weigerung behülflich zu seyn« (Paragraph 43 der Instruktion).

Als Diener fungierte der schwedische Dragoner Berggren, von dem nur bekannt ist, daß er 1763 an der Malaria starb. Der fünfte wissenschaftliche Compagnon war Carsten Niebuhr. Michaelis hatte ihn vorgeschlagen, als man ihn aufforderte, einen Mathematiker auszusuchen. Da er selbst keine geeigneten Kandidaten kannte, wandte er sich an seinen Kollegen A.G. Kästner, der seinen Schüler Niebuhr vorschlug. »Noch ein glücklicher Umstand kam hinzu«, schrieb Michaelis in seiner Autobiographie (1793), »ich sollte einen nennen, dem man die Casse am besten anvertrauen könnte, ich nannte Niebuhr; denn er hatte eigenes Vermögen, war ein gesetzter junger Mann, und schon als Student, wo ich mich recht entsinne, Vormund über einen Sohn seines eigenen gewesenen Vormundes.«

Carsten Niebuhr wurde 1760 in Kopenhagen zum Leutnant im Ingenieurkorps ernannt, nachdem er sich, noch in Göttingen, – neben einigen Bemühungen im Erlernen der arabischen Sprache – astronomischen Studien unterzogen hatte. Am 7. Januar 1761 trat die Expedition an Bord des dänischen Kriegsschiffs »Grönland« die beschwerliche Reise an. Widrige Winde hatten eine kurzfristige Rückkehr, dann einen weiten Umweg und schließlich eine erhebliche Verzögerung im Mittelmeer zur Folge. Erst am 30. Juni 1761 erreichten die Reisenden Konstantinopel. Auf der Fahrt durch das Mittelmeer gelang es Niebuhr, eine wesentlich genauere Vermessung der Insel Malta vorzunehmen und eine Korrektur der bisherigen Karten zu veranlassen.

In Konstantinopel erkrankte der Mathematiker und konnte auf dieser Etappe der Reise die Stadt nicht vermessen, was er allerdings auf der Rückreise 1867 nachholte. Von Konstantinopel aus ging es weiter nach Nordägypten. Hier bestimmte Niebuhr die Lage von mehr als 300 Ortschaften, zeichnete eine Karte der Nilmündungsarme und einen Plan von Kairo. Ferner vermaß er unter Anwendung neuer Methoden die Cheops- und die Chefranpyramide. Ein Abstecher auf die Halbinsel Sinai, der dem Ankauf von alten Handschriften dienen sollte, blieb erfolglos. Auf einem Pilgerschiff erreichte die Gruppe von Suez aus Dschidda und anschließend Luhayya. Auf der Fahrt gewann Niebuhr durch permanent ausgeführte exakte Messungen die Daten zur Anfertigung seiner Karte des Roten Meeres, die für Jahrzehnte die zuverlässigste für die Region blieb und von englischen Kapitänen sehr geschätzt wurde. In Luhayya begann er sofort mit den Vermessungsarbeiten für seine Jemenkarte, die – ebenso nutzbringend – ein Jahrhundert lang als Grundlage für Forschungen in dieser Region diente.

Im Mai 1763 trafen die Teilnehmer der Expedition nach einer Reise über Hodeida, Bayt al-Faquîh und Tais in Mokka ein. Hier wurde F. G. von Haven am 25. Mai ein Opfer der Malaria. Einen Monat später starb Petrus Forsskål während der Reise nach Sana. Niebuhr kehrte daraufhin – selbst schwer erkrankt – nach Mokka zurück. Dort beschloß er, »weil die beyden Professores schon gestorben waren und wir also keine Anmerkungen mehr über die Sprache und Naturgeschichte machen konnten (. . .); weil wir überdies von den beständigen Beschwerlichkeiten, von der Veränderlichkeit der Luft und des Wassers in dem platten Lande und in den Gebürgen, eins ums andere unpäßlich wurden,« nach »Indien zu gehen, um unser Leben mit unseren Papieren in Sicherheit zu bringen«. Auf der Reise nach Bombay starben auch der Maler Baurenfeind und der Diener Berggren und »gleich nach der Landung im Februar 1764 – der Arzt Christian Cramer.«

Beschreibung
von
Arabien
Aus eigenen Beobachtungen
und im Lande selbst gesammleten Nachrichten
abgefasset
von
Carsten Niebuhr.

Kopenhagen, 1772.
Gedruckt in der Hofbuchdruckerey bey Nicolaus Möller.
Zu Leipzig zu bekommen bey B. C. Breitkopf und Sohn.

»Beschreibung von Arabien«. Titelseite der Ausgabe von 1772.

Carsten Niebuhr in arabischer Tracht.

Niebuhr – noch immer krank – blieb für vierzehn Monate in Bombay: »Nunmehr war von unsrer zahlreichen Gesellschaft Niemand mehr übrig als ich allein. Wenn ich mir den mir vorgeschriebenen Rückweg über Basra, und von hier zu Lande durch die ganze Türkey vorstellte, so konnte ich auf demselben nicht wenigere Beschwerlichkeiten erwarten, als wir auf der Reise von Egypten bis nach Bombay ausgestanden hatten, und ich hatte also wenig Hoffnung, Europa jemals wieder zu sehen.«

Das Bewußtsein, der letzte Überlebende dieser Expedition zu sein, stärkte ihn – so scheint es – durchzuhalten. Er unternahm sogar weitere Reisen, darunter eine nach Surat. Doch bei der Rückkehr nach Bombay war er schon wieder so krank, daß er erst nach längerer Pause die Weiterreise antreten konnte. Sicherheitshalber hatte er alle Manuskripte und die noch erhaltenen Naturalien nach Kopenhagen expediert, »denn da ich nicht wissen konnte, was mir noch auf der Rückreise begegnen würde, so hielt ich es für rathsam, letztere durch einen anderen Weg zu schicken, damit nicht die letzte Frucht der Reise verlorenginge.«

Im Dezember 1764 reiste Niebuhr über Oman durch den Persischen

Golf nach Norden. Als in der persischen Hafenstadt Bushir eine Karawane nach Shiras zusammengestellt wurde, entschloß er sich, einen Abstecher nach Persepolis zu unternehmen; damit konnte er sich zugleich einen von Jugend an gehegten Wunsch erfüllen. Carsten Niebuhr hat der Wissenschaft zahlreiche Dienste erwiesen. Als einer der bedeutendsten gilt, daß er in Persepolis die zahlreichen in Keilschrift abgefaßten Inschriften so sorgfältig kopierte, daß seine Abschriften Jahrzehnte später eine der Grundlagen für die Entzifferung dieser Schrift bildete. Sie ermöglichte den Zugang zu einem entscheidenden Abschnitt der antiken Kultur.

Im August 1765 setzte Niebuhr die Reise über die Insel Kharg nach Basra fort. Dort hielt er sich vier Monate auf und fertigte eine Stadtmonographie an. Im Januar 1766 traf er in Bagdad ein; auch von dieser Stadt zeichnete er einen Plan. Als erster Europäer besuchte er die Pilgerorte Nedjef und Kerbela. Schließlich lernte Carsten Niebuhr als erster europäischer Wissenschaftler die Ruinen von Babylon kennen. Im Juni 1766 traf er in Aleppo ein, wo er Material über die Drusen und ihre Geschichte sammelte.

Von Aleppo aus unternahm er auf Anweisung Bernstorffs noch einen Abstecher nach Zypern, um dort mutmaßlich phönikische Inschriften zu kopieren. Da Niebuhr selbst den Wunsch hatte, noch die heiligen Stätten in

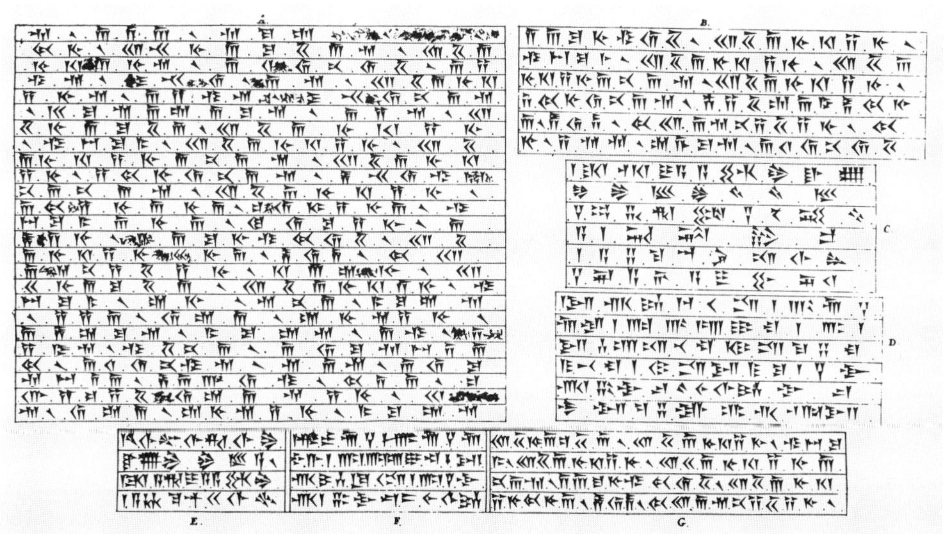

Niebuhrs exakte Kopien der Keilschrifttexte waren eine der Voraussetzungen für deren Entzifferung.

Jerusalem zu sehen, gelangte er auf dem Wege über Damaskus und Aleppo zurück. Hier brach er im November mit einer Karawane auf, die das winterliche Anatolien durchquerte und im Februar 1767 Konstantinopel erreichte. Auch von dieser Stadt zeichnete der Vermesser einen Plan, bevor er endgültig die Heimreise antrat, die ihn über Polen nach Norddeutschland, mit kurzen Stationen in Göttingen und im Land Hadeln, dann nach Kopenhagen zurückführte; dort traf er am 20. November 1767 ein.

Sein Einsatz, die Strapazen, die Opfer und der Ertrag der Reise wurden nur dürftig belohnt: Niebuhr wurde zum Kapitän (Hauptmann) befördert. Er machte sich sofort daran, seine Messungen, Beobachtungen und Aufzeichnungen für eine Buchveröffentlichung vorzubereiten. Die Kosten für die zahlreichen Kupferstiche übernahm die dänische Regierung. 1772, im Todesjahr Bernstorffs, erschien die »Beschreibung von Arabien. Aus eigenen Beobachtungen und im Lande selbst gesammleten Nachrichten abgefasset von Carsten Niebuhr«. 1774 und 1778 folgten die ersten beiden Bände der »Reisebeschreibung nach Arabien und anderen umliegenden Ländern«. Ein dritter Band kam erst 1837, nach Niebuhrs Tod, heraus.

Diese Werke wurden von der Wissenschaft begeistert aufgenommen; bald erschienen Übersetzungen ins Dänische, Englische, Französische und Niederländische. Doch »Bestseller« wurden Niebuhrs Bücher trotzdem nicht; ihr trockener, schwerfälliger Stil und ihr auf wissenschaftliche Information angelegter Aufbau unterschied sich deutlich von den im 18. Jahrhundert beliebten Reiseberichten, in denen das Abenteuerliche und Exotische dominierte und durch die sich am Ende beim Leser die Gewißheit von der Überlegenheit mitteleuropäischer Lebensformen verfestigen konnte.

Niebuhr sorgte nicht nur für die Edition der eigenen Forschungsergebnisse, sondern gab auch Forsskåls Arbeiten, die »Descriptiones animalium« und den dazugehörigen Abbildungsband »Icones rerum naturalium« (1775) heraus. Forsskåls Reisetagebuch bereitete er für eine Veröffentlichung vor. Sie erfolgte aber erst 1950.

1778 nahm Niebuhr seinen Abschied vom Militär; er übernahm das Amt des vor allem für die Steuererhebung zuständigen Landschreibers von Süderdithmarschen mit dem Titel eines Justizrates. Mit seiner Frau Christiane Sophie, die er 1773 geheiratet hatte, siedelte er nach Meldorf über.

Dort pflegte der Weitgereiste seit 1781 freundschaftlichen Umgang mit dem Landvogt, Dichter und Gelehrten Heinrich Christian Boie (1744–1806) und dessen Kreis, zu dem auch Matthias Claudius und Johann Heinrich Voß gehörten.

1802 wurde Niebuhr korrespondierendes Mitglied der Académie Française, 1808 erfolgte seine Ernennung zum Etatrat, und 1809 zeichnete ihn König Friedrich VI. mit dem Danebrogorden aus. In den letzten Lebensjahren ließ seine Sehkraft rapide nach; am Ende war er blind. Carsten Niebuhr starb am 26. April 1815 in Meldorf. Die Erhebung in den Adelsstand hatte er abgelehnt. »Er urtheilte, daß wer dieß thäte, seine Abstammung nicht für hinreichend ehrenvoll halten müsse«, schrieb sein Sohn, der Historiker und Staatsmann Barthold Georg Niebuhr (1776–1831), der ihm 1816 eine Lebensbeschreibung widmete. Darin heißt es weiter, der Vater sei anspruchslos, aufopfernd und eigensinnig gewesen »und blieb überhaupt sein ganzes Leben lang ein ächter Bauer, mit allen Tugenden, und auch mit den kleinen Fehlern seines Geburtsstandes.«

Andreas Peter Graf von Bernstorff

Sein Name ist für immer verknüpft mit der Erinnerung an die wohl glücklichste Zeit des dänischen Volkes«, heißt es nahezu wortgleich in der Neuen Deutschen Biographie von 1955 und im Dänischen Biographischen Lexikon von 1979. Der dänische Historiker Ole Feldbæk hat anläßlich einer Feierstunde zum 250. Geburtstags von Andreas Peter Bernstorff einige Korrekturen an dieser Einschätzung vorgenommen, ohne damit die staatsmännische Bedeutung Bernstorffs schmälern zu wollen. Im Gegenteil: dem traditionellen Idealbild hat Feldbæk den Realpolitiker gegenübergestellt und damit seine Leistungen noch stärker betont: »Das Ende des 18. Jahrhunderts ist traditionell dargestellt worden als die glücklichste und harmonischste Periode in der Geschichte Dänemarks und des Gesamtstaats, außenpolitisch gestützt durch die ›Ruhe des Nordens‹. Und es ist verständlich, daß die Menschen, welche die Schlacht auf der Kopenhagener Reede 1801, den Krieg von 1807 bis 1814, den Staatsbankrott und den Verlust von Norwegen erlebt hatten, das Ende des 18. Jahrhunderts als die Goldene Zeit ansahen. Aber was Bernstorff nach seiner Rückberufung 1784 antraf, war weit entfernt von Harmonie und Ruhe. Viel mehr waren es große und ernste, zum Teil neue und nie gekannte Probleme: eine absolutistische Regierung unter einem geisteskranken Monarchen, ein sechzehnjähriger Kronprinz-Regent, zerstörte Staatsfinanzen, ein dringendes Bedürfnis nach umfassenden Agrarreformen, eine beginnende nationale Gärung innerhalb der einzelnen Teile des Gesamtstaates, die dauernde Bedrohung Norwegens durch Schweden, die ewig drohende Gefahr einer russischen Hegemonie in Nordeuropa, die erwachende Kritik am Absolutismus als Staats- und Regierungsform nach 1789 und der Aufmarsch für den Weltkrieg, der schließlich 1793 ausbrach.«

Andreas Peter von Bernstorff wurde am 28. August 1735 in Gartow bei

Andreas Peter Graf von Bernstorff war neben seinem Onkel der bedeutendste Vertreter des aufgeklärten Absolutismus in Dänemark.

Lüchow geboren. Er wuchs in einer norddeutschen Adelsfamilie auf, in der das Gutsleben von europäischem Geist durchdrungen war. Politische Tätigkeit in Führungsfunktionen gehörte zum Selbstverständlichen; Bernstorffs Großvater war der engste Berater König Georgs I. von England aus dem Hause Hannover. Sein Onkel war in dänischen Diensten zum Lenker der Staatsgeschäfte aufgestiegen.

Nach der üblichen Ausbildung durch Hauslehrer studierte er Rechtswissenschaften an verschiedenen Universitäten, um anschließend auf die obligatorische Bildungsreise zu gehen. Der »Grand Tour« führte Bernstorff unter anderem nach Wien, Paris, Rom und London. Als 23jähriger kam Bernstorff 1758 nach Kopenhagen, wo er, gefördert von seinem Onkel, Johann Hartwig Ernst von Bernstorff (1712–1772), in den Staatsdienst eintrat. Er absolvierte seine »Lehrjahre« nicht – wie angesichts der Karriere seines Onkels zu erwarten gewesen wäre – als Diplomat, sondern in der Verwaltung. Im Kanzleigebäude auf der Kopenhagener Schloßinsel machte er wichtige Erfahrungen mit der Praxis des dänischen Absolutismus, die sich als fruchtbar für den künftigen »Realpolitiker« erwiesen. Die Finanzverwaltung und die Wirtschaftspolitik waren Bernstorffs Hauptarbeitsgebiete. Seine soliden Kenntnisse auf diesem Feld erlaubten ihm später, als er das Amt des Außenministers inne hatte, seine Politik auf eine realistische Einschätzung der materiellen Ressourcen des dänischen Gesamtstaates zu gründen.

Während der Jahre 1758 bis 1766 lernte Bernstorff eine effektive und qualifizierte Bürokratie kennen, die einer Staatsregierung zuarbeitete, in der politisch verantwortliche Fachminister für sachgerechte Entscheidungen und für die entsprechenden Unterschriften des kranken Königs – Friedrich V. – sorgten. Nach dem Thronwechsel von 1766 erlebte er dann auch, wie eine zunehmende Lähmung der Regierung eintrat, weil die Verbindung zwischen dem Staatsrat und dem König abgeschnitten wurde. Männer ohne politisches Verantwortungsgefühl verstanden es, den geisteskranken Monarchen – Christian VII. – zu manipulieren. Machtkämpfe innerhalb der Bürokratie untergruben darüber hinaus die Autorität des Staates.

1770, mit Beginn der Ära Struensee, war für die Bernstorffs kein Platz mehr in Kopenhagen. Im September wurden Johann Hartwig Ernst von Bernstorff und die übrigen Minister entlassen; drei Monate später folgte ihnen Andreas Peter von Bernstorff. Er verfolgte die wirren sechzehn Monate des Struensee-Intermezzos von seinem Gut Dreilützow in Mecklenburg aus. Danach begann seine zweite Tätigkeitsphase im dänischen Staatsdienst (1772 bis 1780), die ihm zwar hohe und angesehene Ämter brachte, die sich aber doch als Zeit der Niederlagen und Enttäuschungen erwies.

Die Königinwitwe Juliane Marie und ihr Kabinettssekretär Ove Guldberg hatten den Sturz Struensees nicht herbeigeführt, um die frühere Staatsratsregierung wiedereinzurichten; sie strebten einen unmittelbaren Einfluß des Hofes auf die Staatsgeschäfte an und taten alles, um einen Machtverlust zu verhindern. Mit der Etablierung des Geheimen Staatsrats wurde ein Instrument geschaffen, das vom Hof gelenkt werden konnte.

Kosmopolitisch eingestellte Fachleute wie Andreas Peter Bernstorff galten als unzuverlässig und sollten möglichst bürgerlichen Juristen mit dänisch-nationaler Gesinnung weichen. Dennoch wurde Bernstorff kurz nach seiner Rückkehr nach Kopenhagen, im April 1773, Außenminister mit Sitz im Staatsrat, denn der Kandidat des Hofes hatte den Posten zurückgewiesen. Die Ernennung zum Direktor der Deutschen Kanzlei kam nur auf massiven Druck der Schleswig-Holsteinischen Ritterschaft zustande. Der Landesadel war nicht gewillt, sich einer bürgerlich dominierten Kanzlei nach Struenseeschem Muster unterzuordnen. Vor allem Caspar von Saldern auf Schierensee verlangte die Wiederherstellung des alten Zustands; andernfalls werde er den russisch-dänischen Tauschvertrag über das Herzogtum Holstein, der unmittelbar vor dem Abschluß stand, zu Fall bringen. Bernstorff empfahl dem Erbprinzen, der Ritterschaft nachzugeben. Und da kein anderer geeigneter Kandidat zur Verfügung stand, wurde er selbst an die Spitze der Deutschen Kanzlei gestellt. Für diese Personalentscheidung hatte sich besonders Heinrich Carl Schimmelmann eingesetzt. Durch Bernstorff werde, erklärte er dem Erbprinzen, eine besonders solide Klammer zwischen dem Königreich und den Herzogtümern hergestellt, da dieser als Gutsherr von Borstel ja auch ein schleswig-holsteinischer Adliger sei. Bei seiner Amtsübernahme gelobte Bernstorff: »So lange ich lebe und Einfluß besitze, wird der Adel es nicht bedauern, daß Holstein unter dem selben Souverän vereinigt ist, und wird nicht für seine Rechte und Privilegien zu fürchten haben.« Kurz darauf wurde er als rezipiertes Mitglied in die Ritterschaft aufgenommen und hatte nun auch die Möglichkeit, sich für die eigenen Privilegien einzusetzen.

Da keine Landtage mehr einberufen wurden, waren die politischen Möglichkeiten der Stände, und damit der Ritterschaft, gering. Um der Ritterschaft dennoch mehr Gewicht zu geben, empfahl Bernstorff, eine »Fortwährende Deputation« zu bilden, die für die Interessenvertretung zu sorgen hatte. Bei alledem war seine Haltung gegenüber seinen Standesgenossen keineswegs von besonderer Hochachtung geprägt: Er vermochte an ihnen kaum eine Standestugend, keine Leidenschaft für den Dienst in der Politik und in der Armee zu entdecken – hielt sie für ungebildet und borniert. Deshalb sprach er sich dafür aus, möglichst alle adligen Gutsbesitzer als rezipierte Mitglieder in die Ritterschaft aufzunehmen; diese könne durch neue Kräfte nur gewinnen. Doch hier waren Bernstorffs Vorstöße vergebens. Am Ende stimmte er den Argumenten derjenigen zu, die einem Teil der Adligen den Zutritt verwehrten. Diese hatten mit ihren Attacken gegen die Ritterschaft nicht unbedingt für sich geworben.

Als Direktor der Deutschen Kanzlei wandte Bernstorff seine besondere Aufmerksamkeit dem Ausbau der Universität Kiel zu. Er hoffte, daß eine geschickte Berufungspolitik sich in wenigen Jahren für das Land auszahlen würde. Tüchtige Professoren sollten tüchtigen Nachwuchs heranbilden, und dieser werde dafür sorgen, »daß wir im Überfluß leben«, schrieb er an Detlev Reventlow, als er ihn überredete, das Amt des Universitätsprokurators zu übernehmen.

Aber nicht nur bei seinen Standesgenossen in den Herzogtümern hatte Bernstorff gegen Widerstände zu kämpfen. Schwerer noch war es für ihn in Kopenhagen. Die Hofpartei demonstrierte ihre Macht, etwa als sie es 1776 verstand, die Verordnung über das Indigenatsrecht – die Bestimmung, daß mit Führungspositionen nur im Lande Geborene betraut werden dürfen – als königliche Kabinettsordre ausstellen zu lassen, ohne den Staatsrat dazu zu hören. Von dieser Ordre war Bernstorff selbst nicht betroffen, weil er bereits in königlichen Diensten stand; doch daß sie sich gegen Männer wie ihn richtete, war ihm sehr wohl bewußt. Er versuchte, sich gegen die Kabinettsordre zu wehren, konnte diese aber nur von der Außenpolitik abwenden. Auf diesem Gebiet galt der Minister auch in den Augen des Hofes als unersetzbar. Erst als sich die Frage stellte, wann Kronprinz Friedrich in den Staatsrat eintreten solle, wobei er dem Einfluß des Außenministers ausgesetzt gewesen wäre, wurde Bernstorffs Verdrängung betrieben. Eine russische Verstimmung über die Art der dänischen Neutralitätspolitik diente im Herbst 1780 als Vorwand für seine Entlassung.

Am 14. April 1784, unmittelbar nachdem der 16jährige Kronprinz – später Friedrich VI. – die Minister des Hofes im Staatsrat überrumpelt und sich die Unterschrift seines Vaters unter die Ordre gesichert hatte, mit der die Aufhebung der Hofregierung und die Rückkehr zur Staatsregierung verfügt wurde, erging der Ruf an Bernstorff, nach Kopenhagen zurückzukehren. Und Bernstorff verschloß sich auch diesmal nicht. Am 1. Mai 1784 kam er aus dem politischen Exil in die dänische Hauptstadt zurück. Er fand ungeordnete Verhältnisse vor. Die Wirtschafts- und Finanzpolitik befand sich in einer tiefen Krise, und die außenpolitische Position des Königreichs war problematisch. Von der »Ruhe des Nordens« – wie der nach dem Ende des Nordischen Krieges erreichte friedliche Zustand zwischen Dänemark-Norwegen, Schweden und (mit Einschränkungen) Rußland bezeichnet wird – konnte angesichts der aus Schweden drohenden Gefahr ernstlich nicht mehr die Rede sein.

Bernstorffs staatsmännische Leistung in der Zeit von 1784 bis zu seinem Tod, 1797, muß auf außenpolitischem und auf innenpolitischem Feld gleichermaßen gesehen werden. Der dänische Neutralitätskurs war in dieser Zeit mehrfach gefährdet. Die Frage, ob Schweden durch Rußlands Haltung daran gehindert wurde, sich Norwegens zu bemächtigen, oder aber durch die Diplomatie Bernstorffs, ist ebensowenig eindeutig zu beantworten wie jene, wer letztlich bewirkt hat, daß sich Dänemark aus dem schwedisch-russischen Krieg (1788 bis 1790) heraushalten konnte. Der dänische Außenminister hat zumindest die Entwicklung mitbestimmt. Besonderen Ruhm hat Bernstorff wegen seiner konsequenten Haltung im Sommer 1793 erlangt, als er auf der strikten Einhaltung des Völkerrechts gegenüber dem Drängen Englands und Preußens, die Schiffahrt nach dem revolutionären Frankreich einzustellen, beharrte. Tatsächlich hat er England in einem wichtigen Punkt nachgegeben – die norwegischen Häfen wurden für französische Kaperschiffe gesperrt – und sich auch in diesem Fall als Realpolitiker erwiesen.

Gänzlich unbestritten sind Bernstorffs Leistungen als Staatsmann in der Innenpolitik. Er war seit langem von der Notwendigkeit einer Agrarreform in Dänemark und in den Herzogtümern überzeugt. Entsprechende Maßnahmen, auf dem eigenen Gut getroffen, hatten sich als vorteilhaft erwiesen und ihn in seiner drängenden Haltung bestärkt. Ohne die Gewißheit, daß der Kronprinz die große Landreform, in deren Mittelpunkt die Aufhebung des Schollenbandes (1788) stand, befürworten würde, hätte

Bernstorff seine Absichten kaum umsetzen können. So aber konnte er sogar den Rücktritt zweier Minister durchsetzen, ohne zu scheitern. Und doch verlief die Reform erstaunlich harmonisch, weil ihr Initiator stets rechtzeitig spürte, wo die Toleranzschwelle bei den Betroffenen lag.

In den Herzogtümern hatte zunächst die gewerbliche Wirtschaft Vorteile aus der Bernstorffschen Politik gezogen; der Bau des Schleswig-Holsteinischen Kanals (»Eider-Kanal«) und die Schaffung der Schleswig-Holsteinischen Bank im Jahre 1788 bedeuteten wichtige Impulse für Handel und Gewerbe im Lande. Davon profitierten aber nur die Städte; die Landwirtschaft stagnierte, besonders dort, wo es die Leibeigenschaft gab. Sie aufzuheben, war deshalb sowohl aus sozialen wie aus wirtschaftlichen Gründen notwendig. Doch war ein Vorgehen wie im Königreich in den Herzogtümern kaum möglich. Hier schaffte es Bernstorff, die Gutsbesitzer dazu zu bringen, aus freiem Entschluß die Leibeigenschaft aufzuheben. 1795 wurde eine gemeinsame paritätische Kommission eingesetzt, die sich mit der schwierigen Materie befaßte. 1797 konnte man dem König und Bernstorff den Beschluß mitteilen, die Leibeigenschaft binnen acht Jahren aufzuheben. Diese Frist wurde für notwendig gehalten, um auch die Details so zu organisieren, daß die Folgen für die Gutsbesitzer und die Bauern gleichermaßen akzeptabel würden.

Bernstorff hatte zur Reform gedrängt. Tat er dies, weil er – wie Johan Hvidtfeldt vermutet hat – spürte, daß seine Tage gezählt waren? Tatsächlich hatte er sich im Dienst am Vaterland verzehrt. Er starb am 21. Juni 1797. »Bei seinem Tod fürchteten sich viele vor der Zukunft, und ihre Furcht sollte sich als wohlbegründet erweisen« (Ole Feldbæk).

Matthias Claudius

Leben und Werk des Matthias Claudius sind von solcher Schlichtheit, daß für sie das Symbol des Boten, Tasche und Stock, besonders passend erscheint. Geboren wurde er am 15. August 1740 in Reinfeld; sein Vater, der Pastor Matthias Claudius, taufte ihn einen Tag nach der Geburt. Über seine Kinderjahre ist kaum etwas bekannt. Er hat, davon ist auszugehen, die in einem Pfarrhaus übliche Erziehung genossen, in der theologische und klassisch philologische Inhalte dominierten. Als der Sohn etwa 15 Jahre alt war, schickte der Vater ihn auf die Lateinschule nach Plön, um eine bessere Vorbereitung für das ins Auge gefaßte Studium der Theologie zu erreichen.

Claudius ging 1759 nach Jena und begann mit dem Theologiestudium, wechselte aber bereits nach einem Jahr zur Rechts- und Kameralwissenschaft über. 1763 verließ er die Universität ohne Abschluß und kehrte ins Elternhaus nach Reinfeld zurück. In Jena hatte sich der Student der »Teutschen Gesellschaft« angeschlossen; dort war er mit Heinrich Wilhelm von Gerstenberg (1737–1823) zusammengetroffen, der Einfluß auf seine ersten literarischen Arbeiten nahm. An ihn wandte sich Claudius auch, als er eine Stellung suchte. »Stirbt in Kopenhagen nicht ein Sekretär?« fragte er an. Tatsächlich erhielt er in der dänischen Hauptstadt eine Sekretärsstelle beim Grafen Holstein. Doch nur ein Jahr hielt er es dort aus; 1765 war er bereits wieder in Reinfeld bei seinen Eltern. In zahlreichen Briefen, so scheint es, bereitete sich der Stellungslose auf seine spätere journalistische Tätigkeit vor; denn in ihnen dominiert bereits das für ihn typische Nachrichtenallerlei. Da ist in einem Satz von der großen Politik die Rede und im nächsten vom Zustand der Apfelernte in Reinfeld. So wird Claudius auch den Wandsbeker Boten gestalten. Im Elternhaus fühlte er sich geborgen; den Heimatort zu verlassen fiel ihm schwer: »Es ist hier recht schön. Eure Christianshaver und Kopenhagener Gasthöfe sind mir nicht so. Kein Auge zu des Nachts für Nachtigallengeschrei.«

Schon zu seinen Lebzeiten wurde Matthias Claudius mit dem Wandsbeker Boten identifiziert.

1768 hielt er sich in Hamburg auf. Von Hamburgs Schönheit schwärmte er; diese Stadt war seine stille Liebe. Hier hätte er gern als Übersetzer gearbeitet, vertraute er Carl Philipp Emanuel Bach an, den er um Hilfe bat. Statt dessen wurde er Journalist beim Hamburgischen »Adress-Comptoire«. Doch auch diese Tätigkeit währte nur zwei Jahre. 1770 lernte Claudius neben Klopstock und Lessing auch Herder kennen, zu dem er Vertrauen faßte. Ihm schrieb er: »Bode legt zu Neujahr 1771 eine Zeitung in Wandsbeck an, und ich werde sie schreiben helfen. Sie soll wie die meisten Zeitungen einen politischen und einen gelehrten Artikel haben. Ich habe hin und her gedacht, wie man den letzten neu und etwas eigenes habend einrichten könnte.« Und in einem anderen Brief heißt es: »Den Titel nun haben wir, nämlich ›Wandsbecker Bothe Nr. 1 Anno 1771‹.« Im »Wandsbecker Bothen« – von 1773 an führte die Zeitung den Namen »Der Deutsche, sonst Wandsbecker Bothe« –, der viermal wöchentlich erschien, veröffentlichte Claudius von 1771 bis 1775 seine wichtigsten dichterischen und publizistischen Arbeiten. Zur Mitarbeit gewann er bedeutende Autoren wie Lessing und Gerstenberg oder die Mitglieder des Göttinger Hainbundes. Der

»Wandsbecker Bothe« war eines der originellsten Blätter seiner Zeit, und doch blieb der »Bote« eine Lokalzeitung. Daran änderten auch die Bemühungen des Verlegers J. J. Ch. Bode und die Unterstützung der Claudius-Freunde von Herder bis Klopstock nichts.

Claudius prägte den »Boten« durch eine geschickte Mischung der Nachrichten und einen scheinbar naiven, volkstümlichen Ton, den er auch im Feuilleton anschlug, das ihm besonders am Herzen lag. Hier rezensierte er die frühen Arbeiten Goethes, deren Charakter er sofort begriff und die er in seiner Sprache vorstellte: »Weiß nicht, ob's 'n Geschicht' oder 'n Gedicht ist, aber ganz natürlich geht's her, und weiß einem die Tränen recht aus'm Kopf herauszuholen.« Auch für Lenz und Klinger setzte sich Claudius ein. Ganz besondere Förderung erfuhr Klopstock, während Wieland keine Gnade fand; er galt dem »Boten« als »Tugendverderber« und »Jugendverführer«.

Claudius war gläubiger Christ, und seine Religiosität bestimmte auch dann die Lyrik, wenn sie nicht selbst ihr Gegenstand war:

»Die Sternseherin Lise

Ich sehe oft um Mitternacht,
Wenn ich mein Werk getan
Und niemand mehr im Hause wacht,
Die Stern' am Himmel an.

Sie gehn da, hin und her zerstreut
Als Lämmer auf der Flur;
In Rudeln auch, und aufgereiht
Wie Perlen an der Schnur;

Und funkeln alle weit und breit,
Und funkeln rein und schön;
Ich seh' die große Herrlichkeit,
Und kann mich satt nicht sehn . . .

Dann saget, unterm Himmelszelt,
Mein Herz mir in der Brust:

›Es gibt 'was Bessers in der Welt
Als all ihr Schmerz und Lust.‹

Ich werf' mich auf mein Lager hin,
Und liege lange wach,
Und suche es in meinem Sinn,
Und sehne mich darnach.«

1771 verliebte sich Claudius in die Zimmermannstochter Rebekka Behn, sein »Bauernmädchen«. Die Leser des »Wandsbecker Bothen« erfuhren unter der Rubrik »Gelehrte Sachen«, was sie schon immer über »das Sonderbare und Unbegreifliche bei der Liebe« wissen wollten: »Da steht man und zittert – und verstummt – das Herz fängt einem an zu schlagen und die Wangen zu glühen – und man weiß nicht wie und warum.«

Nach der Heirat mit seinem »Bauernmädchen« mußte Claudius sich nach einem besseren Einkommen umsehen, »denn mein itziges Pferd kann uns nicht beide tragen«. Die Tage des »Boten« waren ohnehin gezählt. Am 6. November 1775 schrieb er an Gleim: »Seit Johannis schreib ich den Bothen nicht mehr und hätte eine kleine Stelle freilich wohl nötig, aber es hat von jeher mit mir nicht fortwollen.« Er möchte eine Stelle auf dem Lande, möglichst in der Nähe. Als ihm Herder anbietet, in Darmstadt die Stelle eines Geheimen Kanzleisekretärs anzutreten, bekundet er diesem zwar Dank, fügt dann aber hinzu: »Nach meiner Meinung möchte ich lieber eine weniger glänzende und mehr ruhige Stelle haben und etwa Vorsteher eines im Walde gelegenen Hospitals oder andere milde Stiftung, Verwalter eines Jagdschlosses, Garteninspektor, Vogt eines Dorfes p.p. werden, dabei ich Zeit hätte, meinen Grillen nach zu jagen.« Da sich aber eine solche Position nicht finden ließ, nahm Claudius 1776 die vom hessischen Minister W. G. von Moser bereitgestellte Position eines Oberlandeskommissars in Darmstadt an. Die Redaktion der »Hessisch-Darmstädtischen privilegierten Land-Zeitung« kam noch hinzu. In Darmstadt hielt es Claudius nur ein Jahr lang aus. Angeblich des Klimas wegen quittierte er den Dienst und kehrte – allerdings mit einer finanziellen Unterstützung der Herzogin Anna Amalia von Sachsen-Weimar – nach Wandsbek zurück. Hier lebte er in den folgenden Jahren als Literat. Sein Einkommen bestand aus dem Kostgeld, das einige junge Männer, die er in seinem ohnehin schon kinderreichen Haushalt – Claudius hatte fünf Söhne und sechs Töchter – aufnahm, zahlten, und aus einem Jahresgehalt des dänischen Kronprinzen. Hinzu kamen die bescheidenen Honorare für seine Übersetzungen aus dem Französischen und für die Ausgabe seiner gesammelten Beiträge für den »Boten«, die er erstmals 1775 unter dem Titel »ASMUS omnia sua secum portans« in zwei Teilen zusammentrug und die sich bis 1812 auf acht Teile ausdehnte.

Der sich ganz und gar antiklassisch gebende Claudius hatte gerade nach der Französischen Revolution viele Freunde und Verehrer. Zu diesen gehörten Fritz und Julia von Reventlow, die den Dichter nach Emkendorf einluden, weil sie in ihm, dem pietistisch geprägten Pastorensohn, einen »Seelenfreund« sahen. Wenn Claudius sich in Emkendorf aufhielt, wohnte er in dem 1796 errichteten Gartenhaus. Rebekka Claudius, das »Bauernmädchen«, begleitete ihren Mann des öfteren. Hier, auf dem Herrensitz der Reventlows, soll sein bekanntestes Gedicht, das »Abendlied«, entstanden sein: »Der Mond ist aufgegangen«. Aber auch Reinfeld und Wandsbek erheben Anspruch darauf, den Dichter zu diesem lyrischen Meisterwerk inspiriert zu haben.

In späteren Jahren beschäftigte sich Claudius sehr eingehend mit der Geschichte nichtchristlicher Religionen, wobei er ein hohes Maß an Aufgeschlossenheit an den Tag gelegt haben soll. Nach der Wende vom 18. zum 19. Jahrhundert schwand der Einfluß des Dichters. 1811/12 wurde sein Gedankengut zwar noch einmal Gegenstand einer religionsphilosophischen Kontroverse zwischen F. H. Jacobi und F. W. J. Schelling, doch seine Popularität war den politischen Ereignissen der Zeit längst zum Opfer gefallen. 1813 mußte er während der Kriegsereignisse sein Wandsbeker Heim verlassen. Bei der Besetzung des Hauses wurde sein schriftlicher Nachlaß gänzlich vernichtet.

Matthias Claudius, bereits zu Lebzeiten mit dem »Wandsbecker Bothen« identifiziert, starb am 21. Januar 1815 in Wandsbek. Er hat nie danach gestrebt, seine Talente ins rechte Licht zu kehren. Er bevorzugte das schlichte Gewand, in seinem Werk und in seinem Leben. Dem sind die Gedenkveranstaltungen und Würdigungen im Jahr 1990, anläßlich seines 250. Geburtstags, nicht immer gerecht geworden.

Caspar von Voght

Der Name Voght wird vor allem im Zusammenhang mit dem Entwurf von Sozialplänen für die notleidenden Massen Hamburgs genannt; daß er auch zu den großen Anregern auf dem Feld der Bildungsbemühungen für die Agrarbevölkerung – besonders Norddeutschlands – im späten 18. und frühen 19. Jahrhundert gehörte, ist darüber fast vergessen worden.

Caspar Voght wurde am 17. November 1752 als Sohn eines reichen Hamburger Kaufmanns und Senators geboren. Dieser Umstand erlaubte ihm, auf ausgedehnten Reisen während der Jahre 1771 bis 1775 in ganz Europa Erfahrungen zu sammeln. Nach dem Tod des Vaters übernahm er 1781 das Voghtsche Handelshaus, das zunächst auf Seidenwaren und Leinenerzeugnisse spezialisiert war, später aber als Hauptgeschäft den Getreidehandel betrieb, wobei die Überschüsse im Osten aufgekauft und in die unterversorgten Länder Westeuropas geliefert wurden. Der junge Voght erwies sich rasch als erfolgreicher Kaufmann, vor allem im Amerika-Handel.1796 erhielt er den Titel eines dänischen Etatrates, und 1802 wurde er in Wien für seine Verdienste um das Armenwesen in den Reichsfreiherrenstand erhoben. Er hatte in Hamburg die Armenfürsorge auf eine völlig neue Grundlage gestellt; das »Hamburger System« machte rasch Schule in anderen Großstädten, so in Wien, Berlin, Paris und Rom.

1785 erwarb der Hansestädter vor den Toren Hamburgs im Herzogtum Holstein mehrere Bauernhöfe, um sich einen standesgemäßen Landsitz zu schaffen. Diesen Plan ließ er jedoch fallen, als sein Interesse für die Modernisierung der Landwirtschaft erwachte. Auf seinen Reisen hatte er die Fortschritte der Landwirtschaft in anderen Ländern kennengelernt. Vor allem England war für ihn zum Vorbild geworden. Voght beschloß, aus seinem Grundbesitz in Kleinflottbek ein Mustergut zu machen, von dem aus er die Förderung der Landwirtschaft betreiben und so zur Vermehrung des Wohlstands der Landbevölkerung beitragen wollte. Er war bestrebt, neben neuesten landwirtschaftlichen Geräten auch Fachleute aus England ins Land

Caspar von Voght war nicht nur ein erfolgreicher Kaufmann, sondern auch ein bedeutender Sozialpolitiker und Agrarreformer.

zu holen. Die Lektüre landwirtschaftlicher Literatur – vor allem die Werke Arthur Youngs fanden sein Interesse – brachte ihm große Kenntnisse und bewegte ihn, sich zunehmend auch pädagogisch zu betätigen.

Regelmäßig veranstaltete der Autodidakt »ökonomische Abende« zu aktuellen Problemen der Landwirtschaft und forderte dazu auf, die Ergebnisse im Lande zu propagieren. Als besonders motivierter Schüler und Multiplikator der Voghtschen landwirtschaftlichen Ideen erwies sich Lucas Andreas Staudinger (1770–1842). Aber auch Albrecht Thaer (1752–1828) und Johann Heinrich Thünen (1783–1850) wurden von Voght inspiriert; letzterer als er 1810 sein Mustergut in Tellow, Mecklenburg, errichtete. Voght trug ebenfalls durch seine große agrarwissenschaftliche Fachbibliothek dazu bei, daß moderne Erkenntnisse der Landwirtschaft bei interessierten Agronomen bekannt wurden.

Seit 1812 konnte Caspar von Voght seine Erfahrungen und Anregungen auch über die von Johann Daniel Lawaetz (1750–1826) initiierte »Schleswig-Holsteinische patriotische Gesellschaft« publik machen, die sich primär der Aufgabe widmete, »die Ausbreitung der Kenntnisse, die zur Verbreitung der inländischen Gewerbetätigkeit, besonders des Landbaus dienen könnten«, zu betreiben. Voght genügten aber die Erfolge der »patriotischen Gesellschaft« noch nicht. Er schlug vor, einen landwirtschaftlichen Verein zu gründen, um möglichst viele Landwirte in Schleswig-Holstein zusammenzufassen. Eine Schriftenreihe, die seit 1821 erscheinenden »Landwirtschaftlichen Hefte«, intensivierte das Bildungs- und Beratungswesen. Voght selbst konzentrierte sich auf die Verbesserung und Vermehrung des Raps-, Klee- und Kartoffelanbaus und propagierte die Fruchtwechselwirtschaft unter Berücksichtigung der Gründüngung. Stets konnte er seine Aufklärungstätigkeit auf eigene Anbauversuche stützen. Die Verteilung von Lehrschriften und Besichtigungen auf dem Gut in Kleinflottbek führten dazu, daß die Bauern dem Vorbild nacheiferten.

Auf Voghts Betreiben ging auch die erste Baumschule in Holstein zurück, in der zahlreiche Lehrlinge ausgebildet wurden. Sie eröffneten später eigene Betriebe, die die Tradition der heutigen Pinneberg-Rellinger Baumschulen begründeten. Auch zur Verbesserung der Viehhaltung und zur Modernisierung des landwirtschaftlichen Geräts trug Voght wesentlich bei. Schließlich sind seine agrarpolitischen und betriebswirtschaftlichen Empfehlungen sowie seine Bemühungen um die Verbesserung der Lebensbedingungen der Landarbeiter zu nennen. Er wurde Ehrenmitglied fast aller europäischen ökonomischen Gesellschaften. In seinen letzten Lebensjahren, bis zu seinem Tode am 20. März 1839, widmete er sich philosophischen, historischen und landwirtschaftlichen Studien.

Voghts Verdienste um die ländliche Erwachsenenbildung sind nicht in der Einrichtung von Schulen oder Bildungsorganisationen in engerem Sinn, auch nicht in einem theoretischen Lehrgebäude zu suchen. Er muß dennoch als wichtiger Vertreter des landwirtschaftlichen Beratungswesens gesehen werden, dem es bereits vor der Industrialisierung um die Rationalisierung des Landbaus in Deutschland ging. Caspar von Voght war ein großstädtisch geprägter Weltbürger, ein erfolgreicher Geschäftsmann, der am europäischen Kultur- und Geistesleben aktiv teilnahm; seine historische Bedeutung lag in seinem sozialen Engagement, zunächst auf dem Gebiet der städtischen Armenpflege und dann im Bemühen, die wirtschaftliche und damit auch die soziale Lage der Landbevölkerung, vor allem in Schleswig-Holstein, zu verbessern.

Die Gouache aus dem Jahr 1820 zeigt eine Abendgesellschaft bei Baron Voght.

Fritz und Julia von Reventlow

In der schleswig-holsteinischen Geistes- und Kulturgeschichte des späten 18. Jahrhunderts nehmen Schloß Emkendorf und der um Fritz und Julia von Reventlow versammelte Kreis einen besonderen und beachtenswerten Platz ein. Die Bezeichnung »Weimar des Nordens«, die oft gebraucht wird, ist allerdings unangemessen, denn von Emkendorf gingen weit bescheidenere Impulse aus als von Weimar; hier residierten niemals die allerersten Geister der Nation. Emkendorf war keine Residenz, in der sich ein eigenständiges Kulturleben hätte entwickeln können; es war ein Herrenhaus, in schöner Landschaft gelegen und vom Ehepaar Reventlow zu einem Treffpunkt für die geistige Elite des Landes und für durchreisende Gäste ausgestattet. Treibende Kraft war vor allem Julia Reventlow; es war ihr »Salon«, aus dem die Gäste nicht abends nach Hause gingen, sondern oft wochen- und monatelang blieben.

Von Fritz Reventlow sagte Friedrich Heinrich Jacobi, der ihn sehr gut kannte, er spinne alle philosophischen Systeme aus seinem Kopf heraus, um das Vergnügen zu haben, sie ohne Ausnahme zu widerlegen. Johann Heinrich Voß, der mit ihm in Göttingen studiert hatte, ist in seiner Kritik noch offener. Er spricht ihm grellstimmigen Witz zu und die herablassende Fertigkeit, Meinungen anderer ins Lächerliche zu ziehen, eine – wie Voß meinte – abstoßende Charaktereigenschaft.

Friedrich (Fritz) Graf von Reventlow wurde am 31. Januar 1755 in Altenhof bei Eckernförde geboren. Sein Vater, der 1767 zum dänischen Lehnsgrafen ernannte Detlev von Reventlow, war als Oberhofmeister und Prinzenerzieher, vor allem aber als Inhaber aller führenden Posten der dänischen Finanzverwaltung, dem Hof in Kopenhagen eng verbunden. Als Vertrauensmann Andreas Peter von Bernstorffs hat er bei den Austauschverhandlungen mit Rußland über den Gottorfer Anteil von Holstein eine wichtige Rolle gespielt, bis hin zum Vertrag von Zarskoje Selo am 1. Juni 1773, durch den die Voraussetzung für den territorialen Ausbau des dänischen

Friedrich (Fritz) und Julia von Reventlow, zwei Gemälde von Angelika Kauffmann.

Gesamtstaats geschaffen wurde. Der junge Fritz, der in Kopenhagen aufwuchs, wurde durch diese politische Umgebung geprägt.

1769 ging er, zusammen mit seinem älteren Bruder Cay, zum Studium der Rechts- und Staatswissenschaften nach Göttingen. Über die Brüder Christian und Friedrich Leopold von Stolberg gewann er Zugang zum Dichterkreis des Göttinger Hains, in dem Johann Heinrich Voß eine wichtige Rolle spielte. Die Reventlows verließen Göttingen bereits 1773 wieder, um auf Geheiß des Vaters frühzeitig praktische Erfahrungen im Staatsdienst zu sammeln. Dazu erhielten sie sogenannte Auskultantenstellen, Cay in Gottorf, Fritz bei der Regierungskanzlei in Glückstadt. Auf die für einen Adligen seines Standes übliche Bildungsreise verzichtete Fritz, da er sich in die kaum fünfzehnjährige Julia Schimmelmann verliebt hatte und nicht von ihrer Seite weichen wollte. Er trat 1778 in das Admiralitätskollegium und damit in die Kopenhagener Zentralverwaltung ein. Nachdem der Widerstand des adelsstolzen Vaters gegen die Verbindung seines Sohnes mit der Tochter eines »Emporkömmlings« – Heinrich Carl Schimmelmann war erst 1762 geadelt worden – überwunden war (wozu Caspar von Saldern und Andreas Peter von Bernstorff wesentlich beigetragen hatten), konnte Fritz

Reventlow Julia Schimmelmann am 16. August 1779 in Ahrensburg heiraten.

Anders als Fritz erschien Julia von Reventlow ihren Freunden als »ein Wesen, vom Feuer der Liebe durchdrungen«. Geboren wurde Friderike Juliane (Julia) Baronesse Schimmelmann am 16. Februar 1763 in Kopenhagen. Ihr Vater, Heinrich Carl Baron Schimmelmann (ab 1779 Lehnsgraf), war als sächsischer Akzisepächter, Heereslieferant Friedrichs des Großen und Münzunternehmer zu einem großen Vermögen gelangt, das er als Finanzfachmann des dänischen Königs (seit 1761) erheblich zu vermehren verstand – bei gleichzeitiger Sanierung der maroden Staatsfinanzen. Zur Zeit der Eheschließung seiner Tochter genoß er auch als Kaufmann nicht den besten Ruf, so daß ein gewisses Mißtrauen in der Familie des Bräutigams verständlich erscheint.

Fritz von Reventlow entschloß sich 1780, von Bernstorff gedrängt, eine Karriere als Diplomat zu beginnen. Seine erste Station war Stockholm. 1783/84 nahm er einen längeren Urlaub, um mit seiner Frau eine Reise durch Deutschland und Italien zu unternehmen. Der Verlauf der Reise erweckt den Eindruck, als habe Fritz Reventlow die fünf Jahre zuvor nicht ausgeführte Bildungsreise nachholen wollen: In Düsseldorf kam es zur Begegnung mit dem Philosophen Friedrich Heinrich Jacobi, in Frankfurt stand ein Besuch bei Goethes Mutter, in Zürich bei Johann Kaspar Lavater auf dem Programm. In Rom lernten die Reventlows die Malerin Angelika Kauffmann kennen, die Julia porträtierte und von der auch andere Gemälde das Herrenhaus Emkendorf schmückten.

1785 trat Fritz Reventlow seinen Dienst als Gesandter in London an. Er führte mit seiner Frau ein großes Haus in Richmond an der Themse, wo sich die großzügige Gastfreundschaft Julias positiv auf die Tätigkeit ihres Mannes auswirkte. Sophie von La Roche hat in ihrem Reisetagebuch das Leben der Reventlows in Richmond anschaulich beschrieben. Schon in dieser Zeit machte sich ein Lungenleiden bei Julia Reventlow bemerkbar; deshalb suchte ihr Mann 1787 um seine Versetzung nach Neapel nach, um sich dann für eine noch rigorosere Lösung zu entscheiden: Er nahm seinen Abschied aus dem diplomatischen Dienst.

1789 zog das Ehepaar nach einem Zwischenaufenthalt in Altona nach

Emkendorf, das Fritz nach dem Tode seines Vater, 1783, geerbt hatte. Der Gutsbetrieb und das Herrenhaus wurden in den folgenden Jahren saniert und gründlich umgestaltet.

Fritz und Julia von Reventlow brachen von 1795 bis 1797 zu einer zweiten Italienreise auf. Während ihrer Abwesenheit baute Carl Gottlob Horn, der aus Sachsen stammende Architekt der Schimmelmanns, das Schloß um. Die Innenausstattung besorgten die Italiener Giuseppe Anselmo Pellicia und Francesco Antonio Tadei. In Italien erwarben die Reventlows eine umfangreiche Sammlung von Kunstwerken, die ihrem Emkendorfer Heim einen sehr spezifischen altrömischen und klassizistischen Anstrich geben sollten. Tatsächlich lockte Emkendorf nicht nur die Familienangehörigen und Freunde an, sondern auch zahlreiche Gelehrte, nicht zuletzt die Professoren der Christian-Albrechts-Universität, deren Kurator Fritz Reventlow, wie zuvor sein Vater (allerdings mit glücklicherer Hand als der Sohn), im Jahre 1800 geworden war. Die Brüder Stolberg mit ihren Ehefrauen gehörten zu den regelmäßigen Gästen.

Matthias Claudius war ein von der Gastgeberin besonders bevorzugter Besucher; in ihm sah sie einen Seelenfreund, dessen scheinbare oder wirklich naive Frömmigkeit ihren pietistischen Neigungen entgegenkam. Klopstock war für Julia Reventlow ein seit ihren Kindertagen verehrter Gast. In Emkendorf begegnete man ihm wegen seiner offenen Sympathie für die Französische Revolution nur mit großer Zurückhaltung. Selbst das Eintreten für die Philosophie Kants galt in Emkendorf schon als degoutant. Schiller dachte zu aufklärerisch; in seinen Schriften wurde nirgends ein ausdrückliches Bekenntnis zum Christentum spürbar. Goethe war für Julia ein »schöner Fisch«. Allzugern hätte sie ihn nach Emkendorf gelockt, obgleich sie in »Wilhelm Meisters Lehrjahren« »unsaubere« Stellen entdeckt und die »Römischen Elegien« geradezu unanständig gefunden hatte. Jacobi wurde als Vermittler eingeschaltet, doch Goethe kam nicht. Ihn zog es nicht nach Norden, und seine Neigung, als »sündiger Mensch die Zuchtrute der Damen« über sich ergehen zu lassen, war gering. Die Hausherrin auf Emkendorf mußte sich deshalb bescheideneren Zielen zuwenden. Sie empfing die Dichterin Friederike Brun, Friedrich Matthison, Jens Baggesen,

Schloß Emkendorf bei Rendsburg, Gartenseite

Karl Leonhard Reinhold, Franz Hermann Hegewisch, Friedrich Christoph Dahlmann und – auf der Durchreise – Johann Kaspar Lavater.

Julia Reventlow bemühte sich auch um das geistliche Wohlergehen ihrer Gutsuntertanen. Für die Erwachsenen schrieb sie 1791 – offenbar ohne sich dabei bewußt zu sein, daß die meisten Leibeigene waren – das volkspädagogische Büchlein »Sonntagsfreuden des Landmanns«, eine Schrift, in der Pestalozzis »Lienhard und Gertrud« auf holsteinische Verhältnisse übertragen wurde. Den Gutskindern – ebenfalls Leibeigene – galt das Unterrichtsbuch »Kinderfreuden oder Schulunterricht in Gesprächen«, 1793. Daß die Quelle ihres Wohlstandes das väterliche Erbe war, der Schimmelmannsche Familienfideikommiß, zu dem auch die Sklavenhalter-Plantagen in Westindien gehörten, hat Julia Reventlow wohl belastet. Sie beschwor ihren Bruder, eine christliche Erziehung und Schulunterricht für die Negersklaven zu gewährleisten. Von einem konkreten Einsatz für die soziale Besserstellung der Sklaven ist nichts bekannt. Julia und ihrem Bruder Ernst kommt aber das Verdienst zu, daß Dänemark als erste Kolonialmacht den Sklavenhandel verbot.

Der Emkendorfer Kreis erhielt sein besonderes Gepräge durch das entschiedene Bekenntnis zu einem pietistisch bestimmten Luthertum bei gleichzeitiger Zurückweisung aufklärerischer Religionsauffassungen und entschiedener Ablehnung der Französischen Revolution mit allen Begleiterscheinungen. Emkendorf wurde zu einem Hort des »wahren Glaubens« gegen die »Freigeisterei«.

Seit der Mitte der neunziger Jahre fanden zahlreiche Réfugiés auf dem Herrensitz Zuflucht, unter ihnen der Jurist Jean Etienne Portalis, der noch zum französischen Kultusminister aufsteigen sollte. Der spätere General Matthieu Dumas gehörte ebenso zu den Besuchern von Emkendorf wie Marie Joseph de Lafayette und seine Frau.

Für Fritz von Reventlow waren die Bemühungen Andreas Peter von Bernstorffs um die Aufhebung der Leibeigenschaft in den Herzogtümern eine Quelle der kritischen Auseinandersetzung. Er versuchte, auf seinen Bruder Cay, den Leiter der Deutschen Kanzlei in Kopenhagen, Einfluß zu nehmen, um die Reformpläne zu modifizieren. Reventlow war in dieser Frage Realist. Er sah, daß den Bauern mit der einfachen Aufhebung der Leibeigenschaft nicht geholfen war. Es komme darauf an, sie auch von den Hofdiensten zu befreien und Maßnahmen zu ergreifen, die zur Sicherung ihrer Höfe führen würden.

Aus dem Widerstand gegen Einzelmaßnahmen der Regierung in Kopenhagen entwickelte sich bei Fritz von Reventlow immer stärker ein Eintreten für die Interessen der schleswig-holsteinischen Ritterschaft gegen die Bestrebungen des Königs zur Beseitigung von traditionellen Privilegien. Er blieb mit seinem Eintreten für die Wiederherstellung der alten landständischen Verfassung am Ende erfolglos; aber eine Wendung zu deutsch-nationalen Strömungen hatte dies nicht zur Folge. Reventlow war durch Erziehung und Überzeugung ein treuer Diener des dänischen Königs. Das brachte er auch zum Ausdruck, als er sich 1815 um eine erneute Beschäftigung im diplomatischen Dienst bemühte.

Julia von Reventlow hatte im Laufe der Jahre immer stärker Zuflucht in der Religion gesucht; ihre Frömmigkeit steigerte sich zeitweilig zu neurotischer Überspanntheit. Ihre Tagebücher, abgefaßt in wirrer, kaum leserlicher Schrift, sind das beste Zeugnis für ihre pietistische Selbstpeinigung.

Mehr und mehr wurde sie zu einer »femme angélique«, bereit, vielen radikalen religiösen Vorstellungen zu folgen. Die Fürstin Gallitzin aus Münster, eine auf Bekehrung zum Katholizismus ausgerichtete Eiferin, war 1797 in Emkendorf zu Gast. Sie hatte schon die Konversion der Stolbergs zum römisch-katholischen Glauben bewirkt, und auch Julia von Reventlow war nahe daran, sich ihr anzuschließen. Ihr Gesundheitszustand verschlechterte sich zusehends. In den letzten Jahren ihres Lebens lenkte sie den Haushalt, die Betreuung der Gäste und das Gesinde vom Bett aus. Sie starb am 27. Dezember 1816.

Fritz von Reventlow, der in dänischen Diensten vom Kammerherrn (1776) über den Geheimen Rat (1800) zum Geheimen Konferenzrat (1808) aufgestiegen war, wurde 1819 Gesandter in Berlin. Diese Position hatte er bis zu seinem Tode inne. Er starb am 26. September 1828 in Emkendorf.

Christian Friedrich Hansen

Als am 14. August 1982 die vom Schleswig-Holsteinischen Landesmuseum vorbereitete Ausstellung »Der Architekt Christian Friedrich Hansen« eröffnet wurde, führte der damalige Königlich Dänische Botschafter, Dr. Paul Henning Fischer, in einer Ansprache aus: »C.F. Hansen symbolisiert die besten Ergebnisse der kulturellen Verbindungen zwischen Schleswig-Holstein und Dänemark, die sich vor allem in der zweiten Hälfte des 18. Jahrhunderts umfassend und vielseitig entwickelten. Für den dänisch-norwegischen Gesamtstaat, der sich vom Nordkap bis zur Elbe erstreckte, waren im 18. und in der ersten Hälfte des 19. Jahrhunderts harmonisches Zusammenleben und gegenseitige fruchtbare Beeinflussung auf allen kulturellen und gesellschaftlichen Gebieten charakteristisch.«

C.F. Hansen, der am 29. Februar 1756 in Kopenhagen geboren wurde, war der Sohn eines Schuhmachers und Lederhändlers, der von Husum nach Kopenhagen ausgewandert war. Seine Mutter, Anne Marie Malling, war die Amme des Kronprinzen Christian – später Christian VII.; sie blieb dessen Kindermädchen, bis ihr eigener Sohn geboren wurde, der die beiden Königsnamen Christian und Friedrich (Frederik) erhielt. Als er der berühmte Hansen wurde, begnügte er sich mit den Anfangsbuchstaben C. und F.

Hansen kam nach kurzem Schulbesuch bei einem Porzellanhändler in die Lehre (ursprünglich hatte er Seemann werden sollen); mit Unterstützung Johann Hartwig Ernst von Bernstorffs konnte er aber von 1766 an die Kopenhagener Kunstakademie besuchen. Dort wurde der Vierzehnjährige 1770 in die Architekturklasse aufgenommen. C.F. Harsdorff förderte den jungen Hansen und blieb auch noch lange Jahre sein Mentor. Hansen absolvierte von 1772 bis 1775 eine Maurerlehre. Nach dem Erwerb des Gesellenbriefes arbeitete er bei Harsdorff. Er gewann 1773, 1775 und 1779 die für eine künstlerische Karriere in Dänemark wichtigen silbernen und goldenen

C. F. Hansen war für mehr als fünfzig Jahre der einflußreichste Architekt im dänischen Gesamtstaat.

Medaillen der Kopenhagener Akademie. 1781 wurde er vom König zum Baukondukteur ernannt.

Ein von der Königinwitwe Juliane Marie und Erbprinz Friedrich gewährtes Reisestipendium erlaubte ihm 1782 eine Reise nach Wien, Venedig und Rom. In Rom studierte er die antiken Bauwerke gründlicher, als es die Maler aus seinem Freundeskreis taten; er vermaß und zeichnete sie mit den Augen eines Baumeisters. Auch die Renaissancearchitektur beschäftigte ihn. Ausgestattet mit diesen Eindrücken trat Hansen 1784 das neugeschaffene Amt eines Landesbaumeisters in Altona an. Ihm oblag die Aufsicht über alle staatlichen Bauten im Herzogtum Holstein. Neben seiner amtlichen konnte er schon bald eine umfangreiche private Bautätigkeit entfalten. Diese beschränkte sich zunächst auf Altona und einige Vororte, dehnte sich dann aber rasch auf Hamburg und zahlreiche Orte in Holstein aus. So entstanden nicht nur die königlichen Brücken, Mühlen und Amtsgebäude, sondern auch Stadthäuser und Villen. Allen gemeinsam war die Orientierung an klassischen Proportionen.

1791 wurde Hansen auf eigenes Gesuch zum Professor ernannt. Er machte kein Hehl daraus, daß er mit diesem Titel mehr Ansehen bei privaten Auftraggebern gewinnen wollte. Die dänische Regierung kam diesem Wunsch gern entgegen, weil sie damit eine längst fällige Gehaltserhöhung abwenden wollte.

Hansen war nicht nur ein hervorragender Architekt, sondern auch ein begabter Geschäftsmann. Denn unmittelbar nach der Verleihung des Professorentitels erreichte ihn ein Ruf der Hansestadt Lübeck auf die Stelle des Stadtbaumeisters. Diesen Ruf nutzte Hansen, um die zuvor ausgebliebene Erhöhung seiner Bezüge bei der Regierung in Kopenhagen, die daran interessiert war, ihn zu halten, durchzusetzen. 1792 heiratete er die Kopenhagenerin Anna Margrethe Rahbek; für sie baute er ein besonders schönes Haus in der Altonaer Palmaille Nr. 116, das später durch zahlreiche Umbauten deutlich an architektonischem Reiz verlor, bis der Hamburger Architekt Cäsar Pinnau es gründlich restaurierte.

Im März 1800 wurde Hansen aufgefordert, Pläne für den Wiederaufbau des 1795 bei einem verheerenden Brand zerstörten Kopenhagener Rathauses einzureichen. Er kam dieser Aufforderung nach und wurde nach Vorlage seiner Pläne gebeten, ein Gutachten für die Sicherung und provisorische Erneuerung des 1784 niedergebrannten Schlosses Christiansborg zu erarbeiten. Bei diesem Bau handelte es sich um das am stärksten hervortretende Monument der Verherrlichung des dänischen Absolutismus. Hansen empfahl, nicht – wie vorgesehen – provisorische Dächer zum Schutz der Restbauten zu errichten, sondern einen veränderten Wiederaufbau des Hauptgebäudes vorzunehmen. Sein Vorschlag fand die Zustimmung des Königs und wurde ausgeführt. 1803 erhielt Hansen einen Platz in der neugegründeten Schloßbaukommission und siedelte deshalb wieder nach Kopenhagen über. Er blieb aber Landbaumeister in Holstein und erhielt darüber hinaus noch die entsprechende Position in Schleswig. Beide Ämter ließ er durch fähige Vertreter verwalten, kam jedoch zu regelmäßigen Inspektionen in die Herzogtümer zurück. Etwa gleichzeitig mit den Arbeiten zum Wiederaufbau von Schloß Christiansborg – es wurde 1828 fertiggestellt – begann der Neubau des Kopenhagener Rathauses. Hansens Pläne waren 1803 genehmigt worden; 1815 konnte das Gebäude auf dem Nytorv eingeweiht werden (heute dient es als Justizgebäude). In den folgenden Jahrzehnten entstanden in der dänischen Hauptstadt weitere bekannte Bauwerke nach Plänen Hansens, darunter die Frauenkirche, die Schloßkirche und die Metropolitan-Schule.

1808 erhielt er als Nachfolger Peter Meyns den Lehrstuhl für Architektur an der Kopenhagener Akademie. Drei Jahre später wurde er deren Direktor; mit wenigen Unterbrechungen hatte er diese Stellung bis 1833 inne.

Die Arbeiten C.F. Hansens in den Herzogtümern und im Königreich Dänemark entstanden im Verlauf eines halben Jahrhunderts. Das erklärt, warum er einer ganzen Epoche das Gepräge geben konnte, und zwar sowohl durch die eigenen Werke als auch durch seine Stellung als Oberbaudirektor von Kopenhagen, die ihm einen entscheidenden Einfluß auf die öffentliche Bautätigkeit in Dänemark verschaffte. Auch in Schleswig-Holstein hat er mit den nach seinen Ideen und Plänen ausgeführten öffentlichen Bauten, Kirchen, Stadt- und Landhäusern, den Herrenhäusern, Tempeln und technischen Bauwerken die Architektur nachhaltig geprägt.

»Hansen hat den Klassizismus in der Architektur Schleswig-Holsteins nicht begründet, hat ihn aber in der kultiviertesten Form so vielfältig dargeboten, daß er ihn allgemein durchsetzte« (Alfred Kamphausen). Dabei wird den Bauten, die während seiner Altonaer Zeit entstanden sind, in der Architekturgeschichte ein höherer Rang eingeräumt als dem Spätwerk, das von Kopenhagen aus gelenkt, aber kaum noch direkt betreut wurde. Die Häuser in der Altonaer Palmaille und die Landhäuser an der Elbchaussee waren genauso stilbildend wie die holsteinischen Herrenhäuser Alt Fresenburg, Bundhorst, Ruhleben, Perdöl, Rastorf, Kastorf, Krummendiek und Haseldorf.

In den späten Bauten wirkt das klassizistische Element eher erstarrt, dogmatisiert. So sind seine Kirchenbauten in Husum und Neumünster nicht ohne Kritik geblieben. Theodor Storm konnte sich nicht mit der neuen Marienkirche, die anstelle der 1807 abgebrochenen entstanden war, abfinden. In seiner Novelle »Von heut und ehedem« heißt es: »Anstelle des altehrwürdigen Baues stand jetzt ein gelbes, häßliches Kaninchenhaus mit zwei Reihen viereckiger Fenster (und) einem Turm wie eine Pfefferbüchse.«

C.F. Hansen erhielt zahllose Auszeichnungen und erfuhr alle erdenklichen Ehrungen. Die andauernde Bestätigung seines Werkes ließ ihn bis ins hohe Alter hinein tätig bleiben. Erst als 88jähriger gab er 1844 seine Ämter auf. Er starb am 10. Juli 1845 in Kopenhagen.

Gerhard Stoltenberg hat als schleswig-holsteinischer Ministerpräsident das Werk C.F. Hansens 1982 wie folgt gewürdigt. »Seine vom Vorbild der Antike ausgehende und einem neuen Humanismus verpflichtete Baukunst, die er mit seinen Generationsgefährten in der Zeit Klopstocks und Goethes, Ewalds und Baggesens schuf und die wir nach Jahrzehnten eines vorrangig quantitätsorientierten Bauens im Begriffe sind, wiederzuentdekken, strebte nicht nach nationaler Separierung, sondern nach der Gemeinsamkeit einer Gesinnung, von der auch die fürstlichen, adeligen und zunehmend bürgerlichen Auftraggeber durchdrungen waren. Hier mögen nur die Namen Bernstorff und Reventlow, Rantzau und Stolberg, Moltke und Schimmelmann, Friederike Brun in Kopenhagen und Georg Friedrich Bauer in Altona stellvertretend für viele andere genannt werden, die damals dazu beigetragen haben, daß dieses im Rückblick mit Recht so genannte ›Goldene Zeitalter‹ einer zunächst europäisch bestimmten Geisteskultur auch zu einer intensiven Begegnung dänischer und deutscher Kultur im damaligen Gesamtstaat führte, als deren stärkster Exponent auf dem Gebiete der Baukunst eben Christian Friedrich Hansen betrachtet werden kann.«

Niels Nicolaus Falck

In der Geschichte der juristischen Fakultät der Universität Kiel nimmt er einen hervorragenden Platz ein: »Falck hat von 1814 ab 35 Jahre lang als Rechtslehrer in Kiel gewirkt und während dieser Zeit das geistige Profil der Fakultät stark mitbestimmt. Sein wissenschaftliches Interesse schien keine Grenzen zu kennen. Die Gründlichkeit und Verläßlichkeit seines historischen und juristischen Wissens wurde auch von denen anerkannt, die einzelne seiner Forschungsergebnisse in Zweifel zogen. Im Bereich des schleswig-holsteinischen Rechts galt er als erste Autorität« (Erich Döhring).

Geboren wurde Niels Nicolaus Falck am 25. November 1784 in Emmerlev, an der Westküste des Herzogtums Schleswig. Sein Vater, der als junger Mann zur See gefahren war, hatte es zu Wohlstand gebracht und war Hofbesitzer geworden. Der junge Falck – der einzige Sohn – hatte früh eine überdurchschnittliche Begabung erkennen lassen und war deshalb für eine wissenschaftliche Ausbildung bestimmt worden. Nach dem Besuch der Lateinschule in Hadersleben ging er 1803 an die Landesuniversität nach Kiel, wo er Theologie, Philosophie und Geschichte studierte. 1808 schloß er sein Studium mit der Promotion zum Doktor der Philosophie ab.

Kurz darauf nahm er eine Stelle als Hofmeister bei Graf Adam Moltke (1765–1843) auf Nütschau (bei Oldesloe) an, der nicht nur poetisch begabt war, sondern schon früh demokratisch-konstitutionellen Ideen huldigte und auf die nationale Bedeutung einer Verfassung hinwies. Moltke brachte seinen Hauslehrer dazu, sich in einem Privatstudium der Rechtswissenschaft zu widmen. Bereits ein Jahr später (1809) unterzog sich Falck in Gottorf der juristischen Staatsprüfung und bestand sie mit dem höchsten Prädikat. Von 1809 bis 1813 war er als Beamter in der schleswig-holsteinischen Kanzlei in Kopenhagen tätig, studierte aber gleichzeitig die dänische Sprache und Literatur und arbeitete sich in die Verfassungs- und Rechtsgeschichte Dänemarks ein. Der Jurist war für eine Professur für Römisches Recht an der Universität Christiania in Oslo vorgesehen; die Abtretung

Nicolaus Falck wirkte 35 Jahre lang als Rechtsgelehrter an der Christian-Albrechts-Universität in Kiel.

Norwegens an Schweden im Kieler Frieden (14. Januar 1814) verhinderte die Realisierung dieses Schritts. Statt dessen übernahm Falck 1815, nachdem er zum Dr. jur. promoviert worden war, in Kiel eine Professur für Juristische Enzyklopädie, Deutsches Recht, Kirchenrecht und das Schleswig-Holsteinische Partikularrecht. Damit nicht genug, las er auch Handelsrecht, Strafrecht, Eherecht, Straf- und Zivilprozeßrecht, Römisches Recht und die »Germania« des Tacitus.

Nicolaus Falck blieb bis zu seinem Lebensende in Kiel, dabei waren ihm viele besser dotierte und hochangesehene akademische Positionen oder solche in der Justiz angeboten worden; er schlug sie alle aus, so den Ruf nach Berlin (1816/17), wo er die Nachfolge Karl Friedrich Eichhorns hätte antreten können, den nach Bonn (1818) oder den auf einen germanistischen Lehrstuhl in Göttingen. Auch die lukrative Ratstelle am Oberappellationsgericht Lübeck nahm er nicht an. Stattdessen wirkte er als der populärste

Nicolaus Falck, Vorzeichnung (»Riß«) für ein Miniaturporträt von Hans Peter Feddersen d. Ä.

Rechtsgelehrte Schleswig-Holsteins, der mit seinen Vorlesungen, mehr noch mit seinen zahlreichen Schriften, im Geiste der historischen Rechtsschule verfaßt, großen wissenschaftlichen, zeitweilig auch politischen Einfluß ausübte. Die Studenten verehrten ihn, weil er sein breites juristisches Wissen auf pädagogisch geschickte Weise weiterzugeben wußte und überdies als Persönlichkeit überzeugte.

In politisch bewegten Zeiten – und an solchen war seine Zeit reich – bewies Falck große Besonnenheit, die von seinen Landsleuten oft als Entschlußlosigkeit kritisiert wurde. Er war ein Gelehrter, der den Dialog suchte und diese Neigung auch auf politische Belange übertragen wollte, wie aus seinem ausgedehnten Briefwechsel hervorgeht. Daß Kiel in der ersten Hälfte des 19. Jahrhunderts unter den juristischen Fakultäten in Deutschland hohes Ansehen genoß, zugleich aber eine Sonderstellung einnahm, ist ganz wesentlich auf Falck zurückzuführen. Er war zwar in mancherlei Hinsicht ein Vertreter der von Friedrich Karl von Savigny (1779–1861) begründeten historischen Rechtsschule, wich aber in vielen Positionen von Savigny deutlich ab, so in seiner Wertung des Römischen Rechts. Als Pragmatiker kam er zu der Ansicht, daß dem Römischen Recht in der Praxis zuviel Aufmerksamkeit und Anwendung zuteil werde.

Falcks wissenschaftliches Hauptwerk ist das – unvollendete – »Handbuch des schleswig-holsteinischen Privatrechts«, das von 1825 bis 1848 in fünf Bänden erschien. Hinter diesem Titel verbirgt sich eine umfassende Rechtsgeschichte Schleswig-Holsteins. Darin verteidigte der Verfasser nicht weniger als in dem von ihm herausgegebenen »Staatsbürgerlichen Magazin« die alte Sonderstellung der Herzogtümer Schleswig und Holstein gegenüber dem Absolutismus der dänischen Krone.

Zuvor hatte er sich bereits an den »Kieler Blättern« beteiligt (gemeinsam mit Friedrich Christoph Dahlmann, Karl Theodor Welcker, Franz Hegewisch, Christoph Heinrich Pfaff, August Niemann und anderen), die weit über Schleswig-Holstein hinaus Leser fanden. Hier entwickelte Falck, gestützt auf alte Rechtsquellen, seine Position, Schleswig könne so wenig wie Holstein eine dänische Provinz sein. Das Königreich Dänemark dürfe den Herzogtümern gegenüber nicht ein »Hauptland« genannt werden; dagegen sprächen kulturelle und rechtliche Traditionen gleichermaßen. Seine Schrift »Das Herzogthum Schleswig in seinem gegenwärtigen Verhältniß zu dem Königreich Dänemark und dazu dem Herzogthum Holstein« stand am Anfang einer langen Folge von Publikationen über das Verhältnis der Herzogtümer zu Dänemark. Falck wies in seiner Schrift staatsrechtlich nach, daß Schleswig niemals dem dänischen Königsgesetz (Kongelov) unterworfen worden sei und daß es deshalb ein Recht auf eine gemeinsame Verfassung beider Herzogtümer gebe.

In mehreren Sammelwerken publizierte er Quellen und Aufsätze zur schleswig-holsteinischen Staats- und Rechtsgeschichte. Zugleich war er als Präsident der »Gesellschaft für Sammlung und Erhaltung vaterländischer Alterthümer« tätig. Auch in dieser Eigenschaft veranstaltete der Gelehrte vielbesuchte Vorträge über schleswig-holsteinische Rechtsgeschichte, in denen er Zeugnis von seiner ungemeinen Gelehrsamkeit ablegen konnte.

Uwe Jens Lornsen und seinen radikalen Forderungen gegenüber verhielt sich Falck eher zurückhaltend. Auch er erhoffte sich eine Erneuerung Deutschlands, konnte sich aber doch nicht mit einer Losreißung der Herzogtümer von Dänemark vertraut machen. Als 1832 das Gesetz erlassen wurde, das für jedes der beiden Herzogtümer eine eigene Ständeversammlung vorsah, gehörte Falck zu jenen 28 »erfahrenen Männern« aus Schleswig und Holstein, die nach Kopenhagen berufen wurden, um über die künftige Verfassung zu beraten. Er wandte sich mit Nachdruck gegen jede Form der Trennung Schleswigs von Holstein.

Falcks Wirken gehörte nicht allein der Wissenschaft, sondern auch der Politik. Als Vertreter der Universität Kiel wurde er von der Regierung zum Mitglied der Provinzialstände berufen. Und bis zu deren Ende trat er für die Rechte und Interessen des Landes ein. Viermal führte er als gewählter Präsident den Vorsitz der Versammlung. Seine Briefe weisen allerdings aus, daß er dieses Amt nur sehr ungern wahrgenommen hat. Falck erstrebte eine Verfassung, die nicht die alte scharfe Trennung nach Ständen enthalten sollte. In den Privilegien des Adels sah er »den Mitbürgern lästige Vorrechte«; Bauern und Bürger stellten für ihn nicht den dritten, sondern den alten, den ersten Stand dar. Von französischen Verfassungsideen war er jedoch weit entfernt.

Auch 1848 erwies sich Falck als erfahrener und besonnener Jurist und Politiker; vieles von dem, was allgemein propagiert wurde, fand nicht seine Billigung. Er sah es als seine Pflicht an, »sich offen und entschieden gegen alles auszusprechen, was man für falsch und irrig halte.«

Niels Nicolaus Falck starb nach kurzem Krankenlager am 11. Mai 1850 in Kiel. Weit über seinen Tod hinaus war er für viele Schleswig-Holsteiner der advocatus patriae.

Friedrich Christoph Dahlmann

In Schleswig-Holstein gibt es offenbar eine starke Tendenz, den Historiker Dahlmann hinter den Staatstheoretiker und Politiker zurücktreten zu lassen. Als solcher wurde er anläßlich seines 200. Geburtstages in einer Festschrift, die 1985 unter dem Titel »Freiheit verpflichtet« erschien, unter zahlreichen Aspekten gewürdigt; seine Leistungen als Historiker, sein historiographisches und sein editorisches Werk, blieben nahezu unerwähnt. Reimer Hansen, der mit Leben und Werk Dahlmanns besonders vertraut ist, hat in einer Rezension zu dieser Gedenkschrift völlig zu Recht auf diesen Mangel hingewiesen.

Friedrich Christoph Dahlmann wurde am 13. Mai 1785 als Sohn des Syndikus und späteren Bürgermeisters Johann Ehrenfried Dahlmann in Wismar geboren. Seine Familie pflegte enge Kontakte nach Kiel und stand auch beruflich in Verbindung mit der Schleswig-Holsteinischen Ritterschaft. Als ein Onkel Dahlmanns 1802 in die oberste Verwaltungsbehörde für die Herzogtümer nach Kopenhagen berufen wurde, ging Dahlmann mit ihm, um an der dortigen Universität Philologie zu studieren. 1804 wechselte er nach Halle, wo er unter anderem Vorlesungen Friedrich Schleiermachers hörte. Bei Friedrich August Wolf konnte er sich mit der »Homerischen Frage« beschäftigen; vor allem aber lernte er bei diesem Philologen die neue kritische Methode der Altertumswissenschaft kennen. Der Student lernte, historische Quellentexte unter Anwendung dieser Methode zu interpretieren.

Den politischen Ereignissen, besonders den Eroberungszügen Napoleons, begegnete der junge Dahlmann mit patriotischer Leidenschaft. Mit seinem Freund Heinrich von Kleist reiste er von Dresden aus nach Böhmen, um die Schlacht bei Aspern (21. Mai 1809) zu verfolgen. Die schnelle Niederlage der Österreicher war eine Enttäuschung für die Freunde. Dahlmann setzte sein Studium fort und konnte es 1810 mit der Promotion zum Dr. phil. in Wittenberg abschließen. Seine Dissertation ist verschollen, sie

Friedrich Christoph Dahlmann, nach einer Zeichnung von Fr. Pecht. Dahlmann war nicht nur Politiker, sondern gehört auch zu den großen Historikern des 19. Jahrhunderts.

hatte den Titel »Ottokar von Böhmen und Rudolf von Habsburg«. Bereits ein Jahr später erfolgte die Habilitation in Kopenhagen. Seine Habilitationsschrift behandelte ein Thema der klassischen Philologie, und als Altphilologe begann er auch seine akademische Laufbahn in Kopenhagen.

Im Frühjar 1812 eröffnete sich für den Philologen eine Gelegenheit, die im 19. Jahrhundert zwar nicht ohne Parallelen, aber doch ungewöhnlich war: Ohne ein entsprechendes Fachstudium absolviert zu haben, erhielt er in Kiel die Professur für Geschichte und trat damit die Nachfolge Dietrich Hermann Hegewischs an (eine bekannte Parallele ist die Berufung Karl von Rottecks, der Jurist war, auf die Freiburger Professur für Weltgeschichte). Im Falle Dahlmanns hatte der Onkel in Kopenhagen nachgeholfen, und Fritz von Reventlow, der Kurator der Christiana Albertina und mitverantwortlich für die Berufspolitik war, hatte zugestimmt. Dahlmann bewies während seiner Kieler Lehrtätigkeit, daß seine Berufung keine Fehlentscheidung war. Seine »Forschungen auf dem Gebiet der Geschichte« (1822/23), seine Ausgabe der »Chronik des Landes Dithmarschen« des Neocorus (1822) und die Edition von Rimberts »Vita Anskarii« (1829) zählen zu den großen Leistungen der Geschichtswissenschaft im 19. Jahrhundert.

Fritz Reventlow, der Dahlmann als Kurator der Universität Kiel stets unterstützt hat, sorgte als führender Mann der Schleswig-Holsteinischen Ritterschaft dafür, daß der junge Historiker zum Sekretär der Fortwährenden Deputation der Ritterschaft gewählt wurde. Dahlmann war damit zum Funktionär einer Kongregation geworden, die sich auf überkommene Privilegien stützte, die zu vertreten kaum mit seinen politischen Überzeugungen zu vereinbaren war. Tatsächlich hatte er die Vorstellung, daß sich aus dem alten Ständestaat, der ja antiabsolutistisch war, eine moderne freiheitlichständische Verfassungsordnung würde entwickeln lassen. In dieser Ansicht traf er sich mit den älteren Liberalen wie Nicolaus Falck oder Andreas J. L. Michelsen, die in den historischen Rechten der Herzogtümer eine Grundlage für die künftige Verfassung sahen. Dahlmann versuchte auch, den Deutschen Bund für die Wiederherstellung landständischer Prinzipien in Holstein zu mobilisieren. Die Ursache für das Scheitern seiner vielfältigen Bemühungen lag unter anderem im Verhalten seines früheren Mentors Fritz Reventlow. Der hatte sich zwar für die Privilegien der Ritterschaft stark gemacht, wollte diese aber nicht gegen den König durchsetzen und schon gar nicht gemeinsam mit den bürgerlich-liberalen Kräften, sondern durch Anlehnung an den Monarchen. Dahlmann wollte den Weg des Rechts gehen, Reventlow war mit königlicher Gnade zufrieden.

Dahlmann empfand nicht nur diese Entwicklung als Niederlage. Zuvor schon mußte er es als Affront auffassen, daß ihm jegliche Verbesserung seiner amtlichen Stellung von den vorgesetzten Behörden in Kopenhagen verweigert worden war. »Siebzehn Jahre lang war er Extraordinarius gewesen, obwohl sich Professoren, Studenten und selbst der Kurator Cay Lorenz v. Brockdorff (der Nachfolger Fritz Reventlows) mehrfach für ihn bei der Schleswig-Holstein-Lauenburgischen Kanzlei bemüht hatten« (A. Scharff). Zweifellos waren dafür politische Gründe ausschlaggebend. Dahlmann war enttäuscht und verließ 1829 Kiel, um einem Ruf nach Göttingen zu folgen. Seine dortige Professur erschloß noch einmal ein neues fachliches Betätigungsfeld, in das er allerdings seine bisherigen wissenschaftlichen und politischen Erfahrungen einbringen konnte. Er übernahm die Professur für Politik, Kameral-, Finanz- und Polizeiwissenschaft sowie Nationalökonomie.

Dahlmanns Auffassung von Geschichte war stets pragmatischer Natur: Geschichte und politisches Leben waren aufeinander bezogen. Dieses Wissenschaftsverständnis wurde durch die Göttinger Aufgaben und die gleichzeitigen politischen Erfahrungen noch gefestigt. Unter dem Eindruck der Julirevolution kehrte er gleich wieder in die Politik zurück. Als Vertreter der Universität Göttingen war er von 1831 bis 1833 Mitglied der zweiten Hannoverschen Kammer. Dahlmann beteiligte sich sehr aktiv an der Beratung des Staatsgrundgesetzes, das 1833 verabschiedet wurde. 1835 veröffentlichte er den ersten – und einzigen – Band seiner »Politik«, in dem er seine in akademischer Lehre und politischer Praxis gewonnenen Erfahrungen, Überzeugungen und Kenntnisse über den Staat für seine Hörer zusammenfaßte. Die Göttinger Zeit endete auf spektakuläre Weise. Der Professor hatte sich an die Spitze derjenigen begeben, die gegen den willkürlichen Bruch des Staatsgrundgesetzes durch König Ernst August protestiert hatten. Er war einer der »Göttinger Sieben«, die 1837 wegen ihrer mutigen Haltung ihrer Ämter enthoben und des Landes verwiesen wurden.

Von 1838 bis 1842 lebte Dahlmann, auf materielle Unterstützung angewiesen, in Jena. Hier entstand seine »Geschichte von Dännemark«, deren drei Bände 1840, 1841 und 1843 in der von Arnold H. L. Heeren und Friedrich A. Ukert herausgegebenen Reihe »Geschichte der europäischen Staaten« erschienen. Diese Geschichte Dänemarks – die bis zum Jahr 1523 führt – gilt als historiographisches Hauptwerk des Autors. Bekannter für jeden Historiker seit nunmehr 160 Jahren wurde seine »Quellenkunde zur deutschen Geschichte«, deren erste Auflage 1830, zu Beginn seiner Göttinger Lehrtätigkeit, erschien und die, nach Dahlmanns Tod von Georg Waitz fortgeführt, die klassische Standardbibliographie zur deutschen Geschichte geworden ist. Zur Zeit (1990) erscheint die 10. Auflage »des Dahlmann-Waitz«.

Einen Lehrstuhl erhielt Dahlmann erst 1842 wieder, und zwar in Bonn; diesmal war es eine Professur für deutsche Geschichte und Staatswissenschaft. Nach wie vor galt sein besonderes Interesse der Verfassungsgeschichte mit Blick auf die künftige deutsche Verfassung. Seine Studien über die Englische und Französische Revolution verarbeitete er zu Büchern, die sich an eine breitere Öffentlichkeit wenden sollten und tatsächlich zu vielgelesenen Werken wurden.

Nach Ausbruch der Revolution von 1848 hielt es Dahlmann nicht auf dem Katheder. Er widmete sich mit aller Kraft den parlamentarischen Aufgaben als Vertrauensmann im Vorparlament und als Abgeordneter des holsteinischen Wahlkreises Segeberg in der Paulskirchenversammlung. Im sogenannten Siebzehnerausschuß des Vorparlaments hatte er wesentlich am ersten Verfassungsentwurf mitgearbeitet; er setzte diese Arbeit im Verfassungsausschuß der Paulskirche fort. Zusammen mit Johann Gustav Droysen, Georg Waitz und Georg Beseler gehörte er zu den führenden Köpfen »der gemäßigt-liberalen kleindeutsch-erbkaiserlichen Casino-, später Weidenbuschpartei« (R. Hansen).

Selbstverständlich war der Politiker Dahlmann besonders aktiv, wenn es um die Schleswig-Holstein-Frage ging. Er sprach sich für die Sistierung (Verfahrenseinstellung) des Malmöer Waffenstillstandes aus, da er der Auffassung war, daß »die schleswig-holsteinische Sache« eine deutsche Angelegenheit sei, die nicht in Malmö, sondern in Frankfurt beraten und entschieden werden müsse. Sein Antrag fand eine Mehrheit, mußte dann aber doch zurückgenommen werden. Dahlmann war auch vom Reichsverweser Erzherzog Johann beauftragt worden, ein neues Reichsministerium (nach dem Sturz des Schmerlingschen) zu bilden. Er scheiterte wie sein Vorgänger.

Nach dem Ende der Paulskirche gehörte Dahlmann noch dem Erfurter Unionsparlament und auch der Ersten Preußischen Kammer an. Doch 1850 zog er sich enttäuscht aus dem politischen Leben zurück, dem er mit so viel Zeit und Energie verpflichtet gewesen war. Seine Hoffnungen hatten sich nicht erfüllt. Während der letzten zehn Jahre seines Lebens widmete er sich nahezu ausschließlich seinen akademischen Verpflichtungen. Friedrich Christoph Dahlmann starb am 5. Dezember 1860 in Bonn.

Dahlmann gehörte zum Kreis jener Gelehrten in der ersten Hälfte des 19. Jahrhunderts, für die Wissenschaft und Politik keine Gegensätze waren; Ernst Moritz Arndt, Karl von Rotteck, Georg G. Gervinus und Karl Theodor Welcker seien hier stellvertretend für viele weitere genannt. Dahlmann war davon überzeugt, daß historisches Wissen allein keinen Wert habe und auch keine Werke der Geschichtsschreibung hervorbringen könne; dies sei erst möglich durch die »Verbindung des Wissens mit der Gesinnung und dem Sinn für das Leben«. Und bei Dahlmanns «Gesinnung» dominierte die liberale Grundposition, bei der deutsche Freiheit mehr zählte als deutsche Einheit.

Carl Maria von Weber

Das unstete Leben des Vaters, Franz Anton Weber (1734–1812), hat es mit sich gebracht, daß der Sohn eigentlich nirgendwo zu Hause war. Geboren wurde Carl Maria Friedrich Ernst von Weber in Eutin, wahrscheinlich am 18. November 1786. Insofern hat es eine gewisse Berechtigung, ihn als »geborenen Schleswig-Holsteiner« zu bezeichnen. Bereits sechs Monate nach seiner Geburt verließ die Familie Eutin. Einen festen Wohnsitz gab es vorerst nicht wieder. Das Leben des jungen Carl Maria von Weber ist nur in Verbindung mit der Biographie des Vaters nachvollziehbar, der ein Mann von zwiespältigem Wesen war. In seiner Jugend vom Kurfürsten Karl Theodor von der Pfalz in Mannheim gefördert, schlug er die Laufbahn eines Offiziers ein. Nach den Erfahrungen im Kontingent der Reichsarmee im Siebenjährigen Krieg quittierte er den Dienst und wurde, damals 24 Jahre alt, fürstbischöflicher Amtmann zu Steuerwald und Hofkammerrat in Hildesheim. Hier bekleidete er 16 Jahre die gesicherte Position eines Hofbeamten, um unvermittelt seine Ämter aufzugeben und das Leben eines fahrenden Musikers und Schauspielers zu führen; während dieser Zeit hielt er sich unter anderem auch in Lübeck auf, wo er eigene Kompositionen veröffentlichte.

1778 begegnet man ihm als Musikdirektor an der Schaubühne in Lübeck, ein Jahr später als Kapellmeister beim Fürstbischof Friedrich August in Eutin; als die Hofkapelle 1782 aus Gründen der Sparsamkeit aufgelöst wurde, mußte auch Weber – der sich inzwischen »von Weber« nennen ließ, sich zum »Major« befördert hatte und zeitweilig als «Freiherr» oder »Kammerherr« auftrat – wieder auf Reisen gehen. Seine Frau, Anna von Fumetti, die ihm die Ämter in Hildesheim verschafft hatte, zerbrach an dem sozialen Abstieg der Familie; sie starb 1783. Zwei seiner Söhne brachte Franz Anton von Weber 1784 nach Wien, wo sie Schüler Joseph Haydns wurden. In Wien begegnete er der 17jährigen Sängerin Genofeva Bremer, die er 1785 heiratete und die ihm im folgenden Jahr den Sohn Carl Maria

Carl Maria von Weber, nach einem Gemälde von G. Jäger. Weber wurde in Eutin geboren. Bei den alljährlichen Sommerspielen sind die Weber-Opern besonders gefragt.

gebar. Inzwischen hatte der Vater als »Stadt-, Land- und Amtsmusicus« erneut eine Anstellung in Eutin gefunden. Doch die Einkünfte waren gering, weshalb Weber – ausgestattet mit einer Abfindung – Eutin im Mai 1787 wieder verließ und nach Wien zog. Er wurde Prinzipal der »von Weberschen Schauspielergesellschaft«, die im wesentlichen aus seiner Frau und seinen sechs Kindern aus erster Ehe bestand. Auch Carl Maria übernahm Kinderrollen und konnte dabei früh einen Sinn für Bühnenwirksamkeit entwickeln.

Das Wanderleben führte die Familie (von) Weber durch Deutschland, bis der Prinzipal sich 1792 von der Theatergesellschaft trennte, um sich in Hildburghausen niederzulassen. Hier bekam Carl Maria den ersten systematischen Klavierunterricht bei Johann Peter Heuschkel, von dem er später schrieb: »Den wahren, festen Grund zur künftigen, deutlichen und charaktervollen Spielart auf dem Claviere und gleiche Ausbildung beider Hände habe ich dem braven, strengen und eifrigen Heuschkel in Hildburghausen zu verdanken.« Lange währte diese »gründliche« Ausbildung nicht, denn

1797 zog es den Vater nach Salzburg, wo er die Leitung des Theaters übernahm. Es gelang ihm, seinen Sohn Carl Maria in das Fürsterzbischhöfliche Kapellknaben-Institut zu geben, wo Michael Haydn sein Gesangslehrer wurde und ihm bald darauf auch Einzelunterricht am Klavier erteilte. Hier entstand die erste Komposition Webers, die »Sechs Fughetten« für Klavier. Der Vater erkannte in seinem 12jährigen Sohn ein »Wunderkind« und ließ die Fughetten drucken.

Nachdem auch Genofeva von Weber 1798 in Salzburg an Tuberkulose gestorben war, trieb es den Witwer nach München. Hier sollte die Ausbildung des Sohnes intensiviert werden. Johann Nepomuk Kalcher und Johann Evangelist Valesi übernahmen den Unterricht. Dabei entstand Webers erste Oper, von der leider nur Bruchstücke erhalten sind. Andere Kompositionen sollen bei einem Brand in Kalchers Wohnung verlorengegangen sein, bis auf die »Sechs Variationen für Klavier«, die insofern ein musikgeschichtliches Kuriosum darstellen, als sie vom Komponisten selbst lithographiert wurden. Die Familie Weber war mit dem Theaterautor Aloys Senefelder bekanntgeworden, der, aus Mangel an Mitteln für den Druck seiner Werke, mit Vervielfältigungsmethoden experimentierte und dabei die Kunst des Steindrucks erfunden hatte. Carl Maria erlernte das neue Verfahren und erfand sogar technische Verbesserungen für die Presse, um einen sauberen Druck zu erzielen.

Vater Weber zog 1797 von München über Bamberg und Hildburghausen nach Freiberg in Sachsen, um dort 1800 eine Druckerei zu eröffnen, die das Lithographierverfahren für den Druck von Noten nutzen sollte. Auch dieses Unternehmen scheiterte. Inzwischen hatte die eigenständige Karriere des begabten Sohnes begonnen: Carl Maria unternahm Konzertreisen und präsentierte sich als erfolgreicher Virtuose und aufstrebender Komponist. Den Vater, dessen finanzielle Unbesonnenheit und übersteigertes Geltungsbedürfnis pathologische Züge angenommen und auch dem Sohn erheblichen Schaden zugefügt hatte, versorgte er 1810 mit einem Altenteil in Mannheim.

Nachdem Carl Maria von Weber 1803 seine musikalische Ausbildung in Wien bei Georg Joseph Vogler vervollkommnet hatte, wurde er – gerade siebzehn Jahre alt – Opernkapellmeister in Breslau. Hier sammelte er wich-

Carl Maria von Weber, nach einem Gemälde von Caroline Bardua (Ausschnitt).

tige Erfahrungen, die es ihm erlaubten, sich als Komponist einer Oper zu versuchen. Da er seine Vorstellungen als Orchesterleiter in Breslau nicht umsetzen konnte, nahm er die Gelegenheit wahr, als Gast des Herzogs Eugen von Württemberg in Carlsruhe bei Brieg in Oberschlesien seine kompositorische Arbeit wieder aufzunehmen. Der musikbegeisterte Mäzen gab ihm den Ehrentitel eines Musikintendanten, dem Carl Maria von Weber durch die Komposition zweier Sinfonien (seiner einzigen) alle Ehre machte.

Seit 1810 betätigte sich von Weber auch als Musikschriftsteller und trug sich sogar mit dem Plan, die Musiktheorie und -kritik hauptberuflich zu betreiben. Selbst Romanpläne reiften in dieser Zeit. In Mannheim gründete er den »Harmonischen Verein«, dem sich später Giacomo Meyerbeer, Franz Danzi, Joseph Fröhlich und andere anschlossen. Weber schwebte bei der Gründung des Vereins eine Art musikalischer Berufsgenossenschaft vor, die auch soziale Funktionen wahrnehmen sollte.

Eine erste wirkliche Anerkennung als Komponist erfuhr der Musiker bei der Aufführung seiner Oper »Sylvana« in Frankfurt am Main. Dieser und der Erfolg seines Klavierkonzerts in C-Dur ermutigten ihn, zu einer längeren Konzertreise aufzubrechen, die in München endete. Der dortige Aufenthalt fiel zusammen mit dem Höhepunkt im künstlerischen Schaffen des Instrumentalkomponisten von Weber.

Nach weiteren ausgedehnten Konzertreisen wurde er von 1813 bis 1816

In Dresden hatte Weber auch kirchenmusikalische Verpflichtungen zu übernehmen, wie seine beiden Messen ausweisen. Den Schwerpunkt seiner Arbeit sah er aber darin, die deutsche Oper, vor allem die Werke Mozarts, und Beethovens »Fidelio« aufzuführen und populär zu machen. Inzwischen hatte er auch internationale Anerkennung als Opernkomponist gefunden, vor allem sein »Freischütz« wurde überall mit Begeisterung aufgenommen. Weber wurde in viele Städte eingeladen, um seine Werke dort selbst zu dirigieren. Im Zuge einer solchen Reise gab er 1820 auch in seiner Geburtsstadt Eutin ein Konzert.
in Prag seßhaft, wo er die Leitung des Ständetheaters übernommen hatte. Während des Prager Aufenthaltes war Weber als Komponist von kammermusikalischen Werken besonders produktiv. Zu nennen sind die Klaviersonaten As-Dur und d-Moll sowie das »Grand Duo concertant« für Klarinette und Klavier.

Im Januar 1817 wechselte der Komponist nach Dresden, wo er an der dortigen neuen deutschen Oper als Königlich Sächsischer Kapellmeister fungieren sollte. Das war insofern schwierig, als in Dresden die italienische Oper favorisiert wurde. »Deutsche Oper« bedeutete oft genug nicht mehr als italienische Oper in deutscher Sprache. Webers eigene Opern wurden nicht in Dresden uraufgeführt, sondern in Berlin, so der »Freischütz«, 1821, in Wien, so »Euryanthe«, 1825, und in London, so »Oberon«, 1826.

1818 hatte Weber in Prag die Sängerin Caroline Brandt (1794–1852) geheiratet. Von den drei Kindern aus dieser Ehe überlebten den Vater zwei Söhne. Weber selbst litt seit längerem an Tuberkulose; da sich die Krankheit rasch verschlimmerte, mußte er häufig Kurorte aufsuchen. Trotz der schweren Krankheit begab er sich im Februar 1826 noch einmal auf eine Konzertreise; er brachte in London seine Oper »Oberon« zur Uraufführung und dirigierte auch andernorts. In London komponierte er sein letztes Klavierstück, das »Adagio Patetico« in cis-Moll, das zwar 1847 veröffentlicht, aber erst vor kurzem wiederentdeckt wurde.

Carl Maria von Weber starb in der Nacht vom 4. auf den 5. Juni 1826 in London. Beigesetzt wurde er in der Moorfields Chapel. 1844 wurden seine sterblichen Überreste auf Betreiben Richard Wagners nach Dresden überführt.

Hans Peter Feddersen der Ältere

Hans Peter Feddersen der Ältere war der letzte wirklich erfolgreiche Porträt-Miniaturist nicht nur in Schleswig-Holstein, sondern im ganzen dänischen Gesamtstaat. Im Laufe fast eines halben Jahrhunderts, zwischen 1810 und 1856, porträtierte er nahezu jeden, der im Lande auf politischem, wirtschaftlichem und kulturellem Gebiet bedeutend und einflußreich war. Sein Werkverzeichnis, das an die 6000 Porträts aufführt, liest sich wie ein »Who is who in Schleswig-Holstein« für die erste Hälfte des 19. Jahrhunderts.

Feddersen wurde am 9. Januar 1788 in Wester-Schnatebüll, Kirchspiel Stedesand, in der Karrharde des Amtes Tondern im Herzogtum Schleswig geboren (der nächste größere Ort ist Leck). Er war der zweite Sohn des Zöllners und Kleinbauern Harke Feddersen. Dieser las und sprach fünf Sprachen und hatte nicht nur Kühe, Schweine, Schafe, Gänse und Hühner im Stall, sondern auch 500 Bücher auf dem Regal. In seinem Hause wurde grundsätzlich an einem Tisch gegessen, der mit einem schneeweißen Tischtuch bedeckt war, auf dem weißes Geschirr stand.

Die Feddersen-Kinder wuchsen in einer Großfamilie auf, wie sie Ende des 18. Jahrhunderts noch üblich war. Die Verwandten am Ort und in der Umgebung waren sowohl die Menschen, an denen man sich orientierte als auch solche, die als Negativbeispiel dienten. Hans Peters älterer Bruder Christian, der später Pastor wurde, hat in seinen Kindheitserinnerungen die Jugend der Geschwister beschrieben. Der Schulunterricht war mangelhaft; deshalb half der Vater mit eigenen Lektionen nach, die er auch anderen Kindern anbot. Dies trug ihm jedoch wenig Dank und schon gar keine Anerkennung ein.

Harke Feddersens Söhne wuchsen heran. Christian und der dritte Sohn Friedrich besuchten die Gelehrtenschule in Flensburg, um sich auf ein Studium der Theologie in Kiel vorzubereiten. Peter, der Jüngste, träumte

Hans Peter Feddersen, Selbstbildnis in der für seine Miniaturen typischen Manier.

davon, Jura oder Medizin zu studieren; Hans Peter aber war von seinem Vater zum Landwirt und Erben des Hofes bestimmt worden.

Nach einer Zeit der Mitarbeit auf dem Hof und verschiedener handwerklicher Tätigkeiten, vor allem im Bereich der Tischlerei, trat Hans Peter Feddersen im April 1809 seinen sechsjährigen Militärdienst beim Schleswigschen Jägerkorps an. Sein Vater konnte ihn nicht freikaufen, denn sein Vermögen reichte nicht aus, um das Studium für zwei Söhne zu finanzieren und überdies noch die Mittel für einen Ersatzmann bei den Jägern aufzubringen. Hans Peter mußte einrücken, und dies in einer Zeit, als der Frieden im dänischen Gesamtstaat längst dahin war. England hatte mit seinem Angriff auf Kopenhagen – im September 1807 – das Königreich Dänemark an die Seite Napoleons gedrängt.

Der junge Soldat leistete den größten Teil seines Dienstes auf der Insel Falster. Hier lernte er nicht nur einen reichsdänischen Dialekt zu sprechen (plattdänisch beherrschte er neben seiner friesischen Muttersprache von Kind auf), sondern entdeckte auch seine Begabung als Zeichner. Was als Jux begann, wurde im Verlauf der späteren Jahre zu einem einträglichen Beruf. 1810 hatte Feddersen zum Vergnügen seiner Kameraden Karikaturen der Vorgesetzten mit Kreide auf ein Scheunentor gezeichnet. Einer der Offiziere sah darin nicht ein Delikt, das es zu bestrafen galt, sondern erkannte ein Talent und gab sogleich den Auftrag zu einem Porträt. Das war der Anfang einer bemerkenswerten Künstlerkarriere.

Feddersen fand zwar Auftraggeber für Miniaturporträts, aber keinen Mäzen für eine künstlerische Ausbildung. Er war zweifellos Autodidakt; sein einziger Lehrmeister war der Berliner Kupferstecher Daniel Chodowiecki (1726–1801), dessen Illustrationen zu Johann Kaspar Lavaters (1741–1801) Hauptwerk »Physiognomische Fragmente zur Beförderung der Menschenkenntnis und Menschenliebe« er so intensiv studierte, daß er am Ende zeichnete, wie dieser radierte.

Hans Peter Feddersen nahm als dänischer Soldat an den Feldzügen teil, die wechselweise mit und gegen Napoleon geführt wurden. So gelangte er nach Altona, Lübeck und Ratzeburg. Er erlebte die Kosaken in Schleswig-Holstein und lernte die Festung Rendsburg während ihrer Belagerung (1813/1814) kennen. Anfang 1814 gelangte er über Bremen nach Münster. Ein Aufenthalt als Besatzungssoldat in Nordfrankreich blieb ihm erspart. Stattdessen kehrte er am 1. Juli 1814 zurück nach Wester-Schnatebüll; seine Dienstzeit war beendet.

Seine künstlerische Karriere begann Feddersen nicht als Zeichner, sondern als Dichter und Musiker. Die Feddersen-Brüder wollten ihrem verehrten Vater zum 75. Geburtstag ein ganz besonderes Geschenk machen – ein Gedichtband sollte erscheinen. Doch Harke Feddersen starb bereits am 3. Januar 1816. Deshalb beschlossen die Söhne, ihre »poetischen Versuche« dem Vater »als Blumen auf sein Grab« zu streuen. 1817 erschien in Tondern ein Buch, das viele Subskribenten fand und den Titel trug: »Poetische Versuche der drei Gebrüder Christian, Hans Peter und Friedrich Feddersen«. Von Hans Peter stammten fünf Gedichte, während seine Brüder Christian 25 und Friedrich 19 beisteuerten.

Als Soldat hatte Feddersen begonnen, Geige und Flöte zu spielen. Schon bald beherrschte er diese Instrumente so gut, daß er damit Eindruck machen konnte. Nach Nordfriesland zurückgekehrt verdiente er sich zwar manche Mark als Musiker, die Einkünfte aus den Porträt-Zeichnungen aber waren sehr viel lukrativer. 1817 veröffentlichte Feddersen seine Erinnerungen als dänischer Soldat. Das Buch erschien unter dem Titel »Tagebuch eines dänischen Soldaten von 1813 und 1814, oder das merkwürdigste Jahr meines Lebens«. Er hat mit diesem Buch eine wichtige Quelle für die Geschichte der Herzogtümer im Zeitraum der napoleonischen Wirren hinterlassen.

Als Schriftsteller wurde Feddersen in den folgenden Jahren nicht wieder aktiv. Als Musiker verdiente er einiges dazu, spielte aber bald nur noch zu seinem Vergnügen. Nach einigem Zögern, das auch mangeldem Selbstvertrauen entsprang, entschloß sich Hans Peter Feddersen, sein Talent beruflich zu nutzen. 1815 machte er erste Reisen durch Nordfriesland, um Aufträge zu sammeln; in Tondern, Husum und Leck fand er Interessenten. Während der ersten Jahre seiner künstlerischen Tätigkeit war die Produktion noch bescheiden – etwa 35 Porträts im Jahr – doch 1818 waren es schon 143 und 1824 erreichte er die Rekordzahl von 740.

Schon früh hatte Feddersen eine spezielle Arbeitstechnik entwickelt: Er fertigte von seinen Modellen einen »Riß« mit der Rohrfeder, eine Umrißzeichnung, in die er die charakteristischen Züge einarbeitete, das heißt, neben dem Profil den Augenschnitt, Haaransatz und weitere kennzeichnende Merkmale. Für diesen »Riß« benötigte er in der Regel 20 Minuten. Das eigentliche Porträt führte er in seinem Heim in Wester-Schnatebüll aus und lieferte es bei seiner nächsten Reise an die Auftraggeber. Feddersen zeichnete mit schwarzer Tusche auf Papier. Die dafür erforderlichen sehr feinen Haarpinsel stellte er selbst her. Er zeichnete stets im Profil, immer einfarbig schwarz und gab allen Porträts eine hochovale Form. Er zeichnete wie ein Radierer, so daß seine Porträts auf den ersten Blick wie Radierungen aussahen. Die Rahmen fertigte der Künstler zunächst eigenhändig aus Obstbaumholz; später bezog er sie von einer Fabrik. »Bei dieser einmal gefundenen Form bleibt er sein Leben lang. Und da er außerdem von jedem und überall den gleichen Preis fordert, nämlich fünf Mark Hamburgisch Courant, werden seine Porträts in den Herzogtümern schnell zu einem Markenartikel« (Berend H. Feddersen).

Hans Peter Feddersen war der erfolgreichste Miniatur-Porträtist seiner Zeit und erwarb sich mit dieser Tätigkeit ein kleines Vermögen, dessen Zin-

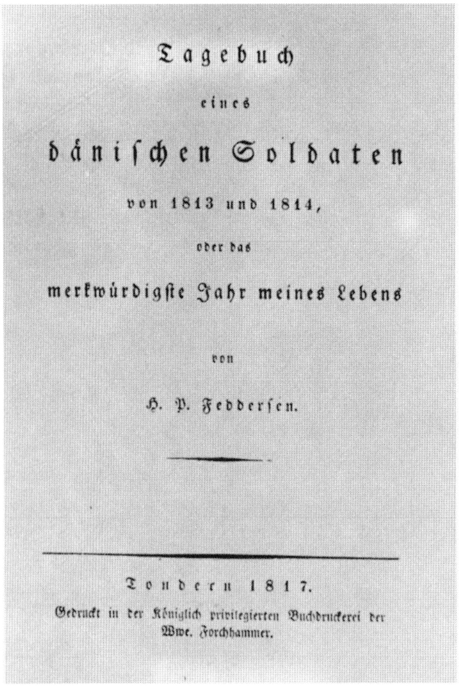

Tagebuch

eines

dänischen Soldaten

von 1813 und 1814,

oder das

merkwürdigste Jahr meines Lebens

von

H. P. Feddersen.

Tondern 1817.

Gedruckt in der Königlich privilegierten Buchdruckerei der Wwe. Forchhammer.

1817 veröffentlichte Feddersen einen Bericht über seine Teilnahme an den Feldzügen gegen Napoleon.

sen am Ende ausreichten, ihn und seine Familie zu ernähren. Seine wichtigsten Auftraggeber waren Angehörige des städtischen Bürgertums, Adlige und reiche Bauern. Zweimal hatte er auch Gelegenheit »bei Hofe« zu arbeiten. In Louisenlund bei Schleswig porträtierte er 1820 den königlichen Statthalter in den Herzogtümern, Landgraf Carl von Hessen und seine Familie, dazu Herzog Wilhelm von Holstein-Beck, die Herzogin und deren Kinder. Sechzehn Jahre später, 1836, wurde Feddersen nach Augustenburg auf Alsen gerufen, wo er Herzog Christian August, seine Familie und Angehörige des Hofstaats zeichnete, darunter auch Michel Hüttmann, den Hofzwerg des Herzogs.

1831 hatte sich Feddersen bis nach Kopenhagen gewagt. Obgleich in der dänischen Hauptstadt auch andere Miniatur-Porträtisten arbeiteten, konnte er sich über einen Mangel an Aufträgen nicht beklagen: während seines vierwöchigen Aufenthaltes waren es 74. Er stand in dem Ruf, gute und preiswerte Arbeit zu leisten. Doch nicht dieser Erfolg war die Sensation des Kopenhagen-Besuchs, sondern die Tatsache, daß ihm eine Professur für

Kupferstich an der Kunstakademie in Aussicht gestellt wurde. Und weil für die Berufung ein Studium an dieser Akademie Voraussetzung war, wurde dem Autodidakten Hans Peter Feddersen dafür gleich ein Stipendium angeboten. Er ging nicht auf das Angebot ein, denn einer grundlegenden Veränderung seines Lebens war er stets aus dem Wege gegangen.

Nachdem Feddersen 25 Jahre lang das Land bereist hatte, um alles, was Rang und Namen hatte, zu konterfeien, konnte er nun von seinen Ersparnissen leben. Deshalb blieb er seit 1844 in Wester-Schnatebüll, wo er zwar noch bis 1856 weiterarbeitete; aber auf die ausgedehnten Reisen verzichtete er fortan. Porträts führte er nur noch aus, wenn die Auftraggeber ihn in seinem Haus aufsuchten.

Die Feddersens waren Nordfriesen und sahen im dänischen König ihren Landesherrn. Zur »schleswig-holsteinischen Sache«, sofern sie sich – wie auf den »Friesentagen« antidänisch gab – hatten sie ein distanziertes Verhältnis. Als der Konflikt aber 1848 offen ausbrach, kämpfte Hans Peter Feddersens ältester Sohn, Broder, der Seemann geworden war, in der Schleswig-Holsteinischen Marine.

Nach dem Ende der Erhebung wurde auch die Großfamilie Feddersen von den Strafmaßnahmen der dänischen Regierung betroffen. Viele der jüngeren Familienmitglieder wanderten deshalb nach Amerika aus.

Seit 1825 war Feddersen mit Maria Bahnsen verheiratet. Aus der Ehe gingen sechs Kinder, vier Söhne und zwei Töchter hervor. Broder, der älteste, starb als Steuermann am gelben Fieber auf St. Thomas. Friedrich August wurde Pastor, Harke übte das Tischlerhandwerk aus, und den jüngsten Sohn, Hans Peter, hatte man dazu bestimmt, Landwirt zu werden. Er entschloß sich aber, Maler zu werden und war als solcher bereits in jungen Jahren erfolgreich.

Hans Peter Feddersen der Ältere starb am 23. September 1860. Er war der letzte erfolgreiche Porträt-Miniaturist in Schleswig-Holstein und Dänemark, bevor die Photographie auch im Norden ihren Einzug hielt. Feddersen selbst zollte der neuen Technik seinen Tribut. 1858 ließ er sich von seinem Freund J. M. Graack in Kiel ablichten. Für ihn bedeutete das neue Medium keine Konkurrenz, denn er hatte Pinsel und Zeichenstift längst zur Seite gelegt.

August Twesten

Leider hat August Twesten erst als Student damit begonnen, Tagebuch zu führen. Seine Rückblicke auf die Jugend sind allzu idyllisch ausgefallen, um als sozialgeschichtliche Quelle zu taugen. Twesten war wie sein Zeitgenosse Karl Friedrich Klöden (1786–1856) Sohn eines Unteroffiziers (in der Garnison Glückstadt); doch anders als Klöden hat Twesten die sozialen Bedingungen, unter denen er aufwuchs, nicht problematisiert. Militär- und Sozialhistoriker werden deshalb von Twestens Erinnerungen enttäuscht; Forscher auf dem Feld der Geistesgeschichte hingegen reichlich belohnt.

August Detlev Christian Twesten wurde am 11. April 1789 in Glückstadt geboren. Er besuchte die Gelehrtenschule seiner Heimatstadt. Bereits in dieser Schulbildung ist ein bemerkenswerter sozialer Aufstieg zu sehen, der seine Fortsetzung fand, als Twesten 1808 an die Kieler Universität ging, um Theologie zu studieren. Die Kieler Theologen fesselten ihn nicht; sie waren ihm zu rationalistisch. »Es ist ein Unglück, daß man in Religionssachen immer wissen und nie glauben will.« Die Philologen und Philosophen zogen den Studenten stärker an. Nach seinem Wechsel an die neugegründete Universität Berlin hörte er bei Johann Gottlieb Fichte und Friedrich Schleiermacher. Zunächst stand er Schleiermacher ablehnend gegenüber; sein Stil war ihm »doch gar zu bunt und zu wenig einfach«. Der Wandel kam mit den Vorlesungen über theologische Enzyklopädie: »Hätte ich eine solche Encyklopädie der Theologie beim Anfang meiner akademischen Laufbahn gehört!«, heißt es in einem Brief vom 5. November 1810. Im Frühjahr 1811 hörte Twesten Schleiermachers Dogmatik und versuchte, sich die grundsätzlichen Positionen des Religionsphilosophen anzueignen.

Sein Tagebuch berichtet neben Studienerfahrungen aber auch über das kulturelle Leben Berlins – Twesten besuchte zahlreiche Theateraufführungen und hielt seine Eindrücke schriftlich fest. Die Politik spielte für ihn offenbar keine Rolle. Gesellschaftlichen Halt fand der angehende Theologe

August Twesten war Theologe, Philosoph und Pädagoge. Kiel und Berlin waren seine Wirkungsstätten.

in der »Holstengesellschaft«, zu der sich die aus Schleswig-Holstein stammenden Studenten zusammengeschlossen hatten. Das Heimweh überwand er durch eine intensive Korrespondenz.

Vom Herbst 1811 bis zum Frühjahr 1813 lebte Twesten zusammen mit seinem Bruder Karl, der in Harvestehude eine Gastwirtschaft betrieb, in Eimsbüttel. Er gab Privatunterricht und bereitete sich zögernd auf eine wissenschaftliche Laufbahn vor. Angeregt hatte ihn dazu sein Kieler Lehrer Karl Leonhard Reinhold, mit dem er in regem Briefwechsel stand. Twesten kehrte an die Universität Kiel zurück und promovierte dort 1813 mit einer Arbeit über Hesiod. Anschließend war er in Berlin als Lehrer an Gymnasien tätig, bis er 1814 auf eine außerordentliche Professur für Theologie und Philosophie nach Kiel berufen wurde. 1818 lehnte er einen Ruf nach Bonn ab und wurde daraufhin in Kiel zum ordentlichen Professor für systematische Theologie ernannt.

In seinem wissenschaftlichen Werk war Twesten einerseits dem philosophisch-theologischen Grundgedanken Schleiermachers verpflichtet, daß dem Gefühl in der Religion eine zentrale Bedeutung zukomme. Er suchte aber andererseits den Ausgleich mit der von der evangelisch-lutherischen Kirche entwickelten Lehrmeinung. In den von ihm mitbegründeten »Kieler Blättern« veröffentlichte er 1815 den Aufsatz »Rede eines Geistlichen in einer Gesellschaft von Amtsbrüdern«, in dem er die Spannung zwischen den religionsphilosophischen Ansichten Schleiermachers und der kirchlich autorisierten Position zum Ausdruck brachte. Es ist bemerkenswert, daß er sich in einem markanten Gegensatz zu den Ansichten seines jüdischen Freundes Salomon Ludwig Steinheim befand, der »Die Offenbarung nach dem Lehrbegriff der Synagoge« (so der Titel seines Hauptwerks) betonte, mit diesem aber gleichwohl in freundschaftlich-wissenschaftlichem Kontakt blieb. Ob sich der Gedankenaustausch auf die Schriften der beiden Briefpartner ausgewirkt hat, ist noch nicht hinreichend untersucht worden.

Twestens Vorlesungen waren kirchlich ausgerichtet; in seinen Veröffentlichungen erwies er sich als Gelehrter, der sich zur historisch-kritischen Methode bekannte. Das gilt für seine Abhandlung über die Augsburgische

D. August Twesten

nach

Tagebüchern und Briefen.

Von

C. F. Georg Heinrici.

Berlin.
Verlag von Wilhelm Hertz.
(Bessersche Buchhandlung.)
1889.

Georg Heinrici widmete August Twesten 1889 eine Biographie, die sich im wesentlichen auf Selbstzeugnisse stützt.

Konfession, aber auch für die Edition von Leonhard Hutters klassischem Werk lutherischer Frühorthodoxie »Compendium Locorum Theologiarum«. Da der Professor der Theologie 1830 Rektor der Christiana Albertina war, oblag es ihm, die Rede zum 300jährigen Jubiläum der Augsburgischen Konfession zu halten. Er tat es, indem der diese Bekenntnisschrift der reformatorischen Kirche als ein klassisches Dokument der Gewissensfreiheit auslegte.

Neben den theologischen Untersuchungen entstanden in seiner Kieler Zeit die Abhandlungen zur Logik, so der kurzgefaßte »Grundriß der analytischen Logik« (1834). Bereits 1826 war Twesten mit der Würde eines Ritters vom Danebrog geehrt worden. Die Theologische Fakultät der Universität Bonn hatte ihn im selben Jahr zum Ehrendoktor gemacht.

Nach langem Drängen war Twesten 1835 dem überaus ehrenvollen Ruf auf den Lehrstuhl Schleiermachers in Berlin gefolgt. Daraus erwuchs für ihn die selbstauferlegte Verpflichtung, sich für das wissenschaftliche Erbe des Vorgängers einzusetzen. Twesten tat dies unter anderem durch die ausführlich eingeleitete Ausgabe von »Schleiermachers Grundriß der philosophischen Ethik« (1841). Anläßlich des 100. Geburtstages des großen Gelehrten hielt er am 21. November 1868 an der Universität Berlin einen Vortrag, in dem er seinem Lehrer den höchsten Respekt erwies: »Zur Erinnerung an Friedrich Daniel Ernst Schleiermacher«.

Als Twestens theologisches Hauptwerk, das unvollendet blieb, müssen die »Vorlesungen über die Dogmatik der evangelisch-lutherischen Kirche nach dem Kompendium des D. W. M. L. de Wette« (1780–1849) gelten. Mit dieser Arbeit wollte er einen Beitrag zur Regeneration der Dogmatik leisten und gleichzeitig Aspekte von Schleiermachers Religionsphilosophie etablieren.

»Mit seinem wissenschaftlichen Werk gehörte Twesten zur Richtung der Vermittlungstheologie, die in den dreißiger Jahren des 19. Jahrhunderts aufkam und noch in den siebziger Jahren bestrebt war, die religiösen Kräfte des Deutschen Idealismus, der Erweckung und der kirchlichen Tradition mit den neuen theologischen Ansätzen zu verbinden« (Jendris Alwast).

1827 hatte er zu diesem Zwecke die Zeitschrift »Theologische Studien und Kritiken« mitbegründet. In Berlin wandte er sich in diesem Sinne gegen

Tendenzen des theologischen Hegelianismus nicht weniger als gegen pietistisch getönte Strömungen. Bereits in seiner Kieler Zeit hatte sich August Twesten für pädagogische Veranstaltungen eingesetzt. Er förderte die Reform der Lehrerausbildung und unterstützte Bestrebungen, die Pädagogik an der Universität Kiel von der im Rahmen der Pastoraltheologie betriebenen Katechetik zu emanzipieren. Twesten gehörte zu jenen Wissenschaftlern, die ein eigenständiges Schulamtsexamen forderten und dabei auch an die praktische Berufsvorbereitung der Gymnasiallehrer dachten. Die Gründung des Pädagogischen Seminars in Kiel durch Gustav Thaulow, 1843, wäre ohne die Vorarbeiten des Theologen kaum denkbar gewesen.

In Berlin konnte Twesten nur noch bedingt auf die Angelegenheiten in seiner schleswig-holsteinischen Heimat einwirken. Er konzentrierte sich jetzt auf Probleme der Kirche in Brandenburg. 1841 wurde er Mitglied des Konsistoriums der Provinz Brandenburg und 1852 des Evangelischen Oberkirchenrats, der obersten Verwaltungsbehörde der evangelischen Landeskirche in den älteren Provinzen Preußens.

Twestens praktische Wirkung als Universitätslehrer ist höher zu bewerten als der Rang seiner Schriften. August Twesten starb am 8. Januar 1876 in Berlin.

Johann Friedrich Overbeck

Anläßlich der 700-Jahr-Feier ihrer Reichsfreiheit veranstaltete die Hansestadt Lübeck im Sommer 1926 eine große Ausstellung mit Werken Johann Friedrich Overbecks und seines Kreises. In einem Festvortrag »Kunst und Kunstgeist der Nazarener« feierte Kurt Karl Eberlein den Maler als den »berühmtesten Sohn Lübecks« und widmete ihm als dem »Raffael«, dem »Kronprinzen von Lübeck« hymnische Zeilen. Lübeck wurde bei Eberlein zum »Nazareth der Nazarener«. Tatsächlich ist in der Kunstgeschichte des 19. Jahrhunderts der Name Lübecks mit dem des Malers Johann Friedrich Overbeck eng verbunden, obwohl der Künstler seine Vaterstadt als 17jähriger verlassen hat und sie in seinem achtzigjährigen Leben nicht wieder sehen sollte.

Geboren wurde Overbeck am 3. Juli 1789. Sein Vater, Christian Adolf Overbeck (1755–1821), war Jurist, trat auch als Dichter hervor (»Komm lieber Mai, und mache/Die Bäume wieder grün...«), wurde Domsyndikus, im Jahre 1800 Ratsherr und 1814 Bürgermeister. Der Sohn wuchs in einem Elternhaus auf, in dem Literatur, Musik und bildende Kunst gleichermaßen auf ihn einwirkten. Letztere beeindruckte ihn so sehr, daß er bald eine kurze Ausbildung in der privaten Zeichenakademie des Malers Joseph Nicolaus Peroux erhielt. Ein Besuch bei Philipp Otto Runge in Hamburg bestärkte den Zeichenschüler in seiner Absicht, Maler zu werden. 1806 besuchte er die Wiener Akademie. Dort hatte er sich mit der altakademischen Lehre des klassizistischen Barock auseinanderzusetzen, doch bald wuchs sein Widerstand gegen diese eklektische Art der Malerei. Er begründete mit einigen Freunden, zu denen auch Franz Pforr gehörte, 1809 die Lukasbrüderschaft, deren »Meister« Pforr und deren »Priester« Overbeck wurde. Sechs Freunde waren es, die sich in dieser Gilde zusammengefunden hatten, um ihrem Widerstand gegen die Akademie gemeinsam Ausdruck zu verleihen. Der Ausschluß der Lukasbrüder aus der Wiener Akademie ließ nicht lange auf sich warten. Die Rebellen suchten und fanden Zuflucht in Italien, im

Lande Raffaels. 1810 siedelten sie nach Rom über und lebten hier in enger Wohngemeinschaft im verlassenen Kloster San Isidoro. »Es ist ein abgeschlossenes, geregeltes, brüderliches Leben, tätig, heiter, fromm« notierte der Mitbruder K. K. Eberlein. Neue Freunde gesellten sich der Künstlergemeinschaft hinzu, so vor allem 1811 Peter von Cornelius (1783–1867) und sein Kreis. Wilhelm von Schadow, Julius Schnorr von Carolsfeld und Friedrich von Olivier waren die bedeutendsten Künstler, die sich in der Folge – neben zahlreichen anderen – den Lukasbrüdern anschlossen. Dadurch veränderte sich das Leben dieser Gemeinschaft. 1818 verließ die Schar das Kloster und verteilte sich auf verschiedene Quartiere in Rom; der enge Zusammenhalt und die Führungsposition Overbecks blieben erhalten. Selbst der eigenwillige und künstlerisch überragende Peter von Cornelius ordnete sich ihm unter. In einem Brief aus Rom heißt es: »Overbeck ist derjenige von den Klosterbrüdern, der durch die Milde seiner Seele und die Kraft seines edeln Geistes die andern alle um sich versammelt und für alles Herrliche entflammt hat. Er mag wohl der größte Künstler sein, der jetzt hier lebt.«

Die Bezeichnung »Nazarener« hatten diese Künstler, deren Werk die Kunstgeschichte später als »katholische Romantik« etikettierte, schon recht früh aufgrund des betont religiösen Inhalts ihrer Bilder erhalten. Sie orientierten sich an der Kunst Peruginos, besonders aber an der des jungen Raffael. Overbeck war zwar denselben Vorbildern verpflichtet, zeichnete sich aber in seinen Arbeiten, besonders in seinen Zeichnungen, durch frisches Naturgefühl und zarte Empfindung aus. Bereits 1808 hatte Overbeck dem Vater geschrieben: »Ich will selbst Bilder malen aus der Bibel, und zwar große Bilder.« Diesen Vorsatz verwirklichte er, als er kurz darauf das monumentale Figurenbild »Der Einzug Christi in Jerusalem«, eines seiner Hauptwerke, in Angriff nahm.

Von allen Nazarenern hat Overbeck der Wiederbelebung der christlichen Kunst das größte Gewicht gegeben. 1813 trat er sogar – sehr zum Leidwesen seines Vaters – zur katholischen Kirche über. Er wollte der Kirche angehören, die nach seinen Worten »von Christo gegründet worden zum Unterricht für alle, verbreitet zu dem Ende durch alle Völker, sichtbarlich fortbestehend in der Succession der Hirten und des gläubigen Volkes durch alle Jahrhunderte. Weshalb die Kennzeichen dieser Kirche sind: Einheit,

Johann Friedrich Overbeck, Selbstbildnis mit Ehefrau und Kind. Overbeck war die führende Persönlichkeit der »Nazarener« in Rom.

Johann Friedrich Overbeck, Selbstbildnis (Skizze). Obgleich Overbeck Lübeck schon als 17jähriger verlassen hat und nie wieder in die Hansestadt zurückgekehrt ist, bewahrte er seiner Heimatstadt gegenüber doch eine gewisse Anhänglichkeit. Lübeck besitzt die umfangreichste Sammlung Overbeckscher Kunst.

Sichtbarkeit, Unaufhörlichkeit, Abstammung von den Aposteln her, Katholizität und Heiligkeit.«

Ausschließlich in den Dienst dieser Kirche wollte Overbeck seine Kunst stellen. Nicht an »Ausgeburten eigener Phantasie oder subjektiver Sentimentalität, durch die man sich und andere in die Irre führt«, sondern am »Objekt des Glaubens« und »großen Gemeingut der Kirche« war ihm gelegen. Wie im Mittelalter sollte die Kunst, wie Overbeck sie verstand, Dienst sein.

»Eine große Entwicklung hat Overbeck nicht durchgemacht. Er ist der einzige, der trotz seines langen Lebens von dem einmal eingeschlagenen schmalen Wege nicht gewichen ist. Seine Kunst ist von unbedingter Stilsicherheit und Reinheit bis in sein hohes Alter« (Herbert von Einem). Bekannt geworden ist Overbeck, gemeinsam mit Cornelius durch Fresken, die er in römischen Villen schuf; bald erreichten ihn auch Aufträge aus Deutschland. In der Zeit von 1813 bis 1816 entstanden die »Grablegung« und die »Kreuztragung«, deren Komposition gerühmt wurde.

Im Herbst 1818 heiratete der Künstler die schöne Wienerin Nina Hartl. »Wahrscheinlich verdankt man es dieser Rückkehr von der Ascese zur Natur, daß die von ihm jetzt in der Villa Massimi ausgeführten Bilder einen solch seltenen Reiz erhielten« (Pecht). Overbeck wählte jetzt auch weltliche und besonders mythologische Sujets. Später beschränkte er sich wieder auf religiöse Themen.

1821 versuchte Peter von Cornelius, den Freund nach Düsseldorf an die Akademie zu holen und fünf Jahre später drängte er ihn, nach München zu gehen, wo er Direktor der dortigen Akademie hätte werden können. Doch Overbeck blieb in Rom, obgleich er dort keine Förderung, etwa durch die Kirche, erfuhr. Er lebte von dem, was ihm die Aufträge aus Deutschland einbrachten. Um ihn sammelte sich eine Malerschule, deren Mitglieder das höchste Ziel darin sahen, sich den Overbeckschen Stil möglichst genau anzueignen.

In den Jahren 1827 bis 1829 hielt sich Overbeck den Sommer über in Perugia auf, wo er das Votivbild »Rosenwunder des heiligen Franziskus« in der Vorhalle von Santa Maria degli Angeli bei Assisi malte. Es wurde sein größtes Fresko und gehört zu seinen besten Arbeiten überhaupt.

1830 besuchte Overbeck zum ersten Mal wieder Deutschland. Von den Künstlern überall gefeiert, fühlte er sich hier dennoch nicht recht wohl. Im selben Jahr übernahm er zwei wichtige Aufträge: für das Städelsche Institut in Frankfurt den »Triumph der Religion in den Künsten« und für den Kölner Dom die »Himmelfahrt Mariä«. Die Ausführung des Frankfurter Auftrags dauerte neun Jahre; die Kölner mußten sogar 25 Jahre bis zur Vollendung der »Himmelfahrt« warten. Doch die beiden Großgemälde waren nicht die einzigen Arbeiten, die er in diesem langen Zeitraum fertigstellte. Overbeck war ein überaus produktiver Künstler. Neben Gemälden entstanden zahllose Zeichnungen, von denen einige zum Besten gezählt werden, was der Künstler hinterlassen hat.

1848 war Overbecks Frau nach langer Krankheit gestorben; zur gleichen Zeit traf ihn ein langwieriges Augenleiden. Ein deutscher Bildhauer und seine Frau nahmen sich des kranken und vereinsamten Künstlers an. Er fand wieder Kraft und Mut, seine Arbeit weiterzuführen und unter anderem den Kölner Auftrag »Mariä Himmelfahrt« zu vollenden. 1855 brachte er selbst das Bild nach Köln. Wie bei seiner ersten Deutschlandreise wurde Overbeck auch bei dieser überall begeistert aufgenommen und geehrt. Er blieb einige Monate, ehe er nach Rom zurückkehrte. Er hat weiter gemalt und gezeichnet. Sein letztes Bild sollte ein »Jüngstes Gericht« werden. Er arbeitete daran noch an dem Tag vor seinem Tod. Overbeck starb in der Nacht vom 12. auf den 13. November 1869 in Rom.

Seine Heimatstadt Lübeck hat er auch bei einer dritten Deutschlandreise nicht besucht. Dabei gab es keinen Groll gegen den Ort seiner Jugend. Immer stand er in Kontakt mit seinen Eltern und seiner Schwester. Sein erstes Hauptwerk, das monumentale Figurenbild »Der Einzug Christi in Jerusalem« gelangte nach Lübeck in die Marienkirche. Es war Carl von Rumohr, der dies Gemälde halbfertig erwarb und sich unverdrossen für den Ankauf durch Lübeck einsetzte. 1820 aber mußte er resigniert feststellen: »Dies neue Abdera, ich meine Overbecks Vaterstadt, wird sich schwerlich je entschließen, den ausgezeichnetsten Mitbürger, den sie seit Jahrhunderten aufzuweisen hat, auf irgendeine Weise zu belohnen.« Am Ende kam dann doch noch der vereinbarte Kaufpreis von 6000 Courant-Mark zusammen; allerdings steuerte Rumohr allein die Hälfte dieser Summe bei.

Das Gemälde wurde 1942 im Feuersturm der Bombennacht vom 28. auf den 29. März vernichtet. Der heute im Drägerhaus ausgestellte Karton vermag nur einen blassen Eindruck von der Farbenpracht des Originals zu geben.

Die Lübecker haben ihren »Raffael« spät entdeckt, ihm dann aber die Treue gehalten. Er wurde als »verlorener Sohn« betrachtet, und wie der biblischen Gestalt wurde ihm eine Aufmerksamkeit zuteil, die den heimischen Künstlern versagt blieb. Sie gaben sogar einem Handelsschiff seinen Namen und erwiesen ihm damit die höchste denkbare Ehrung, die in einer Kaufmannsstadt möglich ist. Heute besitzt Lübeck die wohl umfangreichste Sammlung Overbeckscher Kunst; der größte Teil dieses Bestandes geht auf Arbeiten zurück, die der Maler seiner großen Familie regelmäßig geschickt hat und die 1914 als Stiftung in den Besitz der Stadt überging.

Salomon Ludwig Steinheim

Steinheim wollte nur durch eigene Werke und Leistungen gelten, nicht aber durch Nachrichten über seine Erlebnisse und sein Schicksal. Er untersagte ausdrücklich die beabsichtigte Abfassung einer Biographie. Seine zahlreichen Freunde bat er, seinen Namen möglichst nicht zu nennen, und diese respektierten seinen Wunsch. Da aber seine medizinischen Arbeiten rasch überholt und seine politischen Schriften naturgemäß zeitbezogen waren, hätten für einen dauerhaften Ruhm nur seine theologischen und philosophischen Werke sorgen können; diese aber wurden, wie Hans-Joachim Schoeps, der sich viele Jahre mit Steinheim und seinem Werk beschäftigt hat, feststellte, zwanzig Jahre zu spät oder hundert Jahre zu früh veröffentlicht. Damit ist nicht nur erklärt, warum Steinheims Denken und Wirken nicht stärkeren Niederschlag in der allgemeinen geistesgeschichtlichen Literatur gefunden hat, sondern auch, warum seine Hauptwerke mehr als hundert Jahre ohne Resonanz geblieben sind.

Seit 1987 gibt es an der Universität Duisburg ein »Salomon-Ludwig-Steinheim-Institut für jüdisch-deutsche Geschichte«, das aus gutem Grund diesen Namen trägt. 1989 fanden in Kiel und Jerusalem internationale Steinheim-Kongresse statt, die nicht als Gedenkveranstaltungen angelegt waren, sondern die kritische Auseinandersetzung mit Leben und Werk Steinheims stimulieren sollten.

Mit einer gewissen Berechtigung hätte sich Steinheim auch »von Treuenberg« nennen können, denn er war ein direkter Nachkomme des Jacob Barsch, den Kaiser Rudolf II. 1622 geadelt hatte und der seitdem den Namen Jakob Bassevi von Threwenberg führte. Nach dem Sturz Wallensteins hatte dieser Ahnherr sein Vermögen verloren, und danach galt auch der Name nichts mehr.

So wurde dem jüdischen Kaufmann Levi Abraham aus Bruchhausen bei Ottbergen im westfälischen Landkreis Höxter am 6. August 1789 ein Sohn geboren, der den Namen Salomon Levi erhielt. Aufgrund eines

Salomon Ludwig Steinheim, nach einem nicht näher nachweisbaren Gemälde.

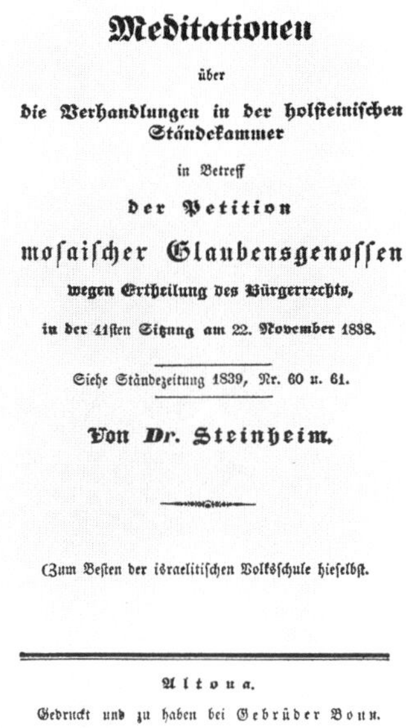

Meditationen

über

die Verhandlungen in der holsteinischen Ständekammer

in Betreff

der Petition

mosaischer Glaubensgenossen

wegen Ertheilung des Bürgerrechts,

in der 41sten Sitzung am 22. November 1838.

Siehe Ständezeitung 1839, Nr. 60 u. 61.

Von Dr. Steinheim.

(Zum Besten der israelitischen Volksschule hieselbst.

Altona.

Gedruckt und zu haben bei Gebrüder Bonn.

Steinheim war nicht nur Arzt, sondern auch Philosoph; darüber hinaus trat er politisch für die Emanzipation der Juden in Schleswig-Holstein ein.

Dekrets von 1808 mußten die Juden in Westfalen bürgerliche Familiennamen führen. Dem Vorbild eines Onkels folgend, wählte Salomon Levi den Namen der in der Nähe von Bruchhausen liegenden Kleinstadt Steinheim als Familiennamen. Beim zweiten Vornamen blieb er variabel: mal Levi, mal Ludwig.

Über seine frühe Jugend gibt es einige Aufzeichnungen Steinheims, die er in hohem Alter auf Bitten seines Freundes Meier Isler niedergeschrieben hat. In ihnen werden die Lebensumstände jüdischer Familien in den Landgemeinden hervorgehoben. Steinheim wurde die für einen jüdischen Knaben übliche Bildung vermittelt, bevor er 1804, fünf Jahre nach dem Tode des Vaters, seinem Lehrer Salomon Meier nach Hamburg folgte, um in Altona das Christianeum zu besuchen. Nach dem Abitur ging er 1807 an die Universität Kiel, um Medizin zu studieren. Er schloß sich einem Kreis an, der sich mit philosophischen Fragen befaßte und zu dem auch der spätere Theologe, Philosoph und Pädagoge Detlev August Twesten gehörte. Mit ihm verband Steinheim eine lebenslange Freundschaft. Zusammen mit Twesten und anderen Freunden ging er 1810 für ein Jahr an die neu eröffnete Berliner Universität. Steinheim gehört zu den ersten hundert Studenten, die in Berlin immatrikuliert wurden. Nach zwei Semestern kehrte er nach Kiel zurück, wo er 1811 das Studium mit der Promotion abschloß. Schon an seiner Dissertation ist bemerkenswert, daß er bei der Frage nach den Krankheitsursachen weniger spekulativ als vielmehr – wenigstens ansatzweise – naturwissenschaftlich-empirisch vorging.

Der 24jährige junge Arzt ließ sich 1813 in Altona nieder und wirkte hier bis 1845. Schon 1814, als unter den von den Franzosen aus Hamburg Vertriebenen eine Typhusepidemie ausbrach, konnte sich Steinheim bei der Abwehr der Seuche bewähren. Seine Erfahrungen legte er in der Schrift »Über den ansteckenden Typhus im Jahre 1814 in Altona« (1815) nieder. Das Buch ist heute für die Medizingeschichte eine bedeutende Quelle. 1831 hatte sich Steinheim noch einmal mit einer Epidemie auseinanderzusetzen; diesmal war es die Cholera. Der Altonaer Arzt sammelte viel empirisches Material und kam bei der Endeckung der Ursache der Seuche sehr nahe. Auch hierüber schrieb er einige Aufsätze.

Wie im ersten Drittel des 19. Jahrhunderts nicht anders zu erwarten, ist Steinheims Beitrag zur Medizin und Naturwissenschaft sowohl experimentell als auch spirituell. Das gilt auch für sein medizinisches Hauptwerk »Die Humoralpathologie. Ein kritisch-didaktischer Versuch« (1826).

Während Steinheim bis 1833 nahezu ausschließlich mit praktischen und theoretischen Fragen der Medizin beschäftigt war und nur nebenher mit Gedichten, Radierungen oder musikalischen Darbietungen hervortrat, waren die folgenden Jahre vorwiegend mit emanzipationspolitischen Schriften und mit theologischen und philosophischen Studien ausgefüllt. Seit seiner Niederlassung in Altona hat Steinheim Anteil am jüdischen Gemeindeleben genommen; 33 Jahre lang erfüllte er das Ehrenamt des Hospital- und Armenarztes der Gemeinde. In die Debatte über die Emanzipation der Juden in Schleswig-Holstein griff er aber erst seit 1832 ein. Bereits am 1. Jahrgang des von seinem Freund Gabriel Riesser begründeten Periodikums »Der Jude« war er mit mehreren Beiträgen beteiligt. Er gehörte auch der Hamburger Vereinigung für Emanzipationspolitik an. Mit Blick auf Schleswig-Holstein meldete sich Steinheim 1835 in einer Petition an die Holsteinische Ständeversammlung zu Wort; er forderte die rechtliche Gleichstellung der Juden Holsteins mit den christlichen Landesbewohnern unter Hinweis auf die Verwirklichung der Emanzipation in Dänemark, England, Frankreich und verschiedenen deutschen Staaten. Der Petition folgten mehrere Zeitungsartikel und das »Offene Sendschreiben« an den Abgeordneten Georg Löck »betreffend die Emancipation der Mosaiten in den Herzogthümern« von 1840. Das »Sendschreiben« löste zwar eine lebhafte, in zahlreichen Denkschriften ausgetragene Debatte und einen Beleidigungsprozeß aus; erfolgreich im Sinne Steinheims war es aber nicht. Die Ständeversammlung lehnte die Judenemanzipation ab. Ähnliches geschah auch in Norwegen, wo Steinheim den Dichter und Hofarchivar Henrik Wergeland bei dessen entsprechenden Bemühungen in seinem Land unterstützte. Als der Versuch im Storting gescheitert war, schrieb er dem Freund 1845 resigniert: »Lassen wir dem egoistischen Pöbel aller Farbe das traurige Privilegium der Inhumanität und roher Sittenbildung. Was kümmert's uns, wenn sie durchaus eine Liebhaberei für das Barbarentum haben.«

Steinheim war einer der ersten, der – in seiner 1841 mit Karl Gutzkow geführten Auseinandersetzung – ein Gespür für die aufkommenden Rassentheorien entwickelte: Rassenvorurteile, schrieb er, fänden sich »am ausgeprägtesten da, wo das Geistesleben der Völker, die Sittlichkeit auf der tiefsten Stufe steht, da es den Menschen und sein Geistesleben bis zur Tierheit herabsetzt.«

Den größten Teil seiner Zeit nach 1833 widmete Steinheim seinem theologisch-philosophischen Hauptwerk »Die Offenbarung nach dem Lehrbegriff der Synagoge«, dessen erster Band 1835 erschien. Um dieses Opus magnum rankten sich zahlreiche, zum Teil auch polemische Aufsätze in verschiedenen Zeitschriften. Das Werk sollte – entsprechend den fünf Büchern der Thora – fünf Bände umfassen, von denen aber nur vier erschienen sind (Band II: 1856, Band III: 1863 und Band IV: 1865). Die einzelnen Teile dieses Werkes sind sehr unterschiedlich ausgefallen. Während die beiden ersten Bände durchweg systematisch gegliedert sind, zerflatterte der

Stoff in den beiden folgenden; gleichzeitig schlich sich allzuviel Polemik ein, so daß es schwer wird, den Weizen von der Spreu zu trennen.

Steinheim verließ Altona 1845, und zwar ziemlich abrupt. Die Gründe dafür sind wohl in Auseinandersetzungen mit der Altonaer jüdischen Gemeinde zu suchen. Es kam allerdings nicht zum Bruch, immerhin setzte Steinheim die Gemeinde als Erbin seines Vermögens ein.

Er ging mit seiner Frau auf Reisen, um sich 1849 in Rom niederzulassen. Rasch bildete sich um die Steinheims ein Kreis von Künstlern und Gelehrten. Für viele deutsche Romreisende gehörte ein Besuch bei dem alternden Ehepaar zum festen Programm; man nannte sie in Rom Philemon und Baucis.

Der Mediziner und Philosoph begann, sich mit Kunstgeschichte zu befassen, und schrieb in dieser Zeit einen autobiographischen Roman: »Elias Windler und seine Reisen«. Weder Teubner in Leipzig noch Campe in Hamburg wollten »dieses dreibändige voluminöse Monstrum von über 800 Seiten, breit und langschweifig geschrieben« (H. J. Schoeps) verlegen, und Literaturwissenschaftler unserer Tage, die das Manuskript, das sich in Jerusalem befindet, gelesen haben, äußerten für die Entscheidung der Verleger Verständnis.

Von Rom aus trat Steinheim noch einige Reisen an, von denen ihn eine auch nach Dänemark führte. Seinen Jugendfreud August Twesten traf er 1864 in Berlin wieder.

Wegen eines Leberleidens hielt sich Steinheim 1866 in Zürich auf. Dort ist er am 21. Mai 1866 gestorben. Zeitgenossen haben ihn den Philo des 19. Jahrhunderts genannt. Ein glänzenderer Ehrenname ist für diesen großen jüdischen Gelehrten kaum denkbar.

Uwe Jens Lornsen

Artikel 13 der Bundesakte, die 1815 in Wien für den neugeschaffenen Deutschen Bund verabschiedet worden war, sicherte dem Volk, das heißt den Einwohnern in allen deutschen Staaten, die Teilnahme an der Regierung durch eine selbstgewählte Vertretung zu. Dies Versprechen wurde nur in wenigen Staaten des Bundes eingelöst. In Schleswig-Holstein war die Situation in vielfacher Hinsicht schwierig. Nur Holstein gehörte zum Deutschen Bund, während Schleswig lediglich eine durch Privilegien gesicherte untrennbare Einheit mit Holstein geltend machen, sich aber keineswegs auf die Bundesakte berufen konnte. Aus den Herzogtümern wurden zahlreiche Bittschriften an den König nach Kopenhagen gerichtet, in denen die in Aussicht gestellte Verfassung eingefordert wurde. Sie blieben ohne Antwort, denn der absolutistisch regierende König hatte nicht die Absicht, sich auf Verfassungsdiskussionen einzulassen.

Viele der nach 1815 aktiven Verfechter des Verfassungsgedankens hatten schon resigniert, als Impulse der Julirevolution in Frankreich in den Norden Deutschlands vordrangen. Als einer der entschlossensten Streiter für ein Verfassungswerk der Herzogtümer erwies sich der gerade zum Landvogt auf Sylt ernannte Uwe Jens Lornsen, der den Mut hatte, in einer kleinen Schrift »Ueber das Verfassungswerk in Schleswigholstein« seine Forderungen zu artikulieren und diese in großer Auflage im Lande zu verbreiten. Dafür nahm er persönliche Nachteile, ja sogar Bestrafung in Kauf. Ein Lohn für sein Engagement war ihm zu seinen Lebzeiten nicht vergönnt. Erst nach seinem frühen Tod, vor allem aber während der Erhebung von 1848 bis 1850, wurde Lornsen zu einer Symbol- und Integrationsfigur.

Uwe Jens Lornsen, der aus einer auf der Insel Sylt seit langem ansässigen Seefahrerfamilie stammte, wurde am 18. November 1793 in Keitum geboren. Sein Vater war Kapitän, und diesen Beruf hätte auch der Sohn gern ergriffen, wenn die schwierigen Zeiten während der Kontinentalblockade dem nicht entgegen gestanden hätten. Lornsen erhielt eine gymnasiale Ausbildung in Tondern und Schleswig. Im Frühjahr 1816 begann er in Kiel das Studium der Rechtswissenschaft; angezogen von der deutschen Nationalbewegung, wurde er Mitglied der Kieler Burschenschaft. Noch stärker bewegten ihn die Forderungen nach der Herstellung von deutscher Einheit und Freiheit, die, verbunden mit der Verachtung gegenüber absolutistischer Fürstenwillkür und Kleinstaaterei, in Jena erhoben wurden. Dort hielt sich Lornsen 1818/19 auf und beteiligte sich an der Gründung der »Allgemeinen deutschen Burschenschaft«.

Im Oktober 1820 legte er das juristische Staatsexamen ab und ging anschließend nach Oldesloe, wo er für kurze Zeit als Untergerichtsadvokat tätig war. Im Februar 1822 wechselte Lornsen als Beamter zur Schleswig-Holstein-Lauenburgischen Kanzlei in Kopenhagen, der höchsten Regierungsbehörde für die Herzogtümer. Hier begann er als Volontär und Kanzlist, um 1826 zum Kontorchef und Kanzleirat aufzusteigen. Seine Vorgesetzten bescheinigten ihm Arbeitseifer, Schärfe des Verstandes und »ungewöhnliche geistige Anlage und Kenntnisse«.

Mit königlicher Resolution vom 9. Oktober 1830 wurde Lornsen zum Landvogt auf Sylt ernannt. Er freute sich auf diese Aufgabe, hoffte er doch, genügend Zeit zu finden, um die Verfassungen in den verschiedenen Ländern Europas »mit Rücksichtnahme auf die Herzogtümer Schleswig und Holstein zu benutzen und in einem ausführlichen Werk darzulegen«. Doch Lornsen hatte nicht nur Wissenschaftliches im Sinn. Bereits in Kopenhagen hatte er mit Freunden erörtert, ob es nicht möglich wäre, das legale Mittel der Petition, das heißt der Eingabe von Bittschriften an den König, zu nutzen; ihm schwebte vor, einen »Petitionssturm« bei den Schleswig-Holsteinern zu entfesseln und damit eine liberale Verfassung zu ertrotzen.

Gleich nach seiner Ankunft in Kiel suchte Lornsen seine alten Freunde auf und erläuterte ihnen sein Vorhaben. Besonnenere unter den Verfassungsfreunden wie Nicolaus Falck hegten erhebliche Bedenken derartigen Plänen gegenüber. Sie zweifelten daran, daß der Ruf nach einer Verfassung ein allgemeiner Wunsch des Volkes sei. Andere, etwa Theodor Olshausen oder Wilhelm Beseler, bestärkten Lornsen in seinen Ansichten. Er wollte den Druck der »Zeitumstände« ausnutzen, für ihn war der richtige Zeitpunkt zum Handeln gekommen. Diese Auffassung vertrat er auch bei einem Aufenthalt in Flensburg, in »freiem mündlichen Vortrag« und in »einer schönen Sprache«, wie man sich später erinnerte; Begeisterung löste er damit nicht aus. Die Flensburger lehnten das »allgemeine Petitionieren« ab, waren aber zu einer eigenen Petition an den König bereit, sofern Kiel voranginge. Am Ende stellte sich heraus, daß die Bedenken der älteren Liberalen zu groß, die Gegenwirkung der Regierung zu stark und die gesamtstaatliche Gesinnung und Loyaltität des Bürgertums und der Ritterschaft nicht zu erschüttern waren.

Lornsen ließ seine Schrift »Ueber das Verfassungswerk in Schleswig=holstein« am 5. November drucken; zwei Druckereien stellten 9000 Exemplare her, von denen ein Teil unmittelbar nach Fertigstellung überall im Lande verteilt, der Rest an die Buchhandlungen ausgeliefert wurde. Die nur elf Seiten lange Schrift löste einen erheblichen Wirbel aus. Dem Verfasser wurde vorgeworfen, er habe einen »Feuerbrand« entzündet und sei ein »Hochverräter«.

Der »Verräter« forderte nicht mehr und nicht weniger als eine Schleswig und Holstein verknüpfende Verfassung, die Verlegung der Regierungsbehörden von Kopenhagen nach Kiel, die Trennung von Justiz und Verwaltung, einen obersten Gerichtshof für die Herzogtümer und schließlich – als Konsequenz dieser Veränderungen – »die gründliche Trennung der Herzogthümer von dem Königreiche Dänemark in administrativer Hinsicht«.

Während die konkreten Forderungen sachlich vergetragen wurden, enthielten die Begründungen provozierende und polemische Passagen: »Zwar haben die Dänen seit Jahren ein Bestreben an den Tag gelegt, uns mit sich zu einem Volke zu verschmelzen, und selbst in den neuesten Zeiten, in welchen bei den Deutschen das Volksgefühl kräftiger wie je sich kund gethan, hat man sich nicht entsehen, uns auf unser Sträuben zuzurufen, wir mögten uns doch freuen, lieber etwas, nemlich Dänen, als nichts, nemlich Deutsche zu seyn.« Lornsens Vorstoß hatte zwar nicht den erhofften großen Erfolg, er blieb aber auch nicht ohne Wirkung. Seine Schrift hatte bei der Regierung Unruhe erregt, und diese führte zur Einrichtung von beratenden Ständeversammlungen – 1831 für Holstein und 1834 für Schleswig –, zur Trennung von Justiz und Verwaltung in der mittleren Instanz und zur Schaffung eines Oberappellationsgerichts in Kiel.

Uwe Jens Lornsen wurde nach seinem frühen Tod zur Symbolfigur der schleswig-holsteinischen Bewegung. In Keitum auf Sylt gibt es eine Lornsen-Gedenkstätte, dort befindet sich die abgebildete Erinnerungstafel.

Sein Amt als Landvogt der Insel Sylt konnte Lornsen nur wenige Tage wahrnehmen. Am 11. November 1830 hatte er es angetreten, aber schon am 23. November wurde er in Keitum verhaftet. Viele seiner Landsleute begleiteten ihn zum Schiff. In der Festung Rendsburg wartete der Untersuchungsgefangene auf seinen Prozeß, eines Unrechts war er sich nicht bewußt: »Meine Sache ist so klar wie die Sonne«.

Das Urteil wurde am 31. Mai 1831 gesprochen; es lautete auf Dienstentsetzung und einjährige Festungshaft, die er in Friedrichsort und Rendsburg

Johann Schweffel schuf als Kaufmann die wirtschaftlichen Voraussetzungen für eine florierende Firma.

August Ferdinand Howaldt sorgte als Techniker für den Erfolg der Maschinenbau-Anstalt »Schweffel & Howaldt«.

waren. Diese Erfahrung war ausschlaggebend für den Entschluß, eine eigene Maschinenfabrik aufzubauen. Am 20. Juni 1837 reichte Howaldt ein Gesuch an die Regierung in Gottorf ein, in dem er bat, »daß ihm behufs Anlegung einer Maschinen-Bauanstalt eine Konzession zur ungehinderten Haltung von Gesellen verschiedener Handwerke erteilt werde.« Er wies auch darauf hin, daß er die Absicht habe, in Kiel das Bürgerrecht zu erwerben. Daß Howaldts Gesuch durch eine Empfehlung Schweffels unterstützt wurde, versteht sich von selbst. Denn dieser sollte und wollte das Unternehmen finanzieren. Howaldt erhielt die gewünschte Konzession und bat umgehend darum, daß diese »zugleich auf den Kaufmann Joh. Schweffel extendiert werden möge«. Diesem Wunsch wurde in einem »Confirmations- und Extentionspatent« vom 28. Oktober 1840 stattgegeben. Inzwischen hatte Howaldt in Braunschweig den erforderlichen »Emigrationsconsens« erwirkt; damit stand der Erwerbung des Bürgerrechts in Kiel nichts mehr im Wege.

Howaldt und Schweffel waren in kurzer Zeit Freunde geworden. Aber auch unter Freunden sollte es in geschäftlichen Dingen geregelt zugehen: Im September 1831 wurde ein Sozietätsvertrag geschlossen, in dem alles festgelegt wurde bis hin zu der Frage, wer Anspruch auf das Lehrgeld für die Lehrlinge hatte. Am 3. Oktober erschien im »Wochenblatt zum Besten der Armen in Kiel« folgende Anzeige: »Seit dem 1sten dieses Monats betreiben wir die auf der Rosenwiese befindliche Maschinenbau-Anstalt in Verbindung mit einer Eisengießerei unter der Firma von ›Schweffel & Howaldt‹ für gemeinschaftliche Rechnung, welches wir hiedurch bekanntmachen. Kiel, October 1838. Johann Schweffel, August Ferdinand Howaldt.«

Die Firma arbeitete von Beginn an sehr erfolgreich. Eine wichtige Voraussetzung war – neben der technischen Begabung Howaldts und seiner Fähigkeit, tüchtige Mitarbeiter heranzuziehen – die durch Schweffel ermöglichte Ausstattung mit Kapital. Die »Maschinenbau-Anstalt« konnte Rohstoffe wie Eisen und Kohle günstig über das Handelshaus Schweffel beziehen. 1846 beschäftigten Schweffel & Howaldt bereits 120 Arbeiter und warteten mit einer ähnlich breiten Palette an Produkten auf wie die Carlshütte in Rendsburg: »Niederdruck – wie Hochdruck – Dampfmaschinen, Dampfkessel für Schiffe wie für Brennereien mit deren Apparaten, Decimalwaagen, Kornreinigungsmaschinen, die verschiedensten Pumpen, Eiserne Wasserleitungsröhren, Saal-, Stuben-, Beileger- und Kanonenöfen wie Heizapparate mittelst Röhren usw. Sparherde, manichfaches Kochgeschirr wie überhaupt eine Menge Gegenstände aus Guß- und Schmiedeeisen, dienend zur Landwirtschaft, der Schiffahrt und dem Bau-, Mühlen- und Maschinenwesen«, hieß es in einem Firmenprospekt.

Stärker als die Hollersche Carlshütte waren Schweffel & Howaldt dem Druck der Zünfte ausgesetzt. In Kiel achteten vor allem die Älterleute des Tischleramtes und des Schmiedeamtes auf die Beachtung ihrer Privilegien. Johann Schweffel hat sich mit scharfer Feder gegen Unterstellungen von dieser Seite gewehrt und dabei den Anachronismus ihrer Politik bloßgestellt.

Den Aufschwung der Firma Schweffel & Howaldt begünstigte vor allem der Eisenbahnbau in den 40er Jahren. Die Eisengießerei erhielt weit mehr Aufträge für die Herstellung von Tendern, Güterwaggons und Waggonteilen, als sie liefern konnte. Die Kapazitäten mußten ständig ausgeweitet werden; sogar Sonntagsarbeit war erforderlich. Bereits vor 1848 hatte Howaldt damit begonnen, Kanonen zu gießen und sie der dänischen Armee angeboten. Nach der Erhebung saß ein Vertreter von Schweffel & Howaldt im »Ausschuß für die Errichtung der deutschen Flotte«. Die Firma erhielt den Auftrag, große Kanonen für die Kanonenboote zu liefern, dazu die erforderlichen Granaten.

Schweffel & Howaldt waren auch am Bau des Dampfschraubenkanonenbootes »von der Tann« beteiligt. Das Unternehmen lieferte für dieses erste Schraubenkanonenboot der Welt die Maschine und die Kessel. Weitere gute Geschäfte ergaben sich nach dem Krieg. Jetzt wurden auch erste Schritte auf dem Gebiet des Eisenschiffbaus unternommen – der später unter August Ferdinand Howaldts Söhnen seinen Siegeszug antreten sollte – nämlich bei der Konstruktion des von Wilhelm Bauer, einem bayerischen Unteroffizier 1850/51 entwickelten »Brandtauchers«, des ersten Unterseebootes der Welt. Das Tauchboot war fast acht Meter lang, drei Meter hoch und zwei Meter breit. Drei Personen konnten sich darin etwa zwei Stunden lang aufhalten. Erste Versuchsfahrten verliefen positiv; doch als Bauer testen wollte, ob sein Boot auch sinken und steigen könne, geriet es außer Kontrolle: Der Roheisenballast verrutschte, das Boot stellte sich – 30 Fuß unter Wasser – senkrecht. Bauer und seine beiden Matrosen konnten sich retten. An eine Weiterentwicklung war nicht zu denken, da es nicht gelang, das gesunkene Boot zu bergen (dies geschah erst 1887 im Auftrag des deutschen Kaisers).

Nach 1850 arbeitete die Firma Schweffel & Howaldt weiter im Schiffbau, zumal Johann Schweffel als Reeder neue Schiffe bauen und ausrüsten ließ, doch lag in den 50er Jahren der Schwerpuntk der Produktion in der Herstellung von landwirtschaftlichen Geräten und Dampfmaschinen.

1853 wurde die Gießerei an den Kleinen Kiel verlegt, nur der Maschinenbau verblieb am Hafendamm. Längst hatte Schweffel seine Söhne auf die Übernahme der väterlichen Betriebe vorbereitet. Der älteste Sohn, Johann (1825–1910), übernahm 1854 die Position seines Vaters in der Firma Schweffel & Howaldt, während er jüngere Sohn, Hermann (1829–1903), 1857 das

Handelshaus leitete. Schweffel senior konnte sich nun seinen öffentlichen Ämtern widmen, soweit es sein Gesundheitszustand zuließ. Er setzte sich für den Bau eines größeren Kanals zwischen Elbe und Ostsee ein und sollte auch zum Senator gewählt werden, mußte dies aber ausschlagen, da seine körperlichen Kräfte rasch schwanden. Er starb am 14. April 1865.

1876 zog sich auch August Ferdinand Howaldt aufs Altenteil zurück. Er überließ seinen Söhnen, Georg Ferdinand (1841–1909), Bernhard (1850–1907) und Hermann (1852–1900) die Leitung der Firma, die vom Neujahrstag 1880 an »Gebrüder Howaldt« hieß, nachdem – für die Öffentlichkeit überraschend – Johann Schweffel jun. ausgeschieden war, um sich anderen Aufgaben zuzuwenden. Unter den Howaldt-Söhnen fand der Wandel von der Maschinenbau-Anstalt zu einem der führenden deutschen Werftbetriebe statt. Am 14. August 1883 sollte das 100. Schiff vom Stapel laufen. Dieses Ereignis hat August Ferdinand Howaldt nicht mehr erlebt. Er starb am 4. August 1883.

In Schweffel und Howaldt hatten sich zwei Persönlichkeiten gefunden, die – getragen vom Schwung der Frühindustrialisierung – erheblich dazu beitrugen, Kiel zu einem modernen Industriestandort zu machen. Beide erwiesen sich als Pioniere, Schweffel als neuen Strömungen gegenüber aufgeschlossener Kaufmann und Howaldt als technisch begabter und phantasievoller Konstrukteur und Erfinder.

Marcus Hartwig Holler

Der Rendsburger Bürger Marcus Hartwig Holler war bereits ein erfahrener Unternehmer, als er am 1827 auf dem Fuhrwerk bei Rendsburg den Grundstein zu einer Eisengießerei, dem ersten Hüttenwerk in Schleswig-Holstein, legte. Zuvor hatte er schon ein Holzgeschäft, eine Kalkbrennerei und eine Ziegelei betrieben.

Geboren wurde Holler am 22. September 1796 in Rendsburg als Sohn eines Zimmermeisters und Holzhändlers. Von 1814 bis 1817 absolvierte er in Kopenhagen und in Schweden – dem Vorbild des Vaters folgend – ebenfalls eine Ausbildung als Holzhändler. In Schweden gewann er erste Eindrücke von der Bedeutung der Erzverhüttung und des Eisengusses. Nach dem Tode des Vaters, 1807, war die Hollersche Holzhandlung für etwa zehn Jahre verwaist. Marcus H. Holler brachte sie wieder in Schwung und konnte bald schwarze Zahlen in der Bilanz vorweisen. Andere erfolgreiche Unternehmen kamen hinzu, bevor er sich wohlhabend genug wähnte, um ein Hüttenwerk zu gründen. Die Voraussetzungen für ein solches Unternehmen waren in Rendsburg günstig: Es gab in der Nähe reiche Bestände an Raseneisenerz und genügend Torf für die Verhüttung. Darüber hinaus hatte der »Eiderkanal«, zu dessen Förderern auch Hollers Vater gehört hatte, Rendsburg zu einem verkehrsgünstigen Ort gemacht. Holler hatte, bevor er die Realisierung seines Planes in Angriff nahm, Reisen nach Preußen und Sachsen unternommen, um dort Erfahrungen zu sammeln; er wollte die Risiken bei seinem Unternehmen möglichst gering halten.

Eine weitere wichtige Voraussetzung war die Unterstützung durch eine angesehene Persönlichkeit, die das Projekt bei Hofe in Kopenhagen zu fördern bereit war. Holler gelang es, den Statthalter in den Herzogtümern, Landgraf Carl von Hessen (1744–1836), für sein Vorhaben zu gewinnen. Landgraf Carl erwarb sogar Anteilscheine am Hollerschen Unternehmen; wichtiger aber war, daß er dabei half, die einem Industrieunternehmen entgegenstehenden Bevormundungen durch die Zünfte abzubauen, unter

Marcus Hartwig Holler, der Gründer der »Carlshütte« in Rendsburg, sprach aus Erfahrung, als er formulierte: »Es erfordert Muth, wenn man sich, nur auf sich selbst gestützt, über das Gemeine erheben will.«

anderem durch Erteilung neuer Privilegien durch den König. An Freihandel war unter diesen Umständen noch nicht zu denken; deshalb brauchte Holler für sein Unternehmen auch Zollprivilegien.

Der Grundstein für das Eisenwerk am Nordufer der Obereider wurde am 19. April 1827 gelegt, Holler gab ihm den Namen »Carlshütte«, seinem Gönner Landgraf Carl zu Ehren. Etwa ein Jahr nach der Gründung konnte der erste Eisenguß erfolgen. Der Hollersche Betrieb war nicht nur das erste Eisenwerk in Dänemark und den Herzogtümern, sondern er entwickelte sich auch rasch zum leistungsfähigsten in Norddeutschland. Die Carlshütte zeichnete sich von Anfang an durch die breite Palette ihres Angebots aus: Neben dem Bedarf für die Haus-, Land- und Bauwirtschaft und für das Handwerk allgemein konnte die Hütte bald Gegenstände anbieten, die im

Eisenkunstgußverfahren hergestellt wurden, wie Ziergitter und Öfen, Vasen und Büsten. Der meistverbreitete Artikel dieser Art war nach 1848 die Plakette mit dem Landeswappen und der Aufschrift »Op ewig ungedeeld«.

Die Produktion in der Carlshütte wurde stets ausgedehnt. Waren es zunächst überwiegend Gegenstände wie eiserne Fensterrahmen und gußeiserne Grabkreuze, so wurden in zunehmendem Maße Maschinen hergestellt. Schon 1839 entstand bei Holler die erste Dampfmaschine, der nach der Jahrhundertmitte viele weitere stationäre und bewegliche »Lokomobile« folgten. Ein Schwerpunkt der Entwicklungstätigkeit galt der Mechanisierung der Landwirtschaft. Der Erfolg der Carlshütte läßt sich an der stetig zunehmenden Beschäftigtenzahl ablesen. Fünf Jahre nach Gründung waren hier etwa 200, nach zehn Jahren 300 und nach zwölf Jahren bereits 500 Arbeiter beschäftigt. Marcus Hartwig Holler, der sein Wohnhaus inmitten seines Werkes erbauen ließ, konzentrierte sich zwar stets auf die Expansion seines Unternehmens; er war aber auch darauf bedacht, die soziale Situation seiner Beschäftigten zu verbessern. Die Leistungen seines Betriebs auf diesem Feld gingen deutlich über das im Zeitalter der Frühindustrialisierung übliche Maß hinaus. In Rendsburg gab es bereits 1833 eine Betriebskrankenkasse, in die Arbeitnehmer und Arbeitgeber gleichermaßen einzahlten und die seit 1838 freie Heilsfürsorge gewähren konnte. Eine Pensionskasse folgte 1840. 1842 ließ Holler das »Marienstift«, eine Wohnsiedlung für seine Arbeiter, errichten. Parallel dazu entstanden günstige Einkaufsmöglichkeiten für die Beschäftigten in eigenen Bäckereien und Krämerläden.

Die Produktionsstätten wurden ständig erweitert, um dem Drang, »eisern in die neue Zeit« zu gehen, gerecht werden zu können. Auch die kaufmännische Seite war mit Reformen verbunden.

Seit 1839 bestand eine enge Verbindung mit der aus Gravenstein (Gråsten) stammenden Familie Ahlmann, die seit 1840 über ein Auslieferungslager in Fredericia verfügte und das alleinige Vertriebsrecht für Carlshütte-Produkte in Skandinavien besaß. Seit 1853 gab es eine Niederlassung in Pernambuco (Brasilien).

Marcus Hartwig Holler konnte schon längst nicht mehr allein Produktion und Vertrieb lenken; deshalb holte er begabte Mitarbeiter aus der engeren und weiteren Verwandtschaft in den Betrieb. Er selbst war mehr an der

Gründung neuer Unternehmen interessiert. 1847 etablierte er an der Eider eine Schiffswerft. Da er hier nur Schiffe bauen konnte, die den Eiderkanal zu passieren vermochten, schloß er sich denen an, die für das Projekt eines neuen, größeren Kanals zwischen Nord- und Ostsee eintraten. 1853 rief er das »Rendsburger Kanal-Komitee« ins Leben, das einen »technischen Bericht zur Herstellung einer Wasserstraße für Kriegs- und Handelsschiffe von der Ostsee nach der Elbe« ausarbeitete, der auch dem König von Preußen vorgelegt wurde.

Holler erlebte noch, daß seine Carlshütte an die Eisenbahnlinie Hamburg–Flensburg angeschlossen wurde (1857). Er starb am 1. Juni 1858, ausgezeichnet mit dem Titel Kommerzienrat und aufgenommen in den Kreis der Ritter vom Dannebrog. Sein einziger Nachfolger und Erbe war Hartwig Peter Holler, der aber weder kaufmännische noch technische Neigungen entwickelte und den Familienbetrieb 1889 in die »Actiengesellschaft der Holler'schen Carlshütte bei Rendsburg« mit Sitz in Hamburg umwandelte.

Die Gründung der Carlshütte markiert den Beginn der Frühindustrialisierung in Schleswig-Holstein. Mit der Eisengießerei und dem Maschinenbau trat ein neuer Unternehmertyp auf, der sich nicht mit lokaler oder regionaler Enge abfand, sondern darauf bedacht war, die Chancen, die ein moderner Großbetrieb bietet, zu nutzen. Hollers Werk steht auch in der Perspektive der Wirtschaftsgeschichte als Pioniertat da, denn die drei Produktionsbereiche Eisenguß, Maschinen- und Apparatebau und Schiffbau müssen als die wichtigsten für die Anfänge des Industrialisierungsprozesses in den Herzogtümern angesehen werden. Hier kam es zur Anwendung und Weiterentwicklung neuer Techniken, die bisher gänzlich unbekannt waren. Insofern haben diese Branchen nicht nur selbst Fortschritte erzielt, sondern darüber hinaus andere Bereiche des Gewerbes wesentlich beeinflußt.

Wilhelm Beseler

Wie kaum ein anderer hat Wilhelm Hartwig Beseler sein Leben in den Dienst der schleswig-holsteinischen Sache gestellt. Dabei begann er als radikaler Anhänger Uwe Jens Lornsens und endete als Befürworter der Einverleibung der Herzogtümer in das Königreich Preußen.

Geboren wurde er am 2. März 1806 auf Schloß Marienhausen bei Jever. Er wuchs in Rödemis bei Husum auf, wo sein Vater seit 1807 Deichinspektor war. Beseler besuchte die Husumer Gelehrtenschule und anschließend die Domschule in Schleswig. 1823 begann er in Kiel mit dem Jurastudium; stärker als die Fachkollegs zogen ihn aber die Vorlesungen Friedrich Christoph Dahlmanns an, der in diesen Jahren großen Einfluß auf die studentische Jugend hatte. Von 1825 bis 1826 studierte Beseler in Heidelberg und schloß sich der dortigen Burschenschaft an – ohne dabei schon politisch hervorzutreten. Der Einfluß der Burschenschaft betraf mehr die allgemeine Stimmungslage als eine konkrete politische Ausrichtung. Am 15. Oktober 1827 legte Beseler sein juristisches Examen vor dem Obergericht zu Gottorf ab und bestand es mit Auszeichnung. Er ließ sich danach als Untergerichtsadvokat in Schleswig nieder, wurde 1830 Notar und 1832 Ober- und Landgerichtsadvokat. Er erfreute sich früh einer großen Praxis und hohen Ansehens.

Im Jahr 1830 lernte der Jurist zwei Menschen kennen, die größten Einfluß auf sein künftiges Schicksal nehmen sollten: Friderike Christiansen, die 1833 seine Frau wurde, und Uwe Jens Lornsen, »dessen Vermächtnis er als der treuesten Jünger einer verwaltete, dessen Andenken er hütete und anrief, wo es nottat« (G. Schweickhardt). Für Beseler war und blieb Lornsen der »Feldherr ohne Heer« und eine verehrungswürdige Instanz. Die historisch begründete Zusammengehörigkeit der Herzogtümer Schleswig und Holstein unter einer gemeinsamen freiheitlichen Verfassung und die Einbeziehung Schleswigs in den Deutschen Bund waren für Lornsen und für Beseler unverrückbare Ziele. Bald nach Bekanntwerden der Lornsen-

Wilhelm Beseler hat sein Leben ganz in den Dienst für die schleswig-holsteinische Sache gestellt.

schen Schrift zu dieser Thematik erschienen etliche Gegenschriften, die jedoch nicht sehr überzeugend waren. Beseler nahm dies zum Anlaß, um seinerseits eine Erwiderung gegen die Kritiker zu verfassen: »Beleuchtung der Broschüre, betitelt: ›Einige Worte über die Schrift des Herren Kanzleirath Lornsen über das Verfassungswerk in Schleswig-Holstein‹. Von einem Schleswiger.« Diese Stellungnahme erschien 1830 in Leipzig.

Nach dem Scheitern des Lornsenschen Vorstoßes widmete sich Beseler zunächst seiner Anwaltskanzlei und sorgte darüber hinaus für die Gründung einer Standesvertretung der Anwälte in den Herzogtümern, des »Schleswig-Holsteinisch-Lauenburgischen Advokatenvereins«, dessen Vizepräsident er zeitweilig war. 1839 geriet er in Opposition zu Theodor

in wirtschaftlich bedrängten Verhältnissen. Erst 1860 gelang es ihm – nicht zuletzt auf Empfehlung seines Bruders Georg – die Stellung des Kurators der Universität Bonn mit dem Charakter eines Oberregierungsrates zu übernehmen.

Beleser blieb publizistisch auch weiterhin der Entwicklung in Schleswig-Holstein verbunden. Dabei entwickelte er eine reservierte Haltung gegenüber der Augustenburgischen Partei, während seine Sympathie für die preußische Position zunahm. Am Ende machte er kein Hehl aus seiner Einstellung für die Politik Otto von Bismarcks, die Herzogtümer Schleswig und Holstein als Provinz in das Königreich Preußen zu integrieren. Diese Haltung wurde dem einst so populären Politiker nicht honoriert. 1867, als er für den konstituierenden Reichstag des Norddeutschen Bundes in Tondern kandidierte, versagten ihm die Wähler ihre Zustimmung. Beseler zog sich enttäuscht auf seine Aufgaben als Verwalter der Universität Bonn zurück. Akademische und politische Ehrungen stellten sich erst spät ein: 1871 verlieh ihm die juristische Fakultät der Bonner Universität die Würde eines Doktor jur. h. c. Der preußische Staat ehrte ihn mit dem Roten Adlerorden 2. Klasse und dem Kronenorden; Sachsen-Anhalt, Mecklenburg und Oldenburg folgten mit vergleichbaren Auszeichnungen. Wilhelm Hartwig Beseler starb am 2. November 1884 in Bonn. Seine letzte Ruhestätte fand er in Mildstedt, Kreis Nordfriesland.

Friedrich Hebbel

An seine Heimat Dithmarschen und besonders an seinen Geburtsort Wesselburen hat sich Friedrich Hebbel nie gern zurückerinnert. Wesselburen war für ihn ein »Nest« und Norderdithmarschen ein »für die Kultur fast verlorener Winkel«. Geboren wurde er am 18. März 1813 als Sohn eines Maurers, der im Tagelohn arbeitete. In seinem Elternhaus herrschte Armut, die besonders den Vater verbitterte. Selbst an bescheidene Freuden oder gar Bildungserlebnisse war nicht zu denken. In seinem Tagebuch schreibt Hebbel über den Vater: »Die Armut hatte die Stelle seiner Seele angenommen«. Von 1819 bis 1827 besuchte Hebbel die Elementarschule, wo dem Lehrer die Begabung des Jungen auffiel. Eine Weiterbildung lag außerhalb des Möglichen. Als der Vater 1827 starb, mußte sich Hebbel als Laufbursche, dann als Schreiber beim Kirchspielvogt Johann Jakob Mohr verdingen; in dessen Haus erhielt er Unterkunft und Verpflegung, mußte allerdings das ohnehin schmale Schlaflager mit dem Kutscher teilen. Er zählte zum Gesinde und wurde mit geringerem Lohn abgespeist, als ihm für seine Leistungen zugestanden hätte. In den ersten Jahren war er mit dem Dienst bei Mohr noch zufrieden; er sah im Kirchspielvogt, der ein gebildeter Mann war, sogar einen menschenfreundlichen Gönner. Später bezeichnete er ihn als »ekelhafte Blattlaus«; »o weh, wie hat der Mann mich in meiner tiefsten Menschlichkeit gekränkt«. Daß Mohr ihm erlaubt hatte, seine beträchtliche Bibliothek zu benutzen und daß er sich in dieser als Autodidakt eine beachtliche Allgemeinbildung hatte aneignen können, ließ der Dichter bei seinen Vorwürfen unerwähnt.

Ludwig Uhlands Gedichte regten ihn an, sich selbst als Lyriker zu versuchen. Seine ersten Gedichte erschienen in einem Heimatblatt. Wenn er viele Jahre später in einem Brief notierte, »ich habe seit meinem zwei und zwanzigsten Jahre, wo ich den gelehrten Weg einschlug und alle bis dahin versäumten Stationen nachholte, nicht eine einzige wirklich neue Idee gewonnen«, dann sollte man dies zwar nicht wörtlich nehmen, darf aber

Friedrich Hebbel, der große Sohn Wesselburens, hat sich nie gern an seine dithmarscher Heimat zurückerinnert.

herauslesen, daß Wesselburen doch nicht so sehr von der Kultur abgeschnitten war, wie Hebbel an anderer Stelle behauptet hat. Tatsächlich hatte er im Hause des Kirchspielvogts Gelegenheit, sich mit der Literatur und der Philosophie seiner Zeit vertraut zu machen; dabei – in Ansätzen – mit dem Gedankengut Hegels und Schellings.

Ob seine Talente mehr für die Wissenschaft oder eher für die Kunst angelegt waren, konnte Hebbel noch nicht wissen; fest stand für ihn nur, daß er aus der bisherigen Umgebung ausbrechen mußte. Ein erster Versuch, eine Karriere als Schauspieler zu beginnen, scheiterte sofort. Beim zweiten Versuch wurde ihm die Hilfe der Hamburger Schriftstellerin Amalie Schoppe zuteil, die einige seiner Gedichte in ihren »Pariser Modeblättern« veröffentlich hatte und vom Talent des jungen Dithmarschers überzeugt war. Sie sammelte Stipendiengelder, um ihm ein Studium zu ermöglichen. So kam er im Februar 1835 nach Hamburg. In Privatstunden lernte er Latein und Mathematik – Voraussetzungen für seine Studienfächer. Doch bald mußte er erfahren, daß er den Bediententisch in Wesselburen mit dem Gnadentisch an der Alster vertauscht hatte. Als zu der wirtschaftlichen Vormundschaft, begleitet von Gnadenerweisen, auch noch der Vorwurf der Undankbarkeit seitens seiner Gönnerin hinzutrat, kam es im Mai 1840 zum Bruch. Seine wirtschaftliche Lage hatte sich freilich nicht gebessert. Hebbel war auf Hilfe angewiesen und fand sie bei der neun Jahre älteren Elise Lensing, mit der ihn ein Liebesverhältnis verband. Sie unterstützte ihn mit ihren bescheidenen Mitteln während der folgenden Jahre. Kurz nach seiner Übersiedlung nach Hamburg begann Hebbel, ein Tagebuch zu führen; er tat dies bis kurz vor seinem Tode sehr gewissenhaft. Die Hebbelschen Tagebücher gehören zu den klassischen Selbstzeugnissen der Weltliteratur. Sie überliefern Einzelheiten seiner Biographie und sind für die Interpretation seiner Werke unschätzbar. Neben den zahlreichen Briefen enthalten die Tagebücher auch Hebbels Auseinandersetzung mit philosophischen und literarischen Fragen seiner Zeit.

1836 verließ der Glücklose die Hansestadt und begab sich zu Fuß nach Heidelberg, wo er als Gasthörer an juristischen Lehrveranstaltungen teilnahm, erkannte aber bald, daß er zu diesem Fach kaum Neigungen verspürte. Er widmete sich statt dessen der Literatur und der Philosophie. Im eigenen literarischen Schaffen überwogen in dieser Zeit Gedichte; Hebbel versuchte sich in vielen Formen der Lyrik. Eine erste Sammlung erschien 1842 bei Hoffmann und Campe in Hamburg. Der Band endet mit dem programmatischen Sonett

»An die Kunst

Dir, heil'ge Kunst, Dir hab' ich mich ergeben!
Nicht drängt' ich mich, Du riefst mich zum Altare,
Ich rang mit Dir, ob ich mich frei bewahre,
Du siegtest, nimm mich denn auf Tod und Leben!

Nun wollen Träume meinen Blick umweben,
Ich aber schau' hinab auf ernste Jahre,
Doch, wie sich auch zum Kampf der Pöbel schaare,
Am Ende siegt ein gottgebornes Streben.

Viel trage ich, doch schlägt mir die Entehrung
Der Welt-Idee, auf deren Leib ich hoffe,
Durch Puppen-Larven leicht die Todeswunde.

Was thut's? Die echte Zeugung ist Entleerung
Des Einzelwesens von dem Weltenstoffe,
Und geht mit ihrem Vater nicht zu Grunde.«

Seine bedrückende finanzielle Situation, die durch die Zuwendungen seiner Hamburger Freundin Elise Lensing kaum gebessert wurde, trug auch dazu bei, daß er sehr zurückgezogen lebte und kaum Umgang mit anderen Studenten hatte. Eine Ausnahme war die Freundschaft mit Emil Rousseau.

Weil er glaubte, dort billiger leben zu können, zog Hebbel Ende September 1836 nach München weiter. Wieder war es eine Reise zu Fuß, die ihn über Straßburg und Stuttgart an die Isar führte. In Stuttgart lernte er Gustav Schwab kennen, der ihm eine Empfehlung an Ludwig Uhland mit auf den Weg gab. Der Besuch bei seinem Idol in Tübingen wurde insofern zur Enttäuschung, als Uhland sich nicht als die erwartete großartige Gestalt erwies, sondern sich eher bescheiden gab.

Emil Rousseau war dem Freund nach München gefolgt, doch er starb unmittelbar nach seiner Promotion, bei der Hebbel noch als Opponent aufgetreten war, an Typhus. Mit Rousseau, dessen Tod ihn nicht weniger traf als der seiner Mutter, verlor er den einzigen Freund, ja den einzigen Bekannten in München überhaupt. Er suchte und fand Anschluß an die Tochter seines Zimmerwirts, Josepha Schwarz, genannt Beppi; sie wurde seine Geliebte. Das Verhältnis fand in seiner Tragödie »Maria Magdalena« einen literarischen Niederschlag. Hebbel hatte längst seine Berufung zum Dichter entdeckt, doch war ihm auch bewußt geworden, daß er sich seines Talentes nicht sicher sein konnte. An Elise Lensing schrieb er: »Die Natur sollte keine Dichter erwecken, die keine Goethes sind. (...) Das ist der Fluch meines Daseins, daß mein Talent zu groß ist, um unterdrückt zu werden, und zu klein, um zum Mittelpunkt meiner Existenz gemacht werden zu können.« Im Winter 1838/39 wurde Hebbel von einer tiefen Krise ergriffen, die ihn zur Rückkehr nach Hamburg veranlaßte. In 18 Tagen legte er den Weg von München nach Hamburg in strapaziösen Fußmärschen zurück. Krank und abgerissen kam er bei Elise Lensing an, die ihn aufopferungsvoll pflegte, stets hoffend, daß sie ihn für immer würde an sich binden können.

In Hamburg schrieb Hebbel seine Tragödie »Judith«, die nach nur vier Monaten abgeschlossen war und am 6. Juli 1840 in Berlin uraufgeführt wurde. Noch im selben Jahr erfolgte auch in Hamburg eine Inszenierung des Stückes. Der Erfolg der »Judith« stimulierte den Dichter zu weiteren Dramen, die in rascher Folge erschienen: im März 1841 »Genoveva« und noch im selben Jahr »Der Diamant«. Hebbel hatte kaum noch Anlaß, an seiner Berufung zu zweifeln, denn er selbst war von der Qualität seiner Arbeiten überzeugt. Der wirtschaftliche Erfolg, auf den der mittellose Poet so sehr angewiesen war – inzwischen hatte er auch für seinen am 5. November 1840 geborenen Sohn Max zu sorgen –, blieb aber aus.

Friedrich Hebbel reiste, nachdem er die Arbeit an dem Drama »Der Moloch«, das durch den großen Hamburger Brand von 1842 inspiriert worden war, abgebrochen hatte, nach Kopenhagen, wo er sich bei König Christian VIII. um eine Professur in Kiel bewarb. Seine Hoffnungen darauf erfüllten sich nicht. Erst 1843 erhielt er – wobei Adam Oehlenschläger vermittelnd tätig war – ein großzügig bemessenes Reisestipendium des Königs, das ihm ausnahmsweise gewährt wurde, obgleich er nicht an einer der

Landesuniversitäten studierte. Schon in dieser Zeit litt Hebbel an schweren Anfällen von Rheumatismus, die ihn wochenlang aufs Krankenlager warfen. Die Arbeiten an »Maria Magdalena« gingen nur langsam voran.

Im September 1843 brach Hebbel zu seiner Stipendiatenreise auf. Einen Teil des Betrages hatte er für den Unterhalt seines Sohnes zurückgelassen. Das Kind starb jedoch am 14. Mai 1844. Sein Vater hielt sich zu diesem Zeitpunkt in Paris auf. In Paris machte Hebbel die Bekanntschaft Heines und trat in freundschaftliche Verbindung mit Felix Bamberg, einem jungen Diplomaten, der ihm die Kultur der französischen Hauptstadt nahebrachte. Der Stipendiat vollendete in Paris die »Maria Magdalena« und schrieb Anfang 1844 auch ein ausführliches Vorwort, das er – zusammen mit seiner Schrift »Mein Wort über das Drama« bei der Philosophischen Fakultät der Universität Erlangen als Dissertation einreichte. Am 22. April 1846, nachdem Hebbel die angefallenen Gebühren entrichtet hatte, erfolgte die Promotion zum Dr. phil.

Hebbel setzte seine Reise nach Rom und Neapel fort, mußte sich aber zur Rückkehr entschließen, nachdem der Antrag auf Verlängerung seines Stipendiums abgelehnt worden war und er auch von Elise Lensing, von der er sich längst gelöst hatte, kein Geld mehr erwarten konnte. 1844 war sein zweiter Sohn Ernst geboren worden; das Kind starb drei Jahre später, ohne daß der Vater es je gesehen hat.

Tief verschuldet mußte der Dichter Italien verlassen. Er traf im November 1845 in Wien ein, wo er das Glück hatte, in den Grafen Zerboni Mäzene und in der Presse einige Verehrer seines Werkes zu finden. Als er dann noch die Liebe der Burgschauspielerin Christine Enghaus gewann, die er am 26. Mai 1846 heiratete, hatte sein Dasein als Hungerleider ein Ende. Zu Wohlstand gelangte er auch in den folgenden Jahren nicht; er blieb abhängig vom Einkommen seiner Frau. Doch die Jahre der demütigenden Armut und als unwürdig empfundenen Abhängigkeit von Menschen, die ihn liebten, deren Liebe er aber nicht zu erwidern vermochte, waren vorbei.

Seine Frau drängte auf eine Aussöhnung mit Elise Lensing, die 1847 tatsächlich einer Einladung nach Wien folgte und dort über ein Jahr blieb. Am Ende nahm sie den von Hebbel adoptierten unehelichen Sohn seiner

Frau, Carl Franz, mit nach Hamburg, um ihn dort bis zu ihrem Tode – sie starb am 18. November 1854 an einem Lungenleiden – zu erziehen.

Hebbel hatte 1847 und 1848 mehrere Dramen geschrieben, denen aber der Erfolg versagt blieb. Gleichzeitig hatte er sich – auch als Journalist – in die Politik gestürzt und – wenngleich vergeblich – für ein Abgeordnetenmandat kandidiert. 1849 wurden »Herodes und Mariamne« und das Märchenlustspiel »Der Rubin« uraufgeführt. Vor allem mit »Herodes und Mariamne« hoffte der Autor das Publikum zu gewinnen – vergebens: Wie die frühen Werke blieb auch diese Tragödie ein kaum gespieltes Stück. »Der Rubin« wurde von den Zuschauern nicht als Komödie verstanden, was Hebbel wiederum dem Publikum vorwarf. Dies geschah sehr zu seinem Nachteil, denn er machte sich damit zum Gespött der Presse.

Die Konstellation im Wiener Theaterleben stand für Hebel nicht günstig, denn seit 1850 wirkte Heinrich Laube als Leiter des Hofburgtheaters, und der war ihm keineswegs zugetan. Er versuchte sogar, Hebbels Frau zu vertreiben, indem er ihr nur noch Nebenrollen gab. Hebbel reagierte – wie üblich – genauso impulsiv wie vergeblich. Und doch entstanden in den Wiener Jahren seine großen Stücke, die ihm bis heute einen Platz in den Theaterspielplänen sichern. 1851 wurde das deutsche Trauerspiel »Agnes Bernauer« vollendet, und 1854 entstand »Gyges und sein Ring«. Die große Triologie »Die Nibelungen« begann Hebbel 1855, um sie 1860 abzuschließen. Dazwischen entstand das Versepos »Mutter und Kind«, in dem der Dichter die Form der Idylle wählte, um ein Bekenntnis zur Ehe und zur bürgerlichen Familie abzulegen, in die er sich selbst spät gefunden hatte, und in der er bis zu seinem Tode glücklich war. Das Epos brachte ihm einen in Dresden ausgesetzten Preis von 200 Talern ein. In Wien entstand auch sein Gedicht »Herbstbild«, dem ein dauerhafter Platz in den Sammlungen deutscher Lyrik gewiß ist:

»Dies ist ein Herbsttag, wie ich keinen sah!
Die Luft ist still, als atmete man kaum,
Und dennoch fallen raschelnd, fern und nah,
Die schönsten Früchte ab von jedem Baum.

O stört sie nicht, die Feier der Natur!

Dies ist die Lese, die sie selber hält,
Denn heute löst sich von den Zweigen nur,
Was vor dem milden Strahl der Sonne fällt.«

Schon 1852 war er von König Maximilian von Bayern zu einer längeren Audienz empfangen worden. Am Ende wurde Hebbel zum Ritter des Königlich Bayerischen Maximilian-Ordens für Wissenschaft und Kunst ernannt.

Seit 1857 arbeitete Hebbel an einem weiteren Trauerspiel, »Demetrius«. Die Arbeit wurde immer wieder durch Reisen unterbrochen. 1861 kam er auch noch einmal nach Holstein, wo er in der Nähe von Rendsburg seinen Bruder Johann besuchte, der dort als Tagelöhner lebte. Nach Dithmarschen ist Hebbel nie wieder zurückgekehrt. In einem Brief schrieb er, daß er »über den Ort, wo meine Wiege stand, jetzt für immer ein Kreuz« mache.

Der »Demetrius« ist unvollendet geblieben. Friedrich Hebbel starb am 13. Dezember 1863, in den letzten Monaten seines Lebens noch mit hohen Ehren ausgezeichnet.

Die Wertschätzung seines Werkes hat in Deutschland Höhen und Tiefen erfahren, ist aber niemals ganz erloschen. Die von seiner Witwe 1903 ins Leben gerufene Hebbel-Stiftung fördert nach wie vor unbemittelte Künstler aus Schleswig-Holstein. Und die Hebbel-Gesellschaft, mit Sitz in Wesselburen, bemüht sich um die Bewahrung des Œuvres und um die Förderung der Hebbelforschung. Die seit 1939 erscheinenden Hebbel-Jahrbücher dokumentieren dieses Bemühen.

Emanuel Geibel

Die kostbar eingebundenen, mit Goldschnitt versehenen Gedichtbände von Emanuel Geibel füllten noch vor dreißig Jahren die Regale der Antiquariate und waren für wenig Geld zu haben. Inzwischen sind sie selten geworden und werden schon als kleine Kostbarkeiten gehandelt. Der Grund dürfte kaum im besonderen Interesse an der Poesie Geibels zu suchen sein, sondern eher am Reiz des Einbandes. Emanuel Geibel war der erfolgreichste deutsche Lyriker in der zweiten Hälfte des 19. Jahrhunderts. Seine Gedichtsammlungen hatten unvorstellbar hohe Auflagen (der Band »Gedichte« erreichte noch zu seinen Lebzeiten die 100. Auflage). Vor dem kritischen Urteil der Nachgeborenen hat nur wenig aus dem Werk Geibels bestehen können, vor allem die Übersetzungen. Die Originalgedichte werden durchweg der Rubrik »epigonal« zugeordnet.

Franz Emanuel August Geibel wurde am 17. Oktober 1815 in Lübeck geboren. Sein Vater war Pastor der reformierten Gemeinde in der Hansestadt und hätte es gern gesehen, wenn auch sein Sohn Theologe geworden wäre. Die humanistische Vorbildung wurde ihm auf dem Katharineum zuteil, doch der junge Geibel interessierte sich mehr für die Literatur als für die Gottesgelehrsamkeit. Sein erstes Gedicht wurde 1834 in dem von Adalbert von Chamisso und Gustav Schwab herausgegebenen »Musenalmanach« gedruckt. Seit der Schulzeit war Geibel mit dem späteren Archäologen Ernst Curtius befreundet; ihm wird Einfluß auf die klassizistische Orientierung Geibels eingeräumt.

Seit 1835 studierte Geibel in Bonn Theologie, hörte aber mehr römische Literaturgeschichte, philologische Vorlesungen und Philosophie, unter anderem bei Christian August Brandis und August Wilhelm Schlegel. Er schrieb Liebesgedichte, die an Heine und den Spätromantikern orientiert waren; später wandte er sich anderen Vorbildern zu: neben den antiken Autoren vor allem Shakespeare, Byron und Goethe. 1836 wechselte er nach Berlin, wo er die Theologie ganz aufgab und klassische Philologie studierte.

Emanuel Geibel war der erfolgreichste deutsche Lyriker in der zweiten Hälfte des 19. Jahrhunderts.

Geibel gewann neue Freunde und zog alte zu sich nach Berlin. Bald hatte er mit seinem Freund Paul Heyse Zugang zum Haus des Kunsthistorikers Franz Kugler und verkehrte in der »Literarischen Mittwochgesellschaft«, wo er Gelegenheit hatte, mit Joseph von Eichendorff, Franz von Gaudy, Karl Holtei, Willibald Alexis und Gottfried Schadow zusammenzutreffen. Als Adalbert von Chamisso ihn als Mitarbeiter für den »Musenalmanach« heranzog, reifte der Entschluß, die Dichtkunst als Beruf zu betreiben.

Bettina von Arnim und ihr Schwager, Friedrich Karl von Savigny, vermittelten ihm eine Hauslehrerstelle beim russischen Gesandten in Athen. Geibel brach sein Studium in Berlin ab. Aufgrund einer Empfehlung des

Professors Friedrich Rheinwald promovierte ihn die Philosophische Fakultät der Universität Jena zum Dr. phil. Die versprochene Arbeit über die römischen Elegiker hat er nie vorgelegt.

Die Reise nach Griechenland unterbrach er in München, wo er Peter von Cornelius, Clemens Brentano und Joseph Görres kennenlernte. Von Athen aus unternahm er, zusammen mit Ernst Curtius, mehrere Reisen unter anderem auf die Ägäischen Inseln. Der literarische Ertrag waren die »Klassischen Studien«, in denen Geibel und Curtius metrische Übersetzungen altgriechischer Dichtung vorlegten (1840).

1840 verließ Geibel Griechenland und kehrte nach Lübeck zurück. Noch im selben Jahr erschien sein erster Gedichtband, der bald seinen Ruhm als Lyriker begründen sollte. In Schloß Escheberg bei Kassel hatte er Gelegenheit, sich mit der spanischen Literatur zu beschäftigen, als er die Bibliothek des Calderon-Übersetzers Otto von der Malsburg ordnete. Es entstanden die Gedichtsammlung »Zeitstimmen« (1841) und die Übersetzungen »Volkslieder und Romanzen der Spanier« (1843); 1844 folgte das Trauerspiel »König Roderich«.

Seit 1842 bezog Geibel eine lebenslange Gnadenpension von 300 Talern von König Friedrich Wilhelm IV. von Preußen. Der Dichter fühlte sich in der Rolle eines »staatlich anerkannten Poeten« durchaus wohl. Er ging auch auf die Angebote des Bayernkönigs Maximilian II. ein, der ihm nach dem Erscheinen der »Juniuslieder«, die ein sensationeller Erfolg waren, eine Honorarprofessur für Poetik und Ästhetik an der Universität München anbot.

»Sei getrost!
Sei getrost und ob die Stunden
Rascher Jugend dir verweht!
Hast du doch in dir gefunden,
Was unalternd fortbesteht:
Kannst du ringend doch gestalten,
Was der Geist dir reichlich gibt,
Kannst im Lied die Liebe halten –
Selig ist, wer schafft und liebt.

Nimmer nun des Segels Schwinge
Stell' ich aus ins weite Meer;
Denn gewaltig zieht die Dinge
Frommer Liebeszwang mir her.
Alle wunder, die ich ferne
Suchte, trägt der Heimat Schoß;
Und so segn' ich meine Sterne,
Uns so preis' ich still mein Los.«

Im Mai 1852 erhielt er die bayerische Staatsangehörigkeit und die Ernennung zum Professor; gleichzeitig wurde er in den bayerischen Personaladelsstand erhoben. Geibel gewann das besondere Vertrauen des Königs und konnte erheblichen Einfluß auf das literarische Leben in München ausüben, denn er verfügte über eine maßgebliche Stimme bei der Berufung der Kandidaten für den 1853 gestifteten Maximilians-Orden für Wissenschaft und Kunst. Autoren, die sich dem Realismus zugewandt hatten, fanden keinen Zugang zum Kreis um Geibel und Paul Heyse. Hier wurden klassizistische und restaurative Tendenzen in der Literatur gepflegt.

1866 trat Geibel offen für Preußen und gegen Österreich ein, was den Bruch mit Bayern zur Folge hatte. König Wilhelm I., dem Geibel bei seinem Besuch in Lübeck 1868 ein Huldigungsgedicht widmete, dankte dem Dichter, indem er ihm einen lebenslangen Ehrensold von 1000 Talern – zusätzlich zur Gnadenpension – aussetzte.

»An König Wilhelm
Lübeck, den 13. September 1868
Mit festlich tiefem Frühgeläute
Begrüßt dich bei des Morgens Strahl,
Begrüßt, o Herr, in Ehrfurcht heute
Dich unsre Stadt zum erstenmal;
Dem hohen Schirmvogt ihr Willkommen
Neidlosen Jubels bringt sie dar,
Die selbst in Zeiten längst verglommen
Des alten Nordbunds Fürstin war. (...)«

Inzwischen war Geibel wieder nach Lübeck zurückgekehrt und hatte seinen Hauptwohnsitz in der Hansestadt genommen, die ihn zum Ehrenbürger machte. Er veröffentlichte noch zwei weitere Werke, das »Classische Liederbuch« (1875) und die »Spätherbstblätter« (1877) und war sonst mit den zahlreichen Neuauflagen seiner Bücher beschäftigt. Emanuel Geibel starb am 6. April 1884 in seiner Heimatstadt Lübeck.

Geibels Name wird heute eher im Zusammenhang mit der Musik genannt als dort, wo es um die Lyrik selbst geht; Bestand haben vor allem jene Texte, die von Robert Schumann, Johannes Brahms oder Hugo Wolf vertont worden sind. Als maßgebend gelten noch immer seine Übersetzungen aus dem Spanischen, Portugiesischen und Französischen. Hierbei kam ihm seine Formgewandtheit zugute, die bei seinen eigenen Gedichten konventionell oder epigonal wirkt.

Theodor Storm

Theodor Storm gehört zu jenen Klassikern, deren Werke nicht nur einen festen Platz im bürgerlichen Bücherschrank haben, sondern die lebendig sind, weil sie immer wieder neue Leser finden. Einige seiner Werke wurden verfilmt und erreichten auf diesem Wege ein Millionenpublikum. Bewunderung finden nach wie vor die Gedichte, über die Thomas Mann urteilte: »In dieser zehn Mal gesichteten und gesiebten Lyrik steht Perle fast neben Perle, und es ist darin, auf Schritt und Tritt, eine lebende Konzentrationskraft der Lebens- und Empfindungsaussage, eine Kunst der Formung zum Einfachen, die in bestimmten Fällen unfehlbar immer wieder, so alt man wird und so oft man etwas liest oder sich vorspricht, dies Sichzusammenziehen der Kehle, dies Angepacktwerden von unerbittlich süß und wehem Lebensgefühl bewirkt, um dessentwillen man mit sechzehn, siebzehn diesem Tonfall so anhing.« Dabei hatte Thomas Mann gegen den Menschen Theodor Storm erhebliche Vorbehalte.

Hans Theodor Woldsen Storm wurde am 14. September 1817 in Husum geboren. Er wuchs im Umfeld einer Familie auf, deren Vertreter zu den Honoratioren der Stadt gehörten. Für Storm lagen die spießige Enge der Kleinstadt und der Zauber, der von den Relikten einstiger wirtschaftlicher und politischer Bedeutung ausging, miteinander im Widerstreit. Er hat diesen Antagonismus besonders stark empfunden und vermocht, ihn literarisch umzusetzen.

Nachdem er die Husumer Bürgerschule durchlaufen hatte, schickte sein Vater ihn für anderthalb Jahre auf das Lübecker Katharineum, das im Lande hohes Ansehen genoß und den jungen Mann auf das Studium vorbereiten sollte. In Lübeck lernte er den Dichter Emanuel Geibel kennen, zu diesem Zeitpunkt allerdings noch nicht als literarischen Konkurrenten. Geibel entwickelte sich zum Repräsentanten des bürgerlichen Spätklassizismus, während Storm mit seinem ganz spezifischen Stil und durch die Bevorzugung idyllischer Situationen literarisch sehr viel weniger klar einem

Genre zuzuordnen war. Beeinflußt wurde er von Heine, Goethe, Eichendorff und vor allem von Mörike. Er selbst begriff sich als deren Schüler, ohne aber Nachahmer zu sein.

Daß Storm das Studium der Jurisprudenz aufnahm, war für ihn ohne besondere Bedeutung: »Es ist das Studium, das man ohne besondere Neigung studieren kann; auch mein Vater war ja Jurist.« An der Kieler Universität lernte er 1837 Theodor und Tycho Mommsen kennen. Diese drei einte bald eine herzliche Freundschaft, die in dem 1843 erschienenen »Liederbuch dreier Freunde« literarische Früchte trug. Seit 1841 beteiligte sich Storm auch an der von Theodor Mommsen begonnenen Sammlung schleswig-holsteinischer Sagen, Märchen und Lieder, die dann 1845 veröffentlicht wurde. Gemeinsam setzten die Freunde das Studium in Berlin fort. Storm studierte ungewöhnlich lange; den drei Berliner Jahren folgten noch drei weitere in Kiel. Erst Ende 1842 legte er sein juristisches Abschlußexamen ab und ließ sich 1843 als Advokat in Husum nieder.

Wenig Glück hatte der Student der Rechte in der Liebe gehabt. Er verlobte sich und löste die Verlobung wieder. Ein zweiter Heiratsantrag, der einem anderen jungen Mädchen galt, wurde zurückgewiesen. Einige Biographen haben ihm Unreife bescheinigt, andere sahen in seinem Verhalten eine Fixierung auf die Vorstellung kindlicher Liebe und Unschuld. Schließlich heiratete Storm seine Cousine Constanze Esmarch, die aus Segeberg stammte. Doch auch diese Verbindung bedeutete keinen Ruhepunkt – kaum verheiratet, verliebte er sich in Dorothea Jessen. Für sie schrieb er eine Fülle von Liebesgedichten. Dorothea verließ Husum; erst nach Constanzes Tod, im Mai 1865, kam es zu einer Verbindung – 1866 heiratete Storm die frühere Geliebte.

Stets hatte der Husumer Advokat damit kokettiert, ein unpolitischer Mensch zu sein. Die Ereignisse des Jahres 1848 aber ließen auch Storm nicht unberührt. Er stand auf seiten der Schleswig-Holsteiner und bekundete seine Haltung, indem er deren Resolutionen mit unterzeichente. Zu weiteren Aktivitäten aber konnte er sich nicht durchringen. Dem Wunsch seines Freundes Theodor Mommsen, er möge politische Agitationsgedichte für die »Schleswig-Holsteinische Zeitung« verfassen, widersetzte er sich.

Nach dem Scheitern der schleswig-holsteinischen Erhebung bekam auch Storm die Politik der Reaktion zu spüren: Er verlor seine Zulassung als Anwalt und mußte sich nach einer Betätigung außerhalb der Landesgrenzen umsehen. Bewerbungen in Buxtehude und Gotha scheiterten. Eine Anstellung als Assessor, die er 1853 in Potsdam antrat, konnte die Familie – inzwischen waren drei Kinder zu versorgen – nicht ernähren. Die Storms waren auf Unterstützung durch die Eltern angewiesen. Drei Jahre später stieg Storm zum Kreisrichter auf. Während des »Potsdamer Exils« und als Richter in Heiligenstadt (Eichsfeld) war die Arbeitsbelastung größer, als er es von Husum her gewohnt war. Sein literarisches Schaffen trat darüber etwas zurück; doch sind während dieser Zeit einige seiner schönsten Gedichte entstanden, so 1857 »Dic Nachtigall

Das macht, es hat die Nachtigall
Die ganze Nacht gesungen;
Da sind von ihrem süßen Schall,
Da sind in Hall und Widerhall
Die Rosen aufgesprungen.

Sie war doch sonst ein wildes Kind;
Nun geht sie tief in Sinnen,
Trägt in der Hand den Sommerhut
Und duldet still der Sonne Glut,
Und weiß nicht, was beginnen.

Das macht, es hat die Nachtigall
Die ganze Nacht gesungen;
Da sind von ihrem süßen Schall,
Da sind in Hall und Widerhall
Die Rosen aufgesprungen.«

Er machte zwar die Bekanntschaft von Theodor Fontane, Franz Kugler, Joseph von Eichendorff, Paul Heyse und – während einer Reise – Eduard Mörike. Zudem verkehrte er in geselligen Zirkeln. Und doch konnte er sich an Preußen und preußische gesellschaftliche Verhältnisse nicht gewöhnen. Storm war Demokrat, »mehr im ethischen als in politischem Verstande, und das bedeutet auch, daß ihm weniger an der Staatsform als am

Staatsinhalt gelegen war, d. h. an volkstümlicher Gesinnung der Regierung und an volkstümlicher wirksamer Gesetzgebung« (Ferdinand Tönnies). In seinem Gedicht »Der Beamte«, das ursprünglich den Titel »Fortschritt« trug, kommt ein wenig von dieser Haltung zum Ausdruck:

»Er reibt sich die Hände: ›Wir kriegen's jetzt!
Auch der frechste Bursche spüret
Schon bis hinab in die Fingerspitz',
Daß von oben er wird regieret.

Bei jeder Geburt ist künftig sofort
Der Antrag zu formulieren,
Daß die hohe Behörde dem lieben Kind
Gestatte zu existieren!‹«

Storm hatte all die Jahre über die Ereignisse in der Heimat verfolgt, wagte aber kaum noch an einen Wandel zu glauben, als sich die Ereignisse 1863 zuspitzten. Im Februar 1864 wählte ihn eine Bürgerversammlung in Husum zum Landvogt. Der Wahl folgte die amtliche Bestätigung. Die inzwischen um zwei weitere Töchter angewachsene Familie Storm kehrte endlich nach Husum zurück.

Seit 1849, als »Immensee« entstanden und rasch in mehreren Auflagen erschienen war, hatte Storm eine Fülle von Erzählungen und Märchen, Novellen und Gedichten veröffentlicht. Er war nun ein über Norddeutschland hinaus anerkannter Autor. Als Landvogt erstmals wirtschaftlich in der Lage, eine längere Reise zu privaten Zwecken zu unternehmen, fuhr der Schriftsteller nach Baden-Baden, um sich mit Iwan S. Turgenjew zu treffen, mit dem er künftig in regelmäßigem Briefkontakt stand.

In Husum hatte er sich mit den neuen politischen Verhältnissen zu arrangieren. Er versuchte, mit einem Kompromiß zu leben: »Nichts gegen Preußen, viel gegen die Regierung, nichts gegen die Annexion, aber nur unter Genehmigung unserer Stände.« Nach der preußischen Verwaltungsreform in Schleswig-Holstein, mit der die Trennung von Verwaltung und Justiz verbunden war, mußte der Landvogt sich entscheiden, ob er als Richter oder als Verwaltungsbeamter dem König von Preußen dienen wollte. Er entschied sich für die Justiz und wurde Amtsrichter; als solcher hatte er mit zwei Dritteln seines bisherigen Gehaltes auszukommen.

Mit dem ersten Landrat in Husum, keinem landfremden, wie Storm befürchtet hatte, sondern einem Schleswig-Holsteiner, Graf Ludwig von Reventlow, hatte er ein freundschaftliches Verhältnis. 1867 lernte Storm auch den Verfasser des »Quickborn«, Klaus Groth, kennen. Ihm widmete er eines seiner plattdeutschen Gedichte: »An Klaus Groth

Wenn't Abend ward,
Un still de Welt un still dat Hart;
Wenn möd upt Knee di liggt de Hand,
Un ut din Husklock an de Wand
Du hörst den Parpendikelslag,
De nich to Woort keem över Dag;
Wenn't Schummern in de Ecken liggt,
Un buten all de Nachtswulk flüggt;
Wenn denn noch eenmal kiekt de Sünn
Mit golden Schiin to't Finster rin,
Un, ehr de Slap kümmt un de Nacht,
Noch eenmal allens lävt un lacht, –
Dat is so wat vör't Minschenhart,
Wenn't Abend ward.«

Mit Groth konnte Storm sich auch über den dritten großen und berühmten dichtenden Landsmann, Friedrich Hebbel, unterhalten. Storm schätzte dessen Gedichte, hielt seine Dramen aber für völlig überspannt.

Als 1868 die erste Gesamtausgabe der Stormschen Werke erschien, war der Erfolg beim Publikum groß. Auch die von Storm besorgte Lyrik-Anthologie »Hausbuch aus deutschen Dichtern seit Claudius« (1870) erreichte fünf Auflagen. Erst jetzt, in den Jahren von 1870 bis zu seinem Tode 1888, entstanden seine bekanntesten Novellen und Erzählungen sowie die autobiographischen Schriften.

In diese Zeit fallen auch mehrere Reisen, die immer auch der Begegnung mit anderen Schriftstellern dienten, so mit Gottfried Keller. Die Briefwechsel mit den Schriftstellerkollegen sind wichtige Quellen für die Erschließung seines Werks.

Nachdem Storm 1880 in den Ruhestand versetzt worden war, entschloß er sich noch einmal zu einem Wohnungswechsel. In Hademarschen hatte er für sich, seine zweite Frau und die jüngeren Kinder eine »Altersvilla« bauen lassen, die er 1881 bezog. Seine älteren Kinder wurden den Erwartungen, die der Vater in sie gesetzt hatte, nicht gerecht. Anlaß zu beständiger Sorge gab der älteste Sohn, Hans, der Medizin studiert hatte. Er war Alkoholiker und starb 1886, nur 38 Jahre alt.

Theodor Storm feierte seinen 70. Geburtstag auf Sylt. Storm-Feiern gab es 1887 aber auch in Kiel, Hademarschen und in Husum. Zu dieser Zeit war der Dichter bereits an Magenkrebs erkrankt. Der Familie gelang es, ihn über den Ernst seines Leidens hinwegzutäuschen. Dieser Umstand mag dazu beigetragen haben, daß Theodor Storm noch die innere Kraft fand, sein umfangreichstes Prosawerk, den »Schimmelreiter«, abzuschließen. Der Sagenstoff hatte ihn seit seiner Kindheit beschäftigt. Wie für seine anderen historischen Novellen auch, hatte er für dieses Werk ausgedehnte Studien betrieben und sich detailliert über den Deichbau informiert. Am Ende entstand ein Werk, in dem Sagen, mündliche und schriftliche Überlieferungen zusammenflossen, in dem aber vor allem die Stormsche Erzählkunst ihren Höhepunkt fand. Wenige Wochen nach dem Erscheinen des »Schimmelreiters«, seines populärsten Werkes, starb Theodor Storm am 4. Juli 1888. Er wurde unter großer Anteilnahme der Bevölkerung in der Familiengruft auf dem St.-Jürgen-Friedhof in Husum beigesetzt. »Unter dem Klange der Glocken wurde der Sarg still hinabgesenkt. Kein Wort wurde gesprochen, kein Geistlicher war dem Sarg gefolgt, so hatte Theodor Storm es zu seinen Lebzeiten bestimmt.«

»Dat is de Dot, de allens fritt,
Nimmt Kunst und Wetenschap di mit;
De kloke Mann is nu vergan –
Gott gäw em selik Uperstan!«

Theodor Mommsen

Als Theodor Mommsen 1902 den Nobelpreis für Literatur erhielt, wurde diese Auszeichnung »dem größten lebenden Meister der historischen Darstellung, besonders in Anerkennung seiner monumentalen ›Römischen Geschichte‹« zuteil. Dabei war der Preisträger von Haus aus Jurist und hatte lange gezögert, sich der Zunft der Historiker zuzurechnen. Daß er als Schriftsteller, wie vor ihm der französische Lyriker Sully-Prudhomme, geehrt werden sollte, hat den 85jährigen Gelehrten sehr überrascht.

Christian Matthias Theodor Mommsen wurde als Sohn eines Pastors am 30. November 1817 in Garding, Eiderstedt, geboren. Die Familie zog 1821 nach Oldesloe; dort erhielt Theodor Mommsen, ebenso wie seine Brüder, Elementarunterricht beim Vater. Erst 1834 wechselte der begabte Junge für dreieinhalb Jahre auf das Christianeum nach Altona, wo er ein eifriges Selbststudium betrieb und es bis zur Gründung eines wissenschaftlichen Vereins brachte. Gemeinsam nahmen Theodor und sein Bruder Tycho mit Hilfe eines Stipendiums das Studium an der Christian-Albrechts-Universität in Kiel auf, wo sie Theodor Storm begegneten und mit ihm Freundschaft schlossen.

Theodor Mommsen zeigte nicht nur Interesse an einer Sammlung schleswig-holsteinischer Sagen und Sprichwörter, sondern auch für die Tagespolitik. Der Student der Rechtswissenschaften schrieb als politischer Journalist für die »Neuen Kieler Blätter« Artikel, in denen er sich für ein größeres, einiges Vaterland und für die Demokratie einsetzte. Seine liberalen und nationalen politischen Überzeugungen wurden dabei früh gefestigt.

Während seines Studiums in Kiel wurde Mommsen geprägt durch die dort dominierende historische Rechtsschule Friedrich Karl von Savignys (1779–1861), die im Gegensatz zu den Naturrechtlern im Recht ein variables

Theodor Mommsen war ein politisch engagierter Gelehrter, der bis ins hohe Alter streitbar blieb.

Produkt der den geschichtlichen Wandlungen unterliegenden Kultur der einzelnen Völker sieht. Mommsen interessierte sich besonders für die Pandektistik – das Römische Recht – speziell die römische Rechtsgeschichte und die römische Verfassung. Für Probleme des Altertums hatte er sich seit jeher begeistert. Deshalb suchte er in seinem Studium auch die Nähe zur klassischen Philologie. In Otto Jahn (1813–1869) fand er dabei nicht nur einen Lehrer, sondern auch einen Freund, der bereit war, dem Schüler die philologische Methode zu vermitteln. Bei Georg Waitz (1813–1886) und Johann Gustav Droysen (1808–1884) hörte er historische Vorlesungen. »Nur die Überzeugung, daß auch der römische Staat erst von der römischen Jurisprudenz sein Licht empfange«, hielt Mommsen davon ab, von der Rechtswissenschaft zur Altphilologie oder Geschichtswissenschaft überzuwechseln. 1843 bestand er sein juristisches Amtsexamen mit Auszeichnung und mit demselben Prädikat kurz darauf seine Doktorprüfung.

Bereits seine erste Veröffentlichung über die Kollegien und Bruderschaften der Römer (»De collegiis et sodalicis Romanorum«, 1843) erregte Aufsehen. Weitere Publikationen machten ihn schnell bekannt, so daß sich für ihn früh eine akademische Karriere abzeichnete. Zunächst aber lehrte er an einer Mädchenschule in Altona, wenn auch nur für kurze Zeit. 1844 wurde ihm das große dänische Reisestipendium bewilligt, um das er sich mit dem Ziel beworben hatte, die altrömischen Gesetze und Volksschlüsse systematisch zu sammeln und zu bearbeiten. Seine Italienreise wurde zusätzlich durch die Preußische Akademie der Wissenschaften gefördert. Während des Italienaufenthalts reifte der junge Wissenschaftler zum Gelehrten. Dreißig Jahre später erinnerte er sich in einer Rede im Preußischen Abgeordnetenhaus: »Ich wäre ohne Zweifel nicht Gelehrter, wenn ich nicht als geborener Schleswig-Holsteiner in der Lage mich befunden hätte, als (. . .) königlich dänischer Untertan ein Reisestipendium zu erlangen, welches in dieser Weise keinem preußischen Studenten gegeben wird.«

Diese erste Italienreise (1844–1847) brachte für den jungen Gelehrten eine große Fülle von Anregungen und Herausforderungen mit sich. Doch Auswirkungen auf seine Karriere ergaben sich daraus nicht sogleich. Mommsen mußte noch einmal eine Stellung als Lehrer in Altona annehmen. Nach Ausbruch der Revolution von 1848 hielt es ihn nicht mehr in der Schule und bei den Büchern. Er stellte sich der Provisorischen Regierung in Schleswig-Holstein zur Verfügung. Theodor Olshausen veranlaßte seinen Eintritt in die Redaktion der »Schleswig-Holsteinischen Zeitung«, wo er sich mit glänzenden Artikeln bald einen Namen machte. Er trat leidenschaftlich gegen den Partikularismus und für die Schaffung eines deutschen Nationalstaats ein. Dabei hielt er nicht mit Kritik am Vorgehen der Paulskirchenversammlung zurück. Politische Tätigkeit war für ihn nicht Beruf, sondern Bürgerpflicht. So war es konsequent, daß er im Oktover 1848 dem Ruf auf eine außerordentliche Professur nach Leipzig folgte, ohne allerdings in seinem politischen Engagement nachzulassen. Er beteiligte sich am Maiaufstand 1849 und wurde deshalb zu einer Gefängnisstrafe verurteilt, später freigesprochen, jedoch 1851 aus dem Lehramt entlassen. Die drei Leipziger Jahre waren aber nicht ausschließlich mit der Politik ausgefüllt. Vielmehr leistete Mommsen in dieser Zeit intensive Forschungsarbeit auf epigraphischem, numismatischem und philologisch-historischem Gebiet. Die Früchte dieser Arbeit erschienen in gewichtigen Bänden, von denen zu nennen sind: »Über die Chronographen vom Jahre 354« (1850), »Die Unteritalischen Dialekte« (1850) und »Corpus inscriptionum neapolitanarum« (1851).

Im Frühjahr 1852 folgte er dem Ruf auf eine Professur für Römisches Recht nach Zürich. Hier setzte er nicht nur die Publikation römischer Inschriften fort (»Inscriptiones confoederationis helveticae«, 1854), sondern konzipierte auch seine »Römische Geschichte«, deren Bände eins bis drei in den Jahren 1854 bis 1856 erschienen und sofort ein großer Erfolg wurden. Mommsen hatte dieses Werk für das gebildete Publikum geschrieben, nicht unbedingt für die mit dem römischen Altertum befaßten Kollegen – vor die Fachwelt trat er mit anderen Publikationen. Dennoch geriet er, nicht zuletzt wegen des großen Erfolges (die »Römische Geschichte« wurde in zahlreiche Sprachen übersetzt), in das Kreuzfeuer der kritischen Zunftgenossen, die ihm unter anderem vorwarfen, er habe moderne politische Begriffe benutzt, die für den jeweiligen Gegenstand unangemessen seien. Greift man einzelne Passagen heraus, ist die Kritik berechtigt. Blickt man aber auf das Werk als Ganzes, dann wird deutlich, daß Mommsen es verstanden hat, in seiner Darstellung die kulturgeschichtlichen Spezifika der römischen Welt klar herauszuarbeiten. Der Versuch, beim Lesepublikum des 19. Jahrhunderts die Phantasie anzuregen, kann dabei nicht negativ ins Gewicht fallen. »Keinem Werk der Geschichtsschreibung ist, weder vorher noch nachher, auch nur annähernd ein solcher Erfolg wie Mommsens Meisterwerk zuteil geworden« (Albert Wucher).

1885 erschien ein fünfter Band der »Römischen Geschichte«, in dem langjährige Studien über die Geschichte der römischen Provinzen ihren Niederschlag fanden und der die künftige Forschung nachhaltig befruchtet hat. Band vier aber ist nie erschienen. Daß ausgerechnet die römische Kaiserzeit ausgespart wurde, war Anlaß für vielerlei Spekulationen. Scheiterte das Bemühen an der Aversion des Liberalen gegenüber der Epoche des Cäsarismus? Oder gelang es Mommsen nicht, den »unter der Schale elender Hofgeschichten sich verbergenden Kern« herauszuarbeiten? Eine eindeutige Antwort gibt es nicht. Tatsache ist, daß es für Band vier nur zahlreiche Skizzen und Materialsammlungen gibt, jedoch nicht das eigentlich Werk, das als Fortsetzung und – gemeinsam mit Band fünf – als Vollendung der »Römischen Geschichte« angesehen werden könnte.

Theodor Mommsen in seinem Arbeitszimmer, nach einem Gemälde von Ludwig Knaus.

1854 war Mommsen einem Ruf an die Universität Breslau gefolgt. Im selben Jahr heiratete er die Tochter des Leipziger Verlegers Ernst Reimer (Weidmannsche Buchhandlung, Karl August Reimer). Aus dieser Ehe gingen 16 Kinder hervor, von denen sechs Töchter und sechs Söhne den Vater überlebten.

Nachdem er bereits Mitglied der Bayerischen Akademie und korrespondierendes Mitglied der Preußischen Akademie der Wissenschaften war, nahm er 1858 die Gelegenheit wahr, wissenschaftlicher Beamter der Berliner Akademie zu werden und als solcher die Leitung des »Corpus Inscriptionum Latinarum« (CIL) zu übernehmen. Mommsen hat mehrere Rufe an angesehene Universitäten, so nach München, Bonn, Göttingen und Leipzig, abgelehnt, um der übernommenen Aufgabe bei der Arbeit am CIL gerecht zu werden. Sechs Bände bearbeitete er selbst, bei zahlreichen anderen hat er fachkundig Hand angelegt. Darüber hinaus war er lediglich bereit, an der Berliner Philosophischen Fakultät Alte Geschichte zu lesen. 1874/75 war Mommsen Rektor der Universität Berlin. 1878 wählte ihn die Akademie zum ständigen Sekretär der philosophisch-historischen Klasse; dieses Amt hatte er bis 1895 mit Erfolg inne, da er neben seinen zahlreichen anderen Fähigkeiten auch über ein großes Organisationstalent verfügte. Er hat sich auf dem Feld der Numismatik und der Limesforschung ebenso hervorgetan wie auf dem der Papyrologie. Auch die Monumenta Germaniae Historica verdanken ihm wichtige Impulse. Ferner hat sich Theodor Mommsen als Editor der Werke Solins (1864) und Cassiodors (1894) und des Codex Theodosianus (1904) einen Namen gemacht.

Den größten Anstoß für die Forschung haben aber die folgenden zwei Werke gegeben: Das »Römische Staatsrecht« in drei Bänden (1871/1888) und das »Römische Strafrecht« (1899). Mit diesen Arbeiten bekundete der Gelehrte noch einmal, daß er zu den Großen zweier Zünfte gehörte: der Geschichts- und der Rechtswissenschaft.

Neben den vielfältigen Diensten, die er der Wissenschaft geleistet hat, wollte Mommsen immer noch politisch aktiver Bürger sein. Als solcher bezog er in den »Preußischen Jahrbüchern« gegen Bismarck Stellung oder setzte sich in der Schleswig-Holstein-Frage für die Augustenburger Lösung ein. Er war von 1863 bis 1866 als Vertreter der Deutschen Fortschrittspartei und von 1873 bis 1879 als Nationalliberaler Mitglied des Preußischen Abgeordnetenhauses. Von 1881 bis 1884 war Mommsen als Sezessionist Reichstagsabgeordneter.

Im Berliner Antisemitismusstreit tat sich Mommsen als Gegner Heinrich von Treitschkes hervor. Er bezeichnete den Antisemitismus als »Mißgeburt« und als »selbstmörderisches Treiben des nationalen Gefühls«. 1880 setzte er sich in einer Streitschrift ausdrücklich für die Juden ein und attakkierte Treitschke und andere Antisemiten mit großem Nachdruck: »Das ist der eigentliche Sitz des Wahnes, der jetzt die Massen erfaßt hat, und sein rechter Prophet ist Hr. v. Treitschke. Was heißt das, wenn er von unsern israelitischen Mitbürgern fordert, sie sollen Deutsche werden? Sie sind es ja, so gut wie er und ich.«

Bis zu seinem Tod – Theodor Mommsen starb am 1. November 1903 in Berlin – blieb der große Gelehrte politisch aktiv. Er beobachtete mit Sorge den Niedergang des Liberalismus und empfahl sogar ein Zusammengehen der Liberalen mit den Sozialdemokraten.

Mommsen hat die Synthese der an der Altertumswissenschaft beteiligten Spezialdisziplinen nicht nur gefordert; er hat sie auch organisiert, vor allem aber hat er im Laufe seines rastlosen Forscherlebens die einzigartige Fähigkeit entwickelt, in zahlreichen Fachrichtungen selbst Fachmann zu sein. Er umschloß in einer Person vielfältiges Wissen und Können, was sich nach ihm in ein breitgefächertes Spezialistentum aufteilte. Der hohe Anspruch an methodische Präzision, der den Gelehrten auszeichnete, hat letztlich dazu beigetragen, in der Forschung Arbeitsteilungen herbeizuführen, die seinem Wunsch nach einer Synthese prinzipiell entgegenstanden. Die von Mommsen gesetzten hohen Standards konnten ohne Arbeitsteilung und infolgedessen ohne Spezialistentum gar nicht erreicht werden. Theodor Heuss hat die bleibenden Verdienste Theodor Mommsens zusammengefaßt: »Das Römertum ist von diesem Sohn des deutschen Nordens aus seinen Elementen neu gesammelt, geformt und gedeutet worden – vor der realistischen Nüchternheit seines Blickes welkten dabei wohl einige Mythen, aber es erwuchs zugleich aus tausend Stücken ein sehr geschlossenes Gesamtbild.«

Klaus Groth

Einige seiner Gedichte sind heute so populär wie vor 140 Jahren, als sie entstanden. Es gibt allerdings einen Unterschied: Heute gelten sie, getragen von einprägsamen Melodien, als Folklore; im 19. Jahrhundert kannte das Publikum den Verfaser und bewunderte ihn als begnadeten Dichter, dem es gelungen war, stimmungsvolle Lyrik in der Dithmarscher Spielart des Niederdeutschen hervorzubringen. Klaus Groth war nicht der erste Lyriker, der sich der niederdeutschen Sprache bediente; vor ihm hatte sich unter anderen Johann Heinrich Voß darin versucht. Doch Voß hatte eine niederdeutsche Kunstsprache gewählt und nicht das auf dem Lande als Muttersprache gängige Idiom. Demzufolge darf Klaus Groth als der eigentliche Begründer der neuniederdeutschen Dichtung angesehen werden.

Klaus Johann Groth wurde am 24. April 1819 in Heide geboren. Sein Vater war selbständiger Müller; seine Mutter stammte aus Tellingstedt, dem »Jugendparadies«, wo der Junge später seine Ferien verbrachte. Bis er in die Schule kam, sprach Groth ausschließlich niederdeutsch. An seine Jugend hatte der Dichter nur positive Erinnerungen: »Es herrschte eine gewisse Wohlhabenheit und gänzliche Unabhängigkeit bei uns. Wir hatten Überfluß am schönsten Mehl, Milch und Butter, Fleisch und Gemüse und lebten fröhlich dabei. War doch genug da, daß noch immer ein armes Kind nebenbei mit ins Haus genommen und durchgefüttert wurde.«

Der örtliche Schulunterricht war bescheiden, doch wurden die Lehrer auf den begabten Jungen aufmerksam und suchten ihn zu fördern. Nach der Konfirmation 1835 wurde Groth Schreiberlehrling beim Kirchspielvogt Johann Matthias Dührsen. Nicht soziale Not veranlaßten den Vater zu diesem Schritt, sondern die Tatsache, daß der jüngere Bruder Johann von sehr viel kräftigerer Natur war und deshalb besser geeignet schien, das Müllerhandwerk auszuüben als der zarte Klaus. Dieser sollte sich beim Heider Kirchspielvogt, der über eine beachtliche Bibliothek verfügte, so viel Bildung aneignen, daß er die Aufnahmeprüfung für das Lehrerseminar in Ton-

Klaus Groth hat mit seinem »Quickborn« das Plattdeutsche wieder in den Rang einer Literatursprache gehoben.

dern würde bestehen können. Der Sohn erfüllte die Hoffnung des Vaters und bestand das Examen 1838.

Über das Seminar berichtet Klaus Groth in seiner »Lebensskizze«: »Was das Seminar mir bot, war nicht wenig, und ich bin noch dankbar dafür. Es betrifft nicht so sehr die Gegenstände (. . .), mir war es wichtig, einmal zu schauen, wie das wissenschaftliche Leben (auf seinen Umfang kommt's nicht an) in Menschen wirke. Mir war das Wissen nie der Endpunkt gewesen, sondern ein Mittel zur eigenen Befreiung.« Die Abgangsprüfung bestand Groth mit »sehr rühmlicher Auszeichnung«. Seine pädagogische Tätigkeit begann er als Substitut an der Mädchenschule in Heide, wo er 1842 zum Lehrer anvancierte. Viele seiner Schülerinnen haben ihm später großes Lob ausgesprochen; seine Art zu unterrichten und zu erziehen hatte Früchte getragen.

In seiner freien Zeit machte sich der junge Lehrer mit der europäischen Literatur vertraut. Ferner widmete er sich mathematischen und naturwissenschaftlichen Studien. Sein besonderes Interesse an der Musik fand in der Gründung der Heider Liedertafel ihren Niederschlag. Erste Gedichte entstanden, allerdings noch in hochdeutscher Sprache. 1847 kam es zu einer Krise in Groths Leben. Er litt unter Überarbeitung. Gleichzeitig verliebte er sich in die Tochter eines Advokaten, ohne daß eine Aussicht auf Erwiderung bestand. Ihr widmete Groth die erste Sammlung seiner Gedichte. Er verließ Heide und folgte seinem Freund und Kollegen Leonhard Selle nach Landkirchen auf Fehmarn, wo dieser als Lehrer und Organist wirkte. Auf der Insel fand Groth allmählich sein seelisches Gleichgewicht wieder. Sein Gesundheitszustand blieb jedoch weiter bedenklich, so daß er zu Ostern 1849 seinen Abschied vom Schuldienst nahm.

Auf Fehmarn entstand von 1849 bis 1852 die erste Auflage der Dichtung, die sein Lebenswerk wurde und mit der sein Name bis heute verbunden ist: das Buch »Quickborn. Volksleben in plattdeutschen Gedichten Dithmarscher Mundart«. Schon nach fünf Monaten kam die zweite Auflage heraus, um 18 Gedichte erweitert. Die dritte erschien als »sehr vermehrte und verbesserte Auflage«. Der »Quickborn« ist mehr als eine Sammlung von Gedichten; es ist ein sehr sorgfältig komponiertes Werk, in dem das Ziel verfolgt wird, einer Landschaft – Dithmarschen – und ihren Menschen in deren eigener Sprachform poetische Gestalt zu verleihen. Aus Verserzählungen und Balladen, Liebesgedichten und Kinderliedern, historischen Liedern und Spruchdichtung fügt sich ein geschlossenes Bild des Dithmarscher Volkslebens.

»Min Jehann

Ik wull, wi weern noch kleen, Jehann,
Dor weer de Welt so grot!
Wi seten op den Steen, Jehann,
Weest noch? bi Nawers Sot.
An Heeben seil de stille Maan,
Wi segen, wa he leep,
Un snacken, wa de Himmel hoch
Un wa de Sot wul deep.

Weest noch, wa still dat weer, Jehann?
Dar röhr keen Blatt an Bom.
So ist dat nu ni mehr, Jehann,
As höchstens noch in Drom.
Och nee, wenn do de Scheper sung,
Alleen, int wide Feld:
Ni wahr Jehann? dat weer en Ton!
De eenzige op de Welt.

Mitünner inne Schummertid
Denn ward mi so to Moth,
Denn löppt mi't langs den Rügg so hitt,
As domals bi den Sot.
Denn dreih ik mi so hasti um,
As weer ik nich alleen:
Doch Allens, wat ik finn, Jehann,
Dat is – ik sta un ween.«

Dabei ist Groth das Schreiben in seiner »Modersprak« nicht einfach zugefallen. Er ist überaus gewissenhaft zu Werk gegangen. Vor allem fiel es ihm lange Zeit schwer, sich vom Schema der hochdeutschen Sprache zu lösen. Klaus Groth schreibt über seine Erfahrungen: »Reime, Wendungen, grammatische Formen wurden unwillkürlich hochdeutsch, auch mit plattdeutschen Worten, auch bei plattdeutschem Denken. Ich wußte keine Richtung, als daß ich einen fremden Stoff nahm, der eine i n n e r e Form hatte, die sich dem plattdeutschen Denken möglichst näherte, und an diesem fremden Stoffe, der jetzt nicht durch innere Teilnahme des Herzens drängte, kalt und klar das plattdeutsche Wort versuchte, bis es mir geläufig war.«

Intensive Hilfe bei der Betreuung der weiteren Auflagen des »Quickborn« erhielt Groth von dem Kieler Professor Karl Müllenhoff; er holte den Dichter 1853 nach Kiel. Unter den zahlreichen Bewunderern des Werkes waren unter anderen Alexander von Humboldt, Theodor Mommsen, Hans Christian Andersen, Theodor Storm und Theodor Fontane. Groths Lieder zu vertonen, hat viele Komponisten verlockt. Vor allem Johannes Brahms hat mehrere Gedichte musikalisch unterlegt. Daneben gibt es die einfachen Tonsätze des Freundes Leonhard Selle, aber auch zwei Vertonungen von Friedrich Nietzsche.

Von 1855 bis 1857 unternahm Groth eine Reise, die der Förderung seiner Gesundheit dienen sollte. In Bonn besuchte er Ernst Moritz Arndt. Die Philosophische Fakultät der Universität Bonn verlieh ihm am 27. Januar 1856 die Ehrendoktorwürde; dies geschah im Beisein so bedeutender Gelehrter wie Dahlmann, Welcker, Simrock und Otto Jahn. Nach seiner Rückkehr an die Förde bemühte sich Groth um eine Dozentur an der Christian-Albrechts-Universität. Er strebte sogar danach, den Lehrstuhl Karl Müllenhoffs zu besetzen, wenngleich vergeblich. Erst 1866 verlieh ihm der österreichische Statthalter in Holstein den Titel eines Professors.

1859 heiratete Klaus Groth Doris Finke, die Tochter eines Bremer Weingroßhändlers. Der Schwiegervater sorgte dafür, daß für das junge Paar ein geräumiges Haus im Stadtteil Brunswik bereitstand. Groth war in den folgenden Jahren im Kieler Kulturleben eine anerkannte Größe, entsprechend war die gesellschaftliche Reputation der Familie. Einen ersten Rückfall in sorgenvolle Zeiten gab es, als infolge des Krieges von 1870/71 die Weinhandlung Finke, die ihre Geschäfte hauptsächlich mit Bordeaux machte, in Konkurs ging. 1878 folgte ein schwerer Schicksalsschlag. Doris Groth starb am 19. Januar nach langer Krankheit.

Groths Stern leuchtete nach dem großen Erfolg des »Quickborn« nicht mehr so strahlend. Die folgenden Werke – zu nennen sind die Versepen »Rotgeter Meister Lamp un sin Dockder« und »De Heisterkrog« – hatten nicht mehr die Resonanz des Erstlingswerks. Erst gegen Ende der achtziger Jahre erfuhr das Gesamtwerk Klaus Groths wieder – vereinnahmt allerdings durch die aufkommende Heimatbewegung – größere Beachtung. Dem Dichter wurden in seinen letzten Lebensjahren zahlreiche Ehrungen zuteil: Heide und Kiel machten ihn zum Ehrenbürger, und der Kaiser verlieh ihm den Roten Adlerorden 2. Klasse. Klaus Groth starb am 1. Juni 1899 in Kiel.

Carl Ludwig Jessen

Der Maler Carl Ludwig Jessen aus Deezbüll in Nordfriesland feierte seinen Geburtstag stets am 22. Februar, da er mehr den Angaben seiner Mutter vertraute als denen des Taufregisters, das den 25. Februar 1833 nennt. Vielleicht hat Jessen den 22. Februar auch bevorzugt, weil dieser Tag in Nordfriesland eine besondere Bedeutung hat: An Petri-Stuhl-Tag (Kathedra Petri) wurde der Abschied der Seefahrer mit einem großen Fest begangen. Im Mittelalter galt dieser Tag allgemein als Frühlingsanfang.

Carl Ludwig war der zweite Sohn des Tischlers Momme Jessen. Er wuchs in ärmlichen Verhältnissen auf und hatte sich schon als Kind an der Sorge für den Lebensunterhalt der Familie zu beteiligen. Bereits der Achtjährige verdingte sich im Sommer als Hütejunge. 1846 begann er beim Vater eine Tischlerlehre, wechselte aber den Beruf, als sein älterer Bruder Christian nach Beendigung einer Malerlehre in Flensburg nach Deezbüll zurückkehrte und ihn als Gehilfen übernahm.

Während die Brüder mit ihrem Malerkorb gemeinsam durch die Köge zogen, um auf den Marschhöfen Anstreicherarbeiten auszuführen, entstanden Carl Ludwigs erste eigene Zeichnungen. Die Zusammenarbeit endete, als Bruder Christian 1848 zu den schleswig-holsteinischen Truppen eingezogen wurde. Carl Ludwig blieb beim Malerhandwerk, das seinen Neigungen mehr entgegenkam als das Hüten von Kühen oder die Tischlerei.

Jessen entwickelte bald einen Blick für die besondere Stimmung in den alten Friesenstuben, in denen er Ausbesserungsarbeiten auszuführen hatte. Vielleicht hatte er auch einen Instinkt dafür, daß es sich lohnen würde, im Bild festzuhalten, was einige Jahre später dem Prozeß der Industrialisierung würde weichen müssen. Das Dokumentarische in den Bildern Jessens hat die Kunsthistoriker irritiert, die Volkskundler fasziniert und das breite Publikum begeistert. Das Thema hat ihn nie mehr losgelassen, auch als er während seiner akademischen Ausbildung und bei Auslandsreisen Eindrücke empfing, die ihn auf andere Sujets hätten hinlenken können.

Carl Ludwig Jessen, Selbstbildnis an der Staffelei, 1857. Jessens Popularität steht in einem deutlichen Gegensatz zum Urteil der Kunsthistoriker.

Als 1853 der Vater starb, mußte Carl Ludwig den Hauptanteil zur Versorgung der Familie leisten. Bruder Christian war nach dem Scheitern der Erhebung nach Hamburg emigriert und mußte dort versuchen, wirtschaftlich Fuß zu fassen. Die größten Erfolge hatte Carl Ludwig mit seinen Porträtskizzen. Er entfaltete großes Talent, die Menschen in Bleistift- und Kohlezeichnungen sehr genau zu charakterisieren. Sein Ruf verbreitete sich schnell und brachte ihm weitere Aufträge von Hofbesitzern in der Marsch, ebenso wie von Bürgern in Tondern.

1856 gelang ihm mit Hilfe der Unterstützung der Gräfin auf Schackenburg und einiger Hofbesitzer in Südjütland der Sprung auf die Kunstakademie in Kopenhagen. Hier studierte er – mit einigen Unterbrechungen – bis zum Sommer 1856, teils als Schüler, teils als selbständiger Maler. 1856 erhielt Jessen die »Kleine silberne Medaille« der Akademie für Aktzeichnen; 1859 folgte die »Große silberne Medaille« für Akt in Ölmalerei. Im selben Jahr erwarb der dänische König Friedrich VII. Jessens Gemälde »Mutter und Tochter«.

Der Maler hatte sich infolge der veränderten politischen Verhältnisse entschlossen, in seine Heimatgemeinde zurückzukehren. 1863 war er nochmals, nun für seine Kohlezeichnung »Der barmherzige Samariter«, mit der »Kleinen goldenen Medaille« ausgezeichnet worden.

1867 erlangte Jessen die Gunst des preußischen Königs, des neuen Landesherrn. Der Regent gewährte ihm ein Reisestipendium, das ihm Studien in Paris und Rocca di Papa in Italien erlaubte. Der Süden blieb dem Künstler jedoch innerlich fremd, ebenso wie das Leben der Großstadt, das er in Hamburg kennenlernte, nachdem er sich zuvor in Klockries aufgehalten hatte. Über Helgoland und Sylt kehrte er nach Deezbüll zurück. In Hamburg hatte er von 1871 bis 1875 bei seinem Bruder Christian gewohnt, der während des Exils in der Hansestadt ein angesehener Retuscheur geworden war.

Jessen ließ sich 1875 endgültig im Haus seiner Eltern in Deezbüll nieder; im Garten entstand sein Atelier. Jessen wurde 1879 Mitglied des Vereins für friesische Sprache und Geschichte und engagierte sich auch sonst vielfältig für die Belange seiner friesischen Heimat. So wurde er 1886 Mitglied des Gemeinderates und des Kirchenrates von Deezbüll.

1893 ging Carl Ludwig Jessen eine späte Ehe mit Martha Elisabeth Benecke aus Hamburg ein und verlegte nun seinen Wohnsitz in das neuerbaute Turmhaus an der Hauptstraße in Deezbüll. Hier verbrachte er die beiden letzten Jahrzehnte seines Lebens. 1910 ernannte die Universität Kiel ihn, den einstigen Hütejungen, zum Professor honoris causa. Am Petri-Tag 1913, seinem 80. Geburtstag, erfuhr er weitere Ehrungen aus nah und fern. Carl Ludwig Jessen starb am 4. Januar 1917. Sein Nachlaß – die Inventarliste umfaßt 22 Schreibmaschinenseiten – enthält neben zahlreichen Gemälden,

Zeichnungen und Skizzen auch Aufzeichnungen über friesische Häuser und ihre Interieurs vor dem Einsetzen der Industrialisierung. Der Maler aus Deezbüll hat mit seinen realistischen Gemälden und Skizzen historisches Bildmaterial von großer Präzision geschaffen. Seine Trachtenstudien aus Nordfriesland gehören zum Besten, was uns überliefert ist.

Die Bewertung seines künstlerischen Erbes wird noch lange kontrovers bleiben. Seine Bilder mögen oft steif wirken, weil der Künstler sich selbst auf extreme Weise zurücknahm, um sich ausschließlich der Sachlichkeit und Deutlichkeit des Gegenstands zu widmen, gleichwohl gehören sie zu den beliebtesten Kunstwerken Nordfrieslands. Jessens Bilder erfreuen sich seit Jahrzehnten einer großen Popularität, die unabhängig ist von den Strömungen des übrigen deutschen und europäischen Kunstmarktes. Carl Ludwig Jessen ist und bleibt ein Künstler der Region. Alles spricht dafür, daß er es noch lange bleiben wird.

Carl Ludwig Jessen, Photographie, um 1910. Jessen hat mit seinen realistischen Gemälden und Skizzen historisches Bildmaterial von großer Präzision geschaffen.

Hermann Dahlström

Für den Bau des Nord-Ostsee-Kanals haben sich viele verwendet. Kaum einer aber tat es mit größerem Einsatz als Hermann Dahlström. Er war von der Idee des Kanals so besessen und trat mit solcher Leidenschaft für seine Realisierung ein, daß ihn schon die Zeitgenossen »Kanalström« nannten.

Sein Vater betrieb in Hamburg eine Klavierfabrik; darum erlernte der am 20. April 1840 in Hamburg geborene Heinrich Hermann Dahlström zunächst das Tischlerhandwerk, um den Betrieb übernehmen zu können. Doch der junge Mann hatte eigentlich andere Interessen; er wäre gern Ingenieur geworden.

Erste Erfahrungen als Unternehmer sammelte er bei der Gründung einer Tonwarenfabrik in Geesthacht. Von diesem Betrieb trennte er sich 1864 wieder. Kurz darauf machte er die Bekanntschaft von Alfred Nobel und übernahm den Vertrieb von Sprengstoffen an englische und russische Bergbaubetriebe. Zeitweilig leitete Dahlström selbst einen Grubenbetrieb im Rheinland. 1875 kehrte er nach Hamburg zurück, um als Partner in die Firma seines Bruders, eine Schiffsmaklerei, einzutreten.

Während eines Aufenthaltes in Kiel, 1877, hatte Dahlström Gelegenheit, einige der zahlreichen Entwürfe und Empfehlungen für eine Erweiterung des Schleswig-Holsteinischen Kanals oder für den Bau einer neuen leistungsfähigeren Wasserstraße zwischen Nord- und Ostsee zu studieren.

Die politische Diskussion über einen neuen Kanal hatte schon 1864 eingesetzt, als Otto von Bismarck bei den Verhandlungen mit Österreich bestimmte Forderungen erhob. Der preußische Ministerpräsident und spätere Reichskanzler favorisierte das Projekt auch weiterhin; er hatte ein offenes Ohr für die Unternehmer, die auch nach Ausbau des Eisenbahnnetzes die ungünstige Verkehrslage der schleswig-holsteinischen Städte beklagten. Bismarck unterlag beim Kaiser mit seinen Argumenten zunächst jenen des Grafen Moltke. Dieser führte ausgerechnet militärische Gründe gegen

Hermann Dahlström hat sich wie kein anderer für den Bau des Nord-Ostsee-Kanals eingesetzt. Dies trug ihm den Spitznamen »Kanalström« ein.

den Kanalbau an: der erforderliche Schutz des Kanals würde zuviele Kontingente der Armee binden. Erst als Bismarck seinerseits militärische Gesichtspunkte geltend machte, gewann er die Zustimmung des Monarchen.

Inzwischen hatte Hermann Dahlström begonnen, sich für den Bau der Wasserstraße zu interessieren. Berufsbedingt war er mit den technischen

Notwendigkeiten des Seeverkehrs vertraut, konnte also die vorhandenen Pläne kritisch in Augenschein nehmen. Nach ergänzenden Untersuchungen legte er im November 1878 dem preußischen Minister für öffentliche Arbeiten ein als Broschüre gedrucktes Gutachten vor. Es trug den Titel: »Die Ertragsfähigkeit eines Schleswig-Holsteinischen Seeschiffahrt-Kanals. Erläutert auf Grund einer statistischen Bearbeitung des Sund-Verkehrs. Ein Beitrag zu der im Jahre 1865 im Auftrag des königlich preußischen Handels-Ministeriums ausgearbeiteten Denkschrift des Herrn Geheimen Oberbaurathes Lentze über den Entwurf zum Bau eines Kanals von der Eckern-Föhrde nach der Elbe bei St. Margarethen.«

Für Eckernförde statt Holtenau hatte sich Dahlström aus Gründen der Rentabilität entschieden; die Strecke wäre zwölf Kilometer kürzer gewesen. Der projektierte Kanal sollte zudem »schnell« werden und deshalb nur über je eine Mündungsschleuse verfügen. Dahlström hatte das Vorhaben genau kalkuliert, bis hin zur erwarteten Kapitalrendite von acht Prozent pro Jahr.

Nachdem Dahlström im Jahr darauf eine zweite Schrift mit korrigierten Daten und ergänzenden Fakten vorgelegt hatte, in der er sich für die teurere Strecke zur Kieler Bucht als Ostseeausgang aussprach, erhielt er 1880 vom Schleswiger Oberpräsidium die Erlaubnis, generelle Vorarbeiten für einen Kanalbau vorzunehmen. Bereits nach einem Jahr hatte Dahlström seine beiden bisherigen Schriften zusammengefaßt und ihre wichtigsten Ergebnisse durch neue Berechnungen, Zeichnungen, Gutachten und positive Stellungnahmen angesehener Schiffahrts- und Handelsunternehmen abgesichert. Sein »Erläuterungsbericht zu den generellen Vorarbeiten für den Bau des Nord-Ostsee-Kanals« wurde im November 1881 von einer aus Militär- und Kabinettsvertretern bestehenden Kommission erörtert. Diese beschloß, daß die weiteren Arbeiten auf der Grundlage der Untersuchungen Dahlströms unter staatlicher Leitung zu betreiben seien. Dazu wurde – allerdings erst 1886 – die Kaiserliche Kanal-Kommission eingerichtet. Hermann Dahlström wurde zu seiner großen Enttäuschung nicht in die Kommission berufen und auch nicht als Berater hinzugezogen. Er wurde für seine Arbeiten mit einem Betrag von 50 000 Mark abgefunden.

Nach der Vorlage des »Erläuterungsberichts« hatte sich Dahlström anderen Aufgaben zugewandt. Auf seine Initiative geht die Gründung des

Deutschen Rhederei-Vereins im Jahr 1883 zurück, einer heute noch existierenden Seeversicherung auf Gegenseitigkeit. Als erfolgreicher Unternehmer erwies er sich auch mit der Gründung des Nordischen Bergungsvereins, einer Aktiengesellschaft, die vor dem Ersten Weltkrieg die bedeutendste deutsche Bugsierreederei war.

Den Bau des Kanals hat Dahlström trotz der Zurücksetzung durch die Behörden mit großem Interesse verfolgt. 1895 veröffentlichte er den »Entwurf zu einem Regulativ für den Durchfahrts-Verkehr des Nord-Ostsee-Kanals nebst Erläuterung und Begründung«. Kaiser Wilhelm II. zeichnete ihn im Zuge der Eröffnungsfeierlichkeiten für den Kanal am 16. Juni 1895 mit dem Kronenorden Dritter Klasse aus. Hermann Dahlström starb am 5. Mai 1922 in Hamburg.

Detlev von Liliencron

Seine Tante galt als »Altonaer Karl May«. Der Grund hierfür waren ihre ungemein erfolgreichen Jugendbücher, die unter dem Verfassernamen S. Wörrishöffer erschienen; das »S.« stand für Sophie. Der Verleger tat alles, um seinem Publikum zu verheimlichen, daß die spannenden Bestseller von einer Frau verfaßt wurden. Zu den berühmten Verwandten des Dichters Detlev von Liliencron, der eigentlich Friedrich Adolph Axel Freiherr von Liliencron hieß, gehörte auch der Herausgeber der Allgemeinen Deutschen Biographie, Rochus von Liliencron. Diese Persönlichkeiten aus seiner Familie werden nicht genannt, weil Detlev von Liliencron darauf angewiesen wäre, vom Ruhm derselben zu zehren. Sie dienen vielmehr dazu, in die etwas komplizierten Verhältnisse der Familie von Liliencron einzuführen. Ahnherr war Andreas Pauli, der 1654 vom Kaiser geadelt wurde und seitdem den Namen von Liliencron führen durfte. 1673 erfolgte die Erhebung in den Stand eines Reichsfreiherrn.

Der Großvater des Dichters hatte sich entschlossen, die Ehe mit einer Leibeigenen einzugehen, was mit dem Verlust von erblichen Ansprüchen auf Besitz und Renten verbunden war. Ihm blieben nur der Adelstitel und das Wappen mit den drei Schwertlilien. Ein Rückzug auf »die Güter« war diesem Teil der Familie damit verwehrt.

Detlev von Liliencron, der diese Tatsache offenbar nie ganz erkannt hat, wurde am 3. Juni 1844 in Kiel geboren. Acht Jahre besuchte er die dortige Gelehrtenschule, um 1861 in die preußische Armee einzutreten. Der junge Offizier nahm an den Kriegen 1866 gegen Österreich und 1870/71 gegen Frankreich teil. Im Sommer 1871 nahm er den Abschied, um Ende 1872 wieder einzutreten. Da er aber bereits als Hauptmann Schulden hatte wie ein Major, mußte er im Herbst 1875 endgültig seinen Abschied nehmen. Um seinen finanziellen Schwierigkeiten zu entfliehen, ging Liliencron nach Amerika, wo er drei Jahre lang vergeblich versuchte, sich eine Existenz aufzubauen. Von März 1882 bis zum Oktober 1883 war er Hardesvogt auf Pell-

Detlev von Liliencron hat viele Jahre in bitterer Armut gelebt. Erst im Alter fand er Gönner, die dafür sorgten, daß er ein »standesgemäßes« Leben führen konnte.

worm, anschließend bis Ende 1885 Kirchspielvogt in Kellinghusen. Die bescheidenen Einkünfte eines mittleren Beamten reichten kaum aus, sein Leben zu finanzieren; seine Schulden ließen sich nicht davon begleichen. Seine erste Ehe mit Helena von Bodenhausen war im Sommer 1885 geschieden worden.

Seit 1887 wohnte Liliencron mit seiner zweiten Frau, Auguste Brandt, deren Mutter auf St. Pauli eine Matrosenkneipe betrieb, in der »Villa Hungerwehrdich« in Kellinghusen, einer schlichten Lehmkate, zur Miete; es war das Billigste, was sich auftreiben ließ. Hier schrieb er seine Gedichte, die zwar viel Anerkennung fanden, von denen sich aber genauso wenig leben ließ wie von den literarischen Fehden, die er gegen »die Marlitt« und ihre »Teetassenpoesie« führte. Der Dichter sehnte sich nach der Kameradschaft, die er bei der Armee kennengelernt hatte, war sich andererseits aber der Schattenseiten des Militärs bewußt. So schwankt er auch in seinen Gedichten und Erzählungen zwischen Haudegen und zarter Empfindsamkeit. Er beobachtete nicht nur die Militärkapelle und die folgenden Soldaten, sondern ebenso die kleinen Mädchen, die hinterherliefen, und am Ende noch den vorbeiflatternden Schmetterling.

Trotz seines Hungerdaseins zeigte sich Liliencron stets kulant. Wo er begabte Autoren entdeckte, suchte er zu helfen, auch wenn dies seinen Schuldenberg vergrößerte. So unterstützte er Arno Holz, Peter Hille und Carl Bleibtreu. Er verfügte über ein sicheres literarisches Urteilsvermögen und hatte früher als andere die Qualität der Lyrik Eduard Mörikes, Gottfried Kellers, Conrad Ferdinand Meyers und Annette von Droste-Hülshoffs erkannt. Er war ein offener Bewunderer Theodor Storms und nahm sich für seine Prosaarbeiten Iwan Turgenjew zum Vorbild. An der Beerdigung Storms konnte Liliencron nicht teilnehmen, weil er weder die nötige Garderobe noch das Fahrgeld besaß. Er erwies dem Husumer Kollegen die letzte Ehre, indem er ein Gedicht auf ihn schrieb:

»An Theodor Storm
Viel dunkelrote Rosen schütt ich dir
Um deines Marmorsarges weiße Wände
Und senke meine Stirn dem kalten Stein:

In der kurzen Geschichte der Juden in Lübeck bildet das halbe Jahrhundert, in dem Salomon Carlebach das Rabbinat innehatte, die glücklichste Periode. Die Gemeinde wuchs; dabei kam ihr die allgemeine Aufbruchstimmung im neuen Deutschen Reich zugute. Carlebach war die treibende Kraft sowohl für den Bau der neuen Synagoge in der St.-Annen-Straße, die im Juni 1880 eingeweiht wurde, als auch für das Armenheim im Nachbarhaus, dessen Einweihung im September 1904 erfolgte. Er »hielt die Lübekker Gemeinde als orthodoxe Einheitsgemeinde zusammen; eine Spaltung in Liberale und Orthodoxe, wie sie andernorts häufig war, konnte er vermeiden. Neben seinem Amt als orthodoxer Rabbiner leitete er die jüdische Religionsschule; von 1877 bis 1895 war er Mitglied der Lübecker Bürgerschaft« (Peter Freimark).

Carlebach verfaßte neben zahlreichen rabbinischen und theologischen Werken, von denen »Die Sittenreinheit« und »Der Ratgeber für das jüdische Haus« (1917) hervorzuheben sind, auch eine »Geschichte der Juden in Lübeck und Moisling« (1898). Neben seiner umfangreichen Tätigkeit in Lübeck engagierte sich Carlebach für die Sache des orthodoxen Judentums; so wurde er Mitbegründer und Vorstandsmitglied der »Freien Vereinigung für die Interessen des orthodoxen Judentums« in Frankfurt.

Anläßlich seines 40jährigen Amtsjubiläums erschien 1910 eine umfangreiche Festschrift. Salomon Carlebach war auch in nichtjüdischen Kreisen Lübecks eine populäre Gestalt. Thomas Mann nennt den Namen Dr. Carlebach in seinem Roman »Doktor Faustus«; ob es persönliche Erinnerungen sind oder nur dichterischer Freiheit entsprungen ist, was er über den Rabbiner schreibt, muß offen bleiben: »Mein Eindruck, der hauptsächlich auf Äußerungen meines Vaters beruhen mag, ist der geblieben, daß der kleine und langbärtige, mit einem Käppchen geschmückte Talmudist seinen andersgläubigen Amtsbruder an Gelehrsamkeit und religiösem Scharfsinn weit übertraf.«

Am 29. Dezember 1918 erhielt Carlebach von der Philosophischen Fakultät der Tübinger Universität anläßlich seines 50jährigen Doktorjubiläums ein Diplom zur Erneuerung seines Doktorgrades. Bald darauf, am 12. März 1919, ist Salomon Carlebach in Lübeck gestorben. Er hinterließ vier Töchter und sieben Söhne, von denen fünf Rabbiner wurden. Nur Alexander, der älteste, und Simson, der dritte Sohn, wurden Bankkaufleute. Emanuel S. M. Carlebach (1874–1927) war Rabbiner in Memel und anschließend Lehrer am orthodoxen Lehrerseminar in Köln; Ephraim Carlebach (1879–1936) wirkte bis zu seinem Tode als Rabbiner in Leipzig; David Carlebach (1886–1913) war schon, als er 27jährig an einer Blinddarmentzündung starb, ein bedeutender Talmudgelehrter in Halberstadt; Naphtali Hardwig Carlebach, der jüngste Sohn Salomons, betreute die Berliner Synagoge in der Passauer Straße und anschließend (1931 bis 1938) die jüdische Gemeinde in Baden bei Wien. Nach seiner Emigration wirkte er in New York; 1959 veröffentlichte er die Biographie seines Bruders: »Joseph Carlebach and his Generation«.

Joseph Hirsch Carlebach war das achte der elf Kinder seiner Eltern und wurde am 30. Januar 1883 in Lübeck geboren, wo er auch seine Jugendjahre verbrachte. 1901 machte er das Abitur am Katharineum, um anschließend an der Berliner Universität Mathematik, Physik, Philosophie und Kunstgeschichte zu studieren. Zu seinen akademischen Lehrern gehörten Max Planck, Wilhelm Foerster, Wilhelm Dilthey und Ulrich von Wilamowitz-Moellendorff. Unmittelbar nach seinem Staatsexamen für das Lehramt an Gymnasien im März 1905 erhielt Joseph Carlebach das Angebot, an dem von der Tochter des deutschen Philantropen Simon von Laemel 1856 in Jerusalem begründeten Lehrerseminar als Dozent für die naturwissenschaftlichen Fächer zu wirken. Eine Rückfrage beim Vater, ob er ein solches Angebot annehmen solle, führte zu der Antwort: »Bedarf es wirklich dieser Anfrage? Du hast die Gelegenheit, ins Heilige Land zu gehen und dort eine ehrenvolle Aufgabe zu übernehmen. Selbst wenn mein Sohn als Bettler nach Jerusalem gehen wollte, würde ich dem Herrn jeden Tag auf meinen Knien danken, allein die Gewißheit, er ist dort, genügt.«

Die Pflicht zum Wehrdienst rief Carlebach schon nach drei Jahren wieder nach Deutschland zurück. Dort erfuhr er aber nach einer entsprechenden Untersuchung, daß er untauglich sei. 1907/1908 setzte er daraufhin seine Studien in Leipzig fort und schloß sie 1909 mit der Promotion zum Dr. phil. nat. an der Universität Heidelberg ab. Das Thema seiner Dissertation lautete: »Levi ben Gerson als Mathematiker«.

Sein Bestreben, judaistische und naturwissenschaftliche Probleme miteinander zu verbinden, wurde darin bereits auf hohem Niveau erkennbar.

Anschließend studierte Carlebach am orthodoxen Rabbinerseminar in Berlin und erwarb 1914 das Rabbinatsdiplom. Während des Ersten Weltkriegs bewies er ein ausgeprägtes Organisationstalent. Er plante im besetzten Litauen das jüdische Erziehungswesen und gründete Schulen in Kovno, Wilna, Riga und Memel. Nach dem Tode seines Vaters wurde der Gelehrte als Rabbiner nach Lübeck berufen; von dort wechselte er jedoch bereits im März 1921 als Direktor zur Talmud-Tora-Realschule nach Hamburg über. In dieser Position konnte er das Lehrangebot gründlich reformieren.

Im September 1921 wurde Carlebach zum Oberrabiner der Hochdeutschen (aschkenasischen) Israeliten-Gemeinde Altona gewählt und in sein Amt eingeführt. Er war nun zuständig für die gesamte Provinz Schleswig-Holstein. Im April 1936 wechselte er auf die Position des Oberrabiners des Deutsch-Israelitischen Synagogen-Verbands Hamburg über. Gleichzeitig wurde er auch Chacham der Portugiesisch-Jüdischen Gemeinde.

Ende 1938 und Anfang 1939 konnte Joseph Carlebach seine ältesten fünf Kinder ins Ausland schicken. Für sich selbst lehnte er die ihm angebotenen Ausreisemöglichkeiten ab. Er war sich der Tatsache bewußt, daß er die Nationalsozialisten durch seine Weigerung in Verlegenheit bringen würde; denn es gab viele Bemühungen, ihn und die Seinen aus Deutschland zu evakuieren.

Joseph Carlebach blieb bei seiner, trotz der vielen Ausreisen immer noch ausgedehnten Gemeinde und war ihr bis zuletzt ein mutiger Tröster im tiefsten Elend.

Es gibt zahlreiche Zeugnisse über seine letzten Tage. Aus ihnen wird deutlich, daß er sich bis zuletzt bemühte, den Juden, die wie er selbst und seine Familie 1941 nach Riga deportiert wurden, Trost und Zuversicht zu vermitteln. Am 26. März 1942 ist er mit seiner Frau und seinen drei jüngsten Töchtern von deutschen Polizisten ermordet worden, weil sie Juden waren.

Joseph Carlebach war einer der bedeutendsten deutschen Rabbiner des 20. Jahrhunderts, der nicht nur als Naturwissenschaftler in Verbindung mit judaistischem Wissen überzeugen konnte, sondern auch als Pädagoge und Theologe zu wirken vermochte. Er war ein begnadeter Redner, der in zahlreichen Vorträgen jüdisches Wissen und deutsche Gelehrsamkeit meisterhaft zu verbinden wußte. Am Ende erwies er sich als ein Mensch, der wie kaum ein anderer verdient hätte, Vorbild zu sein. In Hamburg und Jerusalem tragen zwar Straßen seinen Namen, im Bewußtsein der Nachgeborenen jedoch bedeutet das nicht viel. Und doch gehört Joseph Carlebach zu jenen, die »unser Schatz und Reichtum sind«.

Rabbiner Joseph Carlebach mit seinem jüngsten Sohn, Salomon.

Heinrich Dräger

In seinen Lebenserinnerungen, die 1913 erschienen, berichtet Heinrich Dräger sehr ausführlich über seine Kindheit in den Vierlanden. Die ersten Kapitel des Buches stellen nicht nur für den Regionalhistoriker, sondern auch für den Volkskundler eine Fundgrube dar.

Sein Vater war 1843 nach Kirchwerder gekommen, wo er sich als Knecht verdingte. Bald begann er, in seiner Freizeit Uhren zu reparieren und war dabei so erfolgreich, daß er sich als Uhrmacher selbständig machen konnte. Obgleich der Vater früh verstarb (1853), war sein Einfluß auf den Sohn doch groß. Heinrich Dräger, der am 29. Juli 1847 geboren wurde, war bereits als Kleinkind von den mechanischen Geräten des Vaters fasziniert. Daß er Uhrmacher werden würde, stand für den Knaben fest. Er besuchte die einklassige Dorfschule, wo er unter der Prügelpädagogik des einzigen Lehrers sehr gelitten hat. Früh interessierte er sich für naturwissenschaftliche und technische Literatur, die er bei den Hamburger Karrenhändlern für wenig Geld erstand, wenn er seine Mutter bei ihren Fahrten begleitete, die sie unternahm, um für ihren Manufakturwarenhandel einzukaufen.

Nach der Konfirmation mußte der junge Dräger im Geschäft der Mutter helfen. Bald begann auch er, Uhren zu reparieren. Eine Lehrstelle, um das Handwerk zu erlernen, fand er nicht. Erst der 17jährige konnte sich bei einem Uhrmacher, der sich in Bergedorf zur Ruhe gesetzt hatte, in Theorie und Praxis unterweisen lassen. Der technisch begabte Heinrich Dräger war erfolgreich und konnte bald gute Kontakte mit einer Uhrenfirma herstellen; als deren Vertreter erkannte er, daß der Verkauf von neuen Uhren lukrativer war als die Reparatur von alten. Als er dann noch eine Versicherungsagentur und die Vertretung für Singer-Nähmaschinen übernehmen konnte, hatte er ein gesichertes Einkommen. 1869 heiratete er Emma Puls. Am 14. Juni 1870 wurde sein Sohn Alexander Bernhard geboren. Seine erste Frau war kränklich und starb schon 1873. Dräger heiratete in zweiter Ehe 1875 die Tochter des Lübecker Kaufmanns Siegmund Petersen, seine »Schicksalsgöttin«.

Heinrich Dräger, der Gründer des Dräger-Werks, mit seinem Sohn, Dr. Bernhard Dräger.

Trotz aller Verkaufserfolge ließ sich aber das Talent als Mechaniker, als Tüftler und Erfinder zumal, nicht unterdrücken. Sein erstes Patent betraf eine verbesserte Pumpe, mit der aber kein Geschäft zu machen war. Als erfolgreicher erwiesen sich Zusatzgeräte für Nähmaschinen. Der Verkauf der Patente brachte wenigstens die Unkosten wieder herein, auch wenn es zur Serienfertigung nicht kam.

1881 entschloß sich Heinrich Dräger, die ländliche Enge Kirchwerders zu verlassen und nach Bergedorf überzusiedeln, das verkehrsgünstiger lag und immerhin die Vorzüge einer städtischen Gemeinde bot. Dabei dachte er an bessere Geschäfte, aber auch an eine bessere Schulausbildung der Kinder. Sowohl die Handelsvertretung als auch das Ladengeschäft ließen sich gut an. Nach kurzer Zeit wurde ein größeres Geschäft angemietet und als Filiale der Nähmaschinen-Vertretung eingerichtet. Das sicherte ein festes Einkommen und erlaubte, in der freien Zeit zu »tüfteln«. Der Besitzer der Bergedorfer Eisenwerke überredete Dräger, die »Branche« zu wechseln und statt Nähmaschinen Molkereibedarf in Holstein zu vertreiben. Es war die Zeit, in der zahlreiche Meiereigenossenschaften entstanden, und es galt, diese mit entsprechenden Maschinen zu versorgen. Mit dem Branchenwechsel war ein erneuter Umzug verbunden: die Drägers zogen 1886 nach Lübeck. Die Verwandtschaft der Ehefrau erleichterte den Start, und die Mitgliedschaft in der »Schlaraffia Lubeca«, einer Art Freimaurer-Loge, half, Verbindungen privater und geschäftlicher Art anzuknüpfen.

Ende 1888 fand Dräger einen Kompagnon, der sich an der Gründung einer eigenen Firma beteiligte: Dräger & Gerling. In einem Ladengeschäft wurden allerlei Maschinen angeboten; in der dazugehörigen Werkstatt konnten Reparaturen und handwerkliche Konstruktionen ausgeführt werden.

Der Aufschwung des Geschäfts begann mit der Installation von Bierausschankapparaten unter Verwendung von flüssiger Kohlensäure. Buffets und Eiskästen kamen hinzu. Als sich herausstellte, daß die von der Fabrik gelieferten Druckminderventile mangelhaft waren, entschlossen sich Heinrich Dräger und sein Sohn Bernhard, der nach Absolvierung des Lübecker Katharineums und einer verkürzten Lehre als Mechaniker in den väterlichen Betrieb eingetreten war, ein völlig neues Druckventil zu konstruieren. Die

Fertigung erfolgte handwerklich und dauerte entsprechend lange. Die Ventile bewährten sich und fanden reißenden Absatz. Neue Maschinen wurden beschafft, weitere Arbeiter eingestellt.

Der Bedarf an Dräger-Ventilen wuchs ständig. Ein Umzug des Betriebs vor das Holstentor in die Moislinger Allee wurde erforderlich; dort konnte in einer ehemaligen Mühle eine Dampfmaschine mitgenutzt werden. Jetzt stellte man nicht nur Ventile her, sondern ganze »Bierdruckapparate«. Nach dem Tode des Kompagnons Gerling erhielt die Firma den Namen »Lübecker Bierdruckapparate- und Armaturen-Fabrik Heinr. Dräger«. 1892 bezog der Betrieb eine eigene Fabrikationsstätte; immer neue Maschinen mußten beschafft werden. Das Unternehmen florierte. Aus dem Bastler und Vertreter Heinrich Dräger war ein Fabrikant geworden. Seit der Sohn Bernhard im Betrieb war, »jagte eine Erfindung die andere«. Der Aufstieg war unaufhaltsam. 1893 wurden Vater und Sohn Lübecker Bürger. Bernhard Dräger ging, um seine Ausbildung zu vervollkommnen, an die Technische Hochschule nach Berlin. Dort eignete er sich nicht nur die wissenschaftlichen Grundlagen des Maschinenbaus und der Werkzeugkunde an, sondern erfuhr auch die Unterschiede zwischen handwerklicher und Massenproduktion. Was er an der Hochschule gelernt und für gut befunden hatte, wollte er gleich im väterlichen Betrieb umsetzen, und der Vater ließ ihn gewähren, was zu beider Nutzen war.

Neue Ventile und Meßinstrumente entstanden, zunächst immer noch, um Bier zu zapfen; es wurde sogar eine eigene »Bierverlagsgesellschaft« gegründet. Bald aber verlagerte sich das Interesse auf andere technische Bereiche. Bernhard Dräger beschäftigte sich grundsätzlich mit der Nutzbarmachung hochkomprimierter Gase.

1898 wurde eine große Fabrik gebaut und eingerichtet, die den Vorstellungen Bernhard Drägers entsprach; eine eigene Dampfmaschine und eine elektrische Lichtanlage gehörten ebenso dazu wie ein Labor. Die Prospekte der Firma wandten sich jetzt an einen anderen Kundenkreis, deshalb wurde im Firmennamen jeder Bezug zum Bier getilgt. Stopfbuchsenlose Verschlußventile für Hochdruckflaschen, Hochdruckmanometer und Spezialdüsen, die für die Entwicklung des Schneidbrenners wichtig waren, standen auf dem Programm. Dazu der »Pulmotor«, ein Sauerstoff-Rettungsgerät.

In seinen Lebenserinnerungen schreibt Heinrich Dräger: »Die Kinder des Vaters Bierdruck erwählten sich die verschiedensten Berufe. (. . .) Sie gingen auf Reisen; aber fortwährend lagen sie uns in den Ohren, daß ihre Eierschale Bierdruck ihrem Fortkommen im Wege sei. Sie wollten unter eigener Flagge segeln. Mein Sohn und ich entschlossen uns also, eine besondere Firma zu gründen.« Zu Beginn des Jahres 1902 wurde die Firma »Drägerwerk, Heinr. und Bernh. Dräger« in das Lübecker Handelsregister eingetragen. Die Bierdruckapparate-Firma wurde aber erst 1908 aus dem Handelsregister gelöscht. Bis dahin arbeitete sie mit Gewinn.

Seit 1902 war das Drägerwerk maßgeblich an der Entwicklung von medizinischen Geräten beteiligt, die vor allem für die Chirurgie große Fortschritte brachten; insbesondere der Narkoseapparat, in dem das Narkotikum – Chloroform oder Äther – vom Sauerstoffdruckstrom vernebelt wird. Der Umgang mit komprimiertem Sauerstoff war auch militärisch von Bedeutung: Luftreinigungsanlagen und Tauchretter für U-Boote und ihre Besatzungen wurden bei Dräger entwickelt und hergestellt. Der Schwerpunkt aber lag im Rettungswesen. In der Zeit von 1903 bis zum Ersten Weltkrieg erlangte das Drägerwerk auf diesem Felde Weltgeltung: Die Dräger-Sauerstoff-Atemschutzgeräte wurden zum Ausgangspunkt des Grubenrettungswesens und des Gasschutzes bei den Feuerwehren und in der Industrie. Die Drägers bauten ferner Helmtauchergeräte für große Wassertiefen und Sauerstoff-Atemgeräte für Ballon-Höhenflüge, die später – in veränderter Form – in Flugzeugen Verwendung fanden.

Heinrich Dräger konnte sich im Herbst seines Lebens Reisen ins In- und Ausland leisten, die zumeist aber mit der Wahrnehmung von Geschäftsinteressen verbunden waren. Er war stolz auf die zahlreichen Medaillen, die seine Produkte bei internationalen Ausstellungen erhielten. Von 1897 bis 1912 meldeten Dräger und Sohn 99 deutsche und 35 Auslandspatente sowie 309 Gebrauchsmuster an. Der Umsatz stieg von 1905 bis 1908 um das Fünffache. Das Werk beschäftigte im Jahre 1900 etwa 60 Mitarbeiter; 1908 waren es 150.

Als Heinrich Dräger 1909 schwer erkrankte und etwa ein Jahr an das Krankenlager gefesselt war, reifte der Plan, seine Lebenserinnerungen niederzuschreiben; sie reichen bis in das Jahr 1912, in dem er sich aus dem

Geschäft zurückzog, und sind nicht nur die Grundlage für jede Biographie über den Gründer des Drägerwerks, sondern auch eine wichtige wirtschaftsgeschichtliche Quelle für die Zeit der Frühindustrialisierung. Der Firmengründer verfolgte vom Krankenbett aus die Fertigstellung des neuen Fabrikgebäudes von 1913 und die ersten Jahrgänge der vom »literarischen Bureau« redigierten illustrierten monatlichen Hauszeitschrift »Draeger-Hefte«. Zu Beginn des Ersten Weltkriegs stand der »Selbstretter Modell 1914« zur Verfügung, ein Schutzgerät, das während der Gaskämpfe große Bedeutung gewann. Das Dräger-Werk wurde zur wichtigsten Gasschutzwerkstätte der Mittelmächte. Heinrich Dräger hat noch erlebt, wie sein Sohn, auf den er so stolz war, 1916 mit der Ehrendoktorwürde der Technischen Hochschule Berlin ausgezeichnet wurde. Er starb am 29. Mai 1917 in Lübeck.

Christian Rohlfs

Unter den sogenannten »Modernen« ist Christian Rohlfs der mit Abstand Älteste. Als Sohn eines Kleinbauern am 22. Dezember 1849 in Niendorf/Leezen geboren, war ihm kaum in die Wiege gelegt, Künstler zu werden.

Es war Theodor Storm, der entscheidend in das Leben des holsteinischen Bauernjungen eingriff. Der 15jährige Rohlfs stürzte von einem Baum und verletzte sich am rechten Bein so schwer, daß er zwei Jahre lang liegen mußte. Während dieser Zeit begann er zu zeichnen. Der behandelnde Arzt zeigte einige der Bilder seinem Verwandten Theodor Storm. Der Jurist und Schriftsteller war von der Begabung des Jungen überzeugt und überredete den Vater, dem Sohn eine Ausbildung als Maler zu ermöglichen. Diese begann in Segeberg und führte auf Storms Empfehlung hin zu Ludwig Pietsch nach Berlin. Seit 1869 lebte Rohlfs in Weimar, dreißig Jahre ein Einsiedler, der in der provinziellen Bescheidung Eindrücke sammelte und sie künstlerisch umsetzte, zunächst altmeisterlich, dann aber, als er für sich die Wirkung von Licht und klarer Farbe entdeckt hatte, immer kühner, impressionistischer, immer »moderner«.

Armut und Krankheit begleiteten sein Leben: die Armut hinderte ihn daran, zu reisen, und auch nach erneutem langem Leiden war 1874 der Verlust des rechten Beines unausweichlich. Schon in Weimar galt Christian Rohlfs als »Neuerer«. Der Großherzog hatte ihm zwar den Professorentitel verliehen, dann aber angeordnet, ihm das Freiatelier zu entziehen, »um es einem Würdigeren zu geben«. Inzwischen hatte Rohlfs bei Ausstellungen Gelegenheit, die Entwicklung der Malerei in Frankreich kennenzulernen. Er malte, so zeigte sich, ohne die künstlerischen Strömungen des Auslands zu kennen, »auf der Höhe der Zeit« und hatte dabei eine technische Perfektion erreicht, die ihresgleichen suchte. 1901 holte ihn der Kunstsammler Karl Ernst Osthaus nach Hagen/Westfalen und konfrontierte ihn mit den Werken der französischen Impressionisten. Rohlfs setzte sich mit den neuen

Christian Rohlfs, Selbstbildnis, 1938. Rohlfs ist unter den »Modernen« der mit Abstand Älteste.

Eindrücken auseinander, indem er sich technisch vervollkommnete: Er entdeckte das Kunstgewerbe und speziell dessen exotische Ausprägungen.

Doch nach wie vor war er auf den Verkauf seiner Bilder angewiesen – die Einnahmen waren bescheiden, seine Existenz kärglich. Dennoch, Rohlfs arbeitete aus sich selbst heraus und war nicht bereit, Zugeständnisse zu machen. Er, der Altersgenosse von Max Liebermann, Fritz von Uhde und Wilhelm Trübner, stand als Avantgardist neben den dreißig Jahre jüngeren Künstlern der »Brücke«. Mit ihnen ertrug der fast 60jährige Verkennung und Anfeindung, mied aber jede Künstlervereinigung. Nur mit Emil Nolde verband ihn seit 1906 eine wortkarge Freundschaft.

Der »kühne Neuerer« folgte auch in den kommenden Jahrzehnten kompromißlos seinen künstlerischen Überzeugungen. Dabei schuf er Kunstwerke von einzigartigem Rang, die immer gegenständlich blieben, aber oft an ostasiatische, »philosophische« Kompositionen erinnern. Ein solcher Vergleich jedoch, der nicht unehrenhaft ist, schmälert den Künstler Christian Rohlfs; denn dieser entwickelte in den Jahrzehnten nach dem Ersten Weltkrieg Techniken von einer Raffinesse und Kühnheit, die weit über jene der asiatischen Vorbilder hinausgehen.

1919 ging Rohlfs eine späte Ehe ein und verließ damit sein bisheriges Einsiedlerleben. Inzwischen hatte seine Kunst auch breitere Anerkennung gefunden. Ankäufe bedeutender Museen, Ausstellungen und Ehrungen häuften sich. Reisen wurden möglich und unternommen. Sie brachten neue Eindrücke, mit denen sich der technisch längst perfekte Künstler auf eine Weise auseinandersetzte, die der Kunst des 20. Jahrhunderts eine wunderbare Bereicherung bescherte. 1927 konnte Rohlfs erstmals nach Italien reisen. In Ascona, am Lago Maggiore fand der Norddeutsche, der holsteinische Bauernsohn, eine bisher unbekannte Atmosphäre, südliches Licht, eine Pflanzenwelt, Architektur und Menschen, deren Eigenart, deren Farben den alternden Künstler zu jugendlichen Eskapaden inspirierten, die aber gleichzeitig dazu angetan war, die in Jahrzehnten norddeutschen Wirkens erworbenen technischen Fähigkeiten herauszufordern.

In dieser Phase seines Schaffens entstanden Aquarelle und andere Meisterwerke, deren Zauber nahezu jeden Betrachter erreicht. Die Modernität Christian Rohlfs war den Machthabern des Dritten Reiches nicht genehm.

Doch der Künstler machte auch jetzt keine Zugeständnisse. Der Aufforderung, aus der Akademie der Künste in Berlin, in die er 1920 berufen worden war, auszutreten, hielt er die Antwort entgegen: »Ich habe mich nie um Ehrungen bemüht und nie auf solche viel Wert gelegt, ich bin als Künstler 70 Jahre lang meinen eigenen Weg gegangen und habe gearbeitet, ohne zu fragen, wieviel Beifall oder Mißfallen ich dabei erntete. Zustimmung oder Ablehnung, Ehrung oder Nichtehrung machen mein Werk weder besser noch schlechter, ich überlasse das Urteil darüber der Zukunft. Gefällt Ihnen mein Werk nicht, so steht es Ihnen frei, mich aus der Mitgliederliste der Akademie zu streichen, ich werde aber nichts tun, was als Eingeständnis eigener Unwürdigkeit gedeutet werden könnte.«

Das Lebenswerk von Christian Rohlfs, das vom Realismus Weimarer Prägung über Impressionismus und Pointillismus zu einer gedämpften, ganz persönlichen Form des Expressionismus kam, hat in seinem Reichtum und seiner Spannweite den Betrachter immer wieder verwirrt. Manche Mißdeutungen und Trugschlüsse sind daraus entstanden und haben dazu beigetragen, daß dem Werk dieses Malers beim Publikum und in der Kunstgeschichte erst spät die verdiente Würdigung zuteil geworden ist.

Christian Rohlfs starb am 8. Januar 1938 in seinem Hagener Atelier, aus dem heraus er für die Entwicklung der Kunst unseres Jahrhunderts einzigartige Impulse gegeben hat. Das Land Schleswig-Holstein ehrte den Künstler 1990 mit einer repräsentativen Ausstellung seiner Werke im Kloster Cismar, einer Außenstelle des Schleswig-Holsteinischen Landesmuseums.

Max Planck

Max Planck ist dem Ideal des Forschers, der Verschmelzung von Werk und Persönlichkeit, sehr nahe gekommen. Er lebte stets aus seiner Aufgabe heraus. »Sein ganzes Leben, Tun und Arbeiten hatte nie etwas Gewolltes, sondern stets nur ein Verpflichtetsein der einmal gestellten Aufgabe«, urteilt sein Biograph Hans Hartmann.

Die Familie Planck stammte aus Schwaben und hatte in mehreren Generationen gelehrte Theologen und Juristen hervorgebracht. Der Vater, Wilhelm Johann Julius Planck, war Professor für Zivilprozeßrecht in Kiel, als Max Planck am 23. April 1858 als sechstes Kind geboren wurde. Weil der Vater einem Ruf nach München folgte und die Familie von der Förde an die Isar wechselte, waren für die geistige Prägung des jungen Planck die Einflüsse der Stadt München bestimmend. Dort verbrachte er die Gymnasialjahre und die ersten Studiensemester. Seine mathematisch-physikalische Begabung trat früh zutage; daneben erwies sich Max Planck als hochmusikalisch. Mit absolutem Gehör begabt, konnte er sich als Sänger, Chorleiter, als Pianist, Organist, Dirigent und Komponist auszeichnen. Als Student erwog er, ganz zur Musik überzuwechseln. Die Physik behielt aber die Oberhand; gleichwohl studierte er nebenher auch Harmonie und Kontrapunkt.

Im Alter von 17 Jahren begann Planck mit dem Studium der Physik und Mathematik in München. Bei den Professoren Philipp Jolly, Wilhelm Beetz, Gustav Bauer und Ludwig Seidel erwarb er die Grundlagen für seine wissenschaftliche Karriere. Sehr bald bildete sich sein Interesse an dem damals noch neuen und wenig verbreiteten Zweig der theoretischen Physik aus. 1878 wechselte Planck die Universität; er ging nach Berlin, um dort vor allem bei Hermann von Helmholtz und Gustav Kirchhoff zu hören. In Berlin beschäftigte er sich besonders mit den Arbeiten über die mechanische Wärmetheorie, die ihn auch zu seiner Doktorarbeit anregten: »De mechanica caloris«. Diese Arbeit reichte er in München ein und bestand als 21jäh-

Max Planck hat der theoretischen Physik einen gleichberechtigten Platz neben der »klassischen« Physik verschafft.

riger am 28. Juni 1879 die Doktorprüfung mit dem Prädikat »summa cum laude«.

Bereits ein Jahr später habilitierte er sich in München. Die Habilitationsschrift trug den Titel »Gleichgewichtszustände isotroper Körper«. Lange Zeit wurde keine Notiz von beiden Arbeiten genommen. Als die philosophische Fakultät der Universität Göttingen die Preisaufgabe »Das Prinzip der Erhaltung der Energie« ausschrieb, beteiligte sich Planck an diesem Wettbewerb. Er erhielt den zweiten Preis; ein erster wurde nicht vergeben. Fünf Jahre mußte der Physiker auf seine erste Berufung warten. Sie erfolgte nach Kiel auf eine außerordentliche Professur. Hier überarbeitete er seine Göttinger Preisschrift, die 1887 veröffentlicht wurde. Gesammelte Aufsätze erschienen unter dem Titel »Über das Prinzip der Vermehrung der Entropie«.

1889 wurde Planck Nachfolger Gustav Kirchhoffs in Berlin. Seine Professur wurde 1892 in eine ordentliche umgewandelt, nachdem die theoretische Physik mehr und mehr als Hauptfach in der gesamten Naturwissenschaft Anerkennung gefunden hatte. Max Planck fand schnell Anschluß an bedeutende Gelehrte; er machte sein Haus im Grunewald zu einem musikalischen Treffpunkt. Über die Deutsche Physikalische Gesellschaft gewann er Kontakte zu Fachgenossen im Ausland.

1894 erfolgte seine Aufnahme in die Preußische Akademie der Wissenschaften. In seiner Antrittsrede beschrieb er die allgemeine Situation der Physik am Ende des 19. Jahrhunderts. Dabei deutete Planck bereits an, was ihm später eines der wichtigsten Ziele war: die möglichste Vereinfachung und Vereinheitlichung der physikalischen Weltanschauung. Die klassische Physik stand am Ende des 19. Jahrhunderts als ein in sich gefestigtes System da; man glaubte, alle Erscheinungen in der unbelebten Natur erkennen zu können. Selbst schwierige Phänomene wie Elektrizität und Licht ließen sich in den Gesamtbau der Physik integrieren. Doch dann ergaben sich durch die Anwendung verfeinerter Meßverfahren und aufgrund von theoretischen Überlegungen Widersprüche. Max Planck setzte beim sogenannten »Zweiten Hauptsatz« der Thermodynamik an. Es ging um die Frage, ob es möglich sei, die Atomtheorie und die Elektrizitätslehre zu verbinden, von denen die eine auf dem Begriff des Körpers (der Materie), die andere auf dem Begriff der Welle beruht. Seine Absicht, den »Zweiten Hauptsatz« auf verschiedene Gebiete der Physik anzuwenden, führte zu seiner größten Entdeckung: der Quantentheorie.

In fünf Aufsätzen, die von 1896 bis 1900 erschienen, hatte der Gelehrte seine Forschungen vorgetragen, bevor er am 14. Dezember 1900 in einer Sitzung der Deutschen Physikalischen Gesellschaft einen Bericht gab, der als »Verkündigung« der Quantentheorie gilt. Er habe bei seinen Strahlungsexperimenten gefunden, berichtete Planck, daß man über das physikalische Verhalten der schwingenden Ladung eine einfache, aber sehr merkwürdige Annahme machen müsse, um zu der Beziehung von Energie und Entropie zu gelangen, die zu einem Strahlungsgesetz führe. Diese Annahme laute: »Die Energie der schwingenden Ladung ist stets ein ganzzahliges Vielfaches eines kleinsten Energiequantums.« Damit hatte Planck einen Gegensatz zur Grundannahme der klassischen Physik aufgestellt, nach der die Energie eines mechanischen Systems stets kontinuierlich veränderlich ist.

Mit Hilfe des Planckschen Wirkungsquantums, einer aus dem kleinsten Energiequantum abgeleiteten Größe, wurde es möglich, die genaue Größe des Wasserstoffatoms und damit aller Atome zu bestimmen. Es dauerte allerdings etwa zehn Jahre, bis sich das Vertrauen der Physiker in das Plancksche Strahlungsgesetz gefestigt hatte. Planck selbst begleitete den Siegeszug seiner Theorie durch zahlreiche eigene Arbeiten, wobei auch er stets bekundete, daß er an einer Versöhnung der Widersprüche zwischen der »neuen« und der klassischen Physik interessiert sei. Doch die Widersprüche ließen sich nicht ausgleichen. Die Atomphysik spaltete sich von der klassischen Physik als eigener Bereich ab.

1913 gelang es Niels Bohr, mit Hilfe der Planckschen Quantentheorie ein Atommodell aufzustellen, mit dem sich erklären ließ, wie die elektrisch geladenen Elektronen dauernd um den Atomkern kreisen können. Damit entwickelte Bohr die Grundlage für die moderne Atomphysik – nachdem Planck die Voraussetzungen geschaffen hatte. 1919 wurde Max Planck für seine Entdeckung mit dem Nobelpreis für Physik ausgezeichnet.

Die weiteren Arbeiten Plancks befaßten sich – sofern sie nicht Lehrbuchcharakter hatten – mit spezifischen Anwendungsbereichen seiner Grundtheorie oder stellten Kommentare zu Ergebnissen anderer Forscher auf diesem Felde dar. Niels Bohr hat die Bedeutung dieser Arbeiten in einem 1929 veröffentlichten Aufsatz zusammengefaßt: »In der Geschichte der Wissenschaft gibt es wohl wenig Ereignisse, die in der kurzen Zeitspanne eines Menschenalters so außerordentliche Folgen gehabt haben wie Plancks Entdeckung des elementaren Wirkungsquantums. Nicht nur bildet diese Entdeckung in immer höherem Grade die Grundlage für die Einordnung der Erfahrungen über die atomaren Erscheinungen, die sich eben in den letzten dreißig Jahren so ungeheuer vermehrt haben, sondern sie hat gleichzeitig eine völlige Umformung der Grundlage der Beschreibung der Naturphänomene hervorgebracht. Wir stehen hier vor einer ununterbrochenen Entwicklung von Gesichtspunkten und begrifflichen Hilfsmitteln, die mit den grundlegenden Arbeiten von Planck über die Hohlraumstrahlung anfangend, in den letzten Jahren in der Formulierung einer symbolischen Quantenmechanik gegipfelt hat, die als eine ungezwungene Verallgemeinerung der klassischen Mechanik aufzufassen ist, mit der sie sich in bezug auf Schönheit und inneren Zusammenhang wohl vergleichen läßt.«

Planck hat der Wissenschaft nicht nur durch seine Forschungen gedient, sondern auch durch sein Wirken in der Wissenschaftsorganisation. 1912 übernahm er das Sekretariat der Preußischen Akademie der Wissenschaften. 1913/14 war er Rektor der Berliner Universität. 1930 übernahm er die Präsidentschaft der Kaiser-Wilhelm-Gesellschaft zur Förderung der Wissenschaften – eine Position, in der er seine internationale Reputation als Gelehrter für die deutsche Forschung insgesamt einsetzen konnte.

Max Planck gehört zu den am meisten ausgezeichneten deutschen Forschern dieses Jahrhunderts. Der Geheimrat wurde 1915 mit dem Orden Pour le mérite der Friedensklasse dekoriert (später wurde er auch Ordenskanzler); Reichskanzler Paul von Hindenburg verlieh ihm den Adlerschild des Deutschen Reiches. Zahlreiche Hochschulen ehrten ihn mit der Ehrendoktorwürde – im Ausland waren es Cambridge, London und Athen. Er war Mitglied der Akademien in Berlin, Göttingen, München, Halle, Leipzig, Wien, Uppsala, Kopenhagen, Dublin, Rom, Stockholm, Turin, London, Amsterdam, Edinburgh, Boston und Washington.

Schon vor seiner Präsidentschaft in der Kaiser-Wilhelm-Gesellschaft war Planck ein unermüdlicher Verfechter der Freiheit der Forschung an unabhängigen, leistungsfähigen Institutionen. Gleichzeitig war er ein Wissenschaftler, der mit zahlreichen Ansprachen und Vorträgen in der Öffentlichkeit wirkte. Hier hat er sich nicht nur zu Fragen der Physik oder des physikalischen Weltbildes geäußert, sondern auch die Einheit der Wissenschaften betont. Vor allem hat er stets die Brücke von den Naturwissenschaften zur Philosophie überschritten, ohne den Anspruch zu erheben, sich dabei als Fachmann zu artikulieren. Seine Betrachtungen über das Problem der Willensfreiheit und andere Überlegungen zur Ethik sind von den Fachphilosophen mit zurückhaltender Kritik aufgenommen worden, bergen aber viel Bemerkenswertes in sich; dasselbe gilt für seine Ausführungen über die Verträglichkeit von moderner Naturwissenschaft und Religion.

Der große Physiker war ein gänzlich uneitler Mann; es wird von ihm berichtet, er habe seine Person so sehr in den Hintergrund gestellt, daß seine Studenten im Kolleg bei der Behandlung der Quantentheorie nicht erfuhren, wer ihr Schöpfer war. Persönlich ist Planck viel Leid widerfahren. Sein ältester Sohn fiel im Ersten Weltkrieg vor Verdun; seine beiden Zwillingstöchter kamen bei einem Unfall ums Leben. Sein jüngster Sohn, Erwin, gehörte zum Kreis der Verschwörer des 20. Juli 1944. Er wurde vom Volksgerichtshof zum Tode verurteilt und trotz des Begnadigungsversuchs, »das von einflußreicher Seite unterstützt« wurde, wie Planck in einem Brief schrieb, als er noch Hoffnung hatte, am 23. Januar 1945 hingerichtet.

Max Planck selber hatte sich bei den Nationalsozialisten unbeliebt gemacht, weil er sich für jüdische Kollegen einsetzte. Dies tat er bei einer Aussprache mit Hitler im Frühjahr 1933, als er diesem als Präsident der Kaiser-Wilhelm-Gesellschaft seine Aufwartung machte – allerdings völlig vergeblich. Da er 1934 zu einer Gedächtnisfeier für den verstorbenen Chemiker Fritz Haber einlud und trotz Druckes des Reichserziehungsministers die Veranstaltung stattfinden ließ, wurde er von den Nazis als »weißer Jude« bezeichnet. 1938, als Planck seinen achtzigsten Geburtstag feierte, waren zahlreiche Vertreter des Auslandes erschienen; ein Vertreter der Reichsregierung war nicht anwesend.

1944 wurde sein Haus im Grunewald, in dem er 39 Jahre gelebt hatte, von Brandbomben getroffen und völlig zerstört. Planck fand Unterkunft bei Freunden auf Gut Rogätz bei Magdeburg. Da es in den letzten Kriegstagen auch hier zu Kämpfen kam, mußte er mit seiner Frau Rogätz verlassen und sich einem Treck nach Westen anschließen. Amerikanische Wissenschaftler entdeckten den greisen Gelehrten und brachten ihn nach Göttingen, wo er bei einer Nichte Unterkunft fand. Er hielt noch einige Vorträge und folgte im Sommer 1946 einer Einladung nach England, um an der Newton-Gedenkfeier teilzunehmen. Max Planck starb im neunzigsten Lebensjahr am 4. Oktober 1947 in Göttingen. Als die frühere Kaiser-Wilhelm-Gesellschaft in der Bundesrepublik Deutschland wiederbegründet wurde, erhielt sie seinen Namen: Max-Planck-Gesellschaft.

Diana Gräfin von Reventlow-Criminil

Ihre schottische Mutter, Isabel aus dem Hause der Earls of Wymess, war Hofdame bei Königin Victoria gewesen, bevor sie den Attaché der dänischen Gesandtschaft, Karl Graf von Reventlow-Criminil, heiratete. Dieser wurde 1821 in Marseille geboren. Sein Vater, Joseph (Reventlow-)Criminil, wurde 1819 dazu bestimmt, die gerade verwitwete Charlotte Blome, geb. Gräfin von Platen Hallermund, und ihre beiden Kinder, Adeline und Otto Blome, bei einer Italienreise zu begleiten. Er war damals 23 Jahre alt. Allgemein wurde zu Beginn des Unternehmens angenommen, daß Joseph Criminil und Adeline Blome während der Reise zum Brautpaar werden würden. Diese Erwartung aber ging nicht in Erfüllung; denn der junge Graf entschied sich nicht für die Tochter, sondern für die zwar 19 Jahre ältere, allerdings sehr jugendlich wirkende charmante und geistreiche Mutter. Das Paar verließ die übrige Reisegruppe und heiratete 1820 in Nizza. Möglicherweise war sich der einzige Sohn dieser Ehe, Karl von Reventlow-Criminil, bewußt, daß seine Herkunft mit einem Kapitel der Chronique scandaleuse Schleswig-Holsteins verbunden war und verhielt sich entsprechend.

Seine Tochter wuchs auf Schloß Emkendorf bei Rendsburg auf, wo nahezu jede Wand und viele Zimmerdecken mit antiken Göttern und Göttinnen verziert waren. Und ihre Eltern hatten ihr den Namen Diana gegeben. Damit schienen für Diana Gräfin Reventlow-Criminil, geboren am 29. Mai 1863 in Preetz, entscheidende Weichen für das Leben gestellt zu sein. Ihre Nichte, Cecilia Gräfin Sternberg, geb. Reventlow, hat in ihren Erinnerungen (»Es stand ein Schloß in Böhmen. Wanderjahre einer Europäerin«, 1979) ausführlich aus dem Leben der extravaganten Tante erzählt. Der Name Diana, so schreibt sie, habe eine insgeheime Identifizierung mit der kühlen, keuschen Mondgöttin bewirkt. Sie soll Jägerin gewesen sein, doch dem Jäger unerreichbar. Und »Jäger«, die der schönen und gebildeten jungen Frau nachstellten, gab es genug. Doch sie wies alle ab, den Dichter Emil Prinz Schönaich-Carolath ebenso wie einen dänischen Prinzen. Diana

Diana Reventlow-Criminil lebte viele Jahre auf der Hallig Südfall; von der friesischen Bevölkerung wurde sie als »Halliggräfin« verehrt.

Reventlow lebte längere Zeit am dänischen Königshof und unternahm, begünstigt durch ein ererbtes Vermögen, ausgedehnte Reisen; am liebsten hielt sie sich in Italien auf. Auch dort fehlte es ihr nicht an Verehrern; doch weder ein Schloß bei Meran noch Gedichte und schöne Prinzen konnten sie zum Heiraten bewegen.

Sie hing an ihrer Familie. Das bewies sie, als sie ihren Vater, der ein tyrannischer Exzentriker war, aufopferungsvoll pflegte. Dieser begegnete seinem Sohn und Erben, Dianas Bruder Adolph Cécil, mit solcher Feindseligkeit, daß ihm das Haus seiner Kindheit verschlossen war. Der Vater ging sogar so weit, in seinem Testament zu verfügen, Schloß Emkendorf solle verkauft und der Erlös zwischen dem Sohn und der Tochter aufgeteilt werden. Da er keine rechtlich stichhaltigen Gründe hatte, den Sohn zu enterben, wollte er ihn wenigstens um Emkendorf bringen. Diana einigte sich jedoch mit ihrem Bruder, im wesentlichen zu dessen Gunsten. Sie hielt ihn nicht für sonderlich fähig, ein Gut zu verwalten und wurde in dieser Ansicht bestätigt. Beim Tod des Bruders (1927) war das Gut so verschuldet, daß es nicht mehr zu halten war und 1929 verkauft werden mußte.

1907 hatte der Bruder in zweiter Ehe Alice Lilian Gräfin Hoyos geheiratet, die Schwester der Fürstin Marguerite von Bismarck in Friedrichsruh. Diana Reventlow entschloß sich daraufhin, Emkendorf zu verlassen – und sie tat es auf eine denkbar radikale Weise: 1910 erwarb sie die kleine Hallig Südfall, auf deren Warft nur ein nicht sonderlich ansehnliches Wohnhaus und einige Wirtschaftsgebäude standen. Dort hielt sie sich 43 Jahre lang während der Sommermonate, in ihren letzten Lebensjahren auch im Winter auf, umgeben von Tieren und wenig Dienstpersonal. Gleichzeitig besaß sie einen Bauernhof auf Nordstrand. Der Entschluß, nach Südfall zu ziehen, hatte unter anderem darin eine Ursache, daß Diana Reventlow lungenkrank war und die Ärzte ihr geraten hatten, im Nordseeklima Linderung zu suchen. Alleiniger Grund dürfte dies aber kaum gewesen sein.

Nach dem frühen Tod ihrer Schwägerin nahm sich Diana der Betreuung und Erziehung ihrer Nichte und der beiden Neffen an, nicht unbedingt zur Freude der Verwandtschaft, denn Diana galt als arrogant, stolz, kalt und verschroben. Doch ihr Bruder war froh, daß ihm die Sorge für die Kinder

Die Hallig Südfall ist eine der kleinsten der nordfriesischen Inseln; sie besitzt nur eine Warft.

abgenommen wurde. Er ging auf Reisen und besuchte Emkendorf nur noch sporadisch.

Daß Gräfin Diana ihren Pflichten als Erzieherin gewissenhaft und erfolgreich nachkam, ohne je den Versuch zu unternehmen, die Mutter zu ersetzen, wird ihr von der Nichte Cecilia nachdrücklich bestätigt. Ihre literarische Bildung, ihr Kunstsinn und ihr enges Verhältnis zur Natur bestimmten die Bildungsinhalte. Die Philosophie Platons und Aristoteles' sagten ihr mehr zu als das Neue Testament. Sie hat hart an sich gearbeitet, um sich moralisch zu vervollkommnen. Dabei ist sie am Ende zu einer Persönlichkeit geworden, die in ihrer Umgebung Bewunderung, aber auch ängstliche Distanz bewirkte.

Seit den dreißiger Jahren lebte Diana von Reventlow überwiegend auf Südfall. Sie war unter den Friesen der Uthlande zwar eine Fremde, gewann aber wegen ihres gänzlich unkonventionellen Verhaltens sehr schnell den Respekt und die Bewunderung ihrer Nachbarn. Zahlreiche Anekdoten wurden über sie erzählt; viele klingen glaubwürdig. Willi Hansen hat einige davon in seiner Erzählung »Die Halliggräfin von Südfall« zusammengefaßt.

Gräfin Diana hat die schwere Sturmflut vom Oktober 1936 auf Südfall überlebt und dabei, tief im Wasser stehend, ihre Pferde gerettet. Daß sie, nicht zuletzt aufgrund ihrer zutiefst aristokratischen Gesinnung, eine Abneigung gegen den Nationalsozialismus empfand, ist vielfach bezeugt. Selbst Flüchtling, nahm sie bereitwillig Schmuggler, Regimegegner und andere Gefährdete vorübergehend auf ihrer Hallig auf. Deshalb war es für sie auch eine Selbstverständlichkeit, im Kriegsjahr 1943 einem britischen Piloten, der über der Nordsee abgeschossen worden war, für einige Zeit Unterschlupf zu bieten.

Diana Gräfin Reventlow ist nicht in die Halliggeschichte eingegangen, weil sie durch ihr Lebenswerk in Erscheinung getreten wäre, sondern weil sie als couragierte Persönlichkeit den Respekt, ja die Bewunderung der friesischen Bevölkerung gewonnen hat; man nannte sie »unsere Comtesse« oder »unsere Halliggräfin«. Ihr neunzigster Geburtstag wurde auf Südfall mit einem großen Fest begangen. Zahlreiche Ehrengäste waren von weit her angereist, und selbstverständlich nahmen die Bewohner der Nachbarinseln teil. Ihr Neffe, Victor von Reventlow, schrieb an seine Schwester: »Unglaublich, wie sie von allen Leuten gefeiert wurde. Wenn man bedenkt, daß sie nie einen Menschen geliebt hat, ist es doch seltsam, wie sie geliebt wird.« Drei Monate später, am 5. August 1953, ist Diana von Reventlow-Criminil auf ihrer Insel gestorben. Die Hallig Südfall wurde 1954 von den Erben an das Land Schleswig-Holstein verkauft. Als »Halliggräfin von Südfall« ist sie auch heute noch im Gedächtnis der friesischen Bevölkerung lebendig.

Emil Nolde

Nolde ist ein kleiner Ort, östlich von Tondern (Tønder) im – seit 1920 dänischen – Nordschleswig gelegen. Es ist der Geburtsort des Malers Emil Hansen, der sich von 1901 an Emil Nolde nannte und unter diesem Namen zu einem der bedeutendsten deutschen Künstler des 20. Jahrhunderts wurde.

Am 7. August 1867 wurde Emil Nolde auf dem elterlichen Bauernhof geboren. Dort wuchs er mit seinen Geschwistern auf, besuchte die Dorfschule und arbeitete nach dem Schulabschluß 1883 zunächst in der Landwirtschaft. Schon als Kind hatte er gezeichnet, gemalt und modelliert, ohne daß er eine Förderung erfahren hätte. 1884 stimmten die Eltern zu, daß Nolde als Lehrling im Holzschnitzen in eine Flensburger Möbelfabrik eintrat. Er erhielt neben der engeren handwerklichen Ausbildung täglichen Zeichenunterricht in einer Fortbildungsschule. Während der Lehrzeit, die bis 1888 dauerte, entstanden auch einige freie Zeichnungen.

Um sich als Künstler weiterzubilden, reiste er 1888 nach München, wo er die Kunstgewerbe-Ausstellung besuchte; einige Wochen arbeitete er in einer Möbelfabrik. Von München siedelte Nolde nach Karlsruhe über, wo er Arbeit als Schnitzer und die Gelegenheit fand, die Abendklasse der dortigen Kunstgewerbeschule zu besuchen. Von 1890 bis Ende 1891 hielt sich Nolde in Berlin auf; auch hier arbeitete er in einer Möbelfabrik.

Die nächsten sechs Jahre lebte der Norddeutsche überwiegend in der Schweiz. In St. Gallen hatte er eine Stelle als Lehrer für gewerbliches und ornamentales Entwurfszeichnen angenommen, die ihn allerdings 43 Stunden in der Woche in Anspruch nahm, so daß für eigene Arbeiten wenig Muße blieb. Und doch reifte in dieser Zeit der Entschluß, Künstler zu werden. Die Freundschaft mit Hans Fehr und dem sehr belesenen Max Widmer trugen wesentlich dazu bei. Nolde erfuhr, ohne selbst viel zu lesen, von den geistigen Strömungen der Zeit. Namen wie Stéphane Mallarmé, Paul Verlaine, Arthur Riambaud, Henrik Ibsen, August Strindberg oder Oscar

Wilde wurden ihm vertraut. Die Philosophie Friedrich Nietzsches ließ ihn ebensowenig unberührt wie die meisten Künstler und Intellektuellen seiner Zeit. So manche geistige Strömung lernte er im Theater kennen, das ihn stark anzog. Während der Ferien reiste Nolde nach Mailand, München und Wien, wo er sich mit der Kunst der alten Meister auseinandersetzte, oder unternahm weite Bergwanderungen. Einige Ferien verlebte er allerdings auch auf dem Hof der Eltern.

1894 zeichnete und aquarellierte Emil Nolde eine Reihe von grotesken Masken; daneben entstanden seine »Postkarten«, auf denen er einige markante Berge als Riesen darstellte. Nolde schickte diese kuriosen Karten an die Redaktion der »Jugend«, die zwei davon veröffentlichte. Die Reproduktionen fanden Beifall und ermutigten den jungen Künstler, seine Karten in einer hohen Auflage drucken zu lassen. Innerhalb von zehn Tagen waren 100 000 Exemplare verkauft. Mit der gesamten Auflage verdiente er 25 000 Goldfranken, ein Betrag, der es ihm erlaubte, seine Stellung als Lehrer zu kündigen, um einige Jahre als freier Künstler zu leben.

Sein erstes Ölgemälde, »Bergriesen«, an dem er zwei Jahre lang gearbeitet hatte, wurde von der Münchner Jahresausstellung 1897 abgewiesen. Dennoch folgte Nolde einer Einladung des »Jugend«-Herausgebers Hirth, nach München zu kommen. Eine weitere Enttäuschung bedeutete die Ablehnung bei Franz von Stuck; er mußte sich mit der Privatschule Fehr begnügen. Dort lernte er »Landschaft« im Sommer und »Akt und Kopf« im Winter. Immerhin entstanden dabei eigene Bilder, durch die der Kunstschüler technisches Können entwickelte, das er brauchte, um am Ende das auszudrücken, was in ihm war. Demselben Ziel dienten auch die Studien in den Münchner Museen und in Dachau, wo er sich in der romantischen und naturlyrischen Stimmungsmalerei üben konnte. Nach einer ausgedehnten Wanderung durch Schleswig und Dänemark siedelte Nolde im Herbst 1899 nach Paris über. Dort studierte er an der Académie Julien, mehr noch aber in den berühmten Sammlungen. Er gewann Eindrücke, die weit über die Anregungen der Münchner Zeit hinausgingen.

Die nächste Station seiner Bildungsreise war Kopenhagen. Während eines längeren Aufenthalts in einem seeländischen Fischerdorf lernte er Ada Vilstrup kennen, die er noch im selben Jahr, 1901, nachdem er in Berlin ein

Emil Nolde, Selbstbildnis aus dem Jahr 1917.

Atelier gemietet hatte, heiratete. Mit der Übersiedlung nach Berlin nahm er den Namen Nolde an.

Schon 1902 kehrte Nolde mit seiner Frau in seine schleswigsche Heimat zurück. Nach einem kurzen Aufenthalt in Flensburg zog das Ehepaar in den Südosten der Insel Alsen, wo es in Guderup ein kleines Fischerhaus bewohnte; eine selbstgebaute Bretterbude am Strand diente als Atelier. Der schlechte Gesundheitszustand Ada Noldes zwang zu einer Reise in den Süden, nach Taormina und Ischia. Auch nach der Rückkehr mußte Ada Nolde von Sanatorium zu Sanatorium ziehen, um Heilung zu finden, die sich aber nie ganz einstellte. Nolde arbeitete derweil auf Alsen, wo er allmählich seinen eigenen Stil als Maler fand. Mit der Betonung heller Farben näherte er sich den Neoimpressionisten; besonders Gauguin und van Gogh dienten der Orientierung; daneben entstanden Holzschnitte: Grotesken und Köpfe. 1906 war für Nolde überhaupt ein ereignisreiches Jahr. Er besuchte Karl Ernst Osthaus in Hagen, wurde von den Künstlern der »Brücke« eingeladen, ihrer Vereinigung beizutreten, konnte einige Bilder in Dresden und Weimar ausstellen, und sein Gemälde »Erntetag« wurde von der Berliner Sezession angenommen. Karl Schmidt-Rottluff besuchte ihn in Alsen, und in Berlin lernte er Edvard Munch kennen.

Besonders die Begegnung mit den »Brücke«-Malern, die 1907 vertieft wurde, bestärkte Nolde in seiner Art zu malen. In seinen Erinnerungen »Jahre der Kämpfe« (1934) heißt es: »Ich wollte im Malen auch immer gern, daß die Farben durch mich als Maler auf der Leinwand sich folgerichtig auswirkten, wie die Natur selbst ihre Gebilde schafft, wie Erz und Kristallisierungen sich bilden, wie Moos und Algen wachsen, wie unter dem Strahlen der Sonne die Blume sich entfaltet und blühen muß.«

Dem »Brücke«-Kreis verdankte Nolde die Technik der Lithographie, in der er sich bis dahin noch nicht versucht hatte; er wurde auch angeregt, den Holzschnitt wieder aufzugreifen. Es entsprach nicht dem Naturell des Künstlers, auf Dauer eng mit anderen Malern zusammenzuarbeiten; deshalb zog er sich aus Dresden zurück und siedelte nach Soest zu Karl Ernst Osthaus über. Seine Bilder wurden nicht nur im Hagener Folkwang-Museum und bei Commeter in Hamburg ausgestellt, sondern auch auf den

Ausstellungen der »Brücke«, in Flensburg und Hamburg, und bei der Berliner Sezession gezeigt.

In den Jahren bis 1913 hielt sich Nolde viel in Ruttebüll, in der Nähe seines Heimatdorfes gelegen, und auf Alsen auf. In den Sommermonaten entstanden hier seine großen religiösen Bilder, zunächst zu Themen des Neuen Testaments, dann eine Serie, die durch das Alte Testament angeregt war. Über Noldes ursprüngliche und zugleich schwärmerische Religiosität ist viel geschrieben worden. Seine Gemälde aus dieser Zeit bestätigen seine Bevorzugung des Spontanen und Visionären gegenüber dem Intellektuellen: »Instinkt ist zehnmal mehr als Wissen«, lautet eine von Noldes Formeln. Er arbeitete ohne Modell und ohne festumrissene Vorstellung; ihm genügte eine »vage Vorstellung nur in Glut und Farbe«. Das Werk sollte sich »unter der Hände Arbeit« entwickeln. Seine theoretischen Betrachtungen signalisieren nicht weniger als seine Bilder, daß der Künstler bis etwa 1912 das tragfähige Fundament, auf dem sein ganzes Werk ruht, geschaffen hatte. Jetzt war er frei im Umgang mit allen Ausdrucksmitteln, die er als Maler brauchte.

Nolde hatte sich seit seinem Paris-Aufenthalt im Jahre 1900 für die Kunst der Naturvölker interessiert. 1911/12 betrieb er intensive Studien im Berliner Völkerkundemuseum. Er plante sogar ein Buch über die Kunstäußerungen der Naturvölker. 1913 wurde er aufgefordert, an einer Expedition des Reichskolonialamtes nach Neuguinea teilzunehmen. Gemeinsam mit seiner Frau trat er die »Weltreise« an, die ihn über Moskau, Mukden, Seoul, Tokio, Peking, Nanking, Shanghai, Hongkong, Manila und die Palau-Insel nach Rabaul führte. Die vielen Eindrücke wurden in seinen Skizzenbüchern festgehalten. Die eigentliche Arbeit in Neuguinea bestand darin, die Eingeborenen zu zeichnen, auch ganze Familien und andere Gruppen. Sechs Monate dauerte der Aufenthalt, dann trat man die Rückreise über Java, Birma und Singapur nach Port Said an. Dort erreicht das Ehepaar die Nachricht vom Ausbruch des Krieges. Weil sie sich als Dänen ausweisen konnten, gelang den Noldes die Weiterreise nach Genua und von dort nach Deutschland.

Während des Krieges hielt sich der Künstler abwechselnd auf Alsen, in seinem kleinen Bauernhaus »Utenwarf« bei Ruttebüll, das er 1912 gekauft hatte, und in Berlin auf. Nach Ende des Krieges unternahm er wieder ausgedehnte Reisen, auf denen er die alten europäischen Meister studierte. Es fällt auf, daß er zur Entwicklung der zeitgenössischen Kunst kaum Verbindungen herstellte. Er freute sich über Begegnungen mit Christian Rohlfs und Ernst Barlach und war sehr interessiert am Schaffen Paul Klees; aber ein Miteinander ergab sich daraus nicht.

»Utenwarf«, das 1920 dänisch geworden war, gab Nolde 1927 auf, nachdem er 1926 die Warf von Seebüll und den dazugehörigen Hof auf der anderen Seite der Grenze gekauft hatte. Emil Nolde war zu dieser Zeit längst ein renommierter Künstler, dessen Bilder auf zahlreichen Ausstellungen gezeigt wurden. 1926 hatte ihn die Universität Kiel zum Ehrendoktor ernannt. Sein 60. Geburtstag wurde mit einer umfangreichen Ausstellung von 200 Gemälden gefeiert, die in Dresden, Hamburg, Kiel, Essen und Wiesbaden zu sehen war. Gustav Schiefler, der bereits 1911 einen ersten Band »Das graphische Werk Emil Noldes« veröffentlicht hatte, ließ zu Ehren des 60jährigen einen zweiten Band folgen.

In den Jahren bis 1933 folgten weitere Ehrungen, darunter die Aufnahme in die Preußische Akademie der Künste. Seine Bilder wurden nun auch im Ausland gezeigt und als repräsentative Werke der europäischen Malerei des 20. Jahrhunderts gefeiert. 1935 erkrankte Nolde an Magenkrebs und mußte viele Monate in Krankenhäusern zubringen, bis es gelang, ihn mit Erfolg zu operieren. Zur Erholung hielt er sich in der Schweiz auf. Gerade hatte er sein Haus in Seebüll ausgebaut und den Garten angelegt, als 1937 die aggressive Diffamierung seiner Kunst durch die Nationalsozialisten in Deutschland begann: eine Ausstellung in Mannheim wurde polizeilich geschlossen. Zahlreiche seiner Bilder wurden in der berüchtigten Ausstellung »Entartete Kunst« verspottet. Mehr als tausend seiner Werke verschwanden aus den Museen. Feiern zu seinem 70. Geburtstag wurden abgesagt. 1941 schloß die »Reichskammer der bildenden Künste« Nolde als Mitglied aus, beschlagnahmte einen Teil seiner Bilder, die er zuvor hatte einsenden müssen, und verhängte über den Künstler ein Berufsverbot. Nolde konnte reisen, schrieb seinen Bericht über die Neuguinea-Reise und fand die Kraft und den Mut, eine ganz Reihe von Aquarellen zu schaffen, die er »ungemalte Bilder« nannte und in einem Winkel seines Hauses versteckte.

Nach 1945 holte er diesen Schatz ans Licht und begann damit, die Aquarell-Skizzen in größere Ölbilder umzusetzen. In der Zeit von 1945 bis 1951 entstanden noch 105 Gemälde.

Ada Nolde hatte die letzten Kriegsjahre in verschiedenen Krankenhäusern zugebracht, ohne daß sich an ihrem Zustand etwas besserte. Am 7. November 1946 war sie gestorben.

Emil Nolde erlebte noch, wie sein Werk erneut zu Ehren kam und geradezu einen Siegeszug durch die Galerien und Museen antrat. Sein 80. Geburtstag war Anlaß für Ausstellungen in Kiel und Lübeck. Die schleswig-holsteinische Landesregierung hatte den Künstler 1946 zum Professor ernannt. Anläßlich seines 85. Geburtstages erhielt er den von Bundespräsident Theodor Heuß neugestifteten Orden »Pour le mérite«. Emil Nolde starb am 13. April 1956 im 89. Lebensjahr.

Werner Haftmann sieht Nolde als großen Einzelgänger des deutschen Expressionismus, der »sein Werk ohne stützende Beziehung zu einer Gruppe allein unter dem Zwang seines persönlichen Auftrags« schafft. Diese Einordnung des Künstlers ist zum Klischee geworden, aber nicht unbedingt zutreffend. Ganz davon abgesehen, daß ähnliches auch über Christian Rohlfs oder Ernst Barlach gesagt werden kann, ist gerade bei Emil Nolde auffällig, daß er sich viele Jahre lang an »vorgefundener« Kunst orientierte, um seinen eigenen Stil zu finden. Die Begegnung mit dem »Brücke«-Kreis war zwar nur kurz, kann auch nicht als »stützend« bezeichnet werden, sie war aber für Nolde eine ganz entscheidende Bestätigung des eigenen Weges. Er hat zwar den größten Teil seines Werks in Schleswig geschaffen, doch hat er nicht ohne Grund lange Jahre in Berlin ein Atelier unterhalten. Emil Nolde war Individualist – hätte er sonst Künstler sein können? – doch er war sehr wohl »von dieser Welt«.

Hugo Eckener

Im Zeitalter der Raumfahrt und des Einsatzes von Überschallflugzeugen im Zivilflugverkehr an einen Pionier der Zeppelin-Flüge vor dem Zweiten Weltkrieg zu erinnern, hat auch etwas mit Nostalgie zu tun. Denn die Jahrzehnte, in denen die Luftfahrt ein faszinierendes Abenteuer war, für das sich die Menschen in aller Welt begeisterten, lagen in der ersten Hälfte des zwanzigsten Jahrhunderts. Doch begegnet uns in Hugo Eckener nicht nur der Luftschiff-Kapitän und Abenteurer, sondern auch eine vielseitig begabte Persönlichkeit von großer Ausstrahlungskraft.

Der Sohn eines Zigarrenfabrikanten wurde am 10. August 1868 in Flensburg geboren. Er wuchs in wohlhabenden bürgerlichen Verhältnissen auf, besuchte das Gymnasium, um anschließend in München, Berlin und Leipzig Geschichte und Nationalökonomie zu studieren. Mit einer Arbeit über »Periodische Handelskrisen« promovierte er 1892 in Leipzig zum Dr. phil. Mit dem Grafen Ferdinand von Zeppelin (1838–1917) wurde Eckener 1903 bekannt, nachdem er vorher als Journalist und wissenschaftlicher Publizist über sozialpolitische, philosophische und kulturelle Themen geschrieben hatte. Den Versuchen des Grafen Zeppelin stand er zunächst kritisch gegenüber. Erst 1906 kam er zu dem Ergebnis, daß die Luftschiffe den Lenkballons überlegen seien. Seit 1908 gehörte er zur Zeppelin-Gesellschaft und wurde von 1909 bis 1914 Leiter der ersten Luftreederei der Welt.

Eckener war als Luftschiffführer, Ausbilder, Lehrer und Berater erfolgreich und diente neben der zivilen Luftfahrt auch dem Heer und der Marine. Nach dem Ersten Weltkrieg, als dem Deutschen Reich der Betrieb von Flugzeugen untersagt war, setzte Eckener, seit 1920 Vorsitzender der Zeppelin-Stiftung, mit Kleinluftschiffen die Arbeit des Grafen Zeppelin fort. Er entschied sich bei dem Wettbewerb zwischen den lenkbaren Luftschiffen und den Flugzeugen für das Luftschiff; für ihn hatte das Prinzip »leichter als Luft« Vorrang vor jenem, das mit »schwerer als Luft« beschrieben wurde. Denn zunächst hatten sich auch in wirtschaftlicher Hinsicht die Zeppeline

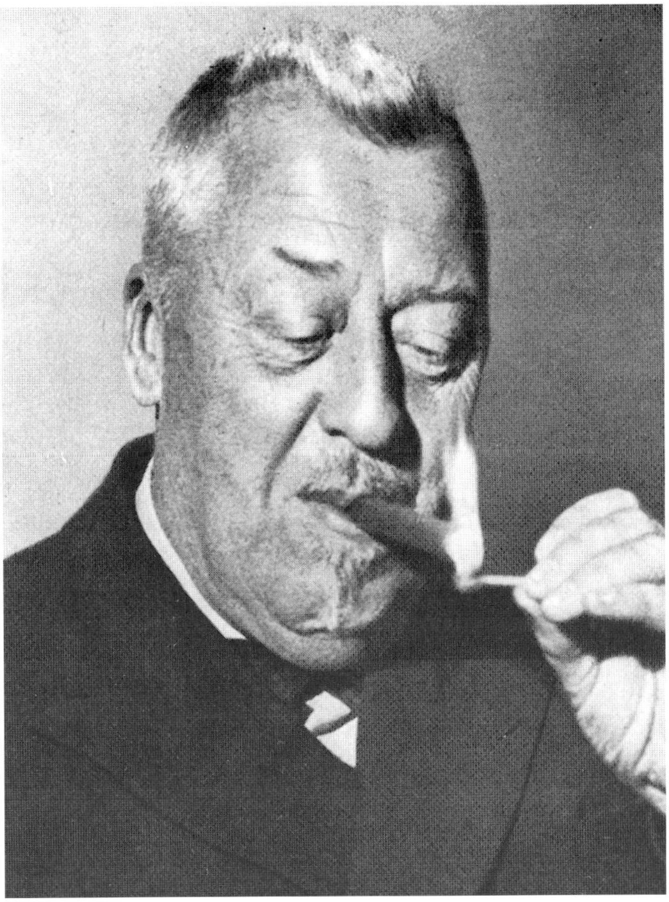

Für Hugo Eckener war die Zigarre ein Markenzeichen; weil ihre Form der eines Luftschiffs ähnlich ist.

durchgesetzt. Auf langen Strecken kam fürs erste nur das Luftschiff in Betracht.

1924 hatte Eckener den Zeppelin »Los Angeles« als Reparationsleistung des Deutschen Reiches in die USA zu überführen. Er machte daraus eine Werbekampagne für Deutschland, den Zeppelinbau und auch für sich selbst.

Um die Überlegenheit des Luftschiffs zu demonstrieren, unternahm Eckener mit dem »Graf Zeppelin« zahlreiche Fahrten, von denen die Weltfahrt im Jahr 1929 die größte Beachtung fand. Besonders in den USA wurde der Luftfahrer begeistert gefeiert. Seit Beginn der dreißiger Jahre setzte man das Luftschiff im regelmäßigen Südamerika-Dienst ein. Von 1928 bis 1937 legte der »Graf Zeppelin« auf fast siebzig Reisen mehr als 1,7 Millionen Kilometer zurück, wobei 38 Länder überflogen wurden.

Das zweite Luftschiff, die LZ 129 »Hindenburg«, das über Kabinen für 72 Passagiere verfügte (»Graf Zeppelin« hatte nur etwa 50), begann den regelmäßigen Verkehr zwischen Europa und den USA 1936. Doch 1937 verbrannte es aus ungeklärter Ursache in Lakehurst, wobei auch Menschenleben zu beklagen waren. Eckener setzte alles daran, die bisher übliche feuergefährliche Wasserstoff-Füllung durch Helium zu ersetzen. Doch standen dem neben technischen vor allem politische Gründe entgegen.

Hugo Eckener hat sich jahrzehntelang für eine technische Idee eingesetzt. Nationale oder gar nationalistische Motive waren ihm dabei fremd. Er war zweifellos Patriot, doch auf der Grundlage der Verfassung der Weimarer Republik. Das erklärt auch, warum er sich 1932 bereit erklärte, als Kandidat für das Amt des Reichspräsidenten gegen Hitler anzutreten, falls Hindenburg eine erneute Kandidatur ausschlagen sollte.

Seine Luftschiffe sollten die Völker miteinander verbinden; das schloß die Demonstration von Macht und Überlegenheit aus. Eckener, der gute persönliche Beziehungen zu den amerikanischen Präsidenten Coolidge, Hoover und Roosevelt hatte, begegnete dem Nationalsozialismus mit deutlicher Distanz, die nicht nur Goebbels, sondern auch Hitler selbst zu Maßnahmen veranlaßten, die der Popularität Eckeners schaden sollten. Ihm wurde vorgehalten, »außerhalb der Volksgemeinschaft« zu stehen, weil er sich mehrfach geweigert hatte, dem Regime seine Referenz zu erweisen. Hitler zeichnete ihn zwar im August 1938 anläßlich seines siebzigsten Geburtstags mit dem Professorentitel aus, in der Presse aber erschien über diese Ehrung genausowenig wie über andere seiner Auszeichnungen. Nach Ausbruch des Zweiten Weltkriegs wurde der »Luftschiffbau Zeppelin« ein Rüstungsbetrieb; Eckener avancierte zum »Wehrwirtschaftsführer« ehrenhalber. Im Rahmen der Entnazifizierungsverfahren nach dem Krieg wurde er dafür 1948 zu einer Geldstrafe von 100000 Reichsmark und zum Verlust der bürgerlichen Ehrenrechte für die Dauer von fünf Jahren verurteilt. In seinen 1949 veröffentlichten Memoiren »Im Zeppelin über Länder und Meere« hat er sich dazu verbittert und höhnisch zugleich geäußert.

Nach dem Krieg blieb Hugo Eckener ein kritischer Beobachter der politischen Ereignisse; dabei hat er auch die Geschicke seiner Heimatstadt Flensburg aktiv verfolgt. Im April 1951 besuchte er seine Geburtsstadt. Nachdem er mit einem Fackelzug geehrt wurden war, betonte er in einer Rede den deutschen Charakter Flensburgs gegenüber den zu dieser Zeit noch vehement vertretenen dänischen Ansprüchen. Damit wollte er noch einmal sein hohes Ansehen im In- und Ausland für seine Heimat und sein Vaterland in die Waagschale werfen. Mit Ehrungen und Auszeichnungen war Eckener reich gesegnet. Er war Ehrenbürger der Städte Flensburg, Friedrichshafen und New York, Ehrendoktor der Universitäten und Hochschulen in Stuttgart, Graz, Berlin und Freiburg i. Br.

Hugo Eckener starb am 14. August 1954 in Friedrichshafen am Bodensee. In Rolf Italiaander hat er einen gründlichen Biographen und Herausgeber seiner Schriften, Reden und Briefe gefunden.

Luftschiff »Graf Zeppelin«, 1928.

Ernst Barlach

Ein bißchen Zeichnen oder Malen oder Schreiben mehr oder weniger fiel in der Familie nicht auf«, heißt es in Barlachs Jugenderinnerungen »Ein Selbsterzähltes Leben«. Bei ihm blieb es nicht bei einem »Bißchen«, und die Bildhauerei kam noch hinzu. Ernst Barlach wurde am 2. Januar 1870 in Wedel geboren. Sein Vater war Arzt und stammte aus einer Pastorendynastie. 1873 zog die Familie Barlach nach Schönberg (Mecklenburg) und 1876 nach Ratzeburg.

Ernst Barlach begleitete den Vater häufig bei dessen Fahrten zu Patienten auf den Dörfern. Dem Jungen prägten sich Gesehenes und Gehörtes tief ein, die Äcker und Kartoffelfelder mit den gebückt arbeitenden Menschen nicht weniger als das Plattdeutsch der Bauern und das Geschwätz der städtischen Kleinbürger. Georg Barlach, der Vater, starb schon 1884 und hinterließ eine Witwe mit vier Söhnen. Johanna Louise Barlach, die Mutter, war eine sensible Frau, die häufig an Depressionen litt und zeitweilig psychiatrischer Aufsicht bedurfte.

Ernst Barlach begann früh zu schreiben; seine erregte Phantasie drängte ihn dazu, abenteuerliche Geschichten zu erzählen und Verse niederzuschreiben. Phasen des Schreibens wechselten mit solchen ab, in denen das Zeichnen dominierte. Ob als Schriftsteller oder als Maler kreativ, in jedem Fall zeigte sich der junge Barlach als Romantiker. Als solcher erweist er sich auch in seinen Briefen an den Freund Friedrich Düsel. Dieser blieb ihm über den Tod hinaus verbunden, oft genug als kluger Ratgeber.

Barlach besuchte in Schönberg eine Realschule und ging 1888 nach Hamburg an die Kunstgewerbeschule, deren Kurse auf eine handwerkliche, weniger auf eine künstlerische Ausbildung zielten. Durch Zufall geriet er in eine Bildhauer-Klasse, die an Schülermangel litt. Hier lernte er die Prinzipien der Plastik und damit auch, den klassisch-nackten Menschen abzubilden. Barlach bekannte später, er habe »mit mehr Eifer als Inbrunst die Anatomie in sich hineingefressen«. Doch weder in Hamburg noch später in

Paris ergab das Aktzeichen mehr als »ausgezogene Männekens und entfederte Gänslein«.

Bei seinen kunstgeschichtlichen Studien wurde er von Peter von Cornelius und besonders von dessen pathetischen Faltenwürfen beeindruckt. Deshalb ummantelte Barlach schon während seiner Ausbildung seine Figuren in auffälliger Weise. Er hatte sich früh angewöhnt, auf der Straße zu skizzieren, um so charakteristische Bilder der Großstadt und ihrer Alltagsmenschen und Zufallsgruppen, aber auch der dörflichen Besonderheiten festzuhalten.

1891 wurde Barlach Meisterschüler von Robert Diez in Dresden. Dort blieb er über vier Jahre, um dann seine Studien an der Académie Julien in Paris fortzusetzen. 1897 kehrte er nach wechselvollen Aufenthalten und Tätigkeiten als Bildhauer und Schriftsteller nach Hamburg zurück, wo er gemeinsam mit seinem Freund Carl Garbers figürliche Arbeiten für das Hamburger und später auch für das Altonaer Rathaus ausführte. 1899 gewann er zwar den ersten Preis beim Wettbewerb für die Gestaltung des Rathausmarkts, der Auftrag für die Ausführung wurde aber an andere vergeben. Gleichsam als Entschädigung erhielten Barlach und Garbers 1902 den Auftrag, für die Hamburg-Amerika-Linie eine Neptungruppe als Bekrönung des Firmengebäudes auszuführen. Von dem sieben Meter hohen Meergott war Barlach später nicht sonderlich überzeugt. Neben dieser Arbeit schuf der Künstler einige Grabdenkmäler und fertigte für die Firma Mutz in Altona keramische Arbeiten an. Dies trug ihm eine Stellung an der keramischen Fachschule in Höhr (Westerwald) ein. Die dortige Tätigkeit bereitete ihm allerdings wenig Freude; deshalb verließ er Höhr schon nach einem halben Jahr, um sich nach Berlin zu begeben. Die Berliner Zeit (1905/1906) hat Barlach als die dunkelste in seinem Leben empfunden.

Erst die Fahrt in die russische Steppe im Sommer 1906 öffnete Barlach die Augen, befreite ihn von seinen Selbstzweifeln. Berlin war ihm zur »Hölle« geworden; er vernichtete eine beträchtliche Anzahl seiner Werke und sah sich selbst als »abgewirtschaftet« und bescheinigte seinem Künstlertum nur »kläglichen Mißerfolg«. Da war es ein willkommener Anlaß, der Misere zu entrinnen, als der in Charkow als Ingenieur arbeitende Hans Barlach seine Brüder Ernst und Niko einlud, nach Rußland zu kommen.

Ernst Barlachs Selbstporträt von 1928 zeigt ungeschminkt den Grübler, in dessen Leben es viele Krisen gegeben hat.

Zu Beginn des Jahrhunderts herrschte in Deutschland eine Begeisterung für die russische Literatur; von dieser wird auch Barlach nicht unberührt geblieben sein. Es war deshalb wohl der Dichter Barlach, der sich zur Reise nach Charkow entschloß. Aber weniger der Dichter als vielmehr der Bildhauer wurde von dem inspiriert, was er dort sah; ihm erschienen die russischen Menschen als »Symbole für die menschliche Situation in ihrer Blöße zwischen Himmel und Erde«. Barlach beobachtete sehr genau und hielt vieles davon in seinem »Russischen Tagebuch« fest, das er mit dem Satz eröffnete: »Was soll man immer Briefe schreiben, mir ist das Tagebuch lieber«. Viel mehr, als er im Tagebuch festhalten konnte, prägte sich in seinem Gedächtnis ein, so tief, daß es für sein ganzes Leben präsent blieb. »Ich fand in Rußland diese verblüffende Einheit von Innen und Außen, dies Symbolische: so sind wir Menschen, alle Bettler und problematische Existenzen im Grunde. Darum mußte ich gestalten, was ich sah.« Und er gestaltete es vornehmlich in Holz. Hier wurden seelische Expressionen, ohne der Mode Tribut zu zollen, künstlerisch geformt. Äußerste Schlichtheit umgibt einen nach außen wirkenden Kern. Die »Bettlerin« von 1907, der »Einsame« von 1911 und der »Gesetzgebende Moses« von 1919 sind deutliche Stationen in der vom Rußlanderlebnis geprägten Arbeit des Bildhauers Barlach.

In seinen Dramen haben die Erlebnisse der Monate August und Sepembver 1906 keinen eindeutig erkennbaren Niederschlag gefunden; hier – so scheint es – dominieren ältere Probleme und Konflikte, darunter solche zwischen Vater und Sohn, aber auch die sehr grundsätzlichen Themen der »Gottmenschlichkeit (...), die immer erneute Festlegung der Situation des Menschen als Prozeß zwischen Himmel und Erde, eine Mischung von Verzweiflung und Getrostheit«. Barlach quälte sich mit der Frage, ob der Mensch nicht verstoßen sei in eine »Strafanstalt« und »Hölle« des Lebens, wo Freiheit fraglich, Glück unmöglich und Gut und Böse nicht zu trennen ist. Die Frage nach der Schuld an Entwicklungen wird auch dort gestellt, wo sie im Alltagsleben kaum eine Rolle spielt.

»Der tote Tag« (1912), »Der arme Vetter« (1918), »Die echten Sedemunds« (1920), »Der Findling« (1922), »Die Sündflut« (1924) und »Der blaue Boll« (1926) sind Dramen, die zwar an (zumeist) renommierten Theatern inszeniert, aber vom Publikum nur ausnahmsweise verstanden wurden;

in der Regel lösten die Aufführungen Irritationen aus. In Barlachs Stücken sind nie dramatische Spannungen und bewegende Auseinandersetzungen bestimmend, sondern eher die Betonung grenzenlosen Leidens, des Unbehagens im Diesseits, dem zu entfliehen nicht möglich ist, das man auf sich nehmen muß. »Ich bin zu einseitig Mensch, armer Vetter, Verbannter, Zuchthäusler, sehe mit einer hellseherischen Unerbittlichkeit im Menschen die Hälfte von etwas Anderem«. Damit werden die unwahrscheinlichen Dinge schlichte Realität. »Diese Direktheit, bei der Lebendiges und Totes, Irdisches und Überirdisches, Reales und Irreales ineinander übergehen, charakterisiert auch die Sprache mit ihren oft doppelschichtig bildhaften Wortvorstellungen. So vermag er das Alltägliche transparent zu machen, das Realistische wird zugleich sinnbildlich« (L. v. Wilckens).

Seit 1907 hatte ein Vertrag mit Paul Cassirer, dem Berliner Kunsthändler, der für Ernst Barlach auch zum Freund wurde, den Künstler finanziell unabhängig gemacht. Er konnte jetzt gestalten und schreiben, was er wollte, konnte und mußte – Paul Cassirer hatte ihm zugesagt, seine Werke zu akzeptieren.

Die ersten Kleinplastiken, die als Ergebnis der Rußlandreise angesehen werden können, wie zum Beispiel die »Kauernde Bettlerin mit der Schale«, wurden noch in Mutz-Keramik ausgeführt. Sie trugen ihm die Mitgliedschaft in der Berliner Sezession und die Freundschaft zahlreicher Künstler ein. Barlach war endlich zum erfolgreichen Künstler arriviert. Auch in seinem Privatleben hatte er einen Erfolg zu verbuchen. Aus der Verbindung mit einem Modell war 1906 ein Sohn, Nikolaus, hervorgegangen. Barlach trat sofort in einen Rechtsstreit ein, um das Sorgerecht zu erwirken. Nach zwei Jahren konnte er das Kind für sich gewinnen, um es dann in seinem Atelier »mütterlich« zu umsorgen.

1907 entdeckter er *sein* Material, das Holz; die ersten Figuren wurden in diesem für Barlach so wichtigen Jahr geschnitzt. Der Künstler selbst sah in ihnen seine »Holz gewordenen seelischen Erlebnisse«. Körperhaltung und Gesichtausdruck seiner Plastiken betonen die Gestaltung »von Innen heraus«. Die Fähigkeit, Menschen wesenhaft zu erfassen, bewies Barlach auch in seinen Porträtköpfen: Tilla Durieux (1912), Theodor Däubler (1914), Reinhard Piper (1923) und Paul Wegener (1932).

Bis 1910 lebte Barlach – von seinen Reisen abgesehen, die ihn unter anderem nach Florenz führten – in Berlin. Dann zog er sich nach Güstrow zurück. Seine Mutter, die er zu sich genommen hatte, sorgte für den Sohn. Bis zum Ausbruch des Krieges war Barlach unermüdlich tätig, als Zeichner, Bildhauer und als Schriftsteller. Den Krieg empfand er nicht als Unglück, ja, er neigte sogar zu patriotischer Begeisterung. Am 17. August 1914 schrieb er an seinen Vetter Karl Barlach: »Da ich Landstürmer bin, wenn auch unausgebildet, so bin ich immerhin nicht von aller Möglichkeit getrennt, wenn auch noch in späteren Tagen, die Waffe in die Hand zu bekommen. Zu arbeiten in diesen Tagen ist ganz unmöglich. Ich bin glücklich, sie nicht verschlafen zu haben. Für mein Empfinden ist es eine Erlösung von den ewigen Ich-Sorgen des Individuums, also eine Weitung und Erhöhung des Volkes.« Wie Barlach haben 1914 viele Künstler und Intellektuelle empfunden. Um nicht untätig zu sein, arbeitete Barlach in einem Kinderhort, bis er – inzwischen 45 Jahre alt – einberufen wurde, um sich der Ausbildung als Rekrut zu unterziehen. Der schmächtige Mann gab eine traurige Figur ab. Berliner Freunde (unter ihnen August Gaul, Max Liebermann und Max Slevogt) sorgten für eine Reklamation; im Frühjahr 1916 erfolgte seine Zurückstellung.

Ernst Barlach fing wieder an zu arbeiten. Sein Vetter Karl, der ihn in seinem Güstrower Atelier besuchte, erinnert sich: »Ich sah ihm dort eine zeitlang zu, wie er an den gewaltigen Blöcken mit grobem Werkzeug wie ein Holzfäller arbeitete. Denn auch die Vorarbeit des Wegschaffens des überflüssigen Materials bis nahe an die eigentliche Form heran, überließ er nicht fremden Kräften.«

Gegen Ende des Krieges und nach dem Zusammenbruch des Kaiserreichs wurde das Leben Barlachs überschattet durch die Krankheit der Mutter. Ein Arzt veranlaßte schließlich ihre Einweisung in eine Anstalt. Kurz danach, am 5. August 1920, suchte die unglückliche Louise Barlach den Tod im Schweriner See. Ernst Barlach schreibt darüber: »Meine Mutter war einer von den Menschen, deren Wesen im tiefsten elementar ist, ohne damit in Lebensform, Talenten, hervorstehenden Eigenschaften zu Wort zu kommen. Es bleibt versteckt, ja überwuchert und fast verleugnet, mehr noch, förmlich abgetan, wie eine Sache, deren man sich schämt. Sie fehlt mir sehr,

Ernst Barlach, Photographie aus seinem letzten Lebensjahr.

aber ich sehe doch auch, daß ich von ihr übermäßig absorbiert war – sie bestimmte meinen Lebensstil.« Was er in diesen einfachen Briefzeilen zum Ausdruck brachte, fand über Jahre hinweg in seinen Dramen einen tieferen Niederschlag.

Barlach blieb in Güstrow, obgleich er zahlreiche ehrenvolle und lukrative Angebote erhielt. Schon 1910 hatte Karl Ernst Osthaus versucht, ihn nach Hagen zu holen. 1919 war er ordentliches Mitglied der Preußischen Akademie der Künste zu Berlin geworden; gleich darauf erhielt er Rufe an die Akademien in Dresden und Berlin. Auch 1922, als er Nachfolger Gauls in Berlin hätte werden können, lehnte Barlach ab. Seine Stücke wurden aufgeführt, seine Werke ausgestellt und verkauft. Barlach war erfolgreich und dank des Vertrages mit Cassirer wirtschaftlich unabhängig. Der Freitod des Kunsthändlers und Freundes (1926) war deshalb menschlich und wirtschaftlich ein schwerer Verlust für den Künstler.

Barlachs Ruhm war aber inzwischen so groß geworden, daß er mehrere Aufträge für Ehrenmale zum Gedenken an die Gefallenen des Ersten Weltkriegs erhielt. Seine Entwürfe ließen keinen Zweifel daran, daß er die Phase eines naiven Patriotismus weit hinter sich gelassen hatte. Er wollte nicht heroisieren, sondern Klage und Anklage sollten zum Ausdruck gebracht werden. Dies gelang ihm mit den Arbeiten für Güstrow, Kiel und Magdeburg. Barlach war sich dabei bewußt, daß seine Werke »den Blickgewohnheiten der Leute zuwider« waren, und schon 1929, bevor die Hetze gegen ihn begann, ahnte er, daß »alle diese Leute, die Nazis, die Stahlhelmer (...) aus unerklärlichen Regungen des Blutes mir böse, gegebenenfalls nicht viel Federlesens mit mir machen werden.« Gerade im Magdeburger Ehrenmal, das 1934 aus dem Dom entfernt wurde, sah Barlach sein »verantwortungsvollstes Holzbildwerk«. Es darf als Glücksfall gelten, daß dieses Werk den Zweiten Weltkrieg überstanden hat und 1956 wieder im Magdeburger Dom aufgestellt werden konnte.

1930 wurde der 60. Geburtstag Ernst Barlachs mit einer großen Ausstellung in der Preußischen Akademie der Künste in Berlin gefeiert; Max Liebermann sprach zur Eröffnung. Weitere Ehrungen schlossen sich an; besonders hoch schätzte Barlach den Besuch Aristide Maillols ein.

Barlach fand jetzt endlich den Mut, am Inselsee bei Güstrow sein

Heidberg-Atelier zu bauen; konnte er doch davon ausgehen, daß die zahlreichen Ehrungen und die wichtigen Aufträge mit wirtschaftlichem Erfolg einhergehen würden. Ein Vertrag mit dem Galeristen Alfred Flechtheim sollte diese positiven Perspektiven festigen.

Ein besonders reizvoller Auftrag kam aus Lübeck. Carl Georg Heise hatte die Idee, die leeren Nischen an der Westfassade der Katharinenkirche mit Barlach-Figuren zu füllen. Nicht Heilige vergangener Jahrhunderte sollten hier aufgestellt werden, sondern Gestalten, »die als Getroste oder Zweifelnde, als Hoffende oder Leidende göttliche Berührung ahnen.« Barlach nahm trotz Arbeitsüberlstung an und schuf immerhin drei (von acht vorgesehenen) Terrakottafiguren, die »Frau im Wind«, den »Bettler auf Krücken« und den »Singenden Klosterschüler«. Gerhard Marcks hat nach 1947, als Barlachs Figuren (gegen erheblichen Widerstand der Bevölkerung) aufgestellt worden waren, die Nischenreihe mit kongenial gestalteten Plastiken gefüllt. Gleichzeitig mit den Arbeiten für St. Katharinen in Lübeck entstanden die Figuren für den »Fries der Lauschenden« und der Entwurf für das Ehrenmal auf dem Hamburger Rathausmarkt.

Seit 1932 wurde Ernst Barlach von den Rechtsradikalen als »Jude« und »Kommunist« attackiert. Nach der Machtergreifung der Nationalsozialisten protestierte er gegen den erzwungenen Austritt von Käthe Kollwitz und Heinrich Mann aus der Preußischen Akademie der Künste. Im Februar 1933 wurde Barlach noch zum Ritter der Friedensklasse des Ordens Pour le mérite gewählt. Doch die Verfolgungen und Diffamierungen hatten längst eingesetzt. In dieser Zeit bewährte sich Hermann Reemstma als verständnisvoller Verehrer von Barlachs Kunst; er half ihm, viele Schwierigkeiten zu mindern. Er bewies auch den Mut, zahlreiche Werke des verfemten Künstlers anzukaufen. Damit schuf er auch die Grundlage für die bedeutende Barlachsammlung, die heute im Hamburger Barlachmuseum, einer Reemstma-Stiftung, ihren Platz gefunden hat.

Nach dem 30. Januar 1933 erwog Barlach, sich in linksgerichteten Blättern gegen die neuen Herrscher zu äußern. Nachdem derartige Zeitungen aber verboten worden waren, mußte er einsehen, daß sein Kampf wenig Aussicht auf Erfolg gehabt hätte. Barlach wurde in Güstrow massiv bedroht; es gab für ihn keinen Rückhalt in der Bevölkerung. Er nahm

Schlafmittel in großer Menge und rauchte mehr denn je, um sich zu betäuben. Am 5. Januar 1938 schrieb er an Vetter Karl Barlach: »Ich habe das Rechten und Wägen so ziemlich fahren lassen. Trostlos ist doch wohl meine Stimmung gegenüber den Übermächten nicht, wir haben nur nichts miteinander zu schaffen. Schämen muß ich mich wegen der Methoden stellvertretend für jene, hassen wird langweilig, Verbitterung ist ein Zeichen von Kleinmut, Kämpfen ist unmöglich. Merkwürdigerweise ist gerade eine gewisse Jugend mir gewogen.« Im Verlauf des Jahres 1938 wurde der physische Zustand Barlachs schlechter; noch mehr trafen ihn die psychischen Belastungen dieser Tage. Ernst Barlach starb am 24. Oktober 1938 in einem Rostocker Krankenhaus.

In vielen Phasen seines Lebens hatte Barlach Tagebuch geführt oder in aufschlußreichen Briefen über seine Befindlichkeiten Auskunft gegeben. Auch aus seinen letzten Monaten gibt es Aufzeichnungen, die über seine Ansichten informieren. Nachdem ihn die Nationalsozialisten als »entarteten Künstler« diffamiert und seine Werke aus den öffentlichen Sammlungen verbannt hatten und er sogar mit einem »Berufsverbot« rechnen mußte, wollte er gründlich darüber nachdenken, wie das Schicksal mit Anstand hinzunehmen sei. Emigration kam für ihn nicht in Frage. »Man kann nur schaudernd erwägen, daß man in der Fremde sich selbst entfremdet wird – oder in der Heimatlosigkeit vergeht«. Ernst Barlach war ein sehr deutscher Künstler und blieb im Lande. Daß sich sein Ruhm nach 1945 auf eine gemeinsame europäische Seelenlage gründen konnte, hat zu seiner dauerhaften Aktualität erheblich beigetragen.

Franziska Gräfin zu Reventlow

Der erste preußische Landrat in Husum war Ludwig Dethlev Friedrich Graf zu Reventlow (1825–1894); er war verheiratet mit Emilie Julie Anna Louise Gräfin Rantzau (1834–1905). Aus dieser Ehe gingen sieben Kinder hervor. Die jüngste Tochter war die am 18. Mai 1871 in Husum geborene Fanny (genannt Franziska) Sophie Liane Auguste Adrienne. Bei ihrer Geburt war der Vater 46 und die Mutter 37 Jahre alt. Dieser Umstand verdient deshalb Erwähnung, weil die Biographie der Franziska zu Reventlow schon früh durch einen Konflikt mit dem Elternhaus und eine von Standesvorurteilen bestimmte Erziehung überschattet wurde. Besonders die Mutter ließ es offenbar – wenn man den Briefen der Tochter Glauben schenken darf – nicht zu einem Vertrauensverhältnis zu ihren Kindern kommen. Die Tochter sehnte sich nach Zuneigung und Liebe, die Mutter erwartete absoluten Gehorsam, um sie zu einer heiratsfähigen Dame aus bester Familie zu formen. Die Tochter reagierte mit Rebellion. Die Ausbildung am Magdalenenstift in Altenburg endete abrupt, als sie wegen mangelnder Disziplin der Anstalt verwiesen wurde.

1889 siedelte die Familie Reventlow nach der Pensionierung des Vaters nach Lübeck über. Dort wurde Franziska von ihrem Bruder Carl in literarische Zirkel eingeführt, unter anderem in den »Ibsen-Klub«. Bald wich ihr Heimweh nach Husum, zu dem sie sich in einem Brief an einen Freund sehr nachdrücklich bekannte, der Neugier auf alles, was von jungen, literarisch interessierten Leuten artikuliert wurde. Hier lernte sie, über die Werke der Weltliteratur, aber auch über politische Theorien zu diskutieren. Zu Menschen, die in dieser Welt lebten, fühlte sie sich hingezogen. Dabei entwikkelte sie rasch ein klares Urteilsvermögen und die Fähigkeit, sich kompetent auszudrücken.

Ihren Wunsch, Malerin zu werden, lehnte der Vater ab; er war lediglich bereit, seiner Tochter eine Ausbildung an einem Studienseminar zu gestatten, das ihr erlaubt hätte, sich als Lehrerin zu betätigen. Schon in dieser Zeit

Franziska Gräfin zu Reventlow, nach einem Gemälde von Marie von Geyso.

waren ihre Ansichten über die Erziehung und Ausbildung der Frauen und über die Gleichstellung der Geschlechter betont unkonventionell. Ihre Kritik richtete sich gleichermaßen gegen die »idiotischen Standesvorurteile« des Adels wie gegen die Konventionen der bürgerlichen Gesellschaft. Fanny Reventlow träumte davon, als Lehrerin den folgenden Generationen neue Wertmaßstäbe zu vermitteln.

Nach wie vor standen aber die von ihr als Zwang empfundenen Einflüsse des Elternhauses ihrem Streben nach Selbstverwirklichung entgegen. Da an eine Verständigung nicht zu denken war, brach sie unmittelbar nach Erreichen der Volljährigkeit mit ihren Eltern. Sie floh mit geborgtem Geld nach Wandsbek, wo sie einen literarisch und künstlerisch interessierten Assessor kennenlernte, der sie heiraten wollte und deshalb bereit war, ihr die Mittel für ein Kunststudium in München zur Verfügung zu stellen. Das Jahr in München war turbulent, wurde aber durch den Tod des Vaters abrupt beendet. Zu einer Versöhnung mit der Familie kam es nicht mehr; stattdessen erfolgte der gänzliche Bruch mit dem Elternhaus. 1894 heiratete Fanny zu Reventlow ihren Hamburger Freund Walter Ernst Lübke. Doch ein Jahr später zog es sie wieder nach München zurück. Ihr Mann ließ sie gehen, da er ihrer künstlerischen Entwicklung nicht im Wege stehen wollte. Die Ehe wurde 1897 geschieden. Die partnerschaftlichen Vorstellungen Fanny Reventlows und die ihres Ehemanns hatten sich nicht vereinbaren lassen.

Franziska Reventlow hatte sich in München in einen Lebens- und Liebestaumel gestürzt, der erst durch eine lange Krankheit zum Stillstand kam. Das Jahr 1897 stellte in doppelter Hinsicht eine Wende dar: Sie konnte in ihr Atelier zurückkehren und wieder als Künstlerin arbeiten. Und sie erwartete ein Kind – womit ihr sehnlichster Wunsch in Erfüllung ging. Der »Wahnsinn der völligen Einsamkeit« wich von ihr. Trotz materieller Bedrängnis war Franziska Reventlow in diesen Monaten glücklich. Es war zudem die Phase, da sie Rainer Maria Rilke begegnete, der ihr jeden Morgen ein Gedicht in den Briefkasten warf. Rilke verehrte »die Gräfin« sehr und stand auch Jahre nach seinem Fortgang aus München noch in engem Briefkontakt mit ihr. 1902 schrieb er über die Freundin: »Ich habe sie lange, lange nicht mehr gesehen, aber sie ist der einzige Mensch, der mir aus meiner Münchener Zeit geblieben ist und mir immer bleiben wird.«

Ihr Sohn Rolf, geboren am 1. September 1897, wurde zum Mittelpunkt ihres Lebens. Das Malen gab sie zwar nicht auf, doch mußte es zurückstehen. Um sich und ihr Kind zu ernähren, begann Franziska Reventlow für den Verlag Albert Langen Romane aus dem Französischen und Dänischen zu übersetzen. Daneben schrieb sie Kurzgeschichten für den »Simplizissimus« und die »Rundschau«. Seit 1897 führte sie auch ein Tagebuch, in dem sie ihre großen und kleinen Liebesbeziehungen schriftlich nachvollzog. Die Aufzeichnungen reichen bis 1910 und sind ein faszinierendes literarisches Zeugnis der Jahre um die Jahrhundertwende. Sowohl die Übersetzungen wie auch die Tagebuchaufzeichnungen festigten ihren Stil und bereiteten somit auf die eigene literarische Produktion vor. Ihr Talent als Malerin war – wie Kenner vorsichtig formuliert haben – recht begrenzt. Daß ihre eigentliche künstlerische Begabung in der Literatur lag, ist ihr auch dann kaum richtig bewußt geworden, als sie bereits Schriftstellerin war.

Der Plan, einen Roman zu schreiben, reifte 1899/1900. Einfluß darauf hatte ganz sicher die Begegnung mit dem Philosophen Ludwig Klages (1872–1956). »Für meine ›Seele‹ war er die einzige Heimat, die sie je gefunden hat«, schrieb sie in ihr Tagebuch. So ist es nicht verwunderlich, daß der Seelenforscher Klages die »Gräfin« zu einem autobiographischen Roman anregte: »Ellen Olestjerne« erschien 1903. Sie selbst fand das Buch ein Jahr später »gräulich«, fühlte zugleich aber »eine große innere Befreiung«, denn sie hatte sich darin mit ihrer Husumer Jugend auseinandergesetzt. Dabei war auch deutlich geworden, wie sehr sie an dieser Stadt und ihren Menschen hing. Zu einer Reise in ihre Heimat kam es aber nicht. Sie blieb bis 1909 in München und siedelte dann nach Ascona über, wo sie 1914 eine Scheinehe mit Alexander Freiherr von Rechenberg-Linten einging. Sie hoffte auf eine reiche Erbschaft, die am Ende nicht eintrat. Noch in München brachte sie ihre Freundschaft mit Karl Wolfskehl in Verbindung mit Stefan George und seinen Jüngern.

Da Franziska zu Reventlow inzwischen die Erfahrung gemacht hatte, daß ihr die Erzählperspektive aus der Ich-Form des Tagebuchs und der Briefe näher lag als die distanzierende des allwissenden Erzählers, entschloß sie sich, für ihre folgenden Arbeiten die Ich- oder Wir-Form zu wählen. Dies geschah in ihrem Meisterwerk »Herrn Dames Aufzeichnungen« (1913), in dem sie ihre Schwabing-Erfahrungen und speziell ihre Begegnung mit dem George-Kreis heiter und sanft-spöttisch niederschrieb. Und diese Erzählperspektive behielt sie auch in den graziösen Plaudereien über die Liebe in »Von Paul zu Pedro« (1915) und in dem humoristisch-ironischen Roman »Der Geldkomplex« (1916) bei.

Franziska zu Reventlow hat sich stets vor dem Altern gefürchtet. Sie hatte sich nicht mit den Problemen, aber auch nicht mit den Möglichkeiten, das Altwerden zu meistern, auseinandergesetzt. Sie konnte sich nur vage vorstellen, »eine sehr angenehme, alte Dame (zu) sein mit möglichst wenig Falten und möglichst weißem Haar«. Sie wurde nur 47 Jahre alt. Am 27. Juli 1918 starb sie in Muralto, Tessin.

Franziska Reventlow, Photographie aus der Münchner Zeit. »Die Gräfin«, wie sie von Freunden genannt wurde, verstand sich eigentlich als Malerin. Ihr wirkliches Talent entdeckte sie relativ spät.

Hermann Anschütz-Kaempfe

Zunächst wollte er Mediziner werden, studierte dann Kunstgeschichte, promovierte mit einer Arbeit »Über die venezianischen Maler des 16. Jahrhunderts« zum Dr. phil., um dann Polarforscher, Konstrukteur, Erfinder und schließlich Fabrikant zu werden. Eine solche Karriere war auch vor dem Ersten Weltkrieg schon ungewöhnlich. Ein ungewöhnlicher Mann war Hermann Josef Franz Hubertus Anschütz-Kaempfe ganz gewiß. Geboren wurde er am 3. Oktober 1872 in Zweibrücken als Sohn eines Mathematik- und Physiklehrers. Der künstlerisch begabte junge Mann studierte in München und Innsbruck Medizin, ließ sich aber, gleich nach bestandenem Physikum, von dem Salzburger Kunsthistoriker Kaempfe überreden, das Fach zu wechseln unnd Kunstgeschichte zu studieren. Dr. Kaempfe ermöglichte ihm Reisen nach Italien und Griechenland, wo er sich auch als Maler und Zeichner vervollkommnen konnte.

Nach dem Tode des Vaters, 1893, nahm Kaempfe seinen Schützling zu sich und adoptierte ihn (1900); seitdem trug er den Namen Anschütz-Kaempfe. Nach dem Tode des Adoptivvaters, der ihm ein beträchtliches Vermögen hinterlassen hatte, verließ Anschütz Salzburg und ging nach Wien, wo er sich eifrig bemühte, sein Vermögen zu verkleinern.

Dort lernte er 1896 den Maler und Polarforscher Julius von Payer (1842–1915) kennen, dessen Berichte von seinen Arktis-Expeditionen den jungen Kunstwissenschaftler faszinierten. Die Begegnungen mit von Payer leitete einen Wendepunkt in Anschütz' Leben ein. Mit ihm diskutierte er die Berichte der Polarforscher Hall, Koldewey, Hegemann, Weyprecht, Nordenskjöld und Nansen, die er begierig gelesen hatte. Im folgenden Sommer unternahm Anschütz selbst eine Reise nach Spitzbergen. Dabei wurde ihm klar, daß Menschenkraft allein nicht ausreichen würde, diesen unwirtlichen Teil der Erde zu erschließen; hierzu bedurfte es des Einsatzes moderner Technik.

Nach Prüfung verschiedener Möglichkeiten – der Einsatz von Spezial-

Hermann Anschütz-Kaempfe, der Erfinder des Kreiselkompasses, begann als Kunsthistoriker, bevor er Erfinder und Fabrikant wurde.

schiffen, Flugzeugen und Ballons wurde erwogen – entstand der Plan, den Nordpol mit einem U-Boot zu erreichen. Auf einer weiteren Expedition beschäftigte er sich mit den Problemen der Navigation und erfuhr dabei, wie unzulänglich der Magnetkompaß in diesen Breiten war. Anschütz betrieb ausgedehnte Untersuchungen im Polareis und entwickelte dabei bereits interessante Meßverfahren. Am Ende kam er zu der Überzeugung, daß eine Fahrt im U-Boot zum Nordpol zu realisieren sei.

Ein Vortrag vor der Geographischen Gesellschaft in Wien (1902) überzeugte auch einflußreiche Militärs von seinen Plänen. Die Kruppsche Germania-Werft in Kiel erklärte sich bereit, ein geeignetes U-Boot zu bauen, mit dem die geplante Expedition innerhalb eines Polarsommers ausgeführt werden könnte.

Noch bevor ihm recht bewußt wurde, daß sein Vermögen bei weitem nicht ausreichen würde, um den Bau des U-Bootes und die dann beginnenden Expeditionen zu finanzieren, begann Anschütz, sich auf die Probleme der Navigation in der Arktis zu konzentrieren. Er erkannte, daß ohne ein sicheres Orientierungsinstrument das technisch perfekteste U-Boot nutzlos sein würde. Umfängliche Spezialstudien beschäftigten ihn so sehr, daß sein U-Boot-Projekt immer mehr zurücktrat. Es galt, einen vom Magnetismus unabhängigen Richtungsweiser zu erfinden.

Der französische Physiker Léon Foucault (1819–1868) hatte in derselben Frage bereits an ein Instrument zur Bestimmung der Erdrotation gedacht. Dieser Gedanke war von namhaften Mathematikern und Physikern aufgegriffen worden – jedoch ohne praktischen Erfolg. Anschütz ließ sich dadurch nicht irritieren. In München experimentierte er an einem elektrisch betriebenen Gyroskop-Modell. Immer mehr wurde das Gyroskop – zunächst nur notwendige Voraussetzung für die Untersee-Operation im Polarmeer – zum Selbstzweck. Aus dem Künstler war ein Erfinder geworden.

Als Anschütz 1903 auf einem Vergnügungsdampfer auf dem Starnberger See sein Kreiselmodell erprobte, wurde die Kriegsmarine auf ihn aufmerksam. Er wurde aufgefordert, sein Gerät in Kiel und auf See an Bord eines Kriegsschiffes vorzuführen. Auch die Marine hatte größtes Interesse an einem unmagnetischen Kompaß für eine exakte Navigation. Der Anschützsche Kreiselapparat wies in die gesuchte Richtung.

1904 erhielt Hermann Anschütz für sein Gerät das erste Patent. Auf diesen Erfolg hin gründete er in Kiel, Dammstraße 20, die »Anschütz & Co. KG« und siedelte 1907 in die Fördestadt über. In diesem Jahr gelang es ihm, den ersten echten Kreiselkompaß zu entwickeln, nachdem sich Anschütz' Vetter, der Physiker Max Schuler, in den Dienst der Firma begeben hatte. Schuler verbesserte den Kreisel innerhalb kurzer Zeit so, daß er 1911 bei den Kriegs- und Handelsmarinen zahlreicher Länder eingesetzt wurde. Die von Anschütz und Schuler entwickelte klassische Glockenform des Kreisels, als Drehstrom-Käfigläufer-Motor ausgebildet, diente fast ohne Änderungen allen späteren Kreisel-Konstruktionen als Vorbild. Im März 1908 wurde der Kreiselkompaß Kaiser Wilhelm II. vorgeführt. Admiral Tirpitz veranlaßte eine vierwöchige Dauererprobung an Bord von SMS »Deutschland«. Am Ende stand fest, daß Hermann Anschütz den ersten bordbrauchbaren Kreiselkompaß geschaffen hatte.

Mit den ersten Aufträgen der Kriegsmarine war auch die wirtschaftliche Grundlage für die Firma Anschütz & Co. KG gesichert. Die Diskussion über die wissenschaftlichen Grundlagen war damit aber nicht beendet. Anschütz und seine Mitarbeiter hatten auch in den folgenden Jahren erhebliche Anfechtungen abzuwehren. Dabei forderten nicht nur die Kritiker zu Verbesserungen heraus, auch die Kriegsmarine konfrontierte die Firma mit stets neuen Problemen und Forderungen. Der Bau eines eigenen modernen Fabrikgebäudes wurde notwendig und entstand 1909 auf dem Ostufer der Kieler Förde, im Vorort Neumühlen.

Anschütz und seine Mitarbeiter waren offen für jedwede Modernisierungsvorschläge im Bereich der Schiffahrt. Sie unterstützten Alexander Behm mehrere Jahre lang bei seinen Schallmeßversuchen. Ein anderes Projekt galt dem einfachen Kreiselkompaß, der bei unruhiger See erhebliche Mängel aufwies. Das Unternehmen schuf mit der Technik des Dreikreiselkompasses Abhilfe. Während des Ersten Weltkriegs befaßte sich die Anschütz KG auch mit Problemen der Luftnavigation. Dabei entwickelte sie auf der Grundlage des Kreisels den ersten »Fliegerhorizont« und bald darauf den Wendezeiger, beides seitdem für den Flugzeugführer unverzichtbare Instrumente.

Die Firma Anschütz florierte. Das Werk mußte ständig erweitert werden, um der internationalen Nachfrage gerecht werden zu können. Dabei erwies sich Hermann Anschütz auch als Sozialreformer, indem er seinen Arbeitern erhebliche soziale Vergünstigungen einräumte.

Hermann Anschütz war nicht nur ein genialer Erfinder, sondern auch ein erfolgreicher Unternehmer. Hohe Umsätze seines Betriebes hatten für ihn ein erhebliches Vermögen zur Folge. 1914 beschloß er, sich aus der Geschäftsleitung zurückzuziehen. An seiner Stelle traten sein Vetter Max Schuler und ferner Wolfgang Otto in die Geschäftsleitung ein. 1916 ging Hermann Anschütz nach München zurück, behielt aber weiterhin die Oberleitung für die technische Weiterentwicklung des Kreiselkompasses.

Das Jahr 1918 brachte für die Anschütz KG erhebliche Rückschläge. Dennoch gelang es den Mitarbeitern, an die früheren Erfolge anzuknüpfen. Sie entwickelten 1925, aus den älteren Verfahren heraus, den »Kugelkompaß« und auch weitere Verfahren, die in der geodätischen und geophysikalischen Forschung Anwendung fanden.

Hermann Anschütz-Kaempfe war von seiner Ausbildung her alles andere als ein Erfinder und Unternehmer, und doch erwies er sich als ein Pionier, der den Anstoß für die Entwicklung eines hochspezialisierten Industriezweiges gegeben hat. Er starb am 6. Mai 1931 in München. Den größten Teil seines Privatvermögens hinterließ er der Universität München, die ihn 1918 zum Ehrendoktor und Ehrenbürger ernannt hatte. Auch mehrere der Forschungsinstitutionen, mit denen Hermann Anschütz in Kiel zusammengearbeitet hatte, wurden im Testament bedacht. Seine Mehrheitsbeteiligung an der Firma Anschütz & Co. schenkte er der Carl-Zeiss-Stiftung; davon erwartete er sich ein tatkräftiges Engagement für die Unterstützung der Wissenschaften. In seinen Erfindungen und in der von ihm gegründeten Fabrik blieb Hermann Anschütz-Kaempfe auch über den Zweiten Weltkrieg hinaus in Kiel lebendig.

Thomas Mann

1912 erschien in einer Lübecker Tageszeitung folgende Annonce:

Es sind mir im Laufe der letzten 12 Jahre durch die Herausgabe der

„Buddenbrocks",

verfasst von meinem Neffen, Herrn **Thomas Mann** in München, dermassen viele Unannehmlichkeiten erwachsen, die von den traurigsten Konsequenzen für mich waren, zu welchen jetzt noch die Herausgabe des Alberts'schen Buches **„Thomas Mann und seine Pflicht"** tritt.

Ich sehe mich deshalb veranlasst, mich an das lesende Publikum Lübecks zu wenden und dasselbe zu bitten, das oben erwähnte Buch gebührend einzuschätzen.

Wenn der Verfasser der „Buddenbocks" in karikierender Weise seine allernächsten Verwandten in den Schmutz zieht und deren Lebensschicksale eklatant preisgibt, so wird jeder rechtdenkende Mensch finden, dass dieses verwerflich ist. Ein trauriger Vogel, der sein eignes Nest beschmutzt.

17078 **Friedrich Mann. Hamburg.**

Hier wehrte sich der Onkel Thomas Manns gegen das Porträt, das dieser von ihm in der Gestalt des Christian Buddenbrook gezeichnet hatte. Friedrich Mann war nicht der einzige, der sich darüber empörte, in einem Roman so beschrieben worden zu sein, daß er identifiziert werden konnte. In Lübeck kursierten regelrechte Personenschlüssel zur »Enttarnung« der Figuren aus den »Buddenbrooks«. An keiner Stelle des Buches wird Lübeck mit Namen genannt. Und doch ist es Thomas Mann mit seinem ersten großen Werk, für das er 1929 den Literatur-Nobelpreis erhielt, gelungen, die Stadt und mit ihr das hanseatische Bürgertum in die Weltliteratur einzuführen.

Paul Thomas Mann, zweiter Sohn des Kaufmanns und Senators Thomas Johann Heinrich Mann, wurde am 6. Juni 1875 in der Hansestadt

Lübeck geboren. Die Mutter, Julia da Silva-Bruhns, war 1859 als Siebenjährige aus Brasilien nach Lübeck gekommen, zunächst wegen der exotischen Herkunft bestaunt, dann wegen ihrer Schönheit bewundert.

Thomas Mann und seine Geschwister verlebten eine glückliche und gehegte Kindheit und Jugend in der Beckergrube oder bei der Großmutter in der Mengstraße. Die musische Begabung erhielt früh und reichlich Nahrung durch ein großes Spielangebot, das die Kreativität förderte und durch soziale Rituale, die in der Familie gepflegt wurden, gleichwohl doch die kritische Haltung und die Beobachtungsgabe stärkte.

In seinem 1930 verfaßten »Lebensabriß« heißt es mit Blick auf seinen weiteren Bildungsgang: »Ich verabscheute die Schule und tat ihren Anforderungen bis ans Ende nicht genüge. Ich verachtete sie als Milieu, kritisierte die Manieren ihrer Machthaber und befand mich früh in einer Art literarischer Opposition gegen ihren Geist, ihre Disziplin, ihre Abrichtungsmethoden.« Das zumeist hochgelobte Katharineum wurde den Neigungen und Begabungen des Schülers offenbar nicht gerecht. Dieser verspürte keinerlei Neigung, den Beruf eines Kaufmanns zu ergreifen, worauf die Schule nach seinem Eindruck ausgerichtet war. Er brachte es – nach Wiederholung zweier Klassen – »nur bis zur Erlangung des Berechtigungsscheines zum einjährig-freiwilligen Militärdienst, das heißt bis zur Versetzung nach Obersekunda«. Das war im Jahr 1894. Während des letzten Schuljahrs gab Thomas Mann mit seinem Freund Otto Grautoff die literarische Schülerzeitschrift »Der Frühlingssturm« heraus, in der auch erste eigene Gedichte und »philosophisch-wühlerische Leitartikel« erschienen. Mann vermutet in seinem »Lebensabriß«, daß ihm der Ruf, er »dichte«, im Lehrerkollegium sehr geschadet habe. Aus derselben Quelle erfahren wir auch, daß der Freund Hans Hansen, der als »Tonio Kröger« literarischen Weltruhm erlangt hat, »sich später dem Trunke ergab und in Afrika ein trauriges Ende nahm«.

Nach dem Tod des Vaters, 1891, und der Liquidation der Firma folgte Thomas Mann 1894 seiner Mutter und den jüngeren Geschwistern, die nach München gezogen waren. Daß der Einfluß Lübecks auf den jungen Schriftsteller trotz des frühen Umzugs nach Süddeutschland groß war, bezeugen viele seiner Werke, nicht nur »Buddenbrooks«, sondern auch noch »Dr. Faustus«.

Thomas Mann wurde von seiner Mutter mit regelmäßigen Geldzuwendungen versehen und konnte deshalb, als er feststellte, daß ein begonnenes Volontariat bei einer Feuerversicherungsbank nicht seinen Neigungen entsprach, ausscheiden und sich als freier Schriftsteller – wie sein Bruder Heinrich, der es bereits zu Autorenruhm gebracht hatte – versuchen. Der Bruder leistete gute Dienste, um Thomas in literarische Kreise einzuführen. Und dieser erwies sich als gelehriger Schüler. Daß er Talent hatte, bewies er mit der Erzählung »Der kleine Herr Friedemann«, die 1896 erschien und rasch die Aufmerksamkeit des Publikums und der Kritiker erregte. Der Verleger Samuel Fischer ermunterte den Autor zu einer größeren Prosaarbeit. Und dieser folgte der Anregung: Im Oktober 1897 begann der junge Schriftsteller mit der Arbeit an den »Buddenbrooks«; die ersten Entwürfe entstanden in Palestrina, Italien, wo sich Thomas und Heinrich Mann im Sommer 1897 aufhielten. Seinen Abschluß fand der Roman in München, als Thomas Mann bereits Redakteur beim »Simplicissimus« war. Am 15. August 1900 bestätigte der Verlag den Eingang des Manuskripts. Genau ein Jahr später wurde das Buch ausgeliefert. Sein Autor war 24 Jahre alt und trat doch als reifer Künstler vor die Öffentlichkeit. Kurt Tucholsky hat sich noch 1918 gewundert: »Wie es möglich ist, daß ein Vierundzwanzigjähriger ein solches Buch schreiben konnte, wird unerfindlich bleiben. Zu erklären ist es kaum; man kann nur daran denken, daß kaum ein Zug erfunden, aber alle abgeschildert sind – und daß es der Niederschlag einer alten Familientradition ist. (...) Was so erstaunlich bleibt – und das Buch wird nicht alt – ist, daß das Lübeckische und das Persönliche so zum Allgemein-Menschlichen vertieft ist, daß es alle angeht.«

Die Aufnahme der »Buddenbrooks« beim Publikum und bei der Kritik war zunächst zurückhaltend. Erst die zweite Auflage, die einbändig erschien und preiswerter war, brachte den Durchbruch. Thomas Mann wurde innerhalb kurzer Zeit berühmt und wohlhabend. »Mein Bild lief durch die illustrierten Blätter, hundert Federn versuchten sich an dem Erzeugnis meiner scheuen Einsamkeit, die Welt umarmte mich unter Lobeserhebungen und Glückwünschen.«

Mann hatte auch mit seinem nächsten Buch, dem Novellenband »Tristan« (1903), Erfolg. Besonders die darin enthaltene Erzählung »Tonio Krö-

Thomas Mann erhielt 1929 den Nobelpreis für Literatur.

ger« gewann die Gunst der Leserschaft. Auch der Dichter selbst hob 1930 »Tonio Kröger« als die Geschichte hervor, »die noch heute vielleicht von allem, was ich schrieb, meinem Herzen am nächsten steht und noch immer von jungen Leuten geliebt wird«.

1905 heiratete Thomas Mann Katia Pringsheim; im Hause der Pringsheims fand er »das im Geiste kaufmännischer Kultureleganz Vertraute (...) ins Prunkhaft-Künstlerische und Literarische mondänisiert und vergeistigt«. Katia Mann hat sich in ihren »Ungeschriebenen Memoiren« einfacher ausgedrückt: »Meine Eltern machten, wie man sagt, ein ziemliches Haus.« Thomas Mann war nicht der ideale Kandidat in den Augen von Professor Alfred Pringsheim gewesen; in dessen Augen war ein Schriftsteller nicht seriös genug. Die Zustimmung aber verweigerte er nicht. In seinem nächsten Roman, »Königliche Hoheit« (1909), hat Thomas Mann den Konflikt auf charmant-ironische Weise verarbeitet. 1910 begann er mit den Vorarbeiten für die »Bekenntnisse des Hochstaplers Felix Krull«. Zwei Jahre später erschien die Novelle »Tod in Venedig«. Der große Erfolg rief die Neider auf den Plan. Selbst Rilke, der »Buddenbrooks« noch wohlwollend rezensiert hatte, kommentierte »Tod in Venedig« abfällig mit »ausfließend wie verschüttete Tinte«. Ricarda Huch war verärgert, daß Thomas Mann überall als der größte lebende Epiker bezeichnet wurde; sie fand »seine korrekt gedrechselten Sachen so unbedeutend im Grunde«. Am gehässigsten äußerten sich Alfred Kerr und Theodor Lessing und am dümmsten Adolf Bartels.

Doch von allen Gegnern und Kritikern zählte am meisten der eigene Bruder: Heinrich Mann. Bereits die bissige Bemerkung in einem autobiographischen Text aus dem Jahre 1904 – in einem Katalog des Albert Langen Verlags – war gegen Thomas gerichtet: »Nachdem wir zwei dicke Bände lang hanseatische Kaufleute gewesen waren, brachten wir es endlich zum Künstlertum.« Indem Heinrich sich an Balzac orientierte und Thomas Tolstoi zum Vorbild wählte, wuchsen die Brüder weiter auseinander. Heinrich wehrte sich gegen »Königliche Hoheit«, wo er in der Gestalt des Erbprinzen Albrecht porträtiert wurde. Äußerungen des jüngeren Bruders, die seine Gemeinsamkeiten mit der Romanfigur in künstlerischen und politischen Anschauungen artikulierten, wies er entschieden zurück.

Zum offenen Bruch zwischen den Brüdern kam es aber erst nach Ausbruch des Ersten Weltkriegs. Thomas Mann arbeitete seit 1912 am »Zauberberg«. Er hatte sich vorher mit Friedrich Nietzsche, Richard Wagner und Arthur Schopenhauer auseinandergesetzt und versucht, Kunstproblematik und Kulturkonflikt aufzuarbeiten. Dabei wuchs sich der »Zauberberg« zu einer Inventur der abendländischen Kulturtradition aus. Manns Reaktion auf den Ausbruch des Krieges war durch ein Denken in diesen Dimensionen bestimmt. In demselben Zusammenhang muß auch seine Schrift »Gedanken im Kriege« (1915) gesehen werden, in der er den Krieg als Befreiung und als Gründer neuer Hoffnungen feierte. Den »Gedanken im Kriege« setzte Heinrich Mann seinen Essay »Zola« entgegen. Heinrich betonte seine pazifistische und demokratische Position, verletzte seinen Bruder aber besonders durch den Anfangssatz: »Sache derer, die früh vertrocknen sollen, ist es, schon zu Anfang ihrer Zwanzigerjahre bewußt und weltgerecht hinzutreten.« Thomas war gekränkt und holte zu einer großangelegten Erwiderung aus, den »Betrachtungen eines Unpolitischen«, in denen er die deutsche Kultur gegen die französische Zivilisation abhob und in diesem Zusammenhang seinen Bruder – ohne ihn beim Namen zu nennen – als »Zivilisationsliteraten« bezeichnete. Als die »Betrachtungen« 1918 erschienen, war ihr Verfasser längst zu anderen politischen und kulturphilosophischen Ansichten gelangt. Die Arbeit am »Zauberberg« war vorangeschritten und hatte den Autor für den politischen und sozialen Wandel seiner Zeit sensibilisiert. Seine 1922 gehaltene Rede »Von deutscher Republik« profilierte ihn zu einem der prominentesten bürgerlichen Vorkämpfer der Weimarer Republik und brachte ihn seinem Bruder Heinrich politisch wieder nahe. Die »große Kontroverse«, als die der Bruderzwist in der Literaturgeschichte einen Niederschlag gefunden hat, war damit noch nicht zu Ende. Die Gegensätze und Kränkungen, die mit dem Streit verbunden waren, blieben auch in den folgenden Jahrzehnten latent vorhanden, obgleich sich in der Exilzeit ein harmonischeres Verhältnis einstellte.

1924 erschien der »Zauberberg« und wurde ein großer Erfolg; es ist verwunderlich, daß dieses Buch bei der Verleihung des Nobelpreises für Literatur 1929 nicht erwähnt wurde. Thomas Mann hatte gehofft, die bedeutende Auszeichnung werde sich auch auf die Stabilisierung der deutschen Republik auswirken. Sein Wunsch ist nicht in Erfüllung gegangen. In den zwanziger Jahren veröffentlichte er mit Erfolg mehrere kleine Arbeiten, so z. B. »Herr und Hund« (1919), »Felix Krull« (1922) und »Mario und der Zauberer« (1930). Seine Hauptarbeit aber widmete er seit 1926 dem großangelegten Roman »Joseph und seine Brüder«. Parallel dazu wandte Mann viel Zeit und Kraft auf, um literarisch gegen den aufkommenden Faschismus zu kämpfen. Dazu dienten ebensosehr öffentliche Reden, unter anderen solche, in denen er sich zu Sigmund Freud und der von ihm begründeten Psychoanalyse bekannte. In den zwanziger Jahren wurde auch Johann Wolfgang von Goethe zu einem zentralen Vorbild für Thomas Mann. Im Goethejahr 1932 würdigte er den großen Dichter in mehreren Reden als deutschen Weltbürger. Sein 1939 im Exil erschienener Roman »Lotte in Weimar« war mehr als eine idyllische Betrachtung der künstlerischen Existenz Goethes; in ihm fand auch die eigene schwierige Situation als Schriftsteller einen literarischen Niederschlag.

Anfang Februar 1933 war Thomas Mann zu einer Vortragsreise zum Thema »Leiden und Größe Richard Wagners« nach Amsterdam, Brüssel und Paris aufgebrochen. Im Ausland erreichten ihn die Nachrichten von den gegen ihn gerichteten politischen Feindseligkeiten. Daraufhin entschloß er sich, in der Schweiz zu bleiben. Attacken gegen seine Wagner-Rede, die darauf abzielten, den Autor herabzusetzen, wurden auch von Richard Strauss, Hans Pfitzner und Hans Knappertsbusch unterzeichnet. »Schauriger, deprimierender und erregender Eindruck von dem reduzierten, verwilderten und gemeinbedrohlichen Geisteszustand in Deutschland«, vermerkte Thomas Mann am 16. April 1933 in seinem Tagebuch. Der »Protest« der Intellektuellen hat ihn vor allem bestimmt, das Exil zu wählen. Golo Mann hat in seinen Erinnerungen 1986 die Hintergründe der Angriffe gegen seinen Vater ausführlich geschildert.

Zwischen 1933 und 1943 arbeitete Thomas Mann weiter intensiv an seinem opus magnum »Joseph und seine Brüder«. Diese Tetralogie war als »Menschheitsdichtung« angelegt; der Dichter beabsichtigte, über das Bürgerlich-Individuelle hinaus zum Mythisch-Typischen vorzudringen. Joseph wird zum Inbegriff eines gesteigerten Menschentums, in dem »Geistiges und Körperliches sich vermählten und einander erhoben«. Er verkörpert durch die Vereinigung des heidnischen und des jüdisch-christlichen Lebensgefühls eine neue Stufe menschlicher Gesittung.

Thomas Mann hat sich offen zur Emigration bekannt und sich als erklärter Gegner des Nationalsozialismus ausgewiesen. Als man ihm 1936 die deutsche Staatsbürgerschaft aberkannt und er die ihm angetragene tschechoslowakische angenommen hatte, nahm er dies genauso zum Anlaß für Angriffe gegen das Hitler-Regime wie den Entzug der Ehrendoktorwürde durch die Philosophische Fakultät der Universität Bonn. Der »Briefwechsel mit Bonn« wurde in nahezu alle europäischen Sprachen übersetzt und so als eines der wichtigsten Dokumente der geistigen Auseinandersetzung mit dem Nationalsozialismus anerkannt. Mann war damit die Rolle eines Repräsentanten des geistigen Deutschtums zugefallen.

Seit 1938 lebte der Schriftsteller mit seiner Familie in den USA. In Princeton, N. J., hatte er eine Gastprofessur (Lecturer in the Humanities) inne. 1940 zog er nach Kalifornien, wo er 1941 ein Haus in Pacific Palisades bei Los Angeles baute. Thomas Mann wurde schnell zum Mittelpunkt der »kalifonischen Emigration«, nicht zuletzt, weil er bei seinen Vortragsreisen auf erheblichen Widerhall stieß. Seine eindringlichen Ansprachen in der Londoner BBC an »Deutsche Hörer« setzten seine offensive Gegnerschaft gegen den Faschismus fort.

Seit 1943 arbeitete Mann an seinem Roman »Doktor Faustus. Das Leben des deutschen Tonsetzers Adrian Leverkühn, erzählt von einem Freunde«. Das Buch erschien 1947. In ihm ist die Vita eines modernen Künstlers verbunden mit einer Darstellung der aus Schuld und Unvermögen ihrem Verfall zutreibenden deutschen bürgerlichen Gesellschaft vom Ende des 19. bis in die Mitte des 20. Jahrhunderts. 1949 folgte der autobiographische Werkbericht »Die Entstehung des Doktor Faustus. Roman eines Romans«, in dem der Autor detailliert Auskunft über das Leben in der amerikanischen Emigration gibt. Thomas Mann blieb bis 1952 in Kalifornien, unternahm aber Reisen nach Europa, auch nach Deutschland. 1952 siedelte er mit seiner Frau in die Schweiz über; die Zensur- und Verfolgungsmaßnahmen während der McCarthy-Ära und das allgemeine politische Klima in den USA trugen zur Rückkehr nach Europa bei. In Kilchberg am Zürichsee fand er 1954 sein letztes Heim. In seinen späten Erzählwerken »Der

Erwählte« (1951) und der neuen Fassung der »Bekenntnisse des Hochstaplers Felix Krull« (1954) brilliert der Schriftsteller als Parodist und dokumentiert noch einmal seine sprachliche Meisterschaft. Aus Anlaß seines achtzigsten Geburtstags erfuhr er zahlreiche Ehrungen und Auszeichnungen. Seine Heimatstadt Lübeck verlieh ihm das Ehrenbürgerrecht. Im Sommer 1955 erkrankte Thomas Mann; er starb am 12. August in Zürich.

Sein Werk gehört zu den größten Prosaleistungen in der deutschen Literatur des 20. Jahrhunderts. Die außerordentliche Sprachkunst und die kompositionelle Dichte seiner Werke überzeugen auch denjenigen Leser, den die Inhalte nicht anzusprechen vermögen. Neben dem großen Erzähler gilt die Wertschätzung auch dem Humanisten. François Mauriac hat es in seiner »Homage de la France à Thomas Mann« 1955 so ausgedrückt: »Seine Größe wird nicht nur in den Schriften sichtbar. Er hat es verstanden, in der Zeit der Unterdrückung ein freier Geist zu bleiben. Er hat die Ehre Deutschlands bewahrt.«

Cesar Klein

Über seine Anfänge hat Cesar Klein 1919 selbst geschrieben: »1876 bin ich in Hamburg geboren, in einem alten Hause am Hafen. Mit fünf Jahren fing ich an zu malen, zum Ärger meiner Umgebung und malte und tuschte vergnügt darauf los, bis der Ernst des Lebens anfing und ich in eine Malerlehre kam. Mein Meister versuchte durch Karrenschieben und Fußbodenstreichen dem bösen Maltrieb Einhalt zu tun – vergebens – ich war ›zielbewußt‹!«

Der Vater hatte es abgelehnt, dem ältesten Sohn eine künstlerische Ausbildung zu gestatten; der jüngere Bruder, Bernhard Klein, durfte auf den Umweg über eine handwerkliche Lehre verzichten. Cesar absolvierte die praktische Ausbildung im Malerhandwerk von 1890 bis 1894; zum Schaden gereichte sie ihm nicht. Anschließend besucht er in Hamburg die Kunstgewerbeschule und ging drei Jahre später auf die Düsseldorfer Akademie. Bereits mit einem Stipendium ausgestattet, besuchte er die Schule des Berliner Kunstgewerbemuseums; hier schloß er sein Studium ab. Nach einem kurzen Aufenthalt in Leipzig kam Cesar Klein 1903 nach Berlin, wo er schnell als selbständiger Künstler Fuß faßte. Im Bereich der angewandten Kunst stellten sich auch materielle Erfolge ein; Glasmalereien, Innenausstattungen und Fußbodenmosaiken gehörten zu seinen ersten Aufträgen. Es folgten Treppenhäuser und Austattungsarbeit bei großen Berliner Industriebetrieben.

Weit über Berlin hinaus wurde Klein durch seine Dekoration des Marmorpalastes am Kurfürstendam bekannt. Hierbei handelte es sich um das erste Berliner Großstadtkino, das dem neuen Medium einen adäquat zauberhaften Rahmen geben sollte. Zur Einweihung erschien eigens eine Festschrift, in der Paul Wertheim Cesar Kleins Arbeit wie folgt würdigte: »Das ergab dann eine dekorative Malerei eigenen Stiles, bei der alle Formen, Farben und Rhythmen zu bewußten Funktionen der Schmuckfläche geworden sind.«

Cesar Klein vor seinem Atelier in der Hochschule für bildende Künste in Berlin.

Cesar Klein erhielt weitere Aufträge, etwa von der Galerie Gurlitt. Auf dem Gebiet der angewandten Kunst war er damit bereits vor dem Ersten Weltkrieg ein etablierter Mann. Seine Entwicklung als Maler verlief langsamer. Er orientierte sich – wie die meisten Maler seiner Generation – an französischen Vorbildern, vor allem an Cézanne. Wie dieser bevorzugte Klein Straßen- und Stadtmotive, Kanalansichten und Stilleben. Auch während seiner beiden Italienreisen, 1912, standen seine Arbeiten unter dem Einfluß des Franzosen.

Zu eigener Form und Auffassung gelangte Klein erstmals mit dem großformatigen Gemälde »Das Heilige Abendmahl«, das 1915 entstand. Die Komposition des Bildes ist einzigartig: Vom Stilleben im Vordergrund über den durch Tisch und Bank besonders akzentuierten Kreis der um Christus gescharten Jünger hinaus wandert das Auge des Betrachters durch zwei Tore in die Ferne einer angedeuteten Landschaft. Aufgrund dieses Werkes hat man in Cesar Klein einen »modernen Tintoretto« sehen wollen. Doch wozu mußte man einen alten Meister bemühen, um festzustellen, daß sich hier ein Künstler des 20. Jahrhundertes auf geniale Weise mit einem Menschheitsthema auseinandergesetzt hatte? Seine folgenden Bilder zeigten eine gewisse Härte; sie wirkten kantig-expressiv. Der Einfluß der »Brücke«-Künstler wirkte sich aus: Wie Emil Nolde versuchte sich auch Klein im Holzschnitt.

Nach dem Ersten Weltkrieg gehörten Cesar Klein und Max Pechstein zu den Initiatoren der »Novembergruppe«, die sich zusammenfand, um über die Rolle der Künstler in der Demokratie nachzudenken. Bedeutende Maler und Architekten schlossen sich der Gruppe an; zu nennen sind: Otto Mueller, Walter Gropius, Mies van der Rohe, Ewald Mataré, Otto Dix, Wassily Kandinsky, Paul Klee, Bernhard Hoetger, Lyonel Feininger, Bernhard Klein, Hannah Höch und Georg Karsch. In einem Rundschreiben vom Dezember 1918 formulierten die Mitglieder der Gruppe ihr Credo: »Die Zukunft der Kunst und der Ernst der jetzigen Stunde zwingt uns Revolutionäre des Geistes (Expressionisten, Kubisten, Futuristen) zur Einigung und engem Zusammenschluß. (...) – Aufstellung und Verwirklichung eines wertgefaßten Programms, welches mit Vertrauensleuten in den verschiedenen Kunstzentren durchzusetzen ist, soll uns engste Vermischung von Volk und Kunst bringen. Erneute Fühlungnahme mit den Gleichgesinnten aller Länder ist unsere Pflicht.« Die Radikalität, die sich in diesen und weiteren Forderungen ausdrückt, ist aus der politischen Umbruchsituation, aber auch aus einer gewissen Selbstüberschätzung zu erklären. Cesar Klein nahm das Programm der Novembergruppe ernst; er übernahm 1919 ein Lehramt, um tatsächlich Einfluß auf die seines Erachtens fällige Umwandlung der Museen und der Kunstpolitik generell zu nehmen. Deshalb lehnte er die Berufung an das Bauhaus ab und zog die Lehrtätigkeit an der Unterrichtsanstalt des Staatlichen Kunstgewerbemuseums in Berlin vor. Aus dieser Einrichtung wurde bald danach die Hochschule für bildende Künste. Zum Professor wurde Cesar Klein allerdings erst 1931 ernannt. Bis 1937 konnte er als Hochschullehrer wirken; dann enthoben ihn die Nationalsozialisten seines Amtes.

Parallel zu seinem Schaffen als Maler setzte Klein auch in den zwanziger Jahren seine Arbeiten auf dem Felde der angewandten Kunst fort: Er schuf die Deckengemälde in der Kroll-Oper, die Mosaiken im Deutschen

Museum in München und zwanzig Glasfenster für die Evangelische Kirche in Berlin-Tempelhof. Ferner stattete er mehrere Berliner Theater aus. Im Renaissancetheater haben sich seine Intarsienarbeiten aus dem Jahr 1926 bis heute erhalten.

Kontakte zu den Berliner Theatern hatte Klein seit 1920. Innerhalb kurzer Zeit erwarb er sich den Ruf, einer der renommiertesten deutschen Bühnenbildner zu sein. Bedeutende Regisseure wie Viktor Barnowsky, Jürgen Fehling oder Leopold Jeßner beauftragten ihn mit der Ausstattung ihrer Inszenierungen. Kurz bevor Cesar Klein 1937 als Hochschullehrer entlassen wurde, kam es in Berlin noch zu einer Ausstellung seiner Entwürfe für das Theater. Zu den Höhepunkten zählten zweifellos die Bühnenbilder der von Jürgen Fehling 1934 im Hamburger Schauspielhaus inszenierten Schiller-Dramen »Don Carlos« und »Verschwörung des Fiesco zu Genua«.

Neben den großen und von der Kritik zumeist begeistert aufgenommenen Arbeiten des »Gebrauchskünstlers« standen die sehr viel leiseren Werke des Malers Cesar Klein, der sich mehrmals nach Italien begab, um hier zu skizzieren und nach neuen Ausdrucksformen zu suchen. Die Werke dieser Zeit zeichnen sich durch eine Bescheidung auf das Funktionelle und Elementare, auf das »unbedingt Wesentliche« aus. Alle »überflüssigen Dinge« wurden fortgelassen. In den späten zwanziger Jahren erreichte die Schaffenskraft Kleins einen Höhepunkt. Als Maler experimentierte er viel, während er gleichzeitig als Bühnenbildner phantasievoll, aber fast konservativ arbeitete.

Schon zwanzig Jahre bevor es Mode wurde, in Ischia zu malen, hatte Cesar Klein die Insel für sich entdeckt. Mit Gemälden wie »Lots Weib« (1931) schlug er einen Weg ein, der zwar Meilensteine für die Kunst des 20. Jahrhunderts setzte, aber mit den Kunstauffassungen Adolf Hitlers und seines Gefolges nicht in Einklang zu bringen war. Ob der Bildtitel »Kreuz vor den Barbaren» (1934) schon auf die neuen politischen Verhältnisse zielte, ist ungewiß. Fest steht aber, daß Klein seine Bilder nicht mehr zeigen durfte. Nur als Bühnenbildner wurde er weiterhin herangezogen, bis die Zeitschrift der SS, »Das schwarze Korps«, an der Statue eines Schwarzen Anstoß nahm, die Klein in das Bühnenbild für Lessings »Minna von Barnhelm« einbezogen hatte. Jetzt durfte er ungehemmt diffamiert werden, seine Bilder wurden aus den Museen entfernt und zu »entarteter Kunst« erklärt.

Cesar Klein mußte sich aus der Öffentlichkeit zurückziehen. Er tat dies, indem er mit seiner zweiten Frau, der Geigerin Paula Bock, 1935 ein altes Bauernhaus in Pansdorf bei Lübeck erwarb und es zu einem Künstlerheim umbaute. Nachdem er sein Amt in Berlin verloren hatte, setzte er sich in eindrucksvollen Gouachen mit der Situation im Dritten Reich auseinander.

Nach 1945, als der Künstler sich wieder frei äußern durfte, schrieb er: »Zuerst muß der Schutt, hier der geistige Schutt, fortgeräumt werden, der jede genialische Entfaltung erstickte. Ob es wünschenswert ist, daß Naturalismus, Expressionismus, Surrealismus oder wie die Geländer für künstlerisch nicht Schwindelfreie heißen mögen, einen neuen Anfang wesentlich bestimmen, ist deshalb auch noch gar nicht zu entscheiden. Schöpferische Naturen werden stets nach neuen, unverbrauchten Gestaltungsmöglichkeiten drängen. Nur sollte nicht jeder kühne Vorstoß in ungewohnte Kunstbezirke, der im Kampf gegen das faule Gestern notwendig wird, gleich mit beckmesserischem Übelwollen quittiert werden. An materiellen Gütern sind wir arm geworden, versuchen wir wieder, reich an geistigen zu werden.«

Doch Cesar Klein brauchte noch einige Zeit, um als Künstler das Grauen des Krieges zu überwinden. Schließlich konnte er Bilder wie die Gouache »Ruhendes Glück« (1946) schaffen. Gegen Ende seines Lebens hatte er den Mut, die Schwelle von der gegenständlichen zur abstrakten Malerei zu überschreiten. Auch als Bühnenbildner war er nach 1945 wieder gefragt: zunächst in Lübeck, dann in Hamburg, wo er nicht nur für die Ausstattung von Albert Camus' »Caligula« sorgte, sondern auch das Lola-Rogge-Ballett »Vita Nostra« betreute. 1952 holte ihn Boleslaw Barlog für seine Inszenierung von Shakespeares »Der Sturm« nach Berlin.

Als Maler und Bühnenbildner gleichermaßen wurde Cesar Klein in zahlreichen Ausstellungen im In- und Ausland geehrt. Sein Ruhm lebt weiter. Er starb am 13. März 1954.

Gustav Radbruch

Unter den Juristen der ersten Hälfte des 20. Jahrhunderts ist Gustav Radbruch in vielerlei Hinsicht eine Ausnahmeerscheinung. Einen Strafrechtsprofessor und Rechtsphilosophen von Rang (dessen gelehrte Werke auch heute noch als grundlegend gelten), der sich als Sozialdemokrat aktiv, unter anderem als Justizminister, für die Weimarer Republik engagierte, hat es außer ihm nicht gegeben.

Geboren wurde Gustav Lambert Radbruch als Sohn eines Kaufmanns am 21. November 1878 in Lübeck. Das Katharineum und das vom hochgebildeten Vater geprägte Elternhaus sorgten für eine solide humanistische Bildung. Nach dem Abitur, 1898, entschied sich Radbruch für das Studium der Rechtswissenschaften, dabei mehr den Wünschen des Vaters als eigenen Neigungen folgend. Er besuchte die Universitäten in München, Leipzig und Berlin, studierte jedoch ohne innere Anteilnahme – es überwogen sogar – wie es in seinen Erinnerungen heißt – »Zweifel und Abneigung«. Philosophische, historische, literarische und volkswirtschaftliche Studien lagen ihm mehr. Dennoch schloß er im Mai 1901 sein Studium mit der ersten Staatsprüfung ab. Nach Lübeck zurückgekehrt, trat er zwar in die Referendarausbildung ein, ohne aber das zweite Staatsexamen abzulegen. Er fand keinen Zugang zur juristischen Praxis und entschloß sich deshalb, nach Berlin zurückzukehren, um bei Franz von Liszt zu promovieren. Dies geschah 1902 mit einer strafrechtswissenschaftlich-rechtsphilosophischen Arbeit: »Die Lehre von der adäquaten Verursachung«. Liszt erkannte früh die Talente seines Schülers und überredete ihn, die akademische Laufbahn einzuschlagen. Radbruch habilitierte sich Ende 1903 in Heidelberg, betreut von Carl von Lilienthal; er erwarb die venia legendi für die Fächer Strafrecht, Strafprozeßrecht und Rechtsphilosophie.

Bis 1914 blieb Radbruch als Privatdozent und seit 1911 als außerordentlicher Professor in Heidelberg. Er übernahm auch Lehraufgaben an der Handelshochschule in Mannheim. Seine Vorlesungen und Seminare zur

Gustav Radbruch als Reichsjustizminister, 1922. Radbruch trat uneingeschränkt für die Weimarer Republik ein.

Propädeutik der Rechtswissenschaft fanden ihren Niederschlag in der 1910 veröffentlichten »Einführung in die Rechtswissenschaft«, die zu einem Standardwerk wurde und heute noch aufgelegt wird. Radbruch gehörte zum Kreis um Max Weber und schloß sich einer Gruppe von Neukantianern an, durch die seine künftigen rechtsphilosophischen Arbeiten bestimmt wurden, so die »Grundzüge der Rechtsphilosophie«, ein Buch, das 1914 erschien und ebenfalls als Klassiker gilt (1973 in 8. Auflage).

In die Heidelberger Zeit fiel auch sein erstes politisches Engagement: Radbruch wurde Mitglied der Fortschrittspartei und vertrat diese auch in der Heidelberger Stadtverordnetenversammlung. Den Schritt zur SPD wagte er erst später, obgleich er bereits früh sozialistische Ansichten und

Neigungen bekundet hat. 1913 reiste er eigens nach Zürich, um an der Beisetzung August Bebels teilzunehmen. In seiner Autobiographie »Der Innere Weg« (1951) heißt es dazu: »Dieses große Massenerlebnis belehrte mich endgültig darüber, wo ich zu stehen habe.« Mit politischen Bekenntnissen allein war es für Radbruch aber nicht getan; er hielt es für notwendig, soziale Aufgaben zu übernehmen. Deshalb betätigte er sich in der Strafanstalt Bruchsal und als Armenpfleger in Heidelberg. Als Hochschullehrer verteidigte er 1913 jüdische und russische Studenten gegen diffamierende Äußerungen in der russischen und der deutschen Presse und setzte sich damit selbst entsprechenden Vorwürfen aus.

1914 folgte Radbruch dem Ruf auf eine außerordentliche Professur nach Königsberg. Bei Ausbruch des Ersten Weltkrieges meldete er sich zum Roten Kreuz; doch konnte er damit der Einberufung zum Landsturm nur bis Ende 1915 entgehen. Ende 1918, nach seiner Entlassung aus der Armee, ließ sich Radbruch in Königsberg beurlauben, um sich nach einer anderen Professur umzusehen. Diese fand er 1919 in Kiel, erst eine außerordentliche für Öffentliches Recht, dann ein Ordinariat für Strafrecht.

Im Dezember 1918 war Radbruch der SPD beigetreten und hatte sich sofort für deren Belange eingesetzt. Den Kapp-Putsch erlebte er in Kiel, wo er als Unterhändler wirken wollte, dann aber vom 13. bis 18. März 1920 von Konteradmiral Magnus von Levetzow, einem der Putschisten, in »Schutzhaft« genommen wurde. Später stellte sich sogar heraus, daß ein Todesurteil gegen Gustav Radbruch vorgelegen hat. Die Ereignisse während des Putsches haben Radbruch stark bewegt. Nach seiner Befreiung hielt er die Grabrede für die 32 Toten aus der Kieler Arbeiterschaft, die während des Kapp-Putsches zu beklagen waren. »Durch meine Haltung im Kapp-Putsch wurde ich fest mit der Kieler Arbeiterschaft verbunden, fester wohl als sonst Akademiker«, heißt es in seinen Erinnerungen. Der Sozialdemokrat entschloß sich, noch aktiver als bisher politisch tätig zu werden: Im April 1920 kandidierte er für den Reichstag und wurde gewählt. 1921/22 und 1923 war er Reichsjustizminister und legte als solcher den »Entwurf eines allgemeinen deutschen Strafgesetzbuches« vor, der zu progressiv war, um in der Weimarer Republik realisiert werden zu können.

Radbruch gehörte auch zu den Verfassern des 1925 verabschiedeten

»Heidelberger Programms« der SPD. In den folgenden Jahren nahm er nur noch als Publizist an der politischen Debatte teil. Inzwischen war sein Ansehen als Rechtswissenschaftler so gestiegen, daß sich zahlreiche Universitäten um ihn bemühten. Radbruch entschied sich für Heidelberg, wo er seine Position nach mehreren Rufen und darauf folgenden Bleibeverhandlungen bestens ausbauen konnte.

Der Siegeszug des Nationalsozialismus traf den Juristen in doppelter Hinsicht: Als einer der ersten Professoren wurde er aus dem Staatsdienst entlassen, weil er »nicht die Gewähr dafür bietet, daß er jetzt rückhaltlos für den nationalen Staat eintritt«. Als Rechtsphilosoph mußte er Erfahrungen machen, die ein Überdenken seiner Positionen aus der Zeit vor 1933 zwingend erforderlich machten, hatte er doch »gesetzliches Unrecht« kaum für möglich gehalten. Radbruch »erkannte jetzt in den Natur- und Menschenrechten Grundsätze, die als überpositives Recht eine ungerechte positivrechtliche Satzung zu verdrängen vermögen« (St. Chr. Saar).

Gustav Radbruch hätte mehreren Rufen ins Ausland folgen können, doch beugte er sich dem Druck der deutschen Behörden. Er unternahm nur Studienreisen, darunter eine längere nach Oxford, wo er sich mit dem angelsächsischen Rechtssystem vertraut machte. Der Ertrag dieses Aufenthaltes fand seinen Niederschlag in der ersten größeren Veröffentlichung des Gelehrten nach dem Kriege: »Der Geist des englischen Rechts« (1946). Mit Einzelfragen der Rechtsgeschichte hatte sich Radbruch bereits als Privatdozent beschäftigen wollen, war aber wegen anderer Arbeiten nicht dazu gekommen. Nach seiner Entlassung fand er Zeit dazu. Bereits 1934 erschien seine Biographie über Paul Johann Anselm Feuerbach; 1938 folgte die Aufsatzsammlung »Elegantiae Juris Criminalis«. Dieses Buch hatte er seinen beiden Kindern gewidmet, die bald danach ums Leben kamen. Seine Tochter, Renate, wurde 1939 bei einem Lawinenunglück getötet; sein Sohn, Anselm, erlag 1942 bei Stalingrad einer schweren Kriegsverletzung.

Während der nationalsozialistischen Herrschaft veröffentlichte Radbruch seine wissenschaftlichen Aufsätze überwiegend in ausländischen Zeitschriften, da ihm der Zugang zu den deutschen Publikationsorganen verwehrt war. Zu seinem sechzigsten Geburtstag, 1938, erschien eine Festschrift, die allerdings nicht von der Universität Heidelberg, sondern von der Handelsuniversität in Tokio zusammengestellt worden war.

Im September 1945 kehrte der 67jährige auf seine Professur in Heidelberg zurück und wurde sogleich zum Dekan gewählt. Als solcher hat er sich für den Wiederaufbau seiner Fakultät große Verdienste erworben. Daß sich an seiner politischen Grundauffassung nichts geändert hatte, machte er durch seinen – auch öffentlich bekundeten – Wiedereintritt in die SPD deutlich. 1948 wurde er entpflichtet. Das Jahr seines siebzigsten Geburtstages war reich an Ehrungen: Die Philosophischen Fakultäten der Universitäten Heidelberg und Göttingen verliehen ihm die Ehrendoktorwürde. Radbruch wurde zudem in die Heidelberger Akademie der Wissenschaften aufgenommen, und seine Freunde und Kollegen konnten ihm diesmal auch eine Festschrift überreichen. Ein Jahr später, am 23. November 1949, ging das ungewöhnliche und ereignisreiche Juristenleben Gustav Radbruchs in Heidelberg zu Ende.

Hans Pfeiffer

Die meisten Sylt-Urlauber würde es in Erstaunen setzen, wenn man sie darauf hinwiese, daß es den Damm, über den sie normalerweise zur Insel gelangen, bis 1927 nicht gab. Der Erbauer des Dammes, der den Namen des Reichspräsidenten Paul von Hindenburg erhielt, war Hans Pfeiffer.

Julius Alexander Hans Pfeiffer wurde am 23. Oktober 1879 als Sohn eines Kapitäns in Stettin geboren. Er besuchte das Realgymnasium in Stettin, wo er 1903 das Abitur bestand. Anschließend studierte er Ingenieurwissenschaften an den Technischen Hochschulen in München, Hannover und Berlin, wobei sich bald ein besonderes Interesse am Wasserbau herausstellte. Nach dem Abschluß-Examen arbeitete der junge Diplomingenieur in den Wasserbauämtern Tönning, Stettin und Landsberg an der Warthe. Nach erfolgreichem zweiten Staatsexamen war Pfeiffer verantwortlicher Bauleiter bei der Errichtung der Rendsburger Drehbrücke über den Kaiser-Wilhelm-Kanal.

Von 1914 bis 1922 war er mit dem Projekt der Errichtung eines Dammes zwischen dem Festland und der Nordseeinsel Sylt befaßt. Diesem Vorhaben widmete er eine Arbeit, die er 1920 als Dissertation unter dem Titel »Untersuchungen über den Einfluß des geplanten Dammbaues zwischen dem Festland und der Insel Sylt auf die Wasserverhältnisse am Damm und der anschließenden Festlandküste« erfolgreich an der Technischen Hochschule Berlin verteidigte (die Arbeit wurde erst 1969 veröffentlicht). Mit dem Bau des Dammes sollte bereits 1914 begonnen werden. Der Erste Weltkrieg ließ aber eine Realisierung nicht zu. Erst 1922 konnten die Bauarbeiten aufgenommen werden. Der Hindenburg-Damm galt in der Zeit seiner Entstehung als eine vielbewunderte technische Leistung.

Von 1927 bis 1934 war Hans Pfeiffer Vorsteher des Wasserbauamtes Emden/Ostfriesland. 1934 erfolgte seine Berufung zum Generalreferenten für Küstenschutz, Landgewinnung und Wasserwirtschaft beim Regierungspräsidenten in Schleswig; 1939 wurde er Leiter der Reichswasserstraßendirektion für Schleswig-Holstein in Kiel. Neben dem Bau des Hindenburg-Damms hat sich Pfeiffer große Verdienste bei der Neulandgewinnung an der Westküste erworben. Er sorgte für die Einführung neuer Bauverfahren und für eine effektivere Gliederung der staatlichen und der Selbstverwaltung im Deich- und Wasserwesen. Als Hans Pfeiffer 1949 in den Ruhestand trat, konnte in den Abschiedsreden darauf verwiesen werden, daß er mehr als vierzig Jahre seines beruflichen Lebens für den Wasserbau in Schleswig-Holstein gewirkt hat. 1953 wurde er mit dem Großen Verdienstkreuz der Bundesrepublik ausgezeichnet. Hans Pfeiffer starb am 8. November 1960 in Kiel.

Hans Pfeiffer war als Ingenieur verantwortlich für die Konstruktion des Hindenburg-Damms zwischen der Insel Sylt und dem Festland.

Waldemar Bonsels

Die berühmteste Biene der Welt heißt Maja. Millionen von Kindern – aber nicht nur diese – kennen sie und ihre Abenteuer. Viele haben nur den Film gesehen, die meisten aber auch das Buch gelesen, das in fast einhundert Sprachen übersetzt worden ist. Doch wer kennt den Namen des Autors, der das zauberhafte Geschöpf zum Summen gebracht hat? Er heißt Waldemar Bonsels und stammt aus dem holsteinischen Ahrensburg, wo er am 21. Februar 1880 als Sohn eines Apothekers geboren wurde. Der Vater verkaufte die Apotheke und studierte in Berlin Zahnmedizin. Als Zahnarzt war er zunächst in Berlin, seit 1891 in Kiel tätig. Später praktizierte er in Lübeck, um sich am Ende in den Dienst der Bodelschwinghschen Inneren Mission in Bethel zu stellen.

Die Eltern versuchten, den Sohn durch bürgerliche Erziehung und gymnasiale Bildung auf eine ordentliche Karriere im deutschen Kaiserreich vorzubereiten. Doch diesem stand der Sinn nach ganz anderen Zielen. Als 17jähriger entfloh er dem Elternhaus und dem Kieler Gymnasium, um die Freiheit eines Natur- und Abenteuerlebens zu erfahren. Er vagabundierte durch Deutschland und besuchte viele europäische Länder, ohne recht zu wissen, wonach er suchte. In Bethel, Basel und in England ließ er sich zum Missionskaufmann ausbilden. Über die Baseler Mission erhielt er eine Stellung in Ostindien. Vorher hatte er als Gasthörer theologische Vorlesungen an verschiedenen Universitäten gehört.

Von der Arbeit in der Mission war Bonsels enttäuscht; vor allem das Missionspersonal war ihm zuwider. Er verließ seine Position und reiste auf eigene Faust durch Indien. Nach der Rückkehr arbeitete er kurze Zeit für die »Times« in London, um sich 1904 in München niederzulassen. Mit Freunden gründete er den Verlag E. W. Bonsels & Co. Die ersten hier verlegten Werke waren Lyrikbände von Hans Brandenburg und den Autoren aus dem René-Schickele-Kreis, und natürlich von Bonsels selbst.

Der Verlag brachte unterschiedlichste Bücher heraus, darunter auch

Waldemar Bonsels hat ein umfangreiches Werk hinterlassen; weltberühmt wurde er mit seinem Tiermärchen »Die Biene Maja«.

kleinere Arbeiten von Heinrich Mann, mit dem Bonsels Freundschaft schloß. Sein Vorbild aber war lange Zeit Detlev von Liliencron, dessen musikalische Sprache er liebte und dessen unsentimentale Hingabe an die Natur er bewunderte. Bonsels Jugendnovellen, die zwischen 1904 und 1910 nicht nur im eigenen Verlag, sondern auch in anderen Häusern erschienen, hatten durchweg den Auf- und Ausbruch junger Menschen aus einer engen bürgerlichen Atmosphäre zum Gegenstand – reflektierten also seine eigene Lebensproblematik. Schon in diesen frühen Arbeiten ist die subtile Art der Naturbeschreibung, die den späteren Büchern ihre unvergleichliche Eigenart gibt, ausgeprägt.

1909 beschäftigte sich Bonsels mit Don Juan, der Symbolgestalt des erotischen Menschen; er veröffentlichte »Don Juans Tod« in vier Gesängen. In rascher Folge erschienen Gedichte und Erzählungen. Daneben publizierte er in der Berliner Zeitschrift »Die Zukunft« Literaturkritiken und Essays. Bonsels frühe Texte waren durchweg erfolgreich, doch zu Ruhm gelangte der Autor erst mit dem 1912 und 1915 erschienenen Tiermärchenbüchern »Die Biene Maja und ihre Abenteuer« und »Himmelsvolk«. In diesen Erzählungen nahm Bonsels Motive der romantischen Blumen-, Tier- und Elfenmärchen auf und führte sie phantasievoll weiter. Allein die deutsche Ausgabe der »Biene Maja« erreichte rasch eine Auflage von mehr als einer Million Exemplaren. Die Handlung ist einfach, aber auch klug durchdacht: ein Abenteuerroman, dessen Hauptperson eine Biene ist. Bonsels schrieb keineswegs eine »tierpsychologische Studie«.

Seine Insekten sind Persönlichkeiten, die sich zwar – wie in jedem Märchen üblich – der menschlichen Sprache bedienen, keines von ihnen aber verhält sich in zoologisch-biologisch unmöglicher oder gänzlich unkorrekter Weise. Die »Biene Maja« ist oft witzig, jedoch nie preziös-albern. Das Buch hat Charme, ist intelligent und unterhaltend. Nicht nur Kinder werden durch die Lektüre gefesselt. Das Buch »Himmelsvolk« ist keine Fortsetzung dieses Tiermärchens, sondern ein ganz neues »Buch von Blumen, Tieren und Gott«. Bonsels hatte schon 1903 an seine Schwester Anni geschrieben, daß Jesus von Nazareth sein Vorbild bleiben solle. Im »Himmelsvolk« erzählt die tausendjährige Linde die Geschichte des Knaben und Mannes aus Nazareth, vom ersten Besuch im Tempel bis zum Tod am Kreuz.

Sein weiteres Werk, aus dem Bonsels einige Arbeiten für wichtiger ansah als die Tiermärchen, fand bei seinen Freunden enthusiastische Verehrung, stieß aber gleichzeitig bei den Kritikern auf harte Ablehnung. Nur die »Indienfahrt« von 1916 konnte sich allgemein durchsetzen. Mit der Niederschrift dieses Buches hatte er 1912 in München begonnen, vollendet wurde es in Positano und auf Capri. Die »Indienfahrt« ist weder Tagebuch noch Reisebericht; es ist eine sehr spezifische Aufarbeitung der Erlebnisse des Indienaufenthalts von 1903. Bonsels bietet keine topographische und chronologische Übersicht und verzichtet darauf, Sehenswürdigkeiten aufzuzählen. Er gibt stattdessen einen in bestem Sinne subjektiven, bekenntnishaften Erlebnisbericht, der durch die tiefen Eindrücke angeregt wurde, die er in dem geheimnisvollen Land erfuhr, das er bereist hatte. Seine impressionistisch wirkenden Landschaftschilderungen können ebenso wie seine humorvollen Charakterisierungen indischer Menschen, deren Wesen er feinfühlig erfaßte, den Leser fesseln. Bonsels »begriff die Menschen dieses Landes in dieser Sonne, die kein anderes Begehren zu bewegen schien als das Dasein«. Die »Indienfahrt« wurde auch deshalb ein internationaler Erfolg, weil sie nicht einmal eine Andeutung von europäischer Überheblichkeit enthält. Darüber hinaus kam die asiatische Szenerie dem Bedürfnis des Lesepublikums nach dem Ersten Weltkrieg entgegen. Gefragt waren Exotisches und Phantastisches. Daß Bonsels sich auch in diesem Buch mit christlichen Grundpositionen auseinandersetzte, ist kaum wahrgenommen worden. Er läßt Mangesche Rao sagen: »Wenn die Zeit von Christi Hinscheiden bis heute noch dreimal vergangen ist, wird sein großer Geist sich aus dem engen Mantel der Kirche geschält haben und weit mehr zum Element der Geister geworden sein«. Tatsächlich verbirgt sich hinter diesem Satz Bonsels eigene Überzeugung.

Für die Art, in der er sich mit der Kultur und der Religion in Indien auseinandersetzt, ist folgende Passage aus dem 13. Kapitel charakteristisch:

»Einmal waren wir weit über die Stadt hinaus am Meer dahingeschritten, unter der geraden Palmenalle, und ich sah die nackten Hindus, braun im Sonnenlicht glänzend, im flachen Wasser fischen. Unser Gespräch war bald, wie schon so oft, von weltlichen Dingen der Politik auf religiöse Fragen gekommen, und vielleicht in der Hoffnung, einmal klar und bestimmt den Sinn des Hinduismus zu erfassen, fragte ich Mangesche Rao: ›Was ist das Brahman? Ich höre Gedanken von tiefem Sinn, Weisheit voller Schönheiten, Erlösungsgedanken voll hellen Befreiungsglaubens, aber über dem Begriff des Brahman selbst schwebt ein mystisches Dunkel.‹

Da antwortete mir der Brahmane: ›Das Wesen des Göttlichen kann ein Herz nur empfinden, aber ich will Ihnen so antworten, wie die ältesten Priester der Veden es gedeutet haben. Nach ihnen ist das Brahman das Licht des Geistes und die Seligkeit ohne Leid. Das Brahman ist die Freude, das uranfängliche Wissen, eine unterschiedslose Masse von Erkenntnis, aus Seligkeit bestehend, zugänglich durch das Bewußtsein, mit höchster Einsicht ausgestattet.‹

Wie nah lag nach dieser herrlichen Darlegung die Frage nach der Möglichkeit, auf die ein Herz dieses Heils teilhaftig werden könnte.

Mangesche Rao dachte eine Weile nach, dann sagte er: ›Ich will Ihnen eins der Distichen aus dem Atmabodha nennen, das vielleicht Ihre Frage nicht so beantwortet, wie sie gestellt ist, das aber die rechte Entgegnung auf eine recht gefaßte Frage wäre:

Der Fromme, der des rechten Wissens kundig,
erschaut es mit dem Auge der Erkenntnis,
daß in ihm selbst beruht das ganze Weltall
und daß er selbst das eine ist und alles.
Wie eine Eisenkugel, die durchglüht ist
vom Feuer, so durchdringt das Brahman
das ganze All im Innern und von außen
mit seinem Licht, indem es selbst erstrahlt.‹

Er sprach leise und feierlich. Mir war, als erinnere sich ein tausendjähriges Geisterreich seines versinkenden Lichts, und zum erstenmal überkam mich mit dunkler Gewalt die Trauer um das verlorene Indien. Ich begriff in heimlicher Beängstigung die Vergeblichkeit des Kampfes, in welchen dieser Mann neben mir, wie in sein Schicksal, verstrickt war, und mein Verlangen schwankte unruhig zwischen dem Wert der alten und der neuen Welt.«

Während des Ersten Weltkrieges, den er als Kriegsberichterstatter erlebte, begann er mit der Aufzeichnung der »Notizen eines Vagabunden«, einer Rückschau auf seine Wanderjahre. Gegen Ende des Krieges suchte

Bonsels ein Haus außerhalb Münchens und fand es in Ambach am Starnberger See. Er behielt das Haus als ständigen Wohnsitz bis zu seinem Tode; völlig seßhaft aber wurde er nie.

Neben Vortragsreisen in fremde Städte veranlaßte ihn sein Drang nach neuen Eindrücken zu ausgedehnten Reisen, so 1924 nach Brasilien und 1928 nach Ägypten.

Während der Jahre der Weimarer Republik setzte sich Bonsels besonders intensiv mit religiösen Problemen auseinander. Buddha und Christus beschäftigten ihn gleichermaßen. Sein Buch »Buddha, Christus und wir« blieb unvollendet. Wäre es zustande gekommen, hätte es sicherlich unter dem Leitsatz gestanden: »Es ist besser, in einer Wüste wach zu sein, als in einem Paradies zu schlafen«.

»Was Bonsels in den zwanziger Jahren als Ahnung und Vision aufklingen ließ, ist inzwischen, gegen Ende des Jahrhunderts, zu einer breiten Strömung geworden, in einer Vielfalt von Sekten und Gemeinschaften, die, teils verzerrt und mit der Gier nach Mammon verbunden, teils ernsthaft und in der Stille, das allenthalben aufgebrochene Suchen nach einer nicht von Dogmen eingeengten Religiosität dokumentieren. Bonsels betont das Gemeinsame in Buddha und Christus« (Lini Hübsch-Pfleger).

Seine Versuche, auch über Bühnenstücke das Publikum zu erreichen, zum Beispiel mit »Der ewige Weg« (1922) oder »Die Flamme von Arzla« (1925) waren nicht sonderlich erfolgreich. Das Hauptwerk der Jahre zwischen 1925 und 1930 waren die beiden ersten »Mario«-Bände: »Mario und die Tiere« und »Mario und Gisela«, die zu den meistgelesenen Jugendbüchern ihrer Zeit gehörten. 1937 folgte noch ein dritter Band: »Marios Heimkehr«.

1933 erschien der Roman »Die Nachtwache«, ein »Liebesspiel in Prosa auf der Bühne der frommen kleinbürgerlichen Welt und auf dem weltlichen Theater«, wie es im Vorwort heißt. Dieses Buch gehörte schon zu jenen Werken Bonsels', die von den Nationalsozialisten am 10. Mai 1933 verbrannt wurden. Der Autor dachte an Emigration, vor allem 1934/35 während einer USA-Reise, zu der ihn sein New Yorker Verleger eingeladen hatte. Da ihm aber Hanns Johst, der Präsident der Reichsschrifttumskammer, zusagte, sich für die Aufhebung des Verbotes seiner Bücher einzusetzen, kehrte er zurück. Die Eindrücke der Amerikareise fanden ihren Niederschlag in der Erzählung »Der Reiter in der Wüste«, das 1935 auf Capri vollendet wurde.

Während des Zweiten Weltkriegs arbeitete Bonsels an seinem Alterswerk, einem Christus-Roman, der den Titel »Dositos« erhielt und – mit dem Untertitel »Ein mythischer Bericht aus der Zeitwende« – 1949 veröffentlicht wurde. Das Buch löste politische Angriffe gegen den Verfasser aus. 1951 erschien der »Dositos« in einem anderen Verlag unter dem Titel »Das vergessene Licht«. Die Arbeit an diesem Hauptwerk war – wie bei Bonsels üblich – umrankt von anderen kleineren Publikationen, so dem Kriminalroman »Mortimer«, zahlreichen Gedichten, Aphorismensammlungen und Zeitungs- und Zeitschriftenartikeln.

Seit 1949 hinderte ihn eine schwere Krankheit an intensiverer Arbeit. Eine Selbstbiographie, die den Titel »Die sieben Sachen« tragen sollte, ist nicht mehr verwirklicht worden. Waldemar Bonsels, der »Gottsucher und Vagabund zugleich«, starb am 31. Juli 1952 in seinem Haus in Ambach am Starnberger See.

1931 hatte er in dritter Ehe die Tänzerin Rose-Marie Bachofen geheiratet. Sie verwaltete sein Erbe und gründete am 25. Todestag des Dichters die »Waldemar-Bonsels-Stiftung«. Rose-Marie Bonsels stellte auch die zehnbändige Werkausgabe zusammen, die 1980 erschien und deren Gesamttitel »Wanderschaft zwischen Staub und Sternen« Leben und Werk Waldemar Bonsels charakterisiert.

In den Literaturgeschichten und in Nachschlagewerken des Auslands zählt Bonsels zu den bedeutenden und erfolgreichen deutschen Schriftstellern des 20. Jahrhunderts. In entsprechenden deutschen Handbüchern findet man kaum seinen Namen. Waldemar Bonsels hätte es anders verdient, nicht nur, weil er »Die Biene Maja« geschrieben hat.

Alexander Behm

Als am 15. April 1912 der Luxusdampfer »Titanic« bei seiner Jungfernfahrt im Nordatlantik mit einem Eisberg kollidierte und 1500 Menschen mit sich in die Tiefe riß, hielt die Welt vor Entsetzen den Atem an. In Wien erreichte die schlimme Nachricht einen jungen Physiker, der – ebenso schockiert – sich fragte, was zu tun sei, um künftig derartige Unglücksfälle zu vermeiden. Es galt, ein Gerät zu erfinden, mit dem man orten konnte. Alexander Behm beschloß, ein solches Instrument zu entwickeln.

Alexander Karl Friedrich Franz Behm stammte aus Sternberg in Mecklenburg, wo er am 11. November 1880 geboren wurde. Sein Berufsweg verlief geradlinig: Er studierte in Karlsruhe Physik und Elektrotechnik, wurde 1904 Assistent am Physikalischen Institut der Technischen Hochschule Karlsruhe und leitete dann eine physikalisch-technische Versuchsanstalt in Wien. Den Gedanken, ein »Eisberg-Warngerät« zu entwickeln, gab er bald auf, um sich dem verwandten Problem der schnellen und exakten Bestimmung der Wassertiefe zu widmen. Derartige Tiefenmessungen wollte er mit Hilfe eines ausgesandten und vom Meeresboden wie ein Echo zurückgeworfenen Schalles durch Bestimmung der Rücklaufzeit vornehmen. Behm begann seine Untersuchungen im Labor. Er war ein äußerst geschickter Experimentator und konnte deshalb in einem 27 mal 12 Zentimeter großen Aquarium die Wandechos von Wasserschall nachweisen und sie sogar fotografieren. Trotz der räumlichen Begrenztheit seiner Experimente erreichte er exakte Meßergebnisse. 1928 schrieb er in seinem Aufsatz »Die Entstehung des Echolots«: »Ohne Kenntnis davon zu haben, daß die Idee der ›Echolotung‹ schon sehr alt war – denn schon der Amerikaner Maury berichtet in seiner 1855 erschienenen ›Physischen Geographie des Meeres‹ über allerdings vollkommen ergebnislos vorgenommene Versuche –, begann ich in Wien mit den theoretischen Vorarbeiten zum ›Echolot‹. Da zur Anstellung praktischer Versuche jedoch unbedingt tieferes Wasser erforderlich war, verlegte ich meine Tätigkeit nach Kiel, wo im Kieler Hafen, wie

Alexander Behm begann seine Echolot-Experimente in Wien mit einem winzigen Aquarium.

sich im Laufe der Entwicklung zeigte, allerdings die denkbar ungünstigsten Wasserverhältnisse für Echolotungen gegeben waren.«

Kiel war bereits vor dem Ersten Weltkrieg ein Zentrum der Wasserschallforschung. Neben Firmen wie Neufeld und Kuhnke (heute Hagenuk) arbeitete auf diesem Gebiet vor allem deren Tochterbetrieb, die Signal-Gesellschaft mbH (1911), aus der die Firma Elektroacustic GmbH (ELAC) hervorging. Daneben forschten in Kiel auch Marinedienststellen an der Entwicklung der Unterwasser-Telegraphie. Auf diesem Feld war Hugo Lichte besonders aktiv. 1915 erwarb Alexander Behm das ehemalige Kanonenboot »Otter«, das er zum Laborschiff umrüstete. Die Umsetzung seiner Idee kostete ihn, aber auch seine Frau, große persönliche Opfer. Seine bisherigen Erfindungen waren patentiert worden, und die Tantiemen sicherten ihm ein gewisses Einkommen. Mehr als zwei Hilfskräfte aber konnte er sich nicht leisten; der Hauptanteil der Arbeit lastete also auf ihm selbst und auf seiner Frau, die das Unternehmen materiell unterstützte. Bei seinen Versuchen in der Heikendorfer Bucht der Kieler Förde (seit 1915) benutzte Behm nicht den elektrischen Funken, sondern Knallkörper zur Auslösung der Schallwellen. Dazu schrieb er 1921, als er seine »Behm-Echolot-Methode« erstmals in den »Annalen für Hydrographie« vorstellte: »Das Behm-Echolot ist die erste und älteste akustische Lotmethode und die einzige objektive Methode der akustischen Tiefenmessung. Es bedient sich zur Tiefenbestimmung der Zeitmessung, in dem die zwischen Abgang eines Knallsignals und Ankunft des Echos vom Meeresgrunde verflossene Zeit bestimmt wird.«

1920 war das Behmsche Echolot soweit gereift, daß es der Öffentlichkeit präsentiert werden konnte. Ein Jahr später gründete der Erfinder in Kiel die »Behm-Echolot-Fabrik« und für den Vertrieb des Gerätes die »Behm-Echolot-Gesellschaft mbH« in der Holtenauer Straße 198. Obwohl von Hause aus mehr Physiker als Ingenieur, war er darauf bedacht, praxisgerechte Lotverfahren zu entwickeln. Deshalb hob er in seinem Aufsatz von 1921 die praktische Seite seines Verfahrens und seiner daraufhin entwickelten Apparaturen besonders hervor: »Dabei ist die Bedienung des Behm-Echolotes eine derart einfache, daß jeder ungeübte einigermaßen intelligente Seemann in der Zeit von einer halben Stunde mit der Handhabung vertraut gemacht werden kann.«

Das »Behm-Echolot« funktionierte tatsächlich verhältnismäßig einfach: Etwa ein Meter unter der Wasseroberfläche wird eine Sprengpatrone zur Detonation gebracht. Die Zeit zwischen der Detonation und dem Eintreffen des Echos wird gemessen. Dazu sind zwei Wasserschallempfänger, die im Schiffsinnern an der Bordwand befestigt werden, erforderlich: ein Abgangsempfänger und ein – davon akustisch getrennter – Echoempfänger. Der von der Detonation ausgelöste Schall läuft zum Meeresboden und trifft nach Rückkehr den Echoempfänger. Um den Zeitunterschied, der zwischen der Erregung des Abgangsempfängers und des Echoempfängers liegt, messen zu können, werden beide mit einem speziellen Meßgerät verbunden, auf dessen Skala dann die ermittelte Meerestiefe erscheint. Alexander Behm entwickelte seine Geräte im wesentlichen für zwei Anwendungsbereiche, für die Navigation und für die Vermessung der Meere in großen Tiefen. Bei der Tiefenmessung konnte er auf Schallmeßmethoden zurückgreifen, die er bereits früher gemeinsam mit H. Sieveking entwickelt hatte.

Das Echolotverfahren war nicht nur in der Schiffahrt ein Erfolg; es wurde auch von Forschern wie Roald Amundsen, Sven Hedin und Alfred Wegener angewendet. Der Einsatz des Echolots für Flugzeuge und Luftschiffe war allerdings weniger erfolgreich. Dennoch fand das Behmsche Verfahren eine vielfältige Anwendung, die auch dann wissenschaftliche Ergebnisse zeitigte, wenn es beim Ersteinsatz scheiterte: Die Weiterentwicklung auf den jeweiligen Zweck hin, so in der Medizin bei der Geburtshilfe, brachte dann doch noch beachtliche Erfolge, vor allem in Verbindung mit computergesteuerten Meßgeräten. Nicht zuletzt in der Geologie und der Geophysik gibt es nach wie vor Anwendungsgebiete für das Echolot: Die Auslotung des Erdinneren bringt Erkenntnisse über die Beschaffenheit der oberen Erdschichten. Das Behmsche Echolotverfahren trägt heute noch zum wirtschaftlichen Auffinden von Bodenschätzen bei; so werden Erdölvorkommen überwiegend durch Echolotung aufgefunden. Das von Alexander Behm erdachte Verfahren hat in Verbindung mit neueren Techniken einen vielfältigen Einsatz gefunden. Sein Konstrukteur ist darüber weitgehend in Vergessenheit geraten. Die heutige Fischerei ist ohne Echolot kaum vorstellbar; doch welcher Kapitän, der einen reichen Fang anlandet, besinnt sich darauf, daß er seinen Erfolg dem Genie des Physikers Alexander Behm verdankt?

Im November 1928 ehrte die Medizinische Fakultät der Christian-Albrechts-Universität zu Kiel den Physiker Alexander Behm mit der Ehrendoktorwürde. In der Laudatio heißt es, daß Behm, »vergleichbar dem großen Arzt, in dem das heilige Feuer des Forschergeistes durch verheerende Seuchen entfacht wird und lodert, bis er das rettende Heilmittel findet, so – durch den erschütternden Untergang der Titanic von Schöpfergeist erfüllt –, Abwehr solchen Unheils ersann und in seinem Echolot ein Präzisionsinstrument schuf, das nicht nur die dem Meere anvertrauten Leben bewahren hilft, sondern auch dazu berufen ist, den erdumspannenden Verkehrsmitteln der Lüfte mehr und mehr Sicherheit zu geben«.

Alexander Behm war ein wohlhabender Mann; 110 Patente ermöglichten ihm ein gesichertes Auskommen. Seine private Leidenschaft galt dem Angeln und der Jagd. Er besaß ein Gut in Mecklenburg und ein Jagdhaus in Tarp, in das er ganz übersiedelte, als sein Kieler Wohnhaus bei einem Bombenangriff zerstört worden war.

Bei aller Vitalität war Behm ein kranker Mann. Eine schwere Diabetes führte zur Amputation seines linken Beines. Ein Jagdunfall hatte darüber hinaus zur Folge, daß sein rechtes Kniegelenk steif blieb. Alexander Behm starb am 22. Januar 1952 in Kiel. Die zahlreichen Weiterentwicklungen seines Ultraschallotes konnte er in seinen letzten Lebensjahren nur erahnen. Seine 1905 geschlossene Ehe mit Johanna Glamann war kinderlos geblieben. Deshalb ging seine Gesellschaft laut Testament an seine ältesten Mitarbeiter über. Die »Behm-Echolot-Fabrik« wurde erst 1970 aus dem Register der Industrie- und Handelskammer gelöscht. Ihr Erbe trat – in Teilen – die 1947 durch Siegfried Fahrentholz gegründete Kieler Firma »Fahrentholz« an, die heute noch zu den wenigen Echolot-Herstellern in Deutschland zählt.

Jürgen Fehling

Daß der Sohn das Studium der Theologie abbrach, um sich der Jurisprudenz zuzuwenden, war aktzeptabel, zumal da er es mit dem erfolgreichen Referendarexamen beendete; daß er dann aber beschloß, Schauspieler zu werden, dürfte dem Senator und Bürgermeister der Hansestadt Lübeck, Ferdinand Fehling, kaum angenehm gewesen sein. Legt man die aus Thomas Manns »Buddenbrooks« bekannten hanseatischen Wertmaßstäbe zugrunde, wird der Vater die Ambitionen des Sohnes – auch wenn es der siebente war – auf das mütterliche Erbe zurückgeführt haben: Maria Fehling war die Tochter des Dichters Emanuel Geibel. Und der am 1. März 1885 in Lübeck geborene Sohn erhielt deshalb den Namen Jürgen Karl Geibel Fehling. In einem 1948 veröffentlichten Selbstporträt heißt es: »Ich studierte Theologie und Jura und ging nach absolviertem Referendar-Examen nach Berlin, um Schubert singen und Deutsch gut sprechen zu lernen.« Paul Wegener, einer seiner Lehrer in der Schauspielkunst, bezeichnete ihn als talentlos, überschäumend und undiszipliniert. Tatsächlich waren seine Auftritte in Berlin, Wien und anderen Orten nicht sonderlich erfolgreich.

1918 engagierte ihn Friedrich Kayssler an die Berliner Volksbühne, wo Fehling Gelegenheit erhielt, sich als Regisseur zu versuchen. Mit der Inszenierung von Nicolai Gogols Komödie »Die Heirat« gab er sein Debüt und hatte auf Anhieb Erfolg. Seit seiner Ernennung zum Oberspielleiter, 1920, führte er ausschließlich Regie. Bereits nach zwei Spielzeiten, in denen er dreizehn Inszenierungen herausbrachte, darunter auch Ernst Tollers »Masse Mensch«, hatte er sich einen Namen beim Publikum und bei den Kritikern gemacht. Alfred Kerr schrieb: »Fehling ist als Regisseur Mitschöpfer ohne Mätzchen: Das Beste, was man von dieser Berufsklasse sagen kann.« Von 1922 bis 1944 wirkte Fehling am Staatlichen Schauspielhaus am Berliner Gendarmenmarkt. Hier stieg er zu einem der führenden deutschen Theaterregisseure auf. In dieser Zeit inszenierte er mehr als hundert Stücke, wobei er – sieht man von Shakespeare und Shaw ab – deutsche Autoren

Jürgen Fehling war vierzig Jahre lang der große Magier des deutschen Theaters. Das Photo (Rosemarie Clausen) zeigt ihn mit seiner Lebensgefährtin, der Schauspielerin Johanna Maria Gorvin.

bevorzugte. Den Dramen von Kleist und Hebbel gab er ein modernes Gepräge. Daneben setzte er sich für zeitgenössische Autoren ein: Hans Henny Jahnns »Medea« brachte er 1926 zur Uraufführung; Else Lasker-Schülers »Die Wupper« kam 1927 heraus.

Eine besondere Vorliebe hatte der Regisseur für die Dramen Ernst Barlachs. Er inszenierte »Der arme Vetter« 1923, »Die Sündflut« 1925 und »Der blaue Boll« 1930. Fehling bevorzugte, wie er selbst bekannte, »alles, was von Luther bis Barlach über die norddeutsche Tiefebene gegeistert ist«.

Auch das Musiktheater reizte ihn. Zusammen mit dem Dirigenten Otto Klemperer brachte er an der Kroll-Oper Aufführungen heraus, die nicht zuletzt Zustimmung fanden, weil sie bewußt von der traditionellen Spielpraxis abwichen.

Wie Gustav Gründgens, sein Intendant, blieb auch Jürgen Fehling nach 1933 in Deutschland. Er verstand es zwar, sein Publikum auch mit heiteren Gesellschaftskomödien zu begeistern, legte aber den Schwerpunkt seiner Arbeit auf die großen klassischen Tragödien. Die Inszenierung von Shakespeares »Richard der Dritte«, 1937, wurde von den tieferblickenden Zuschauern als künstlerisch grandios, aber auch politisch tollkühn angesehen.

Nach dem Krieg begann Fehling in Berlin auf einer eigenen kleinen Bühne, um dann 1948 am Hebbeltheater mit Jean Paul Sartres Stück »Die Fliegen« den ersten großen Theatererfolg nach dem Krieg zu feiern. Im Jahr darauf wechselte er nach München, wo er einige bemerkenswerte Aufführungen gestaltete, bis es 1951 bei Ludwig Tiecks Komödie »Ritter Blaubart« zu einem Skandal kam, der die Lösung seines Vertrags zur Folge hatte.

Seinen letzten Erfolg hatte Fehling mit Schillers »Maria Stuart« am Berliner Schillertheater. Danach machte ihm ein Nervenleiden die Arbeit nahezu unmöglich. 1960, zu seinem 75. Geburtstag, wurde er mehrfach geehrt, unter anderem von seiner Vaterstadt Lübeck. Bei dieser Gelegenheit hielt er am 16. März im Lübecker Rathauskeller eine bemerkenswerte Tischrede: »Ich verdanke meiner Vaterstadt das Entscheidende meiner Kunst. Ich habe Shakespeare und Schiller und die großen Griechen erlebt im Bilde Lübecks. Ich war mein Leben lang stolz auf das schöne Lübeck, dessen Kirchen mich segneten und alarmierten. Ich habe Barlach gemacht aus meinem ›*Lübeck heraus*‹. Mein ›Falstaff‹ ist aus Lübeck. Meine ›Räuber‹ stammen aus dem Lauergehölz. Die großen schwarzroten Ziegelsteine der Hanse sind *m e i n* Gestein. Das Glockengeläut unserer Kirchen war mir die süßeste Musik. Die Buxtehuder-Orgel von Sankt Marien war die mächtigste Dominante. Wenn ich in Klopstocks Oden vielleicht die merkwürdigsten Töne der mir innewohnenden Musik hörte – wenn nichts in dieser Welt mich erschüttert wie: ›Ach, bleib mit Deiner Grande ...‹ oder ›Oh Haupt voll Blut und Wunden ...‹ – so ist das alles: *Lübische Heraldik.*

Der Mensch kommt nie über seine Kindheit hinaus.

Die Silvestergottesdienste in der Marienkirche bildeten meinen Geist, und wenn ich einen seltsamen Jugendweg durchlief: von der Theologie übers Referendarexamen schließlich hin zu Dante, Euripides, Schiller, Shakespeare, Lenz, Kleist, Büchner, Grabbe und Hebbel – so ist das alles das ›Lübeck‹ in mir.

Gönnen Sie mir freundlich dies späte Liebesbekenntnis. Es ist mein heißer Wunsch: Lübeck möge noch lange bestehen.

Der unvergleichlich adelige und elegante Turm der Jakobikirche, der seinen großen Schatten über mein Elternhaus – Königstraße 9 – warf, möge noch lange stehen!«

Jürgen Fehling starb am 14. Juni 1968 in Hamburg. Zehn Jahre nach seinem Tod präsentierte die Berliner Akademie der Künste die Ausstellung »Jürgen Fehling. Der Regisseur (1885–1968)«, die einen Überblick über das Schaffen dieses großen deutschen Theatermannes gab. Schon in dieser Retrospektive wurde deutlich, wie sehr Fehling dazu beigetragen hat, den zahlreichen expressionistischen Theaterexperimenten eine Form zu geben, sie zusammenzufassen und auf der großen Sprechbühne nicht nur für neue Stücke, sondern auch für das klassische Repertoire anzuwenden. Einer Sammlung von Äußerungen und Aufzeichnungen, die 1965 erschien, gab er den Titel »Magie des Theaters«. Er selbst war ein von Schauspielern und vom Publikum gleichermaßen bewunderter Magier des Theaters.

1985, anläßlich seines 100. Geburtstages, erschien als »Summa Fehlingica« der von Gerhard Ahrens herausgegebene große Band »Das Theater des deutschen Regisseurs Jürgen Fehling«. Das Buch enthält Texte zum Theater aus der Feder Fehlings und Aussagen von Zeitgenossen und Kollegen, Fachleuten und Freunden, die die Bühne der Fehling-Zeit noch einmal beleuchten. Hier können auch die Nachgeborenen erfahren, was an Jürgen Fehlings Theaterarbeit bahnbrechend war.

Theodor Steltzer

Die wenigsten Bewohner des nördlichsten Bundeslandes – so darf vermutet werden – könnten die Frage richtig beantworten, wer der erste Ministerpräsident Schleswig-Holsteins war und als solcher den Übergang von der preußischen Provinzial- zu einer eigenen Landesordnung verkörpert hat. Es war Theodor Steltzer. Am 15. November 1945 ernannte der britische Militärgouverneur von Schleswig-Holstein, Brigadier Gail Patrick Handerson, den Rendsburger Landrat Theodor Steltzer zum kommissarischen Oberpräsidenten. Dieser Akt erfuhr kurze Zeit danach eine Bestätigung durch die vorgesetzte Dienststelle des Brigadiers in Berlin. Als die einstigen preußischen Provinzen in der Britischen Besatzungszone im Oktober 1946 den Status von Ländern erhalten hatten, wurden die »Oberpräsidenten« zu »Ministerpräsidenten«, so auch in Schleswig-Holstein. Aber nicht nur wegen des Wechsels in der Amtsbezeichnung und der dahinterstehenden grundsätzlichen politischen Veränderung kommt der Amtszeit Steltzers ein besonderes Gewicht zu, sondern weil er für seine schwierige Aufgabe klare Zielvorstellungen mitbrachte und mit großer Tatkraft die ihm von der Besatzungsmacht übertragene Führung des Landes Schleswig-Holstein anging.

Theodor Steltzer war sechzig Jahre alt, als er berufen wurde, die Geschicke Schleswig-Holsteins nach dem Zweiten Weltkrieg in leitender Funktion mitzubestimmen; die Briten hatten ihn ausgewählt, weil er über einschlägige Erfahrungen verfügte, ohne politisch belastet zu sein. Geboren wurde er am 17. Dezember 1885 in Trittau als Sohn des dortigen Amtsrichters. In Trittau, Schleswig, Lüneburg und Göttingen verbrachte er seine Jugend. Nach dem Abitur entschloß er sich, Offizier zu werden. Der Soldat unterbrach 1907 seine Laufbahn für ein Studium der Staats- und Wirtschaftswissenschaften und wählte München als Universität. Schon im zweiten Semester wurde er Assistent Lujo von Brentanos, der als Mitbegründer des »Vereins für Socialpolitik« zum Kreis der »Kathedersozialisten«

Theodor Stelzer war der erste Ministerpräsident des Landes Schleswig-Holstein.

gehörte, sich aber gleichwohl zum Freihandel bekannte. Steltzer hätte über die Zusammenarbeit mit Brentano eine akademische Laufbahn einschlagen können, entschloß sich aber, zur Armee zurückzukehren. An der Berliner Kriegsschule lernte er Japanisch, um sich auf ein Kommando im Fernen Osten vorzubereiten, das er dann aber nicht antreten konnte, weil der Erste Weltkrieg begann und seinen Einsatz als Frontoffizier forderte. Steltzer wurde am Silvestermorgen 1914 bei Rawa schwer verwundet, was eine Verkürzung des linken Beins zur Folge hatte. Nach seiner Genesung wurde er als Generalstabsoffizier zum Chef der Eisenbahnabteilung versetzt, wo er in der Nähe der Obersten Heeresleitung Einblicke in die größeren Zusammenhänge des Kriegsgeschehens gewann und Gelegenheit hatte, einige der deutschen Spitzenmilitärs persönlich kennenzulernen. Deren Führungsqualitäten konnten Steltzer nicht überzeugen. Sein Urteil über Hans von Seeckt fiel besonders negativ aus: »Kühl, menschlich uninteressiert, unnatürlich, ohne Humor und ungeheuer eingebildet. Es ist mir nicht klar geworden, ob seine Schweigsamkeit Pose oder bewußte Methode war.« Vor seinem kritischen Geist konnte auch das obrigkeitsstaatliche System Wilhelms II. nicht bestehen. Er plädierte für einen Verständigungsfrieden, der zugleich ein Miteinander der europäischen Völker einleiten sollte.

Steltzer hatte gerade in der Schlußphase des Ersten Weltkriegs guten Kontakt zum Nachfolger Ludendorffs als Generalquartiermeister der Obersten Heeresleitung, Wilhelm Groener, der sein unmittelbarer Vorgesetzter war und den er sehr verehrte. Dieser war auch vermittelnd tätig, als sich der Hauptmann a. D. Steltzer 1920 um das Amt des Landrats in Rendsburg bewarb. Er wurde ein erfolgreicher Landrat. Ohne parteipolitisch gebunden zu sein, wurde er von seiner christlichen Gesinnung und von Sympathien für die politischen Ideen Friedrich Naumanns und Max Webers getragen und verstand diese für seinen Verantwortungsbereich umzusetzen.

Besonders groß war sein Engagement für die Volkshochschulbewegung und für die Erwachsenenbildung generell. So nimmt denn in der 1931 vom Kreisausschuß herausgegebenen Selbstdarstellung des Kreises Rendsburg das Kapitel »Schule und Jugendpflege« den größten Raum ein. Im Vorwort schrieb Steltzer: »Wir leben in einer Zeitwende. Hinter einer unerfreulichen Oberfläche zeugen hoffnungsvolle Ansätze von dem wachsenden Willen, eine einseitig materialistische Auffassung des Lebens zu überwinden. Es wird immer deutlicher, daß die Lösung der politischen und wirtschaftlichen Probleme der Gegenwart Menschen mit einer neuen nationalen, sittlichen und sozialen Haltung erfordert«. Doch mit diesen »neuen Menschen« hat er gewiß nicht die Nationalsozialisten gemeint. Sein Eintreten für die Republik und seine ethischen Prinzipien ließen sich mit der Hitler-Bewegung nicht in Einklang bringen. Theodor Steltzer war in der Evangelisch-Lutherischen Landeskirche über zehn Jahre lang als Synodaler tätig und hat auch für die kirchliche Ökumene gewirkt. Die Nationalsozialisten enthoben ihn im April 1933 seines Amtes. Der Versuch, ihn wegen angeblicher Veruntreuungen zu belangen, schlug fehl. Das preußische Oberverwaltungsgericht in Berlin sprach ihn im März 1937 von allen Vorwürfen frei.

Bereits vor Ausbruch des Zweiten Weltkriegs wurde Steltzer zur Wehrmacht einberufen. Er nahm am Polenfeldzug teil. Seine spätere Stellung als

Transportoffizier im Stab des Wehrmachtsbefehlshabers Norwegen, die er seit 1940 innehatte, konnte er nutzen, um Verbindungen zum norwegischen Widerstand herzustellen. Neben Helmuth James Graf Moltke, Dietrich Bonhoeffer und Admiral Wilhelm Canaris war Steltzer an der Befreiung des norwegischen Bischofs Eivind Berggrav beteiligt, der zu lebenslänglicher Haft verurteilt worden war. Die Hoffnung, auf diese Weise einen Kontakt zwischen dem deutschen Widerstand und den Alliierten herstellen zu können, erfüllte sich jedoch nicht. Theodor Steltzer war eines der aktivsten Mitglieder im Kreisauer Kreis. Noch am 15. Juli 1944 ließ er den englischen Freunden des Grafen Moltke eine von ihm verfaßte Denkschrift zugehen, in der er über die Lage und die Auffassungen des Kreisauer Kreises mit der Absicht berichtete, falschen Nachkriegsmaßnahmen seitens der Alliierten vorzubeugen.

Steltzer wurde nach dem 20. Juli 1944 verhaftet und am 15. Januar 1945 vom Volksgerichtshof zum Tode verurteilt. Mehreren Zufällen hatte er es zu verdanken, daß man die Hinrichtung aufschob. Am 25. April 1945 wurde das Gefängnis Moabit geräumt und Steltzer befreit. Der »innere Zirkel« der »Kreisauer« hatte aus zwanzig Personen bestanden; Steltzer war der einzige Überlebende.

In Berlin gehörte er zu den Mitbegründern der CDU. Als er im September 1945 nach Rendsburg zurückkehrte, glaubte er bei den Gewerkschaften und den Bauern die Bereitschaft zu spüren, die »Kreisauer Konzeption«, wie er es nannte, zu unterstützen. Auch in Schleswig-Holstein zählte Steltzer zu den Gründungsvätern seiner Partei. Die britische Militärregierung hatte als ersten Oberpräsidenten Otto Hoevermann ernannt, einen Verwaltungsfachmann. Mit der Ernennung von Theodor Steltzer wurde bewußt ein Parteipolitiker gewählt, der zudem als Gegner des Nationalsozialismus ausgewiesen war.

Steltzers Wirken war als Oberpräsident und dann als Ministerpräsident nur von kurzer Dauer; dennoch hat er am Aufbau Schleswig-Holsteins in der schwersten Zeit seiner Geschichte entscheidend mitgewirkt. Er hat sich energisch für die Schaffung eines effektiven Regierungs- und Verwaltungsapparates eingesetzt. Seine Vorstellung von einem von den beiden großen Volksparteien, CDU und SPD, gemeinsam zu gestaltenden Aufbau der

Demokratie haben sich jedoch nicht erfüllt. Steltzer hatte mit dem CDU-Vorsitzenden Carl Schröter nicht weniger Probleme auszufechten als mit dem sozialdemokratischen Innenminister im Kabinett der Großen Koalition, Hermann Lüdemann. Aus diesem Grund war er bereits Anfang 1947 entschlossen, sein Amt zur Verfügung zu stellen. Der Ausgang der ersten Landtagswahl am 20. April 1947 machte seine Amtsaufgabe zu einem »normalen« demokratischen Akt: Die SPD hatte eine klare Mehrheit im Landtag erreicht, deshalb kam es ihr zu, den Ministerpräsidenten zu stellen; sie benannte Hermann Lüdemann.

Nach seinem Rücktritt als Ministerpräsident am 29. April 1947 hat Theodor Steltzer kein öffentliches Amt mehr bekleidet, aber doch noch zahlreiche Aufgaben für das Gemeinwohl übernommen. Von der CDU wurde er enttäuscht; die Partei vergaß ihren Mitbegründer. Steltzer wurde nicht einmal zu Vorstands- und Ausschußsitzungen eingeladen, obgleich er noch immer als gewähltes Mitglied diesen Gremien angehörte.

Er zog mit seiner Familie nach Lübeck, weil er die Atmosphäre dieser schönen Stadt liebte. Von hier aus trat Steltzer – wie schon als Landrat in Rendsburg – für volkspädagogische Ziele ein und gründete Arbeitskreise. Von 1955 bis 1960 war er geschäftsführender Präsident der Deutschen Gesellschaft für Auswärtige Politik, für deren Etablierung er sich nachhaltig eingesetzt hatte. 1952 hatte sich Steltzer bereits an der Gründung des »Deutschen Kunstrates« beteiligt, von dem Impulse für die Kulturarbeit der Bundesrepublik im Ausland ausgehen sollten. 1956 übernahm er den Vorsitz der deutschen UNESCO-Kommission. 1960, anläßlich seines 75. Geburtstages, legte er alle Ämter nieder. Die letzten Jahre seines Lebens verbrachte Steltzer in Berlin und im schweizerischen Ascona. Hier entstanden seine Memoiren, die 1966 unter dem Titel »Sechzig Jahre Zeitgenosse« erschienen. Theodor Steltzer starb am 27. Oktober 1967 in München. Seine letzte Ruhestätte hat er seinem eigenen Wunsch entsprechend auf dem Neuwerker Friedhof in Rendsburg gefunden.

Hans Söhnker

Hans Söhnker kam am 11. Oktober 1903, einem Sonntag, in Kiel-Gaarden zur Welt. Daß er ein Sonntagskind war, hat er – wenn man seinen Memoiren glauben darf – erst an seinem siebzigsten Geburtstag erfahren. »Sonntagskind aus Kiel? Wenn ich's mir rückblickend überlege, muß ich gestehen: Damit hat es wohl seine Richtigkeit«, kommentierte er 1974, als er seiner Frau Inge sein Leben erzählte.

Sein Vater war Tischler und zeitweilig auf einer Werft beschäftigt. Weil er engagierter Sozialdemokrat war (von 1907 bis 1912 Vorsitzender der Kieler SPD), wurde er entlassen. Später übernahm er die kaufmännische Leitung der »Schleswig-Holsteinischen Volkszeitung«. Prägend für den jungen Hans Söhnker waren besonders die ehrenamtlichen Tätigkeiten des Vaters für die Arbeiter-Bildungsbewegung, unter anderem für die Freie Volksbühne und den Kieler Chor-Verein. Seine Leidenschaft für das Angeln war nicht weniger ein väterliches Erbe als sein Engagement für die Ziele der Arbeiterbewegung, zu denen der spätere Erfolgsschauspieler sich stets bekannte und die ihn auch – bei aller Naivität, die er im nachhinein eingestanden hat – von Zugeständnissen an die NS-Bewegung abhielt. Er hat in Kiel eine glückliche Jugend verbracht und sich daran später gern erinnert. Nach der »Mittleren Reife« und dem Besuch einer Handelsschule begann Hans Söhnker eine kaufmännische Lehre. Der Chef des Möbelhauses, in dem er lernte, schrieb ihm ins Abgangszeugnis: »Seinem Drange zum Theater folgend, erlassen wir ihm das dritte Lehrjahr«. Das war 1922. Für seine Schauspielausbildung sorgten Clemens Schubert und Gustav Gründgens. Sein erstes Engagement trat er zusammen mit Ernst Busch in Kiel unter der Dramaturgie von Carl Zuckmayer an. Ihm verdankte Söhnker seine erste größere Rolle: den Casimir in Wedekinds »Marquis von Keith«. Der junge Schauspieler im Fach »jugendlich-lyrischer Liebhaber« hatte in Kiel Gelegenheit, sich ein breites Repertoire zu erarbeiten.

Als »Bonvivant und Charakterspieler« wurde er 1925/26 nach Frank-

Hans Söhnker begann seine Schauspielerkarriere auf dem Theater, bevor ihn der Film entdeckte und er als singender Schauspieler zum Publikumsliebling wurde.

furt/Oder und 1926 bis 28 nach Danzig verpflichtet. Die weiteren Stationen des Bühnenschauspielers Hans Söhnker waren Baden-Baden (1929/39), Danzig (1930/31), Chemnitz (1932/33) und Bremen (1934), bevor er in Berlin am Renaissance- und am Hebbel-Theater zum gefeierten Star der 30er Jahre wurde.

Die Filmkarriere begann 1933, als ihn Viktor Janson für die Rolle des »Zarewitsch« verpflichtete. »Die Dreharbeiten für den ›Zarewitsch‹ katapultierten mich praktisch über Nacht in eine neue Welt.« Mit diesem Film begann Söhnkers Erfolgskarriere als singender Schauspieler – eine Gesangsausbildung hatte er nie bekommen, verfügte aber über eine ordentliche Naturstimme. Zahllose Operetten und Revuefilme machten ihn zu einem Idol der 30er Jahre: »Die Csárdásfürstin« (1934), »Eva« (1935), »Arzt aus Leidenschaft« (1936), »Die Fledermaus« (1937), »Die Frau am Scheideweg« (1938), »Männer müssen so sein« (1939) – um nur einige zu nennen.

1939 hatte sich Söhnker in »Irrtum des Herzens« zum erstenmal als Filmschauspieler mit einem ernsten, streckenweise sogar tragischen Stoff auseinanderzusetzen. Hier konnte er sich endlich in einer dramatischen Rolle beweisen, was für ihn Perspektiven für neue, anders geartete Rollen eröffnete.

Der Kriegsausbruch überraschte den vielbeschäftigten Schauspieler zwischen den Dreharbeiten an dem Pseudowestern »Gold in New Frisco« und dem Nazi-Propagandafilm »Blutsbrüderschaft«. Söhnker arbeitete für die UFA, die TERRA und die TOBIS. Seine Verträge brachten es mit sich, daß er sich auch an Filmen wie »Blutsbrüderschaft« zu beteiligen hatte.

Der Wechsel vom »jugendlichen Liebhaber und Bonvivant« zum »Charakterdarsteller« war bei Hans Söhnker nicht weniger problematisch als bei anderen Schauspielern. Hier war es Helmut Käutner, der die richtigen Brücken zu neuen Ufern baute. Dennoch hat Söhnker auch in den folgenden Kriegsjahren ausschließlich Komödien, wie »Meine Frau Helena« oder »Liebespremiere« auf die Leinwand gebracht.

Als der Film »Große Freiheit Nr. 7« gedreht wurde, war Hamburg – und auch der Stadtteil St. Pauli – bereits erheblich zerstört. Dennoch wurden die Kulissen so eingerichtet, daß die Stadt völlig intakt erschien. Der Film, von Helmut Käutner inszeniert, fand nicht die Zustimmung von Joseph Goebbels und durfte deshalb nur im neutralen Ausland und im Rahmen der Truppenbetreuung gezeigt werden. Er wurde erst nach 1945 ein Erfolg. Hans Söhnker sah seine Beteiligung an diesem Leinwandwerk als Widerstand gegen das Regime. Ob ihm sonst nur die Wahl zwischen »Hitlerjunge Quex« und »Jud Süß« geblieben wäre, mag dahingestellt bleiben. Von Mitte 1944 bis Anfang 1945 entstanden noch siebzig deutsche Filme, von denen die meisten in Prag, in Österreich oder in der deutschen Provinz gedreht wurden. An vielen war Hans Söhnker beteiligt. Im nachhinein bewertete er diese Massenproduktion als »eindrucksvoll und gespenstisch zugleich«, bewunderte darin aber gleichzeitig den »Triumph des deutschen Organisationstalents«.

Anfang 1945 sollte auch Hans Söhnker zum Volkssturm einrücken, konnte aber Magengeschwüre nachweisen und wurde deshalb freigestellt. Nach dem Zusammenbruch des Deutschen Reiches begann er am Berliner Schloß-Theater unter anderem mit Curt-Goetz-Stücken. Als Filmschauspieler agierte Söhnker 1947 in »Film ohne Titel«; es folgten »Geliebter

Lügner« (1950), »Muß man sich gleich scheiden lassen?« (1953), »Ein Leben für Do« (1953), »Oberarzt Dr. Sohm« (1955) , »Wenn wir alle Engel wären« (1956), »Die Fastnachtsbeichte« und die »Schachnovelle« (1960) und viele andere mehr.

In der Zeit nach 1945 spielte Hans Söhnker zahlreiche klassische Bühnenrollen, in denen er sich als großer Schauspieler unseres Jahrhunderts präsentierte. Daß er, der annähernd dreißig Jahre ein Idol der Bühne und des Films war, beim Fernsehen reüssieren würde, schien nahezu selbstverständlich. Doch inzwischen war aus dem jugendlichen Liebhaber ein gutaussehender älterer Herr geworden. Aber auch in dieser Rolle, zu der sich Söhnker ohne Widerwillen bekannte, hatte er Erfolg, so in den Serien »Forellenhof« (1965) und als Zirkusdirektor in »Salto Mortale« (1968/69). Hohe Einschaltquoten erreichten zudem »Lokaltermin« (1973), »Meine Schwiegersöhne und ich« (1974) und vor allem »Beschlossen und verkündet« (1975).

Hans Söhnker hat nach 1945 zahlreiche Auszeichnungen erhalten, darunter das Berliner Filmband in Gold und das Bundesverdienstkreuz I. Klasse. Er trat für die soziale Besserstellung der Schauspieler ein und propagierte gewerkschaftliches Engagement, das er, an Erfahrungen seines Vaters anknüpfend, selbst vorlebte. Seine Memoiren, die nicht nur unterhaltsam, sondern auch informativ sind und allerlei bemerkenswerte Reflexionen enthalten, erschienen unter dem Titel ». . . und kein Tag zuviel« (1974). Hans Söhnker war mehr als vierzig Jahre lang ein Idol des deutschen Theater-, Film- und Fernsehpublikums. Als solches hat er sich wie kaum ein anderer Schauspieler bewährt. Er war in erster Ehe mit der Schauspielerin Charlotte Berlow verheiratet. 1959 ging er mit Inge Söhnker, einer Offizierswitwe, eine zweite Ehe ein. Er starb am 20. April 1981 im Alter von 77 Jahren in Berlin, seiner Wahlheimat.

Günther Lüders

Günther Lüders war auch als Schauspieler eine Persönlichkeit; er verwandelte sich nicht wie ein Chamäleon, um darzustellen, was gerade beliebte, sondern eignete sich dann – wenn man ihn wirklich als Schauspieler arbeiten ließ – die jeweilige Rolle an und zeigte sie als Günther Lüders, der als Persönlichkeit eben unverwechselbar war. Dazu gehörten seine eigentümliche Sprechweise, sein besonderer Gang, seine fast skurrile Steifheit und immer auch da noch ein Rest von Würde, wo diese ad absurdum geführt werden sollte.

Wie es sich für einen Schauspieler aus Lübeck gehört, hatte Günther Lüders einen bürgerlichen Beruf erlernt, bevor er zur Bühne ging: Der Sohn eines Kaufmanns, am 5. März 1905 geboren, absolvierte eine kaufmännische Lehre. Danach nahm er Schauspielunterricht und debütierte als Graf Sperner in Hermann Sudermanns »Blumenboot« am Städtebundtheater in Lübeck. Von 1925 bis 1930 hatte er ein Engagement am Friedrich-Theater in Dessau; von dort gelang ihm der Sprung an das Neue Theater in Frankfurt a. M. Hier spielte Lüders unter anderem mit Marianne Hoppe und Theo Lingen die Stücke klassischer und moderner Provenienz, die ein profiliertes Privattheater in den frühen dreißiger Jahren aufführen mußte, um wirtschaftlich bestehen zu können. Als der Schauspieler 1934 nach Berlin kam, ergab sich für ihn ein künstlerisches Doppelleben: Er spielte auf etlichen Bühnen der Reichshauptstadt Theater und trat gleichzeitig mit künstlerischem – und politischem – Engagement in den Kabaretts »Katakombe« und »Tingel-Tangel« auf. Das große Publikum kannte ihn allerdings nur als »Etappenhasen« oder in ähnlichen komischen Rollen. Und auf diese wurde er auch infolge der Einfallslosigkeit in den Besetzungsbüros der Filmgesellschaften programmiert. Günther Lüders ist in mehr als hundert Filmen – fast ausschließlich Komödien – aufgetreten.

Schon seit 1924 war Lüders Mitglied der Genossenschaft Deutscher Bühnenangestellter, GDBA. Diese Mitgliedschaft, ebenso wie seine Auf-

Günther Lüders stammte aus Lübeck, was er in Sprache und Haltung nie verleugnete.

Dem breiten Publikum war Günther Lüders durch zahllose Filme als Komiker bekannt. Seine wahren Talente entfaltete er aber in den großen Rollen des Theaters.

tritte in der »Katakombe«, forderte die nationalsozialistischen Machthaber heraus. Der Schauspieler hat nur selten darüber gesprochen, wie die Gestapo bei ihren Verhören mit ihm umging und was er nach der Einlieferung in ein Konzentrationslager durchzumachen hatte.

Nach dem Zweiten Weltkrieg spielte Lüders zunächst wieder Theater in Norddeutschland – in Flensburg, Hamburg und Lübeck. Noch dominierten seine komischen Rollen. Erst als ihn Gustav Gründgens 1947 an die Städtischen Bühnen in Düsseldorf engagierte, hatte Lüders Gelegenheit, sich neben seinen Auftritten als Komiker mit Hintergrund auch im Charakterfach zu profilieren. Der Theaterkritiker Siegfried Melchinger hat dazu bemerkt: »Der Komiker Lüders ist vermutlich von Anfang an ein verhinderter Held gewesen. Man geht doch nicht zum Theater, um Komiker zu werden, wenn man diese Figur hat und alle stimmlichen Mittel, um ihr Geltung zu verschaffen. Was da passiert, können wir nur zu leicht erraten. Wenn ein Lübecker zum Theater geht, muß er größere Schwierigkeiten überwinden als ein gewöhnlicher junger Mann.«

Günther Lüders wurde zu einem der wichtigsten Mitglieder des Düsseldorfer Schauspielhauses, als er die Rollen spielte, die ihm zukamen: den

Polonius in Shakespeares »Hamlet«, aber auch den Professor Higgins in George Bernard Shaws »Pygmalion«, den geheimnisvollen Eggerson in T. S. Eliots »Privatsekretär« oder den Dowd in Mary Coyle Chase's »Mein Freund Harvey«.

Wo war er größer, als Prospero in Shakespeares »Sturm« oder als Escalus in desselben Autors »Maß für Maß«? Oder lag seine wahre Begabung in der Regie? Seit seinem Engagement in Düsseldorf hatte der Schauspieler Gelegenheit, sein Talent zudem als Regisseur unter Beweis zu stellen. Dies tat er mit Erfolg in einigen Komödien – was man ihm zugetraut hatte – aber auch in Gerhard Hauptmanns schwierigem Stück »Die Ratten« – was man nicht von ihm erwartet hatte. Auch im Münchener Residenztheater war Lüders als Schauspieler und Regisseur zugleich erfolgreich. Mit dem nächsten Schritt wurden seine Talente übermäßig strapaziert: Aus Stuttgart erreichte ihn 1961 das Angebot, Schauspieldirektor zu werden. Und Lüders nahm an. Dabei erwies er sich nicht nur als einfühlsam im Umgang mit Kolleginnen und Kollegen, deren Sensibilität er kannte, sondern auch als begabter Pädagoge dem Nachwuchs gegenüber. Der konservative, gewissenhafte Lübecker begriff recht bald, daß er sich geirrt hatte, als er die Intendanz eines Theaters als die Fortsetzung von Schauspielerei und Regie betrachtet hatte. Er mußte erfahren, daß man nicht gleichzeitig auf der Bühne stehen, Regie führen und den dazugehörigen Apparat gewissenhaft verwalten kann. Als Lüders eines Abends mit einem Herzanfall die Bühne verlassen mußte, was zum Abbruch der Vorstellung führte, wußte er, was er zu tun hatte: Er bat 1963 um Entlassung aus dem Vertrag. Dem Stuttgarter Theater blieb er jedoch noch durch eine ständige Gastverpflichtung verbunden.

Günther Lüders war ein sehr fleißiger und zuverlässiger Schauspieler. Am liebsten trat er jeden Abend auf. An freien Tagen erfreute er sein Publikum gern auf anderen Bühnen mit Rezitationen. Seine bevorzugten Autoren waren Joachim Ringelnatz, Wilhelm Busch und Hans Schwitters; aber er las auch Matthias Claudius mit einer nie wieder erreichten Meisterschaft. Seine Thomas-Mann-Lesungen wurden nur durch solche des Autors selbst übertroffen.

Wenn er als Filmregisseur wirkte – so z. B. in »Wenn wir alle Engel wären«, »Vater unser bestes Stück« oder »Ihr 106. Geburtstag« –, zeichnete er sich durch Einfühlsamkeit und Korrektheit gleichermaßen aus. Daß Günther Lüders keineswegs auf traditionelles Theater festgelegt war, bewies er, als er Peter Zadek nach Düsseldorf folgte. In seiner Darstellung als Professor Unrat nach dem gleichnamigen Roman seines »Landsmanns« Heinrich Mann, bei der er auch eigene Lübecker Erfahrungen einbringen konnte, hatte er Gelegenheit, noch einmal die ganze Palette seiner Schauspielkunst auszubreiten.

Lüders war ein vielgeehrter Schauspieler; der »Staatsschauspieler« war auch Träger des Kunstpreises von Schleswig-Holstein und wurde mit der Senatsplakette seiner Heimatstadt ausgezeichnet. Günther Lüders war und blieb bei alledem ein leiser Schauspieler.

Am 1. März 1975 trat er während einer Probe von Peter Ustinovs »Endspurt« endgültig von der Bühne ab. Er war ein großer Schauspieler, eine große Persönlichkeit, ein großer Lübecker.

Personenregister

Namen von Personen, denen eine eigene Biographie gewidmet ist und die Seiten, auf denen diese erscheint, sind durch **Fettdruck** hervorgehoben.

Andreas Aberle

Es war ein Schütz in seinen schönsten Jahren

Von
Wildschützen und Jägern,
Sennerinnen
und Jagdherren,
Zauberbüchsen
und Freikugeln

Rosenheimer Verlagshaus

Inhalt

I bin der boarisch Hiasl, und faihln tua i nix,
Solang i Blei und Pulver hab, mei Schrot- und Kugelbix.

Der Hiasl und seine Brüder

Ein Buch über die Wilderer kann schuldigerweise nicht anders beginnen als mit einem kurzen Blick auf den bayerischen Hiasl. Er steht am Anfang aller Wildschützenliteratur, und in seiner Bewunderung fanden sich zu Beginn des 19. Jahrhunderts die Armen und die Intellektuellen. Für den gemeinen Mann war er derjenige, der es gewagt hatte, sich gegen die Mächtigen und Besitzenden aufzulehnen, der sich nahm, was ihm nach dem natürlichen Rechtsgefühl gehörte, der eben alles wagte und tat, was bei mehr Mut und Kraft ein jeder selbst gern getan hätte. Für die Intellektuellen war er der freie Mann aus dem Wald. Friedrich Schiller hatte ihn vor Augen, als er die Figur des Karl Moor in seinen »Räubern« konzipierte. Die revolutionären Gruppen der jungen Leute nannten sich Carbonari (Köhler) in Italien und Fendeurs (Holzknechte) in Frankreich. Aus dem Wald, aus der dunklen, unverfälschten Natur sollte die Erneuerung des Menschen kommen.

Der Hiasl selbst wird kaum ein politischer Mensch gewesen sein. Wahrscheinlich hat er vor allem für sich selbst gesorgt. Er war ein Bursch von jener Art, wie man sie im Alpenland häufiger als anderswo findet, einer, der sich nicht gern nach der Schnur bewegt, den der Schuh, den die Obrigkeit ihren Untertanen verpaßt, an allen Ecken drückt. Das ist das Holz, aus dem viele Wildschützen geschnitzt waren.

Der Hiasl ist das Urbild eines alpenländischen Wilderers. Alle rühmlichen Eigenschaften, die ein Volksheld dieser Art zu besitzen hat, waren in ihm vereint. Er war ein Riese von Gestalt und stark wie ein Ochse. Er war schlau wie ein Fuchs, der seinen Verfolgern immer wieder entschlüpft, kühn und furchtlos, dabei im Grunde gutherzig und ein Freund der Armen. Die schönen Töchter des Landes träumten von ihm und verbargen ihn vor den Gendarmen in ihrer Kammer. In der Wirtsstuben erzählte man mit Schadenfreude, wie er ganze Kompanien von Soldaten an der Nase herumgeführt hatte, man berichtete mit Staunen von seinem sicheren Umgang mit dem Gewehr, von seinem Meisterschuß auf den Kirchturmhahn, dem er zu einem Auge verholfen hatte. Seine Nacheiferer hatten wohl nicht zu geringem Teil diesen Ruhm im Auge, wenn sie den Gemsen und Rehböcken nachstiegen. Die einen trachten eben nach Ansehen bei der Obrigkeit, die anderen ziehen es vor, wenn in den Wirtsstuben und Mädchenkammern mit Hochachtung von ihnen gesprochen wird.

Freilich ist Ruhmsucht nicht der einzige Antrieb des Wildschützen. Wir wollen die Gründe hier nicht in gelehrter Form untersuchen. Vielleicht geben sie sich dem Leser am Ende des Buches von selbst. Jagdleidenschaft, Gewinnsucht, Ruhmsucht – wie soll man sie trennen und die Gewichte verteilen? Der Wilderer hat viele Gesichter. Sein Name reicht vom noblen »Wildschütz« zum »Wilddieb« und gemeinen »Lump«, wie die Jäger verächtlich sagen. Die Auffassung der eingesessenen, mit der Landschaft fest verbundenen Menschen, die Natur wie das Wild seien frei und gehörten jedermann, steht dem Standpunkt der Jäger, die das unter hohen Kosten gehegte Eigentum ihres Jagdherrn schützen, unversöhnlich gegenüber. Zwischen den Klippen der beiden feindlichen »Brüder« hindurchzusteuern, ist keine leichte Aufgabe.

Wie immer man die Sache betrachtet, sieht man sich zunächst doch der Tatsache gegenüber, daß Wildern ein kriminelles Delikt ist, das überdies viel Menschblut gefordert hat. Man wird deshalb einige mahnende Worte an die Adresse der »Hiasls« erwarten, für den Fall, daß einer durch die folgenden Geschichten und Berichte animiert wird, sich als »Held der Berge« zu versuchen. Da es uns aber nicht liegt, den Finger zu heben und zu moralisieren, überlassen wir das Wort einem, der den Ereignissen noch näher stand und den sie in heiligen Zorn versetzt haben. Es ist dies der sehr gelehrte, vernünftige und demokratische Herr Dr. Schöpf, der im Jahre 1885 seinen Tiroler Burschen die Leviten gelesen hat.

Wilderer-Predigt

»O mein Hais! O mein Hais! O Hais! O Hais!«

Was ist das? Das war das Jammergeschrei eines alten, eisgrauen Weibes, einer verzweifelnden Mutter, den ich genau um diese Stunde, nach halb sieben früh, auch an einem Sonntage zu Stumm im Zillertal, woselbst ich vor vierzig Jahren Hilfspriester gewesen, gehört habe. Der Jammerschrei, der mir durch Mark und Bein gegangen, den ich zeitlebens nie aus dem Sinn gebracht.

»O mein Hais! Mein armer Hais!«

Was war's denn? Hört!

Zuoberst auf dem Stummerberge, nahe dem Waldessaum stand ein einschichtiges Bauernhaus. Darin wohnte eine alte Mutter mit zwei erwachsenen Söhnen. Der eine hieß Matthias, der andere Michael.

Am Samstagmittag sagte Matthias zur Mutter: »Ich gehe heute abend noch in die Aste zum Vieh«, und Michael sagte: »Ich gehe morgen in aller Frühe zur Kirche, beichten.« Beide hatten die Alte angelogen. Hais ging zu seiner Buhldirne und Michael aufs Wildern.

Beim Tagesgrauen schritt Hais, eine braunangestrichene Butte auf dem Rücken, den Wald hinan der Aste zu.

Der Bruder lauerte abseits im Gebüsch. Als der nun oberhalb etwas Braunes sah, glaubte er, es sei ein Reh, zielte, schoß, und Hais fiel tot zur Erde. Am folgenden Tag erschien die Gerichtsbehörde, bestehend aus dem Landrichter von Fügen, dem Doktor von Schwaz und dem Arzt von Stumm, zur Vornahme des Augenscheins über den Tatbestand. Ich schloß mich derselben an, und nach eindreiviertel Stunden standen wir droben vor der Leiche. Sofort wurde die Sektion vorgenommen, während die Alte in einem fort schrie: »O mein Hais! O mein Hais!«

»Ja, wohl«, bemerkte einmal der Doktor, »möget ihr schreien; denn diese Leiche hält eine kuriose Predigt!« Das weitere gehört nicht hierher, ins Gotteshaus. Ich sage nur, daß die Leiche des braven Königs August von Sachsen, der 1854 in Brennbühel verunglückt ist, anders ausgesehen hat.

Also ein entsetzlicher Fall, ein schrecklicher Tod. Und woher kam es?

Vom Wildern und davon, vom Wildern, möchte ich euch nunmehr etwas sagen. Ich weiß wohl, daß ihr es nicht gerne hört und daß ich damit nicht eure Gunst erwerbe. Aber die Volksgunst hat nur so weit Wert, als man dadurch leichter und mehr Gutes wirken kann. Sonst ist nichts daran. Heute hui! morgen pfui! Wahrheit und Recht haben den Vortritt.

Also was ist das Wildern?

Das Wildern ist eine Leidenschaft. Und was ist Leidenschaft? Der Name sagt es. Etwas, was Leid und Kreuz macht, was den Menschen ganz unter bringt, ihn der kostbarsten Gottesgabe, wodurch er sich hauptsächlich vom Tier unterscheidet, der Vernunft und Freiheit, beraubt, ihn zum Sklaven macht – kurze Lust, lange Reue, kurzer Genuß, lange Buße –, das ist die Leidenschaft.

Was ist das Wildern? Häufig die Quelle namenlosen Leids, die Quelle unzählbarer Sünden, Laster und Verbrechen, eine Quelle des Hasses, der Feindschaft, der Lieblosigkeit, der Ungerechtigkeit.

Oder ist es nicht im höchsten Grade ungerecht, daß du gegen des Jagdpächters armen Jäger, der Weib und Kinder hat, der nur seine Pflicht und Schuldigkeit erfüllt, der ganze Nächte draußen im Freien bei Regen und Schnee zubringen muß, daß du gegen diesen Jäger solchen Haß und solche Feindschaft im Herzen trägst? Wie, wenn du deinen Knecht in deinen Wald schicktest zum Holz machen, und derselbe fände dort einen, der unberechtigterweise Bäume fällt, soll dir das dein Knecht nicht anzeigen, und darf man ihm deshalb zürnen? Einen Menschen deshalb hassen, weil er seine Pflicht und Schuldigkeit erfüllt, ist, wie gesagt, die höchste Ungerechtigkeit.

Was ist das Wildern? Ein Frevel ist es, ein Herausfordern des göttlichen Strafgerichts.

Während das Kirchenglöcklein an Sonn- und gebotenen Festtagen den Christen ins Gotteshaus ruft, während das unblutige Opfer zur Versöhnung dargebracht, das Zeichen zur Wandlung gegeben wird, schleicht der Wilderer im Wald herum und legt Schlingen oder Maschen, wie ihr's nennt, den armen Tieren.

Was ist solches Wildern?

Unmenschliche Grausamkeit ist es.

Da verwickelt sich das arme Reh mit seines Leibes Mitte in der Schlinge und muß nun oft Tag und Nacht zappeln, bis es verendet. Du grausamer Mensch! Schau doch einmal in das treuherzige Auge des gepeinigten Tieres. Könnte es weinen und hätte es Tränen, wie solche vom gütigen Schöpfer dem Menschen zum Trost gegeben sind, es würde weinen, daß sich ein Stein erbarmen müßte. Du gefährlicher Mensch! Denn wer kein Erbarmen hat für das Tier, ist auch grausam und erbarmenslos gegen die Mitmenschen; das sagt die Weltgeschichte, die uns bezeugt, daß alle Menschenschlächter im großen, wie z. B. Napoleon I., unbarmherzige Viehpeiniger waren.

Was ist das Wildern?

Etwa gar eine noble Leidenschaft, deren man sich nicht zu schämen braucht? Nein! Nein, mein Lieber! Das Wildern ist ein ganz ordinärer, gemeiner Diebstahl. Das sagt dir dein Gewissen, weshalb du so heimlich tust, im Verborgenen schleichst und solche Scheu vor der Entdeckung hast.

Das sagt dir der gemeine Menschenverstand. Oder wie, wenn du Jagdpächter wärst und es ginge dir ein Unberechtigter in dein Revier, würdest du zu ihm sagen: Recht hast du! Nein! Marsch, du Dieb! Also was du nicht willst, daß man dir tu, tu auch einem anderen nicht.

Ich weiß nun wohl, daß ihr gegen meinen Vortrag allerhand Einwendungen und Ausreden vorbringt.

Ihr sagt erstens:

»Das Wild ist frei, Gott selbst hat es frei gelassen.«

Allerdings hat Gott zum ersten Menschenpaar gesagt: »Herrscht über die Fische des Meeres und die Vögel unter dem Himmel und über alles Belebte, das sich auf der Erde regt.«

Damals hat es aber nur ein Menschenpaar gegeben, die Erde war noch nicht verteilt, es hat keinen Staat gegeben, auch keinen Hiesenbauer, Schwandtbauer, Gniglerbauer.

Es hat sich aber die Menschheit vermehrt, es haben sich Familien mit eigenen Besitztümern, Staaten und besonderen Beschäftigungen gebildet, wie z. B. die Jägerei oder der Jagdsport. Nun mußte Ordnung gemacht werden, und die nicht parierten, wurden gezwungen, das Recht des Mitmenschen zu respektieren, und nun hatte jeder seinen Teil. Die Erde und was darauf ist, war nicht mehr frei wie zur Zeit der Schöpfung. Es entstanden verschiedene Rechte, wie das Weiderecht, Fischereirecht, Jagdrecht. Und wer ein solches Recht erworben hat, sei es durch Erbschaft, Kauf oder Pacht, dem allein hat es gehört und gehört es noch.

Ihr sagt zweitens:

»Aber das Wild kommt auf unsere Felder, macht Schaden, sollen wir es da nicht schießen dürfen!«

Wenn der Nachbar ohne Verlaub sein Vieh auf deine Weide treibt, so tut er nicht recht, er ist ein schlimmer Nachbar; aber deshalb darfst du sein Vieh weder töten noch wegnehmen, wohl aber darfst du es pfänden und Schadenersatz verlangen. Nur sollst du nicht mehr beanspruchen, als zum Schadenersatz gehört, also z. B. nicht hundert Gulden, wenn der Schaden auf zehn Gulden geschätzt wird.

Zum Schadenersatz ist auch der Jagdpächter verpflichtet und gewiß auch jederzeit bereit. Aber sein Wild auf einem Fleck hüten lassen, wie du deine Ochsen und Kälber hütest, das kann er nicht.

Ihr sagt drittens:

»Aber die Jagdgesetze sind nicht gut, sind hart.« Mag sein. Nun denn, macht euch bessere Gesetze. Der

Kaiser hat die Gesetzgebung in die Hand des Volkes gelegt. Mehr konnte er nicht tun.

Solange aber das Gesetz zu Recht besteht, muß es selbst dann ausgeführt werden, wenn es mangelhaft ist. In früherer Zeit sind die Jagdgesetze von dem Landesfürsten allein gemacht worden. Und die waren meist passionierte Jäger. Damals war es anders streng, als es heute ist.

Ihr sagt viertens:

»Ja, bei der Pachtverlängerung im Jahre 1883 ist es nicht recht hergegangen.«

Das ist unrichtig. Ich habe mir eigens die diesfälligen Aktenstücke aus der Gemeindekanzlei ausheben lassen, habe dieselben genau durchstudiert und gefunden, daß allerdings sechzehn Grundbesitzer Protest erhoben und Prozeß angestrengt haben.

Aber infolge Erkenntnis vom 21. Juli 1883 sind sie abgewiesen worden mit der ausdrücklichen Bemerkung, daß sie gegen dieses Erkenntnis binnen vierzehn Tagen an die Hohe k. k. Landesregierung rekurrieren können.

Aber der Rekurs ist unterblieben, und so war die Sache endgültig abgetan. »Vigilantibus scripta sunt jura«, wer sein Recht verschläft, dem geschieht recht.

Ihr sagt endlich fünftens:

»Aber dich geht die Sache ja nichts an.« Wahr ist's, ich habe keine Amtspflicht, wenn ich nichts sage und nichts tue, muß es recht sein.

Aber eben weil ich an der Sache gar kein persönliches Interesse habe, ganz unparteiisch bin, kann ich die volle Wahrheit sagen. Ich möchte nicht mehr Zeuge einer Szene sein, wie solche sich am Rupertitage vor meiner Wohnung abgewickelt hat. Ich will euch ein rechter und guter Nachbar sein, der seine Stimme erhebt, um euch vor Unglück und Schaden zu bewahren. Im Grunde genommen geht auch diese meine heutige Predigt die wenigsten von euch an. Aber die es angeht, sollen es einmal klar und deutlich hören, was das Wildern eigentlich ist: wilde Leidenschaft, Quelle von Lastern und Verbrechen, Frevel, Grausamkeit, gemeiner Diebstahl.

Merkt es euch. Amen!

Diese Predigt hielt Dr. J. A. Schöpf am 25. Oktober 1885 in der Hl. Kreuzkirche in Guggental, Tirol (Ferdinandeum, Innsbruck)

Gute Nacht

Ein neues Lied wolln wir anfangen,
Wie es dem Wildschütz ist ergangen.
Er nahm sein Stutzerl lustig auf,
Ging freudig in den Wald hinaus.

Und als er wollt in ' Wald eingehn,
Da sieht er gleich sechs Jäger stehn.
»O allerliebstes Jesulein,
Was hab ich für ein Unglück heut!«

Sechs Jäger haben auf mich g'schossen,
Sechs Kugeln haben mich getroffen,
»O allerliebstes Jesulein,
Wie beicht ich alle Sünden mein?«

Die Jäger tut es sehr verdrießen,
Daß der Wildschütz hat sterben müssen,
Sie haben ihm dies Lied erdacht
Und wünschen ihm eine gute Nacht.

Wildschützen im bayerischen Gebirg

Es ist wohl der Frage wert, worauf denn der unvertilgbare Hang zum Wildern, der unserem Gebirgsvolk von alters innewohnt, beruht. Er hat zwei Wurzeln, eine edlere und eine gemeine. Die erstere liegt in der Sehnsucht nach Freizügigkeit. Es steckt ein aristokratischer Zug im Charakter der Bergbewohner, ein souveränes Bedürfnis freier Bewegung, das den dortigen Bauern am stärksten von dem unbeholfenen, an der Scholle klebenden Bauern des Flachlandes unterscheidet.

In den Bergen ist die Freiheit schon von der Natur begünstigt; das Atmen einer schärferen Luft, die Gewohnheit einer stärkeren Bewegung ist es, die den Gebirgsländer kühn, ritterlich, für andere interessant gemacht hat. Derselbe Zug ist es, der ihn auch zum Wildschützen gemacht hat. Denn für diesen Hang zu freiem Schweifen ist die Jagd wie geschaffen. Sie gibt den ziellosen Wegen ein Ziel; sie gibt den Reiz der Schwierigkeit und der Gefahr. Man fühlt sich noch einmal so stolz, wenn man die Waffe über der Schulter trägt, man ist kein Bauer mehr, man ist ein Freier.

Die Verleugnung ihres Ansehens zwingt die Forstbeamten, dieses um so entschiedener zur Geltung zu bringen. Nach allen Seiten hin hat sich eine Rivalität gebildet – an Kraft, an Glück, an Schlauheit, man sucht sich zu überlisten, zu überholen, zu übertreffen und im schlimmsten Fall zu – treffen. Manche dieser Reibungen haben keinen anderen Zweck, als sich gegenseitig zu foppen, dann wirken sie komisch, weil die Bravour, die dabei entwickelt wird, geradezu ins Gewaltige geht.

Vor mehreren Jahren kletterte ein schmächtiger Bursche in den Felsen eines Berges herum. Er war müde geworden und meinte, ein beruhigendes Mittagsschläfchen wäre ihm wohl zu gönnen. Langsam und vorsichtig schob er sich durch das Latschengestrüpp an einen Felsvorsprung, wo die Wand sieben Klafter tief abfiel. Dort legte er sich nieder; der Rucksack, in dem sich der auseinandergeschraubte Stutzen befand, kam unter den Kopf, und auch ohne gutes Gewissen ruhte er bald sanft. Minder sanft war sein Erwachen. Ein Förster stand mit gespanntem Hahn vor ihm und weckte ihn durch einen Fußtritt.

Mit wilden Sätzen sprang der Bursche in die Höhe; was tun? Die Büchse lag ja im Rucksack; der Weg war ihm vom Förster vertreten und auf der andern Seite – die Felswand. Er sollte als Gefangener mit dem Förster hinuntersteigen, so lautete dessen Befehl, aber das war unmöglich. Die Schand vor seinem Dirndl – wenn er so zum Gericht müßte, die hält er nie und nimmer aus. Verzweifelt nestelte er an dem losen Halstuch, es war nicht lange Zeit zum Besinnen. An ein Entrinnen war nicht zu denken, denn die Wand war sieben Klafter tief, und sieben mal sechs macht zweiundvierzig. Unten lag hohes Steingeröll; wer zweiundvierzig Fuß darauf hinunterspringt, zerschmettert sich alle Knochen. Aber das Dirndl! Die Schand vor dem Dirndl! Der Bursche stand dicht am Abgrund, seine scheuen Seitenblicke maßen die Tiefe. »Jesus Maria und Joseph!« schrie er laut – ein Sprung – man sah noch die Hand, die nach dem Latschenast griff und daran hinunterfuhr; der Ast schnellte zurück in die Höhe – ein dumpfer Krach – und weg war er.

Der Förster stand da wie begossen. »Sakrament«, murmelte er, »diesmal kriegt der Teufel einen warmen Braten! Der ist maustot, wie er hinunterkommt.« Leise regten sich die Gewissensbisse in der Brust des Alten: »Hätt ihn doch nicht so in die Verzweiflung treiben sollen; Wildern ist keine Todsünd, den hab ich pfeilgrad in die Hölle hineingesprengt.« Es gruselte ihn fast, hinabzusehen; ratlos schweiften seine Blicke

über die Halde hin, die unter dem Steingeröll lag; da klang auf einmal ein Juhschrei zu ihm empor. Er sah jemand im Flug über die Halde laufen und dieser jemand war – sein Gefangener.

Als er außer Schußweite war, blieb er stehen und schwenkte den Hut: »Guten Abend, Herr Förster«, rief er herauf, »ich bedank mich halt schön, daß Sie mich so gutwillig ausgelassen haben ! Und noch was möcht ich halt bitten – nit wahr, laufen S' mir fei nit nach und springen S' ja nit über die Wand da runter! 's ist nit wegen mir, 's ist mir bloß wegen Ihnen, denn dös prellt verdammt in die Füß.« Dann jauchzte er noch einmal und verschwand im Wald. Der Förster, fuchswild, sprach jetzt gar nicht mehr vom Zuchthaus, sondern gleich von der Hölle. »Wart nur, dich bring ich doch noch nunter in die Höll«, sagte er laut vor sich hin; einstweilen aber beneidete er ihn um solche Knochen.

Der Vater dieses Knochenhelden heißt Hans-Anderl. Das ist des Jungen graues Vorbild, noch jetzt ganz derselbe fidele Schelm, denn wenn der Bub weit weg ist, dann stiehlt der Alte seinem eigenen Buben Pulver und Blei und geht selber zum Wildern. Wie sonderbar gucken die grauen, schlauen Augen aus dem rußgefärbten »Gefriß«; seine weißen Stoppeln hat er mit schwarzem Wollenbart maskiert, und er trottelt erwartungsvoll durch die Morgendämmerung. Er ist der Überzeugung, daß Gott die gute Sache begleitet. Für einen Siebziger geht's mit dem Steigen noch ganz passabel; erst in der tiefen Mulde, die vom Gipfel des Berges nach Osten neigt, macht er eine kleine Rast. Jetzt heißt es »Öhrl spitzen«. Horch – jetzt rasselt es. Da kommt schon einer, denkt der alte Hans-Anderl und sinkt andächtig auf die Knie. Ein prächtiger dunkelfarbener Bock klettert dicht vor ihm durchs Gestein. Haha, der kennt mich nimmer, denkt sich der Alte lächelnd, weil er gar so nahe vorbeiläuft; der meint, der Hans-Anderl steigt ja doch nimmer rauf, und ein anderer trifft zuerst nix. Im nächsten Augenblick knallt's, und der Gemsbock stürzte mit einem riesigen Satz zu Boden. Anderl versteckte ihn sorgfältig unter den Tannenzweigen, denn zum Hinuntertragen ist er doch zu schwer. »Den muß heute nacht der Bub abholen.«

Den Schuß aber, der in einsamer Morgenfrühe weit durch die Berge hallte, hatten zwei Jäger vernommen.

»Das war ein Wilderer«, meinten sie und folgten dem Knall. Bald waren sie auf der Höhe des Grates angelangt, wo man in die Mulde hinuntersieht.

»Bst!« winkte der eine. »Da schau hinab; siehst du was? Das Tröpfl dort hat geschossen.«

Der andere zog das Fernrohr hervor, und nun konnte man ganz deutlich sehen, wie der alte maskierte Sünder zwischen dem Steingeröll herumlungerte, ohne zu ahnen, welches Unheil über seinem Haupte hing. Es wurde beschlossen, ihn zu umgehen, und als sie auf dreihundert Schritte herangekommen waren, da hieß es:

»Halt! Gewehr weg!«

Der jugendliche Alte schnellte empor, wie vom Blitz gerührt, und riß die Büchse an die Wange. Zu spät – drüben hat's schon geknallt, das Gewehr fiel ihm aus den Händen, und rücklings stürzte er ins Geröll.

Hin ist hin, dachten die Jäger und zogen ihrer Wege, ohne das Opfer lang anzuschauen; in einigen Tagen wird man ihn schon finden. »Wenn wir nur sicher wüßten, wer es war«, überlegten die beiden. »Am Ende war's gar der alte Hans-Anderl; das wär verdammtes Mißgeschick, denn vor dem seinem Buben ist niemand sicher. Die Hauptsache ist jetzt nur, daß kein Mensch erfährt, wer ihn erschossen hat.« Dem Förster wollen sie's gestehen, aber sonst darf es niemand wissen. Spornstreichs, auf heimlichen Fußsteigen, liefen sie hinab und klopften an die Tür des Försters.

Der Bericht klang sehr lakonisch. »Herr Förschtner«, sagten sie, »dösmal hat's einen z'sammgerissen: grad haben wir ihn niederg'schossen.«

»Herrgottsakrament!« polterte der Förster. »Schon der zweite dies Jahr! Was war's denn für einer? War er geschwärzt? Kennt ihr ihn? Hoffentlich ist's nicht der alte Hans-Anderl, weil's immer heißt, daß der da droben wildert! Das gäb viel böses Blut unter den Leuten!«

»Ja, wahrscheinlich wird's der sein«, erwiderte der eine bekümmert, »g'wiß wissen wir's nit, aber ein alter Kerl ist's gewesen, soviel haben wir schon gemerkt.«

»Herrgottsakrament«, brummte der Förster abermals, »wenn der morgen abgeht und seine Leute suchen ihn, das wird eine schöne Suppen geben!«

Mit gesenkten Häuptern standen die beiden Missetäter da und drückten sich lautlos zur Tür hinaus. Es war ein verdrießlicher Tag im Forsthaus. Der Herr hatte keinen Appetit (obschon es Knödel gab, sonst seine Lieblingsspeise), der Dackel bekam völlig unbegründet Prügel, und die Kinder verkrochen sich auf den Heuboden, um nicht das gleiche Schicksal zu teilen.

Unterdessen schlug oben in der Mulde der Hans-Anderl die grauen Augen auf und stellte fest, was ihm geschehen war. Es war nur ein Schrotschuß gewesen. Sorgsam untersuchte er die Wunde, fünf oder sechs der fatalen Körner waren im Schenkel steckengeblieben. In Ermangelung eines chirurgischen Bestecks zog der alte Praktikus sein Eßbesteck aus der Tasche und begann mit dem Messer die Operation. Ein Schrot nach dem anderen bohrte er aus der Wunde, und als er sie alle sechse hatte, steckte er sie ein, stand auf und ging von dannen. Wenn sie nur meinen Gemsbock nicht gestohlen haben, dachte er sich, aber Gott sei Dank, der Gemsbock war noch am alten Fleck.

Jetzt kam erst die zweite Frage, ob die Jäger ihn am Ende trotz der Verlarvung erkannt hätten! Dann muß er vors Gericht, und die Bauern fürchten das Gericht noch heutzutage mehr als die Hellenen ihrerzeit den Tartarus. Da galt es einen Meisterstreich auszuführen. Das Forsthaus war etwa zwei Stunden von der Stelle entfernt, wo sie ihn »totgeschossen« hatten; wie wär's denn, wenn er jetzt schnurgerad hinunterstiege und sich beim Förster sehen ließe, um nach irgendeinem gleichgültigen Ding zu fragen? Dann konnte doch kein Mensch mehr glauben, daß er derjenige gewesen sei, den die Jäger für tot auf dem Platz gelassen. Gedacht, getan. An einer Quelle, die er zugleich als Spiegel und Waschbecken benützte, wusch er sich das schwarze »Gefriß«, sein Stutzen wurde unter einem Stein am Kreuzweg versteckt, und das übrige würde sich wohl finden.

Mit der rosigen Laune, die wir immer haben, wenn wir Streiche machen, stieg er herunter und klopfte beim Förster an. Dem Förster war das Gespenst des Hans-Anderl den ganzen Tag vor den Augen herumgegeistert, nun konnte er kaum sein freudiges Erstaunen verbergen, als der Hans-Anderl leibhaftig vor ihm stand.

»Sie haben neulich ein paar Holzfuhren bestellt, Herr Förster«, sprach dieser in devotem Ton; »ich möchte nur fragen, bis wann Sie's haben wollen, weil ich ohnedies gerade in der Nähe bin.«

»Das ist jetzt g'spaßig«, erwiderte der Förster, »heut haben wir von dir gesprochen. Es heißt manchmal, du gingst stark wildern, und heute früh hab ich munkeln hören, daß wieder einer wär erschossen worden. Und jemand hat gleich gar gemeint, du wärst das gewesen.«

»Geh, laß mich aus, Herr Förster, mit solchem G'spaß!« sagte Hans-Anderl moralisch entrüstet. »Da schauen S' einmal dös Fußgestell an, wie mühsam ich dahergeh, da ist's mit dem Wildern wohl vorbei. So – erschossen haben S' wieder einen? G'schieht ihm recht, dem Spitzbuben.«

Damit ging er seiner Wege. »Das Holz bring ich schon morgen«, rief er noch durchs Fenster.

»Wenn auch einer hin ist«, sprach der Förster, »ich

bin nur froh, daß es der nicht ist. Aber sehen kann man's wieder, wie leicht man einem Menschen Unrecht tut. Der alte Krüppel da und wildern!«

Solche Fälle machen es begreiflich, daß sich das oberbayerische Volkslied mit seiner stark humoristischen Tendenz ganz besonders in diesen Stoffen entwickelt hat. Es liegt das Rührende und das Mutwillige nirgends so nahe beisammen wie in dem, was einem Wildschützen passieren kann, und darum haben wir Lieder von fein elegischer Tonart bis zur tollsten Satire:

Und bal i amal stirb,
Brauch i Weihbrunn koan,
Denn mein Grab, dös wird naß
Von mein Dirndl sein Woan'.

In den anderen sprudelt ein Übermut, der manchmal beinahe genial, eine Schelmerei, die manchmal unsäglich komisch ist. So handelt eines dieser Trutzlieder von einer Haussuchung, die bei einem Verdächtigen nach dessen Gewehr gehalten wird. Auf drastische Weise ist beschrieben, wie die Jäger kommen, wie sie schnüffeln und alles durchstöbern, den Strohsack aufschneiden und die Bettlade umkehren. Nach beendigter erfolgloser Suche serviert ihnen der Verfolgte einen Teller mit Sauerkraut, davon er ein ganzes Faß im Hause hat und das ihnen vortrefflich mundet. Am Boden des Fasses aber war der sorgsam zerlegte Stutzen verborgen.

Und nur ins Sauerkraut,
Da haben s' nit einig'schaut,
Das Kraut haben s' abig'fressen,
Und d' Bix ham s' ganz vergessen.

So lustig geht's freilich nicht immer aus. Im Isartal hauste vor einiger Zeit ein Forstwart, der weit und breit gefürchtet war. Sieben Schuh war er hoch, funkelnde Augen, offene Brust und ein grauer, grimmiger Schnurrbart. Wenn er so dahinschritt im Wald, sah er aus wie der leibhaftige Nimrod. Neun Menschen hatte er schon erschossen, und fast jährlich kam ein neuer dazu; man hatte ihm Rache geschworen und Briefe geschickt, daß sie ihn lebendig in seinem Haus verbrennen wollten, aber der Alte kannte keine Furcht. Bei Nacht und Nebel stieg er in den Bergen herum, mit der Kugel im Lauf und seinem Buben zur Seite, der ihm nachlief wie ein Jagdhund. Auch auf den Buben hatten sie geschossen, aber jeder Schuß ging fehl; am Ende sind sie kugelfest.

Eines Tages, da er allein umherschweifte, trat ihm eine Rotte von sieben oder acht vermummten Gestalten in den Weg, und diese fingen den alten Nimrod lebendig. Dann warfen sie ihn zu Boden und knebelten ihn, und nachdem sie ihn greulich gelästert hatten, wurde er an einen Baum gebunden, um dort zu verhungern. Drei Tage und Nächte stand er also da mit weitgespannten Armen; er sah, wie der Mond heraufstieg, wie der Hirsch durchs Dickicht brach und erschreckt an ihm vorübersauste, wie der Morgen und wie der Abend graute. Am dritten Abend kamen sie wieder, und weil er noch lebte, sollte ihm das Leben geschenkt sein. Sie banden ihn los und bildeten Spalier, durch das er Spießruten laufen mußte. Hoffentlich gaben ihm die Kolbenstöße einen Denkzettel, aber wenn's noch nicht genug ist, dann fliegt beim nächsten, den er totschießt, der rote Hahn aufs Dach.

Vierzehn Tage später erschießt er den nächsten, doch ehe noch der Hahn kam, kam die Ordre, die ihn versetzte, weit weg ins flache Land, und als er fortzog aus den Bergen, weinte er wie ein Kind.

Im Lauf des vergangenen Sommers wurde ich zu mehreren Sektionen beigezogen, die an erschossenen Wilderern gemacht wurden. Der eine war gar ein frischer und lustiger Gesell gewesen, hellbraun, hoch gewachsen, kaum neunzehn Jahre. Er arbeitete den Tag über in einer Sägemühle, bei Nacht aber, wenn die Räder stillstanden, trieb es ihn hinaus ins Weite. Allenthalben war er beliebt, weil er so wunderschön Zither schlug und sang, wenn er abends vor der Mühle saß, wenn die Burschen und Mädchen dort zusammenkamen.

Zwei Tage vorher hatte ich ihn noch jodeln hören; es war ein peinliches Gefühl, als ich nun eintrat in die Totenkammer, wo er in seinen gewohnten Kleidern auf dem Schragen lag. Schon die kräftigen Schuhe, die kurzen Hosen und die flotte Joppe hatten etwas Befremdendes; man kann sich diese malerische Tracht gar nicht an einem Toten denken. Die Kugel war ihm vom Rücken ins Herz gedrungen, und wie er so da lag, da fiel mir unwillkürlich Siegfried im Wald und auf der Bahre ein.

Man begann ihn auszukleiden, die Taschen wurden untersucht – und ein Zufall, den ich nie vergessen werde, ist mir da begegnet. Als wir nämlich in die Brusttasche griffen, fand sich ein Stück Papier, auf dem mit Bleistift einige frische Zeilen standen. Es waren die ersten Verse eines Wildschützenliedes, das der arme Schelm beim frühen Morgenlicht sich aufgeschrieben hatte:

Und sollt ich heut noch müssen
Im Wald mein Leben büßen,
Ich bleib halt doch getreu
Bei meiner Wilderei.

Hier brachen die Verse ab; ehe er den letzten dazugesetzt hatte, war der erste in Erfüllung gegangen. Ich habe das Blatt zu mir genommen und bewahre es stets als ein charakteristisches Andenken.

Mehr gräßlich als schön sah ein anderer aus, den die Grenzjäger zwischen Kreuth und Achenthal getötet hatten, denn der lag noch in der ganzen Vermummung auf dem Totenbett, mit falschem Bart und rußigem Gesicht, die Faust auf der Brust geballt. Niemand kannte ihn, aber einzelne Spuren wiesen darauf hin, daß er von Lenggries daheim war. Sofort wurden ein paar Bauern, die aus der dortigen Gegend gerade anwesend waren, als Identitätszeugen berufen. Neugierig, mit einem rohen Schauder, traten sie heran an den Toten. Man nahm ihm den schwarzen Bart weg, man wusch ihm das Gesicht, und nun lag er da, als ob er lebte.

»Das ist der lange Sepp von Lenggries«, sagte der eine, »der war vierzehn Jahr lang mein Nachbar.«

»Ja, der ist's«, stimmte der andere zu, und dann eilten beide zur Tür hinaus, als ob sie fürchteten, zum Verräter des Toten geworden zu sein.

Mitten im Herzen fand sich ein Stück gehacktes Blei; der Tod mußte ihn wie ein Blitz getroffen haben. In später Nachmittagsstunde kam ein unheimlicher Zug von zehn oder zwölf Burschen über die Berge herüber und meldete sich beim Amt. Ihre Worte hatten so etwas bang Verlegenes, ihre Haltung so etwas Drohendes und Forderndes; es waren die Freunde des Gefallenen, die sich dessen Leiche ausbaten, um sie daheim zu begraben. Man gewährte es ihnen, und in finsterer Nacht fuhren sie den zerstückelten Körper in einem wohlverpichten Sarg von dannen. Zu beiden Seiten des Leiterwagens saßen und gingen sie als Ehrenwache; man hörte beim Rasseln der Räder nicht, was sie einander zuflüsterten, doch es klang wie Rachegedanken.

Lenggries ist jetzt das eigentliche Zentrum des Wildschützenwesens, der Menschenschlag ist dort rauher, die geographische Lage günstiger als irgendwo. Außerdem ist die Isar, die aus dem Karwendelgebirge hier vorüberströmt, jederzeit bereit, die diebischen Gemsbraten und Rehschlegel nach München zu befördern.

So haben's die Alten nicht getrieben, und deshalb beklagen sie, »daß die Wilderei in Verfall gekommen sei«. Die jungen Spitzbuben sind zu sehr vom Geist der Neuzeit angesteckt.

Karl Stieler, 1873

Muaß nit grad a Gams
Und a Hirsch nit grad sei,
A Birsch auf a Dirndl
Is a so viel fei.

I trau dir nit

A Jager birscht im Berg bei Tölz,
Da steht a Wildschütz dort im G'hölz,
Allzwoa gibts glei an Teufelsriß,
Man woaß nit, wer der Gschwinder is.
Und schaug, voneh s 'noch angelegt ham,
So springt a jeder hintern Baam.
Und lange Zeit hat koaner g'redt,
A jeder denkt: will sehgn, wie 's geht.
Auf d' letzt fangt halt der Jager an,
»I will nix sagen, was d' hast tan,
Oamal is koamal – moanetwegn;
Geh fort und laß di nimmer sehgn!«
Der Wildschütz sagt: »Is 's Ernst damit?
Geh du z'erst vor, i trau dir nit.«
So machen s' ihnern Disputat
Von fruah bis dunkel werd und spat,
Na ham sie se zum Roasn g'richt.
Jetzt geht 's dahin, kaum hörst an Schritt,
»Guat Nacht!« ham 's g'schrien, »i trau dir nit!«
Karl Stieler

Dem Gedicht scheint eine wahre Begebenheit zugrunde zu liegen. J. B. Schöffmann schreibt in »Bilder und Erinnerungen«:

»In Hahnberg, also ziemlich weit zurück im Schwarzenbachtal, da standen sich einmal ein Jäger und ein Wildschütz von neun Uhr vormittags bis in die geschlagene Nacht gegenüber, jeder hinter einem Baum. Einer hatte den andern mit dem Tode bedroht für den Fall des Zusammentreffens; und siehe da, sie trafen sich, sahen sich, flüchteten hinter Bäume, und keiner wagte sich hervor, bis nicht die dunkle Nacht ihn deckte.«

Der G'schwinder der G'sünder

»An der Grenze lauert der Tod«, pflegte ein Tegernseer Landrichter zu sagen. Kein Gebiet hat so viele Wildererdramen und Jägertragödien erlebt wie jener Streifen, wo Bayern und Österreich aneinandergrenzen. Die Tiroler taten gern einmal zu den »Boarfacken« herüberluegen, aber auch die bayerischen Burschen bildeten sich manchmal partout einen österreichischen Gamsbart ein. »Drenten« war man eben unbekannt. Selbst wenn einem der Jäger den falschen Bart vom Gesicht riß, war noch nicht alles verloren. Stiegen die Jäger den Schüssen nach, so waren die Burschen längst mit der Beute über der Grenze in Sicherheit, und die Jäger fanden nur noch den »Aufbruch«.

Daß die Tiroler so gern in Bayern zum »Büchseln« gingen, hatte freilich noch einen anderen, ganz einfachen Grund. Im »heiligen Land Tirol« gab es zu wenig Wild. Man mußte dort oft lange herumsteigen, bis man etwas vor die Büchse bekam. Im Bayerischen dagegen stand das prächtigste Wild in Rudeln in den Felsen. Zu Zeiten Maria Theresias hatten viele Bergbauern das Jagdrecht erhalten, als Belohnung für Tapferkeit im Krieg, und dieses Privileg blieb bei der Familie. In manchen österreichischen Gemeindejagden besaßen deshalb zwanzig und dreißig Einheimische einen Jagdschein – kein Wunder, wenn manche Reviere fast völlig leergeschossen waren.

So stiegen denn die Tiroler Bauernjäger mit dem österreichischen Jagdschein in der Tasche hinüber in die vollen Wildkammern der bayerischen Jagdherren. Gewöhnlich kamen sie in größeren Gruppen, veranstalteten regelrechte Treibjagden, »riegelten« (trieben) und schossen, daß es lustig von den Bergen hallte. Oft jagten sie nach Jägerart mit Hunden, den berühmten österreichischen Bracken. Sie trieben die Gemsen auf die Grenze zu, wo die Schützen standen und reiche Beute machten. An anderen Tagen kamen sie weit ins Bayerische herein, mit Mundvorrat für mehrere Tage im »Schnerfer«. Es machte ihnen nichts aus, einen Hirschen meilenweit auf der Kraxen heimzutragen. Steigen und Tragen war ihnen auf den Berghöfen alltägliche Gewohnheit. Das sperrige Geweih versteckten sie und deckten es sorgfältig mit Steinen zu, damit der Fuchs nicht daran konnte. Ein paar Tage später kam man wieder herüber, ungeschwärzt und unbewaffnet, und fand es »zufällig« beim Bleamlbrokken.

Die bayerischen Jäger knirschten mit den Zähnen, aber zu machen war da meist nicht viel. Der Nachrichtendienst der Tiroler klappte vorzüglich, sie hatten ihre »Ausspekulierer« in den bayerischen Dörfern, und es konnte vorkommen, daß, während die Bayern auf dem einen Berg jagten, die Tiroler lustig auf dem Nachbarberg knallten. Da wurde dann auf gut bayerisch geflucht und gewettert, aber dabei mußte es oft bleiben, denn die Reviere waren mit Jagdpersonal viel zu schwach besetzt. Für einen einzelnen Jäger war die Begegnung mit einer Tiroler Wildererbande im höchsten Maße lebensgefährlich. Da hieß es schnell am Gewehr zu sein, denn es wurde nicht lange gefackelt. »Der G'schwinder der G'sünder« lautete die Devise, ganz wie in den alten Tagen Amerikas.

Natürlich hatten die Jäger die Vorschrift, den Gestellten anzurufen und zum Ergeben aufzufordern. Erst wenn der »Geschwärzte« das Gewehr hob, durfte geschossen werden, und manchmal war es dann eben schon zu spät. Man kann es den Jägern, von denen fast jährlich einige umkamen, nicht verdenken, wenn sie nicht immer auf die berühmte »falsche Bewegung« warteten. Vor Gericht wurde das natürlich immer behauptet, was leicht war, wenn die Gegenpartei bereits auf dem Friedhof lag. War dies nicht der Fall, so kam es manchmal zu widersprüchlichen Aussagen. Als im Jahre 1901 ein Werdenfelser Wilderer und ein Jäger vor Gericht standen, gab der Beamte an, er hätte gerufen: »Geschossen wird nicht!« Der Wilderer, der bei dem Zusammenstoß ein Auge eingebüßt hatte, behauptete, er hätte gehört: »Halt, du Lump, oder i schiaß di in da Mitt auseinander!«

In seinem Buch »Im Rausch des Unerlaubten« erzählt Oberforstmeister Rudolf Frieß, was man bei Hofjagden dienstlich oder doch »offiziös« hinsichtlich einer Begegnung mit Tirolern gesagt bekam. »Wenn Sie mit mehreren Tirolern zusammentreffen, dann müssen Sie sich still verdrücken oder aber sie sofort totschießen! Nur nicht anrufen, wenn es mehr als einer ist! Schon zwei sind ganz gefährlich. Auch wenn sie auf einem Band scheinbar nimmer wegkönnen, springen sie auf Anruf in die Wand. Der eine hält dich dann unter Feuer aus sicherer Deckung heraus, hie und da seinen Hut mit dem Stock heraushebend. Der andere übersteigt und umgeht dich und schießt dir eine Kugel in den Rücken. Sie sind verwegene Steiger und todsichere Schützen.«

Freilich ging es auch nicht selten andersherum. Manch ein schnackelfideler Tiroler Bursch ist aus dem Bayernland direkt ins Jenseits gefahren, ohne Beicht und Sakrament. Von einer Begegnung in den dreißiger Jahren berichtet Adlmaier:

1934 wurde das Cramer-Klettsche Revier im Sachrangtal wieder arg von Tiroler Wildschützen heimgesucht. Der Revierförster Pfaffinger wußte das nur zu gut. Im Sommer hatten sich die Tiroler einen Spaß daraus gemacht, ihm die Tür seiner Jagdhütte mit Schweiß zu beschmieren. Vor Kirchweih, wenn sich die Wilderer gern einen billigen Braten schießen, hatte er sie sogar in fünfhundert Meter Entfernung mit dem Fernglas gesehen, wie sie gerade im Begriff waren, ein »Stück« aufzubrechen. Der aufsteigende Nebel hatte ihn an der Verfolgung gehindert.

Die Beutezüge der Tiroler nahmen schließlich so zu, daß das Gamswild unruhig wurde. Da beschloß Pfaffinger, 52 Jahre alt, Vater von vier Kindern, den Kampf aufzunehmen. Er übernachtete in der Jagdhütte und stieg am nächsten Morgen vor Tau und Tag zusammen mit seinem Hund zur Schreckalm an der Grenze hinauf.

Es lag Schnee. Die Hänge des Geigelsteins standen schweigend, und nur ab und zu rumpelte ein Wild auf. Als Pfaffinger ein kleines Köpfl bei der Schreckalm anstieg, ruckte der Hund an der Leine und windete mit vorgestrecktem Kopf.

Pfaffinger nahm sein Gewehr von der Schulter und wartete. Nichts rührte sich. Da sah er plötzlich im

grauen Morgenlicht eine gebückte Gestalt den Hang heraufschleichen. Der Jäger machte seinen Repetierer schußbereit. Der Bursche kam näher, ohne daß ein Tritt zu hören war.

»Halt! Gewehr weg, sonst kracht's, Lump verdammter!«

Der Wilderer zuckte zusammen, wie von einem Schlag getroffen. Blitzschnell warf er seinen Bergstock weg, fingerte nach dem ledernen Mündungsschoner seines Stutzens. Da blitzte ein Feuerstrahl durch den Morgen. Ein erstickter Schrei mischte sich in den verhallenden Donner. Geröll ging ab. Dann war wieder Stille, als wäre nichts geschehen.

Pfaffinger repetierte sein Gewehr und wartete. War der Bursche allein? Hinzugehen wäre zu gefährlich. Wahrscheinlich lagen seine Kameraden im Hinterhalt. So zog sich Pfaffinger vorsichtig zurück und stieg ab nach Sachrang, um den Vorfall bei der Gendarmerie zu melden.

Zusammen mit einem Gendarmen kehrte er bald darauf an den Unglücksort zurück. Inzwischen war es Tag geworden. Die Sonne schien und ließ die Schneehänge in gleißendem Licht erstrahlen. Sechzig Meter entfernt von dem Köpfl bei der Schreckalm sahen sie die dunkle, zusammengekrümmte Gestalt auf dem Schnee. Die Kugel hatte die rechte Bauchseite getroffen und war an der linken Hüfte ausgetreten. Der dreiunddreißigjährige verheiratete Tiroler Holzknecht, Partieführer und Besitzer einer kleinen Gastwirtschaft in Walchsee, war an inneren Verblutungen elend zugrunde gegangen. Trotz der Kälte hatte er seine Schuhe im Rucksack und war auf Strümpfen gegangen.

Unter den bayerischen Wildschützen waren die Isarwinkler die gefürchtetsten. Die Burschen aus der Jachenau, aus Lenggries oder Wackersberg standen den Tirolern an Kühnheit nicht nach. Echt altbayerische Typen konnte man hier noch lange bewundern, besonders in dem abgeschlossenen Seitental der Jachenau, wohin sich die Künstler begaben, wenn sie geschmeidige Burschen mit kühnen Gesichtern und in altväterlicher Tracht malen wollten. Draußen in Lenggries konnte man herkulische Gestalten sehen, Flößer zumeist, die, bis über die Knöchel im Wasser stehend, ihre Fahrzeuge die Isar hinabsteuerten. Schießen und Jagen steckte ihnen zutiefst im Blut, und die Jäger waren ihre geschworene Feinde.

»Früher«, erzählt Karl Stieler, »war Lenggries die Hauptstätte für jenes Schützenwesen, das dem Hochländer ins Herz gewachsen ist, und das in Tagen der Freude wie in Stunden der Not sich hervorgetan hat. Man trug bis in die letzte Zeit die urväterlichen Kleider; Trommeln und Schwegelpfeifen gingen voraus, und der Hauptmann der Kompanie warf sich in die

Brust wie ein General. All das wurde abgetan, weil es polizeiwidrig erschien, aber je mehr man gegen die legitime Büchse auftrat, um so eifriger wurde der unrechtmäßige Gebrauch derselben betrieben. Aus den Schützen sind Wildschützen geworden, die die Gegend weit und breit durchstreifen ...«

Manche Orte wurden zu regelrechten Wildderernestern, wo das verbotene Jagen und das Herausfordern der Obrigkeit Tradition war.

> Die Lenggrieser Buam,
> Die Wackersberga,
> Die raufa, wenn's sei muaß
> Mit'n Teufi scho a.

»Der gewöhnliche Bauernverstand will es einmal nicht begreifen«, sagt Noë, »daß die Tiere, die frei im Wald und auf den Bergen herumlaufen, nur für die Passion einiger Hofkavaliere vorhanden sein sollen.«

Vor Gericht war den Isarwinklern schwer beizukommen. Verraten wurde nichts, und jemandem ein falsches Alibi zu geben, war Ehrensache. Notfalls schwor man auch einen »kalten Eid«, die Finger der rechten Hand in die Höhe, die der linken »pfeilgrad obi« an der Hosennaht. »Nacha guilt's nix«, hieß es, und man konnte weiter mit ruhigem Gewissen schlafen.

Die Gemeindejagden waren, ähnlich wie in Tirol, »ausgeschossen«. Zu viele Einheimische hatten einen Jagdschein. Da war die Versuchung groß, in Nachbars Wildgarten hinüberzusteigen und sich dort einen Braten oder eine Haut für die neue Lederhose zu holen. Nebenan jagte nur der angestellte Jäger, machte seine vorgeschriebenen Abschüsse, und ab und zu erschien auch der Jagdherr aus München mit seinen Gästen. In den Staatsforsten hieß es: »Der Herr Finanzminister benötigt für ein Diner zwölf Fasanenhähne. Der Herr Präsident zwölf Enten, der einen Rehbock, jener drei Hasen.« Das wurde prompt erledigt, schreibt Oberforstmeister Frieß. Da holten sich dann auch die Einheimischen ab und zu einen Sonntagsbraten.

Im Isarwinkel hat manch braver Jäger sein Leben eingebüßt. Es machte den rauhen Burschen dort nichts aus, den Finger krumm zu machen, auch wenn das Visier auf einen Menschen zeigte. 1918 kam das Wildererunwesen in dieser Gegend durch die Ermordung des Jägers Kaspar Grimm wieder einmal in alle Zeitungen.

Am 4. November 1917 faßten vier Lenggrieser Bauern, g'standene Mannsbilder und Familienväter, einen folgenschweren Entschluß. Anstatt am Rauschenberg auf die Pirsch zu gehen, wo einer von ihnen eine Jagd gepachtet hatte, beschlossen sie, wohl weil es dort mehr Wild gab, auf gräflich-törringsches Gebiet hinüberzusteigen. Die vier waren der Draxlbauer, der Anton Danner, bereits 52 Jahre alt, Jakob Schöffmann, 37, und Stefan Gerg, 36. Schöffmann kam auf zwei Gemsen, der Draxlbauer auf Hochwild zum Schuß. Danner erlegte ein Gamskitz. Er weidete es aus, während Schöffmann im nahen Sulzbachgraben die Leber wusch. Der Draxlbauer und Gerg hatten sich in der Nähe gelagert. Da sprang plötzlich der gräflich-törringsche Jäger aus den Büschen und forderte die beiden Lagernden auf, sich zu ergeben. Der Draxlbauer machte vielleicht die berühmte falsche Bewegung, und der Jäger schoß ihm im nächsten Augenblick eine Ladung Schrot in den Leib, daß der Getroffene schreiend in die Höhe sprang. Danner ließ das Gamskitz fahren und stürzte sich auf den Jäger. Er schlug ihm das Gewehr zur Seite und bekam ihn am Hals zu fassen. Ein Kampf entbrannte, an dem sich wohl auch die beiden anderen beteiligten. Das Ringen soll mehrere Minuten gedauert haben. Plötzlich regte sich der Jäger nicht mehr, er war tot – erwürgt. Danner, der ihn am Hals hatte, behauptete später, auch er sei am Ende ohnmächtig gewesen.

Die drei Gelegenheitswilderer waren bestürzt über den furchtbaren Ausgang des fröhlichen Jagdunternehmens. Vor ihnen lag der tote Jäger, hinter ihnen krümmte sich wimmernd der Draxlbauer. Einer schlug vor, den Jäger verschwinden zu lassen. Sie schleppten ihn in den Sulzbachgraben, legten ihn in eine Mulde im flachen Wasser und steinten ihn zu. Dann beeilten sie sich, den schwerverletzten Draxlbauern zu Tal zu tragen.

Unterwegs starb er. Mit einem Schubkarren, den Danner von seinem nahen Hof holte, transportierten sie ihn weiter. Das letzte Stück bis zu einem an der Isar bereitliegenden Kahn trugen sie die Leiche auf einer Stangenbahre. Auf der Gendarmeriestation meldeten sie, der Draxlbauer hätte am Rauschenberg in seinem Jagdrevier durch Selbstauslösung eines Schrotlaufs einen Jagdunfall erlitten. Es lag kein Grund vor, diesen Angaben zu mißtrauen, und der Tote wurde beigesetzt.

Einige Tage waren die drei mit ihrem schlechten Gewissen und einer vagen Hoffnung allein. Dann wurde der eingesteinte Kaspar Grimm von seinen unermüdlich suchenden Kollegen gefunden. Ein Stein, der mit der dunklen statt mit der hellen Seite nach oben lag, hatte dem geübten Jägerauge die Stelle verraten. Zugleich wurde der Gendarmerie »gesteckt«, daß die drei Bauernjäger nicht am Rauschenberg, sondern beim Grafen Törring gejagt hätten. Sie wurden verhaftet und gestanden die Tat.

Im April 1918 fand vor dem Schwurgericht in München die Verhandlung statt. Der Danner gab zu, den Jäger gewürgt zu haben. Seine beiden Kameraden behaupteten, sie hätten zugeschaut. Es kam darüber zu einem heftigen Wortwechsel zwischen den Angeklagten. Am Ende der Verhandlung erwarteten alle mit Spannung den Spruch der Geschworenen. Er schlug wie eine Bombe ein. Sechs Monate Gefängnis für jeden der drei wegen Jagdvergehens, bei Anrechnung der Untersuchungshaft. Sie konnten den Gerichtssaal frei verlassen, auch Danner, dessen Verteidiger darauf plädiert hatte, daß er in Notwehr gehandelt hätte. Die Tötung sei unbeabsichtigt in heftigem und blindwütigem Ringkampf erfolgt.

Die Empörung unter den Jägern war begreiflicherweise groß. Der Landesverband bayerischer Jagdschutzvereine erhob öffentlichen Protest. »Wenn vier Bauern, Isarwinkler, gemeinsam zum Wildern gehen, so fordern sie damit nicht nur Jagdrecht auf fremdem Gebiet, sondern mit kategorischer Selbstverständlichkeit, daß die dort beschäftigten Jäger sich zu entfernen oder wegzubegeben haben. Ihr ganzes Vorgehen ist aggressiv von Anfang an ... Wenn der Wilderer Bedrohung und Notwehr geltend machen kann, wird der Rechtsschutz für das Forst- und Jagdpersonal völlig hinfällig.«

Der »Miesbacher Anzeiger« druckte ein Volkslied ab zur Illustration der Auffassung der »anderen Seite«:

Und was dir dann g'schiecht,
Kimmst z'Minka aufs Gricht.
Da kannst es erlebn,
Daß da sechs Monat gebn,
Weilst a Wildbret hast gestohln,
Na kannst di vertrolln;
Zweng an Jager gehst frei,
Was is da dabei.

nach Adlmaier

Leben um Leben

»Guten Morgen, Jachenau!« riefen wir, als wir das Tal betraten, durch das sich die Jachen schäumend gegen die Isar wälzt.

»... Morgen, Jachenau ... nau ... nau!« tönte es den Gruß zurück, den niemand unterläßt, der mit den Gewohnheiten des Ortes vertraut ist.

Selten jedoch war wohl die Jachenau so oft und jubelnd begrüßt worden als von mir und meinem Freund Otmar.

Unsere Eltern hatten uns nur ungern die Erlaubnis zur Reise gegeben, obwohl wir schon sechzehn waren und in diesem Frühling schon sehr warmes Wetter hatten.

Ich wollte auch des schönen Echos wegen das Terzerol losbrennen, das Otmar mit sich führte, aber Otmar machte mich darauf aufmerksam, daß wir nur wenig Munition besaßen und daß wir am Kochelsee, wohin wir am andern Morgen gelangen mußten, noch ein weit schöneres Echo fänden.

Wir waren selig. Wir waren frei, zum ersten Mal nach langen Jahren ganz frei, ohne Lehrer, ohne ängstlich auf die Uhr sehen zu müssen, ob wir nicht zu spät nach Hause oder zur Schule kämen! Zum erstenmal frei – für vierzehn Tage. Diese Zeit schien ohne Ende.

An jeder Quelle hätten wir uns gerne niedergelassen, jeden Vogel, der auf den Bäumen sang, hätten wir gern erspäht, jedem Eichhörnchen wollten wir nachklettern, und als wir ein Reh erblickten, das neugierig an der Straße stand und dann den Kopf zurückwerfend in langen Sätzen durch die Tannen flog, da kannte unser Entzücken keine Grenzen mehr.

Es war schon Abend, als wir in die Schatten der Benediktenwand traten. Wir schritten rüstig aus und befanden uns bald im Wirtshaus zu Benediktbeuren.

Es ging ziemlich lebhaft zu in der Wirtsstube.

Es kennt fast jedermann die Kleidertracht in den bayerischen Alpen, deren einzelne Arten nach den Tälern wenig voneinander abweichen. Nur die Form

Loisachthal mit Zugspitze.

des Hutes ändert sich vom hohen Spitzhut des Miesbachers mit schmaler Krempe bis zur niederen breitrandigen Kopfbedeckung des Bauern von Lenggries.

Es war um die Osterzeit, wo der Schnee schon ziemlich weg ist von den Bergen. Darum waren auch wohl im Wirtshaus so viele Gäste versammelt, deren verschiedene Hutform anzeigte, daß sie aus verschiedenen Tälern waren.

Die Unterhaltung schien übrigens nicht von festlichem Frohsinn beseelt. Die zornige Aufregung, die ich unter den Gästen wahrnahm, hatte sogar einen bedrohlichen Charakter, die Stimmen waren so laut und heftig, daß ich gerne unter der Tür umgekehrt wäre, wenn ich mich nicht geschämt hätte. Fast alle Bauern hatten sich um einen großen Jachenauer versammelt, der zum Zeichen seiner Erbitterung und Kampflust die drei Spielhahnfedern seines Hutes nach vorn gedreht, die eine Hand im Gurt, die andere an einem langen eisenbeschlagenen Bergstock, dastand, die Gesellschaft, die ihn umgab, fast um Kopflänge überragend.

Der Große schien soeben eine Erzählung beendigt

zu haben, ein allgemeines Geschrei der Wut brach los, alles sprach wirr durcheinander – der Große stieß mit dem Stock auf den Boden, um die Ruhe wiederherzustellen, und begann wieder:

»Ja, weinen hätt ich können wie ein kleines Kind, wie ich'n so hab daliegen sehen mit dem Rücken am Moos, und der Schuß ist ihm mitten in der Stirn gesessen. Und seine Büchs ist daneben gelegen, und nicht einmal den Hahn hat er gespannt gehabt. Ich möcht drauf schwören, keiner wie der neue Förster hat den Sepp totgeschossen. Ein jeder weiß, was der Förster im Wirtshaus zu Kochel gesagt hat. Niederschießen tu ich ihn wie einen Hund, wenn ich den Sepp mit einem Gewehr in meinem Revier triff. Und er hat sein Wort gehalten; aber net wegen die paar Gems oder Reh, die der Sepp geschossen hat, sondern wegen der schwarzaugeten Toni z' Walchensee, die den Sepp lieber mögen hat als den königlichen Herrn Förster.«

»Keiner ist es gewesen als wie der Teufelsförster!« ertönte es im Kreise der Bauern.

Wir nahmen neben dem ruhigsten der Anwesenden Platz.

Er war ein bleicher, braunhaariger Bursche, kleiner als die übrigen, ja fast schwächlich gebaut. Seine Joppe war schon abgetragen und fadenscheinig, seine ledernen Kniehosen waren vor Alter mehr grau als schwarz, Über seinen Schultern lief der Rucksack, der sich so sehr ausdehnt oder an den Körper anschmiegt, daß man darin das Größte oder das Kleinste verbergen kann, eine Gemse wie eine Branntweinflasche. Er schien, wie die Hosenbänder auf dem weißen Hemde bewiesen, nicht aus der Gegend, sondern aus Tirol drüben zu sein. Es mußte also um so mehr wundern, daß er die Menge Spielhahnfedern auf seinem kleinen runden Hut tragen konnte – mindestens sechs. Dieser Hutschmuck ist das Zeichen der Mannheit, und eine Feder wird an keinem Burschen geduldet, der Beweise von Unmännlichkeit oder Feigheit gezeigt hat. Zwei Federn sind jedoch schon ein gefährliches Ding, denn sie heißen: Ich bin stärker als ein gewöhnlicher Mann und fürchte im Notfall zwei Gegner nicht im Ring- und Faustkampf. Diese beiden Federn erregen dann natürlich Aufsehen in jedem Wirtshaus, und wenn er sich nicht schon zum gefürchteten Raufer gemacht hat, so muß er gewärtigen, daß jeder beliebige Bursch seine eigenen Federn nach vorne dreht, womit er ihn zum Kampf herausfordert. Unterliegt er, so muß er seine Federn dem Sieger übergeben, der sie den eigenen beigesellt.

Unser Nachbar schien dem Gespräch wenig Aufmerksamkeit zu schenken, obwohl der Martlbauer ihn jetzt geradezu ansprach.

»Nun, Tirolerwastl! Du tust ja grad, als ob der Sepp gar net dein Freund gewesen wär, und doch weiß es jeder, daß ihr ganze Nächt miteinand auf der Pirsch gewesen seid und daß der Sepp einmal sechs Wochen in Untersuchung gesessen is, weil man gesehn haben will, wie er einen andern, der trotz seinem rußigen Gesicht ganz ausg'schaut hat wie der Tirolerwastl, aus die Forstpollaken rausgeholt hat.«

Die Aufmerksamkeit aller wandte sich dem Tirolerwastl zu, der bei dieser direkten Anrede aufblickte.

»Martlbauer, du weißt es so wenig gewiß, daß der Förster den Sepp erschossen hat, als wie ich. Mach also dein Maul net so weit auf. I mag den Förster net, aber bevor man so was net gewiß weiß, soll ma net reden.«

Aus Wastls Dialekt klangen die Kehllaute der Tiroler durch, und die Ruhe und Sicherheit, womit er dem Martlbauern antwortete, mußte sehr überraschen, da sie sich anscheinend so ungleich an körperlicher Stärke waren.

Ein beifälliges Gemurmel ertönte ringsum, und der Tirolerwastl machte Anstalten, sein Brüten fortzusetzen.

Der Martlbauer stellte sich vor unserem Tisch auf.

Er griff mit einem vielsagenden düstern Lächeln in seine Tasche und holte ein Stück Papier heraus, schob die Krüge zur Seite, die die Wirtin vor uns hingestellt hatte, und legte es auf den Tisch gerade vor uns hin. Ich fuhr erschreckt zurück. Das Papier zeigte Spuren, als wenn es mit blutigen Händen angerührt worden wäre.

»Da«, sagte der Martlbauer, indem er auf einen kleinen, mit Bleistift gezeichneten schwarzen Punkt auf der Mitte des Papiers wies, der kaum größer war als ein Silberkreuzer. »Da – wer in der ganzen Gegend schießt mit einer Kugel, die ein solches Loch macht? Wie aus'm Papier geschnitten war die Wund auf dem Sepp seiner Stirn. Das Loch kann nur ein spitzige Kugel gemacht haben. Auf kein Scheibenschießen findet man ein solches Gewehr, und kein Wilderer und kein Forstgehilf führt's, weil er weiß, daß, wenn er nicht aufs Blatt trifft, das Wild noch stundenlang laufen kann und keine Spur läßt.«

Mit dem Tirolerwastl war eine große Veränderung vorgegangen. Er war sehr bleich geworden, sein Mund verzerrte sich krampfhaft, seine großen braunen Augen traten weit aus ihren Höhlen. So starrte er auf das blutige Papier mit dem schwarzen Punkt in der Mitte. Dann zog er den Rucksack nach vorn, griff hinein und brachte ein kleines, birnenförmiges Bleistück hervor, das er mit dem unteren Ende auf den schwarzen Punkt auf dem Papier stellte. Das Blei deckte ihn fast.

Der Martlbauer griff danach und betrachtete es.

»Das ist eine solche Kugel«, rief er, »und noch dazu eine abgeschossene! Wo hast du die Kugel her, Wastl?«

Der Tirolerwastl lächelte in sich hinein, als die Kugel von Hand zu Hand ging.

»Die Kugel hab ich aus einem Tannenbaum geschnitt'n, auf den der Förster Scheiben geschossen hat.«

Ein wilder Racheschrei ertönte durch das niedere Wirtszimmer. »Auf dich hat er g'schossen!« rief der Martlbauer.

»Das weiß ich net!« entgegnete der Tirolerwastl. »Das Ding is zwar so nah an mir vorbeipfiffen, daß ich anfangs selber gemeint hab, es gehöre für mich. Aber was ich net gewiß weiß, das sag ich net. Drum hab ich gesagt, der Förster hat aufn Baum g'schossen, um seine Flinten zu probiern, die er noch net lang haben kann. Lassen wir's dabei.«

»Aber den Sepp hat er erschossen!« schrie der Martlbauer. »Die Kugel paßt gerad in das Loch auf seiner Stirn.«

Der Tirolerwastl blickte düster vor sich nieder.

»Wohl, wohl! Die Kugel paßt, und ich hab's selber gehört, wie er dem Sepp droht hat z' Kochel. Und um die schwarz Toni hat er sich immer rumdruckt. Wohl, wohl ... es kann fast gar net anders sein.«

Da wurde es plötzlich still. Dem Martlbauer blieb der Anfang seiner Rede im Halse stecken, selbst der Tirolerwastl blickte überrascht in die Höhe, und die Wirtin schlug ein Kreuz. Die Tür hatte sich geöffnet, ein neuer Gast war eingetreten und ließ einen raschen Blick über die Versammlung gleiten.

Eine riesige silbergraue Dogge folgte ihm auf dem Fuß.

Der Revierförster! durchzuckte es mich.

Als er die Menge um den Tirolerwastl versammelt sah, deckte eine erdfahle Blässe sein Gesicht. Dann schien er sich zu fassen. Er stellte sein Gewehr in eine Ecke, rückte seine Waidtasche nach vorn und setzte sich abseits von den Bauern an einen Tisch. Der Hund legte sich ruhig zu seinen Füßen.

Die Wirtin näherte sich schüchtern. Der neue Gast bestellte Bier, Brot und Käse.

Die Bauern waren noch immer stumm und blickten mit regungslosem Erstaunen auf den Eindringling, der mit anscheinendem Gleichmut einen Schluck Bier nahm und sich mit seinem Jagdmesser ein Stück Käse und Brot abschnitt.

Der Wastl saß ruhig da, bleicher hatte sein Gesicht wohl nicht werden können, seine Hände zerknitterten an den Ecken das blutige Papier und spielten mit der

Kugel, die darauf lag. Seine Augen waren auf den Förster gerichtet und schlossen sich nur manchmal wie müde oder geblendet, und wenn sich die Wimpern in die Höhe zogen, wußte man, daß die Augen des Tirolers auch geschlossen ihre Richtung nicht verändert hatten.

Der Martlbauer schnaubte, er reckte, er dehnte sich, er blickte wild um sich und auf den Forstmann, aber dennoch erschien es mir, als wäre es ihm lieber gewesen, wenn der Förster nicht gekommen wäre. Schließlich warf er einen bedeutsamen Blick um sich und trat vor.

»Guten Abend, Herr Revierförster!«

»Guten Abend, Martlbauer!« tönte es zurück, und der Angeredete hob den Kopf. Es lag etwas wie Spott darin – er schien seinen Mann zu kennen. Auch der Hund erhob den Kopf, legte ihn aber sogleich wieder nieder.

»Hat der Herr Förster schon von dem Sepp gehört?« fuhr der Martlbauer mit einiger Anstrengung fort, als unter den Bauern, die nun den Tisch des Försters umringten, eine unruhige Bewegung entstand.

Der Revierförster konnte seine Bewegung kaum bemeistern; seine erste Absicht schien zu sein aufzuspringen und den Fragesteller niederzuschlagen, der Zwiespalt, der in seinem ganzen Wesen lag, drückte ihn jedoch wieder auf den Stuhl nieder.

Der Tirolerwastl war aufgestanden und ganz nahe an den Tisch getreten und beobachtete nun aus nächster Nähe jedes leiseste Zucken an dem Antlitz des Försters.

Die Lippen des Försters waren bleich, als sie mühsam hervorstammelten: »Der Sepp? Welcher Sepp? Was ist mit ihm?«

Dem Martlbauer schwoll der Kamm. »Der Herr Förster kennt'n recht gut. Er is der schneidigste Wilderer gewesen in der ganzen Gegend und der Toni z' Walchensee ihr Schatz.«

Die Augen des Försters irrten unstet umher in diesem Kreis von finsteren Gesichtern und begegneten dem Blick des Tirolers. Die Dogge ließ ein leises Knurren hören und richtete sich auf.

Jetzt bewegten sich auch die Lippen des Tirolers. Er sprach langsam und leise; »Der Sepp ist tot, Herr Förster! Umbracht, durch d'Stirn g'schossen. Sie haben da a schönes Gewehr, Herr Förster; dürft man's net einmal anschaun, das Gewehr?«

Und der Tiroler ging auf die Ecke zu, wohin der Förster sein Gewehr gestellt hatte.

Der Förster sprang auf, aber schon stand der Hund zähneknirschend vor der Büchse.

»Frecher Bursch! Was soll das heißen?«

»O nix für ungut, Herr Förster!« lächelte der Tiroler und ließ die ausgestreckte Hand sinken. »Man sagt, daß Sie so ein schönes Gewehr haben, mit dems' der Gems auf zweihundert Schritt ins Aug schießen können – ich hab halt Freud an schöne Gewehr!«

Und nochmal streckte er die Hand aus, indem er verächtlich auf das Tier blickte, das mit funkelnden Augen und gesträubten Haaren sich auf ihn stürzen zu wollen schien.

Der Förster ergriff das Gewehr.

»Zurück! Und merk dir, daß ich auf zweihundert Schritt nicht nur Gemsen treff, sondern auch einen frechen Wilderer in das schwarze Gesicht.«

»Mitten auf d'Stirn!« ergänzte der Tirolerwastl mit tiefer Stimme, und das drohende Murren der Bauern gab Antwort.

Der Förster machte eine Bewegung, als wolle er sich auf den Tirolerwastl stürzen, aber sogleich faßte er sich wieder, wandte sich, ohne seine Büchse aus den Händen zu lassen, an die Wirtin und verlangte für die Nacht ein Lager.

Die Wirtin gehorchte zögernd und ging durch die Küche voran. Der Förster folgte ihr, ohne sich umzusehen oder zu grüßen. Der Hund deckte ihm den Rücken.

Der Tirolerwastl sah ihm nach.

Die Bauern wurden wieder laut, besonders der Martlbauer.

»Wenn der Sepp mein Freund gewesen wär«, sagte er, »wie der deine, Wastl, dann wär mir der Förster net lebendig in sein Bett kommen.«

Der Tiroler blickte ruhig auf den Sprechenden. »Und was hätt'st du getan, Martlbauer?«

»Er hätt mir müssen vor die Tür kommen, und mit seinen zwei Augen im Kopf wär er mir net wieder aufgestanden.«

»So! Es macht's eben jeder, wie er's versteht!« Der Tirolerwastl ging ruhig an seinen Tisch, wo auch wir noch saßen, und trank sein Bier aus. Dann bezahlte er die Wirtin, sagte allen ein »Schlaft's g'sund!«, griff nach seinem Bergstock und wollte gehen.

»Wohin geht der Weg?« fragte der Martlbauer.

»Heim!« antwortete der Tiroler nachlässig.

»Heim!« rief der Martlbauer. »Wo der Sepp noch nicht einmal kalt ist – du bist mir ein schöner Freund!«

Der Tiroler, schon im Begriff zu gehen, wandte sich noch mal um. »Martlbauer«, sagte er, »du hast selber gesagt, der Sepp war mein Freund! Sei also auch so gut und kümmer dich net um Sachen, die dich nichts kümmern und bei denen du dir nur 's Maul verbrennen kannst.«

Damit ging er rasch zur Tür hinaus.

»Der Wastl ist ein lahmer Sakermenter worden«, sagte der Martlbauer kopfschüttelnd, »wenn der Sepp mein Freund gewesen wär, der Förster ...« er vollendete seinen Satz nicht, denn eben war die Wirtin wieder eingetreten, um auch uns in unser Schlafgemach zu leuchten.

Wir kamen neben des Försters Zimmer und hörten ihn lange noch mit dem Hahn seiner Büchse hantieren und mit sich selber reden und manchmal laut und höhnisch lachen. Der Hund stieß dann ein leises Wimmern aus. Trotz der Aufregung des Abends schloß uns die Müdigkeit bald die Augen.

Gegen Morgen wachte ich durch ein Geräusch in der Nebenstube auf. Mir war, als ob der Förster das Zimmer verließe. Auch das Trippeln von Hundepfoten, ein leises Knurren und die beschwichtigende Stimme des Forstmanns hörte man.

Dann knarrte die Treppe von den Schritten eines Hinabsteigenden. Auch die untere Haustür hörte man und einige Minuten darauf aus der Ferne das kurze Bellen eines Hundes.

Als die Sonne heraufstieg, standen wir auf. In der Wirtstube wurde eben gefegt und weißer Sand auf den nassen Boden gestreut, und die Stühle und Bänke hatte man, die Füße gegen die Stubendecke, auf die Tische gehoben. Bloß der Tisch, wo gestern der Förster gesessen, war in Ordnung, und dahin retteten wir uns, um die saure Milch mit Schwarzbrot zu verzehren, die uns die Wirtin als Frühstück vorsetzte. Wir sprachen von gestern. Ich drückte mich sehr heftig gegen den Tiroler aus, der sich so wenig aus seinem getöteten Freund gemacht habe.

Otmar stimmte mir bei. Da trat die Wirtin zu uns.

»Glaubt's nur net, daß der Wastl ruhig ist«, sagte sie. »Er schreit nur net, wie der Martlbauer. Aber Schneid hat er wie kein anderer, und wenn er beleidigt worden is, das vergißt er sein Lebtag net.«

Wir bezahlten unsere Nachtherberge und gingen. In wenigen Stunden waren wir am Kochelsee, auf der Seite von Kochel. Der Kochelsee ist berühmt wegen seines achtfachen Echos. Wir bestiegen einen sogenannten Einbaum, einen aus einem ausgehöhlten Baumstamm verfertigten Nachen, der stehend und mit einem Ruder regiert wird, und fuhren gegen die rote Wand zu, die sich steil am andern Ufer neben den weißglänzenden Häusern eines Dorfes erhebt.

In der Mitte des Sees hielten wir, hier sollte das Echo am schönsten sein. Wir luden unser Terzerol bis zum Rand und schossen los. Die Wirkung war überraschend, und wenn man nach einer minutenlangen Pause die Töne erstorben glaubte, begann in einer

Am Kochelsee.

entfernten Schlucht wieder das dumpfe Grollen, bis es in leisem fernen Murmeln erstarb. Da gesellten sich zu dem Echo plötzlich andere Töne – nämlich das Geschrei eines graugekleideten Menschen, der am Ufer hin- und hersprang und uns zum Landen aufforderte.

»Als wir ihn nicht gleich verstanden, wurde der Kauz ganz ungebärdig und nahm endlich etwas vom Rücken und legte es auf uns an, was nichts anderes zu sein schien, als ein Gewehr.

Revierförster, Tirolerwastl, die Leiche des Sepp, alles das zog in nicht gerade reizenden Bildern an meinem Geist vorüber, und mein Puls klopfte merklich schneller.

Otmar teilte meine Unruhe, und damit der Mensch nicht losschoß, ruderte ich aus Leibeskräften ans Ufer.

Als wir näherkamen, bemerkten wir zwar, daß das gefürchtete Gewehr nichts sei als ein riesiges Fernrohr, erfuhren aber zugleich, daß Jagd und Fischerei im Umkreis von so und so viel Stunden dem Gutsbesitzer Herrn v. D. gehöre, daß der graugekleidete Dürrbein dessen Sohn sei, daß wir durch unser Schießen uns gegen die Jagdgesetze vergangen, und daß wir sowohl das Werkzeug unserer Freveltat auszuliefern, als auch jeder einen Gulden dreißig Kreuzer Strafe zu bezahlen hätten, wenn wir nicht vorzögen, angezeigt zu werden und vor dem nächsten Landgericht als Wilderer zu erscheinen.

Dazu hatten wir nun nicht die geringste Lust, aber die teure Pistole herauszugeben auch nicht.

Ich hielt daher einige fünfzig Schritt vom Ufer an, erklärte, daß wir bloß das Echo hätten wachrufen wollen, und wenn das Echo auch unter die jagdbaren Gegenstände gehörte, so hätten wir es jedenfalls nicht totgeschossen, wie sich der Herr jeden Augenblick überzeugen könnte.

Otmar, nachdem er gesehen hatte, daß die Sache nicht übertrieben gefährlich wurde, gewann so großes Vergnügen daran, daß er, so laut er nur konnte, gegen die Wand rief: »Esel!«

»Esel... Esel... Esel«, tönte es achtmal zurück, begleitet von unserm herzlichen Lachen.

Fälschlicherweise bezog der junge Mann am Ufer den Esel auf sich, sprang bis an die Knie ins Wasser und machte ganz ernstlich Anstalten, auf uns zuzuwaten.

Dies veranlaßte uns, wieder in See zu stechen. Wir fuhren, so rasch wir konnten, an eine weiter abwärts gelegene Fischerhütte, wohin der Mann wegen der Krümmung des Ufers jedenfalls erst eine halbe Stunde nach uns gelangen konnte, übergaben den Kahn einem kleinen Jungen zum Zurückrudern und stiegen den Kesselberg hinan. Ganz oben, auf der bewaldeten Spitze, aßen wir zu Mittag. Wir hatten Proviant in der Tasche und Wein in unsern Feldflaschen, und so setzten wir uns ins weiche Moos, ließen die Beine über einem Miniaturwasserfall hin- und herbaumeln, lachten über den Wildhüter, dem wir entwischt waren, und hatten den toten Sepp, den Tirolerwastl und die ganze Gesellschaft längst vergessen.

Da tönte ein Schuß durch die Stille; es mußte ziemlich weit sein, wo er abgeschossen worden war, er kam von unten herauf, vom Walchensee, zu dem wir hinabsteigen wollten. Es durchschauerte uns ganz eigentümlich bei diesem langgezogenen Echo, dessen einzelne Teile hier eben fast in eins verschmolzen. Wir waren plötzlich ernst geworden und wußten nicht warum.

Wir brachen auf und stiegen schweigend die andere Seite des Kesselbergs hinab, der den Kochelsee vom Walchensee trennt.

Obwohl noch ziemlich früh am Nachmittag, war die Sonne doch schon hinter dem Heimgarten verschwunden und beleuchtete nur noch die drei Kreuze auf seinem Scheitel.

Von einer Landzunge, auf der eine Kapelle stand, bewegte sich ein langer Zug von Kähnen gegen die weißen Häuser von Walchensee, und die Vesperglocke läutete ihnen einen melancholischen Abschied nach.

Wir stiegen vollends hinab gegen den Walchensee. Die Glocke war verstummt, als wir ankamen, die Kähne angebunden, die Leute in ihren Häusern oder im Wirtshaus; es war Ostersonntag heute.

Auch hier war die Wirtsstube voller Leute, aber ganz im Gegensatz zu der lärmenden Versammlung zu Benediktbeuren herrschte hier eine ernste Stimmung. Die Bauern und Burschen unterhielten sich nur flüsternd, und stumm und finster gingen die beiden Wirtstöchter ab und zu.

Unser Eintritt, so selten auch um diese Zeit Touristen sein mochten, erregte nicht die geringste Aufmerksamkeit. Die Leute waren offenbar mit wichtigen Dingen beschäftigt. Mir wurde ordentlich unheimlich in dieser Gesellschaft, und es tröstete mich sogar einigermaßen, als ich in einer Ecke den Martlbauern von Jachenau erblickte. Aber auch er hielt sich heute sonderbarer Weise schweigsam.

Wir hatten kaum an einem leeren Tisch Platz genommen, als die Tür aufging und unser Verfolger vom Kochelsee hereintrat. Er ging direkt auf uns zu, zog ein Papier aus der Tasche und hielt es uns vors Gesicht.

Mein jugendlicher Ungestüm regte sich. Ich schlug das Papier zur Seite und fragte den Mann, was er wolle.

»In dieser Schrift erteilt mir das Landgericht die Befugnis, jedem auf unserer Jagd mit einer Schießwaffe Betroffenen dieselbe abzunehmen und ihn selbst um einen Gulden dreißig Kreuzer zu büßen. Wenn Sie also nicht gutwillig ...«

»Nein!« rief ich. »Eine Pistole ist keine Jagdwaffe, der See gehört zur Fischerei ...«

Sämtliche Gäste hatten sich sofort um uns versammelt. Auch der Martlbauer trat vor.

»Das war wieder ein Gaunerstückl!« sagte er.

Der junge Herr fuhr auf. »Das verbitt ich mir, Martlbauer! Kümmer Er sich um seine Angelegenheiten und daß Er immer rein dasteht! Mit Seinem vorlauten Maul kann er einmal einen Prozeß bekommen, der Ihn Seinen halben Hof kostet.«

»Hoho!« lachte der Martlbauer, während bei der Drohung des jungen Menschen ringsum ein unwilliges Murren entstand. »Hoho, junger Feinspinner! Meinst etwa, weil dein Alter mit seine Advokatenkniff schon a paar Bauern von Haus und Hof bracht hat, er könnt's einem jeden so machen? So, und jetzt wollen wir einmal mitsammen prozessieren«, rief er, indem er die Federn seines Hutes nach vorne rückte und Miene machte, nach der Tür zu gehen, »komm, wenn d' a Schneid hast!«

Der junge Gutsbesitzer erbleichte. »Ich habe jetzt keine Zeit, mich mit Euch abzugeben, Martlbauer! Ich muß jetzt zum Förster, um denen da (er deutete auf uns) Mores zu lehren!«

Bei diesen Worten war im Zimmer das höhnische Gelächter verstummt, das die ersten Worte des jungen Herren empfangen hatte. Der Martlbauer nahm den Hut ab und sagte ernst:

»Der Förster wird Euch wohl nimmer gefällig sein können. Während das ganze Dorf in der Vesper war, ist z' Walchensee ein Schuß gefallen, und wie man heimkommen ist, hat man den Förster tot in seinem Zimmer gefunden. Es muß ihn einer durchs Fenster totgeschossen haben, denn die Tür war von inwendig verriegelt, und er selber kann's net gewesen sein, denn alle seine Büchs'n waren geladen.«

»Der Tirolerwastl!« murmelten einige.

»I kann's net glauben, daß er's gewesen ist«, meinte der Martlbauer. »Der Förster war a böser Herr, der manchen ins Unglück bracht hat. Aber das hat er doch net verdient, daß man 'n so elendig von hinten niederschießt.«

Ich war tief erschrocken. Da trat eine von den Wirtstöchtern herzu, legte dem Martlbauer die Hand auf die Schulter und sagte:

»Bauer! Wenn dir a Bär in deinen Stall bricht und das Vieh umbringt, so schießt du'n halt nieder, wo du'n triffst, und fragst net, ob's von hinten oder vorn ist. Der Wastl war dem Sepp sein bester Freund, und ich sag – er hat recht gehabt!«

»Recht hat er gehabt! Recht!« murmelten die Bauern.

Der Martlbauer betrachtete voll Mitgefühl das Mädchen. »Der Sepp war dein Schatz, Toni! Deswegen darf man dir nix übelnehmen. Aber d' Urschl hat den Wastl gut leiden mögen und hat jetzt das Nachschaun.«

»Der Wastl hat recht gehabt!« sagte die Urschel.

Der Martlbauer blickte auf den jungen Jagdbesitzer, der noch immer wie geistesabwesend dastand:

»Dir tut man nix solches!« höhnte er. »Du wirst höchstens, wennst wieder ein armes Weib wegen a paar dürre Asteln anzeigst, mit deine Ohren an 'n Baum genagelt wie a Fledermaus. Totgeschossen wirst net, denn den schlechtesten Wilderer tät der Schuß Pulver reuen für dich!«

Der junge Mensch taumelte hinaus.

Der Martlbauer setzte sich nun zu uns und erzählte uns eine Menge Geschichten von der Härte des toten Försters bei Holz- und Wilddiebstählen und von den Denunziationen des jungen von D., den man selber noch nie eine Flinte habe abschießen sehen.

Der Martlbauer unterbrach sich plötzlich und wandte sich nach den übrigen Bauern zurück:

»Eigen ist es, daß dem Förster sein großer Hund wie vom Erdboden verschwunden ist, seit sein Herr tot ist. Und das Vieh ist doch sonst mit niemandem gangen und hat jedem die Zähn zeigt, der's gelockt hat.«

»Das ist wahr!« murmelten die Bauern, »es ist aber gut, sonst brächt er d' Jäger auf d' Spur vom Wastl.«

Am anderen Morgen ließen wir uns schon zeitig über den See rudern, um auf dem nächsten Wege nach Tölz zu gelangen. Obwohl die Sonne schon mindestens eine Stunde aufgegangen war, lag der See doch noch im tiefsten Schatten und sah, an einzelnen Stellen von weißen Nebeln behängt, noch einsamer und trauriger aus als gestern.

Auch der Fährmann, wohl unter dem Eindruck der Ereignisse des letzten Tages, war finster und schweigend, als müsse er den Schatten des ermordeten Försters über die Gewässer der Unterwelt führen, und wir waren froh, als wir ihm seinen Lohn gegeben hatten und neben dem Kesselberg bergan stiegen.

In der Schlucht, die wir emporstiegen, lag an einzelnen Stellen noch zwei bis drei Fuß tiefer Schnee, und wir hatten Mühe fortzukommen. Seit Wochen hatte es nicht mehr geschneit, und der Schnee war also schon sehr alt. Dessen ungeachtet fiel uns auf, daß nicht die geringste Fußspur sich zeigte. Wenn man die Einsamkeit nicht gewöhnt ist, wird man aufmerksam auf alles, was sie zu unterbrechen scheint. Da war der Fuß eines Mannes im Schnee abgezeichnet – die Spuren führten den Kesselberg herab und vor uns weiter. Es war ein mit großen Nägeln beschlagener Bergschuh, der seine Form in den Schnee gedrückt hatte, aber bereits war Wasser in den Eindrücken, und dieses Wasser war gefroren. Es mußte also die Sonne auf die Spur geschienen haben und die Nacht darüber hinweggegangen sein. Die Spur führte auf dem Wege dahin, den wir gingen. Jetzt bemerkten wir auch die Spuren eines Tieres. Diese führte bald rechts, bald links. Ich erinnerte mich an Coopers Pfadfinder, und in der phantastischen Stimmung, in der ich mich seit gestern befand, suchte ich die Spur als diejenige eines großen Hundes oder Wolfes festzustellen.

Wir wurden etwas unruhig. Es war nicht ungewöhnlich, daß Wölfe in besonders strengen Wintern bis hierher verschlagen wurden. Unsere Unruhe verschwand, als wir an ein einsam stehendes Bauernhaus gelangten.

Wir wollten uns ein Frühstück kaufen, nämlich Milch und Brot, das einzige, was zu haben war. Die Frau gab uns reichlich und stellte die Zahlung unserm Belieben anheim. Die Frau wußte noch nichts von dem Mord an dem Förster. Wir fragten nach dem Wolf – die Frau wußte nichts von einem solchen, sondern bloß von einem großen grauen Hunde, der gestern abend in großen Sätzen am Hause vorbeigerannt sei und sich weder habe locken noch aufhalten lassen.

Als Otmar bezahlen wollte, bemerkte er zu unserm nicht geringen Schrecken, daß er unsere Reisekasse verloren habe. Sie mußte ihm aus der Tasche gefallen sein, während er mit mir die Spuren des vermeintlichen Wolfes untersuchte. Wir waren zweiundzwanzig Poststunden von München, ohne jegliche Hilfe. Die Frau hörte unsere Verlegenheit, und da sie an der Wahrheit unseres Jammers nicht zweifeln konnte, erklärte sie es für gänzlich nutzlos, in dem tiefen weichen Schnee nach etwas Verlornem zu suchen. Sie bot uns Brot an für die Weiterreise. Aber wir mußten auch einmal übernachten, ehe wir nach Tölz gelangten, denn die Sonne stand bereits hoch am Himmel. Die Frau wußte keinen Rat. Ihr Mann hatte sich für einige Tage nach Tölz ins Bad verdingt und sie selber hatte nicht den Mut, uns aufzunehmen.

Aber die Almhütten seien jetzt noch leer, meinte sie. Da könne man prächtig schlafen. Am nächsten sei die Braunalm. Wir erkundigten uns nach dem Weg, verabschiedeten uns von der Frau und stiegen bergan.

Es dämmerte, als wir die Alm erreichten. Wir hatten uns verirrt und waren bis auf den Gipfel des Berges gestiegen, oft durch knietiefen Schnee, und hatten endlich tief unter uns, halb schon in Nebel gehüllt, unsere Zufluchtsstätte für die Nacht entdeckt.

Zum Glück konnten wir die Entfernung auf den schneebedeckten Halden rasch zurücklegen. Die Abendkühle hatte über den in der Sonne weich gewordenen Schnee bereits wieder eine ziemlich harte Kruste gezogen, wir rissen uns daher buschige Tannenzweige ab, setzten uns, den Ast mit der linken Hand haltend, rittlings darauf, stemmten als Steuer den Bergstock unter den rechten Arm und fuhren wir der Blitz in die Tiefe.

Ich bekam von dem raschen Niederfahren den Schwindel und stieß mit dem Fuß an einen der Baumstrünke, die wie heimtückische Gnomen aus dem Schnee hervorragten. Ich fühlte mich wie von Menschenhänden am Knie gepackt, überstürzte mich und kollerte unaufhaltsam die abschüssige Halde hinunter, bis ein neuer Baumstrunk mich zum Stillstand brachte.

Endlich waren wir todmüde an der Alphütte angelangt. Die Tür war verschlossen. Wir waren nahe daran zu verzweifeln. Bald jedoch entdeckten wir, daß der Verschluß in einem einfachen Holzriegel bestand, der von innen zurückgeschoben werden konnte. Unsere nächste Untersuchung betraf daher die Fenster. Diese bestanden aus kleinen, runden, in Blei gefaßten Scheiben, und eine davon war mit Hilfe meines Federmessers bald herausgelöst. Der Fensterriegel wurde geöffnet, Otmar als der Schlankeste durch das offene Fenster geschoben, und die Tür öff-

Schlimme Gesellen.

Nach einem Gemälde von Hugo Kauffmann.

nete sich. Jetzt waren wir wenigstens unter Dach, und das war bei dem zunehmenden Nachtfrost schon etwas wert.

Wir hatten Holz genug, machten Feuer auf dem offenen Herd, der, aus vier Mauern bestehend, die eine Wand der Hütte einnahm, und verbrachten so eine ziemlich schlaflose Nacht.

Am andern Morgen ging's flott hinunter über die schneebedeckten Halden in Richtung Tölz. In Tölz wollten wir das Floß besteigen und noch an demselben Abend nach München gelangen.

Wir waren noch nicht weit bergab gegangen, als Otmar mich beim Arm faßte und auf den Boden wies. Da sah ich wieder die Spur von einem Mann und einem Hund, wie auf dem Weg von Walchensee hierher. Und diesmal war auch die Spur des Mannes frisch; er konnte eben erst vorübergekommen sein. Wir folgten den Fußtritten eine Weile, sie führten zu einem dichten Wald, der in der Nähe lag. Auch das Klappern einer Mühle hörte man in der Nähe. Je weiter wir der Spur folgten, desto sonderbarer wurde sie; mehrmals führte die Spur des Hundes im großem Bogen um die des Mannes, an einer anderen Stelle war der ziemlich tiefe Schnee zerstampft, und es war, als ob ein Mann zu Boden gefallen wäre – einige Schritte weiter fanden wir auch Blut. Und die Blutspur, eine frische Spur von rotem Blut führte zum Wald.

Eine grause Neugier kam über uns, mit vor Angst aufeinander schlagenden Zähnen folgten wir. Die Spur war nicht zu verlieren, das Blut wurde sogar reichlicher. Da hörten wir plötzlich Laute. Es war das heisere Gebell eines Hundes und einzelne halbunterdrückte, wilde Rufe eines Menschen. Am ganzen Leibe zitternd, stürzten wir vor. Im Gehen lud ich noch unsere Pistole mit gehacktem Blei, das wir unseren Munitionsvorräten beigefügt hatten.

Das Heulen und Bellen wurde lauter – das Klappern der Mühle ertönte immer näher ... Da öffnete sich vor uns der Wald zu einer kleinen Lichtung, und ein Schauspiel bot sich uns, das das Blut in den Adern gerinnen machte.

Mit keuchendem Atem und blutunterlaufenen Augen umkreiste eine Bestie, die mehr einem tollen Wolf als einem Hunde ähnlich sah, eine Tanne von ungemeinem Umfang, hinter der sich ein Mensch vor den Angriffen des riesigen Tieres zu schützen suchte. Das Tier hatte ihn schon übel zugerichtet. Seine Kleider hingen ihm zerrissen vom Körper, und wo er stand, färbte sich augenblicklich der Schnee rot.

»Der Tirolerwastl!« sagte Otmar. Er hatte recht. Auch ich hatte ihn erkannt, so sehr er sich verändert hatte. Sein Gesicht war fast zum Totenkopf abgemagert, die Haare seines unbedeckten Kopfes starrten wild aufwärts, die Augen waren in schrecklicher Angst weit aus dem Kopf getrieben. So starrte er mit abergläubischem Schreck auf den Hund und erwiderte dessen heiseres Bellen mit Tönen, die nicht mehr einer menschlichen Stimme anzugehören schienen. Der Hund glich einigermaßen dem Menschen, er war abgemagert, aus Wut und Erschöpfung hing ihm die Zunge weit über die großen, spitzen Zähne herab, seine Haare hatten sich gesträubt und sein Rücken gekrümmt. Der Tiroler war waffenlos. Möglich, daß er sich seiner Waffen entledigte, um schneller und unerkannt fliehen zu können.

Es schien eine Art Waffenstillstand eingetreten zu sein, der nun seinem Ende nahte. Vielleicht, weil es mit direkten Angriffen nichts ausgerichtet, änderte das Tier jetzt seine Taktik und umkreiste in weiten Sätzen Baum und Mann, wie auf den Moment lauernd, in dem dieser ermattet zusammenbräche.

Und es schien auch bald so zu kommen, denn obwohl der Tiroler den kürzern Weg hatte, so war er doch schon fast kraftlos und taumelte sichtlich. Beide Teile waren stumm geworden, wohl weil ihnen bewußt war, daß der Kampf jetzt seinem Ende nahte.

Es war ein gräßlich wildes Schauspiel. Ich faßte die Pistole, Otmar fiel mir in den Arm.

»Was willst du tun?«

»Den Hund töten!«

»Es ist der Hund des toten Försters, derselbe, den er in Benediktbeuren bei sich hatte. Ich kenne ihn wieder.«

»Gleichviel – ein Mensch darf nicht an einer wütenden Bestie zugrunde gehen!«

Ich hob das Pistol – eben jetzt machte der Hund wieder Halt, und der Tiroler hielt sich wankend an der Tanne.

Der Schuß krachte schauerlich. Der Hund fiel lautlos zusammen, wie vom Blitz getroffen, zuckte noch ein paarmal und verendete. Als ich näher trat, sah ich seine Weiche von der Menge Blei furchtbar zerrissen.

Da hörte man lautes Rufen im Wald, der Tiroler blickte auf mich, dann nach der Richtung, woher das Geräusch kam, und war mit drei Sätzen über die Lichtung weg, nach der anderen Seite verschwunden.

Mich überkam eine furchtbare Angst. Ich nahm Otmar beim Arm und floh, so rasch uns unsere Füße tragen mochten. Wir liefen aufs Geratewohl in den Wald, und wenn wir auf der Straße nach Tölz herauskamen, so war es wahrhaftig nicht unsere Schuld.

In der Gesellschaft jener Riesen, wie es die Flößer der Isar gewöhnlich sind, unter den echten Söhnen des Bergwalds, fuhren wir nach München.

Sie nahmen es ganz ruhig hin, als wir ihnen den Verlust unserer Börse erzählten und erst bei der Ankunft die Fahrt zu zahlen versprachen. Ja, sie teilten mit uns ihr einfaches Mahl auf das brüderlichste. Wir stießen ab und befanden uns bald mitten in den schäumenden Strudeln der Isar... Von unseren Abenteuern wagten wir nicht zu sprechen.

Einige Tage darauf schickte mir meine Mutter, gegen die ich aufrichtiger gewesen war, mit dem Frühstück eine Zeitung, was ihr sonst nie eingefallen war. Sie hatte einen Artikel mit einem Bleistiftstrich versehen. Er lautete:

»In der Gegend zwischen Lenggries und Kochel, bei der sogenannten Braunalm, hat sich wieder einer jener ländlichen Tragödien abgespielt, an der die Härte unserer Jagdgesetze und die zur verwerflichsten Selbsthilfe und zu Exzessen so sehr hinneigenden Gewohnheiten der Landbevölkerung wohl zu gleichen Teilen die Schuld tragen. Wir haben gestern von der Tötung eines Wilddiebs, der, auf frischer Tat ertappt, sich zur Wehr setzte, berichtet. Heute schreibt uns unser Korrespondent, daß der königliche Revierförster Oberklau bereits der Rache des gesetzlosen Gesindels anheimgefallen und am hellen Tag in seiner Amtswohnung in Walchensee erschossen worden sei, während die Dorfbewohner in der Kirche der Vesper beiwohnten. Aber den Mörder hat bereits die Vergeltung ereilt. Von dem Hund des Ermordeten Tag und Nacht verfolgt, fiel er in einem Walde bei besagter Braunalm endlich in die Hände der Forstleute, die sich zu seiner Verfolgung aufgemacht. Aufs äußerste gebracht durch die immerwährende Todesgefahr, der sie ausgesetzt sind, durch das Überhandnehmen der Wilddiebe, haben die Kameraden des Ermordeten den Mörder dadurch zu einem qualvollen Tode gebracht, daß sie den Verwundeten mit dem Kopf nach abwärts, mit den Füßen an einen Baum hängten und so mit gebundenen Händen langsam einen qualvollen Tod sterben ließen. Als die von diesem Frevel unterrichtete Gendarmerie dazwischentrat, war es zu spät. Hoffentlich wird die Ahndung des Frevels eine rücksichtslose sein. Dies ist schon deshalb notwendig, um das schwerverletzte Gefühl des Volkes zu beruhigen, denn jetzt ist die Stimmung so, daß in einzelnen Ortschaften niemand, der die Uniform eines Forstbeamten trägt, sich allein und ohne die äußerste Vorsicht sehen lassen kann. Unser Gebirgsvolk steht eben noch ganz auf dem Standpunkt des Wortes: ›Aug um Aug und Zahn um Zahn!‹ Hier kann man mit gutem Recht hinzufügen: Leben um Leben.«

Max von Schlägel, (Gartenlaube 1869)

Die Jagd ist fürstliches Verlangen

Wie kam es zur Privilegierung der Jagd und zur Einschränkung der Jagderlaubnis? Aus heutiger Sicht wird eine vernünftige Antwort lauten, daß solche Beschränkungen nötig waren, um eine Ausrottung des Wildes zu verhindern. Aber die Jagd war in Europa bereits Vorrecht weniger, als die Gebiete noch dünn besiedelt waren und die Jäger noch keine hochwirksamen Fernwaffen besaßen.

Das Tier war ursprünglich wie die Natur herrenlos und ganz der Aneignung des Menschen offen. In weiten Landstrichen, die keines Menschen Eigentum waren, stand die Jagd jedermann frei. Das waren die Reviere der Waldläufer und Fallensteller, wie wir sie ja noch aus den Zeiten der Eroberung Amerikas in Erinnerung haben. Der Wildschütz alten Schlages hat viel mit ihnen gemeinsam, und es ist dieselbe Romantik, die den Trapper, den Indianer und den »Schützen« umfängt.

Auch in Europa gab es, etwa im Hochgebirge, noch lange entlegene Gebiete, die niemand zu betreten wagte außer den Gemsjägern, wilden, verwegenen Gestalten, die man im 19. Jahrhundert mit Begeisterung aufsuchte und beschrieb. Wo das Leben in der Natur gefährlich ist, wo sie gleichsam erobert werden muß, entsteht ein Zugehörigkeits- und Eigentumsempfinden, das durch keine papierenen Gesetze und Verbote ausgelöscht werden kann. Mitunter wird auch Anspruch auf ein bestimmtes Revier erhoben, in das dem fremden Jäger der Zutritt verwehrt wird. Für den Wildschützen ist der fremde Jäger ein Wilderer. Der berühmte Schweizer Gemsenjäger Colani, von dem noch zu erzählen sein wird, ist ein Beispiel für solches Rechtsempfinden.

Unsere germanischen Vorfahren waren auch als Ackerbauern noch freie Jäger. Das unbebaute Gemeindeland stand den Markgenossen zur Jagd und sonstigen Nutzung zur Verfügung. Das änderte sich nach der Völkerwanderung mit der Entstehung des Königtums, aber die Erinnerung an die alten Rechte und Freiheiten schwand den Menschen nie aus dem Gedächtnis.

Die ersten Könige waren Eroberer, die in den unterworfenen Ländern alles, was wertvoll war, zu ihrem Eigentum erklärten. Der König war der größte Grundbesitzer, ihm gehörte alles, es gab kein herrenloses Gut mehr, wenngleich er nicht an allem Interesse zeigte. Merkwürdig für unser heutiges Denken ist es, wie der König das Recht auf das Wild auffaßte. Er war nicht nur Herr über die materiellen und nützlichen Dinge, sondern auch über die kostbaren Tätigkeiten. Die Jagd beanspruchte er als kostbare Tätigkeit für sich, die er nach Belieben und gegen Dienstleistungen vergeben konnte. Die Jagd zu gestatten, war Gnade und Geschenk. Der Begriff »Gnadenjagd« stammt aus jener Zeit. Es ging nicht um Fleisch und Haut, sondern um das lustvolle Tun. Im edlen Wild sah der Edelmann seinesgleichen, und wie er sich nur mit seinesgleichen im Wettkampf maß, war ihm die Verfolgung des schnellsten und edelsten Wildes angemessene Beschäftigung. Darum durfte sie dem gemeinen Mann nicht zukommen und mußte ihm verboten sein.

Der gemeine Mann hat das nie begriffen. Die Jagd mit dem Falken hätte er den hohen Herrn gerne überlassen, sie war kompliziert und aufwendig und brachte nicht viel ein. Sie war ein Spiel, eben das »Federspiel«, wie es die Adeligen nannten. Aber der Adel hatte auch aus der Rotwildjagd ein Spiel gemacht, woraus der Bauer ehemals viel Nutzen und Vorteil gezogen hatte. Zu Anfang wurde das Jagdverbot wohl nicht streng durchgesetzt und in entlegenen Gebieten kaum beachtet. Der König war weit. Im Lauf der Zeit eigneten sich aber die königlichen Beamten die Macht des Königs an, wurden selbst kleine Könige, und nun war dem kleinen Mann das Gesetz näher auf den Pelz gerückt. Dazu wurde das adelige Jagdspiel mit immer größere Hingabe geübt. Man begann die Tiere zu hegen, um sie immer in großer Zahl zur Verfügung zu haben. Nicht nur, daß dem Bauern die Nutzung des

Wildes entzogen wurde, es fügte ihm überdies Schaden zu, indem es über seine Felder kam und die Frucht mühevoller Arbeit abfraß. Dieser Zustand war zutiefst ungerecht und hat dem gemeinen Mann einen bitteren Groll ins Herz gelegt. Und obwohl er sich im Lauf der Jahrhunderte an manche Last gewöhnte, hat er die mit der Privilegierung der Jagd verbundene Bedrückung nie hinzunehmen vermocht und insgeheim stets dagegen rebelliert. Alle Ungerechtigkeiten, die er zu dulden hatte, haben sich in dieser großen, jedem erkennbaren Ungerechtigkeit kristallisiert. Die Revolte dagegen hat nie aufgehört, und sie hieß »Wildern«. Der Wildschütz hat immer etwas vom Revolutionär, und in Zeiten der Auflehnung gegen die Obrigkeit tritt er in irgendeiner Form, und sei es – wie heute – auf der Kino-Leinwand, in Erscheinung.

Die »niedere Jagd« interessierte den mittelalterlichen Adel nicht. Dem Hasen nachzujagen, war eines Edelmanns unwürdig. Sie war frei, wie auch vielerorts die Wildschweinjagd, und wurde dem gemeinen Mann erst entzogen, als der niedere Adel sie für sich in Anspruch nahm. Dem Bauern war die Jagd auf Raubtiere gestattet. Wolf, Fuchs und Bär konnten dem kostbaren Rotwild schaden, und ihre Ausrottung wurde systematisch betrieben, mancherorts prämiert oder den Bauern zur Pflicht gemacht.

Die wachsende Jagdleidenschaft ließ die Fürsten in ihrem Verlangen nach größeren und schöneren Revieren immer weiter ausgreifen. Kaiser Maximilian erreichte es mit der Zeit, daß in Tirol kaum noch ein anderer jagen durfte als der großmächtige kaiserliche Waidmann selbst. Die Bauern seufzten unter der Bedrückung, die dieser ewige Krieg in den Wäldern ihnen brachte, zu dem sie Treiberdienste leisten mußten, und der bisweilen Verwüstungen anrichtete wie ein kleiner Feldzug. Der Kaiser wachte streng über sein Verbot, aber, wie oft bei mittelalterlichen Menschen, wohnten Härte und Weichheit in seiner Brust dicht nebeneinander. Als er den Wildschützen Mathias Sauler aus Zirl im Jägerzorn hatte hängen lassen, bereute er wenig später seine Aufwallung und ließ eins von dessen Kindern auf eigene Kosten erziehen. Auch seine Tochter besaß ein weiches Herz und bewirkte, daß zwei Wildschützen, denen die Augen ausgestochen werden sollten, mit einer Verweisung aus allen kaiserlichen Erbländern davonkamen. Nach dem Tod des großen Waidmanns und Gemsjägers im Jahre 1519 flog sogleich der Ruf durch die Lande, das Wild sei frei. Es kam gleichsam zu einem Volksaufstand gegen die unschuldigen Tiere, wobei man sich mit Knüppel und Lanze der drückenden Last entledigte.

Wenige Jahre später entlud sich in den Bauernaufständen die angestaute Verbitterung erneut mit vehementer Gewalt. Der vierte Artikel der bäuerlichen

Forderungen verlangte, daß das Jagdrecht der alten Zeit wiederhergestellt werden müsse: »Zum vierten ist bisher der Brauch gewesen, daß kein armer Mann nit Gewalt gehabt hat, das Wildbret, Geflügel oder Fisch in fließendem Gewässer zu fangen, welches uns ganz unziemlich und unbrüderlich dünkt, besonders eigennützig und dem Worte Gottes nit gemäß. Auch an etlichen Orten halten die Obrigkeiten uns das Wild zu Trotz und mächtigem Schaden, dieweil uns das Unsere (so Gott dem Menschen zu Nutz hat wachsen lassen) die unvernünftigen Tiere zu Unnutz wegfressen mutwilliglich.«

Der Bauernaufstand endete mit einem Sieg der Landesherren, die fortan ihre Macht unumschränkter ausübten als je zuvor. Der Adel hatte Arbeit und Alltag zum Spiel erhoben. Vom morgendlichen »Lever« bis zur abendlichen Gesellschaft wurde nahezu jede Handlung zur Zeremonie und in immer feineren Ausformungen und Verästelungen der Details täglich aufs neue gespielt. Die Aristokratie schlug sich selbst in ein feines Gespinst von Regeln und Vorschriften, deren Befolgung und wie natürliche Beherrschung ihre Lust war. Mahlzeiten, Lustbarkeiten, sogar Politik und Krieg – alles war Spiel und wurde mit großem Aufwand an Farben und Formen zum Ablauf gebracht.

Und natürlich die Jagd – die Parforcejagd etwa, eine aus Frankreich stammende Verfeinerung der alten Hetzjagd. Da wurde ein großes Versteckspiel inszeniert zwischen Hunden und einem einzelnen, ausgewählten Tier, eine Spürjagd, der die berittene Jagdgesellschaft über Hecken und Felder folgte. Alles lief nach strengen Regeln ab. Zahlreiche Mitspieler wirkten mit, verschieden uniformierte Jäger spielten ihre Rolle, Leithunde, Lancierhunde, gepanzerte Kammerhunde bekamen zu bestimmten Zeiten ihre Aufgabe, für jeden Handgriff war ein besonderes Gerät bereit, die verschiedensten Hörner und unterschiedlichsten Signale eröffneten, beschlossen und begleiteten die einzelnen Handlungen, Sprüche und Redensarten, eine eigene Sprache bildete den Rahmen. Im Mittelpunkt des großen Jagdspiels aber stand der Fürst und Landesherr selbst, Veranstalter und Hauptdarsteller in einer Person.

Wir stehen heute staunend vor diesen herrlichen Kulturbildern mit ihrer reichen ornamentalen Pracht. Unsere Freude könnte ungetrübt sein, wenn wir nicht wüßten, daß Blut und Angst von Gequälten an ihnen haftet. In seiner Selbstherrlichkeit scheute der Adel nicht davor zurück, mit Menschen zu spielen, auch mit Tieren und mit der Natur überhaupt.

Der Wildbestand wuchs nach den Verheerungen des Dreißigjährigen Krieges wieder rasch an. Wie große Hammelherden stand das Wild in den Wäldern. Es wurde gehegt, das heißt es wurden Hecken (Hage) angelegt, die das Wild beisammenhielten und ihm Zwangswechsel vorschrieben. Versuchten aber die Bauern ihre Felder durch einen ähnlichen Hag zu schützen, so mußte dieser auf höchsten Befehl niedergerissen werden. Das Wild brauchte freie Bahn. So wuchs die Belastung der Bevölkerung durch das adelige Jagdspiel immer mehr. Die große Zahl der Jagdhunde wurde keineswegs im Schloß gehalten, die Bäcker, die Müller, die Bauern bekamen sie als Pensionäre in die Häuser gelegt und waren bei Strafe verpflichtet, für ihren guten Zustand zu sorgen. Wehe dem Bauern, der seinen eigenen Hofhund ohne Knüppel um den Hals herumlaufen ließ! Ohne dieses quälende Anhängsel hätte er das kostbare Wild anfallen können. In den Revieren waren oft monatelang ganze Kompanien von Jägern unterwegs, deren Verpflegung und Unterbringung auch der Bevölkerung oblag. Des weiteren verlangte der Herr Treiberdienste, und das war besonders im Winter eine mühselige Arbeit.

Aus dem Einzäunen oder Hegen des Wildes hatte sich mit zunehmender Entartung der Aristokratie die »eingehegte Jagd« entwickelt. Es war eine Massenschlächterei, die den Namen Jagd kaum noch verdient und eher den Tierhetzen im Zirkus des alten Rom

vergleichbar ist. Dabei wurde das Wild mehrere Tage, ja oft Wochen getrieben, vorsichtig und nicht schneller, als es zu äsen vermochte. Ziel war ein mit Tüchern eingegrenztes Gehege, eine Wildkammer, in deren Mitte sich der Schießstand befand, von wo aus die Hofgesellschaft dann ein fröhliches Gemetzel veranstaltete. »Will geschweigen«, schreibt Johannes Colerus 1632, »daß oft die armen, bloßen, unbekleideten Leute im harten Winter mit hinaus auf die Jagd müssen und draußen vor dem Netze so erfrieren, daß man ihnen danach die Schenkel ablösen muß, oder daß man sie tot oder erfroren hinter den Bäumen findet.«

Der Hirsch war die heilige Kuh des Fürsten. Es war der Gipfel der Verhöhnung, wenn eine herrschaftliche Verordnung lautete, daß der Bauer, wenn er dem Hirsch begegne, »seinen Kagel (Kappe) davor abtun soll, unserem gnädigen Herrn zu Ehre«.

Entsprechend war Wilddiebstahl oder vielmehr, da es ja nicht um den materiellen Wert, sondern um die Anmaßung fürstlichen Tuns ging, das Töten des Wildes eine Majestätsbeleidigung, die harte Strafe erforderte. Das war nicht immer so gewesen. Im frühen Mittelalter, als die Herrschenden sich noch nicht so weit über das Volk erhoben hatten, waren die Strafen bemerkenswert milde. Wer damals den königlichen Wildbann verletzte, kam mit 60 Solidi Geldstrafe davon. »Kein Richter soll einem seinen Leib nehmen, weder um Gewild, noch Vogel, noch um Fisch«, heißt es im alten Gesetzbuch der Schwaben. Das alte Königtum zerfiel, und emporkamen adelige »Parvenüs«, die auf jede Verletzung ihrer mit Gewalt und Finten erkämpften Hoheit mit äußerster Empfindlichkeit reagierten.

Die Strafen, die den Wildschützen erwarteten, waren mannigfaltig, und bisweilen verraten sie wieder die adelige Lust am Spiel. In Tirol, unter Kaiser Maximilian, ging es, abgesehen von den beiden genannten Fällen, verhältnismäßig unblutig zu. Zumeist wurde der Wildfrevler bei Wasser und Brot einige Wochen eingekerkert und mußte Urfehde schwören, also versprechen, sich nicht zu rächen und kein Wild mehr zu schießen. Wurde er danach ein zweites Mal ertappt, so schlug ihm der Henker die Schwurhand ab.

Augenausstechen war auch in Württemberg üblich. »Jedem, wer es sei«, verordnete Herzog Ulrich 1517, »der mit der Armbrust oder Büchse zu Felde zum Waidwerk geht, ob er gleich nicht schieße, dem sollen beide Augen ausgestochen werden.« In Bayern ging es um dieselbe Zeit etwas milder ab. Der Wildschütz kam mit Löchern in den Ohren davon, an denen man ihn an den Baum genagelt hatte. Noch größere Phantasie bewies der Kurfürst Max von Sachsen (1521–1553), der als Erfinder des »Hirschreitens« gilt. Diese Bestrafung, bei der der Wildschütz auf den Rücken eines Hirschen gebunden wird, war noch im 17. Jahrhundert in Anwendung:

»In der Gegend um die Stadt Freidberg in der Wetterau erblickten im Mai 1666 einige auf dem Feld arbeitende Landleute einen aus dem Wald hervorbrechenden Hirsch, auf dessen Rücken mit Ketten und Stricken ein Mann befestigt war. Das Tier flüchtete beim Anblick der Leute so schnell, daß ein Einfangen unmöglich war. Die entsetzten Männer bestätigten übereinstimmend, daß der unglückliche Reiter fürchterlich geschrien und ihnen jammernd zugerufen habe: Um Gottes willen, Freunde, tötet mich! Einige Tage später wurden Hirsch und Wilddieb bei Solms tot aufgefunden. Mensch und Tier bestanden nur noch aus Haut und Knochen.«

Vielleicht am weitesten verbreitet war die Bestrafung mit der sogenannten Wildererkappe. Sie bestand aus einem Stirnring, an dem ein Tiergehörn befestigt war, nicht selten ein schweres Hirschgeweih. Erzbischof Guidobald von Salzburg führte dieses Instrument in seinem Land 1657 mit folgendem Erlaß ein: »Einem auf heimlicher Fällung oder Schießung eines Wildbrets Betretenen soll mit Aufsetzen eines Hirschgeweihs eine Spott angetan und dergestalt vier Wochen oder, da er sich öfters hierin vergriffen, noch länger in der Schanz- und Bauarbeit abgebüßt werden.«

Mancherorts begnügte man sich auch damit, den Übeltäter, mit den Läufen und Häuten des erlegten Wildes behängt, an den Pranger zu stellen. Der Erzbischof von Würzburg ließ einem »Hasenluser« die Fangnetze auf dem Rücken verbrennen. Woanders wieder mußte der Wildschütz die Rehkrickeln ein ganzes Jahr und nicht nur bei der Zwangsarbeit, sondern auch zuhause auf dem Kopf tragen.

Freilich entsteht, wenn man solche Strafbestimmungen aneinanderreiht – die historsichen Quellen bieten ja gewöhnlich nichts anderes – sehr leicht ein falsches Bild. In der Praxis ging es doch anders zu und mancherorts, wie der folgende Bericht aus Österreich zeigt, recht »menschlich«. Nicht alles, was an Anordnungen aus den landesherrlichen Kanzleien kam, ließ sich eben im alltäglichen Leben durchsetzen.

Da beklagt sich der brave Oberjäger Langlechner zu Radstadt am 31. Juli 1774 im Zusammenhang mit der Ablieferung eines gefangenen Wildschützen über die Gleichgültigkeit der Richter. Der Pfleger kann nicht durchgreifen, »indem ihm die Hände gebunden. Ist auch zu allen großen Bauern Gevatter, die gern ein Stück Wildbret essen. Wenn er folglich mit einer Schärfe anginge, kämen diese in die Straf und er bei ihnen in Ungnad, denn hier sind nur die Bauern in vielen Stücken Obrigkeit. Der Stadtrichter hat viele Freunde und von seinen jungen Jahren her ihm bekannte Gassenspezl. Also sind auch ihm die Hände kreuzweis gebunden, denn sobald ein Wildbretschütz einkommt, so geht das Lauffeuer an, als wenn man mit dem Kreuz ginge. Es kommen Vater, Mutter, Bruder und Schwester, Gött und Goten und die ganze Freundschaft wie auch großmächtige Ausschüsse und bitten vor. Will auf obrigkeitlichen Erlaub der Amtmann solche nicht zu dem Verhaftierten lassen, so kommt er in die Ungnad. Ja sogar, wie schon geschehen, ein Wildbretschütz, der dem Jäger entspringt, zur Obrigkeit geht, um Rat und Tat einzuholen.«

Übrigens gab es auch immer wieder Pfarrer, die die Wilderer in Schutz nahmen. Am 3. September 1748 zeigte das Landgericht Großarl an, daß der dortige Pfarrvikar Josef Fleug während der Zeit, als einige des Wilddiebstahls verdächtige Personen in Haft waren, von der Kanzel gepredigt habe, »daß Gott das Wildbret jedem Menschen zu allgemeinem Nutzen erschaffen habe, mithin das Schießen weder eine Sünd noch strafbar sei«.

Trotz schwerster Strafen scheint die Wilddieberei im Zeitalter des Absolutismus in stärkstem Maße geblüht zu haben. Die Jagdaufseher waren verhaßt, und ihr Leben stets in Gefahr. »Anno 1707 beschwerten sich die Jäger von Waging, Teisendorf und Petting, daß die Wildschützen von Tag zu Tag überhand nehmen, wie dann zu verschiedenen Malen fünf bis sechs erst kürzlich miteinander gegangen und sich öfters verlauten lassen, falls sie einen Jäger antreffen würden oder so nahe wären, daß sie sich mit der Flucht nicht salvieren könnten, sie ihn ohne ferneren Prozeß erschießen wollten, und sei derjenige kein guter Wildschütz zu nennen, der nicht so leicht einen Jäger erschießt als einen Hirschen.« *Imhof*

Keineswegs waren die Wildschützen nur hungrige oder von Jagdleidenschaft besessene, sonst brave Bauern oder Handwerker. Besonders in Kriegszeiten befanden sich darunter auch Räuber und Mordgesellen. »Melchior Welser zu Stuhlfelden zeigt mit Bericht vom 23. Juli 1590 an, daß am Samstag nach den Pfingsfeiertagen auf einer Alm im Velbertal ein Bösewicht aus einer Alphütte drei oder vier Schmalzbutten entführt und die Sennerin umgebracht habe; daß auch hernach an mehreren Orten Wildbret- und Kastenräuber gespürt worden, deren bisweilen zu viert und siebent wohlbewehrt miteinander gegangen.« *Imhof*

Solchen Raubschützen sagte Herzog Maximilian

von Bayern in einem Erlaß von 1615 schärfsten Kampf an, »da man sich bei den Wildbretschützen noch viel mehr als bei den anderen gemeinen Landstürzern und Müßiggängern der Mörderei, Räuberei und anderen Untaten zu versehen hat, indem sie, unangesehen aller Strafen, nicht Scheu tragen zu öffentlichem Trutz und Verachtung ihrer von dort vorgesetzten hohen Obrigkeit. Sie das Wild wohl auch nur der Beute wegen verderben und gemeinhin bedrohlich sind gegen unsere Förster, Oberreiter und Jäger, auch gegen andere Leute, bei denen sie fürchten, daß sie ausfindig gemacht oder aufgefangen werden. In Summa solche Wildbretschützen landgefährliche Leute sind, davor unsere Untertanen zu beschützen und auch den schuldigen Respekt gegen die Obrigkeit zu bewahren die hohe Notdurft erscheischt und erfordert«. Der Herzog befiehlt, daß die Wildbretschützen »mit mehr Ernst als zuvor« verfolgt werden und daß gegen sie »mit Leib- und Lebensstrafen prozediert und exerziert wird«. Ebenso soll allen der Hehlerei Verdächtigen in die Häuser eingefallen und sie gegebenenfalls empfindlich gestraft werden.

Das Wildschützenwesen auszurotten ist keinem Landesherrn gelungen, sie blieben unbelehrbar, obwohl man zeitweise mit Hunden und Soldaten hinter ihnen her war, ja es scheint, die Verfolgung machte sie nur noch kecker. Auch die ewigen Händel der Dorfburschen mit den angestellten Jägern sind schon aus früherer Zeit bekannt. Im 18. Jahrhundert entzündeten sie sich mit Heftigkeit an der Verordnung, die dem gemeinen Mann in manchen Alpenländern untersagte, sich Jagdtrophäen auf den Hut zu stecken. Dieses Verbot traf die Burschen anscheinend schwerer als manches andere, was an Belastungen und Beschränkungen aus den Kanzleien kam. Gamsbart und Spielhahnfeder waren der Ausweis für Schneid und Mannhaftigkeit. Es wollte ihnen nicht in den Kopf, daß sie nun Abzeichen eines Standes sein sollten wie der grüne Rock. Sie sollten vielmehr dem gehören, der kühn genug war, sie sich zu holen. Im Volkslied wird der Stolz auf diese Trophäen viele Male besungen. Auch der Aberglaube spukte noch in den Gehirnen, daß die Kraft und die Schönheit des Tieres auf den übergeht, der seine Zier trägt. Im Gamsbart saß die Ehre des Burschen, und ihn dem Jäger vom Hut zu reißen, war höchster Triumph des einen und tiefste Schande des andern.

Erzbischof Hieronymus von Salzburg mußte seinen Jägern zu Hilfe eilen und drohte am 15. März 1785 mit folgendem Erlaß: »Es sind nicht nur wiederholt Anzeigen erfolgt, sondern auch die Erfahrung hat bestätigt, daß verschiedene Personen, vorzüglich aber Bauern und Handwerksburschen, teils aus Übermut, teils aber auch den Jägern zum Trotz, Gamsbärte, Schildhahnen- und andere Wildfedern zu tragen sich die Freiheit nehmen, hierwegen aber öfters an verschiedenen Orten, besonders bei Hochzeiten, dann anderen öffentlichen Zusammenkünften, zu Zank und Rauferei Gelegenheit und Anlaß sich ergeben hat. Aus diesen Beweggründen haben Seine hochfürstliche Gnaden gnädigst beschlossen, daß hinkünftig niemand als Jägern und was zur Jägerei gehörig dergleichen von laufendem und fliegendem Tier abgenommene Zeichen auf den Hüten oder sonsten zu tragen gestattet, sofort die Übertretung dieses höchsten Verbots das erste Mal mit 24 Stunden Keuche (Gefängnis), das zweite Mal mit 2 Gulden 24 Kronen und im Unvermögensstand mit einer vierzehntägigen Schanzarbeit, hingegen bei weiterem Wiederfall nach Umständen und obrigkeitlichem Ermessen noch schärfer abgestraft werden soll.« Dieser Erlaß wurde offiziell erst 1848 aufgehoben.

In Frankreich hatte die Revolution solche Gesetze und Privilegien schon 1789 weggefegt. »Das Volk riß«, wie Ortega y Gasset sagt, »die Einfriedung der Gehege nieder und verfolgte im Namen der sozialen Gerechtigkeit nun selbst den Hirschen und den Hasen.« Die Ereignisse in Frankreich verfehlten ihre

Wirkung auch in Deutschland nicht. Von den Aufklärern immer offener kritisiert, beschränkte auch der deutsche Adel seinen Jagdluxus, vielfach notgedrungen, da durch die Napoleonischen Kriege die Mittel knapp geworden waren, so daß man mancherorts begann, Jagdrechte an reiche und angesehene Bürger zu verpachten. Was den Ersatz von Flurschäden betrifft, scheinen sich die Verhältnisse aber nicht wesentlich gebessert zu haben. Heinrich Noë, der bekannte bayerische Reiseschriftsteller, fand am Starnberger See noch recht altertümliche Zustände.

»In diesen Wäldern wimmelte es früher von Wild. Wenn ich sage früher, so versteht sich von selbst, daß dies vor dem Jahr 1848 war, wo die Bauern den Hirschen und Rehen mit einem Schlag ein schreckliches Ende machten. Sechzehnender waren um den ganzen See herum keine Seltenheit; Rehe durchzogen die Wälder und Saaten in Herden. Der Naturfreund, der auf seinen Wanderungen gern einen flüchtigen Rudel dieser hübschen Tiere begegnet, mag die Ausrottungswut beklagen – aber man findet sie durchaus begreiflich, wenn man die Bauern hört. Ein blühendes Saatfeld abzufressen war diesen Wildlingen ein leichtes Souper. Gesetzmäßig waren den Besitzern allerdings Entschädigungen dafür zugestanden, aber man weiß, wieviel Geltung seit den Zeiten des Herrn Ritter von Lang in Altbayern der Buchstabe des Gesetzes hatte. Nicht wenige Beamte hielten es für ein großes Verdienst und für eine einschmeichelnde Empfehlung nach oben, auf eine beliebige Weise dem Bauern seine Entschädigung vorzuenthalten und die Summe für den Staat zu retten. Die Schikanen der Forstleute, bei denen die Interessen des Bauern ohnehin erst lang nach der Rehdecke und dem Hirschunschlitt kamen, waren mitunter unglaublich. In einer Zeit, in der es fast unmöglich war, durch eine Ortschaft zu gehen, die der Sitz eines königlich bayerischen Landgerichts war, ohne das Gewinsel amtlich Geprügelter zu hören, kann folgende Tatsache nicht auffallen:

Einem Bauern wurde sein Weizenacker von Hirschen und Rehen abgeweidet. Er hatte schon oft argen Schaden erlitten, aber als echter deutscher Bauer aus Furcht vor Amt und Öffentlichkeit das Übel über sich ergehen lassen, wenn ihn nicht noch Ärgeres – die Drohung der Forstleute – davon abhielt. Diesmal aber war es ihm zu stark. Er beklagte sich, und es wurde ein Tag angesetzt, an dem eine Kommission den Schaden abschätzen sollte. Wahrscheinlich hätte der öffentliche Schatz eine hübsche Summe blechen müssen, aber die Gewissenhaftigkeit eines Beamten wußte ein Mittel zu ersinnen, das den Staat in die Lage versetzte, diese Summe auf andere nützliche Zwecke zu verwenden. Er setzte sich mit einem Bauern in Verbindung, der der Feind des Beschädigten war. Dieser ließ in der Nacht vor dem Kommissionstag eine Schweineherde auf den verwüsteten Acker treiben. Nichts war daher natürlicher, als daß die Kommission die Erklärung in ihr Protokoll aufnahm, die fragliche Beschädigung sei nicht durch Wild, sondern durch Schweine entstanden. Der Bauer bekam nichts. Bei einer anderen Gelegenheit ließ er unter denselben Umständen das Feld vorher von Pferden zerstampfen, der Bauer bekam wieder nichts.

Ähnliche Schikanen ließen sich viele erzählen. Es wird daher niemanden verwundern, daß die Leute die ganze Angelegenheit gründlich zu bereinigen suchten, als einmal ein anderer Wind ins Land kam. Jetzt wird das alles viel rechtlicher und strenger genommen, und es könnte kaum behauptet werden, daß heutzutage einer in dieser Sache geflissentlich beeinträchtigt wird.«

Das Revolutionsjahr 1848 bringt also auch in Deutschland die Beseitigung jahrhundertealter Jagdvorrechte. Der gemeine Mann, die Waffe des Aufstands in der Hand, stürmte von den Barrikaden in die Wälder und nahm sich triumphierend, was ihm so lange vorenthalten war. Die meisten angestellten Jäger standen dieser Massenwilderei machtlos gegenüber, aber keineswegs alle. Manche schossen zornig dazwischen. So hat angeblich in Ruhpolding ein Förster, der später in Nußdorf am Inn seinen Wohnsitz nahm und dort auch starb, in kurzer Zeit elf Wilderer erschossen. Aber auch die Jäger fielen den Kugeln und dem gehackten Blei der Raubschützen zahlreich zum Opfer. *Adlmaier*

Das Volk war aber nicht aufzuhalten. Besonders in den Dörfern wollte keiner zurückstehen bei der Verteilung des Wildes, und in allen Häusern schwelgte man bei Hirsch- und Hasenbraten.

Schließlich griff doch die neue Staatsregierung ein und sandte Soldaten, um die Ordnung wiederherzustellen. Den Bewohnern des Städtchens Aibling wurde eine ganze Kompanie in die Häuser gelegt, und die, die gerade noch gewildert hatten, mußten nun die Aufpasser wochenlang verpflegen.

Aber zu retten war nicht mehr viel. Ganze Bezirke waren leergeschossen. Damals wurde in Deutschland der Hirsch ausgerottet, das Symboltier des Adels, das durch Jahrhunderte das Bild der Wälder bestimmt hatte.

Die alten Jagdprivilegien waren beseitigt, aber die Wildschützen blieben. Nach den neuen Jagdgesetzen, die zwischen 1850 und 1855 in den deutschen Ländern entstanden, war nur der Besitzer von Grund und Boden jagdberechtigt, wobei er dieses Recht aber nur ausüben durfte, wenn das Grundstück eine bestimmte Größe hatte. Das führte zum Zusammenschluß der bäuerlichen Grundbesitzer und zur Bildung der Gemeindejagden. Da gab es dann wieder viele Jäger und wenig Wild, und die Versuchung lag nahe, die unbefriedigte Jagdlust beim Nachbarn zu stillen, wo der adelige oder großbürgerliche Jagdherr einen sorgfältig gehegten Wildbestand besaß.

Die Romantik hatte eine neue Einstellung zum Tier und zum Menschen gebracht. Das Tier war nicht länger eine bewegliche Zielscheibe, ein Schlachtopfer, an dessen qualvollem Todeskampf man sich weidete, sondern ein Lebewesen, das es zu achten galt. Auch der Wilderer sollte nicht mehr abgeschossen oder gehängt werden wie ein Schädling. Die menschenfreundlichen Gesetzgeber gaben auch ihm Schutz, und der Jäger, der einen Wilderer erschossen hatte, mußte auf eine strenge Untersuchung gefaßt sein. Da war es naturgemäß meist schwer, nachzuweisen, daß die Tötung in Notwehr geschehen war, und der Ausweg, den die Jäger manchmal wählten, bewirkte gerade das Gegenteil dessen, was die liberalen Gesetze zu erreichen gesucht hatten.

»Bei den früheren Gesetzen gegen die Wilddiebe«, schreibt Franz von Kobell, »wurde ihrer Strenge wegen die Untersuchung meist in einer Art geführt, daß der Jäger gegen den Wildschützen, den er einbrachte, oft zu kurz kam, und wenn er, seiner Haut sich wehrend, einen erschossen hatte, in weitläufige, nicht selten seine Stellung gefährdende Plackereien geriet. Die Folge davon war, daß manche Wildschützen spurlos verschwanden. Eine wilde Felsenschlucht, ein See oder Sumpf mochte wohl wissen, daß sie ihr Ende gefunden hatten.«

Ähnliches erfuhr Heinrich Noë auf einer seiner Reisen in Tirol und Vorarlberg. Er fragte einen Jäger, wie es in seinem Revier mit den Wildschützen sei.

»›In dieser Gegend kommen wenig vor‹, erwiderte der Waidmann. ›Wo ich früher war, an einer anderen Grenze gegen das Salzburgische hin, dort hatten wir mehr mit den Spitzbuben zu tun.‹ Er blinzelte und wandte sich ab, und wir konnten ihm ansehen, daß er es für besser hielt, über gewisse Dinge zu schweigen, die dort in der Felsenwildnis sich zugetragen haben mochten. Endlich wurde es Abend, und wir mußten an die Heimkehr denken. Der Jäger grüßte uns aus der Hütte nach, und wir verschwanden unter den Felsblöcken.

Die Kalkwände uns gegenüber flammten, von den Strahlen der sinkenden Sonne getroffen, auf und glichen Kohlen auf brennendem Herd. Die Wolken, die an ihren Gipfeln hingen, erschienen durch den Farbengegensatz jetzt grau und düster, und es sah in der Tat aus, als lodere der ganze Berg und die Wolken seien der vom Brand aufsteigende Rauch. Einer machte den anderen darauf aufmerksam.

Einer von uns aber, der in die Geheimnisse des Hochgebirges am meisten eingeweiht war, sagte: ›Seht den Brand dort droben. Der, der uns vorhin zugenickt hat, sah einmal einen anderen Brand auf jenen Höhen. Ich kenne die Geschichte. Ein Wildschütz begegnete ihm und einem anderen Jäger, legte auf die beiden mit seinem Doppelstutzen an, und wer weiß, was aus ihnen geworden wäre, wenn nicht eben jener, der uns heute so geheimnisvoll zublinzelte, ihm zuvorgekommen wäre und ihn niedergeschossen hätte. Da lag er nun mit einer Kugel durch den Kopf. Wenn sie, wie es das Gesetz verlangt, den Vorfall bei Gericht anzeigen, so harren ihrer eine Menge strenger Verhöre, und wenn sie es nicht bis aufs Haar beweisen können, daß sie sich im Zustand der Notwehr befunden haben, so kann Gefängnis, Verlust des Dienstes und wer weiß alles über sie verhängt werden. Da nahmen sie sich das Handgelöbnis ab, einander wechselseitig nicht zu verraten, legten den Toten auf einen Reisighaufen und verbrannten ihn, daß kein Stäubchen übrigblieb. Ich weiß dieses Abenteuer durch einen Zufall. Es ist, gleich dem Toten, seit Jahren verschollen und vergessen.‹«

Eine spätere Abänderung der Gesetze hat die Position des Jägers in Deutschland wieder verbessert. In Österreich hingegen blieb seine Lage nach wie vor schwierig, wenn er wegen Tötens eines Wilderers vor den Richter kam. Der Begriff der Notwehr war für den Jäger enger gefaßt und wurde auch dem Wildschützen zugebilligt. Die deutschen Jäger waren immer wieder erstaunt, wenn sie miterlebten, wie vorsichtig ihre österreichischen Kollegen mit dem Leben eines »Lumpen« verfuhren, wenn sie etwa statt mit dem Gewehr mit dem Bergstock auf ihn losgingen. Die österreichischen Wildschützen haben diese Rücksichtnahme oftmals nicht honoriert, und mancher Jäger, der sich auf seine Körperkräfte verließ, mußte mit dem Tod dafür bezahlen. Vor dem Schwurgericht, wo das Volk als Richter auftritt, hatte der Jäger auf wenig Verständnis zu hoffen, wohl aber der Wildschütz auf ein gnädiges Urteil.

Alles in allem entsteht aber doch der Eindruck, daß es in Österreich bei der Wildschützenjagd humaner, ja gemütlicher zuging als in Bayern. Die österreichischen Jäger tragen nicht so hoch an, wenn sie schießen, sondern halten auf die Füße. Diese Gepflogenheit hat allerdings eine historische Ursache. In Salzburg etwa findet sich in den erzbischöflichen Erlassen immer wieder der Satz, daß vermummten Wildbretschützen ohne Anschreien auf die Füße geschossen werden dürfe, um sie »zu lähmen oder zu zeichnen«.

Entsprechend wird dann auch in Österreich das Wildschützenlied vom schönen Gamsgebirg anders gesungen als in Bayern.

Und wenn dann d'Jager kemman
Und sie dersechn di,
Dann schiaßns glei a wengerl
Her auf di.

So singen die Österreicher. In »Weiß-Blau« heißt dieselbe Stelle hingegen:

Und wenn dann d'Jager kemman
Und sie dersechn di,
Schiaßns da oane aufi,
Und du bist hi.

In Gmund, wer's kennt, bei Tegernsee,
Steht an der Bruck a Haus,
A saubers Haus mit greani Ladn,
A Hirschgweih is heraus.

Da hat amal a Jager gwohnt,
Gar weit und broat bikannt;
An Mayr vo Gmund, den hot ma kennt
In' ganzen Oberland.

A scharpfa Jaga is er gwest,
Hat nit viel Gschpasseln gmacht
Und hat aufs Treffen zähln kinnt,
Hat dem sei Büchsn kracht.

Der wilde Jäger von Gmund

Am Tegernsee spielte sich in der ersten Hälfte des 19. Jahrhunderts ein blutiges Drama ab, das wohl zu den bedeutendsten überhaupt gehört in der langen Geschichte des erbitterten Kampfes zwischen Jägern und Wilddieben. Noch heute kann man die Grabmäler und Erinnerungsstätten besichtigen und sich von den Einheimischen die Geschichte erzählen lassen.

1803 kam der Staat an den Tegernsee. Durch die Säkularisation fielen die großen Jagdreviere des dortigen Klosters an die Krone. In Gmund zog nach einer Neuaufteilung des Gebietes 1815 als kgl. bayr. Revierförster Johann Mayr ein und kauft später das Metzgerhaus an der Mangfallbrücke, das heute noch unverändert steht und durch das, was darin vorfiel, Berühmtheit erlangen sollte.

Mayr war eine furchterregende Erscheinung, riesenstark, mit schwarzem Bart und durchdringenden Augen, herrisch und unnachsichtig, dabei ein hervorragender, diensteifriger Jäger und trefflicher Schütze. Man sah ihn fast stets in Begleitung einer riesigen Dogge, die er »Donau« rief (richtig wahrscheinlich »Donar«) und statt eines Jagdhundes hielt. Damals gab es in den Bergen um den Tegernsee Hirsche und Rehe im Überfluß. Das Wild richtete auf den Feldern der Einödbauern nicht selten beträchtlichen Schaden an, der nur ungenügend vergütet wurde. Da hielten sich manche Bauern mit einem selbst geschossenen Rehbraten schadlos. Mayr schwor, diesem ungesetzlichen Treiben ein Ende zu machen. Jeder Schuß aus einer Wildererflinte traf ihn wie eine persönliche Kränkung. Bekam er einen »Schwarzgeher« vors Visier, so fackelte er nicht lange, und seine Büchse traf gut. »Elfe hab i schon in d'Höll geschickt«, soll er gesagt haben, »und bald mach i's Dutzend voll.«

Mit dem vollen Dutzend begann aber sein Unglück.

In Gang gebracht wurde die langdauernde Tragödie durch einen anderen Jäger, den Mesner Anderl, der im benachbarten Schlierseer Revier Jagdgehilfe war. Dem Anderl lief an einem kalten Novembertag des Jahres 1826, es lag schon Schnee, ein prächtiger Zwölfender vor die Büchse, und er zog auch sogleich den Kolben an die Wange und – bums! – dachte er den Burschen niederzustrecken. Aber es war nichts. Der Hirsch zog krankgeschossen und schweißend davon, und der Mesner Anderl machte sich fluchend an die Verfolgung. Als er das Tier endlich verendet fand, stellte er fest, daß er sich längst im Gmunder Jagdrevier befand. Sakradi; das war eine dumme Geschichte! Sollte er nun nach Gmund hinuntergehen und den Vorfall beim Forstwart melden? Der Mayr rauchte einen schlechten Tobak in solchen Sachen. Natürlich würde er behaupten, der Anderl hätte den Hirschen auf Gmunder Gebiet geschossen. (Manche erzählen auch, es sei so gewesen). Der Mayr war zum Fürchten, wenn er zornig wurde. Aber »hintlassen« wollte der Anderl den kapitalen Hirschen auch nicht, auf gar keinen Fall. Er beschloß also, den Verdrußhirschen heimlicherweis und bei der Nacht mit Roß und Schlitten über die Reviergrenze zu schaffen. Es galt nur festzustellen, wo sich die Gmunder Kollegen um diese Zeit befanden, damit es nicht zu einer peinlichen Begegnung kam. Der Anderl versteckte also, so gut es ging, seine Beute und machte sich dann auf den Weg nach Gmund, um die Sache auszuspekulieren.

Zu diesem Zeitpunkt hatte aber bereits der Teufel seine Hand im Spiel. Wenig später kam nämlich der Gmunder Jagdgehilfe Nikolaus Riesch an denselben Ort und fand den Hirschen. Die Wilderer waren wieder einmal am Werk. Riesch begab sich eilends nach Gmund zu seinem Herrn und meldete, was er am Ostiner Berg unter Daxen versteckt gefunden hatte. Der Forstwart schäumte vor Wut. Er hatte in der vorangegangenen Zeit wenig Glück gehabt beim Wildererpassen, aber diesmal mußte es gelingen.

»Die kriagn ma, Riesch«, rief er, »und wenn wir die ganze Nacht draußen stehn! Denen hoaz ma ein, daß's ihrer Lebtag kein Gewehr mehr in d'Hand nehmen!«

Er kannte aber die Kameraden von der geschwärzten Zunft nur zu gut und wußte, daß sie ohne sorgfältiges Ausspekulieren und Beobachten nichts unternahmen.

»Paß auf, Riesch«, sagte er, »vor's dunkel wird, marschiern wir los, die Tegernseer Straße runter, aber hinter Quirin biegen wir ab und steigen den Ostiner Berg von der andern Seite an. Müßt mit'm Teufel zugehn, wenn ma's net erwischen.«

Richtig sah der Mesner Anderl, der gegenüber im Gasthof Obermayr gemütlich hinter einer Maß Bier am Fenster saß, bald darauf die Gmunder Kollegen aus dem Forsthaus kommen und den Weg nach Tegernsee einschlagen. Haut scho, dachte der Anderl und rief die Kellnerin zum Zahlen, jetzt brauch i nur noch a Roß und an Schlitten.

Draußen lief ihm der Mentenseppei über den Weg, ein kreuzbraver Bursche, Sohn des Mentenbauern von Hausham, der überall beliebt und geachtet war. Ohne Zögern war er bereit, für einen Kronentaler den Abtransport des Hirschen zu übernehmen. Da ihn ein Jäger darum bat, konnte er nicht ahnen, daß Unrecht damit verbunden war.

Die Nacht war klar, der Schnee leuchtete blau im Mondlicht. Munter trieb der Seppei seinen Braunen den schmalen Weg hinauf. An der Wolfsmühle stand wie verabredet der Anderl und schwang sich zu ihm auf den Schlitten. Er sagte nichts, und plötzlich beschlich den Seppei ein ungutes Gefühl. Als der Weg eng und dunkel wurde, stieg er ab, um das unruhige Pferd zu führen.

»Da, zum Eckardt-Kreitl nüber«, sagte der Anderl leise, »gleich hab'n wir's.«

Gespannt spähte der Anderl vorwärts, und da sah er, vorne, wo der Hirsch liegen mußte, eine dunkle Gestalt zwischen den Bäumen stehen. Siedendheiß überlief es ihn: Der Hundsmayr wenn mi erwischt, an Jager ... unmöglich! Er glitt leise vom Schlitten und verschwand in den Büschen.

Nun sah auch der Seppei zwei Gestalten vor sich. Der Schlitten hinter ihm war leer, und er begann dunkel zu ahnen, was vorging. Er versuchte den Schlitten zu wenden, aber da ertönte ein donnernder Ruf:

»Huß, Donau, faß!« Die riesige Dogge schoß über den Schnee und riß den Seppei im Ansprung zu Boden. »Hab i di, du Lump!« schrie der Mayr und kam mit erhobenem Stock herbeigeeilt, »hast gmeint, du kannst dein Hirschen holen, den du gwildert hast!«

Der Seppei, der verzweifelt versuchte, sich die wild beißende Dogge vom Leib zu halten, schrie, er wisse nichts von einem Hirschen.

»Lügen mag er auch noch«, tobte Mayr und begann mit seinem eisenbewehrten Stock auf ihn einzuschlagen. Indessen bemühte sich der Jagdgehilfe Riesch, den Hirschen zum Schlitten zu schleifen. »Hilf eahm!« schrie Mayr und gab dem Mentenbuben einen Fußtritt. Mühsam erhob sich der Seppei und tat, wie ihn der Forstwart geheißen. Dann fuhren alle drei nach Gmund zum Forsthaus.

Dort begann etwas Furchtbares. Das Nahter-Veverl, das sich auf Störarbeit im Försterhaus befand, hat noch als altes Weiberl mit Entsetzen davon berichtet.

Der tobende Forstwart schleppte den vermeintlichen Wilderer ins Haus und band ihn ans Stiegengeländer. »Sag mir d'Wahrheit«, schrie er und begann mit der Hundepeitsche auf den Gefesselten einzuschlagen.

Der Seppei wand sich vor Schmerz, aber er verriet seinen Kameraden nicht, der ihn so schmählich im Stich gelassen hatte. Wieder hetzte der Forstwart die Dogge auf ihn, und der Seppei schrie unter ihren Bissen.

»Morgen reden wir weiter«, sagte der Mayr und trieb die verstörten Hausleute hinauf in die Schlafkammern.

Der Seppei blieb die ganze Nacht blutend und halb

ohnmächtig am Stiegengeländer hängen, bewacht von der knurrenden Dogge.

Noch ehe der Tag graute, kam Mayr schon wieder die Treppe heruntergepoltert, holte Pferd und Schlitten aus dem Schuppen, warf den Seppei gefesselt darauf und fuhr los in Richtung Miesbach. Es war eiskalt. Der von Blutverlust geschwächte Mentenbub fror jämmerlich. Mayr trieb das Pferd an, denn er wollte in Miesbach sein, ehe die Menschen auf die Straße kamen. Auf halbem Weg gingen in den Einödhöfen die ersten Lichter an. Dann klangen von Wall herüber die Glocken zum Engelamt. Den Mentenbuben beschlich eine dunkle Ahnung, und er begann leise zu beten.

Hinter Schweinetal ging der Weg abwärts, und der wilde Jäger vorne auf dem Schlitten riß an den Zügeln und trieb das Pferd zur Eile an. Als ob ihm die Fahrt unheimlich sei, scheute der Braune plötzlich und wollte nicht mehr gehorchen. Kein Fluchen und Schlagen half, das Roß wurde nur noch störrischer. Da zog der Forstwart zornig den Knicker und schnitt dem Seppei die Fesseln auf. »Fahr selber!« herrschte er ihn an. »Der Gaul is derselbe Lump wie du.« Der Mentenbub nahm die Zügel in die erfrorenen Hände. Der Forstwart stieß ihm den Büchsenlauf in die Seite: »Runterspringen wennst tust, nacha tuscht's«, sagte er.

Der Braune beruhigte sich unter der bekannten Stimme seines Herrn, und die Fahrt konnte fortgesetzt werden. Aber bald darauf brachte ein dunkel hereinstehender Baum das Pferd abermals zum Scheuen. Der Schlitten geriet ins Schleudern, und der entkräftete Mentenbub stürzte herab in den Schnee. Als er sich mühsam aufrichtete, war der wilde Forstwart schon neben ihm. Ein Feuerstrahl blitzte aus seiner Büchse, und der Seppei schrie auf, als das gehackte Blei seinen Rücken zerfetzte. Auch das Pferd wieherte schrill und bäumte sich und zerrte am Schlitten. Der Jäger konnte sich gerade noch darauf werfen, dann jagte der Braune davon und war nicht mehr zu halten bis Miesbach. Dort wichen die ersten Kirchgänger erstaunt zur Seite, als der grimme Forstwart mit einem Hirschen auf dem Schlitten an ihnen vorbeiraste. Er meldete den Vorfall bei der Gendarmerie, später beim Gericht, dazwischen aber, so wird erzählt, soll er beim »Pechler« gemütlich eine Tasse Kaffee getrunken haben.

Als man den Mentenbuben oben bei Schweinetal fand, war er besinnungslos, aber noch am Leben. Man fuhr ihn eilends nach Miesbach zum alten Landarzt Schleicher. Der besah sich die Wunden und sagte: »Da ist an Schleicher sei Kunst zu End, lauf einer und hol an Herrn Pfarrer.«

Der Seppei kam inzwischen wieder zur Besinnung und erzählte den Umstehenden den Hergang des Geschehens. Unter den Anwesenden befanden sich einige gleichaltrige Freunde, die sofort von Rache sprachen. Es wird erzählt, daß der Seppei, der ein frommer Bursch war, sie bat, davon abzustehen, er selbst wolle seinen Frieden mit dem Jäger machen und ihm verzeihen. Er starb noch am selben Tag, nachdem er gebeichtet und die Sterbesakramente empfangen hatte. Seine Freunde aber schworen, die Tat zu rächen, und so, daß man noch nach hundert Jahren davon erzählen würde.

Es passierte aber mehrere Jahre nichts. Niemand warf im Forsthaus nachts die Scheiben ein, niemand schickte dem Forstwart im nächtlichen Wald eine Kugel in die Brust. Als das Gericht ihn von jeglicher Schuld freisprach, war Mayrs Triumph vollkommen. In den Wirtsstuben hatte man freilich den Seppei nicht vergessen, und die Leute blickten weg, wenn sie Mayr begegneten. Aber es sah doch so aus, als kuschte das ganze Land zwischen Tegernsee und Schliersee vor dem schwarzbärtigen Mann, der Recht und Gesetz auf seiner Seite hatte.

Es waren schon zwei oder drei Jahre vergangen, da sollte der Forstwart gewahr werden, daß die Freunde des Mentenbuben noch da waren und die Mordtat ihnen unverblaßt im Gedächtnis lebte. Aber auch diesen Anschlag auf sein Gewissen und seine Ehre verwandelte der unüberwindliche Mann in einen Triumph.

Eines Abends in der Faschingszeit hatte er einen Kollegen bei sich zu Besuch, den kgl. Revierjäger Rupp aus Wiessee. Plötzlich war Lärm vor dem Haus. Im Schein von Fackeln hatte sich draußen ein gespenstischer Zug versammelt, etwa dreißig Männer, vermummt, geschwärzt, mit Köpfen von Hirschen und Rehen über den Häuptern, so stampften und tanzten sie da draußen zu einer schaurigen Katzenmusik aus knöchernen Schwegelpfeifen. Das Hausgesind sah mit Entsetzen inmitten der Gruppe, von Teufeln getragen, einen Sarg, auf den mit Kreide »Mayr« geschrieben war. Dahinter schritt der Tod mit einer schrecklichen, kalkweißen Larve, die Sanduhr auf dem Kopf und die Sense über der Schulter. Ein Geschrei ging los:

Der Mayr ist gestorben,
Der d'Leut erschiaßt und erschlagt,
San Engerl obakemma,
Habn Hörndl am Kopf obn ghabt.

Und schon flogen die ersten Steine und klirrten die Scheiben im Forsthaus.

Hoaz Sparifankerl, hoaz Sparifankerl,
Heut gibt's a guats Jagerschmakerl,
Hoaz nur fest ei,
Der Braten ghört dei!

Aber der unverwüstliche Mayr ließ sich durch das Konzert nicht erschrecken. Er trieb seine Hausleut in die Kammern, riß den Zwilling von der Wand und zog den Rupp in den Schupfen, wo es keine Fenster gab. Von dort sahen sie durch die Ritzen, wie das Treiben draußen immer wüster wurde. Besonders der Tod tat sich jetzt hervor, sprang mit seiner Sense immer wieder an die Schupfentür und donnerte dagegen.

»Paß auf, Rupp«, sagte der Forstwart, »den kauf ma uns. Das nächste Mal machst die Tür auf, und i ziag'n rei.«

So machten sie es. Der Tod flog herein, stürzte zu Boden und wurde von den Jägern durchgeprügelt, daß ihm die Lust am Haberfeldtreiben verging. Endlich gelang es ihm, zu seinen Kameraden zu entfliehen, und die gehörnten Teufel und Katzenmusikanten zogen von dannen, als hätten sie alle den Knüppel des Forstwarts zu spüren bekommen. Der grimme Mayr aber hatte allen, die es wissen wollten, bewiesen, daß ihn auch der Tod nicht zu schrecken vermochte.

In der Maske des Todes war ein gewisser Finsterwalder-Hausl versteckt gewesen, welcher in der Geschichte auch weiterhin eine dunkle Rolle spielen sollte. Der Hausl war in Finsterwald bei Gmund Zimmermann und Kistler, ein fuchsäugiger, schlitzohriger Bursche, der mit dem Stutzen bald besser umzugehen verstand als mit dem Hobel. Er war einer jener Wilderer, die den Jägern zutiefst verhaßt sind, gemein, schlau, scheinheilig, grinsert, nicht zu fassen, da er die Gewohnheiten des Wildes und der Jäger so gut kannte, als wären sie seine eigenen. Er hatte wohl eine persönliche Rechnung mit den Grünröcken und sorgte in den Wirtsstuben dafür, daß der Haß auch bei den anderen nicht kalt wurde.

Aber das war im Grunde gar nicht nötig. Auf dem Land und schon gar im Gebirge vermag die Zeit kaum etwas zu ändern. Da zwingen die Menschen die Zeit und nicht die Zeit die Menschen, wie es in der Stadt der Fall ist. Was einmal beschlossen und als recht erkannt ist, kommt zur Ausführung ohne eigentlich viel Aufhebens und gleichgültig, wie viele Jahre verstreichen. Der Druck, der hinter der Tat steht, bleibt derselbe, als wäre sie gestern erst geschehen.

Es dauerte sieben Jahre, bis der Tag kam, an dem der Forstwart Mayr die ungesühnte Ermordung des Mentenbuben auf schreckliche Weise büßen sollte.

Kurz vor dem Martinstag 1833, dem Todestag des

Erinnerungsstätte
der Jägerschlacht am Grund
11. Nov. 1833
Beteiligt waren im Kampfe
Waldhofer Hansl
Gießhofer Sepp
Höger Thomä
Sepp, Bauer am Rain
Hinterauer Hansl
Fraunhofer Hausl
Auer Irgl
mit den Jägern
Joh. Mayr, kgl. Revierjäger v. Gmund
Nikol. Riesch u. Joh. Probst, Jagdgehilfen.

Mentenseppei, erhielt er eine anonyme Nachricht, wonach am 11. November im Grund bei Miesbach ein paar Burschen auf Rehe pirschen wollten. Sein Haß auf die Wilddiebe war unvermindert stark, und er ging ohne Zögern in die Falle.

Im Grund, etwa halben Wegs zwischen Gmund und Miesbach, warteten auf ihn sieben Verschworene, ehemalige Freunde des Mentensohns: der Waldhofer Hansl, der Gießhofer Sepp, der Bauer Sepp am Rain, der Höger Thomä, der Hinterauer Hansl, der Frauenhofer Hansl und der Auer Irgl.

Der Forstwart kam auch mit Verstärkung, nämlich in Begleitung seiner beiden Gehilfen Niklas Riesch und Hans Probst. Vierter und mächtigster Bundesgenosse war die riesige Dogge Donau.

Der Hausl von Finsterwald war auch wieder dabei, aber er gedachte, wohl in Erinnerung an die Prügel, die er beim Haberfeldtreiben bezogen hatte, und überhaupt aus Vorsicht und Schlauheit, sich aufs Beobachten und Benachrichtigen zu beschränken. Auch der anonyme Brief war sein Werk gewesen. Er verfolgte den Anmarsch der grünen Streitmacht und gab seinen Kameraden die verabredeten Zeichen.

Um die Jäger ganz in die Falle zu locken, ließ sich der Waldhofer Hansl zuerst allein sehen, geschwärzt, mit dem Stutzen in der Hand, ganz wie ein Wilderer. Mayr triumphierte, als er ihn sah, und hetzte augenblicklich die Dogge los. Der Hund sprang dem Waldhofer an die Brust, versetzte ihm starke Fleischwunden, und der bärenstarke Mann wälzte sich brüllend mit dem Tier auf dem Boden. Da kamen aber schon seine Kameraden zwischen den Bäumen hervor. »Nur mit den Kolben drauf«, war abgemacht. Der verhaßte Forstwart sollte erschlagen werden wie ein tollwütiger Hund. Als erstes versetzte der Höger Thomä der Dogge einen Hieb, daß sie halb von Sinnen umhertaumelte. Der Jagdgehilfe Probst wurde durch einen Schlag zu Boden geworfen, und rettete sein Leben, indem er sich totstellte. Ein furchtbarer Kampf entbrannte um den Forstwart. Mit doppelter Münze zahlte der eiserne Mann jeden Schlag zurück, der ihn traf. Der Hinterauer Hansl wurde vor die Brust getroffen und stand während des ganzen Kampfes nicht mehr auf. Schließlich sank auch der Jagdgehilfe Niklas Riesch, der sich tapfer gewehrt hatte, besinnungslos zu Boden. Nun stürzten sich alle auf Mayr. Sein Schädel wurde von furchtbaren Schlägen getroffen. Kaum ein Gewehrkolben blieb heil.

Als Mayr sich nicht mehr rührte und das Wüten ein Ende hatte, fanden sich auch die Rächer böse zugerichtet. Der Hinterauer Hansl rang mühevoll nach

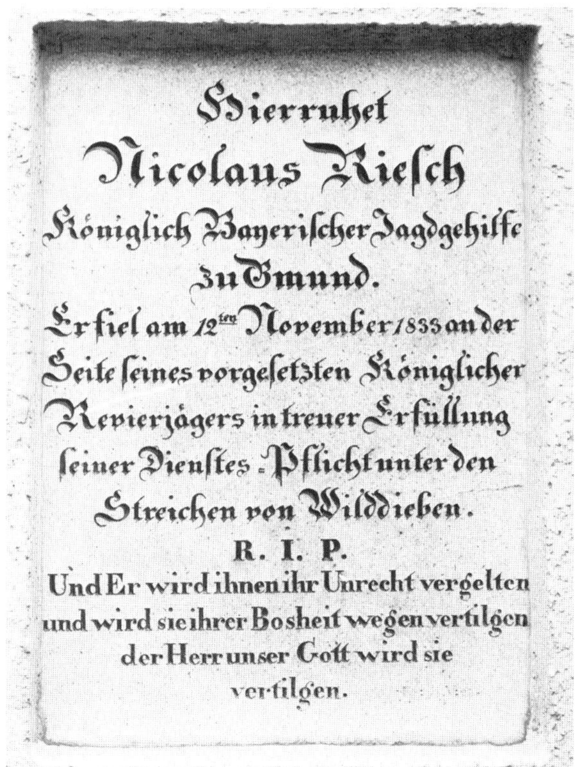

Luft. Der Bauer am Rain war schwer am Kopf getroffen und mußte von seinen Kameraden gestützt werden. Dem Waldhofer Hansl lief das Blut aus dem Ärmel, und er bemerkte erst jetzt, welch schwere Wunden ihm der Hund gerissen hatte. So schleppten sich die Sieger schweigend in ihre Höfe, die nicht allzu weit entfernt liegen.

Die Bewohner der Höfe Schmerold und Grund hatten der Schlacht aus der Ferne mit Entsetzen zugesehen. Nun eilten sie herbei, und es wurden Schlitten geholt und die Erschlagenen weggeschafft. Probst kam wieder auf die Beine und hatte Mühe, die Dogge zu beruhigen, die keinem erlauben wollte, ihren Herrn anzufassen. In dem eisernen Forstwart war noch Leben. Riesch kam nicht mehr zur Besinnung. Er wurde im Schmeroldhof auf die Ofenbank gebettet und der Forstwart aufs Kanapee. Dann schaffte man die Schwerverletzten auf mit Betten gepolsterten Leiterwagen nach Gmund. Die Jäger fanden wenig Mitleid. Eine halbblinde Greisin soll von der Laube ihres Hauses gerufen haben:

»Fragts an Mayr, ob er jetzt a no beim Pechler Kaffee trinken mag, wie damals, als er an Menten-Seppei umbracht hat.«

Niklas Riesch starb am darauffolgenden Tag, ohne das Bewußtsein wiedererlangt zu haben. Der Tod dieses gänzlich unschuldigen und beliebten Mannes ging vielen zu Herzen. Eine Grabplatte an der Friedhofsmauer zu Gmund erinnert noch heute an ihn.

Den grimmen Forstwart aber erwartete ein schweres Los. Unter qualvollen Schmerzen dämmerte er noch vier Monate dahin. Sein gebrochener Schädel heilte nicht mehr und begann zu eitern. In den Spinnstuben flüsterten die Weiber, er könne nicht sterben, weil er sich, um kugelfest zu werden, eine Hostie habe in die Hand wachsen lassen, wovon ihn der Pfarrer erst befreien müsse.

Am 16. Februar 1884 war die Sühnezeit des Johann Mayr zu Ende, und er wurde von seinen Qualen

erlöst. Sein Grabstein steht heute noch im Gmunder Friedhof. Er trägt keine Aufschrift.

Die Tragödie aber fand einige Monate später ihren Fortgang. Da kam der Waldhofer Hansl aus Tirol zurück, wohin er geflohen war, um seine Bißwunden auszuheilen. Die übrigen Beteiligten waren zwar vernommen worden, aber man hatte ihnen nichts nachweisen können. Ihre Verletzungen hatten sie mit häuslichen Unfällen erklärt, verursacht etwa durch die Bändigung eines wild gewordenen Stiers und dergleichen. Nun, da sie sich schon aus dem Schneider glaubten, wurden sie zusammen mit dem Waldhofer Hansl wieder verhaftet. Alle leugneten weiter, etwas mit dem Jägermord zu tun zu haben. Die Untersuchungen dauerten endlos fort. Nach vier Jahren starb der Hinterauer Hansl in der Untersuchungshaft, wohl an den Folgen des schweren Schlages, den er vom Forstwart Mayr auf die Brust erhalten hatte. Die übrigen, außer dem Waldhofer Hansl, konnten nicht überführt werden und wurden – zum Teil schon vorher – entlassen. Der Waldhofer Hansl aber bekam die ganze Buße auf die Schultern gewälzt. Ihn allein hatte nämlich der Jagdgehilfe Probst mit Sicherheit erkannt, und außerdem trug er die Bißnarben der Dogge Donau als unauslöschlichen Beweis auf seiner Brust. Er wurde für sechzehn Jahre in den Kerker geschickt. Nach zehn Jahren wurde er in die Freiheit entlassen, angeblich auf Fürsprache seiner Geliebten, die Amme bei der Königin geworden war. Die furchtbare Gefangenschaft hatte aber seine Kräfte aufgezehrt. Er starb bereits vierzehn Tage nach seiner Heimkehr ins schöne Tegernseerland.

Merkwürdiges ist zuletzt noch vom Mesner Anderl zu berichten, dem Jäger von Schliersee, der ja eigentlich den Anstoß zu dem nicht enden wollenden Drama gegeben hat, indem er den Mentenseppei veranlaßte, den Hirschen über die Reviergrenze zu schaffen. Was in ihm vorging, nachdem er sich so schmählich aus der Affäre gezogen hatte, weiß niemand zu sagen. Jedenfalls zog er eines Tages das grüne Jagergwandl aus und wurde Mesner in Irschenberg.

Es war der Jager von Schliers
Schon selber voll Verdruß,
Daß er des Seppeis Unglück war,
Weil er den Hirschen schuß.

Später haben Heimatfreunde am Ort der Jägerschlacht ein Erinnerungsmarterl aufgestellt. Es zeigt die Kämpfenden mit erhobenen Gewehrkolben und trägt darunter eine Tafel mit den Namen der Beteiligten.

Steig i auffi auf d'Alm

Die Sennerin von der Tennenalm.

Die Karolin von der Schwarzentenn-Alm drinnen in die Tegernseer Berg grad unterm gigantischen Roßstein ist nimmer gar z'jung, aber auch nicht so alt, daß sie keinen Buam mehr haben sollt. Ja, die verdrahten Stadtherrn karessieren oft sehr stark mit ihr, wenn s' den Weg hineinfinden in die stille Bergwelt, zu der alten Almhütte, die der Großvater vom jetzigen Bauern im Jahre 1775 im Schwarzentenn erbaut hat. Es liegen in dem kleinen, abgelegenen Talkessel mehrere Almen beieinander, aber keine ist so sauber gehalten wie der Karolin ihre Hütten. Alle Tage nach dem Melken reibt sie den Holzboden so blank, daß er wie gelbes Wachs erglänzt, und ihr Kammerl ist g'wiß und wahrhaftig grad nobel tapeziert, so gut es eben der Karolin ihre schwieligen Finger fertiggebracht haben. Eine Hofdam würde sich freilich über das geblümte, schreiende Muster der Tapete mokiert haben, der Karolin und ihrem Schatz gefällt dies Kunstwerk aber, und andere Leut geht's eigentlich »nichts an nicht«.

Gar zu jung ist also die Karolin nicht und übermäßig sauber auch nicht, dafür ist sie schier sechs Bauernschuh groß, grobknochig, unmenschlich fleißig, ein Sparkassabüchl hat sie auch, und ihr Schmarrn mit Kaffee, der darf sich im ganzen Tegernseer Lande schmecken lassen.

Mit einem Retzel (Schmarrn-Mehlspeise) hat sie auch das Herz des Schmalzsepp gewonnen. Der Sepp hat eine besondere Vorliebe für recht schmalzige Kost, darum trägt er auch den Spitznamen »Schmalzsepp«. Dabei ist er aber dürr wie ein Steckerlfisch, der von Georgi bis Michaeli bloß eine Fliege verzehrt hat. Es schlägt nichts an bei ihm, wiewohl er für dreie ißt. Der Schmalzsepp ist ein himmellanger Bursch, sehnig und trotz seiner Magerkeit in Besitz einer ausgiebigen Körperkraft, die ihm bei seiner Arbeit im Holzschlag droben sehr gut zustatten kommt. Ein harmloser Bua mit einem Gesicht, als könnt er nicht bis fünf zählen. Wenn er nichts im Kopf hat, ist es auch nicht so arg mit ihm, aber feiertags, wenn er die Abgeschabte auszieht und mit der Frischgewichsten nach Tegernsee wandert und ihm nach Amt und Predigt das Klosterbier zu Kopf gestiegen ist, da dürfen ihrer fünfe und sechse fest arbeiten, bis sie den Schmalzsepp vor der Wirtshaustür draußen haben. Buben unter sechs Fuß und mit weniger wuchtigen Fäusten gehen dem Schmalzsepp gewöhnlich aus dem Weg, die paar, die die Schneid zu arg geplagt hat, sind gehörig trischackt worden und ballen die Fäuste im Sack, wenn sie seiner ansichtig werden.

Recht viel Freund hat der Schmalzsepp nicht, am allerwenigsten bei den Herzoglichen, denen er wieder ausweicht, wo es möglich ist. Sie und er wissen schon warum, und der Amtsrichter auch. Seit dem letzten

Mal passen die herzoglichen Grünspechte ihm höllisch auf, aber die fünf Wochen Gefängnis haben dem Schmalzsepp viel weniger zugesetzt als die dumme Fleischkost des Gefängniswärters. An einem Dienstag haben sie ihn wieder auslassen müssen, weil die Sitzzeit um war. Die Mirl von Abwinkel hat ihn in der Zillen mit über den See genommen, und nicht lange darauf war der Sepp auch schon oben auf der Schneid.

Im Aufsteigen hat der Sepp an die Karolin denken müssen, die er jetzt so viele Wochen nicht mehr, mit keinem Aug, gesehen hat. Was sie wohl gemacht hat in dieser langen Zeit außer Butter und Käs, denkt der freigelassene Sepp.

Gleich zu ihr hat er nicht gehen wollen wegen dem dalketen G'red von die Leut und noch wegen was anderm. Oben in dem Latschenhang weiß der Sepp ein Fleckel mit einem großen Stein darauf, unter dem er seinen größten Schatz heimlich aufbewahrt. Ein Abschraubstutzen liegt, mit einer Gamshaut umwunden, darunter, und diesen muß er zuerst begrüßen, nachher erst die Karolin.

Wie es halt schon so geht in der Welt: Die Freud über die neugewonnene Freiheit war beim Sepp unmenschlich groß, ganz selig hat er den Stutzen an die Brust druckt, mit dem Hahn hat er spielen müssen, das Kapsel ist noch gar nicht grünspanig gewesen, der Schneller steht auch noch. Natürlich hat der Sepp das Zielen auch probieren müssen, ganz gut sitzt die Fliegen vorn am Lauf, schad, daß man net schießen darf.

Er will auch gar nicht schießen, weil sonst der Amtsrichter so mörderisch schimpft bei der Einlieferung. Aber die Büchs wird man doch noch in der Hand halten dürfen, und wenn der Sepp die fünfzehn Mark beinander hat, dann kauft er sich ganz gewiß auch noch die dumme Jagdkarten oder ein seidenes Kopftüchel für die Karolin. Das letztere wird gescheiter sein, denn was nutzt die Jagdkarten, wenn er sie überhaupt kriegt, ohne die Erlaubnis zum Jagern! Und wie der Sepp so vergnüglich seinen Stutzen probiert, da steigt so ein schwarzbrauner Teufel durch die Latschen herauf, daß dem Sepp 's Herz pumpert und die Händ zittern, und im Kopf wird ihm von der rauhen Bergluft so heiß, es dreht sich alles im Hirn, und bums – der Schuß ist draußen, und der schwarzbraune Teufel bricht im Feuer zusammen. Bloß ein kleines weißes Wölkchen steigt auf, dann ist es wieder ruhig und still im Revier.

Auf der anderen Seite des weiten Grabens hat es den Herzoglichen schier zu Boden gerissen, wie der Schuß in den Wänden widerhallte. Bewegungslos sitzt der Jager auf seinem Platz und äugt mit dem Spektivi jedes Steinchen drüben in der Schußgegend ab. Schier zwei Stunden spekuliert er schon, aber es rührt sich nichts. Muß ein verdammt schlauer Kamerad sein da drüben, der sein Geschäft versteht. Wenn die Sonne nur grad heut um ein paar Stunden länger heroben bliebe; aber so wird es schon ganz dusterig und das Abfangen des Burschen sehr schwer.

Wie der Schuß aus dem Lauf war, ist auch dem Sepp siedheiß der Herzogliche vom Tagdienst eingefallen, und fast übel ist ihm bei dem Gedanken worden. Aber nur den Kopf nicht verlieren. Die paar Schritt kriecht der Sepp am Boden so ruhig wie eine Blindschleiche zum Versteck und bringt den abgeschraubten Stutzen wieder ans geheime Platzel und tut den Stein drauf. Jetzt müßt einer den Stutzen riechen, denn sehen kann er nichts. Dann kriecht der Sepp vorsichtig unter den Latschen weiter bis zu einem wilden Gestrüpp, dort ist er gedeckt, und da bleibt er nun liegen, bis es völlig Nacht geworden ist. Das ist eine höllisch langweilige Arbeit, dieses Nichtmucksen bei zusammengezogenem Körper. Wenn er wenigstens rauchen könnte dabei, aber das geht nicht, sonst sieht und riecht ihn der Jager. So vergehen unendlich langsam die Stunden, und die Sterne sind schon über die schwarzen Bergzacken heraufgekraxelt und senden ihr Silberlicht in die Nacht. Jetzt wird es Zeit, den Gams zu holen. Still flaxelt der Sepp die Ständer auf, wirft die

Steinalm auf der Kampenwand.

Beute über den Rücken und schiebt dann lautlos unter der Schneid hinüber zu der Karolin ihrer Hütten, wo er im Heuboden den Gams versteckt. Dann schleicht er zur Kammertür, und drinnen ist er. Die Karolin hat geahnt, daß er heut noch kommt, und deswegen hat sie das Türl offen lassen.

War das eine Freud und ein Halsen!

»Weilst nur wieder da bist!« frohlockt die Karolin, und dann stellt sie den Kaffeehafen auf und facht die verglimmende Flamme am offenen Herd aufs neue an. Wie die Spreißeln aufprasseln und roten Schein verbreiten, erblickt die Karolin den Schweiß an der Joppe des Burschen, und im selben Augenblick verrammelt sie auch schon die Hüttentür mit dem hölzernen Querriegel. Dann aber putzt sie ihren Buam herunter in einer saftigen Strafpredigt, daß ihm schier Hören und Sehen vergeht. Kaum aus'm »Häusl« raus, muß er schon wieder nauf! Als wenn er's nit erwarten könnt, daß er wieder eingelocht wird! Der Loder, der sakrische!

Ehe noch der Sepp versprechen kann, es nicht wieder zu tun, klopft es, und ein Hund gibt Standlaut. Jessas, der Herzogliche! Hiazt geiht's schief! Mit einem Ruck druckt die Karolin den Buam unter den Kreister (Bett) im Tapetenkammerl, vergißt aber, 's Türl zuzumachen.

»Wer ist draußen?« fragt dann die Karolin an der Tür.

»I, der Lenz«, brummt es zurück, und die Tür ist offen. Mit einem »Grüß Gott!« tritt der Jäger ein und hart an seinem Fuß auch der Dackel. Ein starker Mann, von dem eine Watschen für drei langen könnt.

Er setzt sich zum Herdfeuer, grad als wenn er da zu Haus wär, und legt die Büchsen über die Knie. »Is wer da g'wen bei dir, Karolin?« fragt dann der Jager.

»Bei mir?«

»Ja.«

»Na.«

»So, nacha halt net. Hast a koan Tuscher g'hört uma sechse?«

»Na, g'wiß net.«

»Bist wohl taub word'n seit heunt?«

Die Karolin wird rot vor Angst und Verlegenheit. In größter Seelenruhe verlangt der Jäger ein Glasl Enzian, und geschäftig holt die Karolin den Magenstärker, indes der Dackel am Kreister rumschnüffelt und seine Entdeckung durch Winseln seinem Herrn anzeigt.

»Dackel, da herein!« ruft der Jäger. »Laß den Seppl nur liegen unterm Kreister.«

»Jeß, Maria!« schreit die Karolin und läßt die Enzianflasche fallen.

»Schad um den Schnaps«, sagt trocken der Jäger. Dann ruft er dem unter dem Bett versteckten Sepp zu, herauszukommen.

»Hiazt is's aus«, murmelt die Karolin, indes der Sepp hervorkriecht.

»So Sepp, hiazt g'hörst mein, leugnen nutzt nichts, den Gams draußt im Heu wirst woltern net ableugnen wollen, oder eppa do?«

»Na.«

Dann raucht der Jager vor sich sinnend weiter, daß man die Paffer hören kann. Der geängstigten Karolin perlen die Tränen herab, und ganz zerknirscht steht der Sepp vor dem Herzoglichen. Kaum heraußen, muß er morgen wieder ins Loch, das wär noch 's wenigst, aber der Amtsrichter, der wird recht losdunnern, wenn der Sepp schon wieder eingeliefert wird.

Nach einer Weil sagt der Herzogliche, es wär eigentlich doch schad um den Sepp. Gar so dumm hat er seine Sach nicht einmal gemacht, das Stilliegen hätt den besten Jager täuschen können. Nur beim Aufbrechen hat der Sepp zuwenig auf'paßt und den Schweiß zuwenig z'ruckg'halten. Mit einer kleinen Anleitung wär so ein Bursch wie der Sepp ganz gut zu brauchen, und eine Hauptsach wär, daß er alle Schlich von die Wilderer kennt. »Der Forstmeister will zwei Burschen einstellen, hm, Sepp, wennst ehrli bleibst furtan, na vergiß i den Gams draußt im Heu und nimm di als herzoglichen Jagersknecht mit.«

Rein narrisch wird bei diesen Worten der Sepp, und die Karolin flennt Freudenzähren. Aus übervollem Herzen danken beide dem Herzoglichen, und der Sepp läßt einen Juhschrei los, daß das Almvieh völlig rebellisch wird.

»Na, na, net so hitzi«, wehrt der Jager ab.

»Ganz g'wiß«, versichert der glückliche Sepp, »dös war heut mei glücklichster Schuß, seit i leb!«

»Waar net aus?« bemerkt trocken der Jager.

»Ja, und hiatzt soll'n sich die Herrgottsakra-Wilddieb g'freu'n, deni werd i anderscht auf die Schlich kemma!«

»Ja«, sagt der Jager, »söll is ganz recht, und für heunt macht hiazt die Karolin ein'n Retzel für zwoa Jager.«

Das war eine glückliche Mahlzeit. Dann krochen die Männer ins Heu zum Gams, und die Karolin schloß sich in ihrem Tapetenkammerl ein, wo sie bei einem geweihten Wachskerzel ein Gebet flüsterte als Dank für diese Wendung durch Gottes Fügung.

Arthur Achleitner, 1890

Jäger in der Sennhütte.

A Gams auf der Wand
Und a Punkt in der Scheibn
Und mei Schatz auf der Alm
Is mei Toa und mei Treibn.

Zeitvertreib

»Um mir hier die Zeit zu vertreiben
Werd ich dir ein Brieflein schreiben,
Ganz genau und nichts verhehlen,
Werd ich mein Schicksal dir erzählen.
Es ist bestellt in Gottes Rat,
Daß manches Kind den Fehler hat,
Ich schlich mich in den Wald hinein,
Schoß Gemsen und auch Rehelein.
Einmal war ich gar so keck,
Es lag schon etwas Schnee am Fleck,
Da kam mir einer auf die Spur
Es war ja doch ein Förster nur.
Halt, ich lug und sag dirs glei
Ein Gendarm war auch dabei,
So sinds kommen zu dem Haus,
Ich habs bemerkt und kam noch aus.
So suchen sie im Haus herum
Und schimpfen das ganz Publikum,
Das tote Reh hats auch gehört
Und war im Keller sehr empört
Das Reh hat seinen Förster kennt
Und ist dann noch davon gerennt.
Wohin es ist, das war mir klar,
Gefunden wurde nicht ein Haar
O, wie war ich dann so froh,
Ich steckte ganz im Haberstroh;
Der Gendarm, der stach hinein,
Ich machte mich wie möglich klein.
Doch wurde mir etwas Angst dabei,
Das Bajonett schloff drang vorbei,
Und wie sie haben Schluß gemacht,
Hab ich sie noch ausgelacht.
Später wurde ich trotzdem arretiert
Und vor das hohe Gericht geführt;
Der Richter war ein strenger Mann,
So fing ich bald zu beichten an.
Ich sagte ihm auch alles klar,
Wie es dort gewesen war,
Erweckte öfters Reu und Leid
Und wäre jetzt zur Buß bereit.
Alles werd ich im Kerker büßen
Und dies Handwerk lassen müssen,
Von nun an wird es nicht mehr geschehen
Drum lebt's wohl, auf Wiedersehn.
Brieflein fliege hin, nicht zu nieder,
Bringe mir auch Antwort wieder,
Fliege über Berg und Tal
Und grüße mir die Freunde all.
Mein Name wird hier nicht genannt,
Er ist dir ja schon längst bekannt,
Es war wohl eine dumme Geschicht,
Ich merk es mir und vergiß es nicht.
Das hast du noch nicht vernommen,
Ich werde bald nach Innsbruck kommen
Da werde ich mich Büßer heißen,
Klein und auch sehr mager speisen.
Sollt ich in meiner Lage sterben,
Was ich hab, sollst du alles erben,
Hacke, Säge und Sappie,
Die Bix die ist ja eh schon hi!«

1906 von einem Wilderer im Gefängnis von Kitzbühel (Tirol) verfaßt (Ferdinandeum, Innsbruck)

Waffen und Kostüm

Der Wildschütz hat zwei Gesichter. Bricht er von zu Hause auf, so sieht er aus wie jeder andere Dorfbewohner, wie ein harmloser Holzknecht etwa oder wie einer, der einen Weg ins Nachbartal zu machen hat. Sobald er aber sein »Revier« und ein einsames Platzerl erreicht hat, beginnt die Maskerade und die Verwandlung zum »gerichtsmäßigen« Gesetzesbrecher.

Er legt die Joppe ab und zieht sie verkehrt herum wieder an. Dann schwärzt er sich das Gesicht mit Lehm oder dem Ruß vom Herd einer verlassenen Hütte. Aus dem Rucksack holt er einen falschen Bart, ein Stück schwarzes Lammfell oder wallenden Flachs und bindet ihn sich unter die Nase. Schließlich wird der Hut noch tief in die Stirn gezogen, und vielleicht hat er noch einen zweiten, einen Steinklopferhut etwa, in der Tasche. Wird er gestellt, so kann er damit auf der Flucht sein Aussehen überraschend verändern und den Verfolger unter Umständen irreführen.

Nun wird noch das Wichtigste aus dem Rucksack geholt: der Stutzen. Er ist in zwei Teile zerlegt, der Lauf hat ein kräftiges Gewinde und wird auf den rückwärtigen Teil aufgeschraubt. Damit ist die Verwandlung beendet, und die unheimliche Gestalt setzt sich in Bewegung.

So sah also die klassische Ausrüstung des Bergwilderers aus. Im Flachland liegt es nahe, sich als harmloser Spaziergänger zu verkleiden, mit weitem Lodenmantel, unter dem das Gewehr, in zwei Teile zerlegt, um den Hals getragen werden kann. Manchmal wurde die Waffe auch »offen« mitgeführt, als Spazierstock, in den ein raffinierter Schießmechanismus eingebaut war. Bei einer Versteigerung in Augsburg im Jahre 1890 wurde auch ein entsprechend präparierter Regenschirm angeboten. Er gehörte zu einer Ausrüstung, die aus einem Kapuzinerhabit mit Skapulier und Rosenkranz bestand. Für die Bergwilderei ist solch leichtes »Schießzeug«, zu dem auch Flobert und Tesching gehören, nicht zu gebrauchen, da damit ein Schuß über weite Entfernung nicht möglich ist. In jüngster Zeit tauchten natürlich auch moderne Jagdgewehre mit Zielfernrohr und Schalldämpfer auf, auch schwere, mit einem Anschlagschaft versehene Militärpistolen kamen in Gebrauch. Der Erfindungsgabe sind keine Grenzen gesetzt, wie eine jüngst veranstaltete Ausstellung von Wildererwaffen im Münchner Jagdmuseum zeigte. Auch den Stutzen des bayerischen Hiasls konnte man dort bewundern, ein schönes, kurzes, massives Steinschloßgewehr, das aus einem dicken, achteckigen Lauf kleine »Kanonenkugeln« verfeuerte.

Beim Tag tean ma schlaffa,
Bei da Nacht schleich ma rum,
Mia schiaßn schöne Gamserl
Und brauchen koan Hund.

Drum will i stets bleiben
A Wildschütz und frei,
Und trifft mi a Kugerl,
Is 's Jagern vorbei.

Freikugeln und Himmelsbriefe

Im Wald, wo es einsam und finster ist, und auch auf der Höh, wo keiner hinkommt, passieren seltsame Dinge, und das Volk ist schnell bereit, Gehörtes auszuschmücken und in der Phantasie zu erweitern. Dem Wilderer, der da draußen in der Dunkelheit herumsteigt, wo einem hinter jedem Felsen der gehörnte Teufel begegnen kann, wird gerne etwas angedichtet. Entkommt er seinen Verfolgern und ihren Schüssen immer wieder, so kann es nicht mit rechten Dingen zugehen, er ist gewiß mit Beelzebub im Bunde.

Natürlich war der bayerische Hiasl, der Haupt- und Urwildschütz des Alpenlandes, gegen alles Blei gefeit. Er machte sich einen Spaß daraus, die Kugeln aus der Luft zu fangen, und hatte immer ein paar davon in der Tasche, die er den Bauern im Wirtshaus vorzeigte. Wie er sich diese nützliche Eigenschaft der Kugelfestigkeit erworben hat, ist nicht überliefert. Die Möglichkeiten sind aber zahlreich, wenngleich manchmal mit ziemlichen Mühen verbunden. Vom »wilden Jäger«, der sich eine Hostie in die Hand wachsen ließe, die dann der Pfarrer mit dem Rasiermesser entfernen mußte, haben wir bereits gehört. Zu seiner Zeit war bei Wilderern wie Jägern das »Steinbockkreuz« als kugelfest machender Talisman begehrt, ein kreuzförmiges Gebilde, das der Steinbock im Herzen trägt. Nicht wenige dieser herrlichen Tiere verdanken dieser speziellen Anatomie das Unglück ihres Lebens, ja man sagt sogar allen Ernstes, daß ihre Ausrottung auf diesen Aberglauben zurückzuführen sei.

Weit verbreitet war der Glaube, daß eine Kugel, die einen Menschen getötet hat, schußfest mache. Manch ein Wilderer trug so ein Stück blutiges Blei an der Uhrkette und auch noch manch bayerischer Soldat im Siebziger-Krieg.

In Bayern waren die Schützen auch noch auf ein anderes Anhängsel spitz. Sie trachteten sich das Fingerglied eines ungeborenen Kindes zu beschaffen. Wie sie dabei vorgingen, darüber mag man rätseln; jedenfalls galt dieses Knöchelchen, um den Hals gehängt, als unfehlbar und nie versagend.

Leichter zu besorgen war ein sogenannter Himmelsbrief. Er hieß so, weil er irgendwann irgendwo vom Himmel gefallen war. Das Original war unbezahlbar und kam natürlich nicht in den Handel, dafür um so mehr Abschriften.

»Dieser Brief ist vom Himmel gesandt und in Holstein gefunden worden Anno 1579«, lautete etwa der Inhalt. »Er war mit goldenen Buchstaben geschrieben und schwebte über dem Taufbecken von Rudnau. Wer diesen Brief bei sich trägt, dem kann kein Blitz, Donner, Feuer oder Wasser Schaden tun. Wer diesen Segen gegen den Feind bei sich hat, der wird von Gewehr und Geschütz bewahrt bleiben. Wenn einem die Nase blutet oder er sonst einen blutigen Schaden hat und das Blut nicht stillen kann, der nehme diesen Brief und lege ihn darauf. Das sind die 5 Wunden Christi HGLGK, und du bist sicher, daß dir kein falsches Urteil geschehen kann ...«

So eine himmlische Versicherungspolice schützte, wie man sieht, gegen alle denkbaren Schäden und war dementsprechend sicher nicht billig. Die weniger gut gestellten Schützen werden deshalb mit der erprobten alten Methode vorlieb genommen haben, das Vaterunser dreimal rückwärts zu beten. Also: »Amen! Bösen dem von uns erlöse sondern Versuchung in nicht uns führe und Schuldigern unseren vergeben ...« Gelernt wollte das freilich auch sein.

Die Wildschützen nannte man auch »Freischützen«, aber nicht, wie es die Freiheitsbegeisterung der Schillerzeit umdeutete, weil der Waldbewohner frei ist vom Druck der Mächtigen und der Gesetze. Das Wort Freischütz bezeichnet einen Mann, der dämonische Kräfte besitzt, die er einem Pakt mit dem Teufel verdankt. Er schoß nicht mit ordinärem Blei, sondern mit »Freikugeln«, die nach geheimen Rezepten gegossen waren. Zum Beispiel: Man nehme den Totenschädel von einer Wöchnerin oder einem Verbrecher, dazu die nötige Menge Blei, das man von Kirchenfenstern oder Grabkreuzen gekratzt hat, erhitze das Blei und gieße es durch die Augenhöhlen des Totenschädels in den Model. Die Wirksamkeit wird verbessert, wenn der Vorgang auf dem Kirchturm während der heiligen Handlung vollzogen wird.

Ein uraltes Rezept empfiehlt, eine Mistgabel zu besorgen, auf der eine Hexe geritten ist. Davon zwicke man die Spitze einer Zinke ab, mische sie mit gehacktem Blei und fülle das Ganze in den Gewehrlauf. Eine mit solcher Ladung versehene Donnerbüchse braucht man nur zum Fenster hinauszuhalten, an das zu erlegende Wild (oder den zu tötenden Menschen!) zu denken und abzudrücken. Der solchermaßen unfreundlich Bedachte ist unfehlbar und im nächsten Augenblick eine Leiche.

Auch das Gewehr selbst konnte präpariert und auf diese Weise zum »Freigewehr« gemacht werden. Zu den einfacheren Mitteln gehörte das Bestreichen mit Fledermaus- oder Maulwurfsblut. Wer Fledermäuse nicht mochte, konnte dieselbe Wirkung erzielen, indem er den Gewehrlauf in das Badewasser eines Erstgeborenen tauchte.

Hinter vorgehaltener Hand wurden aber auch Methoden empfohlen, die so gotteslästerlich sind, daß man sie kaum wiederzugeben wagt. Der Freischütz-aspirant entwendet beim Abendmahl eine geweihte Hostie, begibt sich damit in den Wald, nagelt sie an einen Baum und schießt nach ihr, am besten mit über die Schulter gelegtem Rohr, denn würde er hinblikken, könnte er am Ende den Gekreuzigten dort hängen sehen und vor Schreck erstarren. Dazu sagt er »Im Namen des Teufels!«, fängt das Blut auf, das aus der Hostie quillt, und salbt damit seinen Gewehrlauf.

So unglaublich es klingen mag; es standen solche Anweisungen nicht nur in irgendwelchen Zauberbüchern, sie wurden auch ausgeführt! J. G. Seidl berichtet 1855 in seinem Aufsatz »Steiermärkische Sagen und Volksbräuche« folgendes:

Es ist noch immer ein herrschender Aberglaube bei den Schützen in Obersteier, daß sich ein Gewehr so zubereiten lasse, daß, sobald man nur damit in den Wald kommt, alle Tiere gezwungen werden, herbeizulaufen und sich schießen zu lassen, was denn freilich für einen Jäger eine recht bequeme Sache wäre. Um ein Gewehr so zu bereiten, bedarf es, wie die Sage geht, kühnen Mutes, denn man hat etwas zu tun, wovor gewiß jedem frommen Christen die Haare zu Berge stehen, weil es einem wirklichen Frevel nicht unähnlich ist. Es ist nämlich dazu notwendig, daß ein kecker Wildbretschütz in der Heiligenabendnacht mit einer scharf geladenen Kugelbüchse in die Kirche gehe und sich an einen zu diesem Vorhaben geeigneten abseitigen Ort stelle. Das Schloß muß gespannt, der Schneller gestochen werden und der Hahn auf dem Rad und Pulver stehen. Sobald nun der Priester das Venerabile in die Höhe hebt, hat der Schütz gerade darauf hin sein Absehen zu nehmen, aber mit festem Blick und sicherer Hand, damit der Schuß ja nicht losgehe.

In meinem neunzehnten Jahr, erzählte mir ein wakkerer obersteirer Landwirt, war ich als Untermaier im Ennstal bei einem Bauern in Dienst. Als einen kecken Burschen wollten mich einige in ihr Komplott ziehen, denn sie hatten so ein Unternehmen vor, das sie zu Gröbming ausführen wollten. Es waren aber mehrere solche Lüftlinge nötig, um einen Kreis um denjenigen zu bilden, der dies wagen wollte, damit er nicht gesehen würde. Ich war um selbige Zeit ein närrischer Bursch, aber alle Haare stiegen mir vor der großen Gefahr und dem sündhaften Frevel zu Berge, als sie mir den Antrag machten. Da ich aber nicht für feig gelten wollte, so schlug ich's doch nicht ganz aus, sondern ging mit, stellte mich jedoch drei Klafter weit von dem mir bezeichneten Platz, wo um den Schützen der Kreis gebildet wurde. Ungeachtet des Kreises sah ich ihn aber doch ganz deutlich das Gewehr aufheben und zielen, und es fehlte nicht viel, daß ich ohnmächtig wurde. Es ging aber Gott sei Dank gut ab, und jetzt hört man nur wenig mehr von solchem Unfug. So oft ich aber nach Gröbming in die Kirche komme und unter die Chorstiege trete, wo es damals geschehen ist, befällt mich noch immer ein geheimes Grauen davor, daß ich einmal so unbesonnen habe sein können.

Um sich mit dem Teufel zu verbinden, mußte man schon selbst ein finsterer Geselle sein. Der fromme und gottesfürchtige Wildschütz hingegen rief für seine Unternehmungen den Beistand Gottes an. Vom »Lampl« einem notorischen Wilderer aus der Tölzer Gegend, von dem wir noch hören werden, wird erzählt, daß er keinen Schuß tat ohne ein Gebet. Vielgeübt war natürlich der Brauch, die Kugel in den Weihbrunnen zu tauchen.

I wer mei Kügerl nehma
Und wer a nei kemma
Tauch's in Weichbrunn ei
Und des ghört dei.

So droht der Wildschütz im Volkslied dem Jäger.

Wer sich schließlich den Segen etwas kosten lassen wollte, konnte auch den ehrbaren Weg gehen, eine Messe lesen zu lassen »von einer gewissen Person zum guten Ausgang einer gewissen Angelegenheit«.

Es ist auffällig, daß sich der Aberglaube so hartnäkkig und in so mannigfaltiger Form an das Schießgewehr hängt, und vordergründig ist das nicht zu erklären. Man muß verstehen, daß »Schießen« und »Treffen« zu den tiefsten Lebenssymbolen gehören und für »Handeln« und »Gelingen« stehen. Mit aller Kraft geht der Mensch an eine Aufgabe, tut und entscheidet nach bestem Vermögen, aber wer sorgt dafür, daß das Gewollte auch gelingt, daß das Ziel erreicht und getroffen wird? Da möchte sich jeder gern des Beistands höherer Mächte versichern, und selbst des Teufels.

Bemerkenswert ist schließlich noch, daß der Wildschütz in der alten Zeit nicht nur Sinn für Zauberei hatte, sondern bisweilen auch selbst eine Art Medizinmann war. Die Natur galt als Herberge zahlloser Heilkräfte für diejenigen, die sich darin auskannten, und wie das Kräuterweiberl mit den Kräutern, so kannte sich der Wildschütz oder Jäger mit den Tieren aus. Das Tier war eine Apotheke, und wer sie zu nutzen verstand, konnte manchen Gulden daraus schlagen.

Das gute Mankaischmalz (Murmeltierfett) ist wohl das am weitesten bekannte Tierheilmittel. Noch heute kann man es in manchen, selbst renommierten Apotheken bekommen. Es hilft gegen Gelenkschmerzen aller Art und macht Knie und Knöchel wieder leichtgängig und geschmeidig. Von übertriebenem Gebrauch ist allerdings abzuraten, wenigstens behaupteten das manche Wildschützen. Der Bezirksarzt Dr. Roth von Lenggries pflegte hierzu früher folgende wahre Geschichte zu erzählen: »Ein Wilderer aus Tirol verkaufte an einen Bauern im Isartal Mankaischmalz und warnte den arthritischen Mann davor, mit dem Murmeltierfett die Knie gar zu fest zu schmieren, weil die Knie sich sonst leicht nach hinten ausbiegen könnten.« *Achleitner*

Die Gemse war allein schon eine kleine Hausapotheke. Die »Gamsröt« (Blut) wurde noch lange roh getrunken und galt als Mittel gegen Schwäche, Schwindel und Durchfall. Wer sich beim Bergsteigen mit dem Schnaufen schwer tat, verzehrte eine Gamslunge und konnte danach ohne Atemnot springen wie ein Gamsbock. Wenn einer infolge schwerer Krankheit lange zu liegen gezwungen war, dann schob man ihm eine »Gamsdecke« (Fell) unter, eine möglichst dickpelzige, und siehe da, die Gefahr des Wundliegens war gebannt. Für alt und jung hatte das edle Bergtier etwas zu bieten. Das zahnende Kind trug um den Hals die Gamszähne zur Erleichterung des schmerzhaften Zahnvorgangs, der Ahndl hingegen hing sich lieber die »Schalen« (Hufe) um und wartete, so geschmückt, zuversichtlich auf die Rückkehr seiner jugendlichen Kräfte.

Des Wilderers Tochter.

Originalzeichnung von Professor Thon in Weimar.

Wie der Seeweber Hiasei von Karlstein seinen schönsten Bock vom Ristfeuchthorn geholt hat

Damals, als sich der Hiasei beim Militär hat stellen müssen, sind sie noch recht heiklig gewesen mit den Rekruten, und deswegen haben sie ihn nicht genommen. Und auch 1917, als sie jeden gebraucht haben als Kanonenfutter, haben sie ihn zurückgewiesen. Beim Hiasei hat es nämlich ziemlich weit gefehlt zum Soldaten. Auf der rechten hinteren Seite hat es ihm einen Buckel rausgetrieben, daß die Leut gesagt haben, er sei »oagseitert«. Und eine lederne Hose unten zum Zubinden hat er angehabt, die auf der linken Seite krumm gewesen ist, das heißt, die Hosen wär schon recht gewesen, aber ein krummes Bein hat der Hiasei halt gehabt. Und mit der Größ war's auch nicht weit her, grad daß er halt übern Gartenzaun hat schaun können. Aber wie sich die Natur überall hilft, so auch beim Hiasei. Wenn bei seinem Buckel die rechte Seiten zu weit heraus gewesen ist, so war die linke dafür weiter drinnen, und wenn sein linker Fuß zu kurz war, so war sein rechter dafür länger, und wenn's ihm an der Größ abging, so hat er dafür längere Arm gehabt. An den Augen, da hat ihm nichts gefehlt, die waren zwar klein, aber ein jedes Gamsei hat er damit gesehen, wenn die andern schon ein Spektivi gebraucht haben.

So hat also der Hiasei von außen ausgeschaut.

Inwendig ist er ein recht guter Teufel gewesen. Zwei Gwander hat er gehabt, eins für den Werktag und eins für die Feiertäg und ein Gebetbüchel und noch ein Büchel, auf das er das meiste gehalten hat. Das ist ein Zauberbüchel gewesen, wo allerlei g'spaßige Sachen drin gestanden sind, vom Schatzgraben und vom Unsichtbarmachen und noch anderes damisches Zeug. Darin hat er am meisten gelesen.

Aber sein größter Reichtum ist sein Stutzen gewesen, der war ihm lieber als sein ganzes Leben. Freilich, ein bißerl rostig war er ja, und das ist daher gekommen, weil er ihn immer am Heuboden hat versteckt halten müssen, und wenn das Heu feucht reingekommen ist, dann ist der Stutzen angelaufen. Mucken hat der Stutzen ja gehabt, nämlich am Tupfer, und wenn du einen Gamsbock schön aufs Blattl hast treffen wollen, dann hast auf'n Pemsl halten müssen, weil der Stutzen so viel links gangen ist. Aber der Hiasei hat dem Stutzn seine Mucken gekannt und sich danach gerichtet.

Jetzt wird's ein jeder schon gespannt haben, daß der Hiasei ein bisserl zum Wildern gegangen ist, und drum soll jetzt erzählt werden, wie er seinen größten Gamsbock vom Ristfeuchthorn runtergeholt hat.

In seinem Bücherl, in dem die Zaubereien dringestanden sind, hat er gelesen, wie man sich unsichtbar machen kann, und da hat es geheißen: Nimm die Bleikugel, die einem dreijährigen Bock mitten durchs Herz gegangen ist, und grab es bei abnehmendem Mond unter einem Segenbaum ein; danach grab es nach drei Monaten bei zunehmendem Mond wieder aus. Gehst du dann auf Gams, so schieb die Kugel ins linke Leibeltascherl ein, und du bist unsichtbar, solange du die Kugel da drinnen hast.

Ein solches Kügerl hat der Hiasei gehabt, und heute hat er es eingeschoben, weil's um den schönsten Gamsbock gegangen ist weit und breit. Und richtig, er ist noch nicht lang angestanden, kommt schon der Bock daher; sein Stutzerl schnallt, der Bock macht noch einen Sprung, und aus ist's gewesen mit ihm, und dem Hiasei hat er gehört. Eine narrische Freud hat der Hiasei gehabt, dann hat er ihn aufgebrochen und in seinen Rucksack eingepackt. Aber 's Köpferl hat er oben rausstehen lassen und einen Tannenbruch hat er

A Federl am Hüaterl,
An Gamsbart dabei,
So kimm i als lustiger
Wildschütz herbei.
So steig i die Felsen,
Die Klippen hinauf,
Habs Büchserl scharf gladen,
Suachs Gamsböckerl auf.

ihm einigesteckt, grad wie es die Jäger machen, wenn sie einen schönen Bock geschossen haben. Denn heut hat sich ja der Hiasei vor nichts zu fürchten brauchen, weil er die Kugel im Leibltascherl gehabt hat und für jeden Menschen unsichtbar war.

Danach ist er übern Weinkaser am hellichten Tag gegangen, und das erste, was ihm begegnete, sind zwei Schuldirndl gewesen, die von Hall gekommen sind mit einem Germ für die Mutter in Schneizelreuth zum Dampfi anmachen. Und danach ist noch ein Handwerksbursch an ihm vorbeigegangen. Angeschaut hat ihn keins von den dreien, weil sie ihn nicht gesehen haben, hat sich der Hiasei denkt, ist aber nicht wahr gewesen, denn die Dirndl haben nicht hergeschaut, weil sie Angst gehabt haben, und der Handwerksbursch nicht, weil der Hiasei noch verwegener ausgeschaut hat als er selber.

Aber wie der Hiasei schwitzend rausgekommen ist zu der Wegscheid, ist da der alte Jager Schweiger mit der Büchs gestanden. Da tät ich sauber ausschaun, hat sich der Hiasei denkt, wenn ich jetzt nicht unsichtbar wär, und wollte sich tapfer am Jäger vorbeischleichen. Wie aber der Schweiger den Gamskopf aus dem Hiasei sein Rucksack rausschauen sieht, hat er gesagt: »Hiasei, wo gehst denn hin?« – »Ja, siegst mi denn du?« hat drauf der Hiasei gesagt, und sein erster Griff ist gewesen ins linke Leibltascherl. Danach hat's ihm einen Riß gegeben, denn im Leibltascherl ist keine Kugel mehr drin gewesen, dafür aber ein kleines Löcherl.

Freilich, bei so einem Unstern kannst gar nichts machen, und dann ist er halt mitgegangen mit dem Jager auf Hall eini.

Sechs Wochen haben sie dem Hiasei gegeben für den schönen Bock, und ein paar schöne Ermahnungen hat gekriegt vom Herrn Landrichter, und dann ist er heimgegangen und hat weitergewildert, der Hiasei.

Aus »Heimatblätter«, Beilage zum Reichenhaller Grenzboten, 1921

Der rächende Geist des Wilderers Leonhard

Einer der bekanntesten Wildschützen Tegernsees war Leonhard B. Jeder Jäger wußte von seinem Treiben, und bei dem ausgebreiteten Handel, den er mit erlegten Hirschen, Rehen und Gemsen trieb, war es geradezu ein Wunder zu nennen, daß er geraume Zeit weder mit Grenzwächtern noch mit Forstleuten zusammenstieß. Doch hatten diese ihm Tod und Verderben geschworen, und es fehlte ihm nie an Warnungen, sein verhängnisvolles Geschäft zu beschränken oder noch besser ganz aufzugeben.

Vielleicht zum erstenmal in seinem Leben – er war ungefähr sechsundzwanzig Jahre alt – kehrte er am 1. Januar 1862 niedergeschlagen und mutlos nach Hause zurück. Nicht etwa, weil er bemerkt hätte, daß ihn ein Jäger belauschte oder daß ihm keine Beute begegnet wäre – im Gegenteil: Er hatte einen gewaltigen Gemsbock auf den Schultern, von einer Größe und Dickleibigkeit, wie sie nicht leicht vorkommt, aber sein Herz war schwer. Es herrscht nämlich unter den Wildschützen der Aberglaube, daß irgendein überraschender Zufall, der ihnen am ersten Tage des Jahres begegnet, ein schlimmes Vorzeichen für das ganze Jahr sei, namentlich, daß ihnen im Lauf desselben von den Jägern ein Unglück droht. Und ein solches war ihm an jenem ersten Januar widerfahren.

Der Bock hatte ihn vorerst in eine Nähe kommen lassen, die bei der Wachsamkeit des Tieres etwas Unerhörtes ist, und blieb wie eingewurzelt stehen. Er schoß und traf ihn, aber das Tier bewegte sich nicht. Beim zweiten Schuß knickte er ein wenig zusammen, war aber rasch wieder auf den Beinen, beim dritten stürzte er nieder. Als Leonhard hinzukam, war er noch nicht verendet, sondern stampfte und wehrte sich mit den Krückeln. Ein Hieb mit dem Knicker fruchtete ebensowenig, und erst nach wiederholten Kolbenschlägen auf den Schädel gelang es ihm, das Tier vollends zu töten. Dem Leonhard, nach dessen eigener Erzählung ich das berichte, wurde es nicht geheuer, und es mögen böse Gedanken gewesen sein, die ihn begleiteten, als er, mit der Gemse belastet, vorsichtig über die waldigen Abhänge sich nach Hause schlich. Doch hielt das drückende Gefühl nicht lange an und der Sommer fand ihn tätiger als je, was bei der Überzahl von Fremden in der ganzen Gegend manchen Wirten, die ihren Gästen frisches Wildbret vorsetzen wollten, überaus genehm war.

In der letzten Woche des Oktober, kurz vor Allerheiligen, trat Leonhard wieder einen Beutezug an. Daß er in der Nacht nicht zurückkehrte, wunderte seine Eltern nicht sonderlich, denn es konnte allerlei Zufälle geben, die ihn zwangen, sie unter freiem Himmel, oder in irgendeiner verlassenen Hütte zuzubringen. Bedenklicher war es schon, daß er auch in der zweiten Nacht nicht wiederkehrte, und richtiges Entsetzen überfiel seine Angehörigen, als die dritte Nacht vorüberging, ohne daß Leonhard irgendwo gesehen worden war. Man hielt ein Unglück für gewiß. Jäger mußten ihn erschossen haben. Rasch verbreitete sich die Kunde im Ort, und die Burschen, in denen eine dumpfe und zurückgehaltene Erbitterung gegen die Forstleute brütete, vereinigten ihre Bemühungen mit denen der jammernden Eltern und durchsuchten alle Berge – Leonhard war nirgends zu finden.

Er kam nicht wieder; im nächsten Frühjahr stieß man auf einen Hut, den manche für den seinigen hielten. Er war von zwei Kugeln durchlöchert, im übrigen aber noch so gut erhalten, daß es den Findern nicht einleuchten wollte, wie ein Hut, der den ganzen Winter über unterm Schnee lag, so aussehen konnte.

In der Hütte der Eltern brannte Tag und Nacht ein Licht – so lange der Leonhard kein christliches Begräbnis hat, sagte der Vater. Der Groll unter der Jugend wuchs. Er brach später in einem gefährlichen Haberfeldtreiben aus, und selbst den vortrefflichen Forstmeister brachte ein Schuß ins Fenster in unmittelbare Lebensgefahr. Der Leonhard war nicht da – aber dunkle Sagen gingen um, die die unglückliche Geschichte aufhellen wollten.

Die Eltern Leonhards hatten sich nämlich an die Franziskaner und andere Geistliche gewandt und »Zwingmessen« lesen lassen. In der Zwingmesse beschwört der Priester einen Verstorbenen; dieser erscheint, nur ihm sichtbar, während des Gottesdienstes und gibt auf alle Fragen, die an ihn gestellt werden, wahrheitsgetreu Auskunft. Die Franziskaner sagten nun, Leonhardt habe sich in der Zwingmesse gestellt und habe mitgeteilt, daß er von hinten und, wie er gewiß wisse, von einem Jäger in den Kopf geschossen worden sei. Er war voll Blut und ganz bleich. Im Kopf war die klaffende Wunde sichtbar. Um seine Ruhestätten befragt, gab er an, sie hätten ihn in den Glockensee, ein kleines, aber tiefes Gewässer am Wallberg, versenkt.

Ähnlich erschien Leonhard in allen andern Zwingmessen, deren die Familie eine große Anzahl lesen ließ. Es ist dies übrigens eine der teuersten Arten von Erkundigungs-Einziehen. Zwingmessen kosten mehr als gewöhnliche, und die Familie bezahlte nach und nach mehrere hundert Gulden.

Konnte nach dem Ergebnis der Zwingmessen noch ein Zweifel obwalten, so wurde er vollständig dadurch gelöst, daß Leonhard eines Tages selbst im Beisein seines Vaters und seiner Schwester in der elterlichen Stube sich sehen ließ. Er war blaß und trug eine große Wunde im Kopf; die Jäger, sagte er, hätten ihn in den Glockensee versenkt. Über den Täter wußte er weiter nichts, als daß es ein Jäger war. Kaum hatten sich die Angehörigen von ihrem Entsetzen erholt, verschwand er wieder.

In einer anderen Zwingmesse wich Leonhard von früheren Aussagen ab. Er behauptete, von den Jägern verbrannt worden zu sein. Dagegen hatte er diesmal ein besonders gutes Gedächtnis für finanzielle Angelegenheiten. Er gab nämlich auf Gulden und Kreuzer genau Summen an, von denen er sagte, daß sie ihm der und der Händler und Wirt für abgeliefertes Wildbret noch schulde. Seine Mutter machte sich nun ans Einkassieren und forderte auf Grund der von ihrem Sohn in der Zwingmesse abgegebenen Erklärungen von den Betreffenden Bezahlung. Manche von diesen aber beschuldigten den Geist einer groben Lüge und verneinten, je mit ihm in Beziehung gestanden zu haben oder ihm noch etwas zu schulden.

Solche, die die Stimmung der trotzigen Bauernjugend gut kennen, glauben, daß die Geschichte mit Leonhards Erscheinen in der Zwingmesse noch durchaus nicht beendigt ist. Sie halten vielmehr dafür, daß die blutrünstige Gestalt noch manches Opfer zu sich hinabziehen kann, sei es in den schwarzen See oder in den felsigen Grund, unter dem sie vielleicht verscharrt liegt.

Heinrich Noë 1865

Hier liegt ein Wildschütz unverdrossen,
Hat über 1300 Gemsen g'schossen,
Wie auch viel Füchs und Hasen
Und vertut damit sein eigen Wasen (Anwesen).

Auf dem Grabstein des berüchtigten Wilderers Wiesenjaggl, Kaltenbrunn, Kaunsertal.

Es war ein Schütz in seinen schönsten Jahren

Es gibt nur einen in der Legion der Wildschützen und Wilddiebe, der dem bayerischen Hiasl an Berühmtheit gleichkommt, und das ist der Jennerwein Girgl vom Schliersee.

Sein Konterfei prangte um die Jahrhundertwende auf zahlreichen Pfeifenköpfen, Bierkrugdeckeln und Suppentellern, und noch heute kann man ihn auf der Blechplatte seines Grabkreuzes im Friedhof zu Westenhofen bei Schliersee bewundern.

Da blickt er herab in voller Montur, den Bergstock in der Hand, das Stutzerl nach Jägersart über der Schulter, und wo bei seinen Nachbarn zu lesen ist »Bäckermeister« oder »Oberstudienrat«, da steht bei ihm nicht weniger stolz »Wildschütz«.

Er starb nicht im dumpfen Bett, sondern »infolge seines Berufs und in Ausübung desselben« durch die Kugel eines Jägers am 6. November 1878 auf den schönen Hängen des Peißenbergs.

Seinem Tod verdankt er seine Berühmtheit, genauer gesagt den Umständen, die dabei eine Rolle spielten. Sonst wäre der Girgl längst vergessen wie die vielen anderen von der geschwärzten Zunft, und niemals wäre das traurigschöne Jennerwein-Lied geschrieben worden, dessen erste Strophe ebenfalls auf der Grabtafel zu lesen ist.

Georg Jennerwein war der uneheliche Sohn der Gütlerstochter Maria Jennerwein von Haid. Er war ursprünglich und eigentlich Holzknecht und arbeitete in den Wäldern von Privatleuten, nicht in den großen Staatsforsten, wie leicht zu verstehen ist. Der Staat als Brotherr wäre ihm vielleicht schon recht gewesen, aber gegen den Förster hatte er eine unüberwindliche Abneigung, der konnte gar nicht weit genug von ihm entfernt sein.

Die Holzknechte waren harte und verwegene Burschen. »Ihre Unerschrockenheit und Tapferkeit ist unbeschreiblich«, sagt Heinrich Noë. Wenn es galt, Gemsen auf schmalen Steigen zu treiben oder hinabgestürztes Wild aus Schluchten zu holen, gab es keinen, der dies besser und bereitwilliger getan hätte als die Holzknechte. Sie waren dem Jäger und Forstmann nicht nur im Wald dienlich, sondern auch bei der Jagd. Deshalb kannten sie auch bestens die Wechsel und Gewohnheiten des Wildes, das ihnen überdies bei ihrem einsamen Aufenthalt in den Bergen ständig als schönste Zielscheibe vor der Nase herumlief. So nimmt es nicht wunder, wenn in den Gerichtsprotokollen die Wilderer mit der Berufsbezeichnung »Holzknecht« eine stattliche Reihe bilden.

Den Sonntag verbrachten die Holzknechte im Dorf, genauer im Wirtshaus. Am Montag früh rückten sie aus, vollgetankt mit Bier für eine ganze Woche, das Gesicht verziert mit Kratzern und Schrammen von einer schönen Rauferei. Im Wochensack hatten sie Mehl, Brot, Schmalz und allenfalls ein Stück Geselchtes. Nach der Arbeit gab es Abend für Abend Schmalznockerl, die sich jeder aus einem Teig von Wasser, Salz und Mehl selbst machte. Wer Durst hatte, trank Quellwasser. Nach der Mahlzeit saß man noch etwas beisammen. Die Jungen begannen Holzspäne zu schnitzen mit schön gezahnten Rändern und banden sie zu einem Buschen zusammen. Wenn die Alten aufs Stroh krochen, brachen die Jungen auf zu einem Besuch bei den Almerinnen. Den Buschen Holzspäne brachten sie als Präsent, und einen möglichst großen Haufen davon zu besitzen, war der Stolz der Sennerinnen.

In solcher Weise verbrachte also auch der Girgl Jennerwein seine Tage und Nächte, aber manchmal ging er auch seine eigenen Wege, und was er dann tat, wußte jedermann genau. Bei den Dirndln wurde er wegen seines heimlichen und gefährlichen Treibens nicht wenig bewundert, zumal er auch sonst ein schnackelfideler Bursch war.

Was nutzt mir a Vogel am Baum,
Bald er nit singt,
Und i mag koan Buam,
Der nit tanzt und nit springt.

A Bua, der verzagt ist,
Bedeut mir nit viel,
Wo nit eppas g'wagt is,
Da is auch koa G'spiel.

Im Wirtshaus saß der Girgl immer mitten drin, wo Spaß und Gaudi waren. »Sing oans, Girgl!« hieß es, und man schob ihm die Zither hin, die er ausgezeichnet zu handhaben verstand. Um eine spaßige Antwort war er nie verlegen und auch nicht um einen tüchtigen Schlag, wenn er gereizt wurde. Meist war er es aber selbst, der reizte. Die Federn auf seinem Hut wiesen nach vorn, und das gab allen Streithanseln und Dorfgockeln zu wissen, daß da einer war, mit dem sich das Anbandeln lohnte.

Vor allem konnte es der Girgl nicht lassen, die Jäger durch freche Reden zu reizen. Er war keiner von den scheeläugigen, unterwürfigen Typen, die tagsüber vor dem Förster den Hut ziehen, um nachts ungestört ihre Schlingen legen zu können. »Schau, Jager«, soll er einmal zu einem Jagdgehilfen gesagt haben, indem er auf den prächtigen Gamsbart auf seinem Hut deutete, »solche schönen Buschen wachsen in meinem Garten.«

Die Jäger, das waren am Tegernsee der Förster Mayr (ein Namensvetter des »wilden Jägers« von Gmund) und die beiden Jagdgehilfen Lerchenauer und Pföderl. Mit dem Pföderl Hans war der Girgl im Siebziger-Krieg beisammen gewesen, und sie hatten sich gut verstanden. Aber seit der Hans beim Förster Mayr als Jagdgehilfe Dienst genommen hatte, waren die beiden miteinander wie Katz und Maus. Es wird erzählt, daß eine Frau im Spiel war, eine schöne Almerin natürlich, die der Girgl dem Pföderl ausgespannt haben soll. Aber wenn die Geschichte mit dem »Agerl« auch sehr wahrscheinlich dem Kopf eines Geschichtenerzählers entsprungen ist, hätte sie doch dem Charakter der beiden nach gut wahr sein können. Der Girgl ließ keine Gelegenheit aus, dem Pföderl einen Spott anzutun. Er trieb es immer toller, ließ sich auch nicht durch eine Kugel, die er in den Rücken bekam, von seinem Tun abbringen und scherte sich nicht darum, daß ihn die ehrbaren Leute einen Raufbold und »Kittelschliefer« nannten.

Und a wilder Bua bin i,
Bei den Leuten veracht,
Und jetzt bin i 's scho gwohnt,
Daß mir gar nix mehr macht.

»Wir kommen schon no amal z'samm!« hatte der Pföderl durch die Zähne geflüstert, wenn der Jennerwein im Wirtshaus wieder einmal ein Stückl erzählt hatte, von dem nur die Hälfte wahr war. Am 6. November 1878 kam es zu diesem Zusammentreffen der beiden in der Einsamkeit des Peißenbergs oben an der Grenze des Staatsforstes.

Es war der Leonharditag, und viele waren zu den Umzügen nach Tölz oder Kreuth gefahren. Pföderls Kollege, der schon ältere Jagdgehilfe Lerchenauer, war vom Grafen Drechsel zum Mitfahren eingeladen worden, aber Förster Mayr hatte diesen Ausflug nicht gestattet. »Was meinst du«, hatte er gesagt, »was die Lumpen machen, wenn sie den Jäger vierspännig mit dem Grafen nach Tölz fahren sehen?«

Lerchenauer machte also seinen vorgeschriebenen Reviergang am Wallberg, als er vormittags Viertel vor zehn vom Peißenberg herüber einen Schuß vernahm. Er wunderte sich. Sein Kollege Pföderl war dort drüben, aber zum Wildschießen hatte er keine Erlaubnis. Irgendein Lump war also wieder am Werk, aber das war Pföderls Sache. Kurz vor ein Uhr, als Lerchenauer gerade Brotzeit machte, fiel ein zweiter Schuß, wieder drüben am Peißenberg und offenbar an genau derselben Stelle, und gleich darauf knallte es ein drittes Mal. Lerchenauer war begierig zu erfahren, was da passiert war. Er meldete am Abend im Forsthaus, was er gehört hatte. Pföderl war auch bereits da und machte einen seltsam verstörten Eindruck. Der Forstwart war erregt und ungehalten und meinte, Lerchenauer müßte sich verhört haben, die Schüsse müßten im Schlierseer Revier gefallen sein. Lerchenauer bestritt das heftig und ging verärgert in seine Wohnung. Er beschloß, noch am selben Abend Pföderl aufzusuchen, um sich Klarheit zu verschaffen. Pföderl erzählte ihm stockend, was passiert war. Er war plötzlich auf den Jennerwein gestoßen, ganz überraschend. Dieser war auf einem Baumstumpf gesessen, den Stutzen über den Schenkeln, und hatte Brotzeit gemacht. Pföderl hatte augenblicklich sein Gewehr gehoben und ihn in den Rücken geschossen. Dann war er, ohne sich um den Niedergestürzten zu kümmern, zum Forsthaus hinuntergestiegen und hatte Meldung gemacht. Der Förster war ungnädig gewesen und hatte verlangt, er sollte hinaufgehen und schauen, ob der Lump überhaupt tot sei. Während Pföderl wieder hinaufstieg, kam ihm der Gedanke, die Spuren seiner Tat zu verwischen. Er gab mit Jennerweins Büchse zwei weitere Schüsse auf den Toten ab, um Selbstmord vorzutäuschen. Es waren dies die Schüsse, die Lerchenauer um dreiviertel ein Uhr gehört hatte.

Von seiten der Forstverwaltung geschah nichts mehr. Die Angelegenheit war völlig verfahren. Pföderl anzuzeigen, konnte sich der Forstwart nicht entschließen. Er hatte aus irgendwelchen Gründen eine starke Zuneigung zu ihm gefaßt.

Unterdessen stellte man am Schliersee drüben fest, daß der Jennerwein Girgl abgängig war. Anfangs glaubte man, er sei an Leonhardi in Tölz zusammen mit ein paar Spezeln hocken geblieben, was durchaus nicht ungewöhnlich gewesen wäre. Es stellte sich aber heraus, daß der Girgl gar nicht nach Tölz gefahren war. Hatte er einen Jäger erschossen und war danach geflohen? Die Jäger am Schliersee wie am Tegernsee waren vollzählig. Da blieb nur noch der Schluß, daß der Girgl hatte selbst dran glauben müssen und nun irgendwo in den Bergen lag. Suchkommandos wurden zusammengestellt, an denen sich viele Schlierseer beteiligten. Der Girgl hatte trotz allem viele Freunde. Endlich fand man ihn, am 13. November, also am achten Tag (nicht am neunten, wie es im Lied heißt) bei der Stillwies, an der Grenze des Staatsforstes.

Die Leiche bot einen entsetzlichen und seltsamen Anblick. Der rechte Fuß war unbekleidet, Schuh und Strümpfe waren ausgezogen und lagen daneben. Die große Zehe war in den Abzugsbügel des Gewehrs geklemmt, dessen Lauf auf das Kinn des Toten gerichtet war. Schrecklich war der Kopf verstümmelt. Der Unterkiefer war zerschmettert, die Wange samt halbem Schnurrbart – so wird wenigstens berichtet – hing im Geäst eines nahen Baumes.

Es dauerte nicht lange, bis die Umstehenden auch die Schußwunde im Rücken entdeckt hatten. Die konnte er sich nicht gut selber beigebracht haben. Der Fall war klar. Es war ein Mord geschehen, der auf ebenso dumme wie gemeine Weise hatte vertuscht werden sollen. Und das alles von Staatsbeamten, den Hütern von Gesetz und Ordnung. Begreiflich, daß die Volksseele grollte und kochte.

Passieren tat aber zunächst nichts. Weder flogen Steine auf das Forsthaus, noch wurde ein Jäger hinterrücks erschossen. Nur stellte der Jäger Lerchenauer fest, daß man ihm plötzlich aus dem Weg ging, als hätte er eine räudige Stelle am Körper. Wie konnte der Verdacht auf Lerchenauer fallen, der ein besonnener und beliebter Mann war, ganz unfähig einer Schandtat? War hier mit Vorsatz ein Gerücht ausgestreut worden? Jedenfalls erfuhr der Simon Lerchenauer eines Tages aus dem Mund des Forstwarts, daß er nach Fischbachau versetzt worden war. Damit galt der Bevölkerung des Schlierseetals seine Schuld als erwiesen. Der Haß und die Verachtung verfolgten den Unschuldigen bis an seine neue Arbeitsstelle. Zweimal wurde er durch Schüsse aus dem Hinterhalt verletzt, zum Glück nie lebensgefährlich. An sich und der Welt irre, reichte er schließlich seinen Abschied ein und sagte dem geliebten Jägerberuf ade.

Wenn sich der Volkszorn allmählich doch von ihm abwandte, so verdankte er das dem Bauern Joseph

Sumperer und der alten Staucherin, der er an dem bewußten 6. November den Obstkorb nach Kreuth getragen hatte. Die beiden bestätigten überall seine Beteuerung, daß er am Wallberg gewesen sei und nicht am Peißenberg.

Trotzdem dauerte es noch eine ganze Weile, ehe der Arm der Gerechtigkeit sich in Bewegung setzte und den wahrhaft Schuldigen vor den Kadi holte. Aber der Hans Pföderl fand verständnisvolle Richter. Die Anklage wegen Mordes wurde fallengelassen und ihm Tüchtigkeit, Diensteifer und Gefährlichkeit des Berufes zugute gehalten. Mit acht Monaten Gefängnis kam er davon. Ein Jahr später war er wieder Jagdgehilfe in Valepp über dem Spitzingsee.

Aber wenn das Urteil des Gerichtes milde war, so war das Urteil seiner Landsleute um so härter. Pföderl hatte keine glückliche Stunde mehr. Überall begegnete er nur Verachtung, Hohn und Spott, und es war mehr, als ein Mensch ertragen kann. Er erkrankte und starb schon in den achtziger Jahren im Tegernseer Krankenhaus. Man erzählt, er habe einen schweren Todeskampf gehabt und wirre Reden geführt in der letzten Stunde. Andere, denen der harte Tod des Schwerkranken noch zu gnädig war, wußten zu berichten, daß ihn auf der Bodenschneid der Teufel geholt und direkt in die Hölle verfrachtet habe.

Sein Widersacher aber, der Jennerwein Girgl, ist heute noch so beliebt und lebendig wie damals, als er den Gemsen und den Dirndln nachstieg. Inzwischen ist er freilich ein rechter Bilderbuchwildschütz geworden, denn schon bald nach seinem Tod kam er in die literarische Heldenschmiede. Der kgl. Rat Denk in Regensburg nahm ihn als erster unter die Feder. Alsdann kam er unter den Hammer von Schmiedemeister Ferdinand Winter von Au bei Bad Aibling, der das Volksstück schrieb »Jennerwein, der Wildschütz, oder d'Almprinzeß«. Der Girgl spaziert darin wie ein edler Prinz über die Bühne, liebt seine Almprinzessin, die Seehuberliesl, und rettet den Wurzen-Kaspar aus dem Abgrund, wo hinein ihn kein anderer als der schiache Jager Federl gestoßen hatte. Im zweiten Teil, »'s Almröserl, oder Jennerweins Ende«, wird er gar zum Märtyrer und Heiligen, und manch einer hat ihn durch die Tränen der Rührung geradewegs von der Bühne in den Himmel fahren sehen. Georg Stöger-Ostin hat das Verdienst, den Girgl in seinem Roman wieder auf die Erde heruntergeholt zu haben. Später hat ihn Max Dingler noch einmal zum Helden seines Volksstücks »Die Jager« gemacht.

Der Grund für die Zugkraft der Story ist nicht schwer zu verstehen. Da war offen der Beweis für etwas erbracht, was das Volk insgeheim immer vermutet, nämlich daß »die da oben« auch keine reine Weste anhaben. Schließlich war der Girgl von einem Vertreter der Staatsgewalt ermordet worden; ein Jäger im Staatsdienst ist so viel wie ein Gendarm. Die mächtige Obrigkeit selbst, die doch so tut, als hätte sie Moral und Anstand erfunden, hatte ihn erschossen; von hinten, sage und schreibe. Und dann noch die Sache vertuschen und die Leute für dumm verkaufen und den Schuldigen nicht gebührend bestrafen! »Ja, ja«, sagten die Leute, wenn sie aus dem Theater kamen, »da sieht man's wieder. Die da oben sind auch nicht besser als wir. Eher sind es die größeren Bazi.«

Ja, der Jennerwein Girgl hat Literatur gemacht, und das Beste – bei allem Respekt vor den Berufsschriftstellern – ist doch jenes Lied eines Unbekannten vom »stolzen Schützen«, der »weggeputzt« wurde von dieser Erd. Viele Male hat man es am Grab eines Schützen gesungen, besonders wenn der Erschossene jung und angesehen war und man den Jäger verdächtigte, etwas zu eilig geschossen zu haben. Zusammen mit dem Hiasl-Lied bildete es den Rest von der reichen Wildschützenherrlichkeit im bayerischen Volkslied. Immer noch wird es gesungen, in Wirtshäusern und im Rundfunk, und immer noch werden die Jäger blaß vor Zorn und schreiben neuerdings Drohbriefe an den Sendeleiter.

Hier ruht in Frieden
inmitten seiner geliebten Bergwelt
der Wildschütz
Georg Jennerwein
er wurde erschossen am 6. Nov. 1877
auf hohen Peißenberg bei Tegernsee
im Alter von 29 Jahren
Ein stolzer Schütz in seinen schönsten Jahren,
er wurde weggeputzt von dieser Welt.
Man fand ihn erst am neunten Tage
auf hohen Peißenberg bei Tegernsee.
V. T. E. V.
Schlierachtaler-Stam"
-1890-
Hausham

Das Lied vom Jennerwein

Es war ein Schütz in seinen schönsten Jahren,
Er wurde weggeputzt von dieser Erd,
Man fand ihn erst am neunten Tage,
Bei Tegernsee, am Peißenberg.

Auf den Bergen ist die Freiheit,
Auf den Bergen ist es schön,
Doch auf so eine schlechte Weise,
Mußte Jennerwein zugrunde gehn.

Auf hartem Stein hat er sein Blut vergossen,
Am Bauche liegend fand man ihn –
Von hinten war er angeschossen,
Zersplittert war sein Unterkinn.

Es war schrecklich anzusehen,
Als man ihm das Hemd zog aus,
Da dachte jeder bei sich selber:
Jäger, bleib mitn Selbstmord z'haus!

Du feiger Jäger, das ist eine Schande!
Du erwirbst dir wohl kein Ehrenkreuz –
Er fiel mit dir nicht im offenen Kampfe,
Weils der Schuß von hint beweist.

Von der Höh gings langsam runter,
Denn der Weg war schlecht und weit,
Ein Jäger hat es gleich erfunden,
Daß er sich hat selbst entleibt.

Man bracht ihn dann noch auf den Wagen,
Bei finsterer Nacht ging es noch fort,
Begleitet von seinen Kameraden
Nach Schliersee, seinem Lieblingsort.

Dort ruht er sanft, ja, wie ein jeder,
Bis an den großen jüngsten Tag.
Dann zeigt uns Jennerwein den Jäger,
Der ihn von hint erschossen hat.

Und am großen jüngsten Tage
Putzt jeder sein Gewissen und 's Gewehr;
Dann marschiern d' Jäger samt die Förster
Aufs Gamsgebirg zum Luzifer.

Zum Schlusse Dank noch den Veteranen,
Da ihr den Trauermarsch so schön gespielt.
Jäger, tut euch nur ermahnen,
Daß keiner mehr von hinten zielt.

Das Lied vom bayerischen Hiasl

I bin da boarisch Hiasl, setz auf mein grean Huat,
Da Gamsbart und die Federn, die stehn mir gar so guat.
Im Augsburiger Waldl, da habn ma unser Gäu,
Da schiaß ma unsre Gamserl, die mehran Tag zwoa, drei.

O Sennrin, o Sennrin, um was i di heut bitt,
Behalt mi da die heutig' Nacht, mi schneids so viel um d' Mitt
O Hiasl, o Hiasl, sitz di nur grad fei zua',
Daweil i d' Kuahlan melcha und d' Milli seicha tua.

Die Kuahlan san gmolcha, die Milli is gsiehn,
Hiatzt is da boarisch Hiasl zur Sennrin einigstiegn.
Sie lagen beisammen die ganze lange Nacht,
Die Vögerl ham gsunga, und die Hirscherl ham grast.

Die Sennrin will aufsteh, will Krapfn bacha,
Sechs Jager stehn draußn, soll s' Türl aufmacha.
»I mach enk nit auf, i bin ja aloa,
Enk san ja sechs Jager, ihr möchts mir was toa.«

»An Wildschütz hast ghalten mit aner rotn Hos,
Er muaß mit uns gehen ins Augsburger Schloß.«
»Eh i mit enk geh, eher wag i mei Lebn,
Mei letzts Tröpferl Bluat will i a no dran gebn.«

Drei hab i derschossn, drei san davongrennt,
Gel ihr meine liabn Jager, ihr habts mi nit kennt!
I bin der boarisch Hiasl, und faihln tua i nix,
Solang i Blei und Pulver hab, mei Schrot- und Kugelbix.

Die beiden Lieder vertreten die Kategorien, die man bei Wildschützenliedern unterscheiden kann. Das Hiasl-Lied ist altbayerisch, möchte man sagen. In den Liedern dieser Art geht es um die Freude an der Jagd, da ist der Wildschütz gut bei der Schneid und schnackelfidel; er schießt seine Gamserl, liebt die Almerin, schmiert die Jäger aus und überschüttet sie mit Hohn und Spott. Von Tod oder Strafe wird nicht viel Aufhebens gemacht, man war ja selbst nicht zimperlich. Der Max Herndl kann sogar im Arrest das Singen und Spotten nicht lassen. Er verfaßte dort ein Gedicht mit 26 Strophen und ist wohl der einzige namentlich bekannte dichtende Wildschütz.

Da tuns mi ins Amtshaus
In a extra Zimma,
Da sitzt der kloa Maxei,
Aus kann er nimma.

Arrest han i kriagt,
Muß sechs Wochen bleibn,
Des werd die Waakirchner
Jagersbuam freun.

Arrest han i kriagt,
Tut mi net verdrießen,
Zweng an Stehln bin i net drin gwen,
Zweng an Wildbratschiaßen.

Wer hat mi gfangt,
Wer hat mi bracht?
Der Karl und der Katzara
Und der langhaxate Glos.

Des Liadl is ’dicht worn,
Des Liadl is gwandt,
Des hat der Max Herndl ’dicht
Als Arrestant.

In den Liedern à la »Jennerwein« singt der Schütz nicht mehr selbst, denn er liegt bereits in seinem Blute. Seine Freunde und Verwandten stimmen ein Ruhm- und Klagelied an. Da wird erzählt, wie der Schütz auszog, wie er »geschossen« wurde, wo genau die Wunde saß und wer von den Freunden ihn hinabtrug. Am Schluß werden die Jäger kräftig zur Hölle gewünscht.

Das Jennerweinlied ist noch recht naiv und originell, es fällt aber auf, daß es bereits keine Dialektdichtung mehr ist. Es hat viele Nachahmungen erfahren, die aber nur noch dadurch interessant sind, daß sie den Verfall des Volkslieds aufzeigen. Offenbar sind sie vom »braven Elternpaar und Freundesschar« beim »Dorfdichter« in Auftrag gegeben worden. Aber auch schon früher gab es Lieder in diesem Stil. Am bekanntesten ist vielleicht das Lied vom Georg Gastager aus der Ruhpoldinger Gegend, der am 30. Juli 1858 bei einem Duell mit Förster Sandner von Seehaus zu vorwitzig hinter dem Baum hervorschaute und eine Kugel ins Auge bekam.

Traurig ist es, was ich euch erzähle,
Auf den Bergen soll's sonst lustig sein,
Aber heute trauert meine Seele,
Eine Leich liegt dort auf hartem Stein,
Georg Gastager soll sein Name sein,
23 Jahre hat er vollgemacht.
Es schaudert jeden in das Herz hinein,
Wer nur seine Todesart betracht.

Es naht ein nasser, kühler Tag heran,
Als sich der Jüngling wollt in Wald begeben.
Er hat vielleicht noch keinen Schuß getan,
Aber hin ist sein junges, frisches Leben.
Dieser Tag ging schon bald zu Ende,
Und die Nacht wollt eben rücken an,
Zeugen sind die Bäume und kahlen Wände,
Dann fängt das Schauerliche an.

Schuß auf Schuß fiel, das Ziel getroffen,
Das Blei fuhr ihm beim Aug hinein,
Welch Schmerz wohl kann man augenblicklich hoffen,
Total zerschmettert war sein Hirngebein.
Nun, der Jäger wird sehr fröhlich sein.
Einen guten Schuß hat er gemacht,
Hat er sich doch wieder ein Wildschützlein
Aus dieser weiten Welt geschafft.

Harte Felsen sind sein Sterbekissen,
Und kein Priester stand ihm treu zur Seit,
Nicht mehr kann er seine Freunde grüßen,
Denn die Liebsten sind von ihm zu weit.
Welchen Schmerz hat sein Vater wohl empfunden,
Als sein Sohn nicht mehr nach Hause kam,
Niemand dachte doch in diesen Stunden,
Daß er heut den letzten Abschied nahm.

Der gekreuzigte Jäger

Die Todfeindschaft zwischen Jäger und Wildschütz hat im vergangenen Jahrhundert Racheakte von einer Grausamkeit und Brutalität hervorgebracht, daß man sich bisweilen in den Dreißigjährigen Krieg zurückversetzt glaubt. Die Gründe mögen verschieden sein. Wildern ist Diebstahl mit der Waffe in der Hand, und da ist schnell etwas geschehen, was nach Rache verlangt. Vor allem aber ist mit dem verbotenen Jagen häufig eine Herausforderung und Kränkung des Jägers verbunden. Die Lust am Frotzeln, Tratzen oder »Hieseln« (der bayerische Hiasl steht bei diesem Ausdruck wieder einmal Pate), ist aus dem Charakter der Gebirgsbewohner nicht wegzudenken. Nach einer erfolglosen Jagd in der »Eng« im Rißtal sangen die Jäger:

Drum gehn wir sobald auch
In d'Eng nimmer nei,
Wolln schiaßen und jagen,
Doch g'hieselt nit sein.

Der Wildschütz ist Jäger und Wild zugleich, er treibt ein verwegenes Spiel und leicht sticht ihn der Hafer, wenn er seine Verfolger immer wieder überlistet.

Der übliche Hohn, den man einem Jäger antut, ist, ihm einen Aufbruch vor die Jagdhütte zu werfen und die Tür mit Schweiß zu beschmieren. Oder der Jäger trifft den notorischen Wilderer im Wald, durchsucht ihn, ohne eine Waffe zu finden, und muß den frech grinsenden Burschen zähneknirschend laufenlassen. Abends auf dem Heimweg findet er aber an einem in den Weg ragenden Zweig ein Stück Barchent hängen, wie man es zum Laden eines Vorderladers benützt. Der Wilderer wußte, daß der Jäger dort vorbeikommen würde, und hat es absichtlich dort hingehängt.

Adlmaier erzählt von einem Revierförster, der einen Wilderer mit gespanntem Gewehr ansprang und dann spöttisch meinte: »Du hast aber ein schönes Gewehr!« Worauf der Wilderer seelenruhig hinter sich deutete und sagte: »Die vier haben noch schönere.« Daß es dann dem Jäger nicht gutging, liegt auf der Hand. Die Wilddiebe schlugen den Mann bis zur Bewußtlosigkeit, nahmen ihm das Gewehr, zerbrachen es, und zwangen den Forstmann, mit gefesselten Händen und abgeschnittenem Hosentürl der Lederhose zu Tal zu steigen. Daß dieser Jäger blutige Rache schwor, ist menschlich, und daß er Tag und Nacht im Revier lag, bis es ihm gelang, die Schänder seiner Ehre zur Strecke zu bringen, das hatten die übermütigen Wilderer sich selbst zuzuschreiben.

Eine für Außenstehende nicht weniger lustige Geschichte ereignete sich 1865 im Forstamt Tölz, als die Lenggrieser, Wackersberger und Gaißacher wieder einmal in ganzen Banden zum Wildern ausrückten. Adlmaier berichtet, wie einer der Jäger schlagfertig genug war, die Rache für die zugefügte Kränkung postwendend und auf den Fuß folgen zu lassen:

Drei Forstgehilfen stellten auf dem Weg zur Roßsteinalpe einen Wilderer, nachdem sie vorher vier Schüsse gehört hatten und der Schußrichtung nachgestiegen waren. Der Wilderer ergriff zuerst die Flucht, sprang aber dann hinter eine starke Fichte und stellte sich zur Wehr. Der Jagdgehilfe Hölzl feuerte darauf zwei Schreckschüsse auf den Wilderer ab, worauf dieser wieder die Flucht aufnahm, nachdem er auf Hölzl einen Schuß abgegeben hatte, der aber sein Ziel verfehlte. Hölzl rief dem anderen Jagdgehilfen namens Sachenbacher zu: »Schieß den Lumpen tot, er hat auf mich geschossen!« Sachenbacher schrieb später in seinem Bericht: »Der Wilderer kam mir auf 50 Schritt, und mir versagte leider (!) mein Gewehr.« Der Fliehende schoß dann auch auf Sachenbacher, ohne zu treffen. Er flüchtete schließlich weiter in Richtung auf die Schwarzlahner zu und konnte nicht mehr eingeholt werden. Sachenbacher berichtet dann wörtlich:

»Da wir seinen Sack, den er abgeworfen hatte, suchten, stellten sich vier Wilderer ungefähr auf 60 Schritte zunächst der Roßsteinalpe auf einen hohen Hügel und riefen uns zu, hielten auch ihre Gewehre gegen uns herab, indem sie schrien: ›Das

Schützenscheibe
Jennerweins Ende
(Deutsches Jagdmuseum, München)

◀ Original-Stutzen
des »Bayerischen Hiasl«
(Bayer. Nationalmuseum, München)

▶
Aquarell von Thomas Baumgartner
aus Kiem Pauli
»Oberbayerische Volkslieder«

Dort oben auf der Bergeshöhe,
nicht weit von der Roten Wand,
wo Hirschen weiden und auch Rehe,
fiel ein Schütz durch Jägershand.

So schnell der Schuß sein Leib durchbohrte
und ihm, ach, das Herz durchdrang
flog hin sein Geist zur Himmelspforte
und nahm die Krone in Empfang.

Schützenscheibe
»Der wilde Jager von Gmund«
(Heimatmuseum Tegernsee)

sind die rechten für euch, kennt ihr diese, ihr Lumpen? Wir bekommen euch schon noch!‹ Einer hielt uns sogar den bloßen Hintern her und lud uns ein, ihn am Arsch zu lecken. Hölzl schoß ihm eine Schrotladung hinauf und schrie: ›Gell, das hättest du nicht geglaubt, daß ich so eine lange Zunge hab!‹ Die Wilderer flüchteten dann. Sie waren sämtlich mit schwarzen Bärten (Lammfell) vermummt, jeder trug eine andere Kopfbedeckung, einer hatte eine Gemse im Rucksack. Nach Kleidung und Sprache waren alle aus der Lenggrieser Gegend.«

Der Vater von Ludwig Thoma, damals Revierförster in Fall, hat auf diesen Vorfall hin in einem Schreiben an die Ministerialforstverwaltung dringend um Verstärkung des Forstpersonals gebeten.

Einen Fall von Jägerrache schilderte J. B. Schöffmann in seinem Buch »Bilder und Erinnerungen«:

Es war im Jahre 1849 am Nicolai-Tage. Ich begleitete meinen Vater auf dem Sträßchen gegen die Jachenau zu; was wir vorhatten, ist mir entfallen. Wir hatten kaum den Schwarzenbach passiert, da kommt uns ein Gefährt entgegen: ein Pferd, ein Bauer, ein Wägelchen und ein Stück Wild darauf. Mein Vater stutzt und spricht den ihm wohlbekannten Bauern sofort an: »Ei, da habt Ihr ja ein gefährliches Stück Raubwild geschossen!« Es war eine Hirschkuh oder ein Kalb, und der Fuhrmann besaß eine Schutzkarte, wie sie damals ausgegeben wurden, die ihn berechtigte, nur Raubwild zu schießen. »Ja, das ist eine schöne Geschichte«, gab er etwas trübselig zurück, »die wird bis vors Schwurgericht kommen.« – »So, so«, gab mein Vater zurück, und wir trennten uns. Mein Vater war Jagdpächter, und das sonderbare Raubwild berührte ihn etwas, wenn auch nicht an erster Stelle; wir wußten ja nicht, woher das Wild war. Die Geschichte kam aber wirklich vor das Schwurgericht.

Der Hergang war dieser: Zwei Schutzkartenbesitzer, denen sich zwei Bekannte ohne jegliche Karte anschlossen, jagten im waldigen Gebirge zwischen Isar und Jachen. Die Berge dort sind nicht besonders hoch, aber meist schön bewaldet.

Die Jäger von Fall jagten nicht ferne von diesen vieren am gleichen Tage im gleichen Gebirge. Nun fiel ein Schuß; die Jäger fanden sich, nachdem der Bogen durchgetrieben war, auf den Ständen wieder zusammen; keiner hatte einen Schuß abgegeben. »Ah so, dann gibt es noch andere Leute im Revier!« Nun waren sie freilich ziemlich nahe an der Grenze des Reviers, auf der Südseite des hohen Zwislers, an den sich der Bruckgraben anschließt; die Nordseite des Berges ging die Jäger nichts mehr an. Allein sie sahen in dem frischgefallenen Schnee bald, daß sich ein fremder Treiber in ihr Revier verirrt hatte und daß der Treiber eine Wildspur vor sich hatte. Die Jäger – es waren ihrer drei – kamen in den Bruckgraben, eine altberühmte Wildflucht, und – fanden die andere Jagdpartie gerade vollauf mit dem erlegten Stück Wild beschäftigt. Die Büchsen waren beiseite gelehnt, und einer von der Partie suchte etwas abseits eine Stange zum Tragen der Beute.

Der erste der Jäger, der Forstwart von Fall, stürzte auf den gewaltigen Demmel Hans los, den einen der Schutzkarten-Besitzer und »Hoagmoar« im Isarwinkel; allein in der Rauferei, die sich dabei entspann, lag der Forstwart bald unter der erdrückenden Gestalt des Demmel Hans. Noch weniger konnten die zwei anderen Jäger ausrichten, so sehr sie auch wüten mochten. Das Ende vom Lied war, daß die Jäger das Schlachtfeld räumten, jedoch mit der vom Forstwart ausgesprochenen Drohung, daß er nicht einwärts dem Fall zugehe, sondern auswärts, aufs Gericht nach Tölz.

Beim Schwurgericht in München, wo die Sache richtig später spielte, kam nun an die verklagte Partei, die Sieger vom Bruckgraben, die Schlußfrage, ob sie noch etwas vorzubringen hätten. »Ja, dös will i noch sag'n«, erwiderte unmutig der herkulische Demmel

Hans, »wir hättn d'Jaaga umbringa könna, wenn ma mögn'n hätt'n, aba mög'n hab'n ma nit; aba sie hätt'n uns scho' umbracht, wenn's könna hätt'n, aba könna habn's nit.« Das Strafmaß soll dieser vielsagende Schlußspruch noch merklich verringert haben.

Etwa vier Jahre nach dieser Geschichte verlautete im Isartal in den ersten Tagen des November: »Der Demmel Hans ist erschossen worden am Dürrenbergerjoch.« Allgemeines Verwundern und Bedauern! Es war aber anders. Ein Jäger, der im Bruckgraben mit unterlegen war und daher einen bittern Groll gegen den Hans gefaßt hatte, kam auf einmal mit dieser Nachricht nach Hause, »daß er seinen ärgsten Feind hab' erschossen, auf den er längst schon hab g'spannt, und hat da an Demmei vo' Lenggareß g'nannt«. (So hieß es in dem Lied, das später darüber verfaßt wurde.)

Auf vierzig Schritt hat er'n zammg'schoss'n,
hat an Schütz'n gar nit kennt.
Er schreit 'n gar nit o',
schießt'n zamm auf an Schnall,
und man hat 'n g'hoaß'n
den recht schlecht'n Bichla von Fall.

Der wirklich Erschossene war aber der Röst'n Michei vom Gaißachrain, ein etwas wilder Naturmensch. Übrigens hat es auch im Fall schon viel bessere Jäger gegeben als den Bichler.

Aus dem Jahre 1848 gibt es einen Bericht, wie ein Jäger den Tod zweier erschlagener Kollegen rächt. Er gibt zugleich ein treffliches Bild von der Massenwilderei im Revolutionsjahr, als die Könige, wie Wilhelm von Preußen es ausdrückte, »auf dem Bauche lagen«:

Der junge Forstgehilfe K. ging einmal – es war im Jahre 1848 – den steilen Bergrücken, die Geidaner Eibelspitz genannt, entlang. Gerade darunter liegt eine einsame Hütte auf einer grünen Alm am Fuße hoher wilder Felsen. Er sah um die Hütte eine Menge Menschen stehen, und als er mit seinem Fernrohr genau hinblickte, konnte er dreiundzwanzig Männer zählen, sämtlich mit Gewehren. Es waren kurz zuvor zwei Jäger von Wilderern erschlagen worden. Da kam ihm der Jägerzorn, und er sann und sann, wie er wenigstens einen Schuß unter die vermaledeite Bande anbringen könnte. Dabei ließ er sie nicht aus den Augen, bis sie sich endlich in Bewegung setzten und einen engen steilen Pfad, der gerade über die Eibelspitz führt, einer hinter dem anderen emporstiegen. Er schnitt ihnen nun den Weg ab und legte sich in den Latschen in den Hinterhalt.

Nach ungefähr einer Stunde hörte er sie sprechen, und bald wurde er ihrer an einer Wendung des Pfades ansichtig. Als der vorderste auf achtzig Schritte an ihm war, nahm er ihn aufs Korn und schoß ihn mit dem Büchsrohr seines Doppelgewehres steintot nieder! Die Bauern prallten zurück, und er hörte sie nun laut und heftig debattieren, was da zu machen sei, ob man umkehren solle oder die Latschen durchsuchen. Einige waren für den Rückzug. Einer aber stellte ihnen lebhaft vor, daß es doch eine Schande sei, so ohne weiteres davonzugehen, und wenn auch sechs und sieben Jäger in den Latschen versteckt lägen, was wolle das bedeuten gegen ihre Übermacht, und für zweiundzwanzig Männer sei es ja eine entsetzliche Feigheit, vor so einer Handvoll Feinden zu weichen! Er schloß endlich: Komme es, wie es wolle, und ob die anderen ihm folgen würden oder nicht, sie könnten's halten, wie sie wollten, er aber werde vorwärts gehen!, und damit schritt er mit gespanntem Hahn gerade auf den Platz los, wo K. versteckt lag. Dieser ließ ihn auf sechzig Schritte herankommen und drückte den linken Lauf auf ihn ab. Der Bauer drehte sich um und um, stand noch einen Augenblick und fiel zu Boden.

Die Bauern kehrten um, K. aber, der nun nichts mehr im Gewehr hatte, huschte so schnell und leise als möglich durch die Latschen zurück, den entgegengesetzten Abhang hinab und schlug den Weg nach Bay-

rischzell ein. Als er an den Steg kam, der dort über einen Wildbach führt, hielt er an, um sein Gewehr zu laden. Es fing bereits an zu dunkeln, und er tat deshalb nur in den Büchslauf eine Kugel, in den anderen aber auf alle möglichen Fälle einen tüchtigen Schrotschuß. Beim Laden kam ihm der Gedanke, ob die Bauern nicht vielleicht diesen Steg auf ihrem Heimweg passieren müßten und er sie noch einmal mit einer Ladung bewillkommnen sollte; er setzte sich daher auf Schußweite vom Steg in die Büsche.

Er mußte wohl eine Stunde gepaßt haben, als er Stimmen hörte, und bald darauf kam zu seiner Freude die ganze Rotte daher. Es war indes ziemlich dunkel geworden, und er konnte gerade noch unterscheiden, daß sie alle Gewehre trugen und also seine alten Bekannten waren. Als sie nun am Eingang des Steges dicht gedrängt beieinander standen, feuerte er mit Schrotschuß mitten in die Rotte hinein. Man kann sich das Erstaunen des Haufens denken, auch da wieder auf den rätselhaften Feind zu stoßen. Der Jäger zog sich aber sogleich ganz sachte zurück und ging, ohne sich weiter um etwas zu kümmern, auf heimlichen Wegen ruhig nach Hause.

Die Bauern laborierten aber noch lange an dem Schrecken, den ihnen der unsichtbare Schütze eingeflößt hatte, und haben wohl noch bis auf den heutigen Tag nicht erfahren, wer es war! K. erzählte es erst seinen Kameraden, als er schon längst aus der Gegend versetzt worden war. Übrigens war nur der, auf den der erste Schuß fiel, totgeblieben.

Dem zweiten war der Arm zerschmettert, so, daß er amputiert werden mußte; der Schrotschuß hatte zwar einige tüchtig getroffen, sie kamen aber ohne weiteren Schaden davon. Der Gebliebene war der einzige Sohn eines wohlhabenden Bauern bei Schliersee. In der Mitternacht nach dem Vorfall klopfte es bei seinen Eltern ans Fenster, und eine ihnen ganz unbekannte Stimme rief: »Wenn ihr euren Buben sucht, so geht auf die Geidauer Eibelspitz!«

Da fanden sie ihn denn am anderen Morgen richtig genug!

Die Wildschützen, die keinem verantwortlich waren, begnügten sich keineswegs immer mit einer rächenden Kugel. Wenn, dann schickten sie dem Förster das Blei nachts heimtückischerweise durchs Fenster. Auch das sogenannte »Scheiterladen« soll geübt worden sein. Es wurden heimlich Holzscheiter, die vor der Forsthütte lagerten, mit Pulver gefüllt. Angeblich stammt diese Idee allerdings von den Forstleuten selbst, die auf diese Weise Holzdiebe abgeschreckt haben sollen.

In den Berichten über Wildererrache fehlt niemals die schaurige Geschichte von der Ameisenfolterung. Der Förster soll dabei über einem Ameisenhaufen an den Baum gebunden worden sein; in manchen Erzählungen splitternackt und sogar mit dem Kopf nach unten. Manche Berichterstatter halten die Geschichte für ein Märchen, andere schreiben, daß noch 1926 die letzte Folterung dieser Art stattgefunden hat, allerdings nicht in Bayern.

Liest man jedoch den folgenden authentischen Bericht von der Kreuzigung des Jägers »Zacherl«, so sieht man keinen Grund, daran zu zweifeln, daß sich gewisse Rohlinge auch die Sache mit den Ameisen ausgedacht haben.

Zacharias Werner, gewöhnlich kurzweg Zacherl genannt, war einer jener vielseitigen Burschen, wie sie in seiner Heimat oft vorkommen. Er war Zimmermann, Gärtner, Fischer und noch allerlei anderes zugleich, vor allem aber ein unverdrossener Jäger aller Künste. Zur Zeit des Vorfalls war er Jagdgehilfe zu Reichersbeuern bei Tölz an der Isar. Bei einem seiner gewöhnlichen Pirschgänge kam er an eine der kleinen Heuschuppen, wie sie im Gebirge verstreut liegen und dem Jäger, oder wer sonst die Nacht über kommt, ein stets bereites Lager bieten.

Es war mitten im Sommer und noch gut an der Zeit. Er mochte aber nicht nach Hause gehen, weil er den ganzen Tag kein Wild gesehen hatte und lieber droben übernachten wollte, um mit dem frühesten Morgen sein Glück noch einmal zu versuchen.

Er legte sich mit seinem Schweißhunde ins Heu und schlief bald ein. Nach einigen Stunden weckte ihn das Knurren seines Hundes; er glaubte, dieser träume nur, und legte sich wieder zum Weiterschlafen zurecht. Plötzlich hörte er aber ein Geräusch in der Hütte und, ehe er nach seinem Gewehr greifen konnte, war er schon von drei Kerlen gepackt und unter dem Rufe hervorgezogen: »Haben wir dich endlich einmal, Bursche! Jetzt sollst mal sehen, was wir mit dir anfangen!« Er erkannte gleich in den Angreifern drei Wildfrevler, die er zuvor schon einmal gefangen und zur Strafe gebracht hatte.

Während ihn zwei hielten, schlug der dritte mit einem Knüppel so lange auf ihn los, bis er bewußtlos zusammensank. Als er, von heftigem Schmerz gepeinigt, wieder zu sich kam, waren sie gerade daran, ihn mit ausgespannten Armen und Beinen an die Wand zu nageln. Da sie keine eisernen Nägel hatten, spitzten sie harte Holzpflöcke und trieben sie durch seine Hände und Füße in die Spalten der hölzernen Hüttenwand. Nachdem sie ihn so in bester Form gekreuzigt hatten, gingen sie davon.

»Mein Hund«, erzählte Zacherl, »verfolgte sie eine Strecke, kam aber bald zu mir zurück, und obwohl ich zu erschöpft war, um viel aufzumerken, erinnere ich mich doch noch, wie jämmerlich das arme Tier winselte und wie mitleidig es zu mir aufsah. Ich mochte eine gute Weile gehangen haben, da stieg die Sonne langsam über die Berge auf. Ich freute mich, sie wiederzusehen, wenn auch zum letztenmal! Das Morgengebet daheim wird wohl mein Sterbeglöcklein sein, dachte ich so bei mir, und ich war totbetrübt in meinen Schmerzen und daß ich so elendiglich zu Grunde gehen mußte; und ich dachte an unseren lieben Heiland Jesus Christus und an sein bitteres Leiden. Bald darauf fühlte ich aber nichts mehr, und als ich wieder zu mir kam, lag ich auf dem Gras, und sie wuschen mir meine Wunden mit frischem Wasser vom nahen Quell aus. Mein Hund hatte durch sein unaufhörliches Heulen und Bellen einen Hirtenjungen herbeigerufen, der Hilfe holte. Ich konnte nicht stehen, und ein paar Holzknechte schleppten mich nach Hause. Nach drei Wochen konnte ich schon wieder ausgehen, und nur meine Hände waren noch sehr geschwollen. Die hölzernen Nägel hatten mir weder Knochen noch Sehnen verletzt, und es ist mir nichts geblieben als die Narben, die ich wohl bis an mein seliges Ende behalten werde. Ich habe dem lieben Gott viel tausendmal gedankt, daß er mich so gnädig errettet hat! Die drei Männer, die mich gekreuzigt haben, habe ich seitdem oft wiedergesehen im Wirtshaus und im Feld. Ich dachte aber: ich will nicht ihr Richter sein! Kommen wir aber noch einmal zusammen, in Berg oder Wald, droben in meinem Gebiet, dann werd ich tun, wie ich immer getan habe!«

Zacherl, beim Volke nur »der gekreuzigte Jäger« genannt, starb 1848. Er wohnte in seiner letzten Zeit am Starnberger See, und der Verfasser dieses Berichtes hat ihn wohl gekannt und sich sein grausliches Abenteuer oft erzählen und seine Wundenmale zeigen lassen.

Wildschützen im Bayerischen Wald

Was den von Passau am linken Donauufer sich hinziehenden Bayerischen Wald einst besonders charakterisierte, war die tiefe Wildnis. In anderen Gebirgen findet man nur selten einen Platz, wo nicht die Tätigkeit des Menschen bemerkbar wird: in den Tälern klappert das Mühlrad, im Wald raucht der Meiler, und auf den Höhen tönt der Schlag der Äxte und das Kreischen der Sägen. Aber wer von diesen Höhen niederschaute, sah unten nichts als einen endlosen, dunklen Wald, ruhig und ernst, und die tiefe Stille wurde nur unterbrochen vom Klopfen des Spechts oder von dem heiseren Krächzen der Raben. Lange sollte dieses Bild nicht mehr dauern, bald drang man von allen Seiten in das Innerste dieser Waldungen, und Hunderte von Mühlen und Sägen verarbeiteten Millionen von Stämmen zu jenen kleinen zum Schiffsbau bestimmten Brettern, die Eisenbahn und Dampfschiffe nach allen Richtungen verfrachten.

Nachdem ich bereits den Arber, den König des Waldes mit seinen beiden Seen, und den finstern Rachel mit seinem düstern See besucht hatte, beschloß ich, den Lusen zu besteigen, von dem ich viel gehört hatte. Ich begab mich deshalb zu dem dortigen Revierförster, einem alten Bekannten, dessen Beistandes ich sicher war.

Es war an einem schönen Augustmorgen, als wir mit dem ersten Grauen des Tages den Marsch antraten. Während der Nacht hatte sich ein starkes Gewitter entladen, von heftigem Regen begleitet. Der Boden war weich, und die aus den Tälern steigenden Dünste verhüllten die Höhen, aber die Luft war rein und frisch. Als wir den Wald betraten, umgab uns noch keine Waldeinsamkeit, denn eine große Anzahl Arbeiter war hier auf einer langen Strecke beschäftigt, eine Straße den Berg hinaufzuführen, und das Krachen fallender Bäume und das Sprengen der Felsen donnerte uns entgegen.

Weiter und weiter stiegen wir, und immer wilder und unwegsamer wurde die Gegend. Der Boden war stellenweise sumpfig, große Felsstücke lagen uns im Wege, oder halb vermoderte Bäume, über die wir hinwegklettern mußten. Das Kraut der Heidelbeeren reichte bis über unsere Knie.

Es war acht Uhr, als wir an einem kleinen Hochplateau ankamen, das die Wäldler wegen seiner starren wilden Eigentümlichkeit den Eisbär nennen. Die Kälte, verbunden mit den scharfen Winden, die den größten Teil des Jahres hier herrschen, ist der Grund, daß die abgestorbenen Stämme weniger bald faulen und stürzen. Wie man ihre Brüder tief unten, dahingestreckt auf weiches Moos, Baumleichen nennt, so könnte man diese, die die Kälte vor Verwesung schützt, die Mumien des Waldes nennen. Ihr Aussehen hat ganz das Kalte und Starre des Todes.

Als wir auf die freie Stelle hinaustraten, bot sich ein überraschender Anblick dar. Vor uns lag die Kuppe des Lusen, vielleicht die einzige ihrer Art. Man denke sich einen ziemlich hohen Berg aus lauter Steinplatten, die der Zufall übereinandergeworfen hat, so sieht der Lusen aus. Zwischendurch, am Fuße der Kuppe, kriecht die Krummholzkiefer, während der bei weitem größere Teil ganz kahl ist. Eine feine dünne Flechtenart gibt dem ganzen Steinhaufen eine eigene metallische Färbung und verleiht diesem sonst so kahlen und öden Platz eine sonderbare Stimmung. Von der Spitze aus hat man eine prächtige Umsicht, sowohl auf die unten liegende große Waldmasse, als auch hinein ins Böhmerland, aber der Wind, der von dort her bläst, dringt bis ins Mark, so daß wir bald Abschied nehmen mußten. Unten wieder angekommen, wandten wir uns zum Rückweg und bogen links ab.

Je höher die Sonne emporstieg, desto beschwerlicher wurde unser Marsch. Unter den Bäumen herrschte eine warme, dunstige Luft, die uns in Schweiß versetzte. Mein Freund führte mich auf den sogenannten Tummelplatz, einen großen, mit Palisaden eingeschlossenen Raum, in dessen Mitte früher

eine Diensthütte gestanden hatte, die aber niedergebrannt und von der nichts mehr zu sehen war als ein hoher Kamin. Wilddiebe hätten sie angezündet, erzählte mein Begleiter und sprach dabei von den Annehmlichkeiten, die sie den Forstleuten geboten hatte.

Plötzlich sah ich eine verwegene Gestalt die Umzäumung betreten, und mit einem Ausruf der Überraschung zeigte ich darauf hin.

»Das ist mein Waldaufseher«, sagte mein Freund, »ich habe ihn mit den Hunden und ein paar Treibern hierherbestellt; wir wollen sehen, ob uns da unten an der Seebacher Aue nicht ein Bock anspringt.«

Nickl, so hieß der Mann, war nicht groß von Gestalt, und den eisengrauen Locken nach zu schließen, die unter dem dicken Filzhute hervorguckten, mußte er die Fünfziger bereits stark angetreten haben.

Nickl beteiligte sich sogleich an dem Gespräch, und auf die Brandstätte weisend, sagte er: »Da haben uns die Strauchdiebe eine schöne Bescherung angerichtet. Das schöne Haus. Das hätten Sie sehen sollen, wie wohnlich es da war. Es ist ein wahres Kreuz, jetzt, wo das Wild wieder mehr wird, treiben auch die Wilddiebe wieder ihr Handwerk.«

»Wild und Wilderer«, sagte der Förster, »sind unzertrennlich; aber neuerdings wird die Sache wieder ganz ernstlich. Vor ungefähr vierzehn Tagen wurden ein Kollege von mir und sein Waldaufseher, als sie unvermutet an eine solche Bande stießen, ohne weiteres niedergeschossen, und es steht sehr in Frage, ob sie noch aufkommen. Sie sind beide Familienväter. Ein anderer, da drüben«, und dabei wies er mit dem Daumen über die Achsel zurück, »trägt noch das gehackte Blei mit sich herum, und sein Gehilfe hat einen Schuß im Schenkel. Zwar schoß dieser auch einen nieder, allein, man konnte trotz des starken Schweißes den Mann nicht ausfindig machen.«

»Ja, und diesen Morgen hat mir der Rottmeister am Steinbrückel erzählt, daß letzten Sonntag in Schönau die beiden Fuchsgruber, Vater und Sohn, geschossen heimgebracht wurden. Die haben's lange verdient, aber der Krug geht so lange zum Brunnen, bis er bricht.«

»Das ist ja ein förmlicher Krieg, den ihr da führt«, rief ich entsetzt. »Läßt sich denn dem Unwesen nicht steuern durch fleißiges Begehen der Orte, wo diese Frevler ihr Unwesen treiben, und durch genügende Vermehrung des Forstschutzpersonals?«

»Nicht möglich«, erwiderte mein Freund. »Wenn diese Diebe von hier wären, so dürfte das am Ende nicht schwer sein, aber es sind meist Burschen aus dem Wegscheidschen oder aus dem oberen Bayerischen Wald, die sich zusammentun, vierzehn Tage eine ganze Waldstrecke durchjagen, was sie bekommen können, mitnehmen und dann monatelang nichts mehr von sich hören lassen.«

»Da hilft nichts, als so schnell als möglich der erste am Drücker zu sein«, sagte Nickl, indem er den Hahn überzog und ihn wieder in die Ruhe zurückfallen ließ.

»Ihr würdet also«, erwiderte ich, »einen Menschen niederschießen, auch wenn ihr es ungesehen von ihm tun könntet, also ohne eigentliche Notwehr?«

»Ob ich es tun würde!« sagte Nickl ganz erstaunt. »Ganz gewiß werde ich ihn niederschießen, wenn er sich bewaffnet in unserm Revier blicken läßt. Und was die Notwehr betrifft, so ist meinen Begriffen nach unsereiner immer im Zustand der Notwehr.«

»Nickl hat recht«, sagte mein Freund. »Denke dir zum Beispiel da unten am Lusen einen verwundeten Menschen, ob der wohl nach Hause käme? Ich glaube nicht; übrigens kann Nickl ein Lied davon singen.«

»Ein garstiges Lied, es hat mir lange in den Ohren geklungen«, erwiderte der andere.

»Halt, Alter«, sagte ich, »heraus mit dem Lied!«

Und Nickl, ohne sich weiter bitten zu lassen, begann: »Als die Geschichte sich zutrug, war ich als Waldaufseher da draußen, weiter der Donau zu. Wir hatten nebst einem prächtigen Wildstand in unserm Revier, auch einige Bergbäche mit den herrlichsten Forellen. Um so verdrießlicher war es mir, als ich Spuren von Ottern bemerkte. Es wird Ihnen bekannt sein, welch erheblichen Schaden so ein Räuber anzurichten imstande ist. Ich hatte deshalb fleißig die Eisen gelegt und ging regelmäßig hinaus, um nachzusehen. Eines Morgens bemerkte ich denn, daß eines fehlte. Die Stelle, auf der ich es gelegt hatte, war ringsum zerwühlt und aufgerissen, die freilich etwas alte Kette war abgesprengt, und der zurückgebliebene Teil um eine ganz zerzauste Weidenstaude geschlungen. Augenscheinlich hatte sich das Tier schlecht gefangen, die Kette abgesprengt und war, um sich seines vermeintlichen Feindes zu entledigen, seinem natürlichen Elemente zugeflüchtet. Aber da das Eisen schwer war, mußte das Tier ersaufen. Ich legte deshalb Gewehr und Tasche weg, stieg in das Wasser hinab und suchte mit dem langen Stock nach dem Tier. Umsonst, ich konnte nichts entdecken. Ich ging darauf eine Strecke weiter hinauf in der Vermutung, daß es auf dem Grund weitergelaufen sein möchte. Plötzlich hörte ich in einer kleinen Einbuchtung ein starkes Geräusch, das in einem Schnauben und in dem eigentümlichen Pfeifen bestand, das die Otter ausstößt, sobald sie gereizt wird oder verwundet ist. Ich stieg sofort aus dem Bach und erblickte denn auch alsbald eine gewaltige Otter, die größte, die ich je sah, wie sie um sich schlug und wühlte. Mit leichter Mühe schlug ich sie tot. Das Eisen hatte augenscheinlich, als sie, Verrat witternd, ausspringen wollte, sie unglücklicherweise noch mit der Rute gefangen. Sie war beinahe abgedreht, und wäre ich nur eine Viertelstunde später gekommen, so wäre das Tier entwischt. Den Prachtkerl auf die Schulter nehmend, wollte ich nunmehr Gewehr und Tasche holen, allein wer beschreibt mein Erstaunen, als beides verschwunden war! Ich sah die Fußtritte der Diebe im Gras und folgte der Fährte. Umsonst, auf dem abgefallenen Laub im Walde war jede Spur bald verloren.

Nun eilte ich einen Hügel hinan, um von dort aus den Dieb zu erspähen. Kaum war ich jedoch auf der Höhe angelangt, als es rechts und links neben mir im Gebüsch knackte und ich mit einem Ruck zu Boden gerissen war. Man band mir die Hände auf den Rücken zusammen und schlug die Leine um einen nahen Baum, so daß ich mit dem Rücken an den Stamm lehnen mußte.

Während ich so dastand, hatten sich die Burschen etwas weiter zurückgezogen und beratschlagten, was sie mit mir anfangen sollten. Einer, der Haupträdelsführer, wie es schien, flüsterte den übrigen etwas zu, worauf alle in ein schallendes Gelächter ausbrachen. Sie ließen mich nicht lange über den Grund ihrer Heiterkeit im ungewissen.

Vorn am Hügel, wo ein Felsen senkrecht abwärts fiel ins Tal, standen zwei ziemlich starke Birken nahe aneinander. Auf jede stieg nun einer der Burschen, und indem sie sich, an einem der oberen Zweige herabließen, bogen sie beide Bäume herab fast bis auf den Boden. Dann schnitt man mich vom Baume los, zog mich unter die beiden Birken und band mich mit je einem Arm und Fuß an die herabgebogenen Äste. Als ich gehörig befestigt war, ließen sie beide Bäume unter einem schrecklichen Jubelgeschrei in die Höhe schnellen. Ich glaubte, gegen den Himmel hinaufgeworfen zu werden, und die Prellung, die mir fast alle Gelenke zerriß, preßte mir einen furchtbaren Schmerzensschrei aus.

Denken Sie sich meine Lage. Da hing ich zwischen Himmel und Erde, an immer schwankenden Ästen über einem Abgrund von gewiß fünfzig Fuß Tiefe. Ich rief aus Leibeskräften, aber es antworteten anfangs nur die Spottreden meiner abziehenden Feinde und dann bloß noch das höhnende Echo. Der Schmerz an den Gliedern war furchtbar. Als der Abend herankam, zog ein Wetter am Himmel herauf, der Wind blies aus vollen Backen, ich flog auf und nieder, die Bäume bogen sich, und ich hoffte jede Minute, daß sie brechen möchten, denn ich hatte vor Schmerz nur den einen Wunsch zu sterben, und ich wäre damals froh gewesen, wenn der Sturm mich in die Tiefe hinabgeschleudert hätte.

Je dunkler es wurde, desto heftiger wütete der Sturm, der Regen goß in Strömen nieder, der Donner brüllte, und Blitze fuhren um mich her. Endlich fiel ich in Ohnmacht. Als ich wieder zu mir kam, stand die Sonne bereits hoch am Himmel. Ihren Strahlen ausgesetzt, glaubte ich verbrennen zu müssen, mein Gehirn kochte, und das Blut drohte mir den Kopf zu zersprengen. Lange konnte dieser Zustand nicht mehr dauern, und in den lichten Augenblicken, die anfingen immer seltener zu werden, suchte ich so gut wie möglich meine Gedanken zu sammeln, um als guter Christ aus der Welt zu scheiden.

Da tönte mit einem Mal ein helles Pfeifen, und nicht lange, so erschien unter den Bäumen da unten ein Bursche. Ich erkannte in ihm einen unserer ärgsten Holzdiebe, den ich schon einige Dutzend Male zur Anzeige gebracht hatte. Es war der Gabelmacher Lenz, die Hände tief in den Taschen seiner Hosen. Augenscheinlich lungerte der Kerl da oben herum in der Absicht, sich ein Stück Holz auszusuchen, das er bei nächster Gelegenheit holen könnte. Sonst war mir der Kerl, wenn er mir auf der Landstraße begegnete, ein Dorn im Auge, aber jetzt erschien er mir als ein rettender Engel. Ich versuchte zu rufen, aber ein neuer Schreck durchbebte mich jetzt: ich konnte keinen Laut hervorbringen, der Hals war mir wie zugeschnürt. Schon begann sich der Gabelmacher von mir zu entfernen, in wenigen Augenblicken vielleicht war er verschwunden.

Da strengte ich alle meine Kräfte an und stieß ein heiseres Gebrüll aus. Ich konnte gerade noch erkennen, wie der Lenz unten erschrocken zu mir heraufsah, da schwanden meine Sinne, und ein heftiger Blutsturz war die Folge dieser Anstrengung.

Der Gabelmacher wäre, wie er mir nachher erzählte, beinahe vor Schreck davongelaufen, und dann wäre ich wohl sicher verloren gewesen. Aber er hat sich rasch besonnen und war zu einigen Holzhauern hinabgeeilt, die eine Stunde weiter unten beschäftigt waren, und hatte diese heraufgeholt, worauf sie mich dann aus meiner Lage erlösten und ins Dorf brachten. Der Arzt erklärte es für ein wahres Wunder, daß ich so lange dieser Qual hatte widerstehen können, und behauptete, daß ich, wenn dieser Blutsturz nicht eingetreten wäre, unfehlbar hätte ersticken müssen. Zeitlebens ein Krüppel würde ich aber wohl bleiben, meinte er. Und wirklich war mein Zustand schlimm genug. Mein linker Arm war ganz aus der Achselhöhle gerissen, und an den beiden Handgelenken das Fleisch bis auf die Knochen durchschnitten; hier sehen Sie noch die Narbe davon. Gegen alles Erwarten gelang aber meine Heilung. Und da jetzt meine Geschichte zu Ende ist, dächte ich, ich ginge mit meiner Mannschaft da links hinab, die beiden Herren können sich dann im Tannet unten anstellen.«

»Ist diese Geschichte wirklich wahr?« sagte ich, als wir zu diesem Platz gingen. »Und war es den Gerichten nicht möglich, eine Spur von den Tätern aufzufinden?«

»Was die Wahrheit der Geschichte betrifft, so ist daran kein Zweifel. Übrigens ist Nickl nicht der Mann dazu, die Gerichte viel mit seinen Angelegenheiten zu plagen. Er ist oder war wenigstens, wie man sagt, Kläger, Richter und Vollstrecker des Urteils in eigener Person. Von allen denen, die damals beisammen waren, ist keiner mehr übrig, um über die Geschichte zu lachen.«

»Du wirst doch nicht sagen wollen, daß er alle erschossen hat?« sagte ich ganz entsetzt.

»Das sage ich auch nicht«, meinte mein Gefährte, indem er zweideutig die Achsel zuckte. »Genug, es ist eben keiner mehr da! Doch halt, da bleib stehen, hier kannst du am ersten zum Schuß kommen, wenn du überhaupt noch dein altes Glück hast.«

Ich lächelte bei dieser Anspielung auf unsere früheren gemeinschaftlichen Jagden und, wie er vorausgesetzt hatte, schoß ich bald darauf einen schönen Sechserbock. *Freiherr von Wiedersperg, (Gartenlaube 1861)*

Raggs Erzählung vom Wilderer

»Sehn Sie die Latsche da drüben?« fragte der Ragg, »gleich die da drüben; die, wo das Dickicht bis zum Abgrund hinläuft, hinüberhängt?«

»Ja, Ragg, aber ich kann da nichts Besonderes erkennen.«

»Ist auch jetzt nichts mehr da zu sehn«, sagte er, leise vor sich hin lachend, »fünf Jahre sind's aber jetzt, da hat die eine Latsche, die dort über die steile Wand hinüberhängt, einem Malefizkerl von Wilderer einmal einen großen Gefallen getan.«

»Einem Wilderer?«

»Ich und der Wastel«, erzählte Ragg jetzt weiter, »waren drüben am Scharfreuter gewesen und an der Grenze hingegangen, teils um zu sehn, ob das Wild dort viel herüber wechsele, teils auch um umzuschauen, ob wir keine fremde Fährten finden könnten; denn daß hier Wilddiebe von Bayern herüber kämen, hatten wir schon gehört. Den Morgen war um neun Uhr etwa ein leichter Schnee gefallen, und es schneite noch in einzelnen Flocken, als wir oben an der Luderstauden, gerade wo die oberste Klamm gegen das Joch vorläuft, eine ganz frische Mannsfährte fanden, die keiner von uns kannte. Das konnte nur ein Wilderer sein, und während einer die Fährte hielt, während der andere scharf umherschaute, ob er den Burschen nicht vielleicht entdeckte, folgten wir so rasch und leise, wie wir konnten.

Das ging nun allerdings gut, solange wir oben am Joch blieben, denn dort lag wenigstens Schnee genug zum Spüren; der Malefizkerl hatte das aber auch wohl bedacht und war in die nächste Klamm hinein, und Gott weiß wie darin herumgestiegen, so daß wir auf den kahlen Steinen zuletzt die Spur verloren und nun nicht wußten, wo er geblieben war. Wastel wollte nun zwar, wir sollten uns trennen und nach verschiedenen Seiten suchen. Hatte er sich aber irgendwo eingedrückt und sah uns anpirschen, so wäre ein einzelner verloren gewesen; auf zwei schießen die Schufte aber nicht sogleich.

Die Fährten nahmen im ganzen die Richtung nach dem Leckbach zu. Wastel glaubte nun freilich nicht, daß er sich so weit von der Grenze weggemacht hätte. Das blieb sich aber ganz gleich, Grenze oder nicht, denn drüben auf königlichem Gebiet hatte er jedenfalls ebensowenig Recht zu jagen wie hier, und erwischten ihn die königlichen Jäger, so ging's ihm nicht um ein Haar besser, als wenn wir ihn kriegten. Wir äugten also aus dem Wald heraus den ganzen Leckbach sorgfältig ab, spürten noch einmal über das Joch hinüber auf dem Schnee und mußten endlich annehmen, er habe uns gesehn und sei wieder in das andere Revier zurückgewechselt, wohin wir ihm nicht folgen durften. Viel Zeit hatten wir übrigens auch nicht mehr zu verlieren, denn wir wollten die Nacht noch nach der Grasberg-Alm, und mit dem Umhersuchen war der Tag ziemlich draufgegangen. So stiegen wir denn rasch hintereinander her aufwärts, als mich der Wastel plötzlich, ohne ein Wort zu sagen, am Arm packte, und dort hinaufzeigte, etwa in die Gegend, wo der dürre Baum da oben auf der schmalen Lanne steht. Ich guckte hin, und kauerte da nicht der verdammte Halunke so ruhig auf einem umgefallenen Baum und kaute an einer Brotrinde oder irgend etwas anderem, als ob er daheim in seiner Hütte und nicht mit der Büchse in einem fremden Revier säße?

»Der kann nicht mehr fort«, flüsterte mir der Wastel zu, »ich springe hier unten herum, du von der Seite hinauf, und dann haben wir ihn in der Mitte – vorn ist die Klamm, und da kann nicht einmal ein Gemsbock hinunter!«

Als wir ihn gewahr wurden, hatten wir uns gleich hinter einen Latschenbusch gedrückt, und ohne weiter ein Wort zu reden, rutschte der Wastel ein Stück fort, bis er in einen kleinen Graben kam. Den annehmend, schnitt er dem Wilderer den Weg von jener Seite ab, denn hätte der's erzwingen wollen, brauchte er ihn ja nur über den Haufen zu schießen. Mir konnte er auch nicht mehr wegkommen, und als ich sah, daß der

Wastel war, wo er sein sollte, pirschte ich mich noch vorsichtig auf etwa hundert Schritt an den Burschen heran, legte dann Hut, Bergsack und Stock ab, nahm die Büchse herunter, und sprang, was ich springen konnte, den Berg hinauf.

Ich hatte noch keine drei Sätze getan, da fuhr er schon mit dem Kopf herum – solche Gesellen haben ein schlechtes Gewissen – und mich sehn, aufspringen und die Büchse an die Backe reißen, war das Werk eines Augenblicks. Zu gleicher Zeit schrie ihm aber auch Wastel sein drohendes »Hallo« entgegen, und als er den zweiten Mann sah und nun wohl merkte, daß es ihm an den Kragen ging, setzte er die Büchse erschrocken ab.

Ich hätte ihn jetzt bequem umschießen können, fuhr Ragg ruhig fort, aber wir wollten ihn gern lebendig haben, und wenn's nicht gerade sein muß, ist's doch immer eine häßliche Geschichte. So also schrie ich dem Burschen zu, seine Büchse fortzuwerfen, oder er wäre ein toter Mann. Daran dachte er aber nicht, und umdrehn und in die nächsten Latschen hineinfahren, war im Nu geschehn.

An manchem andern Platz wäre das nun vielleicht recht gut gegangen, denn jemanden durch die Latschen zu verfolgen, ist ein verzweifelt mühselig Ding; hier aber mußte er keinesfalls wissen, wohin die führten. Der ganze Latschenstreifen war keine zwanzig Fuß breit, und unter ihnen weg sank der Abgrund, während der Wastel und ich den einzigen Ausweg, der nach rechts und links abführte, leicht überschießen konnten.

»Jetzt haben wir ihn!« schrie Wastel auch, als er vorwärtssprang und in die Latschen mit hineinsetzte, – »paß nur da draußen auf, Ragg, daß er nicht über die Lanne springt!«

Aber er kam nicht weiter – ein gellender Schrei tönte plötzlich vom Rand der Klamm herüber, und als wir erschreckt und lautlos anhielten, hörten wir erst unten etwas Hartes gegen die Felsen schlagen, und gleich darauf schallte der Schuß der durch den Sturz losgegangenen Büchse zu uns herauf.

»Gott sei seiner armen Seele gnädig«, sagte der Wastel und drehte sich schaudernd um. Wir beide standen jetzt still und horchten, aber nichts ließ sich hören.

»Ob man wohl hinunter sehen kann?« sagte ich endlich.

»Ich mag's nicht sehn«, meinte der Wastel, »ich hab genug an dem Schuß.«

Ich arbeitete mich jetzt durch die Latschen durch, wo ich gleich vorn den Hut des Wilderers fand. Wie ich aber an den Rand kam, hingen die Zweige tief darüber hinunter, und zwischen der Wurzel der einen bröckelte das Gestein los und stürzte in den Abgrund. Ich stand auf den Zweigen schon über der Tiefe. Es wurde mir unheimlich da draußen, und ich kroch zum Wastel zurück.

»Wollen wir hinunter klettern und nachsehn?« sagte ich endlich.

Der Wastel erwiderte nichts; wir warfen unsere Büchsen über den Rücken und stiegen talab, mußten auch einen großen Umweg machen, um unten hineinzukommen, und es mochte eine Stunde darüber hingegangen sein, ehe wir den Platz erreichten. Indessen hatte es stärker zu schneien angefangen, und der Wind heulte häßlich durch die hohle Klamm. Es war ein gar so fatales Gefühl, da unten nach einem zerschmetterten Menschen zu suchen. Wir hatten ihn aber doch nicht umgebracht, er war selber da hinunter gesprungen, und wenn wir ihn auch dazu getrieben hatten, ei, was zum Teufel hatte er auf fremden Revier zu suchen!

»Da liegt die Büchse«, sagte der Wastel plötzlich. Der Kolben war abgebrochen, und das Gewehr durch den Sturz losgegangen – aber wo war der Wilderer? Nach oben konnte man bis hinauf unter die überhängenden Latschen sehn, an ein Anhalten unterwegs war nicht zu denken, die Wand war dort sogar überhän-

gend, und selbst der Bergstock lag etwa zehn Schritt von der Büchse entfernt – aber kein Blutfleck, auf dem der dünne fallende Schnee in keinem Fall liegen geblieben wäre. Oben durch war er auch nicht gekommen, solange wir oben standen, und wir zerbrachen uns jetzt den Kopf, was aus dem Burschen geworden sein könnte. Gewißheit mußten wir aber darüber haben. Wastel nahm deshalb das zerbrochene Gewehr, ich den Stock, und wir ließen uns die Müh nicht verdrießen und kletterten noch einmal hinauf. Hol's der Deixel, der Vogel war ausgeflogen, und zwar seit wir den Fleck verlassen hatten, denn die ganz frische Spur im Neuschnee ließ auch nicht den mindesten Zweifel darüber. Todesangst mußte er aber in der Zeit, da wir oben suchten, ausgestanden haben, denn wie wir jetzt alles ablegten und vorsichtig dahinauskrochen, woher die Spur kam, fanden wir, daß er die ganze Zeit über, und bis wir fort waren, da draußen über dem Abgrund an den Zweigen des Latschenbusches gehangen haben mußte. Außen an der Wand waren die Spuren seiner Fußspitzen, als er sich wieder hinaufgearbeitet, und wenn einer von den dünnen Zweigen gebrochen oder ihm nur die Hand ausgerutscht oder verkrampft wäre, lag er unten bei seinem Gewehr, den Hals gebrochen.«

Ragg hatte die ganze Geschichte in einem, nur ihm allein von allen Jägern eigentümlichen, schauerlichen Bergdialekt und mit flüsternder Stimme erzählt, wobei man wirklich mit peinlicher Aufmerksamkeit zuhören mußte, um zu verstehen, was er meinte.

»Und habt ihr nie erfahren, wer der Wilderer war?«

Ragg schüttelte den Kopf und meinte, still dabei vor sich hinlachend: »Der ist damals mit ausgerupften Federn davongekommen, wird aber wohl an der Lektion über dem Abgrund genug gehabt haben. Wir haben ihn hier wenigstens nie wieder gespürt. »Übrigens«, setzte er, leise mit dem Finger dabei drohend, hinzu, »wußte er auch wohl warum, und daß wir ihn jetzt kannten. Wo er sich wieder hätt sehn lassen, wär ihm eine Kugel gewiß gewesen.«

Ragg prahlte nicht im mindesten; es herrscht zwischen den Jägern und Wilderern im Gebirge noch ein so romantisches und vollkommen ausgebildetes Faustrecht, wie es sich der Dichter, der die Poesie ganz aus der Wirklichkeit verschwunden wähnt, gar nicht besser wünschen könnte. Wo sich Jäger und Wildschütz im Berg begegnen, ist es zwischen beiden eine Sache auf Tod und Leben, und wer am schnellsten die Büchse an die Backe reißt und den anderen über den Haufen schießt, hat gewonnen. Der Jäger ist allerdings stets im Vorteil, denn er hat das Gesetz auf seiner Seite; draußen auf Gottes freier Alm aber und mit den wilden Bergen um sich her, wo alle Behörden umsonst ersucht werden, dem mit rechtsgültigen Paß Reisenden nötigenfalls Schutz angedeihen zu lassen, hülfe ihm das oft gar wenig, wenn er nicht außer dem Gesetz auch noch die eigene Waffe bei sich führte, mit der er den auf ihn anlegenden Wilderer rasch und für immer unschädlich macht.

Friedrich Gerstäcker, Eine Gemsjagd in Tirol, 1857

Der Hahn vom Schindlgraben

Der Auerhahn balzt!

Wieder kam die frohe Botschaft, Jakl brachte sie, der alte Weidgenosse.

»A guater a no – und balzt wia der Teufl – aber halt grad im Schindlgrabn, keine hundert Schritt von der Grenz, der Sakra! Und der Stefflbauer laßt net aus, kein Morgen net. A Mal steht er doch nüber, nacher habn wir's Nachschaun! I gönn ihn ihm net, dem Bauernspitzbuabn, dem gscheertn.«

»Nachher müssen wir's halt anpacken, Jakl – heut noch. In der Föner Winterstuben über Nacht – gell.«

Der Jakl machte seine bedenkliche Miene. »Paß ma grad halbet!«

»Warum denn grad halbet? Was hast denn schon wieder hintn, du ganz Schlauer du!«

»Wenn er uns halt beikäm, am Weg, der Stefflbauer, er hat ja Holz obn, nacher is er morgn fruah ganz gwiß im Schindlgrabn.«

»No und – was dann –?«

Der Jakl druckte und druckte. »Wegn der Grenz moan i halt – kunnt ja auftreffn, daß der Hahn a bißl drent is.«

»Und du glaubst, daß ich über die Grenz? Jakl, Jakl, das hätt ich von dir lieber nicht – bedenke, daß du die königliche Krone auf dem Hut trägst.«

»Freili, das weiß i ja, aber schauns, ma is halt ungenierter – so moan i.«

»Man ist immer ungeniert, Jakl, wenn man nicht vom Recht weicht«, sagte ich sehr ernsthaft.

Der ehemalige Wilderer guckte aus seinen verschmitzten Augen. »Ganz richti, Herr, fehlt si a nix – i hab grad gmoant – so auf a paar Schritteln kann ma's a net. – I wüßt's glei selber net so gnau – d' Grenz.«

»Das ist dein Fehler, Jakl, du bist verantwortlich dafür.«

Ums Dunkelwerden holte mich der Jakl ab zur Fönerstuben. Der Abend ist ja noch lange genug und der Weg nicht über zwei Stunden.

Ein lauer Abend, »trächtig« ist der rechte Ausdruck. Das Gewölk steht in schweren, grauen Wulsten, wie der Mäher die Garben legt, dazwischen purpurne Streifen. Das Gespitze der Fichten oben auf den Schneiden hebt sich in reinster Klarheit vom Firmament. Sonst alles schwer, verträumt: der schwarze, regungslose Wald, die blauen Felsen in der Ferne, die verdämmernden Wiesen. Die Nacht fällt ein.

Wir finden im Finstern den lang gewohnten Weg. Das Jagdjahr wird besprochen, das heute beginnt: wie's mit den Rehböcken steht, was der Zehner macht auf der Föllalm, ob er wohl schon eingestanden, vom Futterstadl her, in seine alte Heimat.

»Heuer muaß er her, besser wird er nimmer«, meint der Jakl.

»Wenn er nur mag.«

»Er muaß scho, war net aus, unterm Raucheck derschiaßn mir'n –«

Ich höre den Schrei, sehe ihn heraustreten mit dem zottigen Hals.

»Sakra, meiner Seel', jetzt kommt er.« Dem Jakl gab es einen Riß.

»Wer denn?«

»Der Stefflbauer«, flüsterte der Jakl. »Auf an Spielhahn gehn ma – ich bitt Ihna um all's!«

Ein schwerer Mann kam uns entgegen. Das glimmende Feuer eines Pfeifenstummels beleuchtete stoßweise einen schwarzen Bart, eine kräftige Nase, den Stiel einer Axt, um die eine mächtige Faust lag.

»Grüaß di Gott, Stefflbauer! Alleweil no um die Weg?« stellte ihn Jakl.

»Woll, woll, d' Arbeit geht nia aus.« Zwei prüfende Augen schauten auf mich, unter dem breitkrempigen Hut, die zottige Brust war bloß und zeigte die Muskulatur des Bergsohnes. »Hahnei schiaßn?« fragte er anscheinend harmlos.

»Mein Gott – an Spielhahn hätt i halt oben auf der Söldn.«

»An Spielhahn? – Was d' sagst! Ja, ja, is a schön, 's Spielhahnschiaßn.«

»Wenn man kein Auerhahn hat, meinst, Stefflbauer?« sagte ich.

Die Glut in der Pfeife leuchtete von neuem auf. In dem Gesicht lag kein Falsch.

»Das war's weniger – gel, Jakl?« sagte er.

»Is heuer net arg, Stefflbauer, an sichern wüßt i wahrli net z' nenna.«

»I scho – im Schindlgrabn.«

»Grad an der Grenz, gell? – Gmoant hab i letztn Montag, i hätt was ghört«, erklärte Jakl, »aber mei, was willst da machn, wenn d' nacher an Herrn dabei hast, balzt's Luad'r gwiß drentern Grabn, nacher stehst da – saudumm!«

»Ganz richti«, erwiderte der Bauer, »und gehst a Schrittl umi – nacher is glei der größte Verdruß. Da bal d' mir kommst! Wegn so an Vogel Feindschaft und alls, koan Roß bracht mi nauf.«

»Mi a net, koan Roß«, entgegnete der Jakl.

»Und darüber stirbt der Hahn aus Altersschwäche.«

»Leider Gott, da kannst nix machn«, meinte der Stefflbauer.

Diese Verbohrtheit ärgerte mich. »Ja, warum denn nicht? Man einigt sich einfach.«

Der Jakl gab mir einen festen Stoß.

»Ah, so moanst d' – no nacher kimmst halt amal.«

»Glei morgn, Stefflbauer«, höhnte der Jakl, sichtlich empört über die Unverschämtheit des Bauern.

»Guat, nacher erwart i enk dahoam, am Ruckweg. Is eh Sonntag, nacher gehn mir glei in die Kirchn mitanander«, erwiderte scheinbar harmlos der Stefflbauer. »Guat Nacht wünsch i, und schaut's, daß euern Spielhahn schiaßt's.«

Der Jakl wollte ihm noch etwas nachrufen, ich hielt ihn ab.

»So an Tropf schaug an, so an unverschämtn! Na wart!« drohte er ihm nach. »I werd mi scho no einign mit dir.«

So viel war gewiß, abgesehen vom Sonntag, der Stefflbauer ist morgen nicht im Schindlgraben, und im Grunde genommen hatte der Jakl ja recht, es ist nicht angenehm, einen um die Wege zu wissen. Und wenn wir den Hahn auf so hinterlistige Weise schießen? Dann gehört ihm nicht mehr für seine Unverschämtheit, denn das war's, da hatte er wieder recht, der Jakl.

In der Söldenstuben tafelten die Holzknechte. Die Schmalzpfannen brodelten, die Preßknödeln pfiffen! In der Ecke spielte ein Bürschl die Ziehharmonika, Samstagabendstimmung herrschte.

»Nix ghört, nix gsehn?« fragte Jakl den Altknecht.

»Woll – heut fruah – auf der Stefflbauerseitn, net an der Grenz! Derft's euch scho schleuna.«

»'s Dudeln hör auf, Mensch!« brüllte der Jakl den Harmonikaspieler an in seinem Ärger.

»Was schleuna! Warum schleuna? Der Hahn ghört uns, im Königlichen hat er sein Balzplatz, solang i denk – is halt mal ummigstanden – oder woaßt du's besser?«

»Ja, i – i woaß gar nix, Herr Jagdghilf – grad was i ghört hab.«

»Nacher red net so dumm daher. Schleuna! Wenn der Hahn königli is, hab i mi da no z'schleuna – wegn so an Bauernjager.«

Ich brach den unerquicklichen Streit ab, reichte Zigarren und ließ den Burschen von neuem aufspielen. Jakl bereitete nun für alle Fälle einen neuen Entschuldigungsgrund vor, indem er den Hahn zum königlichen stempelte. Ehrlich gesagt, neigte ich mich bereits auf seine Seite.

Der Föhn brummelte in den Fichten. Stockfinster war's. Jakl mit der Laterne voraus, deren Lichtkreis im wechselvollen Spiel die Wunder des Waldes hervorhob, phantastisches Wurzelwerk, sich reckende Arme, fratzenhafte Gesichter, leuchtende Säulen, den Gischt der Fälle, die rieselnden Wasser des Frühlings. Bedrückende Schwüle herrschte, die Angst des Werdens ging durch den Wald.

Wir sprachen kein Wort. Wir machten einen weiten Bogen, um dem Hahn von oben beizukommen. Endlich hatten wir die Schneid erreicht. Leise glomm der Tag herauf im Osten, die schwarzen Waldberge trennten sich schon vom bewölkten Firmament.

Wir standen still, atmeten lange aus, lauschten vorgebeugt. Ein leiser Regen fiel. Da ist es nur dem ganz Geübten möglich, den Hahn zu hören. Die Phantasie treibt mit dem fallenden Tropfen, den rieselnden Wassern ihr loses Spiel.

Jetzt war es Zeit, eine Drossel präludierte bereits, noch traumverloren.

»Der Sauwind, der verdrahte!« schimpfte Jakl.

Aber jetzt! – Ein silberner Ton, so leise, daß er kaum das Ohr berührte.

Tek! Tek!

»Sakra!« Der Jakl schüttelte nur verzweifelt den Kopf. »Was hab i gsagt – drent balzt er – was is jetzt?«

Er sah mich fragend an. Ich schwieg. Der Hahn kam in hellen Eifer, Schnakl auf Schnakl – eine wahre Lust!

»Ja, bsinna derfn ma uns net z'lang.«

»Ich besinn mich ja gar nicht, Jakl.«

»Also spring man an.«

»Wildern, auf deutsch.«

»Wildern! So was! Moanst epa, der Stefflbauer tät si bsinna?«

»Dann tät er eben auch wildern, das ist kein Grund für mich, außerdem – wenn er drüben steht.«

»Nacher tät er scho lang schiaßn.«

Wie sie heraufstieg in mir, die Versuchung! Da kann man wieder sehen, wie weit man entfernt ist von allem Bösen, eine schmale Ritze, die lediglich mit anerzogenen Werten ausgefüllt ist, egoistischen Bedenklichkeiten und Furchten.

Jakl durchschaute mich und drängte weiter.

»Gibt's ja gar net, der Stefflbauer am Sonntag.«

Und der Hahn schnakelte weiter. Schon sprang ich vor, am Rand des Grabens, die Leidenschaft erfaßte mich – da brach der Hahn plötzlich ab – ein Flutschen und Rauschen, dann ein Schwingensausen dicht über uns und der wohlbekannte nervenerschütternde Plumps!

Der Hahn hatte sich auf unsere Seite eingeschwungen.

»Jetza!« flüsterte Jakl, und ich atmete erleichtert auf.

»Was seltsam's. Grad mitten im besten Balz – grad als wenn –«

Ich hörte nicht auf ihn. Der Hahn balzte mit neuer Lust, auf dem Buchenast über uns, wie mir schien. In fünf Minuten war Schußlicht und keine Zeit zu verlieren. Ich sprang, Jakl mir nach.

Der Hahn setzte wiederholt aus. Es ging langsam. Dort auf dem Buchenast, der schwarze Klumpen – der Hahn! Noch drei Sprünge, dann langt's. Der Ast ragte frei in die graue Luft. Nur noch bis zu der Fichte vor, wenn er mich laßt. – Teufl, jetzt bricht er jäh ab. War es unter meinem Stiefel oder anderswo – ein Ast hat gekracht. Der Hahn dreht sich, reckt den Hals, aber kein Laut kommt heraus. Ich bete zu allen Göttern. Die Erregung wird peinlich, das Herz tut weh, und die Augen brennen. Wenn es Suggestion gibt, so muß er noch einmal balzen.

Tek! Tek!

Ich setze den Schuß schon an. – Telek! Telek! – Jetzt ein Tigersprung. – Ich komme an die Fichte, vierzig Schritt vor den Hahn, der den Fächer spreizt. Schon will ich auffahren – da kracht es wieder ober mir im Wald. Ich sehe auf, eine Bewegung trifft mein Auge, eine Gestalt springt unter einer Buche hervor – ich vergesse im starren Schauen Hahn und Schießen.

»Schiaßns do! Der Stefflbauer!« flüstert Jakl.

Der Hahn reckt den Hals, beugt sich über – da kracht mein Schuß. Schwer wie Blei stürzt der Hahn zu Boden. Dann kam blitzschnell die Entwicklung: der Jakl vor im Raubtiersprung. »Halt! Oder i schiaß!« Der Stefflbauer erstarrt vor Schreck.

»Hat's di amal derwischt, Tropf schlechter? Oder kennst epa gar den Schindlgrabn nimm'r. Ja, habts ös

Bauern gar koa Gwissn nimma? Unsereins plagt si und schindt si, und so a Tropf schiaßt einm d' Sach vor der Nasn weg! Aber jetzt bist z' End, Stefflbauer, anzeigt wirst! Ins Königliche gang er so mir nix, dir nix, zum Hahnschiaßn, der Tropf!«

»So red doch, Stefflbauer«, forderte ich den Sprachlosen auf, mich innerlich über Jakls Falschheit ärgernd.

»Was soll i da redn! Versprungn hab ich ihn halt drent – und bin nachi. – Freili, i siechs ja ein, daß net recht is.«

»A wirkli, siechst d's ein?« höhnte der Jakl.

»Aber mein Gott, unsereins is halt so aufgwachsn. – Sie freili, das glaub i scho, Sie tatn so was nia net. Teufl a, tuat's was wollt's, nehmt's mi mit, zeigt's mi an – den Kopf wird's a net kosten – wegn dem Viech da.«

»Den Kopf grad net, aber – d' Jagdkartn kost's«, frotzelte der Jakl.

Es war genug des Leides für den Stefflbauer.

»Jetzt gehen wir halt einmal heim miteinander, das andere wird sich schon finden.«

»Findt si a, da steh i dir guat dafür!« drohte der Jakl, den Hahn aufnehmend, einen Prachtkerl.

Die Wolken hatten sich verzogen, der Wind sich gedreht, ein köstlicher Morgen war angebrochen, der Wald war ein Duft und Sang.

Wir traten den Heimweg an, der Stefflbauer schweren Tritts voran, das Haupt tief gebeugt. Ich war ihm wahrlich Revanche schuldig; wie leicht hätte ich ebenso vor ihm gestanden, wie er eben vor mir. O Richter, Richter, wie schwer ist dein Amt, und wie leicht wird es oft genommen.

»Ich hab dir doch gestern gesagt, ich komm, daß wir uns einigen«, wandte ich mich an ihn. »Hättst ja dann rechtens herübergekonnt.«

»Ja, wenn i net so viel neidi war! Vergunnt hab i 'hn dir net – da hat mi halt der Teufl packt. – Recht gschiecht mir, ganz recht.«

»Baldst es nur einsiechst«, meinte Jakl.

Der Stefflbauernhof lag inmitten der saftigen Gründe. Der Fußweg führte gerade daran vorüber.

»Geh nur eina und ziach di um, wir wartn scho auf di!« sagte der Jakl.

Der Stefflbauer drehte sich erschrocken um und sah mich an. »Ja, Herr, es werd's mi do net – vor alle Leut – wia an Lumpn.« Die Tränen traten ihm fast in die Augen.

»Du willst doch mit uns gehen in den Gottesdienst? Hast gestern net so gsagt?« fragte ich ihn.

»Ja – Gottsdienst – gestern.« Er war ganz verwirrt. »Ja so – na so – das hab i gsagt – aber i bitt gar schön, Herr, es werd's ma's net in Übel nehma – aber mir is gar net recht extra – aber es nehmt's ma's net übel – gell?«

Jetzt war es Rest bei mir, die Scham stieg herauf vor dem Mann. »Gar nix nehm ich dir in Übel, Stefflbauer, das heißt, weißt, die Geschichte mit dem Hahn war net recht, der Mensch muß sich bezähmen können

– aber no ja – weil du so aufgwachsen bist – kurz, die Sach bleibt unter uns, Stefflbauer, und wenn wieder einer balzt im Schindlgraben – nacher –«

»Schiaßt's, was wollt's, der Stefflbauer geht koan Schritt mehr danach. Vergelt's Gott, sag i halt – i bin halt a Bauer, und ös seid's a Herr, da schaugt si alls anders an.«

»A d' Lumperei moanst«, konnte sich der Jakl, sichtlich verdrossen über den friedlichen Ausgang, nicht versagen.

»Ganz richti, Jakl, sonst hättns di net zum Jager gmacht.«

Der Stefflbauer führte den wohlgezielten Hieb schon unter der Haustür. Jakls Kosenamen trafen nur diese.

»Wia könn'ns denn den Erzgauner nur so durchschlupfn lassn?« fragte er mich ganz entrüstet.

Ich sah ihn prüfend an. »Gar kein Schamgefühl, Jakl? Verstehst mich nicht?«

»I versteh Ihna scho – ganz guat – aber mein Gott – unsereins is halt a so aufgwachsn.«

Da war ich zum zweitenmal entwaffnet. Ich war nicht so aufgewachsen – und doch – doch! Dreifache Schuld wälzte sich auf mein Haupt. Vor mir auf dem Rücken Jakls blickte das Hahnenauge unter der roten Rose so seltsam spöttisch auf mich – Erzgauner seid ihr alle, Bauern und Herren, Schützen und Jäger – ehrlich sind nur wir, wir Tiere des Waldes.

Anton Freiherr von Perfall

Die Memoiren eines Tiroler Wildschützen

Die Ortschaft Eben, unfern des Achensees, Begräbnisstätte der heiligen Notburga, ist mein Geburtsort, wo ich am 17. Jänner 1818 das Licht der Welt erblickte.

Meine Eltern Johann Steger und Katharina, geborene Krippl, besaßen ein kleines Anwesen, brachten im ganzen acht Kinder zusammen, von denen ich das drittälteste war. Das Anwesen konnte eine so große Familie nicht ernähren, der Vater war jedoch auch Zimmermann und war bestrebt, auch durch dieses Handwerk die Familie zu erhalten. Bis in mein zehntes Lebensjahr wuchs ich im elterlichen Hause auf und besuchte bloß durch vier Winter die Dorfschule, daher es erklärlich ist, daß ich wenig erlernen konnte.

Schon in diesen Kinderjahren regte sich in mir die Lust, aus Ton zu gestalten. In der Nähe des elterlichen Hauses befand sich eine Wassergrube, an deren Wand sich eine tonartige Erde ansetzte. Als Knabe von fünf oder sechs Jahren war diese Grube mein Lieblingsspielplatz. Freilich mußte meine Hose, meine unbeschuhten Füße, Arme und Hemd die Spuren von diesen Arbeiten ertragen. Nicht selten holte mich meine Mutter von meinem Lieblingsplatze, und böse Worte und Schläge waren der Lohn meiner Versuche. Dessen ungeachtet betrachtete auch meine Mutter manchmal meine kindlichen Schöpfungen mit Lächeln und Wohlgefallen, denn ich formte Berge, Almhütten, Hirten, Kühe, Schafe und Ziegen, auch Gemsen und Hirsche und schuf in der Nähe meiner Grube eine förmliche Alpe und teilweise Wildnis. Mir war alles verständlich, muß aber bezweifeln, ob ein Naturkundiger alles ohne Erklärung verstanden haben würde. Wie oft denke ich noch an diese glückliche Kinderzeit zurück, wo ich bei diesen meinen Kinderspielen Hunger und Durst vergessen habe. Zur Winterszeit versetzte ich meine künstlerische Tätigkeit in die Küche, da meine Grube zugefroren und unter dem Schnee lagerte, zwackte der Mutter, wenn sie kochte, von dem Teig und formte Hasen und Füchse und ließ diese am Feuer auf der Herdplatte backen. Selten ging ich in die Schule, ohne daß ich einen Fuchs oder Hasen in der Tasche hatte. Ich verteilte ein oder das andere dieser Kunstprodukte an meine Schulkameraden. Diese bewunderten nicht lange mein Künstlertalent, sondern bissen meinen Hasen und Füchsen die Köpfe ab und aßen sie dann ganz auf. Auch in der Schule hat mir mein Kunstsinn nicht mehr als Schläge eingetragen.

Einmal nahm ich einen etwas größeren Teigfuchs in der Tasche in die Schule mit, ich ließ ihn aus der Tasche absichtlich hervorschauen, zeigte ihn dann auch dahin und dorthin, ohne daß der Lehrer es bemerkte. Nun entstand Gelächter in meiner nächsten Umgebung. Die Lacher wurden vom Lehrer zur Rede gestellt, mein Fuchs und ich wurden entdeckt. Ersterer wurde fiskalisiert und mir mein Rock am Leibe ordentlich ausgeklopft.

Ach meine verlorenen Jugendjahre! Hätte mir der Lehrer, statt mich zu klopfen, oder ein anderer gesagt, wie ein Fuchs zu machen sei, daß man früher gelernt haben müsse, einen zu zeichnen, oder hätte mir nur jemand einen Bleistift gegeben, um mich zu versuchen, einen zu zeichnen, so wären meine Jugendjahre vielleicht nicht verloren gewesen, und ich wäre nicht erst nach Jahren in der traurigsten Lage bei Anfertigung von hölzernen Löffeln darauf verfallen, Bildschnitzer zu werden. Mein Schicksal aber war ganz anders bestimmt.

Nachdem ich nach vier Wintern aus der ärmlichen Schule getreten, schickte mich mein Vater nach Bayern zu einem Bauern als Hirtenbub. Die Eltern, die die kleine Ökonomie aus ihren Ersparnissen gekauft hatten, hausten schwer. Es waren unserer zuviel Kinder, die in die Schüssel langten, und noch kleinere als ich. Sie waren daher gezwungen, so früh als möglich die Esser am Tisch zu vermindern, und zum Viehhüten war ich schon brauchbar.

In Bayern blieb ich nur ein Jahr. Ich sehnte mich

nach der Heimat und wollte lieber hier in einen Dienst treten. Ich diente nun in der Heimat durch fünf Jahre bei einem Bauern, dann durch zwei Jahre bei einem anderen Bauern als Knecht zur vollen Zufriedenheit meiner Dienstgeber. Jetzt trat für mich eine andere Lebensperiode ein, wodurch mein nachfolgendes Schicksal bestimmt wurde. In dem Riß- und Bächental finden viele Holzknechte in der Holzarbeit Verdienst. Ich und mein Bruder gingen auch in die Holzarbeit, die sehr viel Schweiß kostete. Während dieser mehrjährigen Arbeit kam ich mit Leuten aus der Scharnitz in Berührung, deren Hauptgeschäft schwärzen (schmuggeln) war und wohl auch Diebstahl. Diese Vergehen wurden vom Bauernvolk nicht streng verurteilt. Man konnte sich nicht erklären, warum es verboten sein soll, Waren aus dem Ausland herbeizuliefern, wenn diese dort wohlfeiler zu haben sind. Die Jagd war vor dem Jahre 1848 in den meisten Gemeinden den Gemeindemitgliedern freigegeben, und wo dies nicht der Fall war, wurde das Jagdrecht eines einzelnen gegenüber den freien Gemeinden als eine Ungerechtigkeit angesehen. Man machte sich daher aus dem Wilddiebstahl nicht viel und betrachtete diesen lange nicht wie einen anderen Diebstahl. Auch ich rechnete den Wilddiebstahl und das Schwärzen nicht zu den Verbrechen. Ich schloß mich daher den Scharnitzern an, betrieb aber den Wilddiebstahl und das Schwärzen größtenteils auf eigene Rechnung und erlangte eine ziemliche Gewandtheit.

Den Jägern blieb ich ein Feind, weil ich sie um ihr schönes Leben beneidete. Die waren in der Lage, die gangbarsten Wege zu betreten, konnten ausruhen und sich gütlich tun, wo es ihnen gefiel. Zur Hegezeit konnten sie herumlungern, wo es ihnen beliebte; es war ihnen gegönnt, von den höchsten Berggipfeln im freundlichen Sonnenschein und in der reinen Luft, in den blauen Himmel und in die schöne weite Welt hinauszublicken. Deshalb hatte ich meine Freude daran, ihnen hie und da einen Possen zu spielen.

Einmal erlegte ich einen Hirschen und zwar einen Zwölfender. Bevor ich zur Sicherung meiner Beute schritt, wollte ich mich versichern, ob kein Jäger um die Wege sei. In geduckter Stellung spürte ich herum, und richtig wurde ich eines Jägers ansichtig. Ob dieser meinen Schuß fallen gehört hat oder nicht, das kann ich nicht sagen. Ich aber eilte geduckt bergabwärts in das Tal, machte im Tal absichtlich meine Fußspuren im weichen Lehmboden ersichtlich und lief die andere bewaldete Berghöhe hinauf und machte einen Lockschuß, nahm dann Reißaus und ging auf einem Umweg dem Lagerplatz meines Hirschen zu, hielt jedoch in einem Versteck an, um zu beobachten, ob der Lockschuß seine Wirkung getan habe. Es dauerte nicht lange, da erschien der Jäger unten im Tal und noch ein zweiter, und ich hörte den einen zum anderen sagen: »Da habe ich die Fährte!« Er bemerkte nämlich meine Fußspuren.

Ich überließ es nun den gefoppten Jägern, an der Stelle, wo ich den Lockschuß abfeuerte, den Tatbestand in Augenschein zu nehmen, und machte mich daran, in Ruhe und ohne Gefahr meinen Hirschen aufzubrechen.

Ein anderes Mal entdeckte ich zwei Jager auf einer hohen Bergspitze lagernd, wo sie mit ihren Fernrohren weit in die Welt ausschauten. Neidisch konnte ich ihnen den Genuß nicht gönnen und dachte: Diese Männer müssen mir bald herunter! Ich stand tief im Tal und ging in eine Moospfütze, machte absichtlich meine Fußspuren in den weichen Boden und selbst in das trügerische Moos hinein und wieder zurück, feuerte dann den Lockschuß ab und ging schnell über harte Stellen, wo keine Schuheindrücke zurückblieben, aus dem Bereich der Pfütze und beobachtete aus der Ferne, wie bald die Jäger kommen würden.

Es dauerte in der Tat nicht lange, und beide erschienen an der Pfütze. Wie mir das Herz lachte, als ich ihnen durch das Fernrohr zuschaute, wie sie meine Spuren beschnuferten, wie sich einer in der Hitze in

Saumpferd an der Benediktenwand. Von Fr. Voltz.

das Moos wagte und bis an den Bauch in den Morast hinabsank, so daß ihm sein Kamerad heraushelfen mußte.

Ich war zu weit entfernt, um die Flüche der Jäger zu hören, und ging befriedigt, daß mir der Spaß gelungen, weiter. An demselben Tage wurde noch ein Gemsbock mein eigen.

Oh, die Jagd bringt Freuden wie kein anderes Geschäft, wenn man jung und stark ist. Es wächst einem der Mut, und selbst die größten Gefahren reizen nur an, sie zu überwinden. Bisher war ich glücklich durchgekommen, und da es bekannt wurde, daß ich ein guter Jäger sei, wurde mir bald eine Jägerstelle bei dem Fürsten Lauingen angetragen. Nun war es mir freigestellt, dasjenige Leben zu wählen, um das ich andere beneidete.

Ich nahm die Jägerstelle nicht an. Ich hatte nämlich eine Geliebte, eine Bauerntochter aus Fischl, und diese wußte mich zu überreden, die Stelle nicht anzunehmen. Als angestellter Jäger würde mir nicht erlaubt worden sein, meine Liebschaft zu unterhalten oder meine Geliebte zu heiraten, obwohl ich sie in meiner damaligen Lage nicht heiraten konnte. Das Heiraten geht in Tirol für nicht angesessene Leute sehr schwer an: die seßhaften Bauern betrachten das Heiraten als ein Privileg für sich. Taglöhner und dergleichen Leute erhalten von der Gemeinde keine Ehebewilligung.

Meine Eltern hatten unterdessen das Anwesen verkauft und zogen nach Brandenberg im Gerichtsbezirk Rattenberg. Ich aber blieb in Eben zurück, und mein Hauptgeschäft war die Holzarbeit. Ein halbes Jahr darauf, nachdem ich die Jägerstelle abgelehnt hatte, eröffnete mir meine Geliebte, daß sie von mir schwanger sei. Ich erschrak, und sie wußte sich gar nicht darein zu schicken. Um keinen Preis wollte sie ihren Eltern ihren Zustand eröffnen, sie fürchtete sich vor der Schande und sprach schon davon, in das Wasser zu laufen.

Ich versuchte vergebens sie zu trösten, ich sann Tag und Nacht nach, was ich mit ihr zu beginnen habe, endlich kam mir der Gedanke, sie im Wald zu verbergen und dort ihre Entbindung abzuwarten. Sie war damit einverstanden.

Ich brachte sie in eine Wildnis des Bächentals. Es wurde nun ein Brief für meine Geliebte besorgt, in einer entfernten Ortschaft der Post mit der Adresse an ihren Vater übergeben. In diesem war geschrieben, daß sie vom Hause weg sei, um in einen Dienst zu gehen, und diesen Dienst habe sie nun gefunden, die Eltern sollten wegen ihr unbesorgt sein.

Es war bereits der Herbst eingetreten, und ich sah mit unsäglicher Sorge und Angst der Entbindung, die erst in drei Monaten eintreten sollte, entgegen. Sie aber hatte keine Sorge, da sie sich nun geborgen sah. Wir kamen überein, das Kind zu gutstehenden Bauersleuten, nämlich einem älteren ledigen Mann, der mit zwei Schwestern hauste, hinzutragen. Dort würde es ganz gut aufgehoben sein. Wir lebten nun in der Wildnis in einer elenden Rindenhütte, die ich soviel wie möglich gegen die Kälte sicherte, und harrten der Entbindung entgegen. Den Unterhalt und die Lebensmittel schaffte ich herbei, er bestand größtenteils aus dem von mir erlegten Wild.

Kurz vor Weihnachten wurde meine Geliebte von einem starken, gesunden Knaben entbunden (des Jahres 1843). Ich leistete ihr Beistand, und sie selbst hatte auch schon Erfahrung über diese Fälle, wie dies auf dem Land bei Frauen in der Regel der Fall ist. Nach drei Tagen nahm ich das Kind, versorgte es wegen der Kälte wohl mit Einhüllungen und trug es über Berg und Tal einen sechs Stunden weiten Weg zu den oben erwähnten Bauersleuten.

Im Hause zur ebenen Erde befand sich eine mir bekannte Schlafkammer, und da legte ich, es war Nacht, den Knaben zum Fenster hinein. Kaum getan, fing er fürchterlich zu schreien an. Ich entfernte mich eine kleine Strecke, wobei ich öfters umsah, was im

Hause vorging. Aber gleich sah ich im Hause Licht erscheinen und beobachtete, wie die Leute das Kind zu sich nahmen. Dann ging ich freilich mit frohem Herzen, aber doch auch mit Schmerzen meiner Wöchnerin zu, die mit Starkmut meiner Rückkunft harrte. Ich traf sie gesund an und erzählte ihr von meinem Erfolg.

Nun aber, da wir kein Kind mehr hatten, fühlten wir erst recht unsere elende Lage und unsere Armut, die uns genötigt hatte, das Kind wegzugeben. Wir jammerten beide und weinten und fühlten Reue über den Entschluß, das Kind weggegeben zu haben. Hätten wir das Kind noch gehabt, wir hätten den ganzen Winter in der Wildnis ausgehalten, nun aber wurde unsere Lage so einsam und erdrückend, daß wir es nicht mehr aushalten konnten. Schon nach sechs Tagen kehrten wir in die Heimat zurück. Ungeachtet der seit der Entbindung verflossenen kurzen Zeit hat sich meine Geliebte auf diesem Gang tapfer gehalten und überstand Kälte und Schnee.

Der Ziehvater meines Sohnes und dessen Schwestern hatten die größte Freude an ihm, erzogen ihn christlich. Herangewachsen, unterstützte er sie in der Bauernwirtschaft, und nachdem der Ziehvater gestorben war, stand er selbst der Wirtschaft vor, und nach Ableben der beiden Schwestern erbte er das ganze Bauerngut. Er ist jetzt 31 Jahre alt und selbst Vater, glücklich, fleißig, brav und allgemein geachtet. Mich ehrt er und kennt mich als seinen Vater ebenso an, als wenn ich sein ehelicher Vater wäre. In dem Glücke meines Sohnes finde ich vielen Trost. Denn wenn die Dinge auch anders gekommen wären, als sie gekommen sind, und meine Geliebte und ich das Kind aufgezogen hätten, so hätte er das Glück nicht gefunden, dessen er sich jetzt erfreut.

Ich blieb nun in Eben, beschäftigte mich mit der Holzarbeit und nebenbei mit der Wildjägerei. Obwohl ich kein Freund der angestellten Jäger war, war ich vorzüglich darauf bedacht, sie durch List zu täuschen, aber Gewalttätigkeiten gegen sie auszuüben oder mich zu widersetzen, kam mir nie in den Sinn. Ich war nie so tief gesunken, daß ich gegen einen Jäger, wäre es auch der Selbstverteidigung wegen gewesen, ein Gewehr angeschlagen haben würde. Deshalb gelang es den Jägern auch, mich zu betreten und einzufangen.

Ich wurde dem Gericht eingeliefert und ziemlich streng behandelt. Ich leugnete verwegen, und man brachte nichts aus mir heraus. Dessen ungeachtet wurde ich zur weiteren Untersuchung an das Stadt- und Landesgericht Innsbruck abgeliefert. Dort führte die weitere Untersuchung der Landrat Waldoner, ein guter Herr. Der machte mich weich, und ich gestand alles. Auch die Weglegung des Kindes kam zur Sprache, und auch meine Geliebte wurde der Untersuchung unterzogen. Dies war im Jahre 1843. Das Urteil lautete gegen mich auf sechs Monate, gegen meine Geliebte auf ein Monat Kerker.

Nun saß ich als Sträfling im Kräuterhaus in Innsbruck und verstand von keiner Beschäftigung etwas als von der Holzarbeit und der Wildjägerei. Es wurde mir ein Spinnrad vorgesetzt, und ich sollte spinnen lernen. Ach Gott, wie paßten ich und das Spinnrad zusammen! Ich muß heute noch lachen, wenn ich daran denke, wie ich langer, starker Mensch vor dem Spinnrad saß und den Rücken krümmte. Das Spinnrad wollte gar nicht angehen. Endlich ging es doch, da ich entdeckt hatte, daß ich mir das nicht brauchbare Spinnrad zusammenrichten mußte, was ich zur Zufriedenheit des Kerkermeisters ausführte, der daher vermutete, daß ich auch mit Schnitzen umgehen könnte. Ich mußte mehrere Spinnräder reparieren und auch hölzerne Löffel anfertigen, eine Arbeit, die mir leicht von Händen ging.

Ich bekam nun Bleistift, und auch Papier wußte ich mir zu verschaffen. Ich fing so nach und nach an, mich im Zeichnen zu üben. Die Strafdauer war mir nicht mehr so lästig und war endlich überstanden.

Nach meiner Entlassung eilte ich nach Eben, ich hatte aber dort nichts mehr zu suchen. Meine Geliebte traf ich nicht mehr dort; aus Scham war sie nach Bayern gegangen, trat dort in einen Dienst, verheiratete sich in der Folge und blieb für immer dort. Ich habe sie später noch einmal gesprochen, es geht ihr gut. Ich zweifle aber nicht, daß sie manchmal an die Rindenhütte in der Wildnis denkt. Mich drückte gleichfalls die Scham wegen der erlittenen Strafe, wollte mich in Eben nicht von den Leuten darum anschauen lassen, holte dort meine zurückgelassenen Kleider ab und verfügte mich weiter nach Unterinntal. Zum Glück hatte ich über ein elterliches Erbe von 150 Gulden zu verfügen.

Ich begab mich ins Brixental und fand in der Glashütte des Fr. Friedrich bei Hopfgarten als Holzknecht Arbeit. Obwohl ich spürte, daß das Spinnen und Löffelschnitzen im Kräuterhaus nicht dazu beigetragen hatten, mir die Kraft meiner Arme zu erhalten, verlor ich den Mut nicht. Nun erfragte ich aber, daß in Hopfgarten ein Bildhauer, der zugleich Maler war, wohne, und faßte gleich den Gedanken, bei ihm die Bildhauerei zu erlernen. Der Bildhauer Johann Fuchs nahm mich auf. Ich mußte zeichnen, dann modellieren und endlich begann ich zu schnitzen. Fuchs war mit mir zufrieden, und nach Verlauf von dreizehn Monaten wanderte ich nach München, um mehr zu sehen und zu erlernen. Von einer Aufnahme als Schüler in die Akademie konnte keine Rede sein. Ich schnitzte Kruzefixe und Madonnen und Statuen zum Verkauf, denn mein kleines Erbteil war schon aufgebraucht. Ich faßte den Mut, dem Herrn Professor Schwanthaler meine Arbeiten zu zeigen. Er nahm es nicht ungnädig auf und erlaubte mir, ihm meine Arbeiten weiter vorzeigen zu dürfen. Ich tat es, er korrigierte und gab mir weitere Anleitung und unterstützte mich. Dieser Herr war mein größter Wohltäter. Ich war unverdrossen und bemüht, zu lernen, und das Versäumte nachzuholen, da ich nur zu gut einsah, daß die Jugendzeit für mich unwiederbringlich verloren war.

Zwei Jahre war ich in München, nun aber kam der Tumult des Jahres 1848. Mich ekelte das Treiben und das Geschrei der Friedensstörer. Wo Krieg und Aufruhr herrscht, da findet die Kunst keinen Platz. Ich verließ deshalb München, wanderte in mein Vaterland und nahm zunächst meinen Aufenthalt in Brandenberg, wo meine Eltern begraben liegen. Ich beschäftigte mich hauptsächlich mit Anfertigung von Tierköpfen und Kruzifixen; dann auch, auf Bestellung, von Madonnen und Christusstatuen in Lebensgröße. Der Aufenthalt in Brandenberg wurde mir lästig, denn mein Vorleben wurde dort bekannt, und ich fürchtete, daß mir deshalb gelegentlich ein Vorwurf gemacht werden könnte. Ich zog daher nach Rattenberg und setzte meine Arbeiten fort. Ich hatte noch keinen bestimmten Entschluß gefaßt, ob ich in meinem Vaterland bleiben oder wieder nach München oder anderswo hingehen sollte.

Ich machte eine Wallfahrt auf den Tummelplatz, das ist ein alter Militärgottesacker auf der südlichen Anhöhe zwischen Innsbruck und Amras, der von frommen Gläubigen häufig besucht wird. Ich dankte dem lieben Herrgott, daß er mir in den Sinn gegeben hatte, die Bildhauerei zu erlernen, und betete, mich zu erleuchten, ob ich in Tirol bleiben oder fortreisen sollte. Aus Dankbarkeit fertigte ich eine lebensgroße Christusstatue an, die heute noch dort steht. Ich ging nach München, um mich umzusehen, kehrte aber gleich zurück. Auf dieser Reise habe ich sämtliche Papiere und Dokumente verloren. Den Verlust bemerkte ich erst nach meiner Ankunft zu Hause. Es war dies im Jahre 1851.

Am Tage nach meiner Ankunft kam zu mir der Jäger Lambert des Grafen Franz von Enzenberg, ersuchte mich, zu seinem Herrn zu kommen, der für mich Arbeit habe. Nun wurde ich mit dem Herrn Grafen bekannt, und ich erwarb mir an ihm einen beständigen Gönner nicht bloß des Erwerbes wegen, sondern weil der Herr Graf durch seinen Kunstsinn und reiche Kenntnisse zu meiner weiteren Ausbildung in der Tierbildnerei vieles beigetragen hat. Während der vielen Jahre, die ich bei ihm arbeitete, fand ich in ihm immer einen guten und gnädigen Herrn, der sich durchaus nicht, wie andere böswillige Leute, daran gestoßen hat, daß ich vorbestraft war. Ich lebte nun und arbeitete unter dem Dache des Herrn Grafen. Die vielen Tierköpfe, die den großen Saal Tratzberg zieren, dann die Jägergruppe seiner Majestät des Kaisers Franz Joseph im Jahre 1848, dann den Grafen von Enzenberg und zwei Jäger, darunter den Lambert vorstellend, sind meine Arbeiten. In diese Zeit glaube ich, im Jahre 1856, fällt auch die Anfertigung meines kolossalen Kruzifixes, nun aufgerichtet auf dem neuen Gottesacker in Schwaz. Der Gedanke, dieses Christusbild zu machen, wurde durch folgenden Vorfall in mir lebendig.

Ich wohnte damals im Hause beim Ziegelstadel des Grafen zwischen Schwaz und dem Erbstollen, an der Krase gelegen. Eines Tages, es war Winterszeit, befiel mich in meiner einsamen Wohnung eine sonderbare Schwermut. Ich machte mich abends auf und ging, um eine bessere Laune zu bekommen und um mich aufzuheitern, nach Schwaz in das Kißlingbräuhaus. Dort waren mehrere Gäste, bei denen ich wie ein Fremder Platz nahm. Diese besprachen unter sich, daß sich ein armer Buchbinder aus Not erhängt habe und daß er heute wie ein Vieh verlochert werde. Sie drückten ihr Bedauern über den unglücklichen Mann und über die Behandlung seiner Leiche aus. Auch mir wurde ganz wehmütig ums Herz, und ich dachte mir: Diese Leiche mußt du begleiten, wenn sonst niemand nachgeht. Ich verließ das Gasthaus und begab mich vor das Spital, wo die Leiche war. Bald kamen zwei Männer mit der Leiche aus dem Spital, legten sie auf einen Ziehkarren und fuhren damit dem Friedhof zu. Ich ging hinterher und betete entblößten Hauptes, es war schon lange

dunkel, für den Unglücklichen. Die Männer bemerkten mich, hielten an und fragten mich, was ich da zu tun hätte, sie brauchten niemanden. Ich blieb ein wenig zurück, setzte aber die Begleitung der Leiche fort.

Die Männer hielten noch einmal an und stellten mich zur Rede und hießen mich, aus dem Wege zu gehen. Ich erwiderte ihnen, daß ich für den Unglücklichen bete, der Herr möge ihm ein gnädiges Urteil sprechen.

Sie zogen den Karren weiter und begruben endlich den Sarg an einer abseitigen Stelle des alten Friedhofs.

Als sie sich entfernt hatten, besuchte ich mit wehmütigem Herzen das Grab, das jedoch nicht durch das mindeste Zeichen eines Kreuzes bemerkbar war. Nun dachte ich mir: Ich will auch dir, arme Seele, ein Kreuz machen, das wie auf die übrigen Gräber auch auf das deine schaut.

Auf diese Weise entstand das kolossale Bild des Gekreuzigten. Ich habe viel Zeit und Mühe darauf verwendet. Der Kooperator von Schwaz, dann der Herr Graf selbst leisteten mir jedoch einen Beitrag, damit ich doch einigermaßen Ersatz für meine Arbeit hatte.

Der Herr Graf blieb mir überhaupt fort und fort gewogen. Er gab mir auch in der Folge in der Ruine Kropfberg die Wohnung mit den dabei befindlichen Gründen zum Unterhalt von zwei Kühen in Pacht. Auf dieser Pacht verblieb ich fünf Jahre, die Bewirtschaftung gab mir ein wenig zu schaffen, und damit ich in meinen Bildhauerarbeiten nichts versäumte, stellte ich mir zur Besorgung der Wirtschaft eine Gehilfin, Anna Karthnaller aus Reith, an, mit der ich mich in der Folge verehelichte.

Vor sieben Jahren kaufte ich das kleine Bauernanwesen beim Wurzer in Kasbach, das funf Stuck Großvieh füttert, worauf ich aber wenig Getreide erzielte, und das überhaupt wegen seiner Lage etwas mühevoll zu bewirtschaften ist. Hier hauste ich nun, setzte meine Bildhauerarbeiten fort und unterwarf mich willig den Drangsalen und Prüfungen, die mir der liebe Herrgott zuschickte. Ich habe drei Kinder und zwar Knaben im Alter von neun, sieben und zwei Jahren.

Zur Wiener Ausstellung habe ich auch Arbeiten gesandt, und da sie während der Dauer nicht verkauft worden sind, befinden sie sich noch in Wien, und ihr Schicksal ist mir unbekannt, so daß ich besorge, mit der Beschickung der Weltausstellung mich verrechnet zu haben. Von einem größeren Unglück wurde ich jedoch im Monat November des Jahres 1873 betroffen, denn es starb mein Weib an der Entbindung zum vierten Knaben, und der folgte nach einigen Wochen auch der Mutter in das Grab. Der Tod meines Weibes schnitt eine tiefe Wunde in mein ohnehin zur Schwermut geneigtes Herz.

Wie oft hat sie mich getröstet und mir Mut zugesprochen, den Anfeindungen der Leute auszuweichen. Ohne sie wäre es nicht möglich gewesen, alles zu ertragen.

Der Käsbach gehört zur Gemeinde Jenbach, ich bin also in der Gemeinde ein Fremder gewesen, und die Fremden werden nirgends mit günstigen Augen angesehen. Noch mehr aber ist mein Vorleben und meine Kerkerstrafe den unchristlichen Menschen anstößig. Gerade diejenigen, die sich für die frömmsten und besten Christen halten, wissen am wenigsten von dem wahren Christentum; wenigstens üben sie es nicht. Das zweite Hauptgebot des göttlichen Heilands, »Liebe deinen Nächsten wie dich selbst!« kennen sie nicht und halten es auch nicht. Ich habe meine Strafe gebüßt und bin durch die Strafe zur Besserung gekommen, ich habe auch Entschädigungen geleistet, wo ein Ersatz nicht angesprochen wurde oder dem Beschädigten sein Schaden unbekannt war. Ich habe mein Gewissen, soweit es mir möglich war, vollkommen gereinigt und glaube, schuldfrei in der Welt dastehen zu können. Aber dessen ungeachtet und abgesehen davon, daß das Gesetz mit der Kriminalstrafe für den Gestraften nachteilige Folgen verbindet und dieser bei gerichtlichen Vernehmungen darüber gefragt wird und seine Bestrafung so wieder bekennen muß, schmerzt es mich am meisten, daß die bösen Leute wegen meines Jugendlebens mich schief anschauen und sie in Gesellschaften und bei Gelegenheit hiervon erzählen und dabei die Wahrheit entstellen und übertreiben. Wer weiß, ob nicht meine armen schuldlosen Kinder die Bosheit und Unchristlichkeit der Menschen noch fühlen werden.

Ich könnte mehrere Tatsachen über die Bosheiten der Menschen erzählen, allein ich will lieber schwei-

gen. Wie oft ist in mir der Wunsch laut geworden, anderswo zu leben, und wie oft habe ich ausgerufen: »Wäre ich doch in einem Ort, wo mich niemand kennt, wo niemand von mir etwas weiß und wo mich die bösen Zungen nicht erreichen können. Aber einen solchen Ort aufzusuchen, ist für mich unausführbar. Ich sehe ein, welche Vorbildung erforderlich ist, damit einer ein Künstler wird.

Wenn einer erst im eingetretenen Mannesalter von der Holzhacke und dem Spinnrad weg sich der Kunst in die Arme wirft, so erscheint er wie eine der törichten Jungfrauen, in deren Lampe das Öl schon ausgebrannt ist.

Ich glaube jedoch, den Vorbildern und der Natur so viel abgeschaut zu haben, daß ich mich mit meinen Arbeiten nicht zu schämen brauche, und ich habe mir hierdurch doch einigen Erwerb, wenn auch nicht einen namhaften gesichert und hoffe, auch in Zukunft nicht verdienstlos zu sein und Gönner zu finden, wie ich sie bisher gefunden habe.

Ich verbleibe also vorderhand Besitzer beim Wurzer und sehe standhaft den Prüfungen entgegen, die der liebe Herrgott mir noch weiter schicken wird, unterlasse es aber nie, dem Herrn zu danken, daß er mein Schicksal so leitete, wie es ist, und daß er mir die Gedanken eingegeben hat, mich auf die Bildhauerei zu verlegen.

Handschriftliche Aufzeichnungen eines in den siebziger Jahren des vergangenen Jahrhunderts im Achenseetal ansässigen Tiroler Bauern und Bildschnitzers. Erstmals veröffentlicht 1928 in »Heimatbote vom Isarwinkel«.

Ein steirischer Wildschütz

In einem jener langgestreckten Täler, die sich südöstlich von Aussee zwischen Enns und Mur in die niedrigere Tauernkette hineinziehen, war Johann Wildengruber als der gefährlichste aller Wildschützen bekannt. Man hieß ihn allgemein nur den Schützenhans. Es war ein Bursche von ungefähr vierundzwanzig Jahren, dessen Vater einen ansehnlichen Hof besaß. Zuerst hatte er dem verbotenen Waidwerk aus bloßer Lust sich hingegeben; als er aber, später zum Militär abgestellt, aus Heimweh nach dem liebgewordenen Herumschlendern auf den Bergen, desertierte und darum von allen Seiten in seinen Schlupfwinkeln verfolgt wurde, gestaltete sich für ihn der Aufenthalt in den hohen Einöden zur Notwendigkeit, weil ihn überall der Kerker erwartete und ihm, wenn er diesen nicht wollte, nichts anderes übrigblieb, als seinen Unterhalt mit der Büchse zu suchen. Freilich ging es ihm dabei herzlich schlecht; bei Nacht mußte er meist im Freien unter einem überhängenden Stein oder unter den Legföhren schlafen, und für das Wildpret gab man ihm nur wenige Kreuzer, weil jeder wußte, daß er es unter allen Bedingungen zu verkaufen gezwungen war. Es war nichts Seltenes, daß er einen Rehbock oder eine Geiß um drei Groschen dahingab. Sein Jagdrevier waren die aneinandergrenzenden Besitzungen eines Hüttenwerkbesitzers und eines Fürsten. Der Wildstand beider wurde durch die Ausflüge des Schützenhans arg mitgenommen. Die fürstlichen Jäger und der Hüttenwerkbesitzer gaben sich alle erdenkliche Mühe, den Hans zu erwischen, aber seine Schlauheit machte ihre Versuche zu Schanden, bis ein Zufall ihnen die Mittel an die Hand zu geben schien, nach denen sie vergeblich so lange getrachtet hatten.

Der fürstliche Förster brachte in Erfahrung, daß auf dem Gut des Hüttenwerkbesitzers ein neuer Knecht aufgenommen worden sei, von dem er wußte, daß er bei nicht wenigen Jagdausflügen des Schützenhans dessen Spießgeselle gewesen war. Diesen Burschen von ungefähr dreißig Jahren kannte man in der Gegend unter dem Namen »der Büchler Sepp«. Der Förster zweifelte nicht, daß dem Sepp die Schlupfwinkel seines früheren Genossen wohl bekannt seien. Wenn er ihn auch im Verdacht hatte, daß der jetzige Dienstknecht ein nicht minder verschmitzter Wilddieb sein werde als der frühere Streuner – denn solche Leute suchen die Dienste bei Jagdbesitzern meist nur auf, um ihr Handwerk sicherer betreiben zu können – so deuchte es ihm doch äußerst wahrscheinlich, daß der Sepp der Verlockung einer ansehnlichen Geldbelohnung nicht widerstehen und seinen Kameraden verraten würde. Er teilte seine Absicht dem Hüttenwerkbesitzer mit, der die Hoffnung auf den wahrscheinlichen Erfolg für gerechtfertigt hielt. Sepp wurde herbeigerufen. Man hielt ihm das Register seiner mit dem Schützenhans vollbrachten Sünden vor, verhieß ihm Vergessen und Verzeihen und versprach ihm schließlich eine Belohnung von sechsunddreißig Gulden Silber, wenn er den Hans zur Stelle schaffe.

Sepp besann sich eine Weile.

»Totschießen darfst ihn auch, wenn du willst«, setzte der Förster hinzu.

»Den bring i no heut oder g'wiß morgen«, sagte der Sepp endlich.

Die Sache war demnach beschlossen, und nun ging es an die Ausführung. Um drei Uhr nachmittags wurde der Judas gedungen, um vier Uhr hatte er sich schon auf den Weg gemacht. Er nahm kein Gewehr mit, weil er unbewaffnet dem etwaigen Argwohn des Wildschützen zu entgehen gedachte. Unter einer Wand legte er sich auf den Boden und juchzte in einer Weise, die sie gewohnt waren, wenn sie einander etwas zu sagen hatten. Er lauschte mit angehaltenem Atem, bis der letzte Widerhall verronnen war, und dann noch lange fort, aber er vernahm kein Gegenjuchzen, keine Antwort. Er wiederholte sein Juchzen wohl ein Dutzend Mal, doch es blieb still dort unten – der Schützenhans war auf einem Streifzug abwe-

send, oder es hatte ihn Mißtrauen beschlichen, und er wagte sich nicht aus seinem Versteck hervor.

Allmählich wurde Sepp seiner vergeblichen Versuche überdrüssig. Er mußte an eine Unterkunft für die Nacht denken und wählte dazu die Seethaler-Hütte, wo Lois, seine Braut, Almerin war. Dort schlief er im Heu, bis der erste graue Schimmer über den Jochhöhen dem heraufsteigenden Tag zuvorkam. Dann stieg er die Leiter herab, verließ die Hütte und ging nach dem Graben, um die Lockungen wieder zu versuchen, die ihm gestern mißglückt waren. Kaum war sein Jodler verklungen, als er in der Ferne das Gegenjuchzen vernahm, und bald unterschied sein scharfes Auge einen Kopf, der hinter einem Blocke hervorschaute. Es war der Schützenhans, der vorsichtig auslugte, ob es wirklich sein Freund Sepp sei, der ihn herbeirief.

Dieser stieg ihm nun entgegen und winkte ihm, seine Annäherung zu beschleunigen. Aber der Wildschütze kam nur langsam und mit gespanntem Hahn heran, denn er empfand ein ziemliches Mißtrauen gegen den abtrünnig gewordenen Genossen. Erst als er die Gewißheit besaß, daß dieser keine Waffe bei sich trug, kam er nahe heran und ließ sich in ein Gespräch ein.

Sepp war wohl stärker als der Wildschützenhans, aber das Bewußtsein der niederträchtigen Handlung, die er an ihm zu verüben im Begriff stand, lähmte einen guten Teil seiner Kraft. Er wollte, aber er wagte es nicht – zehnmal war er daran, ihn beim Hals zu fassen und den Gewürgten zu knebeln, aber jedesmal scheute er davor zurück. Er sprach mit dem Wildschützen und sagte ihm, es habe ihm keine Ruhe gelassen, seinen alten Hans wieder einmal zu sehen. Dabei sann er aber nach, wie er den Wilddieb in die Nähe von Menschen bringen möchte, die mit helfen wollten, ihn zu fesseln.

Da fiel es ihm ein, daß heute ein Tag war, an dem viele Menschen nach der Seethaler Alpe kommen würden, um den Rindern Salz zu bringen. Er lockte also den Hans dahin, indem er ihn bat, ihn zu seiner Braut zu begleiten. Nach einigem Zögern willigte dieser ein.

Doch das Schicksal machte es dem Sepp nicht so leicht, seinen Freund zu überlisten. In der Alpe fanden sie niemanden, nicht einmal die Sennerin. Sepp versuchte nun, den Freund hinzuhalten, bis diejenigen kämen, auf die er zählte. In seiner Spannung und Verlegenheit wußte er gar nicht, wie er das anpacken sollte. In der Hütte hing eine schöne silberne Uhr mit Kette, die er der Almerin für den Sommer geliehen hatte. Er zeigte sie dem Wildschützen und prahlte damit. Dann schenkte er ihm einige Gläser Branntwein ein und schickte sich gar an, ihm Alpensäuerling zu kochen, weil er wußte, daß er Hunger litt. Nachdem sich der Wildschütze gesättigt hatte, fing er an, zum Aufbruch zu drängen, denn es kam ihm ein wenig umheimlich vor. Es mußten bald Halter (Senner) kommen, und von diesen wollte und konnte er sich nicht sehen lassen. Da blieb dem Sepp nichts übrig, als den Freund bei seiner schwächsten Seite anzufassen.

»Geh, probieren wir deinen Stutzen ein wenig!« sagte Sepp.

Hans konnte dieser Lockung nicht widerstehen. Sie rissen einige Blätter der fetten rübenähnlichen Pflanze ab, die in allen Mistjauchen vor den Alpenhütten wuchert, hefteten sie an die Pfosten der Hütte und beschossen sie. Bei dieser Gelegenheit bekam Sepp den Stutzen mehrmals in die Hände und konnte sich, wenn er den Mut hätte, seines Freundes bemächtigen. Aber eben dieser fehlte ihm.

Nach einiger Zeit wurde Hans des Schießens überdrüssig und machte sich daran, von dem Gefährten Abschied zu nehmen. Der Sepp stand auf Kohlen, die Leute, auf die er wartete, kamen immer noch nicht, den Wildschützen aber gehen zu lassen und unverrichteter Sache heimzukehren, davor schämte er sich. Voll Ungewißheit und Bangen begann er wirres Zeug zu schwätzen. Aber Hans ließ sich nicht mehr aufhalten. Dem Sepp blieb nichts übrig, als ihn zu begleiten und unterwegs auszusinnen, wie er ihn in die Nähe von anderen Leuten locken und mit deren Hilfe überwältigen könne. So gingen sie schweigend nebeneinander her.

Es war Sonntag. An diesem Tage pflegte der Hüttenwerkbesitzer auf einem benachbarten Bergrücken mit seinen Leuten zu jagen. Auch Sepp beteiligte sich mit dem übrigen Gesinde fast regelmäßig bei diesen Jagden und hatte sogar in der Ebener Hütte sein eigenes Gewehr hängen, ein Überbleibsel aus den Tagen seines Wildschützenlebens. Es kam öfters vor, daß der Herr mit den Knechten in der Ebener Hütte zukehrte, um einen Imbiß zu sich zu nehmen. Die Möglichkeit, daß sich die Gesellschaft eben jetzt droben befinde, kam dem Sepp plötzlich in die Erinnerung, und so suchte er den Wildschützen zu bereden, ihn nach der Hütte hin zu begleiten.

Hans gab noch einmal arglos nach. Er folgte dem hinterlistigen Freunde und wäre wahrscheinlich mit ihm ohne Zögern bis zum Ziel gegangen, wenn nicht plötzlich in dieser Richtung ein Schuß gefallen wäre. Er stutzte, wollte nicht weiter gehen und konnte nur durch Sepps Aussage beruhigt werden, daß ja er selbst hier jagen dürfe, wo er wolle, er solle ihm nur den Stutzen geben, ruhig neben ihm hergehen und sich um nichts kümmern – denn niemand würde ihm etwas antun, wenn er, der Sepp, mit dem Gewehr daneben sei.

Hans war durch den nahen Schuß etwas verwirrt und ging, ohne viel zu überlegen, mit. Mit dem Schuß selbst aber hatte es folgende Bewandtnis.

Der Herr befand sich mit den Knechten in der Tat um jene Zeit auf der Ebener Hütte. Er sah dort Sepps Büchse an einem Nagel hängen und beschloß, ihrem Besitzer einen Possen zu spielen.

»Brenn einer«, sagte er, »den Schuß aus dem Sepp seiner Büchs!«

Es geschah. Diesen Schuß hörten unten die beiden. Sodann lud der Herr die Büchse aufs neue, setzte aber keine Kugel, sondern Sägmehl darauf, damit »es dem Sepp recht staubt, wenn er einmal schießt«. Dann hängte er sie wieder an ihren Ort, und wenige Minuten nachher war die Gesellschaft aufgebrochen, um jenseits der entgegengesetzten Jochhöhe zu jagen.

Als daher Sepp mit seinem Begleiter bei der Hütte ankam, fand er zu seinem großen Ärger niemanden vor. In seiner Verlegenheit griff er wieder zu dem Mittel, allerlei untereinander zu schwätzen. Er schlug dem Hans einen Tausch ihrer Büchsen vor, indem er die seine von der Wand herabnahm.

Dieser aber begnügte sich zu antworten: »Schau, ich kenn dei' Büchs'n, sie ist so viel schlecht, und die mei' ist gut. Du weißt, ich muß davon leben, also schau, ich kann nit tauschen.«

Das weitere Zureden Sepps half nichts. Es war ihm auch in Wirklichkeit gar nicht um das Austauschen der Büchsen, sondern nur darum zu tun, den Wildschützen hinzuhalten, bis ihm jemand zu Hilfe käme. Aber darauf hätte er lange warten können – es verrann eine halbe Stunde um die andere.

Endlich erwuchs dem Sepp ein Verbündeter im Durst seines Gefährten. Der Schützenhans fragte nach Branntwein und gab ihm Veranlassung, den Vorschlag zu einem Gang nach dem Branntweinhäusl, einer Wurzgräber-Hütte, zu machen, die etwa eine halbe Stunde entfernt lag. Allerdings war dort ein kein anderer Mann, als Sepps alter Vater, dem die Hütte gehörte, aber es kam vielleicht zufällig ein Gast hinein – jedenfalls war es eine erwünschte Verzögerung.

In kurzer Zeit traten sie über die Schwelle der Wurzhütte. Der Vater war nicht da, die beiden jüngeren Geschwister, ein Knabe von etwa fünfzehn und ein Mädchen von sechs Jahren hüteten das Haus.

»Moidei, du bringst 'n Branntwein!« befahl Sepp dem Mädchen. Während der Wildschütze verlangend nach dem Glas sah, nahm sein Genosse den Knaben vor die Hütte und sagte zu ihm:

»Jetzt laufst in die Brenner-Alm und sagst den Haltern, sie sollen gach komma. Sie sollen mir helfen, den Hans fangen – ich hab ihn schon in der Hütten. Lauf, was du kannst!«

Der Knabe rannte davon; in demselben Augenblick sah ihn aber Hans zufällig durch eins der kleinen Fenster. Blitzschnell war ihm seine Lage klar. Rasch stand er auf, stürzte den Rest des Branntweins hinunter und ging auf Sepp zu, der neben der Tür stand.

»Also ein solcher Tropf bist du?« lachte er ihn an, »aber wart nur, ihr kriegt mich nimmer!«

Jetzt stand für Sepp alles auf dem Spiel. Dieser Gedanke gab ihm Mut. Mit einem Satz hatte er den Wildschützen gepackt und ihm mit seinen stärkeren Armen das Gewehr aus der Hand gewunden. Hans wehrte sich verzweifelt, aber er wäre sicherlich besiegt worden, wenn er nicht zufällig gerade heute ein Messer in der kleinen Hosentasche stecken gehabt hätte, was sonst nicht zu seiner Ausrüstung gehörte und auch von Sepp vorher nie gesehen worden war. Es gelang ihm, dieses im Griff feststehende Eisen zu fassen. Nun schrie er den Knecht an:

»Laß aus, oder ich schneid dir die Hand ab!«

Sepp trat eingeschüchtert zurück; der Wildschütz benutzte den Augenblick, zu entfliehen, und zwar in solcher Eile, daß er sich nicht einmal nach dem Hut bückte, der im Ringen auf die Erde gefallen war.

Der Verdruß des Knechtes, daß ihm Hans auf diese Weise entkommen war, wurde in etwa durch das Vergnügen an dessen zurückgebliebenem Stutzen gemildert. Er nahm ihn als Beute mit und berichtete am Abend dem Herren über seine Unternehmung, die als teilweise geglückt betrachtet werden konnte, weil der Wildschütz ohne Gewehr fortan unschädlich und es ihm bei seiner Mittellosigkeit wahrscheinlich unmöglich war, sich sobald wieder ein neues zu verschaffen. Der Herr belohnte ihn mit einigen Gulden, und seine Freude war groß.

Das Glück Sepps sollte indessen durch Nachrichten, die drei Tage nachher von den Alpen einliefen, nicht wenig getrübt werden. Folgendes hatte sich zugetragen.

Am Tage nach den erzählten Vorgängen erschien der Schützen-Hans wieder auf der Ebener-Hütte und gab Zeichen der höchsten Bestürzung von sich.

»Aus is, aus is!« rief er ein über das andere Mal, »der Sepp hat sich g'schossen!«

Dann erzählte er der Sennerin, wie er mit Sepp jagern gegangen sei, diesem sich durch einen Zufall das Gewehr entladen und ihn schwer verwundet habe.

»Nimm Weihbrunnen und Essig, daß mer ani kemma!« drängte Hans. Während die Sennerin in das andere Stübchen der Hütte ging, nahm der Wildschütz das Gewehr Sepps, das an der alten Stelle hing, herab und hängte es sich um die Schulter. Der Sennerin fiel das nicht auf; sie hatte gar nicht bemerkt, daß Hans ohne Gewehr gekommen war, und jetzt hinderte sie der Schreck am Sehen und Hören. Endlich hatte sie das Weihwasser in einen kleinen Hafen, den Essig in eine Schüssel gefaßt und folgte Hans. Bald mußten sie über einen Zaun steigen, der die obere Ebener Alpe von dem Wald trennt. Da blieb Hans, wie überrascht, stehen und sagte:

»Du hast ja kein Hadern – lauf zurück!«

Er meinte irgendein Stück Zeug oder Leinwand, womit sie dem Sepp die Essigumschläge machen sollte.

Die Dirne stellte Weihbrunn und Essig auf den Boden und eilte der Hütte zu, so schnell sie konnte. Als sie mit dem Hadern zur Stelle zurückkam, war der Wildschütz verschwunden. Sie suchte und schrie, umsonst – sie mußte einsehen, daß sie zum Besten gehalten worden war. Als sie über die Gründe seines Benehmens nachdachte, fiel ihr Auge in der Hütte auf die Stelle, an der sonst Sepps Gewehr gehangen war – jetzt begriff sie, daß es sich um einen Diebstahl handelte, in dem sie die Rolle der Überlisteten gespielt hatte.

War schon diese Nachricht nicht geeignet, dem Sepp Vergnügen zu machen, so war es noch weniger eine Meldung, die von seiner Braut auf der Seethaler-Alm kam.

Zu dieser war Hans am Abend nach dem gelungenen Streich, durch den er sich wieder in den Besitz einer Büchse gesetzt hatte, gekommen. Es war klarer Mondschein. Er klopfte an ihren Laden und sang:

»Lois, mei Madel, kennst mi nit,
oder is dös vielleicht dei Fensta nit?«

ein Gasselspruch, durch den sich gewöhnlich Sepp Einlaß verschaffte.

Sie öffnete das Fenster und erkannte den Wildschützen.

»Du bist es?« sagte die Dirne.

»I bin's. Aber jetzt sei so gut und sag mir, wieviel Uhr es ist.«

In der Hütte war es finster die Herdflamme längst erloschen. Die Sennerin nahm die ihr von Sepp geliehene Uhr, ging damit ans Fenster und hielt sie in den Mondschein. Während sie ihre Augen in dem flimmernden Licht anstrengte, die Ziffern zu unterscheiden, griff eine gewalttätige Hand in die ihrige: es war Hans, der ihr die Uhr samt Kette entriß und lachend sagte:

»So, jetzt sagst dei'm Sepp, er kriegt sei Büchs'n und seine Uhr, wenn er mir mein Stutzen wiedergibt!«

Und damit schritt er, ohne sich weiter um das Geschrei der Dirne zu kümmern, in die Nacht hinaus.

Hansens Stutzen war hübsch, aber so viel wie der Stutzen des Sepp und seine silberne Uhr und Kette zusammen war er doch nicht wert, der Geschädigte also in Wirklichkeit der Knecht und nicht der Wildschütz.

Tag und Nacht sann nun Sepp nach, wie er sich für die erlittene Niederlage rächen und den Hans verderben könne. Da fiel ihm ein, daß sein Stutzen am Kolben einen Fehler hatte, der mit dem Gebrauch sich wahrscheinlich so vergrößern würde, daß der Hans das Gewehr zum Büchsenmacher geben mußte. Darauf baute er seinen Plan, er reiste zu allen Büchsenmachern im ganzen Umkreis, beschrieb ihnen sein Gewehr und forderte sie auf, den Überbringer anzuhalten.

Hans war zwar aus dem Abenteuer ohne Schlappe hervorgegangen, aber die Geschichte hatte ihm doch allerlei zu denken gegeben. Er sann darüber nach, ob es am Ende nicht doch gescheiter wäre, in einen ordentlichen Bauerndienst zu gehen, als sich wie ein wildes Tier in den Bergen herumhetzen zu lassen. Die Nächte fingen schon an kalt zu werden, und bei der elenden Nahrung, mit der er sich behelfen mußte, wurde ihm der Aufenthalt unter freiem Himmel allmählich unleidlich. Er dachte an einen Vetter, der einige Stunden entfernt einen Hof besaß, der ihn gewiß aufnehmen und so gegen die Verfolgungen, denen er als Wildschütz und Deserteur ausgesetzt war, bergen konnte.

Gedacht, getan. Mit dem Wildstehlen nahm es der Vetter so wenig genau wie andere Bauern der Umgegend, und Hans hütete sich wohl, von seinem anderen Makel, der Fahnenflüchtigkeit, zu sprechen. So arbeitete er in dem versteckten Gebirgshof, schnitt Grummet, drosch und half im Stall aus. Es wäre vielleicht alles auf lange gut gegangen, wenn es ihn nicht an Sonntagen wieder in die Berge hinausgezogen hätte. An solchen Tagen war er wieder der alte, nur daß er das erbeutete Fleisch nicht mehr zu verkaufen brauchte, da er zu Hause seinen reichlichen Unterhalt hatte.

Mit der Zeit aber traten wirklich die von Sepp vorhergesehenen Schäden am Gewehr ein. Da Hans es selbst nicht wagte, sich im Städtchen sehen zu lassen, gab er es seinem Mitknecht, der es zum Ausbessern bringen sollte. Der Büchsenmacher, dem der Knecht das Gewehr übergab, hatte die Warnung noch wohl in Erinnerung. Man holte den Gemeindediener, und der Knecht wurde abgeführt.

Er aber war aus anderem Holze geschnitzt als der

Sepp. Er verweigerte jede Auskunft über das Gewehr und behauptete nur, es sei nicht sein Eigentum. Zufällig wurde er jedoch, als er wieder zum Aktuar ins Verhör geführt werden sollte, von anderen Bauern aus der Gegend, die bei Gericht zu tun hatten, erkannt. Sie nannten den Hof, auf dem er bedienstet war.

Sogleich wurden zwei Finanzwachen hinausgeschickt, um bei dem Knecht, der vorläufig als des Wilddiebstahls verdächtig in Haft blieb, Haussuchung zu halten. Hans stand vor dem Haus und stellte die Wagen zur Feldarbeit zusammen, als er die Soldaten kommen sah. Wie damals im Branntweinhäusl, überschaute er auch hier sofort die Sachlage. Er ließ die Wagen stehen und lief querfeldein davon.

Das Mißverständnis klärte sich bald auf, als die Finanzwachen den Bauern befragten. Man fand in Hansens Nachlaß dreißig Kugeln, Sepps silberne Uhr, große Stücke geräuchertes Wildpretfleisch und ein Petschaft, mit dem er in den Zeiten seines Zusammenlebens mit Sepp diesem und anderen Wildschützen manchmal mit Siegellack Zeichen an bestimmte Bäume gedruckt hatte – Zeichen, die ihre Zusammenkünfte anzudeuten hatten.

Hans war auf und davon. Nach zwei Tagen stand er in Graz vor seinem Obersten und meldete sich als Deserteur.

»Es ist Zeit, Schlingel! Morgen hätte ich dir nicht mehr helfen können!« sagte dieser. Hans machte erstaunte Augen. Allmählich erfuhr er, daß aus Veranlassung eines freudigen Familienereignisses im Kaiserhaus allen Deserteuren des Heeres, die sich bis zu einem bestimmten Tage meldeten, die Strafe nachgesehen worden sei. Er war am Tage vor Ablauf des Termins gekommen.

Nachdem der ehemalige Wildschütz anderthalb Jahre lang zu Mantua in Garnison gestanden hatte, wurde er für immer beurlaubt. Sepp, der mittlerweile der Gegenstand der Verachtung und des Hohns aller Burschen geworden war, war von seinem Herrn davongejagt worden, weil man nach und nach seine Schliche durchschaute.

Hans aber wurde auf Anraten des fürstlichen Försters, da inzwischen über seine früheren Abenteuer Gras gewachsen war, Jagdaufseher in den Wäldern des Hüttenwerkbesitzers, wo er noch heute wacker dem Waidwerk obliegt.

Heinrich Noë, 1876

Das Wildererdrama vom Untersberg

Am 16. Februar 1932 nachmittags fand der Jäger Percht auf einem Dienstgang am Untersberg im Gebiet seines Jagdherrn, Baron M.-Melnhof, die Spuren zweier Männer im Schnee. Diese führten von dem Gebiet um Kohlstadt, das noch in Österreich liegt, über die Grenze nach Bayern. Der Jäger ging den Spuren nach. Gegen 16.45 Uhr hörte er am Tadergraben drei Schüsse fallen. Schneller stieg er weiter und stand bald vor einem blutigen Fleck im Schnee, dabei die aus einem Flobertstutzen abgeschossenen Patronenhülsen. An den weiteren Spuren konnte er feststellen, daß die Wilderer mit dem erlegten Wild abgestiegen waren. Bei der weiteren Verfolgung durch die Hallthurner Wände des Unterberges sah er schließlich an einer steilen Wand die Wilddiebe auf einer Platte unter einer Fichte sitzen und rasten. Als er sich unbemerkt dieser Stelle näherte, waren diese schon wieder im weiteren Abstieg.

Er holte sie ein. Inzwischen war es dämmrig geworden. Fünf Meter hinter ihnen, rief er sie an: »Ablegen! Gewehr weg!« Die Wilderer waren völlig überrascht. Der eine, der sein Gesicht mit einem Katzenfell vermummt hatte, warf im ersten Schrecken den Stutzen weg und ergab sich.

»Seid's gwiß Boarische!« sagte Percht, indem er sich das Gewehr des Burschem umhängte. Der zweite hatte indes gezögert. Als ihn nunmehr der Jäger scharf anrief, riß er den Stutzen hoch, zielte und schoß! Er fehlte. »Wart, Hundsbürschel!« fluchte Percht und fuhr nun selber auf. In diesem Augenblick sprang ihn der erste Wilderer an, um ihn über die Wand hinabzustürzen!

Jäger und Wildschütz fielen zu Boden und rutschten über eine eisüberzogene Platte ab. Im letzten Augenblick konnte sich Percht mit der Linken an einem Latschenast festhalten und sich vor dem Absturz retten. Der Wilderer hielt sich noch eine Sekunde lang an den Füßen des Jägers fest, dann fiel er aus der fast 40 m hohen Wand heraus! Zwei Aufschläge hörte der Jäger noch, dann war alles still...

Jäger Percht befreite sich mit größter Anstrengung aus seiner gefahrvollen Lage und machte sich auf den Heimweg. Der zweite Wilderer war verschwunden. Als sich bei dem kurzen Geräuf aus der Büchse des Jägers ein Schuß löste, hatte er geglaubt, die Kugel gelte ihm, und war geflohen.

Noch am gleichen Abend erstattete Percht Anzeige bei der Gendarmerie. Befragt, auf wen er Verdacht und ob er die beiden Burschen gekannt habe, erklärte er, der Vermummte sei ihm unbekannt geblieben; aber der andere, »für den wüßt i koan Ähnlicheren als wia den Griassa Simerl«.

Der Griesser Simon, ein damals zweiundzwanzigjähriger Bursche aus Großgmain in Österreich, war bekannt als der »Kugeisimei«, dessen Kugel keinen Gams und keinen Hirsch, wohl auch keinen Jäger fehlen würde. Mit Bestimmtheit freilich konnte ihn Jäger Percht nicht als den einen der Täter bezeichnen.

Anderntags begab sich der Jäger zusammen mit einem Gendarmeriebeamten in den Brunngraben. Sie fanden einen Rucksack mit zwei gewilderten Gams, schon eingeschneit den zweiten Flobertstutzen, den der Wildschütz auf seiner Flucht weggeworfen hatte, und eine bunte Wollmütze. Den Abgestürzten fanden sie nicht, wohl aber zeigten ihnen verwehte Spuren, daß er anscheinend nach dem schweren, in 99 von 100 Fällen todbringenden Sturz noch die Kraft gehabt hatte, weiter zu flüchten.

Den Jägern um den Untersberg blieb der Verdacht; die Freunde der beiden Wilderer aber und manch andere aus Gmain und Bischofswiesen kannten die Täter genau. Sie schwiegen. Um die Tat selber, die bald ihren festen Namen »Das Wildererdrama auf dem Untersberg« besaß, rankten sich Gerüchte, und es bildete sich allmählich die übliche Gloriole einer verlogenen Wildererromantik.

Bedächtig arbeitete die österreichische Behörde an

der Untersuchung des Falles. Schließlich, innerhalb Jahresfrist, stand der »Kugeisimei«, Simon Griesser, dann doch vor dem Gericht in Salzburg. Dabei passierte es, daß er im Lauf der Untersuchung ein halbes Geständnis ablegte, eben als der Richter eine Frage an ihn stellte. Das Geständnis wurde überhört und vom Griesser, der es sofort bereute, nicht wiederholt. Er leugnete jede Täterschaft und wurde, nachdem eine Frau aus Bad Reichenhall bezeugte, daß er am 16. Februar bei ihr gewesen sei, freigesprochen.

Einige Zeit später erhielt er die beiden Gewehre vom Gericht zurückgeschickt, war aber selbstverständlich schlau genug, ihre Annahme zu verweigern.

Am Untersberg aber knallten die Stutzen lustiger als zuvor. Der eine der beiden Wilddiebe war beim Sturz aus der Wand des Brunngrabens wie durch ein Wunder mit geringfügigen Verletzungen davongekommen. Er war nach Hause geeilt, hatte hier ein Kaninchen geschlachtet, sich mit Blut beschmiert, die Schrammen verbunden und sich ins Bett gelegt. Der »Kugeisimei« aber war vom Untersberg stehenden Fußes nach Bad Reichenhall gerannt, hatte dort, wie schon oft zuvor, kurz eine ihm bekannte Frau besucht. Dann ging er in eine Wirtschaft zum Eisschießen, wo er, um seinem Alibizeugen die nötige Erinnerungsgabe zu verleihen, das Biermädel grob anfuhr: »No du, kriag i heut koa Bier?«

Den Bettlägerigen aber besuchte am gleichen Abend ein Bursch aus Großgmain. Die beiden waren einander durch manchen gemeinsamen Pirschgang verbunden, und ihm erzählte der Abgestürzte den Hergang des Zusammenstoßes auf dem Untersberg. Es erfuhren noch mehr gute Freunde davon; der eine aber zeigte die Tat an. Die Spezln des »Kugeisimei« behaupteten, er hoffte, dafür selber Jagdaufseher beim Baron M.-Melnhof zu werden. Nach seinen Angaben wurden verhaftet: Simon Griesser und der »Stitz«, der 1903 geborene Stefan Steinbacher aus Feldkirchen bei Hammerau.

Ein ganzes Jahr lang saßen die beiden in Traunstein in Untersuchungshaft und leugneten; ein Jahr lang brachte keiner den anderen auf.

So waren seit der Tat dreieinhalb Jahre vergangen, bis jetzt vor dem Schwurgericht in Traunstein die Verhandlung stattfand.

Die beiden Angeklagten wurden aus der Haft vorgeführt. Wer geglaubt hatte, zwei stämmige Bayernsöhne mit den trutzigkühnen Gesichtern verwegener Wildschützen in den »Wildererkönigen vom Untersberg« zu sehen, der mußte enttäuscht sein. Der »Kugeisimei« und der »Stitz« sind von mittelgroßer, untersetzter Statur, und aus ihren Zügen kann man List und Verschlagenheit lesen. Sie sind wenig bedrückt und glauben wohl, mit einem blauen Auge davonzukommen. Aber niemand ist da, der solche Erwartungen hegt. Der Sommer ist vorbei, und die Gläubigen an »Wildererromantik« sind abgereist. Aber der Zuschauerraum ist voll. Mancher ist gekommen, der von hier eine Lehre mitnehmen möchte.

Die Verhandlung selber beginnt mit einer Überraschung. Die beiden Angeklagten legen ein Geständnis ab: Sie waren die beiden Wilderer, die mit dem Jäger Percht zusammengetroffen sind. Aber von einem Mordversuch könne keine Rede sein; und nur diese schwere Anklage habe sie bestimmt, bisher zu leugnen. »Ich habe nix wie einen Schreckschuß abgegeben!« erklärt Griesser, und Steinbacher erzählt: »Ich hab mich schon ergeben gehabt. Erst wie ich gesehen habe, daß der Jäger auf meinen Kameraden auffahrt, habe ich ihm das Gewehr weggeschlagen und ihn hingeschmissen. Daß ich so die ganze Wahrheit sag: Draufgekniet habe ich mich auch auf ihn. Wie er sich nachher nicht mehr gerührt hat, hab ich gemeint, er hat einen Anfall. Aus Angst bin ich dann über die Wand abgerutscht.«

Der Jäger Johann Percht aus Großgmain wird als Zeuge vernommen. Er ist heute 58 Jahre alt, groß, mager und sehnig. Seit 25 Jahren ist er Jäger und jetzt

Auf Leben und Tod.

Von Julius Gürtz .

bei der dritten Herrschaft. Sein Gesicht ist kantig, zerfurcht unter grauen Haaren. Seine Aussagen sind wortkarg, ruhig und bescheiden, aber fest.

»Wia ich sie gesehan hab, woarn s' unter aner Fichten mit ara Gambs. I kon net nach, muaß woart'n. Über a Weil seind s' gangen, da bin i hinter sie kummen. Hab s' ang'ruafen.« So erzählt er knapp und sachlich den Hergang, erzählt, wie Griesser auf ihn schoß, wie Steinbacher ihn die Wand hineinwerfen wollte – »bei mei'm Alter waar i hin«.

»Der Griesser erklärt, er hätte nur einen Schreckschuß abgegeben«, sagt der Vorsitzende.

»So?« meint der Jäger ruhig. »Dö Schreckschüsse kenn' ma.« Und auf die Frage, ob er aufgeregt gewesen sei, meint er: »Naa. Bloß an Zorn han i g'habt, daß sö so dumm woarn und seind beim Schnee gangen.« Freilich war das nicht dumm, das war frech.

Es stand im Laufe der Verhandlung fest, daß es an jenem 16. Februar in den Wänden des Untersberges um das Leben des Jägers ging. Wohl konnte Griesser behaupten, wenn er Percht hätte treffen wollen, hätte er ihn getroffen; er mag es seiner Aufregung und dem schlechten Büchsenlicht danken, daß die Kugel ihr Ziel verfehlte und ihn nicht zum Mörder machte. Einen gleichen Dank schuldete Steinbacher dem Latschenast, der Percht das Leben rettete; denn für ihn hätte der gleiche Sturz, den der junge Bursche nur in einem seltenen Glücksfall überstand, nach Aussagen ortskundiger Zeugen den sicheren Tod bedeutet.

Diesen Umstand legte der Staatsanwalt in seinem Plädoyer auch der Anklage auf Mordversuch zugrunde. In seinen grundsätzlichen Ausführungen rechnete er in berechtigter Schärfe mit jener »Wildererromantik« ab, die in Literatur, Kitschkunst und Film um den Wilddieb einen Heldenschein webt, dessen sich die jungen Burschen sehr wohl bewußt sind. So wurde wohl oft aus einem Wilderer ein Mörder. Die Strafanträge des Staatsanwaltes gegen die beiden Angeklagten lauteten auf je zehn Jahre Zuchthaus. Ein hörbares Erschrecken ging durch den Zuschauerraum und zeigte an, wie wenig schwerwiegend so manchem der hinten stehenden »Sachverständigen« der Fall bis dahin erschienen war.

Anderthalb Stunden dauerte die Beratung des Gerichts. Dann verkündete der Vorsitzende unter atemloser Stille das folgende Urteil: Simon Griesser wird wegen Totschlagversuchs, Wilderns und Forstwiderstandes sowie unbefugten Waffentragens zu sieben Jahren Zuchthaus und zehn Jahren Ehrverlust, Stefan Steinbacher wegen der gleichen Delikte zu vier Jahren Zuchthaus und fünf Jahren Ehrverlust verurteilt. Die Untersuchungshaft wird ihnen nicht angerechnet.

Simon Griesser erklärte, er weigere sich, diese Strafe anzunehmen. Steinbacher aber rief, als er abgeführt wurde, den Burschen im Zuhörerraum zu: »Buam, mi sehgts nimmer!«

»Münchener Neueste Nachrichten« vom 9. Oktober 1935

Beim Lettinger in Schlegldorf

Der Lettinger Emmerandl von Schlegldorf im Isarwinkel ist im Herbst 1894 wildernd gefunden und erschossen worden, auf der Hausstatt an der »Beurawand«, wie zu lesen war. Wie doch auf dem Lettinger Hof das Wildern und Büchseln daheim ist!

Als kaum das Jahr 1848 vorüber und die Jagd an die Gemeinden gefallen war, da kamen eines Abends in unser Flößerhaus auf der Wegscheid nicht weniger als fünf Stück Hochwild, Hirschkühe, »Stuck«, wie die Jäger sagen. Eines davon war katzengrau vor Alter. Zwei und zwar auf einem Stand hatte aber geschossen der Lettinger Zenzei von Schlegldorf.

Es mag nur kurze Zeit später gewesen sein. Unser Vater und unser Firmpate, ein gewesener Jäger, gingen eines Nachmittags Wiesen, Weiden, Hügel und Wäldchen ab auf jagdbares Kleinzeug. Wir drei Buben durften mitgehen, um da und dort einzutreiben und die Hunde zu lenken. Von ungefähr vernahmen wir das Gebell eines fremden Hundes, der bald Reißaus nahm, aber ein Schaf gestellt und angepackt hatte. Ein sauberer Jagdhund das! Die Schafe gehörten einem benachbarten Bauern, den wir gerade zuvor getroffen hatten.

»Der Hund kommt wieder«, hieß es, »bleiben wir sitzen und legen wir dem Burschen sein sauberes Handwerk!«

Wir setzten uns ruhig ins Gras am hügeligen Abhang und warten mäuschenstill; da kommt der Halunke richtig schon wieder daher, sich nach seinem Schaf im Dickicht umzusehen. Verhoffend schaut er auf uns; »Schieß du, schieß du!« tönt's leise; es kracht, der Hund schreit und wälzt sich, und ein paar Bisse unserer Daxl geben ihm den Garaus.

Wir mußten damals über den Vorgang das sorgfältigste Stillschweigen beobachten. Wem der Hund gehörte und wie er an diesen Ort kam, wußte niemand. Erst geraume Zeit später äußerte unser Floßknecht: »Mein'm Bruader, an Zenzei, geht aa scho länger a Hund o!« Unser Floßknecht war vom Lettinger im Schlegldorf zu Hause, und dem Lettinger Zenzei hatte also der saubere Hund gehört.

Es war zu Mitte der sechziger Jahre und Herbst. Ich war mit zur Jagd ausgezogen. Wir wandten uns ins Beuerische, ins hintere Schwarzenbachtal, an die südlichen Abhänge der Benediktenwand. Ich, als der jüngste, mit den gelenkigsten Gliedern, ging meistens den schwierigen Bogen durch; die übrigen Schützen begaben sich auf die Stände, die ich zu finden wissen mußte. Besondere Treiber und übermäßige Gesellschaft wurden vermieden. Einen Schlag war ich hinangestiegen und hatte dort eine Zeit lang zu warten, bis mein ältester Bruder, der zurück war, unten des Weges kam. Dem hatte ich den Stand zuzurufen, den er einzunehmen hatte; dann konnte der Tanz beginnen. Was sehe ich aber, als ich den Schlag hinangestiegen war, um auf meinen Bruder auslugen zu können? Auf einmal duckt sich knapp vor mir hinter einem Bühl ein Kopf; ich eile dahin und sehe gerade noch, wie der Lettinger Zenzei, den Hund an der Schnur, die Büchse zur Hand, sich eiligst zurückzog. Ich hatte nicht Zeit, mich länger mit ihm zu befassen; ich mußte auf meinen Bruder ausspähen und ihm laut zurufen. Der Lettinger Zenzei vernahm dadurch, wo es nicht geheuer für ihn war, und richtig hörten wir untertags seinen Hund jenseits des Tales jagen und einmal auch einen Schuß fallen.

Mit solch einem verheirateten, hausgesessenen, benachbarten Wilderer befaßt sich nicht leicht ein Pächter. Es wird für unnobel gehalten; für noch unnobler freilich aber das Benehmen eines solchen Mannes selber. Einmal brachte es dieser Zenzei fertig, mit einem Rehbock im Rucksack zweien unserer Pächter in ihrem Sonderrevier zu begegnen. Es war im Längental. »Von enk is a nit! Er is vom Beurischen!« war die ganze filzige Ausrede, als ihn die Pächter mit großen Augen musterten.

Dieser Lettinger Zenzei hatte etwa ein Dutzend Brüder und dazu noch die eine oder andere Schwester.

Es waren frische, sehnige, gewandte, sangeskundige Leute. Die Brüder betrieben größtenteils Flößerei. Der jüngste, Klas, betrieb die Holzarbeit und als Nebenfach – das Wildern. Ging es doch so leicht nebenher. Dies und jenes wird von ihm erzählt, auch, wie er einmal beim Schweizer am Arzbach einen Gendarm betrunken machte und allein in Tölz bei Gericht sich stellte: Den andern, der ihn einliefern sollte, habe er nicht mehr weitergebracht!

Es war mitten im Winter, Ende der fünfziger oder Anfang der sechziger Jahre. Der Schnee war noch hübsch zum Durchkommen. Da trat beim Riesch in Fall der Risser Bote, der Stasler von Lenggries, dessen Fuhrwerk eben angekommen war, in die Stube, grüßte die Jäger und sagte erstaunt: »Ah! Es seid's alle da! Grad hat's in Rauchenberg draußen zwoamal g'schnallt!«

Das war genug für die Jäger. Wir fuhren die empor! Es handelte sich bloß noch um die Frage, wie weit draußen es geschnallt habe. Dann war der Plan fertig. »Is' a schlaucha«, sagte der Forstwart, »dann schaut er beim Weinanger noch um, ob nix nachkimmt.«

Die Jäger natürlich auf und davon, über die Isar hinüber, den Katzenkopf hinaus, den Schronbach quer durch, zum Langenläger Hüttl, und – sie waren auf der Spur. Aber der Wilderer war ein »Schlaucher«. Beim Weinanger, wie der Forstwart es gesagt hatte, schaute er sich noch um und sah, wie viel's geschlagen hatte; er sah die verflixten Jäger nachkommen. Den Rucksack mit der Beute wegwerfen, die Schneereifen wegschneiden und auf und davon, war fast eins. Der Forstwart, an der Spitze der Jäger, wie er den kritschen Augenblick bemerkte, löste nun auch seine Schneereifen. Jedoch der Schütze war mit dem Schneiden schneller fertig.

Nun setzte es eine Hetzjagd zwischen dem Forstwart und dem Wilderer ab, vom Rauschenberg heraus bis an die Jachen, von der Jachen bis auf die Wegscheid, eine Stunde Weges. Bis auf hundert Schritte war der Verfolger dem Verfolgten mitunter nahe. Kein Grenzaufseher kam des Weges, kein Gendarm, niemand. Noch in der Nähe des Rauchenberger Bauern hatte der Wilderer sich seiner Büchse entledigt und sie im Dickicht einen Abhang hinab ins Gebüsch geschleudert. Wer sah ihm nun den Wilderer an? Er kam über die Jachen, er kam über den Schwarzenbach. Da lenkte er vom Heerweg ab, auf unsere Felder zu. Mein älterer Bruder fuhr gerade mit Rossegespann in der Sonnenseite von einem Zaun auswärts; drüben rannte, einen Tannenzweig im Mund, der Wilderer den Fahrweg einwärts, der Forstwart nicht gar zu weit hinter ihm drein. Meinem Bruder entgingen, trotz des Tannenzweiges im Mund, die Gesichtszüge des Wilderers nicht. Gleichwohl machte er, einer gewissen Zuneigung zu ihm wegen, nicht zu seinem Verräter beim eifrig fragenden Forstwart werden.

Es ging auf unsers Nachbars Haus zu; hier verschwand der Schütze durch eine Stalltür. Nach Recht und Ordnung erbat sich der Forstwart beim Nachbarn bei der Haustür den Eintritt. Während dieses Zeremoniells hatte aber der Wilderer wieder Reißaus genommen, und seine Spur ging bei den Höfen am Murbach unten verloren.

Wer war der vielgeplagte und weit gehetzte Wilderer gewesen? Das war vom Lettinger in Schlegldorf der Jüngste gewesen, nicht der Zenzei, aber ein Bruder von ihm, der Klas, sonst ein achtbarer, freundlicher, gefälliger, arbeitsamer junger Mann. »Wäre ich um zehn Jahre jünger«, sagte der Forstwart, »er wäre mir nicht ausgekommen. Aber 's Schnaufen, 's Schnaufen!«

J. B. Schöffmann, Bilder und Erinnerungen, 1899

Skizze zum Gemälde »Die Wilderer« von Wilhelm Leibl

Der Wildschützenlenzei

Seit Feldmoching nach München eingemeindet wurde, hat auch die bayerische Landeshauptstadt ihren Wildschützen, den Lorenz Fenzl nämlich, der aus diesem Vorort gebürtig ist. Vom Hüterbuben hat er sich mühsam hinaufgearbeitet zum Wilderer und Wunderdoktor und in seinem Leben viele Feinde gehabt. »Dreißig Jahre lang«, pflegte er zu sagen, »verfolgen sie mich wegen meinen zwei Passionen«, und machte eine Leidensmiene wie unser Herr Jesus, dessen Lebensgeschichte er in- und auswendig kannte.

Zwischen München und Aibling war sein Revier. Da lag er morgens bei erstem Büchsenlicht auf der Paß nach Reh und Hasen, versehen mit einem uralten Stutzen und einem Gewissen, das so jungfräulich rein war wie frischgefallener Schnee. Neben Wildschütz und Heilpraktiker war er nämlich auch Sozialrevolutionär und überhaupt ein philosophischer Kopf. »Das Wild hat unser Herrgott auch für die Armen und nicht bloß für die Reichen erschaffen, und damit punktum«, war sein Standpunkt, den er mit solcher Selbstsicherheit vortrug, daß man meinen konnte, er habe ihn vom Himmelvater persönlich mitgeteilt bekommen.

Die Aiblinger Jagdbesitzer hatten aber für diesen privaten Rechtsstandpunkt des Lenzei kein Verständnis. Herr Dr. Beck hatte aus höchst eigener Tasche einen Preis für seine Ergreifung ausgesetzt, und der Schuhbräu, ebenfalls Besitzer einer großen Jagd, hat nicht nur einmal geschworen, er werde den Lenzei hinter Gitter bringen.

Erwischt haben sie ihn nicht, aber manchmal ging es knapp her. Besonders einmal im Winter, wo an und für sich jeder zünftige Wildschütz beim Ofen sitzt und die Pfeife raucht und ab und zu mal in die Truhe schaut, wo seine Krickeln und Graneln versteckt liegen. Aber der Lenzei hatte Hunger oder kein Geld und mußte hinaus in den Schnee, wo er mit seinen alten Tretern Spuren hinterließ, die auch einem ungeübten Jägerauge nicht entgehen konnten. Nicht lange, da hatte er auch schon zwei Verfolger »im Gnack«, die ihm gefährlich nahe rückten. Was tun? Da fiel dem Lenzei ein Indianerbüchl ein, das er als Bub gelesen hatte. Darin hatte sich der Häuptling »Schlauer Fuchs« der Verfolgung der Bleichgesichter dadurch entzogen, daß er seine Mokassins verkehrt herum an die Füße band. Der Lenzei machte sich sogleich daran, es der Rothaut gleichzutun, wobei er allerdings feststellen mußte, daß dies nicht so einfach zu bewerkstelligen war. Erst als er in der Verzweiflung zum Messer griff und seinen geliebten Tretern den Bauch aufschlitzte, klappte der Indianertrick, und mit den Absätzen voraus gelang es dem Lenzei tatsächlich, seine Verfolger zu verwirren und abzuschütteln. Die Schuhe hat er nachher wieder zusammengenäht, einmal weil er sparsam war und zum andern als Beweisstück für den Stammtisch, wo er seine Stückl oft erzählen mußte.

Wenn die Jäger und Gendarmen wieder einmal besonders scharf waren, versteckte er seinen Stutzen bei einem »guten Freind« im Schlafzimmerkastl und zog mit seinem Doktortascherl von Tür zu Tür.

»An guaten Trank ... a scheens Pillei ...«, der Lenzei hatte Kundschaft genug. Nicht wenige Bäuerinnen vertrauten ihm mehr als dem Landdoktor, zumal der Lenz aus München kam und nie zu bemerken versäumte, daß seine Mittel das Neueste seien, was die Münchnerstadt an Medizin zu bieten habe. Außerdem konnte er eine I-brauch-nix-Bäuerin in so interessante Gespräche über Engel, Gott oder Teufel verwickeln, daß auch an seiner medizinischen Weisheit kein Zweifel mehr möglich war. Spezialisiert war er auf die Behandlung von »Hitzen« aller Art, und es ist sogar die Zusammensetzung des Mittels überliefert, mit der er seine Wunder wirkte. Es war ein wohldosiertes Gemisch aus Brusttee, Weinstein, Rosenwasser, Kornrosen und Himbeersaft. Die Aiblinger Ärzte hielten nichts davon, sondern sprachen von Kurpfuscherei, und der Lenzei mußte wieder arge Verfolgung erleiden. Beleidigt über die schmähliche Mißdeutung seiner guten Absichten, zog er sich dann nach Mitterham zurück und vertiefte sich – in seine Bücher.

Er besaß drei Stück. Ein großes, reich bebildertes Kriegsbuch, eine schöne Heiligenlegende und seinen Schatz: das »Leben, Leiden und Sterben Jesu Christi« nach den Gesichten der gottseligen Katharina Emmerich. Für dieses Buch hatte er in München drei blanke Gulden hinlegen müssen, was ihn aber nie gereut hat. Wenn er beim Hurrer in Mitterham, wo er sich an die zwanzig Jahre aufhielt, am großen Tisch daraus vorlas, dann rannen ihm oft die »Zacher« herunter, und auch bei seinen Zuhörern war es ein einziges Schneuzen und Augenwischen. Wie gesagt, er war ein philosophischer Kopf und hatte auch über den christlichen Glauben so seine eigenen Ansichten, besonders was den Wert der Sakramente betraf. Nichts tat er lieber, als mit studierten Leuten darüber zu diskutieren. Als es mit ihm zum Sterben kam, meinte er zu den Umstehenden: »An Herrn Kooperator könnts ma schon holn, den mag i schon, auf an Dischkurs laß i mi schon ein mit ihm, aber beichten tu ich net.«

Es schien ganz so, als wollte der Lenzei auch in seiner letzten Stunde nicht von seiner Leidenschaft lassen und mit unserem Herrgott herumstreiten, und was seine beiden anderen Passionen betraf, das Wildern und das Pfuschen, so fühlte er sich anscheinend nach wie vor so unschuldig wie ein blauäugiges Engerl. Aber man unterschätze die Geistlichkeit nicht. Durch die Kunst des Herrn Kooperators wurde nämlich aus dem Diskurs doch noch eine große Generalbeichte, und als der Lenz seine Seele gesäubert sah und sich mit allem versehen fand, was ein Mensch für die letzte Reise nötig hat, da kamen ihm wieder die Tränen, und er sagte zu seiner Hauswirtin: »Mirl, ich sag dir tausendmal Vergelt's Gott, daß ich noch die Letzte Ölung kriegt hab.« So entschlief er, 79 Jahre alt, am 13. Oktober 1875, in Frieden mit Gott und endlich ledig aller seiner Verfolger.

Alm auf dem Wendelstein.

Endl

V

‹vischt.

ann.

Der Tirolerwastl

Der Tirolerwastl, bürgerlich Sebastian Eder, und der Lexenkaspar aus Gaißach wurden in den achtziger Jahren im Isarwinkel als große Helden gefeiert. Beide waren zähe Brocken, »Gewerbsmäßige«, die sich schon manche Schrotkugel aus der Schwarte hatten schneiden müssen. Wenn das Rasiermesser versagte oder die betreffende Stelle außer Reichweite lag, dann ging man ins Tirolerische hinüber nach Landl, wo es einen speziellen Schrotschneider gab, der die bleiernen Nuller herausholte.

Der Tirolerwastl war den Jägern so oft entwischt, daß er sich selbst schon für kugelfest hielt und glaubte, ihm könne nichts mehr passieren. Aber am 3. Oktober 1883 hatte auch er seinen schwarzen Tag. Als er nämlich zwischen Fall und Vorderriß dem Wild nachstieg, traf er statt eines kapitalen Hirschen den kgl. Jagdgehilfen Donatus Bauer. Kaum sah der Wastl den lästigen Störenfried, da krachte es auch schon bei ihm. Getroffen hat der Wastl, da hat sich bei ihm nie etwas gefehlt, aber er konnte nicht wissen, daß der Donatus einen guten Schutzengel besaß, der dafür sorgte, daß das Blei nur den Gewehrkolben traf. Nun war der Donatus auch schon an der Reihe, und er ließ es gleich zweimal tuschen, die Kugel voraus und das Schrot hinterher. Dem Wastl gab es auch gleich einen mächtigen Riß, und er mußte schauen, daß er davonkam. Die Nacht verbrachte er bei empfindlicher Kühle im Gebüsch, aber morgens mußte er doch schlotternd vor Kälte und Schmerzen in Jachenau Hilfe suchen. Das Blei des Donatus hatte sich aber so tief eingefressen, daß ihm mit dem Taschenmesser nicht beizukommen war. Der Wastl mußte ins Tölzer Krankenhaus. Dort befreite man ihn schnell von den lästigen Parasiten, und sogleich war er wieder kreuzfidel. Nicht lange, da kamen einige Freunde aus Tirol zu Besuch, und da die Gelegenheit günstig war und die Gendarmen sowieso schon mit langen Zähnen hereingeschaut hatten, verabschiedete sich der Wastl ohne Gruß und Dankeschön aus der freundlichen Heilanstalt. Nur den Krankenschein ließ er pflichtgemäß zurück. Im Hemd trugen ihn die Spezln triumphierend durch Tölz und schafften ihn auf schnellsten Weg heim ins »heilige Land Tirol«. Für die Grünröcke kamen danach saure Zeiten, und sie vermieden, wenn es nur irgend ging, nach Tölz hineinzugehen. Es konnte nämlich passieren, daß ihnen dort jemand mit der scheinheiligen Frage kam: »Entschuldigens, hams den Tirolerwastl im Hemd nit g'sehn?«

Die Geschichte hatte freilich für den Wastl ein unangenehmes Nachspiel, worüber Weihnachten 1883 in der Tegernseer Zeitung »Seegeist« folgendes zu lesen war:

»Der Tirolerwastl, vulgo Eder Sebastian, dessen Rencontre mit dem k. Jagdgehilfen Donatus Bauer in der Nähe von Fall und dessen nachherige Flucht aus dem Tölzer Krankenhaus noch in frischer Erinnerung steht, stellte sich in Innsbruck den Gerichten, wohl in der Hoffnung, dort ein milderes Urteil als vor einem bayerischen Gerichtshof zu finden. In jüngst stattgefundener Verhandlung wurde derselbe wegen Verbrechens des Diebstahls (Wilddieberei im Rückfall) sowie wegen Verbrechens des Widerstandes gegen die Staatsgewalt zu 15 Monaten schweren Kerkers, verschärft durch monatliche 24stündige Einzelhaft, verurteilt. Von der Anklage auf Mordversuch, resp. auf das Verbrechen der vorsätzlichen schweren Körperverletzung wurde Eder freigesprochen.«

Seitdem hörte man vom »Tirolerwastl« nichts mehr in Bayern.

Der Lexenkaspar kommt an den Unrechten

Um die Zeit, als der Tirolerwastl sich stellte, kam auch für den Lexenkaspar das Ende seiner Wildererlaufbahn. Am 1. Dezember 1883 ging er im Revier des Herzogs Karl Theodor am Tegernsee auf Gams. Es war zwar bereits Schonzeit, aber über solche kleinlichen Vorschriften pflegte sich der Kaspar großzügig hinwegzusetzen. Der herzogliche Jagdgehilfe Hans Scheidter hatte aber geahnt, daß es im Revier nicht »sauber« war, und prompt war er zur Stelle, als der Kaspar mit einem Spezl daherkam. Dieser Scheidter Hansei stand dem Lexenkaspar an Ruhm in keiner Weise nach. Einmal hatte er es allein mit sechs von den gefährlichsten Wilderern aufgenommen, sie alle beim Namen genannt und wie eine Schafherde den Berg hinunter und zum Gericht geführt. Er war Tiroler, ein von Kultur in keiner Weise »beleckter«, sozusagen völlig verwilderter Jagdgehilfe, wie Achleitner erzählt. Jahrelang war er aus dem Revier nicht herausgekommen, hatte ständig nur unter dem Hochwild gelebt und war an den Verkehr mit Menschen kaum noch gewöhnt. Das Reden hatte er in der Bergeinsamkeit fast verlernt, und wenn er sprach, klang sein Dialekt selbst für Landsleute kaum verständlich. Der Hansei war die Ruhe und Unerschütterlichkeit in Person und hätte es auch mit dem Oberteufel selbst aufgenommen, aber ein englischer Lord brachte ihn dennoch einmal völlig außer Fassung. Arthur Achleitner hat diese nette Episode überliefert:

Hansei erhielt vom Jagdleiter den Befehl, am bestimmten Tag den Lord Makse (Gouverneur von Helgoland) auf einen, selbstverständlich nicht den besten, Brunfthirschen zu führen und zu Schuß zu bringen. Mit einiger Mühe wurde dem Hansei ausgedeutscht, daß nur ein Hirsch, nicht mehr, geschossen werden dürfe, daß Hansei jede weitere »Schießerei« zu verhindern habe, und daß der Engländer nicht Deutsch verstehe.

Hansei begriff endlich den Auftrag und grinste so verständnisvoll, daß der Jagdleiter in einer Art Vorahnung kommender saftiger Ereignisse schmunzelte. Paßte doch just der Hansei zu dem Engländer wie die Faust aufs Auge. Also meldete sich Hansei bei Lord Makse, der sich kurz vorher etliche hundert Patronen samt nigelnagelneuem Gewehr von München hatte kommen lassen. Hansei hatte auf »Wildtirolerisch« gesprochen, der Lord in »gottvollem Englisch«. Eine Verständigung mußte stattgefunden haben, denn tags darauf brachte Hansei den bis an die Zähne bewaffneten Engländer richtig an den von der Jagdleitung ausersehenen Brunftplan. Dort erschien ziemlich regelmäßig ein ziemlich guter Platzhirsch, der für den Lord bestimmt worden war. Über die Ereignisse am Brunftplan erstattete er später einen Bericht, so grimmig, daß es dem Jagdleiter schwer fiel, den Kern zu erfassen.

Hansei berichtete bebend vor Zorn, daß der Engländer am Brunftplan umständlich einen Dudelsack ausgebreitet und sich daraufgesetzt habe. Sodann habe der Engländer eine wahrhaftige Dult veranstaltet, einen ganzen Krämerstand um sich errichtet, viel »Fressalien« und Magentropfen, eine Unmasse von Kugelpatronen für mindestens hundert Hirsche. Alsdann habe der Lord auch noch die »ganze Welt« (eine Landkarte) vor sich ausgebreitet und lang darüber sinniert. Ganz perplex sei der Hansei aber geworden, als der Engländer plötzlich vom Dudelsack aufgeschnellt sei und in den Buschen gefeuert habe. Und mit einem Indianergeschrei sei dann der Fremde auf »seinen« Hirschen gesprungen, ganz närrisch vor Freude über den erlegten »Elfer«. Geschossen habe der Engländer aber ein Spießhirschl – zur Brunftzeit! Trotz der »Viechswut« über die Schießerei hätte der Hansei aber nicht geschimpft, weil der Fremde ja nicht Deutsch verstand. »Vor Eahna, Herr Forschtmoasta, aber sog i, sein g'west ischts die höchere Sauerei, wos koa zwoate geit!« Der Jagdleiter belehrte den Hansei noch, daß der Dudelsack ein aufblasbares

Gummikissen gewesen sei, worauf der Hansei den Spießhirschmeuchler kurzerhand »Gummihearr« taufte.

So einer war also der Scheidter Hansei, und diesem wildgewachsenen Mannsbild sah sich der Lexenkaspar an jenem 1. Dezember gegenüber. Wie die Begegnung endete, ist leicht zu erraten. Denn so langsam der Hansei mit der Sprach war, so flink war er mit der Büchs. Er brannte dem Kaspar eine Ladung Schrot auf Brust und Gesicht, daß es diesem den Hut nur so vom Kopf wehte. Das war die Sprache, die der Kaspar verstand, und er nahm samt seinem Spezl schleunigst Reißaus. Lange Zeit hielt er sich danach versteckt, um allen lästigen Fragen wegen seiner Schrot-Pocken im Gesicht aus dem Weg zu gehen.

Aber die Gendarmen in Lenggries waren auch nicht auf den Kopf gefallen. Sie stöberten ihn auf in seinem Schlupfwinkel und verschafften ihm eine neue, nicht weniger abgeschlossene Unterkunft. Im April 1884 fand am Landgericht II in München die Verhandlung statt, deren Ergebnis war, daß die Gemsen und Rehe für zwei Jahre vom Lexenkaspar nichts mehr zu fürchten hatten.

Diese, als moralischer Kuraufenthalt gedachte Aufbewahrung hat den Kaspar aber nicht im geringsten beeindruckt. Er war kaum auf freiem Fuß, da wurde am 14. September 1886 der Gendarm Neuner bei einer Nachtpatrouille erschossen. Sofort wurde der Kaspar wegen dringenden Mordverdachts wieder eingezogen. Ob er an dem gemeinen Bubenstück beteiligt war, das man an dem ermordeten Neuner verübte, indem man ihm an Allerseelen Rehläufe auf das Grab steckte, ist unbekannt. Gepaßt hätte es gut zu ihm. Es war nun jedenfalls im Bayernlandl für ihn kein Bleiben mehr, und er nahm bald darauf einen Dampfer nach Amerika, wo er noch gänzlich unbekannt war. Es ist aber gut möglich, daß er dort als Revolverheld mit bayerischem Akzent bald eine neue Karriere gemacht hat. *nach Adlmaier*

Wannst willst Gamserln schiaßn, muaßt a Schneid habn,
Derfst kan Jager scheucha, derfst ka Pulver sparn,
Denn des Gamserlschiaßn derf di nit verdriaßn,
Schiaß nur brav zua, mei liaber Bua.

Eh i am Gamsberg steig, schaug i mei Stutzerl an,
Obs a kan Fehler hat, daß i guat schiaßn kann,
Schiaß i schnell und gwiß, als wie da Blitz muß knalln,
Wenns a der Jager hört, die Gams muaß falln.

Hon an Gamsbock g'schossn von ar frischen Goaß,
Bruader den sollst sechen, der is nudlfoaßt,
Wiegt des Luadaviech an Zentner und an halbn,
Hon an selber gwogn, drobn auf der Alm.

Der Lampl von Reichersbeuren

Als der Jennerwein Girgl aus dem Siebziger-Krieg heimkam und anfing, sich mit dem Abschraubstutzen ein Taschengeld zu verdienen, da war in derselben Gegend bereits ein bekannter Wildschützenveteran mit ungewöhnlicher Ausdauer und Unbeirrbarkeit am Werk. Das war der sogenannte Lampl, der im Kirchenregister als Johann Burger eingetragen war und vom Lampl-Anwesen in Reichersbeuern bei Tölz stammte. Von diesem unverbesserlichen Schwarzschießer und Gemsentöter gibt es einiges Bemerkenswertes zu berichten. Von außen war er ein langhaxertes, imponierendes Mannsbild mit einem braunen Vollbart, aber inwendig, oder besser auf den Zähnen, war er völlig haarlos und eher weich und empfindsam. Ein guter Christenmensch war der Lampl und stets darauf bedacht, sich von Sünden rein zu halten. Das Wildern, so empfand er es wenigstens, machte ihm keinen Fleck auf die Seele, hatte doch die Kirche selbst sich lange nicht zu einem klaren Standpunkt durchzuringen vermocht. Zwar hieß es neuerdings, der Herrgott, der das Wild doch anfänglich für alle gemacht hatte, habe sich unter dem Druck der Menschengesetze nun anders besonnen, aber recht ernst konnte das von ihm nicht gemeint sein, und eine Todsünd war es gleich gar nicht.

Zwar hielt sich der Lampl nicht immer an das Gebot »Du sollst den Feiertag heiligen«, aber das brachte der Beruf so mit sich, da die Jäger ja auch einmal in die Kirche gehen und ihrer Christenpflicht nachkommen mußten. Dafür kniete er dann am Sonntagmorgen am Waldrand nieder und verrichtete sein Gebet, worin er um gutes Gelingen seiner Unternehmung bat, wie er auch nie vergaß, seinem Herrgott nach glücklicher Heimkehr herzlich zu danken.

Trotz niederer Herkunft hatte er eine Art Wappenspruch wie ein Graf, den er ständig im Munde führte. Der lautete nicht »In Treue fest« oder »Allen voran«, sondern durchaus seinem Stand entsprechend »Bluat von der Gams!«

Er hatte sich in verschiedenen Tätigkeiten versucht, vom Sommertagswerker bis zum Brandmetzger, aber bei keiner war er dauernd geblieben. Mehrmals hatte man ihm geraten, sein gerichtsmäßiges Treiben in ein gesetzmäßiges zu ändern und sich um eine Jägerstelle zu bemühen, aber aus unbekannten Gründen wurde daraus nichts. Nicht daß der Lampl etwas gegen die Jäger gehabt hätte. Er war frei von jedem Haß. Niemals wäre ihm eingefallen, sein Gewehr gegen einen Grünrock zu erheben. Er verließ sich vielmehr ganz auf seine langen Haxen, mit denen er wahre Wunder vollbrachte, wenn es ans Davonrennen ging. Die Jäger kamen meist nicht dazu, einen Schuß auf ihn abzugeben, oder sie taten es nicht, weil sie wußten und respektierten, daß der Lampl kein Mordbube war. Wegen seiner Laufkünste und seines frommen Gemüts mußte er sich freilich viele Hänseleien gefallen lassen, aber er trug sie gelassen und mit der Duldermiene des rechten Gotteskindes, das weiß, wo der wahre Lohn zu finden ist. Und eines Tages hat er dann all die frechen Burschen, die seine Schneid öffentlich bezweifelt hatten, stumm gemacht.

Das war nach der Begegnung auf dem Leonhardistein bei Kreuth, unten an der Tiroler Grenze. Die Kreuther Jäger hatten die Nachricht erhalten, daß der bekannte Wildschütz in ihrem Revier gesehen worden war. Die gesamte Mannschaft des Forsthauses rückte aus und paßte am Steig in den steilen Wänden des Leonhardisteins. Und richtig, als es zu dunkeln begann, kam der Lampl daher, einen Gamsbock im Rucksack, und lief schnurstracks in die Falle.

»Bluat von der Gams!« murmelte er, als er die Jäger sah. Er trat an den Abgrund und blickte hinab. Von unten ragte eine Tanne herauf, aber es war noch weit genug bis da hinunter. »Bluat von der Gams!«

Die Kreuther Jäger freuten sich. »Aus kann er nimmer«, sagte der Forstwart und genoß bereits den Triumph über die Tölzer Kollegen, denen der alte Fuchs und Dauerläufer immer entwischt war.

Da legte der Lampl die Hände zusammen. »Heiliger Josef, steh mir bei«, rief er und sprang in die Tiefe.

Als die Jäger herbeigeeilt kamen, war vom Lampl nichts mehr zu sehen. »Der is hin«, hieß es, und sie wollten eben absteigen, um den Zerschmetterten zu bergen, da tönte ein gellender Juchezer von unten herauf, und man konnte in der Dämmerung den Lampl im Nadelholz verschwinden sehen. Später hat er erzählt, daß das Schlimmste das Runterkraxeln von der ewig hohen und astigen Fichte gewesen sei. »Bluat von der Gams!«

Das war die größte Tat, die der Lampl mit seinen langen Haxen vollbrachte, und sie hat seinen Ruhm für alle Zeiten begründet. Aber wie es oft geht, war es auch die letzte, und danach hat er nicht mehr so viel Glück gehabt wie damals auf dem Leonhardistein. Als sein schöner brauner Vollbart grau wurde, begannen ihm auch die Knie ein wenig rostig zu werden, er wurde erwischt und kam mehrmals hinter Schloß und Riegel. Einer von den hartgesottenen Burschen, die so ein paar Monate Haft nicht ankratzen, war er nie gewesen. Er verfiel ins Sinnieren, und das Beten half auch nichts mehr. Seine Frau konnte die Schand nicht ertragen und trennte sich von ihm. Da mochte auch der Lampl nicht mehr, stellte den Stutzen endgültig ins Eck und holte die Schnapsflasche hervor. Am Ende war ihm jeder tröstende Tropfen recht, auch Brennspiritus mit Brunnenwasser. Schließlich hat er seinen treuen Stutzen aber doch noch einmal herausgeholt – zu einem traurigen Zweck. Man fand ihn nämlich eines Tages um das Jahr 1895 in seinem Zimmer, das Gewehr in der Hand und ein Loch im Kopf. »Bluat von der Gams!« mag sein letzter Seufzer gewesen sein. Er ruht nicht weit vom »wilden Jager« im alten Friedhof zu Gmund am Tegernsee.

Z' Boarischzell da is a Freud,
San die Gams leicht zum dafragn,
San die Dirndln bei der Schneid,
Drum geit's allweil eppas z' jagn.

Birsch in Miesing spat und fruah
Und im Troadn seini Grabn
Und hats Gams amal a Ruah,
Jag i 's Dirndl auf de Laubn.

Himbeerbrocker, Geweihfinder und andere Hallodri

Am 24. August 1933 pirschte der Steffi Sch. am Seekar, bekam aber nichts vor die Büchse. Beim Abstieg kam plötzlich der Jäger Niederberger von Hohenburg um eine Wegbiegung, wie alle »Grünen« ein neugieriger Mensch. Was denn der Steffi da in seinem Rucksack habe, fragte er.

»Nix, nur a Brotzeit«, erwiderte der Steffi. »Ma werd doch wohl noch Himbeer brocken derfa«, setzte er in gespielter Entrüstung hinzu, in dem er in gleichbleibendem Respektabstand den Jäger zu umgehen suchte.

Der Jäger erwischte ihn schließlich doch beim Rucksack und zog die Teile eines Abschraubstutzens daraus hervor. Ob man den brauche zum Himbeerbrocken?

»Den Stutzen? Mei, auf den hab i gar nimmer denkt. Den hab i im Seekar g'funden, da hab i oan beobachtet, der 'n versteckt hat. Grad wollt i 'n abliefern bei der Gendarmerie.«

Der fade Jäger bestand darauf, den Steffi dorthin zu begleiten, und so gingen sie zusammen auf Tölz eini zur Polizei. Dort begrüßte man den Steffi freudig als alten Bekannten. Der Amtsrichter hatte für seine Geschichte nur ein mildes Lächeln und gab ihm einen Monat Kuraufenthalt hinter schwedischen Gardinen zwecks Erholung vom anstrengenden Himbeersuchen am Seekar.

nach Adlmaier

Der Hirte Johann H. hatte die Jäger und Gendarmen immer wieder in Erstaunen versetzt durch sein unglaubliches Glück im »Geweihfinden«. Als am Lausberg im Karwendelgebirge ein gewilderter Gablerhirsch gefunden wurde, machten sie beim Hansei eine Haussuchung, die einige interessante Gegenstände zum Vorschein brachte. Neben einem Knicker mit Blut in der Schweißrinne fand sich ein Päckchen Schießpulver, Marke Diana, ein gefettetes Stück Barchent, bestens geeignet als Kugelpflaster für einen Vorderlader. In seiner Geldbörse hütete der brave Hirte sieben Zündhütchen, und am Ärmel seiner Joppe und an den Wadelstrümpfen entdeckten die Gendarmen Schweißspuren.

Vor dem Richter erzählte der Hansei dazu folgende Geschichte: Die Zündhütchen hatte er in Murnau gekauft für seinen Zimmerstutzen und zufällig noch in seinem Geldbeutel gehabt. Das Pulver gebrauchte er mit großem Erfolg als Heilmittel für sein Vieh, und mit dem eingefetteten Barchent behandelte er seine Hühneraugen. Noch von einem anderen Leiden erzählte der Hansei: »Wann i recht lacha muaß, Herr Richter, dann kriag i immer Nasenbluaten, und da tropft diam a weng was auf mei Joppen oder auf meine Strümpf. Aber von an gwilderten Gablerhirsch woaß i überhaupts gar nix.« Der Richter war aber nicht zum Lachen aufgelegt, und der brave Hirte Hansei mußte für drei Monate statt seiner Kühe die Zelle hüten.

nach Adlmeier

Auch eine wildernde Diana findet sich unter den »Luagschippeln«, und wie nicht anders zu erwarten, übertrifft sie ihre männlichen Berufskollegen an Naivität um ein Beträchtliches. Wie im Miesbacher Anzeiger 1923 zu lesen ist, nahm die Holzdiebin gern einen Stutzen mit in den Wald und schoß damit auf einen Rehbock, wegen der besseren Treffsicherheit mit Schrot. Der Jäger, der dem Knall nachging, riß seine Äuglein nicht wenig auf, als er sich einem Weiberleut gegenüber sah. »Tschuiding's«, sagte die Holde, »mir is d'Bix losganga.« Der Jäger war durch diese Antwort vollständig entwaffnet, nahm ihr das Gewehr ab und entließ sie mit ein paar strengen Ermahnungen.

nach Adlmaier

Wenn beim Landgericht München II der Seppi R. aus Ostin im Tegernseer Winkel auf dem Programm stand, dann gab es immer ein paar heitere Stunden. Dem Seppi ging alles im Leben verkehrt. Er bewohnte

ein abseits gelegenes Häuserl am Schwarzenbach, ganz allein, weil ihm die Weibsleut zuwider waren. Er stellte sich gern als ängstliche Natur dar, die sich von allen möglichen Tieren und Menschen bedroht fühlte, weshalb er unbedingt einen Stutzen daheim haben mußte. Wenn er gezwungen war, ihn zu gebrauchen, passierten aber regelmäßig wunderliche Dinge. Da war einmal ein ganz gefährlicher Marder ums Haus geschlichen, auf den der Seppi einen Schuß abfeuerte. Die Kugel ging daneben und ins Gebüsch, wo zufällig ein damischer Rehbock stand, der unglücklich getroffen wurde.

Ein andermal schlichen Diebe ums Haus. Er verfolgte sie mit dem Stutzen in der Hand, konnte sie aber nicht erwischen. Da beschloß er, sein Gewehr nur mal so auszuprobieren, zielte auf einen Baumstamm und drückte ab. »Und ma mechts nit glaubn, Herr Richter, marschiert so a Malefizbock aussa direkt eini in Schuß, und hin war er a scho.«

Seinen schwarzen Freitag hatte der Seppi aber am 5. Juli 1913. Aus Gram über eine persönliche Sache hatte er die Nacht zuvor eine Schnapsflasche leergetrunken, und als er am anderen Morgen zur Arbeit ging, landete er statt im Steinbruch im Ostiner Jagdrevier, wo ihn der Jäger anhielt und zur Rede stellte. Da merkte der Seppi erst, daß er statt des Steinbohrers seinen Abschraubstutzen mitgenommen hatte – »so an Rausch hab i gehabt, Herr Richter«. Die Gendarmen durchsuchten darauf sein Haus und fanden acht Rehgewichtl, vier Gamskrickerl, vier gegerbte Gamshäute sowie eine Menge Schlingendreher. »Jetzt erklären Sie mir mal, wie Sie zu diesen Dingen gekommen sind«, sagte der Richter. Der Seppi geriet keinen Augenblick in Verlegenheit. »Ja mei, Herr Richter sagte er, »des Sach ghört meim gestorbenen Vater – und der hat diam amal a bisserl gewildert.«

Die Zuschauer belohnten den Seppi mit stürmischem Gelächter. Der Richter aber gab ihm die ublichen sechs Monate freies Logis, aber ohne Aussicht auf die Berge.

nach Adlmaier

Beim »Hennerer«, einer kleinen Wirtschaft in der Umgebung Schliersees, gab es oft billiges Wildbret. Wenn aber die bösen Jager oder Gendarmen kamen und ihre neugierigen Riecher überall hineinstecken wollten, da wurden die »Edlen von Hennerer« fuchsteufelswild und beteuerten, daß sie schon durchaus gar nie nix mit den Lumpen, den Wilderern, etwas zu tun hätten, und es sei himmelschreiend, daß man gerade sie die ganze Zeit verdächtige.

Am 11. Januar 1924 hatten Forstbeamte den Aufbruch eines starken Hirschen gefunden. Da ein schöner Schnee lag, waren die Fußspuren deutlich zu sehen. Es mußten zwei Mannsbilder mit ziemlich großen »Trittlingen« sein, die das Wildbret verschleppt hatten. Also gingen die Jäger der Fährte nach, die haargenau zum Hennerer führte. Dort stärkten sich eben der N. Seppi und der R. Kurbi (Korbinian) aus Oberwarngau an einem Stamperl Schnaps. Als die Burschen die Grünspechte sahen, wurden sie selbst grün vor Wut, mußten aber, von dem einen Jäger bewacht, in der Stube bleiben, bis die Haussuchung vollendet war. Damit die zwei Wilderer keine Langeweile bekamen, forderte der Jäger die Wirtin, die Mutter des Seppi, auf, ebenfalls in der Stube zu bleiben, was sie nur sehr widerwillig tat.

Bei der Durchsuchung wurde die Hirschdecke und ein Teil des Wildbrets in einem Bett gefunden. Wo war das andere? Die Wirtin äußerte nun, sie müsse dringend an einen gewissen Ort, es pressiere ihr schon ganz höllisch. Die hartnäckigen Jäger aber sagten, sie müsse vorerst noch dableiben. Dabei fiel es den Forstleuten auf, daß die Weibsperson gar so wohlbeleibt war. Als nun einer der Jäger hinfaßte, bemerkte er, daß sich die Wirtin das ganze fehlende Wildbret mit Fleischhaken unter den Rock gehängt hatte, von wo es nun die Jäger lachend herausholten.

Jetzt entströmte allerdings der »Hennerin« eine solche Schimpfrede, daß die Grünen es eilig vorzogen, mit den zwei Wilderern nach Miesbach ins Grillenhäusl abzumarschieren. Noch lange gellte ihnen das Zetergeschrei der ertappten Wirtin nach, die nun, nachdem sie von dem Hirschwildbret »erlöst« war, auch nicht mehr auf den Abort zu gehen brauchte. Die große »Liebe« derer vom Hennerer zum Forstpersonal aber wuchs infolge dieser Angriffe auf die weibliche Würde der Wirtin noch mehr. Jedem Gast erzählte sie es wutbebend: »Net amoi aufs Häusl hamms mi geh lass'n, de Bazi, de greana!«

Adlmaier

Tragische Fälle und Zufälle

S. und D. von Waakirchen (einem Dorfe zwischen Tegernsee und Tölz) waren bekannte Wildschützen. In einer Sommernacht brachen sie wieder einmal auf; sie gingen in südöstlicher Richtung gegen den Kampen zu. Bei Tagesanbruch erreichten sie eine tiefe Rinne, einen Graben, durch den der Wechsel des Wildes herabging. Da es noch nicht Zeit war, legten sie sich auf eine kleine Weile schlafen. S. lag weiter oben, D. mehr gegen den Grund des Grabens. Als die Morgendämmerung das Dunkel lichtete, gellte plötzlich oben das Pfeifen eines Bockes. S., der schon einige Augenblicke munter war, kroch sogleich an den Rand hinauf. Kaum hatte er aber diesen mit der oberen Hälfte seines Körpers überragt, als ein Schuß fiel, und er, in die Brust getroffen, zurückstürzte. Er schleppte sich noch durch den Graben auf die halbe Höhe des anderen Randes und starb in sitzender Stellung. D. ergriff augenblicklich die Flucht.

An demselben Tage kam ein armer Handwerksbursch, ein Schneidergeselle, aus der Ebene gegen das Gebirge heran. Er sah zum ersten Male die Alpen in der Nähe; die Berge entzückten ihn so, daß er beschloß, einen von ihnen zu besteigen, um recht weit in das Land hinausschauen zu können. Am meisten fiel ihm der Hirschberg auf, und nach diesem lenkte er seine Schritte.

Man hatte ihm Wege und Stege angegeben, wie man sie eben im Gebirg angibt. Es wird nicht leicht jemand klug daraus; der auf Bergen ganz Unbewanderte vollends gar nicht. So kam er von einem Abhang auf den anderen, dann hinderte ihn eine Wand, dann mußte er wieder in eine tiefe Schlucht hinab. Es zog der Abend über die Berge, und der verirrte Wanderer sprang noch immer ratlos in den Klüften herum. Ermüdung, Hunger trieben ihn zuletzt zu Leistungen der Verzweiflung. Er stürzte geraden Wegs da hinab, wo er die Ebene und menschliche Wohnstätten vermutete. So war er eben im Begriff, vom Rande eines Grabens in dessen Tiefe zu springen, als er vor sich eine bewegungslose Gestalt sitzen sah. Er wollte sie voll Freude um Auskunft nach dem Weg bitten, aber, o Entsetzen, die Lippe des Menschen bewegte sich nicht, seine Wange war kalt, er war tot.

Es wird wohl nicht möglich sein, die Steigerung seines Erschreckens zu beschreiben. Nach den ungewohnten Eindrücken der felsigen Wildnis findet er im Dunkel einen Menschen, und dieser ist – eine Leiche. Er wußte nicht zu erzählen, wie und wo er den Berg hinabkam. Atemlos und verstört erreichte er Egern. Dort berichtete er, was er gesehen hatte. Man ließ ihn schlafen, am nächsten Tage aber luden ihn zwei Gendarmen ein, sie nach der Stelle seiner nächtlichen Vision zu begleiten. Aber es erging ihm fast wie gestern. Er führte die Wächter des Gesetzes bergauf und -ab, und als der Tag vorüber war, hatten sie nichts gefunden.

Erst am nächsten Tage, als man ihn von allen Seiten um genaue Beschreibung des Ortes bestürmte und er den hochrandigen Graben zutreffend schilderte, wurde es einigen der Gegend Kundigen klar, welchen Bergwinkel er meinte. Man machte sich auf und stieß auf die Leiche in der angegebenen Stellung. Der entflohene D. erschien vor Gericht und gab alles so an, wie ich oben sagte. Dann schlief die Geschichte ein.

Der erste Verdacht der Täterschaft fiel auf den Forstwart J. und dessen Sohn. Beide waren zwar in der Frühe desselben Tages ebenfalls im Wald und nicht sehr weit von der verhängnisvollen Stelle – aber es gelang ihnen, ein Alibi darzutun, das das Gericht, wenn auch nicht die öffentliche Meinung, befriedigte. Es glühte unter der Asche; die Erbitterung gegen den jungen, neunzehnjährigen J. war unter der Jugend der Gegend groß. Sicher ist, daß ihm mancher den Tod geschworen haben mag. Denn unter den Wildschützen herrscht der Trieb der Blutrache, wie unter den entzweiten Stämmen Montenegros oder Korsikas. Es gab viele, die nicht einen Gulden auf das Leben des Jünglings gesetzt hätten. Aber das Verhängnis wollte, daß ein anderer die vermeintliche Blutschuld sühnte.

Eines Abends ging ein Tiroler, der im Verdacht des Wilddiebstahls stand, an einem Bauernhaus auf dem westlichen Ufer des Tegernsees vorüber. Der ältere Sohn des Hauses, ein naher Bekannter dieses Tirolers, erkannte ihn trotz der einfallenden Dämmerung und rief ihm aus dem Fenster zu:

»Nu, Hiesl, woher?«

»A bißl g'jagert hab i«, antwortete dieser.

»Nu, fürchst di denn nit vor dem jungen J.?«

»Kunnt sein, daß i ihm eins aufpelzet, bald ih'n sach.«

Damit war die Unterhaltung vorbei. Der jüngere Bruder des Bauernsohnes war in diesem Augenblick etwa hundert Schritte vom Hause entfernt. Es war ein schlank gewachsener Bursch von ungefähr fünfzehn Jahren; er trug eine graue Joppe und lederne Hosen bis an die Knie. Die Waden waren frei, und auf dem Kopf saß das grüne Hütchen. Gerade so war in der Regel der verhaßte Sohn des Forstwarts gekleidet.

Als der Tiroler seines Weges daherkam, stand dieser Bursche hinter einem Zaun. Der mutwillige Knabe pflegte nicht selten Begegnende mit den Worten zu begrüßen: »Halt still, oder i schieß!« Es sind dies Worte, die schon mancher blutigen Szene auf den Felsenhöhen der Berge vorausgegangen sind.

Der Knabe aber dachte bei ihnen an gar nichts, und so rief er arglos dem Tiroler auf der Straße zu:

»Halt still, oder i schieß!«

Den Tiroler drückte das scheue Gewissen eines Menschen, der auf unrechtem Wege wandelt. Sofort sprang er, um sich zu decken, nach Wildschützenart hinter einen Baum, machte seine Büchse schußfertig und lauerte.

Bald erkannte er die Gestalt hinter dem Zaun, und nun war für ihn kein Zweifel mehr, daß er den Todfeind seiner Genossen, den jungen J., sich gegenüber habe. Die Kleidung, die Größe schienen ihm in der Dämmerung dieselben.

Der Junge ergötzte sich an dem Schrecken des Tirolers.

Dieser unterbrach das Stillschweigen:

»Steig aufi auf'n Zaun, wennst a Schneid hast!«

Der Junge ließ sich das nicht zweimal sagen, mit einem Sprung war er oben. Im selben Augenblick aber sank er, vom Schuß des Tirolers in den Unterleib getroffen, mit dem Ruf »Jesus, Maria und Joseph!« vom Zaune auf den Rasen.

Der Tiroler rannte heim, nicht wenig froh, dem verwünschten J. den Garaus gemacht zu haben. Als er in seinem Bauernhaus zu Dürrnbach (unter der Nordspitze des Sees) ankam, weckte er einen andern Knecht und sagte:

»Du, i hab'n J.-Buabn derschoß'n. Du mußt mer Zeug'n stehn, daß i dahoam g'west bin.«

Der aber wollte von der zugemuteten Zeugenschaft nichts wissen.

Mittlerweile war der Knabe im Blut schwimmend aufgefunden worden. Gedärme, Magen, Leber, Lunge waren von Schroten durchlöchert. Er litt entsetzlich. Doch konnte er den ihm bekannten Tiroler als Mörder bezeichnen. Die Gendarmen holten ihn aus dem Bett. Als er zur Obduktion der Leiche geführt wurde, war weder irgendeine Bewegung an ihm wahrzunehmen, noch gab er eine Äußerung des Mitleids oder des Bedauerns von sich. Die Geschworenen fanden ihn des Totschlags schuldig.

Heinrich Noë

Der Förster legt sei Stutzerl an die Wang,
I aber bsinn mi a net z'lang,
Bei mir krachts z'erst, o liaber Gott,
Er rührt si nimmer, er ist tot.

Eine ganz eigentümliche Wilderertragödie ereignete Eine August des Jahres ereignete in der Nähe von Radstadt bei Salzburg.

Der Bauerssohn Hans T., allgemein als Hans von Rohrmoos bei Schladming bekannt, wurde auf einmal vermißt. Er war an einem frühen Augustmorgen fortgegangen und äußerte, er wolle nach den Schafen im Giglachgebiet schauen, wo sie in der Nähe der dortigen Alpe weideten. Dabei versprach er, am Abend des gleichen Tages heimzukommen. Er blieb aber aus. Nun wurde Nachsuchung gehalten, aber nirgends fand sich eine Spur. Da machte man eine grausige Entdeckung. In einer Berghütte saß der Vermißte erschossen am Tisch, Überreste einer Mahlzeit vor sich und den Hut auf dem Kopf. Neben ihm auf dem Boden lag ein erlegtes Reh.

Als man weiter Nachschau hielt, lag wenige Schritte hinter der erwähnten Hütte der Jäger Rupert Pfandl als Leiche. Merkwürdigerweise wies der Körper des Jägers keine sichtbaren Verletzungen auf.

Den Verlauf der Tragödie kann man erraten. Der Bursche wird beim Wildern vom Jäger beobachtet worden sein. Dann folgte Pfandl dem Hans, der sich in die Hutte zuruckzog und zu essen anfing, ohne sich des Hutes zu entledigen, da er wahrscheinlich gleich weiter wollte. Der Jäger wird die Tür aufgestoßen und den Wilderer zur Ergebung aufgefordert haben. Als dieser zur Waffe griff, erschoß ihn der Beamte. Dann wollte er absteigen, um Meldung zu machen, regte sich aber dabei über den Vorfall so auf, daß ein Herzschlag auch seinem Leben ein Ende machte. So kostete das armselige Reh zwei Menschenleben.

Adlmaier

Im Oktober 1923 wurden die Gemüter der Grazer Zeitungsleser durch eine erschütternde Jagdgeschichte erregt. Sie trug sich zu im Jagdgebiet eines Gutsbesitzers in Unterwald, Gemeinde Guttaring, dessen reicher Wildbestand immer wieder Wildschützen anlockte. Der angestellte Jäger hatte stets nur die Spuren der Wilderer gefunden, einen Aufbruch, ein verludertes Stück, sie selber waren ihm immer entwischt. An einem Oktoberabend aber hatte er Glück. Zusammen mit einem Jagdgast war er auf Pirschgang, da sah er im letzten Büchsenlicht eine menschliche Gestalt zwischen den Bäumen. Auf seinen Anruf sprang der Geschwärzte hinter einen Baum, um zu fliehen. Aber da war die Kugel des Jägers schon aus dem Lauf. Als der Schuß verhallt war, herrschte Totenstille im Wald. Der Jäger und sein Begleiter schlichen mit angeschlagenen Gewehren auf die Stelle zu, wo der Wilderer verschwunden war. Da lag er – in den Kopf getroffen. Der Jäger hatte gut gezielt. Er beugte sich herab und sah, daß der Bursche noch schwach lebte. Er wischte ihm das Blut und den Ruß vom Gesicht – und das Herz wollte ihm stehenbleiben vor Schreck. Der da im Sterben lag, war sein eigener, zwanzig Jahre alter Sohn August.

Das Weitere sich auszumalen, bleibt dem Leser überlassen. Ob der Vater seinen Schmerz mit dem Gedanken lindern konnte, in Notwehr geschossen zu haben? Man kann nicht annehmen, daß August das Gewehr gegen seinen Vater erhoben hat, er wußte, daß es nur sein Vater sein konnte, der ihn da anrief. Mit Sicherheit wollte er nur fliehen, um unerkannt dem väterlichen Donnerwetter und der Schande zu entgehen.

nach Adlmaier

Jäger und Wilderer in den Leibgehegen der Wittelsbacher

Man darf wohl sagen, daß Anton Hohenadl mit allem Recht der berühmteste Förster Bayerns gewesen ist. Der zu Glashütte am 13. Juni 1818 geborene war der Sohn des damaligen kgl. Forstwartes Anton Hohenadl und widmete sich selbstverständlich dem Forstberuf, zunächst als Forstlehrling beim Vater bis er nach dessen Tod 1830 nach Schliersee in die Forstlehre zum Revierförster Sachenbacher kam.

Die hervorstechendsten Eigenschaften des jungen Hohenadl traten früh in Erscheinung: Intelligenz, Schneid, Jägerblut! Viel Schneid, Schneid bis zur Verwegenheit und Geringschätzung des eigenen Lebens, wenn der Dienst es erforderte. Und der Dienst stellte zur damaligen Zeit an die grüne Gilde ganz andere Anforderungen als heute.

Im Herbst 1836 kam der junge Hohenadl als »funktionierender Forstgehilfe« nach Egern am Tegernsee.

Der hübsche und schneidige Toni kam wie gerufen, zur richtigen Zeit. Hatten doch die Almbauern und Weidebesitzer schon seit vier Jahren schwer unter einem Wolf zu leiden, der schweren Schaden an den Viehbeständen anrichtete, besonders Kälber und Schafe massenhaft riß. Nicht minder hatte er dem Wildstand Schaden zugefügt, so daß die Jägerei scharf hinter diesem Wolf her war. Aber alle Jagden auf ihn waren vergeblich. Alle Hoffnungen konzentrierten sich nun auf den schneidigen Toni, der nicht viel Worte machte, dafür um so fleißiger pirschte, sich keine Ruhe gönnte, um den gefürchteten Schädling zu erlegen. Wie vom Erdboden verschwunden war der junge Forstgehilfe Hohenadl mehrere Wochen hindurch, immer innerberg, dem Tier auf der Fährte. Und eines Tages kam Toni nach Egern zurück mit dem kapitalen Wolf auf dem Rücken zum Jubel der Bevölkerung.

Bei den damaligen Verhältnissen und der überaus frech betriebenen Wilderei mußte Hohenadl in schwere Konflikte mit den Raubschützen kommen. Für derlei Kämpfe war der schneidige Toni just der richtige Mann; er überragte indes seine tüchtigen Kollegen und die Wilderer durch Verwegenheit. Zeitlebens hatte es für Anton Hohenadl kein Zaudern gegeben, wenn es galt, Reviere von Lumpen zu säubern. Er war den schneidigsten Raubschützen über im Gehen und Steigen, in Kenntnis aller Kniffe und der Reviere, in kluger Berechnung und im flinken Schießen.

In jener Zeit sah man in den Raubschützen nur Diebe, denen das Leben des pflichttreuen Jägers nur einen Schuß Pulvers wert war.

In jungen Jahren ging Hohenadl bei der Reviersäuberung ungemein »praktisch« vor, er fing die Raubschützen und bearbeitete sie so gründlich, daß ihnen wenigstens für einige Zeit die Lust zum Wildern verging. Gar mancher verließ das Revier mit bös verhauenem Schädel. Diese handgreifliche Erledigung zahlloser Wildererfälle bewirkte, daß Hohenadl geradezu gefürchtet wurde. Freilich weckte dieses scharfe Vorgehen zuweilen auch bittersten Haß. Doch Hohenadl war stets auf der Hut, hielt Augen und Ohren offen und gab sich keiner Unvorsichtigkeit hin. Furcht kannte er nicht; vor einer Geringschätzung der täglich, ja stündlich drohenden Gefahren bewahrte ihn die Klugheit, die Kenntnis des Dienstes und der damals arg rauhen Verhältnisse.

Die interessanteste Episode aus dem vielbewegten Dienstleben Anton Hohenadls war die Verfolgung eines beispiellos kühnen und raffinierten Wilderers, des Peter Rießer, der später Wildmeister des bekannt grundtüchtigen Weidmannes, des Herzogs Ernst II. von Sachsen-Coburg-Gotha, in der tirolischen Hinterriß und somit Kollege Hohenadls wurde.

Mit seltener Frechheit wilderte Peter Rießer längere Zeit hindurch in den Revieren, die Hohenadl zu schützen hatte. Und immer hatte Rießer das Glück, nicht erwischt zu werden, obgleich Hohenadl alles aufbot, um dieses Wildschützen habhaft zu werden.

In begreiflicher Erbitterung äußerte Hohenadl, daß er, falls Peter Rießer im Revier betreten werden sollte, keine Rücksicht üben und den verwegenen Wilderer ohne weiteres niederschießen werde. Die Verhältnisse im bayerischen Revier vor 1848 waren derart gelagert, daß es ein anderes Mittel zur Eindämmung des Wildererunwesens gar nicht geben konnte.

Hohenadl mußte den beispiellos verwegenen Peter Rießer unschädlich machen, um jeden Preis, unter Einsetzung des eigenen Lebens.

Toni saß eigens und unermüdlich an, paßte an unzähligen Stellen auf Peter Rießer. So an einem Tage oberhalb einer von Rießer gern zum Einstieg benutzten schmalen Schlucht. Hohenadl saß hinter dem Stamm einer Wetterfichte in guter Deckung mit schußfertiger Büchse, zum Äußersten entschlossen. Leben gegen Leben. Der Morgen war trüb, einen Wettersturz kündend. Doch zeitweilig fielen für wenige Sekunden Sonnenstrahlen auf die schwitzenden Felsen, dann verhüllten eilig ziehende Wolken sie wieder. Hohenadl saß ruhig, eingestochen war die Büchse, deren Läufe hart neben dem Fichtenstamm auf das heraufziehende Steigl gerichtet waren.

Auf diesem Steigl sollte die alte Rechnung ausgeglichen werden zwischen Anton und Peter.

Die Kalkulation Hohenadls war gut und richtig: Peter, mit dem Stutzen in der Hand, stieg ein in die Schlucht.

Unwillkürlich hob Hohenadl seine Büchse um etliche Zoll höher. Nun soll binnen einer Viertelstunde die Entscheidung fallen ...

Ahnungslos und ohne Geräusch stieg Peter aufwärts, scharf äugend und horchend. Und plötzlich gewahrte er ein verdächtiges Blinken, etwa so, wie wenn ein flüchtiger Sonnenstrahl auf Metall gefallen wäre. Wie vom Blitz getroffen sank Rießer nieder, bewegungslos blieb er ein Weilchen auf dem Boden liegen. Dann aber kroch er wie eine Schlange zurück, vorsichtig seinen Stutzen vorausschiebend; ängstlich vermied er jeglichen Steinschlag, achtete nicht der Schürfungen an Knien und Händen.

Etwa eine Stunde später war Peter wieder unten an der Mündung des Tobels. Nun erhob er sich und verschwand still und unhörbar.

Hohenadl hatte mehrere Stunden in gespanntester Erwartung gepaßt. Es war rätselhaft, warum Rießer, den er doch hatte einsteigen gesehen, nicht heraufkam.

Gegen Mittag gab er die Passe auf, suchte aber sowohl die Schlucht wie die Umgebung ab, weil er glaubte, Peter Rießer müsse abgestürzt sein.

Gefunden wurde nichts, denn Rießer war längst davon. Jahre vergingen. Hohenadl rüstete zur Übersiedlung nach Leogang, wohin er unter Beförderung zum Forstwart versetzt worden war. Und Peter Rießer, der Raubschütze, war vom Fürsten Leiningen als Jäger angestellt worden, ein beliebtes Mittel, um die rabiatesten Raubschützen unschädlich zu machen.

Fürst Leiningen, als Jagdherr der Vorgänger des Herzogs Ernst II. von Sachsen-Coburg-Gotha, hatte es nicht zu bereuen, den Hauptlumpen zum Jagdgehilfen gemacht zu haben. Peter Rießer wurde vom Tage seiner Anstellung an der gefährlichste Feind aller Raubschützen, ein musterhafter Jäger und Heger, ein opferwilliger, treuer Diener seines Herrn. Und in den sechziger Jahren wurde die ausdauernde Musterleistung Rießers, seine Hingebung für den Jagd- und Hegedienst dadurch belohnt, daß ihm die freigewordene Stelle des Wildmeisters und Jagdleiters in der Hinterriß übertragen wurde. Und als Wildmeister erzählte Rießer in Freundeskreisen gerne und stets mit größtem Respekt von Hohenadl, daß ein winziges Sonnenscheinchen, das momentane Blinken der Gewehrläufe ihn vor einem schlimmen Ende gerettet hatte. Nur das Blinken des Metalls hatte Rießer beobachten können, den Hohenadl aber nicht gesehen. Für den raffinierten Wilderer war es nicht schwer zu vermuten, daß hinter den Gewehrläufen der Forstgehilfe lauernd hockte. Und Rießer hat versichert, es wäre ihm damals völlig recht geschehen, wenn Hohenadl ihn niedergeknallt hätte. »G'wildelt hab' ich schon sakrisch!« lautete der Ausspruch des Wildmeisters Rießer, der dann den Kollegen Hohenadl durch eine Mittelsperson herzlich grüßen ließ.

Soweit ich mich erinnern kann, hat Rießer unter Herzog Ernst II. noch einige Zeit gedient; dann gab es Krach mit Hofbeamten, die diesem Weidmann von altem Schrot und Korn, vielleicht auch wegen seiner Vergangenheit, aufsässig wurden. Hofmann war Peter Rießer allerdings nicht. Er wurde pensioniert und starb am 18. Oktober 1888.

Diese Methode, die Wilderer in den Dienst zu nehmen, statt sie zu bekämpfen, hat im Krieg 1870/71 der König in größerem Maßstab praktiziert. Mit gewöhnlichen Mitteln war das Unwesen nicht zu bekämpfen, die Wilderer hatten die Mehrheit und eine beispiellose Gerissenheit nebst genauesten Geländekenntnissen für sich. Der am schwersten heimgesuchte hohe Jagdherr wollte aber Ordnung in den Revieren und seinem Wild Ruhe schaffen.

Um dieses damals für unmöglich gehaltene Ziel zu erreichen, ließ sich der Jagdherr auf das sehr bestaunte, ja als verrückt erklärte Wagnis ein, erwischte Wilderer – es waren Prachtkerle aus dem oberen Isartal – nicht nur nicht den Gerichten zu übergeben, sondern auch noch als Jagdgehilfen anzustellen, wenn die Burschen eidlich gelobten, nicht mehr zu wildern und ihren früheren Kameraden im Revier das Leben möglichst sauer zu machen. Der Schwur auf Sühne und Treue, Bekämpfung der Wilderer wurde freudig geleistet und mustergültig gehalten. Die Wilderer wurden die allerbesten Jagdgehilfen und erwiesen sich als sehr wertvolle Todfeinde ihrer ehemaligen Spießgesellen, die allerdings jede Gelegenheit zum »Aufischießen« benutzten, bis es den neuen, sehr diensteifrigen Jagdgehilfen und Ex-Wilderern gelang, die rachgierigen Kameraden von 1870/71 einzufangen.

Der Erfolg des Wagnisses war so groß und glänzend, daß der hohe Jagdherr oft um Überlassung etlicher dieser bis zur Verwegenheit schneidigen, mit allen Kniffen der Wilderer vertrauten, völlig zuverlässigen, treuen und dankbaren Jagdgehilfen gebeten wurde. Die Prachtmenschen hielten ihren Treueschwur bis zum letzten Atemzug. Sie hatten alle mit Erlaubnis und Unterstützung ihres hohen Herrn heiraten dürfen, eigene Häuschen zum lebenslänglichen »Heimatl« erhalten; ihre Söhne wurden durchwegs wieder Jagdgehilfen von besonderer Zuverlässigkeit und Schneid, Todfeinde der neuen Generation von Wilderern, die aber wesentlich vom Tatendrang ihrer Väter abwichen und leichter kurzgehalten werden konnten.

Die Schattenseiten eines großen, wildreichen Jagdbezirkes mußte auch Herzog Karl kennen lernen, denn auch in seinen gutgehegten Revieren wurde viel gewildert, zumal in Distrikten, die an Tirol grenzen. In den siebziger und achtziger Jahren waren es besonders die Reviere von Bayerischzell, Fischbachau und Schliersee, später auch jene von Kreuth und Glashütte, die stark von Wilderern aus Lenggries, Geißach, Wackersberg, Rottach und Brandenberg heimgesucht wurden. Daß speziell die Dörfer Geißach und Wakkersberg die verwegensten Wilderer liefern, weiß man seit reichlich hundert Jahren. Und bekannt ist die Vorliebe der Bevölkerung der tirolischen Dörfer Steinberg und Brandenberg für herzogliche bayerische Hirsche. In den Revieren Fischbachau und Schliersee stellte die Arbeiterschaft der benachbarten Bergwerke das »übliche« Kontingent Wildschützen. Wie intensiv gewildert wurde, geht daraus hervor, daß in den achtziger Jahren rund hundert Wilderer eingefangen und abgestraft wurden.

Unter den Einfällen verwegener »Schwarzgeher« hatte das Schutzpersonal von jeher viel zu leiden; mancher Jagdgehilfe fand im Dienst den Tod. So wurde 1876 der herzogliche Jagdgehilfe Florian Auer im Aurachtale meuchlings erschossen aufgefunden; der Arme hatte in der linken Hand den Hut, dessen

Krempe von oben durchschossen war, in der rechten Hand hielt Florl das Taschentuch, mit dem er sich das aus der Kugelschußwunde an der Nase hervorquellende Blut abgewischt hatte. An diesem Tage, der für Florian Auer ein so gräßliches Ende nahm, hatte Herzog Karl seinem Jagdpersonal in Bayerischzell ein Festschießen gegeben. Alle herzoglichen Jäger beteiligten sich an dieser Veranstaltung, nur der Florl nicht, der in seinem Pflichteifer sein Revier nicht verlassen wollte. Florl rechnete mit der Wahrscheinlichkeit, daß die Wilderer das Festschießen der Jägerei zu Bayerischzell zu einem Einfall in das vom Personal entblößte Revier benützen würden. Und so ging er in seinen Bezirk, und richtig fiel auch bald ein verdächtiger Schuß. Und wider Erwarten plötzlich geriet der Jäger unter die frech riegelnden Lumpen, die bereits drei Gams erlegt hatten. Wie sich der Mord ereignete, ist unbekannt geblieben; Florl wurde, von oben durch Hut, Kopf, Brust und Arm geschossen, tot aufgefunden.

Drei Jahre später wurde der bärenstarke Jagdgehilfe Loidl von Schliersee ein Opfer der Wilderer. Loidl hatte im Revier einen schlecht verräumten Hirsch gefunden, legte sich auf Passe und wartete geduldig auf die Lumpen, die denn auch und gleich zu dritt kamen. Das Vertrauen Loidls auf seine herkulische Körperkraft wurde sein Verderben. Der bärenstarke Jäger ließ sich unvorsichtigerweise aufs Raufen ein, machte von der Waffe keinen Gebrauch. Loidl wurde mit ausgerissenem Bart und faustgroßem Einschuß im Unterleib tot aufgefunden.

Mehr Glück in einem Zusammenstoß mit Wilderern hatte der Hofjagdgehilfe Unterleitner von Rottach, auf den drei Lumpen feuerten. Ein Kugelschuß prallte am Perspektiv ab, das Unterleitner eben in Händen gehalten hatte. Ein Bleihagel (Postenschuß) traf jedoch den Jäger mitten auf den Unterleib. Die Kerle ließen den schwerverwundeten Jagdgehilfen liegen und verschwanden spurlos.

Mit hingebender Aufopferung nahmen sich Herzog Karl und seine Gemahlin des in das Tegernseer Krankenhaus gebrachten Jägers an, den sie täglich, zuweilen sogar zweimal des Tages besuchten. Auf Befehl des Herzogs mußte täglich aus bestem Ochsenfleisch die Kraftbrühe für den Patienten bereitet werden. Und die Herzogin kontrollierte Tag für Tag die Herstellung dieser Kraftsuppe. Unterleitner hatte auf Kosten des Herzogs auch eine eigene Krankenpflegerin. Weit und breit wurde es verkündet von Mund zu Mund, daß der Jäger, dem Blase und Gedärme von mehr als 30 Schroten durchschossen waren, nur der sorgsamen und aufopfernden Pflege der gnädigsten Herrschaften es zu danken hatte, daß er nach langem, schwerem Krankenlager mit dem Leben davon kam.

Viel Federlesens machten auch die Jagdgehilfen Sennhofer und Maier (Revier Glashütte) nicht; in einem Spezialfall fand auch der Jagdherr ihre Erbitterung und das »Hinaufschießen« begreiflich, als nämlich zwei Lumpen im März (!) ein Stück jämmerlich niedergeknallt hatten.

Als Schützer des dem deutschen Kronprinzen reserviert gewesenen Revieres in den »Totengräben« (Nordfuß des Blauberges, Hirsch- und Gamsgebiet) hielt Sennhofer es für besondere Pflicht und Ehrensache, scharf vorzugehen; er fing auch richtig einen »Freund« kronprinzlicher Gemsen »füri«, bald darauf zwei andere Lumpen am »Stahleck« (vorzügliches Gamsgebiet bei Glashütte), und bearbeitete ihnen das Gesäß, ohne bei dieser Arbeit auch nur ein Wort zu äußern.

Einer der ausdauerndsten »Passer« auf Wilderer ist der Jagdgehilfe Göttfried gewesen, der am Heiligabend vor einigen Jahren am Sonnberg (Gamsrevier) einen Schuß hörte. Die ganze kalte Weihnacht paßte Göttfried am Steig; der Kerl kam aber nicht, er mußte etwas gemerkt haben und war oben geblieben, nächtigte vermutlich in einem Latschengestrüpp. So schlau wie der Wilderer war aber auch der Jäger, der unverdrossen zu Weihnachten oben blieb. Am Vormittag des ersten Feiertages merkte Göttfried, daß Gams flüchtig wurden, und alsbald fiel ein Schuß. Nun pirschte Göttfried, konnte den Kerl aber tagsüber nicht aufgehen. Mit Beginn der abendlichen Dämmerung legte sich der Jäger am Steig (nach Lenggries) abermals auf Paß, bereit, die zweite Nacht im Dienstesinteresse zu opfern.

Die Ausdauer wurde belohnt. Am Abend kam ein Kerl herab, den Göttfried anschrie. Der sehnlichst Erwartete fuhr mit dem Stutzen auf, doch Göttfried war flinker und feuerte auf die Haxen des Lumpen.

»Herrgott! Ich bin ja ein Pächter!« schrie der Angeschossene und warf den Stutzen weg.

Der Fall klärte sich nun folgendermaßen auf: Der Angeschossene war erst gegen Mittag von Hause weggegangen, um dem eigentlichen Gauner, auf den Göttfried paßte, beim Transport der Beute behilflich zu sein. Tatsächlich war der Hilfsbereite ein mit Jagdkarte versehener Revierpächter! Den wirklichen Wilderer hatte demnach der Jäger nicht erwischt, nur den Hehler, der dann so »freundlich« war, gegen Göttfried Strafantrag wegen Körperverletzung zu stellen... Der opferwillige Jagdgehilfe erhielt denn auch drei Wochen Gefängnis aufgemutzt, wovon ihm aber vierzehn Tage erlassen wurden.

Dafür dankbar, ging Göttfried, das Muster eines Jagdschützers, erst recht schneidig vor. Bald darauf verhalf er fünf Lenggrieser Lumpen auf einmal zu schweren Gefängnisstrafen; die Kerle hatten im »Schwarzentenn« (Südfuß des Hirschberges) ein Gelttier im Gewicht von 172 Pfund gewildert und abwechselnd durch das herzogliche Revier gegen Lenggries getragen. Obwohl allein, einer gegen fünf, nahm Göttfried den ungleichen und gefährlichen Kampf unerschrocken auf und blieb Sieger, ohne geschossen zu haben.

Ebenso nahm Göttfried im »Saurüssel« (Grenze gegen Lenggries) zwei Lumpen, die ein Stück und einen Rehbock mit aller Ungeniertheit niedergeknallt hatten, auf eine besonders schlaue Weise gefangen. Göttfried pirschte nämlich ständig ungesehen mit, verfolgte die Kerle bis zur Ortschaft Fleck und beobachtete trotz der Dunkelheit genau, wie die zwei Wilderer die Beute im Rauchenbergergütl abluden und versteckten. Nun holte Göttfried den Gendarmeriewachtmeister von Lenggries, beide nahmen früh drei Uhr im Rauchenbergergütl Haussuchung vor mit schönem Erfolg; im Waschkessel brodelte der Aufbruch, Bock und Stück waren im Heu versteckt, die Wilderer hingegen voll von Wildschweiß lagen zu Bette und waren ob des Besuches sehr überrascht und gingen dann ziemlich deprimiert mit nach Tölz zum Amtsgericht.

Eine hübsche Episode erlebte Göttfried mit dem schon genannten Jäger Unterleitner, bevor dieser schwer verwundet und an den Rand des Grabes gebracht worden war. Beide hatten am Hochtraiten (Revier Bayerischzell) einen Wilderer aufgegangen, mit ihm auf Leben und Tod gerauft, ihn niedergezwungen und dann nach Fischbachau zum Oberförster eskortiert. Hier erhielt der ziemlich erschöpfte Lump die nötige Atzung, worauf er im Zimmer mit vergittertem Fenster eines Nachbarhauses eingesperrt wurde. Zur Vorsicht hatte Unterleitner, der das Nachbarzimmer bezog, dem Verhafteten alle Kleider weggenommen; der Kerl hatte nur das Hemd an und mußte sich ins Bett legen. Des Morgens wollte Unterleitner dem Wilderer die Kleider wiedergeben, aber der Kerl war nicht mehr da. Beide Jäger waren anfangs nicht wenig verblüfft; die Flucht im Hemd, bei fußhohem Schnee, überraschte sehr. Die sofort eingeleitete Untersuchung klärte auf, wie der Wilderer seine Flucht bewerkstelligt hatte; der Kerl, ein tirolischer Holzknecht aus Tiersee, hatte nachts die Bettstatt auseinandergenommen und mit der einen Bettlade das Eisengitter am Fenster so verbogen, daß das Durchzwängen möglich war. Im Hemd und bloßfüßig wanderte der Kerl durch Nacht und Schnee über die Grenze nach der tirolischen Ortschaft Landl, wo ihm ein Landsmann, ein Bauer, mit Kleidern aushalf.

Was die Jäger schwer ärgerte, den Herzog nicht wenig amüsierte, war die Tatsache, daß jener Wilderer dem Jäger Unterleitner eine Postkarte mit voller Unterschrift sandte, das nächste Mal werde er auf Pirsch im herzoglichen Revier ein zweites Paar Schuhe mitnehmen ...

Die heutzutage von Touristen umwimmelte »Rote Wand« war früher ein von tirolischen Wilderern bevorzugtes Revier. In den siebziger Jahren flogen die blauen Bohnen hin und her. Ein herzoglicher Jäger in schwerer Bedrängnis schoß einen Tiroler Wilderer mitten durch die Brust. Die zwei Begleiter trugen den Verwundeten auf einer Leiter über die Grenze nach Landl. Hinterdrein wurde bekannt, daß der Kerl den Schuß durch die Lunge sehr gut überstanden hatte. Dessen war der Jäger wahrlich froh. Über das Heilungsresultat mochte sich auch der Arzt gefreut haben, weniger über die Art, wie sich der Geheilte verabschiedete: »Mit Dank adje, Herr Doktor!« Der Geflickte wanderte in die Schweiz aus.

Unangenehme Nachbarn des herzoglichen Jagdgebietes waren und sind die Brandenberger Holzknechte, auf die die herzogliche wie die staatliche Forstverwaltung leider angewiesen sind. Diese »biederen« Tiroler stecken natürlich unter einer Decke mit ihren »tapferen« Freunden in den Dörfern Steinberg und Brandenberg. Am Grat des Blauberges und der Wildlochspitz lauern diese wildbretlüsternen Tiroler ja ständig – mit langen Leckern – auf die herzoglichen

Hirsche und Gemsen. Über die Grenze wagen sie nicht zu gehen. Dafür sind die Brandenberger Holzknechte so freundlich, an verabredeten Tagen und zu bestimmten Stunden Wild anzugehen und über die Grenze zu drücken, wo es dann lustig niederkanoniert wird. Seit man das weiß, wird selbstverständlich vom herzoglichen Personal scharf aufgepaßt. Mitunter glückt aber einem Holzknecht das kniffige Manöver doch.

Ebenso dumm wie zwecklos – wenn nicht Neid oder Rachegier eine Rolle spielt – ist das »Hereinschießen« der Brandenberger Nachbarn; angebleites und verludertes Wild wird alljährlich nahe der Grenze gefunden. Vor zwei Jahren fanden herzogliche Jagdgehilfen unweit der Grenze eine Gams (Kitzgeiß) und einen Zwölfender in verludertem Zustande, schmählich angekratzt. Da die Grenze scharf überwacht wird, ist es fast rätselhaft, wie diese Knallerei möglich sein konnte. Zusammenstöße mit Wilderern sind hier selten. Ein Brandenberger Wilderer wurde auf herzoglichem Gebiete angeschossen und in einer Hütte am Blauberg tot aufgefunden. Man weiß heute noch nicht, von wem der Wilderer angeschossen worden ist.

Sehr erfreut war Herzog Karl, als zur Jahrhundertwende Fürst Auersperg die Achentaler Jagd an der westlichen Grenze des herzoglichen Revieres pachtete und selbstverständlich gute, ja vorzügliche Nachbarschaft in weidmännischer Beziehung hielt. Und von Herzen gönnte Herzog Karl dem Jagdnachbarn das besondere Weidmannsheil, als Fürst Auersperg im Jahre 1904 einen ganz kapitalen und noch dazu selten abnormen Hirsch erlegte. Der großen Freude folgte ein weniger schönes Nachspiel, das an ein ähnliches Malheur des Ministers Baron Lutz erinnert. Das frohe Ereignis wurde beim Wirt am See tüchtig begossen, nachdem der abnorme Kapitale in gut verschlossener, mit Vorhängeschloß abgesperrter Heuschupfe beim Wirtshaus untergebracht war. Am nächsten Morgen, als man den Hirsch herausziehen wollte, hatte der Kapitale kein Haupt mehr ... In der Fachwand klaffte ein riesiges Loch; Wilderer hatten die Bretter der Wand losgebrochen, dem Kapitalen das Haupt abgesäbelt und gestohlen.

Arthur Achleitner, 1922

Kronprinz Wilhelm von Preußen und die Wilderer

Für den ersten »Gamsgang« des Kronprinzen Wilhelm von Preußen wurde das Revier »Große und Kleine Wolfsschlucht« erwählt, eine Marschstunde von Bad Kreuth entfernt, rein südlich gelegen am nördlichen Steilsturz des Blaubergs in einer Höhe von nur etwa hundert Metern über Kreuth. Ein romantisches Gebiet mit wildzerrissenen Schluchten und zwei Wasserfällen, reines Latschenrevier von nicht großer Ausdehnung, Flächenraum für höchstens drei oder vier gute Gamsböcke (sogenannte »Einsiedler« sommersüber). Anderes Wild konnte sich dort schon wegen ungenügender Äsung nicht halten. Für die Kreuther Kurgäste, die dorthin gern den Verdauungsspaziergang unternahmen oder sich neuen Hunger für den Abendtisch holten, wurden etliche Tage vor »Wilhelms Gams-Rigorosum« das Gebiet gesperrt, so daß jede Beunruhigung vermieden blieb. An jenem 6. August brachte der liebenswürdige Herzog seinen jungen Gast ins Revier, »unhörbar selbst für die Würmer«, wo zwei Jagdgehilfen als Drücker aufgestellt waren. Als der Gast den Stand erreicht hatte und nach einer Schnaufpause ruhig geworden war, begannen die Gehilfen die stille Drückarbeit, die gut glückte insofern, als ein aufgegangener Gamsbock in nicht allzu großer Vergrämung, also in gemäßigter Eile, die Richtung zum Stand des jungen Schützen nahm und alsbald gut, flink und erstaunlich sicher die Kugel erhielt. Schier besinnungslos vor Freude war der junge Jagdgast über diesen Erfolg: erstmals im fünfzehnjährigen Leben einen Gams geschossen!

Der Herzog freute sich in seiner bekannt ritterlichen Art, der jeder Schußneid lebenslang fremd geblieben war, über die riesige Freude seines Gastes, der den Dank nur stottern konnte und in tiefster Bewegung den feierlich überreichten Latschenbruch als jagdliches Siegeszeichen entgegennahm.

Mit den herzoglichen Jagdgehilfen, die den jungen Kronprinzen später – Wilhelm war überglücklich, daß er jedes Jahr zum Gamsabschuß eingeladen wurde – zu führen hatten, befreundete er sich rasch und nett, besonders mit dem tüchtigen Sennhofer, einem verwegenen Jäger, dem das Photographiertwerden arg zu Kopfe stieg. Wilhelm hatte sich aus »Sympathie und Dankbarkeit« mit Sennhofer photographieren lassen. Die Ehrung machte den ohnehin auf Wilderer höllisch scharfen Sennhofer völlig rabiat, so daß er für Wilderer »lebensgefährlich« wurde, jeden Kampf aufnahm und sehr rasch drei der verwegensten Raubschützen einfing und der Gendarmerie übergab. In welchem Zustand die Einlieferung erfolgte, bleibt Dienstgeheimnis. »Oberzeremonienmeister am Berliner Hofe« war ja Sennhofer nicht, aber »verliebt» in den Kaisersohn, dem hinwieder die Romantik ins Blut fuhr, wenn er inmitten dieser Bergwelt von solchen Taten der Schneid und Treue hörte, von gefährlichen Kämpfen auf Leben und Tod zum Schutz der »kronprinzlichen Gemsen«. Die Schauplätze dieser Kämpfe (»Totengräben« am Nordfuß des Blaubergs, »Stachleck« im Revier Glashütte) besuchte »Willy« eigens zur Besichtigung des Geländes und ließ sich die Einzelheiten der Schießerei oder des Ringens erzählen. Sennhofer war dann mächtig stolz, wenn ihm der Kronprinz kraftvoll die Hand drückte. Begreiflich war, daß ein großes Geriß um den kaiserlichen Erstgeborenen entstand, denn jeder der herzoglichen Jagdgehilfen wollte mit Wilhelm photographiert sein. Viele Angehörige dieser kleinen Armee von Jagdgehilfen glaubten damals diese Ehrung erringen zu können durch verschärftes Vorgehen gegen die Wilderer, die dadurch sehr schlechte Zeiten hatten und nicht mehr auf ihre Kosten kamen.

Wer die damaligen Verhältnisse in der Tegernseer Bergwelt kannte, wunderte sich, daß bei der Aufstellung der gesamten »Verbrechen« des Kronprinzen (1918) vergessen wurde, Wilhelm den Jüngeren auch »sträflicher Scharfmacherei« anzuklagen. Jagdgehilfen durch »Photographieren lassen« so scharf zu machen, daß sie unter Todesverachtung Wilderer

abfingen, das war doch ein todeswürdiges Verbrechen, obzwar der Fünfzehnjährige nicht mal das »Feste druff« gesprochen hatte.

Es hat einen tieferen Grund, daß vom Kronprinzen im Jagdtagebuch die Heimat der Jäger, das Zillertal (Tirol) hervorgehoben wird.

Als die Hopfrebener Jagd gegründet wurde, bestand das Aufsichtspersonal aus einheimischen Jagdgehilfen unter Leitung eines bäuerlichen Jagdpächters. Die Tätigkeit dieses Jagdschutzpersonals soll nicht geschmäht werden, aber Tatsache ist, daß stark gewildert wurde. Dies erkannte Herr Fairholme sehr bald, er wurde sich auch rasch darüber klar, daß der bitter empfundene Übelstand nur durch Anstellung fremder und schneidiger Jagdaufseher behoben werden konnte, die nicht verwandt mit der Bevölkerung waren, keinerlei Rücksicht auf Angehörige zu nehmen hatten. Herr Fairholme holte sich aus dem Zillertal zwei tüchtige Burschen, die sehr scharf ins Zeug gingen, ihren Schutzdienst schneidig und gut versahen und die Reviere säuberten. Einer von jenen Zillertalern war der Oberjäger Brugger, den Kronprinz Wilhelm alsbald schätzen lernte und mit vollstem Vertrauen auszeichnete, das nie enttäuscht wurde. Nach und nach wurden noch mehr Jagdaufseher aus Tirol geholt, darunter drei Brüder aus einer Jägerfamilie. Leicht war das Wegfangen der Wilderer nicht, da sie schlaue und verwegene Allgäuer aus dem kleinen Walsertal an der Grenze von Vorarlberg und Bayern waren, gewinngierige Fleischmacher und Gamsliebhaber von besonderer Frechheit.

Die schwere Arbeit der Ausmerzung solcher Herrschaften wurde übrigens wirksam von Lahnen unterstützt, die die allerfrechsten Raubschützen mitrissen. Zuweilen wurde aber auch ein Jäger erschossen.

Als Vertrauensmann des deutschen Kronprinzen vollbrachte Oberjäger Brugger im Jahre 1912 eine besonders wackere Tat, indem er unter allerschwierigsten Umständen einen Gamsdieb auf der Hohen Künzel und in den Künzelwannen verfolgte. Wollte Brugger den Dieb erwischen, mußte das felsige schuttreiche Gelände bei größter Geschwindigkeit im Abstieg von mehreren hundert Metern lautlos umgangen werden. Es hieß rennen, springen in weitem Boden, katzengleich durch Felskamine gleiten, über Buckel und Wandeln rutschen, tollkühn Risse übersetzen, pfadlos Rundungen auslaufen und lebensgefährliche Sprünge in tiefer gelegenes Gelände vollführen. Alles in Hast und höchster Eile, denn Brugger mußte dem Kerl den Weg abschneiden, den gedachten Treffpunkt erreicht haben, bevor der Wilderer dort anlangte. Und verschnaufen mußte der Oberjäger doch auch um soweit gekräftigt zu sein, daß der Kampf aufgenommen werden konnte. Die allergrößte Schwierigkeit bei der Verfolgung dieses Raubschützen bestand darin, daß Brugger möglichst geräuschlos das Klippengewirr durchqueren und jeden Steinschlag vermeiden mußte. Der geringste Lärm hätte den Wilddieb selbstverständlich zur Änderung der Fluchtrichtung und Beschleunigung des Abmarsches veranlassen müssen.

Was nahezu unmöglich erschien, Brugger vollbrachte die bewunderswerte Leistung trotz der Hindernisse; er kam vor dem Dieb an der auserwählten Stelle an. Wenige Minuten später war der Raubschütz gefangen.

Die Belohnung für die Glanztat bestand darin, daß der Kronprinz seinen Oberjäger nach Berlin kommen ließ, ihn liebreich bewirtete und ihm die Geweihausstellung zeigte.

Voll Begeisterung kam Brugger von Berlin zurück. Und nun wollten auch die anderen Zillertaler Gäste des Jagdherrn werden und diese Auszeichnung erreichen durch bis zum Höchstmaß gesteigerte Pflichterfüllung im Jagdschutzdienst. Ein Ansporn war auch Geldbelohnung für Festnahme von Wilddieben.

Der Eifer der Zillertaler brachte mitunter köstliche Fehlgriffe. So beging einer der Jagdgehilfen im Spätherbst sein Revier zu früher Stunde und gelangte an eine Stelle, die einen Ausblick auf eine bereits verlassene Almhütte gestattete, an deren Tür der Jäger eine Gestalt gewahrte, die gleich ihm Ausschau hielt. Durch das Fernglas erkannte der Jagdgehilfe, daß die mißtrauisch äugende Gestalt an der Hüttentür einen schwarzen Bart und – Frauenkleider trug.

Daraufhin gelangte der Jäger zur Überzeugung, daß es sich um einen Wilderer handeln müsse, der mit besonderer Schlauheit arbeitete und durch Verkleidung täuschen wollte. Einen vollen Tag opferte der Jäger zur Beobachtung. Das Ergebnis war, daß das »schwarzbartete Weib« mehrmals Wasser vom Almbrunnen holte, jedesmal vor Austritt scheu und vorsichtig die Gegend absuchte, wie um sich zu vergewissern, ob Gefahr bestand. Das war sehr sonderbar und verdächtig, genügte aber nicht zu einer Verhaftung durch den Jäger, der nun zum Jagdhaus Hopfreben hinuntereilte und Meldung erstattete. Um drei Uhr früh gingen Oberjäger Brugger und der Revierjäger hinauf und erreichten nach beschwerlichem Marsch vor Dämmerungsbeginn den Beobachtungsposten oberhalb der Almhütte.

Richtig kam am Morgen die bebartete Frau aus der Hütte, sicherte wie mißtrauisches Wild und holte, da nichts zu sehen war, Wasser vom Almbrünnele.

Diesmal blieb Brugger zur Beobachtung zurück: der Revierjäger mußte den weiten Weg rennen, die Gendarmerie verständigen und mit einem Gendarm zur Hüttendurchsuchung zurückkehren.

Das geschah. Zum Abend fand dann eine Beratung zu dritt statt, gleich darauf der Anmarsch von drei Seiten mit schußbereiten Gewehren.

Die Überraschung glückte vollauf, das »Bartweib« war mit dem Kochen beschäftigt und ahnungslos. Der Gendarm griff sofort zu und kettelte den Barteten, der keinen Widerstand leistete, jede Aufklärung aber verweigerte. Daraufhin wurde der sonderbare Mensch ausgeschält. Der Schwarzbartete trug nicht weniger als dreizehn Weiberkittel am Leibe, zu innerst Hemd und – kurze Lederhose.

Nach weiterer Untersuchung und Betrachtung, Nachlesen etlicher Steckbriefe, Vergleichung usw. stellte der Gendarm fest, daß der Schwarzbartete ein seit langem von der Staatsanwaltschaft gesuchter Dieb war. Ein ganz gewöhnlicher Dieb, der alles mögliche stahl, nur nicht Wild. Er besaß weder Gewehr noch Munition, hatte auch kein Wildbret in der Hütte.

Die Gesichter der Jäger waren bei solcher Feststellung sehr lang geworden, die Zillertaler um so ärgerlicher, als sie recht wohl ahnten, daß zum Entgang des Fanggeldes nun todsicher der Spott kommen werde. Es wurde viel gelacht über diese Episode, nicht zum wenigsten vom Jagdherrn, der den Eifer des Jagdgehilfen trotz des Mißerfolges dennoch belohnen ließ.

Arthur Achleitner, 1922

Der Radlschuster

Im Chiemgau hatte vor dem ersten Weltkrieg ein Wilderer sein Revier, an den sich manch alter Wirtshaushocker noch mit vergnügten Lächeln erinnert. »Der Radlschuster, ja, mit dem hamma a Gaudi ghabt, da hast di bucklert lachen können mit dem.« Der Familienname dieses Spaßvogels sei verschwiegen mit Rücksicht auf noch lebende Familienangehörige. Mit Vornamen hieß er Girgl, ganz wie sein großer Kollege, der Jennerwein, mit dem er noch anderes gemeinsam hatte, wie zum Beispiel die Rauflust und die Freud am »Kittelschliefen«. Dabei hatte er ein ehrbares Handwerk erlernt, die Schuhmacherei, das er auch ausgezeichnet auszuüben verstand, wie sein Meister versicherte. Aber der Schusterhocker war einfach zu klein und zu niedrig für ihn, und sitzen mochte er nur im Wirtshaus mit einer Maß Bier vor der Brust. Er hätte mehr Raum gebraucht für seine ungeheure Lebenskraft, die er nun auf der Bierbank vertun mußte, wo er saftige Trinkgelder gab und sich überhaupt gebärdete wie ein Großbauer – solang halt ein Schusterlohn dazu ausreichte.

Im Jahre 1900 kam er zum Militär, wo man ihm ein Schießgewehr in die Hand drückte. Sogleich machte er die Entdeckung, daß er wie kein anderer eine sichere Hand und ein scharfes Auge besaß. Diese natürliche Begabung wollte er auch als Zivilist nicht brachliegen lassen, und so versuchte er sich nebenberuflich als Wilderer.

Wie immer ging die Sache eine Weile gut. Er hatte nun Geld und konnte auftreten, wie er empfand, daß es ihm zukam. Die Schustersleut, die ihn gern mochten, sahen mit Sorge, wie der Geselle immer mehr auf die schiefe Bahn geriet. »Muaßt fei a in d'Kirch gehn«, sagte die Schusterin am Sonntag, wenn der Girgl im Feiertagsgwand aus dem Haus wollte. Aber der Girgl machte diesen Umweg nur selten. Meist ging er gleich und direkt zum Wirt. Auch an Heiligdreikönig, als die Schusterin ihn um Weihwasser schickte, ging er nur bis zum Bach, schlug das Eis auf, und füllte den Kessel mit dem unheiligen Naß, mit dem sich die ahnungslosen Hausleute zu seinem heimlichen Vergnügen ehrfurchtsvoll besprengten.

Es dauerte aber nicht lange, da fiel der erste Verdacht wegen Wilderns auf ihn, und es kam zu der üblichen Haussuchung. Aufgegeben hat der Girgl das unerlaubte Jagen deswegen nicht. Wie vielen kühnen Burschen seiner Art verschaffte ihm das Aufpassen auf Jäger und Gendarmen einen zusätzlichen Reiz. Triumphierend erzählte er seinen engeren Freunden die Geschichte, wie er vor dem Jäger über den Bach geflohen war, ihm den Steg weggezogen und eine lange Nase gemacht hatte. Damals entdeckte er auch in höchster Not die Nützlichkeit des Fahrrads für einen, der in Eile ist. Als ihm die Verfolger wieder einmal auf den Fersen waren, griff er sich ein Radl, das arbeitende Bauern am Feldrand niedergelegt hatten, gab dem Drahtesel die Sporen und war mit einem gellenden Juchezer verschwunden. Von da an »lieh« er sich öfter so ein praktisches Fahrzeug, auch wenn es nicht gerade auf Leben und Tod ging. Er behielt die Räder nie, und wenn er sie woanders stehen ließ, sorgte er nach Möglichkeit dafür, daß die Besitzer sie irgendwie zurückerhielten. Deshalb nahm man ihm diese Gepflogenheit auch nicht übel, machte vielmehr einen Namen daraus und nannte ihn »Radlschuster«. Nun war der Girgl gemacht, denn was ist schon ein bürgerlicher Name im Vergleich zu einem, den das Volk verliehen hat!

Leuten, die er mochte, legte er nachts Wild ein, was nicht immer gern gesehen und angenommen wurde. Manches Mädchen fand auch morgens ein Kaffeegeschirr vor dem Fenster. Großzügig war er immer und auch auf gewisse Weise galant. Die Dirndl behaupteten, er habe als erster in dieser Gegend den Handkuß eingeführt.

Aber es konnte nicht ausbleiben, daß auch für den Radlschuster eines Tages der bittere Ernst kam. Er wurde umzingelt wie ein Raubtier und konnte sich nur durch einen Schuß retten, der einen Gendarmen schwer verletzte. Nun war er ein Verbrecher geworden, und sein Steckbrief prangte im »Wendelstein« und versprach 400 Mark für jede Mitteilung, die zu seiner Ergreifung führen würde.

Ein Verräter fand sich nicht. Im Gegenteil gab es viele »anständige« Leute, die dem Girgl Unterschlupf und Essen boten. »Er hat niemand nichts genommen oder getan«, hieß es, »a bisserl wildeln tut er halt!« Manche ehrbare Bäuerin brachte ihm das Essen in den Wald oder einfach unter die Tennenbrücke (der Hohlraum unter der Auffahrt zur Tenne) wo sich der Radlschuster oft wochenlang verkriechen mußte. Auch die Schustersleut hielten zu ihm und behielten ihn manches Mal über Nacht. Da schickte dann die Schusterin ihre Kinder frühzeitig ins Bett und verbot ihnen, in den Stall zu gehen. Sie taten es natürlich doch, und wenn sie durch den Türspalt sahen, saß dort der Radlschuster im Halbdunkel und verzehrte hungrig, was man ihm gegeben hatte. Besonders wenn es stürmte und regnete, kamen die Gendarmen fast regelmäßig und riefen zum Fenster herauf, ob der Radlschuster da sei. Sie wußten nicht einmal, wie er aussah, aber sie nahmen richtig an, daß er bei dem Hundewetter nicht im Wald übernachten würde, sondern bei irgendeinem Bauern im Stall. Dafür mußten sie selber in den Regen hinaus, und der Girgl bekam manche Verwünschung an den Hals.

Auf die Dauer war dieses Hundeleben aber auch für den härtesten Burschen nicht zu ertragen, und der Girgl beschloß, sein Heimatrevier zu verlassen, wo er zuletzt selbst der Gejagte gewesen war. Freunde mit Beziehungen besorgten ihm einen Paß auf den schönen Namen Georg Hintermeier, und als dieser reiste er eines Tages ab über die Landesgrenze nach Süden.

Manch einer glaubte nun, man würde ihn nie wiedersehen, daß er wie viele andere nach Amerika gehen würde, dem Sammelplatz aller verwegenen Burschen, denen es im alten Europa zu eng war.

Doch der Radlschuster sollte dem Bayernland und der dortigen Polizei erhalten bleiben, denn eines Tages kehrte er zu seinen Stammtischen zwischen Rosenheim und Traunstein zurück, nicht in Reu und Leid, sondern, wie es seiner Art entsprach, mit Glanz und Gloria.

Zunächst ist aber noch von einem Stückl zu berichten, das wahr sein soll, so märchenhaft es klingt.

Er hatte von einem Weinhändler in Bozen erfahren, daß eine ihm liebe Verwandte in Amerang zu heiraten beabsichtigte. Plötzlich stand wieder alles lebhaft vor den Augen des Verbannten, das Land, in dem er aufgewachsen war, die Leut, die er gekannt und gern gehabt hatte, und der Wunsch, das alles wiederzusehen, wurde unwiderstehlich. Er machte sich unkenntlich, so gut es ging, und fuhr los. Was für ein Genuß war es, in dem kleinen Ort unerkannt herumzuspazieren und die Bekannten zu beobachten. Er stand unter den Neugierigen vor der Kirche, die den Hochzeitszug betrachteten, und mußte sich arg zurückhalten, nicht dem einen oder anderen auf die Schulter zu klopfen. Dann ging er ins Wirtshaus, wo die Hochzeitsgäste zu einem Imbiß erwartet wurden, bestellte Bier und verbarg sich hinter dem »Wasserburger Anzeiger«. Nicht lange, da kam die Braut herein, wohl um nachzuschauen, ob alles gerichtet sei. Als sie den fremden Zeitungsleser sah, runzelte sie die Stirn und wollte etwas sagen. »Halt's Mäu!« schnitt ihr der Fremde das Wort ab, »da hast dein Hochzeitsgeschenk, wie ich dir's selbigsmal versprochen hab, und meine Glückwünsch.« Damit drückte er ihr ein Kuvert in die Hand, in dem sich fünfzig Mark befanden. Das war der Radlschuster unverkennbar, aber für langes Begrüßen und Ausfragen war keine Zeit. Der Girgl machte, daß er davonkam, am allerwenigsten wollte er seinen Eltern begegnen.

Sein Vorhaben war geglückt, und er hätte nun wieder verschwinden können, aber es schien ihm doch, als müßte er noch eine des Radlschusters würdige Visitenkarte zurücklassen. Als es dunkel wurde, sah er durch das Fenster eines Gasthauses zwei Gendarmen beim Bier sitzen. Es waren der Stationskommandant und der Hauptwachtmeister. Beide kannten ihn nicht, und auch sonst war niemand da, der ihn hätte verraten können. Er betrat die Wirtsstube, und nicht lange, da spielte er mit den Spitzen der polizeilichen Streitmacht wieder einmal ein Spiel auf Biegen und Brechen – diesmal allerdings nur einen Schafkopf. Doch auch darin war der Girgl Meister, und außerdem hatte er wieder sein altes Glück im Umgang mit der Heimatpolizei. Der Abend endete mit einer Niederlage der Vertreter des Staates, die so vollständig war, daß die Beamten nicht einmal mehr ihr Bier zu bezahlen vermochten. Nun konnte der Radlschuster befriedigt in seine Verbannung zurückkehren. Dem Wirt soll er sich noch mit folgenden Worten zu erkennen gegeben haben: »Wenn die Greanspecht morgen fragen, wer eahna den Haufen vor die Tür zum Stationsgebäude hing'setzt hat bei der Nacht, dann sagst, des war der Radlschuster. Pfüat di, Wirt!«

Das war kurz vor dem Ausbruch des ersten Weltkriegs, der dem Radlschuster wie gerufen kam. Er weilte damals in St. Anton, eilte sofort wieder über die Grenze, diesmal nicht, um die Gendarmen zu foppen, sondern aus dem edelsten Motiv, das auch die strenge Obrigkeit beifällig anerkennen mußte: um das Vaterland zu retten. Beim Regiment fragte deshalb auch niemand nach einem polizeilichen Führungszeugnis, schon gar nicht beim Radlschuster, dessen Schießkünste noch in bester Erinnerung waren.

Und was jeder, der ihn kannte, erwartet hatte, trat auch prompt ein. Kaum war die große Schlacht richtig im Gang, da stand der Radlschuster schon in der Zeitung – im »Bayerischen Staatsanzeiger« wohlgemerkt, unter der Rubrik: Bayerische Ehrentafel.

Im November 1914 war das Res. Inf. Regiment 12 in den Grabenkämpfen vor Arras eingesetzt. Das Gewirr von Gräben machte Großangriffe und Artillerieeinsatz unmöglich, so daß in kleinen Gruppen Mann gegen Mann der Kampf um die Gräben hin und her ging. Im Bereich der 9. Kompanie, der der Radlschuster angehörte, machte ein französischer Alpenjägerscharfschütze, also auch ein Gebirgler, den Bayern das Leben sauer. Elf Tote und Verwundete kamen bereits auf sein Konto, und ein Vordringen an dieser Stelle schien unmöglich. Schließlich gelang es einem schneidigen Landwehrmann, den Scharfschützen durch einen überraschenden Einzelangriff außer Gefecht zu setzen. Sofort besetzten die Franzosen den Posten neu. Nun trat der Radlschuster in Aktion. Er erledigte den Gegner von der Brustwehr aus durch einen wohlgezielten Schuß. Damit war der Weg frei. Zwei Kameraden stürmten mit Stahlschilden vor der Brust gegen die französischen Schießscharten. Der Girgl aber sprang auf den Wall und eröffnete mit dem Gewehr ein Schnellfeuer, dem fünfundzwanzig Franzosen, darunter ein Offizier, zum Opfer fielen. Der französische Graben wurde genommen, und die vier Helden wurden vom Regiment für die goldene Tapferkeitsmedaille vorgeschlagen.

Später hat der Radlschuster die Begebenheit wieder und wieder erzählt. Er stand auf dem Graben und feuerte, ließ sich von den Kameraden die geladenen Gewehre heraufreichen, wie es früher der König auf der Gemsenjagd durch seine Büchsenspanner besorgen ließ.

Auf einen Schlag war er nun wieder ein angesehener Mann. »Vom Radlschuster werdet ihr schon öfters in der Zeitung gelesen haben«, schreibt am 24. April 1915 ein Kamerad an die Schustersleut, »er ist jetzt eine sehr bekannte Persönlichkeit, es kennt ihn bereits jeder in der Division.« Auch in Berlin, Frankfurt, Stuttgart konnten die Patrioten von dem tapferen Bayern lesen, der ehemals Wilderer gewesen war. Solche Wildschützenstückeln wurden im Krieg mit derselben Begeisterung gelesen wie vorher im Frieden, und die Kriegsberichterstatter gaben ihnen nicht selten eine gesellschaftskritische Note, indem sie hervorhoben, daß man diesen tapferen Soldaten wegen ihrer Vorstrafen die Beförderung verweigerte. Achleitner erzählt von einem Zeitungsbericht, wonach »das ganze Regiment mit dem Oberstleutnant an der Spitze im Parademarsch vor dem Ex-Wilderer defilierte und salutierte. Es sei das die einzig mögliche Ehrung gewesen«.

Nun, der Radlschuster hat seine Ehrung bekommen. Er trug die goldene Tapferkeitsmedaille auf der Brust, als er in Urlaub kam, und auch die Gendarmen mußten ihn – mit saurem Lächeln allerdings – dazu beglückwünschen.

Ende 1915 kam er zum neu aufgestellten Alpenkorps, wo man sich vor seinen Fähigkeiten noch manches versprach. Daraus sollte aber nicht mehr allzuviel werden. Was den Italienern und Franzosen nicht gelungen war, nämlich den Radlschuster außer Gefecht zu setzen, passierte bei einer bayerischen Wirtshausrauferei in Rosenheim. Er erhielt einen Messerstich in die Lunge, gerade neben die Tapferkeitsmedaille, und war damit für die Verteidigung des Vaterlandes verloren.

Aber der Staat sorgte damals fur seine Helden. Man verfuhr wieder nach dem alten Rezept und machte den ehemaligen Wilderer zum freiherrlichen Jäger in den Revieren des Barons von Cramer-Klett in Aschau, wo sich der Girgl ja von früher her recht gut auskannte. Wie bei den anderen Wildschützen, mit denen man ebenso verfahren war, wurde auch diesmal der ehemalige Wilderer zum grimmigsten Feind aller Waldfrevler und Raubschützen.

Als am 7. Februar 1920 der 28 Jahre alte Holzarbeiter Martin Holzner von Niederaschau erschossen wurde, fiel der Verdacht auch sofort auf ihn. Aber man tat ihm Unrecht. Holzner war zusammen mit drei Kameraden auf den Jäger Hubert Hornberger gestoßen und hatte einen Schuß in den Oberschenkel erhalten. Er konnte noch einige hundert Meter fliehen und verblutete dann, von seinen Kameraden im Stich gelassen. Die Flammen der roten Revolution von 1919 waren noch nicht ganz erloschen, und so kam es durch dieses Ereignis im Aschauer Tal zu einem erneuten Aufflackern. Eine Abordnung des Volkes erschien beim Baron auf dem Aschauer Schloß und verlangte, er müsse für den Toten einen Kranz niederlegen lassen. Das wurde zugesagt. Die Deputierten waren aber damit nicht zufrieden und forderten, es müßten Rehgewichtl in den Kranz eingeflochten werden, was der Jagdherr jedoch entschieden ablehnte. Immerhin erhielt Martin Holzner ein Begräbnis wie ein Fürst und das übliche Trauerlied.

Welchen Standpunkt der Radlschuster in dieser Angelegenheit einnahm, ist nicht überliefert. Irgendwie befand er sich stets zwischen den feindlichen Lagern, einen festen Stand als freiherrlicher Jäger hat er jedenfalls nicht finden können. Der Jagdherr mochte ihn nicht ungern, aber das Verhältnis zu seinen unmittelbaren Vorgesetzten war schlecht. Nicht jeder konnte sich über sein Vorleben hinwegsetzen, und der Girgl tat auch nichts dazu, um es vergessen zu machen. Er wurde nicht der treue, dankbare und diensteifrige Diener, wie es von anderen seiner Art und seines Vorlebens erzählt wird. Raufen, Wirtshaushocken, Kittelschliefen blieben weiter seine Passionen, auch nachdem er sich verheiratet hatte. Wenn er einen Tag Urlaub bekam, blieb er eine Woche aus und kam dann von Raufhändeln gezeichnet zurück.

Er hatte seine Wirtshäuser, wo er gleichsam zum Inventar gehörte und die ganze Runde mit seinen Jäger- und Soldatengeschichten unterhielt. Seit seinem Tatendrang wieder Grenzen gesetzt waren, wurde Trinken und Sprüchmachen ihm immer unentbehrlicher. Bei der Wirtin von Wildbichl ging es bei einer Taufgesellschaft, mit dem Radlschuster als Mittelpunkt, so lustig her, daß keiner auf die Uhr sah, bis man feststellte, daß man vergessen hatte, das Kind zu taufen.

Unter solchen Umständen wundert es nicht, wenn die Anschuldigungen immer massiver und zahlreicher wurden. Ein Leisetreter war der Radlschuster nie gewesen, er schoß zurück und nicht gerade auf feine Weise. Der Baron konnte die Klagen seines Försters schließlich nicht länger überhören und kündigte ihm die Stellung. Sofort schwirrten die Gerüchte umher, und es hieß, der Radlschuster habe deshalb gehen müssen, weil er den Sohn des Bürgermeisters beim Wildern ertappt habe und anzeigen wollte.

Der Baron hatte ihn nicht ins Ungewisse fallen lassen wollen und ihm eine Stelle als Jagdaufseher beim Staat besorgt. Hier blieb der Radlschuster aber auch nicht lange. Offenbar gab es dort nicht viel zu tun, und die Büchse immer nur spazierentragen wollte der Girgl auch nicht. Jedenfalls drückte er einmal unerlaubterweise auf einen Gamsbock ab und brachte das erlegte Tier als Wildererbeute ein. Als die Sache aufkam, war es mit der Jägerei endgültig zu Ende.

Er zog mit seiner Familie fort aus dem Voralpenland, und seine Spuren verlieren sich. Verhältnismäßig früh war seine enorme Lebenskraft ausgebrannt, und immer mehr trat ein schwermütiger Zug seines Charakters hervor. Er gehört zu den abenteuerlichen Gestalten, für die in der engen bürgerlichen Welt kein Platz zu finden ist, was immer sie unternehmen.

Herunten leicht Jager derfragst
Auf Henna und Hasn und Füchs,
Wo drobn aber 's Edelweiß wachst,
Da taugen die mehrern nix.
Aber i bin dabei,
Denn »wie höcher wie lieber«; des is
mei Spruch allewei.

Der König hat's gestattet

In den Kriegsjahren, wenn der Staat Wichtigeres zu tun hat, als auf die Wilderer aufzupassen, kommt regelmäßig die große Stunde der unrechtmäßigen Wildtöter. Das war 1870/71 so und schon gar zu Beginn des ersten Weltkriegs. Die seltsamsten Gerüchte tauchten auf, mit denen das Volk sein Tun rechtfertigte.

»Der elektrische Funke ist eine Schnecke im Vergleich zu der Geschwindigkeit, mit der das Losungswort ›Alles Wild gehört jetzt uns!‹ durch das Oberland lief und von Mund zu Mund flog«, schreibt Arthur Achleitner in »Kriegswirkungen im bayerischen Hochgebirg«. Nicht etwa nur Wilderer von Beruf verbreiteten dieses Feldgeschrei mit rasender Eile, auch die Weiblichkeit war daran in felsenfester Überzeugung von der Wahrheit und Gerechtigkeit dieser Forderung beteiligt. Die unsinnigsten Gerüchte liefen mit und wurden um so lieber geglaubt, je toller und verrückter sie lauteten. In etlichen Bezirken hieß es, daß die Regierung das Wild freigegeben habe, um den Gebirglern kostenlos Fleisch zu verschaffen, um leichter durchzuhalten während der Kriegsdauer. In anderen Bezirken wurde die Wilderlegungserlaubnis gar auf einen Befehl des Königs zurückgeführt und unter Lobsprüchen auf das Einsehen und das »soviel gute Herz« des Landesherrn gierig geglaubt. Das schönste Gerücht behauptete, daß der hochselige Prinzregent Luitpold den Krieg vorausgesehen und testamentarisch die Freigabe des Wildes bei Beginn der Mobilmachung angeordnet habe. Ausgerechnet der Wildfreund Prinz Luitpold!

Rotwild, Rehe und Gemsen wurden flink niedergeknallt und im Wege der Hehlerei in Abschiedsbier verwandelt. In etlichen Fällen mußte gebratenes Wildbret als Reiseproviant auf der Eisenbahnfahrt zu den Truppenteilen zur Verhöhnung der mitfahrenden, ebenfalls zum Waffendienst einberufenen Forstbediensteten herhalten, indem freche Wilderer vom Wildbret, das sehr billig gewesen sei, unter Nennung des Heimatreviers Stückchen zum Schmaus anboten.

Ein Taumel schien die jungen Wilddiebe erfaßt zu haben, und die Gier nach Wildbret, oft auch nach mühelosem Geldgewinn, wurde gefördert durch die Gewißheit, daß Verfolgung oder Strafe wenig oder gar nicht zu gewärtigen war, weil ja die meisten im wehrpflichtfähigen Alter stehenden Forstbediensteten auch die Einberufung zu erwarten hatten oder bereits unterwegs waren. Die alten Forstbeamten konnten nicht überall zugleich sein. Die geldgierigen, beutelüsternen Wilddiebe aber waren in der Mehrheit, stellten »Ausspekulierer« auf, so daß flinke Verständigung erfolgen konnte darüber, wo im Revier ein Beamter sich befand.

Der Wilddiebstahl hätte den bedauerlich großen Umfang nicht annehmen können, wenn nicht die Hehler sich so gewinngierig und willig zur Abnahme gezeigt hätten. Es ist nachweisbar, daß manche Hehler das Depot für die Niederlegung der Beute genau bezeichnet haben, von wo aus dann das gestohlene Wildbret nach Eintritt der Dunkelheit abgeholt wurde.

In einem besonders schönen Fall trat ein Feuerwehrkommandant als gerissener Hehler auf, da er selbst die Beteiligung an der Gamskanonade nicht geraten fand. Alle Schlauheit führte jedoch zu einem Mißerfolg dank der Aufmerksamkeit eines Gendarmeriewachtmeisters, der sich von der Würde eines Feuerwehrkommandanten nicht imponieren ließ. Dem Beamten begegnete anfangs August 1914 am späten Abend in einer »Gamsgegend« dieser Feuerwehrmann in Havelock und Regenschirm. Für Gendarmenaugen mußte dieser Aufzug und der Regenschirm bei einem amtsbekannten Dorfbewohner ebenso verdächtig sein wie die Gegend der Begegnung. Noch verdächtiger erschien dem Gendarmen aber der Umstand, daß der im gewöhnlichen Leben tannenschlanke Feuerwehrchef an jenem Abend bucklig wie ein Dromedar war. Sonst stolz, nichts weniger als gendarmeriefreundlich, kurz angebunden allen Schutzleuten gegenüber, zeigte sich der Feuerwehrkommandant diesmal freundlich, ja herablassend, soweit eine gewisse, unverkennbare Verlegenheit den Zungengebrauch gestattete.

Diese ungewöhnliche Herzlichkeit imponierte dem Wachtmeister in keiner Weise, hingegen interessierte er sich sehr für den großen Höcker. Mit einem Riß war der Havelock vom Buckel herunter. Auf dem Rücken des Feuerwehrmanns thronte – ein Gamsbock, geholt vom Depot, nicht selbst erlegt.

Bis zur Gendarmeriestation mußte der Kommandant den Bock tragen, alle Bitten und Ausflüchte blieben vergebens.

Wenige Tage später meldete sich der Feuerwehrchef freiwillig zum Kriegsdienst. Und rechtzeitig für ihn, knapp vor Zustellung der Vorladung an das Amtsgericht, traf die Einberufung zum Waffendienst ein.

Hinterher kam aber an den Tag, daß der Kommandant auch aktiv an Wilddiebstählen beteiligt gewesen war. So wurde später gelegentlich einer Haussuchung bei seinem Nachbarn, der inzwischen Landstürmler geworden war, die Decke eines Stücks gefunden. Wie der Nachbar zugab, hatte der Kommandant das Stück geschossen, die Decke dem Nachbarn geschenkt als Belohnung für die Beihilfe beim Transport des Stücks zu Tal.

Ob dieses Verrats entrüstet, schrieb die Frau des Kommandanten das dem Gatten in die ferne Garnison. Der ergrimmte und griff nun auch zur Feder, richtete seinen Wuterguß aber nicht an den verräterischen Nachbarn, sondern, hübsch anonym natürlich, an den Gendarmeriewachtmeister. Dieses kostbare Schriftstück, das einen einzigartigen, seltenen Einblick in die Wildererseele gestattet, hat folgenden Wortlaut:

»Werter Leut Fuxer und Sauhund!

Feigling und gemeiner Mensch, welcher nichts taugt, als bei dieser traurigen Zeit Menschen und Weiber und Kinder drangsalieren, welche ihr Leben und Blut für's Vaterland opfert und ihr als Feigling daheim sitzt euer Leben lang vom Staat lebt und nicht so viel Ehr im Leib habt, das Vaterland zu verteidigen. Es ist traurig in Deutschland; arme Arbeiter, welche nie vom Staat einen Pfennig bekommen und müssen ihr Leben einsetzen und solche Feiglinge wie die Gendarmen sind, sitzen daheim, um noch den Männern, die im Felde stehen, das Leben zu verbittern durch die Drangsalen, welche ihre Weiber und Kinder von euch auszustehen haben. Aber Gott sei Dank werden doch die Leute durch diesen Krieg heller und lassen sich von den Pfaffen nicht mehr beeinflussen, denn das Leutumbringen ist ja keine Sünde mehr bei dieser modernen Welt, und so ist immerhin zu rechnen, daß noch viele Krieger nach Hause komen und dan auch das Faustrecht ausüben können, was jetzt gelernt wird und dan auch daheim ausgeübt wird und muß, denn es tut sehr not. Oh wird das eine lustige Zeit, wenn einmal Gendarmen und voraus solche wie Du recht durchgeprügelt werden und auch die Herrn Jäger von den Bergen herunterkugeln, dan wird erst der Friede hergestellt sein. Es ist traurig, wegen einem Wild, wo nach Rechten überhaupt Niemand ghört, solche Geschichten zu machen. Da kennt man den Unterschied zwischen Vieh und Menschen, den es werden ganze Divisionen an die Front geführt und oft recht saudumme und arme dan nach Tausenden kaput sind, kommt kein Gendarm und sagt, wer da die Schuld hat oder wie das gegangen ist, da ist Jeder zu feig. Das ist aber traurig in einen solchen Ehrenstaat wie Deutschland wo alles zusammenhelfen soll, um das deutsche Reich gros zu machen, Einigkeit zu erhalten, und gerade Ihr Gendarmen, von uns Soldaten und Kriegern als Feiglinge betrachtet, macht die ganze Stimmung zu nichte und den ersten Anfang und Antrieb zur Revolution; mithin beschließe ich mein schreiben und grüße dich als Feigling.«

Natürlich wußte der Gendarmeriewachtmeister, wer diesen köstlichen Brief geschrieben hatte. Überdies ist dem »brüllenden Löwen« das nicht wenig belustigende Mißgeschick unterlaufen, daß er Truppenteil und die Kaserne nebst Garnison richtig angab.

Nachdem die jungen Burschen eingerückt waren, wurde es schnell wieder ruhig in den Revieren, aber aufgehört hat das Wildern während des Krieges natürlich nie. Die alten Wildschützenveteranen holten ihre Vorderlader wieder heraus und probierten es noch einmal, und nicht selten lernten sie auch die Jugendlichen an. In manchen Gegenden konnte die verbotene Jagd gefahrlos und in aller Ruhe vonstatten gehen, da zeitweise kein einziger Beamter im Revier war. Das »edle« Wildschützentum erlebte allerdings einen traurigen Niedergang. Die jungen Bürscherl stiegen zum Teil im Feiertagsgwandl mit schepperndem Klimbim an der Uhrkette und der Zigarette im Mund dem Wild nach. »Tauchte ein Schutzorgan auf, so erwiesen sich die Kerls als Schnelläufer allerersten Ranges. Gern saßen die Bürschchen an Fütterungen und knallten hungriges Wild im Äsen nieder.«

Auch die Krüppel konnten sich wieder hinauswagen. Im Kreuther Revier beobachtete man mehrmals einen »Stelzl«, einen Wilderer mit Stelzfuß also. Es war ein Tiroler, der Rest von Tirols ruhmreicher Wildschützengarde, aber trotz seiner Behinderung flink und nicht »zum derglangen«.

Besonders fielen natürlich wieder die Lenggrieser auf. Mit Hunden und einem Troß von halbwüchsigen Burschen als Zutreiber veranstalteten sie zur Hirsch- und Gamsbrunft 1915 ungeniert eine Treibjagd zum Tegernsee hinüber. Unerklärlich ist, wie man in diesem Gebiet Monate voraus wissen konnte, was der Geburtstag des Landesherrn für Kriegsteilnehmer bringen würde: eine Amnestie für Vergehen kleinerer Art, bei denen der Täter zur Zeit der Tat das 21. Lebensjahr noch nicht vollendet hatte. Die frohe Botschaft wurde offen ausposaunt und natürlich weidlich ausgenützt.

Noch zwei weitere amüsante Begebenheiten weiß Arthur Achleitner aus dieser Zeit zu berichten. Die eine spielte sich auf der Kreuzbergalm ab, zwischen Tegernsee und Schliersee. »Es war ›Schwarzgehern‹ nicht geglückt, ein Stück Großwild zu erbeuten; leer heimgehen wollten sie nicht, so erschossen sie schlankweg den Almstier, der flink zerwirkt und in seinen besten Teilen weggeschleppt wurde. Der bestohlene Almbauer zeterte seit dem über ungenügenden Jagdschutz!«

In einer anderen Gegend erklärte der Verwaltungsvorstand dem Bürgermeister, daß er wegen Verdachts auf Wildern keine Jagdkarte mehr erhalten werde. Statt zerknirscht zu sein, gab der Dorfpascha in Gegenwart von Zeugen seelenruhig zur Antwort: »Macht nix, Herr Regierungsrat. Ham mer ehnder auch keine g'habt und doch g'jagert. Ist aber alles verjährt, alles verjährt. Kannst nix machen, Gnaden Herr Regierungsrat.«

Bei Kriegsende brachten der Hunger und die revolutionären Ideen erneut den Ausbruch einer Massenwilderei. Wieder hieß es, das Wild gehöre dem Volk und in den Kochtopf, und die Jagd könne nicht länger Vorrecht weniger Privilegierter sein. Als Waffe war nun vielfach der Militärkarabiner in Gebrauch und sogar Schnellfeuerwaffen. 1931, im Jahr der Weltwährungskrise und der großen Arbeitslosigkeit, stieg das Wildererunwesen abermals sprunghaft an:

»Es will nimmer aufhören, das Knallen in den Bergen. Fast will es scheinen, als stünden wieder die Zeiten von 1919 auf, wo es im Gebiet der Benediktenwand zuging wie an der Front. An die zweihundert Wildschützen waren damals hinter dem Wild her. Das hatte mit dem romantischen Jägerblut nichts mehr zu tun, wenn die Kerle gleich mit Maschinengewehren (!) in die Gamsrudel hineinschossen.

Dann kamen etwas ruhigere Zeiten. Aber der Kampf zwischen Jägern und Wilderern ging im stillen erbittert weiter. Und in den letzten Monaten ist er wieder zu unheimlicher Schärfe entbrannt. Der ganzen Gebirgskette des Oberlands entlang sitzen die Jäger auf der Paß, spielen sich Begegnungen im Holz ab, bei denen der Finger sehr locker am Drücker sitzt. Kein hitziges Jägerblut ist es mehr, das die Burschen hinaustreibt. Jeder Schuß, der trifft, bringt Geld aus den nunmehr sehr gut organisierten Hehlerverbindungen, die für raschen Absatz des gestohlenen Wildes sorgen. Es ist auch nicht mehr der gute, ehrenwerte Stutzen, der auf die Jagd mitgenommen wird, moderne Schießeisen sind es, mit Zielfernrohr und Schalldämpfer.

Die Unheimlichkeit dieser Waffen bekamen vor etlichen Monaten einige Touristen im Lattengebirge (zwischen Reichenhall und Berchtesgaden) zu spüren. Sie waren, ohne es zu wissen, einem Wilderer in die Quere gekommen, der soeben eine Rehgeiß erlegt hatte. Um die unbequemen Zuschauer zu vertreiben, schoß der ›biedere Wildschütz‹ mit seinem Schalldämpfergewehr in das Gestein in der Nähe der lagernden Touristen. Diese hörten zwar die dumpfen Abschüsse, merkten aber erst an den immer näher kommenden Einschlägen, daß die Schüsse ihnen gal-

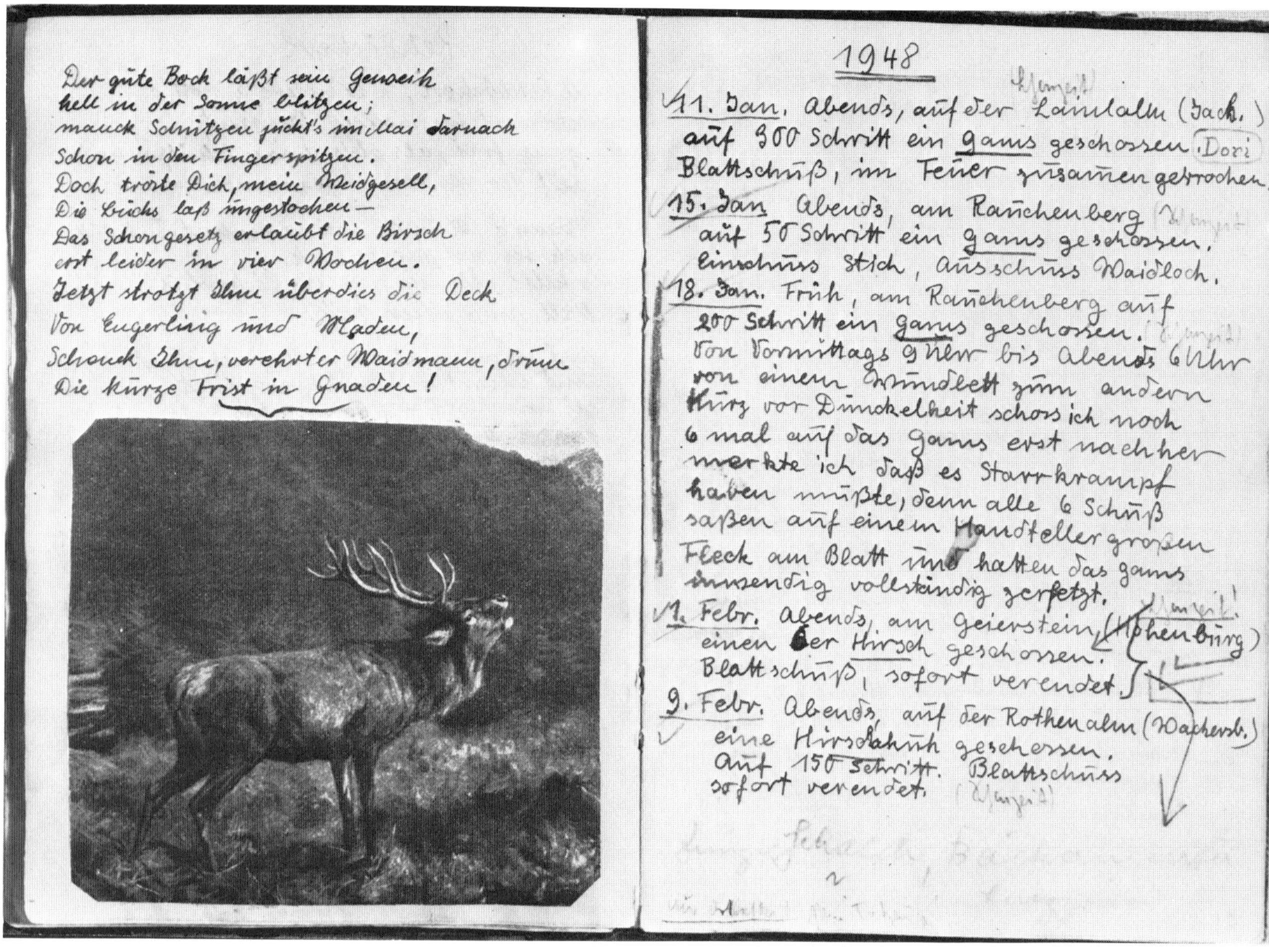

ten. Da rissen sie natürlich aus, damit der ›Herr Wilderer‹ sein gestohlenes Gut in Sicherheit bringen konnte. Die benachrichtigten Gendarmen fanden natürlich infolge des langen Anstieges nur mehr den Aufbruch, während der raffinierte Wilderer längst über alle Berge war.« *Adlmaier*

Das Wildern »entartete« immer mehr, wenn man so sagen darf. Längst waren nicht mehr die alten Natur- und Kraftburschen am Werk, die doch immerhin etwas vom Wild verstanden hatten und nicht selten Meister der Weidmannskunst gewesen waren. Als 1931 ein Traunsteiner Richter den Wilderer, der am Futterplatz eine Rehgeiß und ein Kitz erschossen hatte, fragte, wo er das Tier getroffen habe, antwortete der »Held«: »Am Fuß!« *Adlmaier*

Auch infantile und leicht pathologische Typen treten auf, wie das Tagebuch eines Wilderers aus dem Jahr 1948 zeigt. Vom modernen Autowildern oder dem Töten vom Hubschrauber aus, wie es US-Soldaten praktiziert haben, soll nicht weiter die Rede sein.

Der Hiasei, der Maxei und Lenzei sind unwiederbringlich dahin und mit ihnen der Abschraubstutzen, das Wildschützenlied und die schöne Almerin. Man kann ihnen nur noch zwischen Buchdeckeln begegnen, wie all den anderen Typen aus der alten Zeit, wo der Mensch sich noch unbeeinflußt auswachsen konnte, krumm oder grad – und trotz aller Obrigkeit.

Der König der Bernina

»Ex alpibus libertas«, sagen die Schweizer, »aus den Alpen kommt die Freiheit«. In den Schweizer Gebirgstälern gelang, was draußen in der Ebene im Blut erstickt worden war: der große Volksaufstand am Ende des Mittelalters. Zu den Rechten, die der Adel damals verlor, gehörte auch der Wildbann, der nun den Gerichten, der neuen Obrigkeit in den »Landen Gemeiner III Bünde«, zufiel. Jagdberechtigt war, wie es sich für eine Demokratie gehört, jeder Gerichtsgenosse, also jeder Bürger. Zum Schutz des Wildes und um einer Ausrottung vorzubeugen, wurden Schonzeiten festgesetzt, die aber unzureichend waren und überdies häufig verletzt wurden.

Die gefährliche und schwierige Gemsjagd war schon in der Feudalzeit frei gewesen. Nur im Engadin war sie dem Bischof vorbehalten. »Die eigentliche Gemsenjagd«, schreibt Tschudi in seinem Buch »Das Tierleben der Alpenwelt«, »die zu Maximilians Zeiten ein kaiserliches Vergnügen war und unter dem jetzt regierenden Monarchen Franz Josef wieder ein solches wurde, ist bei uns keine Herrenlust und etwas zu mühsam und schwierig, um zu den noblen Passionen gezählt zu werden. Die rechten Gemsjäger in der Schweiz gehören der weniger bemittelten Klasse an. Es sind zähe, höchst genügsame, wetterfeste Leute, vertraut mit den Details der Gebirgsmassen, mit der Lebensweise ihrer Tiere, mit der Art, sie zu jagen.

Die Ausrüstung des Jägers besteht gewöhnlich aus einer warmen Kleidung mit Mütze oder Filzhut, einem stark beschlagenen Alpstock, einer Jagdtasche mit Pulver, Blei und Fernrohr, Käse und Brot und etwa einem Fläschchen Kirschgeist. Hauptstücke der Ausrüstung aber sind erstens ein Paar tüchtige Bergschuhe und zweitens eine gute Flinte. Die Schuhe sind sehr wichtig, da von ihnen der größte Teil der Sicherheit in schwierigen Positionen abhängt.

Im Kanton Schwyz ziehen die Jäger oft vor, ganz barfuß zu klettern. Da aber der bloße Fuß nicht so fest auftritt wie der schwere Nagelschuh, pflegen jene Jäger ihn von Zeit zu Zeit zu »härzen«, d. h. mit Fichtenharz zu bestreichen, wovon sie immer ein Stück bei sich haben. Daß sich aber Schweizer Gemsenjäger den Fuß blutig ritzen, um fester zu stehen, ist ein albernes Märchen.«

Die alten Schweizer Jäger waren also keine angestellten Jagdaufseher, keine Sport- und Freizeitjäger, wie wir sie heute ausschließlich kennen; es waren Wildschützen im ursprünglichen Sinne. Sie haben starke Ähnlichkeit mit den primitiven Jägern des Urwalds, aber auch mit den nordamerikanischen Trappern und Fallenstellern. Wie diesen sind ihnen Jagdkunst, Jagdlust und Lebensunterhalt eine untrennbare Einheit. Diese natürliche Auffassung findet sich auch noch lange bei den Wilderern, die den neueren, aus der aristokratischen Lebensart stammenden Standpunkt, daß Jagd aus Gewinnsucht schändlich sei, oftmals nicht begreifen können.

Wer mutig und begabt war, die Gefahren und Mühen der Gebirgsjagd auf sich zu nehmen, konnte damit durchaus ein Vermögen machen. David Zwikky, ein Glarner Jäger, hatte nur hundertfünfzig Gulden geerbt, wie Tschudi berichtet, »aber sein glücklicher Jägerberuf machte ihn zum wohlhabenden Mann. Bei seinem Tod besaß er ein Vermögen von siebentausend Gulden und zwölf Jagdflinten«.

Wo jeder die Erlaubnis hatte zu jagen, konnte es keine Wilderer geben, möchte man meinen. Da ist aber in den alten Beitag-Berichten immer wieder von der Klage zu lesen, »daß fremde, ausländische Jäger das Land zum Teil von Wild entblößt haben«. In der Schweiz war der Wilderer also der fremde Jäger, der aus dem Nachbarland oder auch aus dem Nachbargericht herüberkam. Gegen diese Grenzjäger wurde ein harter und erbarmungsloser Kampf geführt. Der fremde Jäger hatte keinen Rechtsschutz und konnte kurzerhand abgeschossen werden. Die Gesetze, die hierzu im 17. Jahrhundert erlassen wurden, scheinen sich an den bestehenden Brauch anzuschließen, wenngleich sie suchen, diesen zu mildern. Beim ersten Mal sollte der Wilderer aufgefordert werden, Beute und Gewehr abzugeben, im Wiederholungsfall galt er als vogelfrei, d. h. jeder konnte sein Leben nehmen. Das Gesetz war in Geltung, solange die Lande »Gemeiner III Bünde« bestanden, also bis ins erste Jahrzehnt des 19. Jahrhunderts. Tschudi berichtet hierzu folgende Begebenheit:

»Ein Savoyarde hatte eine Gemse angeschossen, und zwei Walliser erlegten sie völlig. Dem Tier näher und durch den ersten Schuß dazu berechtigt, nahm der erstere es zur Hand und trug es fort. Die Walliser Jäger, die tiefer standen, riefen ihm zu, er solle das Tier liegen lassen, was ihn aber nicht hinderte, seinen Weg fortzusetzen. Nun flogen zwei Kugeln dicht an seinem Kopf vorbei. Er konnte wegen der steilen Wege nicht schnell fliehen noch sich verteidigen, weil er seine Munition verschossen hatte. Darum ließ er die Gemse liegen und zog sich voller Rachegedanken zurück, lauerte aber genau auf, bis er entdeckte, in welcher der von den Hirten bereits verlassenen Alpenhütten die Walliser übernachten wollten. Dann lief er zwei Stunden weit nach Hause, lud dort seine Zweischloßbüchse mit zwei Schüssen und kehrte nachts zur Hütte zurück. Durch eine Ritze sah er seine Feinde am Feuer sitzen, streckte das Rohr sachte durch, um beide mit einem Male niederzuschießen und war im Begriff loszudrücken, als ihm einfiel, die Männer hätten ja, seit sie auf ihn geschossen, nicht mehr gebeichtet und würden also mit einer Todsünde sterben und ewig verdammt werden. Dies erschütterte ihn tief. Er zog das Rohr zurück, trat in die Hütte und gestand den Jägern, in welcher Gefahr sie gewesen. Diese danktem ihm gerührt und überließen ihm die verhängnisvolle Gemse – zur Hälfte.«

Zwischen Schweizer Jägern gingen solche Zusammenstöße harmloser ab, berichtet Tschudi weiter. Entweder blieb es bei der Herausgabe der Beute und des Gewehrs, oder man jagte überhaupt in gutem Einvernehmen über die Grenze. Fremden gegenüber hat man aber, wie auch andere Berichte zeigen, nicht viel Federlesens gemacht. Zu Berühmtheit als »Jägertöter« gelangte der damals in den Schweizer Alpen weit bekannte und gefürchtete Graubündner Gemsjäger Jean Marchiet Colani, in J. C. Heers Roman später als »König der Bernina« gefeiert. Den Stoff hatte ein Naturforscher geliefert, der damals viel gelesene Harald Otmar Lenz, Verfasser der »Gemeinnützigen Naturgeschichte«. In seinem sonst nüchtern und wissenschaftlich geschriebenen Werk läßt Lenz in dem Kapitel über die Gemsen seiner Begeisterung über die Bergwelt und seine urtümlichen Bewohner, die er mit vielen Zeitgenossen teilte, freien Lauf. Er beschreibt, wie er durch einen Zeitschriftenartikel erstmals von Colani hörte und sogleich von unwiderstehlichem Verlangen ergriffen wurde, diese schon zu Lebzeiten mit Legenden umwobene Berggestalt persönlich kennenzulernen. Da uns sein Reisebericht in vielerlei Hinsicht interessant erscheint, sei er mit einigen Kürzungen wiedergegeben:

»Es war in den ersten Tagen des Jahres 1837, als mir zufällig eine englische Zeitschrift in die Hände fiel (New Monthly Magazine, No. 114, June 1. 1830), worin ein Engländer erzählt, wie er im Jahre 1823 nebst einem Freunde denjenigen Gemsenjäger, der vielleicht seit Menschengedenken der verwegenste und gewaltigste gewesen, auf einer Jagd begleitet hat. Von der Erzählung teile ich nur einen kurzen Auszug mit: In einem einsamen Häuschen auf dem Bernina wohnt zwischen Felsen und Gletschern und mitten unter seinen Gemsen ein wilder Gemsjäger namens Colani, der die ganze Jagd in den umliegenden Alpen für sich in Beschlag genommen hat, obgleich sie eigentlich jedem Eingeborenen des Engandiner Tales freisteht. Man glaubt allgemein, er habe seine Seele dem Teufel verschrieben, und man sagt, er habe zwanzig bis dreißig Menschen, vorzüglich Tiroler Jäger, die sein Revier zu betreten wagten, ermordet.

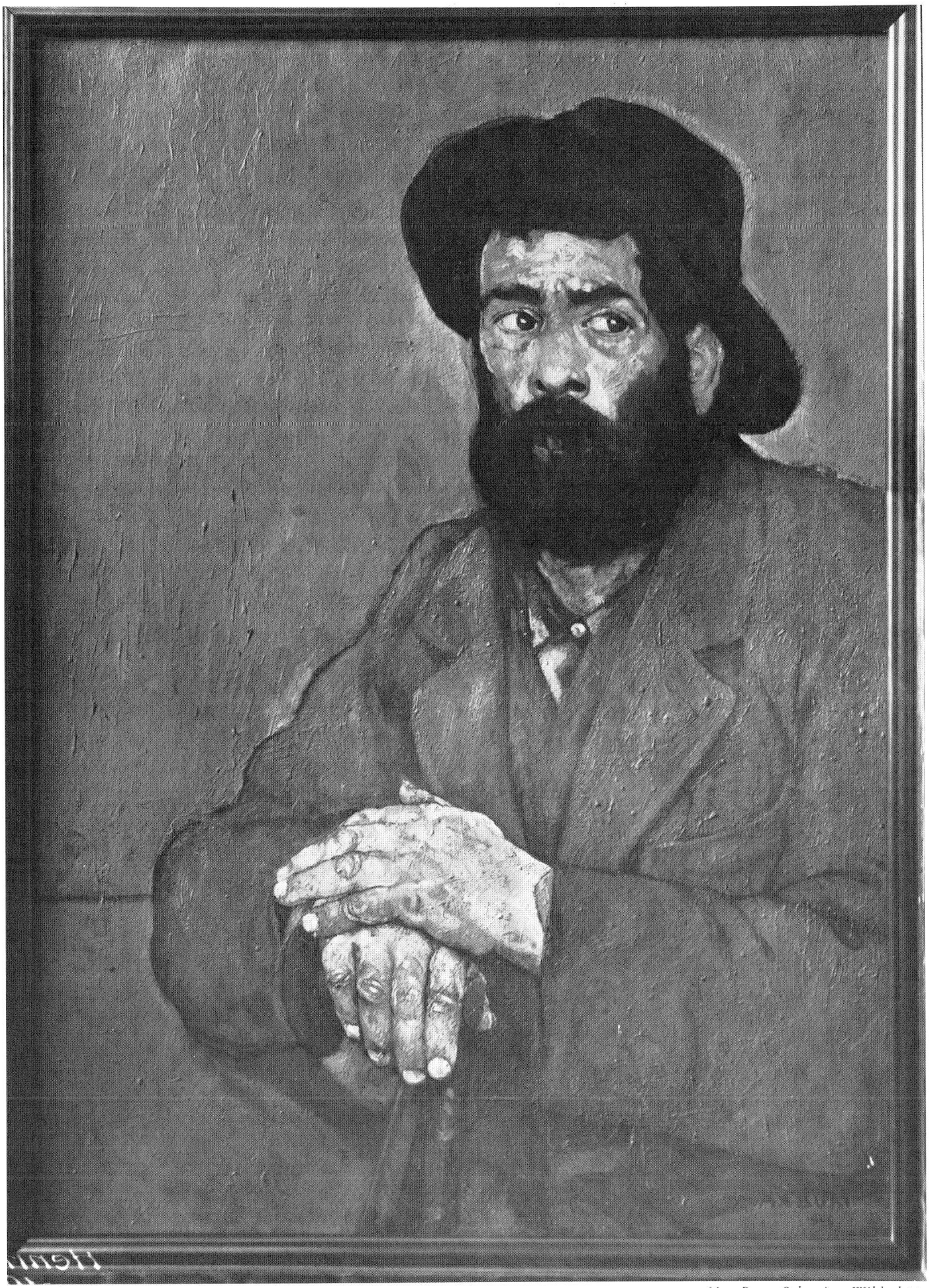

Max Bury, Schweizer Wildschütz

Jedenfalls ist in seinem Haus eine ganze Stube mit Tiroler Waffen austapeziert. In seinem Revier hat er etwa 200 Gemsen, rechnet jährlich auf 60 Junge und schießt jährlich 60 alte weg. Ich erhielt von Colani die Erlaubnis, ihn auf einer Jagd zu begleiten und nahm meinen Freund nebst zwei Führern mit. Wir mußten einen Gletscher besteigen. Plötzlich hörte ich einen Schrei. Mein Freund war in eine Eisspalte gestürzt. Zum Glück war sie eng, er stak nur sechs bis acht Fuß tief, war aber so fest eingeklemmt, daß er weder Hand noch Fuß rühren konnte. Colani hieb Stufen in das Eis, stieg hinab, machte aus seinem Schnupftuch einen Ring, legte es um die Hand des Gefangenen und zog ihn mit derselben Leichtigkeit heraus, mit der ein anderer ein kleines Kind gehoben haben würde. Beim Weitergehen erblickten wir in einer Schlucht drei Gemsen. Colani schoß eine und kletterte, um sie zu holen, an einem Felsen hin, wo ihm kein Mensch hätte folgen können. Wir wanderten dann weiter, sahen in der Ferne über vierzig Gemsen, konnten ihnen nicht ankommen und lagerten uns, um abzuwarten, ob sie von selbst näherkämen. Nach einiger Zeit begannen sie unruhig zu werden, liefen hin und her und verschwanden dann. Obgleich das Wetter ganz heiter war, schloß Colani doch aus dem Benehmen der Tiere auf die Nähe eines Ungewitters. Wir schlugen eilig den Rückweg ein, wurden aber doch durch und durch naß, bevor wir nach Hause kamen.

Schon oft hatten die Bilder der Gemsjagd meiner Seele so lebhaft vorgeschwebt, als ob sie sich in Wahrheit vor meinen Blicken entfalteten. Das alles lag aber damals nur erst in Ahnung vor. Zur Verwirklichung war noch kein Schritt getan. Da lenkte die Erzählung des Engländers meine Gedanken nach dem Bernina hin, und bald stand auch der Entschluß fest, den berühmten Jäger und seine Felsen, Gletscher und Gemsen zu besuchen, denn einer meiner jungen Freunde, Adolf von Planta, dessen Onkel im Engadintal wohnte, bestätigte das, was ich von Colani gelesen hatte, und er erbot sich, mich in sein Vaterland und ans Ziel meiner Wünsche zu geleiten.

Im Engadintal fanden wir im Dorf Samaden bei Adolfs Onkel, dem Landamman Rudolf von Planta liebreiche Aufnahme.

Unsere erste Frage bezog sich natürlich auf Colani, der nur eine halbe Stunde von Samaden, in Pontresina wohnte. Der Onkel kannte den berüchtigten Gemsenjäger natürlich, war aber über unser Vorhaben sehr wenig erfreut.

»Kein Mensch, mit Ausnahme Colanis«, so sagte er, »wagt es, die schrecklichen Höhen zu besteigen, und wer versucht, ihn zu begleiten, der verunglückt gewiß. Es hat es auch bis jetzt noch niemand versucht, mit Ausnahme zweier Engländer.«

Aber unser Entschluß stand fest.

Am folgenden Tage, es war der 15. Juli, brachen wir früh auf und gingen nach Kamogaska, wo sich Jan Marchet Colani in seinem väterlichen Hause befand.

Es war ein Mann von 66 Jahren, etwas unter Mittelgröße, breitschultrig, die Brust hoch und sehr stark, der Kopf dick, das Gesicht länglich und braun, die Nase krumm, die Haare schwarz, schon sehr mit Weiß gemischt, die Augen braun, Kuhnheit, Klugheit und Jähzorn verratend, die gewaltigen Fäuste immer geballt, als ob sie losschlagen wollten. Seine Kleidung hatte die Farbe der heimatlichen Granitfelsen. Die Zähne waren ganz vollkommen, sehr stark, und es fehlte nur einer, nämlich ein Eckzahn, den er sich neulich abgebrochen hatte, als er einen Ladestock mit dem Gebiß aus dem Gewehr ziehen wollte. Er kam uns freundlich entgegen und fragte, was wir wollten. Wir baten um die Erlaubnis, ihn auf einigen Gemsenjagden begleiten zu dürfen, versprachen ihm für jeden Tag zwei Speziestaler, ferner für jede Gemse, die wir selbst schossen, vier, für jede, die er vor unsren Augen schoß, zwei Speziestaler, und dabei sollte auch alles erlegte Wild ihm verbleiben. Diese Anerbietungen waren ganz nach seinem Geschmack und er hätte es wahrscheinlich nicht ungern gesehen, wenn wir unter solchen Bedingungen Jahr aus Jahr ein täglich mit ihm gejagt hätten. Gleich auf den nächsten Tag wurde der Anfang festgesetzt.

Als der Morgen graute, waren wir in Pontresina. Er lud für sich seine vortreffliche Doppelbüchse, für jeden von uns eine einfache, steckte Pulver, Blei, ein Fernrohr, Brot, geräuchertes Gemsen- und Murmeltierfleisch nebst Salz in seine Jagdtasche; wir rückten aus und gelangten sehr bald in ein Tal, das an beiden Seiten von steilen Berg- und Felswänden umgeben und hinten vom Roseggiogletscher geschlossen ist.

Noch waren wir nicht lange gewandert, da sahen wir fünf Gemsen ganz ruhig nach einer Schlucht hinaufziehen, die sich zwischen senkrechten Felsen etwa eine halbe Stunde weit emporzog. Eine ähnliche Schlucht war daneben. Entzückt über diesen Anblick schlugen wir vor, schnell in der Seitenschlucht hinaufzustürmen und die Gemsenschlucht von oben zu schließen, während Colani sie von unten besetzte; so wären die Tiere eingeschlossen.

»Das ginge recht hübsch«, sagte er gleichgültig, »allein hier kann ich keine Gemsen schießen lassen, weil ich sie in dieser Schlucht mit Salz füttere, und an der Salzlecke dürfen sie nicht beunruhigt werden.«

Wir zogen weiter bis zur Mitte des Tals, wo sich eine Sennhütte befand. Hier wurde haltgemacht.

»Ich muß doch sehen, ob die Herren schießen können«, sagte Colani, maß von einem Felsblock aus 150 Schritte ab, legte einen faustgroßen Stein dahin. Ich mußte hinter dem Felsblock niederknien, die Büchse darauf legen; der Schuß fiel, der getroffene Stein zerflog in tausend Stücken. Jetzt legte Colani einen neuen Stein hin und auch Adolfs Kugel traf das Ziel. Colani spendete uns über das erfreuliche Ergebnis des Examens Lob, und wir setzten uns wieder in Marsch.

Je weiter wir nun vorrückten, desto wilder wurden rings die Felsen. An den Wänden der linken Seite huschten überall Murmeltiere auf und nieder und pfiffen laut, so oft sie uns erblickten. Endlich gelangten wir bis zu der Eismasse des Gletschers. Links und rechts war er von hohen, nackten Felsen umgeben; mächtige Blöcke lagen überall auf seinem Rand; auf der linken Seite des Gletschers sahen wir durch das Fernrohr an einem Felsen vier Gemsen und auf einer Felsenkante, die aus der Mitte des Gletschers emporstieg, dreizehn. Um diese zu erreichen, begannen wir jetzt, den Gletscher zu erklimmen. Endlich, nachdem wir eine Stunde gestiegen, hatten wir eine Höhe erreicht.

»Pst, leise!« sagte Colani.

Wir krochen schweigend hinauf. Oben lagerten wir uns unter einem sich wölbenden Felsen, sahen eine Vertiefung vor uns, und jenseit davon, etwa zweihundertfünfzig Schritte von uns, die dreizehn Gemsen ruhig weidend.

»Ich hätte wohl Lust zu schießen«, sagte ich.

»Es ist zu weit«, antwortete Colani kurz. Er sah sich nun mit seinem Fernrohr um. Ich benutzte den Augenblick und legte an. Er hatte meine Bewegung aber gleich bemerkt, drückte den Lauf meines Gewehrs, ehe ich abfeuerte, sanft mit der Hand nieder und sagte mit gebietendem Tone: »Halt!«

Jetzt wurden die Gemsen unruhig, liefen hin und her, dann plötzlich aufwärts, pfiffen, andre antworteten pfeifend, kamen hinter verschiedenen Felsen hervor und wir hatten nun das Vergnügen, eine Zahl von gerade vierzig Stück in einer langen Reihe über ein weites Schneefeld einem großen Felsenberg zulaufen zu sehen, der rings von den Eis- und Schneemassen des Gletschers umschlossen war.

»Colani«, sagte ich, »ich will mit Adolf rechts um den Felsenberg herum, gehen Sie unterdessen links, da werden wir die Tiere zwischen zwei Feuer bekommen und gute Beute haben.«

»Pst«, antwortete er, »hier darf nicht geschossen werden, sonst verlassen sie mein Revier.«

Auf dem Rückweg gelangten wir an eine Sennhütte,

wohin der Onkel Lebensmittel und ein Fäßchen Wein für uns gesandt hatte. Die Öffnung des Fäßchens war mit einem Stöpsel von hartem Holz etwas zu fest geschlossen. Wir versuchten alle drei die Kraft unsrer Hände vergebens an dem Stöpsel, schlugen dann mit Steinen dagegen, allein er wankte nicht.

»Ich bringe ihn doch heraus«, sagte endlich Colani zuversichtlich, packte den Stöpsel mit seinen Zähnen, das Faß mit den Händen, drehte, und siehe, das Faß war offen. Wir riefen Beifall, und wünschten, daß auch unsre Zähne noch so stark sein möchten, wenn sie einmal ihren sechsundsechzigsten Geburtstag feiern.

Am 17. Juli stiegen wir mit Colani durch das Muratal, wie er es nannte, den Brüneberg hinauf. Es wimmelte von Murmeltieren, die rings umherhuschten und pfiffen. Zum Schluß bekamen wir sie aber so wenig wie am vorigen Tag, obgleich wir uns viel Mühe gaben. In einer Sennhütte wurde Milch und Zieger gefrühstückt; dann ging's wieder aufwärts, und endlich befanden wir uns auf einem mit Gras, Alpenröschen, Felsstücken und Schneemassen bedeckten Bergrücken, der sich etwa sechstausend Schritte weit eben hinzog; nördlich bildete er eine senkrecht abstürzende Felswand, östlich aber lief er in eine lange und hohe Felsenkante aus.

»Wenn wir«, so sagte Colani, »auf diesem Bergrükken Gemsen aufscheuchen, werden sie über die Kante da hinlaufen, und wer oben im Versteck liegt, der kommt gewiß zu Schuß.«

Ich loste mit Adolf um den Ehrenposten auf der Kante. Ihn traf das Los. Er kletterte hinauf, blieb dort drei Stunden, sah nichts als Schneehühner und kam endlich halb erfroren mit Mühe zurück.

Ich war unterdessen mit Colani rasch dem ganzen Bergrücken entlang gegangen, und scheuchten nur eine Gemse auf, beobachteten aber durch das Fernrohr an einem entfernten und heute nicht erreichten Berg eine Herde von dreißig Stück.

Es mochte Colani beikommen, seine Kunst vor mir zu zeigen oder mich auf die Probe zu stellen, kurz, ich sah ihn plötzlich auf einer Felsenplatte stehen, die nur so groß wie ein gewöhnlicher Tisch war und über den senkrechten, tausend Klaftern tiefen Abgrund hinragte. Er stand da ganz ruhig und guckte mit seinem Fernrohr in die Tiefe. Ich erschrak bei diesem Anblick, und es lief mir ein Schauer über die ganze Haut, als er mir freundlich zuwinkte, neben ihn zu treten, er wolle mir da unten etwas zeigen. Es fiel mir jetzt ein, daß ich Tags zuvor im Laufe des Gespräches zu ihm gesagt hatte, wo er hinstiege, da könnten wir auch wohl hin, und daß er mich vielleicht jetzt eben auf eine nicht erfreuliche Weise beim Wort nehmen wollte. Schnell war mein Entschluß gefaßt, ihm zu zeigen, daß ich ihm folgen könnte, und ich stand neben ihm.

»Nehmen Sie das Fernrohr«, sagte er, »und sehen Sie nur da unten die zwei Pferde; sie müssen sich von einem Sennen dahin verirrt haben.«

»Ich sehe sie mit bloßen Augen«, war meine Antwort, »und ich mag mich hier nicht lange mit Fernrohr-Guckerei aufhalten, denn es gefällt mir auf der abscheulichen Platte, die jeden Augenblick hinuntersegeln kann, erbärmlich schlecht.« Mit diesen Worten ging ich zurück, und die beklommene Brust schöpfte mit Wohlgefallen wieder freien Atem.

Wir wandelten weiter und warfen Steine hinab. Den Fall derselben hörten wir, wenn sie auch noch so groß waren, nicht, weil der Abgrund viel zu tief war. Colani lag eben am Rande, schaute und warf hinab; ich aber hatte mich hart an den Rand gestellt, und zwar so, daß ich den mit einer starken, stumpfen Eisenspitze versehenen Gewehrkolben gegen eine feste Felszacke stemmte, den Lauf des Gewehrs in beiden Händen hielt, und mich darauf stützte, um nicht hinunterstürzen zu können. Da vernahm ich plötzlich ein heftigeres Brausen und zugleich einen von Colani ausgestoßenen gellenden Schrei. Erschrocken tat ich zwei Schritte rückwärts, und siehe, da sauste ganz nah über meinem Haupt ein ungeheurer Lämmergeier dahin. Im Augenblick griff ich nach meiner Waffe, jedoch war der gewaltige Vogel schon weit weg, bevor ich den Hahn gespannt und zu zielen begonnen hatte. Auch Colani konnte nicht zu Schuß kommen. Er hatte sich zufällig nach mir umgesehen, zu meinem Glück den Vogel bemerkt, wie er gerade mit Blitzesschnelle auf mich zuflog, hatte geschrien, um ihn zu verscheuchen, war aufgesprungen, um zu schießen, allein der Vogel war zu schnell.

»Mein Gott«, sagte der alte Mann, in dessen Miene sich jetzt der Schreck der Überraschung und das freudige Bewußtsein, mich gerettet zu haben, noch vereinten, »es war ein Glück für Sie, daß ich in dem gefährlichen Augenblick gerade nach Ihnen sah. Ich habe oft gesehen, wie der Lämmergeier Gemsen in den Abgrund stürzt; an Menschen aber wagt er sich nur in dieser Jahreszeit, wenn er sie unversehens am Rande eines Abgrundes von hinten packen kann; im Juli sind seine Jungen groß und verlangen viel Futter.«

Ich drückte ihm die Hand, dankte ihm herzlich, fügte dann aber hinzu: »Ich bin eigentlich nicht hierher gekommen, um junge Lämmergeier zu füttern, sondern um Gemsen zu schießen, und bitte recht freundlich, mir endlich dazu Gelegenheit zu schaffen.«

Er verstand den Wink. »Sie denken«, sagte er lächelnd, »ich führe Sie nur so herum, weil ich täglich meine zwei Speziestaler verdienen will. Nun, morgen soll's besser werden, da gehn wir auf den Bernina, wo die meisten Gemsen sind. Jetzt wollen wir den Adolf suchen und nach Hause gehn.«

Am 18. Juli brach ich mit Adolf früh auf. Der Regen goß in Strömen. Wir wateten auf einer überschwemmten Wiese nach des Onkels Sennhütte, wohin uns der Gemsenjäger bestellt hatte. Diesem aber war es vorteilhafter vorgekommen, bei solchem Wetter im Bett zu bleiben. Abends heiterte sich der Himmel auf, wir besuchten ihn in Pontresina und bekamen hier die willkommene Nachricht, daß an diesem Morgen zwei große Bären auf dem Berg, der sich über Kamogaska erhebt, hingegangen wären, nachdem sie in der benachbarten Alp drei Schafe zerrissen. Der Bernina war nun vergessen, die Bären bei Kamogaska mußten erlegt werden.

Der Tag des 19. Juli hatte sich noch nicht von der Nacht geschieden, als wir unsre Jagdausrüstung anlegten. Schon war auch Colani da, und vor der Tür wieherte ein Roß, das uns zu Wagen nach Kamogaska führen sollte. Von dort aus bestiegen wir den Berg, an dem die Bären hingewandelt waren; ihre Spur führte zuletzt zwischen zwei Felsenberge und verlor sich in der dazwischen liegenden Vertiefung, die so mit Steinblöcken überschüttet war, daß wohl ein Bär mit seinen breiten Tatzen, aber kein Mensch hinauf konnte. Oben zeigte uns Colani eine Höhle, die er das Bärenloch nannte, und sagte, daß sie der Aufenthalt dieser hier übrigens seltenen Tiere wäre, wenn sie zuweilen im Sommer aus dem Unter-Engadin, wo sie häufiger sind, heraufwandern. Wir zogen nun weiter ein Tal hinauf, hofften doch noch hinter jedem Busch oder Felsblock einen Bären zu finden, brachten den übrigen Tag damit hin, einzelne Gemsen zu beschleichen, indem wir über Felsen und Abhänge kletterten, hatten unsre Freude an den Schneehühnern, die ganz nah bei uns herumliefen, ärgerten uns über das die Gemsen aufscheuchende Gepfeife der Murmeltiere, wurden fünf Stunden lang von Schneegestöber geplagt, und gingen abends in die prächtige Sennhütte, die ein reicher Mann in einem engen Tal hinter einem vor Lawinen schützenden Hügel gebaut hat. Hier gedeiht wegen der Kälte kein Baum, aber rings sind die steilen Abhänge mit dem Buschwerk der Krummholzkiefer bewachsen und von diesem führen die Lawinen jährlich so viel ins Tal herab, daß man nur zu sammeln braucht, um Feuerung zu haben.

Zwei struppige Sennen hießen uns willkommen und führten uns in eine hübsche Stube, die nach Landessitte an Boden, Wänden und Decke mit Arvenholz überzogen war; Tische, Bänke und Stühle bestanden aus Lärchenholz. Colani, froh, daß er uns wieder einen Tag vergeblich herumgeführt, war lustig und guter Dinge, erzählte uns unzählige Heldentaten, die er mit seinen Fäusten, seinem Gewehr oder nur mit Schlauheit ausgeführt, und sang Lieder.

Am Morgen des 20. Juli waren wir um vier Uhr schon auf und erstiegen einen Berg. Dort sprang uns ein großer, grauer, zottiger Hund entgegen, der eine Schafherde bewachte, die auf der eben mit einem dünnen Schneeflor überdeckten Grasfläche lagerte. Wir öffneten die aus rohen Steinen zusammengefügte Hütte des Hirten, fanden diesen in seinem elenden Bett tief in einer Moosmasse vergraben, weckten ihn, er hieß uns willkommen, stand auf, warf die Asche des Herdes auseinander, legte Krummholz auf die darunter glühenden Kohlen, blies sie zur Flamme an, hielt seine bloßen Beine in diese hinein, steckte sie dann wohl gewärmt in Holzschuhe und holte uns nun fetten Schafskäse und Schafsmilch herbei.

Wir ließen's uns wohl schmecken, gingen dann im dämmernden Licht des Morgens eine weite Strecke und entließen jetzt den Adolf, nachdem ihn Colani auf einen Weg gebracht, wo er die Richtung nach dem Dorfe Bevers nicht verfehlen konnte, wohin er für heute zur Feier eines Geburtstages von seiner Tante eingeladen war.

Colani führte mich jetzt tiefer ins Gebirge zurück, wir gingen eineinhalb Stunden, sahen in weiter Ferne erst vier Gemsen, dann eine, dann zwei, aber allen war nicht anzukommen, weil unübersteigbare Abgründe und Felsen zwischen uns und ihnen lagen. Ein rauher Wind wehte über die Höhen hin, Wolke auf Wolke kam, hüllte uns in Schneeflocken, und machte dann wieder der Sonne Platz, die kalt und blutig hinter den Felsen emporstieg. Es war mir, als wenn ich für den heutigen Tag nichts Gutes ahnte. Die Art der Jagd begann mir zu mißfallen, und um ihr ein baldiges Ende zu machen, so sagte ich dem Colani mit Bestimmtheit, ich würde nicht mehr mit ihm gehen, wenn er mich nicht heute zu Schuß brächte.

»Mich dünkt«, so antwortete er, »Sie sind verdrießlich und ungeduldig. Schieben Sie die Schuld nicht auf mich; ich habe Sie zu den vielen Gemsen des Bernina führen wollen, Sie haben aber selbst hierher zu den Bären verlangt; es gibt hier wenig Gemsen, und ist schwer anzukommen. Jedoch«, fügte er hinzu, nachdem er sich ein wenig besonnen, »Sie sollen Ihren Willen haben, wenn Ihnen der Mut nicht fehlt, mir zu folgen.«

»Ich werde Ihnen folgen, so weit es meine Kräfte gestatten«, sagte ich.

Wir gingen eine halbe Stunde, dann machte er halt und schaute mit dem Fernrohr nach einem Punkt hin, wo, wie er im voraus gesagt, Gemsen sein mußten.

»Da sind sie«, rief er freudig, »es sind fünf; der Platz ist herrlich und von der anderen Seite gut anzukommen, aber«, setzte er ernst und langsam hinzu, »von hier aus führt nur ein Weg hin, und der ist fürchterlich. Ich weiß nicht, ob Sie mit können. Ich habe ihn selbst nur einmal in meinem Leben gemacht, und das vor zehn Jahren.«

Wäre seine Miene nicht so ernst gewesen, so hätte ich seine Worte für Spaß gehalten, weil ich von der Möglichkeit, bis zu den Gemsen zu gelangen, gar keinen Begriff hatte. Die fünf Tierchen, die ich durch das Fernrohr recht deutlich sah, weideten auf einem Rasenplatz, der von uns eine gute Stunde weit entfernt war; ein Weg dahin war offenbar links über die Felsen, Spalten und Gletscher ganz unmöglich, rechts, wo ein ungeheurer Abgrund sich hinzog, ebenso, und geradeaus sah ich nur eine senkrechte Felswand, die sich aus der Tiefe des Abgrunds bis in den Himmel erhob. »Neun Uhr lagern sich die Gemsen«, sagte Colani, »dann müssen wir bei ihnen sein; jetzt können wir ein halbes Stündchen ruhen.«

Nach der Ruhe brachen wir auf und gingen etwa

sechshundert Schritte vorwärts, gerade auf die senkrechte Wand zu. Als wir an sie kamen, bemerkte ich sogleich, was ich aus der Ferne nicht gesehen, daß ein Absatz an ihr hinlief, auf dem ein Gehen, so lange einem der Schwindel nicht die Besinnung nähme, wohl denkbar erschien. Übrigens erschrak ich nicht wenig, als Colani gerade auf diesen Absatz losschritt, das Gewehr auf den Rücken schnallte, so daß er beide Hände frei bekam, mich ermahnte, ein Gleiches zu tun, und dann nur hinzufügte: »Gehn Sie immer nahe hinter mir her!«

Der Weg, den wir jetzt, ohne ein Wort zu reden und jeder nur mit sich selbst beschäftigt, machten, war so schrecklich, daß ich keinen deutlichen Begriff davon geben kann. Anfangs war der Absatz mit steil liegender, ganz lockerer Erde bedeckt. Als wir diese betraten, gingen wir so, daß wir die Felswand links hatten und mit der linken Schulter daran hinstreiften, rechts hatten wir den Abgrund und unter unseren Füßen eine Erde, die so locker lag, daß sie unter jedem Fußtritt hinwegglitt.

Nachdem wir so zehn Minuten mit großer Anstrengung marschiert waren, kamen wir endlich auf festen Fels, der etwa zehn Fuß breit unter unseren Füßen lag. Wir ruhten hier etwas, um wieder zu Atem zu kommen. Es war aber ein nicht zur Freude stimmendes Ruheplätzchen. Links die senkrechte Felswand, rechts die unermeßliche Tiefe, die wir bloß danach ungefähr beurteilen konnten, daß die unten stehenden hohen Lärchen- und Arvenbäume unsrem Blicke nur in der Größe eines Fingers erschienen.

Gleich hinter dem Ruheplatz zog sich ein fußbreiter Spalt quer über unseren Weg, durch den wir in den Abgrund gerade unter unseren Füßen hinabsehen konnten, und später mußten wir wohl noch über fünf ähnliche Spalten. Der Pfad wurde schmaler und schmaler. So waren wir wohl ein Viertelstündchen gegangen, da rief Colani plötzlich: »Vorsicht!«

Ich blickte auf. Er war fünf Schritte vor mir. Fels und Weg schien vor ihm verschwunden und sein Sturz in die Tiefe gewiß. Da packte er eine Felszacke, setzte seinen linken Fuß auf einen kaum zwölf Zoll breiten Vorsprung, die rechte Seite seines Körpers schwebte über dem Abgrund, er schwenkte sich, und ich sah ihn nicht mehr.

Mir lief ein eiskalter Schauer über die Haut, doch das Bewußtsein, daß ein Augenblick des Zauderns mich ins Verderben stürzen würde, gab mir Kraft. Ich ging rasch vorwärts, faßte die Zacke, schwang mich herum, trat auf ein breites Felsstück und war nach etwa zwölf Schritten auf sicherem Boden. Wir gelangten nun, da wir glücklich herum waren, durch eine Schlucht hinter die sich noch weiter hinziehende Felswand.

»Wir sind jetzt außer Gefahr«, sagte Colani, indem er mir freundlich die Hand drückte. »Ich hatte nicht gedacht, daß wir hier noch bei einander sein würden.« »Außer Gefahr!« rief ich, und ich hätte vor lauter Seligkeit den Alten beinahe umarmt. »Nun rasch zu den Gemsen«, sagte ich dann.

Wir eilten weiter, waren seelenvergnügt, lachten und scherzten. Nach einer halben Stunde waren wir auf der Höhe des Berges, an dem die Gemsen sich befanden. Etwa tausend Fuß unter uns war ein breiter Absatz, den wir erreichten, indem wir einen großen Teil des Abhangs bis dahin, weil er zum Gehen zu steil war, auf der Seite liegend und mit den Händen hemmend langsam hinabglitten. Leise und vorsichtig gingen wir auf dem Absatz hin und seinem Rande zu. Von dort aus sahen wir, indem wir uns zwischen Alpenröschen liegend verbargen, zwei Gemsen, eine große und eine kleinere, auf herrliche Schußweite ruhig unter uns liegen.

»Legen Sie über meine Schulter an«, flüsterte Colani, »und nehmen Sie die große aufs Korn!«

Ich legte das Gewehr über seine Schulter, zog den Hahn auf, nahm die große fest aufs Korn, drückte ab, der Schuß krachte, die Kugel pfiff, der Widerhall rollte donnernd von Fels zu Fels, die Gemse sprang mannshoch empor, überschlug sich und stürzte rücklings in die Tiefe. »Getroffen!« rief Colani, und »Hurra!« rief ich.

Wir sprangen beide empor, flogen ein Stück über schönen Rasen dahin, dann noch ein Stück über Steintrümmer und standen bereits am Abhang, als die kleinere Gemse, mit ungeheuren Sätzen fliehend, erschien. Sie sah uns nicht, machte gerade unter uns auf gute Schußweite Halt, und wandte den Kopf rückwärts nach der verlorenen Gefährtin. Colani schoß, fehlte aber, weil er auf einem schwankenden Steinblocke stand. Für mich wars ein Glück, daß er fehlte, denn ich hatte nun die schönste Gelegenheit, die ungeheuren Sprünge zu bewundern, mit denen sich das geängstigte Tier von Fels zu Fels wie im Fluge und doch mit nie fehlender Sicherheit schwang.

»Nun schnell zu meiner Gemse«, sagte ich jetzt.

»Nur langsam«, versetzte der wegen seines Fehlschusses mißmutige Jäger, »denn die kriegen wir im Leben nicht; jenen Abgrund hat noch nie ein menschlicher Fuß betreten, und« – so fügte er zögernd, halb für sich sprechend, und mit einer Miene hinzu, in der die Unschuld eines guten Gewissens nicht zu erkennen war, – »und was in diesem Grabe liegt, das liegt sicher begraben.«

In meiner Seele regte sich bei diesen Worten die Erinnerung an alle die grausigen Taten, die man dem wilden Jäger zuschob, und es war mir jetzt bei dem Anblick der roten Alpenröschen, als hätte ich Tropfen vergossenen Menschenblutes vor mir. Wir gingen schweigend an das Lager meiner Gemse; ich legte mich, während Colani mich an den Füßen hielt, an den Rand des Abgrunds, konnte aber in der öden Tiefe weiter nichts gewahren, als verworrene Felszakken, oben dagegen, nicht weit unter mir, an einer Felsenspitze ein Büschel Gemsenhaar.

Wir stiegen nun an der anderen Seite des Berges

hinab und kamen in ein Tal, das eine mit lauter Steintrümmern gefüllte, rings von Felsen umgebene Einöde darstellte. Während ich genug damit zu tun hatte, beim Klettern über die Felsstücken nicht zu verunglücken, hatten Colani etwas entdeckt, was ihn veranlaßte, sich plötzlich hinter einem Blocke niederzuwerfen und mir zu winken, eiligst dasselbe zu tun.

»Was gibt's?« rief ich erschrocken. Er antwortete nicht, blickte mit dem Fernrohr zum Himmel hinauf, biß die Zähne zusammen, ballte die rechte Faust und sagte: »Verdammt!«

Ich verfolgte nun mit meinen Augen die Richtung seines Rohrs.

Etwa sechshundert Schritte von uns schloß sich nach dieser Seite hin das Tal mit einem senkrechten Felsen, dessen Spitze die Wölbung des Himmels zu spalten schien. Gerade auf der Spitze sah ich eine Gestalt.

»Wer mag das sein?« fragte ich, bekam aber keine Antwort. Heftige Leidenschaften tobten offenbar in seinem Innern.

»Verdammt, verdammt!« rief er mehrmals, »ich kenne den Kerl nicht; aber, Gott sei Dank«, setzte er endlich hinzu, »er hat uns noch nicht bemerkt. Wart nur, das soll dir übel bekommen. Es ist ein Jäger, er hat ein Gewehr an der Seite und sieht mit dem Fernglas herab.«

Die Wut, die aus Colanis Blicken, aus dem heftigen Zusammenbeißen seiner Zähne, aus den Bewegungen seiner Faust sprach, ließ mich das Schlimmste befürchten.

»Sowie der Jäger dort weg ist«, sagte er, »müssen wir auf und ihm zuvorkommen.«

»Nein, Colani«, erwiderte ich in der Hoffnung, den Sturm noch zu rechter Zeit zu beschwören; »ich will Gemsen schießen, aber keine Menschen, die mir nichts zuleide getan haben; dort hinauf mag ich nicht, denn der Jäger da hat gewiß alle Gemsen verscheucht.«

In diesem Augenblicke verschwand der Jäger; Colani sprang auf und rief gebieterisch: »Folgen Sie mir! In einer Viertelstunde«, setzte er wegeilend hinzu, »kann der Jäger auf jenem Bergrücken sein; wir müssen ihm zuvorkommen und in zehn Minuten hinauf!«

Was sollte ich tun? Bleiben und in der wilden Einöde, aus der ich allein den Ausweg nimmer gefunden hätte, hilflos verschmachten, oder mitgehen und doch vielleicht noch glücklich ein Unglück verhüten?

Ich entschied mich für das Letztere und eilte ihm nach. Zu dem Weg, den wir wirklich in zehn Minuten zurücklegten, hätten wir für gewöhnlich eine Stunde gebraucht.

Endlich waren wir oben und sanken atemlos hinter einem Felsstück nieder. Es war uns, als müßten wir von der übermenschlichen Anstrengung auf der Stelle sterben. Aber kaum hatten wir fünf Minuten gelegen, da sah Colani, den fremden Jäger gerade auf uns zukommen. Ich sah ihn auch.

Die Spannung, in die wir durch diesen Anblick gerieten, weckte in uns schnell das halbgeschwundene Leben und die verlorene Kraft. Er kam rasch daher.

»Verdammt!« sagte Colani wieder, »ich kenne ihn nicht.« Er biß die Zähne zusammen, seine Lippen zitterten; in seinen Augen glühte die Wut eines Tigers.

Der Jäger war uns nun nahe genug, hatte uns nicht bemerkt; Colani griff nach seinem Gewehr, spannte den Hahn, begann zu zielen, – da drückte ich es mit der Rechten nieder und sagte in befehlendem Tone: »Halt! vor meinen Augen kann ich keinen Mord gestatten.«

Er warf mir einen fürchterlichen Blick zu, besann sich aber, da ich meine Hand nicht zurückzog, reichte mir die Hand und sagte freundlich: »Wir wollen uns nicht entzweien.«

Der Jäger verschwand hinter einem Felsen. »Herrlich«, rief Colani, erhob sich, und wir gingen leise nach dem Felsen hin. Dort winkte er mir, stehenzubleiben, schlich sich weiter und schaute an der anderen Seite des Felsens hinab, wandte sich und winkte mir mit schadenfrohem Lächeln, zu ihm zu kommen. Ich tat es und sah den fremden Jäger ruhig auf einem Vorsprung sitzen und mit dem Fernrohr in einen Abgrund hinabschauen. Die Büchse hatte er quer über den Rücken geworfen.

»Ich kenne den Schurken nicht«, sagte Colani nochmals und fügte hinzu: »Hier auf der Höhe, gerade über dem Wege zu dem Schurken, müssen Sie schußfertig stehen, während ich hinabgehe und ihm einen Besuch mache.«

»Ich werde Ihnen gerne den Willen tun«, erwiderte ich, »allein Sie dürfen nicht auf meinen Beistand bauen. Eure verfluchten Zänkereien gehen mich nichts an. Ich werde jeden, der Miene macht, mich anzutasten, niederschießen, aber auch keinem etwas zuleide tun, der mich in Ruhe läßt.«

Colani schlich hinab wie eine Katze. In der Linken hatte er seine Büchse, deren beide Hähne aufgezogen waren, mit der Rechten lehnte er sich an den Felsen, weil der hinabführende Weg ziemlich steil war. Jetzt war er nur noch drei Schritte vom Jäger entfernt, und dieser hatte noch keine Ahnung von der Gefahr, weil das Brausen des Windes und das Plätschern fallender Wasser die ihm nahenden Tritte übertönten. Da beugte sich Colani vor, verließ mit seiner Rechten den Felsen, streckte sich aus und wollte eben nach dem Feinde greifen, als ein Stein unter seinem Fuße schurrte.

Der Jäger fuhr zusammen, blickte schnell hinter sich und sah mit Schrecken die über ihn gehobene Teufelskralle des wilden Berggeistes und weiter oben mich in drohender Stellung.

Ich erwartete jeden Augenblick, daß sie nun einander packen und kämpfend zusammen in den Abgrund stürzen würden. Sie sahen sich eine Zeitlang schweigend an und der eine schien so überrascht wie der andere. Colani ließ die ausgestreckte Hand sinken. Endlich begannen sie zu sprechen, und zwar, so weit ich aus ihren Gebärden schloß, in freundschaftlicher Weise. Jetzt lehnte Colani seine Waffe an den Felsen und setzte sich neben den Jäger. Sie schnupften zusammen, und schauten durch das Fernrohr hinab. Drauf ließ sich Colani die Büchse seines Nachbarn geben und betrachtete sie. Nun wird er, dachte ich, sich auch die Jagdtasche ausbitten, und dann nehmen sie sich bei den Haaren; oder er wird ihm heimtükkisch einen Stoß geben, um ihn über Bord zu werfen. Ich war fest entschlossen, mich nicht einzumischen.

Es geschah aber nichts. Sie kamen endlich zu mir herauf, und ich war herzlich froh, daß ich meinen Posten verlassen durfte. Wir verfügten uns sogleich an eine sonnige Stelle, wo der Wind überstrich, lagerten uns, aßen und tranken, wurden lustig und waren guter Dinge. Ich suchte mir nun Aufklärung über die Geschichte zu verschaffen und erfuhr:

Der Jäger, ein kräftiger Mann von fünfundsechzig Jahren, hatte zufällig gehört, daß wir mit Colani auf den Bernina gegangen wären, und hatte die gute Gelegenheit, wo er die hiesigen Berge sicher wußte, benutzen wollen, sich einen Gemsenbraten zu holen. Dabei hatte er sich vermummt, damit ihn nicht etwa ein Senn, der ihm zufällig begegnen könnte, erkennen und dem Colani gelegentlich verraten möchte, dessen Tücke er fürchten mußte, obgleich er mit ihm eigentlich von Jugend auf befreundet war.

Nach Verlauf einer halben Stunde machten wir Anstalten, die in der Schlucht befindlichen sechs Gemsen aus gehöriger Nähe zu begrüßen. Der fremde Jäger ward rechts von dem Felsen, an dessen linker Seite wir ihn überrascht hatten, gut verborgen angestellt, weil hier die Gemsen vorbei mußten, wenn sie von unten nach oben gescheucht wurden; ich ging mit Colani links ab und gelangte auf einem Umweg binnen einer Viertelstunde an denjenigen Rand der Schlucht, wo wir dem Boden am nächsten waren. Wir lagen hinter zwei großen Steinen, und sahen unten die sechs Gemsen gerade in guter Schußweite so recht frei und breit vor uns liegen. Colani lagerte sich wieder

quervor und ersuchte mich, den Lauf auf seine Schulter zu legen. Ich tat es, konnte mich aber nicht entschließen loszudrücken.

»Wie niedlich die Tiere da sind«, sagte ich so leise als möglich; »sie liegen so behaglich da und sehen so unschuldig aus; es ist mir, als ob der Finger den Dienst versagte, wenn ich abdrücken will. Meine Lust zu schießen und habe ich schon heute morgen gehörig eingebüßt.«

Ich zauderte und zauderte; da erhob sich die zu oberst gelagerte, spitzte die Ohren, und drehte den hoch gehobenen Kopf nach allen Seiten. Es stand nun eine nach der anderen auf, schnupperte, guckte und horchte, und alle trabten zuletzt langsam nach unten.

In dieser Richtung hatte die Schlucht lauter senkrechte Wände, und nur an ihrem Ende einen mit Felsblöcken verschütteten Ausgang. Dies wußte Colani und flog wie ein Wetterstrahl nach jener Richtung. Es war ihm unbegreiflich, daß ich die Zeit mit Betrachtung der Tiere hingebracht und nicht geschossen hatte. Als wir halt machten, kamen sie eben über die Felstrümmer herauf, jedoch mit einer Schnelligkeit und in einer Entfernung, in die Colani nicht auf sie schießen wollte.

Am Montag verließen Adolf und ich das Tal, und ich warf noch manchen Blick auf die eisigen Felsgebirge zurück, wo ich einige der merkwürdigsten Tage meines Lebens zugebracht und das rauhe Leben eines wilden Gemsenjägers in seinem ganzen Umfang kennengelernt hatte.

Damit wollen wir die »Gemeinnützige Naturgeschichte« wieder verlassen. Das Eindrucksvollste an Lenzens Bericht ist wohl zweifellos die Begegnung mit dem fremden Jäger. Obwohl ein jagdberechtigter Landsmann, behandelt Colani ihn wie einen Wilderer. Der andere verhielt sich auch wie ein solcher, er vermummte sich und betrat das Revier, als er den Jäger abwesend glaubte. Und das alles, obwohl Colani sich das Revier eigenmächtig, kraft seiner gefürchteten Persönlichkeit angeeignet hat. Wenn man liest, wie plötzlich Haß und Mordlust in dem alten Jägerfürsten auflodern, wie ihn nichts abbringen kann, den Eindringling zu stellen, so kann man nicht umhin, an gewisse Verhaltensweisen der Tiere zu denken, an deren Revierverteidigungsinstinkt oder Beuteinstinkt. Man weiß, daß ein Raubtier seine Beute um keinen Preis herausgibt. Selbst der treueste Hund wird gefährlich böse, wenn sein Herr ihm spaßeshalber den Knochen wegzunehmen sucht. Vielleicht sind diese Instinkte im Jäger alten Schlages noch in Resten lebendig. Dies könnte mithelfen, die so schwer verständliche Feindschaft zwischen Jäger und Wilderer, der eben oft nichts anderes ist als der Reviernachbar, zu erklären.

Übrigens hat Colanis Sohn gegenüber einem Journalisten der Illustrierten »Daheim«, der ihn um 1865 besuchte, heftig bestritten, daß sein Vater Tiroler Wilderer erschossen habe. Der alte Fuchs, der sich seine Gemsen nicht gern von Touristen wegschießen ließ, soll sich mit Lenz einen Spaß gemacht und ihm, auch um andere Neugierige abzuschrecken, ein wenig Angst eingejagt haben. Er habe es »schriftlich und gerichtlich«, sagte der junge Colani, daß sein Vater ein Ehrenmann gewesen sei.

Wir erfahren noch weitere Einzelheiten aus dem Leben des Jägerkönigs: Er wurde 1772 geboren als Sohn eines Küfers, der »in geeigneter Jahreszeit durch Handhabung seiner Büchse sich manchen Taler zu verdienen wußte«. Von seinem Vater also wurde er in die Kunst des Jagens eingeweiht. In seinem zwölften Lebensjahr schoß er bereits vierzehn Gemsen. Mit achtzehn Jahren mußte er nach St. Etienne, um das Büchsenmacherhandwerk zu erlernen. Das Heimweh trieb ihn aber schon nach einem Jahr ins Engadin zurück, und er verlegte sich nun ganz auf die Jagd.

»Das erste, was er nach seiner Rückkehr tat, war, daß er sich eine Waffe zurechtmachte und nicht nachließ, bis sie in jeder Hinsicht seinen Erwartungen entsprach. Sodann begann er die Lebensart der Gemsen zu studieren. Auf seinen Jagdstreifen kam er oft in die Bernina. Es war ihm nicht entgangen, welch günstiger Ort hier zur Hegung des Gemsbestandes sei. Er wollte demselben näher sein und zog deshalb von Bevers nach Pontresina, wo er und unsere Familie fortan gelebt haben. Dort richtete er sich häuslich ein, übte sich während der langen Winter im Büchsenmachen und brachte an seinen Stutzen viele Verbesserungen an, namentlich im Zug der Läufe, so daß seine Büchsen alle anderen der Umgegend an Güte weit übertrafen. Auf dem Schießstand fehlte er nie, und nie hat das Schützenwesen im Engadin so geblüht wie zu seiner Zeit. Daneben studierte er eifrig medizinische Bücher und machte sich mit dem menschlichen Organismus vertraut, so daß er manchem in Krankheit und Nöten helfen konnte.

In den Zwanziger Jahren nahm er die Berninahäuser in Pacht und war bald beliebt bei den Hirten und den Weinsäumern aus Veltlin, die bei ihm einkehrten. Er legte in großem Maßstab Sulzen an und trieb auch manchmal aus den angrenzenden Veltliner Bergen die Gemse herüber in sein Revier. Sein Sohn hat uns von seiner letzten Jagd berichtet, die kurz nach dem Besuch des Verfassers der »Gemeinnützigen Naturgeschichte« stattgefunden haben muß. Es zeigt sich noch einmal, daß Colani, indem er zwar nicht die Geiß, aber doch die Jungtiere schont, nicht nur Jäger, sondern bereits auch Heger war. Freilich nicht aus Barmherzigkeit oder um der Erhaltung des Naturparks willen, sondern aus nützlichen Überlegungen, die ja die

hauptsächliche Antriebskraft des Naturmenschen sind. Ein wenig blitzt auch nochmals die Heftigkeit seines Charakters auf, wenn er dem Sohn die Büchse wegreißt, und man darf wohl annehmen, daß Lenz ihn im Grunde doch richtig geschildert hat.

Zusammen mit seinem Sohn und einem Jagdknecht hatte er einen Gemsbock verfolgt, der aber entwischt war:

»Es müssen noch andere Gemsen in der Nähe sein«, sagte mein Vater, »sonst wäre der Bock nicht so weit gegangen. Folgt mir auf dem Fuße nach, bleibt nicht zurück, das Glück wird uns heute noch lächeln.«

Voll Zuversicht folgten wir schweißtriefend seinen Schritten, und in kurzer Zeit war der Felskopf erklommen, wohin er gelangen wollte. Vorsichtig schlich er bis an den äußersten Rand des Felsens, richtete sein scharfes Auge nach einer schaurigen, an eine kühne Felspyramide gelehnten Schlucht hin und entdeckte fünf Gemsen, die dort Schutz gegen die brennenden Sonnenstrahlen gesucht hatten.

Durch Zeichen gab er uns zu erkennen, daß er der Gemsen ansichtig sei. Behend schob er seinen Doppelläufer vor, schoß einmal, schoß zweimal, und sein Lächeln bewies uns, daß seine Kugeln nicht gefehlt hatten. Er winkte mir zu, ihm meinen Stutzen hinzureichen, ich aber verstand das Zeichen nicht. Unwillig darüber schlich er rasch auf mich zu, riß mir die Waffe aus der Hand, legte an, drückte ab, und abermals fiel eine Gemse.

Es sollte für ihn von über 2700 erlegten Gemsen die letzte sein, mit dieser sollte sein Jägerleben den Abschluß finden. Die zwei noch übrigen jungen Tiere, ihrer Mutter beraubt und durch die rasch auf einander folgenden Schüsse außer Fassung gebracht, irrten noch lange Zeit in schußgerechter Distanz hin und her und wollten sich nicht entfernen. In jugendlichem Jagdeifer wollte ich auf sie schießen, doch mein Vater, als echter Jägersmann, wollte es nicht zugeben und jagte sie fort.

Vor einer beinahe unzugänglichen Felswand – wohin ein verwundetes Tier sich mühsam verkrochen – wo manche jugendliche Kraft zurückgeschreckt wäre, holte der sechsundsechzigjährige Jägerkönig des bündnerischen Hochlandes seine letzte Gemse.

Von den drei erbeuteten Tieren wurde das eine heimgetragen und die beiden andern im Gletschereis verscharrt. Unser Vater ruhte schon im kühlen Grabe, als das letzte durch mich abgeholt wurde.

Dieser Gebirgssohn, der in Ausübung seines Berufs während dreiundfünfzig Jahren mit den Elementen kämpfte, der unverzagt mit ruhigem Blick allen Schrecknissen und Gefahren zu trotzen wußte, dem die Strapazen und Drangsale des Jägerlebens nichts anhaben konnten, hatte das bei uns Gemsjägern seltene Glück, unverletzt und unverkrüppelt auf seinem stillen häuslichen Lager zu sterben.

Der Mann, der am ersten Augustsonntag seines Todesjahres sich noch rüstig genug fühlte, mit der Knabenschaft seines Wohnortes einen Wettlauf aufzunehmen, sollte einer begangenen Unvorsichtigkeit zum Opfer fallen. Er starb an einer Lungenentzündung, die er sich dadurch zuzog, daß er an einer zugigen Stelle sich nach angestrengter Arbeit schweißtriefend auf eben eingesammeltes Heu hinlegte. Er erwachte mit Schmerzen und Beklemmung. Sofort ließ er sich zur Ader, in Ermangelung einer Lanzette mit seinem Jagdmesser, doch es floß kein Blut. Mühsam schleppte er sich nach Hause und legte sich, um nicht wieder aufzustehen. Mit größter Seelenruhe und in Geduld ergeben ging er seinem Ende entgegen, das er beinahe bis auf die Stunde vorausgesagt hatte. Kurz vor seinem Hinscheiden (den 14. August 1837) rasierte er sich noch selbst, ließ sodann seine Angehörigen herbeirufen und nahm einen rührenden Abschied von uns.

Und nun sagen Sie, Herr: Ein Mensch, auf dessen Gewissen dreißig Menschenleben lasten, könnte der eines so ruhigen Todes sterben?«

Siechst'n steh, wie er hofft, wie er schaut,
Wie der Teufi so schwarz und so wild?
A sella Bock is, der ma taugt,
Und i trau mir a, daß er 's verspielt.
Denn a so oder so,
Und steig i eini in d' Höll,
I kriagn halt do.

Quellennachweis

Mit freundlicher Genehmigung der Rechtsinhaber wurden den folgenden Werken Beiträge entnommen: C. Adlmaier, Wilderer und Jäger im Hochgebirge, Chiemgau-Druck, Traunstein 1967 · Kiem Pauli, Oberbayerische Volkslieder, Georg D. W. Callway Verlag, München (im Farbbildteil das Aquarell von Thomas Baumgartner, ferner die Verse auf den Seiten 10, 78, 136 und die Abbildung auf Seite 6). Emil Waldmann, Wilhelm Leibl als Zeichner, Prestel-Verlag, München 1942 (Skizze zu dem Wildererbild. Das Original ist im Besitz des Wallraf-Richartz-Museums, Köln. S. 121) J. B. Schöffmann, Bilder und Erinnerungen aus dem bayerischen und benachbarten Hochgebirge, vornehmlich aber dem Isarwinkel, Kösel-Verlag, München 1899 (Bd. 5 der Reihe »Katholische Volksbibliothek« herausgegeben von Konrad Kümmel) · Das Bild von Max Buri, Schweizer Wildschütz, stellte das Kunstmuseum Bern zur Verfügung (S. 161).

Weitere Lieder und Verse stammen aus: L. von Hörmann, Grabschriften und Marterln, Leipzig 1891 (S. 69) · Franz von Kobell, Oberbayerische Lieder und ihre Singweisen, München 1860 (S. 59, 67, 131, 153, 175) / Schnadahüpfeln und G'schichteln, München 1872 (S. 17, 61) / Gedichte in oberbayerischer Mundart, Stuttgart 1862 (S. 46) · Franz Friedrich Kohl und Josef Reiter, Echte Tiroler Lieder, Leipzig 1913–1914 (S. 128) · Karl Stieler, Gedichte, Leipzig 1919–22 (S. 18)

Literatur: Arthur Achleitner, Jagdparadiese in Wort und Bild, Berlin 1913 / Kriegswirkungen im bayerischen Hochgebirg, Berlin 1916/Büchsenspanner, Erinnerungen aus dem Hofjagdleben, Dillingen 1922 · Rudolf Frieß, Im Rausch des Unerlaubten, München 1970 · José Ortega y Gasset, Über die Jagd, Hamburg 1957 · Friedrich Gerstäcker, Eine Gemsjagd in Tirol, Leipzig 1857 · Rupert Freiherr von Imhof, Beiträge zur Geschichte des Jagdwesens, in »Mitteilungen der Gesellschaft für Salzburger Landeskunde«, Band 26 (1886) und Band 27 (1887) · Paul Jörimann, Das Jagdrecht Gemeiner III Bünde, Chur 1926 · Karl Klaar, Wildschützen aus Tirol und Vorarlberg 1507–1533, in »Forschungen und Mitteilungen zur Geschichte Tirols und Vorarlbergs«, Innsbruck 1917 · Harald Otmar Lenz, Gemeinnützige Naturgeschichte, Gotha 1835 · Heinrich Noë, Bairisches Seenbuch, München 1865 / Tirol und Vorarlberg, Glogau 1876 · Anton Freiherr von Perfall, Auf der Wurzhütte, Parey, 1963 · Hermann Schmid und Karl Stieler, Aus deutschen Bergen, Stuttgart 1873 · Friedrich von Tschudi, Das Tierleben der Alpen, 1853

Bildnachweis: Dr. W. Bahnmüller (S. 46, 51, 52, 53, 70, 75) · Bayerland 1890 (S. 55) / 1892 (S. 67) · Deutsches Jagdmuseum, München (S. 158, Foto Dr. W. Bahnmüller) · Raoul Ritter von Dombrowski, Das Wildern, dessen verschiedene Arten und wirksame Bekämpfung, Cöthen 1894 (S. 18, 19, 33, 109, 117, 124/125, 137) · Ferdinandeum, Innsbruck (S. 105) · Gartenlaube 1865 (S. 107, 147, 175) / 1874 (S. 65, 167) · Friedrich Gerstäcker, Eine Gamsjagd in Tirol (S. 93, 133, 145) · Franz von Kobell, Oberbayerische Lieder (S. 17, 60, 97, 131) · Privatbesitz (S. 150) · Schmid-Stieler, Aus deutschen Bergen (S. 11, 12, 24, 29, 37, 57, 59, 79, 87, 90, 98, 101, 114, 123, 142, 144) · Schweizerische Landesbibliothek, Bern (S. 173) · Staatsbibliothek Berlin (S. 1, 39, 129, 157, 171) · Jägerkalender 1863 (S. 21)

4. Auflage 1990

Druck: Buchdruckerei Georg Wagner, Nördlingen
Bindung: Oldenbourg, München
Schutzumschlag: Ulrich Eichberger, Innsbruck

ISBN 3-475-52024-9